JN284738

チベット・中国・ダライラマ

チベット国際関係史【分析・資料・文献】

日本大学名誉教授 浦野起央

三和書籍

地図1 中国とチベット

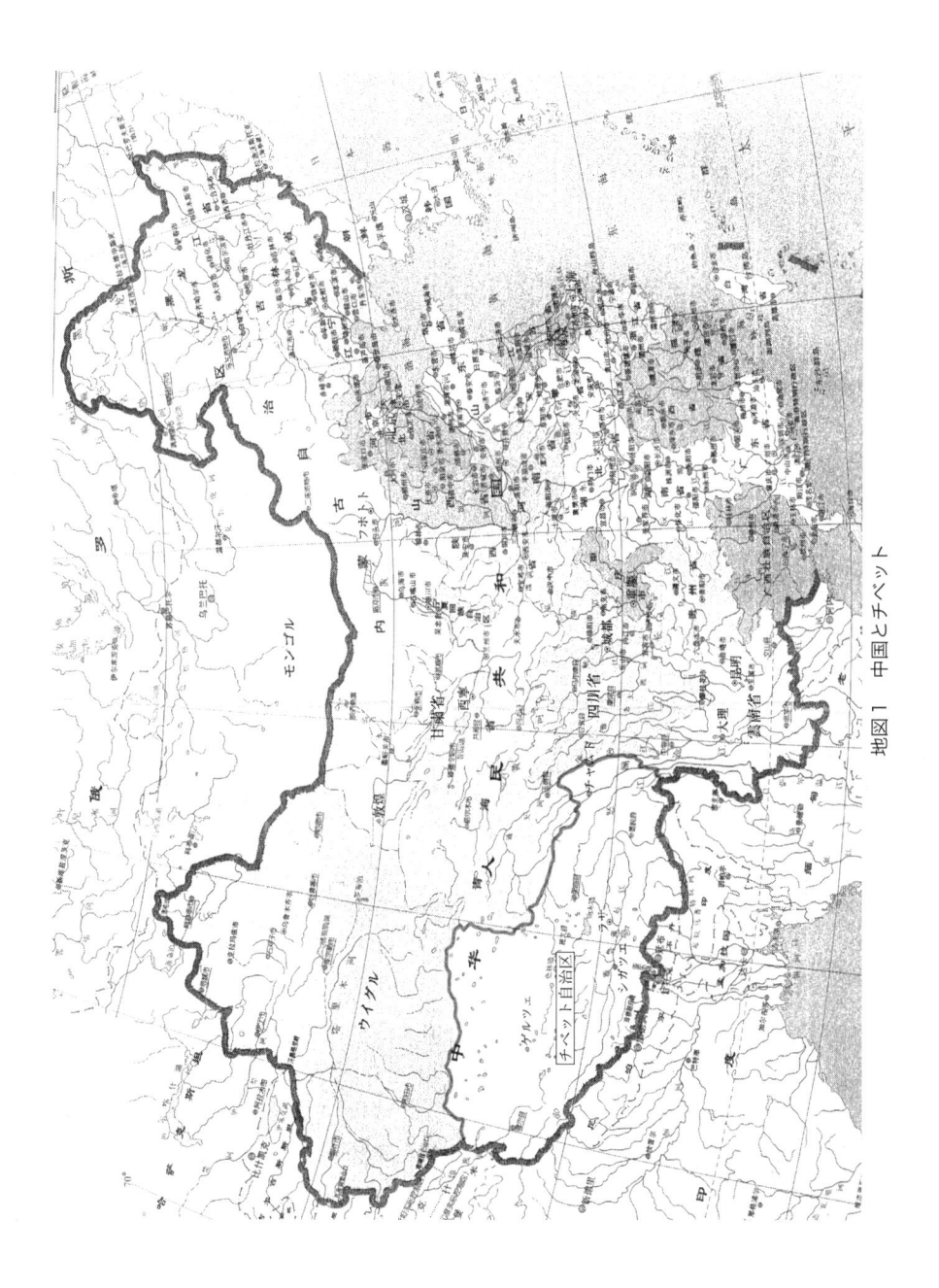

地図2 チベット地方

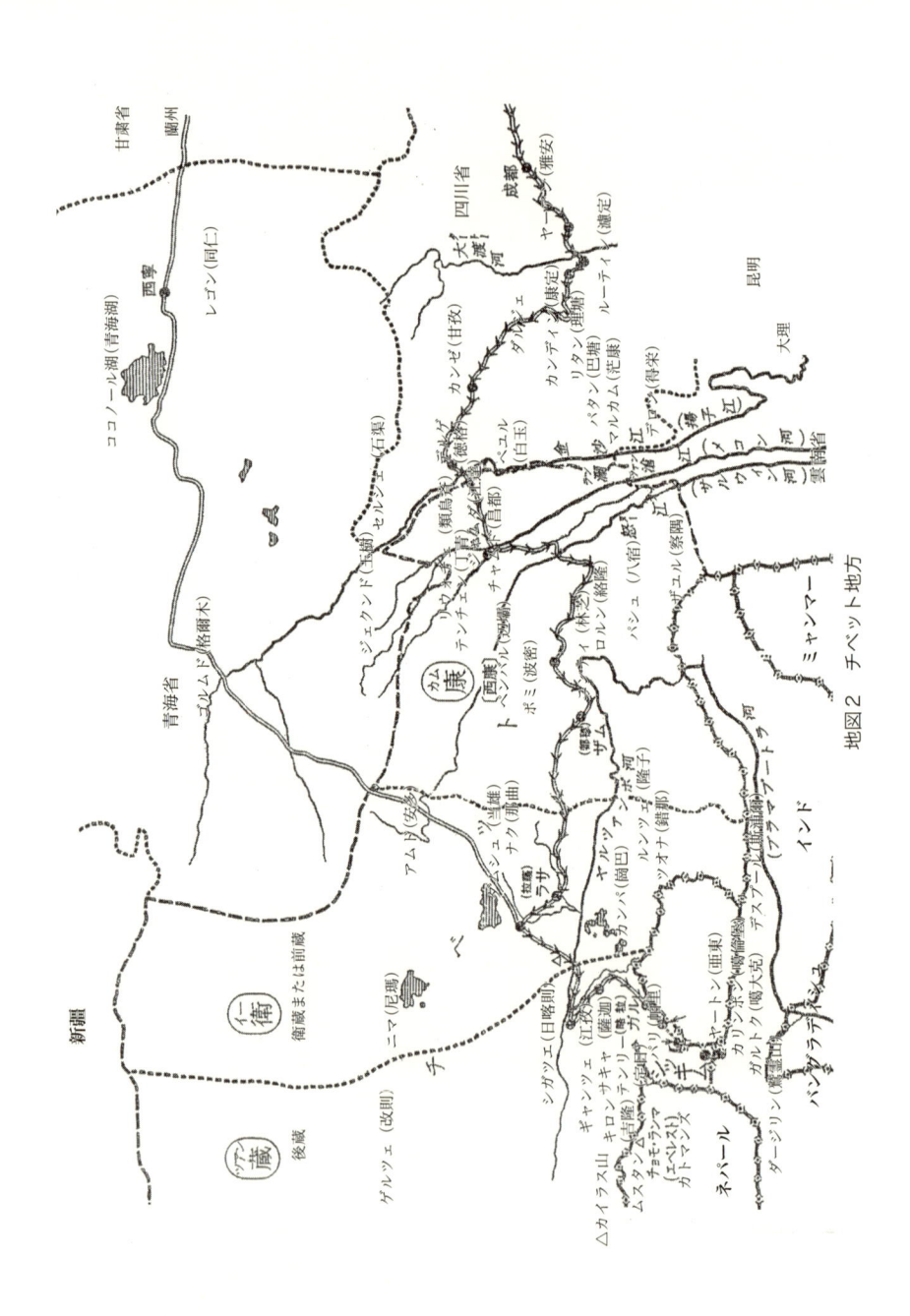

地図3 チベット自治州

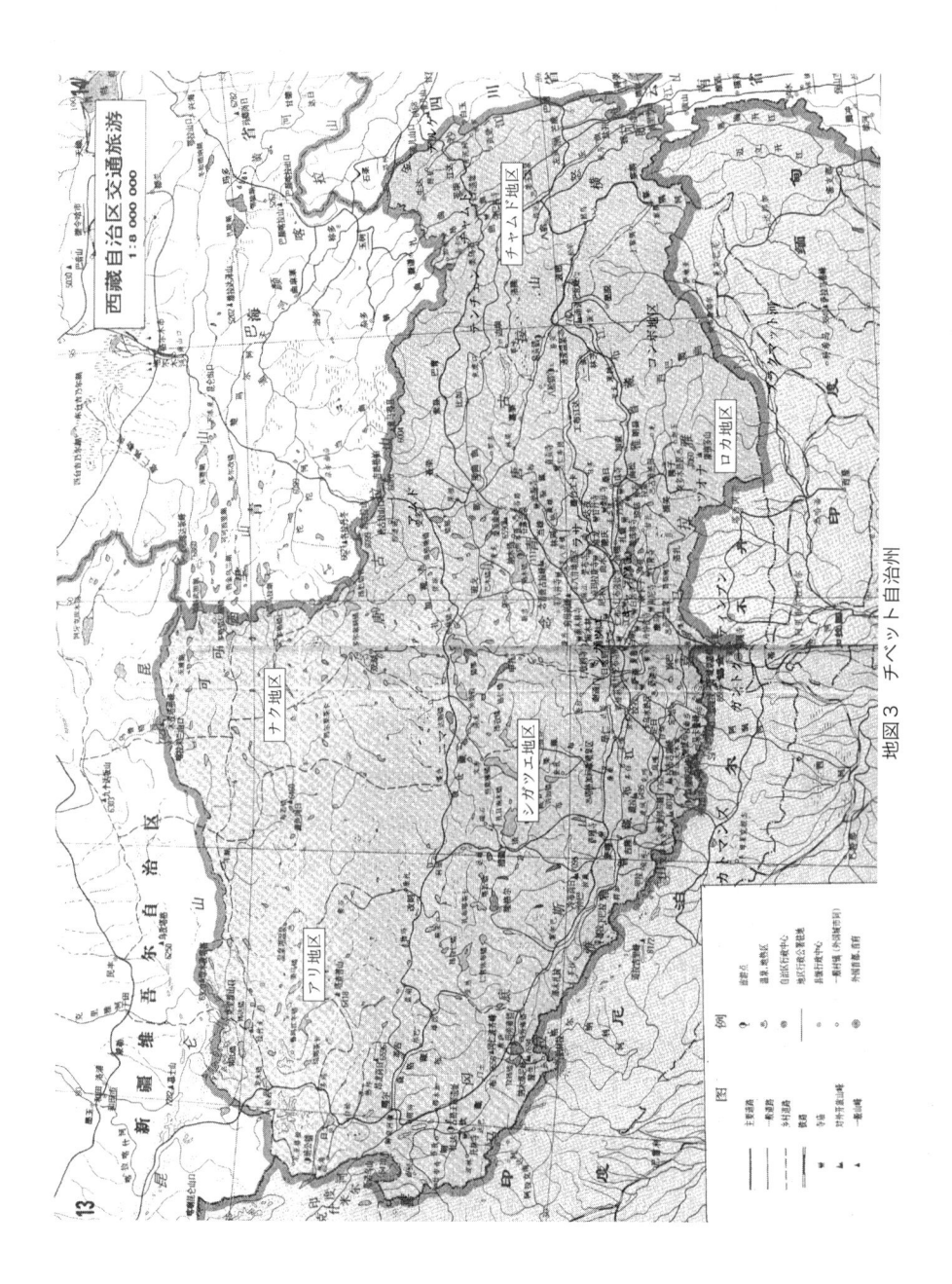

はしがき

　私の国際政治上の関心ある研究領域の一つは地政学と辺境問題であった。ヨーロッパ諸国やアメリカでは、文明社会への接点あるいは接触地域を「辺境」あるいは「フロンティア」として理解している。ヨーロッパの辺境伯領（ブランデンブルクなどのマルク／辺境区と辺境伯）あるいは西漸運動とか、アメリカにおけるフロンティアあるいは東漸運動がその主題であった。こうした歴史的関心から、辺境変革論が西欧史家増田四郎によって提起され、その関心は、先進文化地域の独自性ある体制移行にあった。国家の成長・衰亡の図式は、元来、地政学の主題である。中国では、「版図」の用語で、この国家支配の態様という主題を理解している。中国語の辺境は「辺疆」である（『左傳』）。それは中央から遠いところの意にある。私の研究仲間、北京大学国際関係学院副教授張植栄は、『中国辺疆与民族問題——当代中国的挑戦及其歴史由来』（北京大学出版社、2005年4月）を刊行し、歴史的遺産と辺疆戦略としての民族政策をとりあげ、中国辺界問題、南海諸島、釣魚島、西蔵問題、新疆問題を取り上げた。この辺境問題はグローバルな国際政治において新しい意味をもった挑戦とみている。というのは、全地球化と伝統民族国家の挑戦、そして文明の衝突と文明の挑戦という課題を内包しているからである。いまひとつはマッキンダーが提起して、現在、ブレジンスキーが再び提起している、というよりも基本的に国際戦略の問題としての地政学的視点である。中国のモンゴル・新疆・チベット問題、そして中央アジアの戦略的争点は、その文脈で中国の辺境空間にある。私は、「辺境をめぐる現代的問題性」（1986年3月執筆、浦野『現代における革命と自決』下、パピルス出版、1987年3月、所収）を執筆し、内陸アジアの問題性を提起した。さらに、「未来空間としてのユーラシアとその現在性——世界システムからみたユーラシア国際システムの展開」（原題「ユーラシア国際システムの予備的考察——世界システムからみた3つの局面とその展望」2000年3月初稿、浦野『新世紀アジアの選択——日・韓・中とユーラシア』南窓社、2000年10月／梁雲祥・梁星訳『21世紀亜洲的選択』北京、中国社会出版社、2003年8月、所収。）

で国際政治における中国辺境と中央アジア問題を分析した。そして、この戦略空間と地政学的アプローチの視点は、近刊の『地政学と国際戦略』(三和書籍、2006年9月刊行予定)で、体系的にかつ種々のレベルでの地政空間の解明を進める。

　この辺境空間については、これまでの多くの著作をまとめてきており、その問題の本質が辺境にあった『パレスチナをめぐる国際政治』(南窓社、1985年)、ヒマラヤの辺境国家ネパールをも対象とした『国際政治における小国』(南窓社、1992年)もあるが、代表的なのは『南海諸島国際紛争史』(刀水書房、1997年／訳者代表楊翠柏『南海諸島国際紛争史』成都、四川大学法学院南海法律問題研究中心、2004年、内部資料)と『尖閣諸島・琉球・中国――日中国際関係史』(三和書籍、2002年、増補版2005年／中国語訳は未公刊)である。前者については、浦野「海の支配――南シナ海をめぐる国家間紛争の歴史と現在」、海のアジア5『越境するネットワーク』(岩波書店、2001年／韓国語版、ダリメディア、2005年)、および『南シナ海をめぐる安全保障と問題点』(シップ・アナンド・オーシャン財団、2004年／中国語訳は未公刊)が新たに公刊された。さらに、日本語・中国語訳で史料を収めた浦野・劉甦朝・植榮辺吉(張植栄)編『魚釣臺群島(尖閣諸島)問題研究資料匯編』(香港、励志出版社／刀水書房、2001年)の資料集が刊行され、その研究成果は中国でも着目された。

　その辺境問題の最大の主題は、かねてからの私の関心事であったチベット問題で、1985年に中国を訪問する機会を得てから、そのたび毎にチベット関係の文献を蒐集してきた。しかし、中国での研究成果が多く刊行されるようになったのは1990年代末以降のことで、ようやく研究への取り組みができるようになった。

　2000年8月念願の「世界の屋根」、チベットの現地を踏む機会を持った。ポタラ宮とノルブリンカ、ガンデン・ゴンバ(甘丹寺)、セラ寺院(色拉寺)、デプン大僧院(哲蚌寺)の3大寺、ツクラマカン(大昭寺)、さらに、ギャンツェ城、タシルンポ寺院（札什魯穆布珠克特享）など、歴史的ゆかりのある各所を訪れ、また多くの研究文献を求めることができた。こうした現地の体験から土地感も身に付けることができたことは、大きな研究上の支えとなった。幸い3000～4000メートル高地の歩行でも、高山病を免れることができた。2001年8月には、内蒙古のラマ寺を訪れることができた。2003年には太原を旅行し、1800メートルの高地、文

殊菩薩の聖地五台山を訪れ、ラマ音楽が流れるなかのラマ教の拠点、蔵密寺廟菩薩頂の姿をかいま見ることができた。そして、2005年には雲南の各地、大理府の古城、三塔寺（崇徳寺）など、さらにはチベット人居住地域へ足を伸ばした。万里の長城の外、熱河（聖徳）のチベット寺院、ミニ・ポタラ宮殿（普陀宗之廟）あるいは普寧寺は幾度となく訪れ、その雰囲気を楽しんだ。同じく最初の訪中以来、北京の黄寺、なかでも雍和宮（黄横寺）はほどなく10回訪問することになる。この寺院の霊感は楽しい。西黄寺は歴史は古いが日本の占領で破壊され、現在は、復元されている（未公開）。こうして、私は多くのチベット族の居住地域を尋ねることができ、チベット人の生活もいくらか理解できた。

1997年刊行の沈開運・達瑪・他の『透視——西藏社会進歩与分裂集団的没落』（上・下、ラサ、西藏人民出版社）が2004年暮、最初に三聯書店の店頭に並び、次いで北京の多くの書店で見かけられた。このことは、14世ダライ・ラマ法王のチベット亡命政府と中国共産党当局の交渉が終わったという意味があった。ここに、私は年来、研究してきたチベット国際問題の成果を刊行することが可能になったと判断した。そのことは、チベット当事者交渉について、またチベットの発展展望について、ひとつの評価を下すことが可能になったことを意味し、ここにその記録を公表することが可能となったと、私は判断した。今後、一部研究を要する分野を残しているが、今や、客観的に記述し本書を刊行することにした。

本書は、必要な資料を所収するとともに、可能な限り必要不可欠な文件を収録して記述する方針をとった。所収資料は440点に達する。幸い基本文献を蒐集でき翻訳し所収することができたことは幸いである。

その分析の基本的視点は、第14章チベット政治の波紋に記述してあるが、その論点は、以下の6点にある。

1．中国・チベット関係は宗教者(ダライ・ラマ法王)と施主(中国皇帝)のチュユン関係にあった。そして、ダライ・ラマの京師訪問は多民族国家における内政問題としての支配者と臣下の関係、中華帝国の一統システムの範疇にあった。同時に、中国は政教合一のチベットの独自性を認識しつつ、一時、その能力に欠ける面を残しつつも、その版図にある辺境の安定に腐心してきた。そして、チベットはその独自の政治社会形態を維持してきた。

2．その保護・聖職（宗教者・施主）関係におけるチベットの存在は、厳密な意味での内地ではないが、その中華・王化思想の圏域にあった。いいかえれば、チベットは、秩序維持の究極的安全弁ないし保障者としての中国の存在を受け容れてきた。その実態は、対外的「独立」というよりも対内的「自治」の維持にあった。
3．チベット族居住地帯のうちでも、政教合一の法王制にあったチベット本部（卫藏地域）のほか、地方的封建勢力と仏教教派が結合していたアムド（安多）地区、またディパ（土司）が宗教・政治首領として支配していた康区（ここでは改土帰流の策略が実施された）は、まったく違った政治社会を形成していた。したがって、この後者の２つは中国の直接統治にあって、ラマ教徒地帯をもって（蒙古もその一部であった）この三者すべてが、自らのチベット支配地域にあってチベット国の完全な範囲にあるとするチベット亡命政府の主張（大チベット／チョルカ・スム構想）は当たらない。
4．チベット政府（ゲキカ、噶厦）は、英国の工作で英国とシムラ草約を締結した。しかし、この草約は、中国が調印を拒否した。としても、チベットは、締約国の主体であった。もっとも、1912年の内戦終結で、チベットがゴルカ（ネパール）を証人に、また英国の調停で中国と停戦協定を締結しているが、それは内戦当事者の独立主体間の合意にすぎず、内政管轄の一事項にすぎない。チベット亡命政府の主張する、822年中国・チベット条約はチベットの分離・独立を確認したもので、以来、1951年までチベットは独立国家であったという主張は成立しない。822年永久平和条約は特別な関係にある主体間の地方的な秩序での合意に過ぎない（そこでは、成熟した政治主体の権力関係を前提にした締約国関係が成立したとは見做されない）。
5．そして、共産主義国家イデオロギーの拒否、そして神政国家維持の政治社会的基盤としての農奴制堅持の立場で、チベットは、共産中国政府と対決し、その社会解放を拒否し、亡命政府の樹立となった。この「亡命」は領土大国であっても小国チベット政府の交渉スタイルから辺境小国の法王がその権力を維持する手段として、これまでも活用されてきた。インドを支配した英国の干渉も、その一つの要因であった。ネパール、シッキム、ブータンは元来、ラマ教の信徒地帯として、チベットの権威が行使されていた。英国のインド植民地化で、シッキム、

ブータンの支配のみか、ヒマラヤの奥地チベットにも英国が手を伸ばすにいたり、またその介入はチベット族の支配にあったラダクにも及び、そこでの民族の混乱は、現在のカシミール問題を派生している。インドのチベット進出はアクサイチンの中印国境問題を噴出させている。

6．今次の14世ダライ・ラマ法王のインド亡命は、米国のイデオロギー対決という国際戦略のなかに大きく埋め込んでしまった。そこでは、14世ダライ・ラマ亡命政府は中国内部の処理という元来の「自治」をめぐる範疇になく、自由・人権を大義とした米国のイデオロギー戦略とそれに従うチベット族のゲリラ自決闘争（それはCIAが関与し、インドが支援したが、現在は終焉している）として国際的争点の最前線へと転化してしまった。チベット人にとっては、法王の命令したチベット族の自決闘争であったにせよ、その闘争は本来の課題から逸脱してしまって余りにも大きな一つの悲劇を生んだといえる。一方、共産中国政府による三大領主の農奴制解体は成功し、農奴を解放されたチベット人には歓迎され、現在、チベットは経済開発・社会改革で大きく進展している。

2005年10月チベット鉄道が完工された。これにより、チベットは本土34省・市（海南省・台湾省は除く）と鉄道網のなかに完全に組み込まれた（サラ―北京直通列車は50時間）。つまり、全体が一つになった現実が生まれた。この時点で、本書が上梓されることの意義は大きい。

さて、本書の構成は、3部からなる。

第Ⅰ部チベット国際関係史の構図は、チベット政治の特質、チベット政治社会の形成、吐蕃王国の興隆、チベット法王制の形成と中国王朝下のチベットの支配、そしてチベットへの世界の関心とチベット探検、さらに、英国およびロシアのチベット干渉をとりあげ、中華民国期のチベット問題までを扱った。

第Ⅱ部新中国とチベットは、1951年チベット平和解放、一連のラサ反乱と14世ダライ・ラマのインド亡命、米国のチベット工作と中印紛争下のチベット、チベット亡命政府の活動、チベットの改革、およびチベット亡命政府と中国当局との交渉が主題となっている。

第Ⅲ部国際争点としてのチベット問題では、チベットの特殊的地位とチベット問題の国際化の文脈がとりあげられた。

さらに、関係資料とともに。チベット年表1300余項目、およびチベット関係文献目録ほぼ1600点余、さらに、人民日報チベット関係主要記事リスト400点余を付した。

　チベット研究の日本での関心は極めて高く、その研究上の蓄積は大きいものがある。戦前には、多くの日本人のチベットとの交流もあった。現在も、多くの人びと、研究者、宗教家、関心がある旅行者など、広い問題意識を持った多くの日本人のチベット訪問も多い。また、仏身14世ダライ・ラマへの敬服も深く、ダライ・ラマへの慈愛に与っている日本人も多い。私は、国際関係政治社会史として本書『チベット国際関係史』を上梓したが、その史料調査などでは深いチベット学の蘊蓄に少しでも触れることで、できるだけ誤りのなきよう理解し、客観的に記述した。なかでも、地名などチベット語の表現には苦労し、中国語読みしかできないところもあった。こうした意味で、国際関係史の研究にもかかわらず、チベット事情への理解において一部補足的説明が必要なところがあるかもしれない。先学の助言により補正していきたいと思っている。

　本書の上梓に当たり、特に日本のチベット学の先達、山口瑞鳳博士の研究、そして14世ダライ・ラマの人格に接し、平和解放以後におけるダライ・ラマの真意を知り尽くす機会があり、のちネパール大使、ベトナム大使の要職を経て、北京大学教授、外交学院兼職教授を歴任した楊公素教授の見解と著述には、この研究視点と記述において大いに助けられた。記して謝意を表する。

　資料は極めて多くの文件を参照し収めることができた。そうした資料を通じて多くの事項を適格に説明できたことは幸いであった。客観的分析のため、中国チベット共産党・政府の内部資料、そしてチベット亡命政府の資料を初め、International Campaign for Tibet や Tibet House などの広報資料を参照できたことに感謝している。また、『チベット・ニュース・ダイジェスト』など日本での広報資料を参照できたことに謝意を表する。また、多くのNGOの成果を得ることができ、助けとなった。御礼申し上げる。

　そうした資料面で北京大学国際関係学院の同僚の支援を得たことは大きな助けであった。特に、李玉教授、尚会鵬教授、李寒梅副教授、張植栄副教授、梁雲祥副教授に対し、さまざまな便宜や特別の協力につき深い謝意を表する。また、現地チベッ

トを初め、チベット族の関係地域などの訪問においては、中国政府の便宜を得た。記して謝意を表したい。また、黄寺での便宜に感謝する。日本大学文理学部東洋史専攻の加藤直人教授には、一部内容の点検を頂いた。中国語専攻の福木滋久法学部助教授にも、チベット地名の読み方の確認を一部お願いした。記して謝意を表する。

三和書籍の高橋考社長には、こうした成果の出版が難しい状況下での刊行にご努力頂き感謝に堪えない。

古稀に3歳を重ねた現在、ここ10年来の成果を内外において刊行できることは私の大きな喜びとするところである。友人・諸彦に深い感謝を申し上げる。私はラマ教徒ではないが、チベットで多くのことを教えてくれたチベットの友人に捧げる。

2006年3月

浦野 起央

[付記]

2005年8月、中共中央文献研究室・中共西藏自治区委員会編『西藏工作文献選編(1949－2005年)』(北京、中央文献出版社)が公刊され、これまで内部資料として扱われてきた本書に所収の多くの文件も収められた。同書の刊行は、いうまでもなく本書の刊行が可能になったところの、チベットがチベット亡命政府との交渉以後の新しい局面に入ったことを意味しており、同書には、2005年5月の中央民族会議で各族人民の利益と発展が大きく確認された時点の資料までが所収された。そして、同8月には、拉巴平措主編『見証西藏──西藏自治区政府歴任現任主席自述』(北京、中国藏学出版社)も刊行され、これまでのチベット政策がそれぞれの当局者の立場で総括された。また、9月には、1987年4月研究に着手し、1995年5月上梓された名著、多杰才旦主編『西藏封建農奴制社会形態』(北京、中国藏学出版社)も再刊された。さらに、11月には、次仁央宗『西藏貴族世家1900－1951』(北京、中国藏学出版社)も刊行された。今後、中国におけるチベット研究の成果が公表され、いっそうの研究が進むことが期待される。

序

　　我在国际政治上感兴趣的研究领域之一是地缘政治学以及边境问题。在欧洲各国以及美国，人们把与文明社会的接触点或者是接触地区理解成"边界"或者国境。欧洲的边境地区（例如勃兰登堡的标志／边境地区和边境领地）的逐渐西移，或者美国边境的逐渐东移，是其主题。出于对这类的历史事件的兴趣，研究西欧的历史学家增田四郎提出了边境变迁论。这种兴趣体现在先进文化区域的个性化体制的演变上。国家兴衰的模式，原本就是地缘政治学的研究对象。在中国，"版图"一词用来表示这个国家领土的形态。中文的边境就是"边疆"（《左传》），也就是"远离中央的地方"之意。我的研究伙伴，北京大学国际关系学院副教授张植荣出版了一本书，名为《中国边疆与民族问题——当代中国的挑战及其历史由来》（北京大学出版社，2005年4月）。书的内容包括历史遗产和作为边境战略的民族政策、中国边境问题、南海诸岛问题、钓鱼岛问题、西藏问题以及新疆问题。边境问题给全球化的国际政治提出了新的挑战。也就是说，这本书的课题包括了全球化与传统民族国家的挑战，以及文明的冲突与文明的挑战等。其中一个是麦金德提出，现在布热津斯基又再次提起的，毋宁说本质层面上是作为国际战略问题的地缘政治观点。中国的蒙古、新疆、西藏问题，加上中亚的战略要地，在该书的上下文中被视为中国的边境空间。我执笔的《与边境有关的现代问题》（1986年3月写作，浦野《现代的革命与自决》下卷，巴比鲁斯出版，收于1987年3月刊），涉及了内陆亚洲的问题。以及，在《作为未来空间的欧亚及其现实性——从世界体系观欧亚国际体系的前景》（原名为《欧亚国际体系的预备考察——从世界体系出发的三种局面的展望》，2000年3月初稿，浦野《新世纪亚洲的选择——日韩中和欧亚》，南窗社，2000年10月。梁云祥、梁星译《21世纪亚洲的选择》，北京、中国社会出版社、2003年8月）中，也分析了国际政治背景下的中国边境问题和中亚问题。同时，最近即将出版的《地缘政治学和国际战略》（三和书籍，2006年预定出版），将用战略空间和地缘政治学的方法，系统地阐明各种层次的地缘政治空间问题。

　　关于边境问题，现在为止已有很多总结性著作。有叙述边境问题本质的《有关巴

勒斯坦的国际关系》（南窗社，1985年），以紧邻喜马拉雅山的国家尼泊尔为研究对象的《国际关系中的小国》（南窗社，1992年）。而其中具有代表性的是《南海诸岛国际纷争史》（刀水书房，1997年。译者代表杨翠柏《南海诸岛国际纷争史》，成都四川大学法学院南海法律问题研究中心，2004年，内部资料）以及《尖阁诸岛・琉球・中国——日中国际关系史》（三和书籍，2002年，增补版2005年，中文译本未发表）。关于前者，我新近公开发表了《海的支配——围绕南中国海的国家间纷争的历史和现状》，海上亚细亚5《跨越国境的网络》（岩波书店，2001年），及《围绕南中国海的安全保障问题与争论点》（船与海洋财团，2004年）。再加上，浦野・刘甦朝・植荣边吉（张植荣）编辑的《钓鱼台群岛（尖阁诸岛）问题研究资料汇编》（香港励志出版社／刀水书房，2001年）的发表，其中收入了以日文写成，译成中文的许多资料。这本资料集的研究成果在中国也备受关注。

　　边境问题中最大的问题，是我一直以来非常关心的西藏问题。1985年我得到了一个访问中国的机会，借此机会收集了一些西藏相关文献。但是，在中国这个领域的研究成果多发表于20世纪90年代末以后，所以我好不容易才能够收集到了研究所需的资料。

　　2000年8月，我得到了到有"世界屋脊"之称的西藏实地考察的机会，实现了我的心愿。那时我访问了布达拉宫与罗布林卡，甘丹寺、色拉寺、哲蚌寺这三大寺和大昭寺，还有江孜城，扎什伦布寺（扎什鲁穆布珠克特享）等有历史渊源的地方，得到了许多研究文献。这种在当地的亲身体验和对西藏土地的亲近感，给我的研究带来了很大帮助。很幸运的，在海拔三、四千米的高原上步行时我都没出现高原反应的症状。2001年8月，我又走访了内蒙古的喇嘛寺。2003年的太原之行，我访问了海拔1800米高，供奉着文殊菩萨的圣地五台山。在那宗教音乐围绕的喇嘛教圣地，我领略了藏密寺庙菩萨顶的风采。而后，2005年我又踏上了云南的土地，到了大理古城和三塔寺（崇德寺）等地，并走访了西藏人居住的地方。万里长城外、热河（承德）的西藏寺院、小布达拉宫（普陀宗之庙）和普宁寺，我都去过很多次，非常喜欢那种气氛。同样的，从最初访问中国以来，北京的黄寺我也常去，而雍和宫我更是短期内就去过十次。在那里对神佛的感应，令我非常开心。西黄寺和东黄寺因日本的占领被

破坏,现在已重新修缮。总的来说,我到过很多的藏族人聚居区,对他们的生活有了更多的了解。

1997 年沈开运、达玛等人写的《透视——西藏社会进步与分裂集团的没落》(上、下,拉萨,西藏人民出版社)于 2004 年年底,在三联书店上架,随后在许多北京书店都可以找到。这件事意味着,14 世达赖喇嘛的西藏亡命政府与中国共产党当局的交涉告一段落。据此,我认为我这些年来关于西藏国际问题的研究成果有望发表。这也意味着,可以对有关西藏问题相关当事人的谈判以及西藏的未来发展相关的情况,做出一种评价。我认为在这里将这些记录公开发表是有可能的。虽然有一部分研究尚未完善,现在我还是决定将这本客观记述的书籍出版。

本书在附上了必要的资料的同时,尽可能地将必不可少的文件进行收录加以叙述。收录的资料达到 440 件。能够收集到很有帮助的基本文献,并将之翻译收进本书中,我感到十分幸运。书中的基本观点主要是以下 6 点,在第 14 章对西藏政治风波的分析中也有所论述。

1 中国和西藏的关系是宗教人士(达赖喇嘛)与施主(中国皇帝)的关系。达赖喇嘛对京师的访问是多民族国家的内政问题,反映了统治者与臣下的关系,是在中华帝国统一的范围之内发生的。同时,一方面中国政府理解了政教合一的西藏的独立性,另一方面也意识到了能力的局限性,为这个版图上的边境地区的安定费尽心思。这样一来,西藏得以维持其政治形态的独立。

2 这种保护者・圣职者(宗教人士・施主)的关系中西藏的存在,严格来讲虽然不处在内地,但也在中华帝国控制的疆域之内。换句话说,西藏是把中国作为维持秩序、保障安全的终极保护者来加以接受的。这种状态,与其说是对外"独立"不如说是对内"自治"。

3 即使在藏族人的聚居地带内,除政教合一的法王制西藏本部(卫藏地区)之外,地方封建势力与佛教教派结合的安多地区,以及土司作为宗教和政治首领统治的康区(这里已经实施了改土归流政策)则形成了完全不同的政治社会形态。可见,后二者处于中央的直接管辖之下。再加上喇嘛教徒地区(蒙古也是其中一部分),这三者全都认为,把它们自己控制的地区作为西藏国的范围建立西藏流亡政府,这一主张(大西藏构想)是不恰当的。

4 西藏地方政府（喀厦），在英国的运作下与其协商签订了《西姆拉条约》的草案。但中国政府拒绝签字。即使如此，西藏还是变成了缔约国主体。不过，1912年内战结束时西藏以尼泊尔为证人，在英国的调停之下与当时的中央政府缔结了停战协定。这只不过是内战当事双方独立主体之间的协议，是内政管辖范围之内的事。西藏流亡政府主张，由于公元822年中国、西藏条约承认西藏与中央的分离及其独立，从那以后一直到1951年西藏都是一个独立国家。这一说法是不成立的。822年的永久和平条约仅仅是具有特殊关系的国家与地方之间秩序的协定（这不能被看作是以成熟的政治主体的权力为前提条件的缔约国关系的成立）。

5 西藏否定中国共产主义国家的社会制度，坚持以神权作为维持国家政治社会形态的基础，实行农奴制的立场。因此西藏与中国共产党政府对抗，拒绝西藏的社会解放，建立了流亡政府。这种"流亡"的方式，从作为拥有大片土地的"小国"西藏政府的交涉形式，到作为达赖喇嘛维持权力的手段，一直被灵活利用到现在。曾经统治印度的英国的干涉，也是其中一个重要原因。尼泊尔、锡金、不丹一直以来都是喇嘛教信徒力量集中的地区，西藏的权威在这里也行得通。英国不仅进行印度的殖民地化，支配锡金、不丹，而且也插手了位于喜马拉雅山腹地的西藏的事务。英国的介入波及到了藏人管辖的拉达克地区，那里混乱的民族纠纷，现在衍生出了克什米尔问题。印度插手西藏事务使本已很紧张的中印边境问题终于爆发。

6 这次14世达赖喇嘛流亡，严重陷入了与美国意识形态较量的国际战略中。于是，14世达赖喇嘛流亡政府失去了作为国家内部问题处理时候所享受的"自治"权，而是奉行美国自由、人权与道义的意识形态战略，搞起了游击战和独立斗争（有CIA参与，印度支持，但最终不了了之），成为国际争端最前线的焦点。对于西藏人来说，不管是否是达赖喇嘛命令的争取西藏独立的斗争，这种斗争都已经脱离了最初的主题，酿成了很大的悲剧。而另一方面，中国共产党政府成功地使农奴体制解体，受到了被解放的西藏农奴的拥护。现在西藏的经济发展和社会改革也在迅速推进。

2005年10月西藏鉄路建成、由此西藏完全納入中国本土34省市（台湾、海南省除外）的鉄路网（北京－拉薩直达列車50时间）、本書在此刻出版意義重大。

本书由3部分构成。

第一部分包括西藏国际关系史的基本结构，西藏的政治特点，西藏政治社会的形成，吐蕃王国的兴盛，西藏宗教政制的形成，中国历代王朝下对西藏的统治，还有世界对西藏的兴趣以及西藏探险，以及英国和俄国斯对西藏事务的干涉，中华民国时期对西藏问题的处理等。

第二部分以新中国与西藏为主线，包括1951年西藏和平解放，一连串的拉萨叛乱和14世达赖喇嘛的印度流亡，美国对印度事务的干预，中印纷争下的西藏，西藏流亡政府的活动，西藏改革，以及西藏流亡政府与中国政府之间的交涉。

第三部分主要描述有关西藏问题的国际争论，西藏的特殊地位以及西藏问题国际化的来龙去脉。

与相关资料一起，另附西藏年表1300多项，西藏相关文献目录大概1600多件，人民日报有关西藏的主要报导400余条。

在日本，对西藏研究的热情非常高，对这项研究的积累也非常丰富。二战之前，很多日本人与西藏有所交往。现在，也有许多研究者、宗教学家、对西藏感兴趣的旅行者等，带着广阔的问题意识到西藏访问。而且，他们对佛祖转世的14世喇嘛心存深深的崇敬，很多日本人对达赖喇嘛本人充满关爱。我这本国际关系政治社会史方面的书《西藏国际关系史》出版了，希望通过这些史料的收集调查，稍微接触到一些藏学的深厚底蕴也好，尽我所能的避免理解方面的错误，进行客观的叙述。但对于诸如地名之类的藏语的表达仍然比较吃力，有一些地方只能用中文发音。从这个意义上讲，即使是作为国际关系史方面的研究，对西藏相关事务的理解大概也需要得到一部分补充说明。因此，我希望得到有关专家的补充指正。

在本书出版过程中、日本西藏学前辈山口瑞鳳博士的研究、以及曾直接接触达賴喇嘛西藏和平解放后有机会确认达賴的真实思想、后歷任尼泊尔、越南等国大使、北京大学教授、外交学院兼職教授杨公素的叙述、在研究角度、表述方面对我有很大帮助、在此表示謝意。

书中资料参考收录了极多的文献。因此我才能幸运地熟悉这些资料并对许

多事项进行适当的说明。为了进行客观的分析，我参考了西藏流亡政府的资料、International Campaign for Tibet 和 Tibet House 等的宣传资料，在此表示感谢。能够参考拥护"西藏新闻摘要"等在日本的机构的珍贵资料，我也表示诚挚的感谢。而且我还得到了许多非政府组织的帮助，一并致以最深的谢意。

另外，在获取资料方面，北京大学国际关系学院的同行们给了我很大的帮助。特别是，李玉教授、尚会鹏教授、李寒梅副教授、张植荣副教授、梁云祥副教授，给我提供了很大的方便和特别的协助，我表示深深的感谢。在刚到达西藏当地时，对藏族相关地域的访问，也得到了中国政府的关照。在此表达我衷心的感谢。也感谢黄寺为我提供的方便。而日本大学文理学部东洋史专家加藤直人教授，对本书一部分内容进行了检查。我还拜托了法学系副教授福木滋久对部分西藏地名的读法加以确认。在此表达我的谢意。

三和书籍的高桥孝社长，对这样一部出版有一定难度的学术成果的发表做出的巨大努力，我的感激之情无以言表。

73岁的现在，能够把这十年来研究的成果在国内外发表，对我来说是非常值得高兴的。我要对我的朋友诸彦致以深深的感谢。我虽然不是喇嘛教徒，但要把这本书献给在西藏给我提供很多知识的西藏友人。

2006年3月

浦野起央

目　次

はしがき iv

I　チベット国際関係史の構図

1. チベット政治の特質と版図 3
   1. 政治風土としてのチベット仏教
   2. チベットの版図
2. 吐蕃王国と中国、政教合一統治の形成 19
   1. 文成公主の入蔵と仏教の伝来
   2. 建中の和平と吐蕃の版図
   3. インド仏教と密教チベット仏教
   4. チベット政教合一制度の形成
3. 満・蒙民族のチベット政策 39
   1. 活仏教団とチュユン関係の確立
   2. ダライ・ラマ制とモンゴル支配
   3. ダライ・ラマの権力確立と蒙・清工作
4. 清朝のチベット支配とダライ・ラマ制 75
   1. ダライ・ラマ制と摂政政治
   2. ゴルカ戦争
   3. 清朝のチベット支配体制
   4. ラダクのドグラ戦争
5. 世界の秘境チベット探検 125
   1. チベットの情報
   2. 初期の探検と鎖国チベット
   3. 19世紀のチベット探検
   4. イタリアのチベット学者ジュゼッペ・トゥッチの現地調査

5. 日本人のチベット探検

6　英国・ロシアのチベット干渉と英国のラサ占領 161
　1. 英国・チベットの接触と第二次ネパール・チベット戦争
　2. シッキム条約
　3. ロシアの干渉
　4. 英国のチベットに対する実力行使
　5. ラサ条約の締結
　6. チベットの中国主権と英露勢力範囲協定

7　13世ダライ・ラマの外交 219
　1. 清国の主権回復工作
　2. 1905年パタン事件
　3. 13世ダライ・ラマのインド亡命
　4. 13世ダライ・ラマの「独立」事件
　5. シムラ会議とチベットの主張
　6. 大チベット実現の野望
　7. 二大ラマの対立と9世パンチェン・ラマの亡命、国民政府中央の対応
　8. 13世ダライ・ラマ統治下のチベットの現実

8　民国政府とチベット 301
　1. 中国、チベット、および英国
　2. 13世ダライ・ラマの転生と民国政府
　3. チベット上層部の分裂活動
　4. チベットの9点声明とパン・アジア会議への参加
　5. チベット代表団の対外工作

9　チベットの国際的地位 333
　1. チベットの存在態様と独立活動
　2. 中国の混乱とチベット問題

II　新中国とチベット

10　チベットの平和解放と米国のチベット工作 343

1. 米国の干渉と漢人のチベット追放
2. 14世ダライ・ラマの亡命工作とチベットの平和解放
3. 人民会議事件
4. 中国の統合措置――14世ダライ・ラマの外遊と亡命拒否、チベット自治区準備委員会設立と改革
5. 中印交渉とインドのチベット権益問題、および平和共存五原則
6. CIAのチベット工作とインドの役割

11 ラサ反乱と14世ダライ・ラマのインド亡命 433
 1. ラサ反乱とその前景
 2. 14世ダライ・ラマのインド亡命
 3. チベット問題の国連審議

12 改革下のチベット 497
 1. チベット反乱の終息と改革への着手
 2. 10世パンチェン・ラマの諫書事件と文化大革命下のチベット
 3. 社会主義現代化のチベット
 4. 1987～88年暴動

13 チベット亡命政府と中印国境紛争 537
 1. チベット人の離散と抵抗闘争
 2. チベット亡命政府の活動
 3. チベットの核問題
 4. チベットの人権問題
 5. 中印国境戦争

14 チベット問題とチベット亡命政府の対外活動 581
 1. 米中央情報局のチベット工作と14世ダライ・ラマの協力
 2. チベット問題と米中関係
 3. 米国のチベット政策
 4. 14世ダライ・ラマの外交活動
 5. チベット亡命政府と中国中央との交渉

15 チベットの展望 669

1. 民主改革の成果
2. チベット開発
3. 転生事件
4. 中印関係の現状
5. 展望

Ⅲ　国際的争点としてのチベット問題

16　チベット政治の波紋 723
1. 中国支配の現実と特別な伝統および地位
2. 1950年までのチベットの地位
3. チベット問題の国際化の文脈

地図
中国とチベット i
チベット地方 ii
チベット自治州 iii
フビライ・ハーン期のチベット氏族集団 52
ゴルカ戦争時のチベット 92
マクマホン線 254

表
支配者の付与した称号（尊称）.....55
寺院とその規模 60
5世ダライ・ラマ時の寺院所属の民衆 61
1733年のダライ・ラマおよびパンチェン・ラマ所轄寺院 62
1694年から1733年まで40年間の寺院および僧の増加 62
清代駐蔵大臣（アンバン）の歴任 86
チベット統治者の交代 115
人民解放軍のチベット進軍における農奴の逃亡状況 363
農奴主（三大地主）の土地占有状況 501
封建的支配状況 504
1980年代における農村の経済収入状況 529
チベット人権決議の採決状況 560

写真

ポタラ宮殿 10

大昭寺 26

唐蕃会盟碑 27

ガンデン寺 41

デプン寺 41

セラ寺 41

タシルンポ寺 41

タール寺 41

ギャンツェのチベット要塞 195

パリ着の英軍、1904年1月6日 196

五台山菩薩頂 220

東黄寺（雍和宮） 221

西黄寺 221

13世ダライ・ラマ転生霊童と呉忠信、1940年1月31日 318

ラサへ向かう中国人民解放軍の誓師大会、1950年10月 364

チベット平和解放法的協議、1951年5月23日 377

中国人民解放軍のラサ入城、1951年10月26日 385

ノルブリンカ 442

チベット平和解放50周年記念大会、2001年7月19日 693

チベット鉄道の完工、2005年10月15日 695

資料

条約類 753

※本文に全文所収のものは除く。全体の条約類リストは、後掲の所収資料リスト996頁をみよ。

チベット・ラダク条約 1684年 753

ネパール・チベット・中国キロン協定 1789年 753

ネパール・チベット平和協定 1792年 753

ネパール・英国間のサガウリ条約 1815年 754

ティタリア条約（シッキムの英国割譲条約）1817年 754

チベット・ラダク協約 1842年 755

チベット・ラダク通商協約 1853年 756

ネパール・チベット条約（タパタリ条約）1856年 756

ネパール・チベット条約（チャイトラ・サウジ条約）1856年 757

西テライ地区の回復に関するネパール・英国条約 1860 年 758
英国・シッキム友好・同盟条約 1861 年 758
英国・ブータン平和・友好条約（シンシュラ条約）1865 年 760
芝罘（煙台）条約 1876 年 761
ビルマおよびチベットに関する中国・英国条約 1886 年 764
シッキム・チベット条約 1890 年 765
1890 年インド（シッキム）・チベット条約付属章程 1893 年 766
英国・チベット条約 1904 年 767
1904 年 9 月 7 日条約付属書として 1904 年 11 月 11 日インド総督署名の宣言書 1904 年 769
チベットに関する英国・中国条約 1906 年 769
チベットに関する英国・ロシア協定 1907 年 770
中国・英国・チベット通商章程 1908 年 771
英国・ブータン条約 1910 年 774
中国・チベット協定 1912 年 774
ロシア・モンゴル修好条約 1912 年 776
ロシア・モンゴル条約付属議定書 1912 年 776
中国・チベット協定 1912 年 778
モンゴル・チベット条約 1913 年 779
13 世ダライ・ラマの 5 カ条宣言 1913 年 780
モンゴルをめぐるロシア・中国北京会談におけるロシア・中国協約（要旨）1913 年 781
モンゴルに関するロシア・中国共同宣言 1913 年 781
モンゴルに関するロシア・中国共同宣言付属交換公文 1913 年 782
露・中・蒙条約（キャフタ協定）1915 年 783
露・中・蒙条約（キャフタ協定）の調印に際しての中国大総統令 1915 年 785
シムラ条約 1914 年 786
英国・チベット貿易規則 1914 年 787
英国・ネパール友好条約 1923 年 789
中国・インド間の陸路による貨物輸出入に関する中華民国政府・英国政府交換公文 1928 年 790
チベット野生保護令 1944 年 792
チベット問題に関するインド政府の中華人民共和国政府あて備忘録 1950 年 793
チベット問題に関するインド政府の中華人民共和国政府あて照会電報 1950 年 793
チベット問題に関する 1950 年 10 月 26 日インド政府の照会に対する中国政府の返書 1950 年 794
チベット問題に関するインド政府の中国政府あて第二照会電報 1950 年 794
チベット問題に関する 1950 年 10 月 31 日インド政府の照会に対する中国政府の返書 1950 年 795
中国中央人民政府とチベット地方政府のチベット平和解放に関する法的協議（17 条協定）1951 年 796

目次

チベットの工作方針についての中国共産党中央（毛沢東）の指示 1952 年 798
中国チベット地方とインド間の通商・交通に関する中国・インド協定 1954 年 800
中国政府代表団・インド政府代表団の中国・チベット関係交渉の声明 1954 年 801
中国チベット地方・ネパール関係における若干の関連事項に関する中国・ネパール交換公文 1956 年 802
チベットにおける反乱事件についての新華社公報 1959 年 804
チベット問題に関する中華人民共和国全国人民代表大会決議 1959 年 807
亡命チベット政府憲法 1963 年 809
中華人民共和国チベット自治区各級人民代表大会選挙条例 1963 年 819
張国華中国共産党チベット自治区第一書記演説「社会主義の新しいチベットを建設するために奮闘しよう」1965 年 823
14 世ダライ・ラマ法王から中国軍事委員会主席鄧小平あて書簡 1981 年 826
10 世パンチェン・ラマの中国全国人民代表大会チベット自治区常務委員会報告 1987 年 827
14 世ダライ・ラマの 5 項目平和計画 1987 年 835
中国共産党中央委員会中央統戦工作部長閻明復からチベット亡命政府あて文書 1987 年 839
チベット亡命政府より中国共産党中央委員会中央統戦工作部長閻明復あて返書 1987 年 841
14 世ダライ・ラマのストラスブール提案（欧州議会講演草稿）1988 年 846
14 世ダライ・ラマのノーベル平和賞受賞演説 1989 年 848
14 世ダライ・ラマのイエール大学講演「敵を抱きしめて」1991 年 850
亡命チベット人憲章 1992 年 853
14 世ダライ・ラマ法王から中国中央軍事委員会主席鄧小平・中央委員会総書記江沢民あて覚書 1992 年 857
14 世ダライ・ラマ法王の中国・チベット交渉に関する報道機関あて声明 1993 年 863
実行支配線沿いの平和および平穏の維持に関するインド・中国（国境）協定 1993 年 864
中国との交渉に関するチベット亡命政府の立場についての声明 1997 年 865
14 世ダライ・ラマ法王のチベット民族蜂起 39 周年記念日声明 1998 年 871
14 世ダライ・ラマ法王のチベット民族蜂起 40 周年記念日声明 1999 年 874
14 世ダライ・ラマ法王のチベット民族蜂起 41 周年記念日声明 2000 年 876
国連人権委員会におけるチベット人 2 名の陳述 2001 年 877
中国人権研究会「米国支持のダライ集団分裂活動の分析」2001 年 879
中華人民共和国国務院新聞弁公室「チベットの現代化発展」2001 年 885
ポール・ドブリャンスキー米国務次官・チベット問題特別調整官の米国議会証言「チベットにおける米国政策の留意点」2002 年 897
インターナショナル・キャンペーン・フォアー・チベット代表リチャード・ギアの米国議会証言 2002 年 899
14 世ダライ・ラマ法王のチベット民族蜂起 43 周年記念日声明 2002 年 902

中国のパンチェン・ラマはチベットのパンチェン・ラマにあらずとのチベット亡命政府の声明 2002 年 904

中国およびチベットを訪問したチベット亡命政府特命使節ロディ・ギャルツェンの声明 2002 年 905

チベット亡命政府特別使節のチベット入りについての亡命政府カルン・トリパ（内閣主席大臣）サムドゥン・リムポチェ教授の声明 2002 年 906

14 世ダライ・ラマ法王のチベット民族蜂起 44 周年記念日声明 2003 年 907

14 世ダライ・ラマ法王のチベット民族蜂起 45 周年記念日声明 2004 年 909

チベット年表 912

チベット文献目録 945

人民日報チベット関係主要記事リスト 984

所収資料リスト 996

索引 1008
   事項 1008
   人名 1014
   寺院 1026
   地名 1029

目录

序 xi

I 西藏国际关系史的结构

1 西藏政治特征与版图 3
    1. 作为政治背景的西藏佛教
    2. 西藏的版图

2 吐蕃王国与中国，政教合一统治的形成 19
    1. 文成公主入藏与佛教的传入
    2. 建中平和吐蕃的版图
    3. 印度佛教与密教西藏佛教
    4. 政教合一制度的形成

3 满族、蒙古族对西藏的政策 39
    1. 活佛教团与清朝建立联系
    2. 达赖喇嘛制度与蒙古的统治
    3. 达赖喇嘛权力的确立与元朝、清朝的政策

4 清朝对西藏的统治及达赖喇嘛制度 75
    1. 达赖喇嘛制与摄政制度
    2. 尼泊尔战争
    3. 清朝的西藏统治政策
    4. 拉达克の多克拉戦争

5 世界秘境西藏探险 125
    1. 西藏概况
    2. 初期的探险与封闭的西藏
    3. 19世纪的西藏探险
    4. 意大利的西藏研究学者朱瑟夫·杜奇的实地考察
    5. 日本人的西藏探险

6 英国与俄国对西藏的干涉以及英国占领拉萨 161
    1. 英国与西藏的接触以及第二次尼泊尔·西藏战争

  2. 锡金条约

  3. 俄罗斯的干涉

  4. 英国对西藏的武力干预

  5. 拉萨条约的缔结

  6. 西藏的中国主权与英帝国势力范围协定

7 13 世达赖喇嘛的外交 ………………………………………… 219

  1. 恢复清朝对西藏的主权

  2. 1905 年西藏蒙巴顿事件

  3. 13 世达赖喇嘛的印度流亡

  4. 13 世达赖喇嘛的独立事件

  5. 西姆拉会议与西藏的主张

  6. 实现大西藏的野心

  7. 两大喇嘛对立与 9 世班禅喇嘛的流亡,民国政府中央的应对之策

  8. 13 世达赖喇嘛统治下的西藏状况

8 民国政府与西藏 ………………………………………………… 301

  1. 中国、西藏及英国

  2. 13 世达赖喇嘛的转世及民国政府

  3. 西藏高层的分裂活动

  4. 西藏的 9 点声明及其参加泛亚细亚会议

  5. 西藏代表团的对外运作

9 西藏的国际地位 ………………………………………………… 333

  1. 西藏的存在状态及独立活动

  2. 中国的内乱与西藏问题

II 新中国与西藏

10 西藏的和平解放与美国的西藏对策 ……………………………… 343

  1. 美国的干涉与西藏驱逐汉人

  2. 14 世达赖喇嘛的流亡与西藏和平解放

  3. 西藏人民会议事件

4. 中国的统一措施——拒绝14世达赖喇嘛出访和流亡，设立自治区预备委员会和改革

  5. 中印交涉与印度在西藏的权益问题，及和平共处五项原则

  6. CIA在西藏的调查与印度的作用

11 拉萨叛乱和14世达赖喇嘛的印度流亡 433

  1. 拉萨叛乱及其结局

  2. 14世达赖喇嘛流亡印度

  3. 联合国对西藏问题的审议

12 改革中的西藏 497

  1. 西藏叛乱的平息与改革的施行

  2. 10世班禅喇嘛的上书事件与文化大革命时期的西藏

  3. 社会主义现代化的西藏

  4. 1987-1988年暴动

13 西藏流亡政府与中印边界争端 537

  1. 西藏人的逃亡与抵抗斗争

  2. 西藏流亡政府的成立

  3. 西藏的核问题

  4. 西藏的人权问题

  5. 中印边界争端

14 西藏问题与西藏流亡政府的对外活动 581

  1. CIA的西藏阴谋与14世达赖喇嘛的协助

  2. 西藏问题与美中关系

  3. 美国的西藏政策

  4. 14世达赖喇嘛的外交活动

  5. 西藏流亡政府与中央政府的交涉

15 西藏的前景展望 669

  1. 民主改革的成果

  2. 西藏开发

  3. 转世事件

4. 中印关系的现状

5. 前景展望

Ⅲ 西藏问题——国际争论焦点

16 西藏的政治演变 ················· 723

1. 中国管辖现状及西藏特殊的传统地位

2. 1950 年为止的西藏地位

3. 西藏问题国际化的来龙去脉

资料

条约类 ·· 753

西藏年表 ·· 912

西藏文献目录 ····································· 945

人民日报西藏相关的主要报道清单 ············ 984

所收资料清单 ····································· 996

索引 ··· 1008

I　チベット国際関係史の構図

1　チベット政治の特質と版図

1．政治風土としてのチベット仏教

　ヒマラヤの北、崑崙の南、中国の西境甘粛・四川・雲南の地に接壌して存在するのが、海抜3000メートルないし4800メートルのチベット高原である。この高原は西北に向かえばより高く、東南に向かえばより低いことで、ここを源流とする河川、ツァンポ（牪牁（ブラマプトラ／布拉嘛卜特喇）河、サルウィン河（怒江）、メコン河（瀾滄江）、揚子江（金沙江）は、ここからインド・インドシナ・中国一帯に流れる。そこにあるのは水源と探検の物語である[注1]。スウェン・ヘディンは、その代表的なところの水源を、1906～07年の第3次探検で踏査した[注2]。全土のおよそ7分の3はチベット北部（チャンタン）の人の住まない茫漠とした山岳地帯で、そこには荒涼とした不毛の平原と、ソーダで覆われた地表の広がり、そして塩水をたたえた無数の小さな湖沼が存在している。チベット人の国土観を説明して、フランス人中国研究者ロルフ・アルフレド・スタンによって、「チベットの国土は先史時代には海ないし大湖であったし、夥しい現存の湖水はその名残りである」と書いている[注3]。ここを訪れる者は稀で、19世紀末から20世紀初頭にかけ外国人冒険家がこの地を横ぎった。全土の7分の2は、北緯30度と33度の間にあって、高くて寒冷であるが、牧草地が点在する起伏の緩やかな高原、そして雪を頂く山々の雄大な連峰と大湖のある地域からなり、そこでは、遊牧民が小集団を形成して散らばっている。残りの7分の2の地域は、広大なツァンポ河水系と、サルウィン河、メコン河、揚子江の各流域からなっており、このチベット南部一帯は北緯30度付近にあって、この地域だけが農業に適していて、チベット人の人口459万3000人（1990年）は自ずとここに集中している（チベット自治区の人口は219

万6000人で、うち209万7000人がチベット人である)。ここには、数多くの村が点在し、貿易商や役人、地主など貴族階級が住む町があり、いたるところに様々な宗派の僧院・尼僧院がある[注4]。その高原地帯の広がりはスカンジナビア全域にも匹敵するどころではない(北欧5カ国の面積は126万平方キロメートルに対し、チベット自治区だけで122万平方キロメートルで、チベット人生活圏は200万平方キロメートルに達する)。チベット自治区は、地形的に蔵北高原、蔵南谷地、蔵東高山渓谷、喜馬拉雅(ヒマラヤ)山地に区分される[注5]。

さらに、その広がりは、アムド(東北チベット)、カム(東チベット)、ウー・ツァン(中央チベット)、コンボ(東南チベット)、ガリ(西チベット)にわたり、ガリの南半分は、現在、インド領となっているラダク(拉達克)地方で、そして18世紀末以来、西ネパールの一部となっているドルポおよびムスタンの旧王国、その東にあるシッキム(米の国=デージョン、シッキムは1975年にインドに併合された)、ブータン(龍の国=ドゥクユル)にも及び、その全体がチベット文化圏であった。その分割は大きな歴史的事件を形成した。

20世紀半ばまで、北京からラサへの旅は通常、8カ月を要した[注6]。これに対して、インドからチベットへの接近は割合容易であった。ここに、チベットをめぐってインドを拠点とした国際戦略が展開された。

チベット民族の起源は、アムド(安多)地方の一般的に非漢民族系の遊牧民、羌(きょう Chiang)族に求められてきた[注7]。彼らは、南西部のカイラス(カンティース、岡底斯)山地(ウルムチーラサ公路が走る、カイラス山はラマ教聖地)[注8]から東遷したとか[注9]、自生的に河流域に形成された説がある[注10]が、7世紀後半、この地に統一国家吐蕃が成立し、チベットが成立した。チベットは中国本土の浸透、モンゴルの支配、近隣国ネパールなどとの戦争、さらにインドを支配した英国の侵攻と支配工作、そしてモンゴルに干渉したロシアの干渉や浸透を受けつつ、中国の一部としてその独立的政治存在を永らく維持してきた。そこでは、13世ダライ・ラマの複雑な独立維持工作もあった。そして、インドの独立後、14世ダライ・ラマがインドに亡命して臨時政府を樹立し、チベットは中国の統治にあるものの、その独立的政治生存をめぐり14世ダライ・ラマは、チベットは中国の不可分の一部とす

る中華人民共和国の立場と決定的に対立した。

　チベットが仏教の導入で借用した概念は、宇宙的時間の循環であり、人類の漸次的堕落にあって、人間は天上の輝かしい存在ということであった。それによって矮人（猿）から羌族が生み落とされ、そして神の子ソンツェン・ガムポが観音の化身として出現したと考えられている[注11]。

　そのチベットには、ラマ教（bla-maは尊師の意味。西洋の用法でラマ教という特別名称が生まれた。中国では黄教。本来は密教色の強い大乗仏教）として知られるチベット仏教が栄え、そのチベット仏教はダライ・ラマ制による法王制度を維持してきた神政国家としての統治にあった。このラマとはラ（上）とマ（人）の合成語の上人を指し、梵語のグル（師匠）に相当し、カツヤーナミトラ（善知識）と同じ意味で、ラマは仏教の三宝（サンギエ＝仏陀・ダルマ＝仏法・サンガ＝僧団）だけでなくラマを加えた四宝への帰依が生じ、そのラマは王宝を統一したもの、すなわち三宝の常体にあるというラマ信仰である。中国的にみれば、智・仁・勇三徳の総合体にして絶対者である。かくて、絶対の境地から来現した者がラマであるということになる[注12]。活仏ゲシェー・ラプテン師は、このラマの境地をこう述べる。

> 無私の布施を始めとする六波羅蜜や四正勤などを含む菩薩の諸々の行は、生きものすべてのために、さとりという目的地へ到達しようとする手段なのである。菩薩の修行を始める際にたてる誓願は、その修行者が究極的な成果を得るまで修行を続けることを誓うものである。私は、仏の四種の身体やその徳のすべては菩提心というものが結実したものであり、さらには、顕教にせよ密教にせよ菩提心に対する原因、あるいはそれそのもの、そしてその結果ではないものなど仏教の中には何もないと感じている。これがたぶんツォンカパ尊者が次のように書いている意図だろうと私は考えている。……

> 菩提心の展開こそ大乗仏教修行の骨格であり、すべての偉大な菩薩行という波濤の基であり礎である。すべての金属を金に変えてしまう錬金術の調剤のように、それはすべての行為を福徳と智慧という二種の集まりへと変えてしまう。それは限りなき功徳の塊りを集めた利徳の財宝である。これを知って勝者仏陀の英雄的な息子たる菩薩は、この宝石のような菩提心の展開を彼らの基礎的修行として採用するのだ。（『ラムリム抄義』）[注13]」

旧チベットには2700の寺廟があって、11万人のラマがいた[注14]。この政治的風土こそチベットの「独自性による独立的政治存在」堅持の骨柱を形成してきており、幾多の対外干渉を受けつつも、チベットの独立自治堅持への選択を引き出してきた。
　この地勢と民族およびラマ教の2つの論点の解明なくしては、国際関係におけるチベット問題も理解することはできない。その論点を摘記しつつ、チベット問題の背景と経緯を明らかにするのが本書の課題である。
　政治的土壌としてのチベット仏教は、チベット高原社会という閉鎖社会において成長したもので[注15]、そのラマ教団は、チベット内部のみかモンゴルを含むラマ地域において強い政治的連繋を有し、それが独特の活仏思想として存在してきており、このことが決定的な政治構成要因を形成している。いいかえれば、その閉鎖社会こそが独特の政治社会を形成づけた反面、その鎖国政策とその限界がチベットの独立的存在に大きな動揺をもたらした。スウェン・ヘディンは、1899〜1902年の第2回中央アジア探検で、チベットに入り、ラサに潜入せんとしたが、成功しなかった（のちヘディンは1909年2月12日9世パンチェン・ラマに拝謁した）。そこで経験したことの結論はこうであった。
　「……わたくしは、彼らのとっている鎖国政策こそ、彼らの国を没落から救いうる唯一の道であることを、彼らにたいしてみずからすすんで正直に告げずにはいられなかった。
　〈チベットの周囲では、北でも南でも西でも、ヨーロッパ人たちがきみたちの隣国を征服するか属国とするか、そのいずれかでまったく手つかずのままでいる唯一の国である。〉
　〈レ・レ〉（ほんとうだ、ほんとうだ）と、彼らは叫んだ〈それこそ、まさに、われわれの欲するところなのだ！〉」[注16]
　このチベット体制の維持という課題こそ、チベットをめぐる対外干渉に対する独自の外交選択を形成してきた。
　そのラマ教（黄教）の特質は、以下の4つである[注17]。
(1) ラマ教の呪術性。インド仏教の導入においてその要素が強かった。しかし、14世紀末、ツォンカパ（宗喀巴）[注18]による密教の堕落を是正する戒律を中心に顕現の学習を主とした宗教改革[注19]で、チベット仏教はそうした密教的要素の

みでなく「顕密相関の教」となった。ただし、土着の宗教であるボン（ポン）教（Bon po）の宗教的土壌は残った[注20]。

(2) ラマの仲介性。仏教の三宝（サンギエ・ダルマ・サンガ）帰依に対して、ラマ宝（師僧の活仏＝転生の菩薩）を加えた四宝帰依がとられ、そのラマ宝は、その当体であるラマを媒介として、ラマ（師・普知識・善友の意、教法を信者に教示する者）への帰依が人格までを媒体とすることで、三宝以上の存在へと昇華するところとなっている。それで、ラマ、すなわち活仏は、万象を顕現する創造者とならず、宗教的権威ある個人に対する絶対的服従の社会秩序が成立する[注21]。

(3) 活仏の特異性。このラマないしラマ宝に対する異常な信仰が活仏を生み出した。それはその品質が魔術にあって救いを得ることができ、それ自体は大乗仏教と原始宗教、すなわちインドの自然崇拝の混合物であったところの、在家信者に性瑜伽（ヨーガ）を実習する、いいかえればその性行為の恍惚が主観・客観の対立を超えた無二智を体験させるところの仏性の活性化を基本としたタントラ（密教経典）[注22]の観法[注23]によって自己の肉体からその霊魂が遊離し、これが他の者の肉体に入るという修行で可能となることのため、ここに、霊魂と肉体の分離、それによる転生（転世）が生じる。それは、秘密仏教的呪術力、三瑜伽力によって可能とされる。これは、三身説における応身（仏の功徳力を追慕する仏教との所産）と対比される[注24]。ここに、霊魂の転生をもって、活仏のいわゆる転世が可能となる[注25]。

(4) 仏教の政治性。ダライ・ラマを頂点とするチベットの法王制は、その統治形態において典型で、信徒は臣民である。それは初代ダライがツォンカパの弟子でありながら政治工作において法王に就いた歴史的経緯、そして称号としてのダライをモンゴルの宗主権のもとに統治者として確認されたところの事実に負っている。実際、ダライは観音菩薩の化身であり[注26]、ダライに次ぐ活仏パンチェン（・エルダニ）は阿弥陀如来の化身とされ[注27]、彼ら霊魂の転世／転生においてその信仰のもと統治の正統性が確立し、神政継承の理論が成立しえた[注28]。

この４点こそ、チベット統治を可能にし、中国に対する隷属関係の複雑さ、加えて、地政学的に鎖国を余儀なくされても、ダライ・ラマの統治によるチベットの政治的特異性の堅持を可能にしてきた。その鍵はラマに対する異常なほどのチベット人の

尊宗にあるが、それは10世紀の排仏後、秘密仏教が復活し、11世紀にインドから入蔵したアティシャ（阿底夏、982－1054）のグル思想の影響で決定的になったものである[注29]。こうして13世紀にかけ活仏思想がチベット社会において普遍化し、14世紀にダライ・ラマ制が確立し、以来、新中国下のチベット解放（1951年）まで、ラマが全能的存在にあった。そのラマ政治も、18世紀以降、世界の諸国が近代化を推進するなかで、中国に対するチベットの隷属関係の複雑性から、13世ダライの即位以後は、彼の意志によって特定国とのみ親交するという一面閉鎖政策がとられ、これがチベット国際関係の特異性を特色づけてきた。

チベット社会の特質として、(1) 閉鎖性、(2) 未開・非文化性、(3) 社会的貧困が指摘される。まず、その閉鎖性はチベット高原の地理的自然環境に帰せられるにしても、その地政的条件下における閉鎖政策が大きく作用しており、このためチベットは秘境とされてきた[注30]。未開・非文化性の指摘は、『チベット大蔵経』が『漢訳大蔵経』などに比して遜色のない大乗仏教教学の成果にもかかわらず[注31]、ラマ教の密教性によるところが多い。そしてすべての文化的遺産がラマ教に関わるところから、前近代的と断定されてしまう。加えて、その風土は生産性の非近代性において未開とされてしまう。同時に、貧困の誹りを免れない。そこでは、そのことすべてをラマに託してしまう風土にもある。ここにチベット仏教の活仏思想を継承してきた背景があった。そしてそれは仏教のチベット化ということに尽きるであろう。

こうしたチベット僧院の生活は大きな関心事であり[注32]、日本人僧侶らも多くチベットを訪問した。現在も、チベット文化への日本人の関心は大きい[注33]。

2．チベットの版図

西蔵（シーツァン）とは漢民族のいう呼称で、チベット人はポ pö と称する。漢人がこれを西蔵といったのは、その種族を蔵部といったためで、そこから中国西部の西蔵というようになった。もっとも、これは清朝以後のことで、唐代は吐蕃と称し、明代には烏斯蔵（ウザン）と称した。倫贊索が蔵と同音の羋疆（ズアン）、現在の貴州徳江県西方に国を建て、その禿髪（t'ufa）が訛って吐（t'u fan）となり、

その吐蕃の領地は新疆から甘粛に広がり、その存在は中国本土にとり辺患となって、その存在が注目されるところとなった[注34]。衛蔵の用語は、鳥斯（ウス）を書き換え、衛（ウェ／ウー）としたもので、西蔵とは中国本土の西にある蔵（ツァン）の意で、蔵は西蔵国内の一地方の名で、中国では全般的名称として西蔵と呼んだ[注35]。

チベットは、以下の5つの区分にあった[注36]。

（1）北東部遊牧地帯　　アムド（安多、青海省）。
（2）東部遊牧地帯　　　カム（康、金沙江以東は四川省）。
（3）中央部ラサ地方　　ウェ／ウー（衛）。
（4）南部穀倉地帯　　　ツァン（蔵）。
（5）西部遊牧地帯　　　ガリ／アリ（阿里）。

ヨーロッパ人のチベット Tibet, Thibet は、チベット人の pö に tö（上または高）を合成した tö-pö が往時のアラビア語で Tobbat, Tudbat, Tibat として現れ、図伯特（トゥベト）または土伯特（トゥベト）と訳され、チベットとして使用された。チベット人の自称は Bod yul、すなわち伯特友爾（ボトユル）で、伯特は部族名、友爾は国家を意味する[注37]。

チベットは南と西においてインドと接しており、伝説では、最初のチベット王がインドから渡来して国を開いたとされる[注38]。

元来、チベットは西康省（現在、四川省に併合）、青海省をも含む広大な領土であったが、今日のチベット、西蔵自治区は、チベット本部だけを指すものとなった。その版図は、清代までは省地域になく、蒙蔵ディパ（土司）として一括扱いにあった[注39]。そしてその構成は以下のとおりであった[注40]。

(1) チベット本部　これは、前蔵と後蔵の二部に分かれ、後者は真蔵ともいわれ、本拠である。三危といったのは、中国の3省と同様に、前蔵、後蔵、青海を指し、その危は前蔵または衛と称しており、鳥斯蔵ともいった。後蔵は真蔵ないし蔵である。東部の前蔵ウェはラサ（拉薩）が中心で、この西端アルポ・リ（赤い岡）の聖地ポタラカ（普陀落山）にダライ・ラマのポタラ（布達拉）宮殿（ポタン・ポタラ）がある（その名は最初に建立された観音菩薩を祀ったパクパラカンに由来する）。西部の後蔵ツァンはシガツエ（日喀則）が中心で、パンチェン・ラマのタシルンポ（札什倫布）があり、札什喇嘛（タシラマ）はパンチェン・ラマ

ポタラ宮殿

の別名である。ダライ・ラマはラサを中心に、パンチェン・ラマはシガツエ（日喀則）を中心に、それぞれ前蔵、後蔵を支配してきた。この両者を結ぶのは、ギャンツェ（江孜）の迂回路があるが、5045メートルのカロ・ラ（卡惹拉）峠経由の直通路が一般的である。

　ラサ（ラッサ）は、山羊地のラサの意味から、Lhasa と転写したもので、このラッサ、神地を指している。これが現在のラサで、つまり、Rasa は、昔、オタンという湖を山羊（ラ）に土石を運ばせて埋めたが、文成公主が646年、釈迦の像を運んでラモチェ（小昭寺）に祈願してからは、この地が仏の地、Lha-sa と称されるところとなった[注41]。中国は、1727年2月以降、ラサに対し当初は総理ないし弁理、1740年代の乾隆帝のもとでは都統、1780（乾隆45）年以降、幇弁大臣ないし弁事大臣の駐蔵大臣（アンバン）を1911年まで置いた[注42]。民国政府のもとでは蒙蔵委員会が設けられ、その代表が駐在した。

(2) 旧西康（シーカン）省　三危のカム（喀木）と呼ばれてきた地域で、広義のチベットの東半分を占め、チャムド（昌都／洽木多）地区といわれる[注43]。清朝末、こ

の地域が西蔵より分離され、川辺特別区として中央政府の直属となり、辺務大臣趙爾豊が統治した。1912年に川辺経略使が置かれ、1914年6月川辺特別地域として鎮守使の下に置かれた。1918年建省の議が起こり、1928年9月の中央政治会議で熱河、察哈爾、綏遠、青海、および寧夏の建省とともに西康省が分離し（省都はダルツェンド／打箭爐、漢民族の進出で1938年にガンディン／康定と改称）成立した[注44]。これは1964年四川省に併合された。

(3) 青海省　モンゴル名ククノール（庫庫諾爾）といい、その名は中国最大の湖水の名「青い海」（青海湖／ココノール／ツオゴン・シンチェン）に発し、古来、仙海、鮮水といわれ、卑禾羌海との名称で呼ばれた。青海は、古代禹貢の西戎、3代より漢に至る西羌、東晋より唐に至る吐谷渾で、以後は吐蕃の版図に入った。明代はモンゴルに属し、清代は中央に藩属し、青海大臣の下に置かれた。1928年に建省した[注45]。

(4) ラダク（ラダック、Ladakh, La-dwags）　この地からチベット仏教が入り、チベット人の生活領域はカシミールに広がった。ラダクは王国を形成していたが[注46]、現在、インド支配のジャム・カシミールの一部である。面積11万平方キロメートルで、低地で3500メートル、高地では7000メートルに達する。住民は20万人にすぎない。この地方は、古来、マルユル Mar-yul ないしマンユル Mañ-yul と呼ばれ、チベットの代表的歴史書『ブトン仏教史』（1322年）にもその名称がある。『ラダク（拉達克）王統記』にその名称が使われ、10世紀以降、こう呼ばれた[注47]。

ちなみに、前漢代以降、使用されてきた西域は、『漢書』の西域列伝によれば、王門、陽門より西、パミール（葱嶺）に限定され（天山、パミール、崑崙の3山系の地区には36カ国があった）、漢代には50余の国があった。『後漢書』の西域伝は天竺、大秦（タイシン）、奄蔡（アラン）までを記述し、『随書』の西域伝は、さらに、吐谷渾、党項（タングート）、女国、附国（ピャー）、そして青海からチベットまでの諸国を加えた[注48]。

<注>
1 Charles Allen, *A Mountain in Tibet : The Search for Mountain Kallas and the Sources of the Great Rivers of India,* London: Deutsch, 1982. 宮持優訳『チベットの山――カイラス山とインド大河の源流を探る』未来社、1988 年。松原正毅『青蔵紀行――揚子江源流域をゆく』中央公論社、1988 年、中公文庫、中央公論社、1992 年。
2 Sevan Hedin, *Transhimalaja,* Leipzig: F. A. Brockhaus, 3 Bd., 1909-12.［縮刷版］*Transhimalaja,* Leipzig: F. A. Brockhaus, 1951. 青木秀男訳『トランスヒマラヤ』ヘディン探検記 5、白水社、1988 年、上、232 頁以降、下、70 頁以降、138 頁以降、254 頁以降。Hedin, *Erövringsståg I Tibet,* Stockholm: Albert Bonaiers Forlag 1934, Hedin, *Wildes heliges Tibet,* Leipzig: P. Reclam,1936. 高山洋吉訳『西藏旅行記』改造社、1939 年。Hedin, *Im verbotenen Land, Tibet,* Leipzig: P. Reclam,1936.1937. 田中隆泰訳『禁断秘密の国』青葉書房、1943 年。Hedin, *A Conquest of Tibet,* New York: E. P. Dutton & Co., 1934.［抄訳］春日俊吉訳『西藏探検記』博文館文庫、博文館、1941 年。吉田一次訳『西藏旅行記』教育図書、1942 年。金子民雄訳『チベット遠征』中央公論社、1992 年、294 頁以降。
3 Rolf Alfred Stein, *La civilization tibétaine,* Paris: Dunod, 1962. 山口瑞鳳・定方晟訳『チベットの文化』岩波書店、1971 年、23 頁。耿昇訳『西藏的文明』北京、中国藏学出版社、2005 年、21 頁。
4 徳吉卓嬷『藏伝仏教出家女性研究』北京、社会科学文献出版社、2003 年。
5 徐華鑫編『西藏自治区地理』ラサ、西藏人民出版社、1986 年。〈西藏自治区概況〉編写組『西藏自治区概況』ラサ／北京、西藏人民出版社、1994 年。〈西藏自治区概況〉編写組『西藏自治区概況』上・下、ラサ／北京、西藏人民出版社、1991 年。
6 ラサルートは以下をみよ。西藏研究編輯部編『西藏志・西藏通志』ラサ、西藏人民出版社、1982 年、49 頁。佐藤長『チベット歴史地理研究』岩波書店、1978 年、第 12 章。
7 格勒「古代藏族同化、融合、西玉諸羌与嘉十戎藏族的形成」西藏研究、1988 年第 2 期。鎌澤久也『雲南カイラス――4,000 キロ』平河出版社、1997 年。
8 カイラス山のカン・リン・ポテェ（岡仁波斉）の巡礼は、王林和彦『聖地巡礼』山と渓谷社、1987 年に詳しい。
　1755 年に 7 世ダライ・ラマが住んでいたノルブリンカ宮殿タクテン・ボタンの近代的建築物の二階にある壁画に、その変身の姿の経過が描かれている。
9 op. cit. Stein, *La civilization tibéetaine.* 前掲、山口・定方訳『チベットの文化』7 頁。前掲、耿昇訳『西藏的文明』9 頁。
10 山口瑞鳳『チベット』東京大学出版会、上、1987 年、3 － 9 頁。前掲、松原『青蔵紀行――揚子江源流域をゆく』100 － 108 頁、中公文庫、113 － 118 頁。
11 op. cit. Stein, *La civilization tibéetaine.* 前掲、山口・定方訳『チベットの文化』34 － 41 頁。前掲、耿昇訳『西藏的文明』31 － 38 頁。
12 多田等観『チベット』岩波新書、岩波書店、1942 年、2 － 4 頁。
13 Geshé Rabiten & B. Alan Wallace, *The Life and Teaching of Geshé Rabten,* London: George Allen & Unwin, 1980. 小野田俊蔵訳『チベットの僧院生活――ゲシェー・ラプテンの半生』平河出版社、1984 年、209 頁。
14 曹自強・毛翔・喜饒尼瑪編『西藏的寺廟和僧侶』北京、中国藏学出版社、1995 年、1 頁。

さらに、以下をみよ。蒲文成主編『甘青藏伝仏教寺院』西寧、青海人民出版社、1990年。陳履主編『西藏寺廟』上海、上海人民美術出版社、1995年。
15 それは、チベットの部落組織に発する。陳慶英主編、青海省社会科学院藏学研究所『藏族部落制度研究』北京、中国藏学出版社、1995年。
16 Sevan Hedin, *Central Asia and Tibet : Toward the Holy City of Lessa*, 2 Vols., London: Hust & Blackett, 1933/ New York: Greenwood Press, 1969.［縮刷版］*Abenteuer in Tibet,* Leipzig: F. A. Brockhaus, 1904. 鈴木武雄訳『チベットの冒険』ヘディン探検紀行全集4、白水社、1979年、322－323頁。
17 矢崎正晃『チベット仏教史攷』大東出版社、1979年、第1章チベット仏教史の特色。
18 寺本椀雅「喇嘛教宗喀巴傳」1～6、仏教史学、第1巻第7号、第8号、第9号、第10号、第2巻第3号、第4号、1911～12年。方立天主編『宗喀巴傳』北京、京華出版、1995年。中国仏教文化研究所主編、法尊法師訳『宗喀巴大師集』全5巻、北京、民族出版社、2001年。
19 長尾雅人『西藏仏教研究』岩波書店、1954年。
20 ボン教はチベットのシャーマニズムとして描かれがちであるが、シャーマン的な巫術的要素はないとされる。山口『チベット』下、149頁以降。サムテン・G・カルメイ「ポン教」、長野泰彦・立川武蔵編『チベットの言語と文化――北村甫教授退官記念編文集』冬樹社、1987年。Geoffreg Samael, 'Shamanism: Bonn and Tibetan Religion,' Alex McKay ed., *The History of Tibet,* Vol. 1 *The Early Period to C.AD 850: The Yanlung Dynasty,* London: Routledge Curzon, 2003, pp. 459-472.

それは生活の宗教であった。P. Vværne, *The Bon Religion of Tibet: The Inconography of a Living Tradision,* London: Serindia Publication, 1988, pp. 8-23. さらに、以下をみよ。R. A. Stein, 'The Indigenous Religion and the Bonn-Po in the Duhhang Manuscripts, op. cit. McKay ed., *The History of Tibet,* Vol. 1：*The Early Period：to C.AD 850：The Yanlung Dynasty,* pp. 584-615.

『吐蕃伝』（2頁）に「多事羱羝之神人信巫覡」の記述があり、「羱羝」は山羊などを空想したネン（山の神の精霊）であり、その限りチベット人の信仰は精霊鬼魅崇拝が特徴で、天地日月星辰の神、すなわち天神地祇の鬼魅を信じ、これらに経験な祭祀を捧げて、災禍をもって松・福徳を招くこととなる。ボンでは、古くから天空地の三界があり、空はGtsaṅの支配認識にあり、天は単なる天にして天神・天国であり、死者や神は神縄で天に昇り、王は天から降臨した子孫、と説話している。つまり、王は天であり神であり天子であり、地には地主神が潜む。また、『新唐書』吐蕃伝（3頁）には、「其俗重鬼右巫事羱羝為大神喜浮屠法習呪詛之政事必以桑門参決」とある。羽田野伯猷「チベット・満蒙の宗教――ラマ教」、松長有度編『密教体系』第1巻『インド・チベット密教』法蔵館、1994年、368－370頁。もっとも、ボン教は土着の信仰であった限り、シャーマニ教的要素が残った。それは、密教の底部と共通帯をなし、その呪術はチベット人に畏敬され、期待され、そして実生活となった。Sir Charles Bell, *The Religion of Tibet,* Oxford: Clarendon Press, 1931. 橋本光寳訳『西藏の喇嘛教』法蔵館、1942年、10頁以降。

カイラス山のボン教のミャンシュンには、ヒンドゥーの要素がある。

英国の仏教哲学者デービット・スネルグローブのネパールのチベット仏教寺院をくまなく訪問した『ヒマラヤ巡礼』には、トルボの地図があり、それによると、仏教の寺院が13、ボン教の寺院が9の所在が描かれている。スネルグローブは、以下の説明をして

いる。

「まんじは古代インドで、幸運をあらわす神秘な印とされ、非常に早くからチベットに伝わっていた。仏教徒は、鉤を時計まわりに曲げた卍を使うのに対し、ボン教徒はその逆の卍を使う。同じやり方で、祈祷車は左まわりにまわし、経塚、祠、寺などを巡るときの左まわりである。このやり方は、最初は仏教の仏像や寺を左回りに巡ることが、それらに対する軽蔑をあらわす一番適切な方法だという考え、すなわち対立意識から始まったものちがいない。そのような恨みがもち続けられているわけではない。とくに私の記憶に残っているには、ツァツガの村に入ってゆく道に、経塚が並んでいて、最初のものが仏教、次がボン教、その次がまた仏教のものだったが、私が観察したところでは、村の人たちは全部、最初のものは左側を、次は右側を、三番目のものは、またその左側を必ず通っていたことである。まるで彼らは本能的にそれらを区別しているようだった。こんな例はここだけではない。一目みてそれが仏教のものか、ボン教のものかを見分けて、人夫たちがその決められた側を間違わずに通っているのを、私たちは何度か見かけたことがある。」(David Snellgrove, *Himalayan Pilgrimage: A Study of Tibetan Religion by Traveller through Western Nepal,* Oxford: Bruno Cassirer, 1961. 吉永定男訳『ヒマラヤ巡礼』白水社、1975 年、68 − 69 頁)

　このシャーマニズム性については、以下をみよ、Michel J Harner, *The Way of the Sheman*, San Francisco：Marper Row,1980. 高岡よし子訳『シャーマンへの道――「力」と「癒し」の入門書』平河出版社、1989 年。佐藤久光「ラダックの社会とシャーマニズム」、インド・チベット研究会編『チベット密教の研究――西チベット・ラダックのラマ教文化について』永田文昌堂、1982 年。Norbu Namkhai, *The Crystal and the Way of Light*,London: Routledge & Kegan Paul, 1986 / London: Arkana,1993. 永沢哲訳『虹と水晶――チベット密教の瞑想修行』法蔵館、1992 年。永橋和雄『チベットのシャーマン探検』河出書房新社、1999 年。

21　中村元『東洋人の思惟方法』第 5 編第 4 節及び第 5 節、春秋社、1962 年、第 4 巻 40 頁以降。『中村元選集』決定版、春秋社、第 3 巻、1989 年。Hajime Nakamura,*The Way of Thinking of Eastern People*, Paris：UNESCO, 1960/ Hawai：East-West Center Press/ Univ. Press of Hawai, 1964.

22　op. cit. Bell, *The Religion of Tibet.* 前掲、橋本訳『西蔵の喇嘛教』56 頁。

23　*An Mysticism: According to the Esoteric Teaching of the Great Mantra Im Mani Padme Hum,* Bombay: B. I. Publications/ New York: Dutton, 1960 / New York: Samuel Weiser, 1969. 山田耕二訳『チベット密教の真理――その象徴体系の研究』工作舎、1991 年。Lama Anagarika Govinda, *Foundations of Tibetan Mysticism,* Bombay: B. I. Publication/ New York :Dutton, 1960 / Beach: Samuel Weiser, 1969. 山田耕二訳『チベット密教の真理――その象徴体系の研究』工作舎、1991 年。Lawrence L. LeShan, *How to Meditate: A Guide to Self-Discovery,* Boston: Little, Brown, 1974. ペパ・ギャルポ、鹿子木大士郎訳『チベット・メディテーション――チベット仏教の瞑想法』、日中出版、1987 年。大窪一志訳『瞑想法入門』図書出版社、1994 年。頼宗本宏「チベットの密教」、岩波講座東洋思想 11『チベット仏教』岩波書店、1989 年。前掲、長尾『西蔵仏教研究』。田中公明『チベット密教』春秋社、1993 年。立川武蔵・頼富本宏編『チベット密教』春秋社、1999 年。Tenzin Gyatso, *The Fourteenth Dalai Lama, Kâlachakra Tantra Rite of Initiation,* Boston：

Wisdom Publications, 1985. 石濱裕美子訳『ダライ・ラマの密教入門——秘密の時輪タントラ灌頂を公開する』光文社、2001 年。
24　E・シューギントワイト、楠基道抄訳『西藏の仏教』永田文昌堂、1958 年。
25　曉浩『転世霊童——当代西藏活仏生活現実』北京、団結出版社、1994 年。Vicki Mackenzie, *Reincarnation*, London: Bloomsbury Publishing PLC, 1998. 山際素男訳『チベット——奇跡の転生』文藝春秋、1995 年。蔡志純・黄顥訳『活仏転世』北京、華文出版社、2000 年。田中公明『活仏たちのチベット——ダライ・ラマとカルマパ』春秋社、2000 年。
26　Ya Hanzhang, translated by Wang Werjiong, *The Biographies of the Dalai Lamas*, Beijing: Foreign Langages Press, 1991.
27　Ya Hanzhang, translated by Chen Guansheng & Li Peizhu, *The Biographies of the Tibetan Spritual Leaders Pannchen Lamas*, Beijing: Foreign Langages Press, 1984.
28　Fosco Maraini, *Segreto Tibet*, Bari: Leonard da Vinci, 1951. 牧野文子訳『チベット そこに秘められたもの』理論社、1958 年、156 頁以降。
　　さらに、以下をみよ。東嘎・洛桑赤列、陳慶英訳『論西藏政教合一制度』北京、民族出版社、1985 年。
29　多田等観『チベット』岩波新書、岩波書店、1942 年、4－5 頁。
30　ロブサン・ランバはその秘境を「第三の眼」と形容して、こう指摘した。ロブサン・ランバは、チベットへきた中国人の「霊気が暗い赤を交えて黄白色に輝くのを認めた。いまわしい考えがぎょうしくしてうず巻いている。不快な色のシマや筋、澄んだ、高邁な思想の影ではなくて、唯物主義と悪徳を追求してやまないものの不健全な、汚れた色である。彼らは私たちの言う、「巧言令色なし仁」といった連中だ」。また、1910 年の赤い野蛮人（イギリス人）のチベット進出に触れて、その（チャールス・A・）ベルの姿を、「彼は 4 本の木の棒にのせられた木製のワクの上に座っていたからあきらかに不具者だった。……霊気の色から私は彼が健康をそこなっていると判断したが、……事実、彼は心から協力を望んでいるように見られたが、英政府の機嫌を損じて、あとの年金のさわりになるのを恐れていることが、その色から明らかだった」と述べていた。T. Lobsan Rmpe, *The Third Eye : The Autobiography of A Tibetan Lama*, London: Secker & Warburg, 1956. 今井幸彦訳『第三の眼——秘境チベットに生まれて』光文社、1957 年、190、196 頁。白井政夫訳『第三の目——あるラマ僧の自伝』講談社、1979 年。
　　このロブサン・ランバの指摘は、「第三の眼」としてキリスト教世界で大きく着目されたが、彼はイギリス人シリル・ハンリー・ホスキンであることが後に判明し、そのチベット観は創作であると断定された。さらに、中岡俊哉『チベット「第三の眼」の謎』二見書房、1994 年をみよ。
　　秘境は多くの照射を受ける。以下の文献をみよ。René Nebesky-Wojkowitz（内見斯基・沃杰科維茨）、謝継胜訳『西藏的神霊和鬼怪』北京、西藏人民出版社、1993 年。廖東凡・耿軍・廬小飛『漫遊西藏』ラサ、西藏人民出版社、1998 年。Lucette Boulnois, *Poudre D'or et monnaise d'argent au Tibet*, Paris: Centre National de la Research Scientific, 1983. 耿昇訳『西藏的黄金銀市』北京、中国藏学出版社、1999 年。熊育群『霊地西藏』北京、時事通信社、2000 年。李希聖『西藏探索之旅——了解・關懷・欣賞』台北、臺灣商務印書館、2000 年。
31　笠松単傳「チベット大藏経について」仏教研究、第 5 巻第 3・4 号。1941 年。橋本光

寶「喇嘛教大蔵経」蒙古學、第2号、1938年。今枝由郎「チベット大蔵経の編集と開版」、前掲『チベット仏教』。
32 op. cit. Rabiten & Wallace, *The Life and Teaching of Geshé Rabten*. 前掲、小野田訳『チベットの僧院生活——ゲシェー・ラプテンの半生』。Chögyan Trungpa, *Born in Tibet*, London: Gerge Allen & Unwin, 1966, 竹内紹人訳『チベットに生まれて——ある活仏の苦難の半生』人文書院、1989年。
33 ヒマラヤのフィールドワークを行った川喜田二郎は、生態史的視点に立って日本との比較文化論を展開した。川喜田「ヒマラヤ及びチベットにおける文化接触」史林、第40巻第6号、1957年。川喜田「文化の地理学もしくは文化の生態学——チベット文化の場合」人文研究、第7巻第9号、1956年。川喜田「チベット文化の生態学的位置づけ」、『人間——今西錦司博士還暦記念論文集』中央公論社、1966年。川喜田『ヒマラヤ・チベット・日本』白水社、1988年。
　　さらに、以下のものがある。岩井大慧『西藏印度の文化』日光書院、1942年。長沢和俊『チベット——極奥アジアの歴史と文化』校倉書房、1964年。
34 R. B. Ekvall, *Cultural Relation on the Kansu-Tibetan Border*, Chicago：Univ. of Chicago Press, 1939, 1977. 蓮井一雄訳『甘粛・西藏辺境地帯の民族』帝国書院、1944年。
35 前掲、多田『チベット』72頁。
36 栗田靖之「チベットの自然と人」、長野靖彦・立川武蔵編『チベットの言語と文化』冬樹社、1987年、20頁。
　　中国国内のチベット文化域における森林・草原分布の模式図は、前掲書、レファレンス、18頁をみよ。
37 矢野仁一『近代西藏史研究』東洋史講座、雄山閣、1930年。
38 稲葉正就・佐藤長訳『フゥラン・テプテル——チベット年代記』法藏館、1964年。索南堅贊、劉立千注『西藏王統記』北京、民族出版社、2000年。
39 趙宋岑『中國的版圖』下、台北、臺灣中華書局、1967年。
　　同書の区分によるチベット人の分布状況は、以下のとおりである。
　　　　チベット本部　チベット族、自称藏巴。
　　　　西康区　　　　チベット族、自称康巴。
　　　　甘青川区　　　チベット族、安多（モンゴル人は唐古特）、果洛（9族）、保安（12族）、環海（8族）、玉樹（25族）など。四川西北の松藩・理縣・茂縣・汶川・懋功（大川・金川）のチベット族（羌民）。
　　薛人仰主編『蒙藏民族史略』台北、台湾中華書局、1982年、136頁。
40 華企雲編『西藏問題』上海、大東書局、1930年、第1章。華企雲『中國邊疆』南京、新亜細亜學會、1932年。
41 金子英一『チベットの都・ラサ案内』平河出版社、1982年。伝崇蘭主編『拉薩史』北京、中国社会科学出版社、1994年。
42 願祖成『明清治藏史要』ラサ、西藏人民出版社／済南、斉魯書社、1999年。曽国慶『清代藏史研究』ラサ、西藏人民出版社／済南、斉魯書社、1999年。
43 レチュジャ（赤烈典礼）、池上正治訳『チベット——歴史と文化』東方書店、1999年、第6章。
44 願頡剛・史念海『中國疆域沿革史』北京、商務印書館、2000年、226頁。陳重為『西

康問題』上海、中華書局、1930 年。翁之藏編『西康之実況』上海、民智書局、1930 年。
45　前掲、顧頡剛・史念海『中国疆域沿革史』210 頁。東亜研究所第 2 部(上里美須丸)編訳『青海概説』東亜研究所、1944 年。丹曲・謝建華『甘粛藏族史』北京、民族出版社、2003 年。
46　Luciano Petech, *A Study on the Chronicles of Ladakh (Indian Tibet)*, Calcutta: J. C. Sarkhel at the Calcutta Orintal Press, 1939. Luciano Petech, *The Kingdom of Ladakh C. 950-1842A.D.*, Serio Orientale, Rome: Sotto la Derezione de Geiseppe Tuci, Vol. LI, 1977. 山口瑞鳳「ラダックの仏教と歴史」『秘境ラダック――西チベット・ラマ教を訪ねて』成田山仏教研究所、1980 年。前掲、インド・チベット研究会編『チベット密教の研究――西チベット・ラダックのラマ教文化について』。煎本孝「ラダック王国史の人類学的考察――歴史―生態学的視点」国立民族学博物館研究報告、第 11 巻第 2 号、1986 年。野口法蔵『チベット最後の秘境「ラダック」』ラダック基金、1992 年。John Bray, 'Ladakhi and Bhutanese Enclave in Tibet,' Alex McKay ed., *The History of Tibet*, Vol. 3 *The Modern Period：1895-1959: The Encounter with Modernity*, London：Routledge Curzon, 2003, pp. 191-201,
47　矢崎正見『ラダックにおけるチベット仏教の展開』大東出版社、1993 年、第 1 章。
48　余太山主編『西域通史』鄭州、中州古籍出版社、1996 年。

2 吐蕃王国と中国、政教合一統治の形成

1．文成公主の入蔵と仏教の伝来

　チベット高原には、4氏族、6氏族があって、12小邦が生まれ、40の小邦となった。当時の存在は、以下のものであった[注1]。

　　象雄　　阿里（アリ）地区。
　　羅昂　　娘若香波（ニャンルオチュエンボー）地方。
　　森波　　岩波（イエンボー）、現在のラサ以北の彭波（ポンボー）。
　　娘　　　娘地方、現在の林芝（ニンティ）地区。
　　亜松　　松地方、現在の唐古拉山南（ロカ）一帯。
　　悉補野　山南一帯。

　そこでは、部落が形成され、こういった常態は紀元前5〜7世紀まで続いた。
　中国西北辺境に進出したチベット族を西羌と呼び、彼らは後漢当時（25〜220年）に、南は四川、西北はタリム盆地に至り、水草を追って生活し、遊牧を業としたと、『後漢書』巻111西羌伝の記述がある。漢は34（建武10）年、58（永平10）年、100（永元12）年の征討で羌の反乱を抑え、一方、羌は小王国を形成した。
　チベットは、ヤンリ（gNam-ri）が570年から620年にかけ国家統一を達成したそのヤルルン／ヤールン（蔓法 gNyang-ro、のち Nang-ro）王家に始源しており[注2]、以下の記述がある。

　　「其界東至松州、西接葉護、南雑春桑迷桑等羌、北聯吐谷渾、処山谷間、亙三千里。」
　　（『旧唐書』巻198、党項（タングート）伝）

　吐谷渾（アシャ）の南にチャンタンを越えて西トッケツ（／トックッ、突厥）に接し広大な国がある。その国は、多年協力してきたカム（喀木）地方の同族父方六

家臣が608年、離反して附国（ピャー）と称したもので、附国が遣使した随の煬帝は、吐谷渾を討伐し、その王慕容伏允は黄河上流域に逃亡した。父方六家臣はこれに恐れをなし、スムパ宰相ニャンがこれを臣属とし、もってヤルルンは国土を回復し建立された[注3]。古代の碑文、チベット『編年紀』『年代記』の記述はこうである。

「　七層からなる蒼き天界、
　　神の邦なるクンタンより、
　　神の御子にして人の主は、
　　チベット国に降り給うた。
　　そは（この国が）ありとある人の国の中で、
　　並ぶものなく、比べるものなく、
　　国は高く、地は潔ければなり。
　　すべての日の国の王であり、
　　徳義は善く、秩序は堅ければ……。[注4]」

これは、チベットの聖王が何層もの天を貫いて延びる天縄で天頂からヤルルンの聖地ヤルラシャムポの山頂に降臨したとの記述である。この理念は、チベット王室を讃える原点となっている。

『蒙古源流』の「チベットの応答」には、ヤルルン家の起源について、以下の記述がある。

「大シャーキャ、シャーキャ、リッチャヴィー・シャーキャの「山の放浪者」という3人のうち、三番目の者の一族に、「盛んにする者」王呑むスコのバーンドゥという王の5人の息子が、悪しき敵の十八万の篭と戦って敗れたとき、ルーパティという末息子は雪山の麓に逃げて来て、チベットのヤルルン氏族となった。[注5]」

そして、初代チベット王ニャティ・ツェンポが1821年の戊申の年（紀元前313年）に王位に就き、「四方の異民族を征服して、88万のチベット人の君主となった」とある[注6]。

また、チャールズ・ベルの『チベットの宗教』には、チベット人の戦闘・狩猟・勇武な有様を描いたケサルの叙事詩がある[注7]。

ヤルルンの首長ハスプギェル・ツェンポの称号で知られる、その王、ソンツェン・

ガムポは、596年即位し、ティバン王女を吐谷渾に送り、盟約をもって安全を保持し、一方、吐谷渾から官位12階制を学び、これを受けて629年に諸侯の土地・人民を掌握して国家統一を完成した[注8]。これがチベット、吐蕃王国の成立である[注9]。

吐蕃とは、チベット人の情報を中国人がBod蕃と音訳し、あるいは野蛮の蕃の名を使って使用し、その名称がヨーロッパ人旅行者に伝えられたところによる[注10]。山口瑞鳳は、吐は南のIboで、蕃はチベット支配階級が用いる自らの部族名を漢字に写したトン部族の神の名をとった発（ピャー Phyva）で、吐発 Töppat（または突厥碑文のTüpüt）がチベットの由来であるとしており、4つのピャーの国がヤルルン王家に替わり、それが現在のチベットとなったとしている[注11]。

ここに、ソンツェン・ガムポ（チ・スロン・ツェンポ）王（称号のツェンポは天の神が地上に化現したことを意味する）は521年に即位し[注12]、清浄人法16条を制定し[注13]、仏教の十善戒に則って法律を定め、位階秩序を整えた。634年、王は唐に遣使して、匈奴や吐谷渾（アシャ）に倣い中国の王女、公主をチベットに迎えたいと申し出た。唐はチベットの要求を拒否したが、635年容伏允が滅ぼされ、ここに親吐谷渾勢力に代わって親唐政権が成立し、ソンツェン・ガムポ王は軍を青海に送り、638年親唐吐谷渾王を北方へ追放し、唐の出先機関松州（松藩）を包囲し、再び公主の降嫁を迫った。吐谷渾は938年にソンツェン・ガムポ王のもとに降り、即位したグンソン・グンツェン王は641年1月黄河上流地区で文成公主を迎え[注14]、カム（西康）地方に居住した[注15]。他方、634年にあらゆる法をもってネパール王姫ティツゥンが吐番に嫁いだ[注16]。

643年グンソン王は死去し、そこで646年公主がラサに入り、ラモチェ（老木契、小昭寺）を建て、唐から迎えた釈迦牟尼像を祀って亡夫の菩提を弔った（この釈迦牟尼像はいつの間にかジョカンに移した）[注17]。3年の喪が明けると、公主は再登位していた父ソンツェン・ガムポ王と再婚し、宰相ガル・トンツェンは使者を唐に派し、唐は婿としてソンツェン・ガムポ王を公認し、賓王に封じた。もっとも、チベット王が唐の冊封を受けたのはこれだけであった[注18]。そこでのサンガ（僧団）と国家の関係は、国家の支援者以上のものではなかった[注19]。

ソンツェン・ガムポの治世を述べた『編年紀』『年代記』は、王の偉業への賛歌とともに、忠誠の誓い、バー氏の権利を安堵するとの王の誓約に応えた記述があり、

こう述べる。

> 「ツェンポ・スプギェツ・ティンソンツェン(ソンツェン・ガムポ)御父子とその御子孫に対して(我らは)忠誠心を失うまい。
> 未来永劫に御子孫の王が何をなさろうとも(我らは)忠誠心を失うまい。
> 他のすべての人に新たな主人たることを求めまい。……
> ツェンポがどのような御命令をくださっても遵守しなければならない。[注20]」

　この1世紀の間に国家建設が整ったことは、チベット人が当時、強力で迅速な攻撃力を備えていたことに他ならない。「年代記」に「馬の司」とあるが、それは王の駿馬による征服を物語って余りある。

　649年ソンツェン・ガムポが死去し、唐の外孫マングソン・マングステンが王位に就き、唐への使者となった宰相ガルは、吐谷渾のシルクロード東の関門支配を企図した。654年に軍事国家機構を完成していた吐蕃は、659年軍事行動に出て外交に応じない唐と親唐勢力の吐谷渾に圧力をかけ、吐谷渾の失地回復を企図したが、成功しなかった。以後、チベットと唐は勝敗を繰り返し、その過程で以下の9次の唐蕃会盟は成立した[注21]。

706年	神龍盟誓。
714年	河源会盟。
733年	唐蕃赤恰定界。
736年	涼州辺界の一次会盟。
762年	宝応盟誓。
767年	大励盟誓。
783年	清水会盟。
787年	平涼之盟。
821〜22年	長慶会盟。

　そして唐は710年吐蕃王ギェルエンラナン(後のディク・デツェン)のもとに金城公主を使者に嫁がせ、この際、唐は、黄河上流域の河西九曲の地、つまり旧吐谷渾に対するチベットの領有を認めた。しかし、吐蕃の版図はこれによって確定されたわけではなかった。755年に安録山の乱が起こり、これを機に吐蕃は762年唐に攻め込み、和平を成立させたが、翌763年10月吐蕃は長安を占領し、傀儡政

権を樹立した。この異民族が首都まで侵入したのは吐蕃が初めてであった。以来、チベットは支配を拡大し、その版図は中華世界の3分の2に及んだ。

763年チベットの中国西部侵略記念碑のポタラ碑文は、以下のとおりである。

「ディック・デツェン王（天徳混簪）の御代、ゲンラム・ルコン（根蘭洛公）は、王の寵を得て宰相となった。バルドンツァプ（巴耳唐沢勃）とランミ・ジック（蘭米□齊克）は共に重臣であったが、父王ディック・デツェン王に疎んぜられたので、王を殺し、ために王は崩じられた。一味は王の御子ティソン・デツェンをも暗殺しようとし、黒帽のチベット王国には混乱が巻き起った。ルコンはバル・ランの2人を離間する策をティソン・デツェン王に献じた。バル・ランらの不和は明らかになり、2人は譴責され、ルコンは王の信任を得た。ティソン・デツェン王時代、ゲソラム・ルコンは王の信任を受け、顧問として重用され、王の想い目出度く内大臣に任じられた。ルコンは中国（唐朝）王朝との事件を処理し、調査した。彼は、（チベット）軍の将に命令を発し、始めてカルツニン（廓簪）地方に進出した。彼は軍事に明るく、漸次、前進し、中国本土ハシャ（黒沙）を征服した。中国にとって有用であったこれら地方は、中国が恐怖におののいた。ヤルモタン（亜母潭）……中国のチョンカ（荘克）の方へ……ルコンは……敵……大王国大顧問に建議した。……友好的なので、官吏は……王国……困難に堪えたのである。

叡知深く統治に専念するディック・デツェン王のチベット王国のための治政は、悉くチベットの利となり、中国各地に侵入して、多くの地方や砦を支配下に置いた。唐皇帝粛宗と閣僚は驚愕し、絹5万匹の永代年貢を提案し、これを入貢することとなった。まもなく粛宗老帝はみまかり、皇子広平王が唐の皇帝となった。帝はチベットへの入貢を不当と認めたので、チベット王の心は穏やかでなかった。時あたかもラサ政府の首席であったゲンラム・ルコンは、中国の心臓部である京師（長安）の唐の王宮に侵入せんとした。

ザァン・チム・ジャル・ジャル・ジック・シュ・テン（簪輕嘉嘉齊克丁）とタドゥラ・ルコン（特居勒洛公）大臣の2総司令官は、京師に軍を進めんことを命ぜられ、チフチル（涇州）附近の河岸で、唐軍と大会戦を行い、これを潰走せしめた。多数の唐兵が殺戮され、皇帝広平王も京師の城砦から陵西へ逃

れ、京師は（チベット軍に）軍事占領された。[注22]」

2．建中の和平と吐蕃の版図

　650年ソンツェン・ガムポ王の死後、旧土侯ガル一族の支配が続き、外威プロ（ド）のティュンサン・オルマンが宰相を務めたが、755年にクーデタがあり、ここに仏教の再興が求められ[注23]、ティソン・デツェン王が779年に仏教を国教として諸臣に崇仏を誓わせ、プロから王妃を迎えた。一方、宰相にナナムのツェン・ラナンが就き、ツェボンは774年その子がムネ・ツェポン王として即位しても、ナナムに対抗できず、ツェポンは土侯系バーと連繋し、バーとプロが交互に権力を掌握した。つまり、三尚一論の施政であったが、その政治の実権者三尚（氏族の宰相ら）は外威のプロ、チム、ナナムであって、ツェポンにはなかった。そこでは、一旦、権力政治の均衡が崩れると、内乱となる可能性が大いにあった。

　吐蕃は、西域南道、河西回廊、四川・雲南に通じる南方に及ぶ広域を統治した。それはデルン政庁（大臣デルン4人の統治所）を設け、中央チベットの9大臣（宰相ら）の高官が出張した。軍団所在地の軍団議会が占領地を管理し、支配した。その一方、依然、吐蕃と唐との戦争は続いた[注24]。

　763年　吐蕃、長安占領。
　764年　吐蕃、ウイグルと連合して邠州侵攻。
　766年　吐蕃、霊州侵攻。
　767年　吐蕃と唐は大励盟誓。
　778年　ウイグル、太原侵略。
　779年　唐の草倫が吐蕃に使い、捕虜500人返還。
　780年　唐の草倫が吐蕃に使い、和平を交渉。
　781年　吐蕃、沙州占領、崔漢衡が吐蕃に使い。
　782年　吐蕃、漢人800人を返上。
　783年1月　清水で唐・吐蕃の和平（建中会盟／清水会盟）成立、7月長安で会盟[注25]。

784 年　唐で朱泚の乱、785 年吐蕃、唐と協力して朱泚軍を打破。
786 年　吐蕃、塩州占領。
　　　　吐蕃、タージと戦闘。
787 年 5 月　平涼の偽盟、崔漢衡らの殺害。
　　 8 月　ウイグル、唐に和親を提議。
　　 9 月　ウイグル宰相李泌、タージ・雲南を味方とする対吐蕃政策を進言。
788 年　南詔王異牟尋、唐に密使派遣。
　　 10 月　南詔、吐蕃の西川作戦への協力拒否。
789 年　吐蕃、カルルッタとともに北庭攻撃、ウイグルのイルウゲシと戦闘、790 年 5 月イルウゲシ、吐蕃に降伏。
790 年　イルウゲシ、再び吐蕃・カルルッタとの戦闘で敗北、カルルッタがウイグル西北部を略取。
793 年　吐蕃宮殿で反ナナム陰謀。
　　 5 月　南詔、吐蕃から離反して唐と連繋。
794 年 1 月　吐蕃、南詔と神川での戦闘で敗北。
803 年　唐の論頬熱が吐蕃に使い。
　　 6 月　右龍武大将軍薛怌が吐蕃に使い。
818 年　吐蕃、夏州・霊武で唐に敗北。
819 年　吐蕃、河州に侵攻。
821 年 6 月　吐蕃、青塞堡を攻撃。
　　 9 月　長安（西安）の興唐寺で吐蕃と唐が会盟（長慶会盟）、822 年ラサで唐・吐蕃の永久平和条約調印、823 年長慶会盟の遵守を確認してジョカン寺（大昭寺）に唐蕃会盟碑建立。
822 年　ラサでウイグルが吐蕃と会盟。

　822 年ラサで締約した吐蕃と中国の永久平和条約は、チベットと中国との同盟条約であり、両国の国境を画定した[注26]。それを確認して、翌 23（長慶 3）年、唐蕃会盟碑（碑高 4.78 メートル、幅 0.95 メートル、厚 0.5 メートル、四面にすべて字）が建立された[注27]。その条約は、以下のとおりであった。

　「叔父、甥の間柄にあるチベットの偉大な王にして神聖なる君主と、中国の偉

大昭寺

大なる王にして統率者たる皇帝は、両国の同盟について協議した。そして、両者は偉大な条約を結び批准した。神々並びにすべての人間はそれが決して破られぬよう、このことを認め、証人となるものである。また、同条約の重要性をこの石碑に銘記し子々孫々にいたるまで知らしめるものである。

　稀有にして神聖なる君主トリソン・ドレツェン（ディック・デツェン）と孝養にして有徳の偉大なる中国皇帝穆宗、甥と叔父の両者は、深遠なる叡知をもって、今日、ここに、未来において両国の安寧を脅かすいかなる要因をも取り除かんがため、すべてに分け隔てなくその慈愛の手を差しのべる。平和とそれぞれの臣民のために尽くそうというただその願いによって、恒久的な幸福を確立しようとする高邁な目的に合意した。そして以前の古い友情、相互尊重、および古き良き友好的隣人関係を回復させようとする互いの決意を実現させるために、この偉大な条約を結んだ。

　チベットと中国は、現在、各自が支配する国境を尊重する。東方のすべては大中国、西方のすべては、疑いもなく大チベット国である。これより以後、両者ともに戦争を仕掛け、領土を奪うことは許されない。そのような疑いをもたれるいかなる者も逮捕され、その行動は糾明され、送還されるであろう。

　この大いなる条約によって、両王国は、同盟関係に入ったので、相互の連絡を保ち、甥と叔父という親密な関係に関する友好的な伝言を交換し合うために、旧ルートを通して使者がふたたび派遣されることが必要である。旧い慣習に従い、チベット・中国国境チアン・チュン峠の麓で馬を替えることとする。スイユン境界線で、中国側は、チベット使節を出迎え、それ以後のいっさいの便宜

を図る。チン・シュイで、チベット側は、中国使節を迎え、いっさいの便宜を図る。双方ともに、叔父と甥の関係に相応しい慣習的敬意と栄誉をもって遇されるべきである。

両国の間には、いかなる戦塵、戦雲の兆しもあってはならない。突然の警戒や、『敵』なる言葉は決して吐かれてはならない。国境警備隊員ですら、恐れることなく日夜その場にあって安心して暮らせなくてはならない。すべてのものが、今より1万年もの間、平

唐蕃会盟碑

和に生活し、幸せと祝福を分かち合わなくてはならない。この条約の声明は、太陽と月の届くかぎりのすべての場所に広まるであろう。

この厳粛な条約は、チベット人はチベットの地において、中国人は中国の地で、共に幸せに暮らせるという偉大な新時代を打ち立てた。そしてこれが永久に続くように、三宝、聖者の集会、太陽、月、惑星、星々が証人として喚起された。誓いは、厳粛な言葉と動物の供犠をもって宣せられ、条約は批准された。

当事者たちがこの条約に従って行動せず、あるいは条約を破るなら、それがチベットあるいは中国のどちらであろうとも、相手方が報復の挙に出たとしても、それは、相手方における条約違反とは見做されないであろう。

チベットならびに中国の王と大臣らは、この条約を実施すべく誓いをなし、条約は詳細に記録された。両国王は条約に国璽を押した。条約実行の権限を与えられた大臣らはそれぞれ署名し、その条約文書の写しは、各相手国の王室記録室に保管される。[注28]」

836年ディック・デツェン・ガムポ王が死去し、弟ダルマ・ウィジウムテンが即位したが、王は翌837年、宰相バー・ギェルトレ・タクニャに殺害された。821

年平和条約で回復に向かいつつあった吐蕃の西域統治が、この殺害事件でバーと外戚系プロを中心とした2つの勢力に割れてしまい、彼らはそれぞれ別個の王ユムテンとウースンを推戴して、領土は南・北に分断された。そこでは、統一権力のもとで推進されてきた仏教政策も混乱した。

3．インド仏教と密教チベット仏教

このチベットのインド仏教への傾斜は、当然にチベット仏教の密教化を促し、パドマサムバーバ（蓮華生、チベットではペマジュンネ・グルチ（＝師）・リムポエ（＝宝）と呼ばれる、ニンマ派の開祖）が747年チベットに入ったのに始まる[注29]。

当時のインドは、後期グプタ王朝がカシミールの女帝ラリー・ディッタに滅ぼされ、インド仏教界は、瑜伽派が衰微の時代であった。そこで、パドマサムバーバは、インド本土を離れてチベット国内で瑜伽密教の教勢拡張に努めた。

さらに、ティソン・デツェン・ガムポ王はいよいよ761年に仏教を国教とせんと決意し、781年唐から迎えられた金城公主も文成公主以来の仏教を盛んにし、ティソン・デツェン王は、金城公主の死後、数人の青年を唐に派遣した。彼らは、帰国の途中、成都で新羅出身の名僧金和尚無相と接し、これが中国仏教のチベット導入に与った。そして791年、仏教を国家の基礎とした三喜法が制定された[注30]。

チベットの在来宗教であるボン教は、金城公主以来における異教の興隆に危機感を感じ、ティソン・デツェンの幼時、父王没後の797年に破仏を行った。これに激怒した国王ティソン・デツェン・ガムポは20歳で仏教国教化を決行し、長安占領時の識者もこれを歓迎した。王はネパールで仏教を学んだインドのナーランダー大僧院の長老シャーティ・ラクシタ（寂護）をチベットに招いた。彼は770年代にボン教徒との論争を制して、775年から12年かけてラサにサムイェ伽藍群（桑耶寺／木秧寺）を建設した。他方、シャーティ・ラクシタは779年にインドから根本説一切有不の戒律を守る比丘12人を招いて、王および数人のチベット人に陀羅尼の秘義を授け、「空行母火焰熾盛呪」などのタントラ教典を講じ、インド正統仏教の法燈を伝えた。この時、王は、皇后以下の王臣をサムイェに集めて崇仏誓約

の詔勅に署名させた。同年に、建中の和平が成立し、783年に唐から仏僧の派遣も実現した。

786年敦煌から禅僧摩訶衍がチベットに招かれたが、彼は無念無想の座禅によって悟りが得られると説き、他の徳行を軽視した。このため、信者は目にみえて離反し、791年プロ出身の皇后が大乗和尚摩訶衍に帰依して出家した。この事態に驚いたティソン・デツェン・ガムポは、シャーティ・ラクシタの弟子カマラ・シーラ・ベギン・エシェワンポ（蓮華戒）らをインドから招き、794年サムイェで法論を戦わせ、その結果、摩訶衍を追い出した。

この中国瑜伽派に対するインド中観派の論争経過はこうであった[注31]。

　先ず、大乗が「もし人が善か悪かいずれかの行為をなすとしたら、その結果として善生か悪生かのいずれかを得ることになる。かくすれば、輪廻（saṃsāra）から逃れることができず、悟りに障碍となる。しかし、思考できなくとも、現世の生活を脱し得る。これぞ、人が第十地に達する菩薩のように悟りの境である」と述べた。これに対して、カマラ・シーラは、こう答えた。「卿は、人は何事であれ思うべきでない、と申された。しかしながら、これは、同時に、妙観察の智を否定することになる。妙観察の智がない限り、いかなる瑜伽者が無分別智の境に達し得るか。もし人がいっさい法に対していかなる思考もせず、また作意することがなければ、その人はかつての経験に憧念し、考えを中止することは不可能となる。法をいっさい思念しなくば、思いが思ったことになり、心が働いたことになる。そこで、悟りも不可能となる。しかし、妙観察の智によって対象を観ずる瑜伽者は、過去・現在・未来にわたる内外のいっさいの法を無自性と感得し、すべての思念を自らの内に込め、いっさいの悪行を断じ、これにより智の顕現に傑れた人となって、いっさいの障碍を離れ、仏陀の境に達する。[注32]」

この法論において、ティソン・デツェン・ガムポ王はインド仏教をチベット仏教の正統と宣言した。しかし、中国側はこの法論を認めず、和尚が遣わした4人の暗殺者によってカマラ・シーラは796／97年に殺害され、エシェワンポは恐怖のため食事を断って死んだ。だが、この法論以後、天災排除を目的としてインドから秘密教が導入され、タントラ学僧がチベットにおいてその教義を宣布した。ここに、

チベット仏教における秘密仏教が成立し、この法論はチベット王室におけるインド仏教と中国仏教の争いとして、以後、チベットの立場を規定するところとなり、チベット仏教の秘密教としての特性はここに発する。そして公式の宗教用語は中国語からサンスクリット語に変わった。

かくて、803年ティソン・デツェン・ガムポが即位して事態が収まると、王はカルチュ大僧院（察木珠寺／昌諸寺）を建立して王臣を集め、先代王と同様に崇仏の誓約を詔して署名させた。

チベットの複雑な中国との関係に比して、インドとの関係は、インド社会の混乱もあって、19世紀に英領インドの北方政策が登場するまでは、特にその干渉を受けることもなく平和的であった。このことが、チベットにとっては一つの安全弁として働いた。

4．チベット政教合一制度の形成

チベット仏教社会の形成は、いうまでもなく同時に政教合一制度の形成であり、その発展であった。

こうした政教合一制度形成の視点には、4つの見解がある[注33]。
第1．政教合一制度は吐蕃王朝に起源を有する。
第2．政教合一制度は仏教の導入に始まる。
第3．チベット族の政教合一制度の形成は5世ダライ・ラマによる。
第4．チベット区の政教合一制度はチベット仏教の教派形成に起源した。

チベット高原に成立した吐蕃王国は既に政教合一の統治にあったとの指摘は、当時の原始宗教が部落連盟を基礎としていたためで、そこでは、政体の完全結合にあったとされるからである。そうした統治システムは仏教の伝来によってより強化され、ここに政教合一統治の原型が形成されたとの理解は妥当であろう。実際、そこでの5世ダライ・ラマの中央王朝樹立は、その地域支配を確認するものであった。それで、チベット仏教の教派形成以前に、その政教合一の統治が実施されてきたというのは事実であるし、チベット地区の大規模な政教合一統治がチベット仏教の教派形

成とともにより強まったことも現実であろう。

　その政教合一制度が長期にわたり維持されたのは、その歴史的条件と社会的基礎に依拠する。その点において、世俗的政権と宗教的神権の一体化である政教合一制度は、「因果報応」、「転回転生」の宗教思想の下に、一種独特の社会文化現象を形成したと解することができる。その原由として、以下を指摘できる。

1．歴史伝統の影響。青蔵高原には独自の国教が保持され、国政維持と国教主持には区別があった。だが、そこでは、信徒が政治に参与するという強い宗教通念があった。そして、部落の伝統的宗教支配（部族聯盟）が政治の中核を形成していた。

2．地方封建勢力が政教合一統治の温床となった。先の吐蕃王国の分裂後、相継いで地方的な封建政権が成立したが、それらはそれぞれ吐蕃王国の伝統強化にその基礎をおいた。そこでは、仏教勢力が維持され、これが統治権力に与った。10～11世紀において封建勢力による仏教のチベット化がみられ、政教合一統治が定着した。

3．寺院経済が発展し、もって仏教は政治に深く参与し、かくして政教合一の物質的基礎が固まった。寺院は仏教の法壇であるだけでなく、チベットの政治・経済・文化の中心であった。多くの仏教寺院の建立は出家を促し、僧と社会が一体化する独特の社会を形成づけており、その社会は寺院が庄園の土地を支配する寺院中心の社会であった。そして、寺院経済の発展は政教合一統治の社会経済的基礎の強化に寄与した。

4．仏教が伝播し、教派勢力が壮大となり、もって政教合一統治の長期にわたる維持の基礎が確立された。13世紀にチベット仏教のサキャ勢力が強大となり、サキャ王朝がチベット地区政権の大権を掌握した。14世紀にサキャ派勢力が後退し、代わってゲルク派が強盛となった。ここに政教合一統治が実行された。17世紀にカギュ派が起こり、これが中央政府を支配し、カギュ派はゲルク派に代わってチベットの大権を掌握し、政教合一統治を大きく実現させた。

　さらに、政教合一制度の組織的考察を加えると、以下のとおり、3地区（チョルカ・スム）のパターンが異なる。

(1) 卫（ウェティ）蔵地区（チベット本部）の政教合一統治。
　そこでのチベット地方政権は完全な政教合一統治を形成しており、各級僧・俗官

のヒエラルヒーが確立されていて、ゲキカは、教権を一身に集権し、その二重統治にあった。そしてダライ権力はガンデン・ゴンパ（甘丹寺）・デブン大僧院（哲蚌寺）・セラ寺（色拉寺）のカギュ派3大寺の制約を受けるものの、この地区でダライ・ラマは最高統治権を行使した[注35]。

(2) アムド（安多、青海省・四川省チベット区）地区の政教合一統治。

チベットが地方的封建勢力として仏教教派と密接に結合して、単一の社会政治体制を確立していったのとは異なって、ここでは地方的封建制にあった。その地方的基礎政治構造は自治制の区域的組織を形成しており、その政教合一は1709（康熙48）年に甘粛にラブラン寺（拉卜楞寺／噶丹協珠達杰札西叶蘇其卫林／拉章札西旗、1709年創建）が創建されたことに始まる[注34]。さらに、サキャ派のロンウォ・ゴンパ（隆務大東法輪洲／隆務寺、1301年創建）が建立され、これにより政教合一統治が強化され、ラブラン寺主が政教の大権を行使した。

(3) 康区（カム、康巴地区）の政教合一統治

康区では、政権を掌握できる寺院はなく、ディパ（碟巴、土司）が宗教首領、そして政治首領としてラマの役割を担い、ディパの職務は寺院の法台ないしケンプ（堪布、寺院首領）を兼ねていた[注36]。したがって、ここでは、政教合一統治は存在せず、ラマ兼ディパが政教大権を行使した。そのため、この地域では、清朝により改土帰流の策略が実施されて、ディパの代表が共同組織をもって統治機構を維持した。如覚拉寺のように、寺院があるところでは、一部、政教合一統治がとられた。そのディパ支配は封建的支配階級にあって、基本的視点では一種の政教合一形態であったとみることができる。

要するに、政教合一制度はチベット族社会の一定の歴史的産物とみることができ、その制度はチベット社会に農奴制を創出し、重い差役（労役、皇帝粮・郵政粮・割船粮・送郵政官札・交政府菜油・送盐官札などの強制出納、兵役費・木炭費・交菜油などの貨幣徴収など）負担を強いるなど[注37]、深刻な影響を与えた。そこでは、カギュ派の政教合一制度に対する影響は特に大きく、その影響はチベット全土に及んだとみることができる。

<注>
1 趙萍・続文輝『簡明西蔵地方史』北京、民族出版社、2000年、12頁。
2 D. Sinor ed., *The Cambridge History of Early Inner Asia*, Cambridge: Cambridge U. P., 1990, pp. 371ff.
3 徐朝龍・霍巍『謎のチベット文明——密教王国・世紀の大発見』ＰＨＰ研究所、1996年、109頁以降。
4 David L. Snellgrove & Hugh E. Richardson, *A Cultural History of Tibet*, London: George Weidenfeld & Nicolson／New York: F. A. Praeger, 1968. 奥山直司訳『チベット文化史』春秋社、1998年、2003年、11頁より引用。
5 岡田英弘訳注『蒙古源流』刀水書房、2004年、21頁。
6 前掲書、23頁。
7 そのチベットの代表的な神話、ケサルの史話は、ケサルの生誕に始まり、ケサルの人格を語っている。その生活状態や種々の事件を描いた一編は、次のとおりである。
「　時が来た、私は歌を歌はなければならない。
　彼は西蔵に自分の様に立派なものはないと云ふ。
　私は彼に今日こそ模範を見せてやる。
　鷹が路上のホルの雛鶏をさらふ如く、
　老人が蚤を捕へる如く、
　私は其等を拇指と人差指との間に挟んでやる。
　若し汝が強いなら、さあやつて來い。
　汝火をいぢるなら、汝は火傷するであらう。
　　　　　……
　噫三兄弟よ狐の様な！
　勇氣があるのか、あるなら立て！
　オー、白天幕種族、空の神よ！
　若し力があるものなら、奇蹟を示せ！
　若しホルは一萬の軍が勇敢であるなら出て來い。
　他の人々の刀は鐵で出來てゐる。
　我々は刀が必要でない、我々は右手で十分だ。
　我々は體を中央から壊し、腹を粉砕する。
　他の者は梶棒を用ひる。
　我々は木も必要でない。
　我々の拇指と人差指で十分だ。
　我々は指で三度こすれば壊す事が出來る。
　肝臓の血は口から出るであらう。
　我々が皮膚を傷けなくとも、
　我々は口から凡ゆる臓物を取り出してやる。
　其の男はそれでも尚生きてゐるであらう假令心臓が口まで來ても。
　　　　　……
　若し骸骨の太鼓がならしたければ、此の様にすべきだ。
　金剛が手に握りたければ、かうやればいいのだ。

若し太鼓が用ひたければ、鼓つのはかうやるのだ。
綱が引きたけれ、引張るのはかうやるのだ。
皮をなめしたければ、こうしてなめすのだ。
眼と頭をもった此の體は、
白天幕種族の王様用の帽子となるであらう。
私はリンの白の住厩の戦枒に心臓を捧げよう。
……
オー、黄色のホルよ、少時余の書ふ事を聞け！」
　op. cit. Bell, *The Religion of Tibet.* 前掲、橋本訳『西藏の喇嘛教』19 − 22 頁。
　　上官剣璧「史詩「格薩爾王伝」及身研究」西藏研究、第 1 期、1982 年。金子英一「ケサル叙事詩」、前掲、長野・立川編『チベットの言語と文化』をみよ。

8　周偉洲『吐谷渾史』銀川、寧夏人民出版社、1984 年。
　　基礎 36 制は、恰自次旦平措・諾章烏経・平情次仁・陳慶英・他訳『西藏通史——松石宝串——』西藏社会科学院、ラサ、〈中国西藏〉雑誌社／西藏古籍出版社、1996 年、50 頁以降、をみよ。
9　佐藤長『古代チベット史研究』上・下、東洋史研究会、1958 〜 59 年。陳楠『藏史従考』北京、民族出版社、1998 年。
10　op. cit. Stein, *La civilization tibétaine.* 前掲、山口・定方訳『チベットの文化』16 頁。前掲、耿昇訳『西藏的文明』15 頁。
11　前掲、山口『チベット』下、4、18 頁。
12　『蒙古源流』では 629 年。前掲、岡田訳注『蒙古源流』27 頁。
13　清浄人法 16 条は以下のとおりである。
　　第 1 条　三宝を信じ尊重すべし。
　　第 2 条　聖法を求め成就すべし。
　　第 3 条　父母に孝養を行うべし。
　　第 4 条　学徳者を尊敬すべし。
　　第 5 条　尊貴と長上に敬仕すべし。
　　第 6 条　近親と親友に本分を尽くすべし。
　　第 7 条　邑里隣人に裨益すべし。
　　第 8 条　言語を正しうし最新なるべし。
　　第 9 条　老輩に従い末長かるべし。
　　第 10 条　食財に適度を保つべし。
　　第 11 条　恩恵者を忘るるべからず。
　　第 12 条　債務を時に果たし計画を狂わすべからず。
　　第 13 条　凡てに平等にして嫉妬すべからず。
　　第 14 条　友に交って悪言に随わざるよう自主心を持するべし。
　　第 15 条　もの言い優しく言葉を少なくすべし。
　　第 16 条　勘念大にして度胸寛宏なるべし。
　　大村謙太郎『ティベット史概説』西藏大蔵経研究会、1958 年、62 − 63 頁。
　　この 16 条については、5 世ダライ・ラマが 13 条に 3 条を加えて 16 条としたとされる。
　　5 世達頼喇嘛、劉立千訳『西藏王臣記』北京、民族出版社、2000 年、22 頁。

さらに、以下をみよ。岩井大慧「十七条憲法は果たして太子の独創か」歴史教育、第2巻第1号、1954年。壬生台舜「チベットの十六條（法）」歴史教育、第5巻第4号、1957年。壬生「チベット十六條法の仏教思想」印度学仏教学研究、第5巻第2号、1957年。David L. Suellgrove, 'The Culture Effect of Traditional Expansion,' op. cit. McKay ed., *The History of Tibet*, Vol. 1 *The Early Period : to C.AD 850 : The Yanlung Dynasty*, pp. 449-450. 山口瑞鳳「ソンツェン・ガムポ王の「十六条法」の虚構性と吐蕃の刑法」、唐代史研究会編『随唐帝国の東アジア世界』汲古書院、1979年、1－39頁。

　この16条は欽定法令であったかどうかは議論のあるところであって、道徳律であるとの見解もあるが、後代の仏教徒が治世の意義をその発布に求めてしまい、希望的な聖王像となって伝承されたというのが現実であろう。

14　『蒙古源流』には、唐の文成公主をめとる死者と太宗皇帝との会話が詳しく述べられている。前掲、岡田訳注『蒙古源流』31－43頁。
15　稲葉正就・佐藤長訳『フゥラン・テプテル——チベット年代記』法藏館、1964年、52頁。索南堅贊、劉立千訳注『西藏王統記』北京、民族出版社、2000年、33頁以降。
16　前掲、岡田訳注『蒙古源流』31頁。
17　矢崎正見「文成公主の入蔵とその西蔵仏教に与へし影響について」印度学仏教学研究、第2巻第2号、1954年。
18　山口瑞鳳『吐蕃王国成立史研究』岩波書店、1983年。
19　Eva K.Dargyay, 'Sangha and State in Imperial Tibet,' op. cit. McKay ed., *The History of Tibet*, Vol. 1 *The Early Period : to C.AD 850 : The Yanlung Dynasty*, pp. 428-441.
20　山口瑞鳳編・訳『講座敦煌6 敦煌胡語文献』大東出版社、1985年、473－474頁。op. cit. Snellgrove & Richardson, *A Cultural History of Tibet*. 前掲、奥山訳『チベット文化史』18－19頁。
21　前掲、陳楠『藏史従考』167－183頁。
22　西藏社会科学院・中国社会科学院民族研究所・中央民族学院・中国第二歴史档案館編前掲、『西藏地方是中国不可分的一部分（史料選輯）』ラサ、西藏人民出版社、1986年、16－18頁。前掲、大村『チベット史概説』159－160頁。
23　C. I. Beckwith,'The Revolt of 755 in Tibet,' op. cit. McKay ed., *The History of Tibet*, Vol. 1 *The Early Period : to C.AD 850 : The Yanlung Dynasty*, pp. 272-285.
24　吳燕紹『西藏史大綱』西藏学漢文文献彙刻第3輯、北京、全国図書館文献縮微復制中心、1993年、第13章、689頁以降。曾問吾『中國經營西域史』上海、商務印書館、1936年。台北、文海出版社、1984年。野見山温訳『支那西域經綸史』上巻、東光書林、1945年、301—350頁。
25　『資治通鑑』巻228、229、230。黄玉生・他編『西藏地方与中央政府関係史』ラサ、西藏人民出版社、1995年、9頁。
26　H. E. Richardson, "The Sino-Tibetan Treaty Inscription of AD. 821／823 at Lasa," *Journal Review of Asian Studies*, No. 2, 1978.
27　内藤虎次郎「拉薩の唐蕃会盟碑に就いて」史學雑誌、第29巻第5号、1918年。寺本婉雅「唐蕃会盟研究」大谷學報、第10巻第3号、1929年。佐藤長「唐蕃会盟の研究」東洋史研究、第10巻第4号、1949年。前掲、佐藤『古代チベット史研究』下、874－892頁。

碑文は、『西藏地方歴史資料選編』北京、生活・読書・新知三聯書店、1963年、16－18頁。21－23頁。前掲、佐藤『古代チベット史研究』下、893－931頁に所収。
唐蕃会盟碑〔W表蕃丈和訳〕は、以下のとおりである。佐藤訳による（一部訂正）。
「西藏の大王化現せる神贊普と支那の大王支那君主皇帝と甥舅二者は国家を一（の如くに）せん事を語らひて大和會をたし同盟す（その）決して亦変らざる事を神人すべて……証なし世々に語られ……（の要を碑に〔記する。〕化現せる〔神贊普ティツク〕デツェンの……交武孝徳〔皇帝甥舅二者……は……の如何なる善悪大なる憐れみにより恩恵をもって覆ふ事は外内（の区別）なく、人々すべて安らかにせられる事につきて思い、永遠に善たる大義につきて商議は一致した。……願いは……大……喜びの重ぬる事を語らひて、大和会はなされた。西藏・支那二者は、現在において支配せる域と境を守って、その東方一切は大支那の域、西方一切は正に大西藏の域にして、それにより相互に敵として譲ふ事なく、戦をなさず、境域を犯さず、心に信じ得ざるの事どもあらば、人を捉へて事を訊ぬるとも（詫れば）放ちて後に給与する、今、国家一（の如く）なりて大和会を斯の如くなした。よつて甥舅は喜びの勅信をおこして安らかにある。相互の使者の往来も亦道は遠くあれば、以前の習慣の如く西藏・支那2国の間、将軍谷に於て馬を交換し、綏戎柵にて中国と接する下つ方は、中国によりて供応せらるべく、清水県にて西藏と接する上つ方しきたりは西藏によりて供応せらる。（そは）甥舅の近しくし親しむ習慣の如くに、敬仕と尊敬の彊たるものに合致する。2国の間には煙塵は現はれず、突如として憎悪と寇讐の名も聞くことはなからん。国境を守る上つ方の人も亦疑催し恐怖することなくして場所場所に於ける防備を撤して安楽に住し、幸福の恩恵はまことに萬代にまで至り、讃嘆の盤聲は日月に到達して（それら）各々を覆ふならん。西藏は西藏国に於て安けく、支那は支那国に於て安けくたし、（それらの）大たる政事を結びて一とたし、この決して変りなからむ事三宝と聖なる人々と日月と星辰とにも讃せん事を請ふ。誓せる人々も亦述べ、犠牲を殺して誓約を亦なして同盟は締結せられた。同盟は斯の如くに議定せられ置かれたれば、西藏支那二国のいづれが先に罪を犯し報復として如何たる謀計をなさるるとも同盟を破棄せし事にはならず。斯の如くに西藏・支那2国の君主大臣は告白し誓いをなした。同盟の交字を詳かに記して大王2人の印璽が捺され、大臣の同盟締結に関係せる人々の手づからの署名が書かれた。同盟の交字。」

28　821年会盟条約は、Michael C. van Walt van Praag, *The Status of Tibet: History, Rights, and Prospects in International Law*, Boulder: Westview Press, 1987. pp. 287-288. Dalai Lama, *Freedom in Exile: The Autobiography of His Holiness the Dalai Lama of Tibet*, London: Hodder & Stoughton, 1990, pp. 42-43. 山際素男訳『ダライ・ラマ自伝』文藝春秋、1992年、60－62頁に所収。

29　ターラ・ナープ、寺本婉雄訳『印度佛教史』内午出版社1928年／国書刊行会、1974年、355頁。

30　石碩『吐蕃政教関係史』成都、四川人民出版社、2000年、289頁以降。

31　釈妙船編『蒙藏佛教史』上海、上海仏教書局、1935年／楊州、江蘇広陵古籍刻印社、1993年、8－9頁。

32　前掲、矢崎『チベット仏教史攷』37－41頁。沖本克己「サムイェーの宗論をめぐる諸問題」東洋学術研究、第21巻第2号、1982年。

33　前掲、星善成・鳥連龍『藏族社会制度研究』西寧、青海民族出版社、2000 年、第 1 章。
34　苗滋庶・他編『拉卜楞寺概況』蘭州、甘粛民族出版社、1987 年。前掲、蒲文成主編『甘青藏伝仏教寺院』507 − 522 頁。丹曲『拉卜楞寺簡史』蘭州、甘粛民族出版社、1994 年。
35　札貢巴・貢却丹巴鐃吉『安多政教史』蘭州、甘粛民族出版社、1982 年。
36　曽文琼「論康区政教合一聯盟制度」、『拉薩藏学討論会論文選』ラサ、西藏人民出版社、1987 年、108 − 111 頁。
37　差役負担のリストは、『中国西藏社会歴史資料』北京、五洲傳播出版社、1994 年、71 頁をみよ。

3 満・蒙民族のチベット政策

1．活仏教団とチュユン関係の確立

　吐蕃王朝の分裂以来、中央チベットでは、氏族が実力によって各地を占拠し、その下での安定に入った。その一方、仏教は中央の規制を失い、卑俗な在家信者の密教と混淆して民衆のあいだに浸透した。こうした状態のなかでボン教が仏教に倣って教義化を進め、在家仏教は土着神を取り入れる一方、中国禅の教義も組み込まれた。在家密教も中国禅も如来像思想を基盤としつつも、在家密教が基本とした性瑜伽の実践が「度脱」といわれる呪殺とともに密教を象徴づけて風靡し、その反社会的影響が憂慮されるまでになった。こうした事態に、出家者はサンガ（僧伽）を構成して、本来の仏教に返るための戒律の教を再興する動きが出てきた。

　この過程で、9世紀のラン・ダルマ、ニティ・ウドゥムツェン・ダルマによる破仏事件は[注1]、ラマ教が政治権力を後盾にするという二重構造を持ったという点において注目された。聖職者は、政府の仏教政策上、経済的に各聖職者1人に7戸の家族を配され、これによって各僧侶は生活を維持した。都市の統治でも同様であった。加えて、レルバンチェン王が幼少で即位したため、大臣が政治の実権を掌握しており、彼ら大臣にとっては厚遇された僧侶にその実権が移っており、このことは望ましくなかった。ラン・ダルマ自身、自らの意志で破仏を行った史実は、王が酒を嗜み狩猟に走り冷酷で宗教的でないことの指摘もあったが、王の世継ぎを欠いたことで、大臣が弟のラン・ダルマを擁立し、地震・洪水・飢饉といった天災を理由として、仏教とボン教の対立を利用してラン・ダルマによる破仏に走ったことにあった。もっとも、その実態は、宗教的対立というよりも豪族と僧侶の政権争奪をめぐる闘いであった[注2]。

そうした事件にもかかわらず、仏教は再興され、その僧侶の権力が拡大し、その教団は氏族教団として勢力を拡大し、14世紀以降は、教団の僧が氏族を利用して活躍するという転生活仏の教団運営がとられた。

吐蕃王朝北朝系の末裔で、最古の大僧院サムイェのツァネル・イェシェ・ギェルツェンは、カム（喀木）地方に青年を派遣して吐蕃王朝以来の伝統の戒律を中央チベットで復活させ、吐蕃時代の仏教が蘇った。西チベットのシャシェン（ガリ地方）に逃れたウースン王系のマガリス一族は、ネパール・北インド・カシミールの交易を支配し、カイラスからラダクまで勢力を拡大し、その地で仏教信仰が蘇った。旧吐蕃王国の青海に成立した青唐王国でも、中央チベットと同様な戒律復興運動が起きた[注3]。中央チベットでは、ベンガル王家出身の名僧アティシャを招き、アティシャは1042年ガリに入蔵して、タントラ仏教に対する正しい理解をチベット人民の間に布教するとともに、ガリの王に『菩提道燈論』を捧げ、訳経と弟子の育成につとめた[注4]。彼の弟子らの実践を通じてカダム派が形成された。カダム派（黄帽を使用、他は赤帽を使用）から教義的には傍系のカギュ派が分岐し、中央チベット郷部ダクボ出身のガムポパ（タクポ・ラジェ）によって創設された。さらには、別の活仏教団も出現し、そのそれぞれが政治を動かした[注5]。その概要は次のとおりであった。……系は氏族教団である。

カダム派→ゲルク派（新カダム派、黄帽派）　ガンデン・ゴンパ（ガンデン寺／卓噶丹胡巴杰臥林／甘丹胡杰林／甘丹寺／噶勒丹寺／クンデリン寺／噶勒丹廟、改革者ツォンカパ（宗喀巴、1357-1419）が1409年創建、法主はガンデン・テパと称し、黄帽派の統師者でダライ・ラマ、パンチェン・ラマに次ぐ地位にあり、所属寺640座、僧人7700人であった）、デプン寺（レブン寺／哲蚌寺／貝曲哲蚌确唐門杰勤朗巴杰互林／吉祥米聚十方尊肚洲、1416年創建、5世ダライ・ラマまでは法主の支配にあり、所属寺640座、僧人7700人であった）、セラ寺（色拉寺／色拉泰欽林／色拉大乗州／黄金寺、ツォンカパの高弟ジャムチェン・チュゼが1419年創建、所属寺340座、僧人5500人であった）、以上がラサの3大寺。シガツエのタシルンポ（札什倫布寺／札寺／札寺魯穆布珠克特享／仍仲寧翁結巴寺／札什隆布寺／康建曲比、ツォンカパの高弟ゲンドゥン・ドゥバが1447年創建、パンチェン・ラマが法主として管理）、ラブギャ・ゴンパ（拉加寺）、アムドのクンブム寺（ター

ガンデン寺  デプン寺

セラ寺  タシルンポ寺

ル寺／塔爾寺／梵宗寺、14世紀に創建）の6寺が拠点。セーティ・ゴンパ（達蔵倉郎木賽赤寺／郎木寺、1748年創建）はガンデン寺のガンデン・テパ。

ニンマ（旧いの意）派（巻き返しに出たスル氏系、ロンソク系（アティシャがインドからチベットへ導入した）サムイェ寺（札瑪桑廟敏久倫珠白祖拉康

タール寺

／吉祥永固天或桑耶大伽藍／大法輪寺／桑鳶寺／桑耶寺／薩木秧寺／桑姆伊／桑木耶／薩穆叶）、インド・ビハール州ビクラマシラ寺院の僧アティシャ（ディパンカラ・シェリジュニャナ（980-1054)、密教僧グル・リムポチェ（パドマサンバ、8世紀）を開祖とし、775年創建）、ミンドリン寺（敏珠林寺、1676年創建）が拠点。

カギュ派（黒帽派／白帽派、インドに赴いたナローパ（1016-1100）とその教え

をチベットにもたらしたマルパ（1012-1097）とその弟子ミラ・レパ（1052-1135）が開祖した）　カルマ・カギュ派（ツルブ寺／色拉泰欽林／楚布寺／磋卜寺／業郎寺／楚浦寺／楚尔普寺、1187年創建）、ツェル派（ツェル僧院／グンタン寺／呼正寺／熱正寺、1175年創建）、ディクン派（ディクンティ・ゴンパ／直貢替寺、1179年創建、ラダフのヘミ大僧院、1602～42年創建）、タクルン派（タクルン・ゴンパ、1180年創建）、バロム派（バロム寺）、パクモドゥ・カギュドゥク派（テル寺／デンサ・テル）、などが拠点。

サキャ（白い土の意）派（クン氏系紅帽派、クン・コンチュクボ（1034-1102）の子孫が支配）サキャ・ゴンパ（薩迦寺、クン一族のコン・チョク・ギェルボ（1034-1102）が1073年創建、フビライ・ハーンの師パクパの花瓶制度で僧俗制度を確立した）、シャル寺（夏魯寺、1040年創建）が拠点。→ゴル派（ゴル寺、1429年創建）、ツアル派（マーランダ寺、1425年創建）。

こうして各派教団が成立する段階で、1206年モンゴルのテムジンはオノン河畔に王侯・貴族を招き、その大クリルタイでハーンに推戴され、カラコルムを首都とした大モンゴルを樹立した。このモンゴルは、テムジンがジンギス・ハーンと号し、全モンゴル部族を支配し、その国境は東南に金（女真族）、南西にタングート王国（西夏／党項）、北西にロシア東部、西に西遼国（カラ・キタイ）と接し、南西はチベットが接していた。1207年と1209年にジンギス・ハーンとその騎馬隊が青海省・甘粛省に位置するタングート王国を征服した[注6]。この報で、中央チベットのアムド地方のチョニー部族とテボ部族が総大将となり、ジンギス・ハーンの子、オゴタイ（窩闊台）の第3王子ゴデンの下に忠誠を誓い、巻き返しに出た。その返礼として彼らは「万人隊長」の称号を受け、ジンギス・ハーンに朝貢し、これによりチベットの征服は免れた[注7]。ジンギス・ハーンは支配を拡大して、1225年4人の息子に次のとおり、征服地を与えた。

長子、ジュチはキプチャク草原およびアラル海・カスピ海を含む地域、キプチャクとして総括。

第2子、チャガタイはオナン河流域とイリ河南西の領土、のちパミール高原をも追加、チャガタイ・ハーン国として統治。

第3子、オゴタイはアルタイ山脈の東・西両側とエミール河流域、オゴタイ・ハー

ン国として統治。

慣習として、末子トゥルイはモンゴルの郷土を継承。

なお、1209年タングート王国はモンゴルの属国となり、内紛で1226年ジンギス・ハーンの前に征服され、王国は終焉した

1227年8月ジンギス・ハーンの逝去で、チベットは朝貢を中止した。これにより、モンゴルとの関係が悪化し、1240年オゴタイの第3王子ゴデンがチベットに向けて進軍した。リジェとドルタの率いるモンゴル軍3万はラサの北方ペンポ（澎波）に達し、ラデン僧院（レティン・ゴンパ）やギャル・ラカン（寺）は焼失し、ラマ500人が殺害され、村は略奪された。ゴデン王子は、指揮官にチベットから卓越した仏教僧を捜してくるよう命じ、ゴテンは仏法に通じているクンガ・ギェンツェン（サキャ・パンディタ）らを招請した。その文書は、以下のとおりである。

「赫々たる威光と権力で身を飾った朕、ゴデン王子は、汝サキャ・パンディタ、クンガ・ギェンツェンに申し伝える。われら無知な民族に道の正誤を誤ることなく示すことのできるラマを必要としている。

また、朕は、恩深くも、今は亡き両親のために追善供養を行ってくれる者をも求めている。朕は、長らく熟考を重ねた末、これらの仕事を果たせるのは、そなたしかいないとの結論に達した。このように、朕がそなたを選んだ以上、そなたも、齢や旅の苦難を口実に断ることは許されない。

釈迦牟尼仏も、衆生のために命を捧げられている。ならば、そなたが自分の義務を回避しようとするのは、自分の信仰を否定するのも同然ではないか。朕にとって大軍を派遣して、そなたをここに連れてこさせるなど、容易なことである。しかし、そんなことをすれば、多くの罪なき衆生を無為に傷つけることになろう。そのことを考慮して、仏教のために、衆生の幸せのため、直ちにこの地に来られたい。

そなたに対する好意の証に、以後、朕は、太陽の西に住む僧侶に思いやりの心をもって接するであろう。

銀塊5、真珠6200個を鏤めた絹の衣服一揃い、法衣、絹の靴、五色の絹20疋を、そなたへの贈答品とする。これらの贈答品は、使者2名、ドル・スィゴンとウン・ジョ・ダルマの手によって、そなたの元に持参させる。

辰の年（1244年）8月30日[注8]」

　クンガ・ギェンツェンは1244年サキャ（薩喀）を発ち、ゴデン王子のククノール（庫庫諾爾）地方へ向かった。ラサを圣て、1246年8月甘粛の首都涼州（パリグ／蘭州）でゴデン王子と会った。63歳のクンガ・ギェンツェンがこの旅行を決意したのは、チベット王国に対する苛烈な収奪・攻撃を避けるためであった[注9]。

　サキャ・パンディタは、ゴデン王子に仏法を説き、大勢の中国人を近くの河川に投げ込む習慣を改めさせた。この習慣は、中国人が政治的理由からゴデン王子にとり地政的脅威となっていたからであった。中央チベットの俗権をゴデン王子から与えられたサキャ・パンディタは、チベットの指導者に書簡を送り、モンゴル人への抵抗は無駄であると説き、朝貢せよと説いた。

　一方、1239年ゴデン王子は、兵を動員してカム地方からカダム派本山ガンデン（甘丹寺）に突入して略奪し、名刹ギェルラカンを炎上させた。ディクン派、タルクン派、ツェル派などの氏族教団の僧院には、手を触れなかった。この事件は、それら僧院が特定氏族の管理下にはなかったためであった。ここに吐蕃王朝ウースンの後裔を中心に首長会議が開かれ、ドゥク派のサンギェキャプの努力で、モンゴル占領軍は引き揚げた。チベットはサバン（サキャ・パンディタ）に使者を送り、ゴデン王子と交渉を求めたが、そのゴデン王子の返事はモンゴル人を施主としてチベットの繁栄を図れということであった。その際、チベットはサバンの帰国を求めたが、それは実現しなかった。そのサバンのチベットあて書簡は、次のとおりであった。

　「王子は、もしチベット人が宗教の分野でモンゴル人を援助するならば、その代わりに世俗の分野でチベット人を援助しようと、話されている。こうすれば、われわれは、仏法を遠く幅広く弘めることが可能であろう。王子はちょうど、私のもとで宗教を学び始めたところである。私がさらに長くこの地に滞まれば、仏の教えをチベットの彼方まで弘めることができるのは、確かである。こうして、私は、祖国を救うことができよう。王子は、なんら怖れることなく仏法を説くことを私に許し、必要とするものをなんでも供養して下さる。王子は、私がチベットにあって益をなせるかどうかは、王子次第であり、逆に王子に益をなせるかどうかは私次第である、と話されている。彼は私に十分の信頼をおいているので、王子の望みは、すべての諸国を助けることであることを、私は知っ

ている。

　私は、王子の子孫と大臣らに説法を続けてきた。しかし、今や私も、老い先短い身である。かといって怖れる必要はない。私は、甥パクパにすべてを授けた。注10」

そして、1247年サキャ・パンディタは、ウス（烏斯）、ツァン（蔵）、ナリ（納里）の善良知識の施主の僧・俗あて上書で、チベットは元朝の版図であると確認した。それを引用する。

「　サキタ・パンディタは、ウス、ツァン、ナリの善良知識の施主に謹んで申し上げる。

　余はモンゴルにいて、それは仏法のためであり、土蕃人民のためである。私はモンゴルに招かれて大施主（コダン、闊端）のところにいる。もともと、パスパの弟と一緒に行けば良いとしていたが、大施主は私にこういった。「余は貴方が頭と思っており、ほかは足と思っている。貴下は余の招請で来ると、皆は承服しよう。パスパ兄弟はここに来る前に、仏法をよく知り、それは今も続いている。弟ガナドズは、モンゴル文字と言葉を習っている。現在、余は世間の法で管理し、貴下は仏法で管理しているのではないか。」

　モンゴル王は、菩薩に変身して、仏法を恭しく信じて、三宝を敬重し、良法で世間を守っている。私に対し、とても厚恩してくれた。かつて、余にいった。「貴下は、安心して法を遍くしなさい。余は、貴下にやりたいと思ったことをやらせよう。私は、貴方が善事をしていることを知り、天は私のすることを知っている。」王はパスパ兄弟を優遇している。これは、王が天下各民族のため、精励して国をよく治めることであって、大変にいいことである。

　王はまた、余にいった。「貴下は、蕃衆を教え導き、余の政令を守り、もってわれわれは、蕃衆に安らかで楽しく生活することができる。」王と王室の人は法事を行い、長生きを願うが、すべてこのためである。

　また、余がいいたいのは、モンゴル王の軍隊は数えられないほど多く、宇内はもうそちらに従属していて、そちらに従属するということは、禍福半々、本気で帰服し、面従腹背の者に対しては、王は、それを属臣と認めず、それで、最終的に全滅するということである。畏兀の境内は、塗炭の苦しみを受け

ていず、以前より盛んで、人・畜みな、ともにそちらの所有である。文官、税吏、およびボカ（伯克）らは、皆、自分で任せられている。漢人、唐兀（西夏）、ソボ（索波）、および他の国は、未亡の前に朝貢しているけれども、命令に従わず、後に皆、臣属に投降した。現在、各地の皆は命令を従い、その多くのボカ、税吏、武官、文官は、本土の賢人である。その後、われわれ諸衆と出会い、王兵は先に陽で、後に止まり、その後、わが衆を攻め落とした。実は、策略で勝ったのである。王の各町の臣属は大変に多い、ここまで来たのは正式の軍ではなく、大将も来てない。今、土蕃の臣属も多いが、貢物を献上する者は少ない。だから、大臣は、心中、不満を持っている。数年前から、土蕃は兵乱を受けず、実に私は「必里」で臣属に帰順している。余は帰順することに経験と効果があると思う。

しかし、このことが見えない上僧の土蕃人は大変多く、臣属になっても、貢物を献上せず、忠誠をしない者もいる。王が兵を挙げ、討伐するときは、必ず人と財の両方が失われる。すべての抗王者どもは、地理が危険で、人が多く、武装は強くても、最終的には、必ず王軍に攻め落とされてしまう。皆は、モンゴル地方は賦役が軽く、他のところは重いと思ったろうが、実はその反対である。

今、王の諭を受け、「汝ら各地の俗官中、在職のすべての官吏、いかなる者でも、すべて現職のままで、変わらない。もう、金符官と銀符官のサスジャ（薩斯迦）をわれのダルハチ（達魯花赤、地方施政官）に命じた。良使を派遣し、よく宣伝し、皆に知らせる。

今すぐ、名簿を作り、官吏の名前、俗衆人数、および貢物を献上する数目を書き並べる必要がある。一冊は私が読む、一冊はサスジャに引き渡す、一冊は地方官吏のところに保管する。その中で、はっきりと、どこの人はもう臣属になった、どこの人はまだ臣属になっていない、と書く。そうしないと、王は臣属でない者を討伐するとき、臣属になった者も"魚池の殃"となるからである。また、サスジャの金符官においては、謙虚な気持ちで諸地方官吏に諮問する。多くの良いことをするべきである。各地の官吏が自行することは、禁止する。金符官サスジャの命令なくして自行することは、法無視の罪であり、許すことができない。

貴下らは、モンゴルの法令を守れば、福を受けるはずであり、自分で金符官のところに帰順し、命令に従いなさい。来る人に対しては、まず従属する者が逃亡者ではないか、人と縺れがあるかどうか、金符官の世話をする差過があるかどうか、労役の逃避があるかどうか、などを調べよ。従属する者の中に不合格者がいたら、罪を挙げよ。合格なら、福を挙げよ。成果があっでも、金符官の命令に従わねば、得ることも不可能である。……[注11]」

　これが、チベット寺院のラマと施主の支配者（皇帝）との関係、つまり「チュユン chöyön 関係」の始まりを確認したものである[注12]。

　一方、モンゴルでは、オゴタイ（太宗）の死後、グユク・ハーン（定宗）の皇后トレゲネ（脱列哥那）の暫時統治（監国）となったが、1249年グユク・ハーンが死去し、王位継承をめぐり争いとなった。オゴタイ・ハーン（窩闊台汗）は、1340年までチャガタイ（察合台）・ハーン国に併合され、そのチャガタイ・ハーン国も1369年ティムール帝国により滅亡し、その支配は1526年まで続いた。1402年モンゴル帝国は滅亡した。この争いで、チベットの氏族が工作に介入した。一方、サバンは、1249年ゴデン王からチベットの効果的な支配を命じられたが、それをなしえず、1252年ゴデン王は、ヤルルンのムンカルで大量殺戮を起こし、翌年にも起きたが、それは吐蕃王家の末裔がモンゴルに対する条件を守らなかったための仕返しであった。

　1251年7月ジンギス・ハーンの第4末子、トゥルイ（拖雷）の長男モンケ（蒙哥）・ハーン（憲宗）が第4代大ハーンとなった。その司令官にフビライ・ハーンが任命され、1253年に大理（雲南）を攻略した[注13]。当時のモンゴルの領土は、以下の構成であった[注14]。

　主要部分——モンゴル、高麗、満州、中国、ビルマ、チベットのアムド北東部（直轄領）。属領として、ベトナム、シャム、マラッカ、スマトラ、ゴーラン、ジャワ。

　バトゥサ支配——キプチャク・ハーン国、ポーランドジュンジから継承したロシア領。

　オゴタイ支配——キプチャク・ハーン国東部。

　チャガタイ支配——カラキタイ国（西遼、東トルキスタン）。

　ヘルゲ支配——イル・ハーン国。

その大理作戦から帰途の途中で、サキャ・パンディタが逝去し、そこで、フビライ・ハーンはサキャ・パンディタの甥、タントラ秘儀に通じているジョゴン・チョゲ・パクパ（八思巴）を涼州からフビライの本拠地、上都（内蒙古）に招いた。フビライはチベットの偉大な人物はだれかとパクパに尋ね、パクパはこれに答えて3人の偉大な王は、観世音菩薩の化身であるソンツェン・ガムポ、文殊菩薩の化身であるティソン・デツェン・ガムポ、金剛水の化身であるテヒ・エルパチェンをあげた。パクパは、チベットは小国であるので、課税は免除すべきであると説き、さらに、パクパは「私はチベットの王で、中国と闘い、勝利を収めた」と文成公主の話をした。さらに、皇后チャブは、パグパからバジュラ・タントラを伝授され、それが強い感銘となった。フビライもこれを受けんとしたが、パクパは、「秘儀を授かるには、ラマが陛下の上座にあらねばならない」といい、ダライはこれを拒否し、結局、2人の至高の統治者がそれぞれの立場を尊重しつつ並び立つ原則をパクパが考想し、1253年それがなされた。その原則とは、以下のとおりである。

　　「瞑想、説法、少人数の集会では、僧侶が首座に座ることができる。大規模な会議で、土侯・貴族とその家族、族長、一般民衆がいるときには、フビライが首座に座る。臣下を統率するには、秩序を守る必要があるからである。チベットに関しては、フビライがパクパの意思に従い、僧侶に相談せずに命令を出さない。しかし、他の問題に関しては、パクパは、フビライに指示を与えることを、自ら禁ずる。パクパの慈悲深い心は、力による支配にそぐわないからである。パクパは、これらの事項に口出しはしない。[注15]」

　この定式に合意して、フビライは従者25人と共に、バジュラ・タントラの秘伝、第三期の伝授に与った。秘伝第一期の返礼に、フビライは、パクパにチベット13部族の支配権を譲った。第二期を修了すると、「白い法のほら貝」とチベット3州すべての支配権を譲り渡した。秘伝伝授の第三期が済むと、フビライは、年に一度、大勢の中国人臣下を生け贄に捧げる慣習を止めると誓った。この慣習は、毎年、密雲の湖に大勢の中国人臣下を投げ込む儀式のことで、モンゴル帝国にとり警戒すべき中国人の勢力が増えないようにとの理由からであった。パクパは、フビライがこの慣習を止めると誓ったのを喜び、詩を作った。

　　「　朱けに染まる、血塗られた空、

眼を下に転ずれば、水面に漂う屍、

　かような所業を捨ててこそ、

　文殊菩薩の御心に適うなり、

　善なる法を広める道なり、

　末永き御代の栄えなり。[注16]」

　こうして、翌54年フビライは、パクパに対しチベットに対する至上の権利を承認する勅書を発した。それは、チベットが属国である地位を脱したことを意味し、施主としての宗教者のチベットに対する関係（チュユン＝宗教者・施主関係）の確認であり、宗教国家チベットの自立を意味した。その文書は、以下のとおりである。

「偏することなき慈悲の持ち主にして、太陽の光の如く闇を打ち砕きし釈迦牟尼仏の真の弟子である朕は、常日頃より、そなたの僧侶と僧院に特別の好意を示してきた。

　朕は、仏法への信仰の故に、そなたの伯父サキャ・パンディタより教えを受け、葵丑年には、そなたから教えを受けた。

　これからも、僧院や僧侶らの施主たるべく努め、教えを受けたお礼に、そなたにひとつの贈り物をしようと思う。

　この手紙こそが、そなたへの贈り物である。この手紙は、釈迦牟尼仏の教えを弘め、チベット民族の振興と宗教施設を保護することを可能にするチベット全土に及ぶ権限をそなたに授けるためのものである。

　また、わが阿闍梨（アジャリ、師範の高僧）には、金と真珠を縫った法衣に帽子、金の座、天蓋、椀、柄に宝石を鏤めた刀、銀の延べ棒4本、金の延べ棒1本、鞍つきのラクダ1頭、駿馬2頭を献じる。

　また、今年寅年には、仏像をつくるために銀の延べ棒56本、茶200塊、絹150疋を献じる。

　汝ら僧よ、知るがよい。パクパ以外のだれがこの勅書を与えることができようか。

　汝ら僧よ、長と争うなかれ。長が大勢いることは、吉とはなりえない。勅書があるといっても、他者にいかなることをなしても、いいわけにならない。

　汝ら僧よ、戦わず、血の闘いをせず、釈迦牟尼仏の御教えに従って仏法を知り、

説くがよい。知らないなら、聞くがよい。読み、書き、瞑想を完成させるべく、努力するがよい。ある者どもは、学ぶ必要はない、瞑想こそが必要であるという。学ばずして何を瞑想するのか。学べ、しかして瞑想するがいい。長老僧は若手に、後進の者に、法を説くがよい。若手も、長老のいうことに耳を傾けるがよい。汝ら僧に税・兵・用役の3つがないのは、ラマ宝の御恩であることを知らないのか。汝らが釈迦牟尼仏の教えに従った行動をとらなければ、モンゴル人も釈迦牟尼仏の教えとはこんなものか、と汝らを批判してしまうであろう。モンゴル人が何一つ知らないかのように思うことなかれ。1回、2回では分からなくても、そのうち分かるようになる。汝ら僧よ、悪行をするな。私を世間に顔むけできなくなるようにするな。汝ら僧よ、法に従って行動せよ。天を祀り、願いを適えるために、汝らの施主に、私がなる。王のこの勅書は本物である。甲寅年仲夏9日に記す。注17」

1260年モンケ（憲宗）が四川で逝去し、3月フビライが燕京で登位し（世祖）、パクパを帝師とする帝師制度が建立された注18。これにより、モンケに接近していたディクン派とカルマ・カギュ派は軽視され、パクパが国師に選ばれ、彼がフビライのチベット支配を代行するところとなり、フビライは、以下のムティクマを発した。

「天なる提婆の慈悲深き恵みを、篤き功徳の輝かしさを寿ぎつつ、統べる者たる余は、この命令に服するよう僧侶に求め、民に課する。この世の繁栄を享受せんと、ジンギス・ハーンの法典を守るは、良きことである。さりながら、あの世こそは、信心に依るべきなり。さて、さまざまな宗教を試みたるが、ついに余は、最善へと導く仏陀の教えに出会った。

導師パクパは、最善たることを体現し、あの世への真の道筋を示し賜うた。故に、余は、導師から秘伝を授かり、余からは「グシリ」の称号を与えた。余は導師に、仏法の大儀を奉じ、僧院を指揮し、教え、学び、実践する伝統を導かれるよう求めるものである。また、僧侶が仏法の根本なれば、導師の教えから外れることなきよう、求めるものである。これら仏法に熟達した者は、確固たる心を持つ若人らが学ぶべきよう、導くべきである。「法」の意味を識りながら、教えることも学ぶことも出来ない者は、瞑想せよ。かくして、仏法を実践すれば、余は、施主として功徳を積むことを助ける。まさに「三宝」を奉じ

よう。

　この道に従う僧侶は、将官、兵士、有力者、ダルハチ（達魯花赤、地方施政官）、金虎符特使によって煩わされないものとする。また、軍役・納税・用役も免除されるものとする。余は、これなる「ヤサ」を発し、釈迦牟尼の教えに従い、天を崇め、余のために祈ることを僧侶に許したことを伝える。金虎符特使が僧院および僧侶の居所に宿を求めることは能わない。糧食・用役を取り立てることも能わない。水および水車場を取り上げることは能わない。慣習を冒して威嚇を行うことは能わない。[注19]」

1270年サキャ教主は中部チベットの主権を付与され、パクパ帝師の下にあった。パクパ以後、帝師の地位はサキャ派が独占し、その状態は元が滅亡するまで100年間続いた[注20]。フビライは1264年8月上都から中都（燕京／北京）とし、至元と改元し、7年後の1271年11月国号を大元と改めた（イエケ（大）モンゴル・ウルス（国）から大元大モンゴル国（ウルス）への改称）。このフビライの治世下に、モンゴル帝国の領土は最大となり、帝国勢力は、東は高麗（朝鮮）、西は地中海および東ローマ帝国にまで広がった[注21]。その一方、パクパの在世中は、フビライ・ハーンの支配権はチベット全土に及んでいず、タクルン派もシング派もカルマ派も同様に足場を失い、全土の諸氏族がフビライに帰順することはなかった。それどころか、ディクン派は、モンケ以後、イル・ハーン国を結んでフビライに抵抗し、サキャ派とも対立した。パクモドゥ派はディクン派と結んで反フビライ戦線に加わった。1277年フビライ軍はチャルバの支配地ニェルで殺戮を企てたが、チャルバは元の委任を受けたサキャ派プンチェンの取り締まりを逸脱して抵抗したからであった。サキャ派プンチェン、クンガ・サンポはチャルバと友好関係にあったことで、翌78年フビライの密使に殺害された。1290年サキャ派プンチェン、アレンは、フビライの王子アムル・ブカの軍を切り崩したパクモドゥ派とともに、ディクン派の拠点を急襲し、ディクン派寺院を焼失させ、僧1万人を殺害した。このため、ディクン派執事長はチベット東部、カルマ派のコンブ（工布）に逃れ、フレグに急を告げた。フレグの援軍とフビライ軍がファンとネパールの境界ベルモ・ベルタンで戦い、フレグ側が敗北し、連行されていたサキャ派王子は釈放され、執事長は処刑された。翌91年ティムル・ブガ軍は、ディクン派の勢力圏、東部のダクボ（下垲

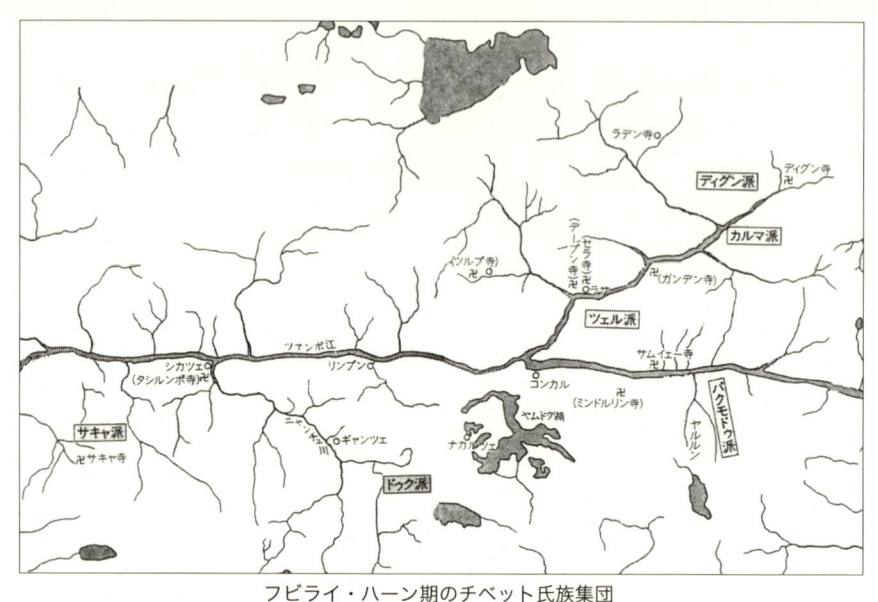

フビライ・ハーン期のチベット氏族集団
(注) 山口瑞鳳『チベット』東京大学出版会、1987年、下、78－79頁を参考にして作成。

布)、コンボへ侵攻し、チベット全土を掌握した。その際、ディクン派の破壊された寺院はフビライの援助で再建された。こうして、モンゴルの収奪は続いたが、元の寄進で僧院は優遇された、仁宗時代、1320年7月の宣諭には、「ジンギス・ハーンとオゴタイ王が釈迦牟尼の教法に従って、いかなる僧も、税・兵・用役に従わせず、天を祀り、願をかけるために、自分が施主となると、仰せられた」とあった[注22]。

ディクン派の破壊で、チベット全土にフビライ権力が確立し、元朝権力を代行していたサキャ派が中央チベット東部ツァンポを支配するところとなり、そのツァンポ江南岸・北岸以北を支配していたパクモドゥ派とディクン派の同盟が解体し、ディクン派はカルマ派に接近した。ツァンポ江北部はツェル派が支配した。こうしたなか、1322年パクモドゥ派のチャンチュブ・ギェルツェンが元朝からラブン職を委任され、聖・俗2権を掌握した。それで、ヤルルン南方のヤブサン派が1329年パクモドゥ派に対し先制攻撃をかけ、サキャ派のプンチェン職が調停に入り、ヤブサン派を勝訴させた。こうして、サキャ派がチャンチュブ・ギェルツェンの権力を削ぐ行為に出たことで、パクモドゥ派は元朝に調停を申し出てヤブサン派を敗訴させ

た。ために、ヤブサン派は再び実力行使にでたが、大敗北した。面目を失ったサキャ派のプンチェンは、チャンチュブ・ギェルツェンをサキャに監禁した。ときに、サキャ派の内紛で軟禁中のプンチェン、ギェルサンがチャンチュブ・ギェルツェンと結び、彼を解放した。新プンチェン、ワンツゥンは1344年、軍を率いて逃亡したチャンチュブ・ギェルツェンと決戦したが、ムンカルの戦いで敗北した。パクモドゥ派は、元朝に使者を送って支持を取り付け、ディグン派との関係を改善し、ディクン派は、ツェル派、ヤブサン派、サキャ派と連合した。一方、チャンチュブ・ギェルツェンは、1349年ツァン全土を掌握し、元朝からダルガチ職を委任された。しかし彼はサキャ派の内紛で、彼らの元朝から許された分限を超えた行動を禁じられ、一方、プンチェン職とその一味を処刑した。だが、ツェル派と帝師クンガ・ギュルツェンがサキャ派を潰そうとしているとの申立ては受理されず、ここに政権はサキャ派からパクモドゥ派へ移った。

　一方、元から変った明の洪武帝（太祖）は積極的なチベット懐柔策をとり、1372（洪武5）年甘粛を平定し、中央チベット最強のパクモドゥ派の首長は闡化王の称号を付与され、カム地方最強のリンツァンの支配者は贊善王の称号を付与され、それと張り合うコンジョ王には護教王の称号が付与され、それに準じてパクモドゥ派に対抗するサキャ派の本流タクツァン家にも輔教王の称号が付与され、またディグン派には闡教王の称号が送られた。これ以外に、カルマ派、サキャ派、ゲルク派の指導者が明の都京師（南京）にそれぞれ招かれ、いずれにも法王の称号が送られた[注23]。こうした聖・俗2権を区分した配慮は、チベットの現状の均衡に対応したもので、さらに、太祖は1373年、平和と安全の聖旨を公布した[注24]。

　明朝は元朝の習慣に倣って新しいチベットの師を求めて使者を送った。しかし、君主ラマは、この招請に応じず、1407年カルマ4世デシン・シェクパが中国に赴いた。以下はその記録である。

　「丁亥年チベット暦1月21日、われらは、明の首都南京の郊外に到着した。騎上の官吏や貴族がわれわれを奉迎し、カルマを象にお乗せ申し上げた。南京市城門のところで、皇帝自らがカルマを迎えられた。贈答品が交換された。カルマは、千本輻のある金の法輪とカター（儀礼用スカーフ）を皇帝に献じた。皇帝は、その返礼として法螺貝とカターを贈られた。皇帝が宮殿に引き帰えさ

れた後に、カルマは、護衛隊つきで迎賓館に案内された。

　翌日も同様に、王室の護衛隊を賜わり、宮殿において皇帝の謁見がなされた。中国僧や官吏は道に香を焚き、法螺貝を吹き鳴らして参加した。精巧な装身具を身につけた高級官吏約3000名が城門より宮殿の3つの扉にいたる道沿いに、沈黙して整列した。皇帝自身は、中央の扉の前におられ、カルマとともにこの扉をくぐられた。一方、官吏は2つの横の扉より入場した。謁見室の壁面それぞれには甲冑をつけた兵士50名が並び、謁見室の中央の玉座に座された皇帝とカルマを囲んで、さらに50名兵士が配された。中国側の官吏は壁にそって整列していたが、カルマの侍従は主賓の右列に座した。食べ物・飲み物が供せられ、集った皆の前で舞踊が上演された。その間、皇帝とカルマは公式の通訳を介して会話をなされた。その後、御二方は正面扉より去られ、私たちは護衛つきで迎賓館へ戻った。[注25]」

　これは、施主が帰依する僧侶に布施したチュユン関係（宗教者・施主関係）におけるラマの状況についての姿である。永楽帝は、ゲルク派の始祖ツォンカパを招請せんとしたが、ツォンカパはそれを断った。一方、1409年ツォンカパはラサでタクパ・ギェンツェンとそのカルン（大臣）を施主として、初めてラサでモンラム・チェンモ（大祈願会）を開催し、そしてガンデン寺（甘丹寺／噶勒丹寺）が創建された。以来、モンラムはチベット暦新年1月1日から3週間続き、僧侶は世界の平和と繁栄を祈願し、現在にいたっている。

　1414年ツォンカパへの再招請では、彼の代わりに高弟サキャ・イェシが遣わされ、永楽帝はこれを私的訪問と捉え、イェシに「西方仏法転生活仏大グシル」の称号を贈った。

　永楽帝（成祖）は1415年パクモドゥ派の実力支配から、その教団長に灌頂国師の称号を送って、新しく登場した中国権力の存在をみせた[注26]。これを機に、チベットの諸氏族は元朝発給の官印を返却し、今後の災難に備えた。しかし、明は実質的な統治もしなければ、徴税もしなかった。いいかえれば、明朝はチベット指導者との交流を欠いた。

　15世紀に、中央チベットのパクモドゥ派支配者にコーマ（教主）の称号が付与された。1498年にリプソン政権のトゥンユー・ドルジがラサを攻撃し、そこ

は1517年までカルマ派の支配にあった。1517年ラサからリプソン軍が引き揚げ、ゲルク派の手でモンラム・チェンモが再開された[注27]。この明のチベット懐柔策で、チベットと明の都との往来も盛んになった。武宗（1506-21）の時代には、宮廷内にチベット寺院が建立され、1517年にはカルマ派の勅使団500人が派遣された。しかし、世宗（嘉靖帝、1521-66）の時代は道教が重視され、チベット仏教は淫祠邪教として非難されていた。こうしたなかで、厳しい戒律主義のツォンカパ・ロサン・タクバが出現し、カム地方を中心に信者が成長した。黄帽派ないしゲルク派もこの流れで形成されたが、それはサキャ派の1つの流れで、新サキャ派と称された。また、そのツォンカパとその教義の後継者は、アティシャによる小乗・大乗・金剛乗（タントラ仏教）の3乗統合に理念を奉ずるものであったから、アティシャの弟子によるカダム派に対して新カダム派と称された。

このように、チベットはサキャ派とパクモドゥ派の氏族間の勢力均衡のもとにある一方、カダム派らの元・明両朝への依存にあった。それというのも、チベットは、吐蕃時代のような強力な軍事権力による統一権力の統治になかったからである[注28]。

1536年チベット人の上京をみたが、その数4000人以上に達し、それで布施は渡されなかった。実際、チベット人の明朝廷訪問では、双方において利益が合致することが慣例となっており、このチベット人の上京は中国産品の購入が目的で、結果的に、チベット人の資産を殖やした。

なお、皇帝の招請とそこでの称号の事例はそのチュユン関係の確認として多い。いくつかを挙げる。

支配者の付与した称号（尊称）

皇帝、ダライ・ラマら	年	対象者および称号
オグル・ガイミシュ皇后	1250	カシミールの導師に万人隊長
モンケ・ハーン	1253	チベット僧ジョゴン・チョゲ・パクパにディ・シ（皇帝の指導者）
フビライ・ハーン	1261	ジョゴン・チョゲ・パクパに帝師、ダバオ・ファ・ワン（法王・至宝）
フビライ・ハーン	1263	サキャ派僧チャクナ・ドルジェにパイラン・ワン

フビライ・ハーン	1354	サキャ派僧ジョゴン・チョゲ・パクパにアリア・ティ・シ（五行導師）
元朝淳帝	1578	チベット僧パクドゥップ・ジャチャプ・ギャルツェンにタイ・シツ（大指導者）
アルタン・ハーン	1578	3世ダライ・ラマ、ソナム・ギャムツオにタレ（ダライ・ラマ）金剛者
3世ダライ・ラマ	1578	アルタン・ハーンに法王ブラマ提婆
明朝神宗万暦帝	1578	3世ダライ・ラマに金剛者
5世ダライ・ラマ	1637	グシリ・ハーンにテンジン・チョキ・ギャルポ（法王）
グシリ・ハーン	1637	カルン、ソナム・ラプテンにダライの従者長
清朝世祖順治帝	1647	14世パンチェン、カルン、ロブサン・チョキ・ギェルツェンに金剛者導師
5世ダライ・ラマ	1653	清朝順治帝に天なる文殊菩薩・至高の偉大なる皇帝
5世ダライ・ラマ	1658	グシリ・ハーン長男にテンジン・チョキ・ギャルポ（法王）
清朝高宗乾隆帝	1781	8世ダライ・ラマにヤサ
袁世凱	1914	ケルカ・ジェツェン・ダンバにクトトクツ

（出所）*The Mongols and Tibet,: A Historical Assessment of Relations between the Mongol Empire and Tibet,* Dharamsala: The Department of Information and International Relations, 1996. ダライ・ラマ法王日本代表部訳『ダラムサラと北京——提唱と往復書簡（1981–1993）付・モンゴル帝国とチベット』ダライ・ラマ法王日本代表部、2000年、166–169頁。

2．ダライ・ラマ制とモンゴル支配

　パクモドゥ派のツァン直轄地の支配者リンプン一族が反乱を起こし、1480年ゲルク派の大施主タクカルワを襲撃し、ルンボツェを占領した。パクモドゥ派の創始者ガクキ・ワンチュクが没すると、リンプン一族は同派の本拠ヤルルンを占領した。1493年パクモドゥ派の聖・俗2権にカルマ紅帽派のチュタク・イェシェが即位した。リンプン一族はゲルク派を潰し、ツォンカパが創始しゲルク派が主宰していたラサのモンラム・チェンモは、1517年カルマ派の主宰となった。ゲルク派の最高地位は7年毎に交代するガンデン大僧院（甘丹寺）の座首であったが、怪僧ゲンドゥン・ギャムツオが出現し、彼は同17年デプン大僧院（哲蚌寺）の貫首となり、翌年の

モンラム・チェンモはゲルク派の手に戻った。1542年ゲンドゥン・ギャムツオが没し、翌43年ゲルク派はゲンドゥン・ギャムツオの転生者ソナム・ギャムツオを選出し、彼は10歳でデブン活仏となり、16歳でセラ大僧院（色拉寺）の貫首も兼ね、そして翌43年に3世ダライ・ラマとなった。

ソナム・ギャムツオは1569年タシルンポなどのツァン寺院を歴訪し、サキャ派と接した。さらに、カルマ黒帽派の法王とも、紅帽派の法王とも、パクモドゥ派のネウドンツェ当主チャンガ・タクパ・ジュンネとも会い、融和策に成功した。

当時、1573年、モンゴル・ダッタン部のアルタン・ハーン（阿勤担／俺笞汗、順義王）がチベットを征服し、チベット人への敬服から、3世ダライ・ラマにモンゴルでの布教を求めた[注29]。内紛の調停で出発が遅れていたところ、1577年アルタン・ハーンは青海で3世ダライ・ラマに会いたいと通告してきた。デブン活仏が翌78年5月その地に赴き、アルタン・ハーンは8月デブン活仏にタレ（ダライ・ラマ）の称号を付与し、カム（喀木）南部のリタン（裏塘）に理塘寺（チャムチェン・チュンコルリン）を建立した。3世ダライ・ラマは、さらに、雲南のサタム王の招請を受け、チャムド（察木多）を訪れた。1582年3世ダライ・ラマは青海を経てモンゴルに向かい、1586年帰化城（現フホホト、厚和豪特／呼和浩特）に着いたが、アルタン・ハーンは既に1581年没しており、ハルハ族のアバダイ・ハーン（阿巴泰汗）を教化した。また、3世ダライ・ラマは、明の神宗（万暦帝、1572-1620）の招きを受けたが、それを果たさず、1588年に没した。この3世ダライ・ラマのモンゴル布教はチベットの興亡にモンゴル人が関与する糸口となった[注30]。

そのアルタン・ハーンの仏教を保護する1578年勅令は、以下のとおりである。

「われわれモンゴル人の祖先は、空から降りてきた。ために、われらモンゴル人は強大なる民族となり、ジンギス・ハーンはその帝国を中国やチベットにまで拡張した。

仏教は、われわれがサキャ・パンディタの施主となったとき、初めてわが国に伝来した。その後、チムールなる帝王が現われた。チムールが国を治めていた間、民に宗教はなく、国は衰退し、その結果、血の海が国土を洗い流れた。

貴僧の今回のモンゴル訪問は、仏教復興に一役買うものである。「施主とラマ」の関係は、たとえていえば、太陽と月のようなものである。こうして血の海は

ミルクの海に変じた。

　わが国に住むチベット人、中国人、モンゴル人は釈尊の説かれた十善戒を守らなければならない。私も、今日、この日よりモンゴル人が守るべき幾つかの行動の規範を制定する。

　これまでは、モンゴル人が死ぬと、その妻・召使い・馬・家畜も殉死の憂き目にあった。今日から、そのような行為は禁止する。死者の馬と家畜は互いの了解の上、ラマと僧院に寄贈され、残された家族はその代わりに死者のために追善供養を行ってくれるよう、ラマに依頼できる。これからは、死者への追善のために動物・妻・召使いを犠牲にすることは許されない。人間を犠牲にした場合、その責任者は、法のもとに処刑されるか、財産を没収される。馬もしくは他の動物が犠牲にされた場合、その十倍の数の動物が殺され、没収されるであろう。

　僧侶もしくはラマを傷つけた者は、重罰に処される。これ以降は、死者の像の前で血の犠牲を捧げる習慣は禁止され、そのような像が存在するならば、焼かれるか、破壊されるかしなければならない。そのような像が秘かに所有されていることが発覚した場合は、像を隠し持っていた者の家は、取り壊される。

　民はその代わりに家庭にチベット人の神イェシェ・ゴンポの像を祀り、血の代わりにミルクとバターを捧げるべきである。

　誰もがその隣人のために意を尽すべきであり、他人から物を盗んではならない。

　簡単にいえば、ウー・ツァン地方では既に行われているこれらの法を、わが国もまた実施すべきである。[注31]」

　ゲルク派は、3世ダライ・ラマの転生者として、敵方、ディグン派当主を考えたが、その融和計画は成功しなかった。ゲルク派はアルタン・ハーンの甥スムメタイジの子ユンテン・ギャムツオを転生者に選び、彼は1589年に4世ダライ・ラマとなった。彼は1603年入蔵し、デプン寺（哲蚌寺）貫首となった。紅帽派は彼を支持したが、ゲルク派の反カルマ派勢力はそれを政治的陰謀として拒否した。紅帽派法主は、それで大昭寺（ジョカン寺）奉呈文で、ゲルク派の所業を非難した。激昂したゲルク派の一部が、モンゴル人を唆してカルマ黒帽派／カルマ・カギュ派の本拠ツルブ（ツ

3　満・蒙民族のチベット政策

ルブ寺／楚布寺)を襲撃させた。1611年リンプン一族シンシャクの王が4世ダライ・ラマの加持を求めたが、ゲルク派の反カルマ派勢力は、これを拒否した。シンシャクはこれに反発してチベット東部一帯を制圧した。ツァンのシンシャクは翌12年国内を統一して、紅帽派法主をサムドゥプツェに招いた。これにゲルク派の反カルマ派勢力が反発して、青海トゥメト族を扇動してラサ占領を企てた。1618年このトゥメト族の動きにツァン軍が出動し、ラサのデプン大僧院（別蚌寺）を襲撃した。両軍はラサ近郊キャンタンガンで対峙した。ここに1世パンチェン・ラマ、ロブサン・チョキ・ギェルツェンが調停に乗り出し、シンシャク政権もゲルク派の権益を認めた。

　1615年、明朝神宗が京師南京での仏教寺落成法要に4世ダライ・ラマを招請した。彼はデブン寺とセラ寺への責任からこれを断り、自己の寺院で中国へ向けた祈祷をした。4世ダライ・ラマは1617年に没した。

　1617年パクモドゥ派は転生者としてツォンカパの弟子ゲンドゥン・トゥプを5世ダライ・ラマ、ガワン・ロサン・ギャムツォに選んだ。彼は2世ダライ・ラマ、ケンデュン・ギャムツォの転生者であり、3世ダライ・ラマ、ソナム・ギャムツォの転生者であった。1631年ハルハ族のモンゴル軍がカルマ派の本拠ツルプを襲撃し、その東部のディクン派にも攻勢をかけた。4世パンチェン・ラマとデプン大僧院の監院ソナム・ラプテンが調停し、ハルハは撤退した。一方、ハルハを追われて2年前に青海入りしていたチョクトゥ・ハーン（却図汗）が、青海に進出しトゥメト族を制圧した。味方を失ったゲルク派は、オイラートのグシ・ハーン（顧実／固始汗）に救援を求めた。カルマ紅帽派は、チョクトゥ・ハーンにゲルク派への攻撃を要請し、1635年アルサラン軍の南下で、翌36年1月敵方の5世ダライ・ラマに接近し敬意を表した。5世ダライ・ラマは調停に入らなかったが、双方とも戦力が限界に達し、講和となった。カルマ派は急使をチョクトゥ・ハーンに送り、責任を質した。そしてゲルク派の要請を受けたグシ・ハーンがラサに入城し、5世ダライ・ラマと盟約を交わし、1637年にはチョクトゥ・ハーンの3万の大軍を破って、青海の支配者となった。グシ・ハーンは、ゲルク派の反カルマ派勢力の代表ソナム・ラプテン（チョペル）の要請で、翌38年ツァン政権の根拠地サムドゥプツェを占領し、ここにチベット統一の覇業が達成され、かくて、ファン王カルマ・テンキョン・ワシボと一派が処刑され、カルマ派のほか、ディクン派、サキャ派、チョナン

派（サキャ派の一派でツァンのチョモナンにチョナン（一切智者）の僧院、チョモナン・ゴンバ／プリンツォリン／チョナン・クンブムを創建）も制圧され、チョナン派は1650年に禁教となった。グシ・ハーン支配下に16法が公布され、それは封建制下の成文法の先駆であった[注32]。

こうしたグシ・ハーンの軍事力を背景に、1641年3月5世ダライ・ラマを元首とし、そして5月末ラサを首都に政府の名称をカンデン・ポチャン（観音宮殿）とするダライ・ラマ法王国が樹立された。この際、グシ・ハーンは、チベット全土13万をあげてダライ・ラマに献上すると宣言した。1642年に摂政（ギェルツァブ）職が設けられ、ソナム・チョペルを摂政とするダライ・ラマ政権が成立した[注33]。5世ダライ・ラマは1636年ラサでの宮殿建設を決定し、1645年にポタラ宮殿が竣工した。1650年モンゴルのゲゲンが、ラサに入ってダライ・ラマよりフビレハ（呼畢勤罕、活仏）を宣せられ、ジップツンダンパ（哲布尊丹巴）フトクト（呼図克図）の尊号を授けられた[注34]。

こうして、チベットには政教合一制度が歴史的に確立したが、それは3つの条件、すなわち（1）密教としてのチベット仏教の確立をみたこと、そこでは、出家によるヒエラルヒー秩序が社会制度の根幹を形成した、（2）その社会の生産的基礎が教派的少数上層階級の農奴制にあったこと[注35]、（3）その結果、政教合一制度が発展の最高形態として宗教者が直接に政権を掌握したことである[注36]。その実態は、寺院の構成規模にみることができる。

寺院とその規模

年次	地区	教派	寺院数			僧人数		
1694年	ウェティ（卫地）北蔵	各教派	計1807			計97538		
1695年	ウェティ北蔵	クルー（格魯）	計104	僧寺 尼寺	95 9	計12736	僧 尼	12289 447
1695年	後蔵	クルー	計110	僧寺 尼寺	94 16	計9341	僧 尼	8918 423
1695年	アリ	クルー	計34	僧寺 尼寺	34 0	計1785	僧 尼	

1695年	ウォーカー（沃卡）グボ（達保）	クルー	計 17	僧寺 10 尼寺 7	計 2831	僧 2475 尼 356
1695年	アイ（唉）	クルー	計 21	僧寺 尼寺	計 1989	僧 尼
1695年	ロカ（山南）	クルー	計 24	僧寺 尼寺	計 2723	僧 尼
1695年	コンブ（工布）	クルー	計 27	僧寺 24 尼寺 4	計 7412	僧 7177 尼 235
1695年	バルカチ（巴尓喀木）	クルー	計 38	僧寺 尼寺	計 1370	僧 尼
1695年	ウェティ、藏、康、アリ、グボ、コンブ	クルー	計 534	僧寺 494 尼寺 40	計 40187	僧 38726 尼 1461

5世ダライ・ラマ時の寺院所属の民衆

寺院	僧人数	所属民戸	毎年食糧収入・グラム
哲蚌	4200	553	37922
色拉	285	86	7200
曲科杰	471	216	6750
南杰扎侖	180	240	18562
扎什倫布	2500	50	2600
日沃徳欽	50	10	1062
熱多	300	17	1500
帕蓬卡	16	13	660
扎吐	147	16	600
曲秀塔巴	127	30	200
绛曲	110	25	1500
绛三丹孜	10	3	350
邦仁曲徳	200	10	1100
崗尖曲倍	350	17	1400
温	200	13	550
倫則曲徳	196	59	4200
細格曲徳	250	5	100
貝考曲徳	746	8	550
日沃却	130	28	310
杰拉康	130	15	1327
結扎西徳欽	130	5	100
白雪山珠	300	815	2730
第穆曲宗	240	360	600
俄阿日塘	130	6	1600

雪巴多雪珠林	300	50	250
艾巴桑艾林	160	43	3820
江若賽丁	70	40	1740
恰那	370	70	1446
江達	320	160	1360
乃究	101	77	4048
熱振	131		449
則錯巴	50	13	3055
日曲土丹達杰	150	143	7464
租羅布官	100	56	1751

1733年のダライ・ラマおよびパンチェン・ラマ所轄寺院

ダライ・ラマ所轄	寺院 3150	僧人数 342560	属民 121440
パンチェン・ラマ所轄	327	13670	6750

1694年から1733年まで40年間の寺院および僧の増加

新増の寺院数	新増の僧人数
1777	221742

(出所) 東噶・洛桑赤列、陳慶英訳『論西藏政教合一制度』北京、民族出版社、1985年、『論西藏政教合一制度・藏文文献目録学』北京、中国藏学出版社、2001年、55－58頁。

3. ダライ・ラマの権力確立と蒙・清工作

　シッキムとブータンは、吐蕃時代から、チベットの属領フォナとともにムンと呼ばれてきてより、別途の道を歩んだ。

　シッキムは1642年、ガルトク地方でナムギェルのブンツォク（ペンチュ）がニンマ派（紅帽派の古派）に支持されて建国された。ブンツォク王は、建国と同時にチベットへ使者を送り、ダライ・ラマ政権と友好関係を締結した[注37]。

　一方、ブータンは、旧くはニンマ派が栄えていたが、1616年カギュ・ドゥク派法主がツァン王シンシャクとの対立で本拠を追われ南下して建設した。土着のパジョからの支持もあったが、パジョは王位を追放され、カギュ・ドゥク派が権力を掌握した。チベットは、ブータンに1644年、49年、77年と攻撃をかけ、18世

紀後半まで両者は敵対関係にあった[注38]。

また、ラダクは、吐蕃王家のウースン王の末裔ニマグンの子によって支配されてきたが、チベットとの関係は薄かった。カシュガル（疏勒）のイスラム教徒ミルザ・ハイダルが支配し、1532年に中央チベットにまで遠征をみたが、これは1536年に失敗してバダクシャンに撤退した[注39]。1622年以降、ドゥク派のタクツァン・レーバがラダクに住み着き、調停に成功して国土の統一を果たした。その当時1618年、1世パンチェン・ラマが南部のグゲ王家の招きで、カイラス山地（カンティース／岡底斯）の聖地を訪れ、ゲルク派との連帯を高めた[注40]。その後、ラダクとグゲの両王家の関係が悪化し、1630年グゲ王タシー・タクバデの病でグゲはラダクに征服され、以来、ゲルク派の寺院が弾圧を受けた。ドゥク派のタクツァン・レーバの没後、ダライ・ラマ政権はグゲ地方のゲルグ派の復権を求めたが、ラダク王は中央においてドゥク派とゲルク派が対等であることが先決として、これを拒否した。

チベットの統一が確定された段階で、5世ダライ・ラマは、京師へ入る前、リンメ・シャプドゥン・クンチュク・チュンベルの助言で、1645年4月ソンツェン・ガムポ王の転生者として、ロンツェン・ガムポ王の旧宮殿跡にポタラ宮を造営することになった。それは古代チベットの栄光の再現を意味した。5世ダライ・ラマは1648年ラサに戻って、翌49年1月国内のみならず、モンゴル人にも君臨する者の宮殿としての威容を整えたポタラ宮に入ったが、本拠はデプン大僧院のままであった（1659年に移動）。清朝は1648年、ダライ・ラマの京師訪問を呼びかけ、結局、3度目の要請で、1652年5世ダライ・ラマは北京を訪問して順治帝と同席して挨拶を受け、順治帝は5世ダライ・ラマに対し、金冊と金印「西天大善自在仏所領天下釈教普通瓦赤喇怛頼喇嘛之印」を付与した[注41]。なお、ダライ・ラマは、遺嘱のなかに、「皇帝勅封、西天大善自在払所領天下釈教永恒金剛持達頼喇嘛之教語」の文字を残したが、それは皇帝への支持を意味した[注42]。これは、元・明の場合と同様に、清の封冊、つまり清への帰順を意味した。つまり、チュユン関係の確認であった[注43]。後年、チベットは、そのことで、単に清国を大施主としたにすぎない、と解釈した[注44]。もっとも、チベットにとっては、中央の干渉がない限り、中国の権威は利用するのがその本音というところであったろう。

それで、翌53年に戻った5世ダライ・ラマは、モンゴル工作に心がけた。けだし、

5世ダライ・ラマの権力はホシュート部の軍事力に支えられていたからである。元来、宗主権をもっていたグシ・ハーンは、北京から護法者としての任命を受けていた。1654年グシ・ハーンの死去で、青海は内紛となったが、1659年以降、5世ダライ・ラマは分割統治の方針で対処し、後継のダタン・ハーンとダライ・ハーンに対して同時にチベットの護教王（テンジン）に任命した。これによって、ホシュートの王とダライ・ラマの対等な地位がダライ・ラマ優位へと変わり、ダライ・ラマの権威によってモンゴル王が任命されることになった[注45]。それは、カルマ派の権威を受け入れたハルハやオイラートまで及んだ。

5世ダライ・ラマは、1652年のブータン訪問に次いで、モンゴルのオイラートとハルハの対立を調停した。そして5世ダライ・ラマは1652～53年京師を訪問し、彼の宗教的権威でモンゴルの支持を成功させた。また、ダタン・ハーンがファン王を制圧した1642年以来、ツァンのシガツエを与っていた管領ノルブが権力を拡大したことで、1659年ノルブは5世ダライ・ラマに糾弾され、敵国ブータンに逃亡した。これは、5世ダライ・ラマの主権に対する警戒心からであった。そこでは、摂政（ギェルツァブ）サンギェ・ギャムツオの僧俗権力が大きく与った。

1672年清朝聖宗順治帝は、臣下の反乱で5世ダライ・ラマのもとに使者3人を送り、チベット・モンゴル軍を借りたいと申し出た。これに対し、5世ダライ・ラマは、以下のとおり断った。その一方、反乱側の使者3人とも会い、自分は中立であると伝えた。

> 「満州皇帝とダライ・ラマのあいだには、常に宗教上の施主とラマの関係（チュユン関係）が存在している。私が中国を訪問した際、皇帝である順治帝には、特に親切にして頂いた。私は、貴国の平和と繁栄を常に祈っている。しかし、チベット兵は、中国でそれほど際立った働きはできますまい。チベット兵は貴国の気候に慣れていない。モンゴル兵も優れた戦士ではあるが、扱いにくく、かえって貴国の負担になると思われる。モンゴル兵もチベット兵も暑さに慣れておらず、現今、中国に猖獗をきわめている天然痘に簡単に罹患することになる。こう考えると、どちらの兵士も、あまり貴国のお役に立てない以上、派遣しない方が賢明と考える。[注46]」

5世ダライ・ラマは、摂政サンギェ・ギャムツオに対し、オイラートのジュンガ

ルと密接に連携して、青海や内蒙古を牽制するよう求めた。このことは、清朝を共同してそれを掣肘せんとする意図からであった。その役割を1世パンチェン・ラマの教えを受けていたガルダン・ハーンが担い、5世ダライ・ラマは、彼に護教者ボショク・ハーンの称号を送ってモンゴルに干渉した[注47]。これを知った清朝はダライ・ラマに対する不信感を高め、1680年代以降、逆にダライのモンゴル人に対する権威を無視した。ダライはこれに反発したが、1682年4月摂政サンギェ・ギャムツォに後事を託して没した。ダライ・ラマの遺言は「清朝(康熙帝)に対して用心せよ」「自分の死を秘密にせよ」であった[注48]。康熙帝は1696〜97年に3回、モンゴル親征を行い、ガルダン・ハーンを追撃した。サンギェ・ギャムツォは5世ダライ・ラマの死去を公表することの不利を計算して、ニンマ派の協力を得て、1697年までその死を隠しとおし、5世の権威を利用してガルダン・ボクト・ハーンを動かし、青海のチベット王テンジン・ダライ・ハーンは別としても、1世パンチェン・ラマにもその旨を伝えなかった。そして康熙帝の親征のときにはガルダンは死去していた。テンジン・ダライの死を知った康熙帝も幸いであった。

ガルダン・ハーンに追われたチュルク・ウバンやオチルトゥ・セチェン・ハーンらは青海に逃れ、結局、その住地をめぐって清朝の保護を受け、1686年清朝に帰順した。同86年康熙帝の命令でジャサク・ハーンとトゥシェト・ハーンとの和睦が予定されたが、トゥシェト・ハーンは出席せず、翌87年ガルダンがハルハを襲撃した。ハルハのトゥシェト・ハーンはジャサク・ハーンを捕らえて殺害した。ガルダン・ハーンは、1688年トゥシェト・ハーンを攻撃し、トゥシェト・ハーンは清朝に内附を願い出た。これに対し、ガルダン・ハーンは、トゥシェト・ハーンの非を清朝に訴えた。ここに、清朝はガルダン・ハーンを制圧して、1691年これまで黙認してきたダライ・ラマのモンゴルにおける権威を拒否する宣言を発した。

1675年、ブータンとモン族の対立で、チベット・ブータン貿易が中断され、翌76年ブータンはシッキムを攻撃した。1677年チベットはブータンに進撃し、翌78年ブータンはチュンビ(春丕)渓谷を放棄し、シッキムから撤退して講和した[注49]。その間、ラダクは、ドゥク派系のブータンを支持して、ダライ・ラマ政権に敵意を示した。5世ダライ・ラマは1679年青海のダライ・フンタイジの子を還俗させてラダクに軍を送り、以来、3年間その地を占領した。1683年ラダク王はモ

ゴルのカシミール総督に援軍を求め、ラサ軍をグゲとの国境で追い返し、1684年に平和条約が成立し[注50]、ラダクはカシミールへの領土割譲となった。その際、摂政サンギェ・ギャムツオは、既に1681年ヤルカンドを支配していたガルダン・ハーンに命じてモンゴルに圧力をかけ、ドゥク派のミバム・ワンボをラダクに送り、チベット本土との交易および貢納を約束して、南部グゲ地方におけるゲルク派の優位とダライ・ラマの支配権を認めさせた。

1662年1月1世パンチェン・ラマが逝去したことで、5世ダライ・ラマはその葬儀に参加したが、それにはパンチェン・ラマの転生者を選出してツァン地方を掌握する予定があった。だが、1667年パンチェン・ラマの転生者ロブサン・イェシェ・ベルサンボが任命されると、彼らは親清朝的行動へと走った。この図式は、ダライ・ラマとパンチェン・ラマと中国とのあいだの三角ゲームとして、以後、たびたび生じる。それは、前記のモンゴルとチベット（ダライ）と中国の三角ゲームに代わるもので、いずれも中国内での政治ゲームといえるものであった。

1682年5月、5世ダライ・ラマの逝去で、摂政サンギェ・ギャムツオはその後継者を南チベット、ツォナ（錯那）のニンマ派から選び、5世の死とこの選定を1697年まで隠し続けた。ただし、この情報はツァン勢力などを通じて清朝に通報されており、1696年康煕帝は自らガルダンを滅亡させたことで、モンゴルでも清朝への接近が始まっていた。その一方、1683年、6世ダライ・ラマが即位し、1702年6月6世ダライ・ラマが2世パンチン・ラマに対し自ら受けていた沙弥戒を返上するという事件が起こり、サンギェ・ギャムツオは、翌03年責任をとって摂政を引退した。

中央チベットのホシュート部護法王が1697年に空席となり、かつてサンギェ・ギャムツオはその封じ込めをとっていたが、ダライ・ハーンの子ラサン・ハーン（羅座班／拉蔵汗）がそのテンジン（護教王）と決まり、ここに両者の対立が1705年ダライ・ラマ政権の公議会で問題となり、ラサン・ハーンは青海に戻るよう求められた。これに対し、ラサン・ハーンはラサに攻勢をかけ、その結果、サンギェ・ギャムツォを引退させてラサン・ハーンが実権を握るとした調停が成立し、ラサン・ハーンはサンギェ・ギャムツォを殺害し、ここに吐蕃王以来の独立した統一政権の夢は潰え、チベットはラサン・ハーンの統治となった[注51]。

ラサン・ハーンは早速、清朝に遣使し、康熙帝はラサン・ハーンに「翊法恭順汗」の称号を送り、サンギェ・ギャムツォが選出した6世ダライ・ラマの京師招喚を命じた。ラサン・ハーンは、ツオンドゥ(民衆集会／議会)に対し6世ダライ・ラマの正統性を否定するよう求めたが、それは拒否された。遣清使の帰国後、サラン・ハーンは1705年7月ラサを占領し、6世ダライ・ラマを逮捕し、彼は京師(北京)へ送られた。翌年5月ダライ・ラマは暴徒の手で奪還されたが、彼は自ら抜け出して縛についた。6世ダライ・ラマは、京師送還の途中、11月青海で没した。そこで、早速、清朝とラサン・ハーンは、2世パンチェン・ラマの同意を得て、前者を偽者として別の5世ダライ・ラマ、ガワン・イェシェ・ギャムツォを6世ダライ・ラマに選出したが、青海ホシュート部の大部分がこの劇的なラサン・ハーンの独走に反発した。青海では、ケルサン・ギャムツォが7世転生者であるとされており、パンチェン・ラマも2人のラマを認めることができず、1708年ロザン・ケルサン・ギャムツォが7世ダライ・ラマとされ、清朝の命令で、1715年7世ダライ・ラマは、シニン(／ツォンカ、西寧)のクンブム大僧院(タール寺／塔爾寺／梵宗寺)に保護された。青海モンゴル人のこの感情は、結果的に中央チベットへの経済的寄与を妨げるところとなった。

　ジュンガルでは、ガルダン・ハーンの没後、権力を握ったツェワン・アラブタンが、ラサン・ハーンと清朝が結託してチベットを支配するのに反対し、1717年ラサン・ハーンに自分の女を与えるとの口実で、ラサン・ハーンを急襲して殺害した。それで、清朝とラサン・ハーンの立てたダライ・ラマは廃位され、チベット東部のゲルク派の転生者を企図したが、この工作も失敗に終わった。

　1717年、ジュンガルの王ツェワン・アラブタン(策妄阿拉布坦)が兵6000人でラサを急襲し、チベット王ラサン・ハーンを殺害し、7世ダライ・ラマを幽閉した。ここに康熙帝は1720年3月、7世ダライ・ラマとともにラサの治安を回復させるところとなり[注52]、7世ダライ・ラマとその支持者に対し、以下の書簡を送った。

　「ダライ・ラマが認定されたこの日、朕は、随喜に堪えない。彼は真の転生者であり、誰もが彼に敬意を払うべきである。朕は、グシ・ハーンの子孫ともども、彼の後援者である。朕は、3年間にわたり、ダライ・ラマの侍従および僧侶、計134名の経費のすべてを賄うことを確約する。

ダライ・ラマは太陽の光の如きものであり、いかなる者も集団もそれを遮ることはできない。仏法の真光もまた、彼を通して遍く降り注がれるであろう。ココノール地方のモンゴル人は、抗争し合う代わりに互いに結束し、友好関係を保たなければならない。また、ダライ・ラマには、皇帝への忠誠のよう、モンゴル人（彼らが忠実でないというつもりは毛頭ないが）に対し、助言を賜わるようお願いする。注53」

　そして翌21年9月29日康熙帝はチベットを鎮めた碑文を建立した。その碑文は、以下のとおりである。

「昔、太宗皇帝崇徳7年の時に、パンチェン・ラマとダライ・ラマ、およびグシ・ハーンは、東土に聖人が出たといわれ、特に使節を人跡稀なところに派遣し、仇敵の国を経て、数年が経った後、ようやく盛京に到着した。今では、もう80年が経ち、ともに善事を行い、ともに施主であり、極めて安寧である。後に、ディパ（第巴、土司）はダライ・ラマが没した事実を、16年にわたり隠して上奏しなかった。そして、乱行や悪事を働いていた。その悪いディバも消滅して、チベットの法教を復興するために、チベットと青海の民衆の共同請求を引き受けた。その期間、ツェワン・アラブタンはいざこざを引き起し、ジュンガルの力を動かして、勝手にでたらめなことをした。そして、ダライ・ラマとパンチェン・ラマを辱めて、5世ダライ・ラマの塔を廃し、寺廟を壊し、ラマを殺害した。法教を復興する名目に託けて、実はトゥベト（土伯特／チベット）を滅亡しようとした。それは、トゥベト国を盗み取ろうとするものであった。彼らの行為は違法なので、朕は、皇子を大将軍として、朕の子孫の地および満州、モンゴルに緑旗兵数万をもって派遣した。大軍は、瘴気ある地域を経て、無事に到着した。敵は3回深夜に奇襲してきたが、わが軍隊は力を尽くして敵陣と闘い、敵は気配を感じただけで肝をつぶして逃げた。わが大軍は、一つの矢も発しなかったままにトゥベトを平定して、法教を振興した。ジフビル（今胡必爾、ガワン）・ハーンに冊封して6世ダライ・ラマとした。そして、トゥベトの僧・民衆を慰め、生活と仕事を回復させた。であるから、文武大臣らは皆、「王師が西に討伐に赴き、瘴気ある遠くて危ない地域を経て、半年も経たずに、特殊な功績を立てたことは、本当に聞いたことがない」と賞讃した。モンゴル部

落およびトゥベトの首長も、一緒に「皇帝の神武雄略は歴代を超えており、天兵が舞い降りて、妖怪を退治してしまった。モンゴルが尊崇している法教も復興され、カンマ（坎麻／カム）、ツァン（蔵）、ウー（衛）など諸部の民衆も、塗炭の苦しみから救い出され、落ち着いて生活することができる。このような功績について、私たち部下だけが称揚して不十分なので、末代まで名声を残すために、御製碑文を賜ることを請求する」と上奏した。朕は何の功労もないが、民衆が何度も請求したので、この文を草して、トゥベトにこの碑を立て、ダライ・ラマらが恭順する誠意、そして諸部落が法教を尊崇する心を、中外に知らせる。朕の意思は、反逆者を排除して、従順者と民衆を慰めて、法教を復興するものである。注54」

そして、11月19日康熙帝は、6世ダライ・ラマに対し仏教の再興を求めた注55。これは、1709〜11年に初代駐蔵大臣赫寿がラサに駐在して以来の、チベットの直接統治であった。

1723年清軍の撤退で、その清軍の駐留に協力してきた青海ホシュートのロブサン・ダンジンが反乱を起こし、翌24年ロブサン・ダンジンはジュンガル（準噶爾）へ逃亡した。以来、青海ホシュートは、モンゴルと同様に、中国中央に統治され、チベットから分離された注56。

1727年ラサで反乱があり、これは7世ダライ・ラマが使嗾していたが、チベットの支配者ボーハ王がラサに入城し、反乱を鎮定し、7世ダライ・ラマは中国軍に幽閉された。ダライ・ラマは、7年後にポタラ宮に戻った。

＜注＞
1 『蒙古源流』の記述は、こうである。
「[18 ダルマ王]
　それに息子がないので、兄のダルマという、癸未(863年)生まれの者を、壬戌の年(902年)に40歳で王位につけた。
　昔、象に生まれたときに、間違った縁を選んだので、それなる悪い才能の原因によって、24年に至るまで、黒い法で昼も夜も過ごし、「ラン・ダルマ」と有名になって、上手はガリの3部族から下手、下手は末端のカムの3つの丘から上手に、すべて3つの崇拝の対象、4人の僧衆と名づけるものをなくして、仏法を大いに滅ぼしていた。
　その罪ある王の63歳の乙酉の年（925年）に、以前に征服する者の縁を施した時に

至ったので、貴きソンツェン・ガムポ王の正身の化身、ラルン・ペルギドルジェといわれる者が、元気のよい白い馬に墨を塗って黒い馬にして乗り、白い長衣の黒い裏を裏返して黒い長衣にして着て、長衣の袖の中に弓矢を隠して持ち、王に敬意を表し叩頭したいと来て、最初に脆くときに矢をつがえ、二度目に脆くときに弓を引いて、三度目に脆くときに罪のある王の心臓を射て殺して、

「風は土を吹く。土は水を埋める。水は火を消す。ガルダ鳥は龍たちを破る。金剛は宝石に穴を開ける。天人は阿修羅を破る。仏は悪魔を破る。そのように、私は罪のある王を殺した」

といって、長衣と馬を洗って、白くして着て乗って、中間のカムの地方に逃げて行った。」前掲、岡田訳注『蒙古源流』55－56頁。

岡田英弘は、ダルマ王が破仏を起こったという伝承は根拠がないとしている。前掲書、56頁注3。ダルマ王は842年に即位し、842年（『蒙古源流』では925年）宰相に殺された。

2　矢崎正見「ランダルマ王排仏の因由に就いて」印度学仏教学研究、第2巻第1号、1953年。
3　Robert Vitai, 'A Chronology (Bstan Rtais) of Events in the History of Mnga'ris Shor Gsum (Tenth-Fifteenth Centuries),' Alex McKay ed., *The History of Tibet*, Vol. 2 *The Medieval Period: c. 850 - 1895: The Development of Buddhist Paramountcy,* London: Routledge Curzon, 2003, pp. 53-89. Vitai, 'Nomads of byang and Myga'-Ris-Smad: A Historical Overview of their Interaction in Gro-shod, 'Brong-pa,glo-bo and Gung-thang from the 11th to the 15th Century,' ibid., Vol. 2, pp. 90-105. Iwasaki Tsutomu, 'The Tibetan Tribes of No-His and Buddhism during the Northern Sung Period,' ibid., Vol. 2, pp. 106-122.
4　op. cit. Bell, *The Religion of Tibet*. 前掲、橋本訳『西藏の喇嘛教』95頁以降。D. Seyfort Ruegg, 'Problems in the Trasmission of Vajrayana Buddhism in the Western Himalaya about the Year 1000,' op. cit. McKay ed., *The History of Tibet*, Vol. 2 *The Medieval Period: c. 850 - 1895: The Development of Buddhist Paramountcy,* pp. 123-133.
5　op. cit. Stein, *La civilization tibétaine*. 前掲、山口・定方訳『チベットの文化』68頁以降。前掲、耿昇訳『西藏的文明』66頁以降。王輔仁編『西藏仏教史略』西寧、青海人民出版社、2005年、65頁以降。Hugh Richardson, "The Political Role of the Four Sects in Tibetan History," *Tibetan Review*, Vol. 11 No. 9, 1976. 山口瑞鳳「チベット」、玉城康四郎編『仏教史II』山川出版社、1983年、219頁以降。『覚嚢派教法史（吉祥覚嚢派教法史佛法明月灯）』ラサ、西藏人民出版社、1993年。『西藏仏教宗義研究』全6巻、東洋文庫、1974－93年。
6　井坂秀雄『支那民族西夏史』日本評論社、1943年。
7　Turrell V. Ylie, "The First Mongol Conquest of the Tibet Reinterpreted," *The Harvard Journal of Asiatic Studies*, Vol. 972 No. 1, 1997, pp. 103-133. op. cit. McKay ed., *The History of Tibet*, Vol. 2 *The Medieval Period: c. 850 - 1895: The Development of Buddhist Paramountcy,* pp. 317-337.
8　Tsepon W. D. Shakapa, *Tibet: A Political History*, New Haven: Yale U. P., 1967/ New York: Potara Publications,1984, pp. 61-62. 三浦順子訳『チベット政治史』亜細亜大学アジア研究所、1992年、78頁。

9 Luciano Petech, 'Establishment of the Yüan-Sa-Skya Partership,' op. cit. McKay ed., *The History of Tibet, Vol. 2 The Medieval Period: c. 850 - 1895: The Development of Buddhist Paramountcy*, pp. 338-361.
10 op. cit Shakapa, *Tibet: A Political History*, pp. 63-64. 前掲、三浦訳『チベット政治史』80頁。
11 「西藏地方帰入元朝版図——薩斯迦班智達致烏斯、藏、納里僧俗諸首領書」、『西藏地方歴史資料選輯』北京、生活・読書・新知三聯書店、1963年、42－43頁。
12 Chi'an Tang, "A Commentary on the so-called Patron-Lama Relation," *Tibet Studies*, Vol.1 No.1, 1989. The Department of Information and International Relations, Central Tibetan Administration, *Tibet : Proving Truth from Facts*, Dharamsala: Information & Publicity of H. H. The Dalai Lama, 1994. チベット亡命政府情報・国際関係省、南野善三郎訳『チベットの現実』風彩社、1995年、32頁。
13 この戦争では、チベット兵が遠征軍の前衛を務めた。
14 Constantin Mouradgea d'Ohsson, *L'Histoire des Mongols: depuis Tchinguiz-Khan jusqu'a Tamerlan*, L. Naya: Freres van Cleeg, 1935/ Amsterdam: Frederick Muller, 1952, Vol.2. 田中萃一郎訳『蒙古史』岩波文庫、岩波書店、1938年、下、11頁以降。
15 *The Mongols and Tibet: A Historical Assessment of Relations between the Mongol Empire and Tibet*, Dharamsala: The Department of Information and International Relations, 1996. ダライ・ラマ法王日本代表部訳『ダラムサラと北京——提唱と往復書簡（1981－1993）付・モンゴル帝国とチベット』ダライ・ラマ法王日本代表部、2000年、144頁。
16 ibid. 前掲書、144－145頁。
17 op. cit. Shakapa, *Tibet: A Political History*, pp. 65-66. 前掲、三浦訳『チベット政治史』82－83頁。
18 野上俊静・稲葉正就「元の帝師について」、『東洋史論叢　石濱〔純太郎〕先生古稀記念』石濱先生古稀記念会、1958年。
19 op. cit. *The Mongols and Tibet: A Historical Assessment of Relations between the Mongol Empire and Tibet*. 前掲『ダラムサラと北京——提唱と往復書簡（1981－1993）付・モンゴル帝国とチベット』155－156頁。
20 前掲『西藏地方是中国不可分的一部分（史料選輯）』55頁。
（一部略）Warren W. Smith, Jr., *Tibetan Nation: A History of Tibetan Nationalism and Sino-Tibetan Relations*, Boulder: Westview Press, 1996, pp. 84-85.
21 杉山正明『クビライの挑戦——モンゴル海上帝国への道』朝日新聞社、1995年、第3部。宮脇敦子『モンゴルの歴史——遊牧民の誕生からモンゴル国まで』刀水書房、2002年、第4章。
22 前掲、呉燕紹『西藏史大綱』上、306頁。
23 前掲『西藏地方是中国不可分的一部分（史料選輯）』111－142頁。
24 張雲『元代吐蕃地方行政体制研究』北京、中国社会科学出版社、1998年。
25 op. cit. Shakapa, *Tibet: A Political History*, pp. 83-84. 前掲、三浦訳『チベット政治史』104－105頁。
26 顧祖成編『明清治藏史要』ラサ、西藏人民出版社／済南、斉魯書社、1999年、40頁。

27　Tuerell V. Wytio, 'Monastic Patronage in 15th Century Tibet,' op. cit. McKay ed., The History of Tibet, Vol. 2　The Medieval Period: c. 850 - 1895: The Development of Buddhist Paramountcy, pp. 483-491.
28　佐藤長『中世チベット史研究』同朋舎、1986年、第三、第四、第五。山口瑞鳳「チベットの歴史」、前掲、長野・立川編『チベットの宗教と文化』89－90頁。
29　『蒙古源流』には、モンゴルはトゥベト（土伯特）、即ちチベットの分支であるとある。江實訳注『蒙古源流』弘文堂、1940年、10－11頁。烏蘭『《蒙古源流》研究』沈陽、遼寧民族出版社、2000年、74頁。
30　シクメ・ナムカ、外務省調査部訳『蒙古喇嘛仏教史』生活社、1940年、217頁以降。矢野仁一『近代蒙古史研究』弘文堂書房、1925年、192頁以降。
　　ウルガ（庫倫）の活仏ジップツンダンパ（哲布尊丹巴）フトクト（呼図克図）の称号付与は、1647年であった。前掲、矢野『近代蒙古史研究』224、254－258頁。
31　op. cit. Shakapa, Tibet: A Political History, pp. 94-95.　前掲、三浦訳『チベット政治史』117－118頁。
32　16法の内容は、次のとおりであった。
  1．英雄猛虎律。
  2．懦及狐狸律——敗残者の軍事措置。
  3．地方官吏律。
  4．听訴是非律。
  5．逮捕法度律。
  6．重罪肉刑律。
  7．警告罪鍰律。
  8．胥吏（小役人）供給律——官家来のための食宿提供など。
  9．殺人命価律。
  10．傷人血価律。
  11．狡誑洗心律。
  12．盗窃追賠律。
  13．親属離異律。
  14．奸淫罰鍰律。
  15．半夜前后律——農牧民の生産活動の相互借用。
  16．異族区辺区律——他部族関係法。
　　何峰「蔵巴汗《十六法》試析」、『藏学研究論叢』第5輯、ラサ、西藏人民出版社、1993年、307－330頁。
33　Luciano Petech, 'The Dalai-Lamas and Regents of Tibet,' op. cit. McKay ed., The History of Tibet, Vol. 2　The Medieval Period: c. 850 - 1895: The Development of Buddhist Paramountcy, pp.571-597.
34　札奇斯欽『蒙古與西藏歷史關係之研究』台北、正中書局、1978年、第15章。
35　呉从众編『西藏封建農奴制研究論文選』北京、中国藏学出版社、1991年。多傑才旦主編『西藏封建農奴制社会形態』北京、中国藏学出版社、1996年。
36　前掲、東嘎・洛桑赤列、陳慶英訳『論西藏政教合一制度』／『論西藏政教合一制度・藏文文献目録学』北京、中国藏学出版社、2001年、72－75頁。

37　Lal Bahadur Basnet, *Sikkim: A Short Political History*, Dew Delhi: S. Chand & Co., 1974, pp. 11ff. 注38をみよ。
38　V. H. Coelho, *Sikkim and Bhutan*, New Delhi: Indian Council for Cultural Relations／Indraprastha Press,1967, pp. 59ff. Leo E. Rose, *The Politics of Bhutan*, Ithaca: Cornell U. P., 1977. 乾有恒訳『ブータンの政治――近代化のなかのチベット仏教王国』明石書店、2001年、24頁以降。
39　op. cit. *The Kingdom of Ladaka C.950-1842.AD*, pp.26-27.
40　ibid., pp. 40-41.
41　『清世宗実録』巻74頁18。
42　Ishihama Yumiko, 'On The Dissennination of the Belief in the Dalai Lama as a Manifestation of th Buddisattva Avalolsitesvara,' op. cit. McKay ed., *The History of Tibet*, Vol. 2　*The Medieval Period: c. 850 - 1895: The Development of Buddhist Paramountcy*, pp.538-551.
43　Melvyn C. Goldstein, *A History of Modern Tibet, 1913-1951: The Demise of the Lamaist State*, Berkley: Univ. of California Press, 1989, pp. 68ff.. 前掲、杜永彬訳『喇嘛王国的覆灭』北京、時事通信社、1994年、70頁以降。
44　王貴『西藏歴史地位弁』北京、民族出版社、1995年、100－101頁。
45　ダライ・ラマの付与するハーン（汗）の意味は、ダライ・ラマのモンゴルに対する権威の行使にあった。そして、テンジン（護教王）の任命はゲルク派においては配下の確認であり、清朝はこのことを追認していたので、それはダライ・ラマに対する権力行使であった。石濱裕美子『チベット仏教世界の歴史的研究』東方書店、2001年、第4章。
46　op. cit. Shakapa, *Tibet: A Political History*, p. 120. 前掲、三浦訳『チベット政治史』149頁。
47　1652〜53年5世ダライ・ラマの京師訪問は、清朝の観点では、チベット仏教のモンゴル人への工作にあった。あるいは、ダライ・ラマが冊封を受けたことで、チベットが清朝の支配に入ったことの確認であった。皇帝は「西天大善自在仏所領天下釈教普赤喇怛達頼喇嘛」の称号を送った。しかし、チベット側からみれば、それは清皇帝を改宗させて施主にするための布教の大旅行であった。その布教は、仏教的見地からは、観音を本尊とした儀式で、モンゴルのオルドス部、スニット部、ホルチン部のほとんどの有力王公や満州の王公が参加した。前掲、石浜『チベット仏教世界の歴史的研究』85頁以降。
48　岡田英弘『康熙帝の手紙』中央公論社、1979年、20頁。
49　当時のチベット・ブータン関係は、ダライ・ラマに贈り物をしても、それは入貢というよりも、ダライ・ラマの宗教権力への帰服ということにあった。1642年チベットがツァン地方を征服し、ブータンではゲルク派が禁止された。しかし、チベットはブータンに政治的支配を及ぼさなかった。op. cit. Rose, *The Politics of Bhutan*.　前掲、乾訳『ブータンの政治――近代化のなかのチベット仏教王国』74－75頁。
50　1684年チベット・ラダク平和条約は、op. cit. *The Status of Tibet*, pp.288-289に所収。全文は資料753頁をみよ。
51　Luciano Petech, 'Lajang Khan, The Last Qošot Ruler Tibet(1705-1717),' op. cit. McKay ed., *The History of Tibet*, Vol. 2　*The Medieval Period: c. 850 - 1895: The Development of Buddhist Paramountcy*, pp.584-601.

52 「康熙皇帝為平定準噶爾有功封賞事給綽克托的勅諭」、前掲『西藏歷史档案薈粹』史料37。
53 op. cit. Shakapa, Tibet: A Political History, p. 138. 前掲、三浦訳『チベット政治史』172頁。
54 「御制平定西藏碑文」、中国藏学研究中心・中国第一歷史档案館・中国第二歷史档案館・西藏自治区档案館・四川省档案館編『元以来西藏地方与中央政府関係档案史料汇編』北京、中国藏学出版社、1994年、第2分冊、338頁。
55 「康熙帝皇帝為降諭興仏教事給六世達頼喇嘛的咨文」、前掲『西藏歷史档案薈粹』史料38。
56 佐藤「ロブザンダンジンの反乱について」、前掲『中世チベット史研究』。

4 清朝のチベット支配とダライ・ラマ制

1. ダライ・ラマ制と摂政政治

　1720年1月都統宋室延信がチベット追討に入り、先ず7月トルファン（吐蕃）を占領し、ついで清軍はチベットに入った。清朝は、西チベットのガルトク（噶尓渡）知事カンチェンネー（康済鼐）・ソナム・ギェルポとラサン・ハーンの旧臣ポラネー（頗羅鼐）・ソナム・トブギェーを宰相とし、チベット西部を支配した。ここにラサに干渉していたジュンガル軍は孤立し、ラサから脱出した。そこで、7世ダライ・ラマを擁し、「6世ダライ・ラマの印爾」を保持して清軍がラサに入城し、ダライ・ラマは7月ポタラ宮で登位した[注1]。そしてクンブム大僧院（タール寺、塔爾寺）においてウー（衛）地方の貴族の参加も得たカンチェンネーを首班とした政府が発足した。康熙帝が1722年没し、雍正帝が即位し、清軍は翌23年ラサを引き揚げた。ときに、青海は同族争いから、1724年5月11日青海善后事宣13條をもって[注2]清国の直轄地となり[注3]、カム（康）地方南部のパタン（巴塘）・リタン（裏塘）地区は四川省に組み込まれた。これは、清朝によるチベット処置の先例であった。もっとも、カンチェンネー政府はこれに抗議する立場になく、翌24年カンチェンネーは暗殺された。それはウー地方・カム地方の権益を代表した分子による行動であった。彼らの行動は、清朝の支持を受けるとの理解にあった。しかし、1728年清軍がラサに入城して後、彼らは、1750年、ギュルメ・ナムギェル（査珠爾黙特那木扎勒）の乱を企てたとして清朝により叛徒として裁かれ、処刑された。以後、チベットは2人のアンバン（駐蔵正は弁事大臣、副は帮弁大臣、一般に駐蔵大臣）のもとにあって[注4]、ポラネー独裁体制が始まった。ツァン（後蔵、西部チベット）地方の統治権はパンチェン・ラマに付与され、7世ダライ・ラマは彼の父の事件へ

の関与から、四川省ジンチュアン(金川)の西、リタンで謹慎となった。ダライは1735年にラサに帰還したが、政治権力は回復しなかった。ポラネーは、1740年郡王に封じられた。

ポラネーが1747年3月死去し、次子ギュルメ・ナムギェル(査珠爾黙特那木扎勒)が後継したが、1747〜49年にジンチュアン(金川)の乱が起こり[注5]、彼は清軍の撤退を要求し、反清行動をとったことで、駐在のアンバンは翌50年ギュルメ・ナムギェルを官邸に招き殺害した。ために、2人のアンバンは激昂したギュルメ・ナムギェルの徒に殺害され、官邸は放火された。7世ダライ・ラマは漢人をポタラ宮に保護し、清軍の到着を待った。1751年清軍が到着し、清朝は事件に対する7世ダライ・ラマの処理により氷解し、そのもとに3月3日欽定蔵内章程13条を制定し、アンバンにより全チベットに告示され[注6]、7世ダライ・ラマを主権者として、アンバンとの協議の下でカルン(大臣)と合意した行政組織が発足し[注7]、ダライ・ラマの裁可を仰ぐことにより貴族による独裁の道を封じた。こうして第二次ダライ・ラマ政権が発足した[注8]。

欽定蔵内善後章程13條は、以下のとおりである。

「ギュルメ・ナムギェル(査珠爾黙特那木扎勒)は、正義に悖って、ダライ・ラマに対して恭順も尊信もない。そして、部下を虐待し、自分の兄を殺し、妹を監禁した。暴虐をほしいままにした振る舞いは、日に日に悪くなった。チベット駐在大臣は、詳しく調査して、事実が判明した。この者は、不法なことを企み、悪い名声が高いので、チベット地方の民衆は、彼に対し皆が憤慨した。民衆は、この者は、将来、ダライ・ラマに加害する恐れがあるので、皇帝が速やかに処理するよう請求すると同時に、トンジガン(通司崗)でこの者を殺した。皇帝は、ダライ・ラマと貴族の上奏文を通覧し、「凶暴な者を既に除去した。これからは、諸事が適切に処理されるべきである。ここに、大臣をチベットに派遣して、ダライ・ラマおよびチベットの上層部と協商して、チベット事務章程を作る。これからは、お互いに心を打ち明けるべきである。事件があったら、詳しく調査して、古い例を参考して処理すべきである。是非、チベット全体の僧・民らに対する朕の恩義と愛を伝えられたい。地方を永遠に安定し、ダライ・ラマを敬愛して、幸福で楽しい生活を送ることを祈っている」と勅旨された。大皇帝の

旨意を遵って、われわれは協議して、章程13条を作成した。ここに、チベット全僧・民に知らせ、是非、遵守されるよう願う。

第1条　旧例を参考して、カルン（噶倫、大臣）の人数を増加すべきである。原来、カルンは4人であった。今後、プロンザン（布隆賛）職は、黄教に詳しい人に担当させるべきである。現在のカルンうち、バンディダ（班第達）が公爵である以外に、ラマ1名を増加する。バンディダ職が公爵である以外、他は、皇帝に請求してザサケ（扎薩克）大ラマの肩書きを賜る。

第2条　カルンは、役所で事務を処理すべきである。私宅で事務を処理することは禁止される。そして、カルンは、政府が任命したズオニエル（卓尼爾、責任者）などの職員を任用すべきである。無断で採用した職員はすべて免職される。重要なことがあれば、皇帝の指示を遵って、ダライ・ラマとチベット駐蔵大臣（アンバン）の指示を仰ぐこととする。ダライ・ラマの印爾と欽差大臣の関防を使う。以後、カルンにおいては、皆が私情を混じえずに公平に事務を処理しなければならない。

第3条　補充するディパ（碟巴、土司）首領などの官職は、勝手に無断で採用することができない。ディパの責任は地方を管理して民衆を教育することにあるので、この官職を採用するときは、カルンは必ず公平に対処し、ダライ・ラマとチベット駐蔵大臣の決定を仰ぐものとする。そして、ダライ・ラマと欽差大臣の印爾がある文書に遵って行う。

第4条　官員を免職し処刑することについては、章程を制定しなければならない。以後、ディパ首領などの官員が違法する場合は、家財を没収する、あるいは免職するものとする。カルンやダイベン（代本、軍事長官・連隊長）は事実を公平に解明して、処分の内容を推定して、ダライ・ラマとチベット駐蔵大臣の決定を仰いで施行する。

第5条　ケンプ（堪布、寺院首領）・ラマの選抜については、旧例を遵うべきものとする。即ち、ダライ・ラマは、寺院の規模によってラマを選んで、その寺院に相当する人数や才能あるラマを派遣する。これからも、ケンプ・ラマの選定、派遣、および召還などは、すべてダライ・ラマによって行われるべきである。ラマのなかに違法者があれば、カルンはダライ・ラマに報告し、

指示を仰ぐものとする。

第6条　無駄な役員は淘汰すべきである。カルンは王の爵位ではないので、ダライ・ラマに倣って、各官職を設置するのは、分不相応である。カルンの役所に、ズオニエル2人、以前設置していたズオンイ（仲訳、秘書官）、およびビピゲキ（筆毗格斉、補佐）がいれば十分である。

第7条　ダイベン1人を増加する必要がある。後蔵は地域が小さいのに、元はダイベン3人が配置されていた。ただ、ウー（衛）は地域が大きくとも、ダイベンはただ1人であった。病気や出張する場合、地方を管理する人がいなくなる。それ故に、ダイベン1人を増加すべきである。

第8条　カルンとダイベンはダライ・ラマを護衛し、軍隊を統領する官員で、責任がとても重いから、詔書を授与すべきである。同時に、カルンとダイベンの名簿を作成して、吏部に送る。これからは、カルンとダイベンの増補や処分などについて、駐蔵大臣が、ダライ・ラマと協商して、決定する。そして、名簿を作って吏部に報告する。

第9条　チベットに属する人民が私人に占有されることは、禁止すべきである。旧例によって、チベット全体の人民はダライ・ラマに属しており、地方の大きさや世帯の多さによって、一定の差役を負担することになっている。以後、これに従って実施するものとする。無断で、ある部分の人民の差役を減免し、あるいはある部分の人民の差役を増加することはできない。差役の減免や増加は、すべてダライ・ラマと駐蔵大臣に報告して、公平に処理すべきである。

第10条　ウラ（烏拉、用役）は、ダライ・ラマに向けて発布されるべきものである。旧例によって、ラマが出張する場合、ラマの食事や用事などの差役について、一般的に地方の人民が負担する。この旧例が一時緩んでしまった。カルンやダイベンは人が出張した場合に、無断で差役の徴用票を出したことがあって、人民の差役負担が倍増した。これから、このようなことは禁止されるべきである。公の事務でウラを必需とする場合、ダライ・ラマに報告した上で発布されなければならない。

第11条　ダライ・ラマの倉庫に貯蔵している物は、無断で使用することができない。旧例によって、ダライ・ラマの倉庫はカンチュバ（倉貯巴）により

管理された。公のことで使用する必要があれば、カルンがダライ・ラマに報告した上で、ダライ・ラマの印爾を押した表紙を持って、代理者としてのカンチュバに指示して倉庫を開けて物を取ることにする。これからも、こういうふうに管理すべきである。無断で倉庫を開けて物を取ることは永遠に禁止される。

第12条　アリ（阿里）、ハラウス（哈拉烏蘇／那曲）などは、重要な地である。ハラウスは青海に接し、アリはジュンガル（準噶爾）に接する。必ず信用できる適切な者を選んで、それらの地域に派遣する。このことについて、ダライ・ラマの指示を仰ぐべきである。そして、派遣する人を吏部に報告して、名号を授与する必要がある。

第13条　ダム（達木／当雄）モンゴルについては、皇帝の意を遵って、都合よく配置すべきである。以前、ダムの官職名号は混乱していたので、ここに、現在8人の首領にすべてグサイダ（固山達）を授与して、その下に8人をズオリン（佐領）とし、さらに8人を驍騎校とする。旧例に従ってすべてに頂戴を付与し、チベット駐在欽差大臣によって統轄される。ズオリン1人に10人ずつ、併せて80人を配してチベットに駐在させ、派遣を待つと同時に、ダライ・ラマを護衛する。彼らは、旧例によって、食糧はダライ・ラマから配給されるものとする。派遣は、欽差大臣の印爾を押した文書で行われる。カルンやダイベンは、無断で派遣することができない。彼らの奨励、昇給、および処分などについては、駐蔵大臣が、ダライ・ラマと商議して実行する。

以上13条は、チベット僧・民の幸福のため、乾隆帝に上奏した上で、カルンとダライ・ラマおよびカルンの、バンディダが旧例を参考して、民心に順応して協議した結果である。ここに、チベットは安定して、福徳を享受することになる。子孫まで、自分で命運を把握して、自主生活ができる。特に、天恩とダライ・ラマの救護を仰いで、この長期な制度を制定し、チベットで実施する。このことをチベット全体の人民に知らせる必要がある。違反することはできない。

以下は、この章程に署名した者の名前である。

乾隆16年3月3日吉日[注9]」

1757年2月7世ダライ・ラマが没し、1771年6月再びジンチュアン（金川）の乱が起こり、この反乱は1776年2月平定された。にもかかわらず、新しいダライ・ラマが登位し、彼が青年に達するまで、摂政（ギェルツァブ）が設けられ、これにより、独裁権力への道が開かれ、以来、この地位の争奪が国内政治の裏面に深くかかわるところとなった。7世ダライ・ラマの死去で、1757年3月ラサ4寺の1つテンギェーリン（色拉泰欽林／ガンデン・ゴンパ／甘丹寺）の活仏、ジャムペル・デレク・ギャムツオが最初の摂政に任命され、1762年6月8世ダライ・ラマを選出した。1867年摂政名代が没したとき、ダライ・ラマは20歳に達していたものの、1777年ラサのツクラカン寺（老木朗／大昭寺／ジョカン寺）のサマティ・パクシ・ガワン・ツルティムが摂政となり、1780年まで彼が実権を掌握した[注10]。

1779年3世パンチェン・ラマは京師（北京）へ向かい、翌80年11月その地の黄寺で客死した。摂政サマティ・パクシ・ガワン・ツルティムも1787年北京に赴いたが、その留守中に第一回ゴルカ戦争となった。この戦争で1790年チベットは賠償金を支払ったが、この処理が清朝を損ない、摂政サマティ・パクシ・ガワン・ツルティムが帰国して関係者を処罰し、強硬な態度をとった。1791年8世ダライ・ラマが没し、ラサ3寺の1つクンデリン（噶勤丹寺、ガンデン・ゴンパ／甘丹寺）のロサン・テンペー・グムボが摂政となったが、彼はゴルカの策略に陥り、8月タシルンポ（札什倫布寺）とシガツエ（日喀則）を掠奪され、4世パンチェン・ラマ、ロブサン・テンペ・ニマはラサを脱出して助かった。清軍が1792年1月に到着して、ゴルカ軍を敗走させ、チベットの要求を満たした講和が成立した（後述）。

このゴルカ戦争の背景には、カルマ紅帽派の活仏がゴルカ族と結託して自国を裏切ったという経緯があった。彼は3世パンチェン・ラマの実弟で、転生者活仏の財産は一代限りであったが、タシルンポ寺に対し実兄の遺産相続を要求していた。彼はゴルカの敗北とともに自殺し、ウー（衛）地方の紅帽派本山ヤンパチェン（羊八井）・ゴンパはチベット政府に没収された。

この戦争では、侍衛巴忠が和平かネパールに突入しての決戦かを迫られ、和平を選択し乾隆帝も和平を承認したことで、和平となったが、その裏面では、巴忠がネパールと秘密の合意をしており、その協定から第二次ゴルカ戦争となった。そうし

た背景の原因としては、清朝体制の弛みがあった。その第一は、アンバンの無能ぶりであった。慶林・雅満泰はモンゴル名門の出であるが、ゴルカの侵入に周章狼狽し、なに一つ処理できなかったことである。第二は、チベット政府の無自覚と頽廃である。1750年以来、チベットは完全にその主権を制限され、清朝の保護下にあったが、ダライ・ラマにはそうした感覚がなかった。外交権が喪失しているにもかかわらず、ネパール関係はデモ・フトクトが勝手に処理し、清朝への報告もなく、ゴルカの侵入にもかかわらず、サキャ・フトクトに指導権を握られ、8世ダライ・ラマもこれに同意し、アンバンに連絡しなかった。それは、ダライ・ラマの国際感覚の浅薄さにあった。同時に、チベット軍は十分に訓練されておらず、その統帥権は清朝にあるにもかかわらず、ダライ・ラマもチベット政府もその責任感を欠いており、それで清朝は急遽、四川軍をチベットに進攻させるところとなった。

この戦闘では、ゴルカの侵入当時、ゾンカ(宗略)・シエルカル(協噶尓)でこれを阻止するための防御戦がチベット軍によってとられたが[注11]、しかし鄂輝・成徳の軍が進行するとともに、ゴルカ軍は本地へと呈客し、清軍との戦闘は1回もなかった。そこで、1789年2月清朝は善后措置に入り、6月ネパールの大頭目カダンバムサヒとハリウドパドヤが清国代表鄂輝のもとに悔罪乞恩し、「われわれは辺外にあって、かねてからチベットと和親し、常にチベットと交易してきたが、チベット人が貨物に勝手に税をかけ、食塩に砂土を混在させたので、チベットを侵犯した」といい、「カロン(大臣)、ディパ(土司)らは退けられ、処罰され、アンバンも更迭されたので、大皇帝の公正厳明に感仰せざるをえない」と述べた。この結果、6月17日鄂輝・成徳・巴忠・舒濂・普福らが善後章程を奏上する一方[注12]、2月7日蔵地善后事宣19条が制定された。その内容は以下のとおりであった。

「1．後蔵を防衛するために、緑営官兵をそこに調達すべある。

2．ラツ(拉孜)、サキャ(薩喀)、キゲル(協噶尓)などの後蔵地域に、チベット兵(唐古式兵隊)を調達すべきで、さらに、ゾンカ(宗略)、ジロン(済嚨)、ニエラム(聶拉木)などに戦闘施設を建立すべきである。

3．チベット全域のチベット兵は、訓練を受けるべきである。

4．緊急事態の備えとして、チベット各地に食糧倉庫を建立すべきである。

5．駐蔵大臣(アンバン)とダライ・ラマが公務を処理するための規則を制定

すべきである。加えて、役職ディパ（碟巴、土司）に選ばれたラマは、地方の良し悪しは無論、本人が赴任しない。

6．駐蔵大臣およびカルン（噶倫、大臣）らは、毎年、本人が後蔵地域に行って、防衛部隊を巡視すべきである。

7．駐蔵大臣は、一緒に住むべきである。事件があれば、協同して解決する。

8．チベットと外藩との間の貿易について、カルンらは良いディパを選んで、外藩の責任者と協同して、適宜、処理に当たるべきである。

9．漢人とチベット人、イスラム教徒と外藩との間に訴訟が起こったときは、条規による裁判を行うべきである。これまでのように、ラングザイ（朗仔、チベット刑法の管理責任者）が独断することは、以後、止めるべきである。

10．後蔵地域は、ディパから取った税金について、項目によって減税すべきである。

11．チベット地域で販売する塩の値段は、質によって決定されるべきである。

12．駐蔵大臣庁では、官兵・使用人は定員数を決めるべきである。一般の兵士が使用人としてチベット人女性を雇用することは絶対に禁止すべきである。

13．カルン、ダイベン（戴絣、軍事責任者）、ディパら役職に補充が生じた際は、慎重に選んで補充すべきである。

14．駐チベット理藩院の司員と駐チベット遊撃軍に対して、公務の信憑として「関防」を授けることを求める。

15．キゲルのダイベンは新しく設けた職で、この地域にダイベンは大変重要なので、号紙を授けることを求める。

16．内地からチベットに調達した軍事費は、慣例に従って「元宝」として使う。

17．官兵を励むために、奨励の増加を求める。

18．駐蔵大臣の管理範囲は、東と西の2つの台駅によって、内外を分けて、分別に管理する。

19．派遣された駐台駅の文・武官員は、期間3年を満了すれば、駐ジンチュアン（金川）官員と同じく辺境駐屯の給料標準を照らして昇進し、交替の官兵と駐屯地域を交換する。注13」

チベットの統治は、1638年に理藩院が成立し、全土少数民族の事務を処理し、

1811年になって欽定理藩院則例が制定された(1817年公布)。その則例の6分の1、巻61、62が西域通制であった。そこでは、駐蔵大臣の設立に始まり、兵制まで規定されていた[注14]。

1792年10月7日アンバン福康安らは、新定章程の制定を7世パンチェン・ラマに奏上し、同年11月21日善后章程6条が制定された。その要点は、以下のとおりであった（後述）。

1．チベット内の諸事は駐蔵大臣（アンバン）が管理する。
2．チベットの管制を定め、駐蔵大臣のもとにおく。
3．ダライ・ラマ、パンチェン・ラマの一族は、諸事に関与しない。
4．駐蔵大臣は、毎年、辺境を巡査する。
5．チベットの文員を定める。
6．駐蔵大臣が大臣および文・武官の数を定める。[注15]

そして、最終的に、1793年2月雍和宮で、欽定蔵内善后章程29条が制定された。その内容は以下の点にあった（後述）。

1．活仏およびフトクト（呼図克図）の霊童問題。
2．チベットの旅行者および商人の往来・管理。
3．チベット通貨。
4．正規軍3000名の編成。
5．軍の官制。
6．軍の食糧。
7．軍の装備。
8．ダライ・ラマとパンチェン・ラマの給与。
9．ゴルカの侵犯を蒙った人民の支援。
10．駐蔵大臣の職務。
11．軍事工作。
12．ダライ・ラマとパンチェン・ラマの随員。
13．春・秋両季の軍の閲兵。
14．ネパール、ブータン、およびシッキムへの対処。
15．キルン（吉隆）、ニエラム（／クティ、聶拉木）、ロンギア（絨夏）、ルオミンダ（喀

敏達)、カッカ（薩噶）、コンブ（昆布／工布）などの地区の整備。
16. 辺界地区の人民管理。
17. 人材の登用。
18. 各寺院のケンプ（堪布、寺院首領）の選任。
19. 税制。
20. キロン（吉隆）、ニエラム（聶拉木）地方の米・塩などの輸出税。
21. 税収差役の貧苦人員に対する負担免除。
22. 寺廟の管理。
23. 青海・モンゴル要人のチベット往来。
24. 人夫ウラ（烏拉、差役）の派遣についての旧慣に従うダライ・ラマの了解。ただし、カルン（噶倫、大臣）、ダイベン（戴繃、軍事長官）への支出拡大を改善する。
25. 喧嘩、殺人、強盗団の処理は旧慣によるが、これを改善する。
26. 毎年、軍事演習のために必要な弾薬はカシャ（噶廈、政府）から人を出して駐蔵大臣の公文でコンブ（工布）で製造してラサへ運ぶ。
27. カルン、ダイベンの赴任にはダライ・ラマが公館を提供し、離任の際はそれを戻す規定であるが、最近は離任しても戻さない。
28. 規則により、活仏およびラマの月給は決められた時点で提供するよう改める。
29. チベットの各村に僧・俗官を派遣して納税を促しているが、彼らはそれを横取りしてしまう。今年の税金ばかりか、来年の税金をとらず、逃亡者の税まで非逃亡者に課している。人民の重い税を改め、繰り上げ税はしてはならない。[注16]

そして、ここに訂立の欽定章程のもと金本巴瓶制度が導入され、その処理が明確にされた[注17]。これにより、アンバンの介入で、摂政が満州へ流謫された。

1804年10月18日8世ダライ・ラマが没し、その後継者の選考をめぐって摂政（ギェルツァプ）権力の争奪が繰り返された。そこでの金本巴瓶制度は9世ダライ・ラマによってその適用が無視された。1811年テンギェーリン寺(甘丹寺)のガワン・ロザン・トゥプテン、次いで1819年にツォモリン寺（ジョカン寺／大昭寺）のガワン・ジャムペル・ツルテム・ギェルツェンが摂政を務めた。ときに1841年ドクラ戦争となり、のちの摂政シェダワ・ワンチュク・ギェルボが降伏して、以後、ラダクに対するチベットの発言権は失われた[注18]。これは、摂政政治の混乱が原因で

あった。

　1844年ツォモリン寺（ジョカン寺／大昭寺）の摂政ガワン・ジャペル・ツルテムが罷免され、4世パンチェン・ラマがラサを治め、9月26日アンバン琦善らの奏上により裁禁商上積弊章程28条が制定され[注19]、改革をみた。1845年ラデン・ゴンパ（ラデン寺／レティン・ゴンパ）のガワン・イェシェ・ツルテム・ギェルツェンが摂政となり、1855年1月11世ダライ・ラマが登位し、イェシェ・ツルテム・ギェルツェンは退いた。11世ダライ・ラマは11カ月後に没し、ラデン活仏イェシェ・ツルテム・ギェルツェンが再び摂政となった。同58年1月12世ダライ・ラマが金瓶制籤の法によって選定された[注20]。そして、イェシェ・ツルテム・ギェルツェンが12世ダライ・ラマの摂政として権力を行使した。これに対してシェダワ・ワンチュク・ギェルポが仲間と謀り、自ら政府のゴブルン（噶布倫、印璽保持者）となる工作をした。これが露見してシェダワ・ワンチュク・ギェルポは身分を剥奪され、ツァン東部のニェモに幽閉された。彼はゴルカ戦争でもネパールのスパイで立ち会っていたことが判明し、密使を送られたものの、暗殺は免れた。1861年、摂政イェシェ・ツルテム・ギェルツェンが経費削減策をとったことで、シェダワ・ワンチュク・ギェルポと通じたガンデン（甘丹寺）の経済担当僧ペンデン・トゥンドゥプがデプン（別蚌寺）の僧徒を扇動して反乱を起こし、ラデン摂政イェシェ・ツルテム・ギェルツェンの追放を叫び、彼は翌62年中国本土に逃れた。そこで、1862年シェダワ・ワンチュク・ギェルポ一派は12世ダライ・ラマを登位させ、シェダワ・ワンチュク・ギェルポを摂政に迎える工作を企て、アンバン満慶を抱き込み、1862年清朝は摂政イェシェ・ツルテム・ギェルツェンの免職とシェダワ・ワンチュク・ギェルポの摂政を決めた。この際、ラデン摂政イェシェ・ツルテム・ギェルツェンに協力したカルン、ロザン・ティンレは、1863年に暗殺された。

　シェダワ・ワンチュク・ギェルポは1864年に没した。1848年にチベット東部ニャロン（新龍）のディパ（土司）、グンボ・ナムギェルがリタン（裏塘）まで勢力を拡大していたが、デルゲ（徳格）に侵攻したことで、四川総督駱秉章がメフエのディパ、ギェルツェン・リンチェンの協力を得て討伐した。アンバンはチベット軍の出動を求められ、シェダワ・ワンチュク・ギェルポの指示でカルン、ブルンワが派遣され、その制圧に成功した。

死去したシェダワ・ワンチュク・ギェルポに代わり、1875年クンデリン・ゴンパ（甘丹寺）のティスル・キェンラブ・ワンチュクが摂政となるが、1868年ガンデン（甘丹寺）とデブン（哲蚌寺）の合同会議でガンデー・ドゥンチはペンデン・トゥンドゥプをチキャプ・ケンポ別格大臣に推していた。ペンデン・トゥンドゥプは、これによりいっさいの権力を掌握し、1671年12世ダライ・ラマ廃位のクーデタを決行した。ティスル・ギェンラブ・ワンチュクが事情を察知して、セラ（色拉寺）の協力でガンデンに逃れたペンデン・トゥンドゥプを追撃し、彼は自殺した。ガンデー・ドゥンチはこれにより解散となり、代わって大寺院の代表者と政府高官による長老会議のツオンドゥ（民衆集会、俗に議会）が制度化された。

1873年ティスル・キェンラブ・ワンチュクが没し、12世ダライ・ラマの施政に戻った。12月ダライ・ラマの崩御で、1875年クンデリン寺（ガンデン・ゴンパ／甘丹寺）のガワン・ペンデン・チューキ・ギェルツェンが摂政（ギェルツァプ）に任命された。この翌76年には芝罘条約が締結され（後述）、さらにのちの13世ダライ・ラマ、トゥプテン・ギャムツオがダクポ（下垰布）に生誕しており、ここにチベットは現代史に入ることになる。

なお、1762年（1754年、1761年の説もある）、モンゴルの駐クーロン（庫倫）弁事大臣（アンバン）として満州族の者が置かれたが、それはチベットとの分離工作にあった。その一方、1755年第2代活仏ジップツンダンパ（哲布尊丹巴）フトクトの入寂に当たり、その継承者はチベット人とせずと北京中央は命令し、ハルハ以外のモンゴル族を服従させるために、1761年に満州出身の官吏を送った。さらに、1786年にその管轄権がウリヤスタイ（烏里雅蘇台）に移ったが、それもこのためであった。これにより、モンゴル・チベット共同統治は完全に解消された。

アンバンの歴任は、次のとおりである。

清代駐蔵大臣（アンバン）の歴任

氏名	職啣	任免期
僧格	総理	雍正5年1月～11年1月(1727.2～1733.2)
瑪拉	総理	雍正5年1月～6年11月(1727.2～1728.12)
	総理	雍正7年6月～9年2月(1729.7～1731.3)

4 清朝のチベット支配とダライ・ラマ制

	協弁	雍正11年1月～乾隆元年8月（1733.2～1736.9）
邁禄	協理	雍正5年11月～11年1月（1727.12～1733.2）
周瑛	協理	雍正5年11月～7年6月（1727.12～1729.7）
包進忠	協理	雍正7年6月～10年6月（1727.9～1732.7）
青保	協弁	雍正9年2月～12年2月（1731.3～1734.4）
苗寿	協弁	雍正9年2月～12年2月（1731.3～1734.4）
李柱	協理	雍正10年4月～11年1月（1732.4～1733.2）
阿尔珣		雍正12年2月～12年（1734.4～1734）
那蘇泰		雍正12年2月～乾隆2年9月（1734.3～1737.10）
杭奕禄		乾隆2年9月～3年9月（1737.10～1738.10）
紀山		乾隆3年9月～6年9月（1738.10～1741.11）
	副都統	乾隆14年2月～14年12月（1749.4～1750.2）
索拝	副都統	乾隆6年9月～9年6月（1741.11～1744.7）
	協弁	乾隆9年6月～13年3月（1744.7～1748.4）
傅清		乾隆12年3月～13年9月（1747.4～1748.11）
	都統	乾隆14年10月～15年10月（1749.11～1750.11）
拉布教	副都統	乾隆13年4月～14年2月（1748.5～1749.4）
	左都御史	乾隆14年12月～15年10月（1750.2～1750.11）
同寧		乾隆15年4月～4月（1750.5～5）
班第	副都統	乾隆15年4月～16年12月（1750.5～1752.1）
納穆扎尓 （那木扎勒）	侍郎	乾隆15年11月～17年5月（1750.12～1752.7）
多尓済		乾隆16年12月～19年4月（1752.1～1754.4）
舒泰		乾隆17年5月～20年12月（1752.7～1756.1）
兆恵		乾隆18年2月～19年（1753.3～1754）
薩拉善		乾隆19年4月～22年5月（1754.4～1757.7）
伍弥泰		乾隆20年12月～24年4月（1756.1～1759.5）
		乾隆38年11月～40年10月（1773.12～1775.10）
官保		乾隆22年5月～26年1月（1757.7～1761.2）
		乾隆31年4月～32年7月（1766.5～1767.8）
積福		乾隆24年4月～26年9月（1759.5～1761.10）
輔鼐		乾隆26年1月～29年2月（1761.2～1764.3）
傅景		乾隆26年9月～29年11月（1761.10～1764.11）
阿敏尓図		乾隆29年2月～31年4月（1764.3～1766.5）
瑪瑺		乾隆29年11月～31年12月（1765.12～1767.1）
托雲		乾隆31年12月～34年7月（1767.1～1769.8）

齋古賁		乾隆32年7月～38年11月（1767.8～1773.12）
常在		乾隆34年7月～36年3月（1769.8～1771.4）
索琳		乾隆36年3月～38年1月（1771.4～1773.2）
恒秀		乾隆38年1月～41年（1773.2～1776）
留保柱		乾隆40年10月～44年1月（1775.10～1779.3）
	弁事大臣	乾隆49年11月～51年8月（1785.1～1786.10）
恒瑞		乾隆41年～45年11月（1776～1780.12）
索琳		乾隆44年1月～45年1月（1779.3～1780.2）
保泰 （俘習渾）	帮弁大臣 弁事大臣	乾隆45年2月～48年2月（1780.3～1783.3） 乾隆55年8月～56年9月（1790.9～1791.10）
博清額	弁事大臣	乾隆45年11月～49年11月（1780.12～1785.1）
慶麟	帮弁大臣	乾隆48年2月～53年10月（1783.3～1788.11）
雅満泰	帮弁大臣	乾隆51年8月～53年12月（1786.10～1788.12）
	帮弁大臣	乾隆55年5月～56年9月（1790.7～1791.10）
仏智	弁事大臣	乾隆53年8月～54年2月（1788.9～1789.3）
舒廉	弁事大臣	乾隆53年10月～55年5月（1788.11～1790.6）
	帮弁大臣	乾隆56年9月～56年12月（1791.10～1792.1）
巴忠	弁事大臣	乾隆53年12月～53年12月（1788.12～1789.1）
普福	帮弁大臣 ・弁事大臣	乾隆53年12月～55年7月（1789.1～1790.8）
奎林	弁事大臣	乾隆56年9月～11月（1791.10～12）
鄂輝	弁事大臣	乾隆56年11月～57年10月（1791.12～1792.12）
額勒登保	帮弁大臣	乾隆57年1月～57年11月（1792.2～1792.12）
成徳	弁事大臣	乾隆57年1月～58年11月（1792.2～1793.12）
和琳	弁事大臣	乾隆57年2月～59年7月（1792.3～1794.8）
和寧	帮弁大臣 ・弁事大臣	乾隆58年11月～嘉慶5年1月（1793.12～1800.2）
松筠	弁事大臣	乾隆59年7月～嘉慶4年1月（1794.8～1799.2）
英善	弁事大臣	嘉慶4年1月～8年11月（1799.2～1803.12）
和寧	弁事大臣	嘉慶5年1月～7月（1800.1～8）
福寧	帮弁大臣 ・弁事大臣	嘉慶6年4月～9年10月（1801.5～1804.11）
成林	帮弁大臣	嘉慶8年11月～10年10月（1803.12～1805.12）
策拔克	弁事大臣	嘉慶9年10月～10年10月（1804.11～1805.12）
文弼	帮弁大臣 ・弁事大臣	嘉慶10年10月～16年2月（1805.11～1811.2）
玉宁	弁事大臣	嘉慶10年10月～13年10月（1805.12～1808.11）

隆福	帮弁大臣	嘉慶13年10月〜14年6月（1808.11〜1809.7）
陽春 （陽春保）	帮弁大臣 ・弁事大臣	嘉慶14年6月〜17年3月（1809.7〜1812.4）
慶恵	帮弁大臣	嘉慶16年2月〜17年3月（1811.2〜1812.4）
瑚図礼	弁事大臣	嘉慶16年10月〜18年9月（111.12〜1813.10）
豊紳	帮弁大臣	嘉慶17年3月〜4月（1812.4〜5）
祥保	帮弁大臣	嘉慶17年4月〜19年2月（1812.5〜1814.3）
喜明	帮弁大臣 ・弁事大臣	嘉慶19年2月〜22年5月（1814.3〜1817.7）
珂実克	帮弁大臣	嘉慶19年2月〜24年11月（1814.3〜1819.12）
玉麟	弁事大臣	嘉慶22年5月〜25年10月（1817.7〜1820.11）
霊海	帮弁大臣	嘉慶24年11月〜道光元年10月（1819.12〜1821.11）
文干	弁事大臣	嘉慶25年10月〜道光3年6月（1820.11〜1823.6）
那丹珠	帮弁大臣	道光元年10月〜10月（1821.11〜11）
保昌	帮弁大臣	道光元年10月〜5年10月（1821.11〜1825.11）
松廷	弁事大臣	道光3年7月〜7年1月（1823.8〜1827.2）
敦良	帮弁大臣	道光5年10月〜12月（1825.11〜1826.1）
広慶	帮弁大臣	道光5年12月〜8年10月（1826.1〜1828.11）
恵顯	弁事大臣	道光7年3月〜10年7月（1827.4〜1830.9）
盛泰	帮弁大臣	道光8年10月〜10年4月（1828.11〜1830.6）
興科	帮弁大臣 ・弁事大臣	道光10年4月〜13年1月（1830.12〜1833.2）
隆文	帮弁大臣 ・弁事大臣	道光10年10月〜14年8月（1830.12〜1834.9）
徐錕	帮弁大臣	道光13年1月〜14年8月（1833.2〜1834.9）
文蔚	弁事大臣	道光14年8月〜15年10月（1834.9〜1835.12）
嵩濂	帮弁大臣	道光14年8月〜？（1834.9〜？）
那当阿	帮弁大臣	道光14年9月〜10月（1834.10〜11）
慶禄	帮弁大臣 ・弁事大臣	道光14年10月〜16年8月（1834.11〜1836.9）
鄂順安	帮弁大臣	道光15年12月〜17年9月（1836.2〜1837.10）
関聖保	弁事大臣	道光16年8月〜19年10月（1836.9〜1839.12）
訥尔経額	帮弁大臣	道光17年9月〜18年10月（1837.10〜1838.1）
孟保	帮弁大臣 ・弁事大臣	道光18年10月〜22年11月（1838.12〜1842.12）
	弁事大臣	道光23年3月〜10月（1843.4〜12）
海朴	帮弁大臣 ・弁事大臣	道光19年10月〜23年3月（1839.12〜1843.4）

訥勒亨額	帮弁大臣	道光22年11月〜11月（1842.12〜12）
鈡方	帮弁大臣	道光22年11月〜24年5月（1842.12〜1844.7）
琦善	弁事大臣	道光22年10月〜26年12月（1843.12〜1847.2）
瑞元	帮弁大臣	道光24年5月〜26年4月（1844.7〜1846.5）
文康	帮弁大臣	道光26年4月〜6月（1846.5〜8）
穆謄額	弁事大臣	道光26年6月〜咸豊2年6月（1846.8〜1852.8）
斌良	帮弁大臣	道光26年12月〜28年1月（1847.2〜1848.2）
崇恩	帮弁大臣	道光28年1月〜12月（1848.2〜1849.1）
鄂順安	帮弁大臣	道光28年12月〜咸豊元年3月（1849.1〜1851.4）
恩特亨額（額勒亨額）	帮弁大臣	咸豊元年3月〜2年9月（1851.4〜1952.10）
宝清	帮弁大臣	咸豊2年2月〜3年1月（1852.4〜1953.2）
海枚	弁事大臣	咸豊2年6月〜3年2月（1852.8〜1953.4）
淳齡	帮弁大臣	咸豊2年9月〜4年9月（1852.10〜1954.11）
文蔚	弁事大臣	咸豊3年3月〜5月（1853.4〜6）
赫特賀	帮弁大臣	咸豊3年5月〜7年5月（1853.6〜1957.7）
毓検	帮弁大臣	咸豊4年9月〜5年1月（1854.11〜1955.1）
満慶	帮弁大臣・弁事大臣	咸豊5年1月〜同治元年5月（1855.2〜1962.6）
安成	帮弁大臣	咸豊7年5月〜7月（1857.7〜9） 光緒26年9月〜28年11月（1900.10〜1902.12）
恩慶	帮弁大臣・弁事大臣	咸豊7年7月〜同治元年5月（1857.9〜1962.6）
崇実	弁事大臣	咸豊9年10月〜11年7月（1859.11〜1961.8）
景紋	弁事大臣・帮弁大臣	咸豊11年7月〜同治8年2月（1861.8〜1969.3）
瑞昌	帮弁大臣	同治5年2月〜6年3月（1861.8〜1869.3）
恩麟	帮弁大臣・弁事大臣	同治6年3月〜11年7月（1867.4〜1872.8）
德泰	帮弁大臣	同治7年6月〜11年12月（1868.8〜1873.1）
承継	弁事大臣	同治11年7月〜13年9月（1872.8〜1874.10）
希凱	弁事大臣	同治11年12月〜光緒2年4月（1873.1〜1876.5）
松溎	弁事大臣	同治13年9月〜光緒5年11月（1874.10〜1879.12）
桂豊	帮弁大臣	光緒2年4月〜4年11月（1876.5〜1878.11）
錫縝	帮弁大臣	光緒4年10月〜5年2月（1878.11〜1879.3）
色楞額	帮弁大臣・弁事大臣	光緒5年2月〜11年11月（1879.3〜1885.12）
維慶	帮弁大臣	光緒5年11月〜8年1月（1879.12〜1882.2）

鄂礼	帮弁大臣	光緒8年1月〜3月 (1882.2〜5)
崇綱	帮弁大臣	光緒8年3月〜12年5月 (1882.5〜1886.6)
文碩	弁事大臣	光緒11年11月〜14年1月 (1885.12〜1888.3)
尚賢	帮弁大臣	光緒12年5月〜10月 (1886.6〜11)
升泰	帮弁大臣・弁事大臣	光緒12年10月〜18年8月 (1886.11〜1892.10)
長庚	弁事大臣	光緒14年1月〜16年5月 (1888.3〜1890.6)
紹緘	帮弁大臣	光緒16年5月〜17年2月 (1890.6〜1891.3)
奎煥	帮弁大臣・弁事大臣	光緒17年2月〜22年2月 (1891.3〜1896.3)
延茂	帮弁大臣	光緒18年9月〜20年4月 (1892.11〜1894.5)
訥欽	帮弁大臣	光緒20年5月〜24年7月 (1894.6〜1898.9)
文海	弁事大臣	光緒22年2月〜26年3月 (1896.3〜1900.4)
裕綱	帮弁大臣・弁事大臣	光緒24年7月〜28年11月 (1898.9〜1902.12)
慶善	弁事大臣	光緒26年2月〜8月 (1900.4〜8)
有泰	弁事大臣	光緒28年11月〜32年10月 (1902.12〜1906.12)
訥欽	帮弁大臣	光緒28年11月〜29年1月 (1902.12〜1903.2)
桂霖	帮弁大臣	光緒29年1月〜30年4月 (1903.2〜1904.5)
鳳全	帮弁大臣	光緒30年4月〜31年3月 (1904.5〜1905.4)
聯豫	帮弁大臣・弁事大臣	光緒31年3月〜民国元年6月 (1905.4〜1912.6)
張蔭棠	帮弁大臣	光緒32年10月〜34年3月 (1906.12〜1908.3)
趙尓豊	弁事大臣	光緒34年2月〜宣統3年3月 (1908.3〜1911.4)
温宗堯	帮弁大臣	光緒34年6月〜宣統2年1月 (1908.7〜1910.2)

(注) 弁事大臣は正大臣、帮弁大臣は副大臣。
(出所) 呉豊培・曹国慶『清代駐蔵大臣伝略』ラサ、西蔵人民出版社、1988年、付表。

2. ゴルカ戦争

18世紀中葉以降、モンゴルのジュンガルは反対勢力として存在する可能性が消滅し、チベットの対清依存は決定的になった。代わって、チベットはヒマラヤの南麓ネパールとヒンドゥースタンの英東インド会社（1600年創設）からの政治的・経済的影響を受けることになった。18世紀後半、東インド会社は、通商拡大のた

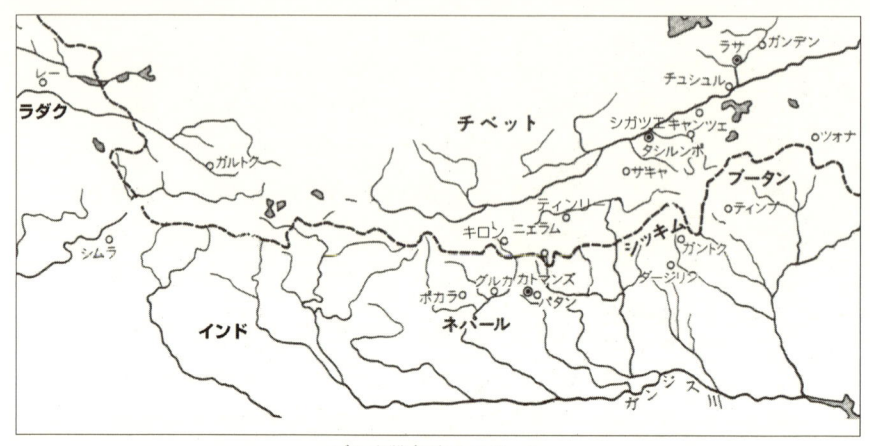

ゴルカ戦争時のチベット
（注）前掲、山口『チベット』下、126－127頁を参考にして作成。

めに2度使節をチベットに送っていたが、成功はしなかった。一方、ネパールとは1788〜89年、1791〜92年の2度、ゴルカのチベット侵攻事件が起こり、1792年には清軍のネパール遠征となった（中廓戦争）。

　ネパールでは、1757年カトマンズの西方、ガンタキ川盆地の24小邦の1つ、ゴルカがヌワコット渓谷およびキロン（吉隆）経由のチベット通商ルートを支配し、同57年1月3日カトマンズ王朝とゴルカは、チベット向け通貨の造幣を運用など4項目の協定に合意していた[注21]。1768年マーラ王朝に代わってゴルカ王朝が樹立され、プリディ・ナラヤン王は、ネパール征服直後の1775年、使者をタシルンポに送って6世パンチェン・ラマと8世ダライ・ラマのラサ当局に対し、以下のとおりの申し出をした。それは、ジェゼッペ・トゥッチが『ジャングルとパゴタの道』で、「チベットの寺院の財宝が、怖れを知らず運に恵まれたゴルカ族にとって、抗しがたい魅力であった[注22]」と述べていたところにあった。

「1．プリディ・ナラヤンは、ムルンとケランを征伐しており、チベットを征服する意図はないが、チベットが戦争を望めば、ラージプートとなるとを思い知らせる。
　1．プリディ・ナラヤンは、グチ（保安）、キロン（吉隆）など、チベット・ネパール境界地点に商館を建て、そこでチベット商人がネパール商品を買い付ける

ようにし、チベットはこれに応じる。
1．プリディ・ナラヤンは、一般の交易貨物のネパール通過を許す所存であるが、ガラス製品・その他珍奇品は許さず、チベットも同様に禁止をする。
1．今後、チベットはイギリス人またはムガール人との交渉を断つことを希望し、旧慣通り彼らの入国を禁止することを望む。
1．ネパールはこの度入国したイギリス人を追い出したが、チベットもこれに倣ってボーグル使節を追い出すことを望む。
1．ゴルカ王鋳造の貨幣をチベットにも流通させることを希望し、そのために先ず2000枚のルピー貨を送る。[注23]」

チベットは1775年8月、この要求を受け入れた4項目の合意を締結した。しかし、それは双方ともに批准しなかった、この4項目協定は、以下のとおりであった。
「1．金・銀の交換比率は、両国のあいだで共同して定めるか、みずからの比率を設定して交換を行う商人によって決められる。
2．伝統的に有効な卑金属が、ネパール政府よりチベットに送られ、受け取られる。
3．ネワール・マハジャン（商人）とラサの店主は、交換すべきでない。
4．チベットへ通ずる東西マデス・パラバト（平原地帯）道路は、サンヤシ人（ゴサイン人、インド人）、インド人、および商人に対しては、常に閉鎖しておくべきである。[注24]」

このゴルカの要求は、チベット・ベンガル通商をネパール通過ルートに限定し、イギリス人やインド人の介入を排除してゴルカ王朝の独占とし、ゴルカ貨幣を通過させるというもので、いわばゴルカの軍事力を背景にした威圧的外交といえるものであった。このため、従前のチベット・ベンガル貿易は、このゴルカのネパール干渉で非常な障害となり、貿易不振に陥った。英国が使節をチベットに送り通商拡大を意図したのも、かかる状況の打開にあった。ちなみに、ネパール鋳造の貨幣がチベットに流通するに至ったのは、カトマンズ王マヘンドラ・マールの鋳造したマヘンドラ・マリに始まっており、以後、この形式がとられたが、それはチベットに流通し成功した。これはチベットにおける中国通貨の不足に起因しており、マーラ王家はこれにより膨大な利益をあげた[注25]。

英国は 18 世紀中葉、インドの領土支配に突入した段階で、英東インド会社はチベット貿易に着眼しており、最初の使節ジョージ・ボーグルをタシルンポ（札什魯穆布珠克特亨／札什倫布寺）の 6 世パンチェン・ラマのもとへ派遣したのは、1774 年であった。英ベンガル総督ワーレン・ヘスティングスは、1780 年 11 月 6 世パンチェン・ラマが北京の黄寺で入寂し、同 83 年 8 月新転生者が任命されたと知るや、早速、第二使節サミュエル・ターナーを派遣し、彼は翌年までチベット各地を旅行した。この結果、7 世パンチェン・ラマの同意を取り付けたチベットへのブータン・ルートは、ブータン・ベンガル貿易の終点ランプールを北に広げるというものであった[注26]。この英国によるチベット貿易の企図は、1770 年のベンガル飢饉もあって財政上の難局から、その打破としてブータン経由の貿易拡大による状況の改善ということにあった。カシミール人は早くからラサなどチベット各地の居住し、インドの巡礼商人と並んで活動しており、したがって、英国はヒンドゥー・ムスリム商人のブータンでの活動を認めさせようとしたが、これに失敗して、チベットそれ自体への貿易開拓を企図するところとなり、これによりいま一つの清国との関係改善、いいかえればチベットを通じて開国を求めるということになった。

　1769 年ゴルカはネパールを制覇し、1779 年ブータンと示し合わせてシッキムを攻撃した。そこで、チベットはシッキムを支援した[注27]。チベットは、ネパールが悪貨を鋳造し、その責任をチベットに負わせ、無責任な価値切り下げを主張していたが、ネパールは、その要求をチベットに受け入れさせようと、1788 年に軍事行動をとった。この際、7 世パンチェン・ラマはタシルンポから 2 人の使者をベンガル総督のもとに送り、翌 89 年 1 月 22 日その書簡は受理された。同書簡は、「ゴルカが侵入した。清朝の軍隊派遣はチベットに禍をもたらすであろうから、ゴルカと和を講ずる所存であるが、相手が講和に応じなければ、英国側が兵力をもって背後から膺懲するか、ゴルカが英国に援助を求めた場合、少なくともそれに応じないでほしい」と述べており、パンチェン・ラマがこの書簡を送付したことも、清朝には絶対に秘密にしておいてほしい、と付け加えてあった。この件は、パンチェン・ラマに外交権がないことのためであったものの、それはゴルカに対する牽制の企図であった。これに対し、ベンガル総督の回答は、「ゴルカの要求には応じないし、ゴルカ討伐軍を送ることも理由がなく、清国と通商している英国としては、干

渉となるようなことはしない」とあった[注28]。そこでの英国の立場は、英東インド会社と清国との友好関係の維持がその第一にあった。1787年のカスカート使節に次いで、1793年にマカートニー使節が清国に派遣されており、その交渉が不成功の終わった要因としては、チベット事件の虚報によるイギリス人への不信が清国にはあったからである。一方、英国は、チベット・ルートを利用しての広東での状況改善を意図していた。チベット軍はシエルカル（協噶尔）などでゴルカ軍に反撃し、チベット語に通じていた侍衛巴忠は1789年2月29日の諭旨を受け、3月兵を進めゴルカに帰順を求め、今後、国境を冒さない旨の誓約書を提出させんとした。しかし、ゴルカは辺境の占領地点から撤退しなかった。その諭旨は、こうであった。

「先の上奏によって、パレブ（巴勒布、ネパール）の首領は、境を接する地方で官軍の到着を待って、報告するつもりでいた。迂回してニエラム（聶拉木）、キロン（吉隆）に到着して、彼らを降伏させるべく、その首領から事情を聴取した。そして、お上の指示を遵って、彼らの心を屈服させ、永遠に侵犯する勇気を無くすために、適当な意見を言い渡して、境界を画定して以後、直ちに軍隊を撤退させる。できるだけ時日を引き延ばすことは避ける。[注29]」

そこには、ニエラム、キロンを突破し、敵地に突入して痛撃を食わせ、敵に降伏を強いるまでは停止すべきではないとの方針があって、作戦は敵に対し当方の意図を知らせ、永遠に不侵犯を誓わせ、境界を設定して撤兵するよう求めていた。そして、現地では、サキタ・ラマの提案で、1790年に最初の賠償金を払って以後の交渉に委ねることにした。

1789年7月2日調印の条約(キロン協定)7カ条は、以下のとおりであった。正に、この条約は、当事者ネパール、チベット、および中国それぞれが立場を異にしていたままに作成されており、単一のテキストといわれるものも存在していない。

「1．ネパールは、4つのチベット国境から引き揚げる。
2．チベットは、賠償に応じる。
3．チベットは、ネパールの新通貨の流通を認める。
4．ネパールは、再びチベットへ侵入しないことを約束する。
5．ネパールに、ラサのバイキル（公館）を維持する権利を付与する。
6．チベット・インド間の貿易は、唯一、ネパール・ルートのみとする。

7．チベットのラマは、毎年、カトマンズを訪問する。[注30]」

　この報が乾隆帝に届いた8月熱河（現聖徳）の避暑山荘にいた侍衛巴忠はその重譴を恐れ、入水自殺した。アンバンは四川に援軍を求めるのみで、清軍の到着を待ったが、ゴルカには戦意がなく、9月ゴルカ軍は占領したラマ聖地から撤退した。

　四川軍指揮官福康安は、1789年8月13日解決5条件[注31] を提出したが、ゴルカが拒否した。その一方で、ゴルカはチベットに使者を送り、賠償金と金銭補償の交渉を求めたが、チベットは交渉に応ぜず、8世ダライ・ラマはその必要はないとしており、使者を送って先に調印した条約の回収を要求した。そこで、ゴルカは使者を逮捕し、再び1791年5月再びチベットに侵攻した。このチベットの強硬な態度は、乾隆帝のゴルカ遠征の決意もあっての行動であったが、ゴルカ軍の再侵攻で（第二次ネパール・ゴルカ戦争）、現地の巴載は外交交渉で解決せんとしたが、ダライ・ラマがこれを認めなかった。

　1791年9月29日四川軍指揮官福康安に出動を命ずる伝諭を乾隆帝が下し、中国・チベット軍はネパールへ侵攻した。その伝諭の内容は、「ゴルカが辺境を侵攻してきた際、鄂輝らは資質が軽く、敵を懲戒することもなかったので、またチベット人の怯懦に見慣れ侮ったもので、軍威を示すべきで、敵を掃討せよ」とあった。これは皇帝の主権護持の明確な表明であった。いよいよ9月清軍は成都を出発し、まずタシルンポ（札什魯穆布）を陥落させ、回復した。その行動は清朝による黄教（ラマ教）の護持と領土維持を名分としており、翌92年2月清軍が到着して反撃に出たため、ゴルカ軍は抵抗せず敗走し、7月8日チベットの勝利に終わった。9月30日ネパール・チベット平和協定に合意し、10月6日和平が実現した。チベット側が講和に応じたのは、冬季での孤立に加えて、東インド会社の参戦を恐れたためであったが、東インド会社のカークパトリック少佐の代表団がカトマンズに到着したのは、翌93年のことであった[注32]。その平和協定7項目は、以下のとおりであった[注33]。

「　1．ネパールとチベットは友好関係を維持し、相互に敵対しない。

　　2．両国間の紛議は、解決のためラサのアンバンに付託する。

　　3．ネパールは、5年ごとに入貢をもって使節を北京に送る。中国政府は、中国における使節の便宜（費用を含む）を提供し、帰国にあたりネパール・ラ

ジャに贈り物を送る。
4．中国官憲は、グチ（保安）およびキロン（吉隆）地域のネパール・チベット国境線を画定する。
5．中国は、対外列国による攻撃の際は、ネパールを援助することとする。
6．ネパールは、タシルンポ（札什魯穆布）王朝がこの条項を批准し、残留者シャマール・トルコを家族・従者とともに返還する。
7．ネパールは、1789年条約または通貨問題に基づく要求を、再び決して取り上げない。[注34]」

3．清朝のチベット支配体制

このゴルカ戦争の終結とともに、アンバン福康安は、1792年11月2日貿易に関する措置、チベット軍制の改革案、貨幣鋳造に関する策、金壺巴瓶による活仏選定法などの上奏を行った[注35]。

まず、チベット軍制の改革案は、以下のとおりである。

「乾隆17（1792）年12月、福康安、孫士毅、和琳3人は上奏する。

さて、ウー（衛）・ツァン（蔵）地方、庶民は兵のことを知らず、唯、経を吟詠し、仏を奉げるという習慣である。軍ということを無視している。ゴルカ（廓爾喀、ネパール）は2回対立を起こしたが、蔵内の兵士は逃げ、敵に遭うと退却して、守ることができず、兵士は気が弱く、規則もなく、発奮を喚起することは不可能であった。勅旨を受けて、銭と食糧を配給し、訓練することは、辺境を防衛する大計である。臣らは、丹念に計画を立て、条例は、以下のとおりである。

1．チベット（唐古特）兵士は、前・後蔵に分けて数を設定し、兵制を厳格にする。
　チベット兵士はもともとその数5065名の数であるが、実際には兵民にすぎず、既に、寨（村）の庶民によって、兵士の数を決めている。ダイベン（戴琫、連隊長）番目は、平日、兵士を管理することはなく、何かことが起きたときに、各寨で選び、ウラ（烏拉、農奴に対する官府の差役）の人と区別されることはなく、唯の数と名前だけで、多くの人は武器を使えない。突然に集合させ

て庶民に敵と戦うようを命じても、規律もなく、無能であるのは当然である。ここに、兵士の数を規定することを要請し、前・後蔵にそれぞれ1000人の兵士、他の所に兵士500人を設ける。後蔵には、もともとダイベン3人がおり、2人は後蔵に駐在し、1人は決めた日に駐在する。それぞれ新設した500兵士を管理している。また、新増ダイベン1人が、新設兵士500人を管理する。各地には、原設と新設の駐在将領がいる、管理することに当たり兵士に技を教練している。前蔵兵士は遊撃都司に所属し、後蔵は後蔵都司に所属する。選ばれた兵士はすべて名簿を作り、遊撃都司とダイベン査察に提出するほか、また何があったときは、考察のため、資料として2冊を複写し、駐蔵大臣に1冊、カシャ（噶厦、内閣）公所に1冊を提出する。

1．官兵番目の等級を査定し、任務を明確する。

　さて、チベット内官兵番目はダイベンだけが見かけだけ存在するほかに、それ以下のルベン（如琫、大隊長）、ジャベン（甲琫、中隊長）、ディベン（定琫、小隊長）らの官級も、唯の名前だけで、出兵するとき、また数人の支配人を派遣しており、官兵はお互いに顔も知らず、協力して敵と戦うことができるはずはない。現在、原存ダイベン5人のほかに、ダイベン1人を増やし、旧制のまま順番を決め、それぞれ責任を持つ。ダイベンの下にジャベン24を設け、それぞれ兵士125人を管理する。ジャベンの下にディベンを120人を置き、それぞれ25人の兵士を管理する。緑営兵と似ている。以上の大小官級は、すべて駐蔵大臣とダライ・ラマが共同して、若者から選び、委任牌を発給する。もし、軍律に違反したら、退任させ、厳しく処罰する。ダイベンの枠があれば、営官から補任する。ダイベンは子弟世家ドンコーアル（東科尔、青海の東科爾寺の名門）から就任することもあるが、それは等級もなく、皆も知らず、以後、等級の違いによって、添補すべきである。その他の枠があれば、技能が熟達している者、真面目な者から、順次、昇格させる。さて、世家ドンコーアルは昇格が早すぎ、ドンコーアルではない者は、ディベンまでしか昇格できない。今後、ドンコーアルが自分から進んで、兵士およびディベン番目になる者を承認して、次第に昇格させること、等級・職階を越すことは許さない。兵士のうち、人材である者は昇格でき、順番でダイベンまで

昇格することできる。決して、世家ドンコーアル出身でないという理由によって、その進路を阻止しないことである。このような政策を設定して、皆が奮闘すべきである。

1. チベット兵士および管兵番目に、家族を扶養するため、類別して金銭と食糧を配給する。

　調べによると、蔵内の派遣兵士には、従来、食糧は配給していない。出兵するときにも、徭役を免除していない。兵士は出兵するとき、自分で食糧を用意し、食糧が無くなると逃げることが、当たり前となっている。今回の兵士の派遣は、勅旨を受け取ったもので、商上に食糧を配給するよう命じた。旧習から逃げる兵士もいるが、福康安は、後路の守りのためレソーチョ（熱索橋）に派遣した兵士、またタヤンディ（成徳）のニエラム（／クティ、聶拉木）に行った兵士は、数カ月駐在し、逃げる人は僅かであった。制約が厳しいことと食糧の余裕があることが、その原因である。つまり、チベット兵士は管理できないことはない。経験で、兵士を使い、食糧を補充しないと、求生退却するところとなる。商上に食糧を配給することは、添付の必要があるため、別の場所から酌量補充して配給する。また、上納した銀両を兵士に与える。こうすると、官兵を設置しなくでも、兵士の補充はできる。皇帝様は恩恵賢明な指導者で、ここに置いた兵士3000人には、1人に対して毎年、ハダカムギ（青稞）2石5斗を配給することになっている。征調の必要あるときは、また征兵の条例によって、毎日、1人の商人からザンバ（ツァンパ、青稞の粉）1斤、毎年、食糧としてハダカムギ7500石を支給する。この項目の、ハダカムギは、普通の価格で買うと、1万数千両銀がかかる。もともとは、前・後蔵の商上で支給すべきが、商上はあまり余裕がないので、聖旨に従いサマルバ荘田の収穫から発給する。しかし、サマルバ荘田のハダカムギには限りがある。そして、ダンジンバンズルの子供から荘田5カ所が献上されており、ほかに4つの畑があることを知り、合せて、毎年3070余石のハダカムギを収穫できる。残りの足りない4320余石のハダカムギは、銀両で荒地の開墾に投資して、補充する。この方法で、兵士を養うことでき、このことは庶民からも信用を得ることに十分で、一石二鳥である。すべての

庶民は応兵者であれば、ダライ・ラマから許可書を頂き、一家には徭役を免除することにする。事故で免職した場合、免除許可書を上納する。官の大小番目は頑張って仕事をする。従来、ダイベン5人がいて、各荘田1分を与えており、新設のダイベン1人も、ダライ・ラマから荘田を1分頂く。ほかの兵士、ルベンには川省兵供応条例により、各12人に毎年、銀を14両8銭支給する。合計、銀2688両がかかり、これは前蔵の商上から支給する。この銀両は、商上に春秋二季で駐蔵大臣衙門に提出し、その後、各官領に会同してから支給する。途中、上前をはねる者がいれば、厳しく治罪する。兵士にとり必要なハダカムギも、二季に分けて支給する。

1．チベット兵士に軍器・軍火を発給する必要あり、真面目に訓練を受け、賞罰を厳明にし、軍規を厳格にすべきである。

　さて、チベット兵士は既に食糧を貰い、徭役を免除されていて、官兵との違いがないので、指令に従い常に訓練を受けなければならないことになっている。駐蔵大臣は巡回し点検するとき、直接に校閲する。熟練している人に賞を与える記名をして、昇格させる。下手な人には罰を与え、上手くならないと革職か、等級を落とす。賞罰を明らかにし、規律を厳正にする。

1．ジロン（済嚨）・ニェラムなどの辺境地方に、兵士を設ける必要は特にない。
1．番兵をばかにすることを決して許さない。

　駐蔵官員がチベット兵士と協力し連合することは、国境の治安をよくする道である。……注36」

次に、1792年10月金壺巴瓶による活仏選定法は、以下のとおりである。

「金本巴瓶制度樹立。

　乾隆57年10月23日福康安ら奏上。

　フビレハン（呼柴勒罕、活仏）を選定し、黄教（チベット仏教）を振興するため、命令に従って金本巴瓶制度を制定する。

　査するに、ダライ・ラマ、パンチェン・エルデニはチベット仏教の宗家であり、ツォンカパ（宗略巴）の時代から今まで続いてきた。ダライ、パンチェンが亡くなっても、その本性が変わらないので、必ずフビレハンとしてこの世に転生し、仏教を続けるといわれている。転生したときに、ツイゾン（吹忠）ら

が必ず行事を行い、（転生者の）化身をみて、僧人も俗人も皆、それが本当だと信じる。皇帝が代々にわたって仏教のダルマ（法）を守り、仏教を振興してきたお陰で、各モンゴル部落および他の部落は、ツイゾンらの法事によって指定した（活仏）を信じ、それを心から崇拝し、遠近を問わず（仏教に）帰依する。転生したダライ・ラマとパンチェン・エルデニは普通の人々のあいだに生きているので、ツイゾンらの法事によって探さなければならない。そのときになると、遠近を問わず数多くの部落民は、ツイゾンが指定した活仏を深く信じ、今はなかなか変えられない状態になっている。しかも、このやり方は長年をわたって続いてきていて、不正に（活仏を）指定することがよくある。例えば、チベットの各フトクト（呼図克図）には、輩（親族集団）からみれば、パンチエンの兄ゾンバ（仲巴）、ゼブゾンダン（哲卜尊丹）フトクトはダライ・ラマの甥で、ダンジンバンチュオラ（丹津班珠爾）の息子はサンバ（三巴）フトクトで、フビレハンである。親族関係で代々をわたって続いてきており、まるで俗職と同じようになってしまっている。これらのフビレハンが同じの親族集団の出身であることは、人々に疑いを抱かせないわけはない。将来も、ダライ・ラマ、パンチェン・エルデニと呼ばれるフビレハンを指定しなければならない。もし真のフビレハンを指定できなければ、大変なことになる。

　今度、経主（皇帝様）が黄教を振興するお陰で、一本の金本巴瓶が授与された。（フビレハンの）指定は、次のように行う。4人のツイゾンに指定したフビレハンの名前および生年月日を籤に書いて瓶の中に入れ、多くの人々の前で籤を引き出す。これは不正を防ぎ、民衆に喜ばれることである。われわれは、経主の節次諭旨を伺って、皇帝様が正しい仏教を鑑定し、物事の成り行きに応じて各蕃国を落ち着かせ慰め、名実相伴うことを求めることに、真に敬服している。われわれは、ダライ・ラマ、パンチェン・エルデニ、ジロン（済嚨）フトクト、大ラマ、およびツイゾンらに経主のご命令を伝えた。彼らは皆、心から喜んで、感激の気持ちが満ち満ちていた。皇帝様のご指示に従って、これから、同僚と相談して、ツイゾン、ナイガ（内噶）、バトン（瓦東）、サムイエ（薩穆叶）の4人は、よく経典を上げ神の法を遂行するよう、指示する。ダライ・ラマ、パンチェン・エルデニが亡くなったとき、ツイゾンら4人に対し真剣

に神の法を行うよう、命令する。確かに仏様の霊があるフビレハンに何人かを指定し、それぞれの名前と生年月日を籤に書き置いて、欽定の授与された金本巴瓶の中に入れて、仏教の経典をよく知っているラマを選び、7日間敬虔に経典を上げ、各部落のラマを仏の前に呼んできて、駐蔵大臣も自らそこへ行って（籤を引くのを）見張るべきである。ダライ・ラマ、パンチェン・オルドニとなるこれらのフビレハンは、同じ師匠の弟子兄弟になり、互いに指定される。

　4人のツイゾンが同一の者を指定したときは、この者の名前を籤に書き、もう一枚の何も書いていない籤と一緒に金本巴瓶に入れて、経典を上げながら多くに人々の前で籤を引き出す。引き出した籤に何もないなら、その指定したフビレハンは、真のフビレハンでなく、仏様からも守られてもない。もう一度籤を作って、フビレハンを探さなければならない。これにより、ツイゾンらの不正でフビレハンを指定することを防ぐことができる。見やすいために、籤は清字（満族文字）・漢字・唐古特（チベット文字）3種文字で書かれなければならない。チベット南部と北部のフビレハンを指定することも、駐蔵大臣とダライ・ラマの監督下に、前に述べたように行うべきである。ほかの部落、例えば、チャムド（察木多）、ザイレフ（／リオウチェ、類烏斉）などは、なかなか離れているところでは、従来、大部落のようにツイゾンによって指定したということはなかったから、今までのようなやり方でフビレハンを指定しても結構である。

　また、チベットでイロル（伊羅尓）経を読むところは、大昭（ジョカン寺）であり、臣は、自ら大昭を視察した。お寺の広々とした殿堂を選んで、そこを綺麗に掃除して、そこで御前侍衛の恵倫と乾清門侍衛の阿爾塔籍に護送された金本巴瓶を待つ。われわれの誠意および今度のことの重要さを示すため、金本巴瓶が着いたとき、われわれはそれをツォンカパの前に祭り、そして信頼できるラマを選んで瓶を守る。以上[注37]」

そして1792年11月21日の善后章程6条、12月11日追加の善后規定18条は、チベットの現実を認識している点で的確である。その内容は、以下のとおりである。

善后章程6条

「1．チベット内部での事務は、すべて駐蔵大臣（アンバン）の下で、統一管

4 清朝のチベット支配とダライ・ラマ制

理すべきこと。

2．チベット内部で役職の欠員が出たとき、駐蔵大臣はダライ・ラマとともに、統一管理のもとで役職の等級を定立して、公の考えでそれを公平的で選ぶべきこと。

3．弊害を回避するために、ダライ・ラマおよびパンチェン・ラマの親族がすべて公の事務を関与することは許可されないこと。

4．駐蔵大臣は、毎年、本人がチベット辺境を巡察し、地方の問題を解決すべきこと。

5．駐蔵大臣官邸は、文官職が不足しており、増員すべきこと。

6．チベット地方の防衛兵員を確保するために、駐蔵大臣官邸および文武官員は、真実な情況によって、使用人と衛兵の人数を決定すべきこと。[注38]」

善后規程18条

「1．ダライ・ラマおよびパンチェン・ラマは、外藩との通信について、駐蔵大臣に告知すべきで、詳しく相談すべある。

　チベット地方とゴルカ（廓尓喀、ネパール）、ブルケパ（布魯克巴、ブータン）、テメンキオン（哲孟雄、シッキム）、ゾンム（宗木）などの外藩部落は、すべて辺境に接しているので、もともと、それら部落の人々は、布施とか事務とかなどでチベットに来るときは、ダライ・ラマから書信を頂くことを禁止した前例がなかった。しかし、書信の言葉遣いが適当でなかったので、外藩に軽視される可能性がある。例えば、ゴルカが前回の事件を起こす以前に、ダライ・ラマに相談する手紙を送った。適切な取扱いがなされなかったので、事件が起きた。現在では、ゴルカはもう投降したが、以後、何かの請求があれば、すべて駐蔵大臣の主導でダライ・ラマらと協議した後、適切に取り扱うことにする。つまり、今後、ゴルカが人を派遣して、感謝の意を表すべくお土産をダライ・ラマとパンチェン・ラマの前に献上した際は、体制としての駐蔵大臣の意見を聞かなければ、返書を出すことができない。平日、地方に関する件があれば、すべて駐蔵大臣の意見に則って処理すべきである。その他、普通の布施に関する書信も、駐蔵大臣に告知して点検を受けるべきである。また、ブルケパの部落は、天朝の冊封を受けたことがあるが、この

部落は紅教（紅帽派）を信じおり、毎年、チベットに人を派して、ダライ・ラマらに布施を献上している。テメンキオン、ゾンム、ルオミンダ（洛敏達）などの小さい部落は、半分は外藩であっても、半分はチベットに支配されている。これら外藩部落は、チベットに人を派して、ダライ・ラマやパンチェン・ラマのところに布施を出すことについて、いっさい禁止する必要はないが、法規を制定して点検すべある。以後、外藩部落がチベットに人を派したときは、辺境官員はその人数を確認して、駐蔵大臣に報告してから、進入させる。それと同時に、シガツエ（日喀則）とティンリー（定日）に駐在している官員も、実際に点検することになっている。各部落の人々がダライ・ラマに敬呈する文書はすべて、駐蔵大臣の点検を受けなければならない。彼らがチベットに入って、お礼をいった後、駐蔵大臣から文書を受けるが、その文書は、駐蔵大臣とダライ・ラマがともに決定したものとする。のちもう一度、人数を確認してから、彼らを帰すことにする。コブルン（噶布倫、印爾保持者）は、ダライ・ラマの役人なので、自ら各部落と通信することはできない。各部落からの手紙がコブルンに届けば、その手紙は駐蔵大臣とダライ・ラマに送付しなければならない。駐蔵大臣がダライ・ラマと協議して、返書を出すことにする。コブルンが、自分で各部落に返事することは許されない。これは、「内外の防」ということで、必ず大切にすべきことである。

1．各辺境には、疆界をはっきりするために、すべてエルボ（鄂博、検問所）を設けるべきである。

1．以前、辺境の官員に欠員が生じた際、選抜された役人の中に能力を欠くい人が多かったので、常に事務を適切に取り扱えなかった。今後、能力がある人を選抜して、内地辺境官職の給料標準に照らして、年限によって昇進させ励むようにする。

1．人材を能力で選抜するために、チベット世家（ドンコール）の子弟が官職を世襲することは絶対に禁止される。

1．各大寺のケンプ・ラマ（寺院首領）は、ダライ・ラマが駐蔵大臣とともに、公の考えで、公平的で選ぶ。

1．税賦に関わる金銭の出入りは、新しい規定によって統一された標準でなさ

れるべきである。
1．ジロン（済嚨）・ニエラム（聶拉木）の辺境に対して減税する必要はない。
1．差役を免除する許可状を勝手に発行することは、絶対に禁止される。
1．チベットを防衛する僧・俗らの戸籍は、調査のため、戸籍冊を作ることになった。
1．モンゴルがチベット・ラマの誦経を求める場合は、ラマは、モンゴルに赴く前に、駐蔵大臣から旅券を受けるものとする。
1．私事のために、ウラ（烏拉、民間の労役徴用）の使用は、絶対に禁止する。
1．処罰の不公平とか、私心で、家産を罰として押収することは、絶対に禁止する。
1．費用を節約するために、チベット官兵の必要とする火薬類は、地元で製造すべきある。
1．ダライ・ラマがコブルン、ダイベン（戴琫、軍事責任者）らに賞をもって授けた家屋と土地は、私人の財産とすることは認められない。
1．ラマが金銭と糧食を予め支出することは、絶対に禁止する。
1．チベット各地の税賦は、年毎に取り立てるべきである。逃亡した世帯がある場合、確認した上、その税賦を免除することができる。
1．駐蔵大臣官庁に、ゴルカの文字に通じた通訳官が必要である。
1．ゴルカ使節がチベットに往来する際、文・武官員をもって護送すべきである。[注39]」

そこでは、当面の措置が執られたが、1793年に欽定蔵内善后章程29条が制定された[注40]。それは統治憲法といえるもので、以下のとおりである。

「1．ダライ・ラマとパンチェン・ラマは、黄教の教主である。モンゴルとチベット地区で、活仏は転世霊童を探しているとき、チベットの古い習俗に従って、常に占いをして、四大護法神に卜問し、口承によって認定されるので、必ずしも確実でない。今度、黄教を広め高揚するために、大皇帝は金瓶を頒賜する。今後、転世霊童を認定するときは、まず、四大護法神は、天資が良い幼い児童を若干名選ぶ。そして、それら児童の名前と生年月日を籖に書き、金瓶に入れる。徳の高い活仏が、7日間、誦経して祈祷する。その後、各駐蔵大臣は、大昭寺（ジョカン寺／ツクラメカン／老木朗）の釈迦牟尼仏像の前で、とも

に籤を引いて、合致した児童を認定する。もし四大護法神に選ばれた児童が1人しかいなかったら、その児童の名前を書いてある籤は、何も書いていない籤1枚と一緒に金瓶に入れるべきである。もし、当たったのが字がない籤だったら、最初に選ばれた児童は霊童とは認定されない。改めて探さなければならない。認定された霊童の名前は、満・漢・蔵3種文字で籤に書かれなければならない。金瓶は、必ず清潔にして、常にツオンカパ（宗喀巴）仏像の前に供える。

2．大将軍が西に進軍してから、ゴルカ（廓尔喀、ネパール）が天威（皇帝）を帰順した。チベット地域は、永遠の平和を享有できる。その後、近隣諸国の商人と旅人は、自由に商売でき、往来できる。点検の法規はなかった。今度、この章程を制定した。これから、外藩とカシミール商人の名簿を作って、その名簿を駐蔵大臣官庁で保存するものとする。バレブ（巴勒布、ネパール）商人の場合は毎年3回で、カシミール（克什米尔）商人の場合は毎年1回、チベットに来ることができる。彼らは、チベットのどちらに行っても、事前に商人の首領が商売する路線を駐蔵大臣官庁に説明して、許可状を受けなければならない。シガツエ（日喀則）とティンリー（定日）の2カ所に官員を配置して、商人は、ここを通過する際、許可状の検査を受けなければならない。外藩の人がラサに行きたいとき、辺境官員に説明する必要がある。その辺境軍は人数を確認してから、駐蔵大臣官庁に報告する。それらの人は、ラサに到着して後、名簿を作って、駐蔵大臣官庁の点検を受ける。各地に駐在している漢官が横領するとか賄賂を受けるとかなどのことがあれば、その事実を明確して、必ずその罪は問われ、厳しく処罰される。外藩の者がチベットを離れるときも、各地の官員は、真面目に点検すべきである。ダライ・ラマにより派遣されたバレブで仏塔を作る人は、そしてその仏塔を参拝に行く人は、駐蔵大臣から往復期間付きの旅券を受けなければならない。期間までに帰らない人は、駐蔵大臣はゴルカ王子に文書を送って、その人をチベットに返してもらう。

3．今までのチベット・ザンカ（西蔵章卡、チベット通貨）は、成分が純粋とはいえない。これから、必ず純粋な漢銀で鋳造する。1枚の重量が1銭5分

で、6枚のザンカは9銭の銀に相当するが、1両の漢銀と両替できる。欠けている1銭を鋳造する費用になる。ザンカは、正面は「乾隆宝蔵」という漢字で、縁は鋳造する年分で、そして背面は蔵文で鋳造する。駐蔵大臣が漢官を指定し、その漢官がカルン（噶倫、大臣）とともに蔵幣の鋳造を監督して、品質の純粋を保障することとする。その他、流通の便利のために、1銭と5分の小額蔵幣も鋳造する。1銭の蔵幣は9枚が、5分の蔵幣は18枚が、1両の漢銀となる。古いザンカは廃止する必要がないが、今後このような混ぜものは鋳造できない。同時に、古いザンカと新しいザンカの為替率を制定する。この為替率を変えることはできない。新しいザンカに鉄とか錫などの混ぜ込みが見付かれば、責任者の漢官およびカルンが指定した役人と職人は、いずれも厳しい処罰を受け、罰金を課される。

4．チベットは、前蔵にも後蔵にも正式な軍隊がいなかった。戦争が起こった際の臨時募集では、兵隊がほとんど応戦できなかっただけでなく、住民にも時々迷惑をかけてきた。今度、3000人のチベット兵隊を設立して、前蔵と後蔵に各1000人ずつ、ギャンツェ（江孜）とティンリーに各500人ずつ分けて駐在させる。チベット兵隊500人ごとにダイベン（代本、連隊長）1人を設けて、統率する。前蔵地域に駐在する兵隊はラサ隊として、シガツエ、ギャンツエ、ティンリーに駐在し、シガツエ都司により統率される。兵士名簿を1式2冊で作って、1冊が駐蔵大臣官庁に、もう1冊がゲキカ（噶厦、政府）公所に保存される。欠員の場合は、名簿により増補する。これらチベット兵隊は、すべてダライ・ラマとパンチェン・ラマの護衛兵とする。

5．今度、ダイベンの下に12名のルベン（如本、大隊長）を設けて、1人のルベンは250名の兵隊を管理する。ルベンの下に24名のジャベン（甲本、中隊長）を設けて、1人のジャベンが125名の兵隊を管理する。そして、ジャベンの下にディベン（定本、小隊長）を設けて、1人のディベンが25名の兵隊を管理する。上述の職に就く者は、いずれも駐蔵大臣とダライ・ラマによって武芸が高い少壮者の中から選ばれ、委任状を給付する。軍紀を違反する者が出た場合、その違反の責任者にも厳しい処罰を課する。ダイベンの欠員が出た場合、ルベンの中から選んで補充する。ルベンの場合が、ジャベン

の中から補充する。以下、このような順序に従う。世家子弟でも、ディベンから、順次、昇進させなければならない。以前、庶民の場合は、ディベン以上に昇進することができなかった。以後、人品と能力および戦功による順次で昇進すべきで、差別してはいけない。

6．以前、チベットで募集した兵隊に対して、糧食と武器を提供する規定がなかった。兵士は、一般的に自分で糧食と武器を準備しなければならなかった。自分で準備した糧食がなくなってしまったら、すぐ逃亡してしまった。戦闘力はまったくなかった。だから、以後、毎年、兵士に糧食を配給するべきである。兵士は1人にハダカムギ（青稞）2.5石で、総量では7500石が要る。そして、兵士に対しては、差役を減免する必要がある。軍官の場合、ダイベンがダライ・ラマよりキカ（谿卡）荘園を賜与して頂いたので、他の給料を支給する必要はない。その他、毎年1人当たり、ルベンの場合が銀36両、ジャベンの場合が銀20両、ディベンの場合が銀14.8両、それぞれ給料として支給される。支給する方法は、兵士と軍官に対しいずれも、春と秋を分けて、年2回、駐蔵大臣が支給する。

7．兵士が使用する武器は、50％が鳥銃、30％が弓と箭、20％が刀と矛である。前蔵と後蔵で買入れる方法であれ、鋳造する方法であれ、配備しなければならない。兵士も、一所懸命に軍事訓練を受けなければならない。

8．以前、ダライ・ラマとパンチェン・ラマの財政収支状況について、駐蔵大臣はいっさい不問であった。ダライ・ラマとパンチェン・ラマは宗教事務を専らにしているので、普通の事務はすべて下の者に任せている。その者の中には、横領とか汚職とかが時々あった。だから、これから、春と秋に分けて年2回、収支状況のリストを作って、駐蔵大臣官庁に送り、審査を受けなければならない。

9．今度、チベット辺境地域住民は外寇侵攻での被害が大きいので、関係地域で1年分の税賦と差役を免除すべきである。これまで欠けている税賦は、住民の場合が全部を、官員と役人の場合が半分を、減免することができる。

10．以後、ポタラ（布達拉）宮へ参拝に行く場合以外に、駐蔵大臣（アンバン）はダライ・ラマとパンチェン・ラマとのあいだには、地位が平等なので、問

題があれば、共同して商議すべきである。カルン（噶倫、大臣）以下の官員と管理職ラマらは、すべて駐蔵大臣の命令を遵うべきである。パンチェン・ラマがまだ幼いので、タシルンポ（札什倫布）の事務については、シベンカンブ（歳本堪布）に任せるが、処置の公平のために、特別なことがあれば、事前に駐蔵大臣に報告しなければならない。駐蔵大臣は、現地を巡察し、事実を確認しなければ、処理してはいけない。

11. チベット各階級の官員を選抜と増補する方法について。官員の選抜と増補は、すべて駐蔵大臣とダライ・ラマの統一管理のもとで行う。カルン（噶倫、大臣）とダイベンを選抜し、あるいは補うことは、大皇帝の批准を得る必要がある。他は、駐蔵大臣とダライ・ラマに委任される。選定してから、選ばれた人には、満・漢・蔵3種文字で書き入れた委任状を授ける。官員は、すべて階級の順位に従って昇進するものとする。勝手な昇進はできない。食糧とか草料などの事務を管理するラマについては、その職が低く重要ではないので、ダライ・ラマが自らで決定することができる。

   タシルンポ寺の事務人員はすべてラマで、これまで品級がなかった。それは不公平である。これからは、前蔵と同じように、品級を付け階級の順位に従って昇進させる。駐蔵大臣とパンチェン・ラマが委任状を授与する。お茶とか食糧などの事務を管理する低い職については、パンチェン・ラマが自ら決定することができる。

12. ダライ・ラマとパンチェン・ラマの親族は、侍従官員が多い。彼らは、時々威張って乱暴なことをやったことがある。以後、ダライ・ラマとパンチェン・ラマが生きている限り、親族は官員を担当できない。住民事務とタシルンポの事務を関与することもできない。ダライ・ラマとパンチェン・ラマが円寂してしまった後、親族がいれば、能力による公職を委任できる。

13. 毎年、春・秋の2回、駐蔵大臣は、交替で前蔵と後蔵を巡察して、訓練を監督すべきである。その時、各地でジャベンおよび営官などが兵士を虐待したこと、および住民に迷惑をかけたことなどがあれば、直接に駐蔵大臣に報告する。事実を確認すれば、処罰を課する。住民に迷惑をかけないために、駐蔵大臣は、巡視に必要な人力や物力などの費用を自らで支払うべきである。

14. チベット地方は、ゴルカ（廓尔喀、ネパール）、ブルケパ（布魯克巴、ブータン）、テメンキオン（哲孟雄、シッキム）、ゾンム（宗木）などに辺境が接している。以前は、それら外藩の人は、進貢とか公務などのために、ラサに来てダライ・ラマを拝見した後、ダライ・ラマは常に返書を送った。しかし、書信の言葉遣いが適切でなかったら、外藩が軽視される可能性がある。例えば、ゴルカがザンカの値段についてダライ・ラマに相談する書信を送ったことがある。適切に処理しなかったので、戦乱が起った。現在、ゴルカは、もう投降し称臣している。以後、書信の往来について、すべて駐蔵大臣は、ダライ・ラマと協議した後、適切に取り扱うことになっている。ゴルカが、チベットに使節を派してダライ・ラマと駐蔵大臣に面会した後、回文としての文書は、駐蔵大臣の指示に則り記されることになっている。辺境事務に関わる重要なことは、駐蔵大臣の指示に則って処理されなければならない。外藩に献上された貢物も、駐蔵大臣に見せなければならない。ブルケパ、テメンキオン、ゾンム、ルオミンダ（洛敏達）などに使節が来るときは、検査をすべきである。以後、外藩部落がチベットに人を派したときは、辺境官員はその人数を確認して、駐蔵大臣に報告する。そして、ギャンツェとティンリーに駐在している漢官が再び確認してから、ラサ入りとなる。外藩が駐蔵大臣に送る文書は、駐蔵大臣が返事をする。ダライ・ラマに敬呈する文書も、翻訳して駐蔵大臣に見せて、駐蔵大臣の意見をもとにして、回文を書かなければならない。カルンらは、ダライ・ラマの事務員だから、自らで各外藩部落と通信することはできない。外藩からの手紙をカルンのところへ送った場合、その手紙は、駐蔵大臣とダライ・ラマに呈送されなければならない。駐蔵大臣がダライ・ラマと相談してから、文書を出す。カルンが自らで外藩に返事することは認められない。これは、「内外の防」ということで、必ず大切にする。

15. チベットのジロン、ニエラム、ロンギア（絨轄）、カダサゲ（喀達薩噶）、コンブ（昆布／工布）などは、ゴルカとのあいだに辺境が接しているから、重要な通路である。バレブ商人とチベット人が勝手に出入することを制限するために、それら辺境にエルボ（鄂博、検門所）を設けなければならない。このことは、大皇帝の批准を得る必要がある。各所のエルボが急いで設けら

れるべきである。駐蔵大臣が巡察する際に、エルボの点検をすべきである。

16. 辺境地域は外藩に接しているから、住民と往来する人たちを管理することはとても大切である。地位も能力も高い官員は、ラサを離されて辺地に赴任されることは難しいので、今後、辺境官員は、地位が低い武官の中から選ばれるべきである。仕事を上手く処理したら、辺地で任期3年を終えれば、ダイベンに昇進できる。駐在地方を交換することもできる。仕事が上手くできない者は、直接辞退しなければならない。

17. 以前、チベットでは、庶民出身者は、官職を担当できても、仕事も上手くやっても、ディベンになることは限界があった。以後、武官の場合、出身に関係なく能力のある階級の順次に従ってダイベンまで昇進できる。文官の場合、やはりズオンケル（仲科尔）の中から選任されるが、息子は父親の職を継承することができない。ジアオゾングイ（小仲譯）、ゲキアズオンニル（噶厦卓尼尔）、キアオクエウングアン（小缺営官）などの場合、選任されるズオンケルは18歳に満たなければならない。

18. ケンプ（堪布）は寺の住持だから、徳も学問も高い者を選任すべきである。以後、各大寺のケンプは、ダライ・ラマと駐蔵大臣とジロン（済嚨）フトクト（呼図克図）の三方が相談した上、選抜して任命される。任命されたケンプは、三方の印鑑を押している委任状を授与されるものとする。小さい寺のケンプ・ラマは、やはりダライ・ラマにより任命されることができる。

19. 財務管理のために、現銀で税金を取り立てるとか買い物をするとかなどは、新定の為替レートで取り扱うべきである。

20. ジロンとニエラムの2カ所で、米、塩、およびその他の貨物の輸出と輸入に対する税金を取り立てるときは、前例に従って処理すべきである。税率を変える必要があれば、駐蔵大臣に報告しなければならない。自ら勝手に税率を変えることは認められない。

21. これまで、チベットでは、ダライ・ラマとパンチェン・ラマの親族とかカルン、ダイベン、大活仏の属下など裕福な人の中に、差役を免ずる証明書を持っている者が多く、人力や物力などの差役を負担したのは、ほとんど貧困な人だった。貧困な人は、このことでいっそう苦しくなった。今後、今ま

で持っている差役を免ずる証明書はすべて廃止し、差役を平均的で負担させるべきである。特待者と兵士には、ダライ・ラマと駐蔵大臣だけが証明書を発行できる。兵士は復員すると、証明書を返さなければならない。

22. ダライ・ラマに所属している各寺の活仏と僧について、詳しい名簿を作成すべきである。各フトクト荘園に所属している世帯名簿を、カルンに任せて作るべきである。このような名簿は1式2冊をもって、駐蔵大臣官庁とダライ・ラマの下に保存される。以後、各寺の僧侶が旅券を持たないで勝手に外出したら、その僧の責任者であるケンプを処罰する。

23. 今後、青海とモンゴルの王公は、使者を派遣してチベットに高僧と活仏を迎えに来る場合、西寧（シリン／シニン／ツォンカ）事務大臣を経て、駐蔵大臣に文書を送って駐蔵大臣から許可を得なければならない。各地の仏参拝者も、駐蔵大臣の許可を得なければならない。自らで勝手に外出する人があれば、その人の責任にあるケンプまたは活仏を処罰する。

24. 今後、活仏とか首領が私事で外出する際、ウラ（烏拉）などの民間の労役徴用は絶対に認められない。公務で外出する際は、人力や物力などの必要があれば、駐蔵大臣とダライ・ラマがともに捺印した文書を得ていなければ、徴用してはいけない。

25. チベット人が犯罪を処罰方法は漢民族と違うが、すべて変える必要はない。但し、罪の軽重を区別して、分別に処罰すべきである。以後、殺人事件があったときは、前例に従って処理する以外に、駐蔵大臣官庁に報告すべきである。重要な事件については、駐蔵大臣に報告して、処理の指示を受けるべきである。財物を押収する場合は、駐蔵大臣の批准を得る必要がある。カルンらが住民の財産を勝手に奪うときは、事実を確認した上で解任され、その個人の財産を押収される。その押収した財産を住民に返付されるべきである。

26. 毎年、官兵の訓練に必要な火薬は、カルンが適当な者を選び、その者が駐蔵大臣の文書を持ってコンブ（貢布）で製造する。そして、ラサに運んで来て、各番営に配る。後蔵の番営には、火砲がなかったので、現在の訓練のために、新しく製造した火砲13門中の2門を、後蔵に調達する。残っている11門は、すべてダライ・ラマが預かる。

27．在任のケンプとダイベンらに対してダライ・ラマが官邸やキカ（谿卡）を賜与したことがある。ケンプとダイベンが離任すると、この官邸やキカを新任の人に譲るべきである。今後、離任したケンプとダイベンが官邸とキカを譲らないことは認められない。

28．活仏と僧の給料は、定期に供与すべきである。予め支出することができない。ジロン・フトクトは、このことを監督すべきである。定期に従わないで、給料を予め支出とか減額支出とかすることがあれば、責任者を厳しく処罰するべきである。

29．ゲキカ（噶厦、政府）がチベットの各村から税賦を徴収することは、ラサ近くのところでは、ジホン（孜仲、僧官）が担当し、遠いところでは、キゾン（雪仲、貴族俗官）が担当する。ジホンとキゾンの中の悪い役人は、時々徴収した税賦を横領したり、住民に来年の税賦を予めに徴収したりする。今後、このようなことは絶対認められない。[注41]」

なお、乾隆帝の没後、1804年に逝去した8世ダライ・ラマの転生霊童ジャムペル・ギャムツオの選出では、児童1名しか見つからず、チベットは、嘉慶帝に対し金瓶籤引きの免除を申請した。霊童捜しの責任者7世パンチェン・ラマは、黄教の振興を述べ、言い当てるなどの能力から本人が極めて適正であるので、高家の聖旨に背くわけではないが、籤引きは必要ではないとした[注42]。嘉慶帝はこれに同意した。9世ダライ・ラマ、ルントク・ギャムツオは成長が期待されたが、1815年、11歳で夭折した。この霊童ルントク・ギャムツオの死去は、籤引き免除を決定した皇帝の権威を損ないかねないものとなり、嘉慶帝は、再び籤引きを実施しなければならない、と指示した[注43]。以後、10世、11世、12世ダライ・ラマはみな、金瓶籤引きで選出された。にもかかわらず、いずれも20歳までに死去した[注44]。

さて、1793年1月ゴルカの貢使大頭目カジ・デウガットタバら4人が北京を訪れた。その際、清帝は、ゴルカが隣国との友好・和平関係を維持する限り、隣国から攻撃を受ける不安はないと諭し、将来、ゴルカが窮地に陥って兵力の援助を求めた場合、かつてバレブ（巴勒布、ネパール）がゴルカに攻められたとき、たとえ清国に援助を求めてもこれに応じなかったと同様、清国はゴルカを援助する意思がないことをゴルカに知らせ、ゴルカが清の兵力の庇護を受けたのは、アンバンのチベッ

トだからで、そういうことにゴルカはならない、と説明した。これに対し、ネパール側は、1792 年に清国・ゴルカ条約を締結しており、同条約の第3条にネパールが第3国の侵略を受けたときは、清国はネパールを援助するとの条項があるとしていたが、双方は解釈の行き違いのままに終わった。

　結局、ゴルカは、1792 年 3 月 1 日英東インド会社との通商条約[注45]に続いて、1801 年 10 月 28 日ネパールは友好条約（ラジャ条約）[注46]を受け入れ、1803 年ノックス提督がネパール駐在官としてカトマンズに入った。しかし、ゴルカはこの条約を守る意思がなく、1 年後に条約は破棄され、駐在官も引き揚げた[注47]。

　1804 年ゴルカ王トビム・セン・ターがクーデタによってダモル・バンディと女摂政を倒した事件の報が北京に伝えられ、この際、大臣ナイルキンが家族同伴でチベットへの亡命を願い出たが、ゴルカのバハドールは彼を反逆者として亡命を認めなかった。1806 年ゴルカ王暗殺の報がアンバンに届いたが、北京はチベット国境での収容は良いが、将兵を動かしてはならない、と指示した。ゴルカ王ギルバナ・ユッダ・ビクラマ・シャーは、前国王暗殺についての正式報告を、同年 10 月アンバンを通じて北京に送った[注48]。ゴルカは 1792 年 3 月 1 日の通商条約に代えて 1801 年 10 月 26 日ラクノー通商・同盟条約で、英東インド会社に債務返済の代わりに領土の割譲を約束し[注49]、その処理から 1814 年 11 月 1 日英・ゴルカ戦争となった[注50]。その 2 カ月間、ゴルカの救援を求める電報がアンバン喜明を通じて北京に送られ、1816 年 1 月ゴルカが英国に屈すれば、ゴルカの朝貢は禁止されるだろうとの 4 度目の電報が北京に届いた。清朝はこの要請を拒否したが、特にゴルカは久しく天朝の臣僕であったのに、貢期になっても入貢しなければ、背反に等しいことであるとしており、このゴルカ書簡に皇帝は震怒されるので、北京へ送ることはできない旨を解せよ、と指示した。当時の清朝宮廷の判断は、戦況はゴルカに不利で、たとえ英国がゴルカを併合しても、外夷のことであるので不問に付するとしており、秘密裡に亡命を許し、英軍が余勢を駆ってチベットに侵入でもすれば、兵力をもって駆逐せよ、と指示していた。ここでのチベットへの亡命の受け入れは、将来起こりうる事態を予測して英国に事件介入の責任を問われない形での処理を防ぐとの判断にあった[注51]。英・ゴルカ戦争は 1816 年 3 月終わり、7 月ゴルカから英国と和したとの通告がチベットに対しあった[注52]。

ここで、清朝以降のチベット統治における状況を整理してみる。1727（雍正5）年の駐蔵大臣（アンバン）支配までは、ブソマムスコペル（即索南胖培、第司）が統治した。8世ダライ・ラマ統治（1787〜90年）以降、ギェルツァプ（摂政）統治が続いた。その経過は、次のとおりである。

チベット統治者の交代

支配者	任期	注
ソナム・チョペル（索南群培）	金・崇徳7年〜清・順治15年（1642〜1658）	第司（宰相）
	順治15年〜17年（1658〜1660）	空位
ブリンラスガムッソ（赤列嘉措）	順治17年〜康煕7年（1660〜1668）	第司
ロザムスムッストブス（洛桑図道）	康煕8年〜14年（1669〜1675）	第司
ロザンスピンパ（洛桑金巴）	康煕15年〜17年（1676〜1678）	第司
サンギェ・ギャムツオ（桑結嘉措）	康煕18年〜42年（1679〜1703）	第司
ガバンリンチェン（阿旺仁欽）	康煕42年〜44年（1703〜1705）	代理第司
モンゴル・ラサン（拉蔵）・ハーン	康煕46年〜56年（1707〜1717）	康煕帝が翊法恭順を封冊
ルタツェパ（達孜巴）	康煕56年〜59年（1717〜1720）	ジュンガル軍代理
	康煕59年〜60年（1720〜1721）	清軍管理
ハンチェンナス（康済鼐）	康煕60年〜雍正5年（1721〜1727）	貝子を封冊、首席カルン
3人カルン連合統治	雍正5年〜6年（1727〜1728）	アンバンとカルンの共同統治
ホラナス（頗羅鼐）	雍正6年〜乾隆12年（1728〜1747）	郡王

115

ギュルメ・ナムギェル（珠尔黙徳那木札勤）	乾隆12年～15年 （1747～1750）	郡王

4　清朝のチベット支配とダライ・ラマ制

7世ダライ・ラマ、ケルサン・ギャムツオ（格桑嘉措）	乾隆16年〜22年（1751〜1757）	アンバンとケルサンが統治
ガワン・ジャムペル・デレク・ギャムツオ（第穆呼図阿旺絳白徳勤旺楚臣）	乾隆22年〜42年（1757〜1777）	8世ダライ・ラマの後見
サマティ・パクシ・ガワン・ツルティム（策黙林薩瑪第巴克什阿旺楚臣）	乾隆42年〜45年（1777〜1780）	摂政
	乾隆45年〜52年（1780〜1787）	空位
8世ダライ・ラマ、ジャムペル・ギャムツオ（強白嘉措）	乾隆52年〜55年（1787〜1804）	摂政
ロザン・テンペー・ギェル（達擦必担図丹必滾波）	乾隆56年〜嘉慶16年（1790〜1811）	摂政
ガワン・ロザン・トゥプテン（第穆呼図克図阿旺羅布蔵土布丹吉克美嘉措）	嘉慶16年〜23年（1811〜1818）	摂政
ガワン・ジャペル・ツルテム（策黙林薩第巴克汁阿旺絳貝楚臣）	嘉慶23年〜道光24年（1819〜1844）	施政代理
7世パンチェン・ラマ、ロブサン・テンペ・ニマ（丹必尼瑪）	道光24年〜25年（1844〜1845）	摂政
ガワン・イェシェ・ツルテム・ギェルツェン（熱振呼図克図阿旺益西楚臣堅贊）	道光25年〜咸豊5年（1845〜1855）	摂政
11世ダライ・ラマ、ケンドゥプ・ギャムツオ（克珠嘉措）	咸豊5年（1855）	
ガワン・イェシェ・ツルテム・ギェルツェン	咸豊5年〜同治元年（1855〜1862）	摂政
シェダワ・ワンチュク・ギェルポ（夏札・旺曲杰布）	同治元年〜3年（1862〜1864）	摂政
ティスル・ギェンラブ・ワンチュク（欽饒旺秋）	同治3年〜12年（1864〜1873）	摂政
12世ダライ・ラマ、ティレ・ギャムツオ（成烈嘉措）	同治12年〜光緒元年（1873〜1875）	摂政
ガワン・ペンデン・チューキ・ギェルツェン（済嚨呼図克図阿旺白确吉堅贊）	光緒元年〜12年（1875〜1886）	摂政
ロザン・ティレ・ラブギェ（第穆呼図克図阿旺洛桑赤列饒杰）	光緒12年〜21年（1886〜1893）	摂政
13世ダライ・ラマ、トゥプテン・ギャムツオ（土登嘉措）	光緒21年〜30年（1895〜1904）	
ガンデン・クントガヤドラク・パブロザン・リガルムッサン（甘丹巴羅桑堅贊）	光緒30年〜宣統元年（1904〜1909）	13世ダライ・ラマの亡命で摂政

13世ダライ・ラマ、トゥプテン・ギャムツオ	宣統元年〜宣統2年 （1909〜1910）	
ガブルダン・キリドジン・ツェスムモンリン（策黙林呼図克図）	宣統2年〜民国元年 （1910〜1912）	摂政
13世ダライ・ラマ、トゥプテン・ギャムツオ	民国2年〜22年 （1913〜1933）	
ラデン・ジャムペル・イェシェ・ギャルツェン（熱振諾門罕呼図克図）	民国23年〜30年 （1934〜1941）	摂政
オングスジン・タクダ・リムポチェ・アワン・スンラプ（荣増大札）	民国30年〜1951年 （1941〜1951）	摂政
14世ダライ・ラマ、テンジン・ギャムツオ（丹増嘉措）	1951年〜1959年	2月親政。5月チベット和平解放。1959年3月亡命。

（出所）王堯・陣慶英主編『西蔵歴史文化辞典』、杭州、浙江人民出版社、1998年、405－408頁。

4．ラダクのドグラ戦争

　一方、18世紀のラダクへのルートは、以下のとおりであった。
——西ルート　カブールまたはパンジャブからカシミールを経てラダクの主都レーに達するもの。
——西南ルート　ラホール、アムリツァールからレーの達するもの。
——南東ルート　ラサよりガリ（ガルトブ／ガルトク）を経て、インダス川を渡り、レーに達するもの。
——東トルキスタンからルドック、チュシャル、サクト谷を経て、レーに達するもの。
——ヤルカンド、コータンからカラコルム山系を越えてレーに達するもの。
　このなかでは、カシミールから入るルートとヤルカンドから入るルートが主要な交通路で、その次がラサから入るルートであった。ラダクの富はトルキスタンかチベット経由かで、カシミール・インド間の仲継貿易にあった。特に羊毛・アヘンの流通はこのチベット・ルートに依存していた。それは、1684年のチベット・ラダク平和条約に従っていた。同条約の要点は、以下のとおりである。
1．セイダグマ国王が彼の息子3人それぞれに王国を与えた当初からの国境が定

められる。
2．ラダクのみがガレク・ルサム羊毛取引に入ることが認められる。
3．ラダク憲法の王室令貿易業者を除いて、だれもラダクに入ることは出来ない。
4．デワズン（ラサの大ラマ）によりラサからラダクへ、毎年、茶200積み荷を送る王室令が公布される。
5．レーからラダクへ、3年ごとに貢物が送付される。
6．ガレーカルサムの国は、全知の神デルグパ・ラマに提供される。
7．ガレーカルサムの収入は、全知の神の灯明およびラサで行われる宗教式典の費用の支払いに充当される。
8．ただし、ラダク王はガレーカルサムのモンサルの木材は自分で使用する。すなわち、彼は、そこでは、独立している。[注53]

　カシミールに、ジャンムー家の支配者ゴラブ・シンが興隆し、1834年そのドグラ軍がラダクに侵攻し、レーを占領し、ラダク王ツェぺは降伏し、巨額の戦費賠償金と年貢を納めることを約束し、ジャンムー王家の属国となった[注54]。この占領で、チベット－ラダク－カシミール・ルートはカシミールの関与するところとなったが、依然、その貿易を独占できなかった。そこで、ゴラブ・シンは、1837年10月10世ダライ・ラマの入寂に乗じて、1840年末、イスカルド遠征に成功した。序でに翌41年西チベットに侵攻してドグラ戦争が始まった。ドグラ軍5000人が投入されてチベット最大の羊毛産地、ルドックとガリの2州が占領され、これに対しチベット軍は兵力1万で反撃したものの、1842年敗北を帰し、9月17日チベット・ラダク協約が調印され、西チベット産のショール原毛をラダク経由で、カシミールに独占的に売り渡すことが確認され、双方は相互に開埠地をもつことにした。同時に、チベットとラダクのゴラブ・シン属領との国境線を画定することで、合意した[注55]。この結果、ラダクは永久にドグラ人の統治に入ったが、その統治には多くの困難があった。というのも、ラサ政府は1891年頃までドグラ人への陰謀工作を行ったからである[注56]。この際、ラダクの支配者は、チベットの前線司令官に対し、毎年、チベットに通商上の礼物を呈すると申し出た上で、英国に再度のラダク占領を防止するための軍事援助を要請した。このときも清朝はチベットを援助しなかったが、というのも、当時の清朝は、国内における白連教乱など[注57]から属国の安危を顧みる余力

がなかったからである。

　1845年12月始まった第一次シク戦争は2カ月で英軍の勝利に終わり、翌46年3月9日ラホール条約が締結された[注58]。これによりラホール政府は、ゴラブ・シンの独立を承認し、カシミール、ハザラを含めたインダス川丘陵地帯を英国に割譲した。しかし、シク王国のカシミール知事シェイク・イマム・ウッディンはジャンムー王家へのカシミールの引き渡しを快しとせず、ゴラブ・シンに抵抗した。そこで、ジャンムー・カシミール王領の抵抗を封ずるべくゴラブ・シンが軍隊を送ったが、英軍に打破され、1841年にジャンムー支配となった。西チベットに通ずるスピティ地方は、1846年3月16日のアムリツァル条約で、ラダク南部の地と交換に英軍の支配に移り[注59]、翌47年に支配地が調整され、1849年英領インドの直轄地となった。ここに英国はカシミールを経由せず西チベット貿易の原毛ルートを収めることになった。

　この経過で、英国は、ジャンムー王領とチベット領との境界を再確認するべく1846年清国に対し国境通商交渉を要求したが[注60]、それは成功しなかった。

　一方、1853年チベット・ラダク通商条約で[注61]、ジャンムー王家は、チベット産品をラダクに吸収するために、カシミールでのショール産業の繁栄とラダク通過産品の関税引き下げを進めた。しかし英国はこれを喜ばず、1864年にレーに商務駐在官を置くことで、ラダク通過関税5％の引き下げを認めた。結局、新疆産原毛はカシミールに入らずラダク経由で英領インドに入ることになり、ジャンムー王家はその履行を妨害した。しかし、ジャンムー王家は英国に抵抗できず、英国は1888年、かつてのチベットの前進基地ギルギット（小勃律国）に英政治駐在官を置き、カシミールに対する干渉の権利を収め、同時にラダクの貿易独占を奪い取った[注62]。

　18世紀のチベットをめぐる国際関係は英国の介入をみる一方、このことがチベットの清朝に対する抵抗という三角ゲームを生み出す選択ともなった。

＜注＞
1　1721年9月29日御製平定西蔵碑文は、趙學毅・常為民・欧声明編『清代以来中央政府対西蔵的治理与活仏転世制度史料汇集』北京、華文出版社、1996年、4－5頁に所収。
2　張羽新編『清朝治蔵典章研究』北京、中国蔵学出版社、2002年、上、5－10頁。「羹

尭海蕩平善后宣折」1724 年 5 月 11 日は、前掲書、10 − 26 頁に所収。
3 前掲、呉燕紹『西藏史大綱』下、789 頁以降。
4 呉豊培・曽国慶『清朝駐藏大臣制度的建立与沿革』北京、中国藏学出版社、1989 年。呉豊培・曽国慶編『清代駐藏大臣傳略』ラサ、西藏人民出版社、1988 年。Josef Kolmas, 'The Ambans and Assistant Ambans of Tibet (1020-1912) : Some Statiscal Observations,' op. cit. McKay ed., *The History of Tibet,* Vol. 2 *The Medieval Period: c. 850 - 1895: The Development of Buddhist Paramountcy,* pp. 602-614.
5 Roger Greatrey, 'A Brieb Introduction to the First Jinchan War,' op. cit. McKay ed., *The History of Tibet,* Vol. 2 *The Medieval Period: c. 850 - 1895: The Development of Buddhist Paramountcy,* pp.615-631.
6 駐藏大臣の章程全藏告示は、前掲、張羽新編『清朝治藏典章研究』上、41 − 45 頁に所収。
7 前掲、佐藤『中世チベット史研究』第 12。
8 王献軍「1751 年后西藏政教合一制下的権力分配」中国辺疆史地研究、1998 年第 4 期、50 − 58 頁。
9 1751 年欽定藏内章程 13 条は、前掲、西藏社会科学院『西藏通史——松石宝串——』718 − 723 頁。牙含章『達頼喇嘛伝』北京、華文出版社、2000 年、63 − 67 頁。趙志忠『清王朝与西藏』北京、華文出版社、2000 年、46 − 51 頁。前掲、張羽新編『清朝治藏典章研究』上、27 − 41 頁に所収。
10 Melvyn Goldstein, "The Circulation of Estates in Tibet: Reincarnation, Land and Politics," *Journal of Asian Studies,* Vol. 32 No. 3, 1973, pp. 445-455. op. cit. McKay ed., *The History of Tibet,* Vol. 2 *The Medieval Period: c. 850 - 1895: The Development of Buddhist Paramountcy,* pp. 648-658.
11 ゴルカ侵攻以前の駐チベット兵力は 500 名に過ぎなかった。楊嘉銘『清代西藏軍事制度』台北、唐山出版社、1996 年、49 頁。
12 鄂輝等奏準西藏善后章程は前掲、張羽新編『清朝治藏典章研究』上、50 − 62 頁に所収。
13 和坤等遵宗漢復藏地善后事宣 19 条札は、前掲『元以来西藏地方与中央政府関係档案史料汇編』北京、中国藏学出版社、第 2 分冊、641—54 頁。前掲、張羽新編『清朝治藏典章研究』上、74 − 87 頁に所収。
14 黄崇岳主編／中国人民大学歴史系・中国古代史研室・深圳市博物館編『中国歴朝行政管理』北京、中国人民大学出版社、1998 年、888 頁以降。蘇發祥『清代治藏政策研究』北京、民族出版社、1999 年、193 頁以降。
15 福康安等奏酌擬衛藏善后章程 6 款折は、前掲、張羽新編『清朝治藏典章研究』上、103 − 108 頁に所収。
16 欽定藏内善后章程 29 条は、以下に所収。前掲『元以来西藏地方与中央政府関係档案史料汇編』第 3 分冊、825 − 834 頁。前掲『西藏歴史档案薈粹 *A Collection of Historical Archives of Tibet*』資料 50。前掲『西藏地方是中国不可分的一部分』266 − 274 頁。前掲、牙含章『達頼喇嘛伝』76 − 84 頁。前掲『西藏通史——松石宝串——』779 − 786 頁。前掲、趙『清王朝与西藏』52 − 61 頁。王力雄『天葬——西藏的命運』香港、明鏡出版社、1998 年、543 − 549 頁。前掲、張羽新編『清朝治藏典章研究』上、131 − 140 頁。前掲、呉豊培・曹国慶編『清代駐臟大臣傳略』287—296 頁。
17 前掲『西藏地方歴史資料選輯』118 − 119 頁。

18　op. cit. *The Kingdom of Ladaka C.950-1842.AD*, pp. 138ff.
19　理藩院遵旨議覆琦善準奏酌拟商上積弊章程は、前掲、張羽新編『清朝治藏典章研究』上巻、165 － 178 頁に所収。
20　蘇発祥『藏族歴史』成都、巴蜀書店、2003 年、142 頁。
21　1757 年 1 月 3 日カトマンズ条約の合意は、以下のとおりである。
　第 1 条　ゴルカとカトマンズの双方の代表は、チベットに駐在し、かつすべての商品の積荷を合同して検査する。
　第 2 条　ゴルカとカトマンズは、チベット用通貨を共同して鋳造する。
　第 3 条　チベットからまたはインドから持ち込まれた、すべての金、銀、および通貨は、双方の宮廷で分担する。
　第 4 条　チベットへ赴くカトマンズもしくはゴルカの住民は、キロンへの道はヌワコット・ルートをとる。
　Leo E. Rose, *Nepal Strategy for Survival*, Berkley: Univ. of California Press, 1971, p. 24. Rishikesh Shaha, *Modern Nepal: A Political History 1769-1955*, Vol. 1: *1769-1885*, New Delhi: Manohar, 1990, p. 31.
22　Giuseppe Tucci, *Tra Giungle e Pagode,* Roma: La Libreria dello Stato, 1953. 黄寅秀訳『ネパールの秘境ムスタンへの旅』せりか書房、1984 年、30 － 31 頁。チベット・ネパール国境は同書に詳しい。
23　Clement R. Markham, *Narrative of the Mission of George Bogle to Tibet and the Journey of Thomas Manning to Lhasa,* London: Trubner, 1879, pp. 156-157.
24　4 項目協定は、op. cit. Rose, *Nepal Strategy for Survival*, p. 32 に所収。
25　英東インド会社とブータンとの接触は、1769 年のジョージ・ボーゲル使節団の訪問に始まり、1767 年にネパールとの貿易への糸口をつけた。Kapileshwar Labh, *India and Bhutan,* New Delhi: Sindhu Publications, 1974, pp. 18ff.
　次いで、1773 年 4 月 5 日東インド会社とクーチ・ビハールのダレンドラナラヤン条約が成立した。同条約 9 カ条は、Arabinda Deb, *Bhutan and India: A Study in Frontier Political Relations (1772-1865),* Calcutta: Firma Klm 1976, pp. 174-175 に所収。
26　余索『青季英国侵略西藏史』北京、世界知識出版社、1959 年、26 頁以降。
27　しかし、1780 年以降、ブータンはゴルカに抵抗するシッキム人と協力した。それは、1774 年 4 月 25 日ブータン・東インド会社条約に従ったところであった。同条約は、op. cit. Arabinda Deb, *Bhutan and India: A Study in Frontier Political Relations (1772-1865)*, pp. 175-177 に所収。
28　鈴木中正『チベットをめぐる中印関係史——十八世紀中頃から十九世紀中頃まで』一橋書房、1962 年、89、131 － 2 頁。
29　『巴勒布紀略』巻 18、二丁左。
30　1789 年 7 月 2 日キロン協定は、op. cit. Shaha, *Modern Nepal: A Political History 1769-1955,* Vol.. 1　1769-1885, p, 56.　op. cit. Rose, *Nepal Strategy for Survival*, pp. 42-43 に所収。全文は資料 753 頁をみよ。
31　1789 年 8 月 13 日の解決条件は、以下のとおりである。
　1．シャマール・トルコは、中国陣営に調査のため送る。
　2．シャマール・トルコの家族・従者・召使は中国に引き渡される。

3．ネパールはタシルンポ（札什魯穆布珠克特享）の略奪を回復する。
4．ネパールが保持している1789年条約2通副本は、中国に引き渡す。
5．ゴルカ軍は、中国・チベット軍との対峙点から引き揚げる。
　　op. cit. Shaha, *Modern Nepal: A Political History 1769-1955*, Vol.. 1：1769-1885, p. 66.
32　佐伯和彦『ネパール全史』明石書店、2003年、506頁。
33　マハラジャ・サー・ジュング・バハドゥルの覚書からのチベット・ネパール条約は、以下のとおりである。
1．中国は、相互に強大であるネパールとチベットは友好であると見做される。
2．中国政府の正当な調査の後、ラサで略奪された品物のすべての価値は、チベット当局によりネパール人受難者に支払われる。
3．すべてのネパール臣民は、武装兵士を除いて、商館を設け、チベットと中国の管轄のもとで貿易を行う。
4．強大国の一方が他方の領土において所有する意図につき紛議となるときは、両国の代表は、紛議の最終的決定のために、すべての事項を北京の法廷に報告する。
5．ネパールが対外列国により侵犯されたときは、中国側はネパールを支援しないようなことはしない。
6．両兄弟国は、中国の慈愛から5年ごとに兄弟国の産品を中国に朝貢する。
7．中国政府は、これに対してネパールに贈物を送り、北京へ往来する使節の慰安のために、いっさいの必要な取決めをする。
　　Girial Jain, *India Meets China in Nepal,* Bombay: Asia Publishing House, 1959, p. 159.
　　Asad Husain, *British India's Relations with the Kingdom of Nepal*, London: George Allen & Unwin, 1970, p. 393.
34　1792年9月30日ネパール・チベット条約は、op. cit. Rose, *Nepal Strategy for Survival,* p. 65. op. cit. Bhasin, *Documents on Nepali's Relations with India and China 1949-66*, p. 22 に所収。全文は資料753－754頁をみよ。
35　「福康安等奏酌定稽査商上収支并勧諭達頼喇嘛蠲免租賦等事折」、前掲『元以来西藏地方与中央政府関係档案史料汇編』第3分冊、780－788頁。前掲『西藏地方歴史資料選輯』121－125頁。
36　前掲『元以来西藏地方与中央政府関係档案史料汇編』第3分冊、783－788頁。
37　前掲『西藏地方歴史資料選輯』119－120頁。
38　「福康安等奏擬衛藏善后章程六款折」、前掲『元以来西藏地方与中央政府関係档案史料汇編』第3分冊、788－792頁。
39　前掲書、第3分冊、795—801頁。
40　陳光国・徐暁光「清朝《欽定藏内善后章程二十九条》的頒行与祖国的統一」藏学研究論叢、第6輯、1994年、34－57頁。
41　「欽定藏内善后章程二十九条」、前掲『元以来西藏地方与中央政府関係档案史料汇編』第3分冊、825—834頁。
42　「玉麟等遵旨傳諭班禅再尋霊童両名一同入瓶簽掣十世達頼喇嘛折」1819年5月18日、前掲『清代以来中央政府対西藏的治理与活仏転世制度史料汇集』190—192頁。前掲『元以来西藏地方与中央政府関係档案史料汇編』第3分冊、176頁。
43　「7世班禅請将春科土司丹怎吹之子作為9世達頼霊童免簽奏書」1808年正月23日、

前掲『元以来西藏地方与中央政府関係档案史料汇編』第3分冊、1736 – 1739頁。

44　平野聡『清国とチベット問題——多民族統合の成立と瓦解』名古屋大学出版会、2004年、188 – 190頁。

45　1792年3月1日英東インド会社・ネパール通商条約は、C. U. Aitchison compled, *A Collection of Treaties, Engagements and Sanads relating to India and Neighbouring Countries*, Culcutta: Superintendent Government Printing, India, 1909, Vol. 2, pp. 195-198. op. cit. Bhasin, *Documents on Nepali's Relations with India and China 1949-66*, p. 22. Ramarant, *India-Nepalese Relations: 1816 to 1877*, Delhi: S. Chand & Co., 1968, pp. 358-359. Asad Husain, *British India's Relations with the Kingdom of Nepal: A Diplomatic History of Nepal 1857-1947: A Diplomatic History of Nepal*, London: George Allen & Unwin, 1970, pp. 337-339. op. cit. Shaha, *Modern Nepal: A Political History 1769-1955*, Vol. 1 : *1769-1885*, pp. 71-72 に所収。

46　1801年10月26日ネパールのラジャ条約（10月28日／30日批准）は、op. cit. Husain, *British India's Relations with the Kingdom of Nepal: A Diplomatic History of Nepal 1857-1947: A Diplomatic History of Nepal*, pp. 340-345 に所収。

47　K. C. Chaudhuri, *Anglo Nepalese Relations from the Earliest Time of British Role in Indian till the Gurkha War*, Calcutta: Modern Book Agency, 1960, pp.106-141.

48　実質的統治にあった法王が1806年に国王から正式に執権を任じられると、身の危険を感じた執政や重臣がその2カ月後に法王への暗殺陰謀を実行した。前掲、佐伯『ネパール全史』511頁。

49　1801年10月26日ラクノー条約は、op. cit. Husain, *British India's Relations with the Kingdom of Nepal: A Diplomatic History of Nepal 1857-1947: A Diplomatic History of Nepal*, pp. 340-345. op.cit. Ramakant, *Indo-Nepalese Relations 1816 to 1877*, pp. 361-363 に所収。

50　op. cit. Husain, *British India's Relations with the Kingdom of Nepal: A Diplomatic History of Nepal 1857-1947: A Diplomatic History of Nepal*, pp. 36-39.

51　1814～16年戦争の平和化に関するインド政府による最初の条件という文書14条があるが、日付はない。op. cit. Ramakant, *Indo-Nepalese Relations 1816 to 1877*, pp. 364-366 に所収。

52　1815年12月2日東インド会社とネパールのラジャの間でサガウリ条約が調印された。同条約は、第6章注14をみよ。

53　1684年チベット・ラダク平和条約は、op. cit. McKay ed., *The History of Tibet*, Vol. 2 *The Medieval Period: c. 850 - 1895: The Development of Buddhist Paramountcy*, pp. 785-786 に所収。全文は資料753頁をみよ。

54　op. cit. Petech, *The Kingdom of Ladakh C950-1842A.D.*, pp. 138ff.

55　1842年9月17日チベット・ラダク協約は、op. cit. Shakapa, *Tibet: A Political History*, pp.327-328.. 前掲、三浦訳『チベット政治史』400 – 401頁。op. cit. McKay ed., *The History of Tibet*, Vol. 2 *The Medieval Period: c. 850 - 1895: The Development of Buddhist Paramountcy*, pp. 787-788 に所収。全文は資料755 – 756頁をみよ。

56　鷲見東観『カシミールの歴史と文化』アポロン社、1970年、195頁以降。Sukhdev Singh Cherak, 'Extracts from General Zorwar Singh,' op. cit. McKay ed., *The History of Tibet*, Vol. 2 *The Medieval Period: c. 850 - 1895: The Development of Buddhist Paramountcy*,

5　世界の秘境チベット探検

1．チベットの情報

　チベット古代史の年代を確定する重要な文献『通典』には、「随の開皇中、其主の論賛、弄賛率い、牂牁の西疋播城に都、巳五十年」とあって、それは開皇帝（581〜600年）の年次に、ツァンポ（牂牁）の南、ビンバ城にチベット（吐蕃）王が50年にわたり君臨していると、ルンツェン・ガムポ（論賛）、ソンツェン・ガムポ（弄賛）の施政が語られている。その漢文の記述に次いで古いのが、玄奘三蔵のインド旅行記『大唐西域記』である[注1]。同書には、中央アジア34カ国が国別に記述されているが、そのなかに以下の記述がある。

　　「東女国　この国の国境の北の大雪山中に蘇伐剌拏瞿呾羅国がある。上質の黄
　　金を産するので名とした。……東は吐蕃国に接し、西は三波訶国に接している。」
　　（『大唐西域記』巻4・11・2 東女国）[注2]

2．初期の探検と鎖国チベット

　チベットが世界の秘境とされたのは、チベット人が四囲の門を固く閉ざして開放せず、自らも外界との往来を閉じて、伝統的慣習を維持し鎖国をしていたからである。もっとも、ヨーロッパ人を受け入れない訳ではなかった。最初にチベットに入国したのは、ローマ教皇インノセント4世の命を受けたフランシスコ派のプラノ・カルピニのジョン修道士で、1246年7月22日のことであった。彼の使命は、モンゴルの大ハーンをキリスト教徒に改宗させることであった。その記録『旅行記』

すなわち『モンガル人の歴史』がある。その記録には、こう述べられている。

「この軍隊つまりモンゴルの軍隊は、帰る途中でブリタベト（チベット）の土地に来て、これと戦い打ち破りました。ここの住民は異教徒（ラマ教徒）で、とても信じられぬような、いやむしろ実にいかがわしいしきたりをもっています。すなわち、誰かの父が死にますと、その全家族を集めて、その死体を食べるのです。これは、わたくしどもが事実として聞いたところです。かれらはあごひげを生やしません。わたくしどもがみた所では、或る鉄の道具を手に持ち歩いていて、あごに一寸でも毛が生えてくるようなことがあると、つねに、その道具であごひげをひきぬいてしまいます。そして、かれらはきわめて不格好です。ここから。モンゴルの軍隊は帰国しました。」（『プラノ・カルビニのジョン修道士の旅行記──「モンゴルの歴史」』第5章タルタル人の帝国[注3]）

これは、チベットの伝聞といえようか、チベットはモンゴルの征服を受けなかったが、モンケ・ハーン（建宗）の治世にモンゴルに服属した。

次いで、フランシスコ派の修道士ルブルックのウィリアムがフランス国王ルイ9世と教皇インノセント4世の親書を携行して、キリスト教の普及のため、1253年キプチャク・ハーン国を出発して、翌54年カラコルム地方のモンケ・ハーンの冬営地に着き、7月帰国して、ルイ9世に報告書『ルブルック旅行記』を提出した。そこでのチベット紀行記はこうである。

「タングート人の次にいるのがテベク（チベット）人で、この人々は、以前には、両親が死ぬとその肉を食べるというしきたりを持っていました。それは子としての情愛から、自分の胃袋のほかは親の墓にしないという観念にもとづいているのです。しかし、このしきたりが原因であらゆる人々の嫌悪をかうことになったため、今日ではこんなことはやめてしまっています。けれども、いまなお、両親の頭蓋骨で立派な酒杯をつくります。それは、これで酒を飲むことによって楽しみの最中でも死んだ親を忘れないためです。このことは、テベク人に会った人から聞いたのです。また、かれらの土地には黄金が豊富で、少しでも黄金が必要になると見つかるまで掘り、要るだけ取って、あとはもとの土の中にかえしておきます。これは、万一それを自分の財宝に加えたり、箱に納めたりしようものなら、神が、土中にある外の黄金も全部取り上げてしまう、と

信じているからです。」(『ルブルクのウィリアム修道士の旅行記』第 2 章いろいろの種族、かつて、自分の両親を食べていた人々について[注4])

次いで、ベネチアの商人マルコ・ポーロの報告があるが、彼は四川を通過しただけで、チベットは「大きな地域で、人びとは別の言葉を持ち、偶像を崇拝している」とのみ、記述している。直接にラサを訪問したのは 1328 年、イタリア人フランシスコ派修道士ボルデノーネのオドリコ(本名ジョバンニ・アントニオ・リチニオ)で、その報告には、こう書かれている。その第 33 章の見出しは「大ハーンのチベット州領について。其処では婦人達が猪のような歯をもっていること(髪を束ねるための獣の牙のこと)。また息子が父の死亡に際してなす栄誉について。というには息子が父の死骸を引裂いてそれを鷲や禿鷹の餌食に与えるのは、これらの意が神の使者で父を天上へ運ぶからだと考えていること」である。

「カンサンを発ってわたくしはチベットという名の大王国に着いた。この国はインド本土の国境にあり、王国全体は大ハーンに所属している。其処の豊富なパン、ぶどう酒は世界のどの地方よりも大量にある。この土地の住民は黒色の毛せんでできたテントに住まっているが、中心の首都(ラサ)は黒色と白色との城壁で、そのすべての道路は舗装されている。この年では誰も人々や動物を殺傷しない、それは其の地で崇められ礼拝されている偶像への崇拝のためである。この都市にはアパッシすなわち彼等の言葉でいう教主(ダライ・ラマ)が住まっている。彼は全異教徒(ラマ教徒)の教主で、彼等の様式に従って其処ですべての恩恵を彼等に施こす。[注5]」

ここでいうカンサンは不明で、チベットには、新疆ウルムチと違って、ぶどうは豊富でない。テントに住むのも遊牧民で、その都市はラサではなく、チベット西部のサキャ(薩迦)ではないか。1260 年以降、サキャ派の代表が元朝から帝師として任命されていたからである。

それから 3 世紀後、1624 年ポルトガルのジェスイット神父、アントニオ・デ・アンドラデが、中国本土に入りチベットを西から東へ横断した[注6]。そして、翌 25 年最初の伝道が始まり、それは 1721 年まで続いた[注7]。次いで、同じジェスイット神父フランシスコ・デ・アゼウェドが 1631 年 6 月 28 日から翌 32 年 1 月 3 日にかけ、ゴアからツァバランに到着し、そこからラダクへ入国し、レーを経て、ムガール帝

国（インド）の首都アグラへ戻った[注8]。今度は、数年後、ジェスイット神父ヨハン・グリューベルとアルベール・ドルビルが同じ行程を逆に、1661年北京から西安、西寧を経て、チベットのラサに最初に入り、そこからネパールを横断してインドへ出た[注9]。1712年ローマを立ったジェスイット神父イポリット・デシデリは、アグラからカシミールを経て1715年5月第二のチベット、ラダクへ向かい、同15年そこからラサに到着し、15年間、ラサに滞在した。デシデリは当時、チベット事情に最高に精通しており、それはその博識と研究にあった、と指摘されている[注10]。デシデリはローマの指示で、1821年4月ネパールへ出た。彼は『1712年〜1827年伝道・旅行報告』を提出しているが、そこでの観察はこうである。

「第2篇　チベットの国土、習慣、国内政治についての報告

　第1章 大チベットの領域と位置

　チベットは3つの明確な王国で構成されている。第一のものは小チベット、つまり、バルティスタンで、南はカシミールに、東（実際は北）はカシュガルの王国に境を接する。そしてこれはかつていくつかの小王、豪族によって支配されていたが、いまはムガール帝国の一部をなしている。

　第二の大チベットはラタ・ユールとも呼ばれ、西から東へ横断するのに2カ月を要する。西側（実際は北北西）には小チベット、東にンガリ・ジュンガル（別名ンガル・コルスム）（ガリ／アリ、阿里）の大荒野があるが、それについてはすでに述べたところである。この第二のチベットは、独立した王によって統治されており、その下に小王が一人いる。

　第三のチベットは、ヨーロッパ人やペルシア人にただ単にチベットと呼ばれている。しかし、ヒンドゥースタンのムガール人は「プタント」といい、これは「偶像の国」を意味する。地理学者たちは大ラマ（ダライ・ラマ）の王国とか、ラサとウツァンとバロントラの王国とか、いろいろな名称を地図上に与えている。だが、チベット人たちはフランス語で「プー」（Peu）と発音するように、チベットを「プー」と呼んだり、あるいは「ウ・ツァン」という。後者は2つの地区の名前を全体に当てている。この第三のチベットの広大さについては、西の国境から東の国境まで、つまり、カルトア（ガルトク）からシナの万里の長城の最西端である西寧の近くまで行くには、ずっと旅を続けて6か月以上もかか

るということをいえば、理解してもらえるであろう。北から南への距離はまったく一様でない。カルトアとガン・ト地区（ツァン・ト）の間は2か月半の旅を要するが、チベット王国のこの部分は北に遠く広がるものの、南へはわずかである。北はヤルカンドの険しい山々、および北のタルタル人の独立王国ジュンガルとの境界を形成する。まったく通行不能の山々（崑崙山脈）に接し、南はスリナガル（ガルワル）の真北に位置するコラオル（クルー）の王国や、その他の国々に隣接する。それらの諸国はムガール帝国の領域外である。つまり、それら国々の南の国境はせいぜい緯度で38度まで広がるにすぎない。

ガン・ト地区とチベットの首都ラサまでは1カ月と7日の旅である。その途中で南に向かってキェロンの地区を通り、ネパールの第二の小王、パタンの小王によって統治されている国に下り、ついで、ネパールの小さな王の長であるカトマンドゥの小王に属するネメティ（リスティ）へ行くことができる。そこで緯度28度に達するが、ラサの町は緯度29度6分にある。このラサやその局辺地区では、チベット王国は北に遠く広がっていない。しかし、南には、モン、パリ、デメージョン（シッキム）の地区を横断すると、シナの皇帝に服属し、ガンジス川を越えて横たわるアルティバリ（ハルディバリ）とプルネア（ポラニア）の地区と境する。すなわち、緯度26度まで下ることになる。ラサからシナに属する西寧、また低地（南）タルタリーまでは3カ月の旅であるが、チベットは再び遠く北方に広がり、西寧の境界は36度20分にある。一方、南に向かっては、ラリ（ロロ）、ツァリ、コント、コソメの地区（いずれもラサの南東）、そしてロバ（ブータン人）、すなわち「南の人」と呼ばれる人びとに隣接する。そこではチベット王国が緯度26度から25度までも南下する。
……

第13章　チベットの市民統治について

1712年までこの王国は、（ダライ・ラマの主権のもとに）1人の独裁的な王によって統治されていたが、1720年10月、それはシナの皇帝の支配下に帰属し、いまは（1人の王テルチン・バトゥールと）皇帝の代理をする大臣たちによって治められている。そのいく人かはシナのタルタル人で、他は生粋のシナ人であり、チベット人も2、3人いる。あらゆる布告や裁断はタルタル語、

シナ語、チベット語の3つの言葉で書かれている。大臣の下には4人のカルンジャがいる。彼らは民事や刑事訴訟の公設裁判の長官である。……

　また、どの県にもデパ（ディパ、土司）と呼ばれる重要な知事がいる。このデパはまったく国王に従属して、一部は国王が、一部は自分で選んだ大臣と、小さなことを決定できる何人かの副知事を自分の下にもつ。しかし、より重要なことはすべてデパが処理する。デパの職は一般的に終身で、それも自分の息子に引き継ぐ。これらの知事は自分の県では完全な権力をもち、罪人を死刑にすることさえできる。……

　第18章　チベット人は死者をどのように処置するか
　さて、ここで私は、チベット人が行っている珍しい葬儀の方法について述べねばなるまい。彼らチベット人は、キリスト教徒やイスラム教徒の習慣と違い、遺体の埋葬をしない。……自分の生きた身体をいつでも喜んで犠牲に供することができるほどにまで完成の域に達していない凡人は、自分の屍を飢えた動物を救うために与える。これをチベット人はあわれみのひとつの行為、また、いく度も転生を重ねたあと、生き物に対するあわれみから、自分の生きた肉体、つまり生命を与えるという、最高の英雄的行為に到達する一つの段階とみなす。これは、チベットにおいてはこの慣習の出発点であり、真の原点である。……
注11」

そして、こうも語る。それはヨーロッパ人の考察である。

「第3篇　チベットに広く流布する宗教の、誤謬と特異性について
　第9章　輪廻思想に関するチベット人のもうひとつの考え方。論法について
　チベット人たちは、善に報い、悪事を働く者を懲らしめる最高絶対の審判者、つまり、神を認めない。この世の最高の統治者たる神の干渉、介在なしで、有徳な人間はその善行のために報いられ、悪人はその罪業によって懲らしめられる、とチベット人は主張する。善も悪も応報と懲罰を支配する、決して弱まることのない本有的な力を持っている。そこで、チベット人たちは火を例にして人間の軽重を説明する。もし火を制限するとか、もみ消すならば、火は消滅するが、障害物が取り除かれると、改めて火は突発的に燃え盛る。同様にまた、有徳な人間の生命が終わるとき、たとえ、応報を得るのに手を貸す神がまった

くいないとしても、その人間は自分の善行の力によって報いを得る。同様にまた、もしすべての障害物が取り除かれるならば、ひとつの岩がそれ自体の重さで下り坂を転がって行くであろうし、救いの手をまったく必要としない。さらに、また、罪深い人間が死ぬとき、たとえ、刑罰を申し渡す裁判官がいないとしても、自分自身の罪業そのものが、それに値する刑罰を宣告する。……

チベット人は生きものに自然の法則に従った4種類の誕生を認めている。その第一は精液から、つまり、彼らがいうように子宮、腹から生まれるものである。第二は卵から、第三は腐敗から生まれる。第四は異なる種類の誕生である。彼らはそれをツゥーテ・キニワと呼ぶ。すなわち、たとえば花から生まれる人間のように、自然ではなく、奇跡的な方法で生まれること。その例として、彼らは様ざまの実例や寓話を引用する。あるいは直接の原因がないのに、前世の徳行のゆえだけで生まれることである。そして、イターや上述の地獄のどこかで生まれる生きものの誕生はこれらの中に入る。……

前世からの輪廻による、過去の行為に対する報いを受ける生きものの、(ラー、獣、イター、地獄の亡者たち…など) 上述の6つの種類のほかに、チベット人は死とその後の再生の間に、中間的なバルドと呼ばれる状態を信じている。これは一般的に7日間続く。魂がバルドの状態に進み、仮に住んでいた肉体を去るとき、それは様ざまな苦難を受ける。しかしそれらの苦難は現実的というより想像的なもので、魂が一体になっている肉体に対する自尊心と愛着に主に起因する。このような状況の中で、魂は抜け殻となった肉体とやがてくる誕生を認識しているといわれる。徳行のゆえの報いとして、ラー、ラーマイン、あるいは人間になることを運命づけられた魂は、夜明けのときのような弱い光に包まれているが、一方、獣、イター、あるいは地獄に生まれることを運命づけられた魂は、まったく暗闇の中にある。既述のように、バルドの状態の期間は7日間と決められているのだが、その期間がすぎる前に、生殖の行為が起こるならば、魂が前世の行為によって決められた状態に生まれかわるという運命が直ちに具体化する。だが、そのような行為がその7日間という、与えられた条件の中で起こらなければ、魂は長い期間、バルドの状態のままである。魂の転生の時が来て、もし徳行の報いである3つの状態のひとつに生まれるの

であるなら、魂はその誕生の地に向けて、最高に喜び勇んでバルドの状態から脱していく。そしてまた、もし地獄に生まれ落ちることを宣告されたのならば、嘆き悲しむ。魂は受胎の瞬間に父母を見て、なにが起こるかを知っている、とチベット人はいう。……

　この法則は、自分自身の特別な希望によって転生・化身するラマには、当てはまらないといわれる。……

　すべての生きものは数多くの転生をしてきたし、またするであろうから、その特性や個々の実態は時どきで異なるけれども、その特有で独特な、同一の性質や本質はまったく変化しない。[注12]」

それは、ヨーロッパ人の解する神の宗教と人間の宗教との二分法に基づく[注13]。ボン教は神の宗教であった。そしてボン教はニンマ派に近く、異端的宗教となった。

デシデリには、イエスズ会士エマヌエル・フレイレが同行しており、彼はラダクの報告を寄せている。

「ラダクは小さな町で、住民はわずか2000人ほどです。町の形態はミツバチの巣箱に似ています。つまり、各人は運命の女神が割り当てた洞穴に住んでいます。この人たちは1人の王に支配されており、その王の名前ハニマ・ナムギャルといいます。羊、山羊、小羊が彼らの食糧で、パンは知られていません。しかし、お気に入りの食物は炒った大麦の粉で、それを木の椀に入れて手でこね、それにバターと茶をまぜていますが、茶はシナから来ています。また、この人たちはいつも飢餓状態で、しかも不潔なため、あるとき私はシラミを食べているボティア人（チベット人）の女を見たものです。[注14]」

1736年イタリアのカプチン会修道士一団がチベットを訪問し、その一人オラチオ・デラ・ペナが2回、延べ26年間チベットに居住して『チベット印象記』を書いたが、これはチベットの生活をヨーロッパに紹介した最初の資料となった。彼は7年後の1740年にラサに戻り、1745年4月ラサを追放されるまで滞在し、1768年ネパールで死去した[注15]。当時、オランダの旅行家バン・デン・ブッテも、数年間、ラサに滞在した。

18世紀に、イギリス人がベンガルを中心に新たな支配を確立したことで、チベット政府は、この外国人と善隣関係を保持した。彼らチベット人は、イギリス人がい

つまでも自分らと友好関係を維持してくれると理解していたからである。それで、ネパールにイギリス人が侵攻しても、チベットは東インド会社がチベットとの友好関係を破棄すると思ってもおらず、その干渉に対するチベットの驚きは異常であった。実際、チベット政府は、中国の干渉に際してイギリス人の援助を期待していたところがあった。6世パンチェン・ラマは英国に好意を寄せており、そのことが清国の不快を買ってしまい、チベットを逃れてネパールへ赴くのを余儀なくされた。

他方、チベットの中国官憲アンバンは、北京政府に対しイギリス人を警戒すべきであるとの報告を行っており、北京当局はこれに基づき対抗手段を講じた。かつての朝貢国シッキムとブータンとのチベット国境に要塞が構築され、国境守備隊を配置した。こうして、中国政府はチベットとインドとの交通をいっさい遮断し、外国人の入国を禁止した。インドから北方に向かう仏教徒の巡礼者も、外国のスパイと看做されてしまった。これまでシガツエ（日喀則）に滞在して7世パンチェン・ラマの歓待を受けていたインド人仏教徒も、爾来、パンチェン・ラマのタシルンポ寺から追放された。

19世紀を通じて、英国はブータン、シッキム、そしてネパールへの干渉を深め、チベットの英国への反感はいよいよ強まった。インドからの攻撃に対するチベットの緩衝国はすべて東インド会社の支配に併呑されたからであった。

3．19世紀のチベット探検

イギリス人への不信感から、すべてのヨーロッパ人がラサへの入国禁止となった。にもかかわらず、秘境チベットのラサへの潜入は続いた。1811～12年に、イギリス人トーマス・マニングがほぼ1年間、医師としてラサに滞在した[注16]。

レジス・エバリス・ユック神父とジョセフ・ルガベー神父は1844年に熱河から、ラマ僧サムダドチェンバの先導でコエイホワチョン（帰化城／厚和豪特／現フホホト、呼和浩特）、そして禁令のチベットに向かい、ドルン（多倫）よりチャハル（察哈爾）を経てオルドス（鄂爾多斯）を横断して、1846年変装してラサに潜入し、6週間の滞在で発見され、同年10月澳門へ追放となった。ユックの旅行記は博学

者としての記録として注目されるところで、チベットへの言及は、以下のとおりである。

「拉薩(ラサ)へ着いた翌朝我々は西藏人の案内者を傭って、家を探しに町の方々を歩いた。拉薩の家々は、大部分が突端に水の流れるやうに幾分傾斜した露台を頂いた数層建であり、黄と赤に塗られた扉と窓の廻りを除いては、全部白く塗られてゐる。新教を奉ずる佛教徒はこの２つの色――黄と赤――を、かれらの眼には聖なる色と見えるであらう、非常に好んで特に喇嘛教の色と呼んでゐる。……

達頼喇嘛（ダライ・ラマ）の官宅はあらゆる点に於て、それが現に受けてゐる名声に値するものである。町の北約１哩の地点に、余り高くない円錐形の、草原の中で湖の小島にやうに見える嶮しい山が立ってゐる。この山はプダラ（ポタラ）――仏陀の山――と呼ばれ、この自然の大きな土台の上に達頼喇嘛の崇拝者たちが壮大な宮殿を建てた。その中に生き神様は現身のまゝ住んでゐるのである。

この宮殿はさまざまの大きさと飾りをもつたいくつかの寺院の集まりである。その中から他を見下ろす４階建の建物は、すつかり金を冠せた圓屋根を頂き、同じく金に覆はれた柱に囲まれてゐる。達頼喇嘛が居を構へてゐるのは此処だ。この高い聖殿の頂きから彼は非常な壮嚴さをもつて、かれの無数の崇拝者たちが平野を進んで來る様や、聖なる山の麓にひれ伏す様を打眺めるのである。

この大きな寺院をとりまく他の宮殿は、活佛の用を辨じ、彼を敬ふことをもつて日常の仕事とする凡ゆる階級の喇嘛の住家に充てられてゐる。……

乾隆第35年、北京朝廷は蘿および蔔と呼ぶ２人の欽差（アンバン）を拉薩に置いてゐた。２つの名を組合せて、彼等は欽差蘿蔔と呼ばれた。西藏語でロボ（蘿蔔）は大根を意味する。この言葉はある程度侮蔑を帯びて居り、自分等の國に支那人のゐることを決して良い眼で見なかつた拉薩の人達は、この名称をひどく歓んだ。

のみならす、しばらくたってこの支那官吏は西藏人の感情を害する行ひを初めた。かれらは日を逐って國事に容啄し、達頼喇嘛の権限を公然と侵害して行った。そして終にその果ては、ネポール（ネパール）人の迫害から達頼喇嘛を保

護する言ふ口實のもとに、多数の支那軍を西藏へ差向けたのである。支那がその領土と支配を西藏に延さうとしてゐた事は明瞭であった。

　西藏政府の反対は凄まじかつたと言ふ。ノムンハン（諾們罕、チベット王）は２人の欽差の纂奪を喰ひ止めるべく、彼のあらゆる權力を用ひた。或る日、彼が支那公使館へ赴く途中、若い喇嘛が轎の中へ一枚の紙切れを投げ入れた。それにはロボ・マサ（大根を食ふな）と書いてあつた。ノムンハンは、この酒落によつて何人かゞ彼に欽差に氣をつけよ、と忠告してくれた事をはつきりと了解したが、警告の意味が明瞭でなかつたのでそのまゝ行つてしまつた。丁度かれが北京朝廷の２人の代表者と密談をしてゐる時、数人の從者が突然部屋へ入つて來るなり、ノムンハンを懷劍で刺し、その首を斬つてしまつた。隣りの部屋にゐた西藏人の料理人は、犧牲の叫びを聞くや騒けつけて、血のしたゝる首を取り、槍の先に刺しながら、

『復讐！支那人を殺せ！』
と呼んで拉薩の街々を走つた。

　町中は沸き上つた。すべての人が武器を取つて欽差の邸へ騒然と押寄せ、かれらをずたずたに斬つてしまつた。人々の激怒は、支那人とみれば片端から野獸を狩るやうに襲つて行つた。

　拉薩ばかりでなく、彼らが軍隊の屯所を設けてゐた他の所までも、殘酷な殺獄を延ばして行つた。西藏人は四川と雲南の境まで悉く支那人を殺してしまふまでは、武器を棄てなかつたと言ふことである。

　この恐るべき惨事が北京の朝廷に知れると、乾隆帝は全帝國を通じて兵隊の大召集を行ひ、西藏へ攻め入つた。支那兵は、彼らが近隣へ屡々行つた戰爭の場合と同じやうにここでも敗けたが、談判には成功した。かくて諸事は從前の事態に復歸され、以後兩政府の間で平和が劇しく攪亂されることはなかつた。

　支那が西藏に置いてゐる兵力は測り難い。四川から拉薩までの間、帝國急使の旅を便にする目的のため、各段階ごとに貧弱な兵營が設けられてある。拉薩の町にある屯兵は２、３百人によつて組織され、その存在は大使の地位を飾り且つ守る効果をもつてゐる。

　拉薩から南へブータンまで、同じく常に悪い状態に保存された兵營のライン

がある。國境では支那兵たちは西藏の兵士と共に、西藏を最初のイギリス屯營から距てる高い山を守備してゐる。それ以外の地方には支那人はゐない。彼らの入國は嚴しく禁ぜられてゐるからである。

　西藏に駐剳する兵士および支那官吏は北京政府の給與を受けて居り、普通3年この國に止まることになってゐる。この期間が過ぎると他のものが代わりに派遣され、彼らは各自その國へ帰還する。しかし中には任務の終へた時に暇を貰って、拉薩あるひは四川へ通ずる通の町々に止まるものもある。……

　西藏政府が我々の申立てを受入れた恬膽さには、大して驚かなかった。拉薩に於ける外國人の地位に關しては前々から聞いてゐたので、そのことに就ては別に困難を伴はないであらうことは信じてゐたからである。西藏人は外國人に対し、支那人の特性である排他主義を楊言してはゐない。誰でも拉薩へ入ることを許され、誰でも出入は自由であり、少しの束縛もなく商業工業に従事することが出來るのである。もし西藏への入國が支那人に禁じられてゐるとすれば、それは狭量な猜疑的な政策を固執し、その人民が他國へ入り込むことを禁止してゐる北京政府の負ふべきものである。英國人と雖も、もしそのインドスタンへ対する侵略的行進が、達頼喇嘛に國家的脅威を與へなかったならば、他の駆民より特に排撃されることはなかったであらう。……

　達頼喇嘛が死ぬと、佛教徒の言に従へば転生すると、一人の子供が選ばれて活佛と言ふ不滅の人格化を続行する。この選出は達頼喇嘛の次の爵位にある呼図克図喇嘛の大集會によって決せられる。この奇妙な選出の形武および掟に就て我々は徐々に且つ更に深く入って行かう。

　達頼喇嘛は西藏の宗教的政治的主権者であるのみならず、同時に彼らの眼に見える神であるために、彼がその尊嚴を甚しく危くすることなしに、聖殿から降ってあらゆる場合に人事に干渉することを得ないのは明らかである。従って彼自身には最重要事を留保し、多く統治し極めて僅かに政務を取ることを以て満足しなければならない。彼の権力の行使は全く彼の意志及び欲求に委ねられ、彼の行爲を規律する特権乃至立法は一つも存在しない。

　達頼喇嘛（西藏人はチャン・ガン・リムポチエ「至尊の寶」とも呼ぶ）の次はノムンハン（諾們罕）即ち法王である。支那人はこれを『藏王（ツァンワン）』（西

藏の王）とも呼んでゐる。この人物は達頼喇嘛によって任命され、シャプロン（沙布隆）喇嘛の中から選ばれることになってゐる。終身官であり、國家の基礎が傾くやうな場合以外には罷免されない。政務一般はノムンハン及びカロン（又はカブロン噶布倫）（カルン）とよぶ４人の大臣に掌握される。……（『韃靼・西蔵・支那旅行記』下巻第５章）

ここでの反支那人暴動は 1770（乾隆 35）年事件の見聞である。

「學識ある喇嘛は、佛は必須であり、獨立の實在であり、萬物の始めと終りであると言ふ。大地、星、人類、あらゆる存在物は、佛の部分的一時的示顯である。

　萬物は佛によって創造される。この意味に於ては、あらゆるものが、恰も光りが太陽から出るやうに佛から出る。佛から發生した萬物は始めがあった。そして當然終りもある。即ち、それらは必然的に普遍の実体から發生し、必然的にそこに帰る。恰も河川が海の水によって作られ、再びその中に戻って己れを滅するのと同じである。

　即ち佛が永遠である限り、彼の示顯も亦永遠である。と言ふことは、從來示顯があり、将来も亦示顕は常に在るであらう。但し、各々をとってみれば、始めがあり、終りがある、と言ふことである。

　これが前説に符合するかどうか、よく穿鑿もせずに、佛教徒は無数の佛の化身を認める。彼らの言ふ所によれば、佛は人類の十全獲得を援け、普遍の魂に再結合することを容易ならしむるために、人間の身体を借り、その中へ来って住むのである。これらの生きてゐる佛（活佛）は、前に再三述べた、多くのシャブロン（沙布隆）階級を構成する。最も著名な活佛は、拉薩に於ては、達頼喇嘛であり、札什倫布（タシルンポ）に於ては、バンチャン・リンポチェ（パンチェン・リムポチェ）であり、大庫倫（クーロン／ウルガ）に於ては、哲布尊丹巴（ジップツンダンパ・フトクト）であり、北京に於ては、章嘉佛（朝廷に於ける大施行官の一種）であり、ヒマラヤ山脈の麓サムパ（カムパ）の國に於ては、サチャ（サキャ）佛である。……」（下巻第６章）[注17]

フランスの外国宣教協会はチベット使節としてシャルル・ルネ・アレクスノーを 1847〜52 年に送り、その使節はチベットを経て南からメコンへ向かった[注18]。1849 年に植物学者ジョセフ・フッカーがチベット警備隊長とシッキム官吏の反対

を押し切ってチベットへの入国を企てたが、チベットに追い返された。こうした事件は連続して起こった。一方、1868年から69年にかけ、フランスの東方学者・漢学者で探検家のアレキサンドラ・デビッド・ニール女史がチベットを訪れ、彼女は1923〜24年に第4次探検を重ねた[注19]。

　1854年から翌55年にかけシュラギントバイトの3人兄弟が中央チベットを訪れ、西部地方をくまなく探検した。彼らは東インド会社の委嘱を受けて、ヒマラヤ、シッキム、アッサムを探検していた。また、英国政府は、1863年アジア人、つまりネパール人、ブータン人、ラダク人を使ってチベット情報の入手に着手し、彼らはチベットのアフガニスタン人、カシミール人、イスラム教徒に接触し、測量機材を持ち込み、英陸軍大尉T・G・モントゴメリーがその情報を英インド政府の諜報機関のもとでまとめた。こうして1778〜79年のラサ測量に始まり、その第一陣はモハメド・ハミドで、ラダクからチベットに入った。さらに、インド系イギリス人ナイン・シンと従兄マニ・シンが1865年ラサへ向かい、1年後にナイン・シンがラサに入った。こうして、彼らは、1865年から94年にかけ20回以上にわたりチベット奥地での調査を行い、地図を作成した。この探検に加わったロシア人、ハンガリー人、フランス人、スウェーデン人も少なくなく、彼らはインドーラサ・ルートを経ずに北方からチベット高原を下りラサに入った。ロシア陸軍大尉N・M・ブルジェワリスキーは1871年から85年にかけ、ユックの道を辿って3回チベットを旅行し、青海と北西チベットの記録を残した。1889〜90年にM・W・ベララフォツのロシア探検隊がチベット高原北部を踏査し、これには地質学者が同行した。同じ頃、フランス人ボンワーロとオルレアン公アンリーがチベット北辺を横断しようとしたが、ラサ近郊で立ち入りを阻止された。アメリカ人中国駐在米公使ウィリアム・ウォドビル・ロックヒルも、トングサリノール（撞格里諾爾）直前で追い返された[注20]。1893〜94年のフランス人デュトレイユ・ド・ランとグレナールの旅行も同じく、ラサに入れずに終わった[注21]。

　とりわけ、19世紀後半の宣教団の活動は、インド・チベット国境、中国・チベット辺境で注目されており、国家干渉の先兵としてその役割が大きかった。その活動は1950年まで続いた[注22]。結局、1876年9月13日芝罘条約（1996年5月発効）の特別条項で、中国は、公式に英国探検隊が中国からインドへチベット経由で通行

することを認めたが、ツオンドゥ（民衆集会）は、アンバンから同協定の特別条項の内容を知らされ、イギリス人のチベット領への立ち入り拒否を宣言した。1878年英政府情報部サラト・チャンドラ・ダスが学僧を装いシガツエ（日喀則）に入り、1881年11月にはラサなど各地を旅行して地図を作製し、1883年に帰国した[注23]。彼の入国で、13世ダライ・ラマと8世パンチェン・ラマは連名でアンバンに対しイギリス人の入国を認めないよう願書を提出した。1897年にはイギリス人S・ランドルがラサに入れず、カシミールに戻った。

のち1904年チベット作戦を指揮したフランシス・エドワード・ヤングハズバンドが、1986年から翌87年にかけ満州と北京からインドへと旅行し、ゴビ砂漠からヤルカンドからムスター峠、パミール高原を経てカシュガルからインドに入った。その旅行記には、チベットへの深い関心が伺えた[注24]。

英国のチベット探検に対して、ロシアのブルジェワリスキーの第2次チベット探検隊が1879〜80年に送られ、1883〜85年にも第4次探検隊が入った。これに参加したV・I・ロボフスキーによると、いずれの探検隊もチベット高原に達していない[注25]。

スウェーデンの中央アジア探検家スウェン・ヘディンが、1893年から1997年にかけウラルを越え青海を経て北京に達し、引き続いて1899年〜02年に中部チベットを探検したが、チベット本部は未知のまま残った。さらに、再び1905年12月ペルシャからインドに入り、チベット湖沼地帯を探検し、翌06年6月カシミールからチベットに入った。彼は、ツァンポ渓谷で、「おお神よ、どうかツァンポ側の最初の流れが湧き出る、遙か西方のその場所に、いつの日か私を立たしめたまえ！」と祈って、その水源を発見した[注26]。そして、1907年2月12日彼は、シガツエ（日喀則）でタシ・ラマ（パンチェン・リムポチェ）の拝謁を受け、多くのことを賜った[注27]。彼はこう記している。

「シガツェに滞在中、わたくしは僧たちによって、多くの喜びを与えられ、何でも待ちかまえて、説明してくれるのだ。

　話によれが、在位中のタシ・ラマが死期の近づいたことを予感したときには、聖典の規定により、静座して、両脚をかさね、手は、たなごころをうわ向きに膝のうえにおく。それは瞑想する仏陀と同じ姿勢で往生せんがためだ。最後の

瞬間が近づくや、おおくの僧が彼をとりまき、祈薦のつぶやきで大気をみたし、たえず手のひらと頭とで、近づいて、去りゆく仏なる彼のたましいに礼拝する。彼がまったく意識をうしない、もはや自己のからだを支持することができなくなると、ほかの者が支える。ついに彼の生命がこの世を見棄てて、あまかけるや、彼のからだは正統の姿勢に正され、硬直するままに、まだ袖をとおしたことのない祭服を着せられる。そして、典礼帽がかぶせられ、ミサがおこなわれたのち、神秘的な葬儀の礼がおわる。なきがらは急速に、金属性の棺におさめられ、塩をいっぱい詰めく棺を気密にする。ついで霊廟の設営が始められるが、それは石造で、莫大な費用を要し、しかも芸術的なものでなければならない。彼のなきがらがついに灰になって、そこに安住のところを得るまでには、長い年月を要する。これらの費用は、巡礼にやってくる国民ならびに信者がふたんするが、これを機会に、かつて無い多くのほどこしがおこなわれる。それはタシ・ラマの最後の安住地にささげられる善行なのだ。このような惜しみなき施しは、一般に信じられているように、涅槃へのれんめんたる旅路における、タシ・ラマのおおいなる功徳と考えられる。死後、阿弥陀仏なるタシ・ラマは、新しく生まれた、ひとりの童子として再現するのだ。ただ困難なことは、この童子が、どこに居るかを知ることだ。したがって、全チベットならびに近隣のラマ教国の、いたるところへ書翰が送られ、もしか、どこかに叡智群をぬく男の子が発見されなかったかが照会される。回答は多い。そのうち何人かが選抜され、さらにこれこそ阿弥陀仏の再来と信じられる者が再選される。これらの童子の名は、紙片にしるして巻きこみ、蓋のついた箱に入れられる。箱が、主たる仏、おそらくは阿弥陀仏もしくはツォンカパの立像のまえに置かれるや、高僧たちが進み出て祈りをささげ、供物をそなえ、香を焚き、その他の儀式をおこなう。そして、すばやく蓋をあけ、紙片を取り出すと、それが新しいパンチェン・リンポチェだ。……注28」

　この際、ヘディンはアンバン張蔭棠から、3月15日付書簡を受けとった。それは、中国政府のチベット政策の方針に沿うものだった。チベット人自身は鎖国政策を堅持していたが、中国もその立場にあった。

　「親愛なるスウェン・ヘディン博士！

本月5日付けの貴翰を拝受し、貴下が当国で未知の地域を地理学的に探求なさるために、シガツエにご来着になりました旨を伺い、ご同慶に堪えません。……

　ところが、イギリス人であれ、ロシア人であれ、あるいは、アメリカ人もしくは他のヨーロッパ人であれ、いかなる外国人も、3商業地、ギャンツェ（辻孜）、ヤトゥン（ヤートン、亜東）およびガルトク（噶大克）を除く他のチベットの土地に立ちいる権利を有さないことが、チベットに関するシナ大英帝国間の最近の条約にはっきりと規定されたと申しあげねばならぬことを、真に遺憾に存じます。だが、かように、ご入国をお断りするのは、貴下ひとりに限るものでないことは勿論です。

　したがいまして、恐縮に存じますが、往路と同じ道をお引きかえ下さるならば、このうえなくありがたく存じます。

　シナとスウェーデンとは事実、友好国で、両国民は真に兄弟です。

　ご旅行の継続を、お止めしたことにつきましては、なにとぞ誤解なさらないで下さい。条約によって、わたしは縛られているのです。

　ご帰路におきましては、シナ人及び土着民の官憲が、能うかぎりのご便宜をおはかりするよう、わたくしは既に発令いたしました。

　貴下のご多幸なご帰還を祈りつつ、

貴下の真実なる
チャン・イン・タン（張蔭棠）[注29]」

この旅行で、彼にとりチベットの地図上の空白は埋まった。さらに、彼は1927年、東モンゴルからチベット北部を含めた大規模な調査を行った[注30]。

19世紀末にドイツ人シナ学者ゴットフリード・フォン・ハルシュタインが、北京政府の旅券でオルドスのモンゴルを経てラサとシガツエに入って、ダライ・ラマの返書を皇帝政府に渡しているが、その記述は現地で長く直面した事件の物語に終わっている[注31]。

1930年代に映画化されたジェームス・ヒルトンの『失われた地平線』は、チベットのラマ社会を主題にしているが、それは、ここがアジアのユートピアだということに尽きる。その舞台は雲南省迪慶チベット族自治州シャングリラ（香格里拉）で、

海抜3300メートルのここには、雲南最大のチベット寺院、松賛林寺があり、同寺院は5世ダライ・ラマにより1681年に創建された。ヒルトンの本はチベットに関する名著としての価値は高い[注32]。

オーストラリア探検家ジョセフ・F・ロック（1884-1962）は、27年間、雲南などの中国各地で生死の旅行を続け、1932年には転生霊童に会見するなど、その記録が注目された[注33]。

4．イタリアのチベット学者ジュゼッペ・トゥッチの現地調査

1927年から1948年まで（1948年前は1939年）8回チベットおよびラダクを調査旅行したのは、イタリアのインド・チベット学の碩学、イタリア中央アジア・極東研究所（ISMEO）所長ジュゼッペ・トゥッチで、その成果は「1948年チベット探検の日誌」という副題の下に『ラサより遙か彼方まで』（1956年）[注34] として刊行された。題名にあるその彼方とは、チベット神話時代から初代の王統が続いたラサ東方のヤルルン渓谷を指しており、彼はここで王家の墓を最初に確認した。1948年のチベット調査は馬の背か徒歩で続けられ、トゥッチはそのチベット大地での6カ月の旅行を、西欧文明世界への批判で終えた。1948年以後、チベットの政治情勢が激変したことで、これがヨーロッパ人の最後の旅行となった。

トゥッチは、チベット人の世界、『死者の書（バルド・ソドル）』[注35] は「死者の意識を覚醒させるために役立ち、襲いかかる悪魔や苦悩や自分自身の身体さえも、想念の生み出したもの以外のなにものでもないことを教え、救済への道を開く」として、こう述べる。

「（バルド・ソドルはこう述べる）『汝の肉体は虚像にすぎぬ。ゆえに、たとえ首を切り落とされようと、千々に引き裂かれようと、けっして真に死するものにあらず、汝の肉体も実体なきものゆえ、なんら恐るるにあらず、死の悪魔たちも汝の業（カルマ）による幻覚にすぎぬ。実体なきものが実体なきものにおかに危害を加えられようぞ。本姓なきものが本姓なきものにかに傷つけられようぞ。汝自信の幻覚以外に何ひとつ実在するものあらず。ゆえに〈死神〉とい

えども実在することあらうべからず。とくと悟るべし』と。……

　このように、魂の転生はチベット人にとって紛争の連鎖のようなものに過ぎない。個人とは想念以外の何物でもなく、それが誤解と錯覚の想念であり、妄想であることを自ら認められない想念であり、自分自身から発生するあらゆる物事が幻想にすぎないことすらわからないのである。……

　知ることによって解脱へ導かれ――そして解脱は生の幻影の消滅以外の何物でもないことを意味している。

　再生を回避するこの実践とは別に、チベット人の解釈によれば、死者の前に別の好機が開かれている。…

　前述したように、魂はわれわれの精神の核であり、それは誕生前の"カルマ"（梵、業）によって豊かに形成され、次に誕生する人のカルマを新たに鍛え上げ、われわれの呼吸の流れに乗って運ばれる。普通の情態では、前にも述べたように、目には見えない両側の経路から四方に流れ、背骨の下部から左右の鼻孔に向かって上昇し、前進を包み込むように流れる。この２つの側方回路網は、普通の生活の中で活動していて、カルマを生産するための活動をさせられているときや、刺激を受けたり反応したりする世界で没頭しているときである。それは、魂が拡散し、さまざまな知覚を求めて精力を消費したり、種々雑多な欲望を燃え上がらせているときであるから、魂の焦点はぼやけている。

　このような世界の拘束から逃れるためには、宇宙意識の象徴である"ヴァジュラダラ（執金剛神）"、チベット語で"ドルジェチャン"すなわち苦行の神として有名なその神に瞑想をして哀願せざるをえないのである。そうすることで、やがて自意識はなくなり、瞑想する人は神に没入して合体し、それが全宇宙へ向かって光を放射し、無量の世界を支配している無数の仏陀がその光の中へ溶け込むまでになる。このような輝ける意識や"全宇宙と合体"していると感じている"自己同一"の直接的な経験は、外面に出現して去来するものではなく、本質的で、永遠の核の中に宿るものであり、それは瞑想から得られるのである。

　永遠的でないものの束縛から解放された人は、"絶対"という無限の不思議な力を発揮することのできる力を取り戻すのである。[注36]」
彼は、「現世に顕現した神の仮の姿であり、神そのもの投影であると考えられて

いる」ダライ・ラマに会見するが、そのあとで、「チベットの人たちは、ダライ・ラマだけが化身活仏であるとは、誰も信じていない。チベットは化身活仏たちであふれている。それはまさに真理が千の光で照らし出されているようであり、あらゆる場所へそれをばらまき、その炎であらゆるものをあおり立てている。おもだった僧院で、このような神の権限が見られないところはひとつもない。[注37]」

さらにトゥッチは、ヤルルン（蔓法）を訪れた。かつての王城の跡、そこで、「説教的な人間の行為とそれを破滅へ導く行為、さらには自然の沈着冷静な威厳との対照」を見出した。これがチベットの姿だという[注38]。

その旅行の結論は、次のようであった。

「チベットは、いまだ封建制度によって支配されていた。規律に対しては厳格であり、権威が重んじられた。服従は、恐怖によって強いられるだけではないだろうが、この国では誰もが、社会的地位の上位者に対してある種の生まれながらの畏怖の念を抱いているようであった。[注39]」

5．日本人のチベット探検

日本人には、8世紀後半以降、チベットの話題があった。明治6（1873）年に北京に派遣された東本願寺（大谷）派僧、小栗栖香頂が、チベット仏教を観察して『喇嘛教沿革』3巻を、明治10年に著した。その多くは『大清会典』、魏源の『聖武記』の記述を根拠にしていた。彼は五台山の菩薩殿真容院の大ラマ、チャンチュブ・リンチェン・フトクトに接し、いわゆる歓喜仏の像をみて、元朝時代のサキャ派の姿を想起し、「子案スルニ真言事相ニ大聖歓喜天ノ法アリ密使ノ知ル所ナリ」と記した[注40]。小栗は、第一回ゴルカ戦争についても触れ、またチベット軍の規模を「西藏ノ額ハ歩騎6萬四千騎アリ後藏ニ二千騎アリ阿里（アリ）に五千騎アリ稞壩（コバ）ニ千騎アリ黒帳番蒙古ニ共ニ三千騎アリ……」と報告している[注41]。さらに、東本願寺は明治9（1876）年上海に別院を開いていたが、寺本婉雅が[注42]明治32（1899）年5月に重慶から成都に入り、6月ダルツェンド（打箭爐）で能海寛と会い、7～8月リタン（裏塘）からパタン（巴塘）へ着いた。しかし、そこからチャムド（昌

都)までの旅行は許されなかった。能海寛はその地に滞在し、チベット文化への敬愛の記録を残し[注43]、1901 (明治34) 年4月雲南の大理で消息を絶った[注44]。寺本は1903年再びクンブム・ゴンパ(塔爾寺／タール寺／梵宗寺)に入り、翌04年5月クンブム・ゴンパ代表とともに、チベットを逃れた13世ダライ・ラマのあとを追い、1905年5月ラサに到着した。そして8月チュンビ(春丕)でチャールス・ベルの接待を受けた後、同8月カルカッタに到着した。彼は再び1906年クンブム・コンパに滞在し、9月16日次のとおりの日記を残した。

「先年露ガ新疆及西藏ヲ其手中ニ収メント焦リタル結果藏ノ事變ヲ来シ、却テ英ノ利益トナリ、支那ハ露ノ要求ヲ排シ得タルモ今又英ノ要求ニ遭遇セリ。前面ノ虎ヲ払ヘバ後門ノ狼迫リ来ル、一映止ミテ一患来ルハ今日支那ノ病態ナリ。英ガ青海一帯ノ鑛山採掘權ヲ得ントスルハ即チ露ノ貪婪ヲ絶對ニ防歇セントンノ意ナルモ、然レドモ之レ亦英ガ西藏全帶ヲ掌中ニ弄センノ計ニ外ナラズ。西藏ノ背後タル青海ヲ掌中ニ握ラバ前面印度ヨリ迫ル勢力ト相俟チテ西藏ノ死活ヲ掩スルニ等シカルベク、之ニ由テ以テ又支那西僻ニ更ニ英ノ新勢力ヲ增加シ遂ニハ亞細亞高原ノ全部ハ英ノ支配ニ任サズンバ止マズ。遠大ナル英ノ計劃ハ實ニ驚嘆ニ椹ヘザル所ナラズヤ。

青海附近ニハ啻ニ塩湖ノミナラズ、銀金鑛山ニ富ミ、東科爾(ドンコーアル)城ヨリ五天里程ノ処ニハ銀山アリ。其面積數百哩ニ及ブ。東科爾土民密カニ之ガ採掘ニ從事シ、衙門之ヲ知ルモ敢テ咎メズ、其放任ニ任シツツアリ。塔爾寺(タール寺)ノ後背ノ大山嶺亦金鑛ニ富ム、近日漢人ハ西寗衙門ト協商シテ之ガ採掘ニ從事ス。喇嘛等ハ自己ノ寺院所屬ノ山地ナルヲ無斷ニテ採掘スルトテ其無禮ヲ怒リ之ガ訴訟ヲ西寗衙門ニ訴ヘ出デヌ。

青海ヲ中心トシテ其東南ノ地方ニハ殊ニ鑛山ニ富メリ。英人ノ之ヲ目撃シテ其採掘權ヲ願出デシハ藏印條約上多大ノ注意ヲ払ハザルベカラザル點ナリトス。

若シ青海地方鑛山採掘權ニシテ英人ノ掌中ニ歸センカ、西藏ハ勿論新疆ヲ經テ遠ク蒙古ニ接シ東南甘肅四川等ヲ壓シ、其英勢力ノ侮ルベカラザルモノアリテ、或ハ最後ニハ藏印ノ鐵道敷設セラレ、次デ西藏ト新疆トニ延長シ引イテ甘肅ニ出ヅレバ印度ヨリ直接ニ西藏ヲ經テ英商品ヲ輸入シ得テ、近年世界需用品中尤モ多量ヲ要スル羊毛ノ産地タル亞細亞ノ高原ヲ掩シテ其收獲輸出ヲ獨占ス

ルニ至ランナリ。之ニ由テ海路上海經由ノ迂遠ニ寄ラズ、直ニ西藏原地ヨリ輸出入ノ両權ヲ掌握スルニ至ルハ遠キニ非ザルベキカ。

　西藏拉薩ト青海トノ間ニ鐵道敷設センニハ其路平坦ニシテ、山岳ノ峻ナラザル、西安・蘭州間ノ山岳嶮峻ナルニ比セバ実ニ雲泥ノ差ナリ。鐵道敷設ニハ極メテ容易ナルハ吾人ガ先年ノ旅行實驗ニ由テ之ヲ知ルヲ得タリ。四川打箭爐（ダルツェンド）ヨリ拉薩（ラサ）ニ至ルベキ鐵道ハ恐ラクハ峻中ノ嶮ニシテ到底幾千萬ノ費用ニテハ設計シ得ベカラズ。而シテ打箭爐路ニ鐵道敷設シタナレバトテ其ハ単ニ支那四川ト西藏拉薩トノ便利貿易ニ止ルノミニシテ他ニ何等ノ便益アルヲ見ズ。然シナガラ青海ト拉薩トヲ貫通スル暁ニハ直ニ印度西藏新疆ニ一貫シテ支那四川甘肅ト連絡シ、次デ西北關外蒙古ニ通ズルノ最大便アリ、蒙古人ハ由来北京ニ赴クモノ稀レニシテ西藏拉薩ニ貿易スルモノ今日ニ至リテ絡繹絶エズ。西藏亦蒙古ニ行商スルハ彼等ノ習慣ナリ。印度ダージリン（霊鷲山）ヨリ西藏拉薩ニ至ル鐵道敷設ノ準備トシテ通路ノ大山高嶺ハ先年印度兵入藏ノ際悉ク開拓シテ既ニ道ヲ新開セリ。鐵道敷設權ヲ要求セシハ既ニソノ準備ノ成就セラレタレバナリ。然レバ拉薩ヨリ青海ニ至ル鐵道敷設ノ容易ナル、藏印間ノ比ニ非ズ。但シ土地一帯ガ高原ナルヒ而、若シ印藏青ノ三地縦貫鐵道ノ完成セラルル暁ニハ英ノ亞細亞高原一帯ニ新ニ強大ナル勢力ノ加ハル時ニシテ清帝國ノ存亡ノ唯々シキ時機至ランモ未ダ測リ知ルベカラズ。[注45]」

この記述はまことに炯眼の一語に尽きる。現在、チベット鉄道が実現をみつつある。河口慧海は、最初に、日本人としての身分を隠して、1900年カルカッタからカトマンズを経て8月ラサのセラ寺（色拉寺）に入った[注46]。彼は滞在中、医療行為の成功で「セラの医師」とも呼ばれ、1902年5月ラサを出発し帰国して「西藏探検記」を東京時事新報と大阪毎日新聞に連載し、1904（明治37）年に『西藏旅行記』2巻を出版した。その記録は物語風で、こうチベットを紹介している。そのチベット旅行記の英文版は1909年にマドラスで刊行された[注47]。

「西域の外交

　外交政略の事の就て述ぶる前に國民一般の独立心がドウ云ふ風になって居る化と云ふことを述べて置く必要があります。西域國民は其國民各自の利害を先にして國家に利害と云ふことを考へて居る者は極く少ない、寧ろ一己の利害を

見ることは知って居るけれども國家の利害を見ることを知らない。……

　露國の外交政略　所で露西亞が西域を手に入れて居る事は今に始めぬ事で、是は最早や卅年も以前からボツく遣って居るのです。……即ち青海湖より少し北、東に当たって居る処と支那領もモンゴリヤのブリヤッドと云ふ部落があったソレを露國が征服して今は露西亞領になって居る、……此の部落からたくさんなラーマが西域の大學校へ修行に来ますがソレはガンデン、レホン（レブン／デプン）、セラ、ルアン洲のタシルフンブー寺（タシルンポ寺）にも居るのです。」（第106回舞踏）

「英政府の外交

　英領印度と西藏の關係　……英領印度政府は今より二百年以前より五十年前までは西藏国とは余程好い關係を持って居った、非常に西藏の民心を收攬したと云ふが兎に角悪感情を懷かれなかった、ソレは十八世紀の時にワーレン、ヘスチングが貿易を開く為にジョージ、ボーグルを遣はして彼の国の府シカチエ（シガツエ）に駐まらしめた一事を見ても分かります。……此際英領印度政府が旨い方略を執って西藏人を充分懷けるやうにしたならば或は今日西藏は鎖国の運命を見なかったかも知れぬ、所がサラット、チャンドラダース師が矢張印度教徒の入って行く時のやうに旅行券を貰って西藏内地に入込み学者の本分として相当の取調をして帰られた、デ其取調の結果を公にした所で英領印度政府は其保護國なるシツクム（シッキム）と西藏との國境を定めやうと云ふ意向であった……西藏政府は其言を聴て自分の領地でないシツクムの範囲内へ城を築いたそうです、其地は今から見てもシツクムの版圖と云ふことは能く分かって居る、蓋し西藏人は勿論シツクムを占領する權利はないけれども、素シツクムは西藏に服從してい居ッた国だから英領印度政府が半分取れば此方でも半分取る位の考えを起こしたかも知れぬ、無法にもシツクムの地域内に城を築いたものですから英國政府の方でも黙って居らない、其悶着が持上がって遂に今より16、7年前に西藏と英國との合戦　が起こりまして……だから西藏政府が其處へ城を立てた時分に外交上の談判位に止めてソウして今露西亞が遣って居るやうな具合に少し機密費でも使って却て西藏人に恩徳を被せ歸屬を籠絡して彼の政府の意向をして英國に帰属させるやうな手段を運らしたならば恐らく今日は

西藏の天地は開放されて英国人の別荘が拉薩府の空気清浄な天候景色の極く美しい処に建てられてあったに違ひないと思はれる。」（第109回興論）注48

1902年9月～04年7月に旅行した大谷探検隊は、ホータンからカシュガル、トルファンを調査しているが、チベットには入っていない注49。

1899年から1900年にかけ、成都にいた陸軍士官学校中退の成田安輝も、1901年11月12日アンバンの弟と称してラサに入った。成田は外務省の内命を受け、5カ年計画でチベット探検を遂行し、1904年入蔵した寺本とともに法衣を纏い、チベットでの動静を探ったが、翌05年5月帰国命令が出された。結局、寺本が計画したダライ・ラマの日本派遣計画は実現しなかった。そして、成田による1908年のダライ・ラマ特使の日本招請計画も、参謀本部に拒否された注50。青木文教も、彼の滞在中、留学生5名が英国に派遣されたが、ロシアと日本、それぞれ2名派遣するとしたいという彼らの希望は生かされなかった、と書いている注51。

成田の初志は達せられず、彼の秘密行動は大きな憂慮と映ったと、江本素伸は解説している注52。その帰国命令に対する一文がそれを物語る。

「今や、英、米、佛の伝道師は既に西藏を囲繞せり。露國官吏及軍隊は其西北に在りて各種の注意を怠らず。……他國は西藏方面に向手財力を惜しまず百方其國利を伸長せん事すら之を廃絶せんとする説を持するものあらんか生は窃に疑ふ是我國の勢力を拡張せんと欲するものあらざるなきをや。注53」

13世ダライ・ラマは1907年ウルガ（大庫倫）から青海経由で西安へ逃れたが、翌08年6月山西省五台山で、寺本はダライ・ラマに会い、西本願寺大谷尊由の派遣と東本願寺法主および福島安西中将の書簡を提出した。ダライ・ラマはその直前、五台山で米公使W・W・ロックヒルとも会い、1909年に北京からラサに向かったが、清軍のラサ攻撃でインドのダージリン（霊鷲山）に移った。青木文教は1912年カルカッタに上陸し、カリンポンのダライ・ラマのもとに赴いたが、ダライ・ラマの帰国には同行しなかった。ダライ・ラマの出発直後、矢島保治郎がチベットに向かい、翌13年1月ラサでの戦闘が終了し、青木文教はダライ・ラマに同行してラサに入り、1916年1月まで滞在した。1909年河口は亡命中のダライ・ラマとダージリンで会見し、1914（大正3）年8月ラサに入り、翌15年1月まで滞在し、9月カルカッタ経由で帰国した。矢島は1912年3月リタン(裏塘)からパタン(巴塘)

へ、そしてチャムド（察木多）からラサに入り、そこからインドに向かい、5月ダージリンで亡命中のダライ・ラマに接見し、彼は、この滞在中に、ダライ・ラマ衛軍教官を努めた。この第2回入蔵では、矢島は18年10月までラサに滞在し、翌19年に帰国した。

青木文教は、彼の『入藏記』に、こう記述している。

「専政教皇国

太古悠遠の昔は幾多の酋長が各地方に横行し、遊牧民を駆りて互に攻争をこととしていたが、次で天祖降臨の代となり、初めてチベットを統治するの国君をいただくこととなった。第一代ニャティツニンポ王（ソンツェン・ガムポ王）というがこれである。……しかして第十八世紀の初めチベットは清軍の侵略をこうむって遂に清朝の領土となったので、ダライの政権は有名無実のものとなり、駐藏大臣は法王廳の執権と共に國政を左右すること前後百有余年の久しきに亙った。法王第十三世すなわち現ダライ法王の第十八年（1894年）政権を回収し、最近に至ってようやく支那の羈絆を脱し英國の保護を求むる時代に達した。かくのごとき國情の變遷に連れ政体も一定しなかったが、概言すればチベットは上に國君として降生的（轉生）にその位を継承せる教皇を戴き、聖教のためには身命をかえりみない人民を有せる仏教國で、専制的教皇主國とみなすのが適当である。

法王位は降生的（轉生）に継承

ここに降生的王位継承というのは前代の法王が次代に輪廻降生（轉生）することによって王統の輪廻降生（轉生）することによって繼承が成立つとの意味で、佛家の權化輪廻説に基いたものである。チベット人はチベットの建國は佛の豫言によるもので、佛法を弘通せしめんがために、チベット人種が創造せられ、佛勅に従うてその代官として観音の化身がこの國に臨み、衆生に法を説き、かつ佛教國として永劫に聖法を擁護せんと誓われた國柄で、世界中インドに次で神聖なる邦土であると信じ、自國をチュンデンシン（法有利土または仏法相応利土）と呼んでいる。そしてかれらは仏教伝来後の國君は皆いわゆる奉佛王で佛聖に化身、殊にダライ法王は皆観音の權化であり、チベットの國土が存する限り、その教化に浴するものとの信仰をいだいている。」（『西藏遊記』第2

編チベット事情第7章)

「3首相4大臣

　中央政府はデパシュンといって、新制によれば3首相、4大臣があって、中央及び地方の文武諸官を統率し、ダライ法王のむねを承けて政治を行なう組織である。中古よりの幼稚な國法はあるけれども、法王の意志と各大臣の手加減とでどうともなる未開の慣例的政治である。3首相、4大臣はどちらもその一人は必ず僧官もってこれに充て、各幹部及び地方官も同様に僧俗両官を組合せて同一の任務に就かしめる。……

大臣院と勅審院

　3首相制は近代の新制で、現在のダライ法王が創設したものである。昔は1人の執權が4大臣の上に立ち、専制をほしいままにしたものであるが、現今は執權の位置にある首相を3名としかつ4大臣と協同せしめることになっているから、政治上の弊害は比較的軽少となった。清朝の駐藏大臣がチベットにおける位置は4大臣の上、執權とほぼ同等となっていて、法王に次いで最も有力なる1人であったがすでに駐藏大臣なく、執權も廃せられた新制度では全くダライ法王の独裁となっている。3首相の事は藏語でルンチニン(ルンチェン、宰相)といって「大臣」の意味である。4大臣のことはシャペと呼んでいるが、これは「足蓮」の義で仏聖の蓮華台足下（すなわち法王）に仕候するものという意味である。3ルンチェンの政庁をルンチェンカン（大臣院）と称し、4シャペの役所をカシャ（内閣）と名付ける。カシャは元来「勅審院」の義で、國政の単純であった時代には、政府の事務は主として審査裁判に限られたものであろう。現今ではカシャで諸種の政務を執り、ルンチェンカンと協同して内務、外務、財務、軍務、司法、農商務、教育、宗教等を司るところとなっている。」(『西藏遊記』第2編チベット事情第8章)[注54]

　その観察は極めて的確であった。また、「当時ダライ法王がもっとも切に希望せられたのは、チベットの新制軍を訓練すべき教官を日本より招聘する事であった。それは現時の藏兵訓練に採用せる支那兵式は、その源を日本の兵制に発しているということに意を留められた結果である。」そして、日本の教範操典類が届けられ、歩兵操典が翻訳されたとある[注55]。

同じような指摘は、矢島の『入藏日記』にもみられる[注56]。1912年1月1日矢島は日章旗2本を宿舎の屋上で掲げ、そのことが問題となるが、それを機に、青木文教の考案で、旭日に唐獅子を配した軍旗のもとに日本の海軍旗に似た意匠のチベット国旗（いわゆる雪山獅子旗）が制定された[注57]。矢島は、またラサ6キロ四方の地図を作成し、それは13世ダライ・ラマの手に渡った[注58]。矢島は、6年間、近衛兵500人の訓練に当たった[注59]。さらに、彼は、ラサ豪商の一人娘ノブラーと結婚した。これは、当時、ラサに滞在し、仏に仕えていた多田と好対照であった。その一方、英官憲は、矢島の殺害命令を出しており、その矢島が親英派とされたダライ法王に重用された。彼は、武器調達の理由で、日本へ帰国するが、矢島は、満州・蒙古の独立を支援せんとした一派と通じており[注60]、彼ら一派はチベットに関する情報を矢島に託していた[注61]。

多田等観は、1913（大正2）年8月カルカッタから、日本への帰国を装いブータンに入り、9月ラサに着いた。彼は10年かけてチベット仏教を学び、1923（大正12）年2月13世ダライ・ラマのもとを去って帰国した。その『チベット滞在記』には、こういう記述がある。

「チベットの人々は、ダライ・ラマは観音の化身であるという信仰を持っている。そして、ダライ・ラマを呼ぶのに、チェンレージともイシン・キ・ノルブともいう。前者はチベット語の観音、後者は如意寶珠という意味で、われわれの願いを意の如くにかなえさせてもらうという観音の内容的意味である。すなわち、観音の化身とかんがえられているのである。これはチベットの建国時代に遡る話であるが、昔、釋尊は霊鷲山（ダージリン）で説教されたとき、その説教を聴いている者の中に観音様がおられた。釋尊が観音といわれるには、あなたはここで説教を聞かれるよりも、もっと大切な仕事をされなければならない。ヒマラヤのさらに北にあなたの理想の世界があるが、そこに生棲している者どもを幸福にしてやることがあなたの使命である、と。このことが經典に記されているので、チベット人は自分達の國こそ観音の世界であると信じるようになり、誰が観音であろうかということから、國王がその化身とあると思い込むようになった。ソンツェン・ガンボという王が現れて、観音の化身であると人々が思ったのも、チベット人のやむにやまれないこうした気持ちからであったのであろ

う。注62」

こうした多くのチベット交流、なかでも青木文教のチベット学への貢献は、寺本とともに大きいものがあった。それは政治的交流とは結びついてはいなかった。

一方、1935年ハルピンの陸軍特務機関に入った野元甚蔵は、1939年2月門司を発ち、カルカッタから5月8日シリグリ、カリンポンを経て、24日シガツエ（日喀則）に入り、6月上旬ラサに着いた。1年間、シガツエと郊外に滞在し、蒙古人としての身分に対する疑念が生じ、呉忠信ら中国人の進駐でチベット滞在が危険となったことで、突如、1940年10月5日シガツエを出て、ガルトク（噶尔渡）経由でカルカッタから日本へ戻った。この入蔵は多田等観師の助言があり、1941年6月2日付で関東軍司令部に「入藏記」が提出されたが注63、彼は多田、青木、寺本らと交流があった。この野元のチベット潜入計画は、13世ダライ・ラマの1933年急逝以後におけるチベット情勢に対する日本軍の関心からであった。その行動はまさしく秘密の潜入工作であった。

もう一人、1945年10月内蒙古からラサに入った元日本大使館調査官西川一三の3年にわたる滞在記がある。そのなかには、以下の一文がある。

「……隠者が輪廻の束縛を離れ、永劫の至福に赴こうと、洞窟内に入って行き、或る者は十年、或る者は3年と洞窟のなかで暮し死んで行く。……

チベットを訪れたものなら、「チベットには、この様な隠者が国家の安泰を祈ってくれているので、外国が如何に侵入して来ようとも占領することは出来ないのだよ」とチベット人が厳かに語るのも聞くであろう。そして、この彼等の言葉が又、この国が神仏の国である様な考えを、ラマ教徒間に深く信じさせてしまうのである。……

チベット人は自国は観音の浄土であると信じている。釈迦が在世当時観音菩薩に向かって「救うべき衆生は雪山の彼方にある故に、汝速かに行ってこれを済度せよ！」と予言された。この雪山の彼方とは、チベットの国に他ならない故に、チベットは観音菩薩に委託された世界であるという、この信念が統治者である国王ダライ・ラマを観音の再来と考えさせ、歴代の国王は観音の化身であると信じさせている。……チベットは神国であると盲信し自負している。

彼等は何につけ「チベットは神が護っているから大丈夫だ」と云う。……国

内の内乱、革命で支那がチベットから撤退の余儀なきに至り、ネパール軍に悪疫が流行して敗退し、英国が国際情勢の上で、チベットから撤退したのは、みなチベットを護っていられる神々がこの様にしたのだ。劣等な槍、刀、火縄銃でもチベットには神があるので、いくら精鋭な近代兵器を以てしても、いくら多数の軍隊が押し寄せて来ようとも、負けないと信じている。[注64]」

ちなみに、ヤングスハズバンドのチベット遠征に触れ、パリ（帕里）とチュンビ（春丕）渓谷のあいだの山峡平原に英軍はキャンプを展開したが、その両渓谷は、その地への輸送の襲撃にとり絶好の地であったにせよ、部隊が全滅しないまでも、ラサ進駐の夢を断念させたであろうといい、「千慮の一矢であった」としている西川の指摘は正しい[注65]。事実、同渓谷でのチベット軍の襲撃は成功であったからである。

こうした関心は、西川一三が興亜義塾の出身で、その戦略的関心からであった。彼はこう書いている。

「支那の西北民族を制する者は全支那を制す。新疆省を制する者はアジアを制す。これは西北民族の包囲圏を以て支那を攻略するという一大政策であり、蒙古族、チベット族を友として漢民族を包囲する体制をつくり上げることこそ支那事變の鍵であったのである。

　私はこの西北の邊境に転身したいという熱望を押さえることができなくなっていた。……[注66]」

その西北とは、蒙古・寧夏・甘粛・新疆・青海・チベットを指し、農耕民族の漢民族に対してかつて騎馬民族が闊歩した大地であった。それはアメリカ地政学の国際政治学者ニコラス・スパイクマンのいうリムランド、つまりソ連のハートランドから手が伸びる戦略地域であった[注67]。その地区を西川は、通称モンゴル人ロブサン・サンボー・ラマの名で、8年間かけて旅行し、1950年6月帰国し、GHQへ出頭した。西川は、内蒙古から寧夏の定遠営（アラシャン）に入り、内蒙古の百霊廟あてに塾生への手紙を書き、こう記していた。

「　興亜義塾々生諸兄

　雪の中公旗高原、不安の國境善丹廟、沙漠の阿拉善を徒歩にて一カ月、西し南して沙漠の街定遠営へ無事到着す。更に西すれば甘粛、青海、新疆、チベットの桃源境にて、吾々塾生の天地なり。内蒙沿線は既に智者の都たり。他人の

言に左右されず、唯意気と体を必要とするのみ、来たれ！　住め！　西北へ。来たれ！　住め！　西北へ。歴史は語る蒙古の進出ありて國家の進出あり。小生更に西北に旅し、諸兄の来光を待つ。

　塾長、諸先生に宜しく。

　諸兄の健康を祈る。

昭和19年4月12日
於定遠営、3期生　西川　一三[注68]」

　西川とほぼ同じ時期にチベットに入ったのは、彼の同僚木村肥佐生である。この2人のチベットでの行動は中国共産党によるチベット解放直前の時期のことであった。帰国は2人とも1950年7月である。その直前における木村のダライ・ラマ政治の記述は的確である。木村は1949年、チベット青年の革新的分子と関係あったとして、鎖国国家にあった封建社会チベットを追放された。木村はチベットの改革を強く意識して行動していた[注69]。彼はこう述べる。

　「ダライラマを宗教と政治両面の頂点に戴く中央政府には、原則として貴族出身の俗官吏175名、僧官175名の定員がある。内閣に相当する政府の最高機関をカシャといい、大臣職4名、俗官1名から成っている。彼らはすべての省庁の政務を合議による経堂責任で決定処理する。もちろん、最終決定者はダライラマである。宗教面の業務に関してダライラマに次ぐ最高責任者は宮内庁官（チチャプ・ケンポ）で、ダライラマの身辺用務全部とポタラ宮殿財政を管理している。内閣の4大臣の下に、宗務庁（イク・ツアン）僧官4名があって、チベット全土の寺院業務を担当している。内閣の4大臣の下に財務省（ズィカン）があり、その構成員（俗官4名）を財務長官（ツィボン）（ツィポン）と呼ぶ。その下に、外交、農業、徴税、郵便電信、教育、軍事、司法などの各省庁があり、それぞれを僧俗2名の長官が合議制で担当している。全国民階層を代表する国民会議（ツオンドゥ）の常任委員会ともいうべき小規模な会議は常時開かれ、宗務庁と財務省の僧俗官8名で構成されている。やや大きな問題を討議する時は、政府上級役人、3大寺院代表などが参加して20〜30名になる。

　摂政の任命、新ダライラマの承認、中国に対する和戦の決議などの国家的大

事件の時は、内閣が国民会議の総会を招集する。その時は三大寺（セラ、レブン、ガンデン）の僧正、僧俗役人代表、貴族、商人、僧侶、農牧民、兵士、工芸人の代表らを網羅するため約400名くらいが出席する。

　この国民会議（ツオンドゥ）には内閣の大臣は出席できず、大臣は国民会議の決議報告を受け、それをダライラマに取り次ぐだけである。1950年11月17日、国民会議総会が招集された。既に中国人民解放軍のチベット領への進撃は10月開始されていた。対策に苦慮した摂政は辞任し、国民会議は、当時まだ16歳の未成年だったダライラマに国家統治の全権を付与した。体裁のよい責任逃れである。[注70]」

2001年12月15日東京で日本人チベット100年記念フォーラムが開催され、何が日本人をチベットに向かせたかについて語り合った。日本人のチベットへのかかわりは大変に深いものがある[注71]。

<注>
1　梁勁泰「〈大唐西域記〉与西藏」西藏研究、1992年第3期。
2　玄奘、水谷真成訳『大唐西域記』中国古典文学大系22、平凡社、1971年、108頁。
3　護雅夫訳『中央アジア・蒙古旅行記』桃源社、1979年、30頁。
4　前掲書、204－5頁。
5　オドリコ、家入敏光訳『東洋旅行記――カタイ（中国）への道』桃源社、1979年／光風社、1996年、128頁。
6　Graham Sandberg, *The Exploration of Tibet: Its History and Particulars from 1623 to 1904,* Calcutta: Thacker, Spink & Co. ／ London: W. Thacker & Co., 1904, pp. 23ff. 米歇尓・泰勤［Michael Taylor］、耿昇訳『発現西藏』北京、中国藏学出版社、1998年、35－52頁。
7　Filippo de Filippi ed., *An Account of Tibet: The Travels of Ippolito Desideri of Pistoia, S. J., 1712-1727,* London: George Routledge & Sons, 1937. 薬師義実訳『チベットの報告1』東洋文庫、平凡社、1991年に所収のG・ウェッセルズ神父「チベットにおけるイエズス会の布教活動・1625〜1721年」。
8　G・N・ソコフスキー、バイカロフ・内田寛一訳『西蔵探検秘史』中興館、1930年。
9　James Cooper, 'The First Westerner to Enter Lasa？, op. cit. McKay ed., *History of Tibet,* Vol. 2 *The Medieval Period: C850-1895: The Development of Buddist Paramountcy,* pp. 732-734.
10　op. cit. Bell, *The Religion of Tibet.* 前掲、橋本訳『西蔵喇嘛教』268頁。
11　op cit. *An Account of Tibet: The Travels of Ippolito Desideri of Pistoia, S. J., 1712-1727.* 前掲、

薬師訳『チベット報告 1』197 – 198, 269 – 270, 301 – 302 頁。
12　ibid. 前掲『チベット報告 2』63 – 71 頁。
13　第 5 章注 35 の『死者の書』におけるチベット的世界観をみよ。さらに、第 1 章注 21 をみよ。
14　op cit. *An Account of Tibet: The Travels of Ippolito Desideri of Pistoia, S. J., 1712-1727.* 前掲、薬師訳『チベット報告』所収のイエスズ会エマヌエル・フレイレ「チベットとそこへの旅行の報告」262 頁。
15　op. cit. Sandberg, *The Exploration of Tibet: Its History and Particulars from 1623 to 1904*, pp. 33, 83., 100, 111. 前掲、泰勘・耿昇訳『発現西藏』97 – 105 頁。
16　Clement R. Markham, *Narrative of the Mission of George Bogle to Tibet and the Journey of Thomas Manning to Lhasa*, London: Trubner, 1879.
17　ユック、後藤冨男・三上英明訳『韃靼・西藏・支那旅行記』生活社、1939 年／原書房、1980 年、下、194、197 – 8、214 – 6、220 – 1、293 – 5 頁。
18　John Bray,'French Catholic Missions and The Politics China and Tibet 1846-1865,' op, cit. McKay ed., *History of Tibet*, Vol. 2　*The Medieval Period: C850-1895: The Development of Buddist Paramountcy*, pp. 734-747.
19　Alexandre David-Need, *Voyage dune parisiexne a Lhassa*, Paris: Plon, 1927/ 1982. 耿昇訳『一个巴玉黎女子的拉薩歴検記』北京、東北出版社、2002 年。
20　W. W. Rockhill, *Journey to Lasa and Central Tibet*, London: Murray, 1902.
ロックヒルは駐中国公使を務め、以下の研究がある。Rockhill, *The Dalai Lamas of Lasa and their Relations with the Manchu Emperors of China, 1644-1908*, Leyden: Orient Printing Office, 1910 ／ Dharamsala: Library of Tibetan Works & Archives, 1998. さらに、第 10 章注 1 をみよ。
21　Peter Hopkirk, *Trespassers on the Roof*, London: John Murray, 1982. 今枝由郎・他訳『チベットの潜入者たち──ラサ一番乗りをめざして』白水社、2004 年、34 頁以降。
22　John Bray,'Christian Missions and the Politics of Tibet, 1950-1950,' op. cit. McKay ed., *History of Tibet*, Vol. 3　*Modern Period, 1895-1959: The Encounter with Modernity*, pp. 489-500.
23　Sarachchandra Dasa, ed. By W. W. Rockhill, *Journey to Lhasa and Central Tibet*, London: Murray, 1904 ／ New Delhi: Manjusri, 1970. 陳観胎・李培茱訳『拉薩及西藏中部旅行記』北京、中国藏学出版社、2004 年。
24　Francis Edward Younghusband, *The Heart of a Continent*, London: John Murray, 1896. 石一郎訳『カラコルムを越えて』西域探検紀行全集 5、白水社、1966 年。Younghusband, *Among the Celestials: A Narrative of Travels in Manchuria, across the Gobi Desert, through the Himalayas to India*, London: John Murray, 1898. 筧太郎訳『ゴビよりヒマラヤへ』朝日新聞社、1939 年。
25　V・I・ロボフスキー、田村俊介 (抄) 訳『天山から青海へ』白水社、1987 年。
26　Sven Hedin, *Transhimalaja*, Leipzig: F. A. Brockhaus, 3 Bd., 1909-12. [縮刷版] *Transhimalaja*, Leipzig: F. A. Brockhaus, 1951. 青木秀男訳『トランスヒマラヤ』ヘディン探検記 5、白水社、1988 年、232 頁以降、下、70 頁以降、138 頁以降、254 頁以降。*Erovringsstag I Tibet*, Stockholm, 1934, *Wildes heliges Tibet*, Leipzig: F. A. Brockhaus,

1936. 高山洋吉訳『西藏旅行記』改造社、1939 年。Heiden, *Im verbotenen Land, Tibet*, Leipzig: F. A. Brockhaus, 1937 田中隆泰訳『禁断秘密の國』青葉書房、1943 年。*A Conquest of Tibet,* New York: E. P. Dutton & Co.,1934 ／ Westport: Greenwood Press, 1975. ［抄訳］春日俊吉訳『西藏探検記』博文館文庫、博文館、1941 年。吉田一次訳『西藏旅行記』教育図書、1942 年。金子民雄訳『チベット遠征』中央公論社、1992 年、294—296 頁。

　ヘディンの伝記は以下をみよ。春日俊吉『スヴェン・ヘディンの西藏探検記』ベースボール・マガジン社、1964 年。金子民雄『ヘディン伝——偉大な探検家の生涯』新人物往来社、1972 年。

27　op. cit. Hedin, *Transhimalaja*. 前掲、青木訳『トランスヒマラヤ』上、274 頁以降。op. cit. Heiden, *A Conquest of Tibet*. 前掲、金子訳『チベット遠征』333 頁以降。
28　op. cit. Hedin, *Transhimalaja* . 前掲、青木訳『トランスヒマラヤ』上、282 − 283 頁以降。
29　ibid. 前掲書、334 頁。
30　Sven Hedin, *Across the Gobi Desert*, London: Routledge, 1931. 隅田久尾訳『ゴビ砂漠横断記』鎌倉書房、1942 年。羽鳥重雄訳『ゴビ砂漠横断』ヘディン探検紀行全集 9、白水社、1979 年。Hedin, *Riddles of the Gobi Desert,* London: Routledge, 1933. 福迫勇雄訳『ゴビの謎』生活社、1940 年。福田宏年訳『ゴビ砂漠の謎』ヘディン探検紀行全集 14、白水社、1979 年。Hedin, *The Silk Road,* London: G. Routledge, 1938. 高山洋吉訳『赤色ルート踏破記』育生社、1939 年。西義之訳『シルクロード』ヘディン探検紀行全集 13、白水社、1978 年、中公文庫、中央公論新社、2003 年。福田宏年訳『シルクロード』上・下、岩波文庫、岩波書店、1984 年。［3 冊の要約訳］梅棹忠夫訳『ゴビ砂漠探検記』世界探検紀行全集 11、河出書房、1955 年。Hedin, *The Wandering Lake,* London: Routledge & Sons, 1940. 岩村忍・矢崎秀雄訳『彷徨える湖』筑摩書房、1943 年。関楠生訳『さまよえる湖』ヘディン探検紀行全集 14、白水社、1978 年。鈴木啓造訳『さまよえる湖』中公文庫、中央公論新社、2001 年。
31　ゴットフリード・フォン・ハンシュタイン、濱野修訳『西藏潜行記』大星社、1925 年。
32　James Hilton, *Lost Horizon,* London: Macmillan/ New York: Grosset,1936, London: Pan Books,1947. 増野正衛訳『失われた地平線』新潮文庫、新潮社、1959 年。ubertr. von Herberth E. Herlitschka, *Der verlorane Horizon/ Ingendwo in Tibet: Roman*, Frankfurt am Main: Fischer Taschenbuch Verlag, 1973. 羅坐編訳『消失的地平线』西安、陝西師範大学出版社、1999 年。大陸橋翻訳社訳『消失的地平线』上海、上海社会科学出版社、2003 年。

　シャングリラについては、さらに、以下をみよ。木萌春『香格里拉釈謎——洛克与萌江』香港、香論昆論制作公司、1998 年。夫巴『馬蹄踏出的輝煌』昆明、雲南人民出版社、2000 年。盖明生『霊魂居住的地方』北京、中国工人出版社、2001 年。
33　Dawei Wang, *Away to the Paradise: Retracing Joseph F. Rock's 27-Year Adventurouis Journey in China,* 2002. 劉照恵訳『尋我天堂——追尋美籍奥地利探検家、学者約瑟夫・洛克在中国 27 年生死之旅』北京、中国文聯出版社、2003 年。
34　Giuseppe Tucci, *To Lhasa and Beyond: Diary of the Expedition to Tibet in the Year 1948*, Roma: Instituto Poligrafico dello Stato, 1956 ／ Ithaca: Snow Lion Publications, 1983. 杉浦満訳『チベット仏教探検誌——G．トゥッチのヤルルン紀行』平河出版社、1992 年。

35 チベットには「死者の書」がある。川崎信定訳『原典訳　チベット死者の書』筑摩書房、1989 年、ちくま学芸文庫、筑摩書房、1993 年。中沢新一訳『三万年の死の教え――チベット「死者の書」の世界』、角川文庫、角川書店、1993 年。おおえまさのり訳編『チベットの死者の書――バルド・ソドル』講談社、1994 年、おおえ訳編『チベットの死者の書――経典「バルドゥ・テェ・ドル」』講談社、1994 年。ヤンチュン・ガロ、平岡宏一訳『(ゲルク派版) チベット死者の書』学習研究社、1994 年。

さらに、以下をみよ。河邑厚徳・林由香里『チベット死者の書――仏典に秘められた死と転生』日本放送出版協会、1993 年。

36 op. cit. Tucci, *To Lhasa and Beyond: Diary of the Expedition to Tibet in the Year 1948*. 前掲、杉浦訳『チベット仏教探検誌――G．トゥッチのヤルルン紀行』86 － 88 頁。
37 ibid., 前掲書、154 頁。
38 ibid., 前掲書、228 頁。
39 ibid. 前掲書、278 頁。
40 小栗栖香頂『喇嘛教沿革』鳩居堂、1877 年、巻 2, 6 頁。『新注　ラマ教沿革』続群書類従完成会、1982 年、135 頁。
41 前掲『喇嘛教沿革』巻 1、21 頁。前掲『新注　ラマ教沿革』49 頁。
42 寺本婉雅『西藏喇嘛教史』1 ～ 3, 仏教研究、第 1 巻第 1 号、第 2 号、第 3 号、1920 年。
43 能見寛『世界に於ける仏教徒』哲学書院、1893 年。同書には、チベット探検の必要性が論じられていた。
44 隅田正三『チベット探検の先駆者――求道の師「能海寛」』島根、波佐文化協会、1989 年。
45 寺本婉雅、横地祥原編『藏蒙旅日記』芙蓉書房、1974 年、204 － 205 頁。
46 根深誠『遥かなるチベット』山と渓谷社、1994 年の第 2 章は、これまで明らかでなかった河口慧海のチベット潜入路の検証である。
47 Ekai Kawaguchi, *Three Year in Tibet,* Madoras: Theosopical Society, 1909.
48 河口慧海『西藏旅行記』上・下、博文館、1904 年／山喜房仏書林、1941 年／『西藏旅行記』上・下、大修館書店、1978 年。高山龍三校訂『チベット旅行記』全 5 巻、講談社学術文庫、講談社、1978 年。『西藏旅行記』上・下、うしお書店、1998 年。引用は、『西藏旅行記』明治シルクロード探検紀行文集成第 15 巻、ゆまに書房、1988 年、下 184, 186 － 7, 210 － 13 頁。
49 堀賢雄『大谷探検隊西域旅行記』白水社、1987 年。
50 木村肥佐生「成田安輝西藏探検行経緯」上・中・下、亜細亜大学研究所紀要、第 8 ～ 10 号、1981 ～ 83 年。
51 青木文教『秘密之國西藏遊記』内外出版株式会社、1920 年／『西藏』芙蓉書房、1969 年、99 頁／『秘密国チベット』芙蓉書房出版、1995 年、101 － 102 頁。
52 江本素伸『西藏漂白――チベットに魅せられた日本人』山と渓谷社、1994 年、上、198 － 199 頁。
53 前掲書、上、198 頁より引用。
54 前掲、青木『西藏』155 － 6、159 － 60 頁。前掲、青木『秘密国チベット』176 － 177、190 － 191 頁。
55 前掲、青木『西藏』97 頁／前掲、青木『秘密国チベット』99 頁。
56 矢島保持郎、金井晃編『入蔵日記』チベット文化研究所、1983 年。

57　前掲、江本『西蔵漂白――チベットに魅せられた十人の日本人』下、77頁。矢島保持郎「東洋秘密國西藏潜入行」、讀賣新聞社編『支那邊境物語』誠文堂新光社、1940年、45頁。
58　前掲、江本『西蔵漂白――チベットに魅せられた十人の日本人』、下、89 － 90頁。
59　前掲、矢島「東洋秘密國西藏潜入行」、『支那邊境物語』46 － 47頁。
60　前掲、江本『西蔵漂白――チベットに魅せられた十人の日本人』下、76頁。
61　波多野勝『満蒙独立運動』PHP新書、PHP研究所、2001年。
62　多田等観（牧野文子編）『チベット滞在記』白水社、1984年、84 － 85頁。
63　野元甚藏『チベット潜行1939年』悠々社、2001年。
64　西川一三『秘境西域八年の潜行（別巻）――チベットを歩く』芙蓉書房、1968年、126, 207頁。『秘境西域八年の潜行』第3巻、中公文庫、中央公論社、1990年。
65　前掲、西川『秘境西域八年の潜行（別巻）――チベットを歩く』149頁。
66　西川一三『秘境西域八年の潜行』上：7度ヒマラヤを越えた日本人ラマ僧の手記、芙蓉書房、1973年、42 － 43頁。『秘境西域八年の潜行』上、中公文庫、中央公論社、1990年。
67　Nicolas Spykman, *America's Strategy in World Politics: The United State and Balance of Power*, New York: Harcort & Co., 1942, p. 180.
68　前掲、西川『秘境西域八年の潜行』上、137頁。
69　Hisao Kimura（木村肥佐生）, *Japanese Agent in Tibet: My Ten Years of Travel in Disguise*, London: Serindia Publication, 1990. 三浦順子訳『チベット――偽装の十年』中央公論社、1994年、241頁。
70　木村肥佐生『チベット潜行十年』毎日新聞社、1958年／中公文庫、中央公論社、1982年、233 － 234頁。
71　前掲、江本『西蔵漂白――チベットに魅せられた十人の日本人』上・下。日本人チベット百年記念フォーラム実行委員会編『チベットと日本の百年』新宿書房、2003年。

6 英国・ロシアのチベット干渉と
　　英国のラサ占領

1．英国・チベットの接触と第二次ネパール・チベット戦争

　ブータンは、1557年チベットのラルン高僧ドゥグ・ドージュが入国し、さらに1616年チベット仏教紅帽派のガワン・ナムギャルが入国し、その宗教的権威の支配にあり、1627年の築城とともに行政改革が進められ国家統一が達成され、ナムギャルは第1代法王シャドゥン・リムポチェとなった。1639年ブータンは、チベットに攻撃を仕掛け、チベット軍を破り、シャプドゥン（最高宗教権力者）の称号を得た。1643年5世ダライ・ラマの要請で、グシリ・ハーンがモンゴルとチベットの共同軍でブータンに攻勢をかけた。再び1647年にチベット黄帽派の介入をみたが、1648年ブータンに統一支配が確立し、1651年に俗権支配が台頭して1707年まで二重支配構造を形成し、その俗権も転生活動をもって統治された。引き続いて1656年に再びチベットの介入をみ、1714年にも介入があった。そして1720年康熙帝のチベット征服で、ブータンは清朝の支配するところとなり、1731年チベットのブータン支配が確立した[注1]。
　なお、ブータンの国語ゾンカは旧チベット語で、文字はチベット文字である。
　ところで、ベンガルの運命を決めた1757年6月23日プラシーでの大モンゴル軍に対する戦いに英国が勝利し、1764年ブクサールの勝利による11月23日のアラハバート条約で、英国の版図がブータンに接した。ブータン王はこの機に乗じて、1772年にベンガルのクーチ・ビハール一帯を占領し、同地のラヤ（国王）を拉致した。これに対して、ワーレン・ヘスティングス英総督は、クッチ・ビハール領民の要請に基づき反撃を加え、ブータンは山岳地帯に追い返された[注2]。ブータンの首都ティ

ンプーへの侵攻を前に、6世パンチェン・ラマが仲裁に入り、英国はチベットとの関係を展望して、これに応じた。仲裁を引き受けたパンチェン・ラマは、ヘスティング総督あて1774年3月29日親書で、こう述べた。

「……予は、何らの圧迫も迫害も企図する者ではない。何びとであれ、他人に害を及ぼすことは、わが宗教の掟が固く禁ずるところである。ただ、貴下は、予がこの国の王であり、ラマであって、多くの臣民を支配する者であることを、ご存じか。予がしばしば聞くところによれば、貴王は、不当に貴下の版図を冒したブータン国王デジ・ジュガールと兵戦を交えているとのことである。彼は無知粗暴の種族であるから、貴下の版図を犯し、略奪を企て、貴下の討伐を招いたことは、是非ともない。しかし、彼の軍は破れ、その人民で倒れた者も少なくなく、彼は正に天罰を蒙ったというべきであろう。

貴下の軍隊が勝利を得ること、また貴下をして欲するところなれば、2日を出ずしてなんらの防御手段も持たぬブータン王を消滅させうることは、天日をみるように明明白白である。しかし、予は、ここに彼のために、仲裁の労を執ろうと思う。貴下は、このブータンが無限の権力をもって国土を支配せるダライ・ラマに従属する者であることを想起されたい。ダライ・ラマが幼少であるがため、予が代わって一時、その版図を統治している。もし貴下が依然としてブータン国王の領土を破壊しようとすれば、貴下は、（8世）ダライ・ラマとその臣下に反抗することになる。

予は一人の托鉢僧にすぎない。予の祈るところは、人類の幸福、わけてもこれらの国土住民の平和と至福である。予は、ここに、恭恭しく貴下に乞わん。願わくは、ブータン国王との兵戦を収められたい。貴下が予の請を容れられるなれば、予の幸福、これに優るものはない。[注3]」

この親書を受け取ったヘスティングスは、1774年5月14日の重役会で、これをチベットとベンガルの交通を開くことに利用せんと図って、それに対応した。そして東インド会社のジョージ・ボーグルを選任して、5月13日付で、以下の訓令を与えた。

1. 貴下の任務は、ブータンとベンガル住民に相互対等の通商を開設することであって、そのために、貴下は最善と信ずる手段をとるべきである。

2．貴下は、インドより輸出される商品の見本を携行されたい。また、ブータンから他国へ輸出されるべき製造品・産物などを、十分調査されたい。

3．ベンガル国境とラサ間の道路状態、ラサと隣接国との交通、これら諸国の政治、財政、および風俗・習慣なども、調査されたい。

4．滞在期間は、貴下の選択に委ねる。貴下が派遣の任務を全うし、チベットの国情および調査事項につき完全な知識を得るまで、十分滞在されたい。もしチベットに辺務官駐屯の必要があれば、速やかにその旨を具申され、それに対する余の訓令が到達する以前に帰任の必要が生じた際は、辺務官が到着するまで、貴下が適当と信ずる者を貴下の代理として残されたい。

5．費用については、別に制限を設けず、貴下の任務の性状に鑑み、必要に応じて十二分に支出されたい。[注4]

その秘密命令は全体7項目で、他にラダクのカシミールとチベットの政治・経済関係の調査があった[注5]。

ボーグルは1774年5月カルカッタを出発して、6世パンチェン・ラマのシガツエ（日喀則）へ向かい、11月8日到着してパンチェン・ラマへのヘスティングスの返書を手交した。その書簡は、ヘスティングスがパンチェン・ラマの親書を受けてブータンと和を講じ、占領地帯を返還した、と述べており、「総督はブータン討伐の理由を十分持っていようが、予は流血を好まず、かつブータンは予の属国であるから、喜んで和を講じた」と、ボーグルは説明した[注6]。そして「ベンガルの治安が回復し、住民もその業に安んじ、信教の自由も享受しているので、通商促進を講じたい」と述べた。また、ボーグルは、パンチェン・ラマに対し英国とチベット間に一種の協約を締結できれば、これがネパール人のチベット侵入を牽制することになる、と指摘した。パンチェン・ラマは友好・通商関係の維持を希望していたが、ラサ政庁がそれを許さなかった。ボーグルは、さらにラサの代表者に向かい、ラサ政庁のイギリス人に対する疑惑の理由を質したが、「わが国の習慣として、多く語るのを望まない」と述べられたにとどまった。30年後、同一使命のためチベットに赴いたサー・フランシス・ヤングハズバンドは、「チベット人は、英国の侵入を恐れ、ベンガルのインド総督が早晩、チベットを襲撃するであろうと考えていたので、ボーグルが疑惑の目をもってみられたのは当然のことであり、摂政との折衝で

直ちに回答に肯んじないのも無理はなかった」と述懐している[注7]。実際、当時のダライ・ラマの摂政グスブ・リムポチェ、ガワン・ジャムペル・デレク・ギャムツオは、徹底した鎖国主義者で、排英主義者であった。

このボーグルとの会談では、6世パンチェン・ラマがロシアとの関係に言及し、ロシアと中国はタタール人の問題で紛争が生じており、このキャフタ（恰克図）方面の国境をめぐる対立では、ロシアは、トルコとの戦闘が切迫しているので、中国とは戦争しないであろう、とパンチェン・ラマは述べた。

結局、通商交渉は成功せず、ボーグルはラサを引き揚げる前に、パンチェン・ラマに再び使いを出した。これに対し、パンチェン・ラマはこう答えた。

「どうも、今、イギリス人に使いを寄越されては困る。貴下がチベットに来られたのでさえ、自分は苦しい立場にたった。今でも、連中は、自分が貴下を余り長く滞在させているので、不安を感じているほどである。だから、出来れば、総督は、インド人を寄越してほしい。いずれにせよ、1、2年のうちには、チベットの政権が（8世）ダライ・ラマの手に帰すると思うので、そうしたら自分からその旨、総督に報告しよう。その上で、イギリス人を自分の許なり、ダライ・ラマの処なりへ寄越せば好いのではないか。[注8]」

ヘスティングスは、ボーグルの帰国後、同74年11月と1777年7月にアレクサンダー・ハミルトン博士を派遣し、ブータンとの正規の接触、パンチェン・ラマとの連絡、そしてチベット国境上のラングプールでの年市開催を求めた。そして、ヘスティングスは、ボーグルを同77年再びチベットに派遣するべく企図したが、当時、6世パンチェン・ラマが京師へ向かっており、チベット・インド通商を乾隆帝に助言するとの意図から、ボーグルは、広東経由で京師へ入ることになった。1780年10月パンチェン・ラマは京師に入り、高宗は彼を厚遇したが[注9]、その1カ月後に6世パンチェン・ラマは急死し、その翌81年4月ボーグルもカルカッタで死去し、この英国のチベット工作は流れてしまった。

1782年2月カルカッタに7世パンチェン・ラマ転生の一報が入り、ヘスティングスはサミュエル・ターナー大尉をシガツエ（日喀則）へ送った。転生の7世パンチェン・ラマ、ロブサン・ペルデン・テンペ・ニマは、その会見で、前パンチェン・ラマ、ペルデン・エシェはインド・チベット関係の促進を進言しており、清帝も心を

動かされた、と説明した。さらに、ロシアもチベットとの通商を望んでいるが、チベット人がこれを望まず、中国の監視が厳しく、これは進展していない、と述べた。ターナーの1年にわたる滞在で、インド人がシガツエに自由に入る便宜が得られたことだけが、その成果であった。

　状況は改善されたが、1791年ネパールのゴルカ・バロプョンがチベットに侵入し、パンチェン・ラマ領土を占領し、タシルンポ（札什倫布珠克特享）寺院を襲撃した。その直前、ネパールもチベットもカルカッタ政庁に援助を求めたが、サー・ジョン・ショア総督は、当時、ネパールに英国勢力を扶植せんとしており、チベットの救援を拒み、その一方、ネパールにイギリス人将校を派遣した[注10]。清軍がネパールに侵攻し、これによりネパールは、略奪した宝物をチベットに返還し、清朝に貢物を送ることが再び約束され、中国軍がネパールに駐在することになった（1792年9月30日ネパール・チベット平和協定）[注11]。

　チベットでは、ここに1792年、ゴルカ戦勝記念碑が王の親蹟でポタラ（布達拉）宮下に建立された。その記述は以下のとおりである。

「碑を樹て、功を記する事、前後10回に及んだ。

　今や、グルカ（ゴルカ、ネパール）の帰服をみたので、王師は撤退し、ここに、この光輝ある10次の偉業完成を碑に刻んだ。このことたる名のみは高くとも、未だ十分には表揚せられてはいない。それ故に、ここに、文字に宣し碑に勒し、もって人心の勧めに役立てる。

　朕、嘗て、ユークル（藥克）の麗筆に心惹かれた記憶がある。チエウクル（齊藥克）の記するところによると、仁恭に富める駐藏大臣を始め、万能の国王が行いの数々を、称へているという。リウアウ（劉葉蕖）の一章には委曲を尽し、心安らかなれば、思う所に行って俱に功を納めると説いている。しかしながら、この教訓を遵守するものは、必ず「上天の保護者」（中国皇帝）に嘉みされて、その賞を賜わる。この方針に則り、朕、既に十戦十勝の大功を贏えたのであるから、宜しくこの碑に刻み伝えるべきである。

　その10回の功績は左の如くである。

　　チュンカル（準噶爾、オイラート・モンゴル人）に勝つこと2回。

　　フイセ（回子）に捷つこと1回。

ツアラ（儹拉）、チュチエン（促浸）に2勝。

台湾に1捷。

ミハンタン（緬旬、ビルマ）、アンナン（安南）に2勝。

ここに、朕は、ゴルカ軍にみゆること2回、大いにこれを破ったので、遂に、ゴルカは、降伏を申し出た。これをもって戦捷10回の記録が打ち立てられた。この他、国内戦に三捷したことがあるが、これは比較的重要ではない。

さて、ゴルカ軍の降伏は、陰の地鳥（己酉）の年であった。これより先、ゴルカ兵は、ウー（衛）・ツァン（藏）両省に入冠し掠奪を檀にしたけれども、アウフイ（鄂輝）は勇敢ならず、ツイゾン（巴忠）もまた専心これに当らず、急遽、解決に力めたので、したがってゴルカ兵は横行して憚る所がなかった。

今年も亦、昨年の劫掠の味を忘れ得ず、来襲して来た。ここにおいて、好悪なカルン（大臣）は罷免に会い、有名な忠臣の派遣となった。大規模に糧秣・給与の整備に当ったのは、この新任者であった。福康安は、朕が恩を深く感じ、疲労・恐怖を顧みなかった。

昨冬、ソロン（ジャロン（甲朗）上部地域）および四川の増援部隊は、続々と西寧街道に沿って急派され、今年5月に入り、このウー・ツァン両省の盗賊（ゴルカ人）の国に到着した。やがて、この増遣部隊の到着を待って、ウー・ツァン両省を奪回し、進んで、賊地を占領した。進軍の容易でない峻嶺も、平地を行くように逾え、波の荒い河も、両岸のさし迫った峡流も、小渓を渉るに等しかつた。山頂に至るかとすれば、また下って追撃に移り、要地の攻略も数知れず、峡道の奪取も少くなかった。四肢の負傷にも屈せず、勇躍前進し、七戦七勝、賊軍の胆を奪った。

その後、わが軍のヤムブ（陽布）に逼るに及んで、賊軍は首領を遣り、和を請い、恭順の意を表して、命を奉ずるの旨を申出た。かくて大元帥の摩下に属したものの、朕が陣営の出入は許されなかった。

これは、昨年、デンジバルジョカ（天資泊爾卓、カトマンズ）とその一行を、詐りをもって捕えたという理由によるものであった。それ故に、堅く禁じてあった。

有力たる官軍の偉大たる英武をもってすれば、さすがの賊軍も抵抗する力が

高かった。もとより、賊軍を駆逐し戮殺して、一兵も遁さないことはできたであらう。しかしながら、これは「上天の保護者」（中国皇帝）の願われたところではなかった。もしこの地方が悉く版図に入ることになったとしても、ウー・ツァン両省境を距たる千哩の地域であるから、皇化に浴させ、その堵に安じさせることは容易なわざではなかろう。尋常質朴の民は、一物を得ても、能く保ち続けて有終の美を済すことはないものである。それ故に、命を下し、恭順を認め、撤兵を断行し舷に大功の完成をみた。

嘗て、サンサイサン（桑則簪王、15世紀初葉、カム地方の支配者）の御代、チリン（赤臉、イギリス人）と相会し議を練ったことがある。ゴルカを屈服して、既に権力を失ったことが明らかとなったので、ゴルカが（中国と）常に友好関係を保持するものと、チリンもほざいた。ここに、チリンをもって例とするのは、必ずしも当を得たものではない。

ウー・ツァン両地方は、中国を距たるに近いわけではなく、ゴルカ人もまた、死を怖れたため、恭順を誓い、降伏せざるを得なかった。しかし、平和を希うあまり、軍門に伴り降ったのみでは、十分ではない。今や、わが軍は大捷し、賊軍の心服表明も、これを疑うことなく容認する。いっさいの事務は、サンゲル（桑格）のサイサン（則簪）王の議する3点に照して処置された。

その昔、トルゲ（土噶、モンゴル人）のわが国を畏怖し、わが国に帰順するに至った理由は記さなくともよい。帰従するに至った顛末は、已にこれを述べ尽した。今や、ゴルカ人はその過誤を認め、生命の全からんことを求めて、わが国に畏服している。わが国に忠誠・随順を誓い、倶にまったく悖るところ所がない。欠点はゴルカ人にあり、彼らは、その非を自ら認めた。事態は、以上の如くであった。

これによってみれば、ウー国人民は、軍事の研究を抛棄して、ただ文学に没頭するということが諒解される。かくて、孱弱の体質となったのは、誠に好ましくない次第である。一国民の軍事を抛棄して、ひたすら文弱に流れるのであれば、必ずや従前の地位を確保し得ないことになる。このことは、肝に銘じておかなくてはたらない。

処世応対の態度に至っては「惑星と恒星」たる一書にこれを説くこと、甚だ

明瞭である。今日もまた、よくこれを理解し、これを忘れてはならない。一朝有事の際には、再三再四、これを思うべきであり、必ず稗益するところある筈である。

　57年に亘る戦争の経験をもとにして、この10回の聖業は完成をみた。みな、これ「上天の保護者」の賜物である。この故に、「上天の保護者」の仁慈は極めて深く、朕もまた、これを信ずる。ゴルカ人は、暴力に訴えて、大体ことを運びうると思考したのが、今日の結果である。願わくは、「上天の保護者」の御恵に猶存して、完全公正の人間に化することが望ましい。この他には、別段いうべきこともない。

　天運57（1792）年、即ち陰の水の鼠の年（癸子）孟冬上浣の日、王は誌す。注12」

　これで、インドとチベットとの関係は途絶し、これによりイギリス人は、チベットとその属国シッキムに入る権利を失った。そこでのインド政庁の態度は、ネパール工作に成功すれば、チベットは容易に入手でき、ビルマ、ブータン、およびシッキムの帰属も容易に可能となるというものであった。実際、1800年ネパール王はチベットの攻略でインドに逃れていた。ここに1801年10月26日英国・ネパール条約が成立し注13、インド政庁はその工作に成功した。もっとも、ネパール人はこの干渉を望まず、カトマンズ駐在代表ノックス大尉を殺害し、ネパール軍がインドに入り、シッキムの半分を奪い、1801年条約は批准されなかった。このため、1814年に再度、英インド軍が参戦してカトマンズに迫り、翌15年12月2日サガウリ条約が成立し注14、ネパールはシッキムを侵害しないことになった。その結果、1816年3月4日新条約注15で、ネパールは英国と和を講じ、英国代表がカトマンズに駐在することになり、一方、翌17年2月10日ティタリア条約で、シッキムは英国の保障を得た注16。

　以来、英東インド会社はネパールをその支配下に収め、ここに、チベット中部と直接境を接し、他方、英国はビルマとの戦闘から、1826年2月24日の平和・友好条約注17でアッサム、マニプールの諸州を英領に収め、これをもってチベット東部と境を接し、さらに、1830年代を通じ残りのアッサム地方をも併合した注18。

　他方、インドの西北シク地域では、英国が1809年2月9日の宣言でシク人をサ

トレジ以北の地に追いやり、チベット西部にまで版図を広げた[注19]。シクは、ランジット・シン国王のもとバルチスタンにまで支配を拡大し、1841年〜42年にカラコルム高峰を越えてチベット中部を占領したが、これに対するチベット人の抵抗がチベット人初の反侵略戦争であった[注20]。しかし、1845年12月シク軍は英領に侵入し（第一次シク戦争）、1846年3月9日ラホール条約で、シクは英国の保護を受けるところとなり[注21]、ここに英国はチベットの版図を包囲できることになった。その際、ゴラブ・シンのカシミール地区が分離されたが、そのシンの版図には小チベット、中央チベットの一部をも含んでおり、そこの住民はチベット人であった。結局、1848〜49年の第二次シク戦争（パンジャブ戦争）で、カシミールは英領に併呑された[注22]。

　さらに、英国は、1860年11月1日西テライ地区をネパールに返却し、ネパールの主権を認め、国境を画定した[注23]。英国は1865年ダージリン東部の丘陵地ドワール地方の領有をめぐって第二次ブータン戦争に介入し、同65年11月11日の英国・ブータン平和・友好条約（ミンチュウ条約）で[注24]、ドアール地方を収めた。ここにいよいよ、ベンガル政庁としては、チベットの鎖国政策を放棄させることがその目前の目的となった。ために、1868年インド政庁は、長江上流域にも通ずる雲南貿易ルート開拓のためにH・A・ブラウン大佐の探検隊を華南に派遣し、1874年に第2回探検隊を送った。その通訳、駐北京英公使館員オーガスタス・レーモンド・マーガリーは、翌75年1月17日ビルマ国境バーモでブラウン大佐と落ち合った。その際、2月21日彼らの侵入を阻止すべく、交渉に当たっていたマーガリーが中国人に殺害された（雲南事件）。この殺害の報に接した英公使館の対支積極派公使サー・トーマス・ウェードは、本国政府と打ち合わせの上、8月11日総理各国衙門に対し強硬な要求を持ち出し、迫害に対する賠償、次回探検隊派遣の保障を持ち出し、通商取引の保護を取り上げて解決を迫った。かくて、1976年9月13日の煙台会議で芝罘条約の締結となった。その要点は、以下のとおりである。

1．将来、ビルマ・雲南間の辺界および通商関係を画定するための規定を定める。
2．英国政府は、5年間、雲南省大理府または他の適当な場所に官吏を駐屯させ、通商状況を観察する。その駐在官は、イギリス官民のいっさいの事項につき、中国地方駐在官と商議できる。

3．インド総督は、前年度、中国政府より得られた護照を使用し、再度、インドより雲南に使節を派遣できる。
4．中国政府は、総督および巡撫に命じて総理衙門の旅行免状を所持する外国人を尊敬し、その保護を与える。もし迫害が生じれば、その者の責を分かち、戒告する。
5．マーガリーの殺害に対して、中国は、ロンドンに特使を派遣する。
6．新たに湖北省の宣昌、安徽省の蕪湖、四川省の重慶、浙江省の温州、広東省の北海を開埠港とする。
7．北京より甘粛または四川経由でチベットに入り、さらにインドに至るチベット探検隊の派遣を承認し、これを保護する。[注25]

また、探検隊がこの中国ルートによらずインド方面よりチベットに入る場合は、総理衙門は英国公使の通知を受け、駐蔵大臣が事情に応じて官吏を派遣し、便宜を提供することになった。なお、その批准書の交換は、1886年5月ロンドンでなされた。

そこで、英国は1885年ビルマを攻略し、1886年7月24日北京でビルマ・チベットに関する条約が締結された。批准文書は、翌87年8月25日ロンドンで交換された。この条約は、芝罘条約によるイギリス人のチベット行き中止、および国境貿易の促進につき、以下のとおり規定していた（後述）。

「1．芝罘条約特別条項に規定したチベットに対する英国の使節派遣は、その障碍あるに鑑み、中止する。
2．インド・チベット間の国境貿易を促進するため、清国政府は、諸種の準備工作を進める。実行し得ない場合は、清国政府は、通商章程の締結につき、慎重に審議を進める。ただし、除去し難い障碍の存することが判明した上は、英国政府は、これを不当に強いることはしない。」

ここでの障碍とはチベット人の反対を意味しており、これに英当局が柔軟な態度で臨んだ理由は、ビルマの宗主権を得たことで、チベット探検を犠牲にしてもよいとした経緯があった。

ときに、ネパールはその強大化にもかかわらず、1815年12月2日英東インド会社とのサガウリ条約で南への拡大を封じられており、1792年のネパール・チベット協定に従う1852年の咸豊帝への使節にもかかわらず食糧と交通の便宜を与えられず、不満が残った。その上、米国およびフランスに対し開国を余儀なくされ

た清国にはチベットを助ける力がないと判断して、1852年カサでの国境紛争、続く1854年のネパール商人暴力事件を機に、ネパールは、同54年にチベットに対し1000ブルーブの支払いとネパールのとのキロン（吉隆）とグチ（保安）の通路を割譲するよう要求した。さらに、翌55年ネパールはチベットに侵攻し、キロン、ゾンカ（宗喀）、グチを占領した。8月清国代表がネパールを訪れるも、ネパールのチベットへの要求固執で、交渉は成功しなかった。しかし、ネパールは要求を引き下げ、1856年3月24日チベット・ネパール条約（タパタリ条約）10カ条が調印された。その内容は以下のとおりであった。

1. チベットは毎年1万ルーブルをネパールに支払う。
2. チベットに対する戦時の防衛ではゴルカが支援する。
3. ネパール人は納税なしにチベットで自由に経営できる。
4. ネパールは、法に違反しない限り、チベット人を処分しない。[注26]

同年3月再びネパールとチベットはチャイトラ・サウジ条約を締結した。前文は、以下のとおりで、その下に前記条約10カ条が付された。

「ゴルカ政府のバルダス（貴族）とボト（チベット）政府のそれは、それぞれの意思で、この文書に調印することを決定した。この条約当事国の一方がアヘド（協定）を破る事実により戦争が起こるときは、アヘドの侵犯者は神を汚すことになる。われわれは、誠意をもって神とともにアヘドに調印する。[注27]」

そして1894年8月14日カトマンズの王は中国皇帝へ書簡を送り、臣下としての礼を表した[注28]。

2．シッキム条約

ベンガル州知事コルマン・マコーレーは、1884～85年にチベットの国境を視察し、チベット官憲と会談する予定であった。その一方、インド相ランドル・チャーチル卿を北京に派遣してラサ訪問の手続きを進め、中国政府もこれに応じた（マコーレー事件）[注29]。しかし、この訪問計画は、ダージリン（霊鷲山）を出発直前に中止命令が出された。その入蔵計画の中止は、もともとシッキム支配という英国の

グランド・デザインに従っており、それは、1886年7月24日ビルマ・チベット条約の結果であった。同条約は以下のとおりで、1887年8月25日発効した。

「第1条（略——英国はビルマ使節派遣の慣例に同意する）。

第2条　中国は、英国が現在ビルマに対して行いつつある権力および支配に関連するいっさいの事項につき、英国が適宜かつ正当と認めるいっさいの措置を自由に執ることにつき同意する。

第3条　ビルマと中国間の疆域は、境界画定委員会により画定されるものとし、国境貿易の条件は国境通商条約によりこれを定める。両国は、中国とビルマ間の通商を保護し奨励することに合意する。

第4条　中国政府が事情を調査したところによれば、芝罘条約特別条項に規定したチベットに対する使節派遣に関して、多くの障碍の存在が明白であることをもって、英国は、同使節の派遣中止に同意する。

インドとチベット間の国境貿易を思料せんとする英国政府の希望に鑑み、中国政府は、その事情を綿密に調査した後、通商の促進と発達を目的として人民を訓諭し奨励する方法を講ずる義務を有する。実行できない場合は、中国政府は、通商章程の慎重な審議に着手するものとする。また、除去しがたき商議の存することが判明した場合には、英国政府は、これを不当に強いることはないものとする。

第5条（略－批准書交換）。[注30]」

一方、現地からの1886年12月27日付の13世ダライ・ラマあて書簡は、チベット人の抵抗の様子、つまり、「イギリス人の入蔵停止に備え、辺界のほぼ100里地方に炮台が建立され、通商を阻止する意図である」との決意盛んな様子を伝えていた[注31]。それで、この英国使節の入蔵中止は、チベット人からみれば、チベット人を畏れたからであると解された。その様子は、当時の文書によれば、以下のとおりである。

まず1871年に設立されたツオンドゥ（民衆集会）は、1886年3月9日以下の命令を発し、その抵抗への準備に着手した。

「　宗教の敵——英国には、がわが仏教の聖地チベットに対して転覆を謀る企てがあり、その脅威は増大する一方である。いまこそ、これに対する備えをせ

ねばならない。本朝正州のルントル（隆吐）地区に新たに防衛用の監視哨を設け、自らの力でその地を守る必要がある。それ故に、国境官吏ツェポン（孜本）、チャンジェンサイ（江堅賽）を、既にこの地へ向かわせた。敵の妄りな進攻がもたらす混乱に対して手を拱いていることは誠に忍び難く、止むを得ず神兵部隊（チベット族部隊）を派遣して、彼らを駆逐させる。既に派遣されているチベット防衛部隊の漢式営官兵（漢族が教官を務めたチベット族官兵）と工兵、差徭兵（任地で召集した兵員）ら、および文・武方面の責任者、カルン（大臣）と所要の要員を先行させたが、今後引続き増派する予定である。正にかくのごとくなるが故に、シオダルオ（肖達洛）3地区に対し地方兵・僧兵500名を派遣させることにした。指揮官はシアジサイ（夏扎賽）と祭祀品管理者ツアデョルロザンタシ（孜仲洛桑扎西）の両名で、2月24日この地を出発し、差徭兵・僧俗部隊の中核、補助構成員、および部隊内外の士官代表と全兵士らをかの地へ到着させる。騎乗の差徭兵50騎、600駄の物資を運搬するための家畜および補給・宿営の手配など、同地へ到着する時間に従って各自それぞれ部下の配置に抜かりなきようされたい。

　関係者は、官兵をヤートン（亜東）のシッキム（錫金）軍営処へ予定どおりに到着させるために、乗用馬・物資運搬用家畜を徴発して臨機応変に準備すべきである。宗教の大義を心得ぬ者が、もし以前のように抵抗し、妨害し、またサボタージュする場合は、それが僅かの期間のものであっても、四方印の通告書およびこの地の僧・俗両者の道理に基づき、軍法に基づき処断するものとする。お前ら将校も例外ではなく、軍法に照らして処置するものとする。

ツオンドゥ（民衆集会）
火犬の年（1886年）3月9日[注32]」

さらに、同86年、ツオンドゥは、国境のカムパ（崗巴）などの地区に対し、以下の通告書を送った。

「　ティンケ（定結）、シエルカル（協噶尓）、カダ（卡達）、レンツ（仁孜）、シガツエ（日喀則）、タシルンポ（扎什倫）に所属する拉（ガツエ（喀則）地区拉孜県）、昂（ガツエ地区昂仁県）、彭（ガツエ地区拉孜県彭錯林区）などの宗溪および政府・貴族・寺院に属する地域の寺院執事および住民は、以下のこ

とを心得ておくように。

　表からでは何を考えているか解らない英国は、年々、わがチベット、御仏の地に来て貿易をせんと欲しており、英国は、交易を彼らにも開放すべきであって、これを妨げるならば、武力発動も辞さない、と公言して憚らない。この動きは阻止すべきであって、先例を作ることになってはならない。過去数度の会議で出された誓書に基づき、チベット人男子は、死を決して、婦女子もまた断固として、これに徹底的に抵抗し、その想いは誓って揺らぐことはない。パリ（帕里）地区に駐在する政府幹部ランパ（然巴）は、随員とわが3大寺が特に派遣する代表、随員を伴う糧台官員ジメチュエジュエ（吉美却覚）、ツィポン（孜本、財政大臣）ツアロン（擦絨）らを連れだって出向き、言葉巧みに拒み、先方が当方の申し立てるままに引き下がればよい。兵の勢いに任せて進攻するときは、絶対に言いなりになってはならず、当方も武力をもってこれを解決しなければならない。

　このため、まさに前蔵・後蔵の漢式営官兵、チベット兵、工兵らを動かしているのであって、南北上下を問わず隈無く部隊を配置・編成しているのであって、北方4部の騎兵動員も維持しているところであって、懈怠があってはならない。先方は習性として狡賢く詐術をこととしており、いつわが国境に現れるか解らないが、カムパ（崗巴）とティンケの方面から現れるのではないか、と思われる。それ故に、カムパ管轄地区の山道・通路の見張り所に対しては、等しくタルシンポ寺が有能な指揮官を派遣して、防衛の責を負うことにする。敵が突然進攻してきた場合は、カムパ地区へ派遣する地方兵・援兵を、タシルンポ寺の兵員の中から出すべきで、誤りがあればすぐにも糾さねばならない。この情況については、既にタシルンポ寺のラマ、ジャサー（扎薩）に報告してある。

　ティンケ・カダ見張り所の総司令官については、シガ（日喀）、すなわちベンドースーソー（本杜素色）が務めるように任命してある。それ故に、カディン（卡定）地区の見張り所は、特に漢式営官兵が防衛の責を負い、これに加えて、政府・貴族・寺院所属の兵が共に偵察・歩哨の派遣を行うことにし、いかなる時でも怠ってはならない。もしわが方の国境地区の各山道・通路が陥落し、敵

方に占領されるときは、そのことがいきおい重大な結果をもたらすことになる。道路の守りを厳しく固め、迅速にかつ堅固に、そして長年の使用に耐える防衛拠点の修復工事を、速やかに進められたい。このために、カダ地区とシエカル、サキャ（薩迦）、タシルンポララン（札什倫布拉譲）に所属するツーロンバ（資龍巴）兵士の中から兵員を動員して修復に当たらせることを認め、必要な技術者・物資については別に手配するものである。

　もし援兵を出すことが必要ならば、シエルカル、レンツ（仁孜）、シガツエ（日喀則）、タシルンポ寺に所属する拉、昴、彭の3地方から地方の情況に応じ兵員を抽出して派遣することにする。併せて、政府・貴族・寺院所属の地域内で有能な管理者が必要ならば、適当な形で選ぶことを許可する。

　上述の通告の内容について、ツォベン（宗本、県長）管轄下の付属民および寺院の民は、等しく大意を知り、御仏の教えを奉じ、責任者・頭目の指図を受け、皆で心を一つにしていかなければならない。務めを疎かにする者は、なんびとといえどもこれまでの通告書・誓書・軍法に基づき厳しく追及され、処罰を受けるものとし、野放しにしてはならず、また口実を設けて一般庶民に対して権力を嵩にきて財物を脅し掠めとることがあってはならない。このために、各宗溪の官員・責任者・庶民は、公の職務のための責任を果たさねばならず、誤りがあれば、すぐにでも糾されねばならない。先方の行動や情況について、偵察を行い、速やかにパリ（帕里）駐在の政府幹部に書面で指示を仰ぎ、併せて政府に通報し、変事があれば速やかに上に報告しなければならない。特にこの通告書を発するので、肝に銘じておくように。

ツオンドゥ　陽火犬の年
デプン（哲蚌寺）、セラ（色拉寺）、ガンデン
（甘丹寺）、ゲキカ（噶厦、政府）（印）[注33]

また、英国のチベット侵略阻止に備えて、同1886年のマダ（馬達）谿堆に対して兵員を選抜することを認めた奏文がある。その記録文書は、以下のとおりである。

「　火犬の年（1886年）、ツオンドゥ（民衆集会）の通知書と最近、カルン（大臣）が発せられた公告の精神に従い、異国の邪なる英国が仏教の聖地チベットを侵犯するのを阻止せんがために、政府・貴族・寺院に付属する民の中から兵員を

選抜しようと思う。鉄猪の年（1851年）通知書の決定事項に従い、政府所属の6戸のマダ（馬崗）地から1戸につき1人の兵員を徴集し、併せて、公告に基づきこのことを指示する。刀・銃・矛の3種武器をすべて備え、3カ月分の食糧・テント・調理器具などの準備をし、この命令に背いてはならない。

　マダ谿卡の出兵に従うのは、ダンツン（旦増）、ミマ（米馬）、ペンバ（辺巴）、ペンバポント（辺巴彭図）、ツレドンジュ（次仁頓珠）、ウチェン（烏堅）、ツァイレンドンジュ（才仁頓珠）、ドンドップ（頓珠）、タワ（達娃）、タンドン（丹頓）、タシ（扎西）、ドジェ（多吉）、ソナムドジェ（索南多吉）、ゲサンタン（格桑次旦）、ルンチュツアンバ（倫珠倉巴）、コンサン（貢桑）などの土地の者である。司令官ワンゲサン（旺格桑）を除き、残る4分の1と24分の1の崗および僅かな馬崗差については、タシルンポ（札什倫布寺）が寺所属の卡・窮、そしてこの両地のドンドップ（頓珠）、バイサン（白桑）、パタン（巴丹）などの土地の者を出征させなければならず、また常駐兵の漢式営官兵6人を兵役に就かせなければならない。鉄猪の年の通知書では、詳細の規定を定めていないから、この度については、庶民が自発的に兵員を提供することにするも、今後は、貧苦に喘ぐ庶民が1匹の馬に2つの鞍を備えなくてもよいよう、適当な形で賦役の減免につき、私よりカルン閣下にお願いする。上記の兵員選抜先の一覧（略）に相違はない。

　マダ谿堆のダワ・ツエリン（然古尼扎曲）の代表ダワゲサン（達娃才仁）が署名し、地区のゲンパオザン（根保窩巴格桑）およびゲンバオブブ（根保普布）が連署し、タシルンポが寺所属の卡・窮両地の民の代表バイマジュエ（白瑪尺覚）およびポンジー（彭吉）の2人が署名した。

　この奏文は、上級部門へ提出したものの写しで、内容に相違はない。[注34]」

さらに、以下は、1887年、ロカ（山南）地区カダ（卡達）の寺院・政府の付属民が異民族（英国）のチベットへの越境侵犯を許さないと自ら交わしたところの誓書である。

「　政治と宗教の両分野における至上の法主様の御前に

　　カダ（卡達）地区に所属する教派を問わない各種寺院および政府・貴族・寺院の所轄民は、ここに、謹んで誓書を固く認め、一式2通、その趣旨をお耳

に入れたいと願う。

　事由——邪な願望を持つ西洋人曰く、貿易を開放しないのならば、軍隊を派遣して仏教の聖地チベットへ侵攻するとのことである。これに対して、一人たりとも立ち入らせるわけにはいかない。清咸豊皇帝の時に発せられた通告書および誓書の約束に基づき、またツオンドゥ（民衆集会）がカダ見張り所指揮官に与えた通告書の精神に基づき、このことは誰もが知っていなければならない。各地所轄の重要な山の要害には、新たに防塁を作る工事をする必要がある。特に、ドス（杜素）谿卡の常備兵たる漢式営官兵は、特殊訓練を受けた後に、防衛任務に参加する必要がある。各地方の政府・貴族・寺院の民もまた偵察・見張り任務に就く必要があり、誤りがあればすぐに糾すべきである。敵がどの峠に現れようとも、偵察や歩哨による見張りを行って、決して疎かにはしない。まず機知を働かせて彼らに投降を勧め、聞き入れて引き返すならばよいが、さもなければ、兵の勢いに任せて侵犯する者に対しては、宗教の教えに鑑み、その責任と利害をはっきりと認識し、断じて兵には兵をもってし言行一致させなければならない。国境防衛部隊は、可能な限り援兵を増やさねばならず、各寺院もまた「法敵に臨めば、僧・俗も武装する」必要があり、可能な限りの僧兵を繰り出し、隠すことなく自らの過ちへの責任を免除し、武器をとり、それぞれが防衛の責を負う国境を敵に越えさせないよう一心不乱に戦い、この土地を自らの手で守らなければならない。

　季節の関係上、雪山の雪が融けて狭い道が現れ、新たに建造した塹壕も覆われるので、毎年、きちんと巡視を行わなければならない。雪が融けて道がはっきりと現れるのを待って、新たな情報が入ったら、かねての規定どおり、速やかに地方のツオベン（宗本、県長）あるいは総司令官、およびシガツエ（日喀則）駐在の各ダイベン（代本、連隊長）を通じて、政府に迅速に報告する。併せて、手抜かりなく当面、動員徴発している弾薬、火縄、およびすべての弾薬をすべてまとめて適当な形で保管し、随時、供給することにする。上記の規定は、日常の事態および特別事態をすべて網羅していようといまいと、等しく官員が命令に従わなければならないところである。これに対して、言葉を違えることは決してせず、このことについては、既に具体的な文章をもって報告済で

ある。公告の精神に拠り、違えた者は肉体および財産の面での処罰を甘んじて受けなければならない。

　サンツオン寺（桑宗寺）とその分寺の責任者であるゴーサンラン（格桑朗）の印章は、上記の誓文の精神を保証し、カチュ寺（噶曲寺）とその分寺の管理者マオワンダンツン（昴旺旦増）の印章は、上記の精神を保証し、イエチュゲンバオガーシーヌオブ（延曲根保噶西諾布）および民の代表者であるドンバイボンツオ（冬百彭錯）の印章、ユーワンゲンバイオチアンババブ（玉娃根保強巴普布）および民の代表者であるツアンブブ（蔵普布）の印章、ワンナンコンバイダンツン（旺囊貢白桑旦増）および民の代表者であるヤーシュエンジュエン（牙旋娟）の印章、リュエダゲンバオカマオチャトゥエ（掠達根保喀昴扎推）および民の代表者であるロントェブブ（尤堆普布）の印章、チャーチャンゲンバオバオンバサンタデ（扎章根保囊巴桑塔吉）および民の代表者であるチャジエブ（扎結布）の印章、チアンシュエンゲンバオカンヌオブ（恰旋根保康諾布）および民の代表者であるバサンタデ（巴桑塔吉）の印章、モンワチャンラオツォンナツゴ（孟娃長老宗囊次格）および民の代表者であるロシュタシ（勒旋扎西）の印章、ツアダゲンバオゴマボンツオワントウエ（擦達根保格玛彭錯旺堆）、および民の代表者であるティンシアワンジ（丁夏旺之）の印章は、上記の誓書の精神を保証するために、タシルンポ寺のカブラマバコサンドチンティン（喀普拉玛巴格桑多金钦）、シアンチュブゲオバンダニマ（向秋普根保大尼玛）が捺印する。上記の誓文の精神を保証するために、辺境防衛軍のシエティンジエア（歇丁結布）およびジューベンドライ（居本多来）、ツェリンタンツン（次仁旦増）、ソナム・ドンドウップ（索南頓珠等）が捺印する。

　私たちは常に歩哨を放ち、探査を行い、併せて西洋人の入境を阻止しなければならない。

　　　　　　　　カダ谿卡の指導者ロジュオニツアム（熱卓尼擦姆）の代表
　　　　　　　　　　　　ダワツレン（達娃次仁）の印。
　　　　　　　　　　チベット暦陰火猪の年（1887年）[注35]」

　ここに、チベットは1887年、英国の不備に乗じてシッキムに侵攻し、チベット・インド交通の要衝ルングト（龍洞）を占領し（第一次抗英戦争の隆吐山戦役）、もっ

て通商を阻止し、シッキム王を説いてチベット側に寝がいりさせた[注36]。この事件はヤングハズバンドがのちチベットに侵攻するところの口実ともなったが、同87年末、英国は、チベットに対し1888年3月15日以前の状態までに撤退しなければ、武力をもって撃退すると通告し、この書簡は未開封のまま返却されたことで、2月13世ダライ・ラマあてに再度書簡が送られ、3月20日英軍は攻勢に出た。これによって、チベット兵はシッキムから完全に掃討された[注37]。チベットに滞在中のシッキム王は、英国の督促にもかかわらず、帰国には応じず、ここにシッキムに対する英国の実質的支配が確立し、翌89年以降、英国は、国政諮問としてガルトク（噶尔渡）に官吏を駐在させた。その上、英国は、さらに中国との正式の条約でそれを確認すべく、アンバンがダージリン（霊鷲山）に派遣され、1890年3月17日シッキム条約8条がカルカッタで調印された。その要点は、以下のとおりで、これによりシッキムは中国との関係を離れ、英国の管轄下に入った（1904年、英国のチベット遠征以後、英インド政庁に責任を負うことになるシッキム駐在政務官がガルトクに置かれ、シッキムはここに正式に保護国となった）。

1．チベットとシッキム間の国境の画定と国境不可侵の約定。
2．シッキムに対する英国の保護権。
3．チベット・シッキム間の通商、シッキム国内の遊牧、インド・チベット官員の交渉と往来は、批准交換日より6カ月以内にインド・チベット双方より委員会を任命して、会商で決める。[注38]

このシッキム条約はチベット・インド関係、すなわちチベット・英国関係を切り開くという点で決定的なものがあった。問題の第2条には、こう規定されていた。

「英国政府は、シッキムに対して保護権を有し、その内政および外交関係に対して直接のかつ排他的な支配権を有すること、英国の仲介および許可なくしては、シッキム王もその代表者も、他国と公式・非公式の関係を確立することは出来ない。」

このシッキム工作により、ガンジス河の支流チュンビ（春丕）河流域を除き、ことごとくが英国領土となった。すなわち、ブータンの3分の2はインドに併合され、またビルマとネパールの英インド支配に加え、シッキムは英国の領有となった。これにより英国は、ネパールからゴルカ兵を徴集できるようになり、カシミールの

軍隊をも押さえたが、そこでは、タリム盆地の大半、南トルキスタン、小チベット、および中央チベットの一部が英国の支配下にあった。加えて、大チベットおよび中央チベットとの国境は、遊牧民の動静に左右されており、大チベットが英国により占領される可能性が目前に迫っていた[注39]。

このシッキム条約は、1890年8月27日ロンドンで批准文書が交換された。もっとも、チベット人は、同条約の実行可能性はまったく考えておらず、英国もこれによってチベットの通商権を獲得できなかった。英国にとっては、どうしてもヒマラヤの南麓、チュンビ（春碑／春丕）に通商上の商埠を確立する必要があった。そこで、1893年12月5日英国の新たな工作で、チベット・インド間のシッキム続約9カ条とともに附款3カ条からなるシッキム条約付属通商章程が締結され、その意図は達された[注40]。その内容は、以下のとおりであった。

1. 中国は、1894年5月1日より、イギリス人のためにチベットのヤートン（亜東）に商埠を開設し、インド政庁商務員の駐在を認め、同地への往来を自由にし、施設を提供する。
2. チベット内でイギリス人と中国人およびチベット人のあいだに通商上の紛争が生じた際は、中国辺務官と英シッキム弁務官の合議により、被告所属国の法律に従い弁理し解決する。
3. ヤートンの開埠より1年後、チベット人でシッキムにおいて遊牧する者は、以後、英国所定の遊牧章程に則るものとする。[注41]

注目すべき点としては、第一に、合議による紛議の解決として、チベット内での紛議が中国またはチベットの裁判機関により裁かれるべきであったところ、被告の所属する国家の法律によって弁理するとされた[注42]、第二に、シッキム入口のヤートン（亜東）でイギリス人商人の自由な往来が認められた。

にもかかわらず、実情は、1894年5月1日ヤートン（亜東）の開埠では、チベット人は横柄で、シッキム条約は中国・英国間に締結されたもので、自分らには関係がないという態度をとった。この状況を目撃したシッキム弁務官クロード・ホワイトは、条約に規定される自由貿易の権利が侵害されていると判断した。このホワイトの報告を受けたベンガル政庁は、条約の違反を提起し、インド総督に対しその解決のための決断を迫った。しかし、それ以上のことはなかった。さらに、チベッ

人はシッキム西北地域で、1890年条約でインド領となった地域を占領した。それに対し、1894年8月インド総督はアンバンに書簡を送り、国境の共同調査を提議した。アンバンは10月チベット当局がこの件に異議を申し立てているので、共同調査はできないが、国境問題は協議できる、と返答した。1895年5月19日英国・中国代表の立ち会いでセラ峠に標柱が建立されたが、中国代表は、ラマ当局の反対から、踏査の延期を公式に申し出た。ベンガル当局は、そこで、クラウド・ホワイトに対し単独踏査を指示し、チュンビ（春丕）渓谷の占領を進言した。しかし、インド政庁は、現地からの引き揚げを命じた[注43]。

　一方、当時、中国チベット族地域と内外の情勢について、1896年10月15日四川総督鹿傳霖は、ツアンダイ（頂帯）の回復で、以下の上奏文を提出した。

　「いわゆるツアンダイの鹿傳霖四川総督は、ザンズイ（瞻対）全土を回復してから蔵官をチベットに返すべきであること、英国とロシアがチベットを窺っていること、およびダライ・ラマが外向していて事件を起こし難いということなどについて、皇帝に上奏する。

　私は何度もいったが、ザンズイは、四川省の大門であるから、できる限り回復するべきである。現在、ザンズイ全土を回復した。ただし、ザンズイへの蔵官派遣を止めることについて、再び上奏する。

　チベットがロシアとの関係について、丁度、チベット・インド間に戦争の恐れがあったとき、ロシア人が旅行の名目で、後蔵からチベットに入り、甘い言葉とお金でチベットを誘惑した。そのとき、言葉と文字が通じなかったので、ロシア人は3つの秘密文書をチベットに残しており、緊急な事態があれば、この秘密文書をロシア国境に持ち込めば、ロシアは援軍を派遣する、と約束をした。チベットの方は、うれしくてこれを信じている。ただし、このことは、秘密として公表しなかった。その後は、後蔵の（9世）パンチェン・ラマは、（13世）ダライ・ラマとの関係が悪く英国と親しいので、このことを漏らした。前駐蔵大臣昇泰がこのことを聞いて追求し、そして3つの秘密文書の草稿を見付けた。昇泰が離任した後、チベットの方は文書の管理者に賄賂を送り、再び3つの秘密文書を手に入れた。しかし、その後、チベットとロシアとのあいだの往来は聞いたことがない。多分、ロシアはチベットから遠く、夏と秋も洪水

で往来できないからであろう。そして、ロシア人は必ず後チベットを経てチベットに入れるから、着いたら直ぐに（9世）パンチェン・ラマに注意される。英国も厳しく防犯している。だから、（13世）ダライ・ラマはロシアとの往来は難しいと思っている。

チベット官員は統治が残虐で、辺地のディパ（土司）をすべて強制的に彼らに従わせている。ザンズイの人民も被害が重く、ディパも脅迫されたのは、長年のことであった。今回、大軍が6営しかないので、3カ月間だけで、このような勝利を得ることができるのは、ザンズイとディパの助けがあったからである。だから、ザンズイを回復して以後の経営と善後については、民意に則り、移動できる官員をおいて管理すべきである。相変わらず蔵官に委任すれば、その残虐はきっと以前より甚だしいものとなろう。そうなったら、わが朝は人心を失ってしまうことになる。私は何度もいったが、チベットが有事のときは、ザンズイが他人のものになる。ザンズイのような地方の得失は、四川省の安全にかかわる大切なことなので、私が再三求めるのは、蔵官の派遣中止である。

皇帝は、私に重任を担わされており、私は、必ずや一所懸命、責任を尽くす所存である。私の考えからみれば、以前、ザンズイをダライ・ラマに賞賜していたのは、一時的な政策だった。蔵官は、長年にわたり人民を虐待し、時々、事件を起し、その上、官兵も傷つけているから、罪は重いと思う。ダライ・ラマは千里の外にいるので、蔵官のこのような不法行為を知らない。このように考え、皇帝はダライ・ラマの罪を追究しない。これは、皇帝の寛大さと仁義である。しかし、人民を恣意的に虐待して、ディパを恣意的に侵占することは許されない。だから、今、この事実を皇帝に上奏する。求めるところは、ザンズイを再び四川省に帰属させ、改めて漢官を派遣して管理するということである。ダライ・ラマが派遣する新しい蔵官はチベットに戻させる。チベット人も逆順を知っている。彼らがダライ・ラマを信じているのは、仏教のせいである。ダライ・ラマは公然と裏切ったら、チベットの人民は、かならずしも彼に従うわけではない。そして、ゴルカも英国もチベットを窺っており、ダライ・ラマは、どういうふうに自存できるのか。だから、彼がそのことをする可能性は小さいと思う。チベットのダム（／ジャンチー、達木）8旗と39族がすべてわが朝

に属し、駐蔵大臣が彼らを活用したら、ダライ・ラマを制限するのに十分である。

　英国とロシアがチベットを窺っていることについて、実は、彼らの目標はインドである。英国は貿易が盛んで、裕福な国である。しかし、その統轄している地域はばらばらの状態なので、インド、特にその奥地は、近年来、常に安全について危機感を持っている。ロシアがインドをほしいのは長年のことである。チベットがインドの頂にあるので、（ロシアが）チベットを得てインドをとるためである。でも、ロシアは万里の外にあるので、これを実現するのは難しい。英国はロシアのこのような動きにとても心配で、厳しく防犯している。近年来、ロシアはドイツとの関係が近くなって、英国が疑いをさしはさみ、英国もドイツに接近した。ロシアも英国もお互いに遠慮していて、どちらも先発を慎んでいる。イギリス人のいったとり、もし英国がチベットを取りたかったら、それは案外容易なことだと思っているが、取らなくて、辺境線を画定して中国と講和した事由は、ロシアとの戦争を遠慮したからである。もし英国とロシアがチベットで争えば、戦乱が起こる恐れがある。チベットが中国の属地であることは、万国みなが知っており、ロシアは、万国公法に遠慮して公然とチベットを取ることはできなくなる。だから、中国が自行でチベットの事務を整頓したら、英国もロシアも関与することができない。早く辺境線を画定できれば、どちらも安定して、少なくとも一時的に平和を守ることができる。

　ダライ・ラマは外見は強くて狡猾だが、実際は内面が弱い。今、われわれは、自行でチベットの事務を整頓することは、英国の希望と合わせるということである。ロシアは、これに不快であっても、公法で何もいい出せない。昨日、インドからチベットに向かう委員李毓森からの電報を受け取った。彼はインドで英辺境事務官と会談した結果、大体、合意を達した。私は文海に文書を送って、彼を早くチベットに来させて、まず辺境の問題を解決する。それ以後、整頓する。そうすれば、チベットは少なくとも一時的に安定するようになる。四川省の大門も固まると思う。[注44]」

　以来、5年間、インド・チベット貿易は中断し、チベットはシッキム条約の効力を認めなかった。当時、ヤートン（亜東）とギャンツェ（江孜）のあいだに140人の駐屯兵しか配置していない中国官憲としては、このチベット人の態度に対しい

かんともすることもできなかった。そこで、インド政庁は、直接交渉による打開を決意し、南阿戦争の終了もあって、インド総督カーゾン卿が1899年に決断を下し、ダージリン（霊鷲山）駐在ブータン代表ウグエン・ガージを介して13世ダライ・ラマあてに書簡を送った。しかし、その返事は好ましくなく、カシミール駐在官ケニオン大尉を通じて、再びダライ・ラマあて書簡を託した。鎖国の規定を理由に、現地のチベット官憲は、ラサへの伝達を拒否し、6カ月間放置し、書簡は返却された。そこで、1901年ウグエン・ガージが再び書簡をラサへ携行した。しかし、13世ダライ・ラマは、自分の一存では決しかねると、返事を拒み、書簡は返された。

ここでのインドの決意は、最終的には武力の手段を行使してでもチベットとの交渉を進めて友好・通商条約を締結するということであった。それは、1901年7月25日シムラのインド政府外務省から英インド事務大臣ジョージ・ハミルトン卿あての文書（1901年8月12日ロンドン受理）に明らかである。その全文は以下のとおりである。

「閣下は、1899年12月8日の文書で、われわれがチベット人との直接交渉を求められた。ここに、その後の進捗状況を説明する。1899年10月26日の文書については、ブータン代表ウグエン・ガージに託したダライ・ラマあて書簡の結果を彼が持ち帰るのを、われわれは待っていた。しかし、書簡の回答は芳しいものではなかった。われわれは、ダージリンを通じたダライ・ラマへの接触を一時中断し、別のルートを探すことに決めた。そして、雲南、ネパールあるいはラダクの方から、適当な使節を派遣できるかを調査した。われわれは、ニボアル駐在官に意見を求めたところ、「ニボアルからラサまで行く企ては止めなさい。ただし、ニボアル国王に知らせ、国王の許可をもらったら別である」と返答された。しかし、われわれは、彼との相談は必要ない、と考えた。われわれは、雲南を経由してチベットに行く使節をビルマ政府に求めたが、これも適当でないとの回答であった。ただし、ラダク方面から接触する提案は、可能性がある。

わがカシミール駐在官の計画では、毎年、ラダクの各町を巡視する副長官と後蔵連合管理官（すなわちガダカベン）と協議し、ガダカベンの代表を通してラサ主管当局と連絡するということである。この提案により、われわれは、ケ

ニオン副駐在官に委任するべく1900年秋にガダカベンのところへ行った。彼に、インド総督からダライ・ラマあて書簡一通を託した。そして彼に「この手紙を目的地まで持っていき、ガダカベンに渡して、ガダカベンからダライ・ラマに転送してもらう」よう指示した。6カ月後、ガダカベンは、「条約上、外国人はチベットに入国できないので、書簡は持参できない」と、その書簡をケニオン大尉に返してきた。

　ウグエン・ガージを介してダライ・ラマへ書簡を渡す計画を立てた。彼は、2頭の象を買うために派遣されているので、よい機会だと考えた。彼に頼んだダライ・ラマへの書簡の内容は、「英国がチベット政府を容認する態度をとることを強調し、もしこの友好交渉が無視されれば、必要かつ正当な措置をとる権利を保持するべく宣言する」というものであった。

　第二の書簡が拒否されたら、インド政府としては、英国政府の許可を得て、もっと現実的は方策を採ることを考えている。その目的は、われわれは、友好条約を結び、通商と政治上の利便を適えることである。[注45]」
英国は、いよいよチベット方策で最終交渉への決意を深めた。

3．ロシアの干渉

　中央アジアに進出したロシアの新疆接近は、1851年8月調印のイリ（伊犂）通商条約である。このイリは、天山山脈で囲まれており、地形上、中国本土からの接近が難しいところにあるが、清廷は1760年イリに軍隊を投入して統治を固め、中国はロシアと1858年6月13日天津平和・友好・通商・航海条約追加条約に続き、1860年11月14日北京条約でウスリー辺境を画定したことで、1864年10月7日タルバタイ（塔爾巴哈台）境界条約（勘分西北界約記）で新疆での境界設定を約し、このため中国は44万平方キロメートルを失った。以後、1865年イリ（伊犂、クルジャ）のイスラム教徒反乱で、ロシアがイリ地方を占領し、1879年9月15日リバジア条約でロシアはその占領地域を返還したものの、ロシアはその支配を拡大し、中国の不満でこれを修正した。1881年2月22日イリ（伊犂）条約（セント

ペテルスブルグ条約）が締結され、ロシアはさらに170万平方キロメートルの領土を獲得した[注46]。

ロシアは1627年以来、サバイカルのトングース族の支配を固めたが、彼らトングースは17世紀以降、ブリヤード族を通じて、ラマ教に帰依した[注47]。ロシアは、19世紀後半になってウスリー一帯の併呑を完了し、クリミヤ戦争を経てブリヤード人をテコにいよいよ中央アジアへの侵攻を企てるところとなった。1865年6月29日ロシア軍はタシュケントを占領し、1868年サマルカンドに達した。こうしてチベットへ肉薄しつつあったロシアは、1893年パミール方面から南下して直接、チベットへ入った。この機に、ロシアのエカテリナ女帝は、チベットとの通商関係の開設を、パンチェン・ラマに提議する企てをした。その提議は、中国官憲に阻止されたが、多くの使節は9世パンチェン・ラマの許に送られており、その結果、ロシア商人がウルガ（庫倫）に入ることを許され、ラマ教徒が中央アジアを巡礼する際には、ウルガ、ラサ、シガツエの寺院でロシアの工作が進められた[注48]。

こうした背景で、ロシア臣民がダライ・ラマの仲介を演じるべく、1894年アストラハンのカルマク人が1年間ラサに滞在し、13世ダライ・ラマの意を受けてペテルスブルグに赴いた。翌95年、トルキスタンで調査していた探検隊2名がP・K・コズロフの指揮する護衛隊に守られて、1897年ラサに到着した。この交流はブリヤード人に助けられており、そのチベット工作は成功した。その一人、ハンボ・アグバン・ロプサン・ドルジエフ（徳爾智、1854-1938）は、13世ダライ・ラマ特使として1898年ラサを出発しモスクワへ向かい、1900年9月30日ニコライ2世に謁見した。ドルジエフは13世ダライ・ラマの贈物と親書をニコライ2世に献じ、英国のチベットに対する野心を訴えて、ツァーのチベット援助を求めた。ツァーは返礼としてダライ・ラマに金時計を贈り、ロシア・チベット関係が不可欠であると確言し、ロシアの支持と援助を約した[注49]。中国は、このドルジエフの行動は清国のチベット主権に対する侵害と解したが、国内事情からそれに対処できなかった。

この交渉の成功で、ドルジエフの帰国直後、13世ダライ・ラマは、ドルジエフをオリッサ経由で再びペテルスブルグに派遣した。1901年7月23日、今度は、ニコライ2世が彼を外交使節として正式に引見し、ロシア・チベット親善関係の確立を強調した。この結果、チベットは、ロシアの支持を頼みに対英態度をいっそ

う強化することになった。これに対し、1902年1月30日英国はロシアへの対抗上、日本と同盟条約を締結し、これによりロシア勢力のチベット進出が未然に防止されることになった[注50]。

実際、ドルジエフのロシア訪問の一報が伝わるや、英国政府の驚愕はすさまじかった。1901年6月18日のロシア紙ノービエ・プレミヤは、「このチベット使節の再度の訪問は、ドルジエフの最初の訪問がもたらした好印象により、ダライ・ラマがロシアとの友好関係確立の決意を固めたことを証明している。……ロシアを措いて大英帝国の野望を粉砕しうるものはないのだから、ロシアとの接近はダライ・ラマにとっては自然な措置と思われたのであろう」と報じた[注51]。ドルジエフがペテルスブルグに滞在した当時、ラサでは90人以上のロシア人が政治的・宗教的地位に就いていた。実際、当時、ダライ・ラマはロシアの支配下にあるとの風説も広がっていた。1902年8月2日北京駐在英国公使サー・アーネスト・サトーの本省あて公電は、ロシアが中国の領土保全を保証する代わりに、中国はチベットのいっさいの権利をロシアに譲渡するとの密約がある、と指摘していた。インド政庁も、この種の密約は確実である、と報告していた[注52]。

当時、清朝政府に派遣されて英中交渉の任にあったバーエルは、1902年5月26日アンバン安成に対しチベット問題に対する英国の所見を、以下のように提出していた。

1．インド政府は、中国官憲が権力を有していないので、チベットをきちんと統治できないという状況をみて、権力を掌握しているチベット官憲と改めて条約を締結して、中国の統治に代わるつもりでいた。
2．チベット政府は、官僚を派遣しなかった。それで、インド政府は、機会を見付けてチベットに進出し、きちんと治めるつもりでいた。
3．ロシアはまた北方から軍隊を進出させており、南にはインド、北にはロシアがいて、両面から挟撃されることが怖くて、チベットを強いて自主とし、高萠（高麗）と同じようにした。
4．必ず強い大臣を派遣してダライ・ラマと商議する。ダライ・ラマに全権を与え、中国官憲と協力し、チベット官憲が外国人と連絡してこっそり密約をしないようにしなければならない。[注53]

このロシアのチベット工作は、英国のチベット政策に最後の決断を迫るものがあった。

4．英国のチベットに対する実力行使

　チベット政策に対するインド総督カーゾン卿の意見が前記のバーエルの所見にみるように極めて強硬であったのに対して、英本国政府は、ロシアのチベット工作の真意を確認する必要から、この点は極めて慎重であった。1903年3月、ロシアと折衝中の英本国政府は、以下の指示を現地に送っていた。
> 「問題は、チベットとの通商とか境界についての詳細な取決めにあるのではなく、もっと大きなインド・チベット間の将来に関する事柄に関してである。もとより、ラサにおける英国勢力を確保し、どの国であれチベット政府を動かしてインドにおける英国の利益と相容れない圧力をかけられないようにすることは、絶対に必要なことであるが、……しかし問題は、常に単にインド・チベット間のもののみとみることは出来ない。最近における中国のヨーロッパ諸国に対する地位は、大きく変化を来しており、したがって中国領土の一部と見なされるチベットに対して何らかの行動をとるに当たっては、前もってこの種の事情を考慮に入れる必要がある。注54」

英外相ランズダウン卿、ヘンリー・ペティ・フィッマウリスは同03年2月11日、18日、および4月8日、在英ロシア大使アレクサンドル・コンスタノビチ・ベンケンドルフ伯とチベット問題について交渉を行い、ロシアがチベット問題に政治的野心がないことを確認した。
　ランズダウン卿は、こう対応した。
> 「英国はチベットの領土を併呑する企図はない。インド政府は、インド・チベット両国の貿易の増進を達するために必要な手段をとることに躊躇しない。」

　チベットにおけるインドの利害か特権の性質につき、ランズダウン卿はこう答えた。
> 「英国のチベットに有する利益は、ソ連のそれと比較できない。それ故に、ロ

シアが同国で活動の徴を示すときは、英国もこれに対処するものであり、ロシアが同国に使節とか遠征隊とかを派遣するときは、英国も強大な兵力でこれに対処する。英国は、目下、英国・中国条約に基づくインド・チベット境界の画定、およびシッキム辺境における通商の増進に関して、チベット当局に対して要求している。英国は、この交渉が中国政府を経るが無効なるを実験するとともに、これらの満足する解決を得ようとしており、目的の達成のためにはその手段をとるものである。」

さらに、ベンケンドルフは、本国の意を体して、こう発言した。

「ロシアはチベットに関して、中国、チベットともなんの条約もないが、またロシアはチベットに駐在官を派しておらず、派する意図もないことを明言する。しかし、ロシアは、チベットの現状維持に干渉するものには、傍観しない。かかる不穏な事態が発生したる際は、アジアにおけるロシアの利益の保持の必要から、チベットへの干渉もやむを得ないとする。チベットは中国の一部であって、中国の領土保全に関しては、ロシアは特殊の利害を有するものである。」

これに対して、ランズダウン卿は、「英国はチベットに何らの領土的企図はないが、英国とチベットは条約があって、通商上の権利を有する」と述べた。
注55

この交渉の経過は、4月14日の電報でインド当局にも通知され、チベット問題の交渉は、中国とチベットと両者を交渉条件として、通商・その他の問題にわたって進めることになった。これに対するカーゾン卿の見解は、4月16日および5月7日の返電で、和・戦両様の準備をもって中国代表と折衝し、折衝となれば、軍をチベットに入れるべきだと建言した。その要点は、以下のとおりであった。

1. 交渉場所は、チベットからもっとも近い国境カンバゾン（干巴宗）とし、英インド代表者は200名の護衛兵を同行し、別にシッキムに予備軍を配置しておく。
2. もし中国およびチベット代表が姿をみせないときは、チベットのギャンツェ（江孜）またはシガツエ（日喀則）に前進し、彼らの来者を促進する。
3. 首席代表にはインド駐在フランシス・エドワード・ヤングハズバンド大佐を任命し、シッキム駐在弁務官クラウド・ホワイトをその補佐とする。注56

英本国政府は、4月29日、5月7日、および28日の電報で以上の方針を了知し、

交渉内容は、通商・国境・放牧権の問題とし、紛議の起こりうるギャンツェ（江孜）またはラサへの英駐在代表の前進の件は差し控えることにした。そこでは、チュンビ（春丕）渓谷の「保証占領」というインド総督による強硬提議の作戦シナリオが黙認されていた注57。そこでのヤングハスバンドの起用は、彼がヒマラヤの山中、クーの生まれで、1889年カシミール北部国境を踏査し、1890年にはパミールと中国領トルキスタンを旅行し、また中国を横断し、北京に滞在したこともあり、その事情通ということからであった注58。

他方、中国政府は、1902年12月北京駐在英公使サー・アーネスト・M・サトーに対し、アンバンに有泰を任命し、至急、現地で英弁務官クラウド・ホワイトと交渉に入るよう指示した、と通告した。翌03年5月12日北京駐在代理公使タウンシーは、中国政府に対し、インド政庁は近くアンバンと英国代表が会見するため、アンバンをカムバ（崗巴）に派遣し、その際、チベット代表を帯同するよう求めた。よって、中国政府は、この旨、アンバンに移牒し、アンバンは13世ダライ・ラマを説得して代表者に四川越雋営参将何長榮を任命し、7月7日までにカムバに赴かせることを決めた。ヤングハスバンドは駐インド・ガルトク（噶大克）通訳官オーコンアー大尉を同行して6月19日インドのダージリン（霊鷲山）を出発し、7月18日チベットのカムパに到着した。中国・チベット代表は既に到着しており、英軍がチベット内地に入るとの脅威を感じていたチベット代表は、交渉地をギアゴング（甲岡）へ変更するとの要求を持ち出した。これに対して、英国側は、チベット代表がラサ政府を代表しているとの権能があることが判明するまでは、交渉に入らないとした。8月7日四川省成都英国領事館員E・C・ウィルトンがカムパに来着し、ウィルトンは、チベット代表にはその交渉資格がない、と告げた。ヤングハスバンドはこの旨、インド総督に通告し、インド総督は25日アンバンに対しダライ・ラマのケンプ（堪布、寺院首領）およびコブルン（噶布倫、印璽保持者）の有力人物を派遣するよう提議した。しかし、チベット側からはこれに対する反応はなく、この間、9世パンチェン・ラマの意を体してタシルンポ（札什倫布）が斡旋したが、その交渉も効なく、一方、中国代表は終始、冷淡な態度を持した。もう一方のチベットは、シガツエ（日喀則）とパリ（帕里／斐利）に至る沿道に軍2600名を配備し、またウィルトンはこれになすすべもなく、病気を理由にして代表を辞した。9月25日英国政

府は、サトー公使を通じて中国政府に対してシガツエに投獄されているイギリス市民 2 名の即時釈放を要求し、かつチベット当局の交渉拒否、および軍隊の移動につき抗議し、サトー公使はこうしたダライ・ラマの態度を威嚇した。インド政庁は、ヤングハスバンドをシムラに召喚して今後の措置を協議した結果、兵力を増加してギャンツェ（江孜）に進み、チュンビ（春丕）渓谷を占領する方針を、本国政府に請訓した。これに対し、インド事務相は 11 月 6 日、英軍の前進を許可した[注59]。

そこでのアンバンの判断は、1903 年旧暦 5 月 30 日外交部への照会文書に明らかである。全文は以下のとおりである。

「欽差駐蔵大臣副都統裕鋼

　　光緒 29 年 5 月 26 日に受けたインド事務相の照会には、もうロヘペン一等政務官、および駐テメンキオン（哲孟雄、シッキム）事務官ウェードを会談に派遣したということである。閏 5 月 13 日にカムパ（干壩）界口で会議を開催する約束があるので、漢・蔵委員の派遣を求めている。本大臣が(13 世)ダライ・ラマに聞いて確認してから、蔵員総弁商上の文職サゾンギのロザンチェンラウと前蔵の花翎ダイベン（戴埲、連隊長）ワンチュウシェブを派遣して、この 2 人を何光燮知府らとともにカムパの会議への参加に行かせる。

　　何光燮知府からインド事務相の照会返事を送り、その照会の要点も電報で外務部に伝えさせた。今、再びインド総督照会の原稿を複写して呈送する。

付　インド総督の照会

大英帝国インド事務相、上院議員チャールス爵からの照会

　　貴大臣が光緒 28 年 10 月 29 日（1902 年 11 月 28 日）と光緒 29 年 3 月初 9 日（1903 年 4 月 6 日）に照会の内容はすべて分かっている。本相はもう、光緒 28 年 8 月初 1 日（1902 年 9 月 2 日）復照会の中で声明したが、通商貿易のことについて実質的な利益を得る期待があるが、辺境事務については光緒 16（1890）年条約を守らなければならない。だから、本相は、先にウェードを辺地に派遣して、実在する辺境線を調査させ、貴相が派遣する委員との会談を待った。貴相からの光緒 28 年 6 月初 4 日（1902 年 7 月 8 日）の照会の中に、「ウェードと会談をするべく、何光燮知府を辺地に派遣する予定である。そして、ダライ・ラマと協議して急ぎ蔵官を派遣して何光燮と一緒に会議を参加す

る」とあったが、何光燮知府は、ウェードと会わなかった。6月末（7月末）には、ダライ・ラマが派遣した蔵官も、ヤートン（亜東）に来なかった。何故か。そして、何光燮知府もウェードに文書を送り、ウェードを辺境で待つと約束していたが、あくまでも来なかった。8月（9月）の時点で、突然、何光燮知府が最初は病気で、それから公務でチベットに帰る予定だと聞いた。光緒28年12月（1903年正月）に、そして何光燮知府が光緒28年10月29日（1902年11月28日）に貴相からの照会を持ってヤートンに帰った、と聞いた。今年正月（2月）に、この照会を受け取った。しかし、この時期は、辺境各所はもう氷雪で道路も通行が止まるので、こんな天候では、本相としては、本当にチベットとの交渉に派遣できる適当な人はいないと思う。であっても、本相は、チベットと修好して、わが両国の国交を固めたいという願望をご理解頂きたい。

　去年11月（12月）に、再び北京から文書を頂いた。貴政府は、特に専員をこちらに派遣したとのことである。ただし、今年6月（7月前）までチベットに到着するのは難しい。最近、本相は、外務部の希望を聞いている。つまり、本相が急いで人を派遣して貴委員会と会談することを希望しているとのことである。本相の考えはそうである。今は、丁度、辺境各所の氷雪が解ける時期で、本相は、欣然とその招きに応える。貴大臣は、去年6月初4日（7月8日）に貴大臣の照会に対して本相が答えた意見を、既に了承している。もし、チベット政府の方が地位の高い官員を派遣しなかったら、私たちが会談しても、実際な成果を収めることが難しいことと思う。本相は、光緒25（1899）年に前駐蔵大臣に照会を送っている。去年8月初1日（9月2日）貴大臣に送った各照会文書の中でも、既に次の点を声明している。光緒19（1893）年に締結した附属条約の条項内容にある通商各節を変更する予定であるが、残念ながら、チベット政府は、それに従おうとしない。光緒16年と19年（1890年と1893年）の条約条項で、重要な部分は、光緒19（1893）年の続条項第2項に従って変更し処理すべきである。

　去年5月29日（7月4日）に、ウェードが辺境でチベット官員一人と会談した。その官員は、（9世）パンチェン・ラマのもとに派遣されており、光緒16（1890）年に締結した条約は、わがチベット政府が調印したものではない

ので、拠り所とするに足りない、といった。これをみれば、貴大臣は分かっているはずで、今度の会議には、チベット政府が地位の高い官員を派遣しなければならないということである。本相は、貴大臣の要請に従って、急ぎ委員を派遣して一日も早く会談することを望む。光緒16 (1890) 年条約に遵わなくても、辺境の牧草地帯はチベットに属するのか、英国に属するのかについて、さらに、通商貿易の方は、実際な進展の基礎を作るべきである。文明国の扱い方に従って、わが英国とチベット間に通商をいっそう広げて、中国との睦親関係を固めることをわが英国は希望している。つまり、光緒19 (1893) 年の続約第2項は、真剣に意見を交換して議定したものだと思う。この条項は光緒16 (1890) 年条約の附属とされた。今、新しい条項を議定する必要があるから、前の扱い方と同じように、真剣に討論し議定すべきである。議定した条項を条約の附属とする。だから、本相は、地位が高いロヘペン一等書記官とウェード駐ティメンキオン事務官を急派する。貴大臣も、高官を彼らとの会談に派遣すべきである。但し、貴大臣が派遣する官員の本相が派遣する官員の等級は相当であるべきで、それで地位が高いチベットの全権代表を同行すべきである。会談する際は、彼らは互いに責任をなすり付けてはいけない。

最近、何光燮知府からの照会を受け取った。その中に、ヤートン地方の英官員は会談に不便だったら、本大臣は、他の適当なところを選ぶといっている。本相が、今年3月初9日 (4月6日) に受けた貴大臣の照会もこの意思を表明していたのだから、本相の考えからみれば、辺境の牧草地帯に近いところが適当だと思う。だから、カムパ (幹壩) に決めた。ここは辺境にも人民が住んでいるところにも近く便利で、会談できるところと思う。本相は、北京駐在の英使節から慶親王の照会内容を伝えられた。貴大臣が何光燮知府をウェードと会談するためにカムパに赴くことは分かっている。このことからも、カムパが一番会談に適当なところであることが分かろう。本相は、もうロンヘペンを急いで同地へ向かわせた。そして、貴国の要請に従って、彼の同行者をできるだけ少くすると伝えたが、彼は身分の等級が高いので、このような荒れた野原に赴くのには、連れて行く従僕を少くすることは実際に難しい。とりあえず、貴大臣が急いで委員とチベット官員をカムパに派遣して、約束どおりに閏月13

日（7月7日）に会談を開催したい。その時に、まず、ウェードが会談の内容を、何光燮知府に知らせる。中・英両国は、一日早く議定することを望んでいる。そのために、貴大臣には照会を確認して受理されたい。
大清国欽差駐蔵弁務大臣副都統裕鋼あて
光緒29年5月初8日（1903年6月3日）シムラ[注60]」

この英軍の前進行動について、ロンドンの中国当局は11月16日、外相ランズダウン卿に抗議した。その翌17日ランズダウン卿は駐英ロシア大使ベンケンドルフ伯の諒解を求めたが、同日ベンケンドルフ伯は改めてランズダウン外相を訪ねて、この件は中央アジアに重大な混乱を引き起こす恐れがある、と警告した。ランズダウン卿はその抗議を一蹴したが、その発言の要点は、以下にあった。

「［ランズダウンはこう発言した。］

「チベットは、地理的にもインドと密接しており、これに対して英国が必要と思う強硬手段を執るのは当然のことであって、加えて、チベットはロシアがアジアに領有するいかなる地域よりも、遠く離れている。したがって、ロシアの勢力圏を浸蝕するものでない。チベットは、条約を守らず、交渉に応ぜず、われわれに対して挑発的態度に出ている。英国は、忍ぶべきを忍んだが、これ以上は、相手を不当に募らせるのみである。もし立場が変わって、ロシアがわれわれ英国の地位にあったれば、到底これほどにも忍耐ならず、いち早くラサに進軍していたであろうことは、信じて疑うところがない。今、ロシアの抗議に接して奇異の感に堪えないのは、この抗議がほかでもなく世界のどこであれ場所を選ばず、一度、事情上、必要と思えば、その隣国に迫るロシア政府から行われたということである。もしわれわれがチベットに兵を進めてチベットより報償を得んとする措置に出ることについて、ロシアが非難する権利があるというのであれば、ロシアの満州、トルキスタン、またペルシャに対する蚕食に対して、われわれは、いかなる言葉を用いこれを評しても差し支えない権利があるということになる。」

これに対するベンケンドルフ伯の答弁は、こうであった。

「しからば、英国政府の意肚は、不本意ながらチベット領土への進軍を承認するものであるが、それは唯、事情やむを得なかったこと、かつ英国の唯一の目

的は、チベット人から受けた侮辱につき、なんら満足の行く措置に出る以外に、体がないことという点を諒解して、ご異存なきか」。これに対して、ランズダウン卿は、そう断言して差し支えない、と答えた。注61」

そこでは、ベンケンドルフ伯のいう英国政府の行動を制約するというロシアの意味が明確であった。しかし、英国はこれに動じなかった。

そうしたなか、ヤングハスバンド麾下の英インド軍は、同

ギャンツェのチベット要塞

03年12月10日ニヤトン（里郎）を出発し、12日英兵100人、インド兵1200人がゼラプ・ラ峠を越え、チュンビ（春丕）渓谷を眼下に見下ろす地点に着いた注62。13日ヤートン（亜東）に入り、翌04年1月6日パリ（帕里）に到着した。アンバンから特派された中国軍代表によるヤートンへの引き返しとそこでの交渉の要求を拒否して、英インド軍は、さらに再三の要求さえをも拒絶して前進を重ね、4月11日ラサとの中間点ギャンツェ（江孜）でチベット人との武力衝突となった注63。3月末、英国側と和を講ずるべく協議したカルン（噶倫、大臣）は、ダライ・ラマの離宮ノルブリンカ（那布林卡）に監禁された注64。4月22日アンバンはヤングハスバンドから5月12日までにシガツエ（日喀則）に到着する旨の通告を受け取ったが、14日ヤングハスバンドは、インド政庁の承認を受けてラサでの交渉を固めた。チュンビに待機していた英インド予備軍もギャンツェに到着し、7月14日さらにインドからの増援隊を加えて、ラサへの進軍が開始された。その途中、19日ナガルツェ（納噶爾澤）にラサの有力代表3名が来て、ヤングハスバンドに対しシガツエへの引き返すよう求めたが、それはチベット人の常套策だとみて、彼

パリ着の英軍、1904年1月6日

はこれに応じなかった。31日ブラマプトラ（布拉嘛卜特喇）河を渡り、8月3日英軍がラサに入るところとなった。そこで、ダライ・ラマとアンバンの親書をもって再三のラサ入城の阻止工作がとられたが、ヤングハズバンドは、チベット人が抵抗しない限り、英インド軍は武力占領しないと約束し、入城阻止にあくまで応じなかった。ヤングハズバンドは、この行軍の感興をこう述べた。

「多くの旅行家にとり、その野心の目標である地が、今や終に眼のあたりに現在ある！　われわれが多大の忍耐と危険を払って得ようとした目標、多くの人びとが最善の努力を傾けた目標は、今や得られた。自然と人間がわれわれの途上に積重ねた障碍は、終に悉く克服され、ヒマラヤ連峰の彼方に奥深く秘められて、断じて異邦人の入ることを許さなかった聖なる都は、今やわれわれの眼前に、その全貌を現している。[注65]」

この戦闘の様子は、エドモン・カンドラーが『拉薩真面目』で、こう記している。

「……われわれの計画は完全に成功した。山にいるチベット人がゴルカに囲まれたことに気が付くとすぐ山から下りてきて、主営の塀に寄って防御する。すると、全員がわれわれに囲まれた。

……われわれは、チベット人に「武器を捨てるなら、ここから出ることがで

きる」と告げた。しかし、彼らは、武器を捨てることが嫌いで、そしてシカ人（インド兵）とモンゴル人（蔵兵）は互い刀剣と火縄銃を奪い合い、情形は可笑しかった。

……チベット人は、突然、東南方へ攻め寄せる。私が銃を抜き出す直前に、1人が両手で刀を挙げて私に攻め寄せに来た。私は急ぎ避けなければ、きっと相手に頭を切り落されたであろう。私は、彼を伏せつけた。彼も、私を地面に押し倒した。私は立ち上がろうとすると、もう一人のチベット人が刀で私のこめかみを切った。その後、刀剣はすべて両手から落ちた。なぜなら、私は、両手で自分の頭部を守ったからだ。しばらく経つと、進撃は停止した。進撃する人は、逃げた者をすべて打ち倒した。……

自分でこのことを振り返ってみると、事件の発生は、とても自然なことであった。勿論、チベット人の抵抗は聡明でもなく、ある程度自殺と変わらないともいえなくもなく、これは人情の常である。戦闘を経過しないと、彼らは決して止めることはしない。私は、彼らの勇敢と豪放さに、頭が下がる。けだし、チベットを親しいと思わなくともである。

最後に撤退するチベット人は、グル（骨魯）道路を回って撤退したが、ゴルカ第八部隊は、もう陣地の右側の小山から下りて来て、散らばった様式でグル平原に展開しており、彼ら（第八部隊）から少し離れたところの右方には、騎兵第二部隊がいる。指揮官ロウ少佐は命令を受けて、隊を率い平原から遠い山麓の二軒部屋右側の場所を攻撃しており、占領した騎兵の戦闘に加わった。進撃部隊は、ルカ大尉指揮下のコルカ7ポンド重砲兵の援護を得た。

進撃の途中、一部のチベット人はヤクと馬に乗って逃げようとしたが、しかし、多くは、わが軍に追いかけられ、殺された。少なくとも、チベット人700人が命を亡くした。

英国の勝利としては、このような温泉戦役的な人気のないことは初めてである。軍官らは任務を完全に達成したが、間違いなく、彼らの心情は愉快ではなかった。チベット人たちは、逃げることできなくなってからは、もう抵抗することしかなかった。これは戦争ではなく、力がない人を殺戮するだけのことだった。[注66]」

戦闘はゴルカ兵を動員したインド・英兵の一方的勝利に終わった。

5．ラサ条約の締結

　英軍の侵入に先立ち、1904年7月29日13世ダライ・ラマは、その印璽をゴルタン寺（噶爾丹寺、ガンデン寺）の大ラマに預け、青海に逃れた[注67]。ラサにいたロシア人のカズロフ大佐、ブリヤート人ドルジエフも逃亡した。ドルジエフはダライ・ラマに対して英国との和解を助言したが、それは受け入れられなかった。
　8月3日英軍はラサに進駐し、チベットは15日で屈服した。いよいよ条約交渉となった。その交渉の要点は3つあった[注68]。
　第一は、ラサにおける英国政府代表、ラサ駐在弁務官の承認であった。1890年シッキム条約では、達せられなかったが、この点はチベットに接壌する唯一のヨーロッパ国としてのイギリス人の権利保障ということであった[注69]。それは、同じ接壌国ネパールやカシミールと同等資格での保証ということにあった[注70]。
　第二は、チュンビ（春丕）の保障占領であった。チュンビはシッキムとチベットの境界にあって、それはチベットではなくインドのものだとする解釈を英国はとっており、占領ではなく保有という点にあった。事実、1888年当時から、英国はこの地を占領していた。
　第三は、賠償金の支払いである。つまり、遠征費の賠償である。
　1904年9月7日、ヤングハスバンド大佐と、チベット代表ゴルタン寺長ロザン・ギャルツェン（羅生憂爾曾）ゴブルン（噶布倫、印璽保持者）をはじめ、セラ（色拉寺）、レブン（哲蚌寺）、ガンデン（甘丹寺）3大寺のフトコト（呼図克図、活仏）、およびチベット諸首領とのあいだで、前文および本文10カ条の英国・チベット（ラサ）条約が調印された。ダライ・ラマに代わってゴブルンが調印した。その内容は、以下のとおりであった。

1．1890年シッキム条約での境界を確認。
2．ギャンツェ、ガルトク（噶大克）、およびヤートンを開埠地としのイギリス人およびインド人に開放する。1893年通商条約のヤートン開埠規定の適用。

以上の他に、現行通商ルート貿易はそのままとし、新たに新埠地の増設の可能性。
3．1893年通商章程の改訂。
4．チベットは将来協定する以外に別に課税しない。
5．チベット政府は、ヤートン、ギャンツェ、ガルトク、その他将来設定される開埠地に代表を駐在させ、英駐在弁務官とチベット政府の連絡に当たる。
6．チベット政府は、英国政府に50万ポンド（750万ルピー）を支払い、それは1906年1月以降、75年年賦とする。
7．チベット政府による以上の諸条項の履行のため、英国はチュンビ（春丕）を保障占領する。
8．チベット政府は、インド国境からギャンツェ―ラサに至る地域の砲台・山塞など、交通の支障となる武器を撤去する。
9．チベット政府は、予め英国政府の承諾なしに、次の事項をしない。(a) 外国に対して、チベット領土を譲渡しない。(b) チベットの内政への外国の干渉を許さない。(c) 外国の代表をチベットに入国させない。(d) 鉄道・道路・電信・電話・鉱山・その他の利権を外国または外国人に許与しない。もし供与する場合は、英国も、同様の利権の許与に与る。(e) チベットの国庫収入は、いっさい外国または外国人の担保としない。
10．（略―以上調印した）。注71

　そこでは、中国の主権が無視され、英文のみが本文とされた。条約の狙いは、英国のチベットにおける勢力範囲と特権を規定した点にあった。チベット政府によるとアンバンによるとを問わず、英国の承諾がない限り、外国との行動はチベットに対しいっさい封じられた。しかし、ラサへの英代表駐在については論及されなかった。したがって、保護権の設定にはいたっていない。としても、実質は同様のものとしてのチベットの存在が規定された。

　ヤングハスバンドは、英本国の意向に背き独断で、インド・チベット条約とは別の協定を成立させた。それは、ヤングハスバンドへの命令で速やかに撤退し、英国のチベットへの影響を希薄にせんと企図した英国の方針への彼の抵抗からであった。この方針に対して、ヤングハスバンドは、多額の賠償を取り立て、「保障占領」の条約化を図った。それは英本国の不可とするところであったが、同条約の1904年

11月11日の批准で、英本国の意向をもって調整された[注72]。

そのヤングハスバンドの別の協定は、以下のとおりであった。

「チベット政府は、ギャンツェ（江孜）に駐在して英国の通商常態を監視する英国代表がシガツエにおいては文書によるあるいは個人的折衝によっては決定が不可能であると思考されるときは、清国高官およびチベット官吏と協議するため、ラサを訪問することを許可することに同意する。

署名・捺印、ラサにて。

1904年9月7日、すなわちチベット暦木龍年7月27日

ヤングハズバンド（署名・捺印）

ダライ・ラマ（印）

ゴブルン（噶布倫）（印）

レブン（別蚌）寺（印）

セラ（色拉）寺（印）

ゴルタン（噶爾丹）寺（印）

チベット僧・俗首領会議（ツオンドゥ）（印）[注73]

13世ダライ・ラマの不在で、同年9月15日ダライ・ラマに代わって9世パンチェン・ラマが後継者に任命された。それで、英国としては、その代表者をラサに任命する必要はなかった。同条約は、効力の発生につき特に規定されていなかったが、同条約は11月11日シムラでインド総督によって批准された。その際、インド総督の声明書で、賠償金の減額（750万ルピーから250万ルピーに、25年に支払いを3年に短縮）、チュンビ（春丕）占領期間の短縮をみた[注74]。

この条約に対しては、中国当局は、アンバン有泰に署名拒否を指示した。そして、ロンドン駐在公使を通じて英国政府に抗議した。さらに、カルカッタに要員を派遣してカーゾン総督に対し厳重な抗議をもって交渉を求めた。にもかかわらず、事態は打開されず、再び1905年1月唐紹儀を全権委員としてインドに派遣し、インド外務長官フレーザーと協議したが事態の打開ならず、9月参事張蔭棠を残して唐紹儀は帰国した。結局、その張蔭棠の努力と英本国の政変で、サトー英公使の提議により原条約の改訂となった。1906年4月27日調印の北京条約6カ条がそれで（同年7月23日批准文書交換）、その要点は以下のとおりである。

1．1904年ラサ条約の改訂。
2．英国はチベット領土を併合せず、内政に干渉しない。同様に、中国政府も、チベット領土と内政に干渉しない。
3．1904年ラサ条約の権益は、いっさいの外国および外国人に許与しない。ただし、英国は、ギャンツェ（江孜）、ガルトク（噶大克）、およびヤートン（亜東）の開埠地とインド間に電線を敷設できる。
4．1890年シッキム条約および1893年インド・チベット通商章程は、依然として有効である。
5．本条約は、英語文と中国語文で作成し、異議あるときは英語文による。
6．本条約は、調印の日より3カ月以内にロンドンで交換する。注75

4月27日その批准書の交換にあたり、中国側は、以下のチベットで外国人を傭聘しないことに関する交換公文を提出した。これによって、英国は、チベットにおける排他的権益を確保した。

「唐紹儀よりサー・アーネスト・サトー公使あて公文
　拝啓　本日附をもって閣下および本官がそれぞれ自国政府に代わり署名したチベットに関する条約に関して、本官は、左の如く証明する光栄とする。すなわち、清国政府は、清国臣民でない、また清国国籍を有しないなんびとも、チベットにおいていかなる地位であれ使用しないことを期するものである。
　　　　　　　　　　　　　　　　　　　　　　　　　1906年4月27日注76」

1906年4月27日サー・アーネスト・サトーより唐紹儀あて公文も同様である。北京条約により、中国としては、中国のチベットに対する宗主権は、事実上、英国により承認された、と解した。この点で「中国は宗主国としての義務を果たす上で完全な無能力」と指摘したのは、ヤングハズバンドであった注77。一方、チベット主権国の一役を担ったと非難されたアンバン有泰は北京に召還され（1907年1月官職解任）、張蔭棠がその後任となり、チベット新政が始まった。彼は1月13日治蔵19条を提出した。それは以下のとおりである。

「1．ダライ・ラマ、バンチェン・オルダニに封号を与え、俸給を多く与え、インドの藩王（ラジャ）のように、古いチベットの王制を回復し、ダライ・ラマを代わって商上のことを管理する。しかして、漢人官吏がそれを監視す

べきである。

2．特簡親貴をもってチベット行部大臣を任命し、（チベットを）国の下に支配し（就国）あるいは遠いところで領有し（遥領）、皇帝様はそれぞれに応じてチベットの事務・権利を行ってもらいたい。インドの制度のように、宗主国の名義はいうまでもなく十分である。そのほか、会弁大臣を任命し、チベット全部を支配し、その下には参賛、副参議、左右副参議を5人を任命し、内務、外交、督練（軍隊の練習）、学務、財政、裁判、警察、農、工、商、鉱物などの事務を管理してもらいたい。ヤートン（亜東）、ギャンツェ（江孜）、タシルンポ（札什倫布）、アリ（阿里）、ガルトク（噶大克）、チャムド（察木多）、ザンズイ（三瞻）、39族、コンブ（工布）、パタン（巴塘）などのところには、事情によって道、府、同知を設立し、そこでは武備生（陸軍学校卒業生）を任用し、彼らの俸給を多くして地方（番）官吏を統率させ、地方の警察・裁判のことを管理させてもらう。内地の州を治めるように、チベット地方（番）の官吏を治めるべきである。地方館員がいるところに漢族官吏1名を設け、それを支配する。

3．チベットには、今、強い軍隊がない。チベットの名声と威厳を高めるために、北洋新軍から6000人を派遣し、一時的にチベットに駐在してもらう。その俸給と兵器は「北洋」から支給し、その移動配置は行部大臣に任せ、3年でその軍隊を内地へ引き揚げ、その代わりに地方兵隊を募集し、費用を節約する。一体、どのように配置したらよいか、陸軍部に考えてもらいたい。

4．チベット民兵の俸給には銀10万両が必要で、部から支給し、わが武備生を派遣して、その軍事訓練を指導する。俸給、兵器、および銃弾はすべて、行部から提供してもらいたい。

5．パタンの電線は、外務部がお金を支出して、すぐにもラサまで引く。

6．商業運送のため、急いでダルツェンド（打箭爐）、シガツエ、ヤートンの馬車道を建設する。鉱物が沢山採掘したときには、鉄道を建設する。現在の調査では、シガツエからカリク（帕里克）まで電車を走らせる。コンブからパタンまでは平らな草原で、従来、通過する人はない。（ここで道を建設すれば）今の使っている道（官道）よりほぼ千里も近くなる。唯今、兵隊がそ

の実地調査をする。

7．祖国の文字を使うため、多くの漢語学校を設けるべきである。（漢語を教えるほか）、数学と兵隊の訓練も行うべきである。教える人は、南北洋四川、広東陸軍学校の卒業生を任用する。（学生は）3年間勉強してから英文を習い、6年間勉強して卒業する。チベットの官兵は、みなこれらの人びとから選ばれる。

8．次のことを商上し、議定した。一部の封じられた雪山を除いて、チベット金属と石炭は、チベットの兵隊と民衆が登録すれば、採掘を認める。政府は十分の一の税を徴収する。パイピン（開平）、ダイエ（大冶）、および南洋の各島、ならびにアメリカの華僑採鉱者を招いてやってみる。

9．チベットの徭役と刑罰は中国で一番重いといえる。民衆の困難を軽くするため、それをいっさい取り除くべきである。

10．パタンでは、相当の塩税があるが、チベット中部ではまだ塩税がない。ハラウス（黒河）、鹿馬嶺などのところに、塩の立坑と税局を設立し、政府と商人両方ともに運営する。

11．将来、チベットの羊毛・牛尾・骨角・豚の鬣・生薬は、必ず大量に輸出できるにちがいない。3埠に税関を設立し、輸出税を制定する。

12．商売を上手くするため、銀幣・銅幣を鋳造する権利を取り戻して、銀行を設立する。官吏と兵隊の俸給も、銀行から支給する。これは経費に有利である。

13．チベット南部（前蔵）と北部（後蔵）の歩哨所の兵隊は不足しており、そしてその多くは老弱で、金銭を着服している。それで徐々にそれを入れ替え、巡査に交代し、道路の建設を督促すべきである。

14．チベット人の愛国心を激発し、新しい知識を導入するため、漢語・チベット語新聞（半月刊）を発行し、各地へ配送すべきである。

15．インドからの茶の輸入は止められないようである。そうすると、四川省の茶の税収はだんだん少なくなる。だから、将来、ある程度、その税金を減ずるべきである。インドからの茶を拒み市場の茶価格を安定させるため、伝統的な見方を捨てて、四川から茶の種をチベットに輸入し、それを栽培する方法を教えるべきである。

16. チベットには銃を製造する工場があるが、惜しいことに設備がとても粗末である。南洋と北洋の製造局の師匠をここへ派遣して、機械を購入し、これらの工場を拡充すべきである。

17. ブータン、ゴルカ（ネパール）はチベットの門戸である。ブータンは貧弱で、英国に丸め込まれている。ゴルカは西洋を模倣して軍事力が強くて、英国もそれを恐れている。中国は従来（この2つの国と）朝貢の関係があり、皇帝から使節を派遣し、（この2つの国に）中華のすばらしい道徳を宣伝し、唇歯の義を強調し、秘密にネパールと軍事同盟を結ぶべきだある。

18. （深刻な事態に）備えるために、外務部から腕利きの者を選んで総領事としてインドの首都に駐在させ、インドのことおよびチベットに関するインド側の情報をひそかに探り国内に報告させる。

19. 毎年、（行）（部）から200万両の費用を（チベットへ）給する。チベット縦横七千里、鉱産は世界でもっとも豊富で、将来、われわれの絶好な植民地になり、よく経営すれば、10年後の収入は必ず倍増となる。[注78]」

さらに、1907年3月善后問題24カ条伝諭が制定された[注79]。張蔭棠はチュンビ（春丕）に到着するや、同地駐在英武官キャンベル大尉の訪問に応じなかったことで、イギリス人の矜持を傷つけた。以来、張蔭棠は英国との交渉では対決的で、西域通商交渉事宣伝督弁高恩洪はギャンツェ（江孜）での交渉に与らず、張蔭棠が表面にたって対決をすべて引き受けた。英国との交渉に与ったチベット人も解任されたが、これも張蔭棠の工作であった。1907年2月9日、3月15日、6月27日の英本国政府より清国あて電報で、英国は、アンバン張蔭棠がギャンツェにおける英国・チベット通商の自由に干渉するのは許せない、と抗議した。実際、現地では、英通商代表とチベット通商代表間の直接交渉は許されなかった。ヤングハズバンドは、この事態を「チベット遠征でイギリス人が得た地位を破壊しようとする」ものだと解した[注80]。

賠償問題では、当初、清国政府はその弁済を拒否していたが、1905年11月の勅令で、チベットの困窮から、清国によって弁済されることになった。1904年条約では、チベット政府の弁済となっていたので、それは宗主権の確認と行使を意味した。インド政庁は、1906年1月1日までにギャンツェで第1回賠償金10万ルピー

を支払うよう通告した。同月チベット政府は財源がないので、中国政府との協商に委ねると返答した。インド事務相ジョン・モーレー伯は、チベットとの直接取引に固執する必要はないと判断し、4月2日北京条約の成立で、英国政府はその代位弁済の受諾を通告した。中国側は3回の支払いを提議し、英国側は支払地としてギャンツェ、中国側はカルカッタをそれぞれ主張し、英国側はチベット官吏からの直接の受け取りを求め、中国側は小切手によるインド政府への振り込みに固執した。結局、第1回の支払いはカルカッタで直接に、第2回は香港上海銀行を通じて、そして第3回は張蔭棠署名の小切手によって支払われた。これとともに、チュンビ（春丕）からの英インド軍撤退問題が浮上した。中国政府は1907年12月23日の書簡で、翌08年1月1日の支払い完了をもってチュンビからの英軍撤退を要求した。しかし、英国は条約が完全に履行されていないこと、およびアンバン張蔭棠の態度への不満から、中国の要求を一蹴した。もっとも、これについては、インド事務相モーレー伯が同意せず、1908年1月27日に誠意をみせるべく英軍は撤退した[注81]。

　なお、1904年ラサ条約で1893年シッキム続約の約束が確認されていた通商細目協定は、1907年4月7日中国政府が提議し、チベット代表も参加して、カルカッタで翌08年4月20日通商章程15カ条をもって成立した。それは、1893年通商章程を踏襲しており、そこでは、中国官憲は英商務官とチベット官民の交通・往来を妨げないことが確認された。条文は英語、中国語、およびチベット語で作成され、英語文をもって標準とされた。同条約は、1908年10月14日北京での批准書交換で発効した。通商章程の内容は、以下のとおりである。

1．1893年通商章程は、有効とする。
2．ギャンツェ（江孜）商埠界を形成する。
3．各商埠の使節は、清国管理の監督・指揮下にチベット管理とする。
4．英国軍隊の撤退後、インド辺界からギャンツェに達する道路上の舎屋（計11カ所）は、インド政府に貸与する。
5．チベット駐在の英貿易事務官は、インド辺界を往来できる。
6．インドでの貿易・旅行・居住のチベット人は、チベットにおける英国臣民と同等の利益を享受する。[注82]

　以上により、英国は、インド・チベット通商貿易の樹立に成功し、加えてチベッ

ト内での自由交易権の獲得という2つの経済的目的を達成した。そこには、いまひとつ、チベットを自己の勢力圏とし、ロシアの南下を防止するという政治的目的があった。後者のために、英国はチベットでの排他的権利を獲得したが、中国の狡猾さにどこまで対処できたかは、評価が別れるところである。現に、英国はチベット人の工作に中国人の介入を被って、チュンビ（春丕）から軍隊を引き揚げることになった。英国は、チベットとの戦争では勝利したが、その果実の一部は中国によって取り戻されてしまったのである。

ロシアの南下とチベットを拠点にその防止に走る英国との『グレート・ゲーム』を書いたイギリス人ピーター・ホップカークは、その結末をこう論じた。

「1904年夏、ヤングハスバンドがラサに乗り込んだ時、極東の情報はこのように変わっていた。ダライ・ラマは雲隠れしてどこにいるのか分からなかった。噂によれば、モンゴルに逃亡中とのことで、追跡隊をだすことを考えないではなかったが、活仏の居場所を教えてくれるようなチベット人は誰もいなかった。遠征目的の一つであるダライ・ラマとロシアとの秘密協定を物語る証拠も何一つ発見できなかった。兵器庫にロシア製武器はなかったし、ロシア人軍事顧問もいなかった。ニコライ2世がダライ・ラマに軍事援助の約束をしたことは事実であり、それはシナの公館が北京駐在英大使に語った言葉や、ロシア革命後に発行された帝政時代の外交官の回顧録によっても裏付けられる。ニコライ2世にはもはやチベットに出兵する余力などなかったのであるが、そう思わせておけば、英国を牽制できると考えたのであろう。これも高度のグレート・ゲームであったかも知れないし、英国をその影に躍らせたのであろう。

　もうひとつの目的である通商協定締結についても、交渉の相手がいなかった。ところが、思いがけない方角から救いの手が差し伸べられた。宗主国（名目よりちょっとましな程度）のシナ（中国）の政府が、ダライ・ラマは勝手に逃げ出したとして廃位し、もっと穏やかで年をとった摂政をチベットの支配者に任命したのである。そこで、英国は彼と協議できることになった。北京政府としては英軍にラサに居座り続けられるよりはその方がましと思ってしたことであろう。[注83]」

これにより、この「グレート・ゲーム」[注84]は、帝国主義列強の領土支配をめぐ

る新しい展開、つまり、チベットをめぐる国際ゲームとその隙間でのチベットの自治貫徹の選択へと移ることになった。

6．チベットの中国主権と英露勢力範囲協定

　実際、19世紀初葉、英国・ロシアの中央アジアへの進出は、最後の局面にあった。アフガニスタン、チベット、およびペルシャ湾は完全に英国の勢力圏に帰し、その矛先はペルシャに向けられていた。

　一方、ロシアは、日露戦争に敗北し、日英同盟の重圧に直面していた。そのため、ロシアは満州への進出を断念し、チベットに対しても、その野心を放棄せざるを得なかった。そこで、日本の満州、そして特に英国のチベットに対する代償として、ロシアは、チベットをモンゴルに置き換えてそこでの優越的地位を占めることを企図した。このロシアの英国との交渉は、1914年3月9日（2月14日）付のロシア外相セルゲイ・ドミトリビッチ・サボノフから北京駐在ロシア公使クルーペンスキーあて書簡が指摘していたところで、それは1907年北京条約締結時のロシアの立場を明示していた。同14年3月11日（2月26日）付のクルーペンスキー公使からサボノフ外相あて返書は、それを確認してロシアの「優越的地位」ないし「自由行動」の範囲としてモンゴルのほか、北満、中国西部（新疆）が英国との諒解事項として指摘されており、一方、これをもってチベットに対する英国の保護権行使も是認される立場にあった[注85]。もっとも、ロシアにはチベットに介入する自信はなく、その実力もなかったことは、事実であった。13世ダライ・ラマのモンゴル亡命で、その際、ダライがロシアと接触したとしても、ロシアにはそれに対応できなかったのが実情であった。

　こうした背景で進んだ英露条約交渉は、もともと1906年フランスの仲介で始まっており、ロンドンとペテルスブルグでそれぞれ交渉が煮詰められ、1907年8月（18日）31日ペテルスブルグで協定が調印された[注86]。それは5カ条で構成され、ペルシャ、アフガニスタン、およびチベットにおける両国関係を規定しており[注87]、チベット問題では、英国およびロシアは、チベットに対する中国の主権を認め、そ

の領土保全を尊重し、内政に干渉せず、チベットと交渉する際は必ず中国政府を介して行うことで合意した[注88]。ただし、ヤングハスバンドが締結した1904年ラサ条約および1906年北京条約に定められた英通商代表とチベット政府との直接的関係は、この限りではなかった。純然たる宗教関係において両国の仏教徒が直接的関係を開くことも、当然にこの限りではなかった。両国はラサに代表者を送らず、自国またはその市民のためにチベットにおける鉄道・道路・電信・鉱山・その他に対する利権は取得しないし、また両国はチベットの収入のいかなる部分も抵当としない、とされていた。その上、こうした背景があったからこそ、英国もチュンビ（春丕）保障占領を完了せざるを得なかったという経緯があった。だが、サー・アーサー・ニコルソン英公使とアレクサンドル・P・イズボリスキー露外相は、その交換公文で、本条約の締結後3年間、両国の事前協議なしには、いかなる科学調査団であれ、チベットに派遣しないとしており、この件は3年経過後に改めて協議するとされた。結局、その交換公文の効力は、1910年8月31日をもって消滅した。

　この1907年英露協定で、ロシアは英国と対等の取引に成功したが、その英国の解釈は、英国としてはなんらの譲歩もしていないというのが、英外相エドワード・グレーの立場であった[注89]。確かに、サー・エドワード・グレーのいう英露協定によってロシアのチベットに対する干渉は排除された。しかし、ラサ条約締結の立役者、ヤングハスバンドは、「1904年、イギリス人がラサで得たものの一つを、3年後、1907年英露条約でロシアに譲ることになった」と指摘した。彼は、続けてこう述べる。「現に、ラサ条約で、チベット人は事前に英国政府の承認なくしては、他国に領土を譲渡しない、そして外国の代表者を入国させない、鉄道・道路・電信・鉱山・その他の利権を許与しない、と約した。……換言すれば、これら利権のいずれも、これを獲得しようと思えば、あえて妨げることはなかったのに。反対に、ロシア人は、予め英国政府の承認なくては、なにものも得られないはずであった。ラサ条約がイギリス人にとって好都合にできていたことは、以上のとおりである。ところが、英露協定では、この英国の利権は排除され、これら利権のなに一つも得ることが出来なくなった。英国官憲を駐在させること、チュンビ渓谷を占領すること、この2つの権利を放棄したというだけでも、英国は、ロシアに対して（チベットに対してでも、中国に対してでもない！）非常な敬意を表したことになるのに、さらに、イ

ギリス人自身、なんらの権利も獲得しない拘束を自ら甘受してしまったのである。[注90]」

この協定によって、英国のチベットに対する強圧・干渉政策は終止符が打たれ、チベットに対する中国の主権も確認された。これが列強干渉のグレート・ゲームの結論であった。

1907年3月スウェン・ヘディンは、ラサへの入境を閉ざされた際、チベット人の国際感覚について、こう述べていた。

「私の国籍に関するチベット人の深刻な詮索は、あのキャラヴァンの本隊は大侵入軍の前衛にすぎないのだ、という彼らの恐怖心によってことごとく脇へ押しのけられた。どうやら、彼らは以前から、この大侵入軍は北から攻めこんでくるものと思いこんでいたらしく、彼らは、この所在もしない軍隊を猛烈にこわがっているので、既にこれだけのことからでも、チベットの最高政府は、ロシヤの庇護あるいは主権のもとに身を置くことなど、夢にも考えていないことが分かった。通訳は、われわれがたとえだれであろうと、ラサへ行くことは許されぬが、しかし、ダライ・ラマの命によって、われわれに危害がくわえられることは決してないはずだと、はっきり言った。

これを聞くと、シャグドゥルとわたくしは威たけだかになって、おまえたちは頭がくるっていると、通訳（チベット人モンゴル語通訳）をなじった。ラサへ巡礼することをロシア皇帝から許されているこのわれわれを妨げるようなまねが、いったいどうしてできるのか、それに、ダライ・ラマが、おとなしいブリヤード人に入都を拒んだことがこれまで一度でもあったか！　カンバ（カムバ）・ボンボ（ナク（那曲）のチベット人責任者）は、せいぜい自分の首に気をつけるがよい。われわれに全面的な自由を戻しよこさねば、それをなくしかねぬぞ。通訳とその部下たちは事情に真剣な顔つきになった。彼らは、ロシアについていっさい知らず、インドについてただ漠然と知っているだけであった。[注91]」

チベットは、その鎖国政策に依然、自信があった。彼らの信念の強さは目を見張るものがあった。

<注>
1 op. cit. Rose, *The Politics of Bhutan*. 前掲、乾訳『ブータンの政治――近代化のなかのチベット仏教王国』。Michael Aris, *Buhtan*, Dehli: Vikas publishing House, 1980. A. C. Sina, *Bhutan: Ethnic Identity and National Dilemma*, New Delhi: Reliance Publishing House, 1991. 今枝由郎『ブータン――変貌するヒマラヤの仏教王国』大東出版社、1994年。

　ブータンは、1720年に中国の宗主権を行使されたが、1772年のコーチ・ビハール王国の王位継承戦争に介入し、このために英国と衝突し、1773年4月5日コーチ・ビハールのラジャは英東インド会社との条約で英保護国的存在となり、これにより英国の重なる侵入を受けることになった。その結果、ブータンは、翌74年4月25日経済圏に組み込まれた。以後、ブータンのアッサム介入で、英国は使節アンコレー・エディンを送ったが、ブータンはこれに応じず、英軍との戦闘が続いた。東インド会社は1864年11月12日ベンガル・ドアールを併合し、翌65年11月11日の平和・友好条約でブータンを英国勢力圏に収めた。平和・友好条約は注24をみよ。そして、1910年1月8日の英国・ブータン条約で、英国の影響力が強化された。1910年英国・ブータン条約は、Kapiles Labh, *India and Bhutan*, New Delhi: Sindhu Publications, 1974, pp. 258-259に所収、全文は資料774頁をみよ。

　さらに、以下をみよ。Arabinda Deb, *Bhuthan and India: A Study in Frontier Political Relation (1772-1865)*, Culcutta: Firme KLM, 1976.

2 Nagandra Singh, *Bhutan: A Kingdom in the Himalayas*, New Delhi: Thomson Press, 1972, pp. 28ff. op. cit. Deb, *Bhuthan and India: A Study in Frontier Political Relation (1772-1865)*, pp. 72-94.

3 Sir Francis Yanghusband, *India and Tibet, a History of the Relations which have subsisted between the Two Countries from the Time of Warren Hestings to 1910, with Particular Account of the Mission to Lhasa of 1904*, London: John Murray, 1910, p. 5. ［前半訳］村山公三訳『西蔵――英帝国の侵略過程』小島書店、1943年、3－4頁。［榮赫鵬］、煦初訳『英国侵略西蔵史』上海、商務印書館、1934年。

4 op. cit. Markham, *Narrative of the Mission of George Bogle to Tibet and the Journey of Thomas Manning to Lhasa*, p. 8.

5 ibid., p. 8.

6 ibid., p. 135.

7 op. cit. Yanghusband, *India and Tibet*, pp.24-25. 前掲『西蔵――英帝国の侵略過程』29－30頁。

8 ibid., pp. 23-24. 前掲書、27－28頁。

9 6世パンチェン・ラマは1780年7月21日熱河（現承徳）に入り、そこで8月13日乾隆帝の誕生日に長寿儀軌を行い、10月末発病し、11月1日北京の西黄寺で死去した。このパンチェン・ラマの乾隆帝との会見は、5世ダライ・ラマの招請以来、百数十年ぶりのことで、乾隆帝の仏教帰依も最高潮にあり、両人がともに祖国の統一を願い、協力を確認したことの意義があった。前掲、石濱『チベット仏教世界の歴史的研究』第11章。

10 1792年3月1日英国はネパールと最初の通商条約を締結した。同条約は、第4章注45をみよ。

11 1792年9月30日ネパール・チベット平和協定は、第4章注34をみよ。

12　前掲、大村『ティベット史概説』161 － 167 頁。
13　1801 年 10 月 26 日英国・ネパール通商・同盟条約は、op.cit. Aitchisson comp., *A Collection of Treaties, Engagements and Sanads relating to India and Neighouring Countries,* Vol. 2, pp. 198-205. op. cit. Shaha, *Modern Nepal: A Political History 1769-1955,* Vol. 1, pp. 89-91 に所収。
14　1815 年 12 月 2 日英国・ネパール（サガウリ）条約は、op. cit. Aitchisson comp., *A Collection of Treaties, Engagements and Sanads relating to India and Neighouring Countries,* Vol. 2, pp. 110-113. op. cit. Ramakant, *Indo-Nepalese Relations: 1816 to 1877,* pp. 367-368. op. cit. Husain ed., *British India's Relations with the Kingdom of Nepal,* pp. 384-386. B. D. Sanwal, *Nepal and the East India Company,* London: Asia Publishing House, 1965, pp. 330-332 に所収。全文は資料 754 頁をみよ。
15　1816 年 3 月 4 日新条約の要点は、以下のとおりである。
　1．平和関係の回復。
　2．ゴルカはすべての占領地を放棄する。
　3．ガリ（アリ）からティスタまでのタライ低地の引き渡し。
　4．シッキムのラジャへのナグリおよびナガコトの割譲。
　5．ガリ（アリ）西部地域のすべての併合要求の放棄。
　6．英国政府がネパールと首長、部族、または臣民と締結したいっさいの条約の承認。
　7．シッキムのラジャ国土の安全に対する具体的保証。
　8．ネパール政府行政からのヨーロッパ・アメリカ諸国臣民の排除。
　9．両国政府の駐在官の交換。
　10．1792 年通商条約の復活。
　op. cit. *Modern Nepal: A Political History 1769-1955,* Vol. 1, p.139.
　　1816 年 12 月 8 日英国はサガウリ条約を確認した覚書を、ネパールのラジャに提出した。op. cit. Husain ed., *British India's Relations with the Kingdom of Nepal,* pp. 386-387.
16　1817 年 2 月 10 日ティタリア（シッキムの英国割譲）条約は、op. cit. Aitchisson comp., *A Collection of Treaties, Engagements and Sanads relating to India and Neighouring Countries,* Vol. 2, pp. 322-324. P. R. Rao, *India and Sikkim, 1814-1970,* New Delhi: Sterling Publishers, 1972, pp. 186-188. Satyendra R. Shukla, *Sikkim: The Story of Integration with India,* New Delhi: Cosmo Publications, 1976, pp.226-227.Lal Bahadur Basnet, *Sikkim: A Shot Political History,* New Delhi: S. Chand, 1977, pp. 189-191 に所収。全文は資料 754 － 755 頁をみよ。
　　さらに、シッキムは、1835 年 3000 ルピーの年金受領を条件に、南のダージリンを東インド会社に提供した。以後、イギリス人拉致事件が多発し、英インド軍が出兵し、1861 年 3 月 28 日交易の自由などを定めた英国・シッキム友好同盟条約が締結された。1861 年 3 月 28 日条約は、op. cit. Grove, *Sikkim and India: Story and Consolidation,* pp. 210-215. op. cit., Shukla, *Sikkim: The Story of Integration,* pp. 229-233 に所収。全文は資料 758 － 760 頁をみよ。
17　1826 年 2 月 24 日条約は、op. cit. Aitchisson comp., *A Collection of Treaties, Engagements and Sanads relating to India and Neighouring Countries,* Vol. 2,. pp33-37 に所収。

18　エドワード・ケイト、民俗学協会調査部訳『アッサム史』三省堂、1945年。S. K. Bhuyan, *Anglo-Assamse, 1777-1826*, Dehli: Gauhati, 1947.

19　Khushwant Singh, *A History of the Sikhs*, Vol. 1: *1469-1834*, Delhi: Oxford U. P., 1963, pp. 228-229.

20　〈中国少数民族革命史〉編写組編『中国少数民族革命史 1840 − 1949』南寧、広西人民出版社、2000年、153頁以降。陳家璡主編『西蔵森巴戦争』北京、中国蔵学出版社、2000年。

21　1846年3月9日ラホール条約は、Khushwant Singh, *A History of the Sikhs*, Vol. 2: *1839-1974*, Delhi: Oxford U. P., 1966, pp. 342-346 に所収。

22　ibid., pp. 66ff.

23　1860年11月1日西テライ地区の回復に関するネパール・英国条約は、op. cit. Ramakant, *Indo-Nepalese Relations: 1816 to 1877*, pp. 375-376. op. cit. Bhasin, *Documents on Nepal's Relations with India and China 1948-66*, pp. 16-18 に所収。全文は資料758頁をみよ。

24　1865年11月11日英国・ブータン平和・友好条約は、op. cit. Deb, *Bhutan and India: A Study in Frontier Political Relations (1772-1865)*, pp. 179-183. 前掲、余索『青季英国侵略西蔵史』161 − 163頁に所収。同条約は、1910年3月24日インド総督が批准した。前掲書、163 − 165頁。全文は資料760 − 761頁をみよ。

25　1876年9月13日清英両国政府全権委員協定（芝罘条約）は、外務省編『英、米、佛、各國及支那國間ノ關係條約』外務省條約局、1924年、83 − 95頁。外務省編『大東亞條約集』外務省、第3巻、1941年、358 − 372頁に所収。全文は資料761 − 764頁をみよ。

26　1856年3月24日チベット・ネパール（タパタリ）条約は、op. cit. Aitchisson comp., *A Collection of Treaties, Engagements and Sanads relating to India and Neighouring Countries*, Vol. 2, pp.75-77. op. cit. Bell, *Tibet: Past and Present*, pp. 278-280. 前掲、余索『青季英国侵略西蔵史』157 − 160頁。op. cit. Husain, *British india's Relations with the Kingdom of Nepal 1857-1947: A Diplomatic History of Nepal*, pp. 394-395.op. cit. Bhasin, *Documents on Nepal's Relations with India and China 1948-66*, pp. 18-21 に所収。全文は資料756 − 757頁をみよ。

27　1856年3月ネパール・チベット（チャイトラ・サウジ）条約は、op. cit. MaKay ed.,*The History of Tibet*, Vol. 2 *The Medieval Period: C850-1895: The Development of Buddist Paramountcy*, p. 788 に所収。全文は資料757 − 758頁をみよ。

28　1894年8月14日書簡は、op. cit. Husain, *British india's Relations with the Kingdom of Nepal 1857-1947: A Diplomatic History of Nepal*, pp. 396-397 に所収。

29　藤田豊八「西蔵問題」國際法外交雑誌、第12巻第8号、1914年、668 − 670頁、第9号、729 − 734頁。

30　1886年7月24日中英ビルマ・チベット条約は、『國際條約大全』上海、商務印書館、1925年、巻4、14頁。前掲『大東亞條約集』第3巻、633 − 636頁に所収。
1894年3月1日第3条実施条約は、前掲、『英、米、佛、各國及支那國間ノ關係條約』184 − 201頁。前掲『大東亞條約集』第3巻、647 − 667頁に所収。
1897年2月4日修正条約は、前掲、『英、米、佛、各國及支那國間ノ關係條約』201 − 210頁。前掲『大東亞條約集』第3巻、668 − 678頁に所収。

31 前掲、余索『青季英国侵略西藏史』44－46頁。楊公素『中国反対外国侵略干渉西域地方斗争史』北京、中国藏学出版社、1992年、44－45頁。前掲、佐伯『ネパール全史』554－556頁。
32 中国社会科学院民族研究所・西藏自治区档案館編『西藏社会歴史藏文档案資料訳文集』北京、中国藏学出版社、1997年、219頁。
33 前掲書、220-221頁。
34 前掲書、222頁。
35 前掲書、227-228頁。
36 前掲、余索『青季英国侵略西藏史』81－87頁。施玉森『英国侵入西藏戦争和藏族風情』雛忠会館出版、2002年、138—140頁。
37 「総署来函請禁藏人建立炮台、光緒13年2月14日在喇嘛接到、12年12月初3日総署来信」、『清季籌藏奏牘』第1冊文碩奏牘、巻1、1頁。前掲『西藏地方是中国不可分割的一部分』345頁。
38 1890年3月17日シッキム・チベット条約は、前掲『清末對外交渉條約輯』(2)光緒条約、457－458頁。前掲、『英、米、佛、各國及支那國間ノ關係條約』173－175頁。p. cit. Grove, *Sikkim and India: Story and Consolidation*, pp. 217-217. op. cit., Shukla, *Sikkim: The Story of Integration*, pp. 236-238. 前掲、余索『青季英国侵略西藏史』165－166頁。op. cit. Mitter, *Betrayal of Tibet*, pp. 157-160. op. cit. Gupta, *Tibet Disapears*, pp. 43-44. 前掲、馮明珠『近代中英藏交渉與川邊情——從廓爾喀之役到華盛頓會議』457－458頁に所収。全文は資料765－766頁をみよ。
39 前掲、藤田「西藏問題」國際法外交雑誌、第12巻第9号、738－740頁。
40 前掲、余索『青季英国侵略西藏史』92－96頁。
41 1893年12月5日シッキム・チベット続約付属章程は、前掲『國際條約大全』巻4、15－16頁。前掲『清末對外交渉條約輯』(2)光緒条約、262－263頁。前掲、『英、米、佛、各國及支那國間ノ關係條約』109－184頁。前掲『大東亞條約集』第3巻、641－647頁。前掲、馮明珠『近代中英藏交渉與川邊情——從廓爾喀之役到華盛頓會議』459－461頁に所収。全文は資料766－767頁をみよ。
42 シッキム続約第6条はこう規定された。
「およそイギリス人商民にして、チベット境界内において、中国およびチベット商民のあいだに商事上の争弁のことあるときは、中国辺務官とシッキム弁務官とのあいだで面商酌弁し、その面商酌弁にあたっては、双方の事情を査明し、公平に弁理する。もし辺務官と弁務官のあいだに意見の不一致あるときは、被告の所属する国家の法律に照らして弁理する。」
43 前掲、余索『青季英国侵略西藏史』97－102頁。
44 「鹿傳霖瞻対収复清撤藏官達頼喇嘛勢難岪外向折」、前掲『元以来西藏地方与中央政府関係档案史料匯編』第4分冊、1302－4頁。
45 Great Britain, *British and Foreign State Papers*, 1920, London: HMSO, pp. 118-119. 前掲『西藏地方歴史資料選輯』181－182頁。
46 中国・ロシア国境条約は、以下をみよ。浦野起央『資料体系アジア・アフリカ国際関係政治社会史』第5巻アジア・アフリカⅢ6中ソ国境紛争、Ⅲe、パピルス出版、1984年。外務省調査部『中ソ国境問題資料集』中ソ問題研究会、1974年。

47　前掲、矢野『近代蒙古史研究』340 頁以降。
48　Alexsandre Andreyev, "Soviet Russia and Tibet: A Debate of Secret Diplomacy," *The Tibet Journal*, Vol. 23 No. 1, 1992. op. cit. McKay ed., *The History of Tibet*, Vol. 3 *The Modern Period, 1895-1959: The Encounter with Modernity*, pp.434-454.
49　Nikolai Kuleshov, "Agvan Dorjiev, The Dalai Lama's Ambassador,"*Asian Affairs*, Vol. 23 No. 1, 1992. op. cit. McKay ed., *The History of Tibet*, Vol. 3 *The Modern Period, 1895-1959: The Encounter with Modernity*, pp. 57-68.
50　前掲、藤田「西藏問題」國際法外交雑誌、第 12 巻第 10 号、846 − 854 頁。
51　入江啓四郎『支那邊疆と英露の角逐』ナウカ社、1935 年、609 頁。
52　op. cit.Yanghusband, *India and Tibet*, pp.73ff. 前掲『西藏――英帝国の侵略過程』89 頁以降。
53　前掲、牙『達頼喇嘛伝』178 頁。
54　前掲、入江『支那邊疆と英露の角逐』513 − 514 頁。
55　前掲、藤田「西藏問題」國際法外交雑誌、第 12 巻第 10 号、853 − 854 頁。
56　前掲、入江『支那邊疆と英露の角逐』514 − 515 頁。
57　op. cit. Younghusband, *India and Tibet*, pp.84-88. 前掲『西藏――英帝国の侵略過程』109 − 113 頁。
58　Sir Francis Younghusband, *The Heart of a Continent: A Narrative of Travels in Manchuria, across the Gobi Desert, through the Himalayas, the Pamirs, and Chitral, 1884-1894*, London: J. Murray, 1896/ Delhi: Book Faith India, 1994. 石一郎訳『カラコルムを越えて』西域探検紀行全集 5、白水社、1966 年。Younghusband, *Among the Celestials: A Narrative of Travels in Manchuria, across the Gobi Desert, through the Himalayas to India,* London: John Murray, 1898. 筧太郎訳『ゴビよりヒマラヤへ』朝日新聞社、1939 年。Younghusband, *Wonders of the Himalayas*, London: John Murray, 1924/ New Delhi: Asian Educational Service, 1993. Younghusband, *The Light of Experience: A Review of Some Men and Events of my Time,* London: Constable & Co., 1927.
　　彼の伝記は以下をみよ。Patrick French, *Yanghusband: The Last Great Imperial Adventurer,* London: Harper Collins, 1994. 鄭明華訳『西藏追踪』烏魯木斉、新疆出版社、2000 年。
59　前掲、余索『青季英国侵略西藏史』110 頁以降。
60　前掲『元以来西藏地方与中央政府関係档案史料汇編』第 4 分冊、1403 頁。
61　op. cit. Younghusband, *India and Tibet*, pp.145-6.『西藏――英帝国の侵略過程』181 − 182 頁。
62　Peter Flemig, *Bayonets to Lasa: The First Full Account of the British Invasion of Tibet in 1904*, London: R. Hart-Davis ／ New York: Haper, 1961. 向紅笳・胡岩訳『刺刀指向拉薩』ラサ、西藏人民出版社、1987 年。前掲、『英国侵入西藏戦争和藏族風情』148 頁以降。
63　魏克「1904 年西藏人民抗英闘争調査記」近代史資料、1957 年第 1 期。前掲、楊『中国反対外国侵略干渉西域地方斗争史』119 頁以降。呂昭義『英属印度与中国西南辺疆 (1774―1911 年)』北京、中国社会科学出版社、1996 年、264 頁以降。徐平・路芳『中国歴史文化名城江孜』北京、中国藏学出版社、2004 年、34 − 57 頁。
64　Sir Charles Bell, *Tibet: Past and Present*, Oxford: Clarendon Press, 1924, 宮廷璋訳『西

藏史——原名西藏之過去與現在』上海、商務印書館、1930年、田中一呂訳『西藏——過去と現在』生活社、1940年、103頁。
65 op. cit. Yanghusband, *India and Tibet*, p.250.
66 埃徳蒙・坎徳勒、尹建新・蘇平訳『拉薩真面目』ラサ、西藏人民出版社、1989年。前掲『西藏地方歴史資料選輯』146 − 147頁より引用。
67 孫子和『西藏史事與人物』台北、臺灣商務印書館、1995年、「13輩達頼喇嘛第1次定始末——西藏與中央疏離原因溯源」。
68 1904年8月3日ヤングハズバンドのラサ進駐の5項目条件が決定された。
　1．ラサ駐在代表を置き、ラサとの自由往来を進める。ラサが不可能であれば、ギャンツェ（江孜）とする。
　2．英国のチベットの特殊政治地域を正式に認める。
　3．賠償を要求し、チュンビ（春丕）を担保とする。
　4．ギャンツェ・ヤートン（亜東）・シガツエ（日喀則）・ガルトク（噶大克）に商埠を設ける。
　5．チベット・シッキム境界を画定し、関税を設定し、通商章程を作成する。
　Yanghusband, op. cit. *India and Tibet*, p.260. 前掲、馮明珠『近代中英藏交渉與川邊情——從廓爾喀之役到華盛頓會議』140頁。
69 インド政庁、そして英本国政府としては、英代表のサラ駐在が認められない場合には、ギャンツェを検討していた。
70 カシミールは、1819年にシク人に征服され、翌20年にマハラジャ・ゴラブ・シンの統治にあった。そして、ゴラブ・シンは1834年、かつてのチベット支配のラダク王国を属国とした。op. cit. Singh, *A History of the Sikhs*, Vol. 1: *1469-1839*, pp. 279-280.
71 1904年9月7日ラサ条約は、op. cit. Aitchisson comp., *A Collection of Treaties, Engagements and Sanads relating to India and Neighouring Countries*, Vol. 2, pp. 344-3347. 前掲『國際條約大全』巻4, 32 − 34頁。前掲『英、米、佛、各國及支那國間ノ關係條約』225 − 227頁。前掲『大東亞條約集』第3巻、678 − 687頁。John V. A. MaMurray ed., *Treaties and Agreements with and concerning China 1848-1919*, New York: Howard Fertig, 1973, Vol. 1, pp. 489-580. 前掲、余索『青季英国侵略西藏史』169 − 164頁。op. cit. Mitter, *Betrayal of Tibet*, pp. 160-164. 前掲、馮明珠『近代中英藏交渉與川邊情』462 − 465頁に所収。全文は資料767 − 769頁をみよ。
　同条約の有泰駐在藏奏稿は、以下をみよ。「致外部抄陳英擬草8条電」、前掲、呉豊培編『清代藏事奏牘』下、1185 − 1190頁。
72 稲生典太郎「1904年拉薩条約本文の成立と流傳——特に漢文本文について」國學院雑誌、第57巻第7号、1956年、156 − 164頁。
73 前掲書、163頁。
74 『清季外交史料』第196巻、8 − 15頁。
75 1906年4月27日北京条約は、前掲『國際條約大全』巻4, 32頁。前掲『英、米、佛、各國及支那國間ノ關係條約』222 − 227頁。前掲『大東亞條約集』第3巻、694 − 708頁。op. cit. McMurray ed., *Treaties and Agreements with and concerning China 1848-1919*, Vol.1, pp.74-575. 前掲、余索『青季英国侵略西藏史』172 − 174頁。op. cit. Mitter, *Betrayal of Tibet*, pp. 164-167. op. cit. Gupta, *Tibet Disappears*, pp. 46-47に所収。全文は資料769 − 770頁をみよ。

76　1906年7月23日中国・英国交換公文は、前掲『英、米、佛、各國及支那國間ノ關係條約』227－229頁。前掲『大東亞條約集』第3巻、227－228頁に所収。
77　op. cit. Younghusband, *India and Tibet,* p. 342.
78　治藏19条は、前掲、呉・曾編『清代駐藏大臣傳略』268－270頁。前掲、王『天葬——西藏的命運』550－551頁に所収。
79　「伝諭議衆善后問題二十四條」、前掲『西藏地方是中国不可分割的一部分』463－441頁。
80　op. cit. Younghusband, *India and Tibet,* p. 345.
81　前掲、藤田「西藏問題」國際法外交雑誌、第13巻第1号、33－38頁。
82　1908年4月20日中国・英国・チベット通商章程は、前掲『國際條約大全』巻4, 33－35頁。前掲『大東亞條約集』第3巻、694－708頁。前掲、余索『清季英国侵略西藏史』176－181頁。前掲、馮明珠『近代中英藏交渉與川邊情——従廓爾喀之役到華盛頓會議』468－472頁に所収。全文は資料771－774頁をみよ。
83　Peter Hopkirk, *The Great Game: On Secret Service in High Asia,* London: John Murray, 1990. 京谷公雄訳『ザ・グレート・ゲーム——内陸アジアをめぐる英露のスパイ合戦』中央公論社、1992年、372—373頁。
84　このグレート・ゲームはイギリス人作家ラデヤード・キプリングが1901年の小説『キム』で、中央アジアにおける英国・ロシアの帝国主義列強の領土争奪の情報戦をグレート・ゲームと呼んだのに始まる。それだけ、欧米では、このゲームは、大きな国際的関心事であった。Rudyard Kipling, *KIM,* 1901/ London: Macmillan, 1924. 宮西豊逸訳『キム——印度の放蕩児』三笠書房、1952年。亀山竜樹訳『少年キムの冒険』世界名作全集172、講談社、1960年。亀山龍樹訳『キムの冒険』春陽堂書店、1978年。齋藤兆史訳『少年キム』晶文社、1997年。ピーター・ホップカークのキム論は、以下をみよ。Peter Hopkirk, *Quest for Kim: in Search Kipling's Great Game,* London: J. Murray, 1996 / New York: Oxford U. P. / Ann Arbor: Univ. of Michigan Press, 1997.

　さらに、以下をみよ。O. Edmund Clubb, *China and Russia: The "Great Game,"* New York: Columbia U. P., 1971. Michael Edwardes, *Playing the Great Game: a Victorian Cold War,* London: Hamilton, 1975. Ian Copland, *Europe' Great Game: Imperialism in Asia,* Melbourne: Oxford U. P., 1986. Suhash Chakravarty, *Afganistan and the Great Game,* Delhi: New Century Publications, 2002. Shams-ud-din & Bhaswati Sarkar, *Afganistan and Central Asia in the New Great Game,* New Delhi: Lancer's Books, 2003.
85　前掲、入江『支那邊疆と英露の角逐』547頁。
86　この交渉を、1907年8月18日駐英代表部公電で、中国は確認していた。『清季外交史料』第205巻、13－15頁。
87　大村作次郎「1907年に於ける英露協商成立の研究」(1) ～ (2)、史潮、第3号、第6号、1931～33年。大村『近世國際關係史論集』三省堂、1944年、157－228頁。
88　1907年8月31日チベットに関する英国・ロシア協定は、前掲『英、米、佛、各國及支那國間ノ關係條約』339－344頁。前掲、余索『清季侵略侵略西藏史』174－176頁。op. cit. Husain ed., *British India's Relations with the Kingdom of Nepal,* pp. 370-371. op. cit. Mitter, *Betrayal of Tibet,* pp.167-170 に所収。全文は資料770－771頁をみよ。
89　Edward Gray, *Twenty-Five Years 1802-1916,* New York: Fredrick Stokes/ London: Hodder & Stoughton, 1928, Vol. 1, pp. 159-160.

90　op. cit. Younghusband, *India and Tibet,* pp.379-380.
91　op. cit. Hedin, *A Conquest of Tibet*. 前掲、金子訳『チベット遠征』301 － 302 頁。

7　13世ダライ・ラマの外交

1．清国の主権回復工作

　1878年1月即位した13世ダライ・ラマ[注1]は1904年7月30日英軍のラサ侵入によって青海に逃れ、10月20日モンゴルのウルガ（庫哩雅／庫倫、現フホホト、呼和浩特）に入り、この地に1年滞在した[注2]。その間、ダライ・ラマは、ドルジエフとウルガ駐在ロシア領事を通じてニコライ2世に事態の報告をするとともに、英軍の侵略に対してロシアの援助を求めた。ドルジエフ自らもペテルスブルグに乗り込み運動したが、ロシアは当時、日露戦争での旅順失陥から、到底、対応出来なかった。一方、13世ダライ・ラマはモンゴル活仏と相容れず、1905年英軍のラサ撤退で、その翌06年9月アムドの塔爾寺（タール寺／梵宗寺／クンブム寺、黄教教祖ツォンカパ・ロサン・タクパ誕生の地）に入った。そして1908年3月ダライ・ラマは、五台山に到着した[注3]。13世ダライ・ラマはこの地で英公使サー・ジョン・ジョーダンに書簡を送り、ラサ帰還の糸口を探った。それは、ロシアに対するドルジエフ工作から英国への態度の転換を示すものであった。これに対する英国の反応は、ヤングハズバンドによれば、こうであった。

　「サー・ジョン・ジョーダンは、その訪問者に対して、英国政府がダライのラサ帰還の意図をどう考えるかは、自身としては何ともいえない、と答えた。ダライの不在中にインドとチベットの関係は好転した。1904年、両者の間に友好関係が破壊されたのは、誤解している結果であって、しかも、それは、ダライ・ラマ執政のもとで起こった。それに対して、ダライの側近が国事の真相についてダライが目を覆ったから、こうした結果となったのだと釈明し、そして今やダライは真相を了知し、ラサ帰還の上は、互いに境を接するインド政庁と

の間に友好関係を維持したいと切望している、と述べた。注4」

清朝皇帝徳宗は1908年7月19日、五台山の13世ダライ・ラマに入京するよう命を発し、9月28日ダライ・ラマは北京の西黄寺に入った。その黄寺は1652年、第5世ダライ・ラマが北京に入ったとき、ときの順治帝から歓待された場所であった注5。ダライは属臣の資格で慈禧后に謁見したが、その際、清廷はダライに叩頭の礼を強い、ダライを川辺（西康）の蔵番煽誘、いわゆる西康問題につき詰問した。その一方、清廷は、チベットの絶対権力者である13世ダライ・ラマを慰撫し、ダライ・ラマに加封して誠順贊化大善自在仏とし、毎年食俸1万両を給した。ダライに対する行動指針の勅令は、以下のとおりであった。

五台山菩薩頂

「謁見のために北京へ来たダライ・ラマ狃下は、今日、余らのために祈ってくれ、余らの敬意に値する礼法で、その内奥の気持を表わしてくれた。ここに特に優れた栄誉の印として、彼に称号を追加授与する。

狃下は、以前の皇帝の好意の印として既に「西天大善自在仏」の尊称を持っている。今度はこれに「誠順贊化」という尊称を追加授与する。この尊称が授与される礼式については、式部局および朝貢国局に相談するように。また、年俸1万タエルが下賜され、それは四半期ごとに四川省財務局から支払われる。猊下は新しい尊称を得てチベットへ戻ることになるが、その帰途は部下に警護させよう。そして、旅行中必要なものはすべて与えよう。

狃下がチベットへ戻ったときには、わが帝国の法律に従うことに留意し、中

東黄寺（雍和宮）　　　　　　　　　西黄寺

国朝廷の好意を広く伝えねばならない。また、チベット人民に従順で、公正の道を歩むよう説かねばならない。帝の駐蔵弁事大臣（アンバン）を通じて余に建白するという確立した慣習を守り、謹んで余の意を待たねばならない。

　かくて、辺境の平和は永久に保たれるだろうし、僧侶と俗人との差違は完全に消失するだろう。ラマ教を支持し、わが帝国の辺境に平和を保とうとする余の願いを無視しないように。

　　朝貢国局を通じて、この勅令を倪下に伝える。[注6]」

そこには、宗教者・施主関係（チュユン関係）はなく、支配者と臣下の関係が成立していた。

　一方、サー・ジョーダン公使は、ロシア公使を打ち合わせの上、外務部に対し英・露両公使がダライを訪問したい、と申し出た。中国政府はいよいよ猜疑を深め、北京条約の立役者張蔭棠、他1名の立ち会いで、時間を限定してこれを認めた。結局、ダライ・ラマは英国工作にも成功せず、清廷の態度に強い不満を残して、12月21日北京を去った。

　このとき、1905年9月から翌06年9月にかけ、9世パンチェン・ラマはインドを訪問し、ダライと対蹠的な行動をとっていた。インド政庁はラサのダライではなくシガツエのパンチェンを選び、9世パンチェン・ラマは1905年9月と10月

の2回、インドで英皇太子プリンス・オブ・ウェルズ殿下、ミントー卿の知遇を得る一方、ホラティオ・ハーベルト・キッチナー卿指揮下の軍事大演習を参観した。

北京を出たダライ・ラマは西安・蘭州を通ってラサに向かった。四川ルートを避けたのは、ここが清廷のチベット工作の拠点であったからである。1905年英軍のチュンビ（春丕）撤退とともに、清軍は参事張蔭棠、アンバン聯豫との協議でチベットに入った。これは、張蔭棠が1906年4月27日カルカッタで1904年9月7日条約を確認した英国・中国チベット条約を締結して[注7]、中央の指示でインドよりチベットに入り善後処理に当たることになったためであった。そこで張蔭棠がまず目撃したのは、チベットの中国中央勢力がほとんど壊滅状態にあり、統治が貧汚にある様であった[注8]。1907年2月張蔭棠は、善后問題24条を提出し、英軍の進入で生じたダライ・ラマ不在下の事態の内政・外交における混乱から、蔵衆答詞24カ条をもってそれへの対応策を明示した[注9]。チベットを整理しなければこの地を保持できないと、1907年12月10日付で、張蔭棠は報告した[注10]。これにより、進駐した中国当局は、ダライ・ラマが北京滞在の不在中に中国語教育を普及させ、チベット通貨を安定させ、駐チベット公館の体制を整えるなど、中国化に着手した[注11]。それだけでは騒擾は収まらず、同08年秋、当時の四川総督尚書趙爾豊を川滇（四川・雲南）辺務大臣兼駐蔵大臣（アンバン）とし、兵を進め、同時に副都統温宗堯を幇弁大臣に命じアンバンを補佐させた。趙爾豊は康のデルゲ（徳化）・パアン（巴安）を改土帰流して西康省の設立を計画し（西康省は遅れて実現した）、パタン（巴塘）を安定化させた[注12]。

1909年8月川軍がチベットに入るとのアンバン聯豫の布告は、以下のとおりであった。

「花翎頂戴副都統聯豫欽命駐蔵大臣の告示布告

チベットが大清国の治下に入って、もう200年以上になる。地方と人民、および大・小の寺宇などは、すべて大清朝の全力保護を受けている。ラサ、シガツエ（日喀則）、ギャンツェ（江孜）、ティンリー（定日）、および東部の各地に官兵を配備して防衛している。ダライ・ラマ、パンチェン・ラマ、そして各フトクト（呼図克図）に対する防衛も、官兵が担当している。光緒19年（1893年）、ヤートン（亜東）が開阜地として開放されたので、官兵一営を増派して、

辺境を防衛している。光緒30（1908）年、英軍がラサに侵入してからは、条約を締結してヤートン、ギャンツェ、ガルトク（噶大克）3カ所を開阜地として開いた。以後、国門は完全に開放しており、辺境事務は危険きわまりない状態になる。光緒34年、章程は改定された。チベット・インド通商章程によると、各開港場が設立してから、巡警事務の下では、英国は直ちに衛隊を撤収してチベットに駐軍しない、と約束した。つまり、英軍が撤退するかどうかは、巡警を設置できるかどうかによって決まる。このことは主権に関わることなので、とり急ぎ取り扱うべきである。このために、本大臣は鐘穎を統領として補し、川軍1000人を率いてチベットに入るよう要請する。今度、大皇帝の恩准のもとに、命令を受け、兵隊を調達して、開埠地3カ所に巡警を設ける。それも、ダライ・ラマとパンチェン・ラマを護衛して、かつ黄教をさらに盛んにし、百姓を安心させるためである。大清朝がチベットを与えている深い徳意は、これ以上甚だしいものはない。これに対して、僧・俗百姓は、どういうふうに恩返しをしたらいいのか。川軍は既に出発しており、すぐにも辺境の関を出て、東路を通りラサに赴くことになる。あなたたちは、委員を選んで、川軍が必要とする馬、乗用家畜、糧食、そして草・豌豆などを早めに準備すべきである。川軍はお金を支払うから、百姓の損失はいっさいないだけでなく、かえって利益を得ることになる。行程が遠いので、百姓が良し悪しを弁別できなくて、デマを飛ばしてごたごたを起こして、治下が不安になる可能性を考えて、人心を安定するために、ここに告示を発する。川軍はチベット地方を保護して、チベットをさらに強く盛んになるように、ラサに到る。この点につき、チベットの僧・俗官員、各寺宇のラマ、各部落首領、および百姓は了解されたい。あなたたちは、公事を重んじ法律を守り、落ち着いて生活し、愉しく働くべきである。疑っても不安に思う必要はない。本大臣は、既に鐘穎統領に対し軍の取締りを厳しくするよう、命令した。川軍はどこにいても軍規を厳しく守り、チベット人民の利益をいささかも侵さない。あなたたちは、彼らを懇ろにもてなすべきである。もし、故なくして事を起こし、欽命に違反することがあれば、必ず法律に従って容赦なく厳罰に処する。[注13]」

13世ダライ・ラマの訪問による京師での儀式は、皇帝と皇太后の予期しない死

によって中断された。1908年12月21日ダライ・ラマは北京を去り、翌09年春、シリン（／シーネイ、西寧）に至り、12月25日5年ぶりにラサに戻った。

その清朝政府でのダライ・ラマの屈辱、そしてそのチベット政策、なかんずく中国軍隊の派遣に脅威を感じるなか、1909年秋、ラサ近郊に到着した13世ダライ・ラマは、ギャンツェ（江孜）の英国代表に打電して、早速、ヨーロッパ諸国の干渉によって川軍のチベット進軍を阻止するよう、斡旋を求めた。同様の書簡は11月7日付でジョーダン英公使にも届けられた。さらに、同様の書簡はロシア公使、フランス公使にも届けられ、ロシア公使はそれへの支持を英代理公使マックス・ミュラーに求めたが、既にチベット支配に成功していた英国は動かなかった。結局、ダライ・ラマの奔走はその工作が成功をみせることなく、むなしくダライ・ラマはラサに戻るしかなかった。

そこで、13世ダライ・ラマは、彼の腹心ラマをシッキムのマハラジクマール（摩訶羅闍）の下に送り、ダライに代わってインド政府に対し英軍の引揚げに謝意を表するよう求めたが、それというのは、まずインド政庁の態度を知ることがその狙いであった。一方、ダライ・ラマは、アンバン聯豫に対し中国軍2万の進軍停止を要求した。しかし、この要求は容れられず、1910年2月中国軍は、ジャムダ（江達／タイチャオ、太昭）からラサへ向かった。結局、9日13世ダライ・ラマは、ポタラ宮において幇弁大臣温宗堯に対して、チベット有力者の立ち会いのもと、以下の3点につき誓諾した。

1．各所の阻兵番業を直ちに引き揚げる。
2．清廷の待遇につき奏謝する──これは清廷への忠誠を意味した。
3．従来どおりアンバンを尊重し、常規に従って供応する。

これに対し、温宗堯は、以下の4項をもってダライ・ラマの慰撫を謀った。

1．川兵がラサへ到着の上は、必ず規律を申明し、治安を維持し、決して地方を騒擾しない。
2．均しく諸事を平和的に処理する。
3．ダライ固有の教権は決して侵害しない。
4．ラマ僧を殺害しない。[注14]

しかし、13世ダライ・ラマの約諾は履行されず、ダライ・ラマ自身、そうした

事実を否定した。もっとも、温宗堯も、ダライ・ラマの教権を保証したものの、その政権に言及は与えなかった。ダライ・ラマの行動に対する中国当局の妨害工作は著しかった。中国軍はチベットに向けて進軍しており、チベット軍はチャムド（察木多）で中国軍を阻止した。そして、2月12日13世ダライ・ラマは姿を消した。

そこで、中国政府は、同10年2月25日以下の勅令で13世ダライ・ラマを廃位とする一方、同勅令は外交文書として英国にも通告された。

「チベットのダライ・ラマは、わが先帝から多くの好意を受けてきた。彼は、黄帽派の教義を弘めるために、前例に倣って、宗教の教えを献身的に啓発すべきであった。しかし、彼が統治権を握って以来、前例がないほど奢り、乱行・下劣・怠惰・不道徳・強情といった態度を示し、わが勅命には乱暴かつ無法にも不従順で、チベット人民には圧制的であった。

1904年7月、騒乱の間に逃亡していたので、わが欽定アンバンは、彼は無責任であると、非難した。それで、一時的にその尊称を剥奪する勅令が発布された。彼は、ウルガ（庫哩雅／クーロン、庫倫）に行き、そこからふたたび西寧へ戻った。余は、彼の長い逃亡生活を心にとめ、その悪行を悔い改めることを願い、地方官吏に彼の面倒をみるようにいいつけた。一昨年、彼は、北京へ赴いて謁見を許され、新尊称を授与され、贈物を賜わった。チベットへの帰途、彼はぐずぐずして混乱を引き起こした。それでも、余は不敏に思い、どこまでも大目に見ていた。寛大にも、余はその過去を許した。いま、四川の軍隊をチベットへ派遣したが、これは秩序を維持し、交易市場を保護するためという特別な目的のためである。チベット人がその軍隊の意図を疑う理由はまったくない。しかも、ダライ・ラマはデマを流し、反抗的になり、アンバンを中傷し、物資の供給を拒否し、良識に従おうとはしなかった。

四川の軍隊がチベットに到着したとき、ダライ・ラマが2月12日の夜に逃亡したとアンバンからの電報で知ったとき、余は、彼を戻させるべく努力せよ、と命じた。しかしながら、現在のところ、彼の行方はわからない。彼は反逆の罪を負い、余の好意ではどうにもできないところまで進んでしまった。彼は上の者に対して卑しい忘恩の態度を示し、下の者に対してはその義務を実行することを怠った。彼は活仏にはふさわしくない。したがって、罰として彼からそ

の尊称およびダライ・ラマとしての地位を剥奪する。今後、彼がどこへ行こうと、どこに住もうと、チベットあるいはそれ以外の場所であろうと、彼を普通の人間として扱う。直ちに、わがアンバンに命じて、奇蹟的な印を帯びた童子を捜し、その名を平板の上に書き、それを黄金瓶の中に置く。そうすれば、先代のダライ・ラマたちの真の化身として、一人が選ばれるだろう。そのことが余に報告されれば、その選ばれた童子に余の恩恵が授けられ、それによって教義の普及とラマ教の繁栄が続くであろう。

　徳は報いられるも、悪徳は罰せられよう。お前ら、チベットのラマ僧と俗人は余の子供である。みな、法律に従い、平和を保て。なんびとも黄帽派を支持し、わが辺境の平穏を維持しようという余の願いを無視してはならない。[注15]」
スウェーデンの探検家スウェン・ヘディンは、1906年5月24日チベットへの出発を前にしてカーゾン卿からヘディンの探検の件を引き継いでいたインド新総督ミントー卿の招待を受けたが、その直前、英国のチベット政策について、次のとおり述べた。そのインドのシムラからのチベット入国は、結局、英本国の協力が得られず、実現しなかった。そこでは、既に英国のチベット封じ込め作戦が進捗していた。

「私がインドを基地にしようという考えは、かくて水泡に終わった。イギリス人、すなわち、（英本国政府インド政庁長官）ジョン・モーレー氏がチベットを厳重に閉鎖する。そのことは、かつてチベット人自身がヨーロッパ人にたいしてとった手段と変わりない。この旅行において、克服せねばならぬ最大の困難は、決して、チベットそのもの、チベットの苛烈な天候や希薄な空気、重畳たる山岳、そして凶暴な住民によるのでなく、実にイギリスによることがしみじみと感じられた。もし、ジョン・モーレー氏をくだすことができれば、既に私のチベット問題はなんとか解決したといえよう！

　希望は最後まですててはならない！　いつの日か好転するだろう。そういう希望を、私はなおも持ちつづけた。

　不成功は名誉心をかき立て、力を極度に緊張させた。私は考えた。阻止するつもりなら、阻止するがいい。私は、君たちよりも、もっとよくアジアに住みついている。それをお目にかけよう！　とてつもなく広大なチベットを閉鎖できるのなら、やってみるがいい。国境からチベットの高原にかけて、えんえ

んとつづくあらゆる警告を、君たちがせき止めてみるのもおもしろかろう。だが、それが不可能なことは、やがてわかるだろう！ 最後の、なさけ容赦もない、ぶっきらぼうな拒否がぶちまけられ、これ以上の交渉の望みが絶たれたとき、私の思い気持ちを、ふと軽くしたのは、以上の考えだった。[注16]」

そして、1907年2月12日ヘディンは、タシ・ラマ（9世パンチェン・ラマ）の招待で歓談しているが、その様子を、彼はこう語っている。

「（13世）ダライ・ラマは支配慾旺盛な陰謀家だった。そしてカーゾン卿との不用意な盟約により、かえってチベットに対するイギリスの攻撃的政策を挑発し、その結果、ほとんどすべてといってもいいほど失った。タシ・ラマは早くから《神聖》と学識とにより、ラサの皇教に比し、より多くの尊敬をあつめた。それどころか、ダライ・ラマの美辞に富む国民への約束がうそ八百で、チベットが、課せられた重い軛のもと、ますます、シナに叩頭せねばならぬ結果をもたらしに到っては、タシ・ラマの名声と精神的支配とは、ただ上昇するばかりだった。[注17]」

13世ダライ・ラマは、チベットの存立条件それについて決断を下さなければならない状況に迫られていた。

2．1905年パタン事件

西康のチベット人は漢人の制度に従っておらず、騒擾が絶えなかった。雲南省から南北に縦走する金沙江の中流域南辺にあるパタン（巴塘）あるいはパアン（巴安）地方では、常に不穏事件が続いていた。1905年3月その平定を兼ねて、アンバン補佐、駐蔵幇弁大臣鳳全が成都からチベットへ赴く途中、パタンに立ち寄った。鳳全の来着で、パタンのディパ（土司）や泰寧寺のラマは挨拶に参集したが、その態度が横柄であったため、銅の煙斗で彼らの首を打ち、これにディパが大いに怒り、その夜、ディパは兵をもって鳳全を殺してしまった。ラマ兵もこれに共謀した。フランスのカトリック教徒もこれに巻き添えとなり、教会は焼き討ちされ、ムソ神父とスーリエ神父のほか、パタン西方のリタン（裏塘／理化／理安）で4名の神父

が殺害された。それは、ラマの不満がカトリック排撃に転化したものであった。この事態の経過を当時チベットにいたカトリック神父は雲南省トンユエ（勝越）駐在英領事リットンに対し、こう報告した。

「この２年来、四川政府は、パタン（巴塘）および一帯を漢人の節度のもとに統制せんとしたが、ラマ教徒は激しくこれに反対した。こうした漢人排斥の感情の高まりのなか、駐蔵幇弁大臣鳳全がパタンに数カ月滞在中、その部下がチベット人に対して掠奪暴行を加えたことで、遂に、チベット人の憤激が爆発した。

一方では、ラサ駐在への威信はまったく地に墜ち、殊に大ラマ（13世ダライ・ラマ）がその地位を追われてからというものは、漢人官吏は、到底、大ラマの特権を保障し得ないとの印象を深くし、彼らに対する侮蔑の念を増大した。あたかも免点された大ラマが天より降誕し、四川に近いダルツェンド（打箭爐）に到着し、ラサ帰還の途にあるとの噂が広がった。ラサのラマ本部からはパタン・その他の地に対しチベット近傍の漢人およびヨーロッパ人はすべて殺害せよとの秘密命令が発せられたといわれた。リタン（裏塘）のラマと漢官のあいだにも確執があった。事件の１年前、漢官がケンプ（堪布、教律を掌握し地方事務を主持するラマ、寺院首領）を逮捕し、その首を刎ねたためである。[注18]」

この事件は、ダルツェンド（打箭爐）の漢官より中央に報告され、四川総督錫良はこれに大いに驚き、建昌道台趙璽豊および四川提督馬維騏が会同し、蔵番を勦弁するよう奏上した[注19]。この事件勃発から２カ月半の６月18日、馬維騏を前峰とし趙璽豊を後方に任じて、パタンを征服し趙が善後を専弁することになった。にもかかわらず、パタンは依然として騒然としていた。特に雲南西北のラマの諸寺では、ますます漢人への反抗が高まり、それはダライ・ラマ作戦だと中央に報じられた。当時、雲南・西康を旅行中のイギリス人植物学者フォレスト、雲南のフランス人カトリック神父デュベナール、プールドンネら３人も、この蜂起で殺害された。結局、９月趙璽豊の粛清工作でパタンは清廷の支配に戻り、改土帰流となった[注20]。翌06年２月趙璽豊は、さらに標高4000メートルのリタン管下のラマ2000人を擁したカム最大のラマ寺、リタン・ゴンパ（桑披峰寺／理塘寺）に向かったが、野砲４門、ドイツ製銃器を備えたリタン・ゴンパの攻防は激戦となり、趙は６月19日「チベッ

ト人救援来る」の詭計をもって開門させ、寺廟内のラマを最後の1人までも惨殺してしまった。趙は、この功により川滇辺務大臣となり、この任命に驚いた英国は、ジョーダン英公使が事件の経過につき意味するところを、本国あて電報でこう述べた。

> 「趙爾豊は、明らかにチベットにおいて、韓国における伊藤（博文）公と同様の任務をこなし、特にチベットの施政に対して清国政府の支配を拡張せんと期待されている。趙爾巽（趙爾豊の兄）の四川総督任命は、爾豊の腕を強くし、行動の円満を帰するためであった。[注21]」

趙爾豊は、1908年四川護督となり、さらに東チベット最大の地区デルゲ（徳格）を清廷の下に帰服させ、さらにチャムド（昌都）を粛清し、ここに四川軍は1910年2月チベットの旧界タンガ（丹達）山を越えてジャムダ（江達／タイチャオ、太昭）に達し、ラサ進軍となった。

3. 13世ダライ・ラマのインド亡命

英国が求めていたチベット・インド間の新通商章程は、1908年4月20日カルカッタで英国および中国全権委員とチベット代表者のあいだで調印された。同章程は、同年10月4日批准書が交換された（前述）。

その一方、帮弁大臣温宗堯と13世ダライ・ラマの折衝は、結果的に、なんら時局の収拾とはならなかった。そこで、ダライ・ラマは、中国軍のラサ進駐を目前にして身辺の危険を感じ、カルン（大臣）は死刑を恐れ、とりわけダライ・ラマは実権の剥奪と国事犯としての幽閉を恐れた。それで、1910年2月12日ポタラで対策を協議中、中国軍兵士10名が彼の逮捕に向かったとの情報でインド亡命を決行し、15日にはヤムドク・ユムツォ（厄木多克澤／羊卓雍湖）湖畔ナンカルツエ（納噶爾澤／浪卡子）に赴いた。この事態に、中国軍300名がギャンツェ（江孜）へ向かったが、ダライ・ラマ一行は20日ヤートン（亜東）を通過しており、21日シッキム境のニャトン（里郎）に達していた。ダライ・ラマはヤートン通過にあたり、英通商代表に対し、余はインドに亡命し、時局収拾策を協議したい、またラサに執

政を残してきたが、印璽は自ら携行してきたと申し出て、インド政庁への伝言を託した[注22]。その13世ダライ・ラマの文書は、次のとおりであった。

「中国側は、ラサ人民を大いに圧迫しているところであるが、この程、該地に騎兵が殺到し、発砲して住民に殺傷を加えつつあり、余は、カルン（大臣）を率いて難を避けざるをえなくなった。現在、余は、インドに赴き、英国政府とこの件の処理につき商議する所存である。ラサ出立以来、道中では中国軍の来襲がしばしばあり、大いに悩まされてきた。チャクサム（折克散）では、200名を中国・モンゴル歩兵の追跡を受け、手兵の一部を止めてこれを防御し、小戦闘となった。この戦闘でチベット人2名、中国人70名が戦死した。摂政および代理カルンはラサに留まったが、印璽は余および帯同のカルンがこれを保持している。日頃は、英国政府の優遇を被り、感激に堪えない。今また保護を乞うも、英国政府とチベットとのあいだの関係は父の子に対するそれの如くにして、そう確信している。いっさい貴国のご指導を仰ぎたく、インド到着後、改めて詳細を申し上げる。[注23]」

このダライ・ラマの伝言を受けて、インド総督ミントー卿は、早速、ダージリン（霊鷲山）官憲に対し、ダライ・ラマのインド入りに対してあらゆる便宜を提供するよう指示し、私的訪問として待遇せよと命じた。同10年2月24日13世ダライ・ラマはダージリンに到着し、出迎えたチャールス・ベルに対してダライは過去における自分の非を詫びるとともに、英国政府の干渉を求めた。さらに、ダライ・ラマは、カルカッタでインド総督に対し英国政府の介入を要請し、再びダージリンに戻った。

一方、ダライ・ラマの亡命で、中国の態度はいよいよ強硬となり、中国軍2400人が1910年1月3日ラサに入城し、アンバン聯豫は13世ダライ・ラマの罪状を宣布し、その名号を革除した。と同時に、転生の宗理によるダライ・ラマの後継者を選出した。

英国は、1世紀半この方、彼らが待ちに待った好機の到来であったが、そのチベット進撃はなされなかった。それは、英国政府がラサ条約でも北京条約でも英露協定にしても、英国のチベット干渉を排除する条項があったからである。当然に、干渉すれば、中国政府と正面衝突するのは不可避であった。エドワード・グレー外相はその積極工作に応じなかった。

もっとも、英国は傍観していたわけではなかった。英国政府は、インド事務相ジョン・モーレー卿の強硬意見を容れ、1910年1月16日北京駐在代理公使マックス・ミュラーの助言を得て、中国外交部に対し、要点以下の抗議を提出した。

1．英国政府は、チベットに干渉する意思はないが、チベットの治安を騒擾する行動に対しては、これを座視していることはできない。けだし、チベットの事態は、インドおよびネパールの接壌国に密接な関係があるからである。

2．英国、ならびにチベット、中国は、互いに条約関係があることに鑑み、なんらかの行動をとるに当たっては、事前に英国政府に通知すべく、その手続きを欠く場合には、中国は1904年ラサ条約、1906年北京条約の政治条項に違反すると認めるほかはない。

3．中国政府が、チベットの将来につき、いかような意図を有するかを問わず、英国政府としては、あくまでチベット政府の維持を主張するものであって、必要な場合には、チベット政府を相手に、両条約に従い行動するものである。[注24]

この英国政府の抗議に対し、中国政府は1月17日回答した。つまり、中国政府としては、条約違反の意思もなく、中国軍のチベット進駐は治安の維持と商埠の保護のためであると釈明した。1月24日ミュラー英代理公使は再び、中国のチベット派兵の事由を質すと同時に、13世ダライ・ラマにいかなる罪状があるかを質した。それに対する外交部の回答はこうであった。

「13世ダライ・ラマは、光緒21（1895）年蔵事を掌理して以来、しばしば朝命に抗し、中国と英国が定めたところの条約には、一向に遵守の誠意を欠いた。遂に英軍の入蔵をもたらすところとなり、その結果は、英国・チベット間のラサ条約の強制締結となった。今次中国の派兵入蔵も、再び前轍を踏み、動乱の発生を恐れたためである。ダライの劣迹に至っては甚だ多く、枚挙にたえない。要するに、ダライの名号を簒奪したのは、実に清廷が主権を行使したものにすぎず、英国とはなんらかの関係が生じたというものではない。けだし、英国・チベット間のラサ条約は英国とチベットの両政府の訂立したもので、ダライ個人が定めたものではない。ダライの名号簒奪は、すなわち、ダライ個人のことであって、チベット全体とは大した関係はない。[注25]」

さらに、その4日後、3月6日中国政府は、13世ダライ・ラマの罪状を宣布す

ると同時に、ロンドン駐在中国公使李經方を通じて、中国政府は英国・中国インド・チベット続約を遵守する、と通告した。その中国の主張する立場は明白であった。モーレー卿は、チベットに対する中国の宗主権が強化され、ダライ・ラマの脆弱な政権に代わって中国の強固な内政管理が始まることは、政治・経済上、英国・インドとチベットの関係を悪化し、加えて英国の保護もしくは支配下にあるシッキム、ネパール、およびブータン3国、ならびにインドおよびチベットとの関係も影響を蒙ると解しており、エドワード・グレー外相は4月8日、抗議公文提出の訓電を発しており、両国の公文往来は、以来、民国革命の勃発まで数回続いた。そこでの英国の抗議は、中国軍のチベット駐留は1908年通商章程の違反であるとまで、問題を広げた。さらに、英国は英国官民を保護するためとして、ロンタン（朗塘）地方に軍隊を駐屯させた。

13世ダライ・ラマの解任で、チベットでの中国への努力は水泡に帰した。チベット人はラサの政府に納税するのではなく、既にインドのダージリンにいたダライ・ラマのところへ税金を送り始めたからである。このため中国は、国境に検問所を設けて、インドへ向かう全員を点検することになった。チベット人官吏も、アンバン聯豫に対し抗議し始めた。中国人に対する襲撃も起きた。そこで、中国政府は、ダライ・ラマの追放が間違いであることに気づき、羅長椅をダライ・ラマの逃亡先ダージリンに派遣し、ダライ・ラマの復位を申し出てチベットへの帰還を促すよう、聯豫に命じた。中国人官吏はダージリンに1910年9月到着して、ダライ・ラマと会見したが、そこでのダライ・ラマの清皇帝あての返書は、以下のとおりであった。

「(13世) ダライ・ラマより羅（長椅）提督へ。

　庚戌年（2910年）チベット暦9月10日、余は、貴官を通じ、北京の軍諮府よりラサへの帰還を要請するとの緊急のメッセージを受け取った。それに対する私の返答は、以下のとおりである。清皇帝は、常に歴代のダライ・ラマの利益を念頭においてきた。ダライ・ラマ側もまた、友好の情をもってそれに応えてきた。このように、われわれは、常に互いの利益を考慮してきた。チベットの民は、中国人に対しいかなる形においても悪しき企みを抱いたことはない。

　甲辰年（1904年）、英国の遠征隊がチベットを侵寇した際にも、余は、北京以外に援助を求めようとは思わなかった。北京滞在中、余は、清皇帝とその

伯母、西太后と会見し、両者は、大変に同情の意を表明された。さらに、皇帝は、チベットの幸せを念慮するとも約束された。皇帝の御言葉に力づけられて余は、チベットに帰還した。しかるに、わが国の東部国境に中国軍が何隊も結集し、わが人民を虐殺した。僧院は破壊され、人民は抑圧された。貴官は、そのことを十分に承知しているはずである。

　それだけではない。ラサの駐蔵大臣聯豫は、ラサを占領しようとの目的をもって自分の軍隊の増強を図った。余は、この件で幾度となく、彼に抗議したが、黙殺された。中国軍がラサへの途上にあった折、余は、僧官書記補ケンチュンを名代として派遣し、事態の釈明を求めた。しかし、中国人士官は彼を処刑し、その財産を略奪した。

　進軍中、中国兵は、チベット人民や僧院に対し甚だしい徴発行為を行い、ために人民や僧侶が報復の許可を余に求めてきたほどであった。彼らが報復を試みたならば、中国軍を討ちまかすことも不可能ではなかったろう。チベット側には、土地の利というものがある。しかも、わが人民が中国軍と戦ったならば、清皇帝への敵対行為と解釈されることを慮り、余は、大臣を派遣して貴官の士官と交渉させ、同時にラサの清国代表に抗議させた。また、（13世）ダライ・ラマである余自ら、文書で兵の撤退を清皇帝に要請した。これらすべては、中国、チベット双方の記録からも明らかである。余は電信を用いて、北京の政務処に説明を試みたが、なんの返信も得ることはなかった。

　中国よりラサへの帰路、ナクチュ（黒河）において、余は、アンバンに何通も書簡を送り、チベットと中国の長年にわたる友好関係を維持することの大切さを説いた。しかし、彼は、私の訴えに耳を貸すどころか、さらに、多数の兵士をラサに送り込んだ。中国軍の進軍は、ラサで催されたモンラム・チェンモ（大祈願会）と時を同じくした。モンラムにおいては、所属の寺を異にする何千というラマがラサに結集する。衝突を回避するため、ラサのネパール代表がアンバンを訪れ、いかなる紛争も起こさないように、と説いた。しかし、アンバンは、いかなる手を打つことも拒否した。それどころか、自分の護衛を派遣して、進撃しつつあった軍と接触させた。中国軍は、ラサの警察に発砲し、何人かを殺害した。彼らは、またジョカン寺（大昭寺）やポタラ宮殿にも発砲した。

11世ダライ・ラマの甥タイジ・プンカンとツェドゥン（僧官）ジャムヤン・ギェンツェンは、モンラムの執法官に任命された官吏である。ジョカン寺に向かう途中、彼ら2人は中国兵と出くわし、発砲を受けた。ツェドゥン、ジャムヤンとタイジ・プンカンの召使いと馬が殺された。タイジ・プンカンは打擲を受け、軍基地に連行された。ラサの民は激怒し、復讐を望んだ。しかし、私はそれを禁じた。いまだ中国との交渉は可能と信じ、不必要な流血沙汰を避けようと欲したからである。ダライ・ラマである私が捕虜となれば、いかなる事態が生じるかわからないため、続けて交渉に当れるように名代役を任命した上で、私自らも中国との交渉のためインド・チベットの国境に赴いた。

　カルン（大臣）らは、余にラサに残ってほしい、と懇願していた。しかし、そのとおりにすれば、多くの宗教施設が破壊されたイスラム教徒のインド侵冠と同じような状況が出現したであろう。それと同様のことが、チベットに起こることを怖れた余は、自らの苦難もかえりみず、祖国チベットのために交渉せんがために、この地へ赴いた。パリ（帕里）到着後、ヤートン（亜東）の中国人官吏は、余に対しパリに留まり、ラサの満人アンバンと交渉する方がよいと、説得し、これ努めた。この手段は理想的なものであった。しかるに、生死にかかわらず私を捕獲せよとの指令を受けた兵士が到来し、余には国境を越えるほか、道は残されていなかった。

　カリンポン（噶倫堡）で、清皇帝が既に私を廃位させるべく命令を出していたことを知った。これは、インドの新聞に報じられたものである。また、ラサにおいても、余は、その身分を剥奪されて単なる一民間人に格下げされ、新たなダライ・ラマがまもなく選ばれるであろうとのポスターが張り出された。皇帝がチベットの独立と両国の宗教関係を考慮されずに、アンバンの一方的な言い分をすべて信用されたのをみて、余は、中国への信頼を失い、これ以上、中国側と掛け合っても何ら解決策は見出されないことを知った。

　余は、既に英国側と接触している。なぜなら、1904年協定によって英国側との直接交渉が許されているからである。余のこうした行為の責任は、すべて中国側にある。

　余のインド滞在中に、アンバン聯豫は、中国兵をチベット全土に送りこみ、

わが人民をぎりぎりまで搾取した。中国側は、ダライ・ラマの歳費を止め、チベットからの書翰を検閲した。それだけでなくラサの国庫に封印をし、兵器庫を空にし、造幣局を接収した。ラサの余の名代、補佐官キェンラプ・プンツォク70歳は、無実の罪に問われて、理由なく投獄されて、ダルツェンド（打箭爐）に流された。既に決着のついたはずの司法事件がむしかえされ、チベット政府、チベット政府官吏、および僧院の財産は、不法に没収された。貴官は、既に貴国の兵による、この申しわけのたたぬ不法行為を先刻十分承知のことであろう。しかるに、貴官は、余と余のカルンらにチベット状勢は平穏であり、以前と同じ状況が保たれている、と述べた。これは、余を引き戻すためのまっ赤な嘘であることは、余もわかっている。

以上のような理由により、中国とチベットが以前と同様の関係を保つのは不可能である。両者の交渉には第三者が必要である。それ故に、チベット、中国の両者は、英国政府の仲介を要請すべきである。両国の将来の方針は、チベット、中国・英国間の討議の結果に基づくべきである。貴官は、この討議に英国が参加することに同意されるや否や。同意されるならば、通知されたい。

同意されない場合、以上の事実を満州語とチベット語の両方で記した親書を貴官に手渡す予定である。その親書は、清皇帝あてのものである。皇帝に余の書簡の内容をきちんと説明して頂きたい。

庚戌年（1910年）チベット暦9月13日
ダライ・ラマ（印）[注26]」

そこには、13世ダライ・ラマの中国に対する強い決意が伺えた。中国は1911年1月9世パンチェン・ラマをラサのジョカン（大昭寺）に招き、パンチェン・ラマはのちノルブリンカ（羅布林卡、7世ダライ・ラマの夏の離宮として1755年建設）へ移った。チベット人の抵抗は依然、続いた。

4．13世ダライ・ラマの「独立」事件

1911年8月中国本土での辛亥革命の勃発で、これまでの中国本部と地方との関

係も一変した。モンゴルでは独立運動が起こり、チベットでもチベット駐留の四川軍とチベット軍およびセラ寺とが武力衝突を起こし、中国人官吏や中国軍は蔵番によって境外に駆逐された。そして、「西蔵独立、西蔵自治、不駐漢官、不紮漢軍」が高唱された。事態の急転で、13世ダライ・ラマは1912年12月亡命先のダージリン（霊鷲山）を発し、翌13年1月ヤムドク（羊南）南方で9世パンチェン・ラマの出迎えを受け、中国兵の去ったラサに帰着した[注27]。

　この途中、カリンポンを出発してチュルンコルツエ（ダージリン）に達した際、1月18日この地でチベット軍優勢の報を受けて、ダライ・ラマは、以下の諭告を、全国ラマに発した。チベット独立闘争の開始である。

　「内地各省の人民は、君主を倒して新國を建設せり。爾今西藏の官吏軍隊は、皆、新國より派任充當せらるべし。此間、入物齊ならす服装互に異る。藍色の服を着くるものは、是れ新國が新派する官吏なれば、之に支慮すべからず。烏拉（ウラ、差役）は仍ほ舊に依り、支給す。烏拉は、我が藏民にして累を受くる事淺からず。己に累を受く、何ぞ漢兵の保護を樂まんや。漢兵既に我藏民を保護する能はず。其れ将た何に依て己を固めんや。西藏各塞營官を召集し、同盟血を啜りて、共に進行を圖れり。意ふに漢人官吏軍隊濁復た任意進藏して我が政權を總攬せんとす。又、故約に按照し、我が藏民を撫する能はず。信用大に失し、種々強奪し、主權を蹂躙し、所在に騒擾す。皆、是れ遂に我が臣民上下をして輾轉流離、四方に逃竄せしむるものにて、苛殘惡毒極點に達す。勢ひ我が藏人をして永遠天目を見ざらしむ。之れ皆漢人入藏の致す所なるは、言はずして知るべし。自示の後、凡そ我が營官頭目人等務めて須らく發憤し、地方に漢人を有する者は駆除浄盡し、漢なき者も亦必ず嚴重防守し、全藏に漢人の足跡無きに至らしむるを最も必要と爲す。[注28]」

　チベット軍は、各地で中国軍を撃破し、パタン（巴塘）・リタン（裡塘／リアン、理安）地域を占領し、大挙して中国本土に進撃した。この民衆の反乱で、1911年12月23日処刑事件が起きた。英国は、チベット支援の目的を公表して3000名の英兵をギャンツェ（江孜）よりラサに侵攻させた。英国世論も昂騰し、1906年英国・中国条約ではチベット問題は解決できないと絶叫されるという有様であった。

　さらに、ラサに帰着した13世ダライ・ラマは、1913年2月14日、チベット暦

1月8日5カ条宣言を発表し、その前文でいわゆる「独立」を宣言した[注29]。ただし、これを独立宣言とみる見解があるが、それは独立宣言といえるものでなく自治貫徹の布告であった。要旨は、以下のとおりであった。

「余は、インドから帰国し、宗教者・施主関係（チュユン関係）のもとでチベットを植民地化してきた中国の干渉は、空に雨が降るように流れた。再び幸福と平和の時代を自ら成就して、余は、怠慢することなく遂行すべき以下の義務を受け入れる。

(1) この世界の幸福と平和は、仏教の信仰に使えることによって維持される。

(2) チベットのさまざまな仏教宗派は、明確で純粋な形式で保持されるべきである。

(3) チベット政府の民・軍官は、収税など、誠実に正直に判断して、自らの義務を遂行すべきである。

(4) チベットは、豊富な天然資源をもった国であるが、他の地のように満足できる状態でない。われわれは、小さな宗教的な独立の民族である。世界の他のところとの関係を保持して、自国を守らなければならない。

(5) チベットは、まばらにしか住民が生活していないけれども、広い国土がある。若干の地方官吏やディパ（土司）は、自分ではなにもしていないのに、人民による空き地の開発を妨げている。そのような意図をもった人民は、国家とわれわれ進歩の敵である。[注30]」

ときに、中央に達した情報は、以下のとおりであった。

「武昌義師の起る、風聲刺薩（ラサ）に流播す、時に中級軍官蔭に獨立して東南に響應せんと謀り、密に參贊羅長椅を推して標統謝國樑、隊官陳玉山、警察區官汪子文の4人、實にその謀に主なり、駐藏軍統鍾穎偵察して實を得、長椅を誅して自ら勤王主師と稱す、該4人敗れ誅を懼れ、遁れて哈厦（ハーシア）に降る、哈厦とは藏人の軍機政務處なり、是時に當り、4人に在りては、意その首領を保たんと圖りしに過ぎずして、哈厦に在りても亦た遽に異志を崩ざさす、而して英人更に染指の隙なかりき、嗣きて鍾穎の兵士給與を得ざりしを以て嘩變し色拉寺（セラ寺）を槍尅す、色拉寺は刺薩三大寺の位置にして最も段實と稱す、據掠慘殺して藏人怨嗟し、支藏の感情是より始めで漓る、然も彼の

土人なほ報復の心なかりき、該4人鍾頴の己を殺さんと欲するを悪み、哈厦に詔事して、その兵を起こして獨立せんこと勧む、哈厦遲回して敢てせざりしか、色拉の事作るに及ひ、乃ち口を保安（グチ）に藉り、土兵を募りて萬に達し、4人を以て将領となし、鍾頴を圍攻めず、鍾頴大敗し、窮促して救を班禅（パンチェン、9世）に求む、班禅も心を中央に歸す、警に聞きて来り援け、酣戦6日にして廓爾喀人（ゴルカ人）、間に居て調停し、漢兵を潰散してただ衛隊4百を留め欽差を保護するを以て結了す、これ4人哈厦を教唆して第一次たり。

是よりさき西藏中央と久しく通間を疏す、是に至りて忽ち共和の成立を聞き鍾頴を以て辨事長官となすの命を奉す、該4人以為らく、鍾頴もと勤王軍統にして駐藏長官となり、己に於て利あらすと、乃ち哈厦に勧めて往きて達頼（ダライ、13世）をダージリン（霊鷲山）に迎へしむ、達頼勧望して前ます、援を英に乞ふ、英は印督刺されたるを以て西顧に暇あらず、4人終に草を斬り根を除かんと欲し、又鍾頴を攻め、鏖戦月餘、又廓人の調和を得、ただ漢官の駐紮を許し、漢兵の藏に留まるを許ささることとなる、これ4人哈厦を教唆して開戦せしめし第二次たり。

二次停戦の後4人竝に哈厦の實權を握り、意氣發舒し、一心に達頼を迎へ、藏へ回らしめて傀儡となし、英人の援助を恃みて護符となし、以て獨立の目的を達せんとす、戦機巳に眉睫に伏して鍾頴僚屬と復た相安からず、4人密に英兵を促して速に至らしめ、漢官を驅逐せんと聲言す、刺薩を圍攻せる時に方り、英兵三千、江孜（ギャンツェ）、亜東（ヤートン）より關に入れり、これ鍾頴を逐ひ出藏せしめし實情にして4人哈厦を教唆して開戦せしめし第三次なり。

三次停戦の後、達頼乃ち曲水（チュスル）に入り、日夜4人者と密議陰謀す、是に於て西藏獨立、西藏自治、漢兵を駐せす等の種種條款を提出し、國際に關入して母國を脱離す、皆な4人の計画に非らさるなり、その實、全藏民心漢を思はさるなく、班禅尤も腕撃にして4人阻するところとなり、遂に収拾すべからるを致せり云云。[注31]」

民国政府は、本土の秩序回復で、1912年3月11日に中華民国臨時約法を公布・施行し、その第3条に「中華民国領土は22行省、内・外蒙古、西蔵、青海とする」と国土統一を明記した[注32]。3月25日蒙蔵統一政治改良会が臨時大総統の批准で成

立した[注33]。

中国政府は、当然に反乱鎮圧に出たが、ジョーダン英公使は、8月17日本国の訓令により、中国政府に対し口頭で抗議し覚書5項目を提出した（後述）。その抗議の要点は、以下のとおりであった。
1．チベット征服軍の西進を中止すべきこと。
2．中国政府はチベットの内政に干渉しないこと。また、チベットにおいては、中国と同じ省制を施行してはならない。
3．中国政府は、無制限に軍隊をチベットに派遣し、または駐屯してはならない。
4．英国は、中国のチベットにおける宗主権を認めるも、その統治権を有するとは認めない。これを確定するのには、英国・中国条約を改訂すべきである。
5．中国政府は、インド・チベット間の国境の通信機関が中国人反乱兵に阻害された責任を認め、これを復旧するべきである。[注34]

この抗議に対して、中国当局は、尹昌衡に命令してその進軍を中止する一方、英国への回答はなさず、加えてこの英国の介入に中国世論が奮発した。そこで、9月16日参議院秘密会で、趙秉均総理は、政府のチベット政策を、以下の3点に要約して説明した。
1．ダライの空号を服し、もって全チベットの人心を安心させる。
2．人をチベットに派遣して、共和の大義を明確にし、ならびに刷新をいっさい行わず、もってチベット人の欲するところによる。
3．前清国・英国条約の改定は、悉く継続する。[注35]

それについての同12年10月28日の大総統告示は、以下のとおりであった。

「ダライ・ラマは、蒙蔵統一政治改良会に通報し、その中で、彼が北京からチベットへの帰国後、国事を満足な状態に整えるために最善を尽くしたい、と述べた。のちにその地位を剥奪されたので、彼は、一時、ダージリン（霊鷲山）に滞在した。しかし、昨年冬、四川の混乱以来、チベットが不安な状況にあったので、いま、彼は、仏教界を守ることを願い、中華民国の大総統がこのことをよく考慮するよう、希望している。

民国がしっかりと出来上がり、五族が一つの家族に結ばれた現在、ダライ・ラマは当然、母国への深い愛着の気持を抱いている。かかる状況下に、彼の以

前の過ちは大目に見るべきで、その尊称「誠順賛化西天大善自在仏」は彼に戻すことになる。彼が黄帽派への支持を表明し、民国への助力を明らかにすることを期待する。[注36]」

いうまでもなく、先のダライ・ラマ5カ条宣言は、大総統袁世凱が10月ダライ・ラマに対してその称号を復活し、清朝の方針を受け継いだことへの回答であった。そこで、中国は、この混乱収束の交渉に入った[注37]。

この中国の措置に対して、チベット人識者は、「法王は宗教を守った僅りでなく、中国軍隊を追い払うことになった強い態度により、彼は自國の獨立を得たことを認識している[注38]」と書いた。

一方、現地では、ジョーダン英公使の介入もあって、8月12日ネパールの立ち会いのもとに、中国軍とチベット軍がチベット現地での戦闘を中止して[注39]、16日以下の平和協定10条が成立した。ただし、そこでは、中国の支配は排除されていなかった。

平和協定10条

1．漢人はチベット河南から撤退する。

2．漢人の役所は、チベットの人によって守られる。

3．前回奪った鉄砲、弾薬、および今回保存している鉄砲はすべて、ダプチ（雪里）兵舎に保存し封印することにし、漢人、チベット人、およびネパール人（廓人）が封印して保存する。そして、三方がいないと、開封できない。

4．タシルンポ寺（第穆寺）の僧らの待遇は、ダイライ・ラマの前回の文書によって処理し、彼らの命を傷害しない。

5．（中国軍人は）鉄砲を収めると同時に、チベットを離れる。

6．途中で使うウラ（烏拉、差役）、食糧、薪などは、チベット側が給与し、怠ってはいけない。

7．庶民のチベットを離れるためのウラには、1騎5両（白銀約250グラム）1駄3両（約150グラム）を支払う。

8．軍がチベットを離れた後、チベットにいる漢人の生命と財産は、依然として保護されるものとする。

9．漢人のチベットを離れる日時は、1913年4月10日までとする。

10. 漢人のチベットからの引き揚げには、チベット人とゲロン（ラマ尼）が保護して送る。[注40]

チベット人は、中国人は8月12日から15日以内にラサを離れなければならないとしていたが、これは4カ月も引き延ばされた。それで、チベット人は中国人を食糧攻めにした。12月14日再び、ネパールを証人として、要旨以下の和平協定が成立した。

1. すべての兵器は、ダプチ兵舎に保管する。
2. 中国人がラサを離れるまで、チベット人は中国人証人に必需食糧品を、毎日、提供する。
3. チベット人は、中国人官吏・兵士にヤクと運搬車を提供する。
4. 光緒朝と中国人官吏・兵士は、本月8日（12月16日）にラサを離れる。
5. 中国人が装備する以外の兵器・弾薬は、チベット政府が保管する。
6. チベット人は、中国人に適切な食糧を供与する。
7. チベット人は、光緒の財産もしくは中国人官吏・兵士の財産・生命を犯さないことを約束する。
8. ヤメン（近くの兵舎）はチベット人に引き渡される。
9. 光緒王朝の僧は、ダライ・ラマが保護を約束する。[注41]

1913年1月6日駐蔵弁事長官（アンバン）鍾穎と残りの中国人は強制的にインドへ出発しており、4月前後に主力が移動した。そこでは、袁世凱総統より既に13世ダライ・ラマの復位を求める連絡も入っており、チベット暦12月16日、すなわち1913年1月12日にダライ・ラマの奉迎式が催された。

その一方、13世ダライ・ラマは、1912年12月特使ドルジエフをペテルスブルグに派遣したが、彼は、その途中、クーロン（庫倫）に立ち寄り、ラサから来た活仏8世ジップツン・ダンバ（ゲゲン）とモンゴル・チベット問題を話し合った。モンゴルは同12年10月21日モンゴル・ロシア密約をもって[注42]、その自治を確立していた[注43]。これは、1911年8月ロシア人のクーロン進出によるロシア工作とその独立陰謀の結果であった。その際、ダライ・ラマは、ラサに帰還し、将来は英国およびロシアの保護を受け入れる心づもりである、と彼は伝え、蒙蔵一致して中国に侵略に当たりたい、と提議した[注44]。活仏は宗教上の主権者であるダライ・

ラマがかかる提議をし、活仏に対して政治上対等の地位を認めたことを多とし、その提議を快諾した。かくして、翌13年1月11日（旧暦1912年12月29日）蒙蔵条約（密約）が締結された[注45]。その内容は、以下のとおりである。
1．蒙・蔵は中国より分離し、それぞれ独立国として承認する。
2．仏教が共通の宗教たるに鑑み、相互に宗教上の提携を謀る。
3．対内・対外の危険に対して相互援助を約する。
4．その他、蒙・蔵相互の通商および信用取引につき定める。[注46]

　歴代の活仏、呼図克図（フトクト）は、元来、チベットのダライ・ラマに隷属していた[注47]。外モンゴルの独立をもっても、中国本土から独立しても、宗教が生活を規律するモンゴルにとっては、宗教上、チベットと一体であった。この蒙蔵条約で、チベット国主ダライ・ラマとのあいだにおいて対等な独立国とされたことは、モンゴル国主ジップツンダンパ（哲布尊丹巴）フトクトにとっては幸いであった。事実、モンゴルは、チベットに密使を派遣し、チベットが同一行動をとるよう工作していた。

　いうまでもなく、その独立事件の背景には、英国とロシアが介在していた。1912年9月英外相グレーとロシア外相サゾノフはパルモラルで会談し、グレーが、英国のチベット、ロシアのモンゴルに対する地位は相等しいものであるので、英国はロシアのモンゴルに対する行動に干渉しないし、同様にロシアは英国のチベット工作を放任するよう要求した。これに対して、サゾノフは、チベットについては1907年チベットに関する英露協定があり、英国は、当然にその拘束を受けるが、モンゴルに関してはなんの条約もないから、英国の申し出は応じかねる、と回答した。実際、ロシアは既にロシア士官を派遣してラマ勢力に対抗しうる軍隊の編成に努めており、その狙いは、外モンゴルの支配にあった[注48]。もっとも、中国駐在ロシア公使イバン・V・コロストウェッツはモンゴルの活仏と会見し、モンゴル併合計画はない、と語った[注49]。そこには、中国人がモンゴル人を内モンゴルの遊牧地帯から追い払い、そこに漢人が入植するのを封じるべきだとするロシアの意図があった。結局、1913年11月5日の露支共同宣言[注50]を経て1914年6月7日露支蒙条約（キャフタ協定）[注51]で、外モンゴルは中国の宗主権下に自治を確立した[注52]。だが、1919～20年の第二次独立でモンゴルは活仏を追放し、1921年11月5日ソ連・モンゴル修好条約が成立した[注53]。さらに、外モンゴルでは1923年

2月20日ソ連・モンゴル秘密条約で、そのソビエト化が確定した[注54]。

5．シムラ会議とチベットの主張

　英国はこのチベットの抵抗闘争でチベットに派兵し干渉を加えていたが、1912年8月17日北京駐在英公使サー・ジョン・ジョーダンが中国外交部次長顔恵慶に対して以下の覚書5項目を突きつけた。

　　第1項　中国政府は、チベットの内政に干渉しない。
　　第2項　中国政府は、中国官憲がチベットにおいて行政権を行使すること、ならびに内地の行省と同一視することはしない。
　　第3項　中国政府は、駐蔵官憲の護衛隊以外には、チベットに軍隊を派遣し、駐在させない。
　　第4項　チベット問題で英国・中国間で新協定を締結するものとし、それまでは、英国政府は民国政府を承認しない。
　　第5項　中国政府が以上の各項を承認しない場合には、インドよりチベットに入る交通は、暫時、遮断する。[注55]

　ここにいう中国官憲の行政権力行使とは、これまでの改土帰流、ないしは省制施行のそれで、第1項はそれへの反対を意味していた。さらに、以上の覚書を通じて、英国政府は、チベットを中国政府の管轄外におくとの主張を貫いた。これに対し、当時の民国政府参謀総長段祺瑞の立場は、13世ダライ・ラマとの交渉によってチベット人を懐柔し、英国との関係を離脱させるというもので、国務総理趙秉鈞の見解も同様であった。これは、外モンゴルに対する態度と同様であった。いいかえれば、それしか民国政府には選択の余地がなかったということであった。

　同時に、ロシアもモンゴル問題で中国政府に厳重な抗議をしており、民国政府はこれに大いに辟易し、直ちに征蔵軍・征蒙軍の進撃を中止し、ダライ・ラマと講和すべく訓令を出した。この際、8月16日ダライ・ラマは、以下5カ条の要求を中国全権袁大化に手交した。

　　1．チベット人は、中国人と同一の権利を保有する。

2．中央政府は、チベットに対し年額500万ドルを与える。
3．チベットは、他国に鉱山発掘の許可権を保有する。ただし、英国との条約はこれを遵奉する。
4．チベットにおける軍事訓練の自由。中央政府は1500人以上の軍隊をチベットに配備できない。
5．チベット官制は、中央政府がこれを制定し、チベット政府の官吏はチベット人をもって当てる。[注56]

かくて、8月22日中国政府は、英国の干渉という状態において、チベットとのあいだで、5カ条平和協定の調印をもって、9月1日より順次、ラサから引き揚げた。同協定は、以下のとおりである。

第1条　チベットにおける中華共和国の宗主権を承認する。
第2条　現にチベットにいる中国兵は、条約の成立後、なるべく速やかにチベットを撤退する。そのインド国境に至るまでは、交通は自由である。
第3条　中国軍とチベット軍は、相互の敵対行為を中止するため、その兵器は中立物件とする。
第4条　チベット政府の制度は、旧時に復する。
第5条　本協約以前に属する既往の事件は、これを論じない。[注57]

その中国軍の引き揚げは、英国の前記5項目要求と同時に中国軍のモンゴル遠征にロシアが抗議し、そのためにモンゴル・チベット遠征の中止となったことに対応していた。以上のチベットでの解決を経て、中国政府は1912年11月13日に前記英国の覚書5項目の要求に反論した。その要点は、以下のとおりであった。

1．本会議は、1892年／光緒16年および1906年／光緒32年の中国・英国間のチベット条約を基礎とする。
2．イギリス人は、従来とおり、チベットに学校を設立し、商業を経営できる。
3．チベットの行政は、中国駐蔵弁事長官により管理する。
4．中国人、チベット人対イギリス人、インド人の訴訟案件は、中国駐蔵弁事長官および中国駐蔵官員と、英国駐チベット商務委員会が会審して処理する。
5．この会審制度は、今後5年以内に、チベットに民法および刑法を施行し、同時に、撤廃し、その後は、中国官員により、中国の法律に従い裁判を行う。

6．英国は、駐蔵商務委員会の衛隊以外に、チベットに駐兵しない。

7．チベットの国際債務問題は、中国および英国の協議により、決定する。

8．チベットにおいて盗匪で逮捕された者は中国政府の責任にあって、徒らに国境の外に出さない。

9．英商務委員は、チベットの枢要地方に公館を設置しうる。

10．イギリス人は、中国政府の許可なくして、チベットの鉱山を開掘しえない。

11．阿片はチベットに輸入できず、その者は、厳罰に処せられる。

12．英国政府は、チベットの内乱に際して、兵器・弾薬をチベットに輸出しえない。

13．中国政府は、従前の英国・チベット条約を確認するが、今後新たに締結されるチベットと他国との条約は、いっさい承認しない。

14．中国は、常にチベット人民を優待し、チベットにおいて行政および教育に対して必要な援助を行う。

15．中国は、チベット各寺院への補助費を増加させる。

16．中国政府は、チベットに内乱があった場合の他、故なくして兵を用いない。

17．中国政府は、チベットに従来あった官庁以外に、これを増設しない。[注58]

その一方、中国政府は、密かに以下のチベット待遇法を制定してチベットとの交渉に入った。

1．藩属をもって待遇しない。

2．現有土地治理権は旧の如くとする。

3．チベットの封号は旧の如くとする。

4．各ラマの俸給は旧の如くとする。

5．中国官吏を裁撤し、チベット人をして治理させる。

6．チベットの鉱産をもって、チベット人の生計とする。

7．チベット人にして漢文に通ずる者を中国官吏に任ずることが出来る[注59]。

以上の経緯から、民国政府は1913年5月、まずロンドン会議の開催を提唱し、全般的解決への取り組みを決め、インド政庁所在地シムラで11月13日から6ヵ月間、シムラ会議が開催された。いうまでもなくそこでのチベットの「独立」工作は中国としては認めるところではなかったが、英国は従来の経緯からチベットの「独

立」を容認せずとも、それへの関与とそのための開催の狙いは明白であった。

会議では、英国とチベットが共同陣営を張り、中国代表は苦境に立たされた。英国全権はインド政庁外務長官サー・ヘンリー・マクマホン、中国駐在領事アートボルド・ローズ、中国代表は西蔵宣撫使陳貽範、副使王海平、チベットからは宰相の全権代表シェダワ・ベルジョル・ドルジェらが参加した。会議に当たってのそれぞれの立場は、次のとおりであった。

(1) チベット代表は、チベットを事実上の「独立」国として中国の承認を得んとした。中国本部とチベットとの境域は、蔵番が居住する全アジア高地を包含するというのが、チベットの立場にあった。

(2) 中国代表は、かつて趙爾豊が実力行使に出た地域の本土復帰を希望した。しかし、当時、中国軍隊はチベット軍の反撃に直面しており、川辺（川康・西康）地域を撤退していたので、今次の会議で、まず旧支配地域を回復せんと企図していた。

(3) 英国代表は、チベット代表と立場を均しくし、中国・チベット間の平和回復と同時に、チベットを旧制度と同様に中国の宗主権の下に自治国として中国の干渉から完全に解放する点にあった。英国は、チベットに対する保護権の行使を意図していたものの、それは「チベットの内政に干渉しない」との公約内でのことであった。

シムラ会議は、1913年10月13日開催された[注60]。

会議の劈頭、チベットは、以下の4カ条をシェダワ・ベルジョル・ドルジェが提出した。

　1．中国政府は、チベットの自主権を承認し、チベット域内に中国軍隊は駐屯しない。
　2．チベットと中国との境界は、ダルツェンド（打箭爐）をもって界とする。
　3．チベットのいっさいの内政・外交は、今後、中国の指揮を受けない。
　4．チベット域内の通商・鉱山採掘などの事項は、自由に英国と交渉しうる。
　　　[注61]

そこでは、中国の遠心力欠如に対するチベット人による大チベット主義への挑戦が明白であった。蒙民蔵番の乖離独立という外モンゴルの自治運動も作用していた。

ここでの領域画定問題は、これまでチベット対西康問題として紛糾してきた点への対応として、チベットとしては、川辺地域および青海に対する統治を意図していた。これに対して、中国代表が、チベットは本来、中国領土であり、画定の必要はないとしたのは当然であったとはいえ、中国側は、ジャムダ（江達／タイチャオ、太昭、西康省西境）以西をもってチベット自治の区域とするとした譲歩をみせた。この中国の立場は、チベット側が受け入れなかったばかりか、英国も同意しなかった。というのも、英国はチベットの中国本土からの切り離しを企図していたからであり、それを射程にチベットの「保護国」支配を想定していたからである。そこでの英国の提案は、以下の6項目にあった。

1. 1906年北京条約を廃棄する。
2. 中国政府は、チベットの完全自治を承認し、改土設省を行わない。
3. 中国政府は、駐蔵弁事長官（アンバン）の衛隊以外に、チベットに軍隊を駐留させない。
4. 中国政府は、チベットと争議あるときは、インド政府を通じてこれを解決する。
5. 英国臣民は、チベットにおいて自由に通商に従事できるものとし、中国政府はこれに制限を加えない。
6. チベットの内政は、暫時、インド政庁の監督を受けるものとし、このために、英国は代表者を派遣してラサに駐在させる。[注62]

この最後の項目は、英国が永年、一貫して求めてきたところの方策であった。当然に、中国は反発しつつも、譲歩をみせた。これは、当時の情勢が中国にとりいかに不利であり、中国がチベットをその完全な主権支配（直接統治）におくことは不可能であることへの認識を反映していた。中国代表提出の17項目は、以下のとおりであった。

1. 本会議は、1893年および1906年の中国・英国間インド・チベット条約を基礎とする。
2. イギリス人は、従来とおり、チベットに学校を設立し、商業を経営しうる。
3. チベットの行政は、中国の駐蔵弁事長官により管理する。
4. 中国人・チベット人対イギリス人・インド人の訴訟案件は、中国駐蔵官員

と英駐蔵商務委員会が会審して処理する。

5．この会審制度は、今後5年内に、チベットに民法および刑法を施行すると同時に、旧法を撤廃し、その後は、中国官員により中国の法律に従い、裁判に付する。

6．英国は、駐蔵商務委員の衛隊以外には、チベットに兵を駐留させない。

7．チベットの国際債務問題は、中国および英国の協議によりこれを解決する。

8．（略——チベットでの盗匪の逮捕は中国政府の責任である）。

9．英商務委員は、チベット内の枢要地方に分館を設置しうる。

10．イギリス人は、中国政府の許可を得ずして、チベットの鉱山を開削しえない。

11．（略——チベットへの阿片の輸入は厳重に処罰する）。

12．英国は、チベットの内乱に際して兵器および弾薬をチベットに輸出しえない。

13．中国政府は、従前の英国・チベット条約を確認するが、今後新たに締結されるチベットと他国との条約はいっさい承認できない。

14．（略——チベットの行政と教育において、中国人の優待はその補助において必要である）。

15．（略——中国は、チベットの各寺院への補助を増加する）。

16．中国政府は、チベットに内乱が生じた場合以外には、故なくして兵を用いない。

17．中国政府は、チベット内に従来あった官庁以外に、これを増設しない。[注63]

最後の16項目と17項目は、英国への譲歩であった。中国は、この会議における相手は英国と看做していたからである。

会議は、それぞれの立場をめぐる対立から難航した。1914年2月17日英国草案11ヵ条が中国代表に提起され、その際の回答は全面承諾か拒否かであるとしており、さもなければ会議は決裂する、と迫った。こうして強行された英国草案（草約）は4月27日英国・チベット・中国の3者によって仮調印となった。その報告を受けた中国中央は、直ちに折り返し同草約に同意できない旨を電命し、陳貽範中国全権による仮調印の行為を否認した。そして5月2日北京駐在サー・ジョーダ

ン公使にもその旨、正式に通告された。翌3日最終のシムラ会議で、陳貽範全権は中国政府の調印拒否につき正式に声明し、会議は決裂した。7月3日英国とチベットの両代表は改めて草約(条約草案)に正式に調印し、ここに英国・チベット間でシムラ草約が成立した。

シムラ草約の要点は、以下のとおりである[注64]。

草約11款
1．チベットは内・外両チベットに分かち、中国本土との境界は、四川と内チベット(西康省)間は、イエンジ(塩井)、パアン(巴安)、ザンズイ(瞻対)、デルゲ(徳格)の線とし、内チベットと青海間は、康普陀嶺、阿美馬頂嶺とする。外チベットの地域は、ラサ、シガツエ(日喀則)、チャムド(察木多)、すなわち従来の前蔵・後蔵とする。
2．チベット全域(前蔵・後蔵、および内チベット、つまり、青海を除いた地域)は中国の主権下に置くが、外チベット(前蔵・後蔵)は自治権を認め、その内政はラサ政府の管理に委ねる。中国と英国の両政府は、これに干渉しない。
3．中国政府は、英国のチベットに対する地理的特殊地位を求める。中国は、次項に所定する以外にチベットに軍隊を駐屯せず、文・武官員を置かない。英国政府もまた、1904年ラサ条約に定める以外に、チベットに文・武官員を派駐せず、商務委員の衛隊以外に、チベットに軍隊を駐留しない。
4．中国のチベット駐在代表は、100名を超えない衛隊を帯同することが出来る。
5．中国とチベット政府は、1904年および1906年の両条約(ラサ条約および北京条約)以外に外国と新たな条約を締結しないことを約する。
6．1906年条約第3条は廃棄する。1904年条約第9条の「外国」には、中国を含まない。
7．1893年および1908年のチベットに関する英国・中国通商章程は廃棄する。
8．条約文は英語・中国語・チベット語3種文字をもって作成し、紛議あるときは英語文を基礎とする。

交換公文要領7項
1．締約国は、チベットが中国領土であると認める。
2．ダライ・ラマの選出・就任は、チベット政府より中国政府に呈明し、中国政府

がダライの称号を頒給し、中国のラサ駐在長官がこれを正式に轉授する。
3．外チベット官員は、チベット政府により任免する。
4．外チベットは、中国の国会・その他の機関に代表を派遣しない。注65

　ここでの原則は、内チベット・外チベットを区別し、外チベットは完全な自治国とし、内チベットは内モンゴルと同様に、中国政府の支配を明確にするところであった。逆にいうと、そこでは、モンゴルに対するロシア／ソ連、チベットに対する英国の政策の合致がみられた。

　同時に、1893 年と 1908 年に通商章程に代わる英国・チベット貿易規則が調印された注66。

　これに対し、6 月 6 日中国政府外交部は、「シムラ草約はチベット問題唯一の解決案であっても、中国政府が調印を拒否し、本問題の解決を欲しておらなければ、中国政府は、自ら 3 国会議議定の利益を決して受けることはない」と警告的通牒を発した。そして、6 月 13 日中国外交部は、4 項目覚書を英公使サー・ジョーダンに提出したが、その受理は拒否された。25 日英公使は、重ねて中国政府に警告し、中国政府が調印しなくても、英国はチベット政府と単独で草約を締結した、と通告した。これに対し、29 日中国政府は再度、譲歩案を英公使に提出したが、これは拒絶された。6 月 13 日中国政府提出の 4 項目は、以下のとおりであった。

1．内チベット境界線は、東経 86 度、北緯 36 度に発し、崑崙山脈に従い東行して白康普陀嶺に至り、阿美馬頂嶺に沿い東南行し、ダルツェンド（打箭爐）に至り、北緯 30 度近くで西折して、パタン（巴塘）の寧静山に至り、金沙江に沿って上り、ルランダ（当拉）嶺に至って西行し、東経 86 度、北緯 36 度、すなわち崑崙山麓にまで至る。
2．中国は、内チベット境内にあって経営の自由を有し、現駐蔵文・武官員は、旧の如くその職権を執行する。
3．ダライ・ラマは、内チベットにおいて高等寺僧を選派し、宗教を保守する権能を有する。
4．外チベットの境界は、門江より起こり、怒江（サルウィン河）下流に沿って上り、ルランダ嶺に至って北行し、東経 86 度北緯 36 度、すなわち崑崙山脈に至る。この線以西は、外チベットの自治範囲とする。注67

注目すべきは、この草約には、1枚の地図が添付されていて、赤線と青線で内チベットと外チベットの境界が示され、外チベットはインドと隣接し、アリ（阿里、中国人が建設した町）、ラツェ（拉孜）、ラサ、チャムド（察木多）を含めており、内チベットは中国本土と接し、リタン（裏塘）、ダルツェンド（打箭爐）と西康東部の大半を占めていた。赤線は以上のチベット全域を示し、青線は内チベットと外チベットを分けていた。これはインド・チベット境界線のいわゆるマクマホン線が関連しており、スレンシェコンあてに1914年2月シェダワ・ベルジョル・ドルジェはこう指摘していた。そこには、チベットに対する英国の強い圧力があった。

「グールドは、インド・チベット境界線を提出したが、シェダワらは、それは（内のチベット帰属の）家系・寺院の収入、およびチベットの広い地域がその中に画定されることになるとして、問題視した。グールドは、一方では家系・寺院などの収入を考えるといいながら、他方で脅迫を加えてきた。その話し合いの中身は、今回の講和交渉が早く解決できるのも、まったくこのこと（境界線の画定）によって決まってしまう次第で、ことは重大である。[注68]」

　グールドがマクマホン線による境界画定を提案し、シェダワ・ベルジョル・ドルジェがこの点について随行の3大寺代表と協議した際、「われわれは、英国・チベット境界交渉の委任を受けていない。ロヒト（洛隅）とチベットの境界は多くの地域に跨っており、すべてが分かっていないので、ここでは解決できない。……しかし、グールドは、（英国が支配を意図していた）インド平原の話を考慮しないと、漢人とのあいだでチベット人問題を助けることはしないとの態度をみせただけでなく、さらに当方に対する恨みによって（イギリス人と漢人が）結託して、漢人とイギリス人の双方がすべての目的を達成し、こちらを孤立させ、結局のところ、宗教と政治に重大な影響を与えかねない」と懸念を表明した。そして、シェーカは、シェダワ・ドルジェあて返書で、こう述べた。「……本来なら、今回、この画定で、政府・家系・寺院の土地、庶民の収入が外国人によって喪失し、政府の蒙る損失も、長期の危害も、大変に大きい。しかし、チベットが衷心より頼りにしている英国政府を不愉快にしようものなら、応えてくれなくなる。要望を出してほしい。つまり、今後、チベットの独立が獲得でき、また西康地域の漢人と兵隊を直ちに漢人地域に撤去させさえすれば、そしてこのことが実現できさえすれば、その点、（英国の）の通報があれば、

直ぐにも人を派遣して境界線を画定し、またチベット政府の収入と土地および庶民を英国に引き渡すようにしたい。[注69]」

この条件で、チベット側は、マクマホン線に同意し、その地図を承認した[注70]。ただし、公式に提案された草約には、この規定はなく、インド・チベット境界を示した地図もなかった。にもかかわらず、7月3日英国とチベットが調印したシムラ条約の第9条は、全文が「ここに調印された本条約によって、すべてのチベットの境界および内チベットと外チベットの境界は、赤線と青線でその付属の地図に明示される」とあった。この英国とチベットによるマクマホン線の調印は、中国代表には知らされておらず、シムラ草約では極めて曖昧で、一方、前者の二者条約では明白で、チベットのダライ・ラマとカシャ（内閣）は英国が支配し併合を意図していたインド平原のメンユ（門隅）、ルユ（洛瑜）、ザユル（／シャユイ、察隅）などの土地と人民を英国への引き渡す代価として、その独立と漢人のチベットからの追放を果たすという策謀があった。

中国政府代表は、最終文書の調印を拒否した。英国は、「英国政府の忍耐はこれまでであり、協定が今月の終わりまでに調印されない場合は、遺憾なく独自にチベットと調印を行うことを通知せざるを得ない」と通告した。結局、中国は拒否し、ヘンリー・マクマホンとシェダワ・ロンチェン・シャトラは、以下の付帯事項を含めた最終文書に調印した。その宣言は、以下のとおりである。

「われわれ英国とチベットの全権大使は、英国政府とチベット政府を拘束するものとして承認される付属の条約を了解して、有効となる以下の宣言を記録し、そして、われわれは、中国政府がそこから生じるすべての特権の享受を除外する前記条約の調印を保留することに同意する。

この宣言は、英語およびチベット語で作成される。

1914年7月3日、すなわち甲寅年チベット暦5月10日にシムラで作成。[注71]」

その後、英国政府とチベット政府は、草約を批准した。中国は批准を拒否した。その結果、英国とチベット全権大使は、シムラ協定の第7条において無効とされた1893年と1908年の通商章程の代わる英国・チベット貿易規則11項が有効となった。

このチベット・インド国境線は、ブータン東部とすることが同意されたもので、既に1913年3月にマクマホンとシェダワ・ロンチェン・シャトラは協議をしており、チベットの追認を得るために、この地図がシェダワ・ロンチェン・シャトラに渡されていた。その交渉は、1914年3月24日、以下の覚書で確認された。

「チベット全権大使シェダワ・ロンチェンへ。

　昨年2月、貴官は、インド・チベット国境を、ここに添付された2枚からなる地図（写し2部）に示されたように、イス・ラジ峠とブータン国境までとすることを、貴国政府の承認のもと、以下の条件において受託された。

(a) 英国領土内に含まれたチベット人個人の荘園は所有権を侵害されない。

(b) ツォカルポ湖とツァリ・サルパの聖地が、国境の英国領土内に含まれ、国境より1日の旅程内にある場合は、チベット領土に組み入れるものとし、それに従って国境線は修正される。

　貴官の政府がこの2つの条件のもとで、既にこの国境線に同意したことを、私は了解している。ただ、それを、貴官より確実な情報をもって報告を受けることを、本官は願っている。

　貴官は、チベット政府がツォナゾン（錯那宗）やコンブ（貢布／工布）やカム地方のモン族や口族に課していた売上税が今後も徴収できるかどうかについて知ることを望んでいた。貴官が既に約束したように、貴官がベルにさらなる情報を与えれば、そのような些細な点について、友好の精神をもって解決へ導くことができるであろう。

　インド・チベット国境問題の最終的解決は、将来の紛争の因を刈りとるのに役立ち、それ故に、必ず両国政府に大いなる益となるであろうことを、私は信じる。

　　　　　　　　　　　　　　　　　　　英国全権大使A・H・マクマホン
　　　　　　　　　　　　　　　　　　　　1914年3月24日デリーにて[注72]」

これに対してシェダワ・ロンチェンは、線で描かれた国境線を受諾する書簡をマクマホンに送った。

「中国・チベット会議英国全権委員ヘンリー・マクマホンへ。

　インド・チベット国境がはっきり確定されない限り、将来、紛争を生じるお

マクマホン線

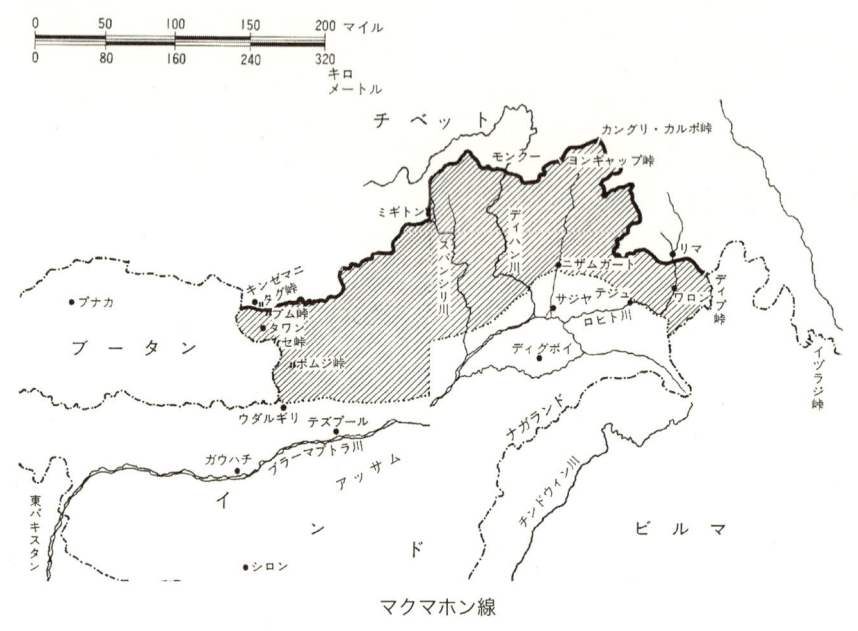

（出所）Neville Maxwell, *India's China War*, New York: Pantheon Asia Library, 1970. 前田寿夫訳『中印国境紛争——その背景と今後』時事通信社、1972年、表。

　それがあるので、貴官が今年２月本官に送付された地図を、本官は、ラサのチベット政府に提出し、指令を仰いだ。本官は、既にラサから指令を入手しており、それに従い、（チャールス・）ベル（13世ダライ・ラマのインド亡命中の英担当官）から送付された３月24日付の貴官の書簡に述べられた条件のもとで、貴官の署名入りの地図（写し２枚）に赤字で記入された国境線に同意する。本官は、地図２部に既に署名・捺印を行った。地図一部は、本官のもとに保存し、一部は同封の上、返送申し上げる。

　　　　　　　　　　1914年３月24日、甲寅年のチベット暦１月29日送付。
　　　　　　　　　　　チベット全権大使シェダワ・ロンチェン（印）[注73]」

　なお、シムラ協定が成立したほぼ１カ月後の８月４日英国は、第一次世界大戦に参戦した。13世ダライ・ラマの指示を受けてシェダワ・ベルジョル・ドルジェの同僚ロンチェン・シューカンは、在シッキム政務官と連絡をとり、ドイツと戦火を交えている英国への協力の申し出を行った。それは、チベットの「独立」存在

を確認した事件であった。以下は、当時のシッキム政務官ベイジル・グールドあてシューカン・ロンチェンの7月15日付の書簡である。

「親愛なるグールド氏へ。

われわれは、最近の新聞とシェダワ・ロンチェンより、ドイツが英国およびフランスに宣戦布告を行い、ヨーロッパが不穏な情勢にあることを知った。ダライ・ラマ法王猊下は、以下のことを貴官への書簡に認めるよう、直接、私に命じられた。現在、中国人がカム（康、東チベット）の各地方で、壮烈な戦いをしかけてきているが、大英帝国支援のために、チベットは喜んで兵1000名をインドに派遣する考えである。なぜなら、われわれは、チベットの存在が大英帝国の存続にかかっていることを承知しているからである。われわれのこの提案を貴下の政府に具申の上、至急、御返事を賜わりたい。

カター（儀礼用スカーフ）を添えて。

宰相ロンチェン・シューカン
甲寅年チベット暦7月3日[注74]」

これに対して、シッキム政務官ベイジル・グールドは、こう返書を送った。

「親愛なるシェダワ・ロンチェンへ。

7月15日付の貴信を有難く拝受した。貴信の到着後、直ちにその主旨をわがインド政府に具申し、その返答を入手した。返答の内容は、以下のとおりである。

「英国政府は、この件を甚だ多とし、英国政府支援のためにチベット兵を派兵するとの申し出に深謝する。英国政府がチベット政府より御支援を仰ぐ必要が生じた際には、必ず御助力を頂く旨、ダライ・ラマ法王猊下に奏聞されたい。」

カター（儀礼用スカーフ）を添えて。

シッキム政務官B・J・グールド
チベット暦7月27日[注75]」

以上の書簡の往復は、チベットとしては、英国との対等な主権的関係、いいかえれば、中国とは対等な主権的関係をみせた案件であって、そこでは、チベット兵のインド派遣は問題ではなかった。チベットの本意はその主権関係にあった。

さて、シムラ会議の決裂にもかかわらず、英国としては、英国・中国間に交通が再開され、たとえシムラ条約を改訂してでも、民国当初の勢力薄弱に乗じて、シムラ草約の意図を反映しておきたかった経緯がある。一方、これに対して、中国側は、大総統袁世凱に帝制実施の野心があり、日本に21ヵ条を与えたのと同様に帝制実施の交換条件としての交渉への内意があった。

　そこで、1914年6月6日サー・ジョーダン公使は中国外交部に公文を送付し、4月27日シムラ会議仮調印の草約は、チベット問題解決唯一の方法であり、中国政府が正式調印を拒否した以上、中国政府はその利益を享受し得ない、とまず威嚇した。中国政府は、6月13日の回答で、内チベット・外チベットの境界につき修正を加え、内チベットに対する中国の自由経営権、現チベット駐在中国文・武官憲の職権保持などの4項目修正条項を提出した。交渉は引き続き継続されたが、英国政府の態度が極めて強硬であった。そこで、1915年5月日本の21ヵ条要求を承認して後、中国は翌6月、外交部内にチベット問題解決のため蔵事研究会を組織し、シムラ会議草約を検討し、26日その内容を英国に提出した。その要点は、以下のとおりであった。

1．シムラ草約にあるチベットは中国領土であるの一節を改め、中国政府は、チャムド（察木多）をチベット自治内に劃入し、チャムド内に駐屯する中国軍隊を1年以内に撤退する準備をし、その他は、昨年中国最後の定義にかかわる境界に準じて弁理する。
2．チャムド、ギャンツェ（江孜）、タシルンポ（札什倫布）、ヤートン（亜東）、ガルトク（噶大克）、および将来開放されるべき商埠地には中国駐在官を置き、その職位および護衛兵の数は英国と同じとする。
3．正式条約の中には、チベットにおける中国宗主権を挿入するとの一項を加える。
注76

　6月28日外交部参事顧維鈞が以上の提案をサー・ジョーダン公使に行ったが、英国の態度は依然強硬で、この機にチベット問題を解決しておきたいと意図していた中国としては、さらに草約11条に一部修正を加えて、英国に提出した。これはいわゆる民国4年疑稿といわれるもので、その大要は次のとおりであった。

疑稿大要

1．ダルツェンド（打箭爐）、パタン（巴塘）、リタン（裏塘）、および30ディパ（土司）所属地は、四川の治理に帰する。
2．チャムド（察木多）、パシュ（八宿）、ザレイフキ（／リウォチェ、類鳥斎）の各フトクト（呼図克図、活仏）および39族ディパ所属地は、外チベットに劃入する。
3．中国政府は、英国委員の崑崙山以北の青海・新疆所属地を中国の治理に劃入する線を重んじ、崑崙山以南、ルランダ（当拉）嶺35族、チャムド、デルゲ（徳格）、およびディパらの以北である青海内地を、内チベットに劃入する。
4．雲南・新疆の省界は、依然として旧治を保持する。
5．内チベットなる名称を康蔵と改める。[注77]

それは、青海南部の一部を内チベットに加え、内チベットはその名称を康蔵とするという大譲歩であった。これは青康省をチベットに編入するというものであり、一方、内チベットの名称を認めないというものであった。しかし、この工夫した煩雑な取引も、その交渉では議論とならなかった。

6．大チベット実現の野望

チベット人の漢人に対する反感、そして自己の実力による大チベット実現は、機会ある毎に再燃しており、民国以来、英国・チベット・中国間の交渉中も、西康の現地では、騒擾が繰り返された。チベット人にとっては、いまこそが境域拡張の好機と写っていた。1914年以来、国内各地の騒擾・政争に乗じてチベット人民には抗漢侵境が著しく、翌15年には西康東境ダルツェンド（打箭爐）を占領し、四川本土までに侵攻した。

1915年12月袁世凱が帝位に即き洪憲帝と称して以後、反袁運動の激化で事態は混乱し、雲南総督蔡鍔が真っ先に独立を宣言し、1917年秋にレイウチェ（類伍斎）駐屯のチベット兵が反乱を起こし、辺軍統領彭日昇が制圧に失敗したことで騒擾は拡大し、チベット軍は、英国の武器援助を受けて各地を占領した（チベットの第一次東犯）。川辺鎮守使陳遐齢が派遣した営長蒋国霖は自らチベットに投降し、1918年チャムド（昌都）の戦闘で、彭日昇が戦死した[注78]。チベット軍は、破竹の勢い

で西康に全面侵攻し、これを展望していた雲南駐在英副領事エリック・タイクマンが調停に乗り出し[注79]、1918年6月19日和平提案を行い、6月27日〜8月21日チャムドで中国軍代表とチベット代表カルン職責が停戦交渉を持ち、10月17日停戦13条が調印された[注80]。しかし、この停戦協定以後も、戦闘は続き、1918年10月10日再び第二次調停となり、中国・チベット間の相互兵力引き揚げおよび敵対行為の停止に関する補完協定が成立した。同協定は、以下のとおりであった。

1. 中国とチベットの指導者は、等しく平和を希求する。中国の軍隊はギャンツェ（江孜）に引き揚げる。チベットの軍隊は、デルゲ（徳化）地区の境界内に引き揚げる。中国人およびチベット人の双方は、北部道路もしくは南部道路のいずれに沿っても自らの軍隊を前進させることなく、チャムド交渉に関する民国総統とダライ・ラマの決定受理に先立ち、相互の引き揚げ日から1年以内はいっさいの敵対行為を停止することを了解する。

2. 協定は、相互の軍隊の引き揚げと敵対行為の停止に関するのみであって、争点にある問題の決定的な解決ではない。

3. 相互の軍隊の引き揚げは、10月17日（チベット暦9月12日）に開始され、10月31日（チベット暦9月26日）に終了する。

4. この協定は、一方において川辺鎮守陳遐齢の交渉員韓光均とチャラ（申宣斎）首長、他方においてコブルン（噶布倫、印爾保持者）派遣委員ケンチュン・ラマとチュンガン・デレントング・ダポンスのあいだで締結され、英副領事エリック・タイクマンが証人である。調印者は、可能な限り早急にそれぞれの代表は問題につき報告することを約束する。

1918年10月10日ラングバサ（伝克満亦趨）で中国、チベット、および英国代表により署名・捺印した。[注81]」

ただし、この仲介工作は、成功しなかった。というのは、チベットは内チベットと外チベットとし、その外チベットについて、英国がシムラ会議で提案していた中央チベット以西を、シッキムのように自らの影響力の下に置くべく、英国がその条件の変更を望まなかったためである[注82]。停戦協定第3条に規定された駐兵地帯区分は、以下のとおりであった。

中国軍（漢軍）の管轄——パアン（巴安）・イエンジ（塩井）・イードゥン（義墩

／サンバー、三坝)・デロン（徳栄）・リタン（理塘／理化）・カンゼ（甘孜）・ザンズイ（瞻化）・ダンゴルオフ（鑪霍）・タウイ（／ダオワ、道孚）・ニャクチュカ（／ヤージャン、雅江）・ダルツェンド（打箭爐／ガンディン、康定）・ロンダ（／ダンバ、丹巴）・チャクサム（／ルーティン、瀘定）・ジェスィル（／ジウロン、九龍）・ディンシアン（定郷）・ダンパ（／タオチョン、稲城）の線以東。

チベット軍の管轄——ザレイフキ（／リウォチェ、類烏斉）・スーダー（恩達）・チャムド（昌都）・ダグヤプ（／ダヤブ、察雅）・ニンチン（寧静）・ゴンジョ（貢覚）・ウーチョン（武城）・トンジン（同晋）・ドンユ（鄧科）・セルシュ（石渠）・デルゲ（徳格）・バイユ（／ペユル、白玉）の線以西。

これをみると、シムラ会議草約による境界と大体一致していることが分かる。

そして、第一次世界大戦で頓挫していた英国・中国交渉は1918年2月再開された。5月21日ジョーダン公使は、ここにチベット問題の解決を持ち出し、中国政府は民国4年疑稿をもとに4カ条を定め、閣議を経て30日英国に手交した。4カ条覚書は、以下のとおりである。

1．ダルツェンド（打箭爐）、パタン（巴塘）、リタン（裏塘）は四川省の治理とする。
2．チャムド（察木多）、パシュ（八宿）、ザレイフキ（／リウォチェ、類烏斉）のフトクトおよび39族ディパ（土司）は、外チベットに割入する。
3．中国政府としては、崑崙山脈以北の青海・新疆の所属地は、中国の治理とすることを望む。ザンズイ（瞻対）、デルゲ（徳格／テファ、徳化）、および崑崙山脈以南、ルランダ（当拉）嶺39族、チャムド以北、ならびに青海南部は、内チベットに入る。
4．雲南・新疆の省界は旧界を維持する。[注83]

そして、タイクマンの第二次調停とともに、サー・ジョーダンは本国政府および英インド政庁と協議して、8月13日外チベットの名称を保持しつつも、内チベットの名称を廃し、デルゲ（徳格）以西をチベットに編入するとした、以下の修正2点を提出した。

1．チベットに完全自治を与える。しかして、英国・中国は、単に若干の護衛兵を有する弁事長官を派遣する。

2．チベット領土は、青海を保護領とし、甘粛省の西寧・粛州地方1600余平方里、新疆省の和闐地方800平方里、およびダルツェンド（打箭爐）・パタン（巴塘）・リタン（裏塘）を含む四川省辺境大約1000平方里を中国から割いてチベット領土とする。注84

　この案が可決されれば、中国側としては、チベットに対する宗主権を喪失するのみか、新疆・甘粛・四川の大半がチベットに帰し、大チベットの実現となって、外モンゴルを除く中国辺境はすべて消失することになるので、その受け入れを拒否した。そして8月26日の閣議で、中国政府は、チベット問題の商議停止を決定した。9月4日英公使サー・ジョーダンは、徐世昌総統に謁見して商議の継続を希望したが、国会と四川・雲南・甘粛の関係各省の諮問を経なければ、問題は解決できないと、徐総統は述べた。そこで、英国政府は、要旨以下の声明を発した。

　1．英国政府は、戦争停止状態にあって、チベット問題の解決を中国政府に勧告し、その結果、1914年無署名の草約が成立したが、該条約は、中国・チベット間の協定を除き、中国政府より主義において承認したものである。
　2．中国政府の5月30日提案は、1727（雍世5）年満州政府によって定められ、爾来、約200年間継続してきた境界である。
　3．前記提案は、英国政府に提案され、英国政府は、熟慮の末、英国に関する限りにおいて承認した。しかるに、中国政府は、国内の反対で商議の延期を申し出た。この提案は、依然、商議の基礎である。
　4．中国は、8年以前に革命が起こり、その結果、ラサを放棄した。それ以来、チベットは事実上、中国主権を離れた独立国である。目下、中国が希望する提案は、チベットの自治を条件として、中華民国5族の一団にチベットを帰属させ、ラサ領内の自治制を保証する代わりに、再び中国辺籌使を派遣することである。
　5．新聞紙上で反復力説されているとおり、英公使はチベット問題でなんらの要求もしていないし、これは秘密外交ではない。英国の利害に関するところは、英インド境界における平和のため、同時に、インド・チベット間の現在の善隣関係を根本的に確保することである。この件で、英国は公平な条件を基礎として、チベット・中国両者間の平和のために努力するものであって、

なんら干渉する意志はない。英国は、この協定がチベット人の承認を条件として、極力、中国の希望に副うことを望んでいる。[注85]

1919年12月3日英公使サー・ジョーダンが交渉再開を求めたが、西域問題研究会会長陳籙中国外交総長代理はそれを拒絶した[注86]。次いで、日本が21条問題、山東問題をワシントン会議へ持ち込んだ先例をから、1919年パリ平和会議へのチベット問題の提起を中国代表は検討したが、それは提出されないで終わった[注87]。

実際、英国は、シムラ会議以後、英国勢力のチベット扶植を進めており、同20年にヤートン（亜東）駐在英弁務官チャールス・ベルがチベット政府の招待で、ラサに乗り込んだ。これは、チベットが始めて招請したヨーロッパ人の活動として注目された[注88]。ベルは1カ年、チベットに滞在し[注89]、1922年に始めてラサとインド間に電信が敷設された。これは画期的な事件で、この事実を目撃して、当時、チベット人のあいだでは、自らがチベットを大英帝国の宗主権下にあるとした目撃者談が報じられた[注90]。

そして1920年11月チベット軍の全面攻勢で、川辺擾乱が激化し、翌21年1月8日ダルツェンド（打箭爐）駐留の川辺鎮守使陳遐齡は、匪警通電を発したが、チベット軍は2月チャムド（昌都）攻撃に失敗して敗走した。中国軍ももう抵抗できる状況になく、同年秋、現地休戦協定が成立し、ここ11年に及んだ戦闘は完全に終わった。そこでは、チベット人の大チベット主義の希望も完全に流れてしまっていた。そして、英国の工作にもその限界にあった。

翌21年1月15日新公使サー・ベイルビル・フランシス・オルストンが北京に着任し、商議が遅延している現下の事態を遺憾とし、問題の解決を急ぐよう強い抗議の通牒を発し交渉の再開となった。中国政府は早速、商議10条の根本原則を定め、駐英公使顧維鈞を通じて英国政府の意向を打診した。4月下旬、「英国政府は、現在、未だ正式にチベット問題を提議するに至っていないが、各国はいずれもチベットとインドを同一視していないし、チベットが中国に帰するべき点は、意見が一致している」との返答に留まった。

その根本原則10条は以下のとおりである。

第1条　前清光緒23年取決め（1897年条約）に違背することをもって、交渉の基礎とすることはできない。

第2条　民国5（1916）年中国提案を参照して、討議する。

第3条　チベットは完全な中国領土であって、その境界は変更できない。

第4条　チベットの外交権は、中国中央に属する。

第5条　中国は、チベットの内政・交通につき、自由にその主権を行使する。

第6条　ヤートン（亜東）およびギャンツェ（江孜）における両関税収入は、中国政府より官員を派遣してこれを収得する。

第7条　チベット内乱および土匪は、中国政府が自ら軍警を派して、その掃蕩を行うものとする。

第8条　チベットの治安を維持するため、中国は、チベットに軍警を駐屯させる。

第9条　中国駐蔵弁事長官は、全チベットの内政・外交を管轄する権限を有する。

第10条　チベットに代表を派し、中国および英国の代表と会合して、チベット案件解決の方法を講じる。[注91]

　結局、1924年1月ラムゼー・マクドナルド労働党内閣が成立し、この機会に中国外交部はシムラ会議草約の正式撤回を通告し、ここに、チベットに対する主権をめぐる英国政府との折衝、そして英国の干渉は終わった。一方、英国とチベットとの交渉は続行されており、同24年12月28日シッキム駐在政務官F・M・ベイリーは、カシャ（内閣）から以下のダライ・ラマ書簡を受け取った。

　「この書簡は、チベットのカルン（大臣）からのものである。仏教国チベットが強くなるために、われわれは毎年、新しい軍隊を徴募している。軍と運輸（道路建設など）の維持および英国とチベット政府双方の利益のための重い負担に充当するために、われわれは、関税を課する絶対的必要を見出している。（寅午年5月10日に相当する）1914年7月3日に英国・中国・チベットの間で締結された貿易規則の第9条は、前記規則のいずれの締約国が改訂を希望する場合には、これについての通告を、最初の10年後から6カ月以内にすべきであると定めており、かつそれの改訂を希望しないときは、規則はあと10年有効となるとしている。貴下がラサへお出でになり個人的にお会いできれば、われわれは、貴下に対しインドからチベットへの品物を輸入するすべての貿易牛舎から関税を徴収する取決めを作成するべく要求したい。この点について、

貴下がチベットのために対応され、大英政府に報告されたいが、問題のいかなる提議も、われわれはとらない。いまのところ、ツァロン・シャペは、ここに、これについて貴下に伝えておく。それ故に、貴下がわれわれの主題に注意を払われ、大英政府に早急に報告されば、われわれは多とする。

敬具

チベットのカルン（大臣）の印[注92]」

　これに対する英国の対応は否定的であった。英国政府としては、再びこの問題をとりあげる立場にないとうのが、その原則的立場であった。ここでも、チベットの希望と事態の打開は成功しなかった。

　そして、1928年12月20日中国と英国は、インドからの陸路による貨物の輸出入交換公文を締結したが[注93]、これは1894年3月1日中国・英国条約の改定という形をとった。そこには、チベットへの言及はなかった。

7．二大ラマの対立と9世パンチェン・ラマの亡命、国民政府中央の対応

　チベット軍の軍事行動は、チベットにとって大きな負担であった。このため、13世ダライ・ラマは国内の大寺院・富豪に新税を課した。新税は、従来多くの特権を許されてきたパンチェン・ラマのタシルンポ（札什倫布寺）にも賦課された。また、ラサのテンギェーリン（ガンデン寺／甘丹寺／甘丹林寺）は、先の辛亥革命当時、漢兵追討に協力しなかったとして没収され、デプン大寺（哲蚌寺）の高僧3人も連座して投獄された。これに対してラマ3000名が抗議行動を行い、かえって13世ダライ・ラマの容赦のない弾圧を受けた。タシルンポでは、そうした弾圧を予見して1923年11月15日に9世パンチェン・ラマ、チューキ・ニマがチベットを脱出した[注94]。

　翌24年1月英軍のチベット進駐で、9世パンチェン・ラマは13世ダライ・ラマの親英政策と英国の関与に脅威を直感して、青海を経て3月18日沙邸に入った[注95]。そして翌25年1月太原に入り五台山に滞留した後、パンチェン・ラマは

2月1日北京で開催の善后会議への出席を求められ、20日北京に到着した。なお、1924年7月3日蒙蔵院訓令、高字第46号が公布され、その待遇条件が定められた[注96]。

 この経緯で、1925年2月9世パンチェン・ラマは、戦禍をなくして五族共和の実行を求めた意見書を善後会議に提出した。その内容は以下のとおりである。
 「混乱を鎮めて正常に戻すために、皆で知恵を出し、力を合わせなければならない。皆で知恵を出し合い、力を合わせるというのは、とりわけ全国が必ず内外一体になって、地域の隔たりを無くせば、実際な効果を果たすことができるということである。今日の中国では、いわゆる五族共和といっても、やはり地域の隔たりといったきらいがある。これが変らなかったら、国家の統一と長期の安定を実現することができない。……一つの比喩がある。もし、こちらの岸から向こうの岸まで海を渡りたかったら、必ず丈夫な船と帆を用意しなければならない。そうでなければ、船が逆巻いている大波の中で必ず頭の上にまで水に漬かって溺れてしまう。もうひとつの比喩がある。人がある景色を眺めるとき、あるいはあるところの地形を観察するとき、必ず高い丘を選んで、上に登って、四方八方をぐるりと見渡す。そうすれば、景色とか地形をすべて知り尽くすことができる。そうしなければ、一方に気を取られ、他方が疎かになって、真相を見極めることはできない。もうひとつ、3つ目の比喩がある。農業を経営している人は、必ず自分の田畑を十分灌漑して、丹精込めて育てている。それで、自分の事業が発達してくる。その人が田畑の真中だけに肥料を与えて、田畑の周辺を無視してしまうとしたら、周辺はきっと荒れ果てて、雑草が生い茂ることになる。この状況が真中のところを巻き添えにして損害を受けることになる可能性は大きい。

 このようにみれば、世界各民族が打ち立てる国家は、必ず決まった境域、良い政治、公平な法律、および大所高所からの見方を持っていて、その国家は永遠の統一と安定を受けることが断言できる。

 ここにおいて、私は、五族共和ということの真の意味について研究したい。いわゆる五族共和の真の意味は、どこにあるか。それは、五族人民が上とか下とか、遠いとか近いとか、貧困とか裕福とか、高貴とか卑賤とかなどをいっさ

い論なく、平等の原則に基づき共同して国家を管理して文明社会を建設する、という意味ではあるまいか。

今日、中国の五族人民は、いったい本当に地域的差別をすべて無くして、一致して団結できるのか。国家の現行法は、五族人民に対して本当に差別がいっさい無くして平等に扱うのか。これに対して、パンチェンは、軽率に結論を出すだけの勇気はない。

上述したことは、すべて五族共和の根本的な問題である。これらの問題に対しては、慎重的な考えがなくて確信できないから、国家は混乱を避けることができないと思う。

国家建設の根本的な計画は、まず国内で各地の戦争を無くしてから、実施することができる。今、中国では、戦争が野草のような絶えない、野草は野火に焼かれてもなくならず、春風が吹く頃には、また生じてくる。即ち、今日の中国を救いたかったら、新国家建設の計画を実施しなければならない。新国家建設の計画を実施したかったら、一方が下火になれば、他方が盛り上がる地方の戦争を止めなければならない。地方の戦争を止めたかったら、戦争の禍根を取り除かなければならない。戦争の禍根を取り除きたかったら、五族人民は、兄弟のように心を合わせて協力して、相互に守り合わなければならない。仏経には虚空を捕らえられないという言葉がある。例えば、ある人が雨後の七色の虹をみて、好きなので、掴みたいが、どうしても掴むことができない、ということである。今は、政治を論議している者が沢山いて、政見もいろいろある。しかし、すべては根本な問題が分からないまま、虹を掴みたいといっただけでは、机上の空論に過ぎない。

パンチェンは、代代、中国に恩義を受けているので、辺地にいるが、国のために尽くしてその恩に報いたいと、常に思っている。これは、個人の意見だけであるが、会議で共同して論議してほしい。[注97]」

その一方、チベットでは、13世ダライ・ラマの改革が英国を頼りに進められたが、いずれも保守的な大僧院勢力の抵抗に会い、ほとんどが挫折した。1927年4月、蒋介石国民革命軍総司令が南京国民政府を樹立して、軍閥とともに中国共産党との内戦下に国土統一に着手するとともに、13世ダライ・ラマに呼びかけ、チベット

を中国の一部として認めれば、ダライ・ラマに全面的支援を与えるといい、併せて9世パンチェン・ラマの帰国を無条件で認めるよう要請したが、ダライ・ラマはこれを受け入れなかった。

1928年9月2日9世パンチェン・ラマは、南京にパンチェン・ラマ事務所を成立させて、国民政府主席譚延闓あてにチベット民族の支援を求める文書を送った。全文は、以下のとおりである。

「私は、内地にきて以来、ずっと政府から優遇されていて、どう報いたらいいのか分からず、感謝する。(蒋介石)主席先生は徳望が高く、救国に熱心で、革命に駆け回っており、苦労を重ねて功績がある。私は、先生に敬慕すること久しい。主席先生がモンゴルとチベットの民族に対して、すべての者を平等にみることにも、深く感服している。今日、幸いなことに、革命が成功した。統一がきっと実現して、三民主義がアジアをあまねく照らそう。今、わが国各省同胞は、極楽世界に身を置くところとなったが、ただわがチベット民族は、内が暴政に圧迫され、外が強隣に脅威されており、塗炭の苦しみに置かれている。政府には、わがチベット民族を全力で扶助して頂いて、チベット民族も、各省同胞と一緒に「青天白日」旗の下で自立することができるよう、主席先生に求める。

私は、とっくに主席先生らの所に革命成功のお祝いに行くつもりだが、私のお供が多すぎたので、邪魔にならないようにしており、願いがなかなか適えられない。機会があれば、また詳しくご報告する。

　　　　　　　　　　　　　　　　　　　　　　パンチェン　　謹啓
　　　　　　　　　　　　　　　　　　　　　中華民国17年9月2日[注98]」

1929年1月20日パンチェン・ラマ事務所の成立宣言は、以下のとおりである。
「親愛なる中華民国五族の同胞。

中華民国は、分裂していた17年間、内は軍閥に蹂躙されて、外は列強に圧迫された。これで、五族同胞は互いに構わず、ひいては蟠っていて、自分とは無関係と看做していた。チベットは西部の辺地にあって、特に影響がなかった。今日、全国統一のおかげで、「青天白日」旗の下に再び団欒する日を期して待つことができるのは、幸いと思う。そもそも、チベットは、漢と唐以降、中

国との関係が日に日に深くなってきている。清朝は、さらに官兵を配置してチベットを防衛した。歴史と地理によって、チベットが中国を離れて自主を図ることは、実際に不可能である。逆をいえば、中国はチベットを失えば、車が支えを失うのと同じことである。だから、中国とチベットの関係は、統一できれば、両方とも得をするが、分裂したら、両方とも損をするところである。

清朝末期と民国初期には、漢とチベット、両方の少数者が個人の損得のために、大局を念頭におかず、互いに争ったので、結局、(13世) ダライ・ラマがインドに亡命しただけでなく、「親英派」が徒党を組んで政治を支配して、チベットを侵略する機会を強隣に与えた。辛亥の戦役で、チベットの中国官兵はすべて追い出された。その時以来、中国とチベットのあいだには感情が悪化してきている。帝国主義者は、さらに経済・文化侵略を行っただけでなく、チベットを唆して独立し、西康を兵隊で占領した。侵犯された地域は大きく、ほとんど四川省の境界に近く、その地域人民は略奪され蹂躙されて、罹災者が至る所に満ちている。これは、少数者の「親英派」の所為である。彼らは、中国・チベット関係を破壊しただけでなく、チベットそのものの利益も構うこともなく、みだりな振る舞いをした。これに対して、神も人間もともに憤怒している。そして、彼らは、常に武力で僧侶と人民を圧迫していて、重い税金を強請している。康蔵（西康とチベット）人民は、この暴威の下に、じっと怒りを抑えて黙りこくっている。パンチェンは、この状態を目のあたりにして、心が痛むほど悲しく、全チベットの僧人民公議を受け入れて、自分のすべてを犠牲にして、代表として東に向いた。私たちの趣旨は、簡単にいえば、以下の3つである。

(1) チベットは、始めから終わりまで中国と協力して、五族共和の精神を貫徹して、共同して強隣の侵略を抵抗する。

(2) 中国は、民族平等な観念に立って、チベット人民が自立自治できるまで、彼らを扶助して指導するよう希望する。

(3) 引続きチベット宗教を保護し維持する。さらに、仏学の真の精神を輝かしいものにして、世界の平和を追求する。

内地に来て、瞬く間に6年にもなる。ただし、戦乱が続いて、指導的中核がなかったため、パンチェンは、心配事が胸にいっぱいであったが、訴えると

ころがなかった。今、幸いに統一を達成して訓政が始まって、内部も安定しているので、これから国防の固めに全力を尽くしていくべきである。

中華民国は、すっかり整っている国家である以上、できるだけ孫中山先生が残した主義と政綱、および政策などを全国的に実現するよう努力すべきである。そして、チベット・西康・青海は、土地が広く資源が豊かで、人口が少ないので、中山先生の実業計画によって国家と民生に対して大いに活動する余地があると思う。中国人が珠江、長江、および黄河の3つの流域だけに着目して、辺地を見過ごしたら、内地がたとえ訓政から憲政まで実現しても、国家は永遠に安定することができない。つまり、中国の国民革命が成功したとはいえない。

以上の理由によって、本事務所は、南京に成立する準備をしている。余、パンチェンは、東に向いた趣旨を政府に報告して、事務の打ち合わせをする。そして、全国の同胞がチベットのことにつき関心を深めるよう希望する。

誠実な心で、この宣言を発表する。

　　　　　　　　　　　　南京奇望街　パンチェン事務所　啓[注99]」

そして、チベット・パンチェン駐京弁事処組織条例が1932年6月18日成立した[注100]。

一方、蒙蔵委員会が1928年12月27日に成立し、1929年9月12日チベット問題を解決する準備事項および具体的方策が制定された。その全文は、以下のとおりである。

チベット問題を解決する準備事項

チベット問題を解決するために、予め扱う必要がある事項は、以下のとおりである。

1. 先決問題は、ノナ（諾那）フトクト（呼図克図）と格桑沢仁両委員の進退についてである。とりあえずチベット事務にかかわらなくし、相当な地位に転職される方がいいと思う。
2. 代表の派遣について、まず棍却仲尼（貢覚仲尼、雍和宮ケンプ）を派し、わが方の代表と一緒にチベットに赴き斡旋する。それから、江卜桃梅を派遣して中央大員と一緒にチベットに入る。
3. ダライ・ラマは中央から封号を推戴すべきかどうか。
4. 中央は人員を派遣するとき、正式な公文を持つ以外、慰問品を持って行く

べきである。
　5．派遣する人数を決めてから、すべての経費を予め計算すべきである。
　6．19（1930）年3月にチベット会議の開催予定であるから、出席する官民の代表について、ダライ・ラマはどう扱うべきか。

チベット問題を解決する具体な方法
　1．チベットと中央の関係は、以前のように回復する。
　2．13世ダライ・ラマと9世パンチェン・ラマは中国国民党に加入すべきで、そしてチベット党務の計画を担うべきである。
　3．ダライ・ラマとパンチェン・ラマが国民党に加入してから、政府委員となる。
　4．外交・軍事と政治は、すべて中央のもとに取り扱うべきである。
　5．中央は、チベットに十分な自治権を与える。
　6．パンチェン・ラマがチベットに戻ることについて、中央としては、パンチェン・ラマを護送し、ダライ・ラマは迎えるべきである。
　7．ダライ・ラマとパンチェン・ラマがチベットで持っている政治と宗教の権力は、以前と同じである。
　8．中央はダライ・ラマとパンチェン・ラマをチベットの政治および宗教の首領と考えている。
　9．パンチェン・ラマがチベットに帰るときは、国防軍を派遣して保護するために、国防軍は、パンチェン・ラマと一緒にチベットに入ることを予定する。
　10．ダライ・ラマが首都に事務所を設置すれば、経費は政府から出される。[注101]

　この方針に従い、1929年7月国民政府は漢人であるが幼年期をチベットで過ごしチベット語に通じ、蒋介石の通訳をした縁で彼に認められ国民政府書記となった才女、劉曼卿女史のチベット派遣を決定した[注102]。彼女は8月上海を出発し、12月17日チャムド（昌都）に達し、翌30年2月16日ラサに到着し、早速、13世ダライ・ラマと会見して宣慰工作を進めた[注103]。
　会見の様子は、以下のとおりであった。
　　まず彼女は次のように述べた。
　「　蒋主席以下各院部長官はいづれも中國の分裂につき甚だ痛惜してをられ

ます。西藏が英人の干渉を受け、全中國の外に獨立して行くについて譲歩できるか否かは別として、出來得れば機會を得て相互に了解し昔通り兄弟のやうに睦み合ひたいものであります。私が今回萬死に一生を得て當地に参りましたのは、藏漢人の二重の資格からでありまして、中にあつて兩者の結びとなりたいと存じたからであります。何卒佛爺に於かれましても、大局を顧みて御考慮ありたく、明瞭なる御回答を賜りたう存じます」

すると達頼は云つた。

「予の考へも卿と全く同様である。然し今直ちにと云ふわけにはいかぬゆゑ、今一度會つて詳しく申述べよう。卿は萬里の遠きより來りその苦心並びに途中の言動常に我が西藏のために計りしこと余は十分承知致してをり喜ばしく思つてゐる。決して卿のこの度の行を無にすることはないゆゑ安心するがよい。注104」

その具体的会談交渉は、3カ月後の5月25日になって実現し、13世ダライ・ラマはその見解を述べた。その会見の様子を、劉曼卿女士はこう記している。

「5月25日午後1時達頼に謁すべくロプロンハ宮(ノルブリンカ)に赴く。先づチユイン・チンプの室で2時間休憩してのち、導かれて先と同じ場所で對談した。達頼は私に、出發の日は決定したかと訊ねた。いや、まだです、佛の御指示を待つてゐるが、客居既に3ケ月、優遇を辱うし感謝にたへない、しかし中央に復命しなければならず、長く留つて職を空しうしては罰を受ける、願くば早く帰して頂きたいと云つた。すると達頼は、

「いや卿の好意は十分諒解いたしてゐる。予が中央に背く意思なきことは先に述べた通りである。卿を長く待たせたのは、實は、卿等の遠來の勞を犒ひ、休養せしめんがためで、強ひて留めるつもりではない。既に予の同答は成つてゐる。筆紙を以て盡し得ぬ點は、今ここに口頭を以て卿に告ぐるゆゑ個人的に蒋主席に傳へられよ」と前おきしてから、ぽつりぽつりと次のやうに云つた。

「從來中國は西藏を無視し荒地の如く捨てて顧みなかつたが、今日既に新政府成立し卿を派して意を致す。予は蒋(介石)主席並びに執政各位の精明よく全局を顧みらるるに對し欽佩にたへない。今後とも終始變ることなく不繼に繼續し互助の實現に進まるるやう希望する。予の最も願ふところのものは中國の眞

の和平統一である。先に某々先後して叛亂したと聞き、予は日ta經を誦して平安を祀つたが、卿等また今次三大寺に於て念經禮佛した。必ずや中國に利益があるであらう。西康事件に關しては、中央に於て暴虐なる軍人を派して人民を苦しむることなく、一清廉なる文官を派して接收せらるるならば、予は何時なりとも防軍を撤收する用意ある旨傳へて頂きたい。これらは中國の領土で、兩方に分れてゐる要はないからである。しかし武力を以て對時するならば、藏軍は瓢悍で予とて到底衝突を制止し得ないであらう。兄弟牆にせめぐは愚の至りである。ネパールは元來我國の舊領であつたが、何故か近來入貢せぬ。政府はよろしく究明すべきである。予はネパールに對しては今なお「コールコ（廓爾喀）（ゴルカ）王」の名稱を用ひ、新稱號は用ひてをらぬ。この名稱は中國から受けたものであり、獨立を承認してをらぬ證據ぢや。卿がネパール商務長官に對して云へる言は甚だ妥當であつて予は深く多とする（私はかつてネパール官吏に向つて、中藏はもと一家である、もし理由なく西藏を侵せば中國としては斷じて默視し得ないと云つたことがある）。印度人民は近來英國に反對せるため極度の壓迫を受け、言ふべからざる苦痛を受けてゐる。中國は弱小民族を援助する立場から、切實なる援助を與ふべきである。」

　かく云ふ達頼の態度は異常に沈痛なものであつた。

　また、「班禪（パンチェン・ラマ）と予は師弟の誼みあり、決して何等意見はない。聞けば彼はこの頃蒙古に居るさうだが、不自由を感じてゐることと思ひ、予は頗る軫念してゐる」と云ひ、更に「英人が予に對し誘惑の念あることは、事實である。然し予は主權の失ふべからざるを知つてゐる。性質習慣共に相容れず、よつて彼來るも表面上交際してゐるのみで、決して未だ權利を分與してはゐない。中國が内部を強固にしさへすれば、康藏問題は必ずや解決するであらう。代表の派遣に就ては、西藏は本來、宗教を以て國を治め、人民は政治に對しては極めて冷淡で、中原の情勢に就ては殊に疏遠であるから、恐らくは何等の效果もないであらう。しかし折角の懇篤なる依賴であるから、努めて青年を選び會に列席せしめたいと考へてゐる。彼等は知識はないが、頭腦は敏活であるから、中央に於て教示を受け事に遇へば、直接予に裁決を仰ぐであらう。いづれ詮考の上、派遣するであらうが、全權代表となると、一時には選び

難い（當時まだグンチエ，チユンニを代表とするの議は聞かなかつた）。予は政府に對し多くを望まない。近き將來に西藏に紡績機械、製革機及びに各種の工人を送られれば十分である」と云つた。そこで私は「工人ばかりでなく、各種の實業家及び技師の派遣も困難ではありますまい」と答へた。

　最後に、各執政の履歴を質問したに關し答へたところ、彼は、彼等はみな總理の信徒であるか、と云ひ、次いで、中國の近代の人傑は何故廣東から多く出るのか、と訊く。廣東は總理の故郷で平時から總理の精紳的感化を受けてゐる、且つまた廣東人は創造精神に富んでゐる、從つて大業をなし遂げてゐるのである、どうか西藏人も孫（文）先生の教へむ學ぶことを希望する、さすれば人民の思想も自ら進步するであらう」と私は答へた。[注105]」

劉曼卿は、蒙藏委員會にダライ・ラマとの會見の要点を、以下の８点について報告している。

１問　チベットと中央政府との関係をいかに回復するか。

答：中央政府は、中国・チベット関係を宗教者・施主関係（チュユン関係）として誠実に守るべきであろう。これまでも、中央政府は、チベットを支援してきた。

２問　中央政府のチベットに対する行政管轄は。

答：中央政府は、チベットの政治的問題および宗教的問題の双方の基本的安定を確保する措置について、文書による覚書をもって、助言すべきである。

３問　チベットの自治の実行はどうか、その範囲はどうか。

答：チベット政府の中央政府との宗教者・施主（チュユン）関係に従い、中央政府は、チベット人の感情を誠実に犯さないようにすべきである。中央政府は本来チベットに属している地域を返還すべきで、チベットの平和と調和を結果づけるべく、それを管轄すべきでない。

４問　（13世）ダライ・ラマおよび（9世）パンチェン・ラマは国民党に加入すべきである。

答：ダライ・ラマは政教事務を実行しており、国民党に加入すべきでない。パンチェン・ラマは現在、内地に居住しており、中国と一体している。ただし、解決は別である。

5問　ダライ・ラマとパンチェン・ラマの立場とそれぞれの管轄はどうなっているか。

答：政治的・宗教的事項はラサのチベット政府が常に統治している。パンチェン・ラマは、その管轄がタシルンポ僧院のみである。タシルンポ僧院は、1世ダライ・ラマによって建設された。

6問　（13世）ダライ・ラマは（9世）パンチェン・ラマのチベットへの帰国を歓迎するか、その際の中央政府の護衛はどうか。

答：パンチェン・ラマの護衛はチベット政府の命令に違反している。

7問　ダライ・ラマは国民政府との密接な接触を意図しているか。

答：まず、南京、北京、および西康に事務所を設けたい。

8問　他にチベットの中央政府に対する要望はどうか。

答：侵略に対する自衛のために、現在のところ、チベットの希望は、中央政府が武器を提供してくれるということだけである。その他は、将来、チベットの安全を強化する上で、チベット政府は中央政府に要請することになろう。
注106

そのダライ・ラマの立場は、シムラ会議での立場と同じであった。

帰国に当たり、英国派のルンシャル将軍に会うと、彼は劉曼卿女士にこう述べた。

「彼は、予が中央に傳へてほしい希望が一つある、西藏政府は三民主義を奉じ之を實行しようとしないのではない。しかし、人民が頑固であるから、あせつて紛擾を起さぬやうにしてほしい。外交に就ては、西藏人は中央と行動を共にしたいと思つてゐて、断じて單獨な表示はしない、また内地の軍備は列強に劣つてゐる由であるが、十分準備に意を加へ、内は内亂を鎭め邊境を守り、外は外侮を防ぎ、以て平和を維持するやう努められたい、と云ひ、最後に私自身に對し、今後とも西藏のために努力せられ、中央の人士に封し西藏に一層注意を拂はるるやう鼓吹して頂きたい、出來ればもう一度來遊されたい、われわれは極力保護致さう、と云つた。注107」

劉曼卿女士は1930年5月27日ラサを出発し、6月14日カリンポンに達し、カルカッタ経由で、7月25日上海に戻った。

同30年、英国の挑発で、ネパール軍がチベットへ侵攻した。そこで、同30年

4月17日9世パンチェン・ラマは、さらに懸念されているネパールのチベット侵犯事件について、チベットへ帰国してその阻止に努めたいと、蒙蔵委員会に秘密文書を送った。その全文は、以下のとおりである。

「この文書は、ネパールとチベットの戦争を止める方法、および康蔵紛争を解決する計画についてのことで、秘密文書である。ご決裁して頂きたい。そして、急ぎ軍費と武器を配り、衛隊を組み立て、私をチベットに戻して下さい。

今回、ネパールが兵を挙げてチベットを侵犯していることについて、南京駐在事務所は、ネパールの方が戦争の準備と軍隊の調達をした経緯を、政府に報告した。そして、軍費と武器を配り、衛隊を組み立てることについて、政府の支援を要求する。近日の報告によれば、ネパール軍は、もう続々とチベット辺境に侵入しており、事態は緊急で、戦争は避けることができないかもしれない。(13世) ダライ・ラマのチベット軍は2万人しかいないので、内外の支援がなかったら、きっと敗北すると思う。今、前蔵と後蔵では、人びとは慌て恐れている。彼らは、乾燥続きで雨を待ち望むように、私の救援を待っている。内乱が平定に待たねばならない際に、また外憂が起こっているので、チベット問題の解決は本当に疎かにすることができない。今、西康と青海のディパ（土司）、ラマ、および民衆の代表は、遼寧に集中していて、私がチベットに戻ることを求めている。だから、私は、代表を南京に派遣して、政府に最後の呼びかけを出している。その呼びかけは、以下のとおりである。

私がチベットに戻って支援することについて、明確に命令されることを要求する。そして、要員を派遣して、私に同行させる。チベットに帰る路線は、一つが内モンゴルから阿拉善旗を経て青海へ、もう一つは長江に沿って四川を経て西康まで行くというものである。私の今までの打ち合せによれば、沿線の駐軍すべてが全力で援助してくれるとしたら、何の妨害もないと思う。

私がチベットに到着すると、まず政府から派遣された要員がラサに行って、中央の指示を発表する。そしたら、ダライ・ラマは、必ず中央に対して援助の恩義に感謝して、かつ私との相弟子である情誼を配慮して、良心を呼び起こして、真心から団結する。ネパールに対しては、私が昔からネパールのビクラム国王と深い友情を得ているので、私が人を派して調停したら、ネパールとチベッ

トの戦争を止めることができるだけでなく、中国・ネパール関係も回復することができよう。英国に対しては、チベット人がチベット事務に参与することは、チベット内政の範囲にあるので、政府側は盛んにもっともらしいことをいうから、対処することは容易であると思う。英国にしても、弱小民族を侵略する常套手段を使うことはむつかしい。そして、近年来、西康の民衆はダライ・ラマから差役の苦しみを受けているので、私の方に味方している。青海が無政府状態にあるのは久しいので、私も現地で指導を行い、2つの地域に健全な省治を達成するよう、助力する。

　ただし、チベットは南京からも遠く、途中には匪賊もが多いので、私がチベットに戻ることについては、衛隊が必要である。特に今、大敵に面しているとき、気勢を張るために、相当な兵力が必要である。だから、衛隊を組み立てるために、前例に従って急ぎ軍費と武器を配ってほしい。私は今、1000人以上のお供を持っているから、まず2つの営を成立することができる。他は、青海と西康に到着してから成立する。

　今日、実力を持っている中央政府のもとで、このような措置は、一挙手の労に過ぎないと思う。これで、19年来懸案となっていて未解決のままであるチベット問題を内政と外交ともに一挙解決することができる。「時機を外さず即断する」とか「その時の事情に適した措置をとる」とか「機会を逃さず急いでやれ」とかなどという言葉があるでしょう。外が強隣に抵抗し、内が辺地の安寧を保つ。このことは、チベットに対して存亡の要である。私がチベットの宗教首領として、この重大な時点で、人民のために請願することは、大義名分からいって、止めることができない！

　ネパールとチベットの戦争を止める方法、および康蔵紛争を解決する計画について、すべては、別々に国民政府と行政院に送る他に、その内容をこの文書の下に付けて呈送する。決裁を頂きたい。ご指示をお待ちする。

　謹んで、蒙蔵委員会の馬（福祥）委員長に送付する。

1．私を派遣して、チベットを支援させることについて、明確な委任を願う。
2．チベットに到着するまで、馬歩兵銃を5000丁、銃弾を250万発、軍服を5000着、軍費を月に10万元、それ以外の必要な軍需品を配ってほしい。

3．要員を1人派遣して、軍と同行させてほしい。
4．若干の練達している軍事・政治幹部を選んで、指導の責任を担当させてほしい。
5．若干の練達している党員を選んで、宣伝の責任を担当させてほしい。
6．自分で武器を購入できる許可書を発行してほしい。
7．チベットに帰る途中、各地の軍政長官からの保護をほしい。
8．青（青海）・康（西康）両地の軍政長官は、全力で援助してほしい。

チベット、パンチェン・ラマの代表　ワンローチェ（王羅皆）
ロブソンキンザン（羅桑堅賛）
アワンキンパ（阿旺敬巴）
中華民国19年4月17日[注108]」

同30年5月再び、懸念されているチベット紛糾が、1917年の第一次越界割草事件に続いて、第二次連結白利事件をもって起きた。

そこで、同30年11月1日付で、漢語訳の蒋介石あて9世パンチェン・ラマの書簡、総字第40号が送られた。それはパンチェン・ラマの心のなかをみせていた。本文は以下のとおりである。

「蒋（介石）主席

　（挨拶の仏語－略）

　蒋主席は、指導的中核を握って以来、国家と人民も安定しているし、政務も正常な軌道に乗っているから、世界でも評判が高い。私は、とっくに蒋主席のことを、敬慕している。全部で2回接受に赴いたが、わが国が災害を取り除かれず、環境が良くなく、止むなく一時、モンゴルの地に身を隠した。私は、五族が分裂することを恐れているので、しばしば宗教の角度からモンゴル人民に対して、内側に向けて他人に誘惑されないよう、忠告している。そして、パンチェンは、毎日、祈祷しており、わが国の内政と外交が日に日に発展して、人民が落ち着いて生活し愉快に働くことができるよう祈っている。今、幸い討伐が成功して、統一が実現した。これは、中央とチベットの紛争を解決する機会である。

　チベットと中国とは一致協力していて、歴史的絆を持って、もう数百年にな

る。今、五族共和を実現して、兄弟のように親しくなるのだから、全チベットの人民にしてうれしさに奮い立たない者はいない。しかし、悪事をした少数者は、個人の利益のために、ダライ・ラマの前に不和の種をまいて、破壊を企んだから、ダライ・ラマは誤魔化され、思いがけなく中央を裏切った。ダライ・ラマがチベットに滞在していた漢人を皆殺しにしたことは、本当に残忍非道なことだと思う。そして、西康に軍隊を派遣し、その各地に駐屯させた。そこには、漢に属していた僧と民衆がいる。彼らは、かつて漢と蔵の両方にも親しいので、ダライ・ラマの軍隊から仇のように恨まれている。彼らの寺宇も叩き潰され、財産もすべて奪われた。漢族商人がチベットに往来することも禁止されている。この少数者は、無断で政権を動かして、人民に対して苛斂誅求して、厳しい支配をしている。その一方で、この少数者は帝国主義勢力に対して、すぐに方針を変えて、ひそかに要人を派遣し、媚を売り、牛馬のように甘んじて堪え忍んでいる。パンチェンは、この状態をみて、本当に悲しい。だから、私が毅然として内地へ赴き、何度もチベットの危機と人民の苦しみを、政府に陳述した。そのとき、国内にもいろいろな問題があったので、チベット問題を解決する余裕がなかった。しかも、旧政府は、丁寧で従順である者と祖国を裏切った者に対して、鑑別しなかった。そして、チベットの存亡を度外視して、もう8年間になる。チベット人民の苦しみは日に日に厳しくなってきており、祖国領土の危うさが日に日に深刻になってきてことについていえば、私は憂慮に堪えない！

　前蔵の方は、交渉するために代表を南京に派遣したが、必ずしも中央に味方する誠意があるのではなかろう。聞くところによれば、彼らの方では、チベットと西康の人民に対する苛斂誅求は少しも変らない。だから、チベットと西康の人民は、今までいささかの幸福も享受してこなかった。近来、前チベット政府は、わが中国が次第に内乱を平定して国家の基礎を固めてきるという現実をみて、自身の将来を配慮しているので、下心を抱いていて、相次いで仮面代表を派遣した。上辺は、とっくに中央政府に協力する心を持っているといって、誠意があって極めて従順であるが、実のところ、内心では、自分の残虐な罪悪を隠すためにある。だから、彼らは、チベットが天下太平であるかのようにひ

たすら飾りつくろうと、一日一日と中央政府を騙して延ばしているだけである。わが政府は、真相を明らかにせず、騙されたら、チベットと中央の紛争を解決できないだけでなく、今までずっと中央を擁護している者さえも、後込みさせることになる。そうなれば、今後、チベットと中央の協力は実現できなくなると思う。チベット人民は、永遠に塗炭の苦しみから救い出されないのではないか！

　パンチェンが内地に来た目的は、祖国領土を防衛して、チベットと西康人民を苦しみから救い出すためである。しかし、数年を待っていっても、この目的を達成できなかったので、私は本当に悔しいと思う。今度、パンチェンは、再び民衆に求められてこちらに来るから、円満な結局を期待している。後日、チベットに戻るときは、私は、チベット民衆の希望を満足できるだけでなく、本当の平和も実現できることを期待している。

　現在、チベットと西康の民衆は、パンチェンの帰りを待っている。漢族とチベットとの協力が実現できず、今日の状況下に、チベットと西康人民の苦しみは、以前よりいっそう酷くなると思う。そうなのならば、パンチェンは、どうして故郷の皆さんに顔を向けられるか。私は、蒋主席がチベット事務に対して公平で処理されることを期待している。重要な問題について、詳しい指導を頂きたいと思う。ご指示を願う。

パンチェン
11月1日[注109]」

そして、1930年6月西康省でペリ（白利）のディパ（土司）とダルジェー・ゴンパ（大金寺）のあいだの土地紛争に始まり、チベット軍の第二次東犯が起きた。

　結局、9世パンチェン・ラマと13世ダライ・ラマの書簡の往復はあったが、双方の対立は解けなかった[注110]。

　そこでのチベット当局の立場は、1932年1月13世ダライ・ラマの全藏官民に告ぐる書のとおりであった。

「達頼民國21年全藏官民に告ぐるの書
　今回拉薩に南無大法會（モンラム・チェンモ）を召集し、驅騒誦經を行ふのは、實に災を消し福を求むる盛大なる式を擧げることが容易でない爲である。大力

ンプ（ケンプ、堪布、寺院主持の首領）の上奏に擦れば、法會の時には法神ナンチュンチュユシユン（喃穹闕雄）に御降臨を講ひ奉り、余の爲に長壽を祈り、衆生の爲に災難消除を祈るとのことである。法神よりは御默佑を賜る旨の御訓示あり、並に懷穰災益壽の諸妙法につき御指示を頂いた。

　その他各種の御祓擧行に就いては、法神よりの御訓示の通りに行ふべきは勿論なるも、なほ余が些か感じた所を諸子に向つて述べたいと思ふ。

　余は幼き時よりウインツオシャン（雍會祥）、バレンボチン（巴仁波親）の兩大尊師及び各大德高僧の御訓誨を受け、懈ることなく修行して德をみがき、あらゆる法門の階梯を順次進んで、戒律といはず經典といはず、修め盡さざるはなく、18歳の年に位に登り、上世より傳へられたる大業を繼承したのである。未だ金瓶の盡選こそ經てをらぬが、神示の在る所を以てすれば、當然教政の大權を掌理すべきものであつたのである。甲辰の年（1904年）英軍が拉薩に進犯した當時、余が若し個人の安全と目前の利益とを圖つたならば、必すや講和條約を結んでゐたことであらう。しかしながら西藏の大教が外人の侵凌を受けるのは、到底吾人の忍ぶ能はざる所であつたし、且つ上は第5世の時より、中國清朝の大皇帝と法緣を結び、この上もなく親密次る間柄に在つたので、余は遠路を辭せすしてはるばる北京に赴き、太后、皇帝以下に向つて西藏の事情を上陳したるところ、優渥たる御待遇を賜つたのであつた。しかるに、皇帝、太后は相前後して崩御あらせられ、余も又西藏にて僧侶人民が余を待ちかねてゐるを念うてこれを放置するに忍びす、遂に北京を離れて西藏に歸來した。たまたま駐藏大臣と軍隊との間に衝突あり、……余は巳むを得ず印度に奔り、印度より西藏に於ける變亂に就き北京に宛てて上奏する所があつたのであるが、遂に之に對する御回示は得られなかつたのである。そこで、余は、機會に乗じて西藏に返り、再び教政を掌ることとなり、それより後は孜々として懈らず、力の限りを盡して我政教の強化發展を謀ること20餘年、今や教政は昌明に、萬衆は相睦むに至つたのである。これは事實が證明してゐる所であつて、決して余が敢て自分の功德を誇つてゐるのではない。實に我教政に忠實に努力し、ひたすら良心に愧ぢざるやう求めた爲に他ならぬのである。今や時局は愈愈艱難に事情は益々複雑化した。余が老年を以てして、いかで劇務に耐へよう。

今や既に50有8、諸子はみな余の餘命幾何もなきを知つて居られる筈であるにも拘らず、諸大僧の勉責、民衆の激勵を以て察するに、みな余が一切を解脱し、参悟に専心して、來世の智慧を啓くことに對しては寧ろ之を希望せず、之を以て九仞の功を一簣に虧くと爲し、西藏現在の安定せる政局を再び混亂に陷らしむるものとして憂慮してゐるものの如くである。余も又これに對して内心情の動くを禁じ得ず、勉めて困難に嘗らんと決心した次第である。これは決して余が政權に戀々たる爲ではなく、實に已むを得ざる衷情より出でしものなることを、諸子は知つてゐてもらひたいものである。今日の世界の大勢を通観するに、余は西藏の前途に對して寒心に堪へないものがある。例へば外蒙に於ては共産主義が勢力を占め、吉僧タンパ（當巴）活佛の産生（転生）を禁止し、寺院財産は没收され、喇嘛は強制的に還俗せしめられて兵役に充てられてゐる。これはみな事實であつて、確かなる筋より聞知したものである。かくの如き銀難危殆の時代に於て、幸ひ吾人は主權を我手に有してゐるのであるから、ただ萬衆心を一にして、發奮して強を圖りさへしたならば、如何なる難局にもせよ自治能力を堅強にして之を防ぐことが出來るであらう。さうしない限り、外蒙に於て發生したことが、再び西藏に於ても演ぜられないとは保證し難いのである。とすれば、我西藏の隆盛なる教業も、寺院も喇嘛も、悉く破壊し盡さるるは必然であり、貴族世家と雖も亦滅亡して奴隷となるべく、吾が千餘年來の西藏の正統は、將來僅かに歴史の上に一つの思ひ出として留るであらう。一たびここに思ひ到れば、眞に限りない危懼を感ずるのである。ただ余が一日でも生きてゐる限りは敢て責任を負ひ、如何なる變動をも來たさしめぬつもりである。未來の變化は豫測出來ないとするも、西藏人の發奮自強の態度如何を以て之を斷ずることは出來るであらう。而して目下計畫中の教政の強化に就ては、僧俗軍政各員は須らく努力して事に當り、全西藏の爲に災を除き福を與ふる様につとめられたい。また萬衆に於てもよく地方を愛護し法令を遵守せんことを希望する。要するに、上下心を一にし、力を合せて進み、言行一致、職責に忠なるべきである。しかる時は福祐齊しく到るべく、余は必す之を默佑し、並に之を升賞するであらう。之に反して、其事業にして光明を期し難きときは、余は必ず之を懲罰するであらう。……兵は須らく精なるを求むべきであり、訓練は徹

底的であるべきである。將士にして若し勞苦を辭せずして、教政を護るならば、犠牲となるとも亦光榮多からん。凡そ上の示す所、萬衆之を遵守して行ひ、各々能ふ所を盡し、以て其責を盡さんことを希望する。余も亦益々自ら勉め、兼ねて諸佛及び各加護神の御贊助を祈り、教政の基礎をして日に固からしめ、人民をしてみな福利を得しめんことを求める。茲に法會開かれ、諸大堪布（ケンプ）余の爲に長壽を祈り、全西藏の爲に災を除き福幅を求めらるるに當つて、特に余が意を衆に宣示する次第である。[注111]」

そして当時、再びチベットに赴いていたチベット総代表貢覚仲尼は同年5月20日の中央あて文書で、2つの文書の採択を報告した。それは、全文以下のとおりの示諭とともに、そのいまひとつは宣言書[注112]である。その示諭は、ダライ・ラマのパンチェン・ラマに対する立場をはっきりさせた。そして、結局、貢覚仲尼は、6月15日中央あてに事態の精査を求めた文書を送っただけであった[注113]。

「チベット3大寺の僧・俗官員及び民衆代表の示諭

　ドチ（知事）あて諭

　　パンチェン・ラマとその部下は、チベットから脱出したとき、西康とモンゴルなどで募化すると言明したが、今思いがけなく南京で中央当局に謁見して、チベットの政教大権を獲得しよう、そしてモンゴルと青海を自らの権力の下に置こうと図って、西康とチベットの各地に機構を設置して、中央の援助を求めている。これらのいろいろなことは、もう着手されているようである。チベット地方は、完全に観音菩薩の化身としてのダライ・ラマの行化地である。観音菩薩は、ここで衆生をあまねく済度して、法王の身あるいは比丘の身を現して、太陽がただ一つしかないように、絶対に他の人に取って代わることができない者である。わが3大寺の僧・俗官員および全体民衆は、共同の会議でパンチェン・ラマの行為が誤ったと考えていたが、ダライ・ラマは、師弟の情誼を配慮して、パンチェン・ラマを容赦した。しかし、パンチェン・ラマは、名誉と恩義を顧みなくて、経典から離れ宗教に背いて、やりたい放題をやっている。彼の分不相応の希望を、何度か中央政府に要求した。中央当局は、彼に誤魔化されて、彼を制止しなかっただけでなく、かえって、彼の出鱈目な行動を助長している。中央政府が彼の欲望を満足させても、チベットの政教大権は、しばら

くわれらに、論なく最低の名分が彼に与えられても認めることは絶対にできない。認めないだけでなく、チベットと中央とのあいだで和解する希望も根本的にまったくなくなる。このために、この宣言を発表して、代表に送る。この宣言を中央当局に伝える。中央政府が明断することを期待している。

パボンカ寺（白棒寺／ポロンカ）

セラ寺（色拉寺）

ガンデン寺（甘丹寺）

チベット僧・俗官員全体大会（ツオンドゥ）

辛未年（1932年）チベット暦7月21日[注114]」

1930年末、金沙江東岸徳で僧院間の争いが生じ、この争いに四川軍とチベット軍がそれぞれ加担した。カムパ族は、ペリ（白利）から四川軍を追い払い、カンゼ（甘孜）まで追討し、カムパ族指導者ケサン・ツェリムがカム（康）の自治区宣言をし、チベット軍がダルツェンド（打箭爐）に到着するかにみえた。彼らは中国軍の停戦呼びかけを拒んでいたが、そのチベット軍はチャムド（昌都）まで追い返され、チベットの援軍の到着も遅れ、1932年11月8日陸軍旅長鄧邸とチベット軍代表キオンラン（瓊讓）とのあいだで現地停戦が成立した。停戦の条件6項目の要点は、次のとおりであった。

1. 根本問題は、中央政府とダライ・ラマとの間で解決することとし、目下の和議条件としては、中国軍は金沙江上・下流東岸を最前防線とし、チベット軍はその西岸を最前防線とする。

2. 両軍は中国暦10月8日、チベット暦8月9日よりそれぞれ28日、29日までに、金沙江を境として、それぞれ撤退する。[注115]

また、ゲルク派始祖ツォンカパ、ジェ・リムポチェの出身地でクンブム（タール寺／塔爾寺）のあるシニン（／ツォンカ、西寧／ホアジョン、湟中）でも僧院間の争いが生じ、1932年3〜4月チベット軍が介入したが、イスラム教徒とも衝突してジェクンド（玉樹）から追い返され、チベット軍はツォンカのイスラム教徒と協同作戦をとった四川軍によってデンコク（鄧柯）で大敗北した。11月歩兵第一旅団長馬訓が宣撫使を通じダライ・ラマ側と停戦を協議したが、蒋介石側は四川あるいは青海のいずれも掌握しておらず、それは実を結ばなかった。結局、1933年4

月10日青海・西蔵和議は成立したが、四川軍の四川善後督弁劉湘と四川省政府主席劉文輝とのあいだの内訌から、省政府の失政と混乱で、チベット軍は劉文輝軍にデルゲ（徳化）・ジュウォ（朱倭）・ザンズイ（瞻化／懐柔）の金沙江東岸からの撤退を要求していたが、ダライ・ラマが逝去して軍事行動は停止された[注116]。

一方、1932年11月、9世パンチェン・ラマは蒋介石と協議して、13世ダライ・ラマに対し帰国を申し出で、13世ダライ・ラマは、(1) 国策に則って納税すること、(2) 中国兵を伴わずに帰国するとの2つの条件で、これを認めた。一方、国民政府は翌33年2月12日、13世ダライ・ラマに対し以下の冊文を贈った。

> 「雪山に奇跡が現れ、獅子の呼び声が三空まで響き、若水（川）と鷲峰（インドの霊山クルドラクタ）から、霊が誕生した。ダライ・ラマは、一貫して正しい仏教を護持し、中華の支持を受けながら仏教を広げ、その影響はチベット全体に及ぶ。そのため、「護国弘化普慈圓覚大師」の封号を追贈し、彼に仏教の教え広く受けている戯の伊克昭廟と法統（達磨）を常に新しく伝え、アナブタ山（阿耨達山）のように、永遠に延々と続かんことを。ここに、正式に冊命を頒布し、その栄誉を示さん。[注117]」

しかし、その解決の展望をみないまま、1933年12月17日、13世ダライ・ラマが突如逝去した。翌34年1月2日チベット政府の発表とともに、同1月24日に英インド政府あてに以下の文書が通報された。そこでは、シムラ会議の確認が含意されていた。

> 「英国王陛下に謹みて申し上げ、ダライ・ラマ法王の逝去につきお知らせする。霊魂の転生を祈願し、同時に友好的な英国・チベット関係および国家の民事・軍事関係はこれまでどおりあらんことを。[注118]」

同34年1月12日国民政府は、13世ダライ・ラマの死去で、この機会に蒙蔵委員会代表、参謀本部次長黄慕松を致祭に当たらせるべく派遣した。彼は、成都経由で8月28日ラサに到着して、13世ダライ・ラマに護国弘化普慈圓覚大師の諡および経費銀喪38900余元をも贈って、ラマおよびチベット人民の人心収攬に努めた[注119]。ただし、黄慕松とゲキカ（噶厦、政府）の交渉は、根本的対立のままに終わった（後述）。

同34年には、カムパ族とトプギャイ・パンダツァンとその兄ラプカの軍事反乱

が起こり、チャムド（昌都）に迫った。彼らは、そこから、ラサへ進軍を企図したが、チベット軍に警戒され、チベット軍と中国軍が連合してそれを阻止され、カンパ族は敗北し、パンダツァン兄弟はインドに敗走した。1937年10月30日日中戦争の拡大で、蒋介石は重慶に政府と軍事本部を移し、アムド（安多）とカム（康）の防衛を最後の砦として考えた。このため、蒋介石はインドから戻っていたレダツァン兄弟と2人のアムドの族長ロブサン・ツェオンとゲシェ・シェラブ・ジャルオツォを軍幹部に任命し、これによって彼らは武器を大量に入手し、ラサ政府を転覆させる工作の可能性も生じた。その計画は、彼らはカンパ族をトプギャイ・パンダツァンの指揮下におき、カム全域を掌握すると同時に、ロブサンとゲシェにもアムドを掌握させるというもので、この地域の支配が成立できれば、ラサを掌握して「大チベットの独立」を宣言するものであったといわれる。その計画に対してラサが拒否でもすれば、カンパ族とアムド族がラサに攻勢をかけるというもので、その攻勢の準備もなされた。しかし、1940年7月チベット当局が予告なしに、ラサにいる中国人とその兵員の追放声明を出し、このためその作戦は中断された。一方、そこでは、カンパ族とアムド族とラサのあいだでの軍事的内訌の危険も予期されていたが、カンパ族とアムド族もそれに巻き込まれることを恐れ、蜂起を延期したと解される[注120]。それを招いたのが、後述のタクダ事件であった。

　一方、1936年8月英国はラサ駐在事務所を開設し、駐シッキム政務官ベイジル・グールドを派し、さらに、シガツエにも代表が赴任した。

8．13世ダライ・ラマ統治下のチベットの現実

　軍閥が跋扈した12年間、四川・雲南のチベット人地域は行政が大きく混乱し、チベット軍もこれに加わり、それぞれが自己の利害を守るために戦った。一方、13世ダライ・ラマは幾たびとなく蒋介石の使節を受け入れたが、対等の関係という原則に固執し、宗教者・施主関係（チュユン関係）への復帰の提議を受け入れても、中国への「隷属」を厳しく拒否した。ただ、南京でのチベット事務所の設置に応じたのは、それがパンチェン・ラマ北京事務所と違い、チベット国を代表するも

のとしての解釈があった。

　1932年、死期の近いことを感じた13世ダライ・ラマが政治的遺言を認め、彼はインドおよび中国との良好な関係を保持し、国土保全の保障者である軍隊を維持し、武力を用いても国民の至福を守る必要性を説いた（301-302頁をみよ）。彼は、国の将来は、政府・僧侶・俗人のすべてにかかっている訴え、チベットでも辺境でも、モンゴルの共産主義の運命に触れて、そのイデオロギーを撥ね付ける勇気をチベット人に求めた。その共産主義支配の下では、寺院は掠奪され、すべての心は打ち拉がれがれ、暗い夜が続くことになる、と指摘されていた注121。

　既に1925年、ボルシェビキの拠点が四川に生まれていた。共産主義のビラがダルツェンド（打箭爐）、リタン（理安）、パタン（巴安）に撒かれた。そして、1928年に13世ダライ・ラマ自身、ブリヤード人共産使節の訪問を二度受けた。さらに、革命小組が中国軍のなかに暴動を引き起こし、1930年代の初めに東カムでソビエト政権樹立工作をした注122。1934年5月10日西康省越西県（現四川省）で共産蜂起が起き、翌35年チベット族のボバ族人民政府が成立した。そして、1943年1月甘粛南部で漢族・回族・チベット族など10万人が国民党政府の暗黒統治に反対して大規模な武装蜂起を起こした。国民党政権は主力部隊2万人、地方部隊8000人、空軍1中隊を投入して、これを鎮圧した注123。

　1933年11月13世ダライ・ラマの最後の瞬間に、寵臣クンペラー、侍医、ネーチュン（神託官のネーチュン寺）の神託僧だけが、立ち会った。神託僧は処方し、クンペラー（トゥプテン・クンペル）が投与した薬が容態を悪化させ、ダライ・ラマは譫妄状態の昏睡を深め、12月17日至福の清浄の域に旅立った。

　ダライ・ラマは、国際社会にチベットを認知させることが出来なかったけれども、5世ダライ・ラマ以来、初めてダライ・ラマの権威を確立した。それは絶対的権威者といわれるかもしれない。その権威も、封建的な伝統に根を張っていて、軍隊がそのダライ・ラマ先鋒隊であり、ラマ隊もこれに列した。しかし、その封建的支配の基礎は蝕まれつつあった。そのことは、チベットの改革と同時に権力の強化を不可欠としていた。

　チベットにとって直面する課題は、中国中央とチベット軍の攻防ばかりでなかった。最大の問題は、チベット人民の貧窮という現実であった。農奴制の前に逃亡は

多発し、人民は重税に苦しみ喘いでいた。チベットは、内外ともに不安定な状態にあった。

以上のような情勢に対して、13世ダライ・ラマは、貴族・ラマに対しても、その支配を強化した。以下は、1929年にドゥオウォ寺（多窩寺）に公布した封文である。

「　南瞻部洲の広人な大地に生存しているすべての僧侶、および個人的に後チベット地方に住んでいる僧侶、その中でも特にドゥオウォ（多窩）南の根保、百姓、プンツォリン（彭錯林寺）ラマ家の僧侶が貴賎を知っておくべきこと。

契約によると、現在、ドゥオウォ寺（多窩寺）の部分的噶丹の田・家を所有し、慈善事業の範囲についても布施を請い、僧侶収入に関するすべての権力を持っているプンツォリンは、何故に、長い間占有権を放棄しないのか。というのも、5世ダライ・ラマが執政する期間に、既に固定文書は公布されており、お寺の利益に損害を与えてはならない、と規定されているからである。証明書に依拠すべきである。

　　　　　　　　　　　土蛇年（1929年）　月　日、ジョカン寺（大昭寺）にて。

印章を押してあるので、今となってもプンツォリンは、記録を守るべきである。[注124]」

さらに、13世ダライ・ラマは、1933年、寺院のツオンシ（宗豁）に対し、次のような訓令を発布した。これは、混乱しつつある事態に対する秩序維持への決意を示した一文である。

「　秦始皇帝の命令。

仏王観は世音化身、統領天下の教えを主とし、普遍的に知られる不変の金剛海上（ダライ・ラマ）法を旨とする。

チベット13万戸の僧侶らは知っておくべきこと。

仏法世界は、すべては安楽のためにという観念から、仏法を発揚し、戒律によって仏事を行う僧侶、および3大寺を主とした各異なる教派の僧侶に依存しながらも、法を修める根本である戒律を共に守っている。また、匂いを弁別すること、思考すること、修めること、そして語ることを中心に、法の修めに従事することをもって、ラマと執事は、最大限に管理規約の徹底を強化して

いかなければならない。ツオンシ（宗谿）のドンズドット（宗本、地区総督）、シドイ（谿堆）を首とする各諸侯は、人民に対し偏見を持ってはならず、法によって徴税する必要がある。私欲によって増税を図り、人民に危害を加えてはいけない。公の事情で荷馬が何匹か必要なとき以外は、政府から商標を配布し、極めて厳格に管理しなければならない。

　商人であれ、公務員であれ、印鑑の押していない商標を使用し、無断に荷馬などを利用してはならない。労働者・海馬・馬主・火夫・食糧なども安易に使ってはならず、仮に仕事を口実に上記の行動に出た場合には、責任をとって貰う。

　宗・谿長の各責任者は、商標の審査を強化すべきであり、重複する商標や金銭着服の現象があってはならない。6カ月に一度、正確な支払い差額表を提出し、関係の人民と印章手続きを済ませ、労役の明細書を随時提出する必要がある。また、払いようのない増加した、明らかに、非合理な苛酷な課税現象、および人身的被害を被った事件については、随時、事実に基づいて、上に報告すしなければならない。仮にある貴族が官文を歪曲して解釈し、独立執行権を主張し、人民を脅して死に追いやったり、手足を切ったりする自分勝手な違法行為をしたことに対しては、ドンズドット、シドイは上に正確に報告し、各地方の公務員は、ラサ政府と連絡をとり、批准を得ていない状況下では、勝手に処罰を行使してはならない。

　もし旅客に対する略奪や子供が両親を見捨てられるといった違法行為が発生したら、シドイの頭はすぐに報告せねばならず、同時に過去の悪い習慣を引用して事態を悪化させてはならない。仏像・仏塔を取り壊されたり、金字経巻を焼かれたり、仏塔上の仏像や仏像の腹部にある経呪が紛失したりしないよう、各地の責任者は、自らの職務遂行を重んじるべきである。

　債権者は、債務によって苦しんでいる人民を追い込み、生活に危害を与えるなど、利己的に制度を歪曲して、違法的に利益を追求してはならない。公務員や権力者（貴族など）が強迫的な不平等売買などの暴力行為によって、収容前に頼ってきた極端に貧しい民に対して、弱肉強食の不法な酷刑を行った場合には、法に基づいて処罰を加える。ただし、小さな事件を口実にして処罰を科したり、また自らの要求を満足させるために特別に僕を派遣し無理やり家賃や債

務を催促したりしてはならない。人民が罪を犯したら、ツオンシの頭が自ら処理すべきであって、人民が派遣された僕から殴打され縛りつけされたりするようなことを許可してはならない。

通年の伝召法会の時間、即ち藏暦正月から7月末までの期間、お寺は、野生狼以外の野獣、平原では鼠以外の動物に、死傷を与えてはいけない。与えた場合は異なる処罰を受ける、との規定がある。つまり、水上・陸上に生息する大・小すべての動物であれば、絶対に捕まえて殺してはいけない、と既に公布しており、身分を問わず違反は許されない。以前、ツオンシの人びとは、私的活動の処理を重視して、管理は緩く、大多数の人間が規定に基づき物事を処理していなかった。特に現在、本人（ダライ・ラマ）の長寿と仏教全体の安楽のため、上記の期間内においては、大小すべての動物の生命にいかなる死傷を与えてはならない。宣伝を強化し、管理と制限を厳重にすべきである。

地方の安寧のためには、農牧がよく育ち、疫病や飢餓、戦争や内紛を消滅させ、仏教僧侶らは、力を入れて珠経を読み、家・寺・仏像などを修理し、開眼、供養、橋や道路の修理を含め、良好な福祉事業を進めていく必要がある。大・小それぞれの町は、経済状況に対して不断の努力をすると同時に、自覚的に断食を実行し、すべての町の幸福に貢献しなければならない。ツオンシの長者、頭は、口実を使って汚職をし、人民を欺瞞してはならず、管理と巡回検査を強化し、人民も官との待遇の違いを埋めるべく、いい加減なことをしてはならない。各自の幸福のため、努力を惜しまず、期待した効果を収め、チベットが自らの安楽と政教双方の集団利益の幸福と繁栄を得るため、歴代のダライ・ラマと摂政は、相次いでそれぞれ布告をし、毎年の定期的な日壐法章を制定した。しかし、悪人は安楽の破壊者であり、政・教両方面の法会と人民全体の安寧を台無しにするような布告違犯、非合理的な行為が相次いでいる。今後、軍事・政治どの方面で同じような状況が生じても、そこで（ダライとしては）詳細に調査を行い、いずれの控訴に対しても迅速に調査を進め、罪に応じて鞭打ちや駆逐、田などの財産没収の処罰を与える。決して大目には見ない。

この布告が公布された後、随時、管轄区の人民に向けて一語一句解説しておき、執行の保証も請求することになる。布告執行の状況については、随時、報

告する。

　上記のすべてのことを正確に、誤解なしに、規定どおりに実行して、いかなければならない。

　すべてが知っておくべき公告は、陽水申年（1932年）鬼宿月（12月）上旬吉日に発布。

　ポタラ宮無量宮と接合しているノルブリンカ（罗布林卡）のガンサンポジャン（格桑颇章／宮殿）にて。注125」

さらに、13世ダライ・ラマは扎倉差税令を免除した。

「　天下の生命を持つ人びとに、特にカルン（大臣）、ダイベン（代本）、監察官、シュエロコン（雪勒空、官職名）、ツアンパ（青稞、ハダカムギ）や柴・草の管理者、シガツエ（日喀則）のツォベン（宗本、県長）シドイ（谿堆）、徴税官ら僧文・武官僚、根保、居本、百姓らあて諭。

　ソードチェンバース（色多金巴寺）のミカ（谿卡）の秋、シュンガンデアワ（雄冈加瓦）の畑、ユブワ（玉普瓦）の畑、ウェンチュダバ（温曲大达巴）の畑、ニャンニュルバ（娘普努巴）の畑のチャバジョウ（差巴久）は、既に逃亡し、遺畑と古くなって、残酷な院のカンジュオラドン（岡卓拉顿）の税金は扎倉の支出に当てられた。例年、支出の規模が大きいことから、既に5年以内のすべてのカンジュオラドンの税金を減免するべく実施した。各登録冊子にも明記してある。

　　　　　　　　　　　　　　　　　　　陽水申年（1932年）3月20日

　シカ逃亡者と病気による障害者の状況については、昨年、堆宗の調査と慰問を通じて明記した。注126」

9世パンチェン・ラマも、ジュオメンバ（桌門巴仲）のシカ（谿卡）に対し封文を発布している。

「　レンチンツォ（仁钦则）を歴任した各管理職員、百姓、およびシドイ（谿堆）、根保が知っておくべきこと。

　レンチンツォの子ミカ（谿卡）−チョンブ（仲布）は、既に先輩のパンチェンからジュオメンバ（桌門巴仲）を賜っており、今までどおり捺印してあるシービンチャン（獅柄章）の封文に従って実務を遂行すべきこと。

最近、レンチンツォ・ミカ（谿卡）の引渡しの際に、既にジュオメンバに対し借りた糧の数を細かく調べており、公私ともに収めるべき税金の平均数も正確で間違いない。各項目の明細書も破損なく、シカ事務は依然として以前に報告して批准を得た規定に基づいて行われている。

　今後、管理職員を新たに採用する際に、租額を増減しまた借りた糧の金額を銀貨で計算したりしてはならない。チョンブ個人の家畜数において当然収めるべきバターも、予定外に増加してはならず、争奪とか略奪のような事件も、決して発生させてはならない。と同時に、ジュオメンバは、捺印してある印章の明文の規定に基づいて、管理者は農牧の購買方法を以前の規定に従って行うという不変の原則に基づいて、ニーマーロン（尼瑪龍）らの郵便配達夫が住んでいる地域においては飼料やバターを購入してもかまわない。注127」

<注>
1　1878年、13世ダライ・ラマは籤引き免除をもって選出されたが、それは候補が一人であったためである。趙学毅・常為民・欧声明編『清代以来中央政府対西藏的治理与活仏転世制度史料彙編』北京、華文出版社、1996年、245－248頁。
2　op. cit. Smith, *Tibetan Nation*, pp. 164ff. 喜饒尼瑪『近代藏事研究』ラサ、西藏人民出版社／上海、世紀出版集団上海書店出版社、2000年。
3　五台山には、蔵密寺の文殊寺、俗称菩薩頂があり、ここは北京への中継地であり、チベット仏教の聖地であり、モンゴルのラマ教の一拠点でもあった。日比野丈夫・小野勝年『五台山』東洋文庫、平凡社、1995年。安建華『走進五台山』呼和浩特、遠方出版社、2000年。王進『三普之旅　随筆』太原、山西経済出版社、2000年、31頁以降。崔正森主編『五台山六十八寺』太原、山西科学技術出版社、2003年。
4　op. cit. Younghusband, *India and Tibet*, p. 381.
5　この黄寺は双黄寺ともいわれ、西黄寺に13世ダライ・ラマは滞在した。西黄寺は、5世ダライ・ラマを迎えるために1652年に建立された。同寺は、1937年日本軍により寺院が破壊され、1958年に復元され、現在、チベット研究施設がある。東黄寺はその隣りにあって、普浄禅林といわれ、雍和宮として知られる。1652年5世ダライ・ラマの黄寺滞在では、最初に東黄寺に入り、数日後に西黄寺に移った。
　北京最大の完整された蔵伝仏教寺院はこの雍和宮で、1694年に雍正帝の別邸として建立され、1725年雍和宮となった。雍正帝の崩御で、1744年寺院となり、仏事の重点基地となった。1793年の欽定蔵内善后章程で、ここが蒙古と青海の活仏転生における金本巴瓶を主持することになった。
　雍和宮管理処編『京都名刹——雍和宮』北京、中国和平出版社、1995年。陳観涛『活

説雍和宮』北京、宗教文化出版社、2002年。謝洪波編『古寺之謎——中国十八座名寺之旅』沈陽、遼海出版社、2005年、89－108頁。
6　Eric Teichman, *Travels of Consular in Eastern Tibet, together with a History of the Relations between China, Tibet and India,* Cambridge: University Press, 1922. 水野勉訳『東チベット紀行』白水社、1986年、27－28頁。
7　1906年4月27日チベットに関する英国・中国条約は、第6章注75をみよ。
8　「奏清革除吏治積弊、愆為貧清官員」1906年11月18日、前掲、張羽新編『清朝治蔵典章研究』下、1352－1355頁。
9　「伝諭蔵衆善后問題24条」1907年2月、前掲書、下、1362－1373頁。
10　「張蔭棠奏陳西蔵内外情形并善后事宣析」1907年12月10日、前掲『元以来西蔵地方与中央政府関係档案史料汇編』第4分冊、1154－1164頁。
11　聯豫「奏陳藏中情形及拟為事宣」1906年12月28日、前掲、張羽新編『清朝治蔵典章研究』下、1399－1405頁。
12　趙爾豊「川滇辺務事宣物関緊要据実缕陳拟具章程折」1907年6月11日、前掲書、下、1457－1464頁。「改土帰流章程」1909年2月、前掲書、下、1469－1476頁。
13　前掲『元以来西蔵地方与中央政府関係档案史料汇編』第4分冊、1583頁。
14　前掲、華企雲『西藏問題』131頁。
15　op. cit. Teichman, *Travels of Consular in Eastern Tibet*, 前掲、水野訳『東チベット紀行』29－30頁。op. cit. *Tibetan Nation: A History of Tibetan Nationalism and Sino-Tibetan Relation,* pp. 175-176.
16　op. cit. Hedin, *Transhimalaya*. 前掲、青木訳『トランスヒマラヤ』上、19－20頁。
17　ibid. 前掲書、上、279－280頁。
18　op. cit. Younghusband, *India and Tibet*, pp. 368-369.
19　「錫良奏遵旨籌議収回瞻対賞還元兵費事折」光緒31年3月初7日、前掲『元以来西蔵地方与中央政府関係档案史料汇編』第4分冊、1323－1325頁。
20　「錫良為収回瞻対以弭川辺之患請代奏上事致軍机処電」光緒31年9月初6日、前掲書、第4分冊、1325－1326頁。
21　op. cit. Younghusband, *India and Tibet*, p. 362.
22　ibid., pp. 390-391.
23　『チベット青冊』1910年、第311。op. cit. Bell, *Tibet: Past and Present*, 前掲『西藏——過去と現在』167－168頁より引用。
24　op. cit. Younghusband, *India and Tibet*, pp. 397-398. 前掲、謝彬『西域交渉略史』35－36頁。
25　前掲、謝彬『西域交渉略史』37頁。前掲、華企雲編『西藏問題』213－214頁。
26　op. cit Shakapa, *Tibet: A Political History*, pp. 234-237. 前掲、三浦訳『チベット政治史』288－291頁。
27　この光景は、青木『入蔵記』に詳しい。前掲、青木『西蔵』100頁以降／『秘密の国チベット』81頁以降。
28　引用は石川順『西藏問題』上海、東亜同文書院研究部、1923年、14頁による。
29　1913年2月14日5ヵ条宣言は、op. cit. Walt van Praag, *The Status of Tibet*, pp. 48ff. op.cit. Deshayes, *Histoire du Tibet*. 前掲、今枝訳『チベット史』375－377頁に所収。

全文は資料780－781頁をみよ。
30　op. cit. Shakabpa, *Tibet: A Political History*, pp. 246-248. 前掲、三浦訳『チベット政治史』304－307頁. op. cit. Goldstein, *A History of Modern Tibet, 1913-1951: The Demise of the Lamaist State*, pp. 60-61. 前掲、杜永彬訳『喇嘛王国的覆灭』62－63頁。
31　チベットに勤務していた雷霆の中央政府あて報告、日付不詳。前掲、藤田「西藏問題」國際法外交雑誌、第13巻第1号、1914年、44－45頁より引用。
32　中華民國約法は、前掲、浦野『資料体系アジア・アフリカ国際関係政治社会史』第2巻アジアⅠ、5817－5820頁に所収。
33　「臨時大総統為批准成立蒙藏統一政治改良会事発布的命令」、前掲『西藏歴史档案薈粹』資料80。
34　前掲、藤田「西藏問題」國際法外交雑誌、第13巻第1号、30頁。
35　前掲書、43－44頁。
36　op. cit. Teichman, *Travels of Consular in Eastern Tibet*, 前掲、水野訳『東チベット紀行』31頁。
37　「袁世凱為派員藏平息蔵乱事致13世達頼喇嘛電」、民国元年日付不詳、前掲『元以来西藏地方与中央政府関係档案史料汇編』第6分冊、2356－2357頁。
38　op. cit. Bell, *The Religion of Tibet*. 前掲、橋本訳『西藏の喇嘛教』339頁。
39　チベット側による中国・チベット協定の3点は、以下のとおりである。
　1．すべての中国人の武器・兵器は引き渡される。
　2．第1条に規定が満たされると、中国人官吏・兵士はインド経由で中国へ帰国する。
　3．商人および中国人で同様の者は、チベット政府の保護を受ける。
　Ram Rahul, "The 1912 Agreement Between The Chinese and Tibetans," *Tibetan Review*, Feb. 1979, pp. 20-21. op. cit. van Walt van Praag, *Status of Tibet*, pp.314-316. 全文は資料774－775頁をみよ。
　インド総督が1912年9月3日英本国に送付された電報は、以下のとおりである。同文は北京にも送付された。
　「1912年9月3日インド総督発。外交秘密。当方からの打電は8月28日付が最後。ギャンツェの通商部より8月31日付電報を受信。ダライ・ラマが信頼をおく助言役ラメン・ケンポより。8月12日の協約は、以下のとおりと連絡があった。
　　第1条　すべての中国側の武器・弾薬は、両国の代表とネパール代表の立合いのもと、引き渡される。
　　第2条　第1条の規定が満たされると、中国人官吏および兵士は、インド経由で中国に帰国する。インドまでの食糧類は、チベット人民が提供する。
　　第3条　商人および中国人と主張する他の者は、チベットの法を遵守する限りにおいて、チベット人の保護を受ける。
　　　第2項　ただし、ラメン・ケンポによると、中国人は、この決定された条件をなかなか遂行しようとしない。チベット人に降服した将校の1人ワンコンテル（王空徳、音訳）を引き渡さない限り、武装解除をしない、と主張した。ネパール代表がこの者の安全を保証したため、チベット政府も、最終的にこの条件に合意した。そこで、8月23日中国側は、連発銃840挺、マキシム銃4挺、連枝銃160挺、ジンガル銃90挺、および封印された90箱を引き渡した。箱

の中身は大部分が弾薬と主張していたが、中国人は、チベット当局に箱の内容をあらためることを許さず、またピストルおよびライフルのボルトを提出することを拒否した。また、聯（豫）（1912年6月離任の西蔵弁事大臣（アンバン））も鍾（穎）（1912年5月任命の西蔵弁事長官（アンバン））もそれぞれ自分の護衛兵のためにライフル30挺を保持することを要求した。この要求は認められたが、両者は申し出た以上の武器を保持している疑いが濃い。出発日が討議された8月21日および22日をもって、中国側はチベット人が最近構築した要塞をすべて撤去し、また800モーンドの穀物をダプチ兵舎より聯の住むラサ市南方へ移動することを要求した。

第3項　中国側のこの済し崩し戦術は、チベット政府を苛立たせ、警戒を強めた。協定は、壬子年チベット暦6月13日（1912年8月12日）調印された。」

op. cit. Shekabpa, *Tibet: A Political History*, pp. 244-245. 前掲、三浦訳『チベット政治史』300－301頁。

40　前掲、馮明珠『近代中英藏交渉與川邊情——從廓爾喀之役到華盛頓會議』286頁。

41　1913年12月14日中国・チベット協定は、op. cit. van Walt van Praag, *Status of Tibet*, pp.316-317に所収。全文は資料778－779頁をみよ。

42　1912年10月21日ロシア・モンゴル修好条約および付属文書は、前掲『國際條約大全』巻3、21－22頁。前掲『英、米、佛、各國及支那國間ノ關係條約』2205－2216頁に所収。全文は資料776－778頁をみよ。

43　陳崇祖、古川園重利訳『外蒙古獨立史』生活社、1939年、35－41頁／蒙古研究所、1970年／景仁文化社、1997年。

44　前掲書、10頁以降。

45　Parshotam Mehra, "The Mongol-Tibetan Treaty of January 11, 1913," *The Journal of Asian History*, Vol. 3 No. 1, 1969. op. cit. MaKay ed., *The History of Tibet*, Vol. 3 *The Modern Period 1895-1959: The Encounter with Modernity*, pp. 175-190.

46　1913年1月11日蒙・蔵条約は、前掲『英、米、佛、各國及支那國間ノ關係條約』2243－2247頁。前掲、陳、古川訳『外蒙古獨立史』47頁に所収。全文は資料779－780頁をみよ。

47　イワン・ヤコレヴィッチ・コロストヴェツ、高山洋吉訳『蒙古近世史——ジンギス汗よりソヴィエト共和国まで』東學社、1937年、森北書房、1943年、257頁以降。

48　前掲、高山訳『蒙古近世史——ジンギス汗よりソヴィエト共和国まで』。复旦大学歴史系《沙俄侵華史》編社組編『沙俄侵華史』上海、上海人民出版社、1975年、483頁以降。編写組編『沙俄侵略我国蒙古地区簡史』呼和浩徳、内蒙古人民出版社、1979年。

49　前掲、コロストヴェツ、高山訳『蒙古近世史——ジンギス汗よりソヴィエト共和国まで』423頁。

50　1913年11月5日露中共同宣言・付属文書は、前掲『英、米、佛、各國及支那國間ノ關係條約』2216－2220頁。前掲、陳、古川訳『外蒙古獨立史』72－74頁に所収。全文は資料781－782頁をみよ。

51　1915年6月7日露・中・蒙3国協定（キャフタ協定）は、前掲『英、米、佛、各國及支那國間ノ關係條約』2220－2233頁。前掲、陳、古川訳『外蒙古獨立史』112－119頁に所収。全文は資料783－785頁をみよ。

52 1915年6月7日の中国大総統令。全文は資料785－786頁をみよ。これに従い、7月19日外蒙古官制が布かれた。同日の外蒙古制庫倫大員公署章程は、前掲、浦野『資料体系アジア・アフリカ国際関係史』第2巻アジアⅠ資料9－1－42に所収。
53 1921年11月5日ソ連・モンゴル修好条約は、前掲『英、米、佛、各國及支那國間ノ關係條約』2237－2243頁に所収。
54 ソ連共産党のシルクロード南下工作と英国情報部のゲームは、以下をみよ。Peter Hopkirk, *Setting the East Ablaze: Lenin's Dream of an Empire in Asia,* Oxford: Oxford U. P., 1986. 京谷公雄訳『東方に火をつけり——レーニンの野望と大英帝国』NTT出版、1955年。さらに、以下をみよ。師博主編『外蒙古独立内幕』北京、人民中国出版社、1993年。
55 前掲、衡楊『西藏交渉略史』44頁。
56 前掲、石川『西藏問題』18頁。
57 1912年8月22日中国・チベット5カ条平和協定は、前掲、石川『西藏問題』18頁。前掲、馮明珠『近代中英西藏交渉與川邊情——從廓爾喀之役到華盛頓會議』313－314頁に所収。
58 中国政府の1912年1月13日提案は、前掲、華編『西藏問題』221－222頁に所収。
59 前掲、石川『西藏問題』19－20頁。
60 前掲、謝彬『西藏交渉略史』43頁以降。前掲、華編『西藏問題』219頁以降。Alasair Lamb, *Tibet, China and India 1914-1950: A History of Imperial Diplomacy,* Hertingfoundbury: Rexford Books, 1989.
61 1913年10月13日チベット提案は、前掲、衡楊『西藏交渉略史』49頁に所収。
62 1913年10月13日英国提案は、前掲書、48－49頁に所収。
63 1913年10月13日中国提案は、前掲書、47－48頁に所収。
64 『西藏外交文件』136－138頁に所載のシムラ(西姆拉)会議草約は、以下のとおりである。
　　第1条　チベットの全部を「外チベット」と「内チベット」に分けるべきである。「外チベット」は、インドに近い一帯を指し、ラサ、シガツエ(日喀則)、チャムド(察木多)の3地域が含まれる。「内チベット」は、中国に近い一帯を指し、パタン(巴塘)、リタン(裏塘)、ダルツェンド(打箭爐)、およびチベット東部のほとんどを含む。
　　第2条　チベット全部に対する中国の主権を認める。ただし、約束とおり、中国はチベットを中国の省の一つに変更しない。
　　第3条　約束とおり、英国は、チベットのどこも併合しない。
　　第4条　外チベットの自治を認める。中国は、その地域の内政に干渉しないこと、チベット人が自行管理を行うこと、軍隊を派遣しないこと、文・武官員を置かないこと(次の第6条を除く)、中国の植民地を建設しないことを約束する。英国は、チベット全部に対して以上の各種制限を守り、英国商務委員会およびその護衛兵がチベットに駐在できることを約束する。
　　第5条　内チベットでは、ラサのチベット中央政府は、現有の権利、例えば、大多数の寺印に対する監察、地方長官の任命などの権利を、これまでどおり保有する。中国は、軍隊または官吏を派遣し、そこに植民地を建設する権利がある。
　　第6条　ラサに駐在する駐蔵大臣を回復し、その護衛兵の数は300人を超えない。
　　第7条　英国のチベット駐在商務委員会の護衛兵の数は、ラサに駐在する中国の護衛兵の4分の3を超えない。
　　第8条　ギャンツェ(江孜)の英国ギャンツェ駐在商務委員会で解決できない事件が

あれば、同委員会は、ラサに移してこれを処理する権利がある。
前掲、馮明珠『近代中英西藏交渉與川邊情——從廓爾喀之役到華盛頓會議』472 − 473 頁。
65　1914 年 7 月 3 日シムラ条約（英国・チベット条約）は、op. cit. Aitchison compled, *A Collection of Treaties, Engagements and Sanads relating to India and Neighbouring Countries,* Vol. 14, 1929, pp. 35-37. 前掲、華企雲編『西藏問題』226 − 229、231 頁。*Selected Documents on India's Foreign Policy and Relations 1947-1972,* Delhi: Oxford U. P., 1982, pp. 452-457. op. cit. Mitter, *Betrayal of Tibet,* pp. 171-175 に所収。全文は資料 786 − 787 頁をみよ。
66　1914 年 7 月 3 日英国・チベット貿易規則は、op. cit. van Walt van Praag, *The Status of Tibet,* pp. 326-329 に所収。全文は資料 787 − 789 頁をみよ。
67　1914 年 6 月 13 日中国提案は、前掲、衡楊『西藏交渉略史』58 − 59 頁に所収。
68　チベット秘密外交文書。前掲、楊『中国反対外国侵略干渉西域地方斗争史』194 頁。
69　チベット秘密外交文書。前掲書、194 頁。
70　Alastair Lamb, *The McMahon Line,* London: Routledge & Kegan Paul, 1966, Vol. 2, pp. 530ff.
71　op. cit. van Walt van Praag, *The Status of Tibet,* pp. 321-325.
72　1914 年 3 月 24 日チベット・インド覚書は、op. cit. Shakapa, *Tibet: A Political History,* p. 256. 前掲、三浦訳『チベット政治史』315—316 頁。op. cit. van Walt van Praag, *The Status of Tibet,* pp. 329-330. op. cit. Mitter, *Betrayal of Tibet,* p. 109 に所収。
73　1914 年 3 月 24 日チベット書簡は、op. cit. Shakapa, *Tibet: A Political History,* p. 257. 前掲、三浦訳『チベット政治史』316—317 頁。op. cit. Mitter, *Betrayal of Tibet,* p. 109. op. cit. San, *Tibet Disappears,* p. 63 に所収。
74　1914 年 7 月 15 日チベット政府書簡は、op. cit. Shakapa, *Tibet: A Political History,* p. 257. 前掲、三浦訳『チベット政治史』317 頁に所収。
75　1914 年 8 月 8 日返書は、op. cit. Shakapa, *Tibet: A Political History,* p. 258. 前掲、三浦訳『チベット政治史』前掲書、318 頁に所収。
76　前掲、石川『西藏問題』25 頁。
77　前掲書、26 頁。
78　Louis Margeath King, *China in Turmoil Studies in Personality,* London: Heath Cranton, 1927, pp. 180ff.
79　サー・エリック・タイクマンは、中国駐在英外交官として 30 年間、中国で生活した。トルキスタン・新疆・東チベットを旅行した。Eric Teichman, *Travels of A Consular Officer in North-West China,* Cambridge: University Press, 1921. Teichman, *Travels of A Consular Office in Eastern Tibet, together with a History of the Relations between China, Tibet and India,* Cambridge: University Press, 1922, 水野勉訳『東チベット紀行』白水社、1986 年。Teichman, *Journey to Turkistan,* London: Hodder & Stoughton, 1937, London: Oxford U. P., 1988. 神近市子訳『トルキスタン紀行』岩波書店、1935 年／『トルキスタンへの旅』岩波新書、岩波書店、1940 年、『東トルキスタン紀行』岩波書店、1982 年。Teichman, *Affairs of China: A Survey of the Recent and Present Circumstances of the Republic of China,* London: Methuen Publishers, 1938. タイクマン、内藤岩雄訳『新疆旅行記』外務省文化事業部、1939 年。

80　1918年10月17日中国・チベット和戦和議13条は、以下のとおりである。
　　第1条　去年、ザレイフキ（札類烏斉）およびチャムド（昌都）駐在の漢軍が、偶然にも些細なことから蔵軍を攻撃したことで、今年、漢・蔵間に大きな衝突となった。今、漢・蔵双方の長官は、平和にこの衝突を処理し、それぞれ現在の駐在地点を守衛し、英国政府も調停の労をとって、この停戦協議に調印する。ここで、協議に署名した漢、蔵、および英官員の名前を並べ挙げる。パタン（巴塘）駐在漢軍長官・大中国交渉委員劉賛廷、駐蔵長官・ラサ政府交渉委員ゴブルン（噶布倫、印爾保持者）、ラマ・ジアンバデンダ（降巴鄧打）、大英帝国領事・大英帝国政府交渉委員タイクマン。
　　第2条　この協議は一時的なものである。中国、チベット、英国三方は、別途、時間を改めて永遠な条約を議定する。しかし、三方とも、この一時的な協議を一条でも無断で変更することはできない。変更する必要があれば、必ず三方政府の許可を得た上で行う。
　　第3条　この協議が成立して以後、漢人・チベット人間の暫定境界について、パアン（巴安）、イエンジ（塩井）、イードゥン（義墩）、デロン（徳栄）、リタン（理化）、カンゼ（甘孜）、ザンズイ（瞻対）、ルォフ（鑪霍）、タウイ（道孚）、ニャクチュカ（／ヤージャン、雅江）、ダルツェンド（／ガンディン、康定）、ロンダ（／ダンバ、丹巴）、チャクサム（／ルーティン、盧定）、ジェスィル（／ジウロン、九龍）、ディンシアン（定郷）、ダンパ（／タオチョン、稲城）の16県およびここから東の地方を、漢官が管轄するところとする。チベット軍の文・武官員は、この境界以内に駐在することができない。ザレイフキ（／ウォチェ、類烏斎）、スーダー（恩達）、チャムド（昌都／浩本多）、ダグヤブ（／ダヤブ、察雅）、ニンチン（寧静）、ゴンジョ（貢覚）、ウーチョン（武城）、トンジン（同晋）、ドンユ（鄧科）、セルシュ（石渠）、デルゲ（徳格）、バイユ（／ペユル、白玉）などの県およびここから西の地方を、蔵官が管轄するところとする。漢軍の文・武官員は、この境界以内に駐在することができない。中国とチベットの両政府は、この協議を批准するまでに、カンゼあるいはザンズイに駐在しているチベット軍の文・武官員は、必ずこの地域から離れなければならない。チベット軍の文・武官員がこれら地域を離れて以降は、漢族文・武官員と軍隊は、これら地域の民衆や大吉寺および各寺院などに対して圧制することができない。雲南と青海の境界について、元の状況を維持する。いま、変更はしない。
　　第4条　地方で秩序を維持する必要な土兵（地方民兵）以外に、チベット軍は、金沙江の東に駐在することができない。南路に駐在している漢軍は、金沙江の西に渡ることができない。金沙江の西は、依然として土兵により維持される。北路に駐在している漢軍は、雅龍江の西へ渡ることができない。中国・チベット両政府がこの協議を批准するまでに、漢とチベットの各軍は、以上のとおりの規定に従うものとする。両方も軍隊を撤退して、境界を越えてはいけない。
　　第5条　この協議が成立して以降、以上のあらゆる地域の仏教の各ラマ寺は、すべてチベットから派遣された大ラマにより管理されるものとする。仏教を管理する権力は、すべてダライ・ラマに帰属する。漢族長官も、宗教事務を干渉することができなく、ラマも、漢族官員の地方権限を干渉することができない。
　　第6条　漢族とチベット族それぞれに管理される各軍は、第3条に規定している暫

定境界を越えて強盗や横暴な振る舞いなどをすることができない。漢族とチベット族の長官は、各方面の安寧のために、できるだけ責任を負わなければならない。そして、相互に協力して、秩序を維持して、悪質分子を逮捕すべきである。商人や旅人などが境界を越えることは許可されるものとする。漢族とチベット族両方ともに、無理難題を吹っかけて通行させなくすることはできない。

第7条　中国・チベット両方の政府は、この協議の批准をもって、漢人とチベット両方それぞれは、捕虜にした者をすべて相互に釈放する。これらの者を原籍に戻し、理由なく留置することができない。原籍に戻りたくない者に対して、勝手にさせてよい。

第8条　漢族・チベット族両方の官長は、この協議が成立する前に、両方の人民が、かつて「助漢」（チベット民が漢族を助けること）したかどうか、あるいは「助蔵」（漢族がチベットを助けること）したかどうか、などについていずれも問わない。これについては、処罰することができない。漢族地方に住んでいるチベット人ラマや士農工商の人民、およびチベット地方に住んでいる漢族の士農工商の人民に対しては、漢族とチベットの各官長は、相互に保護を与えるべきで、圧制できない。

第9条　この協議を成立して以降、辺地の漢族・チベット官長の間にまた衝突が起ったときは、両方とも武力をもって解決する方法とすることはできない。衝突の実際状況を速みやかに英国領事に通報して、調停を請求する。英国領事は、必ず中立の責任を尽くす。漢族あるいはチベットのある官員を拝見すること、および漢族・チベット地方を遊歴することについて、漢・蔵各地の官員は、できるだけ維持して、妨害することはしない。

第10条　漢族とチベットが辺地に駐在して以来、兵隊は地方に面倒をかけており、人民を疲労困憊させてきた。この協議が成立されてからは、地方の秩序を維持する以外に、多くの兵隊を駐在させることが無駄になるから、漢族とチベットの各長官は皆、境界を接する地方に多くの軍隊を駐在させる必要がないと、賛成している。パタン（巴塘）とカンゼに駐在する漢軍も、チャムドとニンチン（寧静）に駐在するチベット軍も、200名程度に限定する。漢族とチベット各地方の民衆が王法を遵わない場合、当地駐在している漢族あるいはチベットの軍は自分で兵隊を派遣して解決する。

第11条　ディンシアン（定郷）およびザンズイの2県については、人民が安定していて、その県の境界以外で騒擾がなければ、漢軍はその県内に駐在しなくて良い。しかし、その県の人民が王法を遵わなかったら、漢軍は、兵隊を派遣して懲罰すべきである。チベット軍は、漢軍の行動を干渉することができない。

第12条　近年来、漢族とチベットは辺地で戦時が続いていたので、人民は落ち着いていられなかった。中国・チベット両政府は、この協議を批准後、漢語とチベット語に翻訳して、漢族とチベットの辺地各地に貼り、全体人民に今回の平和解決の意を告示し、民心を慰める。

第13条　この協議は、同文18部からなる。すなわち、チベット語文6部、漢語文6部、英語文6部に分ける。分統劉賛廷、ゴブルン・ラマ、およびタイクマン（英国）は、それぞれ漢語文・チベット語文・英語文の協議を2部ずつ持つ。英国領事が仲介人であるので、英文の協議を主とする。この協議が成立後、漢族、チベット族、

英国の各署名人は、速やかに各政府に通報して、各政府の批准を待つ。各政府が
　　この協議を批准するまでに、漢とチベットの各軍隊は武力を動かして戦いをする
　　ことはできない。
　　　前掲、衡陽『西藏交渉略史』64－66頁。前掲、馮明珠『近代中英西藏交渉與川邊情――
　　従廓爾喀之役到華盛頓會議』370－372頁。
　　　op. cit. van Walt van Praag, *The Status of Tibet*, pp. 330-323 に所収の協定は、8月19
　　日となっており、その資料の出所はインド政庁となっている。
81　前掲、衡楊『西藏交渉略史』67頁。前掲、馮明珠『近代中英西藏交渉與川邊情――従
　　廓爾喀之役到華盛頓會議』372頁。op. cit. van Walt van Praag, *The Status of Tibet*, pp.
　　323-324。
82　op. cit. Teichman, *Travels of Consular in Eastern Tibet*. 前掲、水野訳『東チベット紀行』
　　256頁。本書はこの工作旅行記録である。
83　前掲、衡楊『西藏交渉略史』70－71頁。
84　前掲書、71頁。
85　前掲、石川『西藏問題』30－31頁。
86　西藏問題研究会は、1919年11月、以下の決議を採択した。
　１．内外蔵の名称を取り消すこと。
　２．巴塘（パタン）、裏塘（リタン）をすべて中国内地に編入し、崑崙山以南、当拉（ル
　　　ランダ）嶺および徳格（デルゲ）以西の地を中国に復帰させること。
　３．チベットの北部境界は、英公使への譲歩の意をもって、双方より互譲決定すること。
　４．中国官吏のチベット駐在者は、外モンゴルと同様の方法をとる。
　５．雲南・貴州・新疆は、従来の境界線をそのままとし、変更しない。
　　　前掲、石川『西藏問題』31－32頁。
87　1919年1月パリ平和会議に中国全権が提出した覚書は、チベットへの言及がなかった。
　　関連の言及は、以下のとおりであった。
　　　「かつて中国トルキスタンとして知られた新疆省カシュガル（喀什）において、英国は
　　1896年この地とインド間の公文書を運ぶ数人の使者を有する郵便局を設置した。5年
　　後、ロシアもまた、同所に郵便局を設け、10名の騎馬護兵でこれを保証した。1900
　　年以来、ロシア軍隊の数は150名に達し、1918年英国は他の英領事館の保護を理由
　　に30名のインド兵をカシュガルに派遣した。」
　　　福田勝義「1919年巴里平和会議に支那全権が提出したる覚書」、前掲『西藏問題』45頁。
88　op. cit. Bell, *Tibet: Past and Present*, 前掲『西藏――過去と現在』268頁以降。
89　Sir Charles Bell, "The Dalai Lama: Lhasa, 1921," *The Journal of the Central Asian
　　Society*, Vol. 11 No. 1, 1924. op. cit. McKay ed., *The History of Tibet*, Vol. 3 T*he Modern
　　Period 1895-1959: The Encounter with Modernity*, pp. 313-324.
90　前掲、入江『支那邊疆と英露の角逐』598頁。
91　1921年4月中国のチベット商議の根本原則10カ条は、前掲、華企雲編『西藏問題』
　　243－244頁に所収。
92　op cit. McKay ed. *The History of Tibet*,Vol. 3 *The Modern Period: 1895-1959: The
　　Encounter with Modernity*, pp. 85-86.
93　1928年12月20日中・英チベット貿易交換公文は、前掲『大東亞条約集』第3巻、

708 − 716 頁に所収。全文は資料 790 − 792 頁に所収。
94 Fabienne Jagou, 'A Pilgim's Process: The Pergarininations of the 6th Panchen Lama,' op cit. McKay ed., *The History of Tibet*, Vol. 3 *The Modern Period 1895-1959: The Encounter with Modernity*, pp. 419-433.
95 Alev McKay, "Tibet 1924: A very British coup attempt ？," *Journal of the Royal Asiastic Society*, 1997, pp. 411-424. op cit. McKay ed. *The History of Tibet*, Vol. 3 *The Modern Period 1895-1959: The Encounter with Modernity*, pp. 405-418.
96 前掲『元以来西藏地方与中央政府関係档案史料汇編』第 6 分冊、2468 − 2469 頁。
97 中国第二歴史档案館・中国藏学研究中心編『9 世班禅内地活動及返藏受阻档案選案』北京、中国藏学出版社、1993 年、3—4 頁。
98 前掲書、5—7 頁。
99 前掲『9 世班禅内地活動及返藏受阻档案選案』7—8 頁。前掲『元以来西藏地方与中央政府関係档案史料汇編』第 7 分冊、3088 − 3090 頁。
100 前掲『元以来西藏地方与中央政府関係档案史料汇編』第 7 分冊、3099 − 3105 頁。
101 蒙藏委員会から委員長閻錫山あて 1929 年 9 月 11 日電報付、密第 11 号、前掲書、第 6 分冊、2477 頁。
102 劉曼卿『康藏輶征』上海、上海商務印書館、1933 年／松枝茂夫・岡崎俊夫訳『西康西藏踏査記』改造社、1939 年／松枝・岡崎訳『女性大使チベットを行く』白水社、1986 年。劉『国民政府女密使赴藏記実』北京、民族出版社、1998 年。
103 孫小和『西藏研究論集』台北、臺灣商務印書館、1989 年、71 頁以降。
104 前掲、劉曼卿『康藏輶征』／『国民政府女密使赴藏紀実』91 − 92 頁。前掲、松枝・岡崎訳『西康西藏踏査記』208 頁／前掲『女性大使チベットを行く』161 − 162 頁。
105 前掲『国民政府女密使赴藏紀実』112 − 114 頁。前掲『西康西藏踏査記』250 − 254 頁／前掲『女性大使チベットを行く』194 − 197 頁。
106 前掲、牙含章『達頼喇嘛伝』242 − 244 頁。前掲、王『西藏歴史地位辧』295 − 296 頁。op. cit. Goldstein, *A History of Modern Tibet 1913-1915: The Demise of the Lamaist State*, pp. 216-218. 前掲、杜永彬訳『喇嘛王国的覆灭』221 − 223 頁。
107 前掲、劉曼卿『康藏輶征』／『国民政府女密使赴藏紀実』116 頁。前掲、松枝・岡崎訳『西康西藏踏査記』258 − 259 頁／前掲『女性大使チベットを行く』194 − 197 頁。
108 前掲『9 世班禅内地活動及返藏受阻档案選編』15 頁。
109 前掲書、17 − 19 頁。
110 op. cit. Goldstein, *A History of Modern Tibet 1913-1915: The Demise of the Lamaist State*, pp. 110ff. 前掲、杜永彬訳『喇嘛王国的覆灭』111 頁以降。
111 前掲、劉曼卿『康藏輶征』／『国民政府女密使赴藏紀集』159 − 161 頁。前掲松枝・岡崎訳『西康西藏踏査記』330 − 334 頁／前掲『女性大使チベットを行く』255 − 258 頁。中国第二歴史档案館・中国藏学研究中心編『康藏紛糾档案選編』北京、中国藏学出版社、2000 年、314 − 316 頁所収。
112 前掲『元以来西藏地方与中央政府関係档案史料汇編』第 6 分冊、2624 頁。祝啓源・喜饒尼瑪『中華民国時期中央政治与西藏地方的関係』北京、中国藏学出版社、1991 年、95 頁
113 「西藏駐京弁事書為縷陳班禅及蒙古委員会謬擧五請派員御査」、前掲『元以来西藏地

方与中央政府関係档案史料汇編』第6分冊、2635 − 2639 頁。
114　前掲書、第6分冊、2623 頁。
115　『申報年鑑　民国22年』35 − 36 頁。
116　「劉文輝為報藏方南北両路積極増兵不因達頼円寂停止軍事行動等情致国民政府等電」民国23 年1 月16 日、前掲『康藏紛糾档案選編』337 − 338 頁。
117　「国民政府追封達頼喇嘛的冊文」民国22 年2 月12 日、前掲『西藏歴史档案薈粋 A Collection of Historical Archives of Tibet』資料82。
118　op. cit. Goldstein, *A History of Modern Tibet 1913-1915: The Demise of the Lamaist State,* pp. 143. 前掲、杜永彬訳『喇嘛王国的覆滅』145 頁。
119　中国第二歴史档案館・中国藏学研究中心編『黄慕松・呉忠信・趙守鈺・戴伝賢奉使弁理藏事報告書』北京、中国藏学出版社、1993 年。
120　Peter Harclerode, *Fighting Dirty: The Inside Story of Covert Operation from Ho Chi Mihn to Osama Bin Laden,* London: Orion Publishing Group Kimited, 2001. 熊谷千壽訳『謀略と紛争の世紀──特殊部隊・特務機関の全活動』原書房、2004 年、382 − 385 頁。
121　op. cit. Deshayes, *Histoire du Tibet.* 前掲、今枝訳『チベット史』288 頁。
122　Ibid. 前掲書、289 頁。
123　張東輝主編『中国革命起義全録』北京、解放軍出版社、1997 年、450—451、490 − 491 頁。
124　前掲『西藏社会歴史藏文档案資料訳文集』54 頁。
125　前掲書、55 − 57 頁。
126　前掲書、57 − 58 頁。
127　前掲書、58 − 59 頁。

8　民国政府とチベット

1. 中国、チベット、および英国

　1933年12月17日13世ダライ・ラマが円寂した。ダライ・ラマはその晩年、既に英国が本当に頼りにならないこと、さらに、英国が転覆の陰謀を策していることについて認識しており、しかもダライ・ラマは、英国がいつか軍を派遣してチベットを侵犯することを恐れていた。一方、中国国民党政府は、青海・西康のチベットの人力は小さくて、評価に値せず、ダライ・ラマの「大チベット国」は空想だとみていた。したがって、中央と英国のあいだで接触や交渉を重ね、その特殊な地理的条件を利用して「半独立」状況を保持することが、ダライ・ラマが晩年に実施した政策であった。

　1932年に13世ダライ・ラマは自らの政策を遺書に残していた。その要旨は、以下のとおりであった。

　　「ダライ・ラマは、自分がこの国のためになした過去の業績を回想し、これらの仕事は決して自分の名誉のためにではなく、官吏に模範を示すために、自己の満足のために行った、と述べた。ダライ・ラマはまた、引退の意志を表明しつつも、チベットの統治という仕事を放棄するのは不可能であることを知っていた。齢58に達し、余命幾許もないことを悟っていた。インドと中国の二強大国に挟まれたチベットの独立を守るべく、自分は心を砕き、それと同時に、チベット領土を侵略した者たちを追い払うために、カム（康）国境に軍隊を派遣した。また、ダライ・ラマは、外モンゴルに共産主義が到来したことで、いかに僧院群が破壊され、ジップツン・ダンバの転生が禁止されたかを知った。僧侶らは強制的に軍隊に送りこまれる。共産主義は遅かれ早かれ、外からか内

からかチベットに到来することであろう、とダライ・ラマは予言した。今、この時より要心を重ねておかなければ、チベットへの共産主義の到来を回避することはできますまい。そうなれば、この国全体が共産主義の奴隷となり、人々は"昼も夜も息も絶え絶え"の状態におかれることであろう。しかし、これに備えるには、国力を確立するための時間も機会も、まだ残っている。誰もがこの目的に専念すれば、将来において悔いが生ずることもないであろう。[注1]」

一方、国民政府は、そのダライ・ラマの真意を知ってか知らずしてか、1932年2月12日13世ダライ・ラマを追封した[注2]。

チベットでは、13世ダライ・ラマが亡くなって後、心配していた親内地（中央）派と親英派の政治内紛が起きた。13世ダライ・ラマの最後に立ち合った彼の腹心クンペラー（本名トゥプテン・ジャムペル・イェシェ・ギャルツェン）は、13世の逝去後、政権を掌握し、密かに1000人の新軍を成立させて独断専行し、早くもチベット上層部の権勢者に恨まれた。ダライ・ラマが重病になり円寂した際、重要な官員ツァロン（デポン貴族）らは、その場を自分の目で見ることができなかったので、逝去の原因に対する疑いから、騒ぎを起こした。親英主義者ルンシャル・ドルジェ・ギャムツェンは、この機会に乗じてクンペラーを倒した。彼はツィポン（財務長官）とともに総司令官を兼任し、軍政権の一部を掌握した[注3]。1934年2月、リン・リムポチェ活仏（ラデン・ジャムペル・イェシェ・ギャルツェン）がギェルツァプ（摂政）に選ばれたが、実権は依然としてルンシャルの手中にあった[注4]。

国民党政府は、1933年1月黄慕松を13世ダライ・ラマ葬儀の特使としてチベットに派遣した[注5]。黄慕松が到着したのは翌34年9月であったが、ルンシャルは、その祭事挙行直前の同34年5月に、親英派人物を招集して会議を開き、密かに同盟（幸福連合）を組織し、彼の「改革」計画を擁護するべく図った。すなわち、ルンシャルは、カルン（大臣）のティムン・ノルプ・ワンギェルを殺害して自らチベット王となり、旧制を変更し、国会を創設し、英国の保護を求め、黄慕松のチベット入り拒否するというのが、その企ての狙いであった。しかし、このティムンに対する陰謀が発覚してしまい、ルンシャルとその一味は逮捕され、ルンシャルは反逆罪でその両眼をくりぬかれ、終身禁固刑を受けた。こうして親英派の政変は粉砕され、カシャ（内閣）はティムン首席のカルンが掌握した。

1934年9月黄慕松がラサに到着したとき、英国も葬儀参列の名義でホワイトを初めとする代表団をラサに派遣しており、10月黄慕松と同じく、すべての式典に参加した。このホワイトの実際上の目的は、黄慕松の活動を調査し、チベット地方と国民党政府の関係を挑発して離間させることであった。黄慕松は、11月チベット地方当局と中央・地方の関係について会談したが、合意を成立させることはできなかった注6。

そこでの中国の基本的立場は、以下の4点にあった。

1．対外関係について、チベットは、中国に併合されなくてはならない。それ故に、すべての重要な事項は、内政的問題であり、したがっていっさいの「対外的」干渉なしに、すなわち、あらゆる英国の介入なしに、中国・チベット間で直接に処理される。チベットが中国の批准なしにこれまでに締結したすべての対外諸国との条約は、検討し決定されるために、中国に付託されなくてはならない。

2．政治的関係において、チベットは中国に従属しており、中国の統治と権威が回復されなくてはならない。中国はチベットに常駐官吏を維持し、チベットは中国に常駐代表を送る。高位に任命される候補者は、再び中国の承認を受ける。チベットにおいて、中国は、貿易および移動の完全な自由を保持する（逆も同様である）。チベットの政治組織を中国が容認できないときは、審かに商議し、それを改革する。

3．東部国境に関して。ギアマナラ（古姆古姆納拉）東部地域は清王朝末期に中国新疆省に併合されたが、チベットが、第一点、すなわち中国の一部であることを受諾すれば、中国はこの地域を割譲する。ただし、チャムド（昌都）など、貿易と防衛の重要な中心は、中国の一部に留まる。解決が合意できれば、将来の紛争防止を解決するために、直ちに要点が取り決められる。

4．軍事的問題について。チベット軍の員数が決められた後、中国は、これら軍隊の司令官を送り、その軍隊は、チベットの平和を維持する責任を担う。その軍隊は、統一の中国司令官のもとに置かれ、すべての武器・弾薬は中国からのみ調達される。注7

その11月10日の交渉における黄慕松の主張に対するチベット側の返答14点の

内容は、以下のとおりであった。

「1．中国は、中央政府とチベット政府のあいだの関係は施主とラマのそれ（チュユン関係）であるべきであるとした。

　カシャ（内閣）は、中華民国政府を受け入れる。ツオンドゥ（民衆集会）は、これに同意する。

2．カシャは、中国政府は、常にチベットを神経的宗教国家と見做すなすべきであるとする。

　ツオンドゥは、この点に同意する。

3．チベットは宗教的、人間的、および完全な行政組織体である。それ故に、中国は、チベットの独立的地方（自治）を認め、チベットの内政に干渉してはならない、とカシャは解する。

　ツオンドゥは、この点に同意する。

4．カシャは、いかなる国民政府軍隊も、いずれの国境であれ、配置しないとする。

　ツオンドゥは、この点に同意する。

5．5000人の兵士がチベット軍から選抜され、辺境防衛隊とし、中国は、武器・弾薬を提供し、軍隊を訓練すべきとカシャは解する。

　カシャは、軍隊は国境に配置すべきであるとするが、特別軍隊の派遣は必要としないとした。ツオンドゥは、緊急事態が生じるまで、軍隊の配備は必要としないとした。

6．国民政府は、その派遣官吏は、チベット政府に助言するためにラサに常駐し、彼は、辺防軍に護衛され、全軍事力の移動を管理すべきである、とした。

　カシャは、ラサに国民政府派遣の官吏を置くことを希望せず、任命されるとすれば、少数の中国衛兵だけである、とした。シムラ条約の規定では、300人であった。

7．チベット政府は対外関係などその他の関係については、国民政府と協議すべきである、と中国はした。

　カシャは、チベットは独立しており、中国との協議なしに対外関係を処理できる、とした。ツオンドゥは、チベット政府はすべての諸国と交際でき、希望すれば、英国政府と交際できる、とした。

8．国民政府は、カシャとそれ以上の官吏の任命につき協議を受けるべきである、とした。

　　カシャは、これを拒否した。ただし、任命がなされた後で、中国に通報する。この点に、ツオンドゥも同意した。
9．中国は、光緒帝当時に存在した境界を認める。

　　チベットは、これに同意する。ただし、チベット政府は、ニャロン、パタン（巴塘）、リタン（理塘）、およびゴロク（果洛）などの地方はチベットに返還すべきである、とした。
10．中国は、チベットに介入するいかなる諸国とも戦い、調停に応ずる、とした。

　　カシャとツオンドゥは、チベットは宗教国であって、いずれからも攻撃されることはない、とした。そして、国民政府の援助は必要としない。ただし、問題が起きれば、相談する、とした。
11．中国は、ダライ・ラマの転生についての印爾および封号の付与は、国民政府がすべきである、とする。

　　カシャは同意する。ツオンドゥは、国民政府は、その通報に限られるべきであるとする。
12．中国は、チベット政府は、タシ・ラマ（9世パンチェン・ラマ）をいつでも招請し、彼の以前の権力を回復させるべきである。彼は、護衛を回復すべきである。

　　カシャとツオンドゥは、タシ・ラマは宗教者であって、武装および軍需品は必要としない、とする。双方は、タシ・ラマの帰国は歓迎し、戻れば、本人の安全は、保証するとした。
13．中国は、すべての中国人官吏は、国民政府から給与を受けるべきである、とした。

　　カシャは同意した。ツオンドゥは、それは中国が干渉する問題ではなく、チベットの専管事項である、とした。
14．チベット人で中国との混血の者は、ラサの中国官吏の管轄のもと置かれる、と中国はした。

　　カシャとツオンドゥは、中国人は1912年にチベットから立ち去ったので、チベット政府は、中国人は帰還することを要求する。ただし、チベットで生まれた者は留まることを認める。かかる者は税金を納付し、チベットの管轄にある。よって、こ

の条項は受け入れない、とする。注8」

そこで、中国側は、改めて以下の3項目を提起した。

「1. チベット問題協議の前提――（1）チベットは中国領土の一部分で、（2）チベットは中央に服する。

2. チベットの政治制度、すなわち（甲）共同尊崇仏教を尊重し、（乙）チベットは現在の政治制度を保持し、チベットの自治は許可され、チベットの自治範囲には中央は干渉しない。対外則は共同一致で、全国一致制の国家行政のもと、中央政府が掌理する。以下のとおりである。

(1) 外交は中央が主持する、

(2) 国防は中央集権とする、

(3) 交通は中央が設け、施行する。

(4) 重要管理はチベット自治政府が選定して、中央に申請し任命する。

3. 中央は、四川・チベットに人員を常駐させ、中央執行の国家行政を代表して地方自治を指導する。注9」

これに対し、ゲキカ（噶厦、政府）は、「五族共和に参加せず、民国統治を堅持する」方針を明白に表示し、「漢人・チベット人は平等な宗教者・施主関係（チュユン関係）にあって」、「漢人政府はチベットの内政に干渉せず、チベットの政教制度を変更しない」とした注10。

11月16日のゲキカ（政府）の10条意見は、以下のとおりであった。

「1. 対外的には、チベットは、中国領土の不可分な領土である。中国政府は、チベットの中国行省をしない。

2. チベットは政教合一制度のもとにあり、中国政府の諭令による。

3. チベット内政の国政・教政例規は、現在の自権自主の如くで、チベットは政府権力を所有する。

4. チベットは、チベット地方の安寧と世界国家および信奉仏教のために、現状とおりとする。

5. チベットの漢人政府は、チベットに代表1名、補佐25名をおく。

6. ダライ・ラマの転生、親政、摂政、およびカルン（大臣）の官吏は、チベット政府の主持にある。

7．チベットの漢人は、チベット政府の管理とし、漢人駐チベット代表によらない。
8．チベットの辺界はチベット農務局が管理し、外国が侵犯した際には、商議する。
9．漢人とチベット人は辺界の安寧を密にし、デルゲ（徳格）、ザンズイ（瞻化）、ニャロン（新龍）、カンゼ（甘孜）、タルジェー・ゴンパ（大金寺）などの土地と居民は、チベット政府の処理とする。
10．チベット政府に背き、中国にいるチベット僧・俗人士は、中央政府が関与できず、チベット代表に任命できない。[注11]」

この交渉は、結局、最終合意が成立しなかった。

同11月28日黄慕松がチベットから離れるとともに、ラサに蒙蔵委員会の事務所が設立され、無線電信設備が整えられた。英国もラサに代表所の設立を要求し、カシャは、同じようにこれも認可した。この英国代表部設立は、英国が正式にラサに機関を設立した最初で、その英国代表部（英国はこのように呼んだ）には、病院や無線電技術学校も附設されていた。この「代表部」には、一人ラオイ・パトウというシッキム籍のチベット人職員がおり、彼は、カシャから爵位ツアサを授与されていて、チベット側の一部会議に出席できたので、英国のチベットにおける地位は国民党政府のそれに比べられないものがあった。

翌34年1月25日第4回中国国民党中央全体会議は、9世パンチェン・ラマを国民政府委員に選出した。パンチェン・ラマの帰国問題は、その強い要請にもかかわらずチベット政府が確答していなかった。中国国民党政府は、パンチェン・ラマはシリン（西寧）に駐在していて、民国代表と兵500名を同行させて入国すると、チベット政府に通告した。1936年9月21日制定のパンチェン・ラマ入蔵に関する国民政府訓条は、以下のとおりであった。

「第1条　チベットは、中央に対して旧来の密接な関係を持ち続けるべきである。チベットは、中華民国領土の一部分である。（清朝乾隆57年以降の方法によれば、理藩則例および本党の政策を基にして取り扱う。）
第2条　チベットは、外国と条約を締結することができない。
第3条　以前、チベットと外国とのあいだに締結した条約は、中央政府に引

き渡され処理されるべきである。

第4条　中央と地方の権力は、均衡ある原則を基礎にしており、チベットの自治が許可される。その自治方案は別途、制定する。

第5条　チベットの軍政、外交、およびその他の全国一致にかかわる重大なことは、すべて中央政府により処理されるものとする。

第6条　チベット官民の願望に遵って、中央政府は、チベットが固有の政教制度を維持することを認める。

第7条　中央政府は、チベットの宗教を尊崇する。

第8条　ダライ・ラマとパンチェン・ラマに対する待遇、またチベット政教に対する彼らの権力などについては、すべて古い仕来りを踏襲する。

第9条　チベットおよび西康の軍事駐留と行政区域について、暫時、現状のまま維持する。交通は、直ちに回復すべきである。境界線の画定はすべて、じっくりと協議する。

第10条　中央政府は、要員をチベットに常駐させる。その要員は、以前の例を参照して、自治の状況を基づき、国家行政を実施し、そして地方自治について指導する。

第11条　チベットは、南京に事務所を設置して、専員を事務所に駐在させることができる。その事務所の費用は、事情を斟酌して、中央政府から支給される。[注12]」

チベット政府は、この件で英国政府を通じて民国政府に対し抗議したが、1937年3月、9世パンチェン・ラマは青海省ジェクンド（玉樹）に到着し、中国兵の護衛でパンチェン・ラマは入蔵する旨、タシルンポ（札什倫布）に伝達された。チベット政府は、任務遂行後における中国兵の駐留期間や中央の内政干渉を理由に、これに抵抗した。彼ら一行は、ラクシングンバ（拉休）まで南下し、そこから、4月20日一時ジェクンドに引き揚げたが、1937年9月29日そのジェクンドの地で9世パンチェン・ラマは円寂した。

1937年9月、9世パンチェン・ラマは遺嘱を残していた。その内容は、中国中央のもとでの五族団結の主張と誓いであった[注13]。国民政府は11月21日、9世パンチェン・ラマに対して「護国宣化広慧大師」を追封した。それは、以下のとおり

であった。

　「国民政府委員、西垂宣化使、護国宣化広慧大師パンチェン・エルデニは、性格が仁慈深く明るく、意志と行動もすばらしい。若いとき（国の）統一を擁護し、顕著な功績を収めた。その後、西部の辺境で仏教を拡げ、精を出して（皇帝の）道徳に富む教化を宣伝し、辺境の民衆に敬愛され、大いに褒められている。晩年、チベットに戻って、平和的な思想を提唱し、思いやりの行動を支持せんとした。国を憂えて苦労が重なる余り、遂に円寂した。ここに、彼の功績を偲び、深く追悼する。彼を表彰するため、またその功績を偲ぶために、国家は、彼に「護国弘化普慈圓覚大師」の封号を追贈する。[注14]」

　1938年8月チベットで、13世ダライ・ラマの転生霊童が見付かった。清朝時代の規定により、新しい転生霊童の認定は、中央政府が人を派遣して金瓶掣籤を主催する必要があり[注15]、1939年12月、国民政府は、この式典主催のため蒙蔵委員会委員長呉忠信をチベットへ派した[注16]。呉忠信がラサに到着したときには、英国もシッキム駐在政務官ベイジル・グールドらもラサへ派遣されており、式典参列の名目で呉忠信の活動を監視した。14世ダライ・ラマの霊童選出、およびチベット側が行った座床式典は、すべて攝政ラデン・ジャムペル・イェシェ・ギャルツェン活仏が主宰した[注17]。そして、彼は、国民党政府との関係を漸次深め、国民党中央執行委員候補に選ばれた。

　ときの国民政府中央の立場については、蒙蔵委員会委員長呉忠信のインド経由のチベット入りに際して1939年8月4日に作成の文書「チベット政策についての検討」がある。全文以下のとおりである。

　「対チベット政策についての検討

　　　　　　　　　　　　　　　　　　　　　　　　　　28年8月4日

　　近年来、中央とチベットの関係は、漸次、良くなってきた。その一方、インドが多事であるので、英国のチベット政策は、比較的に和らいで来た。ただし、根本的な解決はまだ行き届いていない。目下の方法は、以下のとおりである。

　第1　チベットに対して、先ずは、信用を打ち立てて、人心を収攬することから始めるべきである。それから、時機をみて、全般的な政治的関係の調整を図る。その理由は、もう一つ、別の文書で陳述した。

第2　英国に対して、先ずは、摩擦を避けて、感情的な連繋を付けることから始めるべきである。

今度、私は、チベットに入ってから、上述の2つの原則を基にして、慎重に処理する。チベット問題の根本的な解決は、必ず軍事、交通、および外交の三面を合わせて、積極的に機能させて円満に実現できる。しかし、今のような長期にわたる抵抗戦争の状態では、軍事と交通の面は国力に制限されているので、ただ外交面だけから始めて、チベット方針を適当に決めて、そして政治面でその方針を活用して、国防の基礎を造ることができる。今、参考として、この考えを少しく検討して、要点として以下5つを並べた。

1．イギリス人のチベットに対する企み
2．チベットの政治派閥とその政治心理
3．政略面でチベット外交に対応するルート
4．チベットとの協力および国防関係
5．今後のチベットに対する方法

以上の各点を、別々に以下、陳述する。

1．イギリス人のチベットに対する企み

イギリス人は、既にチベットとテメンキオン（哲孟雄、シッキム）を併呑して、つまり、北インドを保護するという口実で、チベット策を図っている。チベットは長江上流にあって、高所から敵を見下ろす地勢にあるので、チベットの交通を貫通させたら、長江流域に元からある英国勢力と連動して、わが国を横断することができる。これは、イギリス人が積極的にチベット工作をする主な原因である。清朝末期、(13世)ダライ・ラマがインドに亡命して中央と隔絶した。そして、チベットと青海と西康のあいだで、しばしば交戦が起きて、内部が不安定な状態であったから、国防は日に日に弛んだ。そのことが、イギリス人にチベットを図る機会を与えてしまった。英国のチベットに対する初歩的な企てを綜合的に観察すると、イギリス人は、チベットを半自主地域にさせ、中央がチベットを支配する主権を弱化させたい、と思っている。そうなれば、英国は、政治、経済、文化、および交通など、いろいろな面で、自分の実際勢力を広めることができるからである。シムラ草約各条は、このことを物語っている。わ

が国は、この条約の締結を拒否したので、この条約に束縛されないが、チベットの方は、もうこの条約を締結しており、締め付けられている。だから、中央とチベットのあいだで問題が解決できなければ、中央はチベットに対応することができない。そうなれば、形勢は英国に有利となり、英国が漸次深く立ち入って、隠れた危険になることはいうまでもない。英国の現方策をみると、大体、以下のとおりである。

(1) チベット人を脅迫して中央勢力がチベットに立ち入るのを、チベット人に阻止させる。あるいは、直接、表に立って、忠告して止めさせる。例えば、(9世) パンチェン・ラマがチベットに帰ったとき、護送する官員の儀仗隊と参議が前進できなかったのは、この政策の影響というものである。

(2) チベットと内地との交通を自己の支配下において、漢・チベット関係を疎遠にさせている。青海・西康のあいだの官道が詰まっているのは久しきことで、国内からチベットに往来する人たちは、インドを経由する者が多い。英官員は、漢族に対して、彼らがチベットから出るときには、なにも制限がないが、チベットに入るときは、時々彼らを困らせている。その一方で、チベット人に対して、彼らがチベットに戻るときはなんら制限がないが、チベットに出るときは、時々、彼らチベット人を困らせている。

(3) チベット経済を独占している。内地とチベットの交通が詰まって以来、インド・チベット間に商業と貿易が発達してきており、チベットの入超が年々増えてきており、ルピーは高くなって、(インドは) チベット地域に大きな信用と実力を持ってきた。

(4) チベット南部の領土を図る。カンナン（康南)、ザユル（／シャユイ、察隅)、コンブ（工布)、ポウォスムド（波密)、ルオバ（裸巴) などの地域は、農産物が豊かで、バカン（巴康) 地域を見下ろすところにある。英国は、何度もチベットに対してこの地域を要求して拒否されたが、野望を諦めていない。

(5) 密かに、英国勢力を築き上げる。チベット人学生、特に軍官学生に対し英国とかインドに留学するよう誘いをかけている。最近は、ダイベン（代本、連隊長) 留学生がもう数人参加している。また、毎年、英国は、親しいチベット要人と付き合い、彼らに対し巨額の資金を出している。そして、ラサでの

無線電信局、病院、および学校などの設立については、既にチベット当局と合意した。

(6) (英国は) チベット問題について発言権を占め、チベットが中央に服従するのを阻止するために、中央とチベットの会談・会議に参与している。

　以上の内容からみれば、英国のチベットに対する関心が、はっきりする。そして、英国がチベットのために中央権力の存在に対する妬みを深めるのも、不思議ではない。ただし、今まで、中国・英国間に、チベットに関する条約はあるが、その内容は、ほとんど前蔵とインドの境界線とか、通商の開放とか、官員の往来や駐在とか、また賠償とか、軍隊の引揚げとか、などだけであった。これら条約は、わが国がチベットに対する領土主権にかかわる権力と利益、および行政区域の画定、内部開発などの問題について、なに一つ規定していない。中国・英国間に、光緒32 (1906) 年締結した新チベット・インド条約の第2款に、「英国は、チベット領土を占領ないし併呑しないし、チベットの政治をいっさい関与しない」という約束がある。それと同時に、中国も、他の外国がチベットの領土と政治を関与させない、と約束した。しかし、チベットは、そもそも民国とのあいだは疎隔であったので、イギリス人が自分の支配下に締結したシムラ会議草約を利用して、チベット人を脅迫し、わが国の権利に大きな損害をもたらした。情勢を挽回するために、わが国は、この条約を拒否せざるを得なかった。このことからみれば、チベットに対する英国の現方策は、中央とチベットとの政治感情がまだ完全に解け合わない機会に付け込んで遂行しているところといえる。実際上、その正当な根拠はまったくない。

2. チベットの政治派閥とその政治心理

　英国は、何故、このような政策を遂行できるのか。このことを理解するのには、先ずチベットの政治派閥とその政治心理を理解しなければならない。(13世) ダライ・ラマは、インドからチベットに戻って以後、内地との関係がほとんど隔絶的な状態になっていて、英国と親しいカルン (大臣) を重用して、「親英派」という英国と親しい派閥を形成した。この派閥は、英国とぐるになって、中央に反乱を企てた。その後、この派閥は革命の根回しをし、ダライ・ラマの政権を奪おうとしたが、情報が漏れて失敗した。この事件は、ダライ・ラマが

内向けになるのを促すところとなり、貢覚仲尼らが派遣された。その一方、（チベットは）種族と宗教にかかわって、なんといっても、イギリス人とはまったく相容れないところが多いと考えられるので、チベットの僧・俗民衆は漢人のことを思い慕う情緒は日に日に増えており、「親漢派」という漢人と親しい派閥が形成されている。この「親漢派」は実権を持っていないが、3大寺を中心に隠れて組織されていて、その潜在力は無視できない。ダライ・ラマが円寂した後、「親英派」首領ルンシャルは、ラデン、シロン、セモゲルンを殺そうと企み、黄（慕松）特使がチベットに入るのを阻止し、このことで、英国に保護を求めたが、それに失敗して、彼らは、終身監禁の刑罰を受けた。したがって、ラデンは、中央に向けて真摯な感情をみせている。実に、ダライ・ラマは傑出した知力と遠大な計略を持っている人であった。彼が中央と英国の両方とも交際してきたのは、ただ両方を利用して、お互いに牽制させて、チベットの現状を維持するためだけである。彼は、心の中で、チベットの立国が十分でないことは、よく知っている。英国の侵略は恐るべきことなので、チベットを自立させたいと思っていたにもかかわらず、あくまで中央から完全に離脱する考えはまったくなかった。このような思想の下に育成された今のチベット政府は、シリンやゲルムら若干の官員を初めとして政教を維持する考えを持っていて、自立を目的として、中央とも英国も不即不離の関係を保っている。彼らは、実権ある「自立派」といえる。ダライ・ラマが円寂した途端、チベット政教は重心を失ったので、流動的な情勢のなかで、各派は、明確な立場をみせる勇気がない。「親英派」の方がもう権勢を失ってしまっても、「親漢派」の方は実権を持っておらず、「自立派」の方は他の両派の間を徘徊したままである。この状況下に、中央勢力がチベットに入るのは、無論難しいところであるが、英国も成果をあげることができない。このことから、チベット情勢とその外交に対応する方法は自ずと自明であろう。

3. 政略面でチベット外交に対応するルート

　以上の状況によれば、わが国が政略面でチベット外交に対応するためには、以下の措置をとるべきである。

(1) 英国の事実上の侵略を阻止して、その理由なき干渉を拒否するために、各

種の適切な方策を運用して、チベット人を中央と真剣的に協力させ、一致して英国に対抗すべきである。

(2) 条約によれば、チベット行政区域の画定、およびチベットと中央との関係調整などにかかわることは、中国の内政であるから、中央は、直接にチベットと協議して決定すべき、できるだけ英国の関与を避けるべきである。中央は、チベットが英国とインドに無形にも牽制されていることに対して十分に配慮して、そこから抜け出させる方法をチベットに代わって求めるべきである。

(3) 民国元（1912）年以降、あらゆるチベット・英国間に締結された条約と条約類は、中央に報告されるべきである。中央は詳しく調べてから、取り扱う方法を決定することにする。

(4) イギリス人が今までチベットとの条約で得た権利について、わが国の領土主権とチベットの生存に危害を及ぼすものは、わが国の国力、国際およびインド情勢に応じて、次第に取り戻すべきである。

4. チベットとの協力および国防関係

わが国は、時勢に押し流され、かつて辺疆地域に対しては、人口の移植や経済開発よりも、軍事を重視してきた。清朝時には、国際情勢に押されて、移植と開拓も辺境防衛には重要であっても、いまひとつ全力投球できなかった。民国になって以降、辺疆地域の不安定が、日に日に深刻になってきている。国防面から辺疆地域の情勢を考えれば、東北3省・外モンゴル・新疆・チベットを第一の防線として、熱河・察哈爾・綏遠・寧夏・青海・西康・雲南を第二の防線とすべきである。現状からいえば、第二の防線は軍事を主として、積極的に充実させるべきである。そして、経済・文化などの建設を、できるだけ早く完成させるべきである。第一の防線は、いま、一時的に、政治面から着手して、次第に主権を回復し、国防を建設する目的に達するよう図られねばならない。しかし、現在、第一の防線には、東北3省が敵（日本）の手に陥っているので、戦場の勝利を待たなければならない。外モンゴルは、今までに様子がすっかり変ってしまって、新疆も離れたままで統治力が及ばない状態なので、第一線の国防の建設に、ただただチベットを出発点として、協力していかなければなら

ない。

　チベットは、雲南、四川、青海、および西康の境辺にあって、わが国の西南領土の半分を遮っている障壁である。清朝は、この地域の安定のために、財力と兵力を惜しまなかった。「三藩の乱」（清初、雲南の平西王呉三桂、広東の平南王尚可喜、福建の靖南王耿継茂の反乱）とか「ジュンガル（准噶爾）の反乱」などの事件があったので、長い時期を経過して全国の兵力を尽くして、遂に鎮めてしまった。そこで、この安定な基礎を打ち立てられなければ、西南地域全体の局面というものは落ち着いていたためしがない。

　シッキムが滅びたのは、英国がこの地域に対する侵略の道を切り開いたからである。英国がインドからチベットに進軍すれば、ラサに到着するまで10日間位しかかからない。途中の砲台や山中の砦はすべて、条約によって取り除かれ、守る険要地はなくなってしまった。わが国が軍隊をチベットに派遣する場合は、高山と大きい川に隔てられるので、一番早いものでも2、3カ月かかっても、未だ思うにまかせない。それで、中国がチベットを保護できる実力を持つ前に、チベット人は、英国を適当にあしらわねばならなかった。これは余儀ない事情であった。

　抗日戦争が起きてから、首都が重慶に移って、チベットは直接の後防となっており、国防に対する重要性が増えてきた。そして、広東と武漢から撤退して以後、国際支援の主な通路は雲南・ビルマルートだけである。チベットと西康のあいだには区域境界線の画定がまだ決まっていず、チベット軍の防衛範囲は金沙江の西岸に及んでいる。カム（西康）とチベット南部から雲南とビルマを見下ろしてその地点へは、数日だけで、到着できる。もしこんなところで何か悪い事件でも起きたら、その影響が極めて大きく、西部の防衛は十分に注意しなければならない。

5. 今後のチベットに対する方法

　以上述べたとおりに、中央は、現在、不即不離のチベットに対して、まず国防の基礎を打ち立てるべきである。この目的を達成するために、チベット人の真摯な協力を得られなければならない。辺地の防衛にはもちろん相当な兵力が必要で、抗戦時期にあっては、まず政治面の運営を要務とした方がいい。チベッ

トの政教と言葉および民衆の風俗・習慣は内地と違うから、その習慣に従って、チベット問題を取り扱うべきである。注意しなければならないのは、チベット人の禁忌に触れなければ、チベット人に疑いをもたらすことはないということである。そして、チベット人に恩義を施して、チベット人の信頼を勝ちとり、利害関係を彼らに知らせるべきである。さらに、チベット政教の原則を維持して、（彼らを）協力させるようにすべきである。現在のところ、具体的な方法については、以下のとおりである。

(甲) 外交面では、できるだけイギリス人との摩擦を避けるべきである。それと同時に、ネパールおよびブータンとのあいだでは、善意の関係を結ぶべきである。

(乙) 政治面では、ラデンに手を貸して、次第に「親漢派」に実権を持たせて、中央とチベットの関係を強化するべきである。それと同時に、「親英派」とも「自立派」とも繋がりを作るようにすべきである。できるだけ彼らの中央に対する反感を少くしていくべきである。

(丙) 何とかして、ラサに駐在している中央政府の事務機関を健全化させるべきである。

(丁) 宗教面では、お布施とかお茶会などの仏教行事を利用して、できるだけ3大寺およびその他の寺と関係を結ぶべきである。

(戊) 民衆に対しては、宣伝手段を活用して、徳政を実施すべきである。
　　上述のことが達成できれば、チベット情勢の安定化にも、外国の侵略を抵抗することにも、政治と国防について意義が大きいであろう。そうであれば、政治懸案の解決と中央国策の実施は、日を期して待つことができる。[注18]」

以上は、中国政策としては、適格な方策であったというべきであろう。

2．13世ダライ・ラマの転生と民国政府

13世ダライ・ラマが死去して程なく、1934年1月ツオンドゥが招集され、摂政の問題が提起された。クンペラー、トプテン・クンペルを摂政にし、協議制の摂

政を設け、シロン（首相）を2人にする議論が持ち上がり紛糾した。一方、本土からのロイター電が13世ダライ・ラマ毒殺との情報を伝え、チベットを憤慨させた。同34年10月江西から中国共産党は長征に入った。彼らは雲南からチベット人地域に入り、東カムで革命の他の部隊と合流した。このため、ダンバ（丹巴）、リタン（理塘）、カンゼ（甘孜）、ダルツェンド（打箭爐）、サムペリン（郷城）、ヤージャン（雅江）、そして北のデルゲ（徳格）まで、戦争と飢餓に襲われた。こうして、チベット人は共産党軍の犠牲者となると同時に、これを追跡する国民党軍の犠牲者ともなった。ゲキカ（政府）は、カムのドチ（知事）テトン・ギルメ・ギャムツオの指揮下にチベット軍をデルゲ地方に派遣したが、共産党軍も国民党軍をチベットに侵入する恐れはなく、自らの領土に引き返した。内戦は1938年10月共産党が勝利を収め、国民党軍は支配下の重慶に逃れた。そこで、四川、西康、ダルツェンドのチベット人地域に大量の漢民族が流れ込み、西康省との境界が画定されるところとなり、その省都ダルツェンドは中国名のガンディン（康定）と改名された。もっとも、この青海は軍閥馬歩芳の支配にあった。

こうしたなか1938年、前年からアムド（安多）の青海省で探索していた活仏によって1935年生まれの13世転生霊童が見つかった。ゲキカは1937年勃発した日中戦争で南京政府の許可を求められることになった。活仏は馬歩芳の支配地域を離れて安全地帯に到着すると、トゥルク（化身）は14世ダライ・ラマの化身であると公式に認定・発表し、摂政ラデンが1938年2月28日蒙蔵委員会委員長呉忠信に報告し、蒙蔵委員会は3月10日青海省に便宜提供を指示した。4月29日摂政ラデン・ジャムペル・イェシェ・ギャルツェン（熱振諾門罕呼図克図）は転生霊童のチベット入域を呉忠信に通告し、蒙蔵委員会は、ゲキカの請求に対し、そのためのラサへの旅費10万元を6月支出した。さらに、要請された式典費用40万元も、中国政府が支払った。これにより7月1日霊童はラサに入城でき、ゲキカは14日中央に対し謝意を表した[注19]。

1938年12月12日ラデンは呉忠信に対し、旧例に従う転生霊童の式典への中央の参加を求めた[注20]。国民政府は12月28日、蒙蔵委員会委員長呉忠信の特派を決めた[注21]。呉忠信は1939年10月21日重慶を出発し、香港からインドへ向かい、一行19人はシッキムから1940年1月15日ラサに到着した。ラサでは、ラデン

を初め、三位カルン（大臣）、七品以上の僧俗官員70余人の歓迎を受けた。また、呉忠信は、チベット700名を閲兵し、中央支配を顕示した。

1月28日の国民政府令で座床典礼の挙行が決まり[注22]、呉忠信は31日13世ダライ・ラマ転生霊童と会見し、霊童は2月5日の国民政府令により14世ダライ・ラマとして祝福され、正式に批准された[注23]。式典は、1940年2月、英国派遣のシッキム駐在官グールドのラサ到着

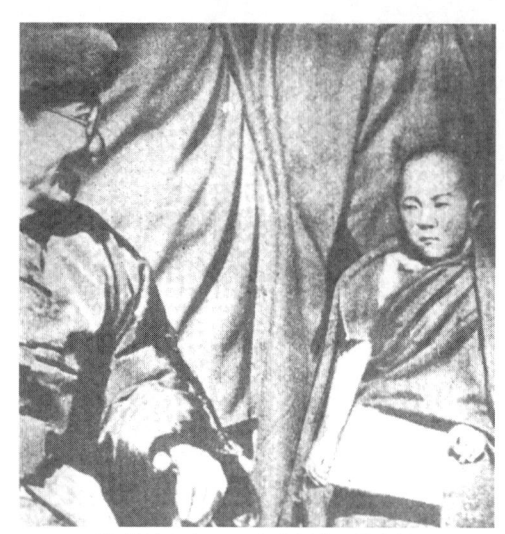

13世ダライ・ラマ転生霊童と呉忠信、1940年1月31日

で、22日挙行された。式典は国民政府代表呉忠信が主持してポタラ宮で挙行され、ゲキカ、ゲルク派3大寺の代表、ツオンドゥ（民衆集会）成員、ネパール、ブータンの各代表、ダライ・ラマの個人教師1人らがベイジル・グールドを含めて参加し、その参列者は500余人に達した[注24]。

この式典への呉忠信の参加は、いうまでもなく中国中央とチベットとの関係の公式化にあった。彼が式典を主持し、そのための費用を支弁したのも、そのためであった。そこでの最大の中国・チベット合意は、9世パンチェン・ラマの遺体のチベット送還についてで、これにより遺体はシガツエ（日喀則）へ戻った。もっとも、呉忠信がチベットに残した蒙蔵委員会の国民政府ラサ代表部は、英使節グールドが後任として残したH.E・リチャードソン以上の重要性は果たさなかった。蒙蔵委員会駐蔵弁事処は4月1日成立した。

呉忠信は、4月14日ラサを発ち、重慶へ戻った。これにより、中国中央とチベットの両者の関係は改善され、正常な関係が成立したとされる[注25]。

3．チベット上層部の分裂活動

　当時、中国は、丁度、抗日戦争の時期で、保守主義者の元摂政ラデン・ジャムペルは祖国に傾き、ゲルク派とセラ・ジェ学堂のラマの支持で中国の勝利を祈願するため3大寺の読経活動を指導した。これに対して、英インド政府は極めて不満で、程なくラサ駐在英代表H・E・リチャードソンが関与して、タクダ・リムポチェ・（アワン・スンラプ）活佛を支持する画策を企てた。これに対して1947年4月ラデンのタクダ打倒のため蔣介石に支援を求める工作が南京のチベット代表部で判明し、セラ・ジェ学堂のラマが殺害され、17日ラデンが逮捕される事件となった。逮捕されたラデンの奪取をセラ（色拉寺）僧兵が支持してチベット軍と対決した[注26]。一方、デプン大僧院（哲蚌寺）は国家を守るためにラマを提供し、カルン、カショパ・チョギエル・ニマがチベット軍の作戦の指揮をとり、26日セラを攻撃し、29日ラデンは逮捕され、彼は5月8日獄中で死去した。この権力闘争では、両摂政のあいだには政権委譲の約束があったとされるが、不明である[注27]。

　実際、この時期を通じ、英インド政府の帝国主義者は、そのシッキム駐在政務官をチベットへ派遣して活動を活発に行っていた。彼らはまず、中国によるチベット経由の中国・インド間道路の建設を阻止した。次に、漢族商人のインド経由によるチベットへの立ち入りとその商品の輸送を阻止した。その一方で、英インド政府のチベット勢力は、これにより大きく拡大した。当時、ラサ駐在英代表はサレフ少佐で、英国はヤートン（亜東）に軍隊70名、ギャンツェ（江孜）に60名（その後、最大時には200名までに増大した）、そしてラサに20名を駐在させていた。他には、教会、病院、学校、および辺境沿いにギャンツェまでの宿泊所・電線・電話などの設備を建設し、使者の往来を点検しており、確実にインド平原からシッキムを圣てチベットのギャンツェまでの一帯を、英国は押さえていた。国民政府蒙蔵委員会のラサ駐在事務所の報告によると、1942年～1943年に、チベットは、マジ・ラウガシャ（職責）ソカンワンチンらをインドに派遣し、武器を購入し、チベット軍を拡充した[注28]。

　こうした状況下に、1942年7月6日カシャ（内閣）は、蒙蔵委員会に対し、チベット政府は既に外交局を設立しており、「事務上のすべての各案件は、既に同局に移

管されており、本日以降、すべての事項につき、責任者は同局と連絡し、直接、カシャとは連絡しないようされたい」と通告した[注29]。ラサ駐在事務所は、直ちに国民政府当局に対し、こう報告した。

「情報では、外務局の地位は、外国と事務交渉の機関で、いまカシャ（内閣）がすべての事項をその局に連絡するよう知らせてきたのは、中央を外国と見做し、チベットを独立国家と見做したもので、もしわれわれがこのことを承認すれば、これまでの国際条約により定められたチベットは中国領土であるとの条文は当然に失効し、そして中央に承認されていないチベットと外国との公開された各秘密条約がともにすべて当然に有効となってしまうので、事態は重大で、中央としては、カシャに電報を発し、同局を承認しないことを、はっきりさせるべきである。[注30]」

国民党政府代表がチベット外交局との連絡を拒否したので、カシャは、色々な手段を取り、外務局と連絡させるべく迫った。もっとも悪質なのは、無断にラサの漢人を逮捕し、不法に拷問を加え、その一方で、駐蔵弁事に対して外交局と交渉すれば、直ぐにも釈放しまた賠償で解決きるとの意図を、はっきり申し立てた。この詭計は実現しなかったが、チベット政府は、駐蔵弁事に対する種々提供された便宜を停止して、彼らを屈服させんと追い込んだものの、結局、事態は、膠着状態に陥った。1942年8月5日中央行政局は、チベットの北京駐在所（当時は重慶駐在）に対し電報を発し、こう指摘した。

「チベット側としては、地方の対外事務を処理するために機構設立の必要があれば、下記の2つ事項を遵守しなければならない。

（甲）国家利益の問題、すなわち政治問題に関して、中央の意を受けて処理しなければならない。

（乙）中央とチベットのすべての連絡交渉方式は、そのままにしておかなければならない、つまり、上記の外務機構を経由してはいけない。[注31]」

国民党政府がこのように回答して以後も、チベット地方政府は、その指摘された2点に従う処理をせず、引続き蒙蔵委員会ラサ駐蔵弁事に対し外交局との交渉を迫った。1943年5月蒋介石は、チベット代表アワンチェンザンと会見し、彼と5つの問題について話した。この問題は、(1)中国・インド公路の修復、(2)連絡

拠点、(3) 駐蔵事務所、(4) チベットの中央人員問題、(5) インドの華僑問題であった。そのうちの一つは「チベット駐蔵弁事所が、チベット側と事務を交渉する場合に、カシャと交渉すべきで、外交局を経由しない」ということであった。その他は、道路建設の協力、中央関係者のチベット入りの往来などであった。これと同時に、四川辺境軍や青海で軍隊移動の動きがみられた。チベット当局は、この情勢をみて、「中央は依然、交渉を拒否していると判断し、譲歩する形で機関を別に設立して駐蔵事務所と連絡する」との決定を下して、引っ込んだ[注32]。

しかし、この際、英国、インド、ネパールなどが、[注33] この機会を捉えて直ちにチベット外交局と交渉を行った。米国も一つの軍事代表団をチベットへ派遣したが、それは、連合軍の道路および空港建設の場所を調査し測量するため、と表明された（後述）。この米国代表団は、直接にチベット外交局と交渉を行い、またチベットに一部の通信器材を送った[注34]。英国も、チベット内での工作を続けた。1945年8月29日英シッキム駐在官ハーゲンシェンがチベットに入り、3大寺にお布施を送り、要人と接触してチベット工作を進めた[注35]。

実際、1941年来、摂政にあったタクダ・リムポチェ活仏が親英主義者の支持で、チベットの大権を支配し、また外交局を利用して米国と接触したことは、ラデン派の不満を引き起こした。日本の敗戦後は、さらにその動きが一段と強まり、その活動を公然と行なわれた。1947年5月チベット政府は、ラデン・リムポチェ活佛を逮捕し、またラデンを支持するセラ寺（色拉寺）がこれに抵抗したが、その弾圧には英国が加担して砲撃していた。英代表所の電信係R・フォクスが、チベットのために無線電信局を設立し、その軍事通信を握った。英インド政府の煽動と支持の下に、チベット地方当局は、依然として独立の陰謀を図っていたのである[注36]。

4．チベットの9点声明とパン・アジア会議への参加

1944年4月12日ツオンドゥ（民衆集会）は、民国政府あての9点声明を発し、第二次世界大戦後におけるチベットの姿勢を明確に打ち出した。この声明は、1945年12月17日インドと米国の記者に発表され、翌46年5月、南京の国民大

会へ提出された。
　その声明は以下のとおりである。
　「蔣介石および5委員会主席を含む国民政府指導者　御中
　　幾年にもわたる中日戦争後、日本に対して中国政府が達成された偉大な勝利に際して、そして戦争の終結と世界の平和ならびに人類の安全が達成されたことにおいて、チベット政府は、中国および米国と英国に勝利の祝賀を申し上げるべく特別使節団を送る。代表団の成員は、クカル・ダサ・トブテン・ラダ財政庁サンペル、ダサ・ケンペラ塩茶部責任者、およびチベット（駐在南京）事務局員の3人である。われわれは、セラ（色拉寺）、デブン（哲蚌寺）、およびガンデン（甘丹寺）の3大寺の、かつチベット政府の聖・俗代表であり、われわれと両国の利益においてに良好かつ親切な関係を形作ることを希望している。

（1）万代にわたり、ダライ・ラマは、チベットの雪の地において現世のかつ精神的権力を行使してきており、完全な仏教伝統の支配者としてこの地上において活動してきている。この事実は、古い詳しい記録に証拠づけられている。……

　　われわれとしては、中国政府に対して宗教者・施主関係（チェユン関係）における先例にある緊張しない関係を求めるよう、勧奨する。チベット政府は、この立場で、中国政府との明確に僧・俗民衆チベット社会が意図している関係を維持するべく努力する。

（2）チベットは、仏法的本源を特別な基礎とする状態にある。中国ならびにこの神聖な伝統と生命それ自体以上の価値を分かち合うすべての諸国は、政教合一統治制度の一つの独立国家を推進し実行するよう努力すべきである。チベットは引続き、この制度を維持しまた擁護して独立的に活動し、有害となる新しいどんな制度も導入しない。

（3）チベットと大チベット――西部高原、すなわちアリ（阿里）3圏、中部チベット、ウー（衛）とツァン（蔵）の4つの省、カム（康）の低地、4つの河（ツァンポ河／蔵河、サルウィン河／怒江、メコン河／瀾滄江、金沙江／揚子江）の地、そして6つの山脈――は、菩薩（蔵）の化身ダライ・ラマ

の統治と保護にある。この現実は明白に証明される。

われわれは引続き、神聖な政教合一制度を通じて歴代ダライ・ラマによる国家としてのチベットの独立を維持する。

(4) 境界の平和と安全は、漢人とチベットのあいだの安定しかつ緊張しない関係に依拠する。いつの時代も、境界省の中国指導者は、言語と文化の双方において明確にされるチベット領土を占拠してきた。このことは、宗教制度の維持において重大な混乱を引き起こしてきた。領土は、パタン（巴塘）、リタン（理塘）、デルゲ（徳格）、ザンズイ（瞻化）、ホルコク（霍尓）、5ディパ（土司）区、ナロン（嘉納）、ダルツェンド（打箭爐／ガンディン、康定）、デミチ（居納）、グエタン（中旬）である。……

(5) チベットは、自らの内政と外政、民間および軍事問題を管理している一つの独立国家である。それは、引続き自らの方法で政教的権威を維持している。……

(6) 一般的に、土地の法律を尊重するすべての居住者——出生者および外国人——は共通の慣行で一致している。……

(7) チベット人が中国を旅行する必要がある場合に、われわれは、チベット政府の旅券を彼らに発行する。……

(8) いずれの外国国民のチベット入国も、種々の境界地域での管理を、厳格にすべきである。漢人・チベット人両方の友好関係を維持するために、中国官員およびさまざまな両国関係の者は、中国政府を通じてチベット入国査証が適用されるべきである。……

(9) 世界には、前例のない豊かさと強さを達成した地上の多くの大国があるが、世界の人類の福祉に寄与する国家は唯一つであり、それは一体的な霊的かつ現世的な制度をもって特徴づけられるチベット仏教の地である。チベットが反対者で身動きがとれないようなことがなく、そしてその占拠領土の継続がなくなれば、世界の諸国家は戦争の大惨事・飢饉も蒙らず、3宝権力のもとにあり、かつ仏陀の愛の保護が得られる。このことは、個人的かつ集団的平和と福祉にとり認識眼のある重要性の点である。あなた方もご承知のとおり、このことは、中国政治体制の安定性に大きくかかわるところであり、中国と

チベットのために、双方それぞれの境界沿いに大きな安全保障軍を配置させる必要性を生じさせない。

チベット政府は、いつも知られているように、過去、現世、および未来の保護者で支配者の仏法大師13世ダライ・ラマに深くかかわるところに従い、中国との友好的な関係の維持に努力する。われわれは引続き、われわれに政教合一制度とそこのわが領土を保持し防衛する。われわれは、引続き交渉を行い、関心ある外国政府との国境紛争を解決する。

ただし、いずれの外国政府であれ──状況の国際的基準を断固として配慮せずに──わが領土を占拠せんと強大な力をもってわが国境に入り込む侵攻勢力が送られるときは、わが領土を占拠することのために、かかるときは、われわれは、古代からのラマと施主の関係（チュユン関係）の利益において、その支援を国民政府に求めるものである。

この率直な声明は、中国・チベット友好関係の利益および境界の双方の側における人民の苦難の除去において、同様に、われわれの相互利益のために、特に（アジア）国家間の戦略的防衛の障害が残るチベットの相互利益のために、ここに、ためらいもなしに発出される。

中国政府が仏陀の心情を認識し、また──他の同盟諸国がそうであったように──われわれの安全の維持に努力してこの方、われわれは、中国政府がこの諸点を受け入れ、そしてわれわれ両国間の協定に調印して明確な誓約をするよう勧奨する。

    ツオンドゥ（民衆集会）代表、寺院ケンプ（堪布、寺院の
     主持・首領）、およびゲキカ（噶厦、政府）官吏（署名）
        チベット暦大16繞迴木鶏年11月15日[注37]」

そこでのチベット工作は、チベット自治国としての中国との関係においてその独自的存在を主張するものであった。チベット政府は、この立場で中国の戦後における制憲会議への参加、そして中国との新しい交渉を意図し、それへの参加は可能であったが、その立場はオブザバーであった。英国政府は、チベット政府が戦勝祝賀使節団を送りたいとの希望があるとの情報を中国政府から得ていたものの、そこでのシムラ会議の合意、シムラ草約第4条についての議論を、再び取り上げる立場

になかった。1946年5月英国はチベット使節団に接触したのみであった。

　当時、チベットに滞在していた木村肥佐生は、1946年11月チベットが「独立」を考えていることを、彼の主人（タルチン）から聞いた。彼は、こう書いている。

　「確かにチベット人は独立国家意識を強くもっている。摂政政治時代に権力を掌握した一握りの貴族に対して反感を抱く人間はおり、チベットの封建制度改革の志を抱くものも数少なく、だから存在はした。だが、始末におえない日和見主義者を除けば、チベットを中国の一部と認める人間はいなかった。13世ダライ・ラマが1913年に正式にチベット独立宣言を行い、2人の駐蔵大臣（アンバン）と中国兵をチベットから追放したことを考えあわせれば、チベット独立の妥当性はさらに裏付けられる。チベット人はアンバンのことを中国大使とみなしていたが、中国人はチベット総督扱いとしていた。その後、何年も、ラサには中国政府の代表は置かれなかった。しかし1933年、中国政府は公式的には13世ダライ・ラマ弔問団の形で、中国人官吏をラサに送り込むことに成功した。弔問団は葬儀が終わった後も引き返すことなく、後に蒙蔵委員会を名乗るようになった。ダライ・ラマの死後、必ず生じる政治的混乱から漁夫の利を得ようとするのが、中国の典型的なやり口である。だが、ここになって懸念すべき新たな理由が生じたようであった。

　これまで英国はチベットを独立緩衝国として保持していくだけの智慧があった」とタルチンは話を続けた。「独立を勝ちとったインド政府もこの政策を維持するだろう。だが、英国政府は現在、政権委譲の手続きで手がいっぱいだ、我々が心配しているのは、中国がこの機会を捉えてチベットに襲いかかり、みなが手をこまねいて見ている間にあの国を乗っ取ってしまう可能性があることだ。」彼が何故ここで歴史のレッスンを始めたのか、また「我々」というのが誰なのか私には見当もつかなかった。

　彼は急に私の顔を見てこう言い放った。「中国がチベットを軍事侵略するために着々と準備を整えているという噂が本当かどうか探り出して欲しい。新聞にとってはいいスクープになるだろうし」、彼は弱々しく付け加えた。[注38]」

　以上が当時のチベット情勢であった。この機を捉えて独自の自立的存在を求めていたチベットは、中国人民解放軍による解放を目前にしていた（後述）。

そのチベット独立をめぐる象徴的事件が、1947年3月23日デリーで開催されたパン・アジア会議であった。インド側は、チベットを「一つ国家」として招請し、チベット仏教の「雪山獅子旗」をチベット国旗として、他のアジア各国旗と並んで掲揚した。会場のアジア地図は、中国地図の中にチベットがなく、またチベット代表が壇上に座っていた。中国代表鄭彦棻がこれを発見し、すぐインド側に交渉して正された[注39]。

会議に出席したタイジ・サムドゥブ・ポタンは、以下の演説をした。

「わがチベット政府は、招待を受け、こうしてアジア諸国間会議に参加したしました。チベットは、仏法によって民を治める国です。インドは、仏教の産みの母というべき国であり、いにしえの時代より仏教徒と、特にチベット人と親密な関係にありました。それ故に、わが政府は、宗教に基づく両者の平和関係をこれからも維持するために、私たちをこの偉大な会議に派遣したのです。と同時に、この会議において、アジアのすべての諸国の代表にお会いできたことは喜びにたえません。マハトマ・ガンディー、ジャワハルラル・ネルー、ミセス・サロジニ・ナイドゥといった偉大なインドの指導者たちに、そしてこの会議にご列席の著名な代表の方々に、心からの感謝の意を捧げたいと思います。将来に向けて、すべての諸国が精神的関係に基づく兄弟愛を互いに抱くことが大切だと思われます。そうすれば、私たちは、アジアに恒久の平和と統一をもたらすことができるでしょう。[注40]」

それは、チベット「独立国」を自負した一つの表明であった。チベット人には、そうした決意が強くあった。

5．チベット代表団の対外工作

1947年、国民党政権は崩壊に向いつつあった。チベット当局は、商務代表団を派遣する名義で、国際的に活動を広げ、その機会に乗じて独立地位の獲得を図った。同年8月シャカパ・チャンキム（・ワンチェク・デデン）、スルカン・パンダチェン・ケンポらから成る代表団は、中国駐在米大使J・レイグトン・スチュアートの支援

で、香港駐在米領事が発行した査証で米国へ赴いた注41。彼らは、10月23日ワシントンに到着し、米国と友好関係を樹立せんとしており、ソ連、中国、インドに対していずれの肩も持たない発言をしていたが、しかし、当時、米国側は、蒋介石政府と密接な関係を持っており、米国としては、チベットの独立を承認することによって国民党政府との関係に影響を与えたくなかった。このために、国民党政府との交渉を経た後、米国務省は、シャカパ・チャンキムに対し、米国としては、チベットに関しては、完全に中国の意見を尊重して行う、と告げた。もっとも、彼らは、フランクリン・D・ルーズベルト米大統領に謁見して14世ダライ・ラマの書簡と写真を渡す予定であったが、国務省への伝達に留まり、米商務省の下級官吏一人が彼らと話し合うだけに終わった。このような待遇だけにしても、米国がチベットに好感をみせたのは、チベットを将来、ソ連に対する宇宙基地として利用したいからだ、と米国筋は弁明した。

その後、チベット代表団は英国に向かったが、そこでは、入国査証が得られなかった。そこで、使節団のシャカパは、1948年10月28日以下の書簡を英国政府に送り、善処を求めた提出した。

「ロンドン、英国（ヨーロッパ）

英国政府外相閣下

謹啓

私は、われわれの英国旅行に関し貴閣下に対し一筆啓上いたします。われわれは、チベットのカシャ（内閣）によってインド、英国、米国、およびその他の祖国を訪問し、チベットと前記諸国とのあいだの貿易を改善する可能性を見出すべく命じられております。

われわれは、既にインド、中国、および米国を訪問しました。そして、われわれは、また英国を訪問して、特に英国とチベットは長期にわたって大変に望ましい関係でありたいと望んでおります。一方、われわれは、ダライ・ラマ猊下とチベットの統治者およびチベットのカシャから英国首相あてに個人的に当てられた書簡を持参してきております。

しかし、われわれは、ニューヨークで貴国の査証担当官の要求で躓きました。彼は、ロンドン当局から特別に指示されたところに従い、われわれが署名した

宣誓書の形式で英国へ向かう査証を発行して呉れました。彼は、チベット政府がわれわれに対して特に発行したわれわれの旅券に対する査証は受け入れませんでした。

われわれは、ロンドン当局に対して、われわれは、チベットからの公式の貿易使節団の公式成員として、チベット政府が発行したわれわれの旅券を保持しているので、誓約書の形式で旅行をできなくするのではなく、われわれの立場を再び説明し、われわれの旅券に対して査証を発行するよう要求しており、ここに文書を作成しました。

この関連で、われわれは、またニューヨークの英総領事およびワシントンの英国大使閣下に文書を書きましたが、成功しませんでした。われわれは、貴閣下の情報のために、われわれの書簡の複写を添付します。

われわれは、英国査証担当官がわれわれの旅券に対する査証の発行を拒否されるならば、われわれは、すべての点で英国への旅行を取り止め、遺憾とせざるを得ないことを、貴閣下に通報するものであります。そして、われわれは、フランス経由でインドへ帰国せざるを得ません。われわれは、1948年11月6日のクィーン・エルザベス号でフランスへ向かいます。

　私の誠意をもって
　貴下に対する信頼をもって
　　　　　　　　　　　　　　シャカパ、チベット貿易使節団指導者[注42]」

結局、英国政府が適当な礼遇を与え、クレメント・リチャード・アトリー英首相との会見が手配された[注43]。その理由は、英国はチベットとは従来から交流関係があるためとされた。そして、彼らは同48年12月30日、代表団は、インドを経由してチベットに戻った。

国民党政府ラサ駐蔵弁事所の報告によると、チベットが派遣した商務代表団（別名は視察団）は、もともと企図していた対外借款を得ること、および独立を図ることの2つの目標は、すべて思いどおりに実現できずに終わった[注44]。

<注>
1 op. cit. Shakapa, *Tibet: A Political History*, p. 270. 前掲、三浦訳『チベット政治史』334 − 335 頁。
2 「国民政府追封達頼喇嘛的冊文」、前掲『西藏歴史档案薈粋』資料82。第 7 章注16 をみよ。
3 op. cit. Goldstein, *A History of Modern Tibet, 1913-1951: The Demise of the Lamaist State*, pp. 46ff. 杜永彬訳『喇嘛王国的覆灭』北京、時事出版社、1994 年。
4 K. Dhodup, *The Water-Bird and Other Year: A History of the 13th Darai Lama and After*, New Delhi: Rawang Publishers, 1986, pp. 64-91.
5 中国藏学研究中心・中国第二歴史档案館編『13 世達頼圓寂致祭和 14 世達頼転世坐档案選編』北京、中国藏学出版社、1991 年。
6 1934 年 10 月 8 日ゲキカ報告、12 日パンチェン・ラマ回蔵報告、19 日ゲキカ報告、11 月 16 日ゲキカ 13 項目建議、10 日 4 カルン報告など、前掲書、82、87、91 − 93 頁をみよ。
7 op. cit. Goldstein, *A History of Modern Tibet, 1913-1951: Then Demise of the Lamaist State*, p. 225. 前掲、杜永彬訳『喇嘛王国的覆灭』169 − 170 頁。
8 ibid., pp. 236-238. 前掲書、179 − 181 頁。
9 前掲、牙含章『達頼喇嘛伝』275 頁。前掲、王『西藏歴史地位辧』306 頁。op. cit. Goldstein, *A History of Modern Tibet, 1913-1951: The Demise of the Lamaist State*, pp. 238-239. 前掲、杜永彬訳『喇嘛王国的覆灭』182 頁。
10 前掲『13 世達頼円寂致祭和 14 世達頼転生档案選編』94、98 頁。前掲、王『西藏歴史地位辧』306 頁。
11 前掲『13 世達頼圓寂致祭和 14 世達頼転世坐档案選編』103 − 104 頁。前掲、王『西藏歴史地位辧』307 頁。op. cit. Goldstein, *A History of Modern Tibet, 1913-1951: Then Demise of the Lamaist State*, pp. 239-241. 前掲、杜永彬訳『喇嘛王国的覆灭』244 − 245 頁。
12 前掲『元以来西藏地方与中央政府関係档案史料汇編』第 7 分冊、2726 − 2727 頁。
13 「9 世班禅額爾徳尼遣嘱」、前掲『西藏歴史档案薈粋』資料86。丹珠昂奔主編『歴輩達頼喇嘛与班禅額爾徳尼年譜』北京、中央民族大学出版社、1998 年、667 − 668 頁。
14 前掲、丹珠昂奔主編『歴輩達頼喇嘛与班禅額爾徳尼年譜』668 頁。
15 1938 年 10 月 8 日「蒙藏委員会為儀定達頼喇嘛転世掣籤征認弁法事致行政院呈」、前掲『13 世達頼圓寂致祭和 14 世達頼転世坐档案選編』144 − 146 頁。
16 中国第二歴史档案館・中国藏学研究中心編『黄慕松・吴忠信・趙守鈺・戴伝賢奉使弁理藏事報告書』北京、中国藏学出版社、1993 年。
17 その座床指揮権に出席したのは霊童候補 1 人であったため、チベット側が籤引き免除を国民政府側に申し出て、英国の干渉という事態のなかで国民政府は籤引き免除を受け入れた。前掲『13 世達頼圓寂致祭和 14 世達頼転世坐档案選編』。
18 前掲『元以来西藏地方与中央政府関係档案史料汇編』第 7 分冊、2771 − 2766 頁。
19 「噶廈弁霊童首途尚未得格倉来電事致蒙藏委員会電」1939 年 7 月 14 日、前掲『13 世達頼圓寂致祭和 14 世達頼転世坐档案選編』213 頁。
20 「熱振弁中央応当派員参加掣籤典礼事致吴忠信電」1938 年 12 月 12 日、前掲書、158 − 159 頁。
21 「国民政府特派吴忠信会同熱振主持十四世達頼喇嘛転世事宣令」1938 年 12 月 28 日、「国

民政府弁明令特派呉忠信会同熱振主持十四世達頼喇嘛転世事致行政院指令」1938 年 12 月 28 日、前掲書、166 頁。
22 「呉忠信請准拉木登珠免予掣籤頒發坐経費事致赴丕廉電」1940 年 1 月 28 日、前掲書、287－288 頁。
23 「国民政府特准拉木登珠免予抽籤継任弁第十四世達頼喇嘛及撥發坐床経費令」1940 年 2 月 5 日、前掲書、290·291 頁。
24 「呉忠信弁報親主持十四世達頼坐床典礼情形事致国民政府主席行政院長電」1940 年 2 月 22 日、同中央社電、1940 年 2 月 22 日、前掲書、315 頁。
25 祝啓源・喜饒尼馬『中華民国時期中央与西藏地方的関係』北京、中国藏学出版社、1991 年、127 頁。
26 前掲『西藏通史――松石宝串――』940 頁以降。
27 中国政府は、1947 年 7 月 2 日国民党中央執行委員会第 7 次会議のラデン事件後の対チベット措置、8 月 11 日蒙蔵委員会公告で事件を落着させた。前掲『元以来西藏地方与中央政府関係档案史料汇編』第 7 分冊、2882－83 頁。
28 1943 年 4 月 9 日孔慶宗致蒙蔵委員会電、前掲『西藏地方史資料選輯』349 頁。
29 1942 年 7 月 6 日孔慶宗為報西藏設立外交局事致蒙蔵委員会電、前掲『元以来西藏地方与中央政府関係档案史料汇編』第 7 分冊、2841－2842 頁。
30 前掲『西藏地方歴史資料選輯』350 頁。
31 前掲『西藏地方歴史資料選輯』350－351 頁。前掲『元以来西藏地方与中央政府関係档案史料汇編』第 7 分冊、2847 頁。
32 1943 年 5 月 13 日蒙蔵委員会秘書周昆田致孔慶宗電、6 月 14 日蒙蔵委員会致軍事委員会電、前掲『西藏地方歴史資料選輯』351－352 頁。
33 ネパールは 1923 年 12 月 21 日英国との友好条約を締結し、その独立的存在を確認していた。同条約は、op. cit. Bhasin, *Documents on Nepal's Relations with India and China 1948-66*, pp. 10-11 に所収。全文は資料 789－790 頁をみよ。
34 前掲『西藏地方歴史資料選輯』350 頁。
35 前掲書、353—354 頁。
36 前掲書、357－358 頁。
37 op. cit. Goldstein, *A History of Modern Tibet, 1913-1951: The Demise of the Lamaist State*, pp. 538-543. 前掲、杜永彬訳『喇嘛王国的覆灭』456－460 頁。
38 op. cit. Kimura (木村肥佐生), *Japanese Agent in Tibet: My Ten Years of Travel in Disguise*. 三浦訳『チベット――偽装の十年』241－242 頁。
39 蒙蔵委員会は 1947 年 4 月 1 日、チベット人の会議出席、およびチベット地方旗事件を直ちに制止せよとの電報を送った。京蔵第 4101 号、前掲『元以来西藏地方与中央政府関係档案史料汇編』第 7 分冊、2865 頁。
40 op. cit. Shakapa, *Tibet: A Political History*, p. 291. 前掲、三浦訳『チベット政治史』358－359 頁。
41 op. cit. Shakapa, *Tibet: A Political History*, pp. 294-297. 前掲、三浦訳『チベット政治史』362－365 頁。張植栄『国際関係与西藏問題』北京、旅遊教育出版社、1994 年、72 頁。1946 年 5 月以降、チベットは、ニューデリーで駐インド米大使と接触を重ねていた。駱威『世界屋背上的秘密戦争』北京、中国藏学出版社、2004 年、21 頁以降。

42　op. cit. McKay ed., *The History of Tibet*, Vol. 3　*The Modern Period: 1895-1959, The Encounter with Modernity*, p. 581.
43　Tsering W. Shakya, "1948 Tibetan Trade Mission to United Kingdom," *The Tibet Journal*, Vol. 15 No. 4, 1990. op. cit. McKay ed., *The History of Tibet*, Vol.3　*The Modern Period: 1895-1959, The Encounter with Modernity*, pp. 573-585.
44　国民党ラサ情報、前掲『西藏地方歴史資料選輯』358 － 366 頁。前掲『西藏地方是中国不可分割的一部分』527 － 528 頁。

9　チベットの国際的地位

1．チベットの存在態様と独立活動

　以上の歴史的記述から、いわゆる「チベットの独立」活動の由来が、明らかとなる。チベットの農奴100万人は1100年この方、農奴主の圧迫と搾取のもとにあり[注1]、また宗教信仰で、彼らが生涯に望むことは、ひれ伏し拝むことで、死んで天国に入り来世にはよい転世であるべく祈ることにあった。

　彼らは、実際、「独立国家」の樹立を考えていたか。13世ダライ・ラマにしても、辛亥革命で四川軍を追い出してチベットに戻った際に、「独立国家」の樹立はいい出さなかった。したがって、「チベットの独立」のスローガンは、外部から持って来られたもので、最初から、イギリス帝国主義者が押し付けた面があった。その理由は、次のとおりである。

　第一。イギリス植民地主義者によるインド亜大陸の併合以来、英国は、一方では侵略の野心を拡大し、他方ではロシアと中央アジアおよびチベットを争奪しようとした。そのチベットへの侵略過程では、清朝政府の外交の弱さを利用し、また清朝中央政府の方針とチベット地方の英国政策の相違を利用して、英国は、チベット当局と直接交渉を行い、条約を締結する工作を進めた。さらに、そこでは、中国はチベットに対して宗主権しかないとの議論まで展開された。この宗主権をめぐる議論は、英露協定のなかで承認されたが、中国政府のいかなる反対にもかかわらず、清朝末期のチベット政治を整えるという時点では、実際上、中国の主権行使がなされていたにもかかわらず、また英国政府が北京条約で実質上、中国のチベットに対する主権を承認していたにもかかわらず、イギリス帝国主義者は、当時の大国による覇権的地位に依拠して、そのマスコミやチベットに下心を持つ一部の識者を煽動し

た新聞や文章などでチベット問題が論じられる際はいつでも、第三国(英国)の勧奨を容易にするべく、いわゆる中国のチベット宗主権が持ち出された。これによって中国のチベット宗主権をめぐる議論が公然となった[注2]。その後、新中国の支配下に14世ダライ・ラマが亡命政府を樹立して、チベットの自決権の議論が再び大きく浮上した[注3]。

1947年8月15日民国政府は、文書「英国が康蔵を侵略した概要」を作成した。その全文は以下のとおりである。

「1．チベットのヤートン（亜東）、ギャンツェ（江孜）、ガルトク（噶大克）などに対する侵略。

(1) 清朝光緒15（1889）年、チベット・英国戦争が起こった。チベットが失敗して、ヤートンを開埠地として開放した。

(2) 清朝光緒29（1903）年、2回目の戦争が起こった。英軍がラサに肉薄したので、30年7月28日（1904年9月7日）に英国・チベット条約が締結された。この条約によって、ギャンツェとガルトクを開埠地として開放して、ギャンツェからラサまでの砲台を取り壊した。チベットが英国に対し55万英ポンドの賠償を払った。そして、チベットの土地は他の国家に貸し出しすることができなくなった。また、わが国が、チベットの鉄道、電線、および鉱山などを経営することもできなくなった。

(3) 英国は、商務と僑民を保護することを口実にして、300名の軍隊をヤートンとシガツエ（日喀則）などに駐屯させた。（ガルトクに駐屯した英軍の数字について調査する必要がある。）

2．チベットのチラグゾン（提郎宗）、メンダワン（門達旺）、バイマンガン（白馬岡）などに対する侵略。

(1) 民国27（1938）年英国は、多くの人員をチラグゾン付近に派遣して、実地調査と測量を行い、橋を架けた。

(2) 民国31（1942）年英国は、50名の軍隊をチラグゾンの西、キエキアンマイ（斜香買）に駐屯させて、そこで兵舎と展望台を造って、通行人を厳しく検問した。また、兵舎の近くに野菜畑を開墾して、牛や羊などを飼育した。そこに駐屯していた兵隊は毎日、土地均しの仕事にしていたが、それは大規

模な兵舎と飛行場を建設するためであった。

(3) 民国33年英国は、兵隊をメンダワンに派遣して、調査と測量を行い、ダワン寺（達旺寺）にお布施を上げた。そして、チラグゾンの行政権を奪い取った。チベット政府の許可を受けてはいけないし、人民はチラグゾンで税金を払ってはいけない、と公言した。チベット政府側は、英国とこの件について交渉したが、成功しなかった。また、英国側は、メンダワンやバイマンガンなどの地域で税金を減らし、差役の免除を認め、現地人民を扇動してチベット政府の管理を服従しないよう、説得していた。歳月の経つうちに、一部人民は誤魔化された。

(4) 民国34年英国は、ブータンのタシガン（塔司工）に通じるメンダワン道路を完成させた。10月チベットは、英国に強制されて、メンダワンとバイマガンを英国に割譲することを正式に認めた。

(5) 民国35年10月英国は、2000名の軍隊をチラグゾン、メンダワン、およびバイマンガンに駐屯させた。11月、偵察機でアサミ（インド）とメンダワン・サンガン（桑昂）間の航空ルートを偵察した。

3．西康のワロン（瓦龍）、ザユル（／シャユイ、察隅）、サンガンなどに対する侵略。

(1) 民国32年（1943年）10月、英国は、サディヤ（薩地亜）―ワロン道路を着工し、開通させた。

(2) 民国33年10月英国は、兵隊40名をもってザユルで兵舎と道路を築造した。

(3) 民国35年4月、英国は、ワロン―ザユル道路の築造を進めた。11月、ザユルに飛行場を建設し、完成させた。サンガンでも飛行場を建設する計画があるが、まだ着工していない。

(4) 民国35年、英国は、300名の軍隊をワロン、ザユル、およびサンガンに駐屯させた。

(5) 民国36年4月、20名位のイギリス人が標本を採集する名義で、ポウォスムド（波密）、コンブ（工布）などを実地に調査した。[注4]」

なお、この英国の干渉について、高鴻志『英国与中国辺疆危機1637－1912年』は、1795年のA・ハミルトンのチベット干渉から説き起こしている[注5]。

第二。13世ダライ・ラマの行動は、「独立国家」の樹立ではなく、そのことも意図してもいなかった。ダライ・ラマは、英国への反対から英国への依存に転換したが、この転換は、明らかに（1）自分とチベットの地位の安全のためであり、また（2）中国中央政府の抑圧と不公正な待遇を受けないようにするためのもので、そしてチベットを守るためであった。辛亥革命で、彼は、インドからチベットへ戻り、四川軍を追放したのも、この2つの目的のためであった。彼は、自分で一つの国家の成立宣言もしたことはなく、当時の内地各省と同じように、清朝政府との関係を離脱しただけのことであった。それまでは、清朝政府の管轄下にあって、ダライ・ラマは自分で主宰できず、いま自分が主宰できるようになったので、一連の改革を行い、チベットを強大で隆盛にしたく、新兵を訓練し親政を実行するなどの事業を行った。このときの「大チベット国」構想も、イギリス人の関与のもとで生まれ、初めて始まったもので、いわゆる「大チベット国」（チョルカ・スム）は、スロンツアン・ガムポが支配した地域、およびその後に宗教上宣言された「四水六崗」を指し、つまり、シムラ会議で、まずチベット側が持ち出したチベット範囲を、その対象地域としていた。もっとも、この主張は、一つの「古い神話伝説」にすぎず、ラマ教を信じ、民族は一つであっても、唐・宋の時代におけるチベットの分裂は別としても、以前から長くこれまで、青海・甘粛・四川・雲南に生活するチベット人は、既に各省の管轄下に分割され編入され統治されており、700年余を通して彼らチベット人は、既に確証されてきた行政管轄のもとにそれぞれ統括され帰属し、自らその行政を施行していた。いまチベットが突然にこれらの省が管轄するチベット人をすべて自分の帰属にさせようとというのは、非現実的で、妄想というものでしかなかった。いうまでもなく、これは、事実上、実現できないことであった。

　当時、13世ダライ・ラマがこの考えをもって、西康（カム）・青海に打診してみても、直ちに西康・青海両省によって打ち消された。つまり、13世ダライ・ラマが政教王国としていわゆる大チベット国を樹立したいということは、ただ一つの宗教的信念にすぎなかった。それは、具体的なチベットでの立国条件ということにはなく、彼は、実際、種々の困難に直面した。すなわち、その第一は、財力の不足である。新兵の訓練も、電信・電話の開設も、警察の設立も、すべて費用が充当されなければならず、そのためには増税するしかなく、これは貴族と寺院の利益を犯す

ことになり、拒否された。これにより、9世パンチェン・ラマとの関係も悪化した。その第二は、人力の問題である。チベットは、もともと人口が多くなく、当時、各寺院のラマと貴族の農奴がそれぞれ人口120万人の3分の1を占めており、これらは合わせて人口の60％に達した。兵隊を拡大すれば、寺院と貴族の利益を犯すことになり、これは、チベット人がなぜイギリス人グールドを追い出したかのチベット人の自尊心を物語って余りある。その第三に、イギリス人も、ダライ・ラマに忠実であったわけではない。彼らイギリス人は、親英派チベット人を篭絡買収し、カシャ（内閣）の権力略奪を図ってきた。つまり、祖国を愛し、新政に反対する者を排除し、親英主義者に政権を掌握させ、13世ダライ・ラマを傀儡にせんとしてきた。この陰謀が摘発されて以後、ダライ・ラマは、英国だけを頼りとする政策を変更し、中央政府とも連絡する両面政策（二重政策）をとるようになり、彼が円寂して以後も、チベット側は中華民国中央に接近し続けた。いうまでもなく、13世ダライ・ラマ晩年の「二重政策」のもとでは、彼の独立国家計画の破産は明らかであった。

2. 中国の混乱とチベット問題

1945年8月、第二次世界大戦と日中戦争の終了で、チベットは、米国の戦略情報局SSOにとっても国務省にとっても、その戦略上、大きな利害関係をもつ地域とは見做されなくなった。一方、英国は、インドの独立問題に直面していた。ラサでは、当然に中国国民党が再び影響力を拡大してくる懸念が高まっていた。

以上の傾向は、1949年まで続いた。しかし、中国における共産党の勝利は米国の政策を変更するものとなった。米国は、中国共産党がチベットを支配すれば、この地区は思想・戦略上重要性をもつことになろうとして、チベットは中国共産党の支配下におかれるべきでないとの決意を固めた。1949年10月1日共産国家、中華人民共和国の樹立宣言で、チベット僧官はパニック状態に陥り、英国・米国・インドに対して軍事援助を要求する緊急アピールを発した。その際の英国の反応は、チベット支配層に同情しても、それへの支持は否定的であった。チベットは、中国と対決するほどの意味がないというのが、その判断であった。英国は新中国を承

認する立場にあり、インドのチベット政策に追随した。インドは中国のチベット支配を排除したかったが、それは可能なことではなかった。ただし、英国は、チベット人の士気を高めるために、チベットに小銃を送るよう、秘密裡にインドに勧告し、そのことは実現したが、それで、チベット軍が圧倒的な中国軍に勝利できるとはみていなかった。だが、ワシントンとロンドンは密かにチベット情報を交換しており、このことが米国によるチベット陰謀を遂行させることになった。

一方、中国内部では、いまこそがチベット問題を解決する好機だとした判断が浮上していた。それは、同 49 年 9 月 1 日中央においてゲサンエキ（格桑悦希）が関吉玉あてに送付した文書「チベット問題を解決する意見」である。以下、全文を引用するが、その意見はチベット人のチベット問題についての所見として的確である。

「チベット問題を解決することについての卑見

今回、チベット当局は、内戦で緊迫している軍事情勢の機会に付け込んで、チベットに駐在している中央官員をチベットから撤退させて、チベットで勉強している漢族僧、商人、および民衆とともに、すべてチベットを離れさせる、と命令した。そして、公然と中央との関係を断絶した。その一方で、英国とインドとの関係を持ち続けた。このような大局に頓着せず祖国を離脱する思い上がった態度に対して、中央は、国家主権と中央の威信を守るために、時機を外さず即断して、有効な制裁を加えるべきである。たとえ目の前にある内戦情勢においても、西南と西北の後方安定を確保するためには、中央が先ずもって、反乱側を取り除くべきである。今、チベットは、内部が空白で、人民は、長い間、貴族独裁に圧迫され、中央（中国）に味方している。加えて、今回、チベット当局は、自ら立場を失って、法律と道理に背いた。以上は、チベット問題を解決する絶好な機会である。

処理方法については、以下のとおりだと思う。

1．方法
(1) 失われた康西（西康省西部）の土地を回復する。西康省の金沙江西にあるチャムド（昌都）などの 13 県は、長い間にチベットに侵占されているので、直ちに民衆を発動して省政府に対し失われた土地の回復をするよう求めるべきである。西康省劉（文輝）主席は、兵力 2 団を調達して、地元の民衆武

力を合流して、チャムドを回復し、チベットを服従させるべきである。
(2) 10世パンチェン・ラマの要求に応じて、その衛隊（約1団に相当する兵力）を充実して、パンチェン・ラマをチベットに戻すべきである。さらに、馬歩芳長官は騎兵2団を引き抜いて、ジェクンド（玉樹）・ヘイホー（黒河）経由でチベットまで派遣して、パンチェン・ラマを護送するべきである。

　　以上2つの方法は、両方を合わせて応用すべきである。チベット側は、挟み撃ちに遭って、抵抗することができなかろう。
(3) チベット政治を改善する。パンチェン・ラマがチベットに帰って、失われた康西の土地を回復して以後、直ちに駐蔵長官公署を設置して、後始末をする。そして、民主選挙の方式でゲキカ（噶廈、政府）を改組して、封建的な世襲制度を取り除くべきである。宗教制度と政治形式の方は、今の時点で変更すべきではない。

2．説明
(1) パンチェン・ラマは、チベットの2人の宗教領袖の一人である。パンチェン・ラマがチベットに戻ることはチベット内部のことであるから、英国とインドは、このことに干渉する理由がない。そして、これを利用して、普通の僧・俗民衆の同情を勝ち取ることができる。
(2) パンチェン・ラマの衛隊を編成して、チベットに入る先導をすれば、言葉と風俗・習慣の隔たりがないので、途中の給養物資と運輸などについても困難がない。
(3) 馬歩芳の騎兵は野原の行軍が堪能で、戦闘力も強いので、護送する責任を任せるのが、一番適当である。
(4) 西康の民衆を発動して、失われた土地を回復するように要求させることは、西康民衆の願望と一致しているだけでなく、この問題を地方紛争に転化させて、外国人の干渉を避けることができる。
(5) 西康に属している民衆武力は十分といえるから、利用すべきである。民衆組織の規定によって、その武力を編成し補給して、訓練させるべきである。この民衆武力の24軍と兵力2団を合わせて一挙にチャムドを回復したら、チベット問題は容易に解決できる。

(6) チベットの常備軍は1万人弱で、兵力と軍需の動員が一般的に後蔵と西康の地域を主にしている。パンチェン・ラマがチベットに帰って、西康の失われた土地を回復するので、チベット側は、この地域で兵力と軍需を徴用することが難しくなる。そして、このことは、チベット軍隊の士気に影響を十分与えることになる。それで、青海省と西康省は、それぞれに2つの団の正規軍を提供したら、勝つことは確実である。

(7) チベットの封建制度は、とっくに民衆に愛想をつかされている。現任のカルン（噶倫、大臣）は独裁横暴で、とっくに民衆の信仰を失ってしまっている。宗教制度と政治形式を変えさえすれば、必ず人民の歓迎を受けることができる。後始末も困難ではなかろう。注6」

結局、以上の判断とおり、チベット問題が解決されることになった。チベット問題の解決は、中国共産党政権のもとで、以上の方策とおりに遂行された。そのために、1951年チベット平和解放協議が成立した。しかし、米国そしてインドの対外干渉は残り、これに連動して中国中央に対するチベット人の抵抗闘争も続いた。

<注>
1　多杰才旦・江村羅布主編『西藏経済簡史』北京、中国藏学出版社、1995年。
2　Tieh-Tseng Li（李鉄錚）,*The Historical Status of Tibet,* New York: King's Crown Press, 1956. 王貴・他『西藏歴史地位辨──評夏格巴《藏区政治史》和范普拉赫《西藏的地位》』北京、民族出版社、1995年。
　　中華人民共和国の公式見解は、以下をみよ。「西藏是我国領土不可分的一部分」人民日報、1959年4月24日／『西藏問題真相』香港、香港實實言出版社、1959年。Wang Jiawei & Nyima Gyaincain, *The Historical Status of China's Tibet,* Pajin：Chinal International Press, 1997.
3　op. cit. van Walt van Praag, *The Status of Tibet.* op.cit. van Walt van Praag, *Tibet and the Right to Self-Determination,* Dharmsala: Information Office of His Holiness the Dalai Lama, 1979.
4　「英人侵略康藏概要」、前掲『西藏地方是中国不可分割的一部分』529－530頁。前掲『元以来西藏地方与中央政府関係档案史料汇編』第7分冊、3183─3184頁。
5　高鴻志『英国与中国辺疆危機1637－1912年』黒龍江、黒龍江教育出版社、1998年、26頁。
6　「格桑悦希為上呈解決西藏問題芻議致事関吉玉函」、前掲『元以来西藏地方与中央政府関係档案史料汇編』第7分冊、2947－2949頁。

II　新中国とチベット

10 チベットの平和解放と米国のチベット工作

1．米国の干渉と漢人のチベット追放

　米国とラサ当局の接触は、探検家・学者・作家であった中国駐在米大使ウィリアム・ウッドビル・ロックヒルら2人が、1908年5月、当時、山西省に逃れていた13世ダライ・ラマと接触したのが始まりである[注1]。ダライ・ラマはラサに戻って権力を回復するために米国の援助を求めたといわれたが、この交渉はなんの成果なく終わった[注2]。それ以後、双方の関係は40年間、中断した。

　第二次世界大戦で、1942年5月、ジョセフ・W・スティルウェル将軍指揮下の中国軍がビルマ・ルートで日本軍に敗北し、ビルマ・ルートは閉鎖された。代わってヒマラヤ越えの航空救援輸送となったが、それも航空機がラサ南東96キロのチベット山岳地帯、サムイェ僧院（桑鳶寺／桑耶寺／木秧寺）近くのドナン（洞南）で衝突し不時着し、これにより当面、蔣援航空ルートは中断された。乗務員5人はチベット人に助けられ、護衛付きでインドは送られた[注3]。以後、チベット・ルートが提案され、1942年8月英国は通商ルートの可能性につきチベット当局と接触したが、中国軍の配置に中国側が固執し、蔣介石は、それを認めなければ侵略すると、チベットを脅迫した。他方、チベットは、チベットの主権的存在の保証を要求した。結局、中国は事務官の配置につきチベットと合意し、チベットは軍事目的に使われないとの条件で、これに同意した[注4]。

　こうして、米戦略情報局SSOは、イリヤ・トルストイ大尉とブルック・ドーラン少尉を英国、インド当局とも公式に協議せず、中国にも通告せず、インド駐在英官吏を通じてラサに送ることになった[注5]。中国からの入国に失敗し、局長ウィリアム・ドノバンから国務長官あてチベット入国の許可を求める文書が送付された。

343

同文書の抜粋は、以下のとおりである。

「   1942年7月2日

謹啓

　イリヤ・トルストイ大尉とブルック・ドーラン少尉の2人を、中国のスティウェル（中国・ビルマ・インド米軍司令官）の下にインドとチベット経由で使節として派遣したい。本職は、よって米国務省として、インドに戻る必要はなしに、英国に対し、インド経由でイリヤ・トルストイとブルック・ドーランがチベットに入り、そしてチベットへの旅行の自由を認められるよう、インド当局から許可を得て貰いたく、インド・ニューデリー米使節団の長に指示されるよう、要請する。……

　われわれとしては、このプログラムは秘密で、この2人の官職に触れるのを避けることを希望する。

　　　　　　　　　　　　　　ウィリアム・J・ドノバン[注6]」

　その工作は成功した。「アメリカは、チベット領土通過の許可を求めていた。」その申し出に、「では代わりに、武器・弾薬・送信機を頂こう」とカシャ（内閣）は答えることになる！[注7]。彼らは1942年12月12日、ルーズベルト米大統領のダライ・ラマ法王あて書簡を持参して入国し、翌43年3月19日までラサに駐在して帰国した。それは、表面上の輸送ルートに関する報告というものではなく、チベット政府の政情調査にあった[注8]。もともと、当時、米国としては、「中国のチベットに対する宗主権と……チベットは中華民国を構成するとした中華民国憲法」を認めていることは障害であるとみていた[注9]。その一方、その時点では、既にインド―ラサ―カム（西康省）航空輸送ルートは成立しており、運用されていた。このSSO使節のダライ・ラマとの公式接触は、米国がチベットと公式の接触をしたことにおいて意義があり、以後、米国の関与が深まった。その訪問において彼らが持参したルーズベルト米大統領の書簡は、以下のとおりであった。

「　　　　　　　　　　ホワイトハウス　　1942年7月3日

法王猊下

　わが同国人イリヤ・トルストイおよびブルック・ドーランは、法王猊下に拝謁し、世に名高い古い都ラサを訪問することを希望しております。

アメリカ合衆国においては、大勢の人々が——私もその１人ですが——、貴国および貴国の住民に関心を抱いており、こうした機会を高く評価することでしょう。

法王猊下も御承知のように、アメリカ合衆国は、現在 27 の諸国人民と連合して、征服欲にとり憑かれ、思想・宗教・行動の自由を破壊せんと企てる諸国によって仕掛けられた戦いに抗しております。アメリカ合衆国は、自由の防衛と自由の維持のために戦い、戦っており、勝利は疑いないものと信じております。なぜなら、理はわれわれにあり、われわれは十分な力を有しており、その決意は不動だからです。

法王猊下への私の親愛の気持ちの印として、イリヤ・トルストイとブルック・ドーランにささやかなる献上品を託します。

心からの挨拶を申し添えて

敬具

フランクリン・D・ルーズベルト[注10]」

そして、それに対するダライ・ラマの返書は以下のとおりであった。

「USA、ワシントン DC、ホワイトハウス

アメリカ合衆国大統領、フランクリン・ルーズベルト閣下

大統領閣下

閣下の親書および友好の印である贈物（閣下自筆のサイン入りの顔写真および月齢・曜日の出るきわめて精巧な時計）を当地ラサに到着したトルストイ大尉とブルック・ドーラン少尉の手より拝受できたことは欣快にたえません。

閣下とアメリカ合衆国人民がわが国に大いに関心を持たれていることを知ってうれしく思います。また、アメリカ合衆国国民が 27 の諸国と連合して、征服欲にとり憑かれ、思想・宗教・行動の自由を破壊しようと意図する諸国によって仕掛けられた戦いで抗戦しているということは、大変重要なことです。

チベットもまた、その歴史始まって以来、自由と独立を享受し、これらに重きをおいてきました。私自身、年少ながらも前代のダライ・ラマの方針どおり、この仏法の地チベットにおいて仏陀の説かれた法を弘め、末永く保持するべく努めております。この戦いが速やかに終結し、世界の諸国が自由と親善の原則

に基づく、正義の平和を恒久的に享受できるよう、強く祈願するものです。

　私の友好の印として、ここにカター（儀礼用スカーフ）とチベット金貨3枚、私の写真、そして青色の錦で表装した刺繍のタンカ（チベット宗教画）3幅を献上いたします。これらのタンカは、それぞれ「六福録寿」「忠実な4人兄弟」「八吉祥図」を描いたものです。

敬具
チベットのダライ・ラマ
（チベットの（14世）ダライ・ラマの印爾）
癸未年チベット暦1月19日（1943年2月24日）[注11]」

　ブルック・ドーランのスパイ工作の経歴に比して、いま一人、文豪トルストイの孫はお飾り的存在であった。この訪問の時期に、懸案の重慶－ニューデリー－ラサルート協議が英国とチベット間の交渉で進められ、1943年5月決着したが、その計画は民需のみに限定されたことで、結局、その計画は放棄された。

　1945年8月第二次世界大戦の終了で、米国務省もチベットの価値を軽視した。それで、チベット代表団の英国・米国訪問はニューデリーの拒否に終わり、1946年3月ドランを受け入れた代価として、公式にチベットが米大統領に支援を求めていた無線電信用発電機に代えてディーゼル発電機3台が6月カルカッタからカリンポンへ運ばれ、チベットに引き渡された。この贈り物は、蒋介石の中国が苦情を持ち出しても無視することができる程度のものであった。しかし、このことは、米国のチベット政策の転換を意味した。1947年1月駐ニューデリー米臨時代理大使ジョージ・R・メレルの公電は、中国内戦が発生するなか、「チベットはイデオロギー的にも地理的にも極めて重要な位置にある」と指摘し、それで、インド、中国、ビルマ、インドシナにおいて敵対的な政府が権力を握る可能性が現実にある以上、保守的なチベット人は「アジア全体に共産主義が広がることに対する防波堤として有用であろう。……チベットは政治的大動乱という波濤のなかにあって保守主義の安全地帯、……ロケット戦争の時代には全アジアのなかで最も重要な地域となろう」と言及していた[注12]。ただし、その報告は、当時、米国務省の関心を引きつけるまでにはいたらなかった。また、米国としてはロケット基地をチベットに設けることなどは論外のことであった。

なお、インドは1947年8月15日のその独立後、英国がチベットに関して有していた権益と施設を継承した[注13]（英国は、1950年11月6日下院で、1947年インドに権限を委譲し、チベットに関するすべての権利が一義的に継承されたことを確認した）。チベットの駐ラサ英国代表部はインド代表部となったが、H・E・リチャードソン代表以下の要員は、この1950年にインド外交官S・シンハと交代するまで残った[注14]。

1948年初めから1年以上をかけて、ツィポン（財務長官）シャカパ・ワンチュク・デデンらのチベット通商代表団が、当時、マハトマ・ガンディーが暗殺されていた[注15]インド経由で南京へ赴き、蒋介石と会見した（中国は当時、選挙の最中で中国政府はチベット通商代表団を国民大会に招聘した。一方、そのチベット代表団は1946年5月5日国民政府還都大典に出席し、（チベット代表はそれを見学に過ぎなかったと、のち抗弁した）、のち、米国、英国、ヨーロッパ諸国を歴訪した。その目的は、以下の3つであった。(1) チベット輸出におけるルピーに代える米ドルまたは英ポンドの使用、(2) チベット通貨の保証のための金の買付、(3) 世界諸国に対するチベットの対外関係の開設。この旅行に対する中国政府の態度は、代表団は非公式のものであり、チベットが携帯したチベット旅券は無効かつ無価値であるとしていた。民国政府としては、チベット人が中華民国旅券を持参すれば公式の代表団として認めるとしたが[注16]、当時、中国政府自体がそれを強いる立場になく、彼らの行動を阻止することもできなかった。シャカパにとってみれば、チベット旅券で世界を旅行した事実にこそ意義があった。事実、その旅券は米国・英国・その他の国で認められた。そして、インド政府は米ドル又は英ポンドでの支払いを認め、間接税の支払いを免除し、そしてインドにおけるチベット通商代表部の設置を認めた[注17]。

チベットでは、1947年2月摂政タクダ・リムポチェの横暴に対する小包爆弾テロが起こり、3月ラデン・ジャムペル・イェシェのタクダ追放のクーデタ計画が蒋介石国民政府主席のもとに届いた。この計画の暴露で、ラデンはラサに連行された。セラ寺の僧はラデンの奪回を企図したが、実行されないまま、5月8日ラデンは急死し、ラデン一派は追放された。この内戦の危機が回避された直後、7月英国は、ラサ公館を通じて、過去において中国との折衝で得られた援助をインドおよび

英国政府から期待できると確約した[注18]。そのことは、英国・チベット条約の権利・義務がインドに継承され、同様の関係を維持できるということであり、同時にインドはチベットに干渉することを意味した。

　中国の内戦における中国共産党の動向は、チベット当局にとっても、ラサの中国国民党弁事処の要員にとっても、最大の関心事であった。こうした状況下に、1949年7月8日チベット政府は、国民党代表陳錫璋を含む中国公館全員とラデン事件に関与した中国人・その他の中国商人らすべてに対して、即時、インド経由で中国へ退去する措置をとり、インド国境までの輸送手段は無償でチベットが提供した。そして、中国の放送局も学校も閉鎖された。このラサにおける漢人の完全追放は、チベットにとりいわゆる第五列の可能性を阻止することにあった。その際、摂政トラ・リムポチェは「共産主義者に対する仏教徒の宗教戦争」を宣言したが、実際、ラサ当局は共産主義に対する警戒心を強めており、いわゆる悪魔払いの精神的努力もなされた。この状況を目撃したハインリッヒ・ハラーは、「国家の運命が危殆に瀕していただけでなく、各個人は自分の財産を守れるか否かを案じていたのである。これまで以上に人々は神託を求め、前兆に頼り、何か事件が起こるたびに、良い前兆だとか悪い前兆だとか解釈した。……しかし民衆は神々の助けを信じ、奇蹟がこの国を戦争から守ってくれると、思いこんでいた」と書いている[注19]。

　その直後、インド駐在米大使ロイ・ヘンダーソンはアメリカ人ラジオ解説者ローウェル・トマスのラサ訪問をチベット当局に要請し、この中国人の引き揚げという状況下に、トマスはラサに入った。一方、新疆は共産党の支配に移っており[注20]、そこを逃れて米副領事ダグラス・S・マッカナム、フランク、および3人の白系ロシア人もチベットに来訪し、彼らはチベット当局に受け入れられた。

　チベットは中国の一部であり、このチベットに対する中国の立場を米国は支持していたが、中国における共産党の支配は目前の現実になりつつあった。この中国共産党の勝利を目前にした現実こそ、チベットに対する米国の政策を再評価させるところとなった。政策の再評価は国務省極東局ルース・E・ベーコン女史の長文の論評に始まり、これにニューデリー駐在米大使ロイ・ヘンダーソンがそれに同意した。ヘンダーソンは「チベットにおける共産主義者の支配は"悲惨"なものになろう」と述べた[注21]。続く公電で、ヘンダーソンは、アメリカ人数人をラサに駐在さ

せる必要があると建言し、中国駐在米大使レイグトン・スチュアートもこの方策に同意した[注22]。7月28日の国務省公電で、秘密使節団のラサ派遣の件が関係機関に通知された[注23]。もっとも米国の対処方針は混乱していた。10月1日の中華人民共和国樹立直前、アメリカ人ジャーナリスト、ローウェル・トマスと彼の息子がインドの仲介でラサに入った[注24]。トマス2人は14世ダライ・ラマに会い、11月19日両人はチベット外務局から米国務省あての民事・軍事援助を求める書簡を受け取った[注25]。彼は、帰国の記者会見で、中国共産主義者に対決するための米国の援助、チベット人に対するゲリラ戦についての助言、およびラサへの米使節団の即時派遣を求めるとした[注26]。ここに、米国の関与が始まることになる。

当時、チベット調査をしていた元日本工作員木村肥佐生は、カリンポンにいて、こう書いた。

「……私は、しばしばチベットの将来におもいをめぐらした。チベット人のこれからの交渉相手は、蔣介石や馬歩芳ではなく毛沢東率いる共産主義者である可能性大だ。内戦に勝利を治めるだけの力をもっているのは、己れの主義に忠実な共産主義者であるという見込みが出てきたからだ。こうした類の綱領だけが、抑圧された人に訴えかける。だが、物質主義を標榜し、宗教を排撃する共産主義思想が仏教一辺倒のチベット人といかに融和することができるのだろうか。いかに搾取されようとチベット人のダライ・ラマと仏教に対する信仰はゆるぎなく、カルマの理論を信じていることから、日々の苦難も一種の諦観をもって甘受する。手遅れになる前にチベットを変革する必要があった。こんな一目瞭然のことをどうして人はわからないのだろうか。ラサに戻ったら、このことを考えてみなくてはなるまい。」

そして、その注で、木村はこう書いた。

「1950年勝ち誇った共産党中国が東チベットを侵略したとき、最初のうち多くのカムパが、中国軍に協力した。共産主義が少数民族に対してきわめて貧弱かつ冷笑的な政策しか持っていないことが証明された1950年代の半ば、カムパたちはチベット政府にはかつて行なったことがないほどの大々的なゲリラ戦を共産党中国に対して展開するようになった。[注27]」

2．14世ダライ・ラマの亡命工作とチベットの平和解放

　1949年7月8日チベット当局は、国民政府に対し赤化防止の必要な措置をとるよう求めた注28。翌9日チベット当局は、国民政府総統代理李宗仁あて書簡で反共戦争の遂行を確認し、そこではチベットの主権的関係を要望していた注29。

　10月1日中華人民共和国の成立が宣言された。次いで、12月新疆が解放された。この事態で、チベットの役人はパニックに陥り、英国・米国・インドに対し軍事援助を要請する緊急アピールを発した。英国の反応は、チベットが中国に反目する程の意味はないとしており、チベットに接するインドの立場を支持するにとどまった。英国は、インドに対し小銃のチベット提供につき助言したが、チベット軍には中国人民解放軍に対抗する軍事的能力がないことは十分承知の上であった。英国は米国と秘密交渉を重ね、ネルー・インド首相がインド軍顧問と軍事物資を密かにチベット軍に提供した。11月19日ニューデリーでカルン（大臣）、チベット人貴族、およびニューデリー駐在米外交官の三者会談がもたれ、その会談は1950年から翌51年にかけても続けられたが、米国の同情的表現に留まり、実際の援助はなかった。ただ、インド人政治家の多くは、このネルー工作に満足ではなかった。

　この中国のチベット解放計画は、パンダツァン兄弟と2人のアムド族指導者にも、北京当局から伝えられていた。その内容は、1年以内にチベットを解放するというもので、さらに、5年以内にネパール、シッキム、ブータン、インドをも中国に吸収するとあった。彼らは、その内容からラサに警告を発することもできず、そこで、その意図を英国政府とインド政府に伝えた。それを担ったのが、1947年来、チャムド（昌都）北の要塞に派遣されていたスコットランド人医師ジョージ・パターソンで、彼はシッキム経由で2カ月かかってカルカッタの英高等弁務官デービッド・アンダーソンに伝えた。アンダーソンは、米領事館の中央情報局CIA局員ハロルド・リン（林）に伝えた。ワシントンでは、6月16日国務省で共産主義支配に反対するチベット抵抗運動を促進し支援する会議が開催された。8月米国は、インドからの武器供与という形でのチベットの援助につき、チベット当局に通告した注30。

　中国軍は6月25日、チベット自治区チャムド（昌都）南東のパタン（巴塘）に入った。これに抵抗した2000余名のチベット軍とカムパ族は、10月6日揚子江流域

で中国軍によって全滅した。

　中国共産党中央のチベット工作は始まっていた。1948年8月6日毛沢東は、中共中央西北局第一書記・中国人民解放軍第一野戦軍司令員兼政治委員彭徳懐に対して共産党の支持工作を受け入れていた10世パンチェン・ラマの立場を配慮したチベットの解決を求めた。12月30日彭徳懐は、新疆・青海経由でのチベットへの進軍は難しく、カンゼ（甘孜）・チャムド経由しか方策はないと、毛沢東に報告した[注31]。

　人民共和国の樹立を目前にして、1949年9月2日新華社社論「外国の侵略者による中国領土——チベットの併合は絶対許さない」が発表された。それは全文以下のとおりであった。

> 「7月8日チベット地方当局者による漢族人民と国民党駐蔵人員の駆除は、イギリス・アメリカ帝国主義およびその追随者であるインド・ネルー政府の計画の下で行われた。英国・米国・インド反動派がチベット地方反動当局を結託してこの「反共」事件を行う目的は、おそらく人民解放軍が間もなく全土を解放する段階で、チベット人民を解放できないようさせることにもかかわらず、これ以上、独立と自由を失い、外国帝国主義の植民地奴隷にさせるわけにはいかない。この陰謀事件は、最近、アメリカ帝国主義が台湾を併呑しようという陰謀と、まったく同じである。100年以来、イギリス・アメリカ帝国主義は、一貫してチベットを侵略しようとし、あるいは併呑しようと図ってきている。イギリス帝国主義は1860年にチベット外藩のシッキム（哲孟雄／錫金）を侵略し、占拠した。1887年と1904年にまた、2回、チベット侵略戦争を行った。アメリカ帝国主義も、第二次世界大戦の終結以来、チベットを侵略するべく積極的に企図している。アメリカ帝国主義は、チベットにスパイを派遣し、チベット上層部の一部を使って、チベットの実際上の支配権を乗り取ろうとしていた。中国人民は、英国・米国・インド侵略者の侵略活動に対して、既に注意をしていたし、また彼らの中華民族を敵にする罪を深く自覚するところである。
>
> 　英国とインド反動派は、チベットを併呑するため、チベットが中国領土の一部分であることを否認しようとしている。これは、絶対に、昼間の寝言ということである。だれにも、内外に公開され出版された地図と中国内政に関する外

交書類に、その根拠を見つけることはできない。チベットは中国領土であり、チベット民族は中国各民族大家庭に加入して、漢族および中国境内のほかの民族と兄弟の関係を維持ことには、長い歴史がある。チベット民族と漢族および中国境界内の他の民族との友情は、英・インド侵略者と漢・蔵両民族の反動的分子の損害を受けたことがあるが、チベットの愛国人民は、毛沢東の新民主主義および中国共産党と中国人民解放軍による少数民族の扶助政策がチベット人民の救世主であることを、漸次わかってきた。中国のいかなる少数民族であれ、漢族人民との分裂は、必ず帝国主義国家の植民地奴隷になってしまう。チベット人民は、絶対に植民地奴隷になることは望まず、彼らが1887年と1904年の2回にわたり、イギリス帝国主義の侵略を勇敢に抵抗したことは、一番良い証明である。

　今回の英国・インド侵略者がチベット地方当局を使嗾し、「反共」という言い訳で変乱を発動させることは、余りにも冒険的で馬鹿なことである。確かに、国民党反動派は中国の地上から駆除し消すべきであるが、これは、中国人民自ら中国共産党指導の下で行う革命闘争であり、いかなる外国の反共的分子とも関係がない。中国人民は、既に大部分の領土で国民党反動勢力を消滅させ、もうすぐ全国土で彼らをきれいに処理することは間違いない。中国共産党は中国労働人民の政党であり、中華人民共和国の指導者である。中国共産党のこの指導的地位は、全国人民に公認され、信頼されている。今の現在、誰であれ中国共産党、または中国人民解放軍に反対すれば、彼は、必ず国民党と同じような消滅の危険となる。中国共産党は、少数民族の自治を主張し、各民族の宗教・信仰・文化・習慣を尊重している。内蒙古解放区と既に解放された甘粛回族区の事情を知っていれば、もう疑いはなかろう。外国侵略者は、チベットで反共のデマを飛ばし、チベット当局を騙して恫喝しまた恐怖を与え、その目的は、彼らをとても危険なところに落ち入りさせることになろうか。

　中国共産党に指揮される400万の人民解放軍は、中国各民族を解放しなければならない。すなわち、漢族だけではなく、中国境内の各少数民族をも解放しなければならない。中国人民解放軍は、既に大多数の漢民族と内モンゴル人民を解放した。現在、回族人民を解放せんとしている。また、チベット民族と

西北・西南・華南の他の少数民族をも解放して、彼らを帝国主義と国民党反動派の圧迫から脱出させた。チベットは中国の領土であって、外国の侵略は絶対に許せない。チベット人民は中国人民のなかの切り離せない一部分であるので、いかなる外国の分割も絶対許せない。これは、中国人民、中国共産党、および中国人民解放軍の一貫した方針である。いかなる侵略者であれ、この点を認識しないと、もし中国の領土に挑発しようとすれば、またチベットと台湾を分割または侵略しようとするなら、必ず、偉大な中国人民解放軍の鉄拳とぶつかって敗れることになる。われわれは、その侵略者が速やかにチベットと台湾の前足を止まれるよう警告する。そうでなければ、彼らは、この行為で起ったすべての結果に責任を負わなければならないのである。[注32]」

さらに、9月7日中国共産党機関紙人民日報は「中国人民はチベットを必ず解放する」と報じ、16日の人民日報には、チベット人テンパ（天宝）の記事「すべてのチベット同胞は解放を勝利のうちに迎えよう」が載ったが、漢人にとってはチベットの将来に、なんの疑いもなかった。これを確認して、9月27日の人民日報社論は「外国侵略の中国領土——チベット併合を許さない」と論じたが、共産党当局には人民解放軍が優勢であったにもかかわらず、未だチベット進軍の予定はなかった。

10月1日付で10世パンチェン・ラマは、毛沢東主席と朱徳総司令あて書簡で、チベット人民の解放を要請した。電報は、以下のとおりであった。

「北京の中央人民政府毛主席、中国人民解放軍朱司令均鑒、均座大智大勇の略をもって、救国救民の業をなし、義師の至る所、全勇は勝歓し、班禅の世は国恩を受け、備に優崇を荷う。20余年来、チベット領土主権の完整のため、呼吁奔走し、未だかつて稍懈せず。ただ、未だ結果を獲ざるを以って、良く疚心を用う。刻下は青海に覊留し、命を待ちて蔵に返す。茲に、幸いにも均座領導の下に在り、西北は已に解放を獲て、中央政府は成立し、凡て血気ある者は声を同じくして、鼓舞す。今後、人民の康楽は期すべく、国家の復興は望みあり。チベットの解放は日を指して待つべし。班禅は謹んでチベット人民を代表し、均座に向け崇高無上の敬意を致し、併びに擁護受戴の忱を失う。[注33]」

11月23日、これに対する毛主席と朱総司令の連名の返電は、以下のとおりであった。

「10月1日の来電報に接し読み、甚だ欣慰となす。チベット人民は祖国を愛し、外国の侵略に反対し、国民党反動政府の政策に屈せず、統一された各民族が平等に合作した富強な新中国の大家庭の一分子にならんと願う。中央人民政府および中国人民解放軍は、必ずチベット人民のこの願望を満足させる。先生および愛国人士は一致努力し、チベットの解放ならびに漢蒙人民の団結のために奮闘されることを希望する。[注34]」

そして、10月10日チベット・アリ（阿里）地方政府の代表カイダンペンジエ（才旦朋杰）とザシツァイラン（札西才譲）は、毛沢東あて書信でダライ・ラマとの和平協議に入る手順を進言した。

「中央人民政府毛沢東主席

　拝啓

　　中央人民政府士官の李狄三（新疆独立騎兵師第二団防衛股長官、1950年8月にアリのガイズォチャマーマンパオ（改則扎麻芒保）に進駐）が（チベット・アリの）ナリクォリスンムチェ（那日過力松目区）においでになってから、われわれは、友人関係を確立し、中央人民政府の命令に従っており、戦ったこと一度もなく確実に平和を実現してきた。今回、われわれの邦保（官長）の2人が、チベット政府は中央人民政府と平和について協議し、中央人民政府に従うようにダライ活佛にお願いした。また、毛主席としては、解放軍が前進しないように命じてほしい。われわれは、ご命令と指示に従う意図である。中央人民政府に要求することの第1条は、以下のとおりである。チベット人民が中央人民政府の人民になりたいということである。チベットの高級官員とナリクォリスンムチェの両邦保は平和交渉を行うよう求めているけれども、中央人民政府士官のご意見をお聞きしたい。中央政府がチベット政府に対してどんな命令を下しても、上の人間に伝達して、われわれ自身も必ずその命令に従う次第である。要求することの第2条は、チベットのダライ・ラマ大官に罪を加えることなく、また政治の面でチベットの宗教・風俗習慣を保障してほしいということである。要求することの第3条は、われわれとナリクォリスンムチェの両邦保が士官と仲良く付き合っているので、戦わずに平和について協議して、群衆の平安を保障するようお願いすることである。第4条は、チベット地方は広くなく、

そんなに大勢の人が入れられない恐れがあるので、大規模に軍隊をチベットに投入しないようにお願いする。第5条は、以後、そちらの軍隊が他の地方に行く前に、われわれに知らせてほしい、ということである。なぜなら、群衆が疑惑を持たず彼らに対し怖くしないために、事前に通知して頂いた方がいいと思うからである。[注35]」

これに対して、毛沢東主席は10月19日、西南地区の作戦方針を指示し[注36]、11月23日彭徳懐共産党中央西南局第一書記・第一野戦軍司令員兼政治委員に対し自らチベット問題の意見を記して、チベット問題は明年秋季もしくは冬季に完成するところであり、その主要責任は西南区にあって、そのチベット出兵は（現在のところ）不可能であるから、川・康の平定ののち着手したらどうか、との意見を送付した[注37]。その上で、12月30日毛沢東は、中国人民軍新疆軍区司令員王震、チベット・アリ地方政府代表カイダンペンジエ、ザシツァイランに対し、その件を確認する電報を送った。以下のとおりである。

「王震司令員

　　カイダンペンジエ（才旦朋傑）、ザシツァイラン（札西才譲）に答える手紙を、前線の軍隊から、彼らに渡して下さい。西南軍政委員会と西南軍区司令部が連合して発表したチベットに入る布告（新華社11月10日重慶電報）を前線の軍隊で広く散布し、宣伝して下さい。

毛沢東

(1949年) 12月30日

カイダンペンジエ、ザシツァイランお2人へ

　ご来信は既に受けました。皆が貴地に至った人民解放軍と友達となったことを知って、本当に嬉しい。人民解放軍は、チベット人民を助けて、外国帝国主義と蒋介石ら反動派の圧迫から脱出するために、チベットに入った。だから、すべてのチベットに入った人民解放軍は、至るところで、チベット人民と友人になった。中央人民政府および人民解放軍のチベット各界人民に対する方法は、もう西南軍政委員会と西南軍区司令部が連合して発表した布告の中に詳しく書かれている。今、もう前線軍隊に命令し、この布告の写しを2人にあげる。皆は、あらゆる方法でこの布告を配布して、ラサの多く人に送って下さい。この布告

について何かの意見があれば、私にいって下さい。皆の出した5つの要求の第二は、もう布告で説明されている。その第一と第三は、2人の代表が当地の解放軍官員と平和について相談するようにして下さい。私は、その意見に、完全に賛成する。チベット高級官員が相談を希望すれば、その意見を当地解放軍官員を通じて、私に伝えもらえばよい。その第四について、人民解放軍のチベットに入る軍隊はすべて中央政府から供給しており、絶対に当地の民衆を侵すといったことはない。チベット官員が皆、皆のように解放軍と協力できれば、入る軍隊の量が少なくなる。その第五については、人民解放軍の行動については、軍事秘密を妨げない限りに、事前に皆に通知する。この件は、当地の軍隊官員と相談して処理される。

　皆のご来信に感謝する。末筆ながら、皆と貴地の人民に挨拶を送る。

12月30日[注38]」

　この局面の急転回で、11月4日摂政タクダ・リムポチェは、チベットの自衛発動を宣言し、米UP通信社を通じて外交使節を米国・英国・インド・ネパールへ送る用意をした。その英国あて書簡は、以下のとおりである。

「中国共産軍が中国の蘭州、青海、および新疆の諸省に侵略した。これら諸省はチベットの境界に位置しており、われわれは、中国共産党の指導者毛沢東に対しチベット領土の統一性を尊重するよう求めて、公式書簡を送った。

　われわれは、ここに、正当に問題を検討することについて、わが政府が中国共産党指導者に送った書簡の写し（未公表）を同封する。しかし、中国共産党指導者の側は、われわれの書簡を無視した。チベット、よってチベット政府は、あらゆる手段により自国を防衛することになる。それ故に、チベット政府は、貴国に対し可能なあらゆる支援を早急に求める。

　われわれは、貴国が民事・軍事目的のため必需品について広範囲にわたる援助を検討されれば、大変に有り難く、貴国の早急な機会をもつとした望ましい回答がなされると嬉しい。

チベット外交局、ラサにて
（1949年11月4日）[注39]」

　このタクダ声明に対して、1950年1月20日中国外交部発言人は、以下の声明

を発した。

「チベットは中華人民共和国領土である。これは、全世界で知らぬ者はなく、またこれまでだれも否認した者もない事実である。そうである以上、当然、ラサ当局には、いかなる「使節団」もほしいままに派遣する権利はなく、そのいわゆる「独立」を表明する権利はなおさらない。チベットの「独立」が米国・英国・インド・ネパールの政府に向かって宣伝され、またアメリカのUP通信社によって拡められていることは、このニュースの内容がたとえUP通信社によって製造されたものではないとしても、やはりアメリカ帝国主義とそのチベット侵略の共謀者が演出した傀儡劇にすぎないことを、容易に理解させるものである。チベット人民の要求は、中華人民共和国の民主的大家族の一員となることであり、わが中央人民政府の統一的指導のもと、適切な区域自治を実行することである。そして、このことは、人民政治協商会議共同綱領に既に規定されているところである。ラサ当局がこの原則のもとに代表を北京に派遣し、チベットの平和解放の問題を交渉するならば、このような代表は、勿論、受け入れられるであろう。しかしながら、そうではなく、ラサ当局がチベット人民の意志に反して、帝国主義侵略者の命令を受け入れ、非合法な「使節団」を派遣して、祖国を分裂させ祖国に背く活動に従事するなれば、わが国中央人民政府は、ラサ当局の祖国に背くこのような行動を容認することはできない。そして、この非合法な「使節団」を受け入れるいかなる国家も、中華人民共和国に対し敵意を抱くものとして認められることになろう。[注40]」

そして、1月22日毛沢東はスターリンと会談して、チベット攻撃にソ連空軍機の出撃を要請した。これに対し、スターリンは、チベットを含む、すべての国境地域に漢民族を大量に入植させる政策を助言した[注41]。そこには、毛沢東のチベット解放の強い決意があった。ソ連の関与はなかったが、そこでの話し合いどおりチベット作戦は進められた。

一方、同50年1月17日フクス（福克斯）は、以下のとおり、チベット軍中央に対し人民解放軍の入蔵阻止の総司令部命令を発した。

「尊敬する総司令官

今のところ、チベット政府は、まだ友好国家からの援助を得ていない。その

援助が着く前に、できるだけ自力で準備をしておくように考えておいて下さい。チベットの軍隊は小さいにもかかわらず、共産党に対して力強い抵抗をすることができれば、全世界から手助けをもらえるようになろう。インド政府がチベットにすぐにも援助を与えなかったことは、非常に恥ずかしいことである。しかし、そのためにも、米国政府は、迅速に空中からの援助を提供するよう決めることになると思う。小生は、この前、陽暦9月チベット政府に対して、次のような提案をした。共産党のチベットへの軍隊派遣は非常に困難なことであり、共産党の軍隊を阻むために、各官道・大路・橋梁を徹底的に破壊すべきで、また各重要な陣地，共産党軍隊に対して大きな打撃を与えられる場所、橋のない重要な小河、および山の関所などの各所に地雷を埋設しておくべきである。辺境地帯の民衆の中には、共産党軍隊のスパイが、デマを飛ばして民衆を煽り変心させ、またはチベット軍隊の駐在所を共産党に教えるように働きかけてくると思う。そうなると、共産党はそれによって準備を行い、チベット戦争が爆発する前にチベット軍を消滅してしまう。これは非常に危険なことであるから、すぐにもスパイの有無を調べるべきである。ダライ・ラマに忠実な民衆の中に共産主義が蔓延するのを切断するため、またチベット各部門を堅固にさせるために、彼らに少なくとも20里の撤退準備をするよう早急に知らせるべきである。これは極めて重要なことだと思う。各部隊を、共産党軍隊による道路切断や包囲を免れる場所に配置し、同時に、早急に防衛問題を議定しなければならない。これは、私がハラー氏（当時、ラサ在住のドイツ人でダライ・ラマのもとにいた）と、一ダイベン（代本、連隊長）処での4年半の工作経験に基づいて送呈するべくまとめた意見である。これによって万全かつ怠らぬ部署をしておくように願ってやまない。

陽暦1月17日、フクスより[注42]」

同50年2月1日チベット進軍の工作指示が出された[注43]。一方、2月15日西康のチベット代表団が北京に入り、チベットの解放を求めた。そして3月ツィポン（財務長官）シャカパ・ワンチュク・デデンとポタラ宮事務総長トプテン・ギャロがインド・香港経由で北京へ赴くことになった。しかし、この北京訪問は、英国が香港経由の査証を認めず、実現をみなかった。そこで、シャカパは問題を国際連合に提

訴するべく工作を進め、エルサルバドルがチベット人に替って決議案を付託するべく図り、遅れて11月11日の電報Ａ／1594が送付された。しかし24日における全会一致の決議採択延期で、その国連決議工作は実現しなかった（後述）。このチベット問題について、米国は、それはインドとの関係の問題だといい、インドは、平和解決を望んでいると発言しただけに終わり、またソ連は、国際連合は中国の内政問題に干渉できないとした。

　先遣隊は4月28日四川省から康西省カンゼ（甘孜、現カンゼ、チベット自治州）に到着した。そして、5月27日共産党西南局は、和平交渉と進軍の基礎のための10項目条件を共産党チベット工作委員会に指示した（5月29日共産党中央批准）。その10項目は、次のとおりである。

1．チベット人民は団結して、イギリス・アメリカ帝国主義侵略勢力をチベットから駆逐し、祖国中華人民共和国の大家庭に戻る。
2．チベット民族区域自治を実行する。
3．チベットの現行の各政治制度は維持され、現状を変更しない。ダライ・ラマの地位および職権は変更しない。各級官員は、その職に照らして決める。
4．宗教の自由を実行し、ラマ寺廟は保持され、チベット人民の宗教信仰と風俗習慣は尊重される。
5．チベットの現行軍事制度は変更せず維持され、チベット現有軍は中華人民共和国国防武装の一部分とする。
6．チベット民族の言語、文字、および学校教育を発展させる。
7．チベットの農牧工商業を発展させ、人民の生活を改善する。
8．チベットの各種改革は、チベット人民の意思に従い、時宜を得て行い、チベット人民およびその指導者との協議に基づきこれを解決する。
9．かつて英国・米国と関係があったとか、国民党官員と親密であった者でも、イギリス・アメリカ帝国主義または国民党との関係を絶ち、サボタージュや反抗をしない者は、一律にその職に留まることができ、これを咎めない。
10．中国人民解放軍はチベットへ進入し、国防を強固にする。人民解放軍は、以上各項の政策を遵守し、人民解放軍の経費は完全に中央人民政府が供給する。人民解放軍は公平に取り扱う。注44

6月18日157団全部隊が西康省（現青海省）カンゼ（甘孜）チベット自治州の州都ダルツェンド（打箭爐、1938年にガンディン、康定と改名）に集結した。7月27日漢族・回族・チベット族・モンゴル族・シポ族・ウィグル族・ハサク族の7族構成1130余人の新疆独立騎兵師団（団長李狄三）に対しチベット進軍の命令が下され、8月26日カンゼからチベット・カム最大の町に入り、チャムド（昌都）を占領し、明年のラサ進攻とチベット解放の基礎を確立するとの基本命令が下され、自動車1万1000台以上でラサ進軍の後方基地カンゼ（甘孜）に向かって物資3万5500余トンが運び込まれ、そして28日十八軍がチベット進軍に入った。注45

なお、当時、チベット軍の総兵力は8000人で、総動員すると6万人ないし10万人を軍務に招集できるといわれた注46。

7月21日鄧小平は、「西南民族問題に関して」と題する演説で、こう述べた。

「中国の歴史をふり返ってみると、少数民族と漢族との溝はまことに深い。われわれの以前の活動とここ数年来の活動によって、こうした状態は、次第に改められつつあるものの、だからといって、今日、この溝がすっかりなくなったわけでは決してない。少数民族にとって、これまで大漢民族主義のつくり出してきたこの溝をなくすには、長い時間をかけて、事実を体験するほかはないと思われる。われわれは、この溝を埋めるため、長期にわたる活動を続けなければならない。政治面では、中国領内の各民族が真に平等であること、経済面では、彼らの生活が改善されうること、文化面でもやはり向上しうること、こうしたことを、彼らに確信させなければならない。ここで文化とは、主としてそれぞれの民族自身の文化のことである。われわれがこの3つの面で効果をあげなければ、こうした歴史的な溝、歴史的なわだかまりをなくすことはできない。わが中華人民共和国は多民族国家であり、民族的な溝を埋めたうえで、諸民族人民がともに努力してこそ、はじめて真に中華民族の美しい大家庭をつくりあげることができる。われわれには、民族的な溝を埋める条件が具わっている。歴史上、反動支配者が実施してきたのは、大民族主義の政策であって、民族間の溝を深くするばかりであったが、今日、われわれの政治協商会議共同綱領が定めた民族政策は、必ずこの溝を埋め、諸民族間の大団結を実現することができる。

西康のチベット族の状況について話したい。以前、チベット族と漢族のあいだの溝はたいへん深かったが、われわれが西南地区に軍を進めてから、特にチベット解放の方針を発表し、10項目の条件を提起してからは、きわめて大きな変化が起こった。彼らの以前の状況は、どうであったのか。西康の以前の反動支配者は、チベット族を苦しめた。われわれは、入ってから、まず共同綱領の民族政策を発表したが、同時に、わが軍の優れた作風も、例えば、三大規律・八項注意の遵守、チベット人民の風俗習慣・宗教信仰の尊重、ラマ寺に住込まないことといった、一部の具体的な問題で現わし、それによってチベット族同胞の信頼をかちえた。彼らは、わが軍は本当によい軍隊で、庶民の家には、大雨が降っていても、進めなければ入らないし、泊りこみもしない、といっている。これは正しい政策を実行している結果である。昔の支配者とて、よい政策を発表はしたのであるが、それは口先だけで、実行には移さなかった。われわれは、政策を決めれば必ず実行する。われわれが提起した10項目の条件については、チベットの一部代表的人士までが緩やかすぎるくらいの政策だと思っている。緩やかにしたいというのは、本当のことで、みせかけではないし、彼らを騙すのでもない。だから、この政策は大きな影響力をもっており、その力を甘くみることはできないのである。なぜなら、この政策は彼らの要求にかなっており、民族団結の要求にかなっているからである。……

　今日、われわれが西南地区で民族区域自治を実施するには、まず西康省東部で始めるべきである。それは、さまざまな条件が割合に具わっているからである。第一に、チベット族同胞が集まっている。第二に、以前に活動をした基礎がある。第三に、われわれがここに軍を集めてから、チベット族同胞と良好な関係を打ち立てた。第四に、そこには、進歩的な組織、トンツァン民主青年同盟があり、百余人が加わっている。これらの条件が具わっているため、直らに仕事にとりかかることができる。これは一大課題であり、うまく解決されれば、チベットに直接的な影響を与えうる。他の地方も、積極的に条件をつくり出して活動をすすめるべきであり、スローガンにとどまっているだけではいけない。地方によっては、さきに地方民族民主連合政府を設立するのもよい。例えば、大涼山・小涼山はイ（彝）族の集中居住区であって、民族区域自治を実

施すべきであるが、今はまだ条件がそろっていない。このような地区では、さしあたって地方民族民主連合政府の設立にとどめおくのが適切であり、この方が彼らにとってはよい。雲南・貴州では、地方民族民主連合政府を設立するのが適切である。また、連合政府のもとで、小区域自治、たとえば一つの民族が集まり住む郷を実施するのもよい。少数民族のことは、彼ら自身で決めるべきであり、これは彼らの政治的権利である。[注47]」

共産党中央は7月10日、西南軍政委員会委員西康省イ（彜）人民政府副主席活仏ゲダ（格達）をカンゼ（甘孜）のペリ寺（白利寺）からラサへ送り、解決を図るべく進めたが、彼は7月24日チャムドでチベット入境を阻止され、8月22日英特務機関員ロバート・フォードの策謀で暗殺されてしまった。ゲダの死去で、共産党中央は、態度が強硬に変わり、9月6日までのチベット代表の北京到着を要請した。だが、それは実行されなかった。一方、同9月12日チベット外交当局は、共産党中央に対し中国人民解放軍による国境侵犯をしないよう求めた。その一方、現地では、18日チベット軍第9ダイベン（代本、連隊長）官兵が中央政府毛主席・朱徳総司令あてに、全文以下の蜂起支持電報を送った。

「西南軍政委員会劉（少奇）主席、および北京中央人民政府毛（沢東）主席、朱（徳）総司令に伝える。

　長い間、チベット人民は、帝国主義および反動政府の支配・圧迫の下で深い苦痛を受け、解放できなかった。今度、解放軍のチベット進軍の目的については、各地の親友の来信で、既に分かっている。それは、チベット人民を帝国主義侵略勢力から解放できるよう助け、チベット人民を中華人民共和国の大きい家庭に戻し、決して満清政府と国民党反動派のようなチベット統治をし、大漢族主義を実行するではないことである。また、風俗・風習など、すべてチベット人民の要求と需要によって処理し、民族自治政府を有することである。以前、われわれは、帝国主義がチベットを侵略したことに対して深く恨んでいる。しかし、わがチベットは、地広人稀・文化落後といった現状で、また帝国主義の挑発・離間も加えて、われわれは、侵略勢力を反抗する力がなかなかなかった。いま、中央政府・人民解放軍はチベット人民の苦痛を解除し、帝国主義の侵略勢力を駆逐するため、チベットに進軍する。これは、人民解放軍しか、自分の兄弟民

族のために援助するもので、ほかにはできないことである。だから、われわれは、毅然、反動陣営から離脱し、自分の大家庭に戻り、人民解放軍と連携してチベット人民を解放するため奮闘することを決意した。現在、すべてのチベット官兵が速やかに解放軍と協力し、本民族の解放および西南国防の強化ため、祖国を防衛し、世界の平和を防衛するため奮闘するよう呼びかけ、岐路に立たないよう願う。現在まで私がみた解放軍の紀律・政策は以前聞いていたことと同じであり、われわれは選んだ道は唯一正確の道だと思っており、嬉しい限りである。また、これから各首長の指導下に、新しい知識もよく勉強し、人民事業のため奮闘する。

　　　　　達当（第9）ダイベン、ゲサンワントイ（格桑旺堆）および全体官兵
　　　　　　　　　　10月18日　ニンチン（寧静）にて[注48]」

そこでは、既に農奴の大逃亡が続いて発生しており、状況は一変しつつあった。チャムド（昌都）地区の一部では、全村17戸すべて深山に逃亡した例もあった。ポウォスムド（波密）4村の逃亡状況は次のとおりであった。

人民解放軍のチベット進軍における農奴の逃亡状況

地名	1950年戸数	1927年戸数	減少率%
サンナ（桑納）	3	130	97.7
リュナカ（劉那卡）	8	18	55.5
タジン（達興）	20	50	60.0
ガラン（噶朗）	13	23	43.4
計	44	221	80.1

（原典）『ヱ藏通志』巻14。
（出所）前掲、沈開運・達瑪・他『透視達頼——西藏社会進歩与分裂集団的没落』、上、213頁。

9月30日周恩来国務総理が、「中国人民解放軍は西進してチベット人民を解放し、中国国境の防衛に当たる決意に満ちている。チベット地方政府は、これ以上、平和解決を遅らせないことを希望する」と声明した[注49]。そして10月7日チャムドに集結していたチベット軍（総司令官アペイ・アワンジンメイ（阿沛・阿旺晋美））

ラサへ向かう中国人民解放軍の誓師大会、1950年10月

に対する人民解放軍の進撃命令が下った。11日チベット軍第9連隊が中国人民解放軍に投降し、チャムドの戦闘は24日終了した。チベット側の死傷者は180人、捕虜180人、投降者4317人に達し、その直前、現地へ赴任してきたカルン（大臣）ガプー・ガワン・ジミーも投降した。捕虜には、アペイ・アワジンメイ以下の高級将校、そしてフォードら英特務機関員がいた[注50]。フォードにはチャムドでの活仏毒殺容疑があった[注51]。

10月24日中国共産党中央委員会西南局、西南軍区、および第2野戦軍司令部は、以下の政治的動員に関する共同指令を発した。

「……チベットに進駐したのち、人民解放軍は、すべての僧・俗人民の生命・財産を保護し、信教の自由を保障し、すべての寺廟を保護し、チベットの住民が教育・農耕・牧畜・商工業を発展させ、その生活水準を改善する上で援助を与える。チベットの現行の行政制度と軍事制度は、これまでどおり維持される。チベット部隊は、中華人民共和国の国防兵力の一部と見做される。チベットにおける各種改革は、人民の意思に従い、人民やその指導者との協議に基づき初めてこれを行うであろう。帝国主義者や国民党と親密であった官吏でも、帝国

主義や国民党と関係を絶ち、サボタージュを行わなければ、現職にとどまることができる。……チベットのすべての農民、すべての宗教人、すべての商工業者は、安らかにその業務に従い、演説を広めて敵対的な空気を醸そうとする者に対して警戒を払うよう、われわれは希望する。[注52]」

11月1日の政治的動員令に関する新華社報道は、以下のとおりである。

「帝国主義の圧迫下にあるチベット同胞を解放し、祖国西部の国防を強固にするために、中共中央西南局と中国人民解放軍西南軍区および第二野戦軍司令部は、すでに連名で命を受け、チベットへ進軍する部隊に対して政治動員令を発布した。動員令は、祖国辺境へ突進する栄誉ある人民戦士を祝賀した後に出された。チベットへ進軍し、チベット人民を解放し、祖国統一の大業を完成し、帝国主義に対しわれわれ祖国の一寸の土地をも侵犯させず、祖国辺境を防衛し建設するという任務は、非常に光栄あるものである。動員令は、進軍部隊の指揮官と戦闘員全体および共産党員全体に対し、革命事業に対する無限の忠誠を発揚し、チベット進軍の偉大な政治的意義を深く認識し、同時に思想面・組織面・工作面から十分に準備を行い、人民軍隊の勇猛果敢・刻苦奮闘の光栄ある伝統を発揚し、団結互助という階級友愛の精神を発揚し、チベット進軍の任務をしっかり完成させるよう、呼びかけている。動員令は、進軍部隊に対し西康チベット地区の同胞と親密に団結し、共同綱領に規定された民族政策を忠実かつ正確に実施し、三大規律・八項注意および約法八章を厳格に執行し、調査研究と宣伝工作をじっくり進め、現地の言語を学習し、現地人民の生活状況を理解し、現地の人民の苦しみに関心を寄せ、同時に積極的に彼らの苦しみや困難を取り除くよう、要求している。動員令は、最後に、各兵士が長期にわたりチベットを建設する思想と決心を持ち、進軍中は、人力・物資を惜み節制し、積極的に道路を補修して交通建設を発展させるよう、呼びかけている。軍事行動がひとたび停止した後は、チベットの経済・文化建設を大々的に発展させ、チベット人民と一緒に、民主的で繁栄する新チベットを共同で建設し、自由で幸福な文明の花を祖国辺境で咲かせなければならない。[注53]」

さらに、11月8日西南軍政委員会と中国西南人民解放軍司令部は、共同声明をもって、すべての人民に対する呼びかけを行った。その要点は、以下のとおりであっ

た。
1．チベットにおける各種改革は、人民の意思に従い、人民やその指導者との協議に基づいて初めてこれを行うであろう。
1．帝国主義者や国民党と親密であった官吏でも、帝国主義や国民党と関係を絶ち、サボタージュを行わなければ、現職にとどまることができる。
1．チベットのすべての農民、すべての宗教人、すべての商工業者が安らかにその業務に従い、演説を広めたり敵対的な空気を醸そうとしたりする者に対して警戒を払うことを、われわれは希望する。
1．帝国主義の影響を一掃し、自治を確立し、チベット族と、他のすべての中国諸民族とが共同して新しいチベットを建設していくよう兄弟的関係を打ち立てる上で人民解放軍を援助するよう、希望する。注54

そして11月10日西南軍政委員会・西南軍区司令部は発進軍西藏各項政策的布告を出した。全文は、以下のとおりである。

「われら中央人民政府毛沢東と人民解放軍朱徳総司令は、ここに、チベット人民が長期にわたりイギリス・アメリカ帝国主義および蒋介石反動政府の圧迫に遭遇してきたことを深く痛み、特に本軍は、チベットに進入し、以降、チベット人民は永久にその圧迫から解放されるのを助ける。われらは、チベット全体の僧・俗人民が団結一致して、人民解放軍が十分な援助を与え、もって帝国主義勢力を駆逐し、チベットの民族区域自治を実現し、国内の他の民族との兄弟的な一体の友愛互助関係を建立し、新中国の新チベットを共同建設せんとするものである。

人民解放軍は、入蔵後は、チベット全体の僧侶を保持し、人民の生命・財産を保持し、チベット全体人民の宗教信仰の自由を保障し、いっさいのラマ寺廟を保持し、チベット人民の教育と農牧工商業の発展を支援し、人民生活を改善する。チベットの現行の政治制度および軍事制度は変更しない。チベット現有の軍隊は、中華人民共和国の国防武装の一部分となる。各級の僧侶・官員・その他部族の首長は、そのままである。チベットの各項の改革は、チベット人民およびチベット指導人員とのの協議をもって、かつ最大限、チベット人民の希望に従い、解決する。過去の帝国主義および国民党と親密であった官吏でも、

帝国主義および国民党との関係を断絶し、そしてサボタージュや抵抗の動きがないという事実が証明できれば、現職に留まることができる。

　人民解放軍は、規律を厳明する。以上各項の中央人民政府の政策に誠実に従う。チベット人民の宗教信仰および彼らの風俗・習慣を尊重する。人民解放軍兵士は礼儀正しく話し、その行動は公平で、人民から一銭たりともとらない。調度品が必要なときは、所有者の同意を得なくてはならない。侵毀が生じたときは、市価で賠償する。雇用者・家畜の使用は慣例としない。人民解放軍は、中国各民族人民の軍隊であり、誠心誠意、人民に服務する。われらチベットの農・牧・工・商業全体人民は、一律に平和に生活し作業し、噂や流言に惑わされないことを望む。

　この布告は、ここに誠実かつ真面目に公布される。

　　　　　　　　　　　　　　　西南軍政委員会主席　劉伯承
　　　　　　　　　　　　中国人民解放軍西南軍区司令員　賀　龍
　　　　　　　　　　　　　　　　　　　政治委員　鄧小平[注55]」

　11月11日の人民日報は「チベットへの道が開けた」と報じ、ここに英国・米国の関心が高まった[注56]。チャムド（昌都）には12月27日〜31日の会議で昌都地区人民解放委員会が設立され、翌51年1月1日、昌都地区第1回人民代表大会が開催され、アペイ・アワンジンメイを主任とした昌都地区僧・俗人民チベット解放委員会が正式に成立し、以下の布告が出された。

「中華人民共和国チャンゴチュ（昌宮区）地区人民解放委員会布告
　中華人民共和国西南軍政委員会電令に従い、チャムド（昌都）地区は既に解放され、全体人民の生命・財産は保障され、信教の自由政策は執行され、ラマ寺廟は保護され、社会の治安は維持され、革命秩序は確立した。昌都地区人民解放委員会が成立して、軍政を指導し、人民解放軍と本地区地方関係を調節している。総数王其梅……ら35名で、なお、委員の10名はザユル（察隅）、ミュオドウ（碩督）、ゴンジョ（貢覚）、ロルン（洛隆）、ズォンチャー（宗察）、ワータン（瓦絨）、イエンジ（塩井）各1名、ポウォスムド（波密）39族各両名である。王其梅は主任、……は副主任で、本会は1月1日成立した。中華人民共和国中央人民政府の民族政策と西南軍政委員会中国人民解放軍西南軍区布

告およびその前線司令部布告に従い、チベット人民はこの布告に服務するよう、ここに周知する注57。」

翌12日、中華人民共和国昌都地区人民解放委員会組織情勢の文書が公布された。それは情勢の安定化を指摘していた注58。

そのチベット解放に対する人民の対応を、ソ連科学アカデミー中国研究所のグレヴィチは、こう書いた。

「1951年春以後、西北および西南のチベット人住民は、日本の再軍備に反対し、五大国平和協定を締結せよという世界平和評議会のアピールに署名する全人民的運動に参加した。たとえば、西康チベット人自治区では、4月16日から26日までの期間だけで、1万人以上の人間がアピールに署名し、極東におけるアメリカ帝国主義の侵略計画にたいする反対を言明した。新華社が4月30日に報道したところによれば、チョン（康）地区では、同地の最大のマラ寺廟の一つの管長が、大群衆のまえで自分で世界平和評議会のアピールの原文を読みあげ、すべての信仰者にむかって、五大国平和協定の締結に賛成せよ、とよびかけたということである。また西寧では、約2000人のラマ僧がクンブム寺（タール寺）で特別の集会をひらいて、このアピールに署名した。

共産党と中央人民政府の民族政策が成功し、なによりもまず、西北紀よび西南諸地区におけるチベット人住民の愛国的自覚と愛国的気分がたかまった結果、チベットをすこしでも速く解放しようとするチベット民族の闘争がつよまった。これら地区の住民は、帝国主義の陰謀にますます断固として反対するようになった。……

チベットの平和的解放の要求と、中央人民政府の平和的な提唱にこたえるようにというラサ政府にたいする呼びかけとは、西北および西南のチベット人住民各層の代表に指示された。1951年3月20日クンブム寺の管長はこの要求に賛成した。チベットの平和的解放をめざす愛国運動がとくに広範な規模をとったのは、西康省の住民のあいだにおいてであった。西康省のチベット人住民は、毛沢東にあてて手紙をおくって、中央人民政府の政策を完全に支持することをのべた。この手紙の筆者たちは、西康省で民族問題を解決するうえにおさめられた成功を指摘したのち、つぎのようにむすんでいた。「われわれは、

愛国運動をいっそう広範に展開することを約束します。わが偉大な祖国がまたもや帝国主義的侵略の対象とたるようなことを、われわれは許さないでしょう。われわれチベット人は、急速な解放を渇望しています。われわれは、チベットの平和的解放をめざす中央人民政府の政策を完全に支持しており、チベット人がわが偉大な祖国の大家族にかえり、一つに団結して、新しい西康と新しいチベットを建設できるようになることを、希望しています。……

　帝国主義者が中国人民にたいするかれらの軍事的冒険の基地にするつもりであったチャムド地区の住民も、チベット問題の平的解決を要求した。1950年末にひらかれたこの地区の住民各層の代表者会議では、チベット平和的解放闘争委員会がつくられた。この委員会が発表したアピールは、チベット問題の平和的な解決を要求していた。アピールはつぎのようにのべていた。「中央人民政府が人民解放軍の諸部隊をチベットに派遣したのは、チベット人がイギリスとアメリカの帝国主義の影響からみずからを解放するのを援助し、国の防衛を強化するという、ただ一つの目的からでたものであることを、われわれは実地に確信しました」。中央人民政府が提出している条件はすべてラサ政府の受けいれうるものであることを強調しながら、アピールは、チベットの地方政府が「誠意をしめし、平和的話し合いをおこなうために自己の代表を派遣する」ようにという希望を表明し、つぎのようにいっていた。「このことは、チベット人民の全体の聖なる願いであります。……」

　このように、チベットにおけるアメリカ合衆国とイギリスの侵略的な陰謀に反対する西北および西南のチベット人住民のこの愛国運動は、中華人民共和国のチベット民族の解放をめざすその後の闘争に、重大な貢献をはたしたのであった。[注59]」

一方、現地では、こうした解放のアピールに対して、1950年10月7日に、以下のチベット指導者による声明が出された。

「われわれチベット人にしてみれば、"チベットの解放"などという語句は精神的意味合いからいっても、道徳的意味合いからいっても、噴飯物もいいところである。自由の民からなる国家が侵略され、"解放"という口実のもとに占領されてしまったのだ。いったい誰からの、何からの解放なのか。1950年に中

国に侵略されるまで、チベットは、温情ある政府と心満ちた人民からなる幸せの国であった。[注60]」

にもかかわらず、前述の9月18日蜂起声明の電報で、チベット軍第9団400人が10月11日ニンチン（寧静）で蜂起し、こうした蜂起は以降も続いた。第9団ダイベン（代本、連隊長）デルゲ・ゲザンワントイ（徳格・格桑旺堆）は1951年4月18日北京で毛沢東、劉少奇、周恩来、朱徳ら国家指導者と会見した[注61]。

この進軍措置を、同50年11月1日アチソン米国務長官は記者会見で「共産主義者の侵略」と非難し[注62]、英国も同様の声明を発した。インド政府は、既にチベット代表団のインド経由北京行きを妨害していたが、10月21日、26日、31日と、連続して中国政府に3つの照会を出し、中国のチベット解放に干渉した。インド側の3つ照会の主な内容は、次のとおりである[注63]。

1．脅迫の調子で、中国のチベット進駐に反対し、チベットで軍事行動を行うことは、国際社会がこれを口実に中国反対の宣伝を行うことになる。
2．国際連合は間もなく中国加盟問題の検討に入るが、この時点で、軍事行動を行うことは、必ずや厳しい結果をもたらすことになろう。
3．チベットで軍事行動を行うことは、世界情勢の緊張を引き起こし、また大戦の趨勢を導くことになる。
4．平和交渉を通じて、いわゆる中国の宗主権内にあるチベット自治の合法的要望を調整するよう求める。チベットの自治は一つの事実であると、中国に対し平和解決を忠告する。
5．中国がその軍隊のチベット進駐の停止を命じなければ、インド政府としては、（インド経由での）チベット代表団の北京行きを勧告することが難しくなる。
6．慣例と協定に基づき、インドは、チベットにおける特権を享有している。すなわち、インド政府はラサに代表を派遣し、ギャンツェ（江孜）とヤートン（亜東）に商務代表を駐在させ、ギャンツェまでの通商路に郵政および電信機関を設立しており、この通商路を守るため、40年余にわたり一貫してギャンツェに一小隊の兵隊を駐在させてきた。インド政府としては、これら機関の存続を切望する。

これに対し、中国政府は10月30日、11月1日付でインド政府に対し「チベットは中国領土の不可分の一部であり、チベット問題は内政問題である」と釘を刺し

た。その要点は以下のとおりであった。
1．チベットは中国領土の不可分の一部分であり、チベット問題はまったく中国の内政問題である。チベット地方当局が平和交渉に応じるか否かにもかかわらず、また交渉がどんな結果になるかにもかからず、すべては中国の内政問題に属しており、いかなる外国の干渉も容認できない。
2．中国人民解放軍は、チベットに入らなければならない。チベット人民を解放し、中国辺境を守ることは、中央人民政府の既定の方針である。
3．チベット問題と中国の国連加盟問題とはまったく関連性のない問題で、中国が自国領土のチベットで主権を行使することを口実に、中国の国連加盟を阻止するといった意図は、これら諸国が中国に対する非友好的で敵視の態度を示すだけである。
4．インド政府は、事実も問わず、中国政府がその領土チベットに主権を行使する内政問題について、「望ましくない世界情勢の緊張」と「国際紛争を助長しかねない」と述べたことにつき、中国政府としては、極めて遺憾であるとする[注64]。

それに続いて、11月16日中国政府は、インドに対して中国の少数民族区域自治とそれは中国主権範囲の自治にあるとした備忘録を送付した[注65]。同11月14日インド大統領ラジェンドラ・プラサドは、議会でインドの立場をこう表明した。

「わが政府は、偉大なる隣国、中国とのあいだに友好関係を保ち続けてきた。それ故に、中国政府が平和的交渉手段をとっているにもかかわらず、チベットに対し軍事作戦をとらざるを得なかったことを、われわれは非常に遺憾に思う。チベットはインドの隣国であるだけでなく、何世紀もの昔より文化・その他の深い絆を維持してきた。それ故に、インドはチベットで発生している出来事に関心を抱く必要があり、またこの平和の国の独立が保たれることを希望するものである。[注66]」

1950年11月17日人民日報社論「中国人民のチベットに対する干渉は許さない」は、全文以下のとおり述べた。

「命令を奉じて、チベットに入った人民解放軍がもう10月19日に、西康西部の重要な町であるチャムド（昌都）を解放して、チベットへの道を開いた。人民解放軍のこの偉大な行動の目的は、チベット同胞を解放し、帝国主義の侵

略勢力を駆逐し、祖国統一の大業を完成し、わが国の西部辺境を保護し建設し、世界の平和を擁護するものである。したがって、チベットに入った人民解放軍は、西康とチベット同胞の熱烈な歓迎を受け、全中国人民の熱烈な擁護および全世界の平和を愛する人民の熱烈な同情を受けた。このような正義行動に対して、インド政府が妨害したがった行為は、中国人民を驚かせて、遺憾とした。

南ウルシが英国の一部分であり、ボンベイがインドの一部分のように、チベットは、中国組成の一部分である。1300～400年以前に、チベットはもう中国の内地と密着な関係を結んでいた。13世紀から、チベットは正式に中国の一部分になった。でも、外国の帝国主義者は絶えず中国のこの西部分に分不相応の望みを抱いている。英国がインドを占領した後、いっそうチベットを占領したがり、1887年と1904年に2回チベットに対して武装侵略をした。外国侵略者がチベットの反動分子と一緒に、政治的・経済的手段で残酷にチベット人民を搾取し、圧迫した。その行為が、嘗て、チベット人民の強烈な反抗を激発した。中国人民の解放戦争が時代的な勝利を取った後、アメリカ・イギリス帝国主義が積極的にチベットへスパイを派遣して、チベット反動当局への軍事援助を強化して、チベットの偉大な祖国の懐に帰るのを阻止したがった。チベットは中国領土であり、わが中央人民政府は勿論、チベットを解放し、保護する神聖な責任を持っている。このことは、純粋にわが国の内政であるので、中国の主権を尊重する国家であれば、何の干渉もすべきではない。

インド政府による、人民解放軍のチベットへの行動を中央人民政府の平和裡にチベットを解放する願望と対立するという企みは、真実、事実から背離している。実は、チベット問題の平和的解決が人民解放軍の進軍を妨害しないのには、平和裡に人民解放軍の進軍と受けることを条件としている。わが中央人民政府は、過去も現在も、平和的にチベット問題を解決することを堅持しているが、外国の侵略勢力は、あらゆる手段でこの平和的な解決を破壊している。チベットのラサ当局が代表団を派遣し、今年2月初めラサを出発して、4月初めにカルカッタに着いた。英国政府は故意に遅々としてラサ代表団に香港経由の査証を出さないで、彼らの北京に来るのを阻止した。各種の情報によって、ラサ代表団員がインドに滞在した期間、ニューデリー駐在の英高級官員ナシと他

の外国帝国主義分子が嘗て力を尽くして、代表団にわが人民政府との協議に署名しないよう進めたようである。8月12日に至って、インド政府は、わが政府とわが軍隊のチベットに入る行動が直ぐにも始まるのをみて、初めてわが政府に対し、英国政府として、チベット代表団の査証拒絶を停止し、代表団が北京に来られるとした。でも、それから2カ月後になっても、代表団は未だ現れない。それからみると、ラサ代表団の遅れと来ないのは、外国に唆され、阻止されているからである。後者は、平和な協議を妨害し破壊する責任をとらなくては行かない。チベット地方当局が以前の誤りを直せば、外国勢力に依頼して人民解放軍の進軍を拒絶する違った立場を放棄さえすれば、チベットの問題もまた平和的に解決できる。そうあっても、チベット人民は、外国の阻止と教唆を、十分警戒しなくてはならない。

　長期にわたり、共同の運命を有し利害を一体にする中国人民とインド人民は、互いに善意を満ちている。中国とインド両国の八万万（8億）人民の団結と協力が十分にアジアを安定させ、共同して帝国主義の侵略を抵抗することを保証できる。でも、帝国主義者は、中国人民とインド人民の友誼の発展を恐れて、あらゆる手段でインド人民と中国人民の連合一致により解放を図る願いを破壊したがっている。そのために、チベット問題を利用してインドの世論を惑わし、中国人民とインド人民のあいだの友情を離間せんと企んでいる。インド政府が重ねてチベットに対して野心がなく、両国人民の友誼を重視すると表明したからには、中国政府としては、チベットに対して主権を行使する正常な行動を尊重すべきであり、インド人民に対し十分に中国人民のチベットを解放する問題での正当な立場を了解させなければならない。そうする以外には、両国の国交を固める正確な道がない。[注67]」

一方、11月7日カシャ（内閣）とツオンドゥ（民衆集会）は、チベット進軍命令への抗議を決定し、11日カリンポン（噶倫堡）から国際連合あてに抗議の電報A／1549が打たれた。その内容の一部はこうである。

「……チベットを共産中国に編入するために、強大な武力を用いてチベットに軍事侵攻したことは、明らかな侵略事件である。チベット人民が自らの意志と希望に反し、無理矢理に中国の一部に組み込まれるというこの事態がこのまま

進行することになれば、この侵略行為は、強者による弱者征服の最悪の実例となるであろう。それ故に、われわれは、チベットのために介入して、中国の武力侵略を阻止するよう、国際連合を通して世界各国に訴える。[注68]」

これに対し、11月17日エルサルバドルが米国の意図を受けて、文書Ａ／1154でチベット問題を国連総会の議題として要請し、そして以下の決議案を提出した。

「総会は、

　チベットの平和国民が北京に成立した政府により支配された領土から侵攻している外国勢力により、チベットの一部で挑発され侵犯されていることをテーク・ノートして、

　以下のとおり、決定する。

1. チベットに対するこうした非挑発的な侵略行動を非難する。
2. この問題について総会によりとりうる適切な措置を研究するべく委任された……よりなる委員会を設立する。
3. 同委員会に対し、チベット政府より国際連合によりなされた特別な言及につき研究すること、および本会議を通じ可能な限り早急に総会に対し報告をするよう指示する。[注69]」

11月20日と24日に同議題は審議され、事務総長報告Ａ／1658が12月11日に提出されたが、それ以上の措置はなされなかった。同報告は、カリンポンからのチベット代表団の電報（12月8日）およびそれの付属の12月3日のダライ・ラマの書簡を内容としていた[注70]。

状況は流動的であった。人民解放軍のチャムド（昌都）での勝利の一方、米国の対中政策が変更されてきており[注71]、朝鮮戦争も起き、米中対決は決定的になった。こうした状況下に、11月8日中国西南軍政委員会と軍区司令部は、人民解放軍に対しチベットへの直接進撃命令を下した。同日アペイ・アワンジンメイからの書簡がラサに届けられたが、それは中国共産党はチベット民衆を援助するもので、これを受け入れ、北京での交渉に入ることを求めていた。他方、インドにいるシャラバから、14世ダライ・ラマのインド亡命とそれは英国が承認しているとする書簡が、ラサに届いた。それは、北京交渉を阻止するべく1947年以来ラサに駐在の英通信技術工作員レジナルド・フォクスによる工作であった[注72]。こうした窮境において、

11月8日14世ダライ・ラマ、テンジン・ギャムツオとその側近はヤートン（亜東）に逃れた。もっとも、14世ダライ・ラマは、この逃亡に反対であった。ダライ・ラマは、ラサ出発直前に、チベット人と漢民族の友好関係回復を求める書簡を、中国中央に送っていた。その亡命工作を強行したのは、ラサの貴族であった。一方、11月17日ラサで西康チベット自治区第1回人民代表大会が開催され、チャムドでは昌都地区住民代表者会議が開催されて、チベット平和解放闘争委員会が成立した。

1951年1月5日ヤートン（亜東）にダライ・ラマの臨時政府が樹立され、そこへアペイ・アワンジンメイから第二書簡が届き、それは、ラサの平和解放を求めていた。貴族のあいだでは、売国派（独立派）と愛国派（平和解放派）の対立が激化しており、チベット人大衆のあいだでは、後者がダライのラサ帰還を要望していた。

1951年2月13日周恩来国務総理は、要件以下のチベット解放準備工作の通知を送った。

1．今年、チベットは解放しなければならず、3月末までに入蔵工作をとる。
2．西北入蔵工作委員会は、1500人（警衛部隊を含む）、家族1000人、パンチェン・ラマ集団1500人（警衛部隊を含む）、計4000人でチベットへ入る。
3．中央は、パンチェン・ラマ集団の条件（1950年8月パンチェン・ラマ派提出のパンチェン警衛隊、民族学院開設、パンチェン・ラマ費用の解決など）は、速やかに実現する。
4．チベット工作委員会にケンプ（教律を掌握し地方事務を主持するラマ、寺院首領）を配置し、必要な人員・費用などを整える。
5．以上の各項は、西北局の責任で行い、北西軍区で完成する。注73

3月21日中央人民政府国務総理兼外交部長周恩来は、中国駐在インド大使カバラム・M・パニッカルに対しこう指摘した

「ダライ・ラマは既にヤートン（亜東）にいるが、彼がチベットから離れないよう、期待したい。このようにすれば、彼にとり有利である。われわれは、チベットの宗教の自由を尊重し、ダライ・ラマがチベットの宗教・政治指導者として交渉に来ることを同意する。人民解放軍は、チベットに入らなければならない。もしダライ・ラマが離れなければ、交渉を通じて解決できれば、人民解

放軍が平和的にチベットに入ることができ、ダライ・ラマの地位は依然として保持できる。このようになれば、中国・インド関係も、一歩前進できる。

　前摂政（活仏タクダ・リムポチェ）は、ダライ・ラマを誘惑してチベットを離れ、インド行きを画策している。ダライ・ラマがインドへ行けば、中国・インド関係に陰が作り出されるので、この問題に対するインドの態度は、チベット平和解放に影響を与える。注74」

　この周恩来総理の通告によって、インド政府は、中国・インド関係を真剣に考えざる得なくなった。そして、インドは、中国外交部に対し、14世ダライ・ラマのチベット離れを支持しないし、彼にインドへ来ないよう勧告することができ、もし彼がインドへ行くと決めても、国際慣例によって非難を与えるだけである、と答えた。

　11月17日（チベット暦10月8日）テンジン・ギャムツオが14世ダライ・ラマとして即位し、摂政（ギェルツァブ）タクダ・リムポチェに替わってダライが親政するところとなった。ここに、14世ダライ・ラマは、アペイ・アワンジンメイの書簡に基づく中央人民政府との交渉を求める方針を受け入れ、同1月（チベット暦12月15日）ツオンドゥ（民衆集会）で北京への代表団のための信任状の可決をみ、アペイを代表とする代表団が任命された。代表団は、一つは1951年3月下旬、チャムド経由で出発して4月22日北京に到着し、いま一つがインド経由で同月26日北京に入り、4月29日いよいよ交渉が始まった。

　採択されたツオンドゥの決議は、以下のとおりであった。

　「雪の国チベットは、観音菩薩の化身によって代々統治されてきた平和を愛し、仏法への信仰篤き独立国である。中国の内戦中、わが国の平和は敗残兵の侵入に脅かされ、かき乱されてきた。チベット外務局は己丑（1950）年9月12日、毛沢東主席に文書を送り、中国兵がチベット国境に侵入しないようにその権力を行使してほしい、と要請した。しかるに、中国は、この要請に対し何ら返答せず、代わりに、西寧と北京のラジオ放送がチベットを中国の一部と宣言し、人びとにチベットの解放を扇動した。チベット問題に関するいっさいの全権を委任されたこの代表団は、以下の項目について交渉を行う。

　1．チベット外交局より毛沢東主席あての、返答を得られなかった文書に関して。
　2．シリン（シニン、西寧）と北京放送のおそるべき声明について。

チベット平和解放法的協議、1951年5月23日

3．チベット領土保全の保証をとりつける。
4．チベット政府および人民は、ダライ・ラマ継承制度に関していかなる介入も受けるつもりはなく、チベットの独立維持の意志を中国政府に通告する。
注75」

交渉では、1951年5月1日共産党中央委員会西北局6カ条、西南局4カ条が起草され、これらは5月27日チベット公約10カ条として、8月に毛沢東主席、周恩来総理の承認を経て、チベット公約10章として成立した。全文は以下のとおりである。

1．チベット人民は団結して、イギリス・アメリカ帝国主義侵略勢力をチベットから駆逐した。ここに、チベット人民は、中華人民共和国の祖国の大家庭に戻る。
2．チベットの民族区域自治を実行する。
3．チベットの現行各政治制度は現状維持とし、変更しない。ダライ活仏の地位および職権は変更しない。各級官員はその職に留まる。
4．宗教の自由を実行し、ラマ寺廟は保持される。チベット人民の宗教信仰と風俗・習慣は尊重する。

5．チベットの現行軍事制度は変更せず、チベット現有軍隊は中華人民共和国国防武装の一部分とする。

6．チベット民族の言語、文字、および学校教育を発展させる。

7．チベットの農牧商工業を発展させ、人民の生活を改善する。

8．チベットの各種改革は、完全にチベット人民の意志に従い、チベット人民およびその指導者との協議に基づいてこれを行う。

9．過去にイギリス・アメリカ帝国主義者や国民党官員と親密であった者でも、イギリス・アメリカ帝国主義または国民党との関係を絶ち、サボタージュや反抗しない者は、一律にその職に留まることができ、これを咎めない。

10．中国人民解放軍はチベットへ進入し、人民解放軍は以上各項の政策を遵守する。同時に、公平に取り扱い、人民から一針一銭もとることはない。人民解放軍は、中央人民政府から提供される経費で、完全に賄う。

西南軍政委員会主席　劉伯承
西南軍区司令員　賀　龍
政治委員　鄧小平[注76]」

一方、北京では、中央人民政府とチベット代表団の交渉が1951年4月29日開始された。そこでは、チベット側が、以下の和平会談5条件を提出した。

1．これまでチベットは、イギリス・アメリカ帝国主義勢力を駆逐し、英国の関係は13世ダライ・ラマの関係だけであり、米国との関係は商業上の関係だけである。

2．旧政府（国民政府）は、かつてチベットの多くの地方を占領した。現在、解放軍はまた、多くの地方を占領している。自己の地方の保持を保証すべきである。かつての帝国主義は、認めることができない。

3．外国がチベットへ進入のときは、漢人政府に協助をお願いする。

4．康区とチベット北部の解放軍は即刻引き揚げ、もってチベット人民の生活を回復する。

5．チベットへの外部干渉（パンチェン＝ライディ（熱地）共産党派）は私人利益を犯すものであり、漢蔵関係を今後とも挑発しない。[注77]

交渉は、5月21日第6次会談をもって終了した[注78]。そこでの中央人民政府とチ

ベット地方政府のチベット平和解放に関する協議の要点は、以下のとおりであった。
1．チベット人民は団結して帝国主義勢力をチベットから駆逐し、チベット人民は中華人民共和国の祖国に戻る。チベット地方政府は人民解放軍のチベット進入を支援し、国防の強化に協力する。
2．中央人民政府の統一的指導のもと、民族区域自治を実行する。
3．中央人民政府は、チベット地区のいっさいの対外事項を統一して処理し、かつ平等互恵と相互尊重のもと領土主権を基礎にして、隣邦と平和な関係を保持し、公平な通商貿易関係を樹立する。
4．チベットの各改革を須く実行する。
5．チベット民族の内部的団結統一を実現し、ダライ・ラマおよびパンチェン・ラマとの団結を進める。
6．宗教信仰の自由政策を実行し、チベット人民の宗教信仰と風俗・習慣を尊重する。
7．チベットの実際的状況に依拠して、チベットの農牧工商業と文化政策を進歩・発展させる。[注79]

23日成立の平和解放法的協議17条は、要旨以下のとおりであった。
1．チベット人民は団結して帝国主義勢力を駆逐し、中華人民共和国の祖国の大家族の中に戻る。
2．チベット地方政府は、人民解放軍のチベット進駐を協助する。
3．中国人民政治協商会議共同綱領の民族政策に基づき、チベット人民は、民族区域自治をとる権利を有する。
4．チベットの現行制度は、変更をしない。
5．パンチェン・ラマの地位は維持される。
6．ダライ・ラマとパンチェン・ラマの地位および職権は、13世ダライ・ラマと9世パンチェン・ラマの友好関係の時期のそれを指す。
7．中国人民政治協商会議の宗教信仰の自由政策を実行する。
8．チベット軍は人民解放軍に漸次、改編する。
9．チベットの実際状況に基づき、チベット民族の言語・文字および教育を発展させる。
10．チベットの実際状況に基づき、チベットの農・牧畜・商工業を発展させる。

11．チベットの改革は、中央が強制しない。
12．過去において帝国主義と親しかった官吏でも、帝国主義および国民党との関係を離脱すれば、過去は問われない。
13．チベット進駐の人民解放軍は、上記各項の政策を遵守する。
14．中央人民政府は、チベット地方のいっさいの渉外事項を統一して処理する。
15．本協約の施行のために、中央人民政府は、チベットに軍政委員会および軍区司令部を設ける。
16．軍政委員会、軍区司令部、およびチベット進駐人民解放軍の経費は、中央人民政府が供給する。
17．本協約は直ちに発効する。[注80]

この文書には、2つの文件が付されていた。

人民解放軍のチベット進駐の若干事項の規定に関して

　　1．中央人民政府は、チベットに進駐させる。
　　2．進軍計画および駐軍部署は、中央人民政府人民革命軍事委員会が現在の状況を確認して命令を行う。
　　3．人民解放軍のチベット進軍の期間、チベット現有の軍隊は、駐留地域および付近の治安を維持し、チベット軍は人民解放軍の到着を待つ。チベット軍区司令部は統一部署をもって、必要な調整を進める。
　　4．人民解放軍のチベット進入後にチベット軍区を設立し、それが統一指導に当たり、チベット境内のいっさいの部隊の指揮をとる。軍区司令員、副司令員、および政治委員は、中央人民政府が任命する。
　　5．チベット現有の軍隊は、人民解放軍およびダライ・ラマの警衛隊、さらに一定数の公安部隊に再編成される。現在各地で徴用された民兵は復員させる。
　　6．チベットの現有軍隊は、人民解放軍への編成に同意する。チャムド戦役で人民解放軍が捕獲した武器は処置される。
　　7．人民解放軍のチベット駐留経費は、中央人民政府が供給し、チベット政府は、人民解放軍の食糧・その他日用品を協助する。国防建設のため、飛行場・公路などで、中央人民政府の補償で、チベット人民の私有地あるいは寺廟の土地を占用する。[注81]

チベット地方政府の執行協議に関する声明
　　1．チベット政府会議代表の声明。
　　　（甲）チベット地方政府とその軍隊は、法的協議のチベット平和解放協約の執行に責任を負う。
　　　（乙）中央人民政府は、ダライ・ラマに対し、チベット地方政府のもとで1年以内に、法的協議のためのチベット平和解放を認め、その需要をなし、もって自らの住地を選択するよう希望する。
　　2．中央人民政府全権代表は、チベット政府全権代表の上記の声明に同意する。
注82

そこにおけるチベットでの宗教信仰の自由は、以下を意味した。
——宗教信仰は一種の思想問題で、非常に有害である。
——宗教信仰の自由は公民の一つの政治的権利であって、政教分離の原則のもとに私事として認められる。
——信教と不信教の差別は比較的重要な差別で、祖国統一、中華振興、および中国的社会主義の建設のもとに、信教民衆と不信教民衆の団結が優先する。

　その方針は、規律として切実に宗教信仰を尊重するというものであった注83。1951年1月、十八軍政治部は進軍守則34条を作成したが、そこには、ラマ寺廟の保持、いっさい宗教施設を破壊・没収しない、寺廟・経堂に立ち入らない、などの規定があった注84。そして、1月5日西南軍区は、四川成都に留守十八軍後方部隊司令部を設立し、今後の進軍態勢に備えた。

　なお、活仏ゲシェ・ラプテンは、1959年の動乱でインドに亡命することになったが、1951年の中国軍進駐について、彼は、「中国軍がいることだけなら、何も私たちに影響は存在しなかった」と述べている注85。

　このチベット平和解放の達成で、5月25日人民政府軍事委員会副主席・人民解放軍総司令朱徳は「進軍西蔵、鞏固国防」の一文を草し、その意義を称えた。全文以下のとおりである。

　「チベットに進軍し、防衛を強化しよう。
　　1．チベットに進軍し、国防を強化することは、光栄かつ偉大な任務である。
　　2．行軍の準備を首尾よく整え、被服・食事・住居・輸送のいずれも周到に計

画しなければならない。

3．困難を恐れず、危険を恐れず、どのように高く険しい山・雪山・草地であろうと、われわれは、山に道を開き、川に橋をかけることができるのであり、人民解放軍の通れない道はない。

4．団結・友愛・相互援助により、皆が知恵をしぼり、皆が方法を講じれば、どのような困難も克服することができる。

5．人民解放軍の刻苦奮闘の精神を発揚し、規律が優れているという人民解放軍の伝統を維持しなければならない。

6．チベット人民を援助することはもっとも光栄なことであり、チベット族同胞の生活習慣を尊重し、チベット語を覚えるとともに、謙虚で慎み深く、驕りと焦りを戒め、チベット族同胞と親密に付き合わなければならない。

7．長期建軍の思想をもち、軍事技術に長じ、国の守りを固め、生産を上手くやり、補給を保証しなければならない。われわれは、戦闘の大軍であるとともに、生産の大軍でもある。

8．自然と戦う能力を身につけ、いろいろ方法を講じ、できるだけ考えを出して、たくさん穀物を植え、多数の牛や羊を飼い、勤勉な労働によって、高原を一歩一歩、肥沃な土地に変えよう。

同志諸君、努力しよう。われわれは、かならず歴史的意義のある任務を勝利のうちに完遂することができる。[注86]」

5月28日10世パンチェン・ラマとカンプ会議庁は、28日この協議成立を歓迎する声明を発した[注87]。そして6月1日毛主席に協議成立の祝電を送った。一方、5月30日10世パンチェン・ラマは、14世ダライ・ラマに対し以下の電報を発した。

「貴下が暫定権力を受任して、貴下は、中央人民政府と交渉するべく代表を送り、チベット平和解放協議協約に合意した。このことは、チベット僧・俗人民の大きな勝利である。私は、中央人民政府と毛沢東の賢明な指導性のもとに、わが統一に対する私の献身をなし、チベットの平和解放の大義の協約を遂行するために、貴下とチベット地方政府を支援する。私は、貴下に私の感謝を述べ、貴下に挨拶を送る。[注88]」

これに対し、14世ダライ・ラマは、9月19日、以下の返書を送った。

「余は、5月30日、チベット暦6月4日の貴下の電報を受け取ったことに感謝している。

　余が受けた神の託宣の望ましい縁起に従い、余は、事実、前世パンチェン・ラマの真の転生である貴下に挨拶を送る。余は、このことについて、北京のチベット代表団、タシルンポ僧院（札什倫布寺）、およびカルン（大臣）シガポに通報した。

　余は、タシルンポ僧院への貴下の早い帰還を期待している。貴下のルートで、われわれに情報をお知らせ願いたい。[注89]」

これが、10世パンチェン・ラマと14世ダライ・ラマの最初の接触であった。だが、そこには、14世ダライ・ラマの同協議への懸念があった。同協議の文書に調印の印璽について、それが北京で取り急ぎ造られたとの説があり[注90]、その点については、14世ダライ・ラマがのち1959年6月30日ムスリーの記者会見で、「協定に捺印されたチベット側の印爾は本物ではない。中国側が北京で偽造した印爾であり、爾来、中国が保持している」と発言した[注91]。この声明は、2001年5月23日チベット亡命政府で確認された（554頁もみよ）。インド人記者フランク・モラエスは、このダライ・ラマ声明が事実ならば、19条協議は無効である、と指摘した[注92]。モラエスは、なぜ中国側が印章を偽造したかについて、代表団に随行したイクツァン（官房秘書）が印章を携行せず、これを中国側がこれまでの伝統的なチベット方式の繰り返しと解して、印爾を作ったであろうと推量している[注93]。ただし、それは国際協定の議論であって、チベット問題は国内問題で、協定文書で「戻る」という表現が使用されているのは、そのためと解される。もっとも、第14条のチベットの外交権の中国への委譲という表現は、それはチベットの伝統的な外交特権と解されるところであり、それの変更を確認したのが、19条協定であった。落合淳隆は、チベットに対する中国の強制、チベット代表の権限踰越という点での無効論、チベットの自治に対する協定違反による協定の終了などの法律上の問題点を指摘しているが[注94]、チベットの特殊な歴史的地位と国内処置とみるところでは、その議論は成立しない。

　米国政府は1953年4月29日の声明で、この協定を承認もしないし容赦もしないとしているが、それは米国のチベットに対する関与からして当然のところであっ

たろう[注95]。

　チベット人地域内外の各地では、チベット平和解放17条協議の成立で、これに対する祝賀デモが組織された。

　5月31日共産党中央の指示で、西南局は共産党チベット地区工作委員会を設け、張経武が書記に任命され、副書記に譚冠三、張国華、范明が就任した。張経武は14世ダライ・ラマに対し反対派の指導者ロザンタシとロカンワのカルン代表を解職させるよう要求した。これにチベット人が反撥し、一方ではすべての事項における中央毛沢東の決裁、他方では毛沢東の代表者としての張経武へのチベット人の反撥が表面化した。ダライ・ラマは改革に賛成であっても、農奴支配の貴族階級がこれに強硬に反対していた。こうしたなか、6月13日中央人民政府チベット代表張経武は北京を発ち、インド経由で7月17日ヤートン（亜東）に到着し、（8月8日ラサに入り）14世ダライ・ラマらチベット幹部との会談に入った。そして、アペイ・アワンジンメイは9月24～26日解放協議の報告を行った。14世ダライ・ラマと彼の家族は既にインドのカリンポンに移っていたが、彼らも8月13日ヤートンからラサへ戻ることになり、ダライ・ラマは8月17日ラサに帰還した。この帰還は、ダライ・ラマが権力への復帰を願っていたもので、チベット人の術策とされる民族的理由ではないとされる[注96]。ただし、ダライ・ラマは、その協定調印を、北京放送を通じて初めて知ったといい、以下のメモを残している。

　「わが代表団は、チベットが独立国であることを論じ、さらに、この論を立証するあらゆる証拠を提示した。しかし、中国側は、それを容認しようとしなかった。結局のところ、中国側は、17項目からなる修正協定を起草した。そして、これを最後通牒として渡された。わが代表団は、それに対してどんな変更を加えることも、どんな提案をすることも許されなかった。わが代表団は侮辱され、罵しられ、その身に加えられる暴力をもって脅迫された。さらには、チベット国民に対して、より以上の軍事行動を展開するといって威嚇された。しかもなお、それから先の訓令を求めるために、わたくしにも、わが政府にも照会することを許されなかった。

　この協定案は、チベットが中国の一部分であるという仮定に基づいていた。それは全然、真実に反するものである。脅迫されなければ、私とわが政府に照

会することなしに、わが代表団がそれを受諾するようなことは、とうていあり得なかったろう。……それでもなお、彼らは、それを友好にするために必要な捺印を拒んだ。

しかも、中国側は、北京で、複製のチベット印爾を偽造した。そうして、それをもってその文書に捺印するようわが代表団を強制した。

私も、わが政府も、協約が調印されたことを聞かなかった。私たちは、ガポ（アペイ・アワンジンメイ）の北京からのラジオ放送で、はじめてそれを知った。注97」

これに対し、先のアペイ第二書簡は、「外国人のデマを信じてはいけない。北京に使者を送って和平交渉することがチベットの活路だ。心配はいらない。チャムドにいる40人のチベット軍将校が、こぞって中国共産党が信頼に値する相手である、と保証している。アペイ自身が代表の一人になって北京へ行ってもいい」と書いていた。また、代表団の一人トテンタンタは、「私は、チベット以外の地に行ったことがないので、北京へ行ってよく調べてみる。もし中国共産党が悪いものであれば、取決めに反対だという手紙を、あなた（14世ダライ・ラマ）に出す。良いものと分かれば、あなたに代わって署名してくると、ダライにいった」と回想している注98。

当時、海外にいたのは、ツイポン（財務長官）シャカパ、ダライ・ラマの長兄2人、そ

中国人民解放軍のラサ入城、1951年10月26日

して著名な知識人数人だけで、14世ダライ・ラマがラサへ帰還すると同時に多くの貴族が戻った。この事実は、ラサ政府がこの協定を受け入れていたことを意味した。

8月24日中央人民政府駐チベット代表張経武は、先遣隊ラサ入城のための民族平等の政治宣伝、宗教の自由の尊重、国旗の掲揚、大商店との友好、3人1組行商など10項目注意を提出し[注99]、9月9日先遣隊がラサに入った。アペイ・アワンジンメイは6月1日西康に入り、9月12日ラサに到着し、歓迎を受けた。10月7日十八軍がシガツエ（日喀則）、ギャンツエ（江孜）に入った。26日ラサに人民解放軍本隊が入城し、ラサ市共産党委員会が設立され、同日張国華・譚冠三指揮下の本隊がラサに到着した。

パンチェン・ラマは既に支持声明を発していたが、ダライ・ラマは、5カ月遅れた10月24日に平和解放協議の調印を「国防を鞏固にし、帝国主義勢力をチベットから駆逐し、祖国の領土主権の統一を保持する」ものであるとした書信を、毛沢東あてに送った[注100]。これに対し、毛沢東は、「平和解放チベット協議の努力に感謝し、併せて衷心より祝賀する」と返電をした[注101]。

11月1日人民政治協商会議全国委員会は、ダライ・ラマ、パンチェン・ラマ、アペイ・アワンジメイを委員に選出した。パンチェン・ラマは12月19日ツォンカ（西寧）に戻った。12月1日十八軍がラサに到着した。8日シガツエ（日喀則）に臨時チベット工作支部委員会が設立された。19日共産党中央は西南局の統一領導工作を批准し、チベット工作員会を設立した。

翌52年2月10日チベット軍区が成立した。中央軍事委員会は、司令員に張国華を、第一副司令委員にアペイ・アワンジメイを、政治委員に譚冠三らを任命した。そして張経武は、「このチベット軍区の成立はチベット解放協議の実現である」とした中央委員会命令を発した[注102]。そして3月7日張経武はチベット工作委員会書記に、張国華は第一副書記に、譚冠三・范明は第二副書記にそれぞれ就任した。さらに、7月1日に日喀則（シガツエ）支部チベット工作委員会、8月1日に江孜（ギャンツエ）支部工作委員会がそれぞれ成立した。1953年1月28日には黒河（ヘイホー／那曲）支部チベット工作委員会が成立した。そして、3月パンチェン・ラマ会議庁委員会が発足した。

3. 人民会議事件

　しかし、チベット独立という青年層の願いは残った。1952年3月11日ロカンワ（魯康和）とロザンタシ（洛桑札西）のスルン（司倫、カルン（大臣）最長老の2品官）代理スソ（司曹）2人の極秘の支持で、人民会議（ミマン・ツオンドゥ）なるものがラサで組織され、ロカンワとロザンタシは30日、チベット人民の名で、中央人民政府代表張経武将軍事務所を包囲し（その包囲は4月1日解除された）、アペイの住宅へ侵入し、中国外事弁務所と人民銀行を占拠し、張経武に対し請願書を提出して、大量の解放軍と漢人がチベットへ来てチベット民族の人民に負担をかけたので、解放軍は内地へ撤退し、大臣中央代表だけを残すよう要求した。これは清朝の旧例を実行するよう指示しており、この文書をもって、のち17条平和協議の否定というチベット亡命政府の見解としている[注103]。

　この事件で、3月31日中央政府代表張経武は、14世ダライ・ラマに対し、以下の緊急通知を送った。

　「ダライ・ラマ先生

　　私は、中央人民政府毛（沢東）主席を代表して、あなた様に以下の緊急通知を言い伝える。

　(1)　近日以来、われわれは、ラサ市において、多くのセラ寺（色拉寺）とデプン寺（哲蚌寺）などの不正のラマが、百姓に仮装し、銃器をぶら提げ、かつ一部のチベット軍人や浪人を召集し、反乱活動を促す会合を催し、宣言活動を行い、人民解放軍に対する反動や一般民衆に対する拉致を企て、それによってラサ市の秩序は著しく乱されていることを目の当たりにしてきた。本日、商店や一般家屋の門は硬く閉ざされ、人心は恐怖に満ちている。もし直ちに有効なる制止を加えなければ、不幸なる事件を引き起こすかもしれない。

　(2)　本日、私は、ゲキカ（噶厦、政府）より派遣された秘書から正式なる通知を受け取った。それによると、「人民会議」の代表が、人民解放軍とチベット政府に対し要請を申し出ていて、私に参加を求めてきた。われわれの調査によると、その「人民会議」なるものは民意を装い、その偽人民代表は裏に黒幕が指示していることが発覚した。彼らは、要請と騒動の方法を企てて、

チベットの平和解放と民族団結を破壊することを目的としている。

　以上の２つの厳重なる反動事件につき、あなた方が直ちに有効なる制止を加えることを願い出る。そうでなければ、あなた方やチベット人民に対して絶大なる悪い結果をもたらすであろう。ここに通知し、返答を待つ。

中央人民政府代表　張経武

1952年3月31日[注104]」

　引続き、張経武は4月1日カルン（噶倫、大臣）全体および14世ダライ・ラマに対し、以下の緊急通知を送った。

「全体カルン（噶倫）とダライ・ラマ様

　昨日（3月31日）ラサ市で発見された反動組織とその活動は、われわれの調査による理解とラサ市長ら官員の証明により参加している反動組織分子によることを知り得た。その中には、仮装したラマとラサの浪人以外に、完全武装のチベット軍が参加している。それら反動分子、反動組織のいわゆる「ラサ解放大隊」は、密かにわれわれの駐屯地（桑多倉（サンドサ）周囲）に配置し、軍事騒動を企てている。人民解放軍の高度の政治的忍耐と明確な軍事的守備のお陰で、流血事件の発生は免れた。私は、これら反動分子の活動は、決して偶然ではなく、重要な黒幕人物が存在し、かつ計画的組織的な暗躍を支持している、と進言しなければならない。この種の陰謀活動は、ダライ・ラマのチベット平和解放方法協議、民族の団結強化、チベットの意思樹立に背くだけでなく、かつ平和協議を破壊し、祖国の統一に対する罪悪極まりない行為である。もし、すぐにも有効なる制止を加えられなくば、そのことは、チベット人民に多大なる不良効果を与える勢いである。そのために、あなた方は、迅速かつ有効な指示命令を出し、以下の問題の解決に務めて頂きたい。

(1) 即刻に、すべてのチベット地方部隊（貴下の警備隊も含む）に命令し、即日に、各陣営に戻り、規律を厳重にし、外出を任意に与えず、あらゆる非合法活動への参加を認めない。かつ、チベット平和解放協議と民族団結の教育を進め、双方を離間させず、人民解放軍に対する敵視した態度をとらない。

(2) 即刻、3大寺院［セラ寺・デプン寺・ガンデン寺］（その他の寺院も含む）に対しラサ市内すべてのラマと仮装ラマが、各自の寺院に戻るよう、通知す

る。かつ、寺院ごとに規律を厳重にし、それを保障し、外出を任意に認めず、事を荒立てることがないようにするべく通知する。

(3) 即刻、いわゆる人民会議なるものの解散を命令する。すべての参加人員が、それぞれの家に戻り、自粛し、そうすれば追及しない。しかも、いわゆる「人民代表」は、ゲキカ（カルン4人で組織する政府、のち1959年事件で解散）が責任を持ってラサ市に駐留させ、後の接見に備える。かつ、そのいっさいの意見につき、全体カルンが聴取し、討論を加え、かつ正式なる回答をすること。

(4) 是非、即刻、ゲキカはチベット軍区と会談し、連帯的責任を負い、全体に公告し、いっさいの平和協議と民族団結を破壊する非合法活動を禁止しない。かつ、ラサ市の治安維持を保障し、商人の正常営業を保護し、よって人心を落ち着かせる。

中央人民政府代表　張経武
1952年4月1日[注105]」

この緊急通知は、4月4日の張経武通知で再確認され、人民会議について共同商議がなされ、その件の具体的解決方法が求められた[注106]。

ここでの中国政府の方針は、同52年4月6日の共産党中央（毛沢東）のチベット工作についての指示に明らかである。以下、抜粋して引用する。

「われわれは、あらゆる努力をはらい、適切な方法によって、ダライおよびその上層集団の大多数をかちとり、少数の悪質分子を孤立させ、血を流すことなく、相当の歳月をかけてチベットの経済・政治を、一歩一歩、改革するという目的を遂げなければならない。だが同時に、悪質分子がチベット軍を率いて反乱を起こし、わが方に襲撃をかけてくるような事態に対処する用意をしなくてはならず、このような時にもわが軍は、依然として、チベットで生き続け、持ち堪えていけるようにしなければならない。……

われわれにはいま、協定の全面的実施の物的基礎がないばかりか、協定の全面的実施の大衆基礎もなく、また協定の全面的実施の上層基礎もない。無理に実施しても、害多くして利少なしである。彼らが実施しないのなら、それでもよかろう。当面は実施せず、こう少し引き延ばしてからにしよう。

彼らには、民を損ない理に悖るさまざまな悪事を働かせておき、われわれはもっぱら、生産、貿易・交易、道路建設、医療、統一戦線（多数を結集し、根気よく教育する）などの良いことを行って、大衆をかちとり、時機が熟すのを待って、協定の全面的実施の問題を考えればよい。彼らが小学校を開くべきでないと考えるならば、これも取り止めにしたらいい。[注107]」

4月15日中央人民政府代表は、さらに、14世ダライ・ラマに対し、要点、以下の通知書を送った。

「甲、以下の行為は、平和解放協議を確認するものである。

1．非愛国主義的態度、分離主義、すなわち「チベット独立」の思想と行動。

2．チベット軍の改編など平和協議規定の不履行。

3．民意を借りた私人勢力の樹立と反乱の策謀（いわゆる人民会議事件）。

4．セツオ（司曹、チベット王）の軍事叛変の陰謀。

5．セツオの社会秩序不安の造成。

乙、セツオのロカンワ（魯康娃）らの罪悪行為の処置。

丙、その他の関係問題。しかるべく本代表が処置し、親帝国主義分子カンワホロらの叛乱を押さえること。[注108]」

10月27日共産党中央は、チベット工作委員会の4地区（前蔵・後蔵・アリ・チャムド）の「チベット統一方針の意見」に同意した。その統一方針の意見は、以下のとおりである。

「中央は、チベット工作委員会への返信で、チベット統一方針に関する意見に賛同する。

　チベット統一方針については、工作委員会内部に分岐があった。チベット工作委員会は、自分の意見を中央に報告すると同時に、日喀則（シガツエ）支部工作委員会の意見をも中央に伝達した。中央が工作委員会への返電の中で「中央がチベット工作委員会の見解は正確だと解し、この精神に従って仕事をするよう」と述べた。

　同電は、「中央人民政府が統一に指導しているチベット（前蔵と後蔵、アリ（阿里）地区を指し、条件が成熟するとき、チャムド（昌都）地区をも入る）地区の統一することは、チベットの建設と発展に有利であり、全国チベット族を

団結するのも有利である。統一は困難的なので、焦らなく、急がなくて慎重に実現させらなければならない。日喀則支部工作委員会がこの点に気をつけたのはいいけれども、分離統治して統一する段取りの採用は、絶対許されない。なぜなら、こうしたことは、目前にとっても、将来にとっても不利だからである。したがって、チベット自治区を統一するのは揺がないところである」という点が指摘されている。……

　ダライ・ラマと活仏が団結するとき、いわばチベット内部の平和統一が全力を挙げて求められるとき、一方では、活仏側がある範囲とある程度において進歩性を考えなければならなく、それで、この進歩性をよく活用できるはずである。しかも、同時に、ダライの地位と影響はチベット地区のみならず、全チベット民族にわたっても活仏より高いという事実をも認めて考えなくてはいけない。それであるから、平和にチベットを解放するとき、平和にチベットを統一するとき、および解放後の各種の政策は、ダライ集団の団結を主要任務にせざるを得ない。この任務の実現に有利することであれば、躊躇せずになすべきである（ここでは、団結と闘争という２つの面を含めている。しかも、闘争するのは団結のためで、有理有利で度を超えないという原則がとれるはずである。例えば、「人民会議」に対する闘争が、その一例である）。この任務の実現に不利であれば、しなくてもよく、あるいは、暫くそのままにしておくべきである（例えば、軍政委員会とチベット軍隊の改編は暫くしない）。……

　したがって、ダライ集団の団結を最も重要な任務にするという方針は変わらない。[注109]」

1952年9月6日中央人民政府駐チベット代表外事幇弁弁公室が成立した（1953年9月解消）。

1954年2月10日チベット工作討論会が開催され、中央統戦部長李維漢が総括報告を行い、以下の点が指摘された。
1．チベット民族と漢族のあいだの民族隔離に十分な注意を払う。
2．大反帝愛国統一戦線を拡大する。
3．ダライ・ラマの影響を認識し、いわゆるダライ集団を排除して、統一的区域自治を実現する。

4．チベット工作委員会は、不団結現象・不健全性に着目し、政策視点を明確にする。注110

引き続いて、1955年3月9日国務院全体会議で、チベット自治区準備委員会の設立決定をみた。同国務院会議では、チベット建設工作、パンチェン・ラマ・カンプ会議の役割などが決定された注111。

4．中国の統合措置——14世ダライ・ラマの外遊と亡命拒否、チベット自治区準備委員会設立と改革

平和17条協議以後、アペイ・アワンジンメイとダライ・ラマ一派とのあいだの対立が始まるが、その調印直後、既に北京で1951年5月31日そのチベット内部の対立は生じていた。翌52年5月16日チベット工作委員会は、3大寺（デプン寺／別蚌寺、セラ寺／色拉寺、ガンデン寺／噶丹寺）に対し改革工作への協力を求めたが、拒否された。

1954年8月2日中央人民政府は14世ダライ・ラマと10世パンチェン・ラマに上京を命じた。9月、ダライ・ラマは人民代表大会に出席したが、この出席は、ダライ・ラマは自分で中国のチベット政策を動かせるかもしれないとの考えからであった。数カ月間、彼は北京に滞在し、毛沢東は彼に好意をみせた。ダライ・ラマも「毛沢東に会うたびに霊感を受ける」ことを認めた。だが、周恩来は彼に対する懸念を払拭しなかった。ダライは、毛沢東に対しダライの兄たちが外国と連繋していることはない、と言い切ったが、それは情報がなかったか、故意の発言であった。その際、1950年にシッキムに持ち出した自分の財宝も戻す予定であるといい、ダライは自らへの懸念を払拭せんと努めた。その会議のあいだに、2人は、天津、上海、杭州、瀋陽、鞍山、ハルピンの各地を訪問し、1955年3月12日チベットへ向かった。

1955年5月四川チベット地区でディパ（土司）反乱が起きた。6月ダライ・ラマは、ラサへ戻る途中、チャムド（昌都）に立ち寄り、カムパ族に対して中国に穏健的な態度をとるよういったが、それはまったく聞き入れられなかった。10月人民解放軍がパタン（巴塘）、リタン（理塘）、カンゼ（甘孜）、デルゲ（徳格）に入り、「あ

らゆる神は搾取の道具である」と宣言し、これがのちにカム地域に反乱の火を付けることになった。

一方、1955年5月いわゆる人民会議分子は、14世ダライ・ラマに対しチベット独立草稿を、ダルツェンド（康定）、チャムド（昌都）、タイチャオ（太昭）で手交した。いわゆる人民会議分子は、さらに、7月シガツエ（日喀則）、ギャンツェ（江孜）で反動組織の組織工作を進め、そこでは、ダライ・ラマへの「献礼」を大義として3大寺のラマを中心に、民衆の参加があった。チベット工作委員会に対し「人民代表」の名で、チベット平和解放協議反対、チベット自治区準備委員会反対、中国による道路建設反対などの意見書を送付した。人民会議分子は9月15日、再びチベット工作委員会に対し意見書を提出した[注112]。これに対し、25日共産党中央は、反中央のいわゆる人民代表の動きを取り締まるよう命じた。

10月26日ラサ—シガツエ—ギャンツェ道路（全長330キロ）が開通し、中国中央のチベット工作も注目された。11月17日チベット政府は、ゲキカ（噶廈、政府）のいわゆる人民代表は非合法と決定し、彼ら分子は1956年9月、インドへ逃亡した。12月3日共産党中央は、チベット工作委員会に対し反動分子を孤立させる工作を進めるべく統戦工作を命じた。

しかし、1956年1月16日～2月3日ラサで共産党チベット地区代表会議が開催され、張国華第一副書記の報告「4年来のチベット地区工作総括と1956年工作作戦」がなされ、チベット地区の進展に注目していたなか、2月モンラム・チェンモの期間に反動分子によるチベット改革反対、チベット解放拒否のビラがまかれ、「チベット独立」が叫ばれた。3月3日これに対し、共産党中央は、チベット工作委員会によるゲキカの調査・追求に同意し、反動分子の処理を進めた。

1956年初め、14世ダライ・ラマは、シッキムのマハラジャ・クマルから釈迦牟尼生誕2500年記念式典に招請された。当初は反対していた中国が11月2日彼のインド訪問を認めたことで[注113]、同月20日ダライ・ラマはラサを出発し、21日10世パンチェン・ラマと合流して、25日ニューデリーに入った。チベット仏教参拝参列団は150名余で、聖地を巡礼し、米国から急ぎインドに戻っていたダライの2人の兄やツィポン（財務長官）シャカパ・チャンキムらとも多くの時間を過ごした。その1人、ギャロ・ジャロンツゥは、ダライ・ラマがインド入国の直前、インド

のガルトクで記念討論会を開催し、ここで正式に「チベットの独立」を提起する画策を立てた。シャカパは、ダライ・ラマをインドに長期滞在させ、その時点で、亡命政府を樹立し、「チベットの独立」を進める予定でいた。このダライ・ラマの帰国反対派の説得は成功したようで、1955年西康省の土地改革でカロンブールに逃れた反革命集団ミマン（人民）首領アンチンツェらとも会談した。そこで、ダライは、故国に帰らないとジャワハハル・ネルー・インド首相にいい、インドへの政治的亡命につき発言した。しかし、事態の変化を望まなかったネルーは、ラサにおいてチベット人の士気を高める方がより有益であると、ダライを説得した。ダライがニューデリー空港に到着した際、インドはインド国旗とチベット仏教旗を掲揚し、中国国旗を掲げなかった。その時、インド紙は、ダライ・ラマとパンチェン・ラマのインド訪問は宗教的意味があるだけでなく、政治的意味が大きいと論評した。11月27日、28日の2度、ネルーとラダイの会談がもたれたが、そこでは、以下の2点が確認された。

1. 米・ソを初めとする両陣営ともに弱まった。
2. チベットは中国と協約を調印し、チベットの中国帰属を承認したが、しかし、中国が協約の範囲を超えることになれば、またチベットが困難に直面することになれば、インドはチベットを手助けする。[注114]

12月1日ギャロ・トゥンドゥプ、活仏ダチャイ・ソーカンガロン、バラー副長官、大ラマ・チォンツェチェン、マカイ副経師、活仏ティージャンらがチベットの独立問題を討議したが、ダライ・ラマの態度が固く、結果は得られなかった[注115]。同12月カロンブールにチベット福利会（プーキ・デドン・ツォクバ）が成立し、以下の中国の引き揚げを求める主張のビラが配布された。

「前蔵と後蔵、および西康（東チベット）の漢人および軍隊は、すべて撤退すべきである。

ダライ・ラマとパンチェン・ラマの地位は、13世ダライ・ラマと9世パンチェン・ラマが仲直りをしたときの地位および職権に基づき配置する。

2人のスチャオ（司錯）は復職する。

チベット人を訓練する学校は、直ちに廃校とする。

自治区のすべての事務と制度を変える。

東のダルツェンド（打箭爐）から西のラダクまでの、すべてのチベット人は団結せよ。[116]」

これに対し、12月16日共産党中央は、ラサなどでの暴乱発生の可能性につき、現地に対して指示した[117]。既に、同56年2月モンラム・チェンモの期間を通じて「チベット独立」ビラが配布され、3月3日共産党中央はゲキカ（噶厦、政府）の徹底的調査を指示していた[118]。そして、7月21日チャムド（昌都）地区でのディパ（土司）反乱が起こり、8月5日四川—チベット公路上で反乱分子100余人の攻撃が始まり、13日自動車80台以上が襲撃された[119]。さらに、9月1日チベット第1・第2／第3・第4・第5・第6ダイベン（代本、連隊）のあいだで宗教的制度を保持し改革に反対する盟約書が作成された[120]。

10世パンチェン・ラマは翌57年1月29日、飛行機で帰国した。13世ダライ・ラマは、各方面の圧力を受け、チベットに戻るか、それともカロンブールへ行くかの瀬戸際に立った。1月19日カロンブールでは、チベット協会、チベット商会、各寺院代表ら20余人が会合し、ダライ・ラマのカロンブール行きを検討しており、その際、カンチョン（ラマ廟副住職）が「ダライ・ラマのカロンブール居住は、チベットが独立に向かうことを意味し、またダライ・ラマがチベット人とともに自由の道を歩む意志を示すことになる」と表明した[121]。当時、カロンブールはスパイや反共主義者の前線基地で、アメリカの自由アジア協会がその活動経費を提供し、小型武器も持ち込まれ、チベットでの武装蜂起の準備をしていた。こうした活動には、インドの親米派が関与し、支持し、支援もしていた。

この1957年1月には、さらに、4つのダイベン（代本、連隊）のチベット軍が兵力を拡大して密かに連盟書なるものに署名し、ラサの3大寺でも秘密集会が開催されたとの情報があった。ラサで留守を預かっていたティジャン・リムポチェ、チョンツェチェンポア、ワントンツらは、カン庁でその責任者チチンマイを取り調べるといった騒ぎに乗じて、これを突破口に新しく踏み出そうとしていた。つまり、ダライ・ラマのインド滞在中にラサで流血事件を策謀し、ダライ・ラマの帰国を阻止しようというのが、その反動派の作戦であった。

1956年12月カンパ族とアムド族は宗教信念を護る緩い国民軍を結成し、それに加担したチベット4大商人一家のゴムボ・タシ・アンドラグツァンが翌57年に

ダライ・ラマの右腕サプテン・ウォイデン・ファラと連絡をとり、チベット解放のために軍事支援をダライ・ラマに求めたが、ダライ・ラマは、中国人に対する武力行使を容認しなかった。それは、蜂起すれば、必ず失敗すると、彼は信じていたからであった。

　また、チャンキムは、14世ダライ・ラマの拉致を密かに画策しており、ダライ・ラマのカルカッタ視察の際、彼を米総領事館に拉致せんと図ったが、この工作は、インド側によって阻止され、実現しなかった。

　ときに、周恩来中国総理は1956年11月と1957年1月の2回、インドを訪問し、ネルー首相と会談した。周総理は、中国はチベットの自治を望み、またダライ・ラマを指導者として支持するが、外部の転覆活動が停止されない限り、中国としてはチベット管理を強化しなければならない、と述べた。ネルー首相は、ダライ・ラマ、パンチェン・ラマはともに来た道を戻り、カロンブールのスパイ活動はインド側が気を配る、と発言した。以後、インド政府は、カロンブールでの活動を規制した。このニューデリー通過の際、周恩来総理は、ネルーの助けで14世ダライ・ラマと会見し、共産主義への移行をダライ・ラマの意志に反して押しつけることはしない、と保証した[注122]。ダライ・ラマは、チベット・インド間の宗教的・文化的連繋がかなり深く、インド側の引っ張りが大きい、と述べ、多くの事項で混乱を来している、と明言した。その際、周総理は、ネルーとの会談の様子を伝え、一部のチベット人がインドで陰謀と画していると指摘し、中央政府としては、最大の問題である改革について、6年間改革をせず、6年後に改革をするか否かについてのチベット人の決定を待つ、と明言した。西康地方の改革問題は、チベットが人を派遣して調査し処理する必要はない、とも付け加えた。そして、周総理は、随行員に対し以下のとおり発言した。

　「ダライ・ラマは、インドに残ることはできるが、チベットをインドに持ち込むことはできない。ダライ・ラマをインドに滞在させる考えは、ダライ・ラマを損ない、チベットをも損なうことになる。ダライ・ラマが残っても、チベットの事務は、これによって停まることはなく、……しかも、扉は開けてあるので、ダライ・ラマはいつチベットに戻ってもよく、いつでも歓迎する。ダライ・ラマが一度、カロンブールに居留するとなると、一人の難民でしかなくなる。

政治がなくなり、政治活動も行うことはできない。宗教しか関係がないが、宗教の聖地はやはりチベットにあり、カロンブールまで運ぶことはできない。こうして、ダライ・ラマは、漸次、極めて困難な境遇に置かれることになる。注123」

そして、ときのインドの公式的見解は、ネルーが発言しているように、インドとしては「チベットの独立」を支持しない立場にあり、米国が遠くから支持することもない、と付け加えられた。さらに、インドで災いを起こしてしまったら、インドとしても責任を負うことができない、と確言した。それで、14世ダライ・ラマは、インド駐在大使潘自力に自分が経験を持たなかったことは一大欠点であったと述べ、亡命工作を退けてラサに戻った。

随行のカルン（大臣）は、シャカパ・チャンキム、ギャロ・トゥンドゥプ、ロザン・ギャルツェンらを招いて、彼らを説得したが、会談はチャンキムがカルンを罵って終わった。カルンは、ダライ・ラマのカロンブール通過時にはきちんと彼らダライ・ラマ一行の安全を保証しなければならない、と釘を刺した。ダライ・ラマ一行は、帰国の方針を固め、1957年1月20日カロンブールを発し、4月1日ラサに戻った。

ここでの中国の方針は、同57年2月27日毛沢東が第11回最高国務拡大会議で確認しており、以下のとおり述べた。

「一部の地区では、大漢民族主義と地方民族主義がどちらも、まだ酷く残っており、十分に注意を払わなくてはならない。……チベットは、まだ条件が熟さないので、民主主義的改革を行っていない。中央政府とチベット地方政府との17カ条協定に基づいて、社会制度の改革は必ず実行しなければならないが、しかし、いつ実行するかは、チベットの大多数の人民大衆と指導的な人物が実行してもよいと考えたときに、はじめて決定できるのであって、あせってはならない。現在、第2次5カ年計画（1957年－1961年）の期間には改革を行わないことを、既に決定している。第3次5カ年計画の期間に改革を行うかどうかは、そのときになって状況をみてから決定する。注124」

14世ダライ・ラマはラサに帰還したが、そこでは、CIAの工作も十分保証できるものでなかったろう。一方、チベットへ赴いていた漢人幹部はそのほとんどが1957年8月までに戻っており、7月26日共産党チベット工作委員会は、第2次

5カ年計画期間中はチベット地区で民主的改革は実行しないことに関する宣伝要項を採択した。実際、1950年代のチベット改革を調査した報告では、「この間に、チベットの社会経済関係に真の基本的改革が導入されなかった」とされており、「予定された共産主義中国の成文法も基本部分はチベットに施行されなかった」とある[注125]。

14世ダライ・ラマが北京に滞在中の1955年3月11日周恩来総理は、以下の題詞をダライ・ラマとパンチェン・ラマへ贈った。

「積極努力、為早日建立西藏自治区而努力。[注126]」

そして、1956年1月16日〜2月3日共産党チベット地区代表会議のラサ開催に続いて、4月20日チベット自治区準備委員会の構成が決まり、22日成立大会が開催され、同委員会は成立した。4月22日西藏日報（チベット語・漢語）が刊行された（以前は1952年11月1日刊の新聞簡訊）。24日会議の席上、自治区準備委員会主任ダライ・ラマは、以下のとおり述べた。

「社会主義とは真に幸福な社会のことであり、チベットには、これ以外に行くべき道はない。現在のチベットは、社会主義からはるかに遠いところにある。われわれは、徐々に改革を推し進めねばならない。それぞれの改革をいかなる時期に実施し、またそれがいかなる形をとるかは、この事業の発展の情況、その他さまざまの具体的条件によって決定されるべきであろう。また、これは、チベットの指導者と人民大衆との協議を経た上で行われるであろう。[注127]」

その構成は当初、チベット人48人、漢人3人であったが、のちチベット人50人、漢人5人となった。その主たる任務は、次のとおりであった。

1．チベット統治のための責任を徐々に負担させること。
2．地方工業の発展を促し、それを中央の計画に適合されるように配慮していくこと。
3．各級人民を共同にし、階級間の団結を進めること。
4．教育を発展させること。
5．改革を押しつけようとして熱狂に過ぎるのを防止すること。
6．宗教の自由と寺廟を保護すること。[注128]

この委員会のチベット人構成は、ラサのチベット地方政府代表15人、シガツエのカンプ（堪布）庁（パンチェン会議庁）代表10人、チャムド解放区代表10人、僧侶ら代表16人であった。これは民主的な代表制をみせていたが、委員会の決議

は国務院の承認が不可欠とされ、その決定は大きく制約された[注129]。

成立大会において4月20日、中央代表団長陳毅副総理は、その成立の意義を、こう述べた。

「(1) 1951年のチベット平和解放に関する協約と人民解放軍のチベット進駐によって、チベット民族は永遠に帝国主義の束縛を脱し、祖国各民族平等・友愛の大家庭に帰ってきた。これによって、祖国大陸の領土は統一を得て、祖国西南の国防は保障を得た。

(2) 数年来、中央とチベット地方の関係には、大きな前進があった。1954年、14世ダライ・ラマとパンチェン・オルドニ（10世パンチェン・ラマ）は北京に行って第1期全国人民代表大会第1回会議、および中国人民政治協商会議第2期全国委員会第1回会議に出席した。ダライ・ラマとパンチェン・オルドニは国家の指導人員に選ばれた。チベット族人民の領袖が全国行政の指導業務に参与することは、歴史上いまだかつてなかったことである。

(3) この数年来、中国共産党と人民政府がチベットに派遣した工作人員と人民解放軍チベット進駐部隊は、中央の民族政策を堅持し、チベット各階層人民の大きな支援を得て、チベット族と漢族の団結は大いに高まっている。

(4) 大きな成果はチベット内部の団結の実現である。1952年、ダライ・ラマとチベット各階層人民に歓迎されて、パンチェン・オルドニは、チベットに戻ってきた。ダライ・ラマとパンチェン・オルドニは友好関係を回復した。これで、帝国主義や漢族の反動支配階級によって作り出されていたチベット内部の分裂状態は克服された。

(5) チベット自治区準備委員会は、今日、正式に成立した。これは、チベット民族の団結進歩の道における一つの新しい里程標であり、中国共産党の民族政策のいま一つの輝かしい勝利である。チベット自治区準備委員会の成立の後、チベット工作は既に新しい段階にはいった。チベット地方の今後の主要な工作は、さらに一歩進めて中央と毛主席の指示のとおり「団結進歩・いっそうの発展」の方針を実現することである。

(6) チベット地方の進歩と発展のために、われわれは、引続きチベット民族と各民族の間、およびチベット民族内部の団結を強めなければならない。われわ

れの団結の目的と原則は、帝国主義に反対し、社会主義の祖国を建設するためである。憲法の規定に基づき、わが国各民族は、いずれも異なった道を通って社会主義社会へ移行する。チベット民族についていえば、1951年調印したチベットの平和解放協約のうち、チベット内部の改革事項については肯定的態度をとっている。けれども、中央は、チベット民族内部の改革に対しては、その民族自身の願望に依拠すべきことを、一貫して主張してきた。中国共産党と中央人民政府は、チベット民族の指導者と人民が一致して要求し決心したときに、はじめてチベット地方の改革は行うことができるのであって、他の民族が代わって進めることは絶対にできない。

(7) 前述の方針を執行し、円満に地域自治と経済・文化建設の任務を進めるためには、チベット地方には、自民族の経済・文化・教育・芸術・科学など各方面において、専門的・技術的幹部がなお十分に必要である。チベット自治区準備委員会とチベット社会の各方面の人士および中国共産党チベット工作委員会は、幹部の養成を自分の重要な職責とすべきである。[注130]」

そして4月22日チベット自治区準備委員会の第二主任委員張国華（第一主任委員はパンチェン・ラマ）は、チベット改革に関する中央人民政府の方針を、以下のように述べた。これは、この改革の原則を確認したものであった。

「チベット地区は、漢人地区、またその他の少数民族地区と、社会的経済的に著しく異なっている。したがって、チベット地区の改革を実施するために、今後とられるべき政策は、他の地区において採用されるものと異ならなければならない。……

中央人民政府の訓令によれば、チベット地区の今後の改革は、上層から下層へと、平和的話し合いにより、チベット人民大多数の意志と希望に応じて、遂行されなければならない。……

改革中および改革後において、政府は、チベット上層階級人士（上層階級の僧侶を含む）の政治的立場と生活条件とを悪化させず、できるならば、その向上を保証するのに必要なあらゆる政策をとらなければならない。……すなわち、諸変革は生活の引上げの場合にのみ許され、引下げは許されない。

この方針は、貴族・僧院のみたらず、全人民の利益に適っている。……

将来、チベットの改革が終っても、人民の宗教信仰は、現在と何ら変らないまま残される。[注131]」

　この方針は4月20日共産党第8回全国代表大会で、張国華がチベット改革は当面改革しないと報告し、確認された。

　そして、チベット自治区準備委員会の設置に関する決定が、同56年9月26日の全国人民代表大会常務委員会で採択された。その委員会は、チベット地方政府（ゲキカ、ダライ・ラマ庁）、パンチェン会議庁（カンプ庁）、昌都人民解放委員会、主要な寺廟と宗派、上流階級（貴族）、チベット地方政府愛国分子、その他の組織で構成され、17条平和解放協議に基づき、チベット自治区を成立させる条件を整え、統一自治区創設の具体的な方策を作成することを任務とした。これによって、ダライ・ラマの権威は組織的に崩れた。

　チベット自治区準備委員会の設置に関する決定は、以下のとおりである。

　　第1条　本規定は、中華人民共和国憲法、チベット自治区準備委員会の組織に関する国務院第7次総会の決定およびチベットの平和解放に関する中央人民政府とチベット地方政府との協議に基づいて作成される。

　　第2条　チベット自治区が設立されるまで、一時、準備委員会が設けられる。該委員会は、自治区設置計画を準備する集団的機関である。委員会は、権力機関の機能を果たし、中華人民共和国国務院の指導のもとに活動する。

　　第3条　委員会は、チベット地方政府、パンチェン・ラマ（カンプ）会議庁、チャムド人民解放委員会、主要な寺廟および宗派、上流階級、チベット地方政府の愛国分子およびその他のグループ代表、ならびに中華人民共和国が派遣する幹部労働者からなる。

　　第4条　委員会は、チベット地方政府、カンプ会議庁、およびチャムド人民解放委員会を指導する。

　　　　　委員会は、中華人民共和国憲法およびチベットの平和解放に関する協定に基づき、かつ具体的情勢を出発点として、チベット自治区の地方自治を行う。その際、委員会は、以下の任務を果たさなければならない。

　　　　　すべての大きな責任を次第に引き受け、活動経験を蓄積して、統一チベット自治区を正式に成立させる条件を整えること。統一自治区創設の具体的な

方策をつくること。

　チベットにおける地方的な建設の問題や、実現できかつ実現しなければならないその他の諸方策を、単一計画に沿って、全面的な協議と委員会の審議によって責任をもって解決すること。委員会はまた、決定を準備し、国務院の認可を得てそれを実現しなければならない。

　住民各層の代表を団結させつつ、委員会は、国の全民族の団結とチベットの内部的統一の強化を促さなければならない。

　学習を組織し、それを指導すること。幹部労働者の職業水準および反帝闘争の知識と能力を高め、さらに、大衆を愛国精神で教育すること、幹部労働者の間で積極的な教育活動を行うこと。

　法律に従って、すべての民族代表者、チベットの仏教徒を含めたすべての住民層代表者の生活と財政は維持される。

　信教の自由を実現し、ラマ寺廟とその収入を維持すること。

　委員会は、以下の権能をもつ。

　委員会は、国家の法律・命令および国務院の決定・指令に基づき、それを審議して決定を採択する。地方の具体的情勢を考慮して命令を与え、その履行を監督する。委員会は、国務院の承認をえて、重要問題を決定し公布する。

　地方の具体的情勢を出発とし、一致に到達する目的で全面的に意見を交換させ、一時効力をもつ法律・条例を準備し、その都度、国務院あるいは全国人民代表大会常務委員会の承認を得て発効させる。

　要員の任命および罷免の問題については、委員会は、国務院の臨時条令を指針とし、その都度、国務院を通し、あるいはその確認を要請する。また、下級機関の要員を任命し、罷免し、あるいは確認する。

　委員会で審議し、意見一致が得られると、決算・予算案および財政報告を国務院の確認を得るために、提出する。諸機関の活動を指導し、それを管理する。

　委員会で一致が得られたすべての行政問題は、その都度、国務院の決定を受ける。

　第5条　委員会の構成は55名とする。委員会諸機関の要員の任命、罷免、ま

たは更迭の資料は、委員会の審議を経て、国務院の確認を受ける。委員会の議長、副議長、および委員は、国務院が任命する。常任委員会は、準備委員会の平常の活動な指導するために、総会で選出される。その構成は、国務院の確認を受ける。

第6条　準備委員会議長ならびに副議長は、委員会の活動を指導し、会議を指導する。

第7条　議長あるいは副議長の一人が、何かの理由でその職務を遂行できない場合には、その候補を準備委員会常任委員会に提出し、承認を得たのち、国務院の確認を得る。

第8条　委員会は、4名からなる事務局を設ける。事務局長（委員1人）の行政活動は、準備委員会議長と副議長の指示を受ける。事務局長臨時補佐（委員3人）は、共同して事務局長を援助する。

　委員会は、必要に応じて、次のような事務機関を、臨時に設置する。

　事務局は、基本文書や秘密文書を処理し、他の組織との連繋を保ち、文書の作成・翻訳を行い、行政活動を行う。

　財政・経済委員会は、地方の財政・経済建設を統一的に指導し、計画を立てる。委員会は、地方の具体的情勢を考慮に入れ、中華人民共和国中央機関の統一的財政経済方針に基づき、全面的な審議によってこの活動を行う。

　宗教問題に関しては、委員会は、チベットの各宗派を団結させ、一貫して信教の自由を実施し、その実現を管理する。また、礼拝に関係のあるその他の問題に注意を払う。

　民事行政部は、人事や全面的な意見の交換と審議による地方権力機関の建設および共同体の生活問題に携わる。市民の紛争を解決し、住民への物質的援助などを行う。

　財政部は、地方予算の収支を扱い、財政体制をつくり、予算および財政報告を作成し、その他の財政問題を解決する。

　建設部は、都市建設を立案・実現し、労働力の組織分配および労働の支払いに携わる。

　文化・教育部は、文化・教育・出版・科学研究・その他の問題に従事する。

保健部は、保健機関を管理し、保健措置をたて、実現する。また、その他の社会保健に携わる。

　保安部は、社会秩序を維持し、社会の安寧維持にあたる。

　農林部は、農業生産の改善を指導し、植林保護と植林面積の拡大に当たり、灌漑施設の建設を指導する。

　畜産部は、畜産の発展方策および防疫と家畜伝染病の防止措置を講じる。

　商業・工業部は、地方の商業と工業・建設産業を指導する。

　運輸部は、地方の運輸組織と運輸建設を指導する。

　司法部は、法律問題に携わる。裁判所、検事局、およびその他の司法機関ができるまでは、一時、その機能を果たす。

第9条　以上にあげた各事務機関には、部長あるいは管理者および2、3名の副部長がおかれる。これらの機関は、必要に応じて局と事務室を設置できる。

第10条　これら機関の指導者は、準備委員会の全面的な意見の交換によって選出され、国務院の確認を得る。

第11条　準備委員会総会は、委員会の議長、副議長、および委員が半年に一度招集される。必要な場合には、規定の期間より早くすることも、遅くすることもできる。

第12条　常任委員会会議は、本委員会の指導部が週2度、招集する。必要なときには、準備委員会の各事務機関の指導部が正規の審議権をもって会議に出席することができる。

第13条　過渡期の財政が困難な場合には、チベット自治区の成立まで、チベット地方政府、パンチェン・ラマ（カンプ）会議庁、および昌都人民解放委員会は、準備委員会に報告して中華人民共和国国務院に直接援助を申し出ることができる。

第14条　委員会は、チベット軍管区と緊密な連絡を保ち、防衛を強化し、社会秩序を維持するなかで積極的に援助しなければならない。

第15条　この条令は、第1回準備委員会総会で採択され、全国人民代表大会常務委員会の確認を得て、効力を発する。補足および修正は、すべてこの組織がとりあげ、確認する。注132

1952年8月15日ラサ小学校が開校し（生徒600余名）、1956年9月2日ラサ中学校が開校し（学生200余名）、続いてシガツエ（日喀則）、チャムド（昌都）、ジャンツェ（江孜）に小学校が設立された。

毛沢東主席は1954年までの康蔵公路の開通を求めていたが、チャムド（昌都）―ラサ間の青蔵公路は1953年2月17日に修復をみた。1954年3月9日国務院はチベット交通・運輸問題の決定をしており[注133]、同年12月25日、'4年という短期間で難工事の青蔵公路（全長2100キロ）が完成し、同時に四川・雅安―ラサ公路（全長2400キロ）が開通した。

さらに、1955年10月20日ラサ―シガツエ（日喀則）―カンゼ（甘孜）公路（全長330キロ）が開通し、翌56年3月23日ヘイホー（黒河）―アリ（／ガリ、阿里）公路（全長1300キロ）が開通し、これによりチベット北部の無人の大草原への通航が可能となった。そして3月29日シガツエ―ヤートン（亜東）公路が開通し、これによりインドとの通商が可能となった。一方、新疆からインドと係争中のアクサイチン（阿克賽鉤）地区を通じてチベットに至る新蔵公路（全長1200キロ）が1957年10月竣工をみた[注134]。これによって中国内地からの主要産品の低額供給が可能となり、チベットは、インドへの経済的・交通的依存から脱却した。青蔵公路の完成でヤク（ぼう牛）60頭が12日間を要して運んだ量が、1台のトラックで、2日間で運ばれ、人民の生活は大きく助けられた。反対分子は、これら道路は意味がなく、チベット人に有用でないとしていたが、チベットの対外貿易を内地に向けたことの意義は大きかった[注135]。

また、1956年5月26日北京―ラサ航空ルートの開設に成功した（ラサ空港は4300メートルの高地）。

漢人は、チベットを「三大欠」（燃料・交通手段・人口）と「三多」（貧困・抑圧・神や鬼の恐怖）の土地と形容してきたが、自治区の形成とともに、中国当局は、土地の測量、地方行政の立て直し、また運輸・通信網の建設に着手した。その最初の改革は、ダライ・ラマとパンチェン・ラマの支配地区で着手され、その東チベット自治区は1950年1月には旧青海省であった。

このチベット公路開設は、チベット社会の激変をもたらす決定的な契機となった。1955年後半にチベットを旅行したイギリス人ジャーナリスト、アラン・ウィニン

トンは、こう書いていた。

「私は指導的なチベットの役人で、経済問題についてのカシャ（内閣）内の専門家であるサムポ・ザザに、試験場について、どう考えているかとたずねた。それへの彼の回答と、その他の事柄についての彼の言葉とは、近代生活がチベットという古代社会に対してあたえた衝撃によって引き起こされた心理的緊張の性質を、ある程度、明らかにしてくれるであろう。……

「試験所は農業の発展のために、りっぱな指導をあたえています」とサムポ・ザザはいった。「牧畜地域における試験もまた、りっぱなものです。もし家畜が健康を保つことができるなら、乳とバターとはもっとよくなるでしょう。すべてこのことはよいことで、チベットの歴史で、いままで聞いたこともありません。……

それから、彼は、長いあいだ考えこんだ後に、つけ加えた。「チベットは神聖なところで、人民の労働と生活とは宗教に基礎をおいています。宗教は、われわれにとって、経済よりも大切なのです。われわれチベット人は、改革する何の理由もみとめません。政府から土地をもらっている人々（貴族）は、何も変える必要はないと思っているのです。また、ある人々は政府からは何ももらっていないが、役人として働いて、俸給をとって、結構な生活をしております。そのほかのもの（農奴）は、政府からあたえられた土地の分け前を受けて、やはり相応な暮しを立てる道を見付けております。……

彼はちょっと休んで、また話しつづけた。「それからまた、政府がすこしも助けてやらないものたちは、自分で何とかやります。たとえば、乞食です。つまり、人は宗教を信仰するなら、どんな場合でも、自分の生活を満足のゆくようにやってゆけるものです。……

サムポ・ザザは、ゆっくり進むということの必要を強調し、そして、自分はどうして工業を発展させるか、何の知識も持たないものだが、とことわりながら、工業が前進の基礎になるだろう、といった。[注136]」

さらに、彼は、こうも書いていた。

「車輪はいつになっても使用されず、道路は開発されず、チベットには何らの工業もない。低い生活水準に応じた単純な経済であり、消費されない者は大部

分が僧院にささげられ——その仏像を黄金と宝石、あるいはバターの油煙で塗りたくることになる。富裕なチベット人は高価な輸入ものの絹服をまとい、腕時計をつけている。[注137]」

ウィニントンは、同書で、チベットにおいて「進行中の新しい企図について、自らの判断を下し得るように、雲上の国の私の長期の見聞を、事実のままに記述することであった」と書いていたが、その結論を、彼はこう述べた。

「チベット問題の焦点というべきものは、(貴族の)シンカ・ジグメ・ドルジニが私に語ったことに、率直に表明されている。彼は、最高位の僧籍貴族のひとりであり、「カシャ」すなわち、ダライ・ラマを掌握しチベットのウー(衛)と呼ばれる地域を支配する貴族団の「6人内閣」の一員であった。「農奴がなければ、生活はどうして続けてゆけますか。われわれは農奴なしは生きられません」彼が私にこう告げたのは1955年であった。

彼は、簡単明瞭に、チベット国内政治の基本問題を説明したことになるのである。それは、数千の俗籍および僧籍の貴族が、約100万人の農奴に絶対権力をふるい続け、その固陋で残酷な制度を温存すべきかいなか、ということである。

もちろん、チベット問題の全容は、もっと複雑である。チベットは、多年、西方からの外国の侵透にまかせられ、ほとんど1世紀にわたって、帝国主義勢力は、北京とラサとのあいだの古来の結合を切断する努力をつづけていた。とくに、共産党が中国の指導権をにぎって以来は、チベットを、もう一つの、もっと危険な、中国の脇腹深く擬せられたところの「台湾」としようとする強行策が取られたのであった。そして同時に、チベットでは変化がおこった。貴族たちは新しい嗜好をもつようになり、高価な外国物資をほしがった。だが、それらを入手しようとしても、すでにぎりぎりの生存すらもむつかしいまでに搾取しつくされた100万の奴隷と、輪はただ祈禱の輪をまわすことに用いられるというような原始的生産状態と価値は、これ以上しぼり出すことは不可能に近かった。チベット貴族の前には、2つの道があるのみだった。——中央政権(中国)と協力して、順を追ってチベットの退嬰的封建制を改革し、産業化によって全体の生活水準をたかめることか、それとも、外国の援助をもとめてチベッ

トを中国から引きはなし、ドルとポンドとの厄介になりながら封建制を延命し、そしてチベットをアジヤの心胸部における巨大なロケット基地と化するか、であった。

チベットは変化せざるを得なかったのだ。それに対して、善意からではあるが「どうしてチベット人たちを、古来ずっとそうしてきたようにさせておいてはいけないのか」という人々は、20世紀の意味と、世界が小さくなったことと、それから、スイス製時計やドイツ製カメラや英国製布地やスコッチ・ウィスキーやラジオ・セットなどが、すでに世界の屋根を変貌させてしまっているという事実全体とを、無視することになるのである。彼らはまた、発展する中国がチベット人のあらゆる層に威信を高めてきたというとの意義を看過することになるのである。チベットは、もはや古いチベットでありつづけることは不可能となり、ただ問題は、外国支配による封建制か、それとも改革か、というところにあった。(今では、その問題は存在しなくなった)。

反乱をただひとわたり調べただけで、貴族中これを支持したものは少数だったということが明白になる。農奴所有者は、その農奴たちを、何故にたたかうかの理由を告げることなしに、戦闘に駆りたてる権利をもっている。この俗籍奴隷のほかに、強固な集団生活をいとなむ15万ないし20万の僧侶——チベットにおけるもっとも有能な戦闘力——がある。それであるのに、数年の秘密裡の準備にもかかわらず、封建主義のための戦いに召集し得たのは、ほんの2万にすぎず、しかもその大部分は、東部境界地域の半職業的戦士のカンパ(カムパ)族——いまだかつて何ものに忠誠を誓ったこともなく、大規模の掠奪の機会にすぐに飛びつく連中——であった。その反乱が数日にして鎮圧されたという事実が、何よりも雄弁にかたっていることは、それが「国民的」蜂起ではなく、ただあの貴族が抱いた疑問——農奴所有者はその農奴を持ちつづけるべきかという問題により巻きおこされたものだということである。また、この反乱によって明らかになったのは、貴族の大多数が、中央政権が提示する線にそっての漸次改革に賛同し、つまり上層階級と僧職者との政治的地位と生活水準とを保有し、また宗教の自由を保証しつつ、農奴の解放と土地所有権の改革とをおこなう途をえらぼうとしたということである。

いかなる変革にも反対した極端に保守的な貴族たちは、いまや孤立し、亡命の途をもとめた。かえりみれば、中央政権の1956年の宣言によれば、改革は、貴族たちに、たがいに問題を十分に協議する時間をあたえるため、1962年までは提議されないだろうということだったが、今度のことの結果として、極端な保守派が反対した改革が、その計画よりもいっそう早く行われることを可能とした。

過去においては、チベット民衆の95パーセント——農奴と各種奴隷との声は、何ら聴かれることがなかった。私が「ぶしつけな」質問をした時、農奴たちは、その境遇についてかたることを恐れ、ひじょうに当惑してしまったのであった。もちろん、ジャーナリストは、後進社会制度でこういう事態にぶつかることは、めずらしくはない。反乱が弾圧され、民衆が勇気を出すようになってはじめて、中央政権は、100万のチベット人が俄に坤吟し、一方、日夜神々の光栄のために何千ポンドのバターが焼かれる寺院には黄金と穀物とが山と積まれるという、暴虐の全容をつかむことができたのである。チベットは中世的であって、目をえぐったり、生身の皮をはいだり、健を切ったり、鞭打ったり、また、貴族は平民の女にはいつでも手をつける権利があったり、法に拘束されることなく強制労働を課したり、奴隷制よりもおそるべき高利を取立てたりすることなどは、いつまでも中世紀の中にある社会として、正常のことであるといい得るのであろう。しかし、これらすべての旧態を保存し、そのためには人民を外国に売りわたす貴族たちを、20世紀の「自由戦士」呼ばわりすることは、どういうものだろうか。[注138]」

この観察と指摘は的確で、変革の真実を指摘していた。反面、1955年以来、強まり、1958年のラサ反乱となった貴族のすさまじい抵抗、そして14世ダライ・ラマの亡命に至る背景がここに伺える。

こうした情勢下に、1957年1月1日周恩来総理は、第二次五カ年計画（1958年—1962年）中は、チベットは改革をせず、6年後に、改革するか否かにつき、毛沢東主席の意向を14世ダライ・ラマに伝えた。この点は、2月27日の最高国務会議での毛沢東講話「人民内部の矛盾の問題を処理することについて」で確認された。3月5日共産党中央書記処会議は、チベット問題を協議して、以上の方針遂行を決

定した。4月22日張国華第二副主任委員は、チベット自治区成立一周年記念総会で、チベットは今後6カ年は改革しないと述べ、5月14日共産党中央は以上の方針を批准した[注139]。そして、1958年11月13日チベット工作委員会は「8年来のチベット工作の基本総括および今後4年以内の工作方針と義務」を策定し、統戦工作による民衆管理と新しい情勢の創出へとその方針を転換した（後述）。

5．中印交渉とインドのチベット権益問題、および平和共存五原則

　中国のチベット平和解放が成就した後、1952年6月14日周恩来国務総理は、インドからインドのチベットにおける各種権益につき数回にわたり照会を受けた。そこで、中国駐在インド大使カバラム・M・パニッカルを通じて、インド・中国チベット間の関係を処理する問題についての一原則と具体的措置を提出した。その照会に対する周総理の指摘はこうであった。
　　「インドの中国チベットにおける関係の現状は、過去において英国が中国を侵略した過程の中に残ってきた痕傷であって、このすべてについて新インド政府は責任を有するものではない。英国政府と旧中国政府の締結した不平等条約によって生じた特権は、現在、既に存在しない。[注140]」
そして、チベットにおける新中国とインドの関係は、協議を通じて改めて樹立されるべきものとなっていた。この基本原則について、周総理は、こう指摘した。
　　「中国チベットにおける両国の関係を解決するのには時間がかかるので、当面の事務を処理するべく、まず旧インド・ラサ駐在代表所をインドのラサ駐在総領事館に変更することを提案する。中央政府は、チベット駐在代表の下に外務補佐をおいているので、彼を通じて総領事と連絡をとられたい。
　　　インドの参拝者が引続きチベット（のアリ聖地など）に参拝に来ることができることを除いて、他の未解決の問題は、今後、相談する。
　　　対等の原則において、中国は、インドのモンマイ（ボンベイ）に総領事館を置く。
　　　現在における中国・インド間の実際上の通商の必要性により、中国は、まず領事館設立の問題の解決につき提案し、同時にインドの疑惑を取り除くことを

期待する。[注141]」

 これに対して、インド政府は、依然としてその旧来の特権を維持せんと策謀したが、この原則と相互の領事館設立についての具体措置に同意した。

 さらに、1952年初め、シッキム駐在インド政務官ダヤルがカシャ（内閣）に書簡を送り、彼が間もなく現地を離任するので、彼の後任カプルを紹介し、併せてカプルが「あなたがたの国家との間に最も融和な関係を維持すべく尽力することになる」と述べた。3月カプルは、カシャあて書簡で、彼が「委任を受けてインド・チベット関係を指導することは、大変光栄なことであり、両国間の友好関係がますます強化し発展することを願っている」と述べた[注142]。注目すべき点は、インドの政府関係者がこの公開の公式文書で依然としてチベットを「国家」と呼んでいたことにあった。

 また、1952年冬、チベット・インド間の通商が盛期に入り、中国中央人民政府のチベット駐在人員の供給物品が大量にインドからチベットに運び込まれた。チベットにいる漢人やチベット人、西康などの各民族商人がインドに赴く際に中央代表外事幇弁事処より発行された旅券を持っていたが、インド側は査証の発行を拒否し、古い慣例を維持する、と表明した。すなわち、ヤートン（亜東）駐在インド商務代表は、直接に証明書を発行することを求めてきた。そこで、中国政府としては、当時の実際上の状況から、チベット・インド国境線は長く、交通も断絶していて不便で、中国辺境部隊が一時に至る所に入国管理事務所を設けることはできず、全般的に旅券規則の実施も難しいので、中国とインド双方の官吏が旅券を持つことを除いて、他の者の往来は、古い慣例に沿って行うことを決めた。それは、1908年中国・英国・インド・（チベット）通商章程の適用であり、同章程には、ヤートン駐在の兵隊は25名以下、ギャンツェ（江孜）も50名以下となっていた。1952年までに、ヤートン駐在は30名、ギャンツェ駐在は80名となっており、その後も増強され、ギャンツェでは、大規模な兵舎・倉庫が建設され、大量の食糧・弾薬などの軍用物資が貯蔵されていた。これらはすべて、英国のチベット侵略時に残っていた特権であって、1952年冬、インド政府が改めてヤートンとギャンツェの兵隊を交替させると通告し、この特権を引続き主張した。これに対し、中国政府は、それをインド政府による兵隊の撤退という方式だと解し、今回の人員派遣が撤退問

題解決のための一つ措置とするのであれば、中国としては歓迎するが、もし兵隊の交替であれば、中国政府は同意できない、と返答した。

同52年、ラダク駐在インド商務代表がまたも昔の特権に固執して、中国の主権を無視し、勝手に無線通信設備を持ってアリ地域に入ろうと企て、その際、設備は中国辺境部隊に接収の上封印され、出国時に返却する、と通告された。当時、中国政府はこのインド商務代表の身分を認めなかった。それは、中国とインドがこの方面に関する協定を締結していなかったからで、ただ彼をインド商業団の指導者としても扱うことはしなかった。しかも、そのインド商人代表は、領事権を持つと自称し、またアリなど各地へ視察しに行こうとした。これについては、中国政府として、同意しなかった。中国の考えとしては、インドが毎年アリへ通商のため往来することは、歴史上に残った問題で、将来、交渉を通じて解決すべきであり、解決以前は、中国側が友好のためインド商人がアリへ通商のために来ることは容認するが、中国の関係法律を遵守すべき、用事がある場合、中国の外国人管理機関に申し出することができ、勝手に地方政府と交渉する問題ではないとした。

また、同52年8月、インドのシッキム駐在政務官カプルがチベットへ来て、そのヤートンやギャンツェのいわゆる商務代表所と入国管理事務所を視察したい、と申し出た。これも、英国政府の古い特権の一つであった。この政務官は、両地方のインド商務代表所の上司であるので、随時、自由にチベットを視察できることを主張した。中国側は、古い慣例に基づくそのチベット視察を容認すれば、2つ商務代表所の存在の合法性およびインドのシッキム駐在官によるチベット視察の合法性を認めることになるので、これらの点は、入国管理事務所や兵隊などと同じように、協議によって解決する必要があり、したがって、中国政府は、インドのシッキム駐在官がチベットに来るのは、国際慣例に基づき旅券を持って中国政府の査証を得た上でチベットに来るべきである、と表明した。

こうして、インド政府は、英国の古い特権に従い、それを維持しようとする工作は幾度となく阻止されたが、インドとチベットの現存のすべて慣例は干渉を受けないよう中国の保証を要求し、「両国が交渉の方式によって平和的にこれらの問題を解決するまで、インドのチベットにおける現存の機構および措置に対して一方的行動により変更することはしない」よう中国側に求めた。このインドの要求に対して、

中国政府は、英国のチベットにおける特権は存在しておらず、中国とインドのチベットにおける関係は交渉を通じて解決すべきであるとした。1953年9月インド首相ネルーから中国総理周恩来あての書簡で、中国とインドの双方が両国関係の問題について協議するよう提言され、また添付覚書で、協議に必要な問題の内容を指摘した[注143]。かくて、中国とインドの外交当局協議を、1953年中に交渉を行うことが確認された。

当時、1950年から1958年まで、インドは、中国との友好関係を追求していた[注144]。にもかかわらず、交渉が未だ行われないうちに、インド側で、「マクマホン線」はインドの辺境線として交渉してはならない問題だと主張され、国境問題は今回論議される範囲にない、とした新聞論調が出た。北京駐在インド大使N・ラグハバンは、交渉前にインドに戻り、2月マドラスで新聞記者に対し、インド・チベット貿易方式は数十年も経てきており、通商で使う貨幣（当時、チベットではインド・ルピーが使用できた）、機構（商務代表所）、方式（不等価交換方式）などについて議論した上で、インドとチベットは特殊な関係を持ち、中国にこの関係を認め続けさせるものである、と述べた[注145]。

そして、インド政府は、その交渉のため中国駐在大使ラグハバンを団長とする政府代表団を北京に派遣し、中国政府団は外交部副部長章漢夫を団長に任命した。

1953年12月31日中国政府総理周恩来は、中国、インドの両国代表団と会見し、「中国、インド両国人民が一貫して友好で、現在、両国は独立したが、相互の主権と領土保全の尊重、相互の不侵犯、相互の不干渉、平等互恵、平和共存の平和共存五原則に基づき、接壌大国たる両国の友好関係を発展させるべきであり、今回、両国代表団がインドと中国チベット地方との関係問題を協議し、既に条件を整った懸案問題の解決を図るためにも、これら原則に基づきなされるべきである」と発言し[注146]、ここで平和共存五原則（パンチシラ）が初めて提起された。インド代表団はこの五原則に完全に同意した。両国代表団の交渉は、翌54年1月2日の全体会議に始まり、交渉は1月から4月まで約4カ月続き、12回の全体会議と非公式な意見交換、そして小グループ協議などを経て、4月29日に中華人民共和国・インド共和国間の中国チベット地方とインド間の通商と交通に関する協定が調印され、同時に議定書も交換された。

1954年中国・インド協定の内容は、以下のとおりであった。

前文　平和五原則の確認[注147]。
第1条　相互の商務代表の設置。
第2条　貿易の方法、貿易市場地の確認。
第3条　霊場参拝。
第4条　商人と巡礼者の往来の方法。
第5条　国境通過における旅券の保持と査証。
第6条　批准による発効。[注148]

　この協定は、両国の中国チベット地方とインド間の新しい正常関係を樹立したもので、その前文に五原則が明記され、これにより平和共存五原則は国際法上の効力を得た。協定は、両国が互いに商務代表所を設立し、その待遇、相互の貿易市場の確立、信者巡礼の具体的実施方法、商人や信者の往来する山の入口と通路、および往来関連の査証、許可書などの事項について、定めた。双方が交換した議定書の内容は、主に英領インドの下にチベットに残った特権の取消し問題で、インドが議定書を交換した日から6カ月以内にそのヤートンとギャンツェにいる武装警備隊を引き揚げ、またその運用した郵政、電報、電話、12カ所の宿泊所などを清算の上、中国側に引き渡すことが決まった。その他には、インドがヤートン（亜東）とギャンツェ（江孜）に維持している商務代表処の住宅・土地などの問題、および商務代理・商人・信者についての一部規定なども、交換公文で解決した[注149]。

　この交渉では、中国政府は、まず平和共存五原則をチベットとインド間の関係を解決する基礎とし、同時に、この交渉では、大部分の既に条件が整った問題でしか解決できない、と提案した。中印国境問題については、その地域が広く、国境線が不明確のため、新中国が成立した前後に、インドは、絶えずに蚕食していた[注150]。それで、中国の辺境保衛はまだ強化する必要があり、この時点で、国境問題を触れると、交渉は膠着状態に陥り易く、実際に合理的な解決を実現することは難しく、よって中国側は、この問題を自発的に提出しなかった。インド側から提出される場合には、懸案事項として今後の解決に委ねるとの方針を決めていた。すべての交渉に対して、中国代表団がとった「先難後易（解決し難い問題を先にし、解決し易い問題を後にする）方式は、問題の解決において、交渉の友好的雰囲気を醸成する上

で有利であった。

　中国中央政府は、この交渉を非常に重視しており、特に中国インド交渉委員会を設けた。1954年1月7日委員会の第一次全体会議で、周恩来総理はこう発言した。

　「インドは、英国のチベットにおける一部特権を継承した。新中国の成立後、チベットは、祖国の大家庭に戻った。インドの対中国態度は平等に付き合うように変わったが、チベットでの一部特権に固執し、留保できなくなって、やっと撤兵に同意した。とにかく中国が強ければ強いほど、各民族の団結が固ければ固いほど、インドの態度はさらに変更されることになる。中国のインド政策は、インドと平和共存五原則を遵守するようにして、一方では、アメリカ侵略に反対し、戦争に反対することである。他方では、インドがまた英国や米国の影響を受け、一部の問題で中国と対立しているが、われわれは、インドに働き掛け影響を与えて、われわれの平和政策が力を持っていることを信じてもらわなければならない。今回の交渉は、条件が整い準備ができた問題については解決するが、条件が整っていない問題、例えば、辺境問題、そのうち、マクマフォン線によって分割されたメンダワン（門達旺）、ロヒト（洛隅）など、またその他のチベット地方をめぐり提出された帰属問題などは、資料が不十分のため、今回は懸案事項とし、将来、時機を選んで解決する。[注151]」

　会議では、チベット地方政府のカルン（大臣）ラォカシャが、辺境問題が一時に解決できなければ、注意深く処理して欲しいと表明しており、またネパールがチベットに特権を享有する問題をも提出された。

　そこで、中国政府代表団は、以上の原則に基づき、当時、チベットの実際上の必要性また解決可能な状況から、7つの問題について交渉するべくインド側と協議し確認した。つまり、商務代表所、警備隊、郵政・電報・電話、宿泊所、貿易、巡礼、および旅券・査証・許可書がそれである。インド側の出した要求に対して、中国側の方針としては、すべての特権は取り消さなければならないとしており、ただし必要に応じて、わが国主権を損なわない部分の伝統・習慣は留保できるとした。

　中華人民共和国の成立後、資本主義国家との交渉によりその中国が蒙った特権を取り消し、また平和五原則を基礎とする通商・交通協定に調印するのは始めてのことで、この交渉では、交渉の方針においても、交渉の方式と協議の精神に基づき一

定の難しい問題を解決する方式においても、新中国は、その独立自主の外交政策と新しい外交姿勢を発揮した。

この交渉を通じて平和共存五原則が適用されたことは、中国・インド両国人民の友好協力を促進しただけではなく、当時の国際政治および新中国の威信向上に極めて重要な影響を与えた。そして、この平和共存五原則は、インド政府に受け入れられ、両国が調印した協定に盛られただけではなく、同年5月まず中国・インド両国首相の共同声明により[注152]、次ぎに中国・ビルマ両国首相による共同声明[注153]で確認された。そして、1956年9月20日カトマンズで中国・ネパール間で調印チベット地方とネパール間の通商・交通交換公文にも[注154]、中国・インド間の中国チベット・インド間の通商・交通協定と同様の方式が盛られた。ただし、特に平和共存五原則の規定はない。もっとも、1960年1月28日中国・ビルマ友好・相互不可侵条約[注155]、および同年4月28日中国・ネパール平和・友好条約の各前文では[注156]、それぞれ平和共存五原則が確認された。以来、中国は、外交方針として平和共存五原則を堅持し厳守しており、それは、多くのアジア・アフリカ諸国にも受け入れられ、国家間関係を処理する公的原則となっている。

なお、このインド・中国合意について、14世ダライ・ラマは、「チベットの外側世界は、われわれに背を向けはじめたのを意識していた。悪いことに、われわれの一番近い隣人であり良き精神的助言者であるインドが、中国のチベットへの領有権を暗黙裡に了解していた。1954年4月ネルーは、パンチシラ（平和共存五原則）として知られる覚書を含む中国・インド協定を結んでおり、それによりインドと中国は相互の問題には、いかなる場合でも干渉しないことを認めた。この条約に従えば、チベットは中国の一部であった」と書いている[注157]。

そして1956年11月のインド訪問を前にした状況について、14世ダライ・ラマはこう書いている。

「出発前の幾日間に、中国当局者の突然の方向転換について興味深い話をしたのを耳にした。それによると、ラサのインド領事館が、わたくしが祝典に出席するためインドに来るつもりかどうか、側近に問い合わせてきた。行けそうもないというと、本国政府に報告し、ネルー首相がじきじき掛け合ってくれたという。それでも中国側はうんといわなかったが、張（国華）将軍がラサに戻っ

てから初めて、インド領事館が、ネルーの働きかけに対する中国側の態度はインド・中国関係を損なうことになると、たくさんの人に話していることを知り、態度を豹変させたというのである[注158]」

この仏陀聖誕祭へのインド訪問で、14世ダライ・ラマは、演説を行っているが、そこでは、チベットの政治問題にはいっさい触れていない[注159]。

6．CIA のチベット工作とインドの役割

1949年10月25日ニューヨーク・タイムズが、チベットの戦略的理由からチベットの独立承認を米国政府は考慮中である、と報じた[注160]。1950年1月1日北京政府のチベット・台湾・海南島をなお解放しなければならないとする声明は、解放への抵抗を強めることになった[注161]。そこには、英国とインドがチベットに介入しなければ、米国が主導するしかないとの判断が米国にあったとみる節もある（同年1月6日米国は中国不承認を決定した）。インドは、中国との戦争に突入できる立場になく、1949年12月30日中国を承認していた（1950年4月1日国交樹立）。米国情報筋は、インドは自治権の固守に努めるチベット人から離れようとしている、と報告していた[注162]。英国は、1950年6月ロンドン駐在米大使ルイス・W・ドゥグラスに対し「当該地域における英国の権益はインドが継承した」と通告しており、「いかなる干渉の試みも、非現実的で、中国と争うほどに、英国はこの地域に関心がない」との立場を明らかにした[注163]。7月ニューデリー駐在米工作員ジョージ・ヘンダーソンの当該地域に対するニューデリーの米国見解には変更はなく、物資調達と資金援助の用意があるとした電報に対し、アチソン国務長官は「国務省は現在、チベットに対する米国の援助に関してチベット人を援助できる立場にある」とそれを是認していた[注164]。そこでの問題はインドの関与ということであり、ヘンダーソンは、英国・米国・インドが共同してチベット帰属の闘争に関与せよとの指示を受けていた。

1950年12月19日14世ダライ・ラマはインド国境の北部、ヤートン（亜東）に逃れた。この際、インドは、外務省事務次官の他、北京駐在インド大使カバラム・

M・パニッカル、情報局幹部B・N・ムリク、インド国軍最高司令官K・M・カリアッパ大将が出席した秘密会合を開催しており、カリアッパを除き全員が、地理的障害を問題とすることなくチベットに対するインドの軍事介入に賛成した。この計画は、パターソン、ポタラ宮でダライ・ラマに仕えていたドイツ人ハインリヒ・ハラー[注165]、スルカン（カルン四品官）やツイブン（財務長官）シャカパ・チャンキムのあいだでも進められていた。その協議では、米国は、14世ダライ・ラマを密かにラサから連れ去る計画をもっていて、ヤートンのダライ・ラマに対しインドへの脱出を進めた。しかし、その計画は実現しなかった[注166]。ワシントン筋は、ダライ・ラマに一通の秘密書簡を送って北京との協定を否認するよう求めており、彼のインド、セイロン、あるいは米国への亡命計画があった。そして、米国としては、ダライ・ラマが中国に対する抵抗を準備した段階で、インド経由の軽火器と直接の資金を届ける用意を整えていた[注167]。この時機、ダライ・ラマの長兄ギャロ・トゥンドゥプは米国の支持で台湾に行き、中国国民党と協議していた。もう1人の次兄トプテン・ジクメ・ノルブは、ダライ・ラマの代理としてカリンポンに入り、そこでアメリカ人工作員と協議した。トプテン・ノルブはこうしてCIA資金による反共組織、アメリカ自由アジア委員会の庇護のもとで、米国へ入国した[注168]。

　1950年夏、米国では、政策調整局に対し「中国共産体制に反対する心理作戦および準軍事行動を開始せよ」との作戦命令が出され[注169]、これは正しく中国に対する内部崩壊を企図したCIA工作に対するものであった。米国政府のチベットでの活動は、コード・ネーム「セイント・サーカス」作戦として、1952年末に準備され、1953年に始まり、それはCIAが組織していた[注170]。1954年の議会証言で極東問題担当国務次官補ウォルター・ロバートソンは、「中国大陸の問題解決にあたって、われわれは、大陸への攻撃によることなしに、内部分裂を誘発する活動をとる」と証言した。このために、1950年から53年にかけ不安定化工作のために中国人情報工作員100人がインドで訓練に入った。それは、チベットに対するCIA工作のためであった[注171]。

　その作戦は、ゴクポ・ラシを経て、ダライ・ラマの側近サプテン・ウォイデン・ファラに伝えられた。さらに、ラサのアラル・ノーブとロザン・ツェリンは、米国の支援を正式に要請するよう14世ダライ・ラマとチベット政府に促すことを求め

た米国防長官チャールス・L・ウィルソンからのメッセージを受けた。セイント・サーカス作戦は既に沖縄の前進基地経由で始まっており、その要請をダライ・ラマは拒否したが、アイゼンハワー米大統領はCIAによるチベット抵抗運動に対する支援を承認しており、その計画には武器の供与や訓練の提供が含まれていた。

14世ダライ・ラマと台湾の中国国民党との秘密連繋[注172]は、ギャロ・トゥンドゥプが1949年まで国民党治下で教育を受け、国民党官僚の娘と結婚した経緯があって、彼は1950年カリンポンに落ち着くまで台湾、インド、そしてラサのあいだを激しく往来していた。ギャロ・トゥンドゥプは1951年、米CIAと情報協力で合意し、1956年にゲリラ戦の協定ができた。トプテン・ノルブが1953年にCIAと接触し、これを中国国民党が引き継いだことは、当事者として関わったジョージ・パターソンが回想している[注173]。そして1956年までは、国民党はチベットの反乱勢力に深く関与していた[注174]。1960年代中期までに、この国民党の反乱分子への援助提供は終わった。

1955年にラプガー・ポンダサンとインドおよび米国の代表が会談し、この際、米国が反乱10カ年計画を提議したが、その計画は中国のチベット統治を覆すのが目的であった。1957年、14世ダライ・ラマがインドからラサに戻った段階では、秘密活動はすでに高まっており、トプテン・ノルブ、ギャロ・トゥンドゥプ、ターベ・ポサンダンの接触で、1958年7月末以降、空中投下による武器の輸送が増大した（第2回投下は1959年2月）[注175]。この投下に対して中国はインドとネパールに抗議したが、効果はなかった。

CIAのチベットへの本格的介入は1956年に始まり、ゲリラは必要な軽火器と弾薬を秘密情報員から十分支給されたと、1959年3月ワシントン・ポストが報じた[注176]。1万4000人のチベットがCIAによって武装され、装備・食糧を受けた。キューバ侵攻、ベトナム介入とともに、チベット向けのゲリラ訓練に当たったコロラド州ヘイル駐屯地は1962年に閉鎖されたが、その訓練は1964年まで続いた[注177]。そして、インドでチベット人を援助してきたCIA資金は1970年で終わった。1967年以降、中国の国境巡視は強化されており、一方、1965年と1966年に武器・弾薬の空中投下が確認されているが、1969年のカムパの襲撃行動は最後の作戦で、全員が殺害された[注178]。

当時、中国に滞在していたアメリカ人ジャーナリスト、アンナ・ルイス・ストロングは、「四川・昌都（チャムド）の反乱から、少し遅れて1958年春に、一つの小型反乱が青海省・甘粛省のチベット族地区に起った」が「反乱はラサから示唆されたものであり、僧院によって、共産主義に対する「聖戦」として組織されたものであることは明らかであった」。さらに、続けてこう指摘していた。
　「反徒の死体から、また、僧院の仏像のうしろでみつかった、中国共産党調査の文書は、反乱がインドの印刷設備に結びついていることを物語っていた。「4つの河と6つの山脈」（チュシ・ガントゥック、四水六崗）という一つの組織の存在が浮かびあがってきた。その所在をラサでつきとめてみると、ダライ・ラマのために浄罪喜捨をよびかけるものだと称していたが、のちになって、これはテロと、サボタージュと、反乱に対する援助物資の空中投下を組織する機関であることがわかった。
　1958年には、反乱はチベット自体へ移動した。アメリカ製兵器のロカ（山南）地方への投下が始まった。ロカはラサ南東の広い地域で、「チベットの穀倉」とよばれ、軍隊の糧秣にことかかず、また、インドとのあいだの長い国境線は外部との連絡を容易ならしめた。このロカからの武装反徒にはカンパ（カムパ）族も参加していたが、ラサに新しい発電所をたてるための木材を運ぶ人民解放軍の輸送隊にたいする襲撃が始まった。また、解放軍の司令部へは、反徒のテロ行為や略奪に対する苦情が持ちこまれ、また、反徒がチベット族の婦女を犯して困るという訴えが殺到した。[注179]」
　一方、インドは、長期にわたりチベットへの侵略計画を抱いてきた。1959年にチベット貴族を扇動し、反革命計画に関与し、それに失敗して以後は、武力で中国領のチベット人をインドに移動させ、いわゆるチベット難民問題を干渉の口実にした。1959年4月27日ネルー・インド首相は、国民議会でこう述べていた。
　「（この事態は）完全にチベット地区の若干「上層反動分子」に責任があるといえば、このいい方は、複雑な状況を非常に簡単にすることでしかない。中国方面からのニュースでも、チベット反乱の規模が大きくて、この反乱の基礎は、きっと強い民族主義でしかないだろう。こんな民族主義は上層階級の人ばかりでなく、他の人の気持ちが影響している。いうまでもなく、既得の利益集団は

反乱に参加し、さらに、この中から利益を求めている。かなり古い言葉やスローガンなどで状況を説明するなんか解決に何も役立たないのである。」

さらに、彼は、こうも述べた。

「確かに、インドには、こんな反応を適当でない方向へ引導して利益を求める人もいる。しかし、インド人民の反応は明白な事実である。インドでの反応もここまでに至った以上に、チベット人民自身の反応は想像しかねないものがあろう。アジアの他の仏教国にも、そのような反応があるかもしれない。実際、政治性でない強い情緒が存在しているときだけに、ただ政治的方法で処理するわけにはいかず、さらに、軍事方法で処理するわけにはいかない。[注180]」

1959年7月から1960年5月まで45回の武器投下作戦が実施され、訓練を受けたゲリラ85名と80万ポンドの武器・弾薬・装備・医薬品が抵抗運動に届けられた。しかし、1960年5月1日U2機撃墜事件が起こり、そのフルシチョフ・ソ連共産党第一書記の要求で、アイゼンハワー米大統領は領空侵犯は止めると発表し、チベット上空での作戦も、これによって停止された。しかし、ケネディ米大統領は1961年3月CIAによるチベット・ゲリラへの支援継続を承認し、この件は米ソ関係に影響すると怖れた駐インド米大使ジョン・ケネス・ガルブレスの強硬な反対を押し切ってまで実施されてきており、こうして、同年、チベット国境ネパールの封建王国ムスタンへの最初の武器投下が行われた。ムスタン作戦は1968年に内紛があり、ネパールの弾圧を受け、これによりCAIのムスタン支援は1969年、ニクソン政権下に米国の対中国政策の転換で終わった[注181]。

1962年の反革命暴動の直前、チベット人1万人をもってムスタンでゲリラ部隊が結成された[注182]。1960年にネパール首相ビシャワール・プラサド・コイララは、ネパールが中国に対する軍事基地に使用されていることは絶対に許せないと、記者会見で発表した。中国の文化大革命期を通じ、全額インドの提供でギャロ・トゥンドゥプを通じ2カ月毎に2万2500ルピーが提供された[注183]。ネパール戦線では、武装ゲリラ1万5000人が1970年には悲惨なほど少数となり、1979年に最後のゲリラ活動があった。このチベット人闘争の限界から、インドは、以後、対中国政策の変更を余儀なくされた。中印国境問題の協議にインドが応じたのも、こうした背景があったからである。

＜注＞
1 Graham Sandberg, *The Exploration of Tibet: Its History and Particular 1923-04,* London: W. Thacker & Co., 1904, pp. 201ff.
 Michael Taylor, *Odes: suivies de, Tibet,* Paris: Gallimard, 1986. 耿昇訳『発現西藏』北京、中国藏学出版社、1998 年、159 − 167 頁。
2 Paul A. Varg, *Open Door Diplomat: The Life of W. W. Rockhill,* Urbana: Univ. of Illinois Press, 1952 ／ Westport: Greenwood Press, 1974.
3 William Boyd Sinclair, *Jump to the Land of Gold: The Adventures of a United Nations Air Force Crew in Tibet,* Caldwell, Ohio: The Caxton Printers, 1965.
4 United States, *Foreign Relations of the United States, 1943, China,* Washington, DC: US Government Printing Office, 1967, p. 631.
5 John Kenneth Knaus, *Orphans of the Cold War: America and the Tibetan Struggle for Survival,* New York: Public Affairs, 1999, pp. 38ff. 克里斯・穆林、張植栄訳「美中央情報局対西藏的陰謀」、張植栄主編『二十世紀西藏』ラサ、西藏人民出版社、1993 年、306 頁以降。
6 Department of State, *Foreign Relations of the United States: Diplomatic Papers, 1942 China,* Washington, DC: USGPO, 1956, p. 624.
7 Dilles Van Grasdorff, *Le Dalai Lama,* Paris: Plon, 2003. 鈴木敏弘訳『ダライ・ラマ その知られざる真実』河出書房新社、2004 年、197 頁。
8 R. Harris Smith, *OSS: The Secret History of America's First Central Intelligence Agency,* Berkley: Univ. of California Press, 1972.
9 1943 年 5 月 15 日米国務省より英国大使館あてエイド・メモワール。op. cit. *Foreign Relations of the United States, 1943, China,* p. 630.
10 J. P. Mitter, *Betrayal of Tibet,* Bombay: Allied Publishers, 1964, p. 12. op.cit. Shakapa, *Tibet: A Political History,* pp. 287-288. 前掲、三浦訳『チベット政治史』354 − 355 頁。Melvyn C. Goldstein, *The Snow Lion and Dragon: China, Tibet, and the Dalai Lama,* Berkley: Univ. of California Press, 1995, p. 38.
11 op. cit. Shakapa, *Tibet: A Political History,* p. 288. 前掲、三浦訳『チベット政治史』355 − 356 頁。
12 op. cit. *Foreign Relations of the United States, 1947,* Vol. 7 *The Far East: China,* 1972, pp. 588-592.
13 入江啓四郎は、以下の条件においてインドは独立以前から一定の独立的地位を認められていたと指摘している。
　１．1942 年 1 月 1 日の連合国共同宣言の署名国。
　２．国際連合憲章制定の 1945 年 4 〜 6 月サンフランシスコ会議の参加国。したがって、インドは、原加盟国となった。
　３．1945 年 10 月 27 日日本占領管理の最高機関としての極東理事会構成国。
　４．極東軍事裁判所の構成国（1946 年 5 月 3 日公判開始）。
　そこでは、インドは、英領インドと中国領の国境関係および通商関係の条約など、国際法上の地位すべてを引き継いだ。
　入江啓四郎『中印紛争と国際法』成文堂、1964 年、123 頁。

14 H. E. Richardson, *Tibet and its History*, London: Oxford U. P., 1962, p. 173.
15 ラサでは、マハトマ・ガンディーの暗殺に対してジョカン寺（大昭寺／ツクラカン、老木朗）で国家主催の法要が営まれた。
　ガンディー暗殺は以下をみよ。マノハール・マルゴンカール、山口瑞彦訳『ガンディー暗殺』三省堂、1985年。
16 op. cit. *Foreign Relations of the United States, 1947*, Vol. 2 *The Far East: China*, 1972, pp. 757-758.
17 op. cit. Shakapa, *Tibet: A Political History*, p. 294. 前掲、三浦訳『チベット政治史』362 － 365 頁。
18 op. cit. Shakapa, *Tibet: A Political History*. p. 294. 前掲、三浦訳『チベット政治史』、362 頁。op. cit. Deshayes. *Historie du Tibet*. 前掲、今枝訳『チベット史』294 頁以降。op.cit. Grasdorff, *Le Dalai Lama*. 前掲、鈴木訳『ダライ・ラマ　その知られざる真実』211 頁以降。
19 Heinrich Harrer, *Sieben Jahre in Tibet: mein Leben am Hofe de Dalai Lama*, Wien: Ullstein, 1952／Vaduz, Leichtenstein: Liechtenstein Verlag, 1966. 福田宏年訳『チベットの7年──ダライ・ラマの宮廷に仕えて』白水社、1989年、342頁。福田訳『セブン・イヤーズ・イン・チベット』角川文庫、角川書店、1997年。translated by Richard Graves, *Seven Years in Tibet*, New York: Dutton, 1954/ Los Angels: J. P. Putnam's Sons,1981. 近藤等訳『チベットの七年』新潮社、1955年。
　さらに、以下をみよ。Harrer, *Meire Tibet-Bilder*, Seebruck am Chiemsee: Heeriag-Verlag, 1960. Harrer, *Ladak: Gods and Mortals behind the Himalayers*, New Deli: Himalayan Books, 1988.
20 新疆社会科学院歴史研究所編『新疆簡史』烏魯木斉、新疆人民出版社、1980年、第3分冊、第12章。張治中『張治中回想録』上・下、北京、文史資料出版社、1985年。
　白振声・鯉渕信一主編『新疆現代史略』北京、中国社会科学出版社、1992年、467頁以降。新疆三区革命史編纂委員会編新疆三区革命大事記』烏魯木斉、新疆人民出版社、1994年。三区革命のオリヤード蒙古への波及は、以下をみよ。〈ヱ拉特蒙古簡史〉編字組編『ヱ拉特蒙古簡史』烏魯木斉、新疆人民出版社、1996年、下、240頁以降。
21 op. cit. Knaus, *Orphans of the Cold War; America and the Tibetan Struggle for Survival*, p. 39.
22 op. cit. *Foreign Relations of the United States, 1949*, Vol. 9 *The Far East: China*, pp. 1080-1082.
23 ibid. *1949*, Vol. 9 *The Far East: China*, pp. 1178-1179.
24 Lowell Jackson, Jr., *The Silent War in Tibet*, New York: Doubleday Co., 1959／London: Secker & Warburg, 1960, p. 21.
25 op. cit. *Foreign Relations of the United States, 1949*, Vol.1 : *The Far East: China*, pp. 1080-1082.
26 "Lowell Thomas Back from Tibet," *New York Times*, 17 October 1949, p. 25.
27 op. cit. Kimura, *Japanese Agent in Tibet: My Ten Years of Travel in Disguise*. 前掲、三浦訳『チベット──偽装の十年』271 － 272 頁。
28 前掲、駱威『世界屋背上的秘密戦争』38 － 39 頁。

29 書簡は、西藏自治区党史征集委員会・西藏軍区党史征集領導小組編『和平解放西藏』ラサ、西藏人民出版社、1995年、237 − 238頁に所収。
30 op. cit. Harclerode, *Fighting Diatly: The Inside Story of Covert Operation from Ho Chi Mihn to Osama Bin Laden*. 前掲、熊谷訳『謀略と紛争の世紀──特殊部隊・特務機関の全活動』386 − 387頁。
31 さらに、1949年9月彭徳懐人民解放軍軍事委員会副主席は、チベット人民工作の意見を提出していて、そこでは、青年を吸収して、漸次、工作を進めるしかないと、提言していた。「彭徳懐闘争青梅現況及対藏民工作意見的報告」、前掲『民族問題文献汇編1921. 7—1949. 9』1281 − 1283頁。
32 1949年9月2日新華社社論「決許外国侵略者并中国的領土──西藏」。張羽新主編『和平解放西藏区五十周年紀念文集』北京、中国藏学出版社、2001年、14 − 16頁。
33 降辺嘉惜『班禅大師』北京、東方出版社、1989年、15頁。ジャンベン・ギャツォ、池上正治訳『パンチェン・ラマ伝』平河出版社、1991年、32頁。
34 前掲、降辺嘉惜『班禅大師』16頁。前掲、池上訳『パンチェン・ラマ』32頁。
35 前掲、張主編『和平解放西藏区五十周年紀念文集』38 − 39頁。
36 「西南地区的作戦方針」、『毛沢東軍事文集』北京、軍事科学出版社／中央文献出版社、1993年、第6巻、30 − 31頁。
37 「関于解放西藏問題猶彭徳懐的電報」、『建国以来毛沢東文稿』北京、中央文献社、第1巻、1988年、152 − 153頁。「関于解決西藏問題的意見」、前掲『毛沢東軍事文集』第6巻、44 − 45頁。
38 前掲、張主編『和平解放西藏区五十周年紀念論集』36 − 37頁。
39 op. cit. Goldstein, *The Snow Lion and Dragon: China, Tibet, and the Dalai Lama*, p. 42.
40 人民日報、1950年1月21日。『中華人民共和國對外關文件集』第1集（1949 − 1950）、北京、世界知識出版社、1957年、94 − 95頁。前掲、張主編『和平解放西藏区五十周年紀念文集』17 − 18頁。『新中国資料集成』日本国際問題研究所、第3巻、1969年、51頁。
41 Jun Chan(張戎)& Jon Halliday, *Mao; Mao: The Unknown Story*, London: Jonathan Cape/ New York: Alfred A. Knoph, 2005. 土屋京子訳『マオ──誰も知らなかった毛沢東』講談社、2005年、第42章チベット動乱。
42 王貴等『西藏歴史地位辨』北京、民族出版社、1995年、383頁。
43 中共西藏自治区党史資料征集委員会編『中共西藏党史大事記（1949 − 1966）』ラサ、西藏人民出版社、1990年、4 − 5頁。西藏自治区党史資料征集委員会編『中共西藏党史大事記（1949 − 1994）』北京、西藏人民出版社、1995年、6頁。
広州市文化伝播事務所主編『20世紀中国全紀録』太原、北嶽文藝出版社、1994年、672頁には、2月2日「毛沢東命令向西藏進軍」とある。
44 「西南局于与藏地方政府談判的条件」、中共中央文献研究室編『建国以来重要文献選編』北京、中央文献出版社、第1巻、1992年、247 − 249頁。
45 林田『進軍西藏日記』北京、中国藏学出版社、1994年。暁浩『西藏・1951年─人民解放軍進藏実録』北京、民族出版社、1999年。景家棟『進軍西藏日記』北京、新華出版社、1999年。高平『歩行入藏紀実』天津、百花文芸出版社、2000年。
46 劉貫一編『帝国主義西藏侵略簡史』北京、世界知識出版社、1951年、97頁。ジル・バン・

グラスドルフは、「8500人のチベット兵、多く見積もっても大砲50門、機関銃200挺という、お粗末な軍隊を組織できただけで、チベットは無防備同然だった」と記している。op. cit. Grasdorff, *Le Dalai Lama*. 前掲、鈴木訳『ダライ・ラマ　その知られざる真実』250頁。

47　『鄧小平文選（1938－1965年）』北京、人民出版社、1989年、161－171頁。『鄧小平文選（1938－1965年）』北京、外文出版社、1992年、247－262頁
48　前掲、張主編『和平解放西藏区五十周年紀念文集』65－66頁。
49　1950年9月30日中国人民政治協商会議全国委員会の建国一周年慶祝祝賀会演説。人民日報、1950年10月1日。前掲、張主編『和平解放西藏区五十周年紀念文集』40頁。
50　Robert W. Ford, *Captured in Tibet*, London: George G. Harrap, 1957／New York: Oxford U. P., 1990. 近藤等訳『赤いチベット』芙蓉書房、1970年。
51　木村肥佐生『チベット潜行十年』毎日新聞社、1973年、中公文庫、中央公論社、1982年、199頁。
52　西藏社会科学院・中国社会科学院民族研究所・中央民族学院・中国第二歴史档案館編揭『西藏地方是中国不可分割的一部分（史料選輯）』ラサ、西藏人民出版社、1986年、558－559頁。
53　新華月報、第3巻第1期、1950年11月25日、21頁。
54　島田政雄『チベット――その歴史と現代』三省堂、1978年、78頁。
55　人民日報、1950年11月11日。前掲『西藏地方是中国不可分割的一部分』559－560頁。前掲『西藏歴史档案薈粋／*A Collection of Historical Archives of Tibet*』資料99。
56　George N. Patterson, *The Tibet in Revolt*, London: Faber & Faber, 1960, pp. 62ff. Lowell Jackson Thomas, Jr., *The Silent War in Tibet*, London: Secker & Worburg, 1960, pp. 88ff.
57　前掲『西藏歴史档案薈粋／*A Collection of Historical Archives of Tibet*』資料98。
58　前掲、張主編『和平解放西藏区五十周年紀念文集』63－64頁。
59　グレヴィチ、世界政治資料編集部訳『チベットの解放』新読書社出版部、1959年、146－147頁。
60　op. cit. Shakabpa, *Tibet: A Political History*, p. 302. 前掲、三浦訳『チベット政治史』371頁。
61　前掲、張東輝主編『中国革命起義全録』677—678頁。
62　「中共を重視　ア長官言明」朝日新聞、1950年11月13日。
63　前掲、劉編『帝国主義西藏侵略簡史』79－82頁。op. cit. Mitter, *Betrayal of Tibet*, pp. 147-152. 全文は資料793－795頁をみよ。
64　前掲、劉編『帝国主義西藏侵略簡史』82－84頁。全文は資料794頁をみよ。
65　前掲、劉編『帝国主義西藏侵略簡史』85－87頁。op. cit. Mitter, *Betrayal of Tibet*, pp. 152-156. 全文は資料795－796頁をみよ。
66　Chanakya Sen ed., *Tibet Disappears: A Documentary History of Tibet's International States, The Great Rebellion and its Aftermath,* New York: Asia Publishing House, 1960, p. 66.
67　人民日報社論「中国人民解放法西藏是不容干渉的」1950年11月17日。前掲、張主編『和平解放西藏区五十周年紀念文集』19－21頁。

68 1950年11月11日カシャ電報A／1549。*Tibet in the United Nations 1950-1961*, New Delhi: Bureau His Holiness the Dalai Lama, (1962), pp.1-4.
69 ibid., p. 15.
70 ibid., pp. 15-19.
71 1949年10月1日アチソン米国務長官の大統領あて伝達書は、これまでの米国の対中国政策の全面転換を意味した。松葉秀文『米国の中国政策（1944～1949年）』有信堂、1969年、390－392頁。
　さらに、以下をみよ。Tsou Tang, *America's Failure in China, 1941-1950*, Chicago: Univ. of Chicago Press, 1963. 王宇・周先進訳『美国在中国的失敗、1941～1950』上海、上海人民出版社、1997年。
72 A. Tom Grunfeld, *The Making of Modern Tibet*, London: Zed Books, 1987, p. 104. 八巻佳子訳『現代チベットの歩み』東方書店、1994年、146頁。伍昆明・王宝王訳『現代西藏的誕生』北京、中国藏学出版社、1990年、149頁。
73 西藏自治区党史弁公室編『周恩来与西藏』北京、中国藏学出版社、1998年、13－14頁。
74 前掲『和平解放西藏』124頁。前掲『周恩来与西藏』117頁。
75 op. cit. Shakapa, *Tibet: A Political History*, pp. 299-300. 前掲、三浦訳『チベット政治史』368－369頁。
76 寥祖桂『西藏的和平解放』北京、中国藏学出版社、1991年、63－64頁。
77 前掲書、64頁。
78 前掲、寥祖桂『西藏的和平解放』第4章。前掲、暁浩『西藏1951年——人民解放軍進藏実録』第8章。
79 前掲、寥祖桂『西藏的和平解放』84頁。
80 人民日報、1951年5月28日。前掲『西藏歴史档案薈粋／*A Collection of Historical Archives of Tibet*』資料100。前掲『周恩来与西藏』16－19頁。前掲、張主編『和平解放西藏区五十周年紀念文集』89－92頁。張植栄『国際関係与西藏問題』北京、旅游教育出版社、1994年、356－359頁。op. cit. Mitter, *Betrayal of Tibet*, pp. 176-180. 全文は資料796－797頁をみよ。
81 前掲『和平解放西藏』130頁。前掲、寥祖桂『西藏的和平解放』112－113頁。前掲『周恩来与西藏』19－20頁。
82 前掲『和平解放西藏』130頁。前掲『周恩来与西藏』20頁。
83 江平・李佐民・宋盈亭・辛文波『西藏的宗教和中国共産党的宗教政策』北京、中国藏学出版社、1996年、93－96頁。
84 前掲『中共西藏党史大事記（1949－1966）』22頁。前掲『中共西藏党史大事記（1949－1994）』23－24頁。
85 op. cit. Geshe Rabten & B. Alan Wallace, *The Life of Teaching of Geshe Rabten*. 小野田訳『チベットの僧院生活』183頁。
86 『朱徳選集』北京、人民出版社、1983年、296－297頁。『朱徳選集』北京、外文出版社、1986年、439－440頁。
87 前掲、張主編『和平解放西藏区五十周年紀念文集』112－114頁。
88 op. cit. Ya Hanzhang, *Biographics of the Tibetan Spritual Leaders Panchen Lamas*, pp. 349-350.

89 ibid. p. 350.
90 op.cit. Grasdorff, *Le Dalai Lama*. 前掲、鈴木訳『ダライ・ラマ　その知られざる真実』264 頁。
91 op. cit. Sen, *Tibet Disppears*, 1960, p. 360.
92 Frank Moraes, *The Revolt in Tibet,* New York: Macmillan, 1960, p. 68.
93 Ibid., p.69.
94 落合淳隆『チベットと中国・インド・国連』敬文堂、1994 年、第 4 章。
95 Majorje M. Whiteman, *Digests of International Law,* Washington, DC: GPO, 1963, Vol. 1, p. 464.
96 1946〜49 年ラサに駐在したネパール代表カイシャル・バハドゥルの指摘。op. cit. Grunfeld, *The Making of Modern Tibet*, p. 110. 前掲、八巻訳『現代チベットの歩み』155 頁。伍昆明・王宝王訳『現代西蔵的誕生』163 − 164 頁。
97 Dalai Lama, *My Land and My People,* New York: Potala Corp, 1978, pp. 80-81. 日高一輝訳『この悲劇の国、わがチベット』蒼洋社、1979 年、98 − 99 頁。
98 前掲、島田『チベット――その歴史と現代』82 頁。
99 前掲『中共西藏党史大事記（1949―1994）』32 − 33 頁。
100 「達頼喇嘛致電毛主席傭護」人民日報、1951 年 10 月 27 日。前掲、張主編『和平解放西藏区五十周年紀念文集』123 頁。
101 「毛主席復電」人民日報、1951 年 10 月 27 日。前掲、張主編『和平解放西藏区五十周年紀念文集』123 頁。
102 前掲、暁浩『西蔵 1951 年――人民解放軍進藏実録』302 頁。
103 Tseriag Shakya, 'The Genesis of the Sino-Tibetan Agreement of 1951,' Alex McKay ed., *The History of Tibet*, Vol. 3: *The Modern Periot: 1895-1959, The Encounter with Modernity*, pp, 589-606.
104 「中央人民政府代表張経武緊急通知達頼喇嘛」、西藏自治区党史資料征集委員会・西藏軍区党史資料征集領導小組編『平息西藏叛乱』内部資料、ラサ、西藏人民出版社、1995 年、43 頁。
105 「中央人民政府代表張経武緊急通知全体噶倫及達頼喇嘛」、前掲書、44 − 45 頁。
106 「中央人民政府代表張経武緊急通知達頼喇嘛」、前掲書、46 頁。
107 「西藏の工作方針についての中国共産党の指示」、『毛沢東選集』北京、外文出版社、第 5 巻、1977 年、94 頁。「中共中央関于西藏工作方針的指示」、前掲『平息西藏叛乱』47 − 50 頁。
108 「中央人民政府代表張経武緊急通知達頼喇嘛通知書」、前掲『平息西藏叛乱』51 − 54 頁。
109 前掲『中共西藏党史大事記（1949―1994）』45 − 46 頁。
110 前掲書、52 − 53 頁。
111 前掲書、70―71 頁。
112 「中央復関于為人民会議的活動問題」1955 年 9 月 25 日、前掲『平息西藏叛乱』57―59 頁。
113 1956 年 11 月 2 日周恩来総理からダライ・ラマ、パンチェン・ラマあて書簡。「根据你们自己的意愿作出決定」『周恩来書信選集』北京、中央文献社、1988 年、533 − 534 頁。前掲『周恩来与西藏』75 − 76 頁。
　11 月 17 日中央は、ダライ・ラマ、パンチェン・ラマの出国問題の指示を現地当局に出した。

前掲『平息西藏叛乱』61頁。
114 楊公素編『所謂"西藏独立"活動的由来』北京、中国藏学出版社、1990年、105頁。
楊公素『中国反対外国侵略干渉西藏地方闘争史』北京、中国藏学出版社、1992年、284頁。
115 ダライの2人の兄は、断固として帰国に反対した。しかし、お告げ師3人のうち2人がダライ・ラマは帰国すべきだといった。op. cit. Dalai Lama, *Freedom in Exile: The Autobiography of His Holiness the Dalai Lama of Tibet*, p.115. 前掲、山際訳『ダライ・ラマ自伝』152頁。
116 楊公素『中国西藏地方的渉外問題』北京、中共西藏自治区党史征集委員会、1982年。
117 前掲、楊編『所謂"西藏独立"活動的由来』106頁。
118 前掲『中共西藏党史大事記（1949-1966）』56頁。
119 前掲書、61頁。
120 前掲書、62頁。
121 「周恩来総理関連達頼談話記録」1956年12月30日、1957年1月1日。前掲『平息西藏叛乱』109-117頁。会談には、賀龍副総理、潘自力大使も同席していた。
122 前掲、楊編『所謂"西藏独立"活動的由来』108頁。前掲、楊『中国反対外国侵略干渉西藏地方闘争史』287頁。
123 「中央复拉薩寺地可能発生暴乱事的指示」、前掲『平息西藏叛乱』62-63頁。
124 毛沢東「人民内部の矛盾を正しく処理する問題について」、前掲『毛沢東選集』第5巻、598頁。
125 Gerge Ginsburg & Michael Mathos, "Communist China's Impact on Tibet: The First Decade（Ⅱ）", *FES*, 29 Aug. 1960, p. 123.
126 『周恩来年譜（1949-1976）』北京、中央文献出版社、1997年、上、457頁。
127 Alan Winnington, *Tibet: The Record of A Journey*, London: Lawrence & Wishaert, 1957. 阿部知二訳『チベット』岩波新書、岩波書店、1959年、下、193頁より引用。
128 西藏自治区籌備委員会組織簡則、1956年5月1日、西藏日報、1956年5月2日。
129 「国務院関於成立西藏自治区籌備委員会的決定」、人民日報、1955年3月13日。前掲『周恩来与西藏』40-42頁。
130 前掲、島田『チベット──その歴史と現代』124-125頁。
131 op. cit. Winnington, *Tibet: The Record of Journey*. 前掲、井上訳『チベット』下、194頁より引用。
132 光明日報、1956年9月27日。『中華人民共和國法規彙編』1956年7月-12月、北京、法律出版社、1957年、197-201頁。前掲、クレヴィチ、世界政治資料編輯部訳『チベットの解放』184-187頁。
133 前掲『周恩来与西藏』42-44頁。
134 これまでの、主要なキャラバン・ルートは、以下のとおりで、(1)、(3)、(5)が通常ルートである。
(1) 青海経由のラサ─蘭洲（甘粛省）ルート。行程は50～60日、夏季のみ使用できる。現在は陸路・鉄道の連絡で12日間で結ぶが、2～3週間が普通である。
(2) ラサ─カシュガル（喀什、新疆省）ルート。アクサイチン（阿克賽鉤）を経由する。イエチン（叶城）─ルトク（日土）間が12月から3月まで雪のための通行止めとなる。35～50日を要する。

(3) ラサ—成都（四川省）ルート。いわゆる茶街道である。1954年に完成し、基本ルートとなっている。川蔵公路北路（成都）—ダルツェンド（ガンディン／康定）—カンゼ（甘孜）—デルゲ（徳格）—チャムド（昌都）—ナク（那曲）—ラサと川蔵公路南路（成都—ダルツェンド—リタン（理塘）—パタン（巴塘）—マルカム（林康）—ラサ）があり、2～3週間を要する。

(4) ラサ—大理（雲南省）ルート。マルカムを経由する。2～3週間を要する。

(5) ラサ—ダージリン（灵鷲山、シッキム）ルート。ヤートン（亜東）、ギャンツェ（江孜）、カリンポンを通る。カリンポンはインド領で、このルートはチベットからインドへ赴く最も便利な道路で、道程は10～20日でカリンポンからダージリンに到着する。ここダージリンはカルカッタとヒマラヤ高原を結ぶインド鉄道の終点である。

(6) ラサ—レー（ラダク）ルート。ガルトクとルドクを経由する。レーからシムラに入る路は、10月中旬から6月中旬まで雪で通行止めとなる。

他に、(7) ラサ—カトマンズ（加徳満都、ネパール）ルートがあり、約1カ月かかる。さらに、(8) ラサ—プナカ（普那卡、ブータン）ルートがあって、10日内外を要し、このルートは完全とはいえない。

ラサ—成都ルートについては、村田孜郎の詳しい記録がある。村田「秘境"西藏"の様相」、前掲『支那邊境物語』62－70頁。

135　June Treufel Dreyer, *China's Forty Millions,* Cambridge: Harvard U. P., 1976, pp. 132-133.

136　op. cit. Winnington, *Tibet: The Record of A Journey.* 前掲、阿部訳『チベット』下、97－98頁。

137　ibid. 前掲書、下、139－140頁。

138　ibid. 前掲書、上、日本版への序、I－IV頁。

139　前掲『中共西藏党史大事記（1949－1966）』70－71頁。

140　前掲、楊『中国対外国侵略干渉西藏地方闘争史』254頁。

141　前掲書、254－255頁。

142　前掲書、260頁。

143　Karanaker Gupta, *The History of the Sino-Indian Frontier,* Culcutta, Minerva Associates, 1984. 王宏偉・王至亭訳『中印辺界秘史』北京、中国藏学出版社、1990年、30頁。

144　A. Appadorai & M. S. Rajen, *Indis's Foreign Policy and Relations*, New Delhi: South Asian Publishers, 1985, p. 117.

145　*Statesman News,* 10 Feb. 1953.

146　「和平共処五原則」、中華人民共和国外交部・中共中央文献研究室編『周恩来外交文選』北京、中央文献出版社、1990年、63頁。

147　1954年4月29日共同声明で、平和五原則が確認された。人民日報、1954年4月30日。中華人民共和國國務院編『中華人民共和國対外関係文件集』第3集（1954—1955）、北京、世界知識出版社、1958年、10－11頁。前掲『周恩来与西藏』81－82頁に所収。全文は資料801－802頁をみよ。

148　1954年4月29日協定は人民日報、1954年4月30日。中華人民共和國國務院編『中華人民共和國条約集』第3集（1954）、北京、法律出版社、1958年、1－4頁。前

掲『周恩来与西藏』28 － 31 頁 op. cit. Mitter, *Betrayal of Tibet*, pp. 181-185. R. K. Jain ed., *China South Asian relations 1947-1980*, Vol.1: *India, 1947-1980*, New Delhi: Radiant Publisers/ Sussex: The Harvester,1981, pp 61-67 に所収。全文は 800 － 801 頁をみよ。

149　前掲『中華人民共和國条約集』第 3 集（1954）、4 － 7 頁。

150　Francis Tuker, *The Partition of India: Politics and Perspectives 1935-1947*, London: Allen & Unwin, 1970. 徐敍訳『中印邊界之戦歴史眞相』香港、天地圖書、1993 年、25 頁以降。

151　前掲、楊公素『中国反対外国侵略干渉西藏地方闘争史』266 － 267 頁。

152　1954 年 6 月 28 日共同声明、人民日報、6 月 29 日。前掲『中華人民共和國条約集』第 3 集（1954 年）、7-9 頁。前掲『周恩来与西藏』36 － 38 頁。

153　1954 年 6 月 29 日共同声明、人民日報、6 月 30 日。前掲『中華人民共和國条約集』第 3 集（1954 年）、13 － 14 頁。前掲『周恩来与西藏』38 － 39 頁。

154　1956 年 9 月 20 日中国・ネパール交換公文は、前掲『中華人民共和國条約集』第 5 集（1956）、1958 年、4 － 7 頁。前掲、浦野『資料体系アジア・アフリカ国際関係政治社会史』第 2 巻アジアⅢ、4230 － 4233 頁。全文は資料 802 － 804 頁をみよ。

155　1960 年 1 月 28 日中国・ビルマ平和・不可侵条約は、前掲『中華人民共和國条約集』第 9 集（1960）、1961 年、44 － 45 頁、前掲『資料体系アジア・アフリカ国際関係政治社会史』第 2 巻アジアⅢ、4242 － 4243 頁。

156　1960 年 4 月 28 日中国・ネパール平和・友好条約は、前掲『中華人民共和國条約集』第 10 集（1961）、1962 年、13 － 15 頁。前掲『資料体系アジア・アフリカ国際関係政治社会史』第 2 巻アジアⅢ、4246 － 4247 頁に所収。

157　op. cit. Dalai Lama, *Freedom in Exile: The Autobiography of His Holiness the Dalai Lama of Tibet*, pp. 103-104. 前掲、山際訳『ダライ・ラマ自伝』132 頁。

158　ibid. 前掲書、143 － 144 頁。

159　1956 年 12 月 29 日のダライ・ラマ演説は、A. A. Shimomany ed., *The Political Philosophy of His Holiness the XIV Dalai Lama*, Mussoorie: Tibetan Parliamentary and Policy Research Centre, 1998. ペマ・ギャルポ監訳『ダライ・ラマⅩⅣ世法王の政治哲学』第 1 巻、万葉舎、2003 年、53 － 56 頁に所収。

160　Jay Walz, "US May Grant Tibet Recognition in View of Current Asian Situation," *New York Times*, 25 Oct. 1949.

161　1950 年 1 月 1 日人民日報元旦社論「完成胜利、巩固胜利」。

162　CIA の 1951 年 9 月 4 日電報。op. cit. *Foreign Relations of the United States, 1951*, Vol. VI *Asia and the Pacific*, Part Ⅱ, 1977, pp. 2174-2179.

163　ibid. *1950*, Vol. Ⅳ: *East Asia and the Pacific*, pp. 365-366.

164　Ibid. *1950*, Vol. Ⅳ: *East Asia and the Pacific*,pp.376-618.

165　ハラーの工作。op. cit. Harrer, *Sieben Jahre in Tibet: mein Leben am Hofe des Dalai Lama*. 前掲、福田訳『チベットの七年──ダライ・ラマの宮廷に仕えて』。前掲、近藤訳『チベットの七年』。

166　op. cit. Grunfeld, *The Making of Modern Tibet*, pp. 96-99. 前掲、八巻訳『現代チベットの歩み』135 － 138 頁。前掲、伍昆明・王宝王訳『現代西藏的誕生』140 － 143 頁。

167　B. N. Mulik, *My Years with Nehru: The Chinese Betrayal*, Bombay: Allied Publishers,

1971, pp. 80-81.
168 "Brother of the Dalai Lama Arrive Here to Study", *New York Times*, 9 July 1951. David W. Bonde, *CIA-Core of the Cancer*, New Delhi: Entente, 1970, pp. 111-115.
169 Harry Rositzke, *The CIA's Secret Operations: Espionage, Counterspionage, and Covert Action*, New York: Reader's Digest Press, 1977, p. 173.
170 John Kenneth Knaus, *Orphans of the Cold War: Americas and the Tibetan Struggle for Survival*, New York: Public Affairs, 1999, pp. 138ff. op. cit. Harclerode, *Fighting Diarly: The Inside Story of Covert Operation from Ho Chi Mihn to Osama Bin Laden*. 前掲、熊谷訳『謀略と紛争の世紀──特殊部隊・特務機関の全活動』397頁以降。
171 op. cit. Grunfeld, *The Making of Modern Tibet*, p. 100. 前掲、八巻訳『現代チベットの歩み』141頁。前掲、伍昆明・王宝王訳『現代西藏的誕生』145頁。
172 台湾は、蒙蔵委員会がダライ・ラマの抵抗闘争に深く関与していた。葉伯棠『共匪對流亡海外的達頼喇嘛統戦的分析』台北、蒙蔵委員会、1984年。劉學銚・他『民國四十八年西藏反共抗暴後達頼喇嘛言行之研析』台北、蒙蔵委員会、1986年。
173 op. cit. Patterson, *Tibet in Revolt*, pp. 92-94.
174 Chris Mullin, "The CIA: Tibetan Conspiracy," *FEER*, 89, 36, 1975, p. 31.「CIAのチベット工作」アジア時報、第68号、1975年12月。
175 Anna Louise Strong, *Tibetan Interview*, Pekin: New World Press, 1959, p.115.
176 "Turmoil in Tibet," *The Washington Post*, 25 March 1959, p. A12. op. cit. Harclerode, *Fighting Diarly: The Inside Story of Covert Operation from Ho Chi Mihn to Osama Bin Laden*. 前掲、熊谷訳『謀略と紛争の世紀──特殊部隊・特務機関の全活動』410頁以降。
177 Jack Anderson, " A Toll of Dirty Tricks," *The Washington Post*, 24 April 1977.
178 Michel Peissel, *Secret War in Tibet*, Boston: Little Brown, 1992, p. 234.
179 Anna Louise Strong, *When Serfs Stood up in Tibet*, Pekin: Foreign Language Publisher,1960. 西園寺公一訳『チベット日記』岩波新書、岩波書店、1961年、64－65頁。
180 「尼赫魯在印度人民院西藏局勢發表的講話」人民日報、1959年4月30日。前掲『西藏問題眞相』97－106頁。
181 op. cit. Harclerode, *Fighting Diarly: The Inside Story of Covert Operation from Ho Chi Mihn to Osama Bin Laden*. 前掲、熊谷訳『謀略と紛争の世紀──特殊部隊・特務機関の全活動』417－437頁。
182 A Correspondent, "Mustang: Forgotten Corner of Nepal, " *FEER*, 87, 12,1975, pp.24-25.
183 op. cit. Grunfeld, *The Making of Modern Tibet*, p. 161. 前掲、八巻訳『現代チベットの歩み』229頁。前掲、伍昆明・王宝王訳『現代西藏的誕生』241頁。

11　ラサ反乱と14世ダライ・ラマのインド亡命

1．ラサ反乱とその前景

　1950年以降、漢人には、チベットに対する理解が十分であったとはいえない。中国共産党はチベットを力で制圧することは意図していなかったが、チベットには、共産党の基盤が十分なく、チベット自治区での大衆との接触も欠けていた。

　1955年下半期は、中国内地で社会主義改造と農業合作化運動が高揚し、金沙江の東、江東（四川、雲南、甘粛、青海のチベット人地区）でも、民主的改革——私有財産の国有化と人民公社の設立——が始まった。これへの巨大な抵抗に遭遇して相次いで反乱が起こり、それは広範なチベット地区に波及した。武装反乱は相次いで討伐され、平定されたが、少なからぬ反乱分子が金沙江を渡ってチベット地区に逃げ込み、その数は1956年から58年までに5～6万人に達し、ニャロン（里郎）、リタン（裏塘）、カンゼ（甘孜）、デルゲ（徳化）とカンゼ自治区でカムパ（康巴）族の抵抗が始まった。この金沙江東で発生した事件は、全チベットを震撼させ、特にチベット上層集団を震え上がらせた。1958年下半期から59年初めまでチベットへ逃げ込んだ反乱分子は、チャムド（昌都）とチベット山南（ロカ／ヒョハ）と黒河（ヘイホー）地区に集中し、カシャ政府と連繫して四水六崗（4つの河・6つの山脈／チュシ・ガントゥック）および衛教軍として活動した。この四川・青海・甘粛・雲南チベット地区のディパ（土司）の武装組織はチュシ・ガントゥックと称してチベット全体を代表した。衛教軍はラマが組織した武装勢力で、彼らは、1958年6月16日にチベット中から集まった23の組織がチュシ・ガントゥック会議に集合し、戦旗を掲げた騎兵パレードを行い、仏法のために戦うと宣言した[注1]。

　その宣言はこうである。

「中国は、私たちの国土を犯し、彼らの政治体制を押しつけてきた。彼らは、われわれの自由を奪っている。われわれの生活様式は嘲られ、信仰は犯され、多くの同胞が意味なく殺害された。これらの罪の大きさを、今さら指摘する必要はないであろう。また、ダライ・ラマご自身にもその魔手が延びないとは誰が保証できよう。この危機にあって、中国に対抗するという共通の目的に向かって強く団結し、個人的で小さな利益のことなど忘れねばならない。[注2]」

そして1957年5月20日結成されたチュシ・ガントゥック[注3]と1958年6月12日〜18日、特に16日前記のチュシ・ガントゥック会議で設立の衛教愿軍（／国民志願防衛軍NVDA、この名称をとったのは、対外的に国民軍という印象をみせるためであった）の分子が、1958年6月15日ラサ近郊のヒョハ（山南）に軍事基地を建設して以来[注4]、ここからラサに押し寄せ、ラサは争乱の雰囲気に包まれ、1万人が騒ぎを起こそうとしていた。そして近郊では、人民解放軍に対する待ち伏せ攻撃が続いた。その共産党中央は、チベット工作委員会の7月14日の「チベット反乱発生可能性の問題報告」において、その事実を確認していた[注5]。そして、7月28日中央軍事委員会は武装反乱に対する軍事行動に同意した[注6]。

1958年8月26〜27日ゲリラによる人民解放軍の襲撃となり、この最初の戦闘で中国軍兵士200名が全滅し、NVDAは死者40名、負傷者68名の犠牲に終わった。12月25日ゲリラ部隊は、中国軍のラサ—四川補給線の分断を狙ってポタモ（班達）を攻撃し、またしても中国軍基地が全滅した。1959年5月米国で訓練を受けたチベット兵士が投入され、1959年9月19日の投下作戦以降、CIAのC－130A作戦が発動された[注7]。

同58年10月11日共産党中央は、以下のとおり、当面のチベット工作指示を出した。

1．チベットおよびチャムドでは、局地反乱が全面反乱となる可能性はない。反乱の平息を堅持し、全面改革を実行せよ。
2．軍事的措置を認める。
3．改革問題については、6年の不改方針は不改変である。一部の改革指示は暫時停止する。[注8]

他方、中国共産党の少数民族政策は民族事務委員会を通じて実行され、同委員

会は委員22名のうち漢人は3名だけであった。委員会は改革と発展を通じて「各民族の愛国的資産階級上層分子」との団結により政策を遂行することになっていた。中国人幹部は、現地の習慣や礼儀を尊重し、寺院や聖地を汚さない、ダライ・ラマや宗教的慣習を批判しない、共産主義や階級闘争を持ち出さないというのが、統治方針としていた。だが、幹部がラサに到着した段階で、彼らを歓迎した貴族はごく少数にすぎなかった。一方、カム（康）地方では、ラサの役人支配を解放してくれるものと、歓迎された。チャムドで情報活動に従事し中国軍に逮捕されたイギリス軍人ロバート・フォードは、チャムド（昌都）で目撃したことをこう述べていた。

「今度は、僧院の略奪などは起こらない。それどころか、誰に対しても、うっかり感情を損ねないように気を配っている。やがて僧侶たちは、彼らの解放を神に感謝するまでになった。中国人は、チベットの宗教に対してなんの悪意も持たないことを、はっきり示してみせた。チベットの民衆に対しても同様であった。[注9]」

共産党中央は、「われわれは少数民族大衆に無限の信頼を置かなくてはならない」と民族工作の方針を明確にしていた[注10]。つまり、現地の排外的民族主義と大漢民族主義（愛国主義）を融和できれば、対立もなく改革は進捗できるであろう。共産党中央は、党内指示（毛沢東）で、大漢民族主義を厳しく批判していた[注11]。もっとも、1957年には大漢民族主義はもはや最大の脅威だとは見做されなくなっていた。それは1956年の反右派闘争に起因していた。だが、知識人は毛沢東を批判していた。一方、毛沢東はこの知識人を批判していた。少数民族地区では、唯一の知識人は民族上層で、したがって彼らはこの闘争の標的であった。そこでは、党と現地との根深い相互不信が文化をめぐる理解のギャップとも重なって、いよいよ対立を醸成する条件が増幅していた。これがラサの状況といえるものであった。人民解放軍の現地調達が厳しかったので、彼ら軍人が食糧補給のために仏教徒の殺生禁止を無視して動物狩りをしたことも、その不信に拍車をかけたといわれるが、はっきりしていない。そうした流言蜚語が乱れ飛び、その上、僧への批判はチベット人の宗教信仰に対する嘲笑となった。農奴に対する地主の弾圧、ウラ（無償労働）を拒否した農奴に対する地主の譴責は、農奴が共産党員であったことから、農奴＝チベット人大衆＝共産党支持者対チベット人地主＝漢人支配者＝チベット知識人の構図が

創り出されてきており、漢人＝中国人は、すべてのチベット人幹部に対するウラの義務を廃止していた。このことが封建的上層階級の孤立を深め、チベット社会はいよいよ混乱を深くした[注12]。

こうして、大チベットで反乱が高まる状況下に、1959年1月22日共産党中央（毛沢東）は、以下の判断を下しており、それに対処して徹底的な措置がなされた。

「チベット地区では、現在以後、数年以内に大衆を奪い合い、武力を鍛える時がくる。これから3〜4年後、4〜5年、あるいは7〜8年後に、総決戦が要求され、問題を徹底的に解決できる。チベット統治者の兵力は弱体であったが、いまや1万人にものぼる頑強な反乱武装があって、これは、われわれにとって重大な敵である。ただし、これは、悪いことではなく、むしろ結構なことである。最後には、戦争で問題を解決できる。[注13]」

そして、毛沢東は、その決意を2月18日劉少奇国家主席、周恩来総理、陳毅、鄧小平、彭徳懐あてに、以下のとおり伝えていた。

「チベットが乱れれば乱れるほどよい。なぜなら、軍隊を鍛え、大衆を鍛え、将来の反乱鎮圧と改革実施に十分な根拠を提供してくれるからである。[注14]」

1959年3月10日事件までの状況は、表のとおりであった（以後の反乱状況は542－543頁をみよ）。

1954年		
	7月	人民会議分子がシガツエ（日喀則）で献礼工作
1955年		
	3月10日	反革命組織人民会議のラサ争乱
	5月	ダライ・ラマがチベットに戻る途中、四川チベット人地区で反乱
1956年		
	2月	モンラム・チェンモで「チベット独立」ビラ配布
	7月21日	チャムド（昌都）地区で自治準備委員会参加後に反乱。8月5日武装分子100名余が襲撃。13日自動車80余車両攻撃
	11月25日	チャムド地区ジンソー（静宗／マルカム、芒康）でカムパ反乱本格化、30日人民解放軍出動

	12月16日	共産党中央、ラサで暴乱の可能性を指示
1957年		
	5月20日	反乱組織チュシ・ガントゥック（四水六岡）発足。8月ゲキカ（政府）の指示で3大寺が各宗（県）の組織化を指嗾
1958年		
	5月	ヒョハ（山南）地区に反乱分子が集結
	6月15日	反乱分子、ダムジュン（当雄）など各地から結集（ヒョハ・ゼグ（哲古）宗に武装反乱基地建設
	6月24日	毛沢東主席、青海省委員会あて「全省向け鎮圧・反乱問題の指示」で全面反乱の可能性を指摘
	7月14日	共産党チベット工作委員会、共産党中央に「チベットでの反乱発生可能性の問題報告」提出
	7月	CIA、チベット人工作員2人を空中投下
	8月15日	反乱軍、ラサ西北地区で攻撃開始
	9月10日	共産党中央、対反乱平定作戦を指示
	10月22日	〜23日　反乱分子、ヒヨハ人民解放軍基地攻撃、撃退
	11月8日	ラサに民兵出現
	11月26日	CIA機、ゼグソンの反乱分子に武器50箱投下
	12月18日	反乱分子、ゴンガ（貢噶）で人民解放軍攻撃
	12月18日	〜19日　反乱分子が、ヒヨハで人民解放軍襲撃
1959年		
	1月4日	反乱分子、ジャムダ（江達）で人民解放軍攻撃
	1月24日	反乱分子300人、テンチェン（丁青）宗で武装攻撃
	1月25日	反乱分子300人、ゼダン（澤当）で武装攻撃
	2月14日	モンラム・チェンモでゲキカがチベット軍の軍事装備に着手

　いよいよ3月10日事件が起こり、それは非組織的で自然発生的であったにせよ、中国人指導者がラサに到着するのと同時に、彼らに対する秘密裡の破壊活動が始まっていた[注15]。3月10日早朝から多くのラサ市民がダライ・ラマの離宮ノルブリンカ（羅布林卡）に集まり、商店はすべて閉まったなかで、「チベット軍区はダライ・ラマを毒殺しようとしている」。「ダライ・ラマをヘリコプターで北京に移送しよう

としている」との流言が飛んだ。また、1000人以上が白旗を持ち、「チベット独立」「漢人は帰れ」と叫んでデモをした注16。

　その最初の組織的抵抗は、3月10日チベット人官吏ロカンワとロザンタシのミマン・ツオンドゥ（民衆集会）事件であった。同日ノルブリンカでのカルン（大臣）を初め100人が参加した人民会議は、チベット独立を主張した。カルンらが独立を指導し、もってチベット自治区準備委員会の活動を中止し、カム（康）からダライ・ラマ警護兵力を派遣することを決定した。同10日チベット僧・俗人民の名で、「チベットは本日から独立自主の政教一致の国となる」との独立宣言が発せられ、翌11日このチベット独立人民会議は、カルンのソカム、大ラマのロンナンセル、ケメ・ソナムワチュクら5名を政治指導者に、ラル・ツェワン・ドルジを反乱部隊指導者に選出した。かくて、13日反乱司令部は、「チベット独立国人民会議」の名で「共産党に反対し、チベット独立を目指す武装闘争の勝利のために、18〜60歳のすべての男子は武器・弾薬・食糧を携帯して直ちに、ラサに駆けつけよ。……命を惜しむ者がいれば、法によって厳罰に処する」との命令をチベット全土に発せられた。さらに、16〜17日にかけ、「人民会議」はインドのカリンポンに向けて、「3月10日チベット独立国は成立した。成立宣言を発して欲しい」との電報を打った。さらに、インド政府、国際連合、世界仏教会議に対し調査団をチベットに派遣するよう伝えてほしいと要請した注17。

　この状況を、3月28日の新華社電は、こう伝えている。

　「チベット地方政府と上層の反動一味は、チベット人民の意志に反して、祖国にそむき、帝国主義と結託し、叛逆匪賊をかきあつめ、3月19日の夜、ラサで、同地にいる人民解放軍部隊に対して武力攻撃を行った。チベットにいるわが英雄的な人民解放軍部隊は、命を奉じて反乱の平定にあたり、既に22日には、ラサ市地区の反逆匪賊を徹底的に粉砕した。現在、わが軍は、チベットの僧・俗各界人民愛国者の協力をえて、引き続きチベットの他の一部地区の反逆匪賊を掃蕩中である。

　　祖国の統一と民族の団結を守るため、周恩来国務院総理は3月28日、命令を発し、チベット軍区に反乱を徹底的に平定するよう指示したほか、反乱を策動したチベット地方政府（ゲキカ）を即日解散し、チベット自治区準備委員会

にチベット地方政府の職権を行使させることを決定した。

　チベット地方政府と上層反動一味のラサにおける武装反乱は、既に3月10日から始まっていた。ダライ・ラマは3月10日、人民解放軍チベット軍区の講堂に赴き観劇することになっていた。軍区講堂に行って観劇することは、ダライ・ラマ自身が1月以上前から申し出ていたことであり、3月10日というこの日取りも、彼自身が決めていた。チベットの反徒一味は、この日になると、チベット軍区部隊がダライ・ラマを抑留しようとしているという流言を盛んに広め、これを口実にして武装反乱を起こし、ダライ.ラマを拉致し、「漢人の駆逐」、「チベットの独立」など反動的なスローガンを掲げるとともに、反乱に反対したチベット自治区準備委員会のチベット族官吏カンチュンソナン・ジャンツオをその場で射殺し、チベット軍区チベット族副司令サンポオ・ツェワンレエンツエンらを負傷させた。武裝した反徒は、これと同時に、人民解放軍チベット軍区司令部とラサに駐在する中央機関を包囲した。

　チベットの反逆分子の反乱活動は、早くから行われていた。これらの反逆分子は、帝国主義とチベットのもっとも反動的な大農奴主を代表するものである。……

　……これらの反逆分子は、彼らのカシャ（内閣）における合法的地位を利用して上層反動勢力をかきあつめて、外敵と結託し、西康・チベット両地方のもっとも反動的な一部の大農奴主を実際に指揮して、ヤルンツァンポ河（雅魯藏布江）以東・以北・以南のいくつかの地方で反乱軍を組織し、中央に反対し、祖国に背いた。彼らの反乱は、帝国主義、蔣介石匪賊一味、および外国反動派の策動によるものであり、反乱指揮の中心は（インドの）カリンポンにあって、その指導者は、罷免された元のチベット王（セツオ）ロカンワ・ツエリンロテンである。彼らの武器は、外国から輸入されたものが少なくない。ヤルンツァンポ河以南の反乱根拠地では、蔣介石匪賊一味から度々、物資の空中投下を受けており、また帝国主義と蔣介石から派遣された特務工作員の無電発受信所が数多く設けられ、陰謀活動が行われていた。……

　3月10日ラサの反乱が勃発して以後、（14世）ダライ・ラマは3度もチベット駐在の中央代表に書簡をよせ、彼が反動分子によって拉致されたことを説明

するとともに、いま反動一味の違法行為を処理するためにあらゆる手段を講じていると表明してきた。中央の代表は、返信のなかでダライ・ラマのこうした態度を歓迎するとともに、チベット地方政府がその誤った態度を改め、責任をもって反乱を平定することを依然として希望している旨を、表明した。しかし、彼ら反動分子は、まったく悔い改めようとしないばかりか、かえつて反乱を拡大する腹を決めた。彼らは3月17日、粗暴にもダライ・ラマをラサから拉致し、3月19日夜、ラサにいる人民解放軍部隊に対し全面的な攻撃を加えてきた。平和的解決の望みは失われてしまった。チベットの反動勢力は、遂に彼ら自身を滅ぼす道を選んだ。

　3月20日午前10時、中国人民解放軍チベット軍区部隊は、命を奉じて極悪非道の反逆匪賊一味に対する討伐を開始した。……

　ラサの反乱がたちまち平定されたことは、チベットの反徒一味がかならず滅亡し、チベット人民の前途が光明に満ちていることを物語っている。……

　反逆匪賊を徹底的に粛清するため、国務院では、既に、チベットにいる人民解放軍部隊に対し、チベット各地で軍事管制を実施するよう命令した。……ラサ市の軍事管制委員会は、3月23日成立を宣言した。その他各地の軍事管制委員会は、パンチェン・ゴルドニの指導する後蔵地区の主都シガツエ（日喀則）には設置する必要はないが、それ以外のところには、次々にこれを設置する。ラサおよび各地の軍事管制委員会はすべて、人民解放軍の代表と地元の愛国的な人民代表が共同して構成する。現在、ラサ以西のアリ（阿里）、ラサ西南のギャンツェ（江孜）、パリ（帕里）、ヤートン（亜東）、ラサ以北のダムシュン（当雄）、ヘイホー（黒河）、ラサ以南のツエタン（沈当、ロカ、山南の首府）、ラサ以東のタイチャオ（太昭）、ルンツェ（隆子）、ザアモ（札木）、ティンチェン（丁青）、チャムド（昌都）、ザユル（察隅）などの重要都市と要地はすべて、人民解放軍のゆるぎない支配下にあり、地元人民の絶対多数は人民解放軍と緊密に協力している。反逆匪賊の活動しているところは、きわめて辺鄙な一部の地区だけである。

　チベット自治区準備委員会主任委員ダライ・ラマがなお拉致されているのに鑑み、国務院は、ダライ・ラマが拉致されている間、自治区準備委員会副主

任委員パンチエン・ゴルドニに、主任委員の職務を代行きせることを決定した。……チベットの各地では、秩序の回復をまって、次々にチベット自治区の各級地方行政機構を確立するとともに、自治の職権行使を始める。当面、自治制度と人民解放軍による軍事管制制度を、同時に並行して実施する。反乱が鎮まり、平和な秩序が確立されるにつれて、自治制度は、次第に軍事管制制度に全面的に取って代わることになる。

チベットにおける反動勢力の反乱とその失敗で、チベットの歴史には、新しい一頁が開かれている。……[注18]」

この実態を、党中央（毛沢東）は厳しく解した。

「最近ラサで起ったデモは、単に2人のスルン（司倫、カルン（大臣）代理）の役人のやったことと見做すべきではなく、われわれに対するダライ集団の大多数の意思表示と見做すべきである。その請願書の内容はすこぶる戦術的で、決裂を表明しておらず、われわれに譲歩を要求しているだけである。そのなかに、かつての清朝のやり方を復活させ、解放軍を駐屯させないことを暗示した1カ条があるが、これは彼らの意志ではない。彼らは、それが不可能なことを百も承知であり、この1カ条をその他の箇条との交換条件にしようと企んでいる。請願書では、14世ダライを批判しており、これによってダライが今度のデモの政治責任を負わなくても済むようにしている。[注19]」

デモには、3万5000人とか3万人とかの支持者がいた[注20]。そして、その指導者は、インドのカリンポンの分子と深い関係があった。最大の民衆の不満を引き起こしたのは東チベットで、それはカムパ遊牧民が主体であった。彼らカムパ反乱は1956年3月～7月に始まっており、漢人による宗教活動への干渉と武器の没収が反乱の契機となっていた。ただ、活仏チョギャム・トゥルンパは、1959年に各地では、ラマ活動の妨害はなかった、と書いている[注21]。パンチェン・ラマはシガツエにいたが、20日北京の指示でチベット工作委員会を通じて事件を知った。報告は、ラサで反革命の武装反乱が発動され、人民解放軍は命令により討伐を行い、ラサ情勢は完全に味方の手中に入ったということであった。

事件の詳しい経過は、分析するとこうであった。「1958年8月に至る時期、反乱指導者は、ラサで兵士を募集していた。8月以後、ラサは、カム（康）地区の戦

ノルブリンカ

闘から逃れてきた難民と陰暦新年のための巡礼者で溢れていた。こうした緊張のなか、ラサ当局は、反乱分子を支持もしなければ、彼らに反対もしなかった。反乱への反対者はダライ・ラマを支持していたが、ダライ・ラマの側近はそれへの支持をめぐって分裂していた。1959年2月16日反乱分子が支持を呼びかけたとき、彼らは、故郷に帰り漢人と協力せよ、と命じられた。3月1日漢人使者が人民解放軍兵営での演芸会にダライ・ラマを招待した。宗教行事で参観できず、7日の使者に対し10日の観劇と決めたと通告した。ただし、この招聘は公式ではないので、秘密にして、非武装の護衛数名だけを伴って来るよう求められた。このことがもとで「中国側が私を誘拐する計画を立てている」という噂が、たちまち全市に広まった。3月9日の夕方から夜にかけ、興奮と扇動がひどかった。そして朝までには、大部分のラサの民衆が、自発的にどんな犠牲を払っても、わたくしの中共陣地訪問を阻止しようとする決意するにいたった」と、14世ダライ・ラマは書いている[注22]。10日ダライ・ラマがいたノルブリンカの周囲に1～3万人の群衆、そしてチベット軍兵士を集まった。一方、これを、北京筋は、群衆が「ダライ・ラマの監禁」のための反乱分子の指導者によるデモと解した[注23]。ダライ・ラマは演芸会への欠席を伝えるよう、侍従に命じ、これを受けた漢人官吏も、それは適切な決定だと解した。そして、ダライ・ラマは、ノルブリンカの群衆に向けて自分は人民解放軍兵営には赴かない、と確約した。さらに、ダライ・ラマは、人民解放軍の責任者のもとに3人のカルン（大臣）を派遣して、自分自身は出席する希望がないわけではない、と伝えた。

　一方、同10日（チベット暦2月1日）早朝、「すべての僧侶をノルブリカに招集せよ」の命令があった。それで、僧らはノルブリカに駆けつけた。群衆は暴徒と化し、そこへ駆けつけたチベット人カルンは抗議の声明のなか石を投げられ、病院

へ運ばれた。これがパルデン・ギャムツオの証明した昼間の出来事であった(彼はのち逮捕され、1992年9月まで監獄での生活を送った)注24。

同日午後6時には、ダライ・ラマの護衛、反乱指導者代表ら70人が参加して、17条協定の廃止、全漢人のチベットからの追放という決議がなされ、チベット独立国人民拡大会議の布告として衛教志願軍司令部が設立したと報じられた。既にラサ大通りの壁には、「西藏僧侶人民」の名で、以下の「独立」布告が張られていた。

「西藏是独立自主政教合一的国家、従今夫起、我們西藏怎様独立自主完全由我們自己決定。注25」

つまり、「チベットは、政教合一の国家として、本日から独立自主となる。われわれは、自分で決める独立自主は完全である」ということであった。

この10日午後の動向は、共産党チベット工作委員会が、以下のとおり中央に報告している。

「《チベット反動組織上層が正式に「独立」活動をしている情況》についての報告

(1959年3月11日2時)

10日午後、反動組織上層部は民衆を扇動し、ダライ・ラマが軍区に辿り着くことを阻止し、随時、大ラマであるヨラシャ(絨朗色)、カンチュトゥトシャンチュ(堪仲土登降秋)、ズベンシュクバ(孜本雪苦巴)、ズベンカイム(孜本凱墨)らの主導のもと、ノルブリンカで会議を開いた。会議に参加したのは、すべての僧官、半数の俗官、3大寺院ケンプ(堪布、寺領)7、8人、その他に長・短銃を携帯している反乱分子が40から50人が、いわゆる人民代表の名義で、会議に参加した。会議で決定したことは、以下のとおりである。チベット人民は、10日付で正式に蜂起し、中央と決裂し、チベット独立を獲得するため最後まで貫き通すものである。独立運動を指導するため、会場でズベンシュクバ、ダジャカンチュ(ダライ近衛機構の秘書)、そしてガーチャン(噶章)のキチョカンブ(基巧勘布)とカルン(噶倫、大臣)のスカン(索康)の2人もしくはフマジロジュガサン(副馬基洛珠格桑)、カイムザサ(凱墨扎薩)の2人が独立運動を指導した。しかし、この項目の人選は最終決定にいたっていない。また、その会場では、デプン(哲蚌寺)よりラマ50名を選出して、ノルブリ

ンカ（罗布林卡）の西北方角に駐屯させ、セラ（色拉寺）よりラマ50名を選出して、ノルブリンカ東方に駐屯させ、かつ（ノルブリンカ）内に一部の反乱武装分子カムより流入した、いわゆる人民警察隊がダライ・ラマの警備を担当した。

また、会場では、準備委員会で仕事に従事している官員は、11日付で一律に準備委員会の仕事に行ってはならないことを決定した。

反動分子は10日朝、既にカンチュラ（堪穷）・ラマとインシシャロン（人希龍）の2人が代表10名をインド領事館に引き連れ、チベットは元から独立した国であることを声明した。本日より、彼らは正式に"独立運動"を開始する。話に拠れば、インド領事館は、これに対しては、何らの意思表明もしていない。

それ以外に、われわれの調べて分かったことは、10日午後までだけで、3大寺院のラマ1400人がラサ市区への進入し、もともと周囲に散らかっていた反乱分子は、夜な夜な次々と小隊でラサ市区への進入活動を繰り広げた。おおよそチベット軍2500ないし3000人を加えれば、現在、ラサ市の反乱分子総数は6000人から7000人となる。系列的な情況からみて、反動分子の主要なる陰謀は、ダライ・ラマを拉致することにある。また、ダライ・ラマが拉致される可能性も存在する。

以上の情況から、工作委員会・軍区は目前、軍事上では守備し、政治上ではそれを徹底的に暴露する方針である。注26」

それに対し、11日23時、共産中央の工作員会は、以下の措置を指示した。
1．譚冠三の下で、ダライ・ラマの叛国的諜報の公表。
2．反動分子の行動の告訴。
3．ダライ・ラマの争取工作。
4．反動武装分子のラサへの侵入禁止。
5．情報収集。注27

そして、3月15日に共産党チベット工作委員会は、3月11日中央の指示執行に対する意見に対して、以下のとおり決定し、これに対処した。

「(1) ここ数カ月、とくに近日の情況からみると、チベット反動派の全面反乱の動きが日増しに著しくなってきた。

1．反動派内部のいくつかの主張（全面攻撃（大打）、ゲリラ攻撃（小打）、先手攻撃（早打）、後手攻撃（遅打）、非武力闘争（主文闘）、武力闘争（主武闘））は、10日で、基本的に統一されてきている。政治的に、もう破裂関係にあることはさて置き、軍事的には、われわれに先手攻撃を迫り、各方面の反動勢力（チベット軍、三大寺院、隣区域から逃れてきた反乱分子）は一致団結を表明している。しかし、3月12、13、14日の幾日からの動きから、敵はまた、軍事上の積極的な準備に備え、政治上、われわれを麻痺させる手法を切り出した。

2．地方政府の官員といわゆる人民代表は3月10日、密かにインド領事館を通じて、「チベット独立」を宣言し、反動分子は群衆を恐喝し、インド領事館に公開要請をした。

3．政治上・軍事上の準備は同時に加速し、政治上では、われわれとの往来を遮断し、確かに未だ正式にはチベット独立を宣布していないが、しかし、群衆に対してはそれを既に公開宣布している。軍事上では、既にノルブリンカ、チャクポリ（薬王山、1413年に5世ダライ・ラマがチベット医学院を建設）、ポタラ宮の防御体制とノルブリンカ北方からラサまでの国防公路を支配下に置き、かつ積極的に武装志願軍の組織と民衆参加を恐喝している。また、積極的に各地の反動分子にラサに集中させるべく召集している等々。

4．ダライのノルブリンカは、既に反動分子の指揮基地となっている。

5．反動派は、既に公開的に親和人員の恐喝と殺害を行っている。残されているのは、ただ反動組織がわれわれに破裂関係を公開宣布することだけとなった。敵は現在、たとえるなら、弓上の矢、抜かれた刀のようなものであって、あとは反動派がわれわれに対し反乱もしくは武力侵攻を公開宣布すれば、全面反乱の狼煙は上がるであろう。

(2) 中央の指示によれば、目前、以下の作業を集中的に行うべきである。

1．さらなる軍事準備と、拠点の確実なる守備、随時、敵方に反撃できる用意をし、ラサとそれぞれの工作委員会は、すべて守備拠点の要塞守備を強化し、常に半年以上の食糧・弾薬を貯蓄し、長期の固守に備える（具体的な兵力部署は軍区より配置する）。地方機関の分散もしくは防御力が薄弱な拠点

は、直ちに撤去もしくは合併する。政治思想教育を強化し、すべての部隊と地方工作人員に目前の形勢を明白に説明し、他方、彼らチベット反動派の反乱は、日増しに拡大してきていて、全面反乱の象徴が明らかに浮上してきたことが認知される。われわれは、動員を行い、準備を怠らず、自信を持ち、敵方の侵攻に備える。その一方で、敵方は狡猾であることを認識し、確かに目前の敵はとても無我自失であるものの、しかしまた露呈のほどは足りなく、それで、もっと彼らをその気にさせ、さらなる露呈を誘い、その様にすれば、われわれが反動派を徹底的に消滅させ、徹底的にチベット問題を解決させるための好機会となる。また、チベット族の幹部や学生に対しては教育を施し、高度の革命意識を確立させ、万全なる準備をする。同時に、彼らに対する安全を確保しなければならない。

2．さらなる政治攻勢を展開し、各種方法を利用し、口頭宣伝活動（文字を用いない）を大々的に行い、敵方の陰謀と罪悪事実を暴露し、また宣伝方法上において、有線放送（ラジオ）条件が備わっている地方においては、これを十分に利用し、すべての交通重点と人の出入りが多い地方には喇叭を備え付けるべく努め、随時、かつ反復して放送を行い、放送材料準備組は随時、研究分析を行い、宣伝内容（対外的には文字宣伝しない）を確定すべきである。

　チベット族の労働者、農民、遊牧民、そして一般市民に対して、一般の宣伝以外に、可能な状況下に、10人、20人、もしくは30人の小さい精鋭武装部隊を組織し、重点的かつ計画的にラサ市近郊において宣伝を行う。

　ここ2日以内に、個別に機関幹部、チベット幹部とチベット族学生、部隊、上層人員の座談会を開くことを決定し、そこでは、工作委員会が同志に対する目前のチベット形勢をとり、われわれの対策説明を担当する。

　階級内部の分化統治を促進するために、切実なる支持と進歩拡充の力を増大させ、反動上層の陰謀を暴露する。

3．統一戦線工作は、もちろん継続的に補強し、すべてのわれわれの力が及ぶ限りの作業を積極的に進行し、広範囲に連絡活動を展開し、情況を把握する。進歩人員と積極分子に対しては保護を加え、かつ情況に合わせて対処をする。

（1）既に敵方との対立が露呈している者は、彼らを移動させ、安全を確保

する（主に準備委員会に集中させ、または各機関もしくは各自で備える）。
(2) 両面派に対しては最善を尽くし、かつ意識あるものを一部社会に残し、一部遷移させる。
(3) わが陣営に近い者、しかしまだ露呈していない者は、敵陣営に居続けておき、われわれのために、任務を遂行する。
4．敵方が反乱を企てている証拠を収集し、紙切れ・文字・写真などはすべてを収集し、社会部など関係部門は、ここ2日間以来の経験を生かし、それらを総括し、業務のよりよい進行を促す。

　　各級の共産党委員会の指導幹部は、情況が緊張し、闘争が日増しに複雑化し尖鋭化する情況下において、さらなる冷静沈着なる情況の掌握と細心な研究材料・状況判断のもと、的確かつ随時に敵方の罪悪事実を暴露し、上層には分析・報告し、そして積極的に民衆に対し宣伝教育活動を推進する。絶えず士気を鼓舞し、自信を確立し、目前の思想麻痺を防止するだけでなく、同時に焦燥な情緒と某人の恐怖心理を防止することとし、それでしか勝利を獲得できない。それぞれの工作委員会および青年管理局共産党委員会は、この精神と当地の情況とを結合させ、執行を配置する。[注28]」

　一方、10日夜、チベット軍区政治委員譚冠三将軍とダライ・ラマのあいだで書簡の往復があった[注29]。その経過は、次のとおりであった。

　3月10日譚冠三将軍からダライ・ラマへ　反動分子の陰謀と挑発がありますので、お出でになるのを見合わせた方がよいと、伝えた。

　3月11日ダライ・ラマから譚冠三将軍へ　少数の悪党が扇動し、僧・俗の人々が追随していて、訪問できないが、10日の書簡に感謝する。何かあれば、アペイ・アワジジメイを通じてお知らせ下さい、と返事した。

　3月11日譚冠三将軍からダライ・ラマへ　反動分子は大ぴらに軍事挑発を行い、国防と交通の安全に対する由々しい破壊行動にでているが、その排除をカシャ（内閣）に要請した。同時に、カルン（大臣）あて書簡が送付され、それはラサ市街の中国側へ通じる道路を封鎖しているバリケードの即時撤去を求めた。この点については、「だが、これは中国側の大きな誤算だった。バリケードを撤去させ援軍を送り込んでダライ・ラマを襲おうとしている中国側の明らかな奸計と民衆側に受け取

られたからである。当然、彼らは拒否した」とダライ・ラマは書いている[注30]。

　3月12日ダライ・ラマから譚冠三将軍へ　私はカシャに対し非合法な人民会議を直ちに解散し、ノルブリンカへ進駐した反動分子に撤退を指示した。

　3月15日譚冠三将軍からダライ・ラマへ　中央は、別途、政府の誤った態度を改め、反乱者を処罰するよう求める、との書簡を送付した。

　3月16日ダライ・ラマから譚冠三将軍へ　「チベット暦2月5日（3月14日）に、私は、政府官員ら代表10余名に話をし、進歩的な者と革命に反対する者のけじめを付けているところです」と通告した。

　そして、3月10日、チベット自治区準備委員会外事部は、ラサ駐在のインドとネパールの総領事館、およびブータン代表に、以下の正式通報をした。

　「チベット政府は、帝国主義者と外国反動分子の画策支持のもとに、チベット平和解放協約を破る反乱を起こし、中央機関、部隊、および軍民に向け進攻した。中央政府は、必ず反乱を平定し、このことは、中国の内政であって、外部の干渉を許さない。チベットは、わが国領土の一部であり、チベットを分裂させようとするいかなる陰謀も徹底して失敗を招くことになろう。[注31]」

　そして、16日までに、人民解放軍がノルブリンカを砲撃する準備をしているとか、中国軍は他の地域から到着しつつあるとかの流言がラサに流れた。17日午後4時、ノルブリンカ離宮北のはずれの池に迫撃砲弾2発が打ち込まれた。前日、大砲の測量士官が計器でノルブリンカ離宮の位置を測定していたことが判明した。この時点で、ダライ・ラマの参謀長サプテン・ウォイデン・ファラ、チベット陸軍第2連隊指揮官タシ・バラ大佐、NVDA古参指揮官フトゥク・ガワンはダライ・ラマ避難の協議に入った[注32]。ダライ・ラマも、逃げ出さねばならないと決意したようである[注33]。20日午前2時、人民解放軍はノルブリンカへの砲撃を始めた。「……ノルブリンカ離宮が、死体でいっぱいになり、荒廃に帰し、煙につつまれて、廃墟と化した日の終わりには、もう中国共産軍が宮殿内に侵入した[注34]」と、ダライラマは語っている。そして、ダライ・ラマは、カムパ族30名とチベット軍の護衛でインドへ向かい、その途中、26日ルンツェ（隆子）宗に臨時政府を樹立し、31日インド国境を越えた。こうして、ラサは破壊され、とりわけセラ（色拉寺）とデブン（哲蛙寺）は廃墟と化したという情報が世界に流れた。3月25日のインド紙は、

こう報じた。

> 「私が確実な筋から聞いた話では、最も確実な証拠をあげて、ノルブリンカの200の建物、および縦2マイル、横0.5マイルの広大な庭園は、中国軍の重砲によって屠殺場と化した。[注35]」

インド総領事公邸は、冬の宮殿ポタラ宮と夏の宮殿ノルブリンカの中間にあって、直ぐにも事実が把握できるのに、その情報は間違っていた。インド人ジャーナリスト、フランク・モラエスは、3月12日インド代表にチベット人から中国に対する要求に立ち会ってくれ、といい、それを伝えると返事した[注36]。そのインドの返事はどういうことかは不明である。一方、北京当局はノルブリンカへの砲撃を否定している。ノルブリンカが砲撃され廃墟となった事実はなかったようである。なお、米国の反共主義者は、この事件を「無神論の傲慢で横暴な赤色政権からの独立」を求めたとしている[注37]。

このラサ反乱は、中国の公表で世界に流れたが、インドは、チベット人の亡命もあって沈黙していた。ただし、ラサから3日の距離にあるサキヤ（薩迦）の人びとが知ったのは、4月人民解放軍が到着してからであった。その動向とその反乱に対する中国の対応は、以下のとおりであった。

3月10日チベット民衆がポタラ宮殿前に集結。

同10日反乱分子がチベット駐在インド総領事館を通じチベット独立の保護を要請。

3月11日ダライ・ラマの側近、ナンマ（ダライ・ラマの侍従）、カンチェン（大4等官僧侶）、カンチュン（4等官僧侶）が、反動分子による僧侶の扇動に対する意見を表明。「ナンマ、カンチェン、カンチュン一同の意見」全文は、以下のとおりである。

> 「庶民ナンマ、カンチェン、カンチュン一同の意見
>
> 　昨日、チベットの僧・俗人民らがダライ・ラマの外出をとめた。ダライ・ラマはこれをいきどおられたが、実際、これは、政教の御体を守るための所行であって、なんら反対の氣持があってのことではない。衆生のために佛に累を及ぼしてはならないのと同じである。したがって、直ちにこの旨を説明し、報告をして頂きたい。また、これに対して謝意を表する。ノルブリンカで会議を開

けば、ダライ・ラマの名声に対する懐疑の念を招くかも知れないという理由で会場を他へ移したいとの意見もあるが、これは害こそあれ、なんの利益もない。やはり、もとの場所で会議を開くがよい。〔判明したところでは、3月10日反乱分子はノルブリンカを包囲してダライ・ラマが軍区の講堂へ観劇にゆくのを阻止するとともに、カシャの大秘書大ラマ、ロンナンセエ・トテンノウサン、ツイポン（財務大臣）ケメエ・ツエワントンズウの主宰のもとにノルブリンカで人民代表会議を開き、その会議がチベットの「独立」を宣言し、これにダライ・ラマは非常に怒って、二度とノルブリンカで会議を開くことは許さないと指示した。そのとき会場を他へ移すことを主張する者もいたが、この意見書を起草した分子は、ダライ・ラマの言葉にまつたく耳をかさず、あくまでノルブリンカで会議を開くことを主張した。〕ダライの御体については、クースン部隊（ダライ・ラマ警護隊）と昨晩増援した部隊が責任をもつが、今後もかならず増援する必要がある。でなければ、任務を全うすることはできない。

　指導者としては、元からの人員のほか、クンデリンザアサ（反乱軍総司令）（のちインドに逃亡した）、カンチュン・コサンアワン（4等僧官）（のち逮捕された）、パイクオ（駕籠担当4等官）、レンシ・シヤゴバ（シャカバ・ロサントンズウ）（のち逮捕された）、ラーチヤ（総務担当4等官）・ラーテインセ（ラーテインセ・ソランパンジヨ）（のち逮捕された）らを加えて、補佐させるべきである。ネーチュン神（占いの神）の御旨にそって読経に専念するとともに、ダライの御体に害をなすものを平らげるためには、さらに、すべてのラマは卦をたて、速やかに広く読経を終えなければならない。今後の方向については、チベットの種族・宗教・言語・文字など各方面の歴史を必ず独立国に相応しいものにしなければならない。チベットの人民大衆はすべて、政教の歴史にしばしば明らかにされてきたとおりに、ことを運ばなければならない。[注38]」

同11日、3大寺の意見表明。「3大寺の意見書」は、以下のとおりである。

「3大寺の意見書

　レブン寺、セラ寺、ガンデン寺の一致した意見は、次のとおりである。

　チベット人民はすべてダライ・ラマが今後、ご宮殿付近を離れぬこと、中央の宴会や観劇に臨席されないことを願っている。このことは、すでにカシャ（内

閣)およびクチャー(侍従)、チチャオカンプー(高等侍従僧官)(ガアチヤン・ロサンリエンズエン)が責任をもつと承諾したところであって、かならず遵守されるべきであり、みだりに変更が許されるべきでない。以上については、ダライ・ラマに対し、もう一度はっきりと申し上げておかねばならない。同時にまた、今後、自治区準備委員会を初めとする漢族とチベット族の合同会議を開く必要もない。われわれは、自ら自分の問題を処理する。チベットが独立を実現した際には、ダライの生命のため、事業の繁栄のために、僧俗官員・三大寺院・軍隊・人民の信頼し得る代表を速やかに選出して経常的に会議を開き、まじめに相談し合うべきである。会場は、宮殿付近のほか、ジョカン(大昭寺)あるいはその他適当なところに設けてもよい。検討して頂きたい。注39」

3月12日チベット婦人のデモがあり、14日のチベット婦人1000人のデモでは、インド総領事館に対し平和的方式で漢人を撤退させるべくインドの調停を要請した。インド総領事は、公然と反乱分子代表と会見し、彼らの独立声明文書を受理し、インド政府に伝えると回答した。そこでは、既にインドの工作が始まっていた。

3月16日ダライ・ラマは、譚冠三あて第三書簡で「数日後に軍区に行く」と通告したが、同日インドのカリンポンのチベット福利会あてにチベット独立会議からの秘密電報が送付された。全文は以下のとおりである。

「カリンポンのシヤゴバ、ならびにシヤゴバを経てチベット福利会全員へ

　チベット暦2月1日(太陽暦3月10日)、チベット独立国は成立した。このことを、皆に公布されたい。太陽暦3月18日にガルトク(シッキム首都)へ赴き電話を受けられたい。

　　　　　　　　　　　　　　　　　　　　　　チベット暦2月7日
　　　　　　　　　　　　　　　　　　　　　　　チベット独立会議

　　本電報は、ツチヤーカンチュン(トテンレーメン)の手を経て発送。注40」

翌17日、第2の秘密電報が送付。全文は、以下のとおりである。

「カリンポンのツイポン(財務大臣)シヤゴバ、ならびにシヤゴバ気付、インド駐在のチベット福利会(プーキ・デドン・ツォクバ)へ

　先頃、チベット暦2月1日、チベット族の貴賎僧・俗全体は心を一にして、漢人の赤色共産党の強権のもとより立ち上がり、独立国の成立を宣言した。貴

地においても、このことを宣伝されたい。漢人政府は、既にラサ周辺の地区で大規模な弾圧を準備している。したがって、小が大に呑まれるのを避けるため、この旨を隣国インド政府、佛教会、および国際連合に報告し、ただちに代表をこの地に送って実情を視察するよう依頼されたい。また、ラサ駐在インド代表には、あらかじめ状況を知りおかれるべき旨を、方法を講じて打電されたい。要するに、いかなる方法を講じて支持を求めればよいかは、これまでの状況を熟知せる精神にそって努力されるよう望む。内情を知らされたい。

チベット暦2月8日
チベット独立国人民会議総会[注41]」

3月17日午後8時、経師チジャン活仏とリンツアン活仏の指導でダライ・ラマがノルブリンカのゴラポラカン（ゴンポ神殿）におけるクランラ（ネーチュンの神託僧）の死をとした神託、宝瓶祈祷で「行くべし」の決定を受け、これにより14世ダライ・ラマは自らの守護神マハーカーラ（大黒天）に祈りを捧げ、直ちにノルブリンカの裏口から中国服を着用して脱出した[注42]（ネーチュンの神託僧は「最初の一行の出発は、20時45分」と言い残していた）。そしてその紙にはヤブシ（家族）が無事インドに到達するためのルートが記されてあった。後衛には、400名の完全武装の騎馬兵が追っ手の前に立ちはだかる決意をしていた[注43]。ただし、ダライ・ラマの自叙伝には、この記述がない（後述）。

3月19日午前1時ノルブリンカでチベット軍区巡察隊が衛教愿軍と衝突した。

3月20日午前3時40分に、チュシ・ガントゥック（四水六崗）と衛教愿軍が攻撃を開始し、人民解放軍のチベット軍区布告により、解放軍は午前10時に発砲した。その布告は、全文以下のとおりである。

「中国人民解放軍チベット軍区の告知

　　チベット地方政府と上層反動集団が帝国主義と国外反動分子とが連結し、反乱を企てていることを取り調べて、もう久しくなる。長くこの方、彼らは、反乱分子を招集と野放しにして各地に広がり、交通を破壊し、商隊を襲い、姦淫なる略奪をし、人民を惨殺してきた。中央はもとより、寛大なる態度で、再三にわたりチベット地方政府に対し、反乱分子に対し厳重なる懲罰を与え、社会治安維持に勤めるよう、叱責してきた。しかし、チベット地方政府（ゲキカ）

は、表向きでは従順し、裏向きにはそれに背いてきた、反乱の鎮圧をしないばかりか、それを見過ごしかつ支持して、反乱分子の勢いを助長させてきた。今年3月10日にいたっては、チベット多数のカルン（噶倫、大臣ら政府官員）が上層の反動集団とさらなる一歩に踏み出し一体として結成し、ダライ・ラマを拉致し、チベット平和解放に関する17条協議を破り捨て、公然と祖国に叛き、統一を破壊した。公然とチベット自治区準備委員会のチベット官員カンチュンソナン・ジャンツオ（堪穷索朗降措）を殺害し、チベット軍区副司令サンポ・ツェワンレエンツェン（桑颇才旺仁增）らに危害を加えた。かつ、公然と、3月19日夜半に、人民解放軍に向け全面侵攻を発動した。極悪非道この上ないことである。祖国統一と民族団結を維持するために、チベット地区人民の苦難を救うため、本軍は、討伐の命を受け、反乱を鎮圧する。全チベットの僧・俗人民は、積極的に本軍に協力し、反逆を討伐・平定し、敵情を隠さず支援することなく、反乱分子に情報を流さないことを望む。反乱分子に対し、本軍は、寛大なる政策を区別して対応する。すべての反乱武装帰依者に対しては、間違いを取り立てない。功績を挙げた者に対しては、奨励を与える。捕虜となった者に対しては、優遇し、殺さず、戒めず、殴らず、腰下げ袋を調べない。間違いを悟らず、頑固に反抗する者に対しては、厳罰を与える。本軍は、規律厳明であって、群集の利益を擁護し、農牧工商各業種を保護する、売買を公平にし、群集の針一本、銭一銭も取り上げない、群集の宗教信仰と風俗・習慣を尊重し、ラマ寺院を保護し、文物・古跡を保護する。すべての僧・俗人民が、一律に安楽・興業に勤しみ、狂言に耳を貸さず、互いに扇動をしないことを、強く望み、以上、宣布する！

司令官	張国華
政治委員	譚冠三
副司令官	アペイ・アワンジンメイ（阿沛・阿旺晋美）
	鄭少東
	サンポ・ツェワンレエンツェン（桑颇才旺仁增）
副政治委員	詹化雨
	王其梅　[注44]」

3月21日人民解放軍はラサを制圧した[注45]。翌22日ラサの商店街・事務所は平常とおり再開された。一方、同22日中国側に寝返ったガボ・ガワン・ジグメ（アペイ・アワンジンメイ）がすべてのチベット人は抵抗を止めて中国軍に投降せよ、と呼びかけた。ラマの逮捕者は2万5000人に達した。23日戒厳令が布告され、チベット自治区全域（シガツエを除く）に軍事管制委員会が設置された。

　3月28日国務院は、チベット争乱の鎮圧命令で、チベット地方政府（ゲキカ）を解散し、「ダライ・ラマが拉致されている期間」、チベット自治区準備委員会を昇格させ、インドに亡命した18名の職務を解任し、後任を補充した。その全文は、以下のとおりである。

「中華人民共和国国務院命令

　　チベット地方政府の多数のカルン（大臣）と上層の反動一味は、帝国主義と結託し、反逆匪賊をかきあつめて乱を起こし、人民に危害を加え、ダライ・ラマを拉致し、チベットの平和解放の方法に関する17カ条協定をふみにじったばかりでなく、3月19日夜には、チベット地方軍と反乱者を指揮して、ラサにいる人民解放軍に対し全面的な攻繋を加えた。祖国に背き、統一を破壊するこうした行爲は、断じて国法の許さぬところである。国家の統一と民族の団結を護るため、中国人民解放軍チベット軍区に対し、反乱を徹底的に鎮定するよう指示したほか、特に、即日、チベット地方政府を解散し、チベット自治区準備委員会にチベット地方政府の職権を行使させることを決定した。自治区準備委員会主任委員ダライ・ラマ、テンジン・ギャムツォが拉致されているあいだ、パンチェン・ゴルドニ、（ロブサン・チョキ・）ギェルツェン副主任委員が主任委員の職務を代行する。自治区準備委員会常務委員パパラ・ツオレナンジエを副主任委員に、常務委員兼秘書長アペイ・クワンジンメイを副主任委員兼秘書長に任命する。反逆者ソルウカン・ワンチエンゲレエ、ニユウシャ・トテンタバ、シエンカ・ジメドオジェ（シヤソルゥ）、ユト・ザァシトンズゥ、ツエジヤン・ロサンイェーシエ、ガアチャン・ロサンリェンズエン、ダラア・ロサンサンテン、ケメエ・ソナンワントェ、ロンナンセェ・トテンノウサン、パーラ・トテンオエテン、オウシエ・トテンサンナヨ、ナンセエリン・パンジヨジメェ、ミンジリン・ヂヤヤンジンツェン、ガルウペン・ツエワントウジェ、パウチヨ、

ウエセジンツェン(クンデリンザアサ)、コンガア・ラマ、ツウポオガマパ・リエンベトウジェの18名については自治区準備委員会委員およびいっさいの職務を罷免し、国家の法律に基づきそれぞれ処罰する。また、鄧少東、詹化雨、恵毅然、梁選賢、ツオコ・トンズウツェリエン、ジヤントン・ロサンナンジェ、ガデンツェバ・トテンクンガア、ジヤンベエツェリイ、アペイ・ツエテンツォガル、トウジエツェテン、シエロトンズウ、ジンツェンピンツォ、ロサンツチエン、チエンジェ、ピンツオワンチュ、王沛生の16名を自治区準備委員会委員に任命する。チベット自治区準備委員会が、全チベットの僧・俗人民を指導し、一致団結し、ともに努力を払い、人民解放軍に協力して早急に反乱を平定し、国防を固め、各民族人民の利益を守り、社会の秩序を安定させ、民主的で社会主義的な新しいチベットの建設のために奮闘することを望む。

以上、命令する。

1959年3月28日

総理　周恩来[注46]」

3月29日パンチェン・ラマは、毛沢東主席、周恩来総理あて国務院命令擁護の電報を送付した[注47]。翌30日シガツエで国務院命令支持集会が開催された。さらに、31日ラサで国務院命令支持の集会が開催された。

同29日、14世ダライ・ラマがインドに入国し、インドはラサ駐在前総領事スチャン・メノンが国境に出迎え、ニューデリーまで同行した。

30日チベット工作委員会は3大寺に軍事管制委員会のもとに軍を導入し、反乱分子を逮捕し、武器を押収し、寺廟の管理は強化された。

31日人民日報社論「チベットにおける反乱を徹底的に平定せよ」で、中国政府の方針が確認された。全文は、以下のとおりである。

「チベット地方政府と上層の反動一味は、帝国主義、蒋介石匪賊一味、および外国反動派と結託して、チベットの平和解放についての17条協議を公然とふみにじり、ダライ・ラマを拉致し、武装反乱を起こした。祖国に背き、統一を破り、民族の団結を破壊するこうした由々しい犯罪行為は、チベットの愛国的人民をも含め、全国各民族人民の断じて許すことのできないところである。チベットの人民解放軍部隊は、反乱を徹底的に平定するよう命じられた。国家の

統一と民族の団結を護るため、周恩来国務院総理は、今度の反乱組織者であるチベット地方政府を解散するとともに、チベット自治区準備委員会にチベット地方政府の職権を行使させることを決定した。現在、人民解放軍は、チベットの愛国的な僧・俗人民の積極的な協力のもとに、迅速にラサ地区の反乱を平定し、またチベットの他の一部地区の反逆匪賊を粛清中である。チベットの僧・俗各界の愛国的人士は、中央の措置を熱烈に擁護し、反逆者一味を糾弾している。われわれは、反逆匪賊に、ふみにじられたチベット各界の同胞に対して、懇ろに慰問の意を表明するとともに、反乱を平定するにあたって功を立てたチベットにいる人民解放軍部隊に対して崇高な敬意を表する。

　チベット族は、中国国内で長い歴史をもつ民族の一つである。チベット族は、国内のほかの民族と同様に、わが偉大な祖国の形成と発展に対し、それ自身貢献するところがあった。しかし、近代においては、帝国主義の侵入により、清朝および国民党反動政府のとった民族的圧迫と民族離間政策により、またチベットの反動支配派が、内にあっては人民を奴隷化し、外に対しては帝国主義に依存したことによって、チベット人民は、長い歳月のあいだ、暗黒・貧苦・立ち遅れのどん底におとしいれられてきた。中華人民共和国の成立以後、チベットは平和裡に解放され、祖国の大家庭に立ち帰った。そのとき以来、中央人民政府は、チベットに対して祖国の統一、民族の団結、民族の平等、および次第に民族区域自治を実現し、徐々に民主改革を実現するという政策を一貫してとってきた。中央は、一連の措置をとって、漢族・チベット族の相互理解と団結を促すために努力してきた。中央はまた、チベット族内部、まず第一に、ダライ・ラマとパンチェンとのあいだの団結を促すために尽力してきた。1956年4月には、チベット地方政府と十分協議した上で、チベット自治区準備委員会をつくり、ダライ・ラマが主任委員に、パンチェンが第一副主任委員になり、またチベット族各階層人士をひろく吸収し参加させた。チベットに入った人民解放軍部隊は、一貫して規律を遵守し、人民を愛護し、現地の宗教信仰と習俗・習慣を尊重し、大衆からは針一本・糸一筋もとらず、さらに、農場をつくり、工場・病院・学校を建て、橋をかけ、道路を築き、現地の経済的・文化的発展に力をそえてきた。こうしたことによって、中央人民政府と人民解放軍

は、チベット各界の広範な大衆から熱烈に愛され尊敬されている。

　チベット人民は、民主改革を差し迫って要求している。それは、改革を行わずしては、チベットの繁栄と進歩は不可能であることを、彼らが知っているからである。チベットの平和解放協定の中には、チベット地方政府は自発的に改革を行うべきこと、チベット軍は次第に人民解放軍に改編すべきことを規定している。それにもかかわらず、チベット地方の特殊な歴史的状況にかんがみ、中央の一貫した方針は、民族団結の強化につとめ、チベット上層分子の自覚を辛抱づよく待つことにしている。チベットが平和裡に解放されたのち、チベット元来の政治制度、ダライ・ラマの固有の地位、寺院の収入に対しては、中央はすべてこれを変更せず、各級僧・俗官員も従来どおりその職にとどまらせた。依然、帝国主義と近かった官員や国民党と近かった官員に対しては、彼らが帝国主義や国民党反動派との関係を断つことを表明しさえすれば、中央は、過去のことは咎めずに、やはり引続きその職にとどめた。それどころか、解放後なお反革命活動を行った反革命分子に対してさえも、中央は、チベット地方政府にその懲罰を指示しただけで、直接、これを逮捕し、法によって懲罰するということはしなかった。中央がこういうふうに、待つ政策、そして寛大な政策をとったのは、ひとえに祖国の統一を重んじ、民族の団結を重んじ、そしてチベット地方政府と上層の人士に十分考慮する時間を与えんがためであった。1956年末には、中央は、さらに、チベット地方政府に対し、6年以内、すなわち1962年以前には、チベットで民主改革を行わなくてもよいこと、その後どういう時期に改革を行うかは、やはり将来の状況に基づき、チベット族の指導者、上層人士および人民大衆がいっしょに協議した上で解決すべきことにつき、宣言した。

　しかし、チベットの反動一味は、まったく民族区域自治を望まず、彼らの欲するのは、帝国主義侵略者が多年画策していたいわゆる「チベットの独立」であった。彼らは、国内のカリンポンを、帝国主義、蒋介石匪賊一味、および外国反動派と結託する中心として利用し、盛んに反逆匪賊をかきあつめ、これらの反逆匪賊に放火・殺人・略奪をやらせて、人民に危害を加え、人民解放軍のいるところや交通線を襲撃させたほか、非合法の「人民会議」なるものを組織

し、ひとたび相当の力をかきあつめた上は、直ちにチベットの平和解放についての協定をふみにじり、チベット自治区準備委員会を撤廃する用意を進めていた。この反動一味は、宗教上の迷信を利用して長期にわたりチベット人民を欺くことができると考え、帝国主義、蔣介石匪賊一味、および外国反動派が有力な援助を与えてくれるものと思い込み、インドなどの隣国が彼らの後盾になるものと見做し、中央が辛抱づよく待ち、寛大な態度をとっているのを軟弱無能の現れだとみた。このため、彼らは、恐れることを知らず、反乱活動を秘密裡のものから公開的なものへ、小規模なものから大規模なものへと推し進め、遂に全面的な武装反乱を起こすにいたった。

　長い間にわたるさまざまな事実は、チベットの反動一味が、祖国の統一と漢族・チベット族の２大民族の団結の破壊者であるばかりでなく、チベット族の繁栄と進歩の障害物であることを示している。中央は早くから、チベット地方政府のさまざまな破壊活動を察知していたが、それでもやはり至れり尽せりの態度を持し、しばしば彼らに責任をもってこれを制止するよう注意をあたえ、彼らが最後には翻然と悔悟するのを期待していた。3月10日には、ラサで反乱が起こって後でさえも、中央は、やはり最後の努力を重ね、彼らが最後の一線でふみとどまるように勧めた。だが、チベット地方政府と上層の反動一味は、頑としてその態度を改めず、こともあろうに、ダライ・ラマを拉致し、チベットにいる人民解放軍部隊に対して全面的な武力攻撃を加えて、平和解決の希望を打ち壊し、自ら滅亡の道を進めた。こうした忍ぶにも忍びきれない状況になってはじめて、中央は、チベットにいる人民解放軍部隊に、チベットの反徒一味を討伐し、反乱を徹底的に平定するよう命じた。これによって、チベット各界の愛国的人士は、中央人民政府が民族の団結を護るため、確かに最大の努力を払ってきたこと、そして今となっては、反乱を討伐・平定し、極悪非道の反徒一味を徹底的に粉砕することこそ、引続き民族の団結を守る唯一の道であることを、十分認識している。

　チベットにおける当面の主な任務は、いっさいの反乱分子を徹底的に粛清し、平和な秩序を打ち建てることである。その過程で政府のとる各種の政策については、人民解放軍チベット軍区布告およびチベットにおける反乱事件に関する

新華社広報が、いずれもはっきりと説明している。チベット自治区準備委員会と人民解放軍チベット軍区は、全チベットの反乱に参加しなかったいっさいの僧・俗人民とあくまで団結し、反乱分子に対してさえも寛大政策に基づき、それぞれを区別して対処し、帰順してきたものは既往を咎めず、功を立てた者には賞を与え、捕虜は殺さず、ただ頑として逆らう者のみを厳罰に処する。チベットにいる人民解放軍部隊は、大衆の宗教信仰と風俗・習慣を尊重し、ラマ寺院を保護し、文化財・古跡を保護するという一貫した方針を、引続き堅持する。チベット自治区準備委員会は、地方政府の職権を行使するとともに、チベット地方の民族自治の実現を積極的に促進する。ダライ・ラマが拉致されているあいだは、パンチェン・オルドニが主任委員の職務を代行する。チベット反徒一味の反乱は、当然、チベットで民主改革を行う必要があることを立証しているが、改革を行う時期・段取り・方法については、中央はやはり、チベットの上層・中層の愛国者および各界人民大衆との十分な協議による、としている。われわれは、反徒一味を粉砕したのちに、漢族・チベット族の両民族の団結とチベット族人民内部の団結のいずれを問わず、かならずや大々的に強められ、これを土台として、チベットが必ずや次第に繁栄と進歩の光明に満ちた大道を進むにちがいない、と信じている。

　チベットの反動一味の反逆活動は、この方、帝国主義者の支持のもとに行われてきたものである。3月10日ラサで反乱が勃発したのち、帝国主義者は、彼らが久しく夢みていたいわゆる「チベット独立」が、これで現実になる、と考えた。ここで、彼らは、チベットの反徒一味を景気づけるため、盛んに喚き立てた。ところが、そうは問屋がおろさず、人民解放軍は、たちまちラサ地区の反乱を平定してしまった。そこで、帝国主義と外国反動派は、宣伝の火力を集中して人民中国を攻撃した。米国務省は、続けざま数回声明を発表し、中国政府はチベットの平和解放の方法についての協定を破壊したと中傷し、中国は「宗教と政治上の自治を踏みにじ」ろうとしているといい、「こうした野蛮な干渉下にあるチベット人民に対して深い同情をよせる」などと、まるで、ひややかに述べた。8年前、中国中央人民政府とチベット地方政府が、チベット平和解放協定を取り結んだとき、米国をはじめ他の諸国反動派がこの協定を盛

んに攻撃したことを、人びとは今なお覚えている。ところが、今度は、彼らはがらりと態度を変えて、この協定の防衛者になっている。これは、なんと大した風刺であることか！　米国務省の中傷は反駁に値しないものである。なぜなら、チベットの平和解放についての協定を破壊し、チベットでの民族自治の実施を欲しないのは、中央人民政府ではなくて、アメリカ帝国主義と外国反動派に支持され、唆されているチベットの反動一味にほかならないからである。チベットの反乱と反乱の平定はまったく中国の内政であって、いずれの外国といえども、まったく中国の内政に属するチベットの反乱事件に干渉することはできない。米国務省のスポークスマンでさえ、米国は、これまでチベットが独立国であるとは認めていない、といわないわけにはいかない。周知のように、有名な五原則、すなわち主権と領土保全の相互尊重、相互の不可侵、相互の内政不干渉、平等互恵、および平和共存は、わが国とわが国の偉大な友好的隣邦であるインドが、1954年4月29日中国チベット地方とインドのあいだの通商・交通についての協定のなかで真っ先に打ち出したものである。同年6月には、わが国の周恩来総理とインドのネルー首相は、また共同声明を発表し、この五原則こそ中国・インド両国の関係を指導する根本であることを、厳かに宣言した。そのとき以来、この五原則は、中国とアジア・アフリカ諸国、とりわけ西南の隣国と平和に生活する共同原則ともなっている。われわれは、チベットで反乱が起こったのち、インドのネルー首相が3月23日に、中国の内政に干渉しないという声明を発表したことに、非常な喜びを感じている。われわれは、中国・インド両国政府が引続き五原則を忠実に守り、われわれ両国の友好関係を損なうのを許さないことを信じて止まない。[注48]」

　4月8日チベット自治区準備委員会は、民主改革の開始を宣言した。10日チベット自治区準備委員会全体会議は、副主任パンチェン・ラマを主任に選出し、準備委員会が全権を掌握した。15日毛沢東主席は第16回最高国務会議で発言し、チベットの農奴制など、その現実を確認した[注49]。

　一方、4月23日ロカ／ヒョハ（山南）地区では、10時間で反乱分子が壊滅したと、新華社が報道し、政治工作に入った[注50]。反乱は、この段階で、ほぼ収まった。そして、4月28日第2期全国人民代表大会第1回会議は、チベット問題決議

を採択し、これが新生チベットの方針となった（後述）。共産党中央は5月31日、同5月2日のチベット工作委員会の反乱平定工作に同意し[注51]、こうして、チベット地区の民主工作の特殊状況を認めたチベット政策方針が実施されるところとなった。

2．14世ダライ・ラマのインド亡命

ラサを脱出した14世ダライ・ラマは、1959年3月18日インドに向かった。その途中、連絡をとったのはアタル・ノーブとロザン・ツェリンで、彼らはCIAと無線交信し、その通報はまずニューデリーの米大使館に送信され、そこからインド政府に亡命要請が送信された。24時間以内にネルー・インド首相から受け入れるとの返事が届いた[注52]。ともかく29日ダライ・ラマ一行がインド政府に亡命を要請したと公表された。4月3日ネルー・インド首相はダライ・ラマ一行の受け入れを公表したが、それは中国がダライ・ラマのインド亡命を公表してから2日後のことであった。3月22日インド外務省担当官はこう述べていた。

「インド政府は、いかなるチベット分離政権も承認していないことを、はっきりさせたいと考えている。したがって、インドにおいてダライ・ラマの指導下に活動しているチベット政府という問題は存在しない。[注53]」

3月23日ネルー・インド首相は、下院でチベットの自治に触れ、中国の行動を非難し、「チベットは中国でない。チベット、それは中国ではないのである。チベットは中国の一部ではない。チベットは、中国の一部である自治地域である」と述べ[注54]、さらに4月2日デリーで、チベットから到着したチベット人5人に対し何か希望があるかと尋ねたことを、下院で確認した[注55]。インド入国直後の18日ダライ・ラマはテズプール（斯浦爾）でインド外交官を通じていわゆるダライ・ラマ声明を発した。全文は以下のとおりである。

「チベット人と中国の漢人が違うことは、かねてから認められてきたことである。チベット人には、かねてから独立を求める激しい願いがあった。これは、歴史を通じて幾たびも明らかにされてきたことである。ときには中国政府がチ

ベットにその宗主権を押しつけたこともあれば、ときにはチベットが独立国としてふるまったこともある。いずれにせよ、中国の宗主権がおしつけられていた時期でさえ、チベットは、内部の事務管理の面ではつねに自治を保持していた。

　1951年、中国政府の圧力のもとに、中国とチベットのあいだで17カ条協定が結ばれた。この協定のなかで、チベット人は、やむをえず中国の宗主権を受けいれた。しかし、この協定の中でさえも、チベットは十分な自治を享受すると規定されていた。渉外事項は中国政府の手で処理されるにしても、中国政府はチベットの宗教信仰と風俗・習慣および内部行政には干渉しないことが取り決められていた。だが、実際は、中国の軍隊がチベットを占領してのち、チベット政府は、いかなる程度の自治も享受しなかった。内部の事務についてさえもそうであった。中国政府は、チベットの事務に対し全権を行使した。

　1956年、チベットのために、一つの準備委員会が成立し、ダライ・ラマが主任委員、パンチェン・ラマが副主任委員、張国華將軍が中国政府の代表に任命された。実際には、この機構さえなんの権力も持っておらず、いっさいの重要問題に関する決定は、すべて中国当局によってなされた。ダライ・ラマと彼の政府は17カ条協議の規定を護るために最善をつくしたが、中国当局はつねに干渉を行った。1955年末になると、西康省で闘争が起こり、この闘争は、1956年には重大化した。その後の闘争のなかで、中国の武装部隊は多くの寺院を破壊した。

　多くのラマが殺され、多くの僧侶と官員が中国へ連行され、道路工事に従事させられ、宗教の自由権の行使に対する干渉が強まった。

　1959年2月初めから、チベット人と中国のあいだの関係は、公然たる緊張状態に入った。ダライ・ラマは中国軍司令部へ演芸を見に行くことに1カ月も前から同意していたが、その期日が3月10日に突然決められた。ラサの人民は、ダライ・ラマになんらかの傷害が加えられることを怖れ、その結果、およそ1万人がノルブリンカのダライ・ラマの夏宮に集まって、ダライ・ラマがこの催しに行くのを阻止した。

　そののち、人民自身が護衛隊を結成して、ダライ・ラマを保護することを決めた。多数のチベット人がラサの街頭をねりあるき、中国人のチベット支配に

反対するデモを行った。2日後、幾千人ものチベット婦人もデモを行って、中国の権力に抗議した。人民がこうしたデモを行ったにもかかわらず、ダライ・ラマと彼の政府は、中国人との友好関係を維持することにつとめ、チベットに平和をもたらし人民の焦慮をなだめるにはどうすれば一番よいかを、中国の代表と交渉しようと試みた。

　この交渉が行われているあいだに、ラサとチベットに駐屯する中国軍を増強するため、増援部隊が到着した。3月17日、迫撃砲が2、3発ノルブリンカ宮に向かって発射されたが、幸い砲弾は付近の池に落ちた。

　こののち、顧問らは、ダライ・ラマの一身の危険を気づかうようになり、あしした困難な状況のもとでは、ダライ・ラマ、その家族、および彼の高級官員にとって、ラサを離れることは避けられなくなった。

　ダライ・ラマは、彼がラサとチベットを離れてインドへきたことは、彼自身の自由意志に基づいたものであって、拉致されたのではないと、断固声明したい。

　ダライ・ラマがきわめて困難なルートを経てここへ到着しえたのは、彼の人民の忠誠と心からの支持によるものである。ダライ・ラマが辿ったルートは、キーチユー（述拉薩）河とヤルサンポ（雅魯蔵布）河を渡り、ロカ（山南）地区、ヤルルン／ヤールン（隆谷）渓谷、ツォナ（錯那）宗を通過し、チユタンム（丘担穆）に近いインド辺境地方のカンゼマネ（坎斉曼）に到達する道であった。

　1959年3月29日、ダライ・ラマは、使者をインド政府に送り、インド・チベット境界を越えて、インドへの入国とそこへの避難の許可を求めた。ダライ・ラマは、インドの人民と政府の自発的な手厚い歓迎、そして彼および彼の随員に与えられた避難権に大変感謝している。

　インドとチベットは、1000年をこえる宗教・文化・貿易上の繋がりをもっており、チベット人にとってインドは常に仏祖釈迦を生んだ文明の国である。ダライ・ラマは、彼がつつがなくインドに到着したとき、ネルー首相およびインド政府内のネルー首相の同僚から受けた深切な挨拶に深く感動している。

　ダライ・ラマは、既にこの挨拶にこたえた。

　ダライ・ラマは、チユタンム付近のカンゼマネから入国して以来、東北辺境区のカーメン辺境地区の人民から非常な尊敬と手厚いもてなしを受けている。

ダライ・ラマは、そこのインド政府官員が管理のきわめて行き届いたインドのこの地区での彼の滞在と旅行をできるかぎり快適なものとするよう、いかに労を惜しまなかったかを説明するところである。

ダライ・ラマは、いまマスリー（穆索理）に向かっており、ここ数日のうちに到着することを望んでいる。ダライ・ラマは、休養と最近の出來事を振返る機会をえたならば、すぐ彼の將來の計画を考慮し、必要なら直ちにこの計画を発表するであろう。

彼の国家と人民は、きわめて困難な時期を経過した。ダライ・ラマが現在の述べたいと思っていることは、チベットを襲った悲劇に対し心から遺憾の意を表することである。それとともに、これらの困難が早くすぎさり、これ以上血を流さないよう、心から望んで止まない。

ダライ・ラマとして、またチベットのいっさいの仏教徒の精紳的領袖として、彼の最大の関心事は、彼の人民の幸福であり、また彼の神聖なる宗教の永遠の繁栄と彼の国家の自由を保証することである。

ダライ・ラマは、彼がつつがなくインドに到着したことについて、もういちど感謝すると同時に、この機会をかりて、インドと国外にいる彼のすべての友人、彼を祝福してくれた人びとおよび信徒に対し、彼らが多くの同情と関心を示して電報を送ってくれたことに、心からの感謝の意を表する。

　　　　　　　　　　　　　　　　　　　（新華社　4月20日発）[注56]」

このテズプール（斯浦爾）声明は17条協議を否認し、チベットの独立について世界の承認を求めるというものであった。このチベット独立問題は、これまで一度もチベットでは提起されていなかった。さらに、ラサに残ったチベット人分子は、その声明の表現からみて、文体や用語の正確度においてダライのものではないのか、と疑った。当時、オーストラリア国籍でロンドン・タイムスのニューデリー特派員だったネビル・マクスウェルは、その声明はいずれにしても何らかの指導があった、と解した[注57]。この批判に驚き、その4日後、ダライ・ラマは「私の権威にかけて」再確認した内容の声明を出した。これは、インド側とダライ・ラマの重大な意見の相違があったためで、インド側は、チベット人に中華人民共和国を非難せず、完全独立ではなくチベットの内政自治の実現を求めるべきだとしていたところに、問題

があった。最初の文書は 3 人称であったが、チベットの公文は一人称が普通であった。いずれにせよ、声明の混乱は、インド側が用意した声明文を読み上げてしまったところにあったと、CIA は分析している[注58]。

この 4 月 18 日テズプール声明は、20 日新華社記者が当該声明はダライのものではないと論評し[注59]、これに対して 22 日ダライ・ラマ声明が出された経緯があった。その 14 世ダライ・ラマの再確認声明は全文以下のとおりである。

「4 月 22 日ダライ・ラマの名義で発表された声明

　4 月 18 日、私はテズプールで声明を発表した。当時、私は、これに続いて再度の声明を発表するつもりはなかった。だが、私は、前に発表した声明は私が責任をもったものでないと暗示した新華社の報道をみた。前に発表した声明は、私が権限を与えて発表させたものであって、私の見方を示しており、私はその声明に固持するものであることを、私ははっきりといっておきたい。私は、新華社の報道によって生じる誤った印象を正すためこの短い声明をするのであって、いまはこれ以上なにもいうつもりはない。[注60]」

この経緯について、23 日の新華社電は記事「いわゆる『ダライ・ラマの声明』の由来について」を、以下のとおり報道した。

「いわゆる『ダライ・ラマの声明』の由来について

　マスリーから（インド）PTI 通信社の伝えるところによると、ダライ・ラマをインドに拉致したチベット反乱分子は、22 日マスリーで、ダライ・ラマ名義で発表された短い声明を読み上げた。この声明は、4 月 18 日テズプールでインド外交官の手を経てばらまかれたいわゆる「ダライ・ラマの声明」が他人によってダライ・ラマにおしつけられたものであることを否定しようと企てているが、こうした弁解は、いよいよ化けの皮をあらわすだけのことである。

　この声明は、4 月 20 日本社の政治記者がいわゆる『ダライ・ラマの声明』を論評したことに対して発表されたものである。記者は、この論評のなかで、いわゆる「ダライ・ラマの声明」にはあからさまな穴がたくさんあり、人びとは、この声明がダライ・ラマ自身の声明ではなくて、他人がダライ・ラマにおしつけたものであると疑ってよい理由がある、と指摘した。22 日またもやダライ・ラマの名義で発表された声明は、本社の政治記者ばかりでなく、インドの世論

やその他のオブザーバーによっても指摘された多くの点について、なんらの解答も行っていない。このことは、この声明の筆者が事実と対決することをおそれており、また事実を否定しえないでいることを証明できるのみである。

　ダライ・ラマを拉致した反乱分子とここ数日間ずっと起居をともにしていて、またインドの新聞の発表によると、18日声明の「討論」に参加したといわれるインド外交官メノンも、22日談話を発表し、身に降りかかる火の粉をあわてて払い除けようとして、18日声明は「ダライ・ラマが書いたもの」であり、「チベット人自身が翻訳したものである。それ以外、だれもこの声明に責任をもつことはできない」といいはった。だが、このインド官吏の談話は、明らかに、あまりにもあわてすぎて、またもやたちまち馬脚を現してしまった。この日ダライ・ラマの名義で発表された声明には、18日テズプールで発表した声明は、ダライ・ラマが「権限を与えて発表させたもの」であると述べられていて、「ダライ・ラマが書いたもの」ではない。ダライ・ラマがどうしてダライ・ラマに声明を書かせたり、声明を発表させたりする権限を与えることができるだろうか。この滑稽な矛盾は、彼らのどちらの側からも解釈されてはいない。

　だれしも気づくように、22日声明は、ダライ・ラマが人から拉致されたという印象をあらためようとつとめてはいるものの、やはりダライ・ラマ自身によって発表されたものではない。それはダライ・ラマが譚冠三将軍にあてた3通の手紙のなかで述べている、彼を拉致した「反動分子」によって発表されたものだからである。この声明が発表された際、ダライ・ラマは顔さえもみせなかった。この声明が先の声明と異なる点は、起草者が先の声明で馬脚を現した教訓をくみとり、三人称をすべて一人称にあらためたことである。注61」

　13世ダライ・ラマはインド当局に受け入れられたが、彼は、インド当局が許可しない人物とは接触できなかった。4月24日ネルー首相はダライ・ラマと会見した。一方、同年3月2日のカルカッタ紙は、ラサのカムパ人と難民はともに中国兵士が脅威でないことを認めるであろうといい、カムパ人はダライ・ラマをラサから出発させる騒ぎを作り出すことになる、と指摘していた注62。この指摘をどう解釈すればよいか。ダライ・ラマは、その事件と亡命の計画は知らなかったであろうが、これによってこの計画はどこかで仕掛けられていたと解釈できる。反乱はダラ

イ・ラマをチベットから排除するために、北京で計画されたものだったとする噂もあったが、インドが何らかの形で関与していたことは十分推測できる。とにかく中国の拡張主義にインドは大変警戒していた。その中国の立場について1959年4月24日人民日報は「チベットは中国領土の切り離すことのできない一部分である」[注63]で、チベットは中国領土であることを確認しており、帝国主義はチベット地方に対してきちがいじみた侵略を行っていると断定した上で、さらに5月6日の人民日報編集部は、長文の論文「チベットの革命とネルーの哲学」[注64]でこれを論評し、この亡命事件は、ネルーらがめぐらしている陰謀詭計にほかならなく、いわゆるメッテルニヒ流の反革命の米国務省、イギリス帝国主義者、南朝鮮の李承晩、南ベトナムのゴ・ジンジエム、中国の蒋介石、インドの反動的政党が組んだ「神聖同盟」の工作であって、ネルーはチベット人の友好協力を勝ち取るよう希望しているが、その民族間の紛糾は、基本的には搾取階級が作り出したもので、反乱の平定を民族的な「悲劇」などと断言するには当たらない、と指摘した。この主張は、1950年10月中国軍のチベット進駐に対するインドの干渉、つまり10月21日、26日、31日の3度にわたるインドあて中国の照会の提出に反論したものであった[注65]。これに対し、ネルー首相は1959年4月27日国民議会でチベット情勢についての報告を行い、ダライ・ラマは自己の責任でインドに入国したのであって、これによってわれわれは、北方隣国との関係が悪化することはないと思うが、チベット問題はチベットの民族問題である、と指摘した。

　この演説は、以下のとおりである。

　「私は、国民議会でチベット情勢について何回も演説を発表したことがある。この前の演説は、4月3日に発表しており、ダライ・ラマが大勢の随員を連れ、インド領に入ってしまったときであった。この方面の最新の状況について伝え、国民議会にわれわれの知っているだけの新しい真実を報告させて頂く。

　　この間、ダライ・ラマは、彼の随員とともにマスリー（穆索理）に到着した。あそこで、政府は彼らの居留を手配した。その後、私は機会を捜してムスリーを訪問して、ダライ・ラマと長い話をした。

　　最近、われわれは、人数ほぼ何千人のチベット人が国境を越え、東北辺境特区のカメン（卡門）地区に入って、そして数百人ほどがブータン領に入ったと

いう報告を受けた。彼らは避難を求めており、われわれは同意した。彼らの中の武器を持っている人は、武装を解除された。われわれは、まだ彼らの確実な人数を分かっていない。彼らの願望に応じて、同時にこの状況の必要によって、彼らが移る前に、一つの場所に彼らを手配している。われわれは、これら難民を無視することが出来ない。人道的以外に、法的秩序問題も考える必要がある。われわれは、アッサム政府に対し、このことについての協力を感謝している。

ダライ・ラマと彼の随員のために、われわれが十分な処置を取らざるを得ないのは安全のためでもあり、大勢のインドと外国記者が彼らに影響することを避けるためでもある。これらの記者は、この世界大事件を直接取材するために、ダライ・ラマと随員に暇をなくするほど迷惑を掛けるかもしれない。われわれは、ダライ・ラマと随員を保護して、適切な機会に新聞記者を訪問させる。私は、75人ほどの新聞記者がデズプール（斯浦爾）で提出し、この機会を求めいる申請を受けた。だから、デズプールにいる新聞界代表とカメラマンに対応するために、予め外務省高官1人を派遣した。できるだけ新聞記者がダライ・ラマと会見し、撮影する希望を満足させるために、この高官は、必要な行政的処置を手配した。ダライ・ラマはインドに入った後、声明を発表したい、といった。その後、われわれは、この声明がデズプールで発表するとの知らせを受けた。わが高官は、新聞記者あての声明の翻訳に関しても手配した。些かも責任感を持っていないことの指摘に対して、ダライ・ラマがこの声明およびその後マスリーで発表したかなり短い声明についてのすべての責任について説明する。わが高官は、この2つの声明草稿とも準備しておらず、関係がない。

国民議会に、ダライ・ラマが完全に自分の意志でインドに入ったということを説明する必要はないと思う。われわれは、彼がインドに来るようにとの意見を出したこともない。われわれは勿論、彼についてインドに避難する可能性を考え、この要求が出されたとき、われわれは躊躇わずすぐに同意した。彼が大勢の人を連れてわが国の片隅に入って、運輸や組織や安全などの面で特別な問題を起した。れわれわは、バングディラ（邦迪拉）でダライ・ラマと随行者を迎え、マスリーまで保護するため高官1人を派遣した。この高官を選抜したのは、この人がラサ駐在総領事であったからである。だから、ダライ・ラマ

と彼の官僚も、この人をかなり知っている。マスリーをダライ・ラマの居留地にしたのは、この問題について本人の願望を聞き、本人の意見を確認してから決めたものである。われわれの方としては、適当でない制限を何も加えたくなかったが、特別な状況において、不幸を防ぐために手配せざるを得ない。チベットで起こった、最終的にダライ・ラマがラサを離れてインドに入るまでに生じたさまざまな事件は、インド人民と世界マスコミで、大きく注目された、ということも注意しておかなければならない。彼がソムリーに到着した後、ダライ・ラマに迷惑を掛けないように、処置をとった。これ以外に、彼の行動には何も制限がない。彼と彼の随行者は、ソムリーで自由に行動してもよい、と伝えた。最近、ダライ・ラマが苦しくて危ない交渉をし、心が強い人も感動せざるを得ないほどのひどい目にあって、それに、彼はほんの24歳に過ぎない、ということは注意すべきことである。

　これは、些か極めて明白な事実だが、これら事実の背後には深い影響を起しやすい発展が隠されている。チベットで悲劇を発生し、しかも今も発生している。人びとは落ち着きを失い、論評を加え、そして、われわれが北方隣国との関係や国際情勢を悪化させてしまった表現をした。こんな重要な問題を考えるとき、われわれは、知恵を適切に働かせ、適格な表現を使うという私の見方について国民議会は同意されると信じている。

　現下の冷戦にあっては、気ままな言葉を使って、常に道理に合わない指摘を提出してしまう傾向がある。われわれが冷戦の外にいることは幸いだが、今度も、いつものように、冷戦の表現を使わないようにする。問題はとても重要なので、いい加減な態度または落ち着かない態度で処理してはならない。だから、マスコミと公衆がこの言葉をつかうのを控えるよう、呼び掛けたい。われわれの方でも、たまたま控え目を失うところもあったことについては、とても残念だった。特に残念なのは、何日前に、中国国家元首である毛沢東主席の画像に対してひどい態度をみせた人がいたことである。これは少数の責任感を持っていない人がメングマイでやったことである。われわれは、一時の落ち着かない情勢において誤る道に押されてしまうことをしてはいけない。

　中国の指導者やニュースや人民に呼び掛けるようなことは、私はできない。

私がいえるのはただ、中国の責任者がインドに対する論評や指摘の調子については、私はとても残念に思う。彼らは、事実、真相と礼儀を無視し、冷戦的な態度をとった。数千年の文化伝統を持ち、適切なの礼儀で有名な偉大な国がここまでもいうのは、特に悲しいことである。インドに対する指摘がこんなにでたらめだから、私は、こんな指摘も当たらないと思う。われわれがダライ・ラマを脅迫したという言い方もある。中国当局はきっと、われわれのわが国での遣り方や法律・憲法などを知っているはずである。われわれがこんな意向を持っていても、ダライ・ラマの意志を違反して脅迫なんかできるわけではないか。しかも、われわれは、そうしようと思ったこともない。われわれがこうしても、何も利益を得ない上に、困難な問題の負担を強いることでしかない。いずれにしても、この問題は、証明することができる。ダライ・ラマは、いつでもチベットに戻れるし、あるいは、彼が行きたいどこにも行ける。パンチェン・ラマは、ある可笑しい発表をしたため、彼がインドに来て自らダライ・ラマに会うことを、われわれは歓迎すると、私は既に声明している。彼がそのようにしたかったら、彼は、すべての礼遇を受ける。そして、中国の大使または中国政府の使者も、この目的のためにインドに来て、ダライ・ラマと会見してもよろしい、とも私はいった。誰であれ平和裡にインドに来るなら、障害は何もない。われわれは意見に同意しなくても、お客の礼遇を提供する。

　また、もうひとつの可笑しな「インド拡張主義分子」の言い方も出されている。その話では、「インド拡張主義分子」はイギリス帝国主義と拡張伝統の相続人であるそうである。英国の政策はチベットに対して拡張の政策を実施することであり、そして、彼らが今世紀初めに武力でこんな政策を執行したことも事実である。われわれは、これは道理に合わなく、残酷な冒険であり、チベット人に最大な損害をもたらした、と思っている。この冒険の結果は、当時の英インド政府がチベットで治外法権を作ったことである。インドが独立するとき、われわれは、これら権利の一部を相続した。われわれは、他国にこれらの権利を持つことに完全に反対しているので、これらの権利を継ぐつもりもない。しかし、国民議会は、独立し、分治した直後は、われわれがとても忙しかったことがよく知っていよう。さらに、われわれは、わが国内部の極めて困難な局面

を対処しなければならなかった。それで、われわれは、チベットに注意をしていなかった、といえる。われわれのチベット代表を見つけなかったため、英代表にしばらくチベットの仕事を続けさせた。その後、インド人が彼の位置に替った。中国軍隊がチベットに入った後、これら治外法権の問題が注目された。われわれは、すぐにこれら権利を放棄することを同意した。チベットでどんな情勢が起っても、われわれは、これらの権利を放棄するつもりでいた。われわれは、チベット地区から軍隊を引き揚げ、インドの郵便所と休憩施設を引き渡した。平和五原則を提出し、チベット地区との関係を新しい基礎においた。われわれは、インドとチベットのあいだで参拝者往来と貿易方面の伝統的関係を大切にしている。われわれがこの問題での政策およびわれわれがチベット問題に対する行動は、われわれの政策とインドがチベットで政治野心などがないことを、十分に証明できると思う。確かに、一番狭い実際上の観点からみても、他の政策を実施すれば、それは誤っており、役立たない方法である。その時から、われわれは、力を尽くして協議を守るばかりでなく、力を尽くして中国と中国人民の友誼を求めている。

　だから、これらの適当ではない、根拠もない指摘を提出するのは、われわれは遺憾とするところで、このことに、われわれは、驚かされている。われわれは、既に中国政府に対しこの深刻な遺憾な気持ちを伝えて、特に最近、北京の全国人民代表大会会議での発言を遺憾とする。この前いったとおりに、われわれ政策は、次の要素に支配されている。第一に、インドの安全と保全を維持すること。第二に、われわれは中国と友好関係を維持する願望にある。第三に、われわれはチベット人民へ同情している。われわれは、この政策を続ける。それは、現在、正確な政策であり、将来でも正確な政策であると思うからである。アジアの偉大な国であり、昔からずっと友好関係を維持してきたインドと中国は、このためにお互いに敵対的な気持ちを起したら、それは悲劇であると思う。われわれの方は、この政策を執行するが、中国もこの政策を執行して頂きたい。アジアと世界の平和の角度からみると、大変に重要な両国の友好関係を破壊することを中国は避けることを希望している。五原則の中には、互いに尊重することが含まれている。根拠もない指摘を提出し、冷戦の言葉を使えば、この互い

に尊重することにも、ひどい損害をもたらすのではないか。

カロン（大臣）がチベット反乱の中心である指摘は、完全に根拠もないでたらめだと、この前いっておいた。多くのチベット血統の人が、インド国民としてインドに住んでいる。インドには、チベット移民もいる。これらの人たちは、ダライ・ラマを非常に尊敬している。彼らの中に、チベットの情勢に対して不快に感じる人もいるし、中国に反対する気持ちを持つ人もいる。彼らのインドにおける転覆性の行動は許さないと、はっきり表明してきた。一般的にいうと、彼らの行動はインド政府の指示を従っている、ということを説明する必要がある。勿論、彼らが絶対にこっそりやっていないとはいえないけれども、カロンの少数の人がチベットの大規模反乱を組織するなんて、こういういい方は、かなり想像力がいり、そして、明白な事実を無視しているではないか、と思っている。

カムパ反乱は、3年前に、中国本部のチベット付近の地域で起こった。ゲルンバオがこの反乱に対して責任をとるわけがあるというのか。この反乱はだんだん拡大し、反乱に参加していない多くのチベットの人たちに強い印象を付けたことは事実である。前途に対する恐怖と心配は、彼らの心を揺さ振り、激しい民族主義感情が彼らの気持ちを支配している。彼らの恐怖心は根拠がないかもしれないが、恐怖心の存在は否定できないと思う。こんな気持ちに対処するのには、戦争より温和な方法をとるしかなかろう。

周恩来総理が2、3年前ここに来たとき、相当詳しくチベット問題について討論した。私たちは、率直かつ十分な会談を行った。彼は、チベットは昔から中国の一部であるが、チベットは中国の省ではないといい、中国の他の民族自治区の人民が中国本部の人民と違うように、あそこの人民は中国本部の人民と違っており、だから、チベットは自治権を持つ自治地区であると思っている、といった。そして、もし中国が共産主義をチベットに強制すれば、それはまったくでたらめであり、共産主義をこの方式で非常に時代遅れの国家に強制するわけには行かないので、だんだん改革を実施したくても、強制するつもりはなく、この改革を相当後に延期するつもりである、といった。

あの頃、ダライ・ラマも、ここにいた。そのとき、私は、彼と長い時間、会

談を行った。私は、周恩来総理の友好的な態度とチベット自治を尊重する保証を伝えた。同時に、本心でこれらの保証を受け、協力してこの自治を維持し、チベットで些かの改革を実現することを勧めた。ダライ・ラマは、彼の国家が精神方面で先進的かも知れないが、社会と経済の方面で非常に時代遅れなので、改革も必要なことだと同意した。

　これら友好的な意図と態度がいったいどんな程度まで実現できるか、この点は、われわれが決めることではない。情勢は難しい。中国は活躍で素早く進んでいる社会である一方、チベットは静かで、変化がなく、改革の名義の下において自分自身に何か不幸をもたらすことを心配しているところの社会である。両者の距離はかなり遠く、接合点を見つけにくい。それを同時に、ある程度の形式的な変化は避けられなく、チベットはこれに直面している。交通は素早く発展し、チベットが昔から外の世界とは隔絶してきた状態は部分的に破壊された。物質的障害がだんだん取り除かれているが、心理と感情的障害はますます増加してきた。もちろん、これら心理と感情的障害を取り除く努力は実施していないわけでなく、実施してきたけれど、成功していない。

　もしこれについて完全にチベット地区の一部「上層反動分子」に責任をとらせるといったら、この言い方は、複雑な状況を非常に簡単化することでしかない。中国方面からのニュースでも、チベット反乱の規模が大きくて、この反乱の基礎はきっと強い民族主義でしかないだろう、と伝えている。こんな民族主義は、上層階級の人ばかりでなく、他の人の気持ちが影響している。いうまでもなく、既得の利益集団は反乱に参加しており、そして、この中に利益を求めている。かなり古い表現やスローガンなどで状況をどう説明しても、解決には何も役立たない。

　これらの不愉快な事態の進展のニュースがインドに伝わったとき、強い反応を起した。この反応は、政府が起したのではない。この反応は、実際に、政治性のものではない。そうした反応は、主に感情と人道的同情に基づいていた。それは、チベット人民とのあいだの長い時間にわたる宗教と文化の関連にも基づいていた。これは本能の反応といえるものである。確かに、インドには、こんな反応を適切でない方向へ引導して利益を求める人もいる。しかし、インド

人民の反応は明白な事実である。インドの反応でもここまでにいたった以上に、チベット人民自身の反応は想像できかねる。アジアの他の仏教国でも、こんな反応をしているかもしれない。実際、政治性でない強い情緒が存在しているときに、ただ政治的方法で処理するわけにはいかず、さらに、軍事方法で処理するわけにもいかない。われわれは、まったくチベットに干渉するつもりがなく、極めてインドと中国の友誼を保持することを希望している。しかし同時に、われわれは、非常にチベット人民を同情し、彼らの困難な境遇に対して非常に悲しんでいる。われわれはやはり、中国当局が明知な態度をとり、巨大な力ではなく、チベット地区の自治に関して保証された友好協力で彼らを説得することを希望している。まず、今現在の闘争と殺戮を終わらせて頂きたい。

　前にいったように、3日前、私は、マスリーで（14世）ダライ・ラマと話し合った。彼は、処理せざるを得ないいろいろな困難とか、彼の人民があそこの状況への日々の怒りの高まりとか、彼がどうやって彼らを束縛するとか、彼にとって生命よりも重要な仏教が脅迫されているなどの考え方について、話した。彼の話では、最後の時刻が来る前も、彼はまだラサを離れたくなかった。ただ、3月17日午後に、彼の宮殿に爆弾に打ち込まれて、爆弾が付近の池に落ちたとき、彼は急にラサを離れることを決めた。当日、何時間かで、彼は、彼の随行者とラサを離れて、インド国境への危険な旅を始めた。慌しかったので、服などの品物も十分持っていなかった。私とダライ・ラマが会談したとき、彼の随行者が1人も隣にいず、通訳もわれわれの1人であった。ダライ・ラマは、前の2つの声明が完全に彼自身が発表したものであり、誰にも脅迫されていないと、教えてくれた。彼は若いけれども、彼が希望していないことを強制されたことは想像しかねる。私は、この若者に対し完全に同情している。彼は、若いのに、重い負担と巨大な責任を持たざるを得ない。数週間この方、彼は、すごく疲れていた。慌しい決定を避けないようにして、しばらく休んだほうがいい、と勧めた。彼は、チベットの情勢に対して不愉快を感じていて、戦争を停めることを熱望している。[注66]」

ダライ・ラマは、この亡命事件について、こう書いている。

「反乱は、中国人自身が7年間も支配していた地区で発生したのに、彼らは怒

り狂って、わが政府を責め立てた。……

（譚冠三将軍は、）チベット政府は、ひそかに、中国当局に対する民衆の扇動を組織し、カムパ族の反乱を援助している。チベットの役人たちは、中国側の諸命令を無視し、ラサ在住のカムパ族の武装解除を拒否した。そこで、いまや、中国支配に反対する抵抗を粉砕するため、断固とした措置がとられるだろう、というのであった。他の２人の将軍も、同様の長広舌を振った。そのうちの１人が「これらすべての反動主義者を滅ぼすときがきた」と宣言した。そして、「わが政府は、いままで寛容であった。しかし、これは反乱である。これが忍耐の限界点である。われわれは、いまこそ行動に出る。だから、覚悟をしている」といった。……

（３月11日の）その手紙は内閣への警告文だった。

カシャ（内閣）は再び、民衆の指導者を呼びにやって、バリケードを取り除くよう忠告した。そうすれば、中国側は、それを弾圧強化の口実とすることはできない。しかし、忠告は、まったく逆効果をもたらした。指導者は、バリケードを取り壊すことを、断固拒否した。

バリケードをそこに築いたのは、中国軍増援部隊を市街に釘付けすることによって、ノルブリンカ離宮を防衛するためであった。……

そういうわけで、中国軍の大砲が死の警告を鳴り響かせたとき、離宮のなかにいたすべての役人や、離宮を取りまいていた群衆、そして謙虚な市民すべての心に浮かんだ最初の考えは、私（ダライ・ラマ）の命を救わねばならない、私は直ちに離宮を去り、ラサ市を離れねばならない、ということであった。その決定は、非常に重要な問題であった。まさしく、それは大きな賭けであり、チベットの将来のすべては、その正否にかかっていた。……もし、かりに、私が脱出したとしても、私はどこへ行けばよいのか、……それは、もし、私が留まることを決意すれば、わが国民や私の最も親密な友人たちの嘆きを、むしろさらに増大する結果になるであろう。……

ワンチュク・ツェリンという20歳の賞賛すべきカムパ族指導者が、彼の手兵400人を率いて、河向こうからの攻撃に備えて私たちを護衛するため、その場所から去って行った。彼は既に、私たちの進路を護衛するため200人、

300人のカムパ族兵士を派遣していた。

　私は、ノルブリンカ離宮を出発した時点では、そしてまた、この旅の初期の興奮した段階を通じて、私は、インドに直行する考えは持っていなかった。……

　砲撃は3月20日早朝午前2時に開始された。それは、私が出発してちょうど48時間余り後のことで、中国側がまだ、私の脱出を発見する以前であった。彼らはその日、1日中、ノルブリンカ離宮を砲撃した。それから次に、彼らは、大砲をラサ市内、ポタラ宮殿、ジョカン大寺院（大昭寺）、および隣接する諸寺院に向け砲撃した。……

　しかし、旅行のちょうどこの段階で、私たちは、中国側がチベット政府（ゲキカ）を解散させたと発表した、ということを聞いた。それは、私たちが対処できる問題であった。もちろん、合法的にも非合法的にも、中国側には、私たちの政府を解散させる権限はなかった。そのような発表をしたことによって、中国側は、たとえ名目だけにせよ、それまで破っていなかった唯一の約束、すなわち17条協定の中でダライ・ラマの地位は変更しないと定めた彼らの約束を破っていた。……

　……さらに接近したとき、ゾン役所のテラスに並んだ僧侶の集団が宗教音楽を奏して歓迎してくれた。1000人以上の人々が香を焚きながら、道の両側に立ち並んでいた。私たちの無事到着に感謝する儀式に出席するため、私たちは、ゾン役所の中に入って行った。

　その儀式の後で、私たちは、新臨時政府樹立の神聖な宗教的儀式を行った。……

　しかしながら、あたかも私たちに対する攻撃を準備中であるかのように受け取れる。中国側の動きに関するうわさが、引き続き入ってきていた。……そのときまでに、私たち全員が、私たちにとって嬉しくない、次のような事実を渋々認めていた。すなわち、私たちが山岳地帯のどこに留まるとしても、中国側は必ず探し出すであろう。しかも、山岳地帯に留まるということ自体が結局、より多くの戦いを引き起こし、私を守ろうとする勇敢な人びとをさらに死に至らしめることになるだけである、ということである。そういうわけで、遂に、私

たちは、インド政府あてに亡命者に対する保護を要請するメッセージを持たせた、役人を先に国境に派遣することを決定した。……

　このように、いくぶん疲労困憊気味の騎馬旅行を、さらに、2日間続けて、私たちは、チベット最後の小さな村に到着した。村の名はマンマンといった。そして、そこには、先発した役人の一人が私たちを待っていた。彼は吉報をもたらした。すなわち、インド政府は喜んで、私たちに亡命者に対する保護を与える、というのである。さらに、インド政府役人が駐在する最初の村チュハンモで私たちを迎える準備が進行中であることを、彼自身が現に目撃したという報告であった。……

　私たちの国境越えについては、劇的なことは何もなかった。国境を挟んだ両側は同じように荒涼としていて、人が住んでいなかった。……注67」

このチベット臨時政府は、3月26日14世ダライ・ラマがヒョハ(山南)のルンツェ(隆子)に置かれ、ルンツェは臨時首都となった。この設立命令は「政教合一の独立国」とされており、ヒョハの代表と反乱分子がそれに立ち会った。

この亡命事件は、インド政界を沸騰させた。3月29日右翼政党ヒンドゥー・マハーサバ書記長は国際連合への提訴を要求し、そうしなければ、チベット人民を裏切り、われわれ同胞に背くことになる、と主張した。左派の人民社会党も、3月20日のチベット・デーに国連提訴を求める党決議を採択した。5月30～31日開催の全政党チベット会議でも、国際連合への提訴を要求した。にもかかわらず、インド政府は、かかるいかなる要求にも消極的で、チベットは独立国として認めていないとの立場を貫いた。

そして、1959年8月中印国境紛争が起きた。

その一方、ラサ反乱から数週間で法律家調査委員会が組織され、1959年7月その報告が発表された。その内容は、以下の点を指摘していた。

1．チベットは1920年から50年まで独立国家であった。
2．チベット官吏は17条協議を拒否する権利があった。
3．漢人がチベット人に対して集団虐殺を行おうとした証拠は不十分であるが、漢人はチベット人の宗教集団としての存在する権利を侵害していないにせよ、民族的エスニック集団として存在する権利を侵した。注68

この文化的集団の虐殺はチベット問題国連決議の基本的論点とされ、その指摘は現場にいた難民の目撃談として提起された注69。しかし、この調査は、1949年に米CIAの秘密工作員によって組織されたもので、反共宣伝を目的として使われていた注70。一部、それはダライ・ラマの情報とされたが、どこのだれの情報で作成されたかは、はっきりしない。ともかく法律家調査委員会は、中国人の悪行を強固に信じ、関係機関の情報をそのまま冊子としたことは確かで、それは外国の秘密活動に深い関係があった。漢人が現地に新しい方式を持ち込んでも、チベット人大衆は困惑するのみで、封建的貴族からの農奴解放を説いても、その主人の貴族が漢人と結ぶことを怖れて行動しようとしなかったのは、現実であったろう。加えて、この弾圧事件をめぐる動向が、特にインド、米国、台湾を含む外国の秘密活動の影響により自ずと増幅されていったのは現実で、注目すべきところであろう。
　要するに、17条協議以後、チベットは、これまでとおりで変わっておらず、そこに生起したこの事件は、武力衝突あるいは反乱というよりも「意志の衝突」であったと解することが正しい注71。ネルー自身、実際、そう解していた。
　14世ダライ・ラマの亡命は、彼にとって望ましい選択ではなかった。それには、インドの中国政策が反映していた。このため、1960年当時に、ダライ・ラマの日本亡命の可能性が検討されていたようで、日本への亡命は可能だが、日本では政治活動ができないということで、その問題は立ち消えとなった注72。
　ラサ反乱の平定は1959年5月までに終わった注73。その規模は、ラサ人口17万人に対して公然と反乱に参加した者が4万人、周辺部からラサに入ってきた者が7000人であった。その反乱参加者の状況は、9月20日共産党チベット工作委員会の報告によると、以下のとおりである。

>　　自治区全体の貴族・大頭目642戸、うち反乱未参加26.8％。
>　　自治区全体の大小寺廟2138廟、うち反乱未参加55％未満。
>　　自治区全体の僧・尼僧11万2605人、うち反乱未参加40％未満。
>　　自治区全体の農奴主・代理者約4000戸、うち反乱未参加70％。

当然に、国民党分子600人が反乱に参加したといわれる注74。
　ちなみに、農奴主・代理者は全人口の5％、全耕地のうちチベット政府が36％、寺廟が34％で、農奴主が30％をそれぞれ占めていた注75。

3. チベット問題の国連審議

　この争乱で、チベット人は国際連合に自ら訴えるところとなり、1959年9月9日14世ダライ・ラマからハマーショルド国連事務総長あてに、以下の電報が送られた。
　「　閣下
　　1950年11月24日金曜日に開催された国連総会一般委員会の手続きに言及し、エルサルバドルの外国軍によるチベット侵略に反対する苦情の審議で、当事者に平和的解決に達する機会を与えるために、審議が延期された。だが、中国勢力の侵略行為は終結することがないことを遺憾として、私は、貴下に通報する。逆に、侵略された地域チベット全土が中国勢力の占領下にある。私とわが政府は、平和的かつ友好的解決のために何回ものアピールをしてきたが、まったく無視された。この状況において、また人道上および宗教上の非人道取扱いに鑑み、チベット人民が主題である。私は、この延期されているチベット問題について国際連合が即刻介入し、一般委員会の討議を開始するよう、要請する。この関連で、私とわが政府は、チベットは1950年中国軍によってその領土保全を侵害されたとき、主権国家であったことを強調する。この意図から、チベット政府は、以下につき、勧奨する。
　(1) 13世ダライ・ラマによる1912年の独立以来、中国は、チベット内で、またチベットに対して、その権能（ power of authority ）を行使したことはない。
　(2) チベットの主権的地位は、この期間を通じ、その前後に、チベット政府が5つの国際協定を締結したという事実で、決定的に立証される。
　(3) チベット政府は、チベットの主権的地位を認め、英国と中国の代表に与えたと同じ地位をチベット全権代表に与えた1914年英国・チベット条約を擁護する。同条約は、チベットの対外的主権をある程度制限するものであったことは事実である。しかし、それは、チベットの対内的主権を奪うものではなかったことは、確かである。さらに、これら制限は、インドへの権限移譲に影響するものではなかった。

(4) チベットがまた他国に中国宗主権を認めた有効かつ現存する国際協定はまったくない。

(5) チベットの主権的地位は、第二次世界大戦を通じチベットが中立の維持を主張し、非軍事物資の輸送だけをチベット経由で、インドから中国向けに認めたという事実からも、等しく明らかである。この立場は、英国および中国の政府によって認められた。

(6) チベットの主権的地位は、また、他の諸国が認めた。1948年、チベット政府通商代表のインド、フランス、英国、および米国の歴訪にあたり、チベット政府の発給した旅券は、これら諸国政府によって承認された。

閣下、私とわが政府は、また、人道的立場で国際連合の即刻の介入を求める。中国勢力は、チベットの領土保全の侵犯以来、普遍的に国際的処理の法律に対する違反をしている。すなわち、

(1) 中国軍は、何千人ものチベット人からその財産をとりあげ、すべての生活手段を奪い、かくして彼らを死と絶望に追いやっている。

(2) 男・女・子供は、強制的に労働集団に入れられ、無給もしくは名目だけの給金で軍の建設工事に働かされている。

(3) 中国軍は、チベット民族を絶滅しようとして男・女の断種・不妊のための残酷かつ非人道的措置をとっている。

(4) 何千人という無辜のチベット人が惨殺されている。

(5) 沢山の指導的なチベット市民が、何らの理由もなく殺されている。

(6) われわれの宗教や文化を破壊するためのあらゆる手段が講じられている。何千という僧院が破壊しつくされ、宗教上の聖なる像や仏具も徹底的に破壊された。生命・財産はもはや安全ではなく、国の首都ラサはいまや死の街と化している。

余の人民の受けた苦痛は筆舌を越えるものである。このような人民に対する非道かつ残酷な殺戮をただちに止めさせることは、緊急の必要事である。このような状況下にあって、われわれのアピールが十分な考慮を払われるであろうと確信して、貴下および国際連合に訴える。

(署名)(14世)ダライ・ラマ[注76]」

9月28日アイルランドとマラヤ連邦が中国に対しチベット人民の基本的人権と文化的・宗教的生活の尊重を要求する覚書A／4234を提出し、そのチベット問題は10月9日の第14総会主要委員会で賛成11，反対0，棄権4で議題に採択され、さらに、その審議の本会議付託が賛成12、反対0，棄権6で成立した。そして10月12日の総会にアイルランド・マラヤ連邦共同決議案A／L．264が提出され、それは21日賛成49，反対9，棄権26で成立した。その反対国は中国と同じ共産主義陣営のアルバニア、ブルガリア、ベロロシア、チェコスロバキア、ハンガリー、ポーランド、ルーマニア、ウクライナ、ソ連であった。棄権は、西側先進国とアフガニスタン、ビルマ、インドネシア、カンボジア、セイロン、インド、ネパール、およびユーゴスラビアの諸国であった。成立の決議1353（XIV）は以下のとおりである注77。

「 総会は、

　国際連合憲章および1948年12月10日総会で採択された世界人権宣言に規定されている基本的人権および自由に関する原則を想起し、

　基本的人権および自由が他の者と同様にチベット人民に対し、差別なしにすべての者に対する市民的・宗教的自由を含む権利が享受されるべきであると見做し、

　また、チベット人民に特有の文化的・宗教的遺産および彼らが伝統的に受け入れてきた自治に留意し、

　ダライ・ラマ猊下の公式声明を含む、チベット人民の基本的人権および自由が強制的に否定されている結果についての報告につき、深く憂慮し、

　これら事件の緊張を緩和しかつ国際関係を改善するべく責任ある指導者によってなされた真剣かつ積極的な努力の時点で、国際緊張を高めかつ諸人民間の関係を悪化しているこれら事件の成り行きを非難して、

1．国際連合憲章および世界人権宣言の原則の尊重は法の支配に基づいた平和的な世界秩序の進展において基本であることを、確信をもって再確言し、
2．チベット人民の基本的権利および彼らに特有の文化的・宗教的生活の尊重を呼びかける。」

さらに、1960年8月19日マラヤ連邦とタイが文書A／4444をもって第15

総会の議題としてチベット問題を提起し、9月12日14世ダライ・ラマは、国連事務総長あてに、以下の書簡を送付した。

「インド、東パンジャブ州

カント、ダラムサラー、スワルガシュラム

1960年9月2日

ニューヨーク

ダグ・ハマーショルド国連事務総長閣下

　閣下

　昨年、私がチベット国民を代表して国際連合の調停を閣下に正式に訴えた際、閣下から深甚なるご助言と貴重な支持を頂き、私ども代表団を支援された。よって、今日、恐怖と圧制という耐え難い重荷を負わせられ坤吟しているチベット国民の名において、いま一度、閣下と連絡したいと思う。

　閣下もおそらくお気付きのように、チベット情勢は、今や深刻な悲劇となっている。何百人ものチベット人が情け容赦ない迫害と非人間的扱いを逃れるため、インドやネパールにやって来ている。しかも、何千人ものチベット人が、近隣諸国に庇護を求めても、不可能だと思い、その結果、身近な死と破滅に怯えている。私が一番強く感じることは、こういった無辜の大人や子供の生命を救うべく、直ちに何かがなされなければならないということである。したがって、国際連合の多くの加盟国政府の支援と援助を求めてきた。マラヤ連邦首相閣下とタイ政府は、寛大にも私のアピールに対応され、国際連合の次期総会にチベット問題を提起する意志を表明している。私が閣下に対しいま一度あえて連絡したのは、こういった事情からである。最後の機会として、私は、悲劇的なチベット問題の実際的な解決を考える上で、閣下のご尽力と影響力が発揮されることを信じている。閣下には、私がこの問題での自らの感情を表わすことを許された。私は、国際連合が不幸なチベット人を効果的で迅速に援助できる唯一の方法は、国連総会がそのために設置した特別委員会による調停か、閣下のご尽力による調停である、と固く信じている。かように私は思い、トンク・アブドゥル・ラーマン閣下およびマーシャル・サリット・タナラット閣下にも、この意見を表明してきた。しかしながら、このことは、私が閣下の配慮を求め

る唯一の提案である。また、閣下が私にじきじきの忠告をされることができれば、とても嬉しく存じる。

閣下へのこの上なき尊敬をこめて。

敬具

ダライ・ラマ[注78]」

さらに、9月29日14世ダライ・ラマは、以下の書簡を国連事務総長に送付した。そこでは、チベットの独立が明確に認識され、主張されていた。全文以下のとおりである。

「インド、東パンジャブ州

カント、ダラムサラー、スワルガシュラム

1960年9月29日

ニューヨーク

ダグ・ハマーショルド国連事務総長閣下

閣下

　私は、国際連合の支援でコンゴでこれまでなされ、また今もなされている偉大な作業に対する私の心からの感謝を、国際連合および閣下にお伝えしたく存じる。

　覚書第2033号として、閣下に送付された1959年9月9日付の私の書簡と、また同様に1960年9月2日付の閣下あて私の書簡を想起する。

　私は、チベット問題がマラヤとタイの要請に応じて、今年の国連総会の議事となったことが分かり、嬉しく思う。両国には、深く感謝する。私は、平和を愛するすべての諸国が私の国民の声に耳を傾け、彼らが受けてきた隷属と圧制の夜の中に一筋の光明が与えられることを願ってやまない。

　私は、1960年9月24日の国連総会演説でN・フルシチョフ閣下がすべての植民地諸国・諸人民の自由を求めて特筆したのを嬉しく思う。私の国は、不幸にも植民地国の地位におとしめられてきた。そして、ソ連も他の諸国と同様に、力強い声を発して私の国の自由の回復を支持することを願っている。

　1911年ないし12年以前のチベットの立場がどのようなものであったとしても、中国のチベットにおける権威というものは微塵もなかった。しかし、今

回のアピールのために、この問題の歴史面を私が検証する必要はない。

　1911年ないし12年以前のチベットの立場がどのようなものであったとしても、とにかく13世ダライ・ラマが独立を宣言した日以降、たとえ中国侵略軍がチベットから駆逐された後でさえも、チベットは、事実上も法的にも独立していた。

　1913年チベット政府は、モンゴル政府との協定交渉を開始した。この交渉は、ダライ・ラマの権力のもとで開始された。この協定によって、チベットとモンゴルは、それぞれ相手国を独立国として認める、と宣言した。

　チベットは、いくつかの懸案の問題を解決する目的で、1913年にシムラで3国間協議に入ることに同意したが、その3国とは英国、中国、およびチベットであった。各国政府代表は、自国を代表した全権大使であった。こういったことは、各国代表によって調印された協定の本文から明らかである。

　このことは、さらに、インド政府発行『白書Ⅱ』の「インド・中国両国政府間で取り交わされた文書、覚書、および書簡——1959年9月～11月」と題された部分（38頁）でも強調されている事実である。この事実は、インド政府発行『白書Ⅲ』の1960年2月12日付インド政府の文書（94、95頁）でも、一段と強調されている。

　この協定の本文は中国政府代表によって仮署名されたが、中国政府はそれを取り消して、結局、1914年7月3日にチベット国元首の立場にあるダライ・ラマを代表する署名と、英国全権大使を代表する署名がなされた。同時に、英国とチベットの両全権大使が、中国政府の拒絶を考慮して、次の宣言に署名した。

　われわれ英国およびチベット全権大使は、われわれが署名した付帯協定が英国とチベット両国にとり拘束力があること認める趣旨で、以下の宣言をここに記する。すなわち、「中国政府は前記の協定への署名をしなかった限り、そこから生ずるすべての恩恵を除外されることになることで、意見の一致をみた。」

　「その証拠として、われわれは、英語とチベット語でそれぞれ2通のこの宣言に署名し押印した。

　この宣言は、1914年7月3日、チベット暦木虎年5月10日にシムラで署名し捺印された。

英国全権大使

A・ヘンリー・マクマホン

（英国全権大使印）

（ダライ・ラマ印）

ロンチェン・シャトラ（ロザン・ギャルツェン）

（ロンチェン・シャトラ印）

（デプン寺印）

（セラ寺印）

（ガンデン寺印）

（ツオンドゥ（民衆集会）印）」

　中国政府は、同協定を一度も遵守したことがなく、協定の条項から得たかもしれないいかなる便宜を受ける資格がまったくない。

　1926 年チベットは、ニラン（Nilang）で会合したチベット、テライ、および英国の代表で構成される国境委員会に出席した。

　1912 年から 1950 年まで、チベットには、中国政府の影すら存在しなかった。1934 年、13 世ダライ・ラマの死去に際し、弔意を表すためにチベットを訪問した使節団のなかにさえも、中国使節団はいなかった。この使節団は、ネパールやインド政府からの使節団と同じ資格でチベットに継続的に滞在することが認められた。

　1936 年以降、さまざまな機会に、ラサへ派遣された中国使節団は、インド経由でチベットに入国していた。その都度、インド政府は、チベット政府の意向を聞いた後で、通過査証の発給を拒絶した。

　1949 年、この使節団さえ、チベットから追放された。

　チベットは、日清戦争の当事国ではなく、第二次世界大戦中でさえ中立国としての立場を主張し、インドから中国への軍事物資の輸送を許可しなかった。

　中国側の主張によると、チベット代表団は、1946 年に政治協商会議に参加し、1948 年に（国民党の）国民大会にも出席したといっている。この主張は絶対に間違いである。ジャサク・ケメイ・ソナム・ワンドゥ、すなわち中国へ赴いた代表団長は、こういっている。「1946 年チベット政府は、英国、米国、お

よび国民党政府への戦勝の挨拶を述べるために、ジャサク・ロン・ペルン、トゥプテン・サムペル、そして私（ソナム・タンドゥコ）に率いられた友好使節団の一員として派遣された。私たちは、カルカッタ経由でニューデリーへ行き、英・米両国に対しそれぞれ大使を通じて挨拶を述べた。そこから、私たちは、空路南京へ赴き、挨拶を述べた。私たちは、病気と治療のため、数カ月間、南京に滞在した。それから、国内各地を旅し、南京へ帰ってみると、大きい会議が開かれていた。私たちは、自称チベット代表として出席していたカムパと他のチベット人移民の行動をよく見るために、その会議に出席した。しかし、私たちは、その際作られた新法に承認も署名もしなかった。」

1948年については、南京にいた私たちの使節団、すなわちカンドン・ロスムもまた、訪問者として国民大会に出席したが、もちろん、ラサから委任された特別代表ではなかったし、同様にまた、この大会の決議を認めもしなかったし、それに署名もしなかった。

1947年インドの独立後、インド政府は、チベット政府からの書簡に応えて、次のように回答した。

「インド政府は、インド・チベット両当事国のいずれかが取り上げたいと思う事項に関して新しく合意形成がなされるまでは、既存の原則に従い両国関係を継続することがチベット政府の意志であるとの確信を、嬉しく思う。これは、インドが英国政府から条約関係を継承した他のすべての諸国によって採用された手続きである。」

1912年から17条協定が調印された1951年5月23日までのあいだ、チベットは、外部のいかなる政府とも無関係に外事を遂行し続けた。チベット代表団は、1946年と1948年にチベットの旅券で広範囲に旅行をした。

H・E・リチャードソンは、ラサの英国使節団そして後にはインド使節団であったが、国際法律家委員会によって設立されたチベットに関する法的問題調査委員会に対し、次のように述べた。

「1936年以降、ラサでの英国使節団担当官およびのちのインド使節団担当官の任務は、主としてチベット政府と自国政府との外交上の業務を遂行することであった。」（報告書『チベットと中華人民共和国』146頁）

前述した事実は、チベットが完全に独立しているということを示すに十分であろう。しかしながら、昨年、わが国の地位に関して問題が持ち上がったので、次のような事実を述べることが有効であろう。

『中国問題』の中で、サー・エリック・タイクマンは、次のように書いた。「(1912年) 以来、中国当局がラサ支配下のチベットで存続したり、再登場したりした痕跡はない。20年以上にわたって13世ダライ・ラマは、国内の平和と秩序を維持し、インド政府との極めて親密な関係を維持しながら、自治国家チベットのまごうことなき支配者として統治していた。」

1928年、サー・チャールズ・ベルは『チベット国民』の中で、チベットにおいて中国の支配権は終焉している、と指摘した。

1947年、チベットにいたM・アモーリ・ド・リヤンコートは、こう述べている。「チベットは、すべての点で、独立国家として自ら統治してきた。」さらに「政府の公式文書は、いたるところに及んでいた。」

ラサの中国使節団員であった沈宗廉と柳陞琪はこういっている。「ラサは1911年以来、実際上、完全な独立を享受してきた。」この点を2人が裏付けているのは、チベットは、独自の通貨と関税、独自の電信・郵便制度、そして中国のものとは異なる独自の公務員制度、さらに独自の軍隊を持っていたからである。

1950年の国連総会の議事にチベットへの侵略問題をとりあげるというエルサルバドル提案が検討されていたとき、インド代表であったナワナガルのジャム・サヘブは、自国の政府は、国連総会の議事として外国軍隊によるチベット侵略問題をとりあげようというエルサルバドル提案が提起する諸問題に対し注意深く検討した、と語った。このことは、中国・インド両国にとって極めて重大な関心事であったからである。委員会は、インドが中国・チベット両国の隣国であり、両国と友好関係をもっていて、この問題の解決に最大の関心を持っている国ということに気付いていた。そういう理由から、インド政府は、この問題が平和裡に解決されることを強く望んでいた。

チベットに対する宗主権という中国側の主張は、1907年の英露協商に基づいている。しかし、チベットは、この協定の当事国ではなく、この協定に決し

て拘束されるものではない、と指摘できる。

　チベット政府元首として、私は、1950年10月7日に起こったことは、わが国への中国による言語道断の侵略行為であった、と述べた。

　チベット政府は、国際連合に救済を訴えた。チベット軍の敗北の結果として、また国際連合の支援を得ようというチベット政府の努力が失敗した後では、私たちは、北京へ代表団を派遣せざるを得なかった。代表団は、1951年5月23日、17条協定として知られるものに署名せざるを得なかった。

　それ以来、1959年3月私のチベット出発まで、一連の出来事はあまねく知られているので、何ら詳説を要しない。現在も、難民が、ネパール、ブータン、シッキム、そしてインドへと、ほとんど毎日、辿り着いている。難民数は4万3500名である。こうした難民の話からすると、昨年および今年の閣下への書簡のなかで言及した抑圧と無差別テロは、いっこうに減少していない。

　このことに関連して、私は、国際法律家委員会によって刊行されたチベット問題に関する優れた報告書に、国際連合が関心をもたれるよう願っている。当委員会は、2回目の報告書で、この問題を綿密に調査した類いまれなる、とりわけ中国当局がジェノサイド条約でいうところのジェノサイド罪を犯してきたとの結論に達した。私は、国際連合がこの結論が依拠している事実を慎重に調査し、この件を処理するための適切な措置をとられるものと信じる。ジェノサイドは、ジェノサイド条約をさておいても、国際法に対する一つの犯罪として認識されてきた。

　中国が17条協定のすべての重要な条項に大きく違反している結果として、国連総会は、同協定を拒否したが、そうする資格は十分にあって、1959年3月10日チベットの独立はを再び主張された。

　チベットにおける占領者と抑圧者に対する戦いは、いまだ続いている。私は、昨年、国際連合にアピールしたが、国際連合が中国に対してその侵略を止めさせるよう適切な措置をとられることを希望しており、再度、このアピールをするものである。私の考えでは、この点を避けては、いかなる対策も、共産主義者の圧倒的力が毎日わが国民の自由を押しつぶしているわが国にあって、大して役に立たないであろう。

国際連合に対しこのアピールを提起するべく、閣下に伏してお願い申し上げる。

(14世)ダライ・ラマ[注79]」

国連総会では、10月10日賛成49、反対13、棄権35をもってまず議題が採択された。その討議に先立ち、インドネシア、ルーマニア、およびソ連が反対を表明した。翌61年4月10日マラヤ・アイルランド共同決議案A／L.344が提出されるも、21日審議未了で、総会は終了した[注80]。

1961年8月18日マラヤ連邦とタイがチベット問題の議題を文書A／4848をもって提出した。9月25日一般委員会は賛成48、反対14、棄権35でその議題を承認し、9月27日審議を決定した。12月12日マラヤ連邦・アイルランド・タイ共同決議案A／L.376が提出され、20日総会決議1723(XVI)が賛成56、反対11、棄権29で成立した。反対はキューバを含む共産諸国であった。インドとネパールはユーゴスラビア、インドネシアとともに棄権した。決議の全文は以下のとおりである[注81]。

「総会は、

チベット問題に関する1959年10月21日のその決議1353(XIV)を想起し、チベット人民に基本的人権の侵犯およびチベット人民が伝統的に享受している特有な文化的・宗教的生活の抑圧を含む、チベットにおける事件の継続を深く憂慮し、

これら事件が近隣諸国へのチベット難民の大規模な流出をもって確認されるとおり、チベット人民を痛めつけている容赦ない苦難に、深い不安をもって着目し、

これら事件は、諸人民・諸国民に対する自決の原則を含む、国際連合憲章および世界人権宣言に規定された基本的人権および自由を侵犯しており、国際緊張を増大し、また諸人民間の関係を害している不幸な結果である、と見做して、

1．国際連合憲章および世界人権宣言の尊重は法の支配に基づく平和的な世界秩序の進展に基本であると、確信をもって再確言し、

2．チベット人民の自決権を含む、基本的人権および自由が剥奪されている実際上の終止に対する呼びかけを厳格に再声明し、

3．加盟国が本決議の目的達成に向けて、適切な限り、いっさい可能な努力を
するよう、希望を表明する。」

　1964年10月30日第19国連総会に再びチベットの人権問題がエルサルバドル、ニカラグア、およびフィリピンによって提起された（文書A／5765）。しかし、審議には至らなかった。

　翌65年6月7日フィリピンが第20総会にチベット人権問題の議題A／5931を提出し、9月30日エルサルバドル、ニカラグア、およびフィリピンが9月23日付の事務総長あてチベットのダライ・ラマ猊下のメッセージを提出した。一方、9月22日一般委員会の審議が始まり、24日全体会合で賛成24、反対26、棄権46で総会本会議へ付託された。12月14日、17日、18日の審議を経てエルサルバドル・アイルランド・マレーシア・マルタ・ニカラグア・フィリピン・タイ共同決議案A／L.473がアルバニア、ブルガリア、チェコスロバキア、ハンガリー、ポーランドを含むソ連共産圏諸国、およびアルジェリア、ビルマ、コンゴ（ブラザビル）、キューバ、ギニアなどの第三世界諸国が「チベットは中華人民共和国の一部分である」との立場で強硬に反対するなか、18日賛成43、反対26、棄権22で総会決議2079（XX）として成立した。棄権国は、アフガニスタン、オーストラリア、セイロン、ダオメ、ガーナ、イラン、コートジボアール、ジャマイカ、クウェート、レバノン、モルジブ、メキシコ、サウジアラビア、セネガル、シエラレオネ、シンガポール、チュニジアの第三世界諸国、およびオーストリア、デンマーク、フィンランド、ポルトガルの先進国であった。決議の全文は以下のとおりである[注82]。

「　総会は、
　国際連合憲章に規定された人権と基本的自由に関する、そして世界人権宣言において宣言された諸原則に留意し、
　チベット問題に関する1959年10月21日のその決議1353（XIV）および1961年12月20日の1723（XVI）を再確言し、
　チベット人民の基本的人権および自由の引き続く侵犯、ならびに近隣諸国への難民流出において確証される引き続く彼ら特有の文化的・宗教的抑圧を、深い関心事として、
1．チベット人民の基本的権利および自由の継続的な侵犯を非難し、

2．国際連合憲章および世界人権宣言の諸原則の尊重は法の支配に基づく平和の世界の発展にとり基本であることを再確認し、

3．チベットにおける人権および基本的自由の侵犯、ならびにその人民の特有の文化的・宗教的生活の抑圧は、国際緊張を増大し、また諸人民間の関係を激化させていることを、確信をもって宣言し、

4．チベット人民が日常享受している人権および基本的自由をチベット人民から剥奪しているいっさいの実際上の終止につき厳格に再声明し、

5．すべての諸国に対し、本決議の目的を達成するために最大の努力をするよう、訴える。」

以後、チベット問題は、国連総会には持ち出されていない。

<注>

1 John F. Abandon, *In Exile from the Land of Snows*, London: Aitken & Stone, 1979. 三浦順子・他訳『雪の国からの亡命——チベットとダライ・ラマ　半世紀の証言』地湧社、1991年、81頁以降。Jamyeng Norbu, *Horsman in the Snow*, Dharamsala: Information Office of His Holiness the Dalai Lama, 1979. ペパ・ギャルポ、三浦順子訳『中国とたたかうチベット人』日中出版、1987年。Melvyn Goldstein, William Sirbonschuh, & Tasi Tsering, *The Struggle for Modern Tibet: The Autobiography of Tasi Tsering*, New York: M. E. Scharp, 1997. 楊和晋訳『西藏是我家』香港、明鏡出版社、2000年。

2 Gompo Tashi Anderugtsang, *Four River, Six Ranges: Reminiscences of the Resistance Movement in Tibet*, Dharamsals: Information and Publicity Office of H. H. The Dalai Lama, 1973. 棚瀬慈郎訳『四つの河六つの山脈——中国支配とチベットの抵抗』山手書房新社、1993年、74頁。

3 前掲『中共西藏党史大事記（1949 − 1994）』76頁。

4 前掲書、80頁。

5 「中央复西藏地区可能性発生叛乱的問題」1958年7月14日、前掲『平息西藏叛乱』64 − 65頁。

6 「中央軍委同意解決拉薩至林芝沿公路一線的叛乱武装的意見」1958年7月28日、前掲書、66頁。

7 op. cit. Harclerode, *Fighting Dirty: The Inside Story of Covert Operation from Ho Chi Mihn to Osama Bin Laden*. 前掲、熊谷訳『謀略と紛争の世紀——特殊部隊・特務機関の全活動』401 − 416頁。

8 「中央関于当面西藏工作中幾個問題的指示」1958年10月11日、前掲『平息西藏叛乱』、68 − 69頁。

9 op. cit. Ford, *Captured in Tibet*, p. 178. 前掲、近藤訳『赤いチベット』199頁。

10 毛沢東「大漢民族主義を批判する」1953年3月16日。『毛沢東選集』北京、外文出版社、第5巻、1997年、111 − 116 頁、引用は 112 頁。
11 周恩来「関于西北地区的民族工作」、1950年6月26日。『周恩来統一戦綫文選』北京、人民出版社、1984年、191 − 195 頁。
12 Dawa Norbu, "The Tibetan Response to Chinese 'Liberation'," *Asian Affairs*, Vol. 62 No. 3, 1975.
13 「対中央関于動員青壮年入藏屯墾・生産的指示稿」、『建国以来毛沢東文稿』北京、中央文献社、1993年、第8冊、10 − 11 頁。
14 毛沢東「在西藏武装叛乱情報簡報上的批語」前掲書、第8冊、46 頁。
15 林田『西域春潮──一个記者于西藏民主改革的日記』北京、中国藏学出版社、1990年、187 頁。
16 前掲『中共西藏党史大事記 (1949-1994)』89 頁。
17 前掲書、90 − 93 頁。
18 1959年3月28日「関於西藏叛乱事件的公報」、『西藏問題眞相』香港、香港實言出版社、1959年、1 − 8 頁。「チベットにおける叛乱事件についての新華社の公報」、人民出版社編『関于西藏問題──1959年3月15日的文件資料』北京、人民出版社、1959年。外文出版社訳『チベット問題』北京、外文出版社、1959年、13 − 21 頁。全文は資料 804 − 807 頁をみよ。
19 毛沢東「西藏の工作方針についての中国共産党の中央の指示」1952年4月6日、前掲『毛沢東選集』第5巻、94 − 95 頁。全文は資料 798 − 800 頁をみよ。
20 Anna Louis Strong, *When Serfs Stood Up in Tibet*, Pekin: New World Press, 1963, p. 98.
21 Chogyan Trungpa, *Born in Tibet*, London: George Allen & Unwin, 1966, pp. 113ff. 竹内紹人訳『チベットに生まれて──ある活仏の苦難の半生』人文書院、1989年、130 頁以降。
22 op. cit. Dalai Lama, *My Land and My People*, p. 156. 前掲、日高訳『この悲劇の国、わがチベット──ダライ・ラマ自叙伝』133 − 134 頁。
23 Dawa Norbu, "The 1959 Rebellion: Interpretation," *China Quarterly*, No. 77, March 1979, p. 91.
24 Palden Gyatso, with Tsering Shakya, *Fire under the Snow : The Autobiography of a Tibetan Monk,* London: Harvill Press, 1997. 檜垣嗣子訳『雪の下の炎』新潮社、1998年、73 頁。
25 前掲『中共西藏党史大事記 (1949 − 1994)』90 頁。
26 「中央西藏工委向中央報《西藏反動上層正式搞"独立"活動的情況》」1959年3月11日、前掲『平息西藏叛乱』77 − 78 頁。
27 「中央関于西藏反動上層公開暴露叛国面貌之向応采措施給工委的指示」1959年3月11日、前掲書、79 − 80 頁。
28 「中共西藏工作委関于失効中央3月11日指示的意見」1959年3月15日、前掲書、85 − 87 頁。
29 往復の書簡は、前掲『西藏問題眞相』9 − 14 頁、前掲、人民出版社編『関于西藏問題──959年3月15日的文件資料』、外文出版社訳『チベット問題』31 − 33 頁、前掲『平息西藏叛乱』128 − 133 頁に所収。

30 op. cit.Dalai Lama, *Freedom in Exile: The Autobiography of His Holiness the Dalai Lama of Tibet*, p.134. 前掲、山際訳『ダライ・ラマ自伝』168頁。

31 前掲、楊『中国反対外国侵略干渉西蔵地方闘争史』291頁。

32 op.cit. Harclerode, *Fighting Dirty: The Inside Story of Covert Operation from Ho Chi Mihn to Osama Bin Laden.* 前掲、熊谷訳『謀略と紛争の世紀――特殊部隊・特務機関の全活動』419頁。

33 op. cit. Dalai Lama, *My Land and My People*, p. 156. 前掲『この悲劇の国、わがチベット――ダライ・ラマ自伝』163頁。

34 ibid., p. 188. 前掲書、183頁。

35 *The Statesman*, 25 March 1959. Raja Hutheesing ed., *A White Book, Tibet Fights for Freedom: The Story of the March 1959 Uprising as Recorded in Documents, Dispatches, Eyewitness Accounts and World-Wide Reactions,* Bombay: Orient Longmans, 1960, pp. 64-65.

36 Frank Moraes, *The Revolt in Tibet*, New York: Macmillan, 1960. 入江通雅訳『チベットの反乱』時事通信社、1960年、13－14頁。

37 Rodney Gilbert ed., *Genocide in Tibet: A Study in Communist Aggression,* New York: American-Asian Educational Exchange, 1959, p. 14.

38 前掲、人民出版社編『関于西藏問題――1959年3月15日的文件資料』、外文出版社訳『チベット問題』160－162頁。

39 前掲書、162－163頁。

40 前掲書、164頁。

41 前掲書、164－165頁。

42 前掲、降辺嘉措『班禅大師』69－70頁。前掲、池上訳『パンチェン・ラマ伝』114頁。

43 op.cit. Grasdorff, *Le Dalai Lama.* 前掲、鈴木訳『ダライ・ラマ その知られざる真実』356－349頁。

44 前掲『平息西藏叛乱』134－135頁。前掲『周恩来与西藏』79－80頁。

45 「中国人民解放軍総政治部関于堅決平定西藏叛乱的政治工作指示」1959年3月21日、前掲『平息西藏叛乱』93－98頁。

46 人民日報、1959年3月29日。前掲、人民出版社編『関于西藏問題――1959年3月15日的文件資料』、外文出版社訳『チベット問題』11－12頁。前掲『平息西藏叛乱』136－137頁。前掲『周恩来与西藏』80－81頁。《当代中国》叢書編輯委員会編『当代中国的西藏』北京、当代中国出版社、1991年、下、654－655頁。『中国躍進政策の展開 資料と解説』日本国際問題研究所、1973年、上、449－450頁。

47 前掲、人民出版社編『関于西藏問題――1959年3月15日的文件資料』、外文出版社訳『チベット問題』41－43頁。前掲『周恩来与西藏』83－85頁。

48 人民日報社論「徹底平定西藏叛乱」、1959年3月31日。前掲、人民出版社編『関于西藏問題――1959年3月15日的文件資料』、外文出版社訳『チベット問題』24－30頁。

49 「毛沢東主席在第16次最高国務会議上有関西藏問題的講話（草録）」1959年4月15日、前掲『平息西藏叛乱』138－142頁。

50 「中央軍委対西藏山南地区平叛及当前工作的指示」1969年4月23日、前掲書、99－101頁。

51 「中央対西藏工委「関于当面平叛工作中幾個問題的決定」(草案)的指示」1959年5月31日、前掲『平息西藏叛乱』102 − 104頁。前掲『中共西藏党史大事記(1949 − 1994)』103頁。

52 op. cit. Harclerode, *Fighting Dirty: The Inside Story of Covert Operation from Ho Chi Mihn to Osama Bin Laden*. 前掲、熊谷訳『謀略と紛争の世紀——特殊部隊・特務機関の全活動』421 − 422頁。

53 "Nehru may make Statement on Tibet Today," *The Statesman*, 23 March 1959, pp. 1, 10.

54 Chanakya Sen ed., *Tibet Disappears: A Documentary History of of Tibet's International Status, the Great Rebellion and Its Aftermath*, Bombay: Asia Publishing House, 1960, p. 166.

55 ibid., p. 174.

56 前掲、人民出版社編『関于西藏問題——1959年3月15日的文件資料』、外文出版社訳『チベット問題』75 − 78頁。前掲『平息西藏叛乱』149 − 151頁。
Hindu, 19 April 1959に報じられたインド側の英文テキストは、以下をみよ。*Documents on International Affairs 1959*, London: Oxford U. P., 1963, pp. 167-170. 前掲『中国大躍進政策の展開　資料と解説』下、43 − 45頁。

57 Neville Maxwell, *India's China War*, New York: Pantheon Asia Library, 1970, p. 105. 前田寿夫訳『中印国境紛争——その背景と今後』時事通信社、1972年、128頁。

58 op. cit. Grunfeld, *The Making of Modern Tibet*, p. 141. 前掲、八巻訳『現代チベットの歩み』198 − 199頁。前掲、伍昆明・王宝玉訳『現代西藏的誕生』206 − 207頁。

59 「評所謂『達頼喇嘛的声明』」人民日報、1959年11月20日。前掲『西藏問題眞相』15 − 20頁。前掲『平息西藏叛乱』143 − 148頁。

60 前掲、人民出版社編『関于西藏問題——1959年3月15日的文件資料』、外文出版社訳『チベット問題』136頁。前掲『平息西藏叛乱』152頁。

61 前掲、人民出版社編『関于西藏問題——1959年3月15日的文件資料』、外文出版社訳『チベット問題』134 − 135頁。

62 Our Special Correspondent, "The Pattern of Revolt in Tibet," *The Statesman*, 2 March 1959, p. 6.

63 「西藏是我国領上不可分割的一部分」人民日報、1959年4月24日。前掲『西藏問題眞相』123 − 145頁。前掲、人民出版社編『関于西藏問題——1959年3月15日的文件資料』、外文出版社訳『チベット問題』179 − 203頁。op. cit. Mitter, *Betrayal of Tibet*, pp. 147-152。

64 「西藏的革命和尼赫魯的哲学」人民日報、1959年4月24日。前掲『西藏問題眞相』69 − 96頁。前掲、人民出版社編『関于西藏問題——1959年3月15日的文件資料』、外文出版社訳『チベット問題』231 − 267頁。

65 劉貫一編『帝国主義西藏侵略略史』北京、世界知識出版社、1951年、78 − 82頁。

66 「尼赫魯在印度人民院西藏局勢発表的講話」人民日報、1959年4月30日。前掲『西藏問題眞相』97 − 106頁。

67 op. cit. Dalai Lama, *My Land and My People*, pp.162,175,188,195,202,211-213,215-216. 前掲、木村訳『チベットわが祖国——ダライ・ラマ自叙伝』191、207 − 208、213、

221、230、236、242 − 243、244、247、249 頁。
68 Legal Inquiry Committee, *The Question of Tibet and the Rule of Law*, Geneva: Legal Inquiry Committee , 1959. ; Legal Inquiry Committee, *Tibet and the Chinese People's Republic,* Geneva: Legal Inquiry Committee, 1960.
69 *Tibet and Freedom*, London: A Tibet Society Publication, 1969, p. 8.
70 Neil Sheehan, "Aid by CIA Put in the Million: Group Total up," *New York Times*, 19 Feb. 1667. Tom Killefer, "Free Lawyers and Cold War: The International Commission of Jurists," *American Bar Association Journal*, Vol. 41, 1955, p. 417.
71 "Tibet: 'God Said No," *Newsweek*, Vol. 53 No. 13, 1959, p. 50.
72 前掲、木村『チベット潜行十年』285 頁。
73 1959 年チベット工作委員会「関干執行・贖実政策的具体的弁法」、前掲『中共西藏党史大事記 (1949 − 1994)』111 − 112 頁。
74 前掲書、103 頁。
　　なお、西藏自治区政協文史資料委員会によると、反乱参加者は、貴族・大頭目 634 戸中 462 戸、未参加 172 戸、大小寺廟 2672 廟中 1436 座、未参加 1236 座、農奴主・代理人は未参加 2800 人で、総数の 70％、国民党残存分子約 600 人となっている。前掲、傳主編『拉薩史』224 頁。
75 《当代中国》叢書編輯委員会編『当代中国的民族工作』北京、当代中国出版社、1993 年、上、397 頁。
76 op.cit. *Tibet in the United Nations 1950-1961*, New Delhi: The Bureau of His Holiness the Dalai Lama, (1962), pp. 17-19.
77 *Yearbook of the United Nations 1959,* New York: United Nations, 1960, pp. 67-69.
78 op. cit. *Tibet in the United Nations*, p. 232. op. cit. Shimomany ed., *The Political Philosophy of His Holiness the XIV Dalai Lama.* 前掲『ダライ・ラマ XIV 法王の政治哲学』第 1 巻、60 − 61 頁。
79 op. cit. *Tibet in the United Nations*, pp. 233-238. op. cit. Shimomany ed., *The Political Philosophy of His Holiness the XIV Dalai Lama.* 前掲『ダライ・ラマ XIV 法王の政治哲学』第 1 巻、62 − 70 頁。
80 *Yearbook of the United Nations 1960*, New York: United Nations, 1962, pp. 173-174.
81 *Yearbook of the United Nations 1961*, New York: United Nations, 1963, pp. 138-140.
82 *Yearbook of the United Nations 1965*, New York: United Nations, 1967, pp. 191-194.

12 改革下のチベット

1．チベット反乱の終息と改革への着手

　1963年12月人民解放軍の平定作戦が終了し、最終的に1974年に衛教愿軍は瓦解をみるが、1960年初めには、チベット反乱は収束した[注1]。1959年4月8日チベット地方政府（ゲキカ）に代わってチベット自治区準備委員会が権力を掌握し、15日ラサで2万人が集会して反乱の終息を確認した。同15日毛沢東主席は第16回最高会議で、チベットの民主改革を提議した。その封建的統治機構を解体するために、チベット本部は本土と同一の行政組織が適用され、1つの市、7つの特別行政区、72の県に再組織され、この行政改革の方針はチベット決議として4月28日第2期全国人民代表大会第1回会議で承認された。

　そのチベット問題決議の要点は、以下にあった。

1．1959年3月10日各項措置をとる。
2．チベット地方政府（ゲキカ）と反動集団の反乱は偶然に起きたものではない。それは、イギリス帝国主義により19世紀に始まり、20世紀以降、インドが関与してきた。
3．チベットは少数民族地区にあり、中国共産党の領導のもとに民族区域自治にあって、いわゆる「チベット独立」はこれに反対するものである。
4．チベットは、現在の社会制度は一種の農奴制度にあって、チベットは広大な人民の改革要求を実現すべきである。
5．チベットは中国の不可分割の一部分で、これは中国人民の大家庭のなかのチベットにあり、これによりチベットは広大な人民のチベットであって、少数の反動分子のチベットではない。[注2]

その決議には、反乱に反対しないしは中立であった貴族と反乱を支持した貴族とを区別すべきであるとのチベット自治区準備委員会への警告があった。同時に、チベットの民主改革を指示していた。7月1日同準備委員会第2回全体会議が開催され、新政策の実施が決定された。それは、統一戦線によるラサ上層部との協同政策が失敗し、中央が裏切られたと判断したからであった。一方、チベット人幹部は、1950年代における中央の自制を、中国政府の弱さと解していた。いまや、封建的社会構造に対する全面攻撃をだれも阻止できなかった。
　以後、1965年9月チベット自治区成立までの動向は、以下のとおりであった。
　この方針は、1959年3月22日共産党中央が、「チベット反乱の平息（反乱鎮圧）における民主改革を実現する若干政策問題についての指示」を発出して始まった。その全文は、以下のとおりである。
　「チベット政府は、既に17条協議を破棄し、祖国を裏切り、全面的にチベットの反乱を発動してしまった。情勢によって、われわれが早めにチベット上層分裂分子と決戦を行い、チベット問題を徹底に解決して反乱を鎮圧する戦争を行わざるを得ない。このような状況で、中央は、もともと6年にわたり変更しない政策は、いうまでもなく実施し続けることはできない。チベットの広大な労働人民を発動して反乱鎮圧戦争に積極的に参加させ、また反乱が鎮圧された後、再び起こらないようにするために、今回の反乱を鎮圧している過程において、躊躇なく群衆を発動して民主改革を実行しなくてはいけないと、中央は主張する。こうしてこそ、チベット族人民大衆をも徹底に解放でき、チベット地区を社会主義の道路へも引導できる。根本的に反乱分裂活動の根源はこうして除去することができる。これは、長期（大体は2、3年あるいはもっと長い時間が必要である）、かつ困難な闘争だといえるけれど、栄光ある任務でもある。
　われわれが政治上完全に主動的地位を占めたという有利な条件を十分に利用して、最大限度に敵を孤立させるため、われわれは、公開的に民主改革を実行するといわず、反乱を鎮圧するとしか提唱していない。民主改革は、反乱鎮圧というスローガンの下で十分に実施される。われわれの方針は、戦いながら改革を進めるものである。反乱地区は先ず改革し、まだ反乱が起こっていない地区は暫時、しない。今からみると、ラサ地区は、真っ先に改革を実施して、そ

れから、ヒョハ（山南）、チャムド（昌都）、テンチェン（丁青）という順序になる。活佛地区は最後にすべきである。チャムドにおいて、パパラ（帕巴拉）が管理している宗（県）は、反乱が起こっていないので、後でやらなくてはならない。

　チベットで民主改革を実行する階級路線は、労働人民に頼り、すべての団結できる勢力を団結し、一歩一歩、区別して封建農奴制度を消すというものである。反乱の鎮圧と改革に関した政策は、できる限り、わが党およびわが軍に近づいている愛国的進歩上層人士と協議した方がよいと思われる。

　チベットにおける封建農奴制度について——チベット地方政府（ゲキカ）に属した耕地は、農民に分配しなければならない。農民の債務、ウラ（烏拉、使役）、および労役が廃除されるべきであって、貴族の封建占有制度も一律に廃除する。ただし、貴族に対するやり方は、それぞれの政治態度によって、区別して処理する。反乱に参加した分子が所有した耕地・家屋・家畜・糧食・農具はすべて没収して、農民に分配する。債務、ウラ、および労役は一律に廃除する。ただし、反乱に参加していない人には、協議を通して、土地と余っている家屋・家畜・農具を農民に分配し、債務、ウラ、および労役は廃除する。また、反乱の鎮圧と民主改革において進歩的で、その上、政治上重大な影響がある貴族は、買戻しのやり方が使われる。彼らが封建搾取を放棄してから、政治上、適当な位置におかれ、生活上は、一定的に補助される。

　宗教信仰の自由政策は、継続的に堅持する。赤・黄・白・花・黒などの教派を分け隔てなく同様と見做す。反乱に参加した寺廟の土地・家屋・家畜・農具・糧食を一律に没収し、農民に分配する。債務、ウラ、および労役などは、一律に廃除する。反乱に参加していなかった寺廟が持っている土地や余っている家屋・家畜・農具などは、協議をして農民に分配し、そして余剰の糧食は没収せずに、協議した上でその一部を農民に貸し、取り入れてから返還するという方法をとる。債務、ウラ、および労役などは、同様に廃除されるべきである。以降、すべての寺廟は愛国的で法律を守るべきであり、国家の政策・法令に違反し、政府の行政事項に干渉してはいけない。武器・弾薬を隠匿してはならない。大衆を脅迫してラマにしてはならない。大衆はラマになる自由があるが、ラマ

も還俗する権力をもっている。寺廟の財産は僧侶が管理委員会を設立して民主管理することを勧める。寺と寺のあいだの従属関係を取り消す。反乱を鎮圧している過程にあっては、名山大寺と文物古跡を破壊しないように気をつけなければならない。

反乱分子、反乱区、および寺廟の武器・弾薬は一律に没収する。反乱に参加していなかった人民がもともと所持している銃は、しばらく処理せず、将来、人民武装組織と組んだとき、銃で「肩」を換えるやり方で解決した方が良い。上層の進歩的人士が持っているのは、そのままとする。

チベット農奴階級には、一部上層分子がいる。彼らは、封建領主からもらった多くの土地を農民に貸して生きる富裕な差民であったり、領主庄園の代理人（総監）であったりしている。彼らは、農村の実権派で、直接に農民を統治しているので、民衆の怒りをかった。この人たちは、封建農奴制度の一部として処理すべきである。そのなかで確かに進歩的で、あるいは少量の土地だけ持っていて、民衆の反感をそんなにかっていない人は、区別して、処罰は寛大に扱う。

牧区は、民主改革を行わず、牧主が現有の家畜の所有権を持っているものの、牧民が、現有の家畜の所有権を持っている。反乱分子の家畜は没収して、牧民に引き渡す。

工業・商業は、貴族でも寺廟でも、経営を一律に扱っていない。しかし、商業のなかの封建特権（例えば、税金を支払わないことやウラに運送させること）は廃除する。また、対外貿易は統一して国家が経営する。

外国人の土地と財産は、暫く処理せず、後で検討して解決する。

反乱の鎮圧と民主改革では、思い切りに大衆を発動し、大衆を指導して苦しみを訴える運動を行い、反乱分子に対し、当面、道理を説いて闘争する。

民主改革を行っている段階で、農民協会あるいは農牧民協会を成立させ、すべての権力を農会に握らせる。農会の指導権は、貧困農民に属しているはずである。われわれは、この基礎で、一歩一歩、各級の人民民主政権を設立する。反乱を平定している過程において、われわれが反乱地区に入る次第では、元の政府機構を解散し、他の行政人員を委任して新しい政府機関を組織する。元の官員が進歩的であれば、再び任命して継続して雇用する。

反乱を平定して民主改革を行っているときに逮捕された大・小の反乱親玉は、個別の極悪非道で、死刑を決めるしかない人を除き、一般的に労働改造の判決を下して、内地での開墾に行かせる。確かに、死刑の必要がある場合、チベット工作委員会の批准をもって決める。代表的な人であれば、中央の批准をも必要とする。

　全軍に対する党の民族政策を堅持し、反乱の平定と民主改革についての政策を守り、反乱分子と人民の限界をはっきりさせて、人民群衆をしっかり保護し、俘虜と投降した敵には、報復や殺害をしないようにして、教育する。

　反乱の平定と民主改革と共に、徐々に頼りのあるチベット族の武装を組み合わせ、生産をも発展させ、人民群衆の生活レベルを向上させるよう、努力しなければならない。改革以後、宗以下の民政機関が要る少量の金額だけは当地で調達するが、3年以内に農業税金を免除する。

　反乱の平定と改革を順調に進めるために、積極的に闘争に参加したチベット族労働人民の中から数多くのチベット族の幹部を養成して選抜するべく、配慮しなければならない。少数の中堅成員は、中央が四川・青海などの省で選抜するようになった。チャムドとポウォスムド（波密）地区が必要とする幹部は、四川省委員会が解決する。テンチェンの部分は、青海省委員会が責任をもって引き受ける。ラサとロカ（山南）の部分は青海と甘粛から振り分けられる。以上述べた各地が必要な幹部人数は、他のファイルで決める。[注3]」

　かくして、1959年3月以降、民主改革に着手し、当時の農奴主の土地占有状況は、次のとおりであった。なお、家畜の所有状況は、シガツエ（日喀則）地区では、農奴主が70％、農奴が30％であった。

農奴主（三大地主）の土地占有状況

チベットの耕地	330万克（1克＝5斤の種子が蒔ける土地）	
うち官家	128.37万克	土地占有率　38.9％
貴族	79万克	24.0％
寺廟	121.44万克	36.8％

（出所）『中国西藏社会歴史資料』北京、五洲傳播出版社、1994年、65頁。

以降、1962年3月の平定終了までの経過は、以下のとおりであった。

1959年3月28日　チベット自治区準備委員会接収、主任代理にパンチェン・ラマ任命[注4]。

　4月2日　301部隊、成都軍区に復帰。

　4月8日　チベット自治区準備委員会、民主改革に着手。

　4月28日　中華人民共和国全国人民大会第1回会議、チベット問題決議採択——これはチベット統治の新しい方針を確認したものであった（前述）。

　5月14日　新政策の第一歩として、チベット農民に対し税金と国家への穀物売却免除。人民解放軍による種子・穀物の放出およびチベット人学生1200人・漢人1000人を動員した農民支援。

　6月28日〜7月17日　チベット自治区準備委員会第2次全体会議開催(ラサ)、民主改革問題を討議。以下の当面の主要政策問題を決定した。

　　第一段階　三反二減（反反乱、反無償労働、反奴隷労働、減租、減息）。

　　第二段階　逃亡チベット貴族所有の土地・家畜・農具の没収と農奴への分配（中央に忠実な貴族500人は没収されても補償された）。

——遊牧地区では、三不二利（階級分離反対、闘争反対、財産分配反対、封建的特権廃止による利益、各人への友好的措置による利益）のキャンペーン。

——寺院では、三反（反乱反対、封建的特権反対、封建的搾取・抑圧反対）の適用推進。

7月1日　共産党チベット工作委員会、以下の政策を決定。

　1．三反運動を通じての区・郷農民協会の組織化。

　2．反乱領主の牧畜没収・牧主牧工両利政策などによる牧区の団結強化。

　3．統戦工作に注目しつつ、民主改革の推進。

　4．民主改革を通じて寺廟特権の解決。

　5．民主改革における党・政・軍の一元的指導。

7月15日　チベット全区で人民通貨の使用を布告。

7月17日　チベット自治区準備委員会、民主改革決議採択。その要点は以下の4つである。

　1．農業区における反乱参加の3大領主（ゲキカ／地方政府・貴族・寺院）

の土地接収。
2．牧区における反乱分子の粛清。
3．宗教信仰の自由の保護。
4．三反・双減の自由と民主改革の遂行。[注5]

7月23日　チベット地区減額減息為法制定、9月16日公布[注6]。

9月2日　共産党チベット工作委員会、3大寺の三反運動への対処10条を審議。

9月7日　共産党チベット工作委員会、チベット農村の階級方案制定――これは、チベット農村の農奴主と農奴の2階級を区分したもので、農奴主階級の農奴主とその代理人、農奴階級の富裕農奴・中等農奴・貧困農奴、奴隷、貧困ラマと区分された[注7]。

9月16日　共産党チベット工作委員会、チベット地区土地制度改革方案制定。それは12の問題点を提起した。
1．階級区分問題。
2．封建農奴主の土地制度問題。
3．寺廟改革問題。
4．牧区問題。
5．城市工作問題。
6．土地改革の辺境工作。
7．闘争方式問題。
8．幹部問題。
9．宣伝問題。
10．建党・建国・建政問題。
11．土地改革の具体的問題。
12．会計組織・領導問題。

10月30日　共産党チベット工作委員会、民主改革における各級政権組織建立を指示[注8]。

12月20日～27日　チベット自治区政治協商会議成立、共産党チベット工作委員会書記張経武が講話、張国華副書記が政治報告。

12月　収穫食糧50万トンで農業の民主化成功。

1960年1月7日　国務院、チベット地区県行政区画区分を決定。
　1月18〜19日　ラサ市政治協商会議成立。
　2月9日　チベット農業地域の民主化達成。
　4月22日〜5月13日　チベット自治区の寺廟が1959年の2469院、僧尼11万人から寺廟1700院、僧尼56000人に減少。
　8月8日　農村の公社化（10万戸の農家で互助組8400を組織）。
　12月6日　チベット全土の85％で土地改革完了。
1961年1月5日　鄧小平共産党総書記、チベット民主改革の「左」防止を指示。
　1月23日　パンチェン・ラマと毛沢東が会談、毛沢東がチベットでの左の偏向を糺すべきと指示。
　1月24日　周恩来国務総理、チベット農民の土地所有制の穏定化を指示。
　2月22日　共産党チベット工作委員会開催、農村の若干具体的規定（農村26条）制定——農民全体の所有制を穏定化し、生産を安定し、5年間、合作化をせず、愛国主義生産運動を発展させることにした。
　3月12〜22日　共産党チベット工作委員会開催、張経武が民主改革工作総括の報告。
　3月30日　共産党チベット工作委員会、農村での社会主義教育運動の展開を指示。
　4月1日　土地改革委員会による農地分配終了。
　これにより、農奴支配は解消された。改革前は、チベットの耕地330克がすべて3大寺の所有となっており、その内訳は封建領主38.9％、寺廟36.8％、貴族4.3％で、87万人の農民が3.7克の耕地だけを保持していた。これと並んで、封建地租があり、その状況の一端は以下のとおりであった。

封建的支配状況

地名	庄園名	農奴主	内差份地	差役
シガツエ（日喀則）	艾鳥・崗夏嘎庄園	タシルンポ寺	10克	長年　360日 臨時　45日ヤク 　　　32日牛

タグツェ（達孜）	劉庄園	ガンデン寺	14克	長年360日 臨時100日
トルンデチェン（堆龍徳慶）	桑通庄園	デプン寺	12克	長年360日 臨時 30日
ラサ（拉薩）	雪康庄園	貴族シュエカン（雪康）	2克	長年360日 臨時 なし

(出所) 前掲、沈開運・達瑪・他『透視達頼——西藏社会進歩与分裂集団的没落』上、213頁。

4月2日　チベット自治区準備委員会開催（ラサ）、中央政府代表張経武が今後5年間、社会主義改造はないと演説。

4月21日　共産党中央、チベット工作で穏定発展の方針を決定。そのチベット工作方針の指示は、以下のとおりである。

「民主改革が基本的に完成したのち、チベット工作はどのような方針をとるべきか。また、労働人民の個体経済は、一定期間に、どう安定的に発展させるか。それとも、直ちに社会主義改造を実行すべきか。中央は、次のように考える。すなわち、今後、チベット工作は、必ず安定的に発展させるという方針をとらねばならず、今年から5年以内は、社会主義改造を行ってはならず、合作社も行ってはならず（試験的実施も行ってはいけない）、ましてや人民公社を行ってはならない。力を集中して民主革命を徹底し、労働人民の個体所有制を安定させ、農牧民の経済を発展させ、解放されて立ち上がった農奴大衆に対して、民主改革が彼らに良い点をもたらしていることを、確実に感じさせなければならない。この5年のあいだに、われわれは、チベットでの経済政策、財政・通商政策、社会改革政策、民族政策、上層人士に対する団結改造政策、宗教政策などを含むあらゆる政策において、必ず安定に努め、左を防止し、急進を防止しなければならない。当面の主要な問題は、左と急進を防止し、注意力をこの面におかねばならない、ということである。われわれがこのように行うのは、まさに社会主義革命に必要な条件を準備するためであり、そのことによって条件と時期が成熟しだい社会主義改造を実現するためであることを、同志諸君に知らしめねばならない。……

上述の方針に基づき、今後、チベットは、以下のいくつかの工作を着実にやり遂げなければならない。第一に、力を集中して生産を発展させ、経済を繁栄

させ、人民の生活を改善させるべく、大衆を指導する。第二に、徹底して民主改革を完成させ、大衆に民主革命の政治・思想教育を進め、愛国主義の教育と社会主義の将来についての教育を進める。第三に、残存した反乱分子とその他の反革命分子を粛清する。第四に、上層部の統一戦線工作を立派に行う。第五に、幹部の作風を整頓し、党の組織を発展させ、チベット族幹部を育成する。第六に、各級の人民代表大会制度を打ち立て、チベット自治区を成立させる。このような工作を立派に成し遂げてこそ、大衆の自覚をさらに一歩高め、人民の団結と漢・チベット民族の団結を強め、党の指導を強化し、労農同盟と人民民主独裁を堅固にし、チベットが将来、社会主義改造を実行するのに確実な条件を作り出すことができる。[注9]」

6月15日　共産党チベット工作委員会、農村の若干の具体的規定を制定[注10]。

7月2日　チベット族1000人以上が入党と新華社報道。

8月2日　チベット自治区準備委員会、チベット自治区人民代表会議設立のための民主選挙の実施を決定。

8月14日〜9月6日　共産党チベット工作委員会が全区統戦工作会議開催（ラサ）、張経武が当面の工作状況と主要任務の報告、工作意見を決定。

10月17日　パンチェン・ラマ、全国人民代表大会常務委員会で90％以上の農家は互助組を組織と報告。

11月3日　共産党チベット工作委員会、全区農牧業生産会議開催（ラサ）、5年間の生産目標を決定。

12月　チベット全土で土地改革完了。

1962年3月　人民解放軍の平定作戦終了。

4月26日　共産党チベット工作委員会、チベット自治区民族・文化工作座談会開（ラサ）[注11]。

8月11日　チベット自治区準備委員会、パンチェン・ラマの意見書の解決を共産党チベット工作委員会に指示（後述）。

8月25日　選挙管理委員会設立。

9月1日　共産党中央、牧区の当面の若干の具体的規定（修正牧区30条）制定。

1963年3月1日　共産党チベット工作委員会、牧区の当面の若干の具体的規定

に関して採択[注12]。
　　3月30日　チベット自治区各級人民代表大会選挙条例採択[注13]。
　　8月11日　共産党チベット工作委員会第1次拡大会議開催（ラサ）。
1964年12月　各級人民代表選挙、1万7000人選出、1965年8月5日結束。
1965年8月1日　第1回チベット自治区人民代表大会開催（ラサ）、23日チベット自治区正式成立[注14]、自治区人民委員会主任アペイ・アワジンメイ就任。

2．10世パンチェン・ラマの諫書事件と文化大革命下のチベット

　人民解放軍のチベット平定作戦が1962年3月終了し、一方、改革も一定の成果をみせ、1965年8月23日チベット自治区が成立した。しかし、この改革の遂行にあっては、「左」の混乱もあり、10世パンチェン・ラマは意見書を提出しており、その解決が求められた。チベット自治区革命委員会副主任バサンは、自分は「三大領主（ゲキカ／地方政府・貴族・寺院）の支配のもとで、先祖代々が奴隷で、領主に死人税で姉の体でつぐなった」が、解放で1963年に互助組が組織され、食糧自給が達成され、1965年チベット人は自らの力で道路を開通させ、1968年チベット自治区革命委員会が成立し、革命が勝利し、「万里の高原で世の中が変わった」と述懐した[注15]。

　しかし、1962年10月21日中印戦闘の激化、翌63年3月1日中国軍が中印国境全線から引き揚げとなり、1964年12月までは選挙が実施できる状況になかった。

　一方、この民主化を通じて「左」の誤りがチベット地区でも生じた。一平二調の極端な平均主義がそれであった。土地改革も行わずに、初級合作社の建設、そして高級合作社への移行がみられた。1958年以降、青海地区では、社会主義改造を掲げて農場主ヌリペンプ（奴日洪布）が武装勢力を確立した。四川・雲南・甘粛では武装反乱が起こり、1958年4月17日学習中の活仏ジェネラ（加乃化）を助けると称して、ヌリペンプが党地方幹部を拘禁した。25日人民解放軍が黄河を渡って反乱匪賊を包囲し、その際、民衆500人が銃殺され、青年・女子1500人が逮捕され、ヌリペンプは逃亡し、ジェネラは自殺した。いわゆる循化反革命反乱事件がそれで

ある。

　1958年7月5日青海省共産党委員会はこの事件の経過を中央に報告したが、そのなかの重要な一項は、「階級矛盾がやはり過渡期の主要な矛盾であり、全党は必ず高度な政治的警戒心を持ち、絶えず右傾化し麻痺する思想を克服し、いっさいの階級敵と揺らぐことなく闘争しなければならない」とあった。8月27日中央は、青海省共産党委員会の報告を肯定し、それを全国に伝えるように指示した。その全文は以下のとおりであった。

　「循化事件は、われわれの共産党内の一部同志には重大な右傾・麻痺思想が存在し、彼らは、日常的に『生産建設に没頭するばかりで、階級闘争をかまわず、敵に対する闘争で、思想の武装を解除した』。こうした情況は危険であり、必ず確実に正さなければならないことを証明した。

　循化事件の教訓に基づいて、各地区党委員会は、少数民族党員に対して、常に階級教育、マルクス主義の民族観念の教育を強化し、また宗教信仰のある少数民族の党員には無神論の教育を強化すべきであり、彼らに共産主義思想と民族主義思想との境界、有神論と無神論の境界をはっきり自覚させ、共産主義の世界観と人生観とを確立させ、名実ともに共産主義者にさせなければならない。

　少数民族地区での工作では、その場所の条件と結合させ、動揺することなく階級路線を執行し、階級社会では、民族問題の本質が階級問題であること、階級の本質を把握しなければ、民族の問題を徹底的に解決することはできない、ということを銘記しなければならない。[注16]」

毛沢東は、省委員会に対し既に反乱直後の6月24日、次のように指示していた。「青海の反動派の反乱は、非常に良いもので、労働人民の解放の時期は到来した。青海省委員会の方針は完全に正しい。チベットでは、そこでの全面的な反乱に対処するよう準備すべきである。騒ぎは大きければ大きいほどよい。チベットの反動派が全土で反乱を発動すれば、そこの労働人民はそれだけ早く解放される。それは疑いのないことだ。[注17]」

　この中央の指示は、直ちに循化県、青海省、およびチベット地区で実施された。

　一方、1961～62年に青海を視察した10世パンチェン・ラマは、これまで熱愛した故郷が「左」の誤りで荒野の姿になっていたことを目撃した。その「左」の

誤りが糺されなかったのは、中央の指示のためであった。「民族問題の本質は階級問題である」とした理論のもと、「左」の誤りがますます激しくなっていた。1964年と1965年に循化県だけで11の売国集団と小パンチェン集団が摘発された。そして文化大革命で、その批判の闘争がさらに一段と激しくなった。

そこで、1960年9月10世パンチェン・ラマは、国慶節11周年に参加した際、周恩来国務総理に自分の意見を披露した。1961年1月23日パンチェン・ラマは毛沢東主席とも会談した。その際、毛沢東は、パンチェンに対し、チベットは「左」の偏向を正さなければならないと、具体的に指示した。それは、以下の6点であった。

1. 現在は互助組をするだけで、合作社はやらず、農民を安定させ、生活を改善する。
2. 上層人士約3000人の工作を中心にやり、正しい購買を実行しなければならない。彼らの思想改造を急がない。
3. パンチェンのいう生産に従事しないラマを部分的に温存するとの意見に同意し、数千人が経典を学び、仏教学の知識分子になることに賛成する。一部の共産主義者が各種教派の経典を研究することに賛成する。それは大衆的な問題であり、大衆工作をするのには、宗教を知らねばならない。
4. 右に反対すれば、必ず「左」がでるものだが、シガツエの一部大衆がパンチェンの父母、チージメ、ラミンなどの家を捜索し、品物を没収した行為は間違いである。あなたは「愛国の進歩的人士だ。1959年以来、われわれと改革において、われわれと一致してきた」。
5. 自治を成立させる時期は、選挙の問題である。宗（県）と郷の2つのレベルの人民政府を作り、それから自治区の代表を選ぶ。
6. 共産党チベット工作委員会は、パンチェンとの関係をもっと密接にすることを要求し、同時に、パンチェンは前チベットとチャムド方面の情勢に関心を持ち、そこの上層人士や労働人民と連絡を深めるよう希望する。[注18]」

1962年を通じ、パンチェン・ラマは、多くの少数民族代表と接した。パンチェンが考えたのは、「左」の誤りは全国的規模の問題ということであった。そこで、活仏ニューチュが助言したところの、意見書を上に呈しても何の利益にもならないとの直言を退け、5月から「七万言の直諫書」を書き上げて、6月半ば、周恩来総理に提出した。表題は「敬愛する周総理を通じて中央に報告するチベットおよびそ

の他のチベット族地区の大衆の苦しみならびに今後の工作に関する建議」であった。それは、「毛沢東が党の心臓を狙った『毒矢』と評した書類」といえるもの[注19]であった。全体は、以下の8部構成であった。
1．反乱の平定について
2．民主改革について
3．農牧業の生産および大衆の生活について
4．統一戦線について
5．民主集中制について
6．プロレタリア階級独裁について
7．宗教問題について
8．民族工作の問題について

その内容は、以下の5点にあった。
1．平和解放以来、チベットで生じた変化と成果は十分に肯定する。
2．チベットの反乱平定と改革のなかで発生した欠点と誤り。
3．青海・甘粛・四川・雲南の各チベット地区での反乱の平定、改革の状況、存在するところの問題。
4．宗教改革のなかに存在する問題、および真剣に宗教自由の政策を貫徹し、実施し、宗教工作を改善する提案。
5．今後の工作に対する希望と要求。

総括報告では、「チベットの反乱は、党に反対し、祖国に反対し、人民と民主に反対し、社会主義に反対する反革命的な性質をもつもので、重大な罪悪である」とあった[注20]。この直練書の内容は、1987年3月28日全国人民代表大会チベット自治区常務委員会で、パンチェン・ラマが自ら発言して明らかにした（後述）。

イザベル・ヒルトンの『パンチェン・ラマ伝』の付録に「パンチェン・ラマの意見書（「7万言上書」）概要」があり、そのなかにある要点は、以下のとおりである[注21]。

　　パンチェン・ラマの意見書は、中央チベット、カム（康）、アムド（安多）における中国共産党の「失策」をきわめて詳細に論じたものであり、党が政策変更を行わなければ、さらなる災厄が到来するであろうことを、はっきりと警

告している。パンチェン・ラマは、まず自分が党の規則と指導体制に忠実であることを念入りに強調し、と同時に党組織の欠点を細かく指摘してみせた。この意見書全体を通じて、彼は党が掲げる目的と実際の政策があまりにもかけ離れていることを指摘している。……

　土地の分配もまた不公平な形で行われ、多くの人々が誤って土地を没収された。出身階級を評価の基準として人の分類がなされたものの、これもまた混乱が見られた。パンチェン・ラマはこう記している。

「『幹部』たちは急ぐあまり、罰が正統なものかどうか気をとめず……村長、町の指導者、寺の業務にかかわる者たちの大半を、それぞれ異なる背景があることを慮ろうともせず、封建領主かその仲間と決めつけた。……

　多くの無実の人々が「闘争集会」で殴られている。もし彼らが犯罪を犯してなかったら、彼らはでっち上げの罪で告発されたことになる、とパンチェン・ラマは指摘する。闘争集会で告発された場合、裏付けをとることなど決してなかった。なぜならば、闘争集会の目的は群衆を扇動して犠牲者を血祭りにあげることにあったからだ。多くの人々がこの闘争のさなかに死ぬか、祖国から逃亡した。その多くは自殺を遂げた。

　党は収穫された穀物を過剰没収したため、中央チベットでは歴史上初めて飢饉が生じた。……

パンチェン・ラマは「（宗教への）ばかげた、暴力的な圧制」についても指摘している。

「〈信仰をもっていることを公表した者〉は、迷信分子だの革命を嫌悪しているのだといった各種のレッテルを張られ、耐えがたいほどの攻撃と批判闘争の嵐にさらされる。その一方で、僧たちに還俗したいかどうかを尋ね、僧のままでいたいといという返事が返ってくると、「まだ教育が足りない。迷信を捨てようとしない」という。そして過酷な闘争集会が待ち受けているのだ。……

　これは周知の事実である。こうした人々が家に戻らざるをえないということは、もはや住むことも不可能なほどゆゆしき問題が僧院に生じていることを示している。……こうした仏教徒修行者の多くが厳しい取り調べを受け、投獄された。……

無数の仏像、仏典、仏塔に火が放たれ、灰燼と帰した。……

　民主改革以前のチベットには大・中の僧院が合計2500以上存在した。民主改革の稚児は、政府によって存続を許されたのは、70かそこいらにすぎない。つまり、97％以上の減少である。大部分の僧院は住む人もなく、大経堂などの仏堂や僧舎を管理する者もいない。僧院は人やそれ以外の原因によって多大な被害を受け、崩壊したか、崩壊寸前の状態にある。

　過去、チベット全土の僧・尼の総数は約11万人であった。うち国外に逃亡した者が約1万人、残ったのは約10万人である。民主改革後に僧院に住んでいる僧・尼の数約7千人、93％の減少である。……

　チベット語およびチベット文化に関しては、パンチェン・ラマは、チベット人が伝統的な衣装を身にまとうことを禁止されていること、国語改革という的外れの努力によって、書き言葉に手が加えられ、中央チベット外のチベット人には理解しがたい代物となってしまったことの苦情を述べている。……

　人民公社の設立とともに、「人々は日常品を所有することもできなくなり、現実を無視した生産高を義務づけられ、目標達成に至るどころか、災害が待ち受けていた。……

　このような事態はチベット族の歴史上かつて存在しなかった。人々もこれほどひどい飢餓の苦しみを夢想だにしなかったにちがいない。人民はこのような過酷な状態に抗することができず、体力は日々衰えていった。そのため、地方によっては風やごくささいな感染症が原因で、人が簡単に死んでいった。別の地方では、単に食糧が尽きて餓死した。地方によっては、一家全滅という事例もみられた。死亡率は異様な高さにまで跳ね上がった。食糧不足が招いた死はすべて餓死として考えるべきであろう。」

　この現実は、チベットだけのことではなかった。それは中国全土で起こった。大躍進政策上の悲劇というほかはなかった[注22]。

　パンチェン報告は1962年6月、中央で審議され、以下の4つの文件が作成された。
1．自治区準備委員会の工作を強化し、合作共同事業の関係を改善する（草案）。
2．継続して宗教信仰の自由を貫徹し実施する諸規定（草案）。
3．継続して反動分子・反乱分子の処理規程を貫徹し実施するための意見（草案）。

4．幹部を養成し教育するための具体的な方法（草案）。

　これら文件は、1962年8月11日チベット自治区準備委員会でとりあげられ、1963年8月13日〜9月2日ラサで開催の共産党チベット工作委員会第6回拡大会議で決定された。しかし9月末、張経武がラサに戻り、その決定は執行してはならない、と通達された。循化事件での仏教学者シーラオ・ギャツォ中国仏教協会会長・青海省副省長に対する批判と同時に、10世パンチェン・ラマへの批判が進行していたからである。その一方、10月インド国境で中国守備隊に対する自衛反撃戦が開始された。同10月パンチェン・ラマは、三教（階級闘争の教育、愛国主義の教育、社会主義前途の教育）運動において「その反動的傲慢さをもって」第一に攻撃され、批判された。パンチェン・ラマは1963年、1年間、監禁された。パンチェン・ラマは、翌64年1月ラサの大祈願会（モンラム・チェンモ）で1万人もの群衆を前に、「ダライ・ラマ法王猊下は必ずや金の玉座に戻られるであろうという私の確信」を述べ、ダライ・ラマ法王万歳と叫んだ。このことは、パンチェン・ラマにとって、墓穴を掘ったのも同然だった。そして、パンチェン・ラマは北京に戻された。

　1964年9月29日宗教信仰の自由政策に続いて、10月30日に反乱に参加して逃亡した同胞に対して帰国し投降するよう求めた政策が打ち出され、その一方、14世ダライ・ラマは「反逆者」となり、チベット自治区準備委員会主任を解任された[注23]。一方、1962年の7万言の直諫書と1960〜61年のゲロン（ラマ尼）の俗人化を阻止したとの廉で、10世パンチェン・ラマの反政府活動が暴虐された。同64年9月18日〜11月4日のチベット自治区準備委員会第7回拡大会議で、張国華が「民主改革を完成し社会主義改造の条件を作り出すために奮闘せよ」と政治報告をしたのは、パンチェン・ラマの批判がその狙いであった。続く12月21日のチベット自治区準備委員会第7回拡大会議で、パンチェン・ラマは反人民・反社会主義・反中国の陰謀活動により譴責され、パンチェン・ラマはチベット民衆に侮辱され打倒され、全国人民代表大会常務委員会副委員長・チベット準備委員会主任代理を解任された。そして17日間の裁判で、カリンポンの陰謀集団の扇動を企てたとの罪で裁かれ、これにより同64年12月有罪とされ、9年8カ月の監獄生活を送ることになり、1977年10月にようやく釈放された[注24]。この間、文化

大革命中の 1966 年 8 月、パンチェン・ラマは中央民族学院などの紅衛兵によって連行され批判にさらされ、解放軍によって隔離・保護されて、それから数カ月後に帰宅を許された。パンチェン・ラマは 1982 年 7 月、18 年ぶりにチベットに戻り、1988 年 5 月名誉回復し、全国人民代表大会常務委員会副委員長に復帰した。なお、没収された 7 万言の直諫書は、1989 年 1 月 11 日パンチェンのもとに戻った。

一方、1964 年 12 月各級人民代表選挙が実施され、チベット人幹部 1 万 7000 人が選出され、翌 65 年 9 月 1 〜 9 日チベット自治区人民代表大会が開催され、自治区人民委員会が設立され、アペイ・アワンジンメイが自治区人民委員会に就任した。

ジョン・アベトンは、1962 年から 1964 年までチベットでは 4 つの運動があったと、改革の流れを整理している。

(1) 民主改革の再点検——反動分子や階級の敵があぶり出された。
(2) のんびり運動——国外逃亡を恐れて、国境地帯では、大きな個人の自由や課税免除がとられた。
(3) 三大教育運動——階級意識教育、社会主義者脱皮教育（非利己主義実現のために利己主義を打破する）、科学技術教育。
(4) 4 浄化運動——思想・歴史・政治・経済を浄化し、党の方針に沿ってチベットは中国一部であったとの理解を深める。[注25]

1965 年 7 月 18 日チベットで人民公社が試行された。8 月 23 日国務院はチベット自治区で成立を承認し、25 日全国人民代表大会常務委員会でチベット自治区で成立が決まった。29 日共産党中央は人民公社の試行に同意した。

9 月 1 日共産党中央委員・副総理謝富治がチベット自治区第 1 期人民代表大会第 1 回会議で演説し、反乱の平定と民主的改革後 5 年間の成果を強調した[注26]。次いで、2 日チベット自治区委員会第一書記張国華が報告を行い、チベット革命における民主主義革命段階と社会主義段階を指摘し[注27]、同代表大会は 9 日閉会した。4 〜 11 日開催の中国人民協商会議チベット自治区委員会総会は自治区の社会主義革命と社会主義建設の方針を決定した。

そうしたなか 1965 年 5 月中国は文化大革命に突入した。1966 年 8 月紅衛兵が北京に集合してから数日後の同 8 月 12 日に、ラサにもその運動が広がり、ジョカン寺（大昭寺）に紅衛兵が突入した。チベットの紅衛兵は北京へは行かず、ラサで

活動し、12月22日ラサ革命造反総司令部（造反派）が設けられ、「奪権」闘争となった。その造反総司令部設立宣言は、次のとおりであった。

「プロレタリア文化大革命のもと、ブルジョワ反動派路線を拒絶する戦争の太鼓の音が鳴り響く中、ラサ革命造反総司令部が誕生することとなった！

われわれのこの造反司令部は、何を行おうとしているのか。この司令部は、毛沢東思想の偉大な紅旗を高く掲げ、毛沢東の思想を実践に移し造反するためのものである。われわれは、党内で走資派路線に走った一握りの実践に移し造反するであろう！　われわれは、ブルジョワ反動派路線を頑固に主張する者たちに対して造反するであろう！　われわれは、すべての妖怪変化に対して造反するであろう！　われわれは、ブルジョワ王党派に対して造反するであろう！

われら無法の造反派集団は、鉄の鞭を振るい、巨大な棍棒を振りまわして、旧社会をぶち毀し、人民を完全なる混乱に陥れるであろう。われわれは、疾風も嵐も飛ぶ砂も動く岩も恐れない。……プロレタリアの輝く紅い世界を創造するために、最後まで造反し続けよ！

──ラサ革命造反総司令部設立宣言　1966年12月22日[注28]」

その革命開始宣言は、次のとおりである。

「造反へ！　造反へ！　われらは、毛沢東の思想のもとに、自由意思をもって連合した造反派である……われわれのこの組織には、厄介な法則と規定もない。われわれと意見を同じくする造反派ならば、誰でもその組織に加わることができる。……われわれは、暴力ではなく理性による闘争を主張する。しかし、革命を行うにあたって、われわれは、自分たちの歩みや行為を女らしさによって推しはかったりはしない。われわれは、紳士的に控えめにふるまうなどというようなことはしない。自らを抑制したり、親切に礼儀正しくしたりするつもりなどはないのである。[注29]」

対立する一派は漢人分子で、チベット自治区造反革命大連合造反総司令部（連合派）を組織した。連合派は高級幹部を吸収し、造反派は下級幹部や漢人労働者を吸収した。1967年1月造反派が権力を掌握し、2月までラサでは打倒・略奪・捜索が続いた。権力闘争はラサ地区に限定されていたが、チュンビ（春丕／トモ）渓谷にも広がった。ラサの南、ロカ（山南）では、3000人のチベット青年が人民解放

軍を襲撃し、200人を殺害した。

　1968年8月28日共産党中央・国務院・中央軍事委員会は中央文革を批判し、チベット自治区革命委員会の成立を指示し、9月5日人民解放軍は中央の通達でその地位を回復し、5万人が参加してチベット自治区革命委員会が設立され、漢人が支配を回復した。委員会の構成は委員13人のうちチベット人は4人だけであった。1969年に武闘は停止されたが、この過程で注目されるべきは、ダライ・ラマに対する態度の変化であった。ここに、ダライ・ラマと中国との間接交渉が始まる条件が整った。つまり、1964年1月のパンチェン・ラマの発言が心の中に残り、そして1970年代に入ると、ダライのチベット帰還という噂が広がった。その一方、1970年6月10日新華電は、チベット自治区の34％に人民公社が成立したと報じ、そして1971年8月7日～12日共産党チベット自治区第1回代表大会が開催され、チベット自治区共産党委員会が成立した。この事態を見極めていたインドは、その立場を明らかにして、同8月サワラン・シン外相が「チベットの『主権』あるいは『宗主権』の問題は中国側が決定する問題である」と発言した。そしてインド政府は、1973年には1959年反乱を記念する3月集会での14世ダライ・ラマ講演を中止させた。1974年2月28日ラサで1万8000人が参加した批林批孔大会が開かれ、批林批孔運動がチベット全区で進展した。同年8月28日チベット自治区共産党委員会は、全区農牧業5・5規画初歩構想を決定した。これは、ナク（那曲）、アムド（安多）、ダムジュン（当雄）3県を重点にした農業の機械化を軸として新しい発展構想を提起したものであった[注30]。10月5日新華社はチベット自治区の90％以上で人民公社が成立したと報じた。そして、1975年、ハン・スーイン（韓素音）[注31]がこれまで10年以上にわたり認められなかったチベットを訪問したが、このことは、チベットでの反中国ゲリラ活動の終焉を意味していた。1976年9月毛沢東時代は終わり、人民日報は、党の民族政策を厳格に守り、少数民族の風俗・習慣を尊重し、彼らの言語を学習せよとキャンペーンし、漢人とチベット人の連繋は社会主義の新しいチベット建設を努力することが基本的条件だからである、と繰り返し強調した。

　ここに、文化大革命での混乱と破壊は、毛沢東の死去とともに終わった。1977年10月6日中央で4人組が粉砕されたが、チベットでは、8件の4人組事件があった。

3．社会主義現代化のチベット

　1979年8月6日チベット自治区第3期人民代表大会第2回会議で、アペイ・アワンジンメイ（阿沛・阿旺晋美）が人民代表大会常務委員会主任、テンパ（天宝）がチベット自治区人民政府主席に選出された。1980年3月14～15日のチベット工作座談会で、チベット自治区の中心任務が決定された注32。これに伴い、5月15日～6月3日共産党中央は、チベット問題およびチベット政策会議を開催し、これまでのチベット政策の失敗を認めた。そして5月22～31日胡耀邦共産党総書記、書記万里ら中央政治局常務委員会幹部、共産党中央統戦部副部長楊静仁、中央組織部副部長趙振清ら中央工作組がシガツエ（日喀則）、アリ（阿里）、チャムド（昌都）、ラサ地区を訪問し、25～27日幹部座談会を開催した。胡耀邦は26日、以下8項目の新チベット工作方針を明らかにした。

1. 中央各部門は、チベットの実際情況に注意を払い、了解し、研究し、決定を実施する。
2. 中央統戦部と国家民族委員会は、中央と国務院の支援を得て、系統的にチベット工作情況を調査し研究する。チベット自治区の党指導を進める。
3. 中央及び中央各部門は、方針・政策・制度を制定し、チベットの実際情況に不適切なものは、これを執行しない。
4. チベット族・その他少数民族幹部を大量に育成し、彼らにチベットの主要な事務を担わせる。
5. 中央各部門は経済・文教・衛生部門の特別計画を建て、チベットの特殊需要に応える。
6. 全国の関係地方および単位は上級の支持に従い、チベット工作を支援する。
7. 中央各部門と各省・市・自治区は、「チベット工作座談会紀要」に従い関係の問題での自己工作を進める。
8. チベット自治区共産党委員会は、共産党第13期第3、4、5回全体会議および「チベット工作座談会紀要」の精神に照らして、工作を進め、成績を発揚し、欠点を克服する。注33

　さらに、29日の幹部大会の演説で、胡耀邦は、以下の6点政策を提出した。

１．自治は自主的事務の権利である。
２．チベット人は国税を免除され、必要なものは国家が供給する。
３．チベットの特殊的実際条件に基づく建設を進める。
４．北京はチベット自治区の財政を支援し、統治下の経済と生活水準を発展させる。
５．社会主義のもとチベットの文化・教育・科学を発展させる。
６．チベットの参政を拡大し、２〜３年のうちにチベット族幹部が政府官員の３分の２以上を占めるようにする。注34

その胡耀邦演説は、従前のチベット政策の反省に大きく踏み込んでいた。それは、以下のとおりである。

「……今日のチベットの状況は、完全に素晴らしいものとはいい難い。私は２つの問題を分けて考えたい。一つは歴史の問題であり、もう一つは現状の問題である。調査旅行の結果判明した現在の状況は、チベット人民の生活環境には大きな進歩が見られなかったということである。地域によっては多少の進歩が見られたところもあるが、返って退歩が見られたところもある。多くの地域で、人々は互助組の記憶を胸に留めていた。これは、われわれがこの現状を認めなければならないことである。チベット人民の生活は、大きく進歩してはいない。幾らか退歩した地域さえあるほどである。華（国鋒）主席および鄧（小平）副主席は、この知らせを聞いて非常に悲しんでいる。わが党がチベット人民の期待を裏切った、と私は感じる。同志諸君、わが共産党の唯一の目的は人民の幸せに奉仕することであり、彼らに尽くすことである。われわれは、30年間、活動して来た。このことを繰り返し注意深く考えるべきではなかろうか。中央の同志は、とても残念がっていると申し上げる。華主席や鄧副主席とこの問題を協議して、私は、ここに来た。チベット人民の生活レベルに明らかな向上が見られなかったことに、われわれは、責任を負うべきであろう、それとも、責任はないのだろうか。第一義的にいえば、われわれには、責任がある。第一義的に、中央委員会に責任がある。われわれ中央委員会が80％の責任を負う。しかし、ここにいる同志諸君は、その責任の一端を負わなくてもいいのだろうか。私がこのことを下品ないい方でいえば、チベット人民はそれ賛同してくれないであろう。また、共産党全体も賛成してくれないであろう。われわれチベッ

トに調査にやって来た人が嘘をいえば、われわれは、共産党に対する責任を果していないことになる。だから、われわれの訪問の唯一の目的は、わが同志と協議をすることである。第一に、チベット人民の物質的・文化的生活レベルを比較的速やかに向上させるために、われわれは、十分に統一的歩調がとれるかを、チベット自治区共産党委員会の同志と協議をすることであり、今日、この会議に参加している4000人以上の同志と協議をすることである。われわれ全員の目的は、統一ある豊かな、そして文明化された新チベットを建設するために努力をすることである！　われわれは、現段階でこういうことができる。漢民族あるいはチベット民族また他の民族の幹部として、われわれに他に何の目的があるというのだろう。……

　第一の重要な問題は、民族区域自治において中央委員会の統一的指導下に、自治権の完全な行使が認められるべきでということである。チベットは自治区であり、さらに、それは広大で特殊な自治区である。120万平方キロメートルの広さがあり、全国土の8分の1を占めている。自治権がなければ、全国の人民も強固な統一を確立することはできない。自治権とは自主権である。自治権がなければ、地元の状況に合った政策を実施することはできない。生産工作隊が自主権を有していることを、われわれは、今、提案しているのである。実際、個人個人としては、われわれは、みな、自主権を有している。われわれ自身の個人的な趣味に耽る権利を有している。チベット族の同志諸君は、バターやツァンパ（青稞、ハダカムギ）を食べるのを好み、南方の人間である私は米食を好む。もしあなた方がツァンパを食べる彼らの権利を侵害し、米を食べる私の権利を侵害したならば、われわれは、統一を達成することができない。同志諸君の中には少数ではあるが、そのような自主的な考え方で対応し、他人に自分の意志を押し付け、その人の自主権を侵害してしまう人がいる。弁証法に則れば、中央集権と自治権には密接な関係がある。各民族が自治を完全に実行する権利を認められなければ、全国土の人民の偉大な統一は達成できないであろう。どうか、この原則をよく考えて頂きたい。私は、いわゆる「画一性」は、客観的な法律に対応していない自主的な仕事の結果と見做している。毛沢東主席は自主主義を、不純な党精神の現れといっている。それは、共産党員全体の

敵であり、国家全体の敵である。自主主義に陥って、どうやって活動することが可能か。どうして、地元の状況に配慮を示し、統一的な指導力を尊重しないのか。われわれは、統一的な指導力を拒絶することはできないし、また自主権を行使することも拒絶できない。自主権は、統一的な指導力の下で、完全に行使されるべきである。

31号文件には、「中央政府やその各部署からの通達・指示・条例も、それがチベットの状況に適っていなければ、それを実行する必要はない」との記述がある。中央政府がこの規定を盛り込んだ理由は、あなた方が適切な変更を加え得るように、また中央政府に対するあなた方の見解を表明できるように、そして各民族の統合とチベットの産業発展に寄与しないようなものはいっさい実行する必要がないとの決定を、あなた方が下すことができるようにするためであった。この規定に従えば、あなた方の自治区は、中央政府の統一的政策の下で、自分自身の法律を成立させることができる。あなた方がこの規定について、理論的な視点から、また政治思想的な視点から、深く思考を凝らすよう、私は進言したい。この規定のことを深く考えないと、チベットには、何の独自性もなくなってしまう。われわれのような外来者の目からみると、ポタラ宮殿は、際立った独自性を持つが、それを除けば、他のものには何の独自性もみられない。自治区共産党委員会の面々が食している食べ物も、なんら独自性のあるものではない。餃子とお粥くらいのものである。民族的独自性に何の配慮も払われておらず、すべてのものが内地と同じである。私の意見は、このことは議論されなければならなず、はっきりさせなければならないということである。それをしなければ、チベット政策を大きく前進させることはできない。漢民族は漢の姓名を持ち、チベット民族はチベットの氏名を持っている。ガポ同志の氏名はすばらしいものである。私は、もう一度、民族区域における自治権の行使は、中央委員会の統一的指導に基づき行われるべきである、と強く申し上げたい。これが6項目の第1条である。今日は、このことに関して、余り詳しくは言及しなかった。なぜなら、万里同志が何度が会議を招集して、そのことに言及しているからである。ここに座っておられる宗（県）レベルあるいはそれ以上のレベルの共産党書記の方々、皆さんは、全員がここに集まっておられ

よう。あなた方自身の特色に従って、あなた方は、具体的な法律や条例を制定し、またあなた方自身の民族的特色を守ろうとするであろう。あなた方は、そうしなければならない。そうした上で、中央委員会の手法を完璧に真似るならば、あなた方自身を批判することになるであろう。外見だけを真似るべきではない。中央委員会のすべてを無批判に真似るべきではない。例外なしに無批判に真似をすることは、怠け者のすることである。

　第2条は、チベットの情況に従って出発するということである。それぞれチベット人民に対しては3年から5年のあいだ、税の納付および物品購入を国家的配給制度の下で行うことを猶予するというものである。……

　これは、第3条の経済政策の方面で、経済成長を促進するという政策のためであり、家内工業や手芸産業を導入し、食糧品目を増やし、個人的な必要に応じて家畜を飼うことや、個人的な経済活動を認めなければならない。……

　第4条は、大量経費についてである。国家があなた方の支援のために計上した予算の大部分は、農業と牧畜の発展のために、またチベット人民の日常生活において緊急に必要なもののために使われるべきだということである。これは基本的な政策である。同志諸君、私は、数値を挙げて、あなた方に報告をしたいと思う。過去29年間に、国家はどれ程のお金をあなた方に渡したと思うか。国家による直接投資および軍事費を計算に入れなくても、45億3000万元をあなた方に手渡して来た。この数字を念頭においてほしい。45億3000万元である。また、あなた方は、工業、商業、および農業からどれ程の税収を得て来たのか。過去29年間に、あなた方が獲得したのは5738万元だけである。みなさい。45億元も与えられて、あなた方が大衆から獲得したのは僅か5700万元だけなのである。5700万元位が何の役に立つというのか！

　中央は最近、今年は、さらに4億9600万元をつぎ込むことを決定した。来年からは、さらに毎年10％の率で増加させ、1984年には8億元に達する見込みである。わが国の29の省や自治区の中で、あなた方ほど優遇されている地域は外にはない。あなた方を優遇することは正しい政策である。なぜならば、あなた方の地域は重要だからである。この地域は広大で、6カ国と国境を接し、高地でしかも寒冷地である。だから、国家は、最も優遇されている他の地域に

比べて、その1.5倍もの支援策を講じている。中央がチベット人民に対し深い配慮をし、実際に優遇策と採っているということを、あなた方は公にいうべきだと、私は思う。また同時に、ここ数年、お金が適切に使われて来なかったということも指摘しておきたい。無駄使いは巨額なものがあった。まるでヤルツァンポ河にお金を投げ捨てたようなものであった。繰り返していうが、責任を追求するつもりはない。過去の帳尻を合わせたいとも思わない。過去においては、われわれには経験が不足していた。しかし、現在は、経験を総動員すべきである。今年、あなた方は4億9600万元の援助を受けるが、来年は5億5000万元に達しよう。それをどうやって使うか。あなた方がそれをどのように使うのか、私は、それを心配している。あなた方の中の誰かが無責任で、目をつぶって、今日は5000万元、明日は4500万元と、小切手を切ったとする、それが問題を引き起こさない筈がなかろう。これは、私の見解であるが、自治区共産党委員会は良心的な話合いをすべきだと思う。この4億9600万元は、全国人民の汗と血の結晶である。だから、良心的に話合いをすべきだといっているのである。決して一人の人に任せ切ってはいけない。あなた方が責任を持ち、細かい予算を作り、適切に使わなければいけない。陰法唐同志、あなたは今、第一書記である。ガポ同志、あなたにも申し上げたい。もしチベット自治区がお金を不適切に使ってしまうのであれば、また会って話したいと思う。これは少し無作法かも知れないが、友人は友人であり、原則は原則である。ここにいる全員が証人だが、毎年、人民のために、われわれは、何か良いことをしなければならない。しなければならないことは、山とあるのではないか。

　第5条の重要な問題は、社会主義の堅持を前提としながら、精力的にまた完全にチベット人民の科学・文化・教育を振興させなければならないということである。勿論、これには前提があり、社会主義は堅持されなければならない。漢民族の幹部のあいだには、少数であるが、チベット民族が遅れているとの誤った見解を持っている人びとがいる。私は、この見解には同意しない。これは間違っている。チベット文化は際立って豊かで、その歴史は太古に溯ることができる。ポタラ宮殿は300年以上の歴史を有し、ジョカン寺（大昭寺）は1300年以上もの歴史を有している。チベットは、太古からの歴史を有し、世界的に

有名な古代文明と非常に優れた仏教経典研究の成果を有している。チベットは、また、極めて優れた音楽と舞踊、彫像、絵画、建築、そしてチベット医学を有している。チベットの音楽や舞踊は、われわれ漢民族のものよりもずっと優れていると、私は、考えている。勿論、われわれも、優れた音楽や舞踊を有しており、われわれの能力について決して否定的になる必要も、過小評価する必要もない。しかし、概していえば、チベット族やモンゴル族、ウィグル族、そして朝鮮民族人の音楽や舞踊は、漢人のものよりも優れていると、私は思う。『儀軌に適わぬことは何も聞くな、儀軌に適わぬことは何もするな』という儒教の格言に従ったために、漢民族は大変な損をした。この２つの格言は、儒教を代表する有名な格言である。しかし、チベットの歴史・言語・芸術を見下すことは、完全に間違っている。教育の普及程度は、現状では余り良いとはいえない。昨日、私は、同志ロブサン・ツルテム、ドルジェ・ツェテン、プンツォク・タシと話をした。チベットの歴史、言語、精神研究、経典研究、芸術、法律、そして彫刻の分野で、科学大学を設立するために準備に入るべきだと提案した。学生の数は、必ずしも多数である必要はなかろう。1000人か2000人で十分だと思う。入試があり、基準以上の人は、誰でも入学できるようにし、基準に達しない者は入学できないようにする。チベット族が主体であるべきである。98％がチベット族でなければならない。では、漢民族はどこへ行くのだろうか。彼らは、内地に行けば良い。生涯を通じてチベット人に奉仕しようとの決意をしている者だけが、ここに来るべきである。さもなければ、人々は、川を渡る橋としてここにやって来るようになるであろう（つまり、彼ら自身の利益のためにである）。これは通らぬことである。このことに寛容であるべき理由など、ありはしない。これ（大学）は、今年、叶えられなければ、来年には叶えられるであろう。チベットで働いている漢民族の幹部は、チベット語を学ぶべきだと、私は考えている。あなた方は10年も20年もここで働いているにもかかわらず、チベット語の能力は私と変わらない。「タシ・デレ」というような目出たい言葉位しか知らない。私のような遅れた人間の真似をすべきではない。どうして学ぼうとしないのか。チベットで働く漢民族幹部は、チベット語を学ぶべきだと、私は思う。これは必須である。さもなければ、あなた方は

大衆から浮き上がってしまうだろう。あなた方が少数民族に暖かい気持ちを抱くということは、単に口先だけでの話ではない。あなた方は、彼らの習慣や風俗また言語を、歴史を、文化を尊敬しなければならないということである。もし実際にそうしなければ、それは空念仏になってしまう。繰り返しもう一度いうが、チベットの文化を否定しあるいは弱体化させようとの政治思想を持っている漢民族の幹部は、たとえそれが誰であっても、完全に間違っている。民族の統一強化に損害を与えているのである。これが第五の問題である。

　最後の一つの問題は、党の民族幹部政策を正しく実行し、チベット民族幹部と漢民族幹部の密接な統一を強化するということである。もう一度繰り返していえば、チベットにやって来た漢民族幹部は、チベット人民の解放に貢献して来た。彼らは、熱烈な努力を捧げて来た。チベットに入った大多数の幹部は、チベット解放のために、一生懸命に努力をして来た。勤勉にそして良心的に働き、貢献してきた。これは、完全に認められるべきことである。しかしながら、少数のほんの少数の、極めて少数の人びとで、不健康な傾向を持った人びとがいなかったといえるのか。チベット自治区共産党規律検査委員会が、いくつかの不健康な傾向を示す資料をみせてくれた。最初は、その資料を読みたくはなかったが、党員たる者は恰好をつけてはいられないので、私は、それを読まなければならなかった。不健康な傾向の主要な現われは、以下のようなものであった。

　第1条　民族政策に反対し、各民族の統一を阻害すること。
　第2条　特権を利用して、職場に身内を採用すること。
　第3条　派閥主義を増長して、小さな派閥を作ること。
　第4条　無責任で国家や公共の資産を浪費すること。
　第5条　権力を乱用し、大衆を馬鹿にすること。
　第6条　個人的な特権を求め、宴会を開き、賄賂を求めること。

　この不健康な傾向を有することは、個人的な問題であるにせよ、また極少数の者の問題であるにせよ、白日の下に晒すべきであると、私は考える。共産党の党員にとっては、正しいことは正しいし、間違っていることは間違っている。チベット人に対して良からぬことをいい、良からぬことをした同志が存在して

いる。彼らが行った行為の大部分については、われわれは、彼らを責めること はできない。われわれ自身の責任だからである。なぜなら、われわれは、彼ら の教師でありまた年長者だからである。過去29年来、チベットは成熟してきた。 多数の優れた能力のあるチベット族幹部が養成され、また訓練されてきた。彼 らは、大衆との連帯を保っている。彼らの多くは、この立場に立っている。例 えば、ガポ同志は、価値ある貢献をしている。数十年前にも、彼は、大変な貢 献をした。ライディ同志やパサン同志もいる。また、多くの宗レベルの共産党 書記、楊東生同志、ドルジェ・ツェテン同志、プンツォク・タシ同志、パクパ ラ同志、ロブサン・ツルテム同志らの非常に多くの方々がいる。数千人いや 数万人にも上るであろう。これは、われわれの党の民族政策の偉大な業績であ る。わが漢民族の幹部は、チベット人幹部が成熟してきていることに喜びを感 ずるべきである。これこそが、われわれの偉大な業績の一つである。われわ れは、このように考えなければならない。時間をかけた末に、ようやく獲得し た業績である。中央が、新たなる事態に対応し、新たなる問題を解決するよう に、われわれに呼びかけているのではないか。新たなる事態とは、彼らが成熟 して来ているということである。この新たなる問題を解決するためには、われ われは、彼らにもっと大きな責任を負わせるべきである。彼らは、われわれよ りももっと上手くそれを成し遂げるであろう。だからこそ、われわれは、決定 をした。しかしながら、思考回路を改めなかった幹部がいる、と聞く。思考回 路を改めなかった幹部も、それをしなければならない。われわれは、まず第一 歩として政策決定をする。次に、彼らは、その思考回路を改めなければならな い。毛（沢東）主席や周（恩来）総理がご存命のあいだは、その指導に基づい てチベット族幹部が60％を占め、漢族幹部が40％を占めていた。1950年代 と60年代の終わり頃には、そういわれていた。しかし、昨日、われわれが議 論した結果、ここ2、3年のうちに、私の見解では、2年以内が最善だと思うが、 チベット族幹部が自治区幹部の3分の2以上を占めるべきだということになっ た。生産部門ばかりではない。教育部門も含めてのことである。生産部門の幹 部についていっているのではない。それは、全員がチベット族幹部であるべき だからである。われわれは、この土地に30年間、暮らして来た。そして、歴

史的な仕事を成し遂げた。われわれの肉体は、ここの風土に適していない。漢族幹部がなぜ、ここに来て労働者として、また公務員として働かなければならないのか。……[注35]」

中央統戦部副部長楊静仁は、この5月のチベット訪問に続いて、7月26日紅旗、1980年第15期論文「中央指示を固く決意して貫徹し、チベット工作は望ましい」で、以下の歴史的検証をした。チベット工作は、①1951年平和解放、②平和解放後の穏進的方針、③1959年武装反乱後の改革、④1961年4月の5年以内は合作社を進めないとしたチベット発展方針を経て、チベット工作座談会紀要の通知8項方針（517頁をみよ）、胡燿邦の6件大事（518頁をみよ）をもって、10年富裕の成果をみた。そして、現在の工作問題は、①発展の協議、②不正分子、③農業問題、④自治政策の左傾化への取り組みにおける民族団結の強化にある[注36]。

1981年5月23日李維漢（17条協定の調印責任者、1961年中央統戦工作部長、次いで中央民族事務委員会主任を歴任）は、チベット平和解放法的協議30周年を記念して「チベット民族解放の路」を発表した。同論文は、「平和解放はチベット史および祖国関係史の発展の必然的産物とし、その解放協議とチベット革命の発展過程を辿り、同協議の各項についての基本原則、すなわち①チベット民族と祖国の民族大家庭の団結と統一、②民主改革、③中央人民政府の統一領導下における民族区域自治と実行、④宗教信仰の自由政策の実行、⑤革命的な愛国的統一の発展について、歴史的に検証した[注37]。

これは新生チベットへの転換であり、翌81年4月17～30日チベット自治区第3期人民代表大会第3回会議で、楊東生が人民代表大会常務委員会主任、アペイ・アワンジンメイがチベット自治区人民政府主席にそれぞれ選出された。そして同81年には、全区各地の市・県の人民代表大会が相継いで開催された。各級人民代表大会常務委員会と政府が成立した。チベット族代表は県レベルで95％、自治区レベルで82％以上を占めた。そして1982年3月3日楊静仁副総理・国家民族委員会主任は、社会主義精神文明における少数民族の人民共同体創成を強調した[注38]。そして同3月共産党中央は、社会主義時期の宗教問題に関する基本観点と基本政策の通知を発し[注39]、そのチベットでの適用をみるところとなった。その要点は以下にあった。

「社会主義の条件下での宗教問題の長期性について、全党同志は務めて十分に冷静な認識をもつ必要がある。社会主義制度の建立と経済・文化の一定程度の発展に従って宗教は速やかに消え亡びることができるのだという考えは非現実的なものである。行政命令あるいはその他の強制手段によって一挙に宗教を消滅することができるという考え方や、マルクス主義の宗教問題に関する基本的観点に離背したもので、完全に誤っており、きわめて有害である。……

解放以後、社会経済制度の深く大きな改造と宗教制度の重大な改革を経て、わが国の宗教情況は、既に根本的に変化し、宗教問題上の矛盾は、主として人民内部の矛盾に属するものとなっている。しかし、宗教問題は、なお一定範囲において長期にわたって存在し続け、かなりの大衆性を持ち、非常に多くの地方では、民族問題と絡み合って発生し、またなんらかの階級闘争と複雑な国際的要因の影響を受けている。したがって、われわれが宗教問題で当を得た処理ができるか否かは、国家の安定と民族の団結によって国際交流を発展させ、国外の敵対勢力の浸透を止めることにとり、依然として軽視することのできない重要な意義を持っている。……

要するに、宗教を信仰する大衆と信仰しない大衆との全体を連合させて、彼らの意志と力量を現代化された社会主強国を建設するというこの共同目標に集中させること、これこそが、われわれが宗教信仰の自由の政策を貫徹・実行し、いっさいの宗教問題を処理する根本の出発点であり終着点である。[注40]」

そして、1984年にアペイ・アワンジンメイが中心となり民族区域自治法を起草し、5月31日採択され6月4日公布された[注41]。ここに、民族区域自治政策は落実した。

一方、1984年2月27日～3月28日に党中央第2次チベット工作座談会が開催され、1980年以来の方針を検討したが、そこでは未だ左の誤りが残っていた。そこで、4月16～27日チベット自治区第3期共産党第2回委員会が開催されチベット工作座談会紀要の精神の貫徹が決議され、そこでは、民族・宗教工作も重視され、チベット語の使用と発展が打ち出された[注42]。

1985年8月31日共産党中央書記処書記胡啓立は、チベット自治区20周年幹部大会で講話を行い、第11期共産党中央委員会第3回全体会議以来、中央はチベットの実際的情況を出発点として、チベット自治区は特殊政策を実行すべきであると

述べた[注43]。同時に、李鵬副総理は、「発展経済、培養人材、繁栄西蔵」の演説を行い、①牧農経済の実行、②交通建設、③人民の富裕化、④観光開発、⑤辺境貿易前進のチベット経済の5項目を提出した[注44]。

1986年9月28日第12期共産党中央委員会第6次会議は、社会主義精神文明建設領導方針の決議を採択した[注45]。そして翌87年7月全国人民代表大会副委員長アペイ・アワンジンメイが、チベット自治区のチベット語学習、使用、および発展の若干規定を建議し、採択された[注46]。これは、チベットの新生を意味した。

この段階になって、1987年3月28日パンチェン・ラマは、全国人民代表大会チベット自治区常務委員会で、7万言の直練書について、はじめて語った。要点は、以下のとおりである。

1．少数民族の存在を無視し、タルシンポ僧院も17条協定で約束された権限を剥奪された。
2．カムパの反乱は、ダライ・ラマへの民衆の寄進を、抵抗運動の活動分子として処罰したところに始まった。
3．30年間にわたる共産党政権下では、騒乱に加わらなかった者も処罰した。実際、インドへ逃げた方がよかったという現実があった。
4．人民裁判でパンチェン側近のラマ婦人にパンチェン・ラマの罪を着せる証言を強いたが、それは失敗した。
5．1959年、全国規模の反右派闘争で、左派分子が生まれ、チベットの左派は、胡耀邦同志の失脚を企てたが、彼らこそ、中国人民とチベット人民のあいだに楔を打ち込もうとした者であった。[注47]

その会議では、このパンチェン・ラマの発言に関連して、ドルジェ・ツェテン前チベット自治区人民政府議長も、(1) 人民の無差別逮捕があった、(2) チャムド（昌都）、ナク（那曲）、ロゾン（柔宗）で大規模かつ残虐な行為がチベット人民に対して行われた、(3) 集会に参加したチベット政府（ゲキカ）の役人すべてが逮捕されたことは、大きな過ちであった、と発言した[注48]。

1990年7月22～25日共産党中央委員会総書記江沢民がラサを視察し、24日幹部大会で講話をし、25日シガツエ（日喀則）を視察した。彼は23日「発揚老西蔵精神、戌辺衛国建新功」の題辞を残した。

1992年5月13〜15日共産党中央の全区民族工作会議がラサで開催され、平和解放40余年の成果が総括された。

1994年1月15〜19日チベット自治区人民政府が全区経済工作会議をラサに開催し、開放問題を討議した。農産品の生産増強による1980年代における農村の経済収入の目立った成果は、次のとおりであった。

1980年代における農村の経済収入状況

年	総収入　万元	純収入　万元	1人当たり平均純収入　元
1978	22919.76	19068.86	119.00
1979	27468.62	23143.53	157.89
1980	30660.00	26200.00	185.90
1981	37863.90	26200.00	201.00
1982	41231.64	33780.60	220.00
1983	43002.90	36929.70	216.10
1984	62189.53	50794.84	302.60
1985	77735.17	63188.68	364.13
1986	71898.80	59329.90	334.46
1987	78239.35	65704.34	361.12
1988	93667.58	76817.09	415.33

(出所) 孫勇主編『西蔵・非典型二元結構的発展改革——新視角討論与報告』北京、中国蔵学出版社、1991年、111頁。

それは、伝統的経済を大きく脱皮した点の指摘にあった。

チベット自治区は、1980年代末から、こうして蘇生へと向かい、民族自治は成就し、1990年代に入ると、チベット政治・社会・経済情勢は一変した。

4．1987〜88年暴動

1987年9月24日ラサのサッカー場での公開裁判において、チベット人2人に対する死刑の宣告と9人に対する懲役刑が言い渡された。このため、同24日ラマが公開裁判による処刑に反対して政治犯の釈放を求めたデモが起きた。この公開裁

判と前後して、自治区当局は、壁新聞やポスターでダライ・ラマを名指しで批判した。この批判で、民衆の興奮が大きく高まったことが原因であった。このため、28日ウランフ中国共産党副主席が民族区域自治法3周年特別談話で少数民族の自治権尊重を地方の幹部に呼びかけた。この事態に、10月9日ラサ市中級人民法院副院長プダワは、前記11人の犯人は政治犯ではない、と発表した。その一方、29日ダライ・ラマ亡命政府の声明は、その裁判は人権弾圧だとした。

　一方、亡命政府の対外工作が成功し、同87年6月18日米下院はチベット人権決議を採択していた。その決議成立は、中国がチベットを統治して以降、120万人が殺害され、2万人のチベット人がなおも84カ所の監獄に収容されているとの情報に従っていた。この決議の採択について、中国政府は、そうした米国での事態こそが重大な結果をもたらすので、米国として効果的な措置をとるよう、米国に求めていた。そうしたなか9月19日訪米した14世ダライ・ラマは、21日米下院人権問題小委員会で、チベット人は基本的人権を侵害されていると証言し、いわゆる5項目計画を発表した。さらに、24日の記者会見で、ダライ・ラマは「チベットは独立国である」主張し、同24日インディアナ大学での講演でも、その趣旨を明言した。とりわけ21日下院人権問題小委員会でのかかるチベット独立発言に対し、中国政府は激怒した。

　こうした背景下での前記24日の公開裁判は、チベット独立運動のエネルギーを触発するところとなった[注49]。

　9月27日、セラ寺(色拉寺)の青年ラマ21名とその他5名が雪山獅子旗(ダライ・ラマ亡命政府の国旗、旧チベット政府軍旗)を掲げてラサの中心街、ジョカン寺(大昭寺)の八角街、人民路一帯を、「チベット独立」を叫んでデモ行進し警官隊と衝突した[注50]。この記事は28日のチベット日報で初めて報じられた[注51]。30日の人民日報は、同様にこれを分裂主義者の反動的行動と論断した。10月1日ラサ中心部で、拘留されたラマの釈放を要求して再び民衆300人の独立要求デモが起こり、50～60人が警察に連行された。デモに参加した民衆は2000人～3000人に達し、約600人が逮捕されて大混乱となった。また、10人のラマが警察署に突入し、発砲が始まった。公式発表では、死者は6名、警官19名が負傷した。翌2日ラサに外出禁止令が布告された[注52]。この発砲事件につき、新華社電は、反乱分子が警官の

銃を奪って発砲したもので、警察側はいっさい発砲していない、と伝えた。10日までにチベット各地に入っていた外国人記者やチベット国旗を所持していたアメリカ人男性2人も、国外退去となった。

ダライ・ラマは10月1日インドに戻り、早々、ラサの流血デモについて逮捕者を即時釈放するよう声明した。

一方、同10月1日ニューヨーク・タイムズは、民主党のトム・ラントン議員の談話として、「少なくとも2人のチベット人の処刑はダライ・ラマの訪米に対する報復であろう」とした見解を報じた[注53]。

10月7日中国人民解放軍のチャムド（昌都）進駐37周年を前に、6日セラ寺（色拉寺／黄金寺）のラマら100名のデモが決行され、60名が逮捕され、このとき抵抗したラマ2名が拘束後に死去した。4日シガツエ（日喀則）でもデモの報道があったが、それは実際はなく、5日ラマ・大衆1000人程度の集会があった。これは北京にいた10世パンチェン・ラマの指示で開催されたもので、デモは分裂主義者の愚かな行動だとの糾弾を行った。31日第13回中国共産党大会に出席中のチベット自治区政府主席ドルジェ・ツェテンと党副書記テンジン、ラサ市党委員会書記チューゲが北京で記者会見し、分裂主義者の1985年爆破工作、1986年暗殺計画などいずれもが発覚したことを明らかにした。

なお、10月3日スイスのベルンでチベット人約200人の独立要求デモ、6日カナダのトロントの中国領事館前でチベット人約100人のデモ弾圧抗議集会（2名逮捕）があった[注54]。

この流れを引き継いで、1988年12月から翌89年3月5日まで、チベット全土で独立要求デモが繰り返された。なかでも、3月5日ラサで起きたデモは、7日まで3日間続き、中国当局の発表で死者18人、負傷者70人とされたが、AFP通信社は死者500〜800人と報じた。この犠牲は5日独立・復興をスローガンにデモ行進した数百人のデモに対して武装警察が建物の屋根から無差別な銃乱射をしたからであった。そして3月7日戒厳令となった。その措置は、以下のとおりであった。

「少数の分裂主義分子がチベット自治区ラサ市において不断に騒乱を作り出し、社会の安定を深刻に脅かしていることに鑑み、社会秩序を維持し、公民の人身と財産の安全を保障し、公共財産が侵犯されぬよう保護するために、憲法第

89 条第 16 項の規定にもとづき、国務院は、1989 年 3 月 8 日 0 時よりラサ市に戒厳令をしき、チベット自治区人民政府により組織的に実施し、同時に実際の需要にもとづき具体的な戒厳令措置をとることを決定する。

国務院総理　李鵬
1989 年 3 月 7 日[注55]」

　この 3 月事件は、1959 年 3 月 10 日のチベット決起 30 周年記念日に当たり、チベット全土でチベット人の民族意識が高揚していたことで起きた。ペパ・ギャルポは、これについて、武装警察官や特別治安部隊のパレードがあり、民衆に対する中国当局の脅迫と挑発が事件を引き起こしてしまったと、分析している[注56]。

　この戒厳令は、1990 年 4 月 30 日に解除された。

＜注＞
1　中共西藏自治区委員会党史資料征集委員会編『西藏革命史』ラサ、西藏人民出版社、1991 年、第 4 章。
2　1959 年 4 月 28 日「西藏問題決議」、前掲『平息西藏叛乱』153 － 156 頁。西藏自治区党史資料征集委員会編『西藏的民主改革』ラサ、西藏人民出版社、1995 年、76 － 79 頁。前掲『現代中国的西藏』下、656 － 659 頁に所収。全文は資料 807 － 809 頁をみよ。
3　「中央関于在西藏平息叛乱中実民主的若干問題的指示」、前掲『西藏的民主改革』68 － 71 頁。
4　「国務院関于解放西藏地方政府由西藏自治区準備委員会行使　西藏地方政府職権的命令」、『中華人民共和國法規彙編　1959 年 1 月〜 6 月』北京、法律出版社、1959 年、75 － 77 頁。
5　前掲『西藏的民主改革』117 － 119 頁。
6　前掲書、120 － 122 頁。
7　農奴制の解放、チベット人労働者の誕生は、高野好久『今日のチベット』新日本新書、新日本出版社、1996 年が報告している。
8　前掲、中共西藏自治区党史資料征集委員会編『中共西藏党史大事記（1949 － 1966）』109 頁。
9　前掲『西藏的民主改革』238 － 248 頁。
10　前掲『当代中国的西藏』下、660 － 666 頁。
11　羅広武編『新中国民族工作大事概覧 1949 － 1999』北京、華文出版社、2001 年、373 － 374 頁。
12　前掲『当代中国的西藏』下、667 － 676 頁。
13　その構成は、以下のとおりである。
　第 1 章　総則。
　第 2 章　自治区各級人民代表定数。

第 3 章　選挙委員会。
第 4 章　選区画和選挙民登録
第 5 章　代表候補者の提出
第 6 章　選挙日程
第 7 章　不正選挙の制裁
第 8 章　付則。

「西蔵自治区各級人民代表大会選挙条例」人民日報、1963 年 3 月 31 日。前掲『中華人民共和國法規彙編　1962 年 1 月～1963 年 12 月』北京、法律出版社、1964 年、46－57 頁。全文は資料 819－823 頁をみよ。

　その紹介は、笠原正明「西蔵自治区各級人民代表大会選挙條例」神戸外国語大学論叢、第 14 巻第 3 号、1963 年をみよ。

14　前掲『当代中国的西蔵』下、677 頁。
15　バサン「万里の高原で世の中が変わった」、『今日のチベット』北京、外文出版社、1972 年、1－9 頁。
16　前掲『班禅大師』92－93 頁。前掲『パンチェン・ラマ伝』146－147 頁。
17　前掲『班禅大師』92－93 頁。前掲『パンチェン・ラマ伝』147－148 頁。
18　前掲『班禅大師』100－101 頁。前掲『パンチェン・ラマ伝』159－160 頁。
19　Isbel Hilton, *The Search for the Panchen Lama,* New York: W. W. Norton, 2000. 三浦順子訳『高僧の生まれ変わり――チベットの少年』世界文化社、2001 年、219 頁。
20　前掲、降辺嘉措『班禅大師』130－132 頁。前掲、池上訳『パンチェン・ラマ伝』203－205 頁。
21　op. cit. Hilton, *The Search for the Panchen Lama.* 前掲、三浦訳『高僧の生まれ変わり――チベットの少年』409－417 頁。
22　丁抒『人災――「大躍進」與大饑荒』香港、九十年代雑誌社、1991 年。林幹夫訳『人禍 1958－1962』学陽書房、1991 年。Penney Kane, *Famine in China, 1959-61: Demographic and Social Implications,* New York: St. Martin's Press／Basingstoke: Macmillan, 1988. 彭尼・凱恩、鄭文獻訳『中国的大飢荒――1959－1961――他人口和社会的影響』北京、社会科学出版社、1993 年。Jasper Becker, *Hungry Ghosts: China's Secret Famine,* London: John Murray, 1996. 川勝喜美訳『餓鬼――秘密のされた毛沢東の飢餓』中央公論新社、1999 年。
23　「売国奴ダライ・ラマを追放」北京周報、1969 年 6 月号。
24　「パンチェン・オルドニ氏を訪ねて」北京周報、1978 年第 11 号、43－45 頁。
25　op. cit. Avendon, *In Exile from the Land of Snow.* 前掲、三浦・他訳『雪の国からの亡命――チベットとダライ・ラマ　半世紀の証言』418－419 頁。
26　謝富治「チベットの大きな革命的変化」北京周報、1965 年 9 月 14 日。前掲、高野『今日のチベット』191－198 頁。
27　張国華「社会主義の新しいチベットを建設するために奮闘しよう」北京周報、1965 年 9 月 28 日。前掲、高野『今日のチベット』199－207 頁。
28　op. cit. Avendon, *In Exile from the Land of Snow.* 前掲『雪の国からの亡命――チベットとダライ・ラマ　半世紀の証言』433－434 頁。
29　ibid. 前掲書、438－439 頁。

30　肖怀遠主編『西藏農牧区改革与発展』北京、中国藏学出版社、1994 年。
31　第 15 章注 57 をみよ。
32　中共中央 1980 年 4 月 7 日「関于転発〈西藏工作座談会紀要〉的通知」、前掲『当代中国的西藏』上、396 － 397 頁。
33　「中共中央西藏工作的重要指示」前掲書、下、684 － 686 頁。
34　「建設西藏要做的六件大事」、前掲『新時期統一戦線文獻選編』113 － 118 頁。
35　演説全文は、前掲、王力雄『天葬――西藏的命運』555 － 565 頁に所収。(部分訳)「チベットに謝罪した中国の指導者　胡燿邦の 1980 年の演説」チベット・ニュース・ダイジェスト、第 35 号、1999 年 4 月 12 日。
36　国家民族事務委員会・中共中央文獻研究室編『新時期民族工作文獻選編』北京、中央文獻出版社、1990 年、63 － 78 頁。
37　前掲『新時期民族工作文獻選編』87 － 103 頁。
38　前掲『新中国民族工作大事概覧』558 － 559 頁。
39　江平・李佐民・宋盈亭・辛文波『西藏的宗教和中国共産党的宗教政策』北京、中国藏学出版社、1996 年、106 － 107 頁。
40　大田勝洪・他編『中国共産党最新資料集』勁草書房、下、1986 年、273 － 277 頁。
41　前掲、『新中国民族工作大事概覧』628 － 630 頁。
　　さらに、2001 年 2 月 18 日改正の新旧法令比較は、王才柳主編『民族区域自治制度的発展』北京、民族出版社、2001 年、285 頁以降をみよ。
42　前掲『中共西藏党史大事記 (1949-1994)』284 － 285 頁。前掲『新中国民族工作大事概覧』620 － 622 頁。
43　中共中央統一戦線綫工作部・中共中央文獻研究室編『新時期統一戦綫文獻選編』北京、中共中央党校出版社、1985 年、521 － 529 頁。
44　前掲『新時期民族工作文獻選編』268 － 272 頁。
45　胡喬木「堅持 4 項基本原則和加強精神文明建設」、中共中央文獻研究室編『社会主義精神文明建設文獻選編』北京、中央文獻出版社、1996 年、261 － 270 頁。
46　鄭汕主編『西藏発展史』昆明、雲南民族出版社、1992 年、334 － 337 頁。Warren W. Smith, Jr., *Tibetan Nation: A History of Tibetan Nationalism and Sino-Tibetan Relations*, Boulder: Westview Press, 1996, pp. 584ff.
47　「パンチェン・ラマ 10 世　7 万言の意見書――パンチェン・ラマの告発」http:// www.tibethouse.jp/panchen-lama/pl-speaks,html。
48　前掲資料。
49　op. cit, Donnet, *Tibet mort ou vif*. 前掲、山本訳『チベット――「雪の国」の民主主義』157 頁以降。前掲、蘇訳『西藏生與死――雪域的民族主義』165 頁以降。
50　ピエール・アントワーヌ・ドネ記者は、26 人のラマが行進したとしている。op. cit. Donner, *Tibet mort ou vif*. 前掲、山本訳『チベット・受難と希望――「雪の国」の民族主義』159 頁。前掲、蘇訳『西藏生與死――雪域的民族主義』167 頁。
51　op. cit. Gyatso, *Fire under the Snow*. 前掲、檜垣訳『雪の下の炎』218 － 219 頁。
52　The Parliamentary Human Rights Group, *The Chinese and Human Rights in Tibet*, London, 1988. 英国議会人権擁護グループ報告、チベット問題を考える会編訳『チベット白書――チベットにおける中国の人権侵害』日中出版、1989 年、91 － 92 頁。

53　ペマ・ギャルポ『チベットはどうなっているのか？──チベット問題へのアプローチ』日中出版、1990年、15－24頁。
54　八巻佳子「ラサ暴動とその国際的波紋」中国研究月報、1988年3月号、5頁。
55　人民日報、1989年3月8日。辻康吾・加藤千洋編『原典・中国』第4巻社会、岩波書店、1995年、87頁。
56　前掲、ギャルポ『チベットはどうなっているのか？』76頁。

13　チベット亡命政府と中印国境紛争

1．チベット人の離散と抵抗闘争

　チベット人の外国との接触は極々限られていた。1950年の平和解放で亡命チベット人が出たが、非常に少数であったので、その存在は世界の注目をあびなかった。
　1959年のラサ暴動が失敗し、この難民状況は急激に悪化した。14世ダライ・ラマのチベット脱出は、チベット人のインド脱出への合図となった。1959年から1963年までの脱出は、まず1969年刊行の公式文書ではラマが総数7000人とされており[注1]、チベットのラマ人数は人口の10～20％とされているので、その人数は7万5000人から10万人という数字が妥当であろう。1965年以後に脱出した難民を加えた1979年の統計では、8万5000人となっており[注2]、それには亡命先で生まれた人数も加えられていて、前述の数とは一致しない。また、国連難民弁務官事務所の難民数推計では、1967年のインド、シッキム、ブータンのチベット人人口は約5万5000人としており[注3]、他にネパールに約7000人がいるとしていた。このネパールでのチベット難民はほぼ1万人という数字がある[注4]。合計して6万7000人となる。そしてチベット難民の人口増加率が3％以上とすれば、亡命から20年でその数は10万人となる。
　彼ら難民は生活の適応において多くの問題があったようである。徒歩でヒマラヤを越える苦痛、受入れ国では生活資金が得られないこと、肉食から菜食への転換、寒冷気候から温暖気候への適応など、さまざまな問題があった。インドは、直接にダライ・ラマを通じて外相が管理し、その政治活動は厳しく制限された。そのインド自体が亡命政府を承認しなかった。その難民の滞在が長期化するとともに、チベット難民の管理は社会復帰省に移管され、その経済的自立措置としてチベット難民に

対する 95 カ所の道路建設工事が提供されたが、その労働条件はチベットに留まっていた時よりも遙かに悪く、15 歳未満の労働が問題となった[注5]。これらのための資金は 1951 年にダライ・ラマがチベット南部へ逃亡した際にシッキムに持ち込まれた金銭が充当された。このとき、ダライ・ラマはヤク数頭に積み込んで金銭をシッキムへ運んでいた。その額は 300 万米ドルとか 80000 万ルピー（1100 万ドル）の数字があげられている[注6]。それ以外の資金はインド政府から支出されており、1962 年までのその額は 600 万米ドル以上とされる。この他、米国などの救援組織の支援も大きい[注7]。

1960 年 3 月最初の学校がムスリーに開設され、そうした教育機関はインドの管轄のもと、1980 年当時、8192 人が通学していた。農業定住地はカルナタナ州に 5 カ所あって、2 万人以上が居住していた。その最初の定住地は 1960 年 2 月マイソール州（現カルナタカ州）のバイラクッペに建設され、スイスの支援を受けて 5000 人以上が居住した。1963 年に建設のマダヤプラデシュ州の定住地は条件が過酷で、5000 人が入植したが、3 年で閉鎖された。

チベット難民は、チベットが中国共産党の支配から解放されるのを待ち続ける一方、チベット国境への集中的定住ができず、その自立は極めて厳しかった。

その一方、1955 年 12 月、ダライ・ラマが第 1 期全国人民代表大会に出席し四川に立ち寄った際、民主改革の導入でチベット上層部反動集団が東チベットのチベット族、カムパ族を扇動して反乱となっていた。改革の対象となったのは、旧 3 大領主の 1 つとして分類されていた寺院と部族の指導者であった。彼らカムパ人の目的はチベット本土から漢人を排除し、独立をすることであった。

この様相を、ダライ・ラマとともにのちインドに亡命した活仏チョギャム・トゥルンバは、こう記述している。

「東チベットからの知らせは日ごとに悪くなっていった。共産党は自分たちが利用しうる人々をリストアップし、彼らに身分たちのイデオロギーを吹き込む。そして彼らを組織して村人のなかにスパイとして送り込み、人々の行動を報告させた。武器はすべて引き渡せという命令が出され、スパイ組織はそれが実行されているかを見回る。初め人びとは武器を手渡すことを拒まず、抗議することもなかった。人びとは中国軍に協力し、ことを荒だてまいとした。しかし、

13　チベット亡命政府と中印国境紛争

中国軍は、人びとにさらに虐待を加え、たくさんの人々が投獄された。虐待はさらにエスカレートし、人々はついに忍耐の限界に達した。まず彼らは、デンコ（鄧柯）、バ（バス、八宿、またはバキ、巴青）、およびリタン（裏塘）で抵抗軍を組織した。デンコの抵抗軍指導者は共産党員に武器を引き渡すよう命令されとき、そうするふりをして、突然、役人を射殺した。これが、彼の支持者が町を攻撃する合図となった。多くの中国人が殺され、投獄された。こうして本格的な戦闘が開始され、その地域の指導者がカム、すなわち東チベットにおける抵抗運動のリーダーの一人となったのである。[注8]」

実際、東チベットにおける1956年の民主改革、すなわち私有財産の全面国有化と人民公社の設立が、大反乱の引き金となった[注9]。チャムド（昌都）地域のカムパ族の反乱はまさしくそれであった。1956年7月21日始まったこの反乱は、11月25日本格化し、30日人民解放軍が投入され、程なく鎮圧された[注10]。

ゴンボ・タシは、その闘争の様相をこう述べている。

「中国による圧政はダライ・ラマの不在中も続き、何千ものカム人が山へ逃げ込んで小規模なゲリラ部隊を組織していた。抵抗は相次ぎ、後年のより重大な戦いの前哨戦のように、カム（康）とアムド（安多）の全域は火と煙に包まれていったのである。中国軍の前線部隊も激しく攻撃され、連絡網は寸断されて広い地域が抵抗勢力の支配下に置かれた。1956年の初期には、抵抗勢力がチャムド（昌都）、リタン（裡塘）、パタン（巴塘）、およびカンゼ（甘孜）を一時的に支配し、そこに駐留していた中国軍は完全に崩壊した。この期間、6000人ほどのチベット人義勇軍は山中の隠れ家から自由自在に出撃し、いくつかの町はチベット人の手に落ちた。中国側は、長い戦闘の末に、この抵抗を鎮圧したが、この間、中国本土との連絡は遮断されたままであった。

しかし、中国側による報復は間もなく始まり、同年の6月にはリタンが中国空軍によって爆撃されるようになった。一方、チベット人義勇兵は、国境の中国側にある中国人の村を襲撃することで、これに対抗した。頻発する抵抗は中国側を危機的な状況に陥れるものと見做され、チベット中央部へのその波及が懸念された。[注11]」

1950年カム（喀木）地方が中国共産党の支配に入って、夫とともに抵抗闘争を

行い、夫の死後、地下活動を支える女性組織を作り、1958年投獄され、27年の獄中生活を経て1987年インドに亡命したアデ・タポンチアンの自叙伝『アデの物語——思い起こす声』が注目された注12。その他、多くの闘争記録がある注13。

　こうして、1957年5月20日結成の東チベット抵抗組織チュシ・ガントゥック（4つの河・6つの山脈＝カム・アムド地方の別称）の活動が1958年初葉には、中国官憲の注目するところとなった。1958年6月15日ラサ近郊、ヒョハ（山南）のゼグ（哲古）宗に武装基地が建設され、翌16日チュシ・ガントゥック会議が開催され、自由義勇軍VFFの衛教愿軍が成立し、以来、待ち伏せ攻撃が続いた。その勢力は、1959年2月本格的な反政府組織となり、3月10日のラサ事件を機に決定的な対決姿勢が高まり、全面的反乱となった。4月28日までにカムパ（崗巴）地区は平定され、29日彼らはテズブール（斯浦爾）地方で降伏した。この闘争は、中国側の説明にある、一部の農奴主階級が自らの既得権を失うことを怖れて起こしたものであったにせよ、チュシ・ガントゥックとその組織は、1959年3月28日の書簡によってダライ・ラマ政府から正式に承認された注14。そして、1958年11月14日にCIAがカムパ反乱勢力に対して第1回目の武器空中投下を行うなど、あるいは同年7月にCIAがラサ近郊にチベット工作員2人を落下させるなど、そしてチベット人要員の軍事訓練が米国コロラド州の基地キャンプ・ヒルで本格的に行われるなど、それは米国の公然たる介入となり、そしてインドの武器供与などの関与もあった注15。

　1958年7月14日共産党チベット工作委員会に対して、共産党中央（毛沢東）は、以下の指示を与えていた。

　　「委員会は、カルン（大臣）に対し、チベット地区の反動分子や金沙江以東からチベット地区に逃げ込んだ反乱分子に寛大なカルンの態度は間違っているとの厳正な態度を表示すべきである。

　　　中央のチベット族の社会改革の方針は平和改革にあるが、反動分子が武装反乱をするなら、中央は武装反乱の鎮圧を必ず実行する。

　　　少数の反動分子の武装反乱は、大多数の労働人民に徹底的な解放をもたらすだろう。反乱はチベット族にとっては具合が悪いが、中央が反乱を正確に処理すれば、チベット族人民は禍を転じて福となすことができる。注16」

1968年以降、成都地区では、武装反乱の鎮圧命令、残存分子の殲滅命令、局地反乱の防止命令が下され、鎮圧が強化されていった[注17]。その一方、3年間にわたる平定作戦は徹底したものだった。1959年3月から62年3月までに死亡・負傷・捕虜を含め9万3000人が殲滅され、武器3万5500丁が捕獲された[注18]。

　主な平定作戦の一端は、次のようである[注19]。

——ラサ地区では、1959年3月22日平定作戦終了、5300人を殲滅(死亡・負傷・投降など)。

——カムパ・ゲリラの根拠地ロカ(山南)地区では、1959年4月18日に平定終了、1万人のゲリラを相手に2390人殲滅。

——ヘイホー(黒河)地区では、1959年7月26日に2カ月の平定作戦終了、人民解放軍3000人を投入して2000人殲滅。

——ナムフ(納本湖)地区に反乱ゲリラ4000人が逃げ込み、1959年7月12日部落全体700余戸を殲滅、人民解放軍3300人を投入して2000人殲滅。

——チャムド(昌都)東南では、チュミ・ドルジを指導者としたゲリラ8000人に対して人民解放軍6個師団を投入し、2カ月の平定作戦で、10月15日までに7000人殲滅。

——ヘイホー地区・青海から逃れてきた反乱軍の潜伏をみたマイシカ(麦土卡)地区では、反乱勢力5000人に対して人民解放軍4個師団が掃討作戦、9月15日までに2000人殲滅。

　事実、毛沢東は1952年以降、チベット問題を自らの専管事項としており、事態は毛沢東の判断と指示によって動いていたが、その毛沢東自身が、チベット問題はまったく分からない「白紙の状態」で処理していたといわれる[注20]。こうして議論は、中国における民族統治の手段を国家と結び付けられた[注21]。

　この反乱で、チベット人地域は大きく分割支配されることになった。それは、チベットの骨格を解体するものとさえいえた。まず、カム地方は1950年11月24日から1953年10月19日にかけ、大部分が四川省に組み込まれ、それは2つのチベット自治州と1つのチベット県に分割された。さらに、1957年9月13日にはカム南部のデチュエン(／ティーチン、迪慶)はチベット自治州として雲南省に併合された。また、アムド(安多)の大部分とカムの一部は青海省となり、アム

ド東部のカンゼ（甘孜）はチベット自治州として四川省に併合された。そしてアムドの残りは、1950年10月1日にテイエンチュウ（天祝）チベット自治県、1953年10月1日にカンロ（／カンナン、甘南）チベット自治州となった。このため、1965年9月1日成立のチベット自治区は、ウー・ツアンの全域とカムの一部で構成された[注22]。

チベット族の民族区域自治地方は、以下のとおりとなっている。

チベット自治区	1965年9月1日成立	面積122.8㎢。
甘粛省甘南チベット自治州	1953年10月1日成立	4.5㎢。
天祝チベット族自治県	1950年5月6日成立	0.71498㎢。
青海省玉樹チベット自治州	1951年12月25日成立	26.7㎢。
海南チベット自治州	1953年12月6日成立	4.6㎢。
黄南チベット自治州	1953年12月22日成立	1.8㎢。
海北チベット自治州	1953年12月31日成立	3.47㎢。
果洛チベット自治州	1954年1月1日成立	7.51㎢。
海西モンゴル族・チベット族自治州	1954年6月23日成立	48.2㎢。
四川省甘孜チベット自治州	1950年11月24日成立	15.2㎢。
木里チベット族自治県	1953年2月19日成立	1.3246㎢。
雲南省迪慶チベット自治州	1957年9月13日成立	2.39㎢。

こうして、その抵抗闘争は封じられた。

この闘争の主な経過は、表のとおりである（以前は436－437頁をみよ）。

1957年
　　5月20日　東チベットに抵抗組織チュシ・ガントゥック（四水六崗／4つの河・6つの山脈）成立
　　9月13日　チベット反乱でカム（康）南部がチベット自治州として雲南省に編入、アムドの一部とカムの一部は青海省、アムド（安多）東部カンゼ（甘孜）はチベット自治州として四川省に編入して反右派闘争に着手

1958年
　　4月20日　反乱分子、ラサで同盟工作
　　6月15日　チュシ・ガントゥック、ラサ近郊ヒョハ／ロカ（山南）ゼグ（哲古）宗に武装基地建設

6月16日		チュシ・ガントゥック会議開催、自由義勇軍設立
7月		CIA、ラサ近郊にチベット工作員2人を降下、ダライ・ラマ側近への工作強化
9月10日		共産党中央、反乱平定工作を指示
11月 4日		CIA、カムパ反乱勢力に対して第1回目の武器空中投下
11月 8日		ラサに民兵団成立
11月13日		チベット工作委員会、これまでの改革しない方針を確認して対敵闘争の方針決定
12月18日		〜19日反乱分子、ヒヨハ／ロカ（山南）で攻勢
12月18日		反乱分子、ゴンガ（貢噶）で人民解放軍の待ち伏せ攻撃

1959年

1月 4日		反乱分子1600人、ウオジャーム（我札木）中心を攻撃
1月24日		反乱分子、ジャムダ（江達）地区で攻撃、25日〜4月18日人民解放軍と激戦
2月		モンラム・チェンモ（大祈願会）のためのチベット全土の巡礼、ラサで集会
3月10日		ラサ市民の蜂起、人民会議が独立宣言、在ラサ・インド領事館と接触
3月12日		チベット独立国人民会議開催（ラサ）
3月13日		反乱軍、人民解放軍と武力衝突、ラサで市街戦
3月16日		〜17日 人民会議、インドのカリンポンにチベット独立国樹立
3月17日		14世ダライ・ラマ、ラサ脱出
3月20日		ジョンカン寺（小昭寺）反乱軍1000人余、総攻撃、22日投降、中国人民解放軍は人民会議制圧
3月26日		14世ダライ・ラマ、ヒヨハ・ルンツェ（隆子）宗に臨時政府樹立
3月28日		14世ダライ・ラマ、チュシ・ガントゥックを承認
4月 8日		人民解放軍、ヒヨハ地区武装反乱鎮圧
4月18日		人民解放軍、ロカ平定
4月21日		衛教愿軍、人民解放軍の攻勢で撤退命令、ゲリラ戦へ移行
4月28日		人民解放軍、カムパ（康巴）地区平定
5月12日		人民解放軍、ヘイホー（黒河）以西地区の武装蜂起を鎮圧
6月		カムパ反乱の残存分子の抵抗闘争
7月12日		ナムフ（納本湖）地区部落700余戸殲滅
7月26日		人民解放軍、ヘイホー平定、2000人殲滅
8月 7日		インド東北国境でインド軍・中国軍衝突
9月 2日		3大寺の3反運動終息
10月15日		チャムド（昌都）東南地区のゲリラ平定

1962年

3月		人民解放軍、平定作戦終了

2．チベット亡命政府の活動

　インドに亡命した14世ダライ・ラマは、インドにチベット政府を再建し、民主的改革に着手した。それはインドに流出した難民の組織的構築という問題であったが、インドとしては亡命政府の樹立には消極的であった。それで、チベット人の政治分野での活動の根幹となるべき政治組織の構築は、暫時、チベット本土から引き継いだ部分に依存し、それを基盤に民生分野の生活保護に重点がおかれた。難民孤児や生活に苦しい者の寄宿舎の建設がそれで、1960年4月ダラムサラーでチベット亡命政府の活動が始まるとともに、翌61年5月政府の組織としてチベット教育協会が設立され、亡命チベット人学校が開設された[注23]。

　こうして民主的改革が着手され、選挙によって選出されたチベット人民代議委員会と称されるチベット亡命議会が1960年9月に設立された。その組織の有資格者は、ウー・ツァン（衛・蔵）、アムド（安多）、カム（康）3地域チョルカ・スムからの選出代表とチベット仏教の主要宗派の代表で構成され、のちボン教代表も参加した。翌61年以降、ダライ・ラマはチベットの将来に向けた憲法草案の作成に着手し、チベット人の意見の聴取に入った。かくて、1963年3月10日付で5月に「チベットの将来に向けた憲法草案」が公布され、特にダライ・ラマの要請で「国家にとって最上に有益であると判断される場合、国民議会と最高裁判所と協議し、国民議会の構成員の3分の2の賛成を得て、国民議会はダライ・ラマの行政権を摂政評議会に委譲するものとする」との条項（第36条（1）（e）項）が挿入され、6月14日正式採択された。

　この憲法は、チベット本土の国民の承認を得ていないので、暫定的憲法とされる。全文は77条からなり、内容は以下のとおりである。

（前文）釈尊が定めた公正・平等・民主の原則がチベット政治において補強され強
　　　　化されることが望ましくかつ必要であるので、憲法を制定する。

第1章　前文
　　第2条（チベット政治形態の特質）チベットは、釈尊の定めた教義に基づい
　　　　て建てられた民主制の統一国家である。
　　第3条（政府の方針）厳格に世界人権宣言を固守し、チベット国民の精神的・

物質的繁栄を促進させることが、チベット政府の義務である。

第6条（戦争の放棄）その伝統に従い、チベットは、攻撃的政策の手段としての戦争を放棄する。他国民の自由に対し、または国際的論争を解決する手段として武力を行使しない。

第2章　基本的権利・義務

第10条（生活権）各人は、生活権を有する。ただし、次のように規定する。(a)不法な暴力から誰かを防衛する場合において。(b)合法的逮捕を遂行するため、あるいは合法的に留置された者の逃亡を防ぐために。(c)暴動、または反乱の鎮圧目的のためにとられる合法的処置において。

第11条（監禁されない自由の権利）

第14条（非人道的処遇の禁止）

第15条（奴隷制度と強制労働の禁止）

第16条（児童使役の禁止）

第17条（宗教信仰の自由）

第19条（財産権）その財産は、正当な補償の支払いのもとに公共のために用いられる場合を除き、奪われることはない。

第3章　土地

第25条（土地の所有）

(1) すべての土地は国家に属する。

(3) 所有者は土地を譲渡できない。

第4章　国家の指導理念

第26条（社会福祉）

(1) 国家は、地域社会に於ける物質的資源の所有と管理が、公共の利益に最もよく役立つよう配分し、経済制度の運用が社会共通の損害とならないよう、富と生産手段の集中を生じないよう確保するために努力する。

第5章　行政

第29条（行政の権限）

(1) 国家の行政権限は、ダライ・ラマ猊下が18歳に達したとき、彼に帰属する。その権限は、本憲法の規定に基づいて、直接、彼により、または彼に従属す

る役人を通じて行使される。

第30条　閣僚（カルン）と内閣（カシャ）

(1) ダライ・ラマ猊下は、適時、必要数の閣僚（カルン）を任命する。それら閣僚の中から、猊下は首相を指名する。

(2) 閣僚は、国民議会の議員を兼務できない。……

第35条（政府業務の遂行）(1) チベット政府のあらゆる行政行為は、ダライ・ラマ猊下の名において行われる。

第36条（摂政会議）

(1) 次のような状況下においては、摂政会議が行政権限を行使する。(a) 転生ダライ・ラマが先代の権限を引き継ぐ年齢に達するまでの期間。(b) ダライ・ラマ猊下が先代の権限を引き継がない期間。……

第37条（僧職評議会）

(1) ダライ・ラマ猊下の直接の権限下に、国内の全寺院および宗教施設の業務を管理する僧職評議会を設ける。

第6章　立法

第38条（立法権）すべての立法権は、ダライ・ラマ猊下の同意を条件として、国民議会に属する。

第7章　司法

第62条（最高裁判所の制定）

第8章　地方行政

第68条（国の行政地区）国家の全領土は、次の行政地区に分割される。（空白）

第69条（行政地区知事）

第70条（地区議会の構成）

第9章　再編成

第75条（公務部門の再編成）ダライ・ラマ猊下は、本憲法の実施後、できるだけ速やかに、公務部局の再編成と再調整に関する勧告を行う公共業務委員会を任命する。

第10章　憲法改正

第77条（憲法改正の手続き）

(3) 本条項は、国家の精神的首長としてのダライ・ラマ猊下の地位と権威に、いかなる方法にせよ、影響を及ぼすごとき、何らの権限、または権威を国民議会に与えるものではない。注24

　以上がチベット憲法の主要条項であり、それは近代国民国家の憲法律に劣るべきなにものでもない。

　この憲法の公布で、1963年3月25日中国政府は、チベットの反逆一味にこのような憲法を公布させるなどした中国への内政干渉につき、インド政府に抗議した。その声明内容は、以下のとおりである。

　「1963年3月10日、インド政府の庇護と支持を受けるチベット反逆一味は、いわゆるチベット憲法を公布し、中国領チベットが『単一国家』であると厚かましくも宣言し、またダライ・ラマの名で反逆声明を発し、再び公然と中国チベットにおける反乱を扇動している。これらは、インドの首都ニューデリーでなされており、インド外務省スポークスマンは、これを『演習』である、と述べている。これらすべては、インド政府がチベット反匪を用具として用い、中国の内政に対してなす極めて破廉恥な干渉であり、また中国政府および人民に対する重大な挑発である。これに対して、中国政府は強硬な抗議をする。

　数年来、インド政府は、インドに亡命したチベット反匪を用いて、中国チベットに対する破壊活動を行ってきた。中国政府は、これに関して幾度となく抗議し、インド政府に中国の内政干渉を停止するよう、またチベット反匪を抑制するよう勧告してきた。しかし、インド政府は、かかる事実を繰り返し偽善的に否定し、チベット反匪がインドで政治活動を行うことを許しておらず、チベット反匪は『インドの確立した民主的伝統に由来する権利』を享有するものであると主張する一方で、実際には、チベット反匪の破壊活動を扇動し続けてきている。

　このような状況下で、チベット反逆一味は、インドで、反乱の扇動を叫び、政治的なデモおよび集会を組織し、武装侵入によって中国辺境を悩ませるといった行動を倍加し、図々しくも『亡命政府』の資格で登場している。チベット反匪が今回発表したいわゆる声明と『チベット憲法』は、インド政府の言い逃れできない背信行為の証拠であることは勿論、明らかにインド政府の指導演

出したもう一つの茶番劇である。

　数多の事実が示す如く、インド政府は、中国の自国領土チベットでの主権行使を認めようとしなかった。たとえば、インド政府は、1962年、中印国境に大々的な軍事攻撃を仕掛けたとき、国民会議派書記長をはじめとするインド政界は、中国のチベットへの侵入や占領を叫んだ。インドの大統領、副大統領、および首相は、（14世）ダライ・ラマをニューデリーに呼び、協議している。インド政府によるチベット反匪の破壊活動の強化・利用は、中国領チベットに対する拡張主義の野心を暴露するものである。中国政府は、インド政府に対し、中国内政に対する干渉を絶対に許さないことを、厳重に勧告する。インド政府のこの拡張主義の迷夢は、チベットの亡命した農奴所有者の返り咲きの迷夢と同じく、粉砕されるに間違いない。中国政府は、再度、インド政府に対し、これまでの約束を履行し、国際関係の指標となる最低限度の原則を尊重し、中国の内政に対するいっさいの干渉を即時停止するよう、要求する。[注25]」

これに対して、4月15日インド政府は、在ニューデリー中国大使館を通じて全面的否認の回答をした。

　「インド外務省スポークスマンがチベット憲法草案の発表を『演習』と述べたと中国政府は非難しているが、これは、自分らの目的に合うように、前後の関係もなく悪意に声明を引用したもので、さらには、してもいない声明を捏造するといった中国政府の常套手段である。外務省スポークスマンは、ダライ・ラマの新憲法公布について新聞記者会見を行っていない。

　中国政府は、インドに亡命政府が存在するという馬鹿げたことをいっているが、中国の抗議書を照会する外国新聞の報道ですら、インド外務省スポークスマンは、かかる存在を否定し、インド政府は、この種の政府を承認しない方針を変えていないと述べていることを明らかにしている。

　チベット関係についてのインド政府の政策は、1959年4月27日ネルー首相の議会声明および1959年5月16日中国政府の抗議に対する同5月23日の回答に述べたとおり、チベット人による政治的破壊活動は、いっさい支持せず、これについては絶対に問題はない。

　インドに拡張主義があるとする事実無根の中傷的な非難は、チベット隣接地

域の人民に反印感情を醸成し戦争を誘発させんとする悪意の反印宣伝を行う中国の口実にすぎない。1962年9月以降の出来事は、インドが『拡張主義の夢』をみているのではなく、中国こそがインド領土に対して大々的な攻撃、不当な侵略をなし、友好的で平和的な隣邦に対して、自己の拡張主義的目的と敵意的意図を示しているところである。[注26]」

そして、1964年12月26日ラサ放送は、12月17日中国国務院会議第151回総会は、14世ダライ・ラマに対し、反革命を起こしてインドに逃亡後、不法な亡命政権を組織し、違法な憲法を公布したことにより、チベット自治区準備委員会主任委員を解任した、と報じた。

翌65年9月1〜9日第1期チベット人民代表大会でチベット自治区が発足し、アペイ・アワンジンメイが主任に選任された。そこで、10月20日のラサ放送は、チベット自治区準備委員会および中国人民解放軍によるチベット難民に対する帰国勧奨声明を発した。その帰国勧奨声明の要点は以下のとおりである。

(1) 帰国・投降したチベット人は、その地位および罪の重さにかかわらず、過去の行動によって処罰されることはない。
(2) 帰国・投降したチベット人は、殺されたり、投獄されたり、大衆の面前で殴打されたり、法律上の責任を負わされたりすることはない。
(3) 文書・武器・弾薬をもって帰国する者には、その持ってきたものに応じて報償を与える。
(4) 帰国・投降した者がもってきた私物は、すべて自由に保持を許され、政府により没収されることはない。
(5) 親戚や友人、あるいは抵抗運動を行っていたチベット人を連れて帰った者には報奨を与える。
(6) 反乱に参加し、他国に逃亡したチベット人同胞を帰国させることができた者には報奨を与える。
(7) 帰国・投降したチベット人は、職業を自由に選ぶことができ、それに応じた宿泊施設を与えられる。宗教信仰の自由も保障される。[注27]

この帰国勧奨声明とともに、チベット中国人民解放軍最高司令官および政治局は、以下の安全通行証をチベット難民に発行するとした。(1) 身体の安全を保証する、

(2) 告発・拷問・投獄・殺害を受けることはない、(3) 安全通行証の所有者の財産は没収されない、(4) 傷病者の治療、(5) 帰国希望者に対する旅費の支給、(6) 立派な行動の持ち主には、それに応じた報奨が与えられる[注28]。

ペマ・ギャルボは、かかる帰国勧奨政策は、総じてチベット難民には受け入れるところでなかったとしているが[注29]、その結果は不明である。

こうした中国チベット当局の対応に対し、1969年3月10日14世ダライ・ラマは、チベット民族蜂起記念日声明で、チベットが独立すれば、チベット人は自分たちの政体を自らの希望で決めることができる、と語った。

1990年5月11日の演説で、14世ダライ・ラマは、憲法草案の改正に着手し[注30]、選挙によって選出されたチベット国民代議員を12議席から46議席に拡大し、国民代議員にカルン（閣僚）を選任する権限を付与した。同時に、最高司法委員会が設けられ、亡命政府に対する苦情を処理することになった。かくて、1991年5月29日第11回チベット国民代議員会第1回会議が開催され、世俗主義の憲法草案作成に入ったことを確認した[注31]。かくて、6月14日いわゆる亡命チベット人憲章が採択され、翌92年2月3日ダライ・ラマは第2回会議で演説し[注32]、同時に「チベットの将来における政治形態の指針および憲法上の基本要点」が公布された。その際、ダライ・ラマは、「将来のチベット政府では、ダライ・ラマはいかなる役割も担わず、旧来の伝統的なダライ・ラマの地位に就くことはない」と注目される発言をした。さらに、チベット政府は選挙権を有する成人によって選出されることを確認した。

公布されたこのいわゆる亡命チベット人憲章[注33] は、序説、移行期の暫定措置、自由チベット民主憲法の概要、および結びの4部構成で、序説は、14世ダライ・ラマの亡命を確認し、「1963年3月の演説で、ダライ・ラマは、チベット人が自らの政治的運命を決することができる」までの移行期の憲法である点について確認した。そして、「中国占領軍の撤退後、新たに発布される民主憲法に基づき新政府が成立する」までの「移行期の暫定措置」として、以下の10項目が規定された。

1. チベットの自由が回復して移行期間に入るや、暫定大統領に行政権が委ねられ、大統領は、現チベット自治区の緊急会議で大統領候補が選出され、ダライ・ラマがこれを指名する。

2．選出されまたは任命された暫定大統領は、ダライ・ラマの前で職務遂行に関する誓約をする。

3．暫定大統領は、その後、ダライ・ラマに属していた政治権力および責任を付与される。

4．暫定大統領は、チベット制憲会議を招集し、同会議は1年以内にチベット憲法の作成を終える。

5．以上の手続きの下で新憲法が発効してから1年以内に、選挙管理委員会は国民議会および大統領の選挙を実施し、したがって移行期間は2年を越えることはない。

6．チベット制憲会議はチベット各行政単位を代表する250人の議員で構成する。

7．チベット制憲会議の招集後、その審議を開始する。

8．暫定大統領は、制憲会議が制定した憲法に基づくチベット国民議会とその議長、さらに、大統領を選出する暫定選挙管理委員会の委員長および委員を任命する。

9．制憲会議は、国民議会議員の宣誓をもって解散となる。

10．第1回選挙後、暫定選挙管理委員会および暫定大統領は、国民議会議員、その議長、および大統領の職務に関する誓約をもって解消される。この時点において、民主的に選出された自由チベット政府は、法律に基づき活動を開始する。

そして、その第3部に当たる自由チベット民主憲法の概要は、以下の15条からなる。

第1条（憲法の目的と意義）　憲法は、チベット国の基礎であり、国家の最高法規である。

第2条（国家の基本政策）　非暴力の原則と仏のダルマ（真理）に導かれた政府を基調とし、連邦制民主主義国家である。

第3条（政府の基本政策）　国際連合の世界人権宣言を遵守し、自国民の精神的・物質的生活の向上を目指す。

第4条（暴力と武力使用の放棄）　チベットは、非暴力・愛・共感の原則に基

づく平和地帯であり、環境保護の中心であらねばならない。中立国家で、いかなる目的であれ、武力の使用と暴力を回避しなければならない。

第5条（基本的権利）国民は法の前に平等であり、いかなる差別もなしに法が定める権利を享受する。

第6条（その他の基本的権利）チベット国民は、生活・自由・財産権を有し、政府およびあらゆる政府機関に雇用される権利を有する。

第7条（選挙権・被選挙権）チベット国民は、性別に関係なく、法の規定により選挙権・被選挙権を有する。

第8条（土地所有権）チベット領土内のすべての土地は、環境に対する適切な配慮を行った上で、国民の住居と利益のために配分され、使用される。私的所有が行われていない土地は、すべて政府が管理する。

第9条（経済制度）チベットは、極端な資本主義あるいは社会主義に陥らず、チベットの諸条件に合致した独自の経済制度を有すべきである。課税制度は累進税を基本とする。

第10条（教育と文化）社会の進歩と国民の道徳心の向上は基本的に教育水準に依存することから、健全な文教政策に基づき、適切な施設を提供する努力がなされなければならない。

第11条（健康）地域住民に適切な保険と医療を提供する。

第12条（立法権）立法権は、二院制のチベット国民議会と大統領に属する。議会の上・下両院を通過した法案は、大統領の承認を得なければならない。下院は、有権者の直接投票による最高立法機関である。上院は地方議会が選出した議員と大統領が指名した議員で構成される。

第13条（行政権）行政権は大統領、およびチベット国民議会両院が選出した副大統領に属する。国民議会の過半数を占める党派から首相を選任する。ただし、そうした状況にない場合は、国民議会全員の選挙により首相を選出する。

第14条（司法権）立法および行政から独立したチベット最高裁判所をおく。最高裁判所は、正義を実現し、平等な配分を保証する。

第15条（地方組織）国民議会は、運輸施設・人口・地理などを勘案して、適

切な州を設立する。有権者により選出される州議会、大統領が任命する知事、および州議会が選出する首相のもとに内閣および州の司法権を与る高等裁判所を置く。

さらに、亡命チベット人憲章の結びはこう述べている。

「要約すれば、アジアの中心部、中国・インド間の「世界の屋根」に位置し、正直・平和愛好心・高い道徳心に恵まれた国民であるチベットは、将来、自由と民主主義に基づく平和と非暴力、そして大気・水汚染に脅かされない健康な国民生活を実現する国家になるであろう。……チベットは、攻撃的な軍隊や破壊兵器の基地を保持しない、平和と調和の国家であらねばならなければならない。」

1993年7月28日第11回チベット国民代議員会第5回会議が開催され、ダライ・ラマが出席して、亡命チベット人憲章の導入は民主主義の実践において格段の進歩を遂げたことである、と述べた。さらに、「第一に、チベット人を世界全体と広く接触させ、チベット全体の目標に役立ち、第二に、亡命チベット人が議会をもっていて、それには民主的組織としての資格があるのだということを表明する一助となる」と述べた[注34]。

1996年6月1日開催の第12回亡命代議員会議では、亡命政府議会の名称が使われた。そこでの議長・副議長の宣誓就任式で、ダライ・ラマは、以下のように述べた。

「基本的に、私たちは亡命者として暮らしているが、過去37年間に達成してきたことは決して少なくない。なかでも、民主化という実際的な変革は、もっとも大きな成果のひとつである。民衆によって正式に選ばれた議員が実際に力をもっているということである。第二に、最近では、民衆の中でも、チベット国の代議員会議の選挙に対する義務が果たされるようになっただけでなく、その重要性を考えてチベット人意識が高まり、責任感も増してきており、これはとてもよい兆候である。[注35]」

また、1970年10月亡命チベット人非政府組織のチベット青年会議TYCが発足した。TYCの6人が、1998年3月ニューデリーで、国際法律家委員会の1997年12月報告におけるチベット人の意思を確認する住民投票を実施するべく国連特使を任命しその勧告を履行するよう求めて、断食闘争を行った。これはデリー警察に

より阻止された。TYC支持者ツプテン・ゴドゥプは抗議の焼身自殺をした。この住民投票の提起は、1991年3月19日ロンドンの王室国際問題研究所でのダライ・ラマ演説「チベットの将来」で確認された[注36]。1999年3月には、TYCの3人がチベット人権決議の採択を要求して、ジュネーブの国連人権委員会に対して断食闘争を決行し、その闘争は国際連合および諸国の要請により、26日で中断された。

　2001年5月23日17条協定調印50周年の記念日に当たり、チベット亡命政府は、T・C・テント大臣の声明を発表し、以下のように述べた。

　「チベットと中国の17条「協定」の事実は、以前に何度も発表されたように明確に立証されており、1951年5月23日に北京で「署名」された協定には、チベット政府の公式印（国璽）が押されていなかった。代わりに、チベット代表団の個人的な印章が押されたが、それらは北京で慌てて作られたものであった。

　中国がこの悪名高い協定をどんな謳い文句で祝おうと、より良い未来を手に入れようとするチベットの人びとの苦闘がこの50年間で強まってきたことは、歴然とした事実である。

　協定の50周年記念祝賀にもかかわらず、この極めて重大な事実も、あるいは「解放」という名のもとに行った占領政権によるチベット人の虐殺も隠せないだろう。

　チベットで寛大主義政策を行っていた時期の1979年と1980年代初め、中国政府は、チベット側の実情調査使節団4組と実情調査代表団2組を受け入れた際、ダライ・ラマ法王との一連の交渉によってチベット問題を解決する必要性を暗黙のうちに認識していた。中国は行き詰まった対話の再開を必要としている。

　今こそ、ダライ・ラマ法王が1987年にワシントンで発表し、次いで1988年フランスのストラスブールで発表した2つの提案を中国政府が再検証し、再考する何よりも良い機会である。[注37]」

そこでは、チベット亡命政府のもとでのチベット独立の存在の主張が確認されていた。

　2004年3月10日チベット民族蜂起45周年に当たり、ダラムサラーでチベット

青年会議支部のチベット人50人、最低年齢16歳、最高年齢70歳の者が、チベットの英雄行動を記念するために、朝9時から24時間のハンガーストを行った。さらに、中国のチベット支配に抗議して300名以上の血書が署名された[注38]。

3．チベットの核問題

　チベット亡命政府の5項目計画における非核地帯化の主張は、中国の核基地がチベットにあるからであった。

　1951年10月26日中国人民解放軍のチベット展開(第1陣は1951年9月9日)で、チベット軍区は、成都からラサ南西部のゴンカル(貢嘎)空港付近に本部を移した。

　チベットに核基地と核兵器工場があることは、幾たびとなく報道されてきた[注39]。核製造センターは、青海省の海北チベット族自治州のダシュ(海晏)とアムド(安多)のトンコル(湟源)にある。ダシュに研究設計施設が計画されたのは1958年5月で、1963年に活動に入り、施設の完成は1967年であった。その施設はロプノル(羅布泊)湖付近の第9研究所(西北核武装研究設計学院)もしくは211工場がそれである。この施設は1995年7月20日新華社が閉鎖されたと報道したが、真偽のほどは定かでない。

　核ミサイル基地としてアムドにCCS－4ミサイルが配備され、チベット自治区のロプノル湖の南、ニャクチュカ(雅江)のミサイル基地が確認されている[注40]。他に、ニマゾング東部のペロック峡谷(北緯32.15度、東経87.42度)のタゴ山(馬頭山)にミサイル基地がある。さらに、ラサのダプチ(ドラブチ)刑務所北西3.5キロ、セラ寺から1キロのドディプにミサイル地下格納庫がある[注41]。これらは、中印紛争後におけるインドからの空襲に備えたものであった。アムドのチャイダム(柴達木)の南東217キロ(北緯16.6度、東経97.12)のテルリンカ(徳令哈)盆地に核兵器基地本隊が配備されたのは1971年1月で[注42]、中国が有する核弾頭300～400のうち数十発がチベットにある[注43]。

　これを機に、チベットの非核化が課題となった。そしてダライ・ラマは1987年9月21日のチベットの平和地帯化に関する5項目平和計画を発表した。その第1

項がチベットの平和区であり、第4項がチベットの核兵器の生産基地や廃棄物の処理場に対する反対であった。

　このチベット高原の非核武装化は、チベット高原がインド、中国、ネパール、ブータン、パキスタン、ミャンマー、バングラデシュ、タイ、カンボジア、ベトナム、その他諸国に流れ込む主要な河川の源流となっており、またチベット高原の生態系バランスが崩れると、その上空を流れるジェット気流もその影響を免れず、気候パターンに連鎖してくるからである。1978年の『チベット高原の核兵器』は、中国・その他の核保有国は非核世界に向けて、以下の6項目の国際的行動を提言している。

1．核兵器廃絶という目標を真剣に追求すること。
2．期限を決めて、核兵器工場を戦略的に減らすこと。
3．核兵器の実態をより明らかにし、国際的責任を果たすこと。
4．核兵器の製造および輸出を禁止すること。
5．条約に違反した国に対する国際的な通商停止および制裁を強化すること。
6．核兵器の危険性を、国民および政府関係者に理解させること。[注44]

　そして1989年（月日は不明）にロプノル湖の核実験に反対する大規模なデモが発生し、数十人が投獄された。

4．チベットの人権問題

　中国人民解放軍のチベット進駐、1950年と1959年の弾圧でチベットの人権が損なわれたとの情報が、チベット亡命政府とその国際世論を通じて流布した。1950年10月作戦で5700人以上のチベット人が犠牲となり、1953～58年のアムド反乱では、カンゼ（甘孜）地区だけで1万人以上のチベット人が犠牲になった。1959年のラサ蜂起で死亡したチベット人は1万～1万5000人とされている。また、1959年3月～60年10月の中央チベットでの殺害は8万7000人とされる。事実、「4つの旧弊を打破せよ」とのスローガンのもと1966～76年の文化大革命におけるチベットの文化や宗教の破壊は著しかった。1995年刊のチベット亡命政府文書『チベットの現実』は、チベットで文化や宗教が破壊されたのは1955年から

61 年にかけてであった、と指摘している。また、チベット全土の僧院・尼僧院のうち 1976 年に残っていたのは 8 寺廟にすぎないと、同書は指摘しており、7 世紀建立のサムィェ寺（桑鳶寺／木秧寺）も、ゲルク派のガンデン寺（甘丹寺）も、サキャ派のサキャ寺（薩迦寺）も、カギュ派のツルブ寺（楚布寺／磋卜寺／業郎寺）も、ニンマ派のミンドリン寺（敏珠林寺）、さらに、ボン教最古の寺院のメンリ寺（櫨寺）も、すべて破壊されたとしている。59 万 2558 人の僧・尼、リムポチェ（高徳の僧）、アクパ（タントラの教えを実践する者）のうち、拷問死者は 11 万人以上、還俗を強制された者は 25 万人以上に達したとしている[注45]。

1976 年に毛沢東が死去して以後、経済の自由化と開放で人権状況も変わった。もっとも、1982 年 5 月に 115 人のチベット人活動家が逮捕された。

英国議会人権擁護グループ報告「チベットにおける中国の人権侵害」が 1988 年に刊行されたが[注46]、これはダライ・ラマの 5 項目平和計画における人権問題の指摘と時期を同じくした。

前記の『チベットの現実』は、また、1959 年民主改革によって人民民主政治制度が実現されたと「中国白書」は主張されているが、これは事実でない、と指摘している[注47]。

米国のチベットにおける宗教的自由の報告書やチベット NGO 人権組織は、ラマ、特にラマ尼（ゲロン）の迫害を指摘している。ガワン・サンドンは、8 歳でゲロンとなり、ラサのデモに参加して逮捕され、以来、厳しい弾圧を続けてきているとされた物語が報道された。彼女は監獄内で反抗し、1996 年の延刑に続き、1998 年さらに刑期延長となって、2000 年にヨーロッパで釈放運動が起きた[注48]。

この中国、特にチベットの人権問題は、1990 年 3 月国連人権委員会で議題「中国の人権状況」が米国・日本・英国・フランス・ドイツなど 18 カ国によって提案され、同決議案は 4 日賛成 17, 反対 15, 棄権 11 で成立しなかった。だが、これをもって、チベット人権問題が国際化する機会となった[注49]。

1991 年 8 月 23 日国連人権委員会少数民族保護・差別撤廃小委員会はチベット情勢決議を 1991／10 を採択し、「報告では、基本的人権や自由がいまだ侵害されており、チベット人固有の文化、宗教、および民族のアイデンティティが脅かされている」と指摘した。チベットにおける人権問題は、チベット人固有の伝統・文化

の侵害、そして自治の欠如にあるとされた。

　これにより1992年3月4日第48回人権委員会は、中国／チベット情勢決議案が提出されたが、同月4日中国提出の審議しないとした決議案が27対5、棄権10で成立し、その米国提出決議案は流れた。その米国提出の決議案（未公表）の全文要旨は、以下のとおりであった。

　「人権委員会は、
　　国際連合憲章、世界人権宣言、および国際連合のその他の人権の公約・宣言・決議の原則を指針とし、
　　人権小委員会の1991年8月23日第1991／10号決議およびその他の国連決議を想起し、
　　チベットの人権侵犯および基本的自由が維持され、チベットの文化・宗教・民族の伝統が脅威にあるとの報告が出されており、ここに、
　1．人権委員会小委員会第43回会議での問題の審議記録に注目し、
　2．国連事務総長に対し、これについての報告を要請し、
　3．酷刑問題と措置問題、宗教上の不寛容問題などに関心を払い、特別報告あるいは失踪問題の工作班の報告を求め、
　4．中華人民共和国政府に対し、チベット人の人権および基本的自由を十分確保するよう、呼びかけ、
　5．中華人民共和国に対し、引続き特別報告者に対して情報提供の要求に応えるよう、呼びかけ、
　6．国連事務総長に対し、チベット地区問題について第48回会議に報告するよう、要請する。[注50]」

　1993年2月23日米国は、再び国連人権委員会に対して議題「中国の人権状況」を提出した。しかし、中国提出の審議しない決議が賛成22、反対17、棄権22で成立し、22カ国提出決議案は封じられた。

　1994年8月米国は最恵国待遇問題で中国に圧力をかけ、同時に人権戦略の行使を、12月初めに明らかにした。翌95年1月中米第1次人権対話が行われたが、30日〜2月1日に国連人権委員会で人権工作をとり、26カ国共同決議案が提出された。3月7日中国は審議しない決議案を提出し、賛成22、反対22、棄権9で

成立せず、8日米国など共同提出の中国の人権状況決議案は21対20、棄権12で採択された。この1995年の人権委員会では、1959年のラサ蜂起に参加し、以後、1992年8月まで監獄生活を送ったラマ、パルデン・ギャムツオがインドに亡命し、チベット囚人として初めて証言した[注51]。

1996年3月18日再び米国は国連人権委員会に中国の人権共同決議案を提出した。ただし中国の反対決議案が賛成27、反対20、棄権6で成立し、中国は6回目の回避に成功した。

1997年の第53回国連人権委員会に対し、4月10日要旨以下の決議案が提出された。

「1997年／……　中国境内の人権状況

　国際連合憲章、なかんずく世界人権宣言、国際人権規約、そのた人権と基本的自由の人権条項を想起し、

　また、中国が人種差別撤廃条約、女子差別撤廃条約、非人道的待遇禁止条約、および児童の権利条約の締約国であることを想起し、

　……

1．以下につき歓迎し、
　(a) 中国政府の人権問題の情報交換、
　(b) 中国の人権条約加盟、
　(c) 中国の国際人権規約の加盟表明。
2．以下の状況につき注目し、
　(a) 中国国境内の省・国家当局の人権および基本的自由の侵犯、
　(b) チベット人の文化・宗教・その他の自由の行使、11世パンチェン・ラマの状況、
　(c) 平和的集会、結社、言論、また宗教的自由の迫害、
　……[注52]」

この決議案の選択は反対する中国の立場を27カ国が支持し、その反対17、棄権9で成立しなかった。

これまでの人権委員会における中国提出の審議しない決議に対する採択状況は、次のとおりであった。

チベット人権決議の採決状況

グループ別	アフリカ			東欧			ラテンアメリカ			アジア			西側		
	賛成	反対	棄権	賛成	反対	棄権	賛成	反対	棄権	賛成	反対	棄権	賛成	反対	棄権
1990年	6	1	5	3	2	0	1	1	6	7	1	1	0	10	0
1992年	13	0	2	1	3	1	2	1	7	1	1	0	0	10	0
1993年	11	0	2	0	5	0	1	1	9	10	1	1	0	10	0
1994年	10	1	4	0	3	2	1	1	9	9	1	2	0	10	0
1995年	11	1	3	0	5	0	2	4	5	9	2	1	0	10	0
1996年	14	1	0	2	2	1	2	6	3	9	1	2	0	10	0
1997年	14	1	0	2	2	1	2	3	6	1	2	0	0	10	0

　この投票行動の分析をみると、この人権戦略は、米国主導の西側諸国対中国支持派アジア・アフリカ諸国の拮抗にあると解することができ、ラテンアメリカはそのなかにあって棄権している。

　中国国務院新聞弁公室は、1992年3月25日、白書「チベットの主権帰属と人権状況」を発表し、「チベット問題は人権問題ではなく中国主権擁護の問題である」とした[注53]。ドルジ・ツェリン（多傑才旦）は農奴制からの解放が人権の問題であると言及し、その視点を明らかにした[注54]。その白書の観点は、「チベットにおける人権、すなわち生存権、発展権、自由権、平等権などの権利はすべて、「17条協議」や「1959年に導入された民主革命以後の政策によって保持され発展している」と主張するところにあった。

　さらに、中国国務院新聞弁公室は1998年2月、「チベット自治区人権事業の新進展」と題するチベット人権白書を公表した[注55]。そこでは、民族区域自治制度が導入され、人民の政治的権利が確立している現状を述べ、経済的発展とともに人民の生存権が確立し、教育が確立し、文化的権利と健康の保障権が保障され、宗教信仰の自由の権利が樹立されている、と述べている[注56]。

　そして、国務院新聞弁公室は、2000年6月白書「チベット文化の発展」を発表し、「ここ40余年、チベット文化は優れた伝統文化の継承とチベット民族文化の特色の保持をふまえて大きく発展してきた」とし、「このような発展は、次の3つの点に際だって現れている」と、以下のように指摘した。

「1つに、チベット文化の主体が変わったこと。ごく少数の封建的農奴主がチベット文化を独占していた状態は徹底的に変えられ、チベットの全人民がチベット文化をともに受け継ぎ、発展させ、分ち合う主体となった。

2つに、チベット文化の内容が大きく変わったこと。封建的農奴制に付随する腐朽した、立ち遅れたものは、社会の進歩と発展につれて見捨てられ、チベット族信者大衆の宗教信仰は十分な尊重と保護を受け、チベット民族の優れた伝統文化は最善の保護を受け、継承されるとともに、人民大衆の新しい生活および社会発展の新たな要請を反映した時代の内容が与えられ、内容・形式ともに絶えず発揚され、発展してきた。

3つに、チベット文化の発展状態が実質的に変わったこと。かつて閉鎖・停滞・萎縮していた状態が打ち破られ、現代化に目を向け、世界に目を向けた開放・発展の態勢が形成され、伝統文化が発揚され、同時に、現代科学技術、教育、および報道伝播文化がゼロから出発して、空前の発展を遂げている。[注57]」

これに対して、チベット亡命政府は、同2000年9月『チベットにおける中国政府の現行政策』を発表した。その冊子は、「1994年7月20日から23日にかけて、中国政府はチベットにおいて「第3回研究会議」を開催し、数千年もの間、チベット高原で繁栄したチベット文明を根絶する方針を打ち出した」との中国の強硬政策への反論であった。そこでの指摘は、「中国政府の新政策に基本的な欠点は、『チベット問題』をダライ・ラマを排除した形で考えている点である。また、チベット人の気持ちと考えに配慮せずに問題の解決を図ろうとすることも間違っている」と指摘するところにあった。議論の要点は、次のようであった。

1．1996年の愛国教育闘争は、「ダライ・ラマの影響力の根絶」にある。1996年7月23日チベット自治区共産党書記長陳奎元は、精神文明闘争のラサ動員集会で、「精神文明闘争を促進する上で重要な仕事の一つは、宗教界における14世ダライ・ラマの影響力を根絶することにある」と強調した。1998年3月チベット自治区共産党副書記長ライディ（熱地）は、700を超える施設35000人のラマ・ゲロンが愛国教育によって矯正された、と述べた。

2．教育政策について1987年のチベット自治区人民会議は初等教育における教育言語としてのチベット語教育を決めたが、この法律を実施する意思がなかった

し、それは、誤った文化の抑制である、と指摘した。
3．政治政策として、1995年に中国当局は、政治容疑者の脅迫措置をとった。これは、チベットの文化やアイデンティが中国の統一を脅かすもので、地方の分裂主義者の封じ込めである。
4．経済開発政策というチベットの変貌は、開発計画をチベット・ナショナリズムの沈静化工作である。陳奎元は、2000年3月、西部開発計画はチベットの資源を利用する機会となると述べたが、それはチベットの大地を植民地化する以外の何物でもない、と解した。実際、中国の政策は2つの経済と2つの社会を作り出しており、それはチベット人の大多数にとって利益にならないことは自明である、と言及した。
5．中国の宣伝政策は、亡命チベット人への国際世論の高まりで中国があわてて立てたもので、中国政策は宣伝政策の強化を余儀なくされた、と指摘した。

以上の結論として、「中国政府がどのように考えようとも、ダライ・ラマはチベット問題解決のために絶対不可欠な存在である」と結んだ。[注58]

なお、漢人のチベット移住はチベット社会を解体させるものであるとするのが亡命政府の基本視点である。一方、2001年4月人民日報に発表されたチベット全区の人口は261万6300人で、全自治区の人口構成比はチベット族241万1100人、92.2％、漢族15万5300人、5.9％、その他4万9900人、1.9％であった[注59]。

さらに、1998年には、国連人権委員会には、中国決議案が提出されなかった。1999年4月16日米国が単独で中国人権決議案を提出したが、中国の動議の成立で、廃案となった。2000年3月15日、国連人権委員会に中国人権決議案が提出されたが、この中国非難決議案は4月17日採択に入ることなく終わった。米国は2001年4月11日決議案を提出したが、18日中国の反対で決議案採択投票はなかった。この過程で、4月2日チベットの人権状況について報告があり、1人は国際人権連盟を代表してクンチョク・デンターが政治犯として投獄されていた状況について報告し、もう1人はツエリン・ヤンケイで、彼は国際和解フェローシップIFORの代表であった[注60]。同年の国連人権委員会選挙で米国が落選し、2002年には決議案の提出はなく、米国が人権委員会に戻った2003年にも人権状況決議案の提出はなかった。2004年4月14日中国決議案が付託されたが、15日採択に入ることな

く終わった。

5．中印国境戦争

　1960年代を通じて、ネルー政府は国内外の困難に直面し、各方面の非難を受けた。州の分裂運動が高まり、国内情勢は不安定になり、ネルーは、より高圧的な政策を余儀なくされた[注61]。一方、その窮境を打開すべく、ネルーは、米国の援助を急速に増加させた。1956年から59年にかけ、すなわちネルーの対外政策が右寄り時期にあった米国の援助は19.36億米ドルで、平均毎年6.45億米ドルであった。1959年後半から1962年7月まで、ネルーが公然と中国に反撥して以降、米国の援助は急激に増加し、38.72億米ドルに達し、年平均12.9億米ドルであった[注62]。

　ネルーは、チベットでの貴族反乱への先導工作に失敗し、またチベットに対する拡張主義の暴走が破滅してしまったことで、公然と中国に対し自国領土から撤退するよう要求し、さもなければ中国辺境軍隊を撤退させるべく追い込むという手段をとることになった。これが、ネルー政府の前進政策であった。

　この前進政策とは、インド側が軍事力で中国人のさらなる前進を止めることである。いいかえれば、インド側の画定した国境は中国国境内に深く入り込んでおり、その国境を越えでもすれば、中国の「前進」だとみたものである。それで、インドは、次の方策としてインド軍がアクサイチン（阿克賽鈎）を占領し、外交交渉によって中国人をこの地域から追い出そうと企てた。そのため、中国の設けた各辺境防衛拠点のあいだをぬってインド防衛拠点を建設し、また巡察警備隊を派遣して中国の辺境防衛拠点への供給を切断し、最終的には、中国辺境防衛拠点を撤退させるべく追い込もうと企てた[注63]。

　その前進政策は、この1960年に始まったのではなく、1956年9月26日にインドが中国に送った照会で、「インドの主張した領土で、一度び、中国武装人員を発見すれば、侵略行為と見做し、また抵抗する」と述べたところにあった[注64]。

　そして、1959年8月28日ネルー首相は下院で、公然と中国政府に警告を発し、インド辺境防衛隊は越境者に対し武力を行使する、と述べた[注65]。中国・インド両

国は、国境の認識と地図の画定方法で大きな食い違いにあったので、12万余平方キロメートルの中国領土をインド領有と決め、それにより中国国境内に駐在する中国辺境防衛部隊と住民を越境者と見做し、インド部隊は当然に武力を行使する権利を持つとしたのが、そのインドの前進政策の立場であった。そして、ネルーは、「もし皆さんがチベットの主権国家の地位を否定するのであれば、皆さんはシムラ草約の正統性を否定することになり、したがってマクマホン線の正統性をも否定することになる」と恐喝的に述べた[注66]。この攻撃的な政策に対して、中国政府は、平和と中国・インド友好維持のため、対内的に先に発砲してはいけないという厳命を発し、インドに対し再三にわたり忠告と警告を発した。周恩来総理は、1959年3月22日ネルー首相あて返書を送ったが、その要旨は以下にあった。

1. 中国とインドは長い帝国主義侵略を受けてきた国であり、この共通の境遇から一致した意見をもつべきである。インドは、英国がチベット地方に対して造り出した侵略政策の局面を正式に承認して、問題解決の拠り所とした。
2. 中国は、中国とインドが歴史的背景と当面の実際状況を考慮して、五原則に基づき両国の国境問題を解決すべきであると、一貫して主張してきた。
3. その中国の方針は明確であり、インド軍の越境事件にもかかわらず、その境界の雰囲気はよく、融和親睦が保持されてきた。
4. インド軍は、中国辺境守備隊のマジトン（馬及墩）での自衛行動を武力挑発だといっているが、そうした世論・外交・圧力は両国の友好を傷つけるだけである。
[注67]

もっとも、9月13日ネルー首相は、国境部隊に対して、以下の指令を与えており、「侵略者」に対し実力行使する権限が与えられているとした発言は、一つの警告にすぎなかった。

「(a) われわれは、やむをえざる事態に立ち至るまでは、実際の衝突を避けねばならない。すなわち、われわれは、大規模な武力衝突だけでなく、たとえ小規模であっても、武力衝突を避けねばならない。わが部隊は、実際に発砲されない限り、決して発砲すべきでない。

(b) 中国側の武装先遣隊がわが方へ近づいてくる場合には、後退するように彼らを諭すべきである。わが方は、彼らが発砲する場合にのみ、発砲すべき

である。
  (c) (この項は、チュスル（曲水）地区についての具体的な指示)
  (d) アクサイチン（阿克賽鈞）地区は、多かれ少なかれ現状のままとし、検問所を設けず、事実上近づかないようにすべきである。この地区に関するいっさいの問題は、時機がきたときに、より大きな国境全体の問題との関連において考えるべきである。差し当たり、われわれは、中国がこの（ラダクの）東北部を占領し、彼らの道路がそれを横切っているという事実は、我慢しなければならない。
  (e) 国境方面の人員に対するわれわれの一般的指示は、次のとおりである。すなわち、いかなる挑発的行動をも避け、（マクマホン）線のこちら側に厳として留まり、容易に突破されることのないようにすべきである。
  (f) 私は、この国境方面で中国軍がなんらかの攻勢的方針をとることは、すなわち、これ以上、わが国領土に進入を試みることは、ありそうもないと考える。もし彼らがそうしたならば、彼らの前進を食い止め、直ちに事態をわれわれに報告して、指示を仰ぐべきである。[注68]」

しかし、世論は大きく動いた。10月11日インド・タイムスは、その前進政策を公然と掲げた。そして、1961年11月3日（中国は11月2日と確認）開催のインド最高会議は、要点以下3点の決定をした。
1．ラダクでは、可能な限り前進して巡察する。
2．ウタル・プラデシュ、その他の北方地区は、実行可能な限り前進し、全国境地帯を有効的に占拠する。
3．運用・管理面で、国境方向に大型の基地を配置する。[注69]

当時、ネルーら一部支配当局者は、インドの軍事優位を確信しており、もって中国が敢えてインドと対決することはないとの判断で、インドは公然と前進政策に走った[注70]。

こうして、インドは、戦争の手段で領土拡張の目的を達成する決意を示し、中国が再三にわたり提出した辺境の現状を維持し、巡視を停止し、交渉を行うとした方策を拒否した。特に1960年4月19～25日の両国首相ニューデリー会談では、中国総理が会談の完全決裂を避けるため、双方会談の状況によって纏めた6項目

の合意提案をも拒否した[注71]。これは、インド政府が両国のあいだに実際の支配境界線が存在することを認めず、国境衝突を避けるために双方の武装部隊の接触を離間させることもせず、さらに、双方の国境対立が存在するというこの客観的事実までも認めないとしたところのインドの立場にあった[注72]。ネルーの拡張主義的論理は、その占領を既成事実とし、さらに占領すれば、そうするというものであった。こうして、1961年以降、特に1962年4月以降、インドは、中国・インド国境西区の中国国境内に43の軍事拠点を設立した。これらの拠点は、中国辺境防衛拠点に数メートルしかない距離で接近しており、さらに、中国辺境防衛拠点の背後に設けたもので、中国辺境防衛拠点の退路を切断したものもあった。

　これに対し、中国政府は、インド側に警告を発し、武力により一方が中国領土を変更し占領することをしないよう求め、さもなければ、インド側は、それによって発生したすべての結果に対していっさいの責任を負わなければならない、と再三の警告をした。これもすべて、インド側は受け入れなかった。

　しかも、インドは、同年10月12日ネルー首相は、中国軍隊を、いわゆる侵略された地域、実際は中国領土から、すべて「一掃せよ」との命令を出した。それによって、10月17日から、インド軍隊が中国・インド国境の東区間と西区間で大規模に中国軍隊に向けて進撃した。中国辺境防衛軍は、インド軍隊による何回もの侵攻を受け、自衛反撃となり、このためインド軍は、直ちに前進を停止した。

　中国・インド国境衝突が発生してから4日後、中国政府は、武装衝突を停止し、再び平和交渉を行うため、10月24日に中国・インド国境問題を解決する3項目提案を行った。すなわち、

　　1．中国・インド国境問題について、双方は、平和交渉を通じて解決しなければならないことを確認する。それは、平和的に解決するまで、双方は、すべての国境線において双方の間に存在する実行支配線を尊重し、双方の武装部隊はこの線からそれぞれ20キロを後退し、引き離される。
　　2．インド政府が前項の提案に同意した上で、中国政府は、協議を通じて国境東区の中国軍隊を実行支配線以北に引き揚げ、中区と西区では、中国・インド双方が実際支配線、すなわち伝統・習慣の国境線を越えないことを保証する。
　　3．中国・インド国境の平和解決を求めるため、中国・インド両国首相が再び

会談を行うことを提案する。[注73]

　この３項目提案は、インド側が拒否した。インドは、戦時内閣を成立させて引き続き戦争を行おうべく、武力で紛争を解決せんとの立場を堅持した。それと同時に、インド政府は、民衆を煽動して反中国活動を行い、インド在住の華僑を迫害し、中国銀行インド支店を閉鎖し、中国人新聞記者を追放し、インド駐在中国大使館・領事館要員の活動を制限し、さらに中国との外交関係断絶まで言及した。

　中国政府は、インドが３項目提案を拒否した後、一方的に３項目提案の１、２の項目の実施を決め、中国・インド国境東区で自発的に辺境防衛部隊を元来の実際支配線まで撤退させ、中区と西区では伝統慣行上の国境線内の20キロまで撤退し、また巡視を停止した。同時に、インド政府に対し、もし再び挑発すれば、中国としては自衛反撃の権利を留保する、と警告した。

　インドは国境戦争を発動し、中国軍隊を一掃せんとしたが、その成果はなく1962年以降、インド側は、中国・インド国境での侵犯ないし進攻挑発をすることは少なくなった。

　結局、1962年６月２日、中・印チベット協定は失効した。そして、同年10月20日中国軍のインド進攻で、11月13日インド特殊辺境軍が設立された。それはCIAの指導でインド情報部調査分析部門の下に創設されたもので、その構成母体はチベット軍であった[注74]。それは、パキスタン軍情報部経由の米国とカムパ族の接触がニューデリー経由に変更されたからで、米国のチベット関与はこの形で続いた。しかし、チベット軍は1971年印パ戦争に参戦し成果をあげた後、1974年４月インド政府の圧力で解体を余儀なくされ、ムスタンで８月までに弾圧された。

　1959年３月20日チベット暴動、そして４月３日の14世ダライ・ラマのインド亡命以後における主たる中国・インド関係は、次のとおりであった[注75]。

　1959年３月20日　チベットで暴動。

　　３月23日　ネルー・インド首相、チベットに干渉しないとの声明。

　　３月31日　ダライ・ラマ、インド・アッサム北辺国境に到着。

　　４月３日　ネルー・インド首相、国民議会でダライ・ラマ一行のインド入国を承認。

　　４月24日　ネルー・インド首相、ダライ・ラマと会見。

5月6日　周恩来総理、社会主義11カ国の訪華代表団に対し「チベット問題と中印関係」の談話――チベット問題の歴史的経緯を説明した[注76]。

5月6日　人民日報論文「チベット革命とネルーの哲学」[注77]。

8月7日　中国軍・インド軍、インド東北国境地帯で衝突。

8月25日　中国軍、マクマホン線のロンジュ・インド監視所を占領。

8月25日　ネルー・インド首相、インドはブータン・ネパール防衛の責任を負うと声明。

8月28日　中印国境の紛争激化。

8月31日　ネルー・インド首相、上院で中国軍の侵略につき声明。

9月2日　中国政府、インド政府あて国境問題で覚書送付、7日再送付、10日インド、中国政府覚書公表。

9月8日　周恩来中国総理、ネルー・インド首相に対し書簡送付。

9月9日　インド政府、中国政府に覚書送付。

9月12日　人民日報論文「中印国境紛争の真相」。

9月26日　ネルー・インド首相、周恩来中国総理に書簡送付、29日国境紛争覚書送付。

10月2日　中国指導者、フルシチョフ・ソ連首相に対し中印国境紛争はインドの挑発と声明。

10月21日　ラダク地方西部国境で第2次衝突。

10月26日　中国外交部、中印紛争で声明。

10月31日　フルシチョフ・ソ連首相が中印国境紛争で声明、11月1日ネルー・インド首相が支持声明。

11月4日　インド政府、ラダク地方国境紛争で覚書を中国大使館に送付。

11月7日　周恩来中国総理、ネルー・インド首相に対し書簡送付。

11月8日　インド共産党、中印国境紛争でネルー首相支持の声明、14日マクマホン線を中印国境と認める。

11月14日　中国、中印国境でインド兵捕虜を引き渡し。

11月16日　ネルー・インド首相、周恩来中国総理に対し返書送付。

11月27日　ネルー・インド首相、国民議会でネパール・ブータンへの侵略

はインドへの攻撃と見做すと声明。
11月28日　ネルー首相、インド国民あて声明。
12月17日　周恩来中国総理、ネルー・インド首相に対し首相会談を求める書簡送付。21日ネルー・インド首相、首相会談拒否の返書。
12月26日　中国外交部、インド大使館へ覚書送付。
1960年2月5日　ネルー・インド首相、首相会談に応じると周恩来中国総理あて書簡送付、26日周恩来総理、返書。
4月13〜29日　周恩来中国総理、ビルマ・インド・ネパール歴訪、19〜26日インド訪問で、25日インド・中国共同声明――国境交渉で合意した[注78]。
6月15日〜7月25日　中国・インド国境交渉（北京）。
7月4日　ネルー・インド首相、ラダク地方訪問。
1961年8月12日　中国外交部、中印国境紛争でインドに覚書提出。
10月7日　中国外交部、中印国境紛争でインドに覚書提出。
10月31日　インド外務省、中印国境紛争で中国あて書簡送付。
11月2日　中国外交部、中印国境紛争でインドに覚書提出。
11月3日　インド首脳会議で前進政策を決定。
11月30日　中国外交部、中印国境紛争でインドに対し覚書提出。
12月4日　ネルー・インド首相、国民議会で中印国境問題につき中国を非難。
12月6日　中国、中印国境紛争インド覚書を非難
12月7日　人民日報社論「ネルーの策動するインド反中国運動の真相」。
12月8日　チベット自治区準備委員会主任代理パンチェン・ラマ、中印国境紛争で声明。このパンチェン・ラマの発言は、以下の2点にあった。

1．ネルーとインドは、わが国を攻撃し、さらにインドに逃亡したチベット反乱分子が反乱活動を行うのを認めている。わが国は、これまでインドの領土を一寸たりとも侵略したことがない。逆に、インドがわれわれを攻撃した。
2．ネルーは、チベット革命を恐れ、チベットの民主革命の影響がヒマラヤを越えるのを恐れているために、全力を挙げてわれわれを攻撃している。チベットの革命は、決して停止しない。われわれは、社会主義のチベットを建設するだろう。

[注79]

引き続き状況は悪化し、そして1954年中印チベット協定の1962年6月失効とともに、7月中印国境衝突となった。

1962年4月13日　中国政府、1961年12月〜1962年3月中印交換公文を一方的に公表、4月15日インド、中国に抗議。

4月21日　中国、インド軍のラダク地区侵入に抗議。

4月28日　北京放送、インド政府は中印国境問題の和平交渉を拒否していると指摘。

5月12日　中国外交部、チベット西部地区にインド軍が侵入と非難。

6月2日　1954年4月29日中・印チベット協定失効。

6月3日　人民日報社論「インドとの平和共存は不変」と強調。

7月10日　インド政府、中国軍がラダク地区ガルソン渓谷のインド軍を包囲と発表。

7月13日　中国外交部、インド軍の行動は明らかに中国側への挑戦と声明。

7月14日　インド政府、中国軍はインド領に侵入していると非難覚書発表。

7月21日　カシミールのラダク地区ランタックで中印発砲事件。

8月6日　ネルー・インド首相、中印国境問題で中国と交渉を表明、14日インド国会、承認。

8月25日　北京放送、中印国境ラダク地区にインド軍侵攻と発表。

9月21日　中国、マクマホン線北部チェンド（扯冬）地方でのインド軍の行動に厳重抗議。

10月3日　中国、インドに対し国境会談を提案、6日インド、国境会談の前提として国境地帯からの中国軍引き揚げを要求。

10月12日　ネルー・インド首相、北東国境地帯からの中国軍の撃退命令。

10月13日　フルシチョフ・ソ連首相、駐ソ・インド大使に対し中印国境紛争で中立的立場を表明。

10月13日　中国、国境紛争でインドに対し強硬抗議。

10月17日　中国軍、領空侵犯のインド軍機を撃墜。

10月20日　中国軍、東部と西部の中印国境で全面的攻撃開始、人民日報はインドの話合い拒否を非難。

10月22日　ネルー・インド首相、全国ラジオ放送で中国侵略を断固排除せよと呼び掛け。

10月24日　中国政府、中印紛争で声明。

10月26日　インド、中国に対し覚書送付、11月6日中国外交部、反論。

10月26日　インド、中印国境紛争で非常事態宣言、11月15日国会承認。

10月27日　人民日報論文「中印境界問題に寄せて再びネルー哲学を論ず」[注80]。

10月29日　ケネディ米大統領、ネルー・インド首相あて軍事援助を与えるとの書簡送付。

10月30日　インド、在中国人の活動制限命令、31日スパイ活動防止令公布、11月3日予防拘禁法公布。

10月31日　インド、メノン国防相解任、ネルー首相が兼任。

11月2日　ソ連、ネルー・インド首相に対し無条件停戦を要請。

11月4日　インド、国防会議設置。

11月8日　ネルー・インド首相が国民議会演説、中国軍撃退決議案提出。

11月13日　インド、CIAの指導で特殊辺境軍（暗号名エスタブリッシュ22）を創設、その主力はチベット軍。

11月15日　周恩来総理、アジア諸国首脳あて書簡送付——中印国境問題の経緯を明らかにした[注81]。

11月16日　中国軍、ワロン（瓦弄）占領、18日中国軍、セラ峠・ラダク地区占領。

11月19日　インド、米国に対し緊急援助要請。

11月21日　バンダラナイケ・セイロン首相、中印紛争でアジア・アフリカ6カ国会議を提唱。

11月21日　中国外交部、中印国境前線の自発的停戦と引揚げの声明、北京放送も確認、インドは停戦受諾、ネルー首相が国民議会で停戦を確認。

11月22日　英インド軍事援助使節団、ニューデリー着、27日インド、英・米と武器供与交換公文成立。

11月22日　人民日報社論「われわれの期待」。

11月24日　周恩来総理、第2期全国人民代表大会常務委員会第70回会議で

中印国境問題についての報告——それは、「中印辺境自衛反撃戦の10の問題に関して」と題され、主導的停戦の意味を明らかにした[注82]。

11月26日　インド、中印国境紛争で声明。

11月30日　周恩来中国総理、ネルー・インド首相に対し書簡送付、中国国防部、12月1日以降、全前線で引揚げと発表。

12月1日　インド軍、前進停止命令。

12月2日　インド、敵性商社との取引停止。

12月7日　ネルー・インド首相、中国と暫定停戦協定を締結する用意を表明。

12月8日　中国、インドの1962線への復帰を非難。

12月10日　中印紛争調停のアジア・アフリカ6カ国声明。

12月18日　中国外交部、インド政府の華僑弾圧に抗議。

12月31日～1963年1月8日　バンダラナイケ・セイロン首相が訪中、1月11日インド訪問、中印紛争の調停。

1963年1月1日　ネルー・インド首相、周恩来中国総理に対し中印国境の国際司法裁判所による解決を要請。

1月12～13日　アジア・アフリカ6カ国代表、中印国境紛争でネルー・インド首相と会談。

1月19日　アジア・アフリカ6カ国、コロンボ会議提案、23日ネルー・インド首相は受諾、中国代表は保留、25日インド国民議会、コロンボ提案を承認。

1月27日　ネルー・インド首相、コロンボ会議提案を一方的に実施と声明。

4月20日　中国、インド軍捕虜3213人の釈放・送還発表、4月10日～5月25日実施。

8月20日　中国外交部、インド政府のデマ攻撃に反論。

　8月22日　人民日報社論「インド反動派の政治的破産をだれも救うことができない」。

9月9日　中国外交部、インド政府に対し覚書送付。

10月9日　中国政府、即時解決を求める声明、13日インド、拒否。

11月上旬　インド外務省、中印国境紛争に関して報告。

11月15日　周恩来中国総理、中印国境問題でアジア・アフリカ諸国指導者

に書簡送付。
　12月21日　周恩来中国総理、アラブ連合訪問に際しての共同声明で中印紛争の解決を確認。
1964年10月7日　インド政府、中印国境問題の交渉再開を中国政府に対し要請、9日中国政府、受諾声明。
1965年7月22日　中国外交部、インド大使館に対し今年上半期のインド軍の中国侵犯は26回との覚書送付。
　9月16日　中国外交部、中印シッキム国境紛争でインド政府に対し覚書送付、17日も、19日インド政府、返書。

　インド・中国国境線は3520キロに達しており、それは1914年シムラ会議での問題を積み残していた。インド外務省は、1962年11月14日の周恩来中国総理あて文書で、「境界線のすべては、条約によって定義されるか、慣習によって認められているか、ないしはその双方であって、現在の紛争が起きるまでは、中国はその慣習上の境界線までに管轄権を行使することに抗議したことはなかった。中国政府は、最近、数回の書簡で、その境界線はまったく画定されていない、と主張しているが、これはまったくの誤りで、……この境界線の多くの部分は明確な国際関係協定により承認されている」と言及した[注83]。

　中国・インド国境の問題点は、以下のとおりである[注84]。

▲東北部国境　ブータンからチベット・インド国境の地域で、インドは1913～14年の英国（インド）・中国・チベット3者シムラ会議での1914年3月24／25日覚書の線、いわゆるマクマホン線が伝統的・民族的・行政的境界線としているが、中国はこれを認めていない。マクマホン線以南のメンユイ（方准居）、ローユイ（栄玉）、下シャユイ（察隅）は由来、中国領としている。チベット当局は、メンユイに対して宗教権・行政権を行使し、ローユイに対して徴税し、下チャユイは住民がチベット人で、チベットの行政管轄にあった。中国は1914年シムラ条約に調印していない。チベットは中国の一部分である。以上が中国の立場である。

▲西北部国境　いわゆるラダク地区で、インドのジャム・カシミールとチベット・新疆が接している地域で、1670キロに及ぶ。1842年の11世ダライ・ラマと中

国とカシミール間の条約で再確認されたと、インドは主張しているが、中国は同条約は境界を定めていないとしている。1959 年 9 月 10 日ネルー・インド首相は、この地区はこれまでいかなる管轄を受けたことはない、と発言した。

▲中部国境　いわゆるアリ（阿里）地区で、インド北部のウタル・プラデシュ州およびヒマチャル・プラデシュ州とチベットとの国境で、インド・チベット交易路であった。1954 年チベット協定では、6 カ所の峠を商人および巡礼者の通路として規定された。この 6 カ所は永らくインドが管轄してきた。中国は、この協定は国境には触れていないとしている。特に、ウタル・プラデシュ州とチベットとの境界はサトレジとガンジス系河川との分水嶺を形成している。中国はこの分水嶺を 1958 年までは国境として容認してきた。チベット当局は、この地域における封地文書を保持している。

以上が中印国境の帰属をめぐる問題点の大要である。

ネルーが 1964 年に逝去した後、彼の継承者がソ連の大量援助、特に新型武器の援助を得て、また撹乱を策動しようと図り、シッキムとチベット地方の国境で事件を起こそうと仕掛けた。1964 年から 65 年にかけ、インド軍は、ネタラ（堂拉）山入口辺りで中国チベット領土を占領し、中国辺境防衛軍に対し奇襲攻撃をかけた。その結果は、1962 年と同じく中国軍によるインド軍の殲滅的打撃に終わった。その時以来、中国チベット地方の辺境防衛は強固となり、安定した。

<注>
1　*Tibetans in Exile, 1959-1969,* Damramsala: Office of His Holiness the Dalai Lama, 1969, p. 179.
2　Dalai Lama, "To China: Open up Tibet," *New York Times,* 2 Feb. 1979.
3　UN High Commissioner for Refugees（UNHCR）, *Annual Report 1969, A／AC.96／396,* Section XI-India, 1970, p. 26.
4　Ibid., Section XIV-Nepal, p. 50.
5　op. cit. Peissel, *Secret War in Tibet,* p. 212.
6　Henry S. Bradsher, "Tibet Struggles to Survive," *Foreign Affaires,* Vol. 47 No.4, 1969, p. 758.
7　"Proceeds of Dalai Lama's Treasure," *Times,* 27 Feb. 1967.
8　op. cit. Chögyam Trungpa, *Born in Tibet.* 前掲、竹内訳『チベットに生まれて――或る活仏の苦難の半生』132 頁。

9 Jamyang Norbu, *Horseman in the Snow*, Dharamsala: Information Office, Central Tibetan Secretariat, 1986. ペマ・ギャルボ＝三浦順子訳『中国とたたかったチベット人』日中出版、1987 年、126 頁。Pierre-Antoine Donnet, *Tibet mort ou vif*, Paris: Gallimard, 1990. 山本一郎訳『チベット――「雪の国」の民族主義・受難と希望』サイマル出版会、1991 年、43 頁以降。蘇瑛憲訳『西藏生與死――霊域的民族主義』台北、時報出版、1994 年、53 頁以降。
10 周祖佑・季徳森「『康巴叛乱』的真相」大公報、1959 年 4 月 7 日。
11 op. cit. Gompo Tashi, *Four Rivers, Six Ranges*. 前掲、棚瀬訳『4 つの河・6 つの山脈』64 − 65 頁。
12 Adhe Tapontsang, *Ama Adhe: The Voice that Remembers*, Boston: Wisdom Publications, 1997. 小山晶子訳『チベット戦士』総合法令出版、1999 年。
13 Melvyn Goldstein, William Siehenschuh, & Tasi Tsering, *The Struggle for Modern Tibet: The Autobiography of Tasi Tsering*, New York: M. E. Sharp, 1997. 楊和晋訳『西藏是我家』香港、明鏡出版社、2000 年。
14 op. cit. Gompo Tashi, *Four Rivers, Six Ranges*. 前掲、棚瀬訳『4 つの河・6 つの山脈』125 頁。
15 R. Bannet & S. Akiner eds., *Resistance and Reform in Tibet*, London: Hurst, 1994, pp. 186-194. op. cit. Knaus, *Orphans of the Cold War: America and the Tibetan Struggle for Survival*, pp. 236ff. Jamyang Norbu,' The Tibetan Resistans Movement of the Role of the CIA,' op. cit. McKay, *The History of Tibet*, Vol.3 *The Modern Period1895-1959: The Encounter with Modernity*, pp. 610-618. Tsering Shakya, *The Dragon in the Kand of Snows: A History of Modern Tibet since* 1947, New York: Penguin Compas, 1999, pp. 165-184.
16 前掲『中共西藏党史大事記（1949 − 1994)』81 頁。
17 1958 年 12 月 20 日チベット軍区命令、1959 年平叛闘争任務的指示、1959 年 1 月 3 日同命令、加強対敵闘争、制止新的叛乱和叛乱拡大蔓延的指示など。鄧礼峰『新中国軍事活動紀実』北京、中共党史資料出版社、1989 年、534 − 535 頁。
18 前掲書、543 頁。
19 前掲『中共西藏党史大事記（1949 − 1994)』95、102、104、108 頁など。
20 毛里和子『周縁からの中国――民族問題と国家』東京大学出版会、1998 年、286 − 287 頁。
21 加々美光行『知られざる祈り――中国の民族問題』評論社、1992 年、264 − 265 頁。
22 op. cit. *Tibet : Proving Truth from Facts*. 前掲、南野訳『チベットの現実』56 − 57 頁。
23 Rinchen Dolma Taring, *Daughter of Tibet: The Autobiography of Rinchen Dolma Taring*, Wisdom Pub., 1970. 三浦順子訳『チベットの娘』中公文庫、中央公論社、1991 年。
24 *The Constitution of Tibet*, Dharamsala: Information & Publicity of H. H. The Dalai Lama, 1963. 「チベットの憲法」、前掲、木村訳『チベットわが祖国――ダライ・ラマ自叙伝』280 − 306 頁。全文は資料 809 − 819 頁をみよ。
25 *Notes, Memoranda and Letters between the Governments of India and China, Jan. 1963-July 1963. White Paper* No. 9, New Delhi: Ministry of External Affairs, Government of India, pp. 178-179. 前掲、落合『チベットと中国・インド・国連』313 − 315 頁。
26 op. cit.. *Notes, Memoranda and Letters between the Governments of India and China, Jan. 1963- July 1963. White Paper* No. 9, pp.179-181. 前掲、落合『チベットと中国・インド・

国連』315頁。
27　*Tibet under the Chinese Communist Rule*, New Delhi: Information & Publicity Office of the Holiness The Dalai Lama, 1976, Appendix, p. 198. 前掲、落合『チベットと中国・インド・国連』317頁。
28　op. cit. *Tibet under the Chinese Communist Rule*, p. 199. 前掲、落合『チベットと中国・インド・国連』317－318頁。
29　ペパ・ギャルボ『チベット入門』日中出版、1987年、166頁。
30　演説は、op. cit. *Tibet in the United Nations*, p. 232. op. cit. Shimomany ed., *The Political Philosophy of His Holiness the XIV Dalai Lama*. 前掲『ダライ・ラマXIV法王の政治哲学』第1巻、261－269頁に所収。
31　演説は、前掲書、第1巻、270－281頁に所収。
32　演説は、op. cit. *Tibet in the United Nations*, p. 232. op. cit. Shimomany ed., *The Political Philosophy of His Holiness the XIV Dalai Lama*. 前掲『ダライ・ラマXIV法王の政治哲学』第1巻、295－300頁に所収。
33　亡命チベット人憲章「将来のチベット国憲法ガイドライン」は、op. cit. Shimomany ed., *The Political Philosophy of His Holiness the XIV Dalai Lama*. 前掲『ダライ・ラマXIV世法王の政治哲学』第1巻、282－294頁に所収。全文は資料853－857頁をみよ。
34　演説は、ibid. 前掲書、第1巻、301－316頁に所収、引用は309頁。
35　演説は、ibid. 前掲書、第1巻、356－366頁に所収、引用は356頁。
36　演説は、ibid,. 前掲書、第1巻、124－129頁に所収。
37　http://www.tibethouse.jp/new-release/2001/17point-TC-May23-2001.html。
38　西藏之頁、2004年3月12日。
39　李覚等主編『当代中国的核工業』北京、中国社会科学出版社、1987年。Joint Publishing Research Service (JPRS), *China Today: Nuclear Industry*, JRPS-CST-88-0088, 26 April 1988. Li Hong, "Nuclear Weapon Breakthrough, " *China Daily*, 9 Sep. 1989. "Secret Uranium Processing in Amdo," *Tibetan Review*, Oct. 1992. Jon Akley, 'A Poisonous Atmosphere: Nuclear Installation on the Tibetan Plateau,' *Human Rights in China*, Spring 1999.
40　*The Australian*, 14 Oct. 1987. 趙雲山『中國導弾及其戦略――解放軍的核心武器』香港、明鏡出版社、1997年、119頁以降。
41　*Green Tibet: Annual Newsletter 1998* "Nuclear Weapons on the Tibetan Plateau," Dharamsala: The Department of Information and International Relations, Central Tibetan Administration, 1998.
42　*Nuclear Tibet: Nuclear Weapon and Nuclear Waste of the Tibetan Plateau*, Washington, DC: The International Campaign for Tibet, 1993. チベット国際キャンペーン、金谷譲訳『チベットの核――チベットにおける中国の核兵器』日中出版、2000年。
43　op. cit. The Department of Information and International Relations, Central Tibetan Administration, *Tibet : Proving Truth from Facts*. 前掲、チベット亡命政府情報・国際関係省、南野訳『チベットの現実』136頁。
44　op. cit. *Green Tibet: Annual Newsletter 1998*. "Nuclear Weapons on the Tibetan Plateau."
45　op. cit. The Department of Information and International Relations, Central

Tibetan Administration, *Tibet : Proving Truth from Facts.* 前掲、チベット亡命政府情報・国際関係省、南野訳『チベットの現実』106 − 107 頁。

46　The Parliamentary Human Rights Group, *The Chinese and Human Rights in Tibet*, London ; The Parliamentary Human Rights Group,1988. 英国議会人権擁護グループ報告、チベット問題を考える会編訳『チベット白書――チベットにおける中国の人権侵害』日中出版、1989 年。

47　op. cit. The Department of Information and International Relations, Central Tibetan Administration, *Tibet : Proving Truth from Facts.* 前掲、チベット亡命政府情報・国際関係省、南野訳『チベットの現実』81 頁。

48　Philippe Broussard, Danielle Laeng, *La prisonniere de Lhassa,* Paris: Stock, 2001. 今枝由郎訳『とらわれのチベットの少女』トランスビュー、2002 年。

49　李雲龍『中美関係中的人権問題』北京、新華出版社、1998 年、129 頁以降。

50　前掲、李雲龍『中美関係中的人権問題』132 − 133 頁。決議案は未公表である。

51　その記録は、op. cit. Gyatso, *Fire under the Snow.* 檜垣訳『雪の下の炎』である。同書の献辞のなかで、パルテン・ギャツォは、こう述べた（同書、7 頁）。
　　「悪の化身、野蛮な中国人の赤き群、
　　国際法すら踏みにじり、〈雪の国〉に押し寄せて呑み込みぬ
　　傍若無人に蹂躙せしは、われらが存在そのもの、
　　――われらが体、われらが心、われらが魂
　　無間地獄にすら、またとありや
　　われらが嘗めし辛酸、味わいし痛手、発せし叫び。」

52　前掲、李雲龍『中美関係中的人権問題』143 − 144 頁。決議案は未公表である。

53　中国白書「西藏的主権帰属与人権状況」人民日報、1992 年 3 月 25 日。『チベットの主権帰属と人権状況』北京、中華人民共和国国務院新聞弁公室、1992 年 9 月。

54　多傑才旦主編『西藏封建農奴制社会形態』北京、蔵学出版社、1996 年。その視点はさらに以下をみよ。宋賛良「従烏拉差役看西藏農奴制下的"人権"」、前掲、呉从众編『西藏封建農奴制研究論文選』。

55　中華人民共和国国務院新聞弁公室「西藏自治区人権事業的新進展」、史金波・他『西藏人権研究』北京、中国藏学出版社／中国社会科学出版社、1999 年、224 − 242 頁。

56　その解明が、前掲、史金波・他『西藏人権研究』である。

57　中華人民共和国国務院新聞弁公室「チベット文化の発展」北京周報、2000 年第 27 号、21 頁。

58　*China's Current Policy in Tibet: Life and death Struggle to Crush an Ancient Civilization*, Dharamsala: The Department of Information and International Relations, Central Tibetan Administration, 2000. ダライ・ラマ法王日本代表部事務所訳『チベットにおける中国政府の現行政策――チベット文明を根絶する必死の試み』ダライ・ラマ法王日本代表部事務所、2000 年。

59　「人口全区 261．63 万」人民日報、2001 年 4 月 3 日。

60　http://www.tibethouse.jp/new-release/2001/57th-UNHCR-address.html。同報告は資料 877 − 879 頁をみよ。

61　中村平治「独立後の政治発展と会議派支配」、中村編『インド現代史の展望』青木書店、

1972年、302 - 346頁。U. D. Uahajan, *History of Modern India*, Vol. 1: *1919 to 1974*, New Delhi: S. Chad & Co., 1983, pp. 498ff. 堀本武功『インド現代政治史——独立後半世紀の展望』刀水書房、1997年、50頁以降。

62　インド・米国関係は、以下をみよ。A. Appadorai ed., *Select Documents on India's Foreign Policy and Relations 1947-1972*, Dehli: Oxford U. P., 1982, Vol. 1, pp. 215-258. Dilip H. Mohite, *Indo-US Relations: Issues in Conflict and Cooperation*, New Delhi: South Asian Publishers, 1995. 吉田修「パクス・アメリカーナとの遭遇と離反——南アジア国際関係の60・70年代」、秋田茂・水島司編『現代南アジア6 世界システムとネットワーク』東京大学出版会、2003年。

63　Neville Maxwell, *India's China War*, London: Jonathan Cape/ Bombay; Jairo Publishing House/ New York: Pantheon Asia Library, 1970 / New York: Anchor Books,1972/ Dehradan: Natraj Pub.,1997. 前田壽夫訳『中印国境紛争——その背景と今後』時事通信社、1972年、230頁。

64　前掲、楊『中国反対外国侵略干渉西藏地方闘争史』306 - 307頁。

65　1959年8月28日ネルー首相の下院演説は、op. cit. Appadorai ed., *Select Documents on India's Foreign Policy and Relations 1947-1972*, Vol. 1, pp. 536-539 に所収。

66　*Times of India*, 8 Sep. 1959.

67　1959年3月22日周恩来書簡は、『中華人民共和國對外關係文件集』第6集（1959年）、北京、世界知識出版社、1961年、102 - 108頁に所収。

68　op. cit. Maxwell, *India's China War*. 前掲、前田訳『中印国境紛争——その背景と今後』165頁。

69　1961年11月2／3日インド最高会議の決定は、前掲、浦野『資料体系アジア・アフリカ国際関係政治社会史』アジアⅢ 11 中印紛争、7458 - 7459頁に所収。

70　王宏偉『喜馬拉雅山情結——中印関係研究』北京、中国藏学出版社、1998年、108頁以降。

71　1960年4月25日書面文書で周恩来中国総理が指摘した6項目提案は、以下のとおりである。
　（1）両国間の国境に関して紛争が存在する。
　（2）両国間には、相互に行政管轄が行使する実行支配線が存在する。
　（3）両国間の国境を決定するに当たっては、分水嶺、河谷、および辺界といった一定の地理的原則が、等しく国境のすべての面に適用されるべきである。
　（4）両国間の国境問題の解決は、ヒマラヤ山脈およびカラコルム山脈に向けた両人民の民族感情を考慮すべきである。
　（5）討議による両国間の国境の解決に先立って、双方は、実行支配線を保持すべきで、前提条件として領土要求をしない。ただし、個別の調整がなされる。
　（6）討議を促進する限りにおいて伝統的に国境を保持するために、双方は、引続き国境のすべての面に沿って巡視を抑制すべきである。
　『中華人民共和國対外関係文件集』第7巻（1960年）、北京、世界知識出版社、1962年、82 - 84頁。op. cit. Jain ed., *China South Asian Relations 1947-1980*, Vol. 1 *India: 1947-1980*, pp.171-173.
　同日の周恩来総理の記者会見における確認は、以下をみよ。前掲『中華人民共和國対外関係文件集』第7巻（1960年）、84 - 91頁。

72　趙蔚文『印中関係風雲録（1949－1999）』北京、時事出版社、2000年、157頁以降。
73　1962年10月24日中国政府3項目提案は、前掲、浦野『資料体系アジア・アフリカ国際関係政治社会史』アジアⅢ 11 中印紛争、7494－7496 頁に所収。
74　op. cit. Avendon, *In Exile from the Land of Snow.*　前掲、三浦・他訳『雪の国からの亡命――チベットとダライ・ラマの半世紀』194－195頁。
75　資料と分析は、前掲、浦野『資料体系アジア・アフリカ国際関係政治社会史』アジアⅢ 11 中印紛争をみよ。
76　1959年5月6日周恩来総理の発言は、前掲『周恩来外交文選』268－276頁に所収。
77　前掲、人民出版社編『関于西藏問題――1959年3月15日的文件資料』、外文出版社訳『チベット問題』231－267頁。
78　前掲『中華人民共和國対外関係文件集』第7巻（1960年）、80－82頁。op. cit. Jain ed., *China South Asian Relations 1947-1980,* Vol. 1　*India: 1947-1980,* pp.170-171.
79　1961年12月8日パンチェン・ラマ発言は、前掲、浦野『資料体系アジア・アフリカ国際関係政治社会史』アジアⅢ、7464頁に所収。
80　「从中印辺界問題再論尼赫魯的哲学」人民日報、1962年10月27日。外文出版社編『中印境界問題』北京、外文出版社、1963年、111－160頁。前掲、浦野『資料体系アジア・アフリカ国際関係政治社会史』第2巻アジアⅢ、7497－7516頁。
81　1962年11月15日周恩来総理のアジア諸国あて書簡は、前掲『周恩来外交文選』443－464頁に所収。
82　1962年11月24日周恩来総理の全国人民代表大会常務委員会演説は、中共中央文献研究室・中国人民解放軍軍事科学院編『周恩来軍事文選』北京、人民出版社、1997年、469－477頁に所収。
83　1962年11月14日インド政府書簡は、op. cit. Appadorai, *Select Documents on India's Foreign Policy and Relations 1947-1972,* Vol. 1, pp. 664-673 に所収。
84　前掲、浦野『資料体系アジア・アフリカ国際関係政治社会史』アジアⅢ、Ⅲ 11 中印紛争をみよ。
　　以下の資料をみよ。前掲『中印境界問題』。インド情報放送省出版局編、小西健吉訳『中国の脅威――インド・中国国境問題』アポロン社、1963年。Government of India, *Report of the Officials of the Government of India and the People's Republic of China on the Boundary Question,* New Delhi: Government of India, 1961.

14　チベット問題とチベット亡命政府の対外活動

1．米中央情報局のチベット工作と14世ダライ・ラマの協力

　米国は、19世紀末から第二次世界大戦の勃発まで、自らの実力と対外政策の全般的配慮から、米国のチベット干渉は、英国やロシアに比べると、副次的であった。第二次世界大戦の勃発から中華人民共和国の成立までの10年間に、米国のチベット画策への野心が高まった。しかし、当初は、中国国民党蒋介石政府との同盟関係を考慮し、そのチベットに対するすべての活動は、「中国主権を堅持し尊重する」との伝統的政策に従っていて、中米対立を引き起こすことはなかった。1949年中華人民共和国が成立して以後、米国はその共産主義勢力のさらなる拡大に反対し、それを孤立させ、そして「封じ込める」という立場から、新中国を敵視する政策をとり、この関連で米国の外交機関も情報部門も、すべてチベットの「独立」陰謀に関与した。このような活動は、1972年に中米関係が緩和した後まで、続いた。
　早期には、アメリカ人海外伝道師がその役割を担った。その関係は1910年まで続いた[注1]。
　米国とチベット政府の最初の接触は、在中国米大使館二等書記官アメリカ人ウィリアム・ウォドビル・ロックヒルが1897年初め、ラマの姿でチベット東部からラサに入り、長く4年間にわたる秘密「調査」をしたことである[注2]。1891年、彼は2回目のチベット旅行を行い、その調査報告「1890年—1892年モンゴル・チベット旅行記」などが注目された[注3]。
　1908年5月ロックヒルは、中国駐在米公使として初めて米国政府代表の身分で、当時、英軍のラサ侵入によって五台山に逃れていた13世ダライ・ラマと会った。この会見は、ダライ・ラマがチベットに戻り権力を握るべく米国の手助けを求める

ことが主題であった。しかし、何の実質的な成果はなかったものの、以来、米国政府のチベットに介入する活動は活発となった[注4]。以降、米国の教会、団体、および個人が相次いでチベットを訪問した。その代表的なものとしては、伝道師名義のスパイ、エボト・L・シャルトン、情報を求めた地理学者J・F・ロック、3回のチベット旅行をした博物探検家スイダム・カッティングらがいた。このようにさまざまな名目でのアメリカ人のチベット訪問は第二次世界大戦の勃発までに続いた。

1949年以後、米国政府が公然とチベット地域に介入し、そこでは、戦略情報局SSOとそれを後継した中央情報局CIAが重要な先兵的役割を演じるところとなった[注5]。

1949年7月、ラサで反共を口実にした漢人追放事件が起き、その後、米国政府は、コロンビア放送局評論員の名義でローウェル・トーマス父子をラサに送り込みし、チベット分裂の陰謀活動を画策した。彼らは、ラサに2カ月間滞在し、チベット上層部の一部反動分子と頻りに秘密協議を行った。米国当局とチベット当局の連絡役として、彼らは、またラサ駐在インド代表チャドリとともにチベット独立陰謀を工作した。同49年10月、トーマス親子はラサを離れ、インドを経由して帰国し、その際、空港での記者会見では、「チベットの中国から離脱した独立活動」について鼓吹し、「チベットは世界最大の反共産の国家である」と公言し、また米国が出兵して「チベットを支援し保護する」よう呼びかけた[注6]。米国に到着した後、彼らは、トルーマン大統領と会見した。そして彼らは、ダライ・ラマあて書簡を送り、「大統領は世界中の精神的パワーを結束させ、非人道的な勢力に反対することを願っている」と述べた[注7]。小トーマスは、帰国後、『この世界の外』と題する本で、「われわれの知っているチベットの危機は自由主義世界国家の危機でもある」といった[注8]。それは、チベットの一握りの上層部反動分子を煽動して祖国に反対させ、漢人とチベット人の団結を破壊するという米国の画策の発端となった。

1950年6月朝鮮戦争の勃発によって、米国政府は、共産主義勢力による全世界での拡張工作に対し断固とした「封じ込み」をとった。そのため、米国政府とCIAは、さらにチベット問題への関心を深め、チベットを彼らの反共陣営のパートナーと位置づけ、中国に対し圧力をかけた。6月16日米国務長官ディーン・アチソンはインド駐在大使ロイ・ヘンダーソンあて電報で、米国は英国と「チベットで共産党支

配に抵抗する」方法を検討している、と述べた[注9]。その後、もう一通の電報で、「現在、国務省は、チベット人に対し米国がチベットに援助する保証を与えることができる」、「米国は購入と資金の協力を準備している」と言及した[注10]。

　こうした政策の下でCIAは活動に入り、1950年11月14世ダライ・ラマを迎えるために1人のアメリカ人護衛をラサに派遣するかどうかについて、インドと検討した。その後程なく、CIAは、密かに摂政タクダ・リムポチェを始めとするチベット上層部の一部の反動分子と結託して、14世ダライ・ラマをヤートン（亜東）へ連行して国外へ逃出させ、機を伺って反攻せんとする準備をした。ただし、この工作は、漢人とチベット民衆の反対を引き起こしただけではなく、ダライ・ラマ側近のケンプ（堪布、教律を掌握し地方事務を主持するラマ、寺領）にもカルン（噶倫、大臣）にも支持されなかった。結局、この工作は実現をみなかった。1951年5月チベットが平和解放され、CIAのチベット独立活動に対する工作支援は、失敗した。

　このダライ・ラマのインド亡命工作が流れた後、最終的にダライ・ラマをして影響力を発揮させ、チベットに干渉するという目的で、CIAは、ダライ・ラマの2人の兄、トプテン・ジクメ・ノルブ（タクステル・リムポチェ）とジャロ・トゥンドゥプとの工作を重ねた。この2人は、それぞれチベットと米国政府、台湾国民党当局とのあいだの直接連絡者となった（ジャロ・トゥンドゥプ夫人は、台湾に逃れた国民党官僚の娘であった）。1951年のチベット平和解放からダライ・ラマ一派がインドへ脱出するまでの時期、この2人は、頻繁に米国、インド、そして台湾のあいだを往来し、CIAと台湾蒋介石政府の策動の下に一連のチベット工作に従事した[注11]。

　1950年夏、トプテン・ジクメ・ノルブは、14世ダライ・ラマを代表して外国と交渉できる彼への授権書を持参してインドへ赴き、アメリカ人と密かに接触した。その後、CIAが直接関与した反共産組織、アメリカ自由アジア委員会の支援で、彼は米国に到着した。そこで、彼は、米国政府と次の4項目の協定を作成した。

1. 米国は、責任を持ってダライ・ラマと彼の120名随行人員がその選んだいかなる国家へも行くことを手配する。
2. 米国は、経費を提供して中国人に反対する軍事行動に支援する。
3. 米国は、国際連合にチベット問題を持ち込むことに同意する。

4. 米国は、他の軍事援助を提供することも考慮する。注12

 米国は、以上の義務を負う前提条件としては、ダライ・ラマがチベットを離れ、公開的に17条協議を非難することであるとした注13。この約束は、1959年に14世ダライ・ラマが国外に亡命した後、米国の支持を得るための基礎となった。

 1954年にチベット独立派ツベン・チャンキム、ロカンワ、ロザンタシは、インドのカロンブールでのCIAの密かな支持で、いわゆるチベット人民会議本部を設立し、チベットの分裂活動を画策し、1955年に彼らはカムパ（康巴）地域上層部の一部反動分子を得て、カム（康）東部のダルツェンド（打箭爐、／ガンディン、康定）で密かにカムパ地域の反革命反乱を画策した。14世ダライ・ラマが是認したチベット・ドキュメント『雪の国からの亡命』の著者ジョン・アベドンは、CIAの関与によるチベット反乱の経緯を、こう記述している。

 「アメリカでチベット人を訓練するという決定自体は1959年3月の決起から約1カ月が過ぎた時点ですでになされていた。ダライ・ラマが脱出して3週間後の1959年4月21日、国家防衛義勇軍の衛教愿軍野戦司令官グンポ・タシ・アンドゥクツァンは、圧倒的な軍事力を有する中国軍を前に、ロカに基地を置く各司令部に撤退を命じていた。ゲリラ隊がロカ中に散らばって各々が戦いを展開している間に、国家防衛義勇軍の将校たちは東北辺境区に退却した。グンポ・タシ自身も重傷を負っていた。彼はダージリンに赴き、ダライ・ラマの兄で組織の指導者でもあるギャロ・トゥンドゥプに面会した。この2人にアドバイザーたちも加わって。国家防衛義勇軍の次なる段階の作戦の青写真が描かれることになった。そして、中国側がチベットに対してここまで露骨な態度に出てきた以上、その作戦も、実質的にはCIAとの密接な関わり合いの上に組み立てられなければならなかったのである。

 それまで、CIAによるカムパ族への訓練は、ごく限定されたものにすぎなかった。新兵たちは、グアムか沖縄（チベット作戦を監視するためのCIAの前進基地）で、4カ月にわたる訓練を受けた後に、トムソン式小型機関銃、無線機、捕虜になった場合の自決用の毒薬を携えてバンコクより飛び、レジスタンスの細胞を組織するためにパラシュートでチベットに降下した。こうした訓練者は地方の族長とその息子に限られていたが、この新たに立てられた計画において

は、チベット3地方の各区（チョルカ・スム）を代表し、かつ体格もよいという条件の備わった男子5グループ、人数にして約500名の訓練生を必要とした。訓練終了者は以前と同じように、自分の故郷近くに降下して、結果的には国家防衛義勇軍の母体と連結するようなレジスタンス組織を作ることになっていた。そして国家防衛義勇軍自体は、チベット国境周辺のどこかに新たに基地を移すことを望んでいた。

　この作戦は、徹底した秘密主義に覆われていた。チベット人たちは一度たりともここがアメリカであるとは告げられなかった。たとえ彼らが捕虜になっても、アメリカが関わっていると証明できないようにである。その一方で、ロッキー山脈のど真中でアジア人の秘密部隊が受けているという事実は、細心の注意を払って隠蔽工作がなされていた。1959年の半ば、CIAはデンバー・ポスト一面に、原子力実験が――原爆実験ではないものの――キャンプ・ヘイルで行われると発表させている。以後、キャンプに含まれる標高4200メートルの峰々や警告からなる広大な地域から、一般人は厳重に閉め出されるようになった。コロラド・スプリングスの郊外のパターソン空軍基地の近くの住民は、次のチベット人のグループが飛び立つ時、拘束される目に遭った。軍の道路封鎖したバリケードの前で、一度に47名もの人間が銃を突きつけられ、窓を黒く塗ったなぞめいたバスが通り過ぎていくまで引き止められたのである。……[注14]」

　この直前、1951年に、CIAはまた、14世ダライ・ラマのもう一人の兄、ギャロ・トゥンドゥプを通じて情報収集工作を手配し、カンパ反乱の発生後、ゲリラ戦争の画策を高める協議をした。1957年、ギャロ・トゥンドゥプの手配によって、初めて6人組がアメリカ人の訓練を受け、地図を見る方法、無線電信の使用方法、また落下傘の降下技術などを学び、以後、彼らは、2回に分けてチベットに降下し、カンパ反乱勢力の中核となった。1958年末、カンパ反乱軍の要求で、米国は1回目の武器を投下した。この武器の数量はそれほど多くなく、イギリス製ライフ銃100丁、半自動機関銃20丁、55ミリ迫撃砲2台、手榴弾60個と弾薬3000発であった[注15]。関係者自身「従来から、これらの武器が何かの重大な役割を果たせると思う人はいない。……その武器は、主に士気を向上するためのものである。軍事的に、こ

れらの武器は一種の脅迫ともいえなくとも、しかし一種の挑発行為であることは間違いない。チベット人が中国反対の希望を強めたからである」というのがCIAの立場であった[注16]。

1960年2月4日国家安全保障会議は、チベット問題を検討し、秘密計画の継続を承認した[注17]。

CIAと他の外国勢力の支持で、こうして1959年にチベットで遂に武装反乱事件が発生した。

この1959年のチベット武装反乱が失敗した後、14世ダライ・ラマはインド亡命を強いられた。その亡命には、CIAが不可欠の役割を果たしていた。ダライ・ラマは、脱出から2週間、ずっとインドに設けられるCIA連絡所と通信連絡をとっており、CIAで訓練を受けた通信係がダライ・ラマに付き添い、ワシントンとの密接な連絡を取り続けた。また、ダライ・ラマの脱出を見守ったカンパ警備隊1000人の多くがCIAの訓練を受けていた。CIAの支援がなければ、ダライ・ラマは脱出しえなかった[注18]。

また、CIAは、世論を造成すべく、ダライ・ラマの脱出を描いた13分間の記録映画「彼は失った聖地から来た」を制作したが、この映画は最終的に公表されなかった。また、CIA基金が提供されている国際法律家委員会を利用して、米国は、チベット地域の中国民族政策を非難し、チベット地域の内政に干渉し、これを口実に中国を孤立せんと図った。

14世ダライ・ラマの脱出後、米国は、チベット地域内で反乱勢力の育成に入った。1959年秋、CIAは、コロラド州のキャンプ・ヘイルで訓練を受けた分子をチベットに2回目の降下させた。キャンプ・ヘイルでの秘密訓練は、ある資料の記録によると、1958年から1962年まで、約170名のチベット人とカンパ（康巴）人が作戦訓練を受けており、中国へ戻され、これらの人はチベットのラサとロカ（山南）地区で「四水六崗／チュシ・ガントゥック」反乱の主力となった[注19]。1961年末、米国で訓練を受けた反乱分子のチベット降下活動は止まったが、キャンプ・ヘイルの訓練活動は以後も続いた[注20]。このキャンプはのち、ネパールに移り、アメリカ人により多くのチベット人が訓練され、その訓練は1964年末まで続いた。

1960年になって、チベット東部での反乱支持は無駄であったことが判明した。

したがって、CIAはまた、ダライ・ラマ一派と協力して、ネパールのムスタンで再びチュシ・ガントゥック衛教軍を設立し、またそれに大量の武器装備と後援物資を提供するところとなった。1回目の投下は飛行機2機で、475人が使用できる銃・薬品・食糧と1252米ドル相当のルピー現金が含まれており、他にCIAの特別訓練を受けた4名のカムパ人もいた。この部隊は設立後、CIAニューデリー駐在事務所の指揮下にあって、絶えずにネパールからチベットの南部と西部に向けて襲撃した。この襲撃は1961年に始まり、8年間も持続しており、1971年にキシンジャーが秘密訪中して米中国交樹立が達成されたことで[注21]、ムスタンでの支援活動は停まった。これと同時に、CIAはまた、インドにおいて密かにチャルバデイア情報局を設立し、そこには数機の新型飛行機が配置され、主に中国に対するスパイ活動を行い、またチベット反乱分子への空中支援を行うことを任務としたと、1983年12月27日新華社ニューデリー電は、以下のとおり伝えている[注22]。

> 「1962年の中印戦争後、中央情報局は、インドと結託して、ダライ・ラマ一派と協力して、脱出したチベット人を主体とするインド・チベット特別辺境部隊を設立し、長いインドの辺境で巡視に当たっており、絶えずに中国チベット地域を侵入して撹乱工作をした。[注23]」

この他にも、CIAは、ダライ・ラマ一派に対し大量の経済援助を提供した。ラサ駐在英代表で、のちインドに移ったヒュー・リチャードソンが、逃げ出したチベット人の得た薬品・食糧・衣服・その他の日常必需品および大量の寄付金は、その大部分が米国から来たものであったと、当事者として認めている[注24]。実際、1960年代初期、CIAがカムパ武装反乱人員に手渡した手当ては毎月5000ルピーに達し、1964年には月額11250ルピーにまで増額され、彼らの各種物品の購入に使われた[注25]。

1959年、ダライ・ラマ一派が国外に亡命した後、CIAは、政治・軍事・経済の各方面において、彼らに有力な支持・支援を与えた。1971年以降は、米国の世界戦略が調整され米中関係が緩和に向かったことで、CIAの中国チベット地方の内政干渉活動に終止符が打たれ、その工作は、公開闘争から秘密の活動へと移った[注26]。

そこで、1970年代初期における国際情勢の発展と変化により、米国は、チベッ

ト地方への内政干渉ではなく、いわゆる「チベット問題」を利用して中国の内政を干渉した。その方策は、軍事干渉ではなく、いわゆるチベット人権問題を利用して中国に外交圧力をかけることにであった。

そこでのダライ・ラマ亡命政府の立場は、いうまでもなく共産主義政府反対の文脈における中国との対決にあった[注27]。それは、1949年11月4日タクダ・リムポチェのチベット独立声明（356頁をみよ）、および1959年9月9日ダライ・ラマの国際連合あて文書（479－480頁をみよ）に始まっている。

最後に、14世ダライ・ラマの関与を、CIA研究家ウィリアム・ブルムは、次のように述べた。

「1995年、チベットの精神的指導者ダライ・ラマがCIAに「（チベット人に対して）支援をしたのは良いことだったのか悪いことだったのか」と尋ねられたとき、ダライ・ラマは、中国に抵抗しているチベットの人びとの士気は高まったが、「抵抗運動により何千人もが命を落とし」、また「米国政府はチベットを助けるためではなく、冷戦下における対中国戦略としてチベット問題に介入しただけだ」と答えた。[注28]」

この最後の一文にみるダライ・ラマの発言は、インドでダライ・ラマと接触していたCIAのジョン・クラウスに対するそれであった[注29]。

2. チベット問題と米中関係

1980年代中頃以来、チベット問題が再浮上してきた。それは、旧来の形式ではなく、「人権」に繰ませており、こうしてチベット問題は米国の対中国人権外交の一駒となった。

ダライ・ラマ一派はインドに亡命して以後、直ちに国際連合に対しチベット内政問題への関与を要請し、同時に米国に援助を求め、米国の公開的支持を希望した。

1958年から1964年までに、CIAは、国際法律家委員会に対し少なくとも65万米ドルの寄付金を提供した。米国政府としては、実際、その存在は冷戦において共産主義反対に役立つパートナーとみたからであった。それは、チベット問題で中

国を非難する人たちに、論争の根拠を提供した。

そして 1959 年 9 月、米国はマラヤとアイルランド両国を唆して、第 14 国連総会にチベット問題を提出し、チベット決議を通した。さらに、1961 年の第 16 国連総会は、エルサルバドル、マラヤ、アイルランド、タイがチベット問題決議案を提出し、1965 年 12 月の第 20 国連総会では、エルサルバドル、アイルランド、マレーシア、マルタ、ニカラグア、フィリピン、およびタイがチベット問題決議案を提出し、いずれも国連決議として成立した。これらはすべて、米国の意を受けた行動であった（479—491 頁をみよ）。

このチベットに関するこの 3 つの国連決議は、国際連合憲章の定めた基本的人権と自由の原則の尊重を強調したもので、中国政府がチベット人民の基本的人権と自由を侵害していると非難しており、また中国政府がチベット人民の「民族自決権」を剥奪したと非難した。その後、一部の諸国は、この幾つかの決議を利用し、中国のチベット政策を非難し、いわゆるチベット人権問題を提起した。

しかし、1960 ～ 70 年代は、この人権問題が国際社会において目立つことはなかった。それは、米国がベトナム戦争で国力が低下し、西ヨーロッパと日本が自立し、ソ連にブレジネフ政権が成立して中国とも対立したという国際的背景があったためであった。そして、中国の国際社会における地位はますます高まり（中国と外交関係を樹立した国家は 55 カ国から 124 カ国まで増えた）、1971 年 10 月には、中国は国際連合における合法的な権利を回復し、1972 年には中米上海コミュニケの調印、そして中日国交正常化があった。そこで、米国は自らの利益を考え、中国のカードを使用してソ連を牽制し、対抗するに至った。このように、国際政治構造に米・ソ・中の三角関係が出現したことで、チベット人権問題の強調はなかった。

1980 年代には、国内と国際の情勢は大きな変化した。1978 年中国共産党第 11 期中央委員会第 3 回全体会議で、改革・開放が中国の長期的に実施する基本国策となり、中国は活況を呈した。チベット自治区でも新しい情勢が現れ、1980 年以後、中国共産党と国家の指導者、中央政府各部門の責任者らが何回となくチベット高原の調査を行い、チベット建設の新しい戦略方針を策定した。中国共産党中央書記処は、1980 年と 1984 年の 2 回、チベット工作座談会を開き、チベット繁栄の 4 点 3 方面工作、9 つの政策、および 9 項意見などを提出し、チベット建設は新し

い段階に入った(第15章チベットの展望をみよ)。中央政府はチベットの実情から、チベットのために一連の優遇開発政策を策定し、チベットの経済・文化・宗教など各方面では注目される発展がみられた。

ダライ・ラマ一派は、1959年にインドに亡命して以降、インドの北部都市ダラムシャラーにいわゆる亡命政府と亡命議会を設立し、1963年にいわゆる憲法を公表した。彼らはインドに寄食しているが、依然として、チベット独立の立場を堅持し、「チベット人民に数え切れない災難をもたらした」と中国を非難した。14世ダライ・ラマは国際的に各地で活動し、一部の特定国を何回も訪問し、こうして彼の観点が大きく鼓吹された。ただし、ダライ・ラマは何回も米国訪問を申請したが、すべて拒否され、その理由としては、米国政府が当時このことによって中国との関係に影響を及ぼすべくしたくなかったからである。

1980年代に入って、世界は激しく変わった。ソ連はアフガニスタンに侵攻し、それは国際社会の一致した非難を受け、国内でも政治経済危機が出現し、ゴルバチョフ政権のもとでペレストロイカ政治が推進された。米国では、レーガン大統領が政権に就き、「アメリカの精神と姿を回復する」政策をとり、国力を増強し、戦略防衛構想SDIを打ち上げ、ソ連に対する優位を勝ち取ろうと図った。この両者の力の戦略変動で中国の戦略的地位は相対的に低下した。そこで、カーター政権は、人権外交を展開し、人権をテコに、社会主義国家内部での反政府「自由勢力」の育成を重視し、社会主義国家内部の「平和演変」を通じて、その対決に戦わずして勝つという目的を達成せんとした。つまり、ソ連・東ヨーロッパ・中国などの社会主義国家は、古い政治経済体制を改革する課題に直面しており、このことは、資本主義先進国が人権を口実として利用し、社会主義国家に対し平和攻勢を展開するのに客観的に有利であった。

もっとも、1972年に中米関係が改善して以来、米国では、ニクソン、フォード、カーター、レーガン、ブッシュ、クリントンの6人の大統領が歴任した。4人の大統領の中国政策は、中国カードをもってソ連の脅威に対抗する戦略をとり、したがって、彼らはみな、中国との友好関係を発展する中国政策を実施し、それは程度が違うだけで、中米関係は悪化もせず正常な方向に向かった。チベット問題において、彼らは、チベット分裂主義者への武器援助を放棄し、チベットは中国の一部であるとの

立場を堅持し、また政府要員がダライ・ラマと会見しない慣例をとった。

　こうしたなか、14世ダライ・ラマの活動はさらに活発化するところとなった。1979年、14世ダライ・ラマは初めて米国を訪問し、1987年9月までにダライ・ラマは4回も訪米し、米国の一部議員に働き掛けもあって、チベット問題を取り上げ、中国を非難し、それにより「チベット独立」の目的を達成せんとした。

　こうして、米国を初めとする一部の西側議会や政府官吏は、1980年代後半以降、再びチベット人権問題を鼓吹するところとなった。この問題が再び国際的に注目されるようになったのは、多くの国際人権組織と切り離れることができない関係があった。例えば、アムネスティ・インターナショナル[注30]、アジア・ウォッチ／人権ウォッチ[注31]がそれで、他にキリスト教平和評議会、国際人権連盟などの組織が関与した。この十数年来、これら組織は、人権専門家を派遣し、いわゆるチベット人権問題について数多くの調査を行ってきた。彼らの主要な工作方法は、次の3点にあった。

(1) 国外に亡命したチベット人の取材。近年来、海外に逃亡した分子は、わが国がチベット同胞の帰国観光を歓迎する機会を利用し、多くの人員をチベットに派遣し破壊活動に従事させる一方、チベットの多くの情報を国外へ持ち出した。これらの情報資料は、チベット亡命政府が多くの国際人権組織に提供して人権問題で中国政府を非難するところとなった。

(2) 観光の名目でチベットに派遣されたジャーナリストは、チベットでの騒ぎを報道し、「中国軍隊のチベット人に対する血なまぐさい鎮圧」を大きく宣伝した。

(3) 調査団によるチベット訪問。これら組織は、とりわけチベット人権問題の調査につき容認するよう、中国政府に要求し圧力をかけ続けた。

　こうして、これら人権組織は、相次ぎ多くのチベット人権問題に関する報告を発表した。そしてこれらの報告が、いわゆる証拠として西側諸国の政府、議会、およびマスコミで大量に引用され、特に、中国を敵視する西側の一部議員は、共産主義と社会主義に対する敵視をもって、アムネスティ・インターナショナルなどの調査報告を利用して、議会などで中国非難のチベット人権決議を成立させた。それだけではなく、二、三の国際人権組織は、国際フォーラムなど各種の機会を利用して、中国を非難した。これら組織は、非政府的なもので、マスコミ報道に乗じて発言し

続けた。国連人権委員会の年次総会も、一部の非政府組織がチベット人権問題を利用して中国に人権攻勢をかける好機となった。

　1988年、アジア・ウォッチ／人権ウィッチが国連人権委員会の会議に小冊子『チベットの人権』を配布した。しかし、1990年3月4日の国連人権委員会では中国非難決議は成立しなかった。1991年に、アムネスティ・インターナショナル、人権推進協会、キリスト教平和評議会、国際人権連盟などを含めた15の反中国非政府組織が、共同して国連人権センターに対し彼らのいわゆるチベット人権問題に関する資料を提出した。これらの資料は、チベット人権問題の集成といえるもので、中国政府に対する全面的非難となった。また、これらの資料は、国連人権委員会第48回会議に提出された。

　そこで提起されたいわゆるチベット人権問題にみる中国措置の内容は、次の5点にあった。

1．中国は宗教を容認していない。中華人民共和国憲法第36条は、宗教信仰の自由を保障しているが、しかし、チベット人は自由に宗教を信仰し宗教生活を過ごすことができず、いつも政府の干渉を受けている。1980年から1987年にかけ宗教政策を緩め、チベット仏教は文化大革命の掃蕩的破壊を受けた後、その政策が再び復活し始め、今は多くの宗教形式の存在も容認するようになった。しかし、チベットの宗教信仰は、一定範囲の中で規制され、宗教機構は共産党の指導と民主管理委員会の監理にあり、1980年代以来の、寺院の修復は観光業の必要によるもので、ましてや共産党の制限を受け、参拝者の寄付は政府によって管理され、寺院はほんの少しの資金しか持たず、青少年がラマ僧になるには政府の厳しい審査を経るべきとされており、仏教の宣伝と教育は制限され、数人の名声高いラマ僧しか民衆に伝教できず、チベットの政治事務に関する書籍は禁止され、今日、中国政府は一連の管理措置を実施し、チベット伝統仏教の生存を脅かしている。

2．チベットでは、政治犯に対する監禁、強制労働、行政拘留、酷刑の使用、および司法無視の処刑が存在している。1987年、1988年、1989年のラサ騒ぎで、多くの平和デモの参加者が警察や軍隊に射殺され、中国当局は「思想犯」、「政治犯」に対し「国際的に公正な基準」に基づいて審判することなしに、一部の人は起訴や審判を得ずに行政拘留と処罰を受けており、「中華人民共和国の他の地方

と同じように」、チベットでは、普遍的に「先に判決し後に審判する」やり方が存在し、「中国法律の定めた審判手順は、国際人権文書に定めた公正的審判の最も基本的な基準に符合しない」。これはすべて、世界人権宣言および他の国際人権文献に対する違反である。

3．漢人が大量にチベットへ移住し、「種族の差別」と「種族の絶滅」の恐れが生じている。大勢の漢人はチベットへ移住し、チベットの生活と文化を脅かすところとなり、チベット地域では、チベット人が600万人に比し漢人は750万人いる。中国の移民政策は、チベット文明に対する脅威で、これは非友好的なチベット人活動を監視するためである。漢人とチベット人のあいだに差別が存在し、チベット民衆の住宅は古くて狭く、チベット族の居住区では電気や水道もなく、チベット民衆の移住は禁止され、学校では、チベット語の使用は制限され、漢語が広く使用され、チベット人は仕事の機会が極めて少ない。チベット民衆の出産は制限され、病院では、チベット女性の同意を得ずに強制的に人工流産を強いられる。チベット人は酷い迫害を受け、1949年以来、100万余人のチベット人が共産党の迫害で亡くなった。このことすべては「チベット人は自分の土地で早いうちに取るに足りない少数民族になる」と憂慮され、このような人口移動はチベット人の民族、文化、および宗教の特性の存在に脅威である。

4．文化破壊と環境破壊。1950年に中国がチベットに出兵して以後、特に、中国文化大革命の破壊を受けた期間、6000余の寺院が破壊された。寺院のかけがえのない民族文化遺産は盗難を受けあるはチベットから持ち出された。中国は、計画的にチベットの豊富な鉱産・森林・他の資源を開発し、チベット人が利益に与ることは、非常に限られている。この数十年間で、チベットの野生動物と森林は、ほとんど中国人により破壊され、中国は、チベットで核兵器を製造し、恐らくチベットで核廃棄物を捨て始めた。このチベットで核廃棄物処分は、現在ないし将来にわたり、何代ものチベット人にとり脅威である。

5．チベットの自決権剥奪。「国際法に基づき、チベットは一つの占領された国家で、チベットは、強制的に中国に合併されるまでは、一つの独立国家で、チベット人民はある形式の植民と外国支配に遭遇し、占領者は種族・言語・文化の面で占領されている人民とまったく違い」、「占領されている人民の基本的人権は剥奪

され、チベット人民の自決こそ、根本的にチベット人権の改善である」とされる。
注32

こうして、いわゆるチベット人権問題が国際社会の反中国分子やチベット分裂派によって打ち出され、中国政府は「人権侵害の張本人」とされ、代わって反中国分子やチベット分裂派が「チベット人権の保護者」となった。いうまでもなく、その「人権保護者」は、解放以前の農奴制度下におけるチベットの実情を知るわけもなく、旧チベットのまったく人権のない専制支配も知るわけもなかった。まして、彼らは、社会主義新時期のチベットにおいて天地が逆転したほどの社会的進歩と経済発展などの事実も理解もせず、その事実を認めていない。こうして、中国社会主義建設の誤り、チベット事務の誤りが、すべて一つのいわゆるチベット人権問題に集約された。

米国議会は、14世ダライ・ラマを支持するだけではなく、多くの決議を通じて中国政府に圧力をかけた。1987年6月18日米下院は、いわゆるチベット人権問題修正決議を採択したが、この決議は、1980年代における西側議会のチベット問題の第1号の反中国決議となった。その主要な内容は、以下のとおりである。

下院のチベット人権問題修正決議は、2つ部分からなる。第一部分は、いわゆるチベット問題に対する調査結果で、中国政府がチベットの人権を侵害している、と糾弾した。第二部分は、チベット問題に対する政策声明で、下院のチベット問題に対する見方を表明した。まず、調査結果の部分において、決議は、中国政府がチベット人権を侵害している、と判断した。それで、「中華人民共和国が武力によってその支配をチベットに押し付け、チベットにおける大量の占領軍進駐によりその支配を実行し続けている」と非難した。「1949年以来、100万余のチベット人が直接に政治的動乱、監禁、また大規模飢饉によって死亡し」、「中国文化大革命中、6000余の寺院が破壊され」、「チベット人の生活、衛生と生活レベルは中華人民共和国の全般のレベルよりかなり低い」と言及され、また中国政府は「大量の漢族のチベット移住奨励政策」を実施し、チベットでは「宗教犯の逮捕と処決」が存在していると主張された。次いで、政策声明において、下院は、チベット亡命集団を支持しかつ中国政府に圧力をかけるべきだと明言し、チベット難民援助を表明し、1988／89年財政年度の難民援助計画から必要な経費を充当し、亡命チベット人を支援するよう国務省に要請した。文化情報局は、亡命チベット人の米国留学に奨

学金を提供しており、さらに、下院は、ダライ・ラマと交渉するよう「米国は中国政府に対して勧奨する」よう求められた。また、大統領と米国政府官吏は、さらにチベット問題に関心を持つよう要請した。また、中国に対し政治犯・思想犯を釈放するよう要請した。

下院が6月18日可決したこの決議は、同年12月15日再び両院に提出され正式討議を経て採択された。この修正決議には国務省授権法が添付されており、12月22日レーガン大統領の署名により発効した。議会がこの方法をとったというのは、米国政府が1989年までのチベット問題について下院の方策とは若干違っていたからであった。米国政府は、「チベットは中国領土の一部である」と認識しており、1987年9〜10月のラサ騒動では、国務省は、米中関係の重視から、中国の対チベット政策は明らかに積極的対処への方向にあるとして、この下院修正決議を批判した。この理由から、下院はチベット問題修正決議を国務省授権法をもって、大統領が拒否権を行使し難くして採択したというわけであった[注33]。

12月15日と16日に上・下両院がそれぞれ正式に採択した修正決議は、6月18日下院の修正決議以上に中国の内政に干渉するものとなった。その決議は、上院外交委員会委員長クレイボーン・ベルとジェシー・ヘルムズにより提出され、6月下院決議に、幾つかの新しい内容を加えていた。9〜10月のラサ騒動の報道をとりあげ、ダライ・ラマの5項目平和計画への支持を表明していた。また、チベットは「国家」であるという文脈の議論も展開され、「チベットはこのように1000年余以来、非暴力と相互共存原則を信じる国家が中国人により軍事化された」と言及された。また、明確にチベット問題を利用して中国の内政干渉を表明し、「米国が中華人民共和国との関係を処理する一つ重要な要素として」チベット人権問題が米国の中国向け先端技術輸出と武器売却に結び付けられた。

さらに、その修正決議で、大統領は14世ダライ・ラマと会見すべきであるとしており、「米国は彼の世界平和のために行った努力、特にチベット問題の平和解決を求めるために行ったダライ・ラマの努力への支持を表明すべきである」と言及された。そればかりか、「中国国境内の他の非漢族の民族、例えば、東トルキスタン（新疆）のウイグル人、内蒙古のモンゴル人、また満州の満人などの権利に対しても態度を表明し、人々の関心を促すよう」国務省に要請した。

いうまでもなく、米国議会のチベット問題におけるこうした反中国姿勢は、強いイデオロギーにあった。ベルやヘルムズらは、1970年代には、中米関係の関係改善と中国と協力してソ連に対抗するべく極力主張してきたが、ソ連に対する中国カードが失われた時点で、今度は再び中米関係におけるカードとして、人権問題を活用してソ連に圧力をかけてきた手法を社会主義中国に切り換えたものだった。こうして、チベット問題は、米国議会が人権問題を利用して反中国活動を行う一駒となった。

　こうしたなか、ジミー・カーター元米大統領が訪中した。1987年6月29日鄧小平中国副総理がカーターと会見し、彼は「民族の平等という立場に立って、チベットの発展を進めよう」とする中国政府の基本的立場を明らかにした。発言の抜粋は、以下のとおりであった。

　「中華人民共和国は民族的差別がなく、われわれのチベットに対する政策は、民族の平等に立つものです。……チベットを例にとれば、他の小・直轄市は、チベットが進める若干の建設プロジェクトを援助する責任を分担し、しかもそれを長期的な任務とするように、中央は決定しました。チベットにはかなり大きな開発の潜在力があります。中国の資源の多くが、チベットと新疆を含めた少数民族地区に分布しています。これらの地区を開発していけば、展望はすこぶる明るいのです。われわれの少数民族地区の発展を援助する政策は、確固として代わることはありません。

　チベットは、人口が少ない地区で、面積が極めて大きいので、わずか200万のチベット族だけで建設を進めるのは無理ですが、漢族の人びとが彼らを助けるのに不都合な点は何もありません。チベットにいる漢族の人数によって、中国の民族政策とチベット問題を判断したのでは、正しい結論は得られないでしょう。肝心なことは、どうすれば、チベット人民にとって有利であり、どうすればチベットをいち早く発展させ、（彼らを）中国の4つの現代化建設の先頭に立たせることができるか、ということから判断することです。現在、チベットの状況は著しく変化し、チベット人の生活は少なからず改善されてきていますが、総じてまだまだ立ち遅れた状態にあり、やらなければならないことが沢山あります。チベットだけでなく、他の少数民族地区も同様です。例えば、内

モンゴル自治区、あそこには、広々とした草原もあるし、人口も少ないために、今後、発展していけば、先頭に立つ可能性が大きいのですが、そこには、漢族が少なからずいるのです。少数民族地区を観察するには、主にその地区が発展できるかどうかを見なければなりません。そこにいる漢族の数が多いことは、現地の民族経済の発展に有利でこそあれ、決してマイナスではありません。このような問題を見るには、形式ではなく、中身に重点を置かなければなりません。」[注34]

1987年9月17日、アメリカ人ジャーナリスト、ジョン・F・アベドンが上院外交委員会で証言し、彼は中国によるミサイルのチベット配備を取り上げ、他に人権問題にも言及したが、米国として、中国のチベット主権に対し疑いをみせるいかなる見方にも反対し、最近、14世ダライ・ラマが出したチベットを平和区にするとの5項目平和計画は支持しないとした。というのは、その背後に「チベット独立」の企図は認められないという立場からであった。

にもかかわらず、同9月21日14世ダライ・ラマは、米国下院人権問題小委員会で陳述し、いわゆる5項目計画を行った。そこでは、「中華人民共和国が1949年と50年にチベットに侵攻したことが、新しい紛争の原因」となったといい、「北京の人民解放軍がチベットに入ってきたとき、チベットは、すべての点で独立国家であった」と指摘し、「チベットの独立」を確認した。そして、「数十年前のホロコーストで、100万人以上のチベット人、全人口の6分の1が命を失い、ホロコースト後、少なくともそれと同数の人が宗教信仰心と自由への愛ゆえに強制収容所で暮らす原因となっている。中国軍の撤退だけが和解への道を拓くものである」と述べた[注35]。

翌88年7月14世ダライ・ラマは訪米し、米国議会はダライ・ラマに初めてのオロンボガ人権賞を付与した。授賞式で、下院議員ラントスは、「ダライ・ラマが地球的和解と非暴力主義の指導者となった。ダライ・ラマのチベットで人権を勝ち取る闘争を支持する面において、国会は恐らく最大積極的に支持する組織の一つである」と述べた[注36]。

そして、ダライ・ラマは1989年12月、ノーベル賞受賞演説で、「この受賞を、非暴力という手段で変革を実践するという現代の輝かしい伝統の創始者である、マハトマ・ガンジーに捧げます」と述べた[注37]。

同89年1月ジョージ・ブッシュ大統領の就任で、国際情勢は大きく変化した。それは、ブッシュの中国政策の基本的起点が、中国カードでソ連に対抗することから、主に中国と正面から対決する政策へ転換したからであった。それは、中国に「平和演変」をさせ、中国社会制度の本質的変化を促し、アメリカ式の民主化の方向にむけて発展させるということが、その方針とされたからであった。その線に沿って、ブッシュ政府は、チベット問題に対してもますます露骨な干渉方法をみせ、とりわけ同89年の6・4（天安門）事件後、この傾向が強まった。

　6・4事件が起こり、自由を求める国内矛盾と血の弾圧となった権力基盤の問題点が抉り出されたからであった[注38]。その事件は、当然に、米国政府のチベット人権問題への関心を強める契機となり、ブッシュ大統領は、これまで温和でかつ慎重であった中国政策を、いよいよ強硬にした。

　既に、同89年2月25日ジョージ・ブッシュ大統領の訪中では、翌26日米大統領主催の招待会への反体制派物理学者方励之[注39]の出席が企図され、それは、中国公安当局により阻止され、3月1日中国外交部は「米国側は中国側に相談なく受け入れられない人物を招待した」と非難した。27日中国人民政治協商会議は、チベット問題で欧州議会を非難する決議を採択した。一方、6月5日ブッシュ大統領は民主化要求運動を弾圧した中国に対し武器売却・軍事交流などの制裁措置をとり、さらに25日高官接触禁止を明らかにした。その一方で、7月31日米共和党少数民族委員会委員長アンナ・シエンノート女史が訪中し、米国は対中関係改善を希望しているとの口頭メッセージを伝えた。かくて、10月31日ニクソン元米大統領が訪中し、鄧小平副主席と会談した。続いて11月8日ヘンリー・キッシンジャー元米国務長官が訪中した。にもかかわらず、米上・下院は対中経済制裁法案を可決し、11月20日全国人民代表大会外事委員会は、これに対し抗議した。結局、12月9〜10日ブレンド・スコウクラフト米大統領補佐官が訪中し、第1次米中接触となった。

　1990年5月ブッシュ大統領は、最恵国待遇をめぐる中国経済制裁実施措置の目標の一つは人権の尊重にあると表明した[注40]。その結果、中国は方励之夫妻の出国を認め、同夫妻は1990年6月25日保護されていた在北京米大使館から米軍機で英国へ向かった。結局、銭基琛外交部長が訪米して[注41]、11月30日ブッシュ米大

統領と会談し、これまでの米国政府の制裁法案は、事実上、解除となった。そして、12月18〜19日リチャード・ソロモン東アジア・太平洋担当米国務次官補が訪中し、中米人権対話が始まった[注42]。

1991年2月3日米国務省は、「1990年世界人権報告」を公表して、中国の人権侵害を非難した。これに対し、2月7日中国外交部は、中国の国内情況を米国は歪曲化していると非難したが、その焦点は人権問題というよりは米国が中国の最恵国待遇を認めていないという経済関係にあった。米国は、10月11日通商法第301条（不公正貿易慣行に対する報復措置）を発動した。これに伴い、11月15〜17日ジェームズ・ベーカー米国務長官が訪中し、人権問題で反体制活動家の出国につき合意した。

同91年4月18日ブッシュ大統領は、14世ダライ・ラマと初の会見をした。それは、米国政府のチベット問題への関心が新しい段階に入ったことを意味した。

ブッシュ大統領のこの会見には、一人の記者も参加せず、ホワイトハウス当局は、そのブッシュの会見は大統領執務室ではなく彼の部屋でなされたと公表し、それはこのチベット人は国家元首ではないからである、と付け加えた。そして4月18日ホワイトハウスのスポークスマン、フェーズ・ウォットは、記者会見で、こう発言した。

> 「米国はチベットの独立を承認したことはない。しかし、われわれはあの国——私はチベットをいっている——で人権侵害問題が発生したことに関心を持ち、その件を何回も中国政府に提出した。われわれは、ダライ・ラマの信徒に対し北京政府との平和的対話を回復し、彼らの間の問題を解決するよう説得し続ける。[注43]」

ブッシュ大統領の14世ダライ・ラマとの会見は、伝統的に米国政府要員がダライ・ラマと会見したり接触したりしないとしてきた既定の政策の一線を乗り越えたものであった。ブッシュがダライ・ラマと会見する6日前に、中国大使館は、いかなる国家のダライ・ラマ会見も、中国はすべて受け入れられない、と表明していた。それで、このブッシュの会見は、米国の中国政策において人権問題の重要性が既に政治を超え、さらに戦略関係に移ったことの表明であった。以来、ブッシュ政府は、人権外交を中国政策の重要部分とし、中国の人権状況の改善を正常な中米関

係の回復と保持の条件とするようになった。これに対し、4月18日劉華秋中国外交部副部長は、米大使ジェームス・リリーに対し、以下の抗議を行った。

「会見は、中国の内政に対する横暴な干渉である。米国のやり方は、ダライ・ラマの『チベット独立』の主張を支持し、中国の民族団結を破壊するものである。チベットは、分割することのできない中国領土の一部分である。チベット問題は、純粋に中国の内政に属し、いかなる外部からの干渉も許さない。

われわれは、いかなる外国政府、組織、もしくは個人も、(14世) ダライ・ラマの政治活動を黙認し、支持することに反対する。米国政府は、中国政府のチベット問題に対する原則的立場がはっきりと分かっているにもかかわらず、この経験をお膳立てした。これは、米国政府が何回も声明してきたチベットは中国領土の一部分であるという立場に悖るもので、中米関係を損なうものである。われわれは、米国がチベット問題で中国政府と近い態度を取り、再びこのような両国人民のあいだの感情と2国間関係を損なうことが起こらないことを望む[注44]。」

続いて、米国議会は彼に国会演説を認め、ダライ・ラマは、演説で中国のチベット政策を非難した[注45]。さらに、10月9日ダライ・ラマはニューヘブンのイエール大学で講演して、「バルト諸国の人びとが自分たちの自由を回復するのに成功したように、私たちチベット人も早い時期に私たちの自由を回復できるだろう」といい、中国との交渉は5項目平和計画が基礎になると述べた[注46]。

10月11日彼は、ニューヨークの外交問題評議会で演説し、「非武装に基づく「国家防衛」の方針、チベットの非武装化とインド・中国二国間の緩衝地帯というチベットの歴史的役割を取り戻すことが、地域全体の将来の平和と安全には欠かせない」と述べた[注47]。

以後も、米国の人権問題でのチベットへの干渉は続いた。

3. 米国のチベット政策

1997年5月14日米上院外交委員会でケフリー・バデル国務省東アジア・太平

洋担当次官補代理が証言し、米国のチベット認識と政策の指針を明確にした。その証言は次のとおりである。

「議長。アメリカのチベット政策について証言する機会を与えて頂いたことに感謝します。この公聴会は、さる4月21〜24日に（14世）ダライ・ラマがワシントンを訪問した直後という格別な好機でもあります。

・背景

中華人民共和国のチベット民族自治区には200万人のチベット民族が居住しており、これ以外にもおよそ200〜300万人のチベット民族がこの自治区に隣接した青海、四川省西部、甘粛、雲南といった地区に居住しています。インドやネパールには12万5000人のチベット難民およびその子息（いわゆる難民二世）が居住しており、2000〜3000人がその他の国に住んでおります。

チベットに居住するチベット人たちにとっては、この50年間は混乱の日々でした。1951年に中国の人民解放軍がチベットに侵攻しました。1911年の中国革命（辛亥革命）により中国のチベットにおける実効支配は存在しなくなりましたが、この侵攻によって、その期間も終結しました。1951年には、チベット代表により17条協議が調印され、人民解放軍が駐屯する道が開かれました。ただし、これについて、ダライ・ラマとその補佐は全面的に賛成していたわけではありませんでした。

中国側がチベットの伝統的社会に侵略を行ったことに対して、1950年代終わりまでには、武力による反対が起こり、これが1959年のダライ・ラマのインド亡命につながりました。数年の間、いくつかの地域でゲリラ戦が行われましたが、実効的に鎮圧されました。

1960年代の文化大革命については、チベットにおいては早い時期から深刻な打撃を受けました。中国当局を支持してきた（10世）パンチェン・ラマも15年間投獄されました。数千もの寺院が閉鎖され、破壊されました。チベットの文化はとりかえしのつかない被害を受け、仏教は封建制度の名残りとして攻撃を受けました。

文化大革命が終結し、1980年には当時の中国共産党総書記胡耀邦がチベットを訪問したことをきっかけにして、チベット政策の見直しが始まり、自由化

政策が開始されました。漢族のチベット流入は緩やかなものとなり、地区の政治においても、チベット人が多く登用されるようになりました。チベットの文化や宗教に対しても、いっそうの配慮が払われました。寺廟は再建され再開されました。(14世)ダライ・ラマもチベットに代表団を送り、中国側との対話も開始されました。中国政府は、一定の条件の下で、ダライ・ラマとその支持者がチベットに戻ることを認める意志があることを表明しました。

1987年は、中国のチベット政策が大きく強硬路線へと転換した年でした。ダライ・ラマは、チベットの文化と宗教が衰退してゆくことに反対する人たちの支援を集めるべく、西側との接触を新たに重視しました。この年後半には、独立支援の大きな暴動がラサで発生し、この後も数年にわたり暴動が続きました。中国側は治安政策を強化することで対抗し、寺院への弾圧なども起りました。戒厳令が公布された時期もありました。ダライ・ラマの代表との対話も停止されました。このような強硬策は、この時期から現在に至るまで継続しています。1994年には、チベット工作会議が開催され、経済発展に重点をおくことが強調され、ダライ・ラマとの共存やチベット文化の保全は脇に追いやられた形となりました。

ダライ・ラマに対する尊信は、ほぼ普遍的なものといえますが、これはチベットの政治に問題がなかったということではありません。20世紀の間、チベット内外で、チベット人は派閥争い、特定の地域や宗派の贔屓、宗教界と俗界との意見の相違、近代主義者と保守派との争いを起こし、このようなまとまりの欠如がチベットの政治のあり方に災いをもたらして来ました。中国との緊張が最も高まっていた時期であっても、中国人と働いてきたチベット人もいます。チベットの権利と地位について、非暴力と中国との話し合いによる解決の努力を図ることを、ダライ・ラマは明確にまた一貫して支持して来ました。にもかかわらず、今日、若いチベット人達の中には、失望から暴力に訴えることを目論む者もいます。このような考え方の違いはあるにせよ、共通にいえることは、(1) チベットに住む漢人とチベット人のあいだには相当な反目があること、(2) 大多数のチベット人は現在の政治のあり方や政治機構に対して満足していないこと、があげられます。

これまでの20年間の時期、ダライ・ラマと中国政府は、両者の共存を図るべく努力してきましたが、それも一旦開始してまた終わるという繰り返しでした。1980年胡耀邦のチベット訪問に始まった自由化の時期には、中国政府の招請により、(14世) ダライ・ラマはチベットに代表団を送り、チベットの状況を視察させてきました。この後、先に述べた理由により、対話を進めるという雰囲気はなくなりました。ダライ・ラマは、対話の基盤を復活させるべく、1988年にストラスブール演説で、チベットは中華人民共和国の中での自治を行い、中国側はある程度の防衛・外交の権利を有することにしたいという新しい提案を示しました。中国は、この提案はチベット独立の隠れ蓑であるとして拒絶しました。1989年初頭、ダライ・ラマは、中国政府からのパンチェン・ラマ葬儀参列の招待を拒否し、この年後半の中国共産党政治局の会合では、強硬政策が決定され、ダライ・ラマは、チベット問題の解決には参加させないことが決定されました。これ以降、ダライ・ラマとの対話は実質的に脇に追いやられた形となりました。ただし、断続的には、両者の接触は継続されています。

　この数年間、中国政府は、相当程度の資金をチベットに投入してきました。1980年の報告書によれば、中国は、1952年以降、42億米ドルに相当する補助金をチベットに支出し、これ以降も24億ドルが支出されている、と中国政府は主張しています。にもかかわらず、経済面でも、まだ相当の問題が残されています。チベットは、中国でも最も貧しい地区であり、ここ数十年のあいだ、チベットは相当な経済成長を遂げてはいるものの、中国の他地域に比べれば、低成長となってます。中国による投資とチベットの経済的発展について完全によいと捉えてはいないチベット人もいます。多くのチベット人は、開発のための投資で潤うのは、多くは漢民族やチベット以外の民族であると主張しています。数十万のチベット族以外の民族がチベットに流入し、開発プロジェクトやそこで働く者のための仕事に就いています。公式登録人口は40万人のラサで、「出稼ぎ人口」が20万人以上であると、最近の推計は示しています。非チベット族の流入は、チベット人との緊張を高めるとともに、チベットの独自性が失われることに対する懸念も高まっています。

　中国側がチベットに認めた自治については、幾許かの恩恵と特権を生み出

しています。特に、家族計画上の制限の緩和や政府職員の大部分がチベット人で占められるようになり、全国人民代表大会においても、チベット代表が出席しています。1万人のチベット人が、中国の10の民族学院やその他の地域で、中等・高等教育を受けています。

　チベットの人権状況については、かなり不満足なものです。中国当局の人権侵害は広範なもので、拘留中に死に至らしめるとか、拷問、恣意的な逮捕、公開裁判なしの拘留、平和的手段で自身の宗教的・政治的見解を示したチベット民族主義者に対する長期刑、宗教・言論・報道の自由への統制強化が挙げられます。

　当局側は、チベットの伝統的な宗教活動を容認していますが、これが政治的異議申し立ての手段となることは認められていません。政府は、チベットの民族主義を育てる土壌となるとして、僧侶や寺院に対しては、密接な監視を継続しています。中国当局は、小学校1年生の段階から、教育における中国語使用を増加させることを狙っていますが、このことは、過去にチベット人の怒りを招いたことがあります。このような状況は、今年初頭、国務省が発表した人権に関する報告に全体がまとめられております。

・米国の役割

　米国のチベットに対する政策はどうなっているのか。米国は、チベット民族自治区（以下、チベットと言及）については、中華人民共和国の一部と考えております。この考え方は、長期にわたって維持してきましたが、中国の近隣諸国を含め、国際社会全体でもこのような考え方をとっております。チベットを主権国家と考える国は一つもありません。中国側がチベットに対する主権を有しているという主張については、米国は中華人民共和国成立以前から受け入れております。例えば、1942年重慶にあった中国国民党政府に対しては、「いかなる時でも、（米国は）中国のチベットに対する主権に対して疑義を唱えたことはない」と表明しております。

　チベットを独立した国家とは考えないことから、米国は、チベット亡命政府とは外交関係を有しておりません。しかし、米国は、チベット問題に関して、中国内外の各種政治団体の代表と幅広く接触するように努めてきました。これ

については、ダラムサラーの人びとや米国のチベット人との接触や、北京の大使館や成都の総領事館の職員のチベット訪問が行われてきました。

米国は、チベット政策の策定に当たっては、チベットの独自の宗教・言語・文化的伝統やチベット人の人権に配慮するよう、中国に対し強く求めて来ました。また、米国は、中国とダライ・ラマに対して、早期に問題解決を図るべく、前提条件なしの真剣な対話を行うよう勧めてきました。われわれは、チベットと中国政府との関係に関する問題については、特に（14世）ダライ・ラマを中心とするチベット人と中国との直接対話で解決されるべきものと、一貫して主張してきました。

米国は、世界中において人権の擁護が図られることを支持しており、人権問題は中国との関係においても鍵となる課題の一つであります。米国の政策としては、チベット族ならびに他の中国人の人権がいっそう尊重されることを求めることにあります。

われわれは、チベットにおける「良心の囚人」の釈放を求めて来ました。また、チベットでの平和デモ活動に対して武力を使用することを止めるよう求めています。つい最近では、チャデル・リムポチェとその他２人が有罪判決と懲役を宣告されたことについて、意見を表明しています。これは、チャデル・リムポチェが、チベット仏教において二番目に高い地位を占めるパンチェン・ラマの選定に当たり、新しいパンチェン・ラマがダライ・ラマの指名で選ばれたことについてリムポチェが果たした役割について罪を問われたことに明らかです。また、われわれは、中国に対して刑務所の環境を向上し、囚人への虐待・拷問を止めることも求めています。

われわれは、中国との二国間対話においても、一貫してチベット問題への懸念を表明して来ました。（マドレーン・）オルブライト国務長官は、さる２月北京訪問の際には、チベットを含めた人権問題への懸念を表明し、銭其琛副総理がワシントンを去る４月に訪問したときにも、懸念を表明しています。また、国務長官は、中国政府とダライ・ラマの対話を繰り返し求めています。

在北京米国大使館は、ひんぱんに人権問題への懸念を問題にしています。中国の安全に対して問題を起こしたとして、昨年末に懲役18年を宣告されたチ

ベットの民族音楽学者ガワン・チョエペルの件について、これは問題であるとしており、チョエペルの活動がなぜ違法なのか、公式な説明もないままに、なぜこのような判決が出されたのか、理解できないとしております。北京の大使館及び成都の総領事館も、折りに触れてチベットを訪問し、地元政府と懇談し、情勢の観察に従事しております。（ジム・）サッサー北京駐在大使も4月16～18日にチベットを訪問し、すべての公式な懇談の場において、われわれの人権に関する見解を強く表明してきたところです。

　チベットの人権問題に関する懸念については、中国との二国間だけでなく、多国間の場でも表明して来ました。ジュネーブにおける国連人権委員会の場でも、チベットを含めた中国の人権問題に関する決議を、同じ様な考えを持つ諸国と共同して提出しました。残念ながら、中国は、決議を取上げないということで対抗し、決議に対する議論と裁決を実質上封じ込めました。ただし、決議案を提案したことだけでも、われわれの懸念を示したことになります。中国側が決議を覆そうと務めたことは、この問題に関して、中国が意識を持ち、要注意の問題としていることを示しています。

　チベット外のチベット人と中国の対話の進展にとって、（14世）ダライ・ラマは明らかに鍵となる人物です。大統領および副大統領が、ダライ・ラマに対して、一人の宗教的指導者として大きな尊敬を抱いていることの証しとして、数回にわたりダライ・ラマと会見して来ました。ここ最近では、4月23日にも会見が行われています。

　オルブライト国務長官と（ジョン・）シャタック（人権・人道問題担当）国務次官は4月24日、ダライ・ラマと会見しています。この際には、ダライ・ラマは、国務長官の諮問機関、海外の宗教的自由に関する委員会の委員が示した見解と懸念に対して賛成する旨を伝えています。

・この他の米国の活動

　米国は、インドにおけるチベット難民に対して人道的支援を与え、ネパールのチベット難民に対しては国連難民問題高等弁務官を通じて支援を与えています。インドのチベット難民支援に関する米国政府の資金提供については、そのほとんどが米国の民間ボランティア団体であるチベット基金に拠出され、イン

ドのチベット難民援助計画に充てられています。援助計画により、受入れセンター、予防医学、また収入を得るプロジェクトを支援し、基本的な食糧・衣服・水が提供されています。

1990年移民法により、1000人の「移住を余儀なくされたチベット人」に対して特別の移民ビザが発給されており、彼らは、米国全土に移住しております。文化情報局は、チベットの学生や社会人に対して米国で勉強するための奨学金を支給しており、1988年以降、チベット人140人が奨学金を得ました。そのほとんどが学業を終了した後、インドやネパールに戻り、チベット難民社会の福祉に貢献しています。

ボイス・オブ・アメリカ（VOA）のチベット語放送は、毎日2時間、放送されています。チベット人へのインタビューの放送も多く、(14世) ダライ・ラマへのインタビューも、少なくとも5回、これまでに放送されています。VOAのチベット語放送には妨害電波がかけられています。われわれは、中国に対して放送への妨害を止めるよう強く求めており、VOAの放送への妨害に関する問題を解決するための実務者協議を再開するよう求めて来ました。中国側は、1994年10月の米中人権問題対話の場で実務者協議の再開に同意したのですが、対話と協議は、これ以降、中断されています。

1996年9月29日には、自由アジア放送の中国向け北京語放送が開始され、同年12月2日にはチベット語放送も開始されました。自由アジア放送の電波はまずまずもしくは良好な状態で受信されており、妨害電波はかけられておりません。北京の中国外交部および在米中国大使館は、この自由アジア放送が放送を開始した当初、冷戦時代の感覚で中国の国内問題に干渉するものだとして正式に抗議してきたことを付言します。われわれは、自由アジア放送は、アメリカの非営利団体が米中央情報局（CIA）の放送関係理事会の補助金を得て運営しているもので、プロパガンダではなく、正確で総合的なニュースを提供することが目的である、と回答しています。

・結論

証言を終えるにあたり、私の見解を述べれば、中華人民共和国成立以来の48年間についてみれば、中国政府のチベットに対する扱いは過酷で、国際

的な人権規範に則っておらず、認めることができないものであります。特に、1950年代初めや80年代初めの時期には、中国政府が前向きの政策をとるかに思われたこともありましたが、このような時期は長くは続きませんでした。米国政府は、中国政府がチベットに対して行っている人権の侵害に対して、公式に、また内々にも発言を続けてゆくこととしています。

同時に、中国の国家主権に対して疑義を唱え、あるいは暴力に訴えることが状況の改善につながることはないと信じております。数世紀にわたり、中国政府はチベット独立という考え方を認めようとはしていません。また、将来認められるようになるといった根拠も見出すことはできません。

(14世)ダライ・ラマは、チベットの歴史的地位に関する自分の見解のいかんにかかわらず、チベット独立を主張することは実際的でないと、あえて確認しており、中国の中でのチベット自治を求めております。中国側も、これに応えて、ダライ・ラマが、独立を唱えず、独立支援の活動をしないのであれば、対話を行う意志がある、と伝えています。両者の立場の違いは、部外者からみれば乗り越えることが可能だ、と思われます。われわれは、1980年代に行われた、成功につながりそうな対話が再開されることを、両者に期待しています。チベットの独自の文化と宗教的な伝統の保護は、まさにこれにかかっています。

チベットの地位向上の恩恵を享受するのは、チベット人だけではありません。中国側も、同様に恩恵を受けます。中国の少数民族の基本的要求を満たすことができなくば、安定と公共の秩序が脅かされることとなるでしょう。政府に反抗する人びとを押さえて秩序を維持することになれば、いまだ発展途上にある国家の貴重な資源を無駄にすることにもなります。

最後に、私が今まで中国の指導者からよく聞かされたことですが、何世紀ものあいだ、西側諸国に蹂躙されてきた時代が終わり、中国は、何よりも他からの尊敬を求めているとのことです。チベットに対する政策が変更され、もっと前向きのものとすることで、中国が経済発展を遂げたことにより、勝ち得た尊敬をいっそう大きなものとする長期的な足場となることを、中国の指導者は理解するものと考えます。[注48]」

1997年4月15日国連人権委員会では、米国が企図した中国人権非難決議案は

連続して不成立となった。同97年8月9〜13日米下院議員フランク・R・ウルフがチベットを訪問した。彼は、米国はチベットの事態の改善のために、積極的に関与すべきである。そうすれば、チベットの状況が変わることになるとの現地調査の報告声明を発表した[注49]。

そして、10月江沢民中国国家主席が訪米した。人権問題がとりあげられ、チベット問題も記者会見で提起された。江沢民は、ハーバード大学の講演で、天安門事件の対応に誤りがあったことを認め、中国は着実に進展しているとの印象を残した[注50]。

1998年4月オルブライト米国務長官が6月の先進国首脳会議でチベット問題を提起すると発言し、米国としては、中国に対しダライ・ラマとの対話を求めると、記者会見で発言した。6月クリントン米大統領が訪中し、対話を勧奨したのに対し、江沢民国家主席は「交渉の扉は開かれている」と発言した[注51]。

一方、翌98年7月米国務省にチベット問題担当特別調整官が設けられ、10月調整官にグレッグ・グレイグが任命された。また、同年8月3日インド駐在米大使リチャード・セレステがダラムサラーを訪れ、14世ダライ・ラマおよび亡命政府の要員と会談した。

1999年3月7日の国連人権委員会では、米国主導の中国人権問題決議案の採択は成功しなかった。

2000年3月10日チベット民族蜂起41周年記念日に、米上院でチベット民族の故郷を認識し、チベットにおける状況に平和的な解決を得るために中国とダライ・ラマのあいだでの真剣な折衝を要求する決議が採択された。この第60号決議の全文は以下のとおりである。

「1949〜50年に新しく樹立された社会主義国家、中華人民共和国は、チベットを侵略するために軍隊を派遣し、チベット軍は装備が不十分の上、兵員数で中国に劣り、中国人民解放軍はチベットの防衛を圧倒した。

1951年5月23日中華人民共和国と交渉するために、首都ラサから北京に送られたチベット代表派遣団は、中国側が作った「チベットを中国に編入するがチベットの政治的・文化的・宗教的制度は保持される」と誓言した17条協定を受け入るように強要された。

1951〜59年の期間、17条協議に含まれていたチベットの自治権保証を中

華人民共和国は果たさず、チベットの社会主義化を強い、蔓延した圧制と残忍な行為を引き起こすことになった。

1959年3月10日（14世）ダライ・ラマ暗殺を恐れたラサの人びとがダライ・ラマの宮殿を囲み、常置の警備を組織し、中国のチベットからの撤退とチベットの独立を求めた。

1959年3月17日ダライ・ラマ宮殿（ノルブリンカ）の壁に2つの迫撃砲弾が打ち込まれた後、その夜のうちにダライ・ラマは変装して避難し、17カ条協定を拒否した。2週間後、ダライ・ラマは、国境を越え、インドに亡命した。

1959年3月10日に始まる「ラサ蜂起」の期間に、8万7000名のチベット人が殺害され、検挙され、または強制労働所に送られ、インドへ避難したチベット人数千人のほんのわずかな割合だけが、中国軍の攻撃、栄養失調、寒気、病気などのなか、生き延びることができた。

過去40年間、亡命中のダライ・ラマは、チベット人自身がチベットの未来を決められるような方策を模索し、活動を続けた。こうした努力が認められ、1989年彼はノーベル平和賞を授与された。

中華人民共和国政府とダライ・ラマまたはその代理者とのあいだでの本質的な会談を支持することが、米国の政策である。

米国務省による1999年度人権状況報告書は、「中国政府当局は、チベットにおいて深刻な人権侵害を続けており、拷問、独断的な逮捕、公の裁判を経ない拘禁、政治的または宗教的見解を平和的に表現したチベット民族主義者の長期拘留などの実例が含まれる」と示唆している。

1997年6月27日中国国家主席江沢民は、クリントン大統領との記者会見において、「ダライ・ラマがチベットを不可分の中国の一部であり、台湾も中国の一省であると認めるならば、交渉への扉は開かれている」と発言した。．

ダライ・ラマが交渉による解決を見出すことができるよう、米国と個々の政党が努力したことは、すべて失敗に終わった。

ダライ・ラマは、独立を求めているのではなく、1979年に鄧小平が発表した枠内での交渉による解決を模索するべく専心していることを、明確に述べている。

中国は、市民的・政治的権利に関する国際規約と経済的・社会的・文化的権利に関する国際規約に署名したが、批准をしていない。

以上の状況を鑑み、米議会上院は、次のとおり判断を下した。

ラサ蜂起において犠牲になり、苦しみ、そして亡くなったチベット人を正式な記念する日として、また自らの将来を決定するというチベット人が本来保持している権利の確約として、2000年3月10日を「チベット記念日」とする。

2000年3月10日は、中国とダライ・ラマまたはその代理人のチベットの双方による納得できる平和的解決が得られるまで真剣な交渉を持つべく、中華人民共和国政府に対し米国の大統領・連邦議会・政府役人などが再び呼びかける機会とすべきである。[注52]」

同2000年3月17日国連人権委員会で、米国提出の中国人権問題決議が成立した。

6月20日14世ダライ・ラマはクリントン米大統領と会談した。会談後の記者会見で、ダライ・ラマは、チベットへの漢人移住が文化的大量殺戮を進行させていると発言し、チベットの人権問題や文化保護の重要性につき大統領と意見が一致した、と語った。これに先立ち、ダライ・ラマは、ヘルムズ上院外交委員長と会談した。

2001年5月8日訪米した14世ダライ・ラマは、ミネソタ大学の9000人の聴衆に対して慈悲に対する感情についての講演をした。

5月22日ワシントンで開催の第3回反人種差別国連世界会議第2回準備委員会では、中国NGO代表ではなくインターナショナル・キャンペーン・フォアー・チベットの信任状が46票対37票、棄権20票で認められ、チベット人権民主センターが44票対37票、棄権31票で参加を決めた。中国NGOは45票対50票、棄権17票で認められなかった。

5月23日ブッシュ大統領がホワイトハウスで14世ダライ・ラマと会談した。その会合後、フレッチャー報道官は、「ブッシュ大統領は、中国と対話を始めるためのダライ・ラマの不断の努力に対して強い支援を表明した」と発表した。ダライ・ラマは、会談後、「私は、ブッシュ大統領の10月中国訪問時に、民主主義、人権、および宗教信仰の自由を支援するよう強く促し、祖国のために、独立ではなく自治を訴えた」と語った。さらに、ダライ・ラマは、チベット問題特別調整官ポール・ドブリャンスキーと会談し、コリン・パウエル国務長官とも会談した。

8月31日～9月8日ダーバンで開催の国連人種差別撤廃会議では、中国は人権尊重に努力すべきであるとの憂慮が表明された。

　10月26日米国務省報告「各国における宗教の自由に関する報告」（公法103－236の536（b）の補足として提出）で、チベット自治区の独自の宗教信仰・文化・言語的伝統の保存への憂慮とキリスト教徒への社会的圧力が指摘された[注53]。

　2002年3月7日米国議会国際関係委員会チベットに関する米国政策審議会の聴聞会で、国務次官・チベット問題特別調整官ポール・ドブリャンスキーが米国政策の留意点を証言し[注54]、続いてインターナショナル・キャンペーン・フォアー・チベット代表リチャード・ギアが証言し、チベット大僧院での宗教迫害、チベット人の取締りの強化、インドから帰還したチベット人学生の逮捕などを指摘した[注55]。

　10月10日クリストファー・スミス議員提出のチベット決議が米上院で成立した。内容は、チベットの人権侵害、パンチェン・ラマ転生問題、中国首脳陣とダライ・ラマとの対話の必要性についての米国議会の見解を反映したものであった。

　こうした米国のチベット問題、特にダライ・ラマ一派への米国の関与に対して、中国は、2001年5月26日中国人権研究会の名で「米国支持のダライ集団分裂活動の分析」を発表した[注56]。同文書は、米中央情報局CIAのチベット反乱工作への関与から説き起こして、米国政府のダライ集団への支持を指摘し、米国はチベットが中国領土の一部であると認めつつも、同時に、あらゆる手段を使ってダライ集団のチベット独立活動を支持するという二重外交をとっている、と指摘した。そこでの指摘は、次の点にある。

1．米国は宗教を口実としてダライを支持している。
2．米国務省は、ダライ集団の分裂主義活動を公然と支持している。
3．米議会および州議会の反中国勢力は、ダライ集団の分裂主義活動を強力に支持し、亡命政府をチベット人民の政府として認めている。
4．チベット支援組織がダライ集団の分裂主義活動の急先鋒となっている。
5．米国のメディアは、ダライ集団の分裂主義活動の宣伝に従事している。ボイス・オブ・アメリカと自由アジア放送がその代表である。
6．米国は、各種ルートを通じてダライ集団の分裂主義活動に経済援助を提供している。

そして、そのダライ・ラマの活動は亡命政府を樹立して、政教合一の封建的農奴制度の回復を企図しており、これは南部の分裂主義と奴隷制度に反対して闘った米国の自由の伝統に逆行しているのではないかとの指摘がなされた。民主の手本を自称している米国による政治と宗教の分離に反対したダライの政教合一の主張と宗教の旗印を借りた米国の分裂活動への支持は、「米国の腹黒い魂胆を暴露した」、と同分析は結論づけた。そして、「チベットの現実は、ダライ集団が指摘するように悪くないことを、米国は認めるべきである」とも述べた。

4．14世ダライ・ラマの外交活動

ダラムサラーの亡命政府は、国際社会のチベット独立に対する同情と支持を獲得するべく、14世ダライ・ラマを中心に広範にわたり外交活動を行った。

1960年代末、14世ダライ・ラマはタイと日本を訪問し、1973年にはヨーロッパ11カ国を歴訪した。1979年にダライ・ラマは初めて米国、ソ連、およびモンゴルを訪問した。これらの訪問を通じて、彼は、多くの高級官吏、さらに国家元首と会見したが、大多数の国家はいずれも慎重にダライ・ラマを待遇し、1960～70年代には亡命政府の国際的努力は成功とはいえなかった。

しかし、1980年代以来、国際情勢の重大な変化によって、チベット亡命政府は、国際舞台でダライ・ラマの訪問を中心とした国際努力を大きく展開し、成果をみせた。

この一連の国際活動のなかで、ダライ・ラマは、宗教の旗を掲げ、米国と西ヨーロッパを重点訪問とし、欧米諸国の議会およびその反中国議員を活動の主要な対象とした。そして、いわゆるチベット人権問題を主要な主題とし、中国政府を主要な目標として非難し、西側の反共産・反社会主義の姿勢に呼応して共産党指導の社会主義中国を非難し、社会主義の新生チベットを全面的に否定し、国際世論のチベット独立に対する同情と支持を獲得せんと図った[注57]。

1960、70年代と比べて、この80年代におけるダライ・ラマの国際活動は、以下の5点において明らかに特徴的であった。(1)国際訪問を強化したこと。(2)米国とヨーロッパを重要な訪問対象としたこと。(3)一連のチベット問題に対す

る新しい解決提案を提出したこと。(4) 西側社会と呼応して、チベット人権問題を重要な主題と決めたこと。(5) ダライ・ラマの国際努力が一定の効果を上げたこと。

　4つの主題のもと、まずその主要活動をとりあげる。
① ダライ・ラマの訪米と5項目平和計画
　1987年9月10日から28日まで、14世ダライ・ラマは、宗教活動を口実に、米国を訪問した。この訪問は、米国のマスコミおよび国会を活動の重点とし、彼は、ニューヨークで世界日報とアメリカ華僑日報の取材を受け、ワシントン、ニューヨーク、インディアンナ州ブルミントン、およびジョージア州プレンスなどの各地を訪れた。

　ダライ・ラマは、ニューヨークの親台湾系中国語紙世界日報記者の単独取材を受け、今回の米国訪問の主要な目的は、「第一に宗教目的で、例えば仏教を広げ、宗教儀式を主催することであり、……第二は、政治目的で、一部の国会議員を訪ね、600万チベット人民を代表して中国共産党の侵略と暴虐な支配の史実を摘発した彼らの正義の発言に感謝を表明することである」と述べた[注58]。彼の訪問は、いうまでもなく政治目的であった。彼は出発する前に、「今最も重要なのは、われわれが自分の決意を持ちつづけ、チベット問題を依然に生きた存在の問題としなければならない」と発言しており、中国のチベット政策を批判し、チベットの独立を鼓吹し、また彼の活動を支持するよう、米国議会に求めることにあった。

　こうして、ダライ・ラマは9月21日下院人権小委員会でチベット問題解決の5項目平和計画を表明した。その要点は、以下のとおりである。
1. チベット全域を平和区に変える。私は、西康省東部(チャムド、昌都)とアムド(安多)を含むチベット全域(チョルカ・スム)を1つアンヒサ(平和)区に変えることを提案する。……チベットは、従来、……アジア大陸大国のあいだの緩衝国である。……チベット平和区を設けるため、中国は、その軍隊と軍事施設を、この国家から撤退させなければならない。……歴史的にいうと、中国とインドの関係は緊張したことがないが、しかし、中国軍隊がチベットに進駐し、初めて双方の国境線を画定しようとした後、この2つ大国の関係は緊張するようになり、1962年の戦争までもたらした。もし……一つ友好的な広大な緩衝区で両国を分

け隔てれば、世界で人口一、二位に数えられるこの２つ国家の友好関係の回復を促進することに、大いに有利である。
2．中国は、チベット地域への人口移住政策を放棄すべきであり、このことはチベット民族の基本的な生存に脅威であるからである。
3．チベット人民の基本的人権と民主の権利を尊重する。チベットは、世界で人権侵害の最も酷い地域の一つである。中国人は、その地で分離と同化のアパルトヘイト（人種隔離）政策を実行し、チベット人を差別し、チベット人は、自分の国家でせいぜい二等住民に過ぎない。彼らは、植民地政府の統治下に暮らしており、すべての基本権利と自由を奪われた。
4．チベットの自然環境を回復し、保護する。中国は、チベットで核兵器の生産と核廃棄物の放置計画を中止する。
5．チベットの未来の地位およびチベット人民と中国人民との関係問題について、誠意のある交渉を行う。注59

この平和区構想は、1973年9月8日アルジェで開催の第4回非同盟諸国首脳会議演説で、ネパール国王ビレンドラ・ビル・ビクラム・シャーがネパールの「平和地帯」を提唱した構想注60に負っており、同構想は平和五原則の文脈にあり注61、1975年2月25日ビレンドラ国王の戴冠式演説でより明確にされた注62。中国は同75年4月李先念中国副総理がパキスタン訪問の際、これに対し強い支持を表明した注63が、インドは遅れて1981年7月パジパイ首相がインド議会声明で「インド亜大陸の平和地域」に言及したにとどまった注64。

さて、この14世ダライ・ラマの訪米は、1987年9～10月ラサ騒動の導火線となった。その事件は、ダライ・ラマが米国で政治活動を行ったことに、直接関連していた。騒動の発生後、ダライ・ラマは、彼の法律顧問ファンプラホに委ねてインドでラサ騒動を支持する声明を発し、「中国政府に対し忠告し、罪のないチベット人の処決を止め、また監禁者を釈放するよう、ダライ・ラマは、すべての人権組織と正義と自由を支持する人びとに呼びかける」と述べた。チベット亡命政府も、ラサ騒動は「チベット自由闘争の始まり」であるといい、「われわれは完全独立を勝ち取るまで戦い続ける」と言明した。このラサ騒動に呼応して、それを支持するべく、亡命政府支持分子がインドとスイスで中国大使館を攻撃する事件を起した。

ダライ・ラマは、さらに、上院外交委員会委員長ペルと上院議員ヘルムズと会談した。彼らは、中国への内政干渉を求めるチベット問題修正決議を提出し、中国が「チベットで人権を侵害している」と糾弾し、中国が100万人余のチベット人を処刑し監禁したと発言し、チベットは「国家」であるともいった。こうして、ダライ・ラマの5項目計画は支持された。米上院採択の決議は、米国政府に対し、その中国外交を人権問題と連繋づけるべく要請しており、国会で中国への武器売却の審議がなされる際には、「中国が誠意を持って、適時、チベット人権問題を解決していることを判定し」確認すべきものとされた。決議はまた、レーガン大統領に対し14世ダライ・ラマと会見するよう呼びかけており、米国は10万のチベット人に対し20万米ドルの援助を提供する提案も盛られていた。

　この決議は、西側議会がチベット問題で中国の内政に干渉する発端となった。1987年以降、西側の議会は、米国議会と同様に、その前後に数多くのチベット問題に関する決議を採択した。これら決議は、多かれ少なかれ中国の内政に干渉しており、チベット分裂主義者の気勢を助長させた。

② 14世ダライ・ラマのヨーロッパ訪問とストラスブール提案

　1988年6〜7月、14世ダライ・ラマはヨーロッパを歴訪した。彼は、ローマ教皇、欧州共同体本部を訪問し、またドイツとフランスを歴訪した。ダライ・ラマは、1988年6月3日出発直前に、フィンランド記者との会見で、「チベットは独立の国家で、40年近い占領期においてこの国家は多大な苦痛と破壊を遭遇しており、チベット人は中国人に大変恨む情緒を持っており、機会がくれば直ぐ願いを晴らすことになる」と発言した。この発言は、彼のヨーロッパ訪問の動機を明白に指摘していた。

　6月14日14世ダライ・ラマはストラスブールに到着したが、その訪問は公式に扱われなかった。そこで、ダライ・ラマは翌15日、欧州議会ビルで記者会見を行い、欧州議会議員に対する演説草稿を配布した。その内容がいわゆるストラスブール提案といわれるもので、次の7点が骨子となっている。

1．チベットは、自らの支配する民主的政治実体となるべきものであって、中華人民共和国と「連盟」関係を保持する。
2．中国政府は、責任を持ってチベットの外交事務を行う。ただし、チベット政府

は、国外で宗教・文化などの外交事務所を設立することができる。
3．チベット政府は、世界人権宣言に加入する。
4．チベット政府は、すべての人による住民投票によって執行部を選出すべきで、それは財政、立法、および独立の司法機関からなる。政府所在地はラサである。
5．チベット経済・社会体制は、チベット人民の意思によって決めるものとする。
6．チベットでは、核兵器または他の兵器の製造、試験、保存、および原子力の利用を禁止する。
7．地域平和会議を開催し、チベットの非軍事化を通じて平和の聖地にすることを保証し、この会議の開催とチベット非軍事化・非核化を実現するまで、中国は、チベットで防衛を目的とする限度のある軍事施設を保有することができる。注65

ダライ・ラマは、同時に、この提案を提出した理由と狙いを明らかにし、彼は、チベット政府代表団が既に中国政府代表と会見しており、その対話では詳しい論議に入っているからである、と説明した。そして、各国記者の質問に答えて、ダライ・ラマは「チベットは自らの民主政府を成立すべきで、中国政府と連盟関係を保持し、……全面的独立は極めて実現しにくいので、現実主義的な態度を採る必要がある。……チベット人のことはチベット人自身が解決すべきであり、私は、チベット人の自由の代弁者に過ぎない……。私は、外にいて、もっと有利にチベット人の自由の代弁者たりうる……。チベット問題はチベット人の問題であり、私本人の問題ではなく、1960年代以来、私としては、ダライの地位はチベット人によって決めるべきであって、私個人によって決めることではない、とずっと思っている……。私は中国に反対することもせず、中国政府に反対することもせず、われわれの権利を回復するよう求めるだけである」と説明した注66。

1989年3月16日欧州議会でチベット人権決議が採択された。これに対し、中国全国人民代表大会は18日、要旨以下の6項目声明を発した。

1．いわゆるチベット人権決議は、中国政府のチベットでの民族・宗教政策を歪曲化している。
2．3月事件は、少数分裂主義者の暴力行為である。
3．チベットは、13世紀以来、中国の神経的領土で不可分割の一部である。
4．チベットでの実行は、ヨーロッパ柱石の農奴制を排除したものである。

10 年来、チベットは自治を享有している。
5．（14 世）ダライ・ラマとは交渉中である。ダライ・ラマは、中央人民政府の改善に応じず、毒化している。欧州議会がいわゆる「仲介」を要求しているが、それは受け入れられない。
6．中華人民共和国全国人民代表大会は、欧州議会と友好関係にあるが、中国への内政干渉はよくない。[注67]

③ 14 世ダライ・ラマの 1989 年の活動とノーベル平和賞授与

　1989 年は、中国にとっては建国 40 周年、改革・開放 10 周年で、1959 年チベット反乱の平定 30 周年でもあった。しかしながら、3 月再びラサ騒動となり、国務院は 3 月 7 日ラサに戒厳令を布告した。引続き春から夏にかけ、北京地区でも動乱が起きた。その一方、西側諸国は、中国に対し政治孤立・経済制裁を発動した。それとともに、1989 年 12 月 10 日 14 世ダライ・ラマはノーベル平和賞を授与された。

　この翌日、12 月 11 日オスロ大学学会講演で、ダライ・ラマは、5 項目平和計画を確認し、「アンヒサ（平和）区の主要項目（非武装化、資源開発における自然の保護など）を確認した[注68]。ダライ・ラマは、この文脈で地球共同体と普遍的責任、普遍的責任と環境などの観点を展開しており、世界平和の人類学的アプローチを構想していた[注69]。

　こうして、1989 年における亡命政府の活動は、以下の 2 点で新展開をみせた。

1．チベット問題への国際干渉。

　1989 年 3 月 7 日国務院は、ラサに戒厳令を布告した。一方、亡命政府のワシントン駐在特別代表が談話を発表し、米議員あてに手紙を出しあるいは遊説活動を展開するよう呼びかけた。特別代表は、これによって国会決議の可決などを通じてチベット独立への支持を獲得できる、と考えたからである。3 月 10 日 14 世ダライ・ラマは、年一回のいわゆる民族蜂起独立日記念声明で、国務院の布告したラサの戒厳令を中傷し、米大統領ブッシュとソ連指導者ゴルバチョフを含む世界の指導者 40 人に電報を打ち、彼らに対しチベット問題に干渉し、ラサに布告された戒厳令を取り消すよう、要請した。また、チベット青年大会は、米国に対して資金と武器の援助を要請し、彼らを助けるべくチベットでゲリラを行い、チベット独立を勝ち

取るよう、広く呼びかけた。

2．14世ダライ・ラマの欧米訪問と反中国の人権活動。

　14世ダライ・ラマは、国際社会にあって非暴力思想を鼓吹し、人権擁護の旗を掲げ、チベット独立を鼓吹した。1989年4月ダライ・ラマは、欧米訪問を開始し、中国に対する新しい非難を行った。北京動乱（天安門事件）が収束された後の6月27日ダライ・ラマは、コスタリカで「最近、中国に現れた暴力事件は、長年にわたりチベットで現れていたことである」と指摘した。

　7月21日ダライ・ラマは、米国議会の演説で、北京の「暴乱平定」とラサの戒厳令は同じである、と言及した。彼は「中国の民主運動への鎮圧は、チベットの自決に対する新しい強硬な方針をとることを示した」と述べた。同日彼は、議会でオロンボガ人権賞を受賞し、その授賞演説の中で、「チベット騒動での僧侶に対する残酷な鎮圧は、北京の虐殺のように、西側において広く報道されたことがない」と指摘した。

　10月5日ノルウェーのノーベル委員会は、オスロで1989年ノーベル平和賞を14世ダライ・ラマに授与すると発表したが、その委員会の責任者は、授賞は中国に対する「懲罰」であり、チベット情勢に影響を与えるためのものである、と指摘した。この決定は、明らかにチベット分裂主義者の気勢を助長した。ダライ・ラマは、10日の授賞演説で、「今後5年ないし10年のうちに、中国は民主と自由を実現できる、……民主を求めるのは不変の真理である。中国が民主を制圧したのは、根本的には自然の規則に反する」と述べ、重ねてチベットに関する5項目平和計画を表明し、「チベット問題のいかなる解決案でも、国際保障を得てこそ、その意義がある」と述べ、チベット問題の国際化と国際社会の保障と支持を求めた。

3．海外のいわゆる民主運動分子との連携、および共同の反中国活動展開。

　6・4事件後、国内外の暴乱を指導した多くの中国人エリートが海外へ亡命し、反共産党・反社会主義活動に入る一方、彼らは、国外のチベット亡命者と結託して、共同して反中国活動に走った。ダライ・ラマは、この点を時に重視し、「チベットと中国難民のあいだの協力はますます拡大し、これこそ中国の民主事業に役立つことができる。われわれは、現在、海外で中国人と会う機会が多くなった。われわれも、最大の多くの自由と民主を得るように求めているが、中国とチベット難民のあ

いだに新しいもっと密接な関係が形成されつつある」と述べた[注70]。

4．国際チベット年

　1990年代の重要な活動は、亡命政府が1991年を「国際チベット年」（1991年3月―1992年3月）と定めたことであった。14世ダライ・ラマは再度、欧米諸国への訪問を強め、多くの国で「チベット展示」を行い、チベット劇を上演し、国際チベット学シンポジウムを開催した。

　1991年は、チベット平和解放40周年であった。1951年5月23日中央政府とチベット地方政府の全権代表がチベット平和解放に関する協約（即ち17条協約）を調印し、1959年3月ダライ・ラマ一派は国外に亡命した後、17条協約を中傷し、この協約は「城下の盟」で「非合法かつ無効」である、と彼らは申立てた。彼らは、「国際チベット年」を通じた一連の国際活動のなかで、再びチベット平和解放を非難し、中国はチベットで人権を侵害している、と非難した。その1990年1カ年の活動を概観すると、次のようにまとめることができる。

1．ダライ・ラマの再度欧米訪問と政府首脳との会見を慣例としたこと。

　まず、1990年4月25日14世ダライ・ラマは、欧州議会政治問題委員会で演説し、「眞の民主主義的方法で締結される平和な高原というビジョンとする」と述べた[注71]。そして9月17日ニューヨーク州立大学で「チベット――過去と現在」と題する演説を行い、チベットへの亡命、中国との交渉に言及した[注72]。

　その上で、世界には、「チベット亡命政府」を承認する政府は一つもないが、彼らは新しい外交攻勢を通じて、西側大国の政府首脳がダライ・ラマと会見しない慣例を突破し部分的成功を勝ち取った。1991年3月17日14世ダライ・ラマは英国に到着し、上院議長マッケイ卿と会った。3月19日チャールズ皇太子が14世ダライ・ラマと会見し、3月20日14世ダライ・ラマは下院議長バーナード・ウェザリルと会った。しかし、英首相ジョン・メージャーはダライ・ラマとの会見を断った。英外務省スポークスマンは「この政治実体を承認する政府は一つもない。また、われわれは、それと付き合いをしない。……われわれは、チベット独立が非現実的で、このことに励んでも役立たないと考える……。ダライ・ラマとメージャーとの会見は国家の行為だと解釈される虞がある」と述べた。これに対して、ダライ・ラマ本人は不満で、「一部の国家が中国に対し必要でもない慎重しすぎた態度をとった」と、

英国のチベット問題に対する態度は「人を満足させるものでない」と批判した。

そして、3月19日ロンドンの王立国際問題研究所での「チベットの将来について」と題する演説で、「英国政府は中国のチベットに対する主権を繰り返しているが、こうした『主権』をいかなるときも認めなかった」と指摘し、また1954年中国・チベット17条協議でチベットを「中国自治区」にしたことを指摘し、その自治と目的は「国民投票によって人民の意思が確かめられる」ものでなくてはならない、と述べた[注73]。

3月25日ダライ・ラマは米国を訪問し、コーネルに3日間を滞在した。4月16日14世ダライ・ラマは米大統領ブッシュと30分間の公式会談を行い、チベットの一般状況を話し合った。18日ダライ・ラマは、さらに、米国議会で下院議長と上院与党指導者と会見し、200名もの国会議員やその他の出席者を前に演説を行った。彼は、中国政府に対し米国が強硬な立場を取り、両国関係を人権と民主と繋げるよう、米国に呼びかけた。このブッシュの14世ダライ・ラマ会見は、米国政府首脳がダライ・ラマと接触しない慣例を乗り越えたもので、これは、西側他国の政府首脳がダライ・ラマと会見する先例を作った。それで、1991年12月英首相メージャーも、国内の圧力で、首相府でダライ・ラマと会見した。ダライ・ラマは、この会見に触れ「一回の極めて楽しい会見で、大変に喜びを感じた」と述べた。

米・英首脳のダライ・ラマ会見は、亡命政府にとっては一つの成功であった。一方、ダライ・ラマは、これによって自分の地位を高めた。他方、これらの会見を通じて、西側政府のチベット問題に対する立場をダライ・ラマは固め、9月メージャー英首相は訪中の際、中国総理李鵬と会見して、チベットの人権問題を話し、このことを、ダライ・ラマに伝えた[注74]。

2．「チベット」展示と国際チベット学シンポジウムの開催。

この行事は、「国際チベット年」におけるチベット亡命政府の一つ重要な活動であった。その目的は、中国がチベット平和解放40周年を記念するために行った一連の国際展示および上演活動に対抗することにあった。1991年11月コロンビア大学でチベット学シンポジウムが開催され、ダライ・ラマだけでなく、海外の民主化運動指導者方励之も参加した。この2人の貴賓が同席したことで、世界は注目した[注75]。

3．チベット人権問題を中心とした宣伝攻勢の展開。

　チベット人権問題の宣伝は、亡命政府の活動の大きな目的であった。国際チベット年には、その人権攻勢が新しい3つの内容と特徴を持った。第一は、専らチベット問題の宣伝に従事する組織活動を強めたこと。第二は、国連人権委員会でチベット決議を可決させることを中心にした国際活動を行ったこと。第三は、チベット問題を人権問題から自決問題に格上げしたこと。

　この亡命政府が国連人権委員会で行った活動は、北京の6・4事件後、西側が中国に向けた人権攻勢強化のなかで展開された。6・4事件で、米国など西側諸国は、1990年3月の第46回国連人権委員会会議で中国人権決議の採択を企図したが、その人権決議案は否決された。1991年8月の人権委員会小委員会で、西側諸国は、秘密投票でチベット人権決議を成立させ、中国政府に対しチベット人権状況について説明を求めるよう、国連事務総長に要請した。1992年の第48回国連人権委員会会議では、チベット人権に関する決議を上提すべく、ダライ・ラマ一派が、非政府組織としての立場で人権委員会の各構成国に働き掛け、中国がチベット人権を侵害していると非難した。しかし、その活動は成果がなかった。その「国際チベット年」の終了（3月5日）直前、4日第48回国連人権委員会は、中国に対して措置をとらない決定を行い、こうして「国際チベット年」は成果なく終わった。

　ソ連・東欧の激変後、ダライ・ラマ一派は、いわゆるチベット人権問題を民族自決のレベルに格上げして、「国際法の原則に基づき、チベットは一つ被占領国家であり……、チベット人民はある種の形式の植民地あるいは外国統治に直面しており……、中国統治の下のチベット人民は絶えずに人権侵害を受けている……」としており、チベット問題に関する国連総会決議1723（ⅩⅥ）はチベット人民の自決権を承認しており、この自決権は領土保全の原則を含め、すべてにおいて優先していると主張された。この立場で、ダライ・ラマは、東欧を訪問し、東欧の自決を通じて「チベットが中国（の支配）から脱却する」希望がみえてきた、と鼓吹した。

　こうしたなか、1993年9月16日欧州議会はチベット問題に関する決議を採択した。それは次のとおりであった。

　「欧州議会は、
　　チベット人ゲンドゥン・リムチェン、ロブサン・ヨムテン、ダムチョエ・ペモ

の拘留およびチベットにおけるその他の人権侵害に関して、
——6月1日欧州政治委員会（EPC）が発表した憂慮する声明に鑑み、
——過去の決議、特に1993年6月24日の決議を想起し、
——アムネスティ・インターナショナルの憂慮する声明に鑑み、

A．独立要求の抗議デモに参加し、あるいは他の反政府活動で捕えられた者の釈放を要求するとともに、1993年4月から7月までのあいだに逮捕されたと思われる107人を含む多数の政治囚およびチベットにおける人権侵害の悲惨な状況を認識し、

B．EC諸国代表団との接触を阻止する中国当局の動き、特に政治囚に関する情報の受渡しを阻止するために、5月EC諸国大使のチベット訪問団の到着直前に行われたゲンドゥン・リムチェン、その他のチベット人人権活動家の逮捕を想起し、

C．逮捕後、外界との連絡を絶たれた状態で拘留されているゲンドゥン・リムチェンが、死刑になりかねない「国家機密窃盗罪」という罪名を負わされていることを懸念し、

D．妊娠20週にもかかわらず、警察で12時間にわたって立たされたまま訊問され、その間、電気棒で苦しめられ、流産したダムチョエ・ペモに関する虐待報告に、重大な懸念をもって、

E．機関銃の銃座を設けた数百人の中国軍兵士に包囲され、35人の村人が逮捕されたキムシ郷（ロカ（山南）地区ゴンカル（貢嘎）県）からの報告に、重大な懸念をもって、

F．EC・中国関係は、経済的関わりのみによって決定されるべきではなく、人権と民主主義の尊重によって条件づけられるべきであることを確信して、

1．中国当局に対し、言論の自由の権利を行使しただけという理由で拘留されたすべての者を直ちに釈放し、チベット人抑留者が拷問と虐待から守られること、およびチベット人抑留者が親戚および希望する弁護士との面会の機会が与えられることを保証するよう要求し、

2．人権尊重のため、特にチベットにおける政治囚の状況のためのゲンドゥン・リムチェンと彼の仲間の勇敢な活動を支持し、

3．欧州理事会に対し、今後、中華人民共和国との経済・商業協定に中国とチベット地域における人権尊重の条件をつけるよう要求したことを想起し、

4．中国政府が人権の尊重を保障する意義ある改善をしない限り、2000年オリンピックは北京で開催されるべきではないとの見解を持ち、

5．来るべき中華人民共和国訪問では、特にチベットにおける人権侵害問題の話し合いに入るよう、代表団に要請し、

6．欧州理事会および欧州委員会、EPC、中華人民共和国政府、チベット自治区人民政府に対し、この決議文を送付するよう、議長に要請する。注76」

1995年6月19日14世ダライ・ラマは、ドイツ連邦議会海外問題委員会のチベットに関する公聴会で演説し、チベットの平和交渉で中間の道アプローチをとってきたが、「平等と相互利益・相互尊重に基づく関係が作られるなど、10億人の中国に自由意思で加わることで600万人のチベット人が利益を得ることは、議論上不可能ではない」と述べたが注77、同様の演説は1996年5月13日コペンハーゲンの海外問題委員会でもなされた。

1996年6月14日ボンで第2回支援グループ会議が開催され、14世ダライ・ラマは、「亡命直後に、私たちはチベット社会の民主化に着手した」ことを強調した注78。

1999年6月4日ワシントンとニューヨークで、チベットのための国際運動が集会を組織したが、14世ダライ・ラマは「天安門大虐殺記念日によせて」のメッセージを寄せた注79。

また、14世ダライ・ラマは、1994年7月28日第11回チベット国民議会第7回会議の演説で、台湾での言論と自由の民主主義を目指す変化に注目した注80。そこでは、既に早くから接触していた台湾を、ダライ・ラマは1997年3月22日〜27日訪問した。李登輝中華民国総統と会談し、その際、双方は、中国を強く非難し、チベットと台湾の文化的発展の強化につき、意見の一致をみた。同年9月6日ダライ・ラマ事務所に相当するダライ・ラマ・チベット宗教基金会議が設立され、翌98年4月16日正式に発足した。

そして2001年3月31日14世ダライ・ラマは2回目の台湾訪問をした。総統府は、宗教指導者の名目で会談する、と発表し、5日陳水篇中華民国総統は、14世ダライ・

ラマと会談した。この会談で、ダライ・ラマは、台湾の民主化の成果を評価し、台湾の未来は台湾の人民が自ら決めるべきだと発言した。その際、彼は、中国内部の発展からみて、チベットには希望がある、と述べた。さらに、「一つの国の歴史の如何にかかわらず、もし中国がチベットに高度の自治権を与えるなら、チベット経済には大いに助けとなり、全人類の文化の発展にも大きな力となる」と述べた。陳総統は、さらに、「ダライ・ラマが中国の圧力に屈せず、台湾を中国の一部分だと認めることに同調しなかったことに感謝する」と述べ、ダライ・ラマの指摘した台湾の未来は台湾人民が決めるべきだという見解は、尊敬に値することだと表明した。ダライ・ラマ筋は、この10日間の台湾訪問は仏法発揚が主な目的で、すべての活動は宗教活動であったと表明したが、北京政府は、この訪台は「台湾独立勢力との結託」と「国家分裂主義活動の資金集め」である、と非難した[注81]。

5．チベット亡命政府と中国中央との交渉

　1959年に14世ダライ・ラマがインドに亡命して以降、1978年に中国は改革・開放期に入り、中央政府とダライ・ラマの接触が始まった。これは、第一に、改革・開放により中国の政策が柔軟になったことがあった。1978年に鄧小平が復活し、積極的かつ柔軟かつ実用的な政策を推進し、彼は1980年代に中国の三大任務、即ち、4つの現代化の実現、祖国の平和統一、覇権主義への反対を提起した。この祖国の平和統一は、主に香港・マカオ・台湾問題を解決するという方策であり、同時に、ダライ・ラマとその追随者が独立の主張を放棄し、祖国に戻る問題を解決するため、ダライ・ラマとの交渉を、鄧小平は望んだ。1972年の中米関係改善は、亡命者集団の独立運動（中国の表現で分裂主義）主張と活動に重い打撃であった。そのニクソン訪中まで、米国は、亡命集団の活動の主要な支持者であった。1972年以降、長い間、CIAの訓練と援助を受けてきた14世ダライ・ラマの兄ギャロ・トゥンドゥプも、外国の支持をこれ以上受ける見通しはないと判断し、交渉を通じて故郷チベットに戻ることを求めた。
　こうした背景の下で、全国での改革・開放という大きな流れに伴い、中央とダラ

イ・ラマの対話が開始された。その対話の過程は、大体、3つの段階を分けられる。
①第一段階　1978年〜1985年

　1978年12月28日鄧小平は、アメリカ人新聞記者スティールと会見し、ダライ・ラマ問題で、「ダライ・ラマは戻ることができる。ただし、彼は中国国民となるべきである」、「われわれの要望は一つだけ——愛国である。また、われわれは、愛国は、先後を区分するものでない」と明言した。この談話は、中央政府が自発的にダライ・ラマに出した合図であった。実際、同月初め（12月3日）、鄧小平は、密かにギャロ・トゥンドゥプと会見し、対話の問題を提出していた。それは、3点意見に集約されており12月28日の談話は、この秘密会見を国際マスコミ界に披露したことに過ぎなかった。

　3点意見は、以下のとおりである。
　　「1．根本問題は、チベットは中国の一部分であり、この自治は決定的である。
　　2．ダライ・ラマの代表団は、チベットの現地を考察できる。
　　3．50名以下のインドのチベット語老師をチベットでの教育に派遣することを提起する[注82]。」

　その後、14世ダライ・ラマは、何回も彼の代表を中国に派遣し、密かに中国中央と接触した。1回目の正式接触は、1979年2月28日であった。3月12日鄧小平は、ダライ・ラマの代表と会見し、「根本的な問題は、チベットが中国の一部であることであって、正しいか正しくないかの判断は、この基準によって決められるべき」であって、ダライ・ラマがチベットは中国の一部分であることを正式に認めれば、彼は中央と対話することができる、と述べた。この談話は、双方の交渉に一つの基本路線を定めたものであった。この政策は現在も一貫して変わっていない。当時、中国中央政府は、ダライ・ラマが一日も早く亡命生活から祖国に戻ることを歓迎しており、祖国統一の維持、民族団結、および経済発展のために貢献し、チベット人民の富裕と幸福のために有益なことを行うよう、誠心誠意望んでいた。国内外のチベット人民衆の親戚見舞いと交流の要望を満足させるためにも、中央政府は、往来は自由で、愛国は家族で、愛国の先後を区分するものでなく、既往は追及しない、という政策を決めて、実行してきた。1979年8月から1980年9月まで、中央政府の関係機関は、ダライ・ラマが派遣した3つの参観団と2つ親族観光団を

接待した。しかし、ダライ・ラマの派遣した参観団は、チベット各地を見学した際、チベット社会の「影の部分」を専ら注目して「実情調査団」と自称して自らの調査した事実を交渉の基礎とするよう申し立てた。こうした状況で、中国側は、1980年7月21日のチベット亡命政府によるチベットへの親戚訪問の自由な往来提案も、12月14日のチベット人学者11人に対するインドでのチベット学会参加の招請要請も、ともに拒否した。

　にもかかわらず、双方の接触を基礎に、14世ダライ・ラマは、中央のチベット新方針は明確で、中央指導者も信頼できると考え、関係改善を願う方針を示し、1981年3月10日の声明における中国の呼びかけに続いて、同3月23日ダライ・ラマは鄧小平に書簡を送り、忍耐と寛容の精神で、最大の努力をする、と伝えた[注83]。中央政府も、ダライ・ラマの代表が北京にきて中央と関連した問題を話し合うことに同意し、彼を接待した。同年7月27日ダライ・ラマの代表ギャロ・トゥンドゥプが北京に入り、28日胡耀邦共産党中央委員会総書記と会見した。その際、中国政府は14世ダライ・ラマあて5項目政策を提出した。その内容は、以下のとおりである。

「1．わが国は、既に長期の政治的な安定ができており、経済の持続的な繁栄ができており、各民族の団結互恵ができる新しい時期に入った。

　　ダライ・ラマと彼の追随者はみな賢人で、これを信じるべきである。もし信じなければ、あと数年間、様子をみても構わない。

2．ダライ・ラマと彼が派遣してわれわれと接触する者は、誠意を披瀝すべき、鬼ごっこをしたり商売をしたりするような方法を取らないようにしてほしい。過去の歴史にとらわれず、即ち1959年のあの歴史はみな忘れよう、もう沢山である。

3．われわれは、誠心誠意、ダライ・ラマと彼の追随者が戻ってきて、定住することを歓迎する。われわれが彼の帰国を歓迎する目的は、彼がわが国の統一維持、漢人とチベット人および各民族の団結増進、ならびに4つ現代化の建設のため貢献できることを期待している。

4．ダライ・ラマが帰還した後の政治待遇と生活待遇は、1959年以前における待遇のとおりで、変わらない。共産党中央委員会は、全国人民代表大会に

彼を全国人民代表大会常務委員・副委員長として選出することを提案することができ、協議を経て、全国政治協商会議副主席に選出することができる。生活も、もとの待遇を維持でき、変わらない。チベットにもう戻る必要はなく、チベットの職務も兼任する必要はないだろう。現在、チベットでは、若者が既に成長してきており、彼らはよく働いているので、いうまでもなく、適宜、チベットに戻り見ることができる。われわれは、彼の追随者にも手配することができ、仕事がどうなるか、生活がどうなるかの心配はしなくてよい。過去よりもっとよくなるだけであって、わが国はそれだけ発展したのである。

5．ダライ・ラマが戻ってきた際、彼は、マスコミ界に一つ簡単な声明を発表でき、声明をどのように述べるかは、彼自身が決めたらよい。彼は何年、何月、何日に戻ってくると、われわれに一つの知らせをしなさい。もし香港を経由して陸路で広州に来ると、われわれは一人部長級（閣僚）の幹部を派遣して彼を迎えのため辺境まで赴き、また一つ記事を発表する。飛行機で戻ってくれば、われわれは、一定規模の歓迎式で彼を受け入れ、また記事を発表する最後に、ギャロ・トゥンドゥプからダライ・ラマへ

葉剣英委員長、鄧小平副主席、李先念副主席、陳雲副主席、および趙紫陽総理らはみな、ダライ・ラマに対し非常に関心を寄せており、彼自身がこれを上手くやってくれるよう希望していることを伝えてもらいたい。[注84]」

1982年4月14世ダライ・ラマは、初めて3人代表団を正式に派遣し、北京で中央と関連の問題を話し合った。しかし、この時以来、亡命政府は、いわゆる代表団外交をめぐってその対応を国際的に広く宣伝した。そして、チベットに戻り定住したいと表明しながらも、チベットの状況がよくなく、戻る時機が来ていない、とダライ・ラマは述べた。彼らは、この交渉を通じて国際的影響力を拡大し、国際世論の支持を獲得せんとした。

1983年3月10日ダライ・ラマは中国への声明で、さらに翌84年3月10日の声明でその方針を確認した。そして、同84年10月21日ダライ・ラマは、もう一度、3人代表団をインド経由で北京に派遣して関連問題を話し合った。3人の代表、トタンランジェ、パンチョザシ、およびロゾチェンザンは、北京に到着した後、まずダライ・ラマとしては、中央と連絡を取り続け、理解を深めたいとの願望を共産党

中央に伝えた。ダライ・ラマは、また、3人の代表を通じ1985年に帰国して現地を訪問したいという消息を、共産党中央に伝えた。11月27日中国共産党中央委員会は、ダライ・ラマが戻ってくることを歓迎する、と公式に表明した。共産党中央委員会統戦工作部長楊静仁は、3人代表団と会談して、ダライ・ラマの大チベット構想に対し、再び共産党中央委員会総書記胡耀邦が先に提出したダライ・ラマあて5項目政策を再表明した[注85]。

そのダライ・ラマの姿勢は、1985年3月10日声明で既に触れられていたが、しかし、1985年8月にダライ・ラマは帰国しなかった。彼には、戻る意志がなかった。双方が彼の帰国の具体的条件と日程を手配するための会談を持っている段階で、ダライ・ラマは、インド、日本などの諸国で、「私は、チベットに行く願望を持っているが、当面の情勢はとても複雑で……、もしこの旅はチベット600万人にとり何の役も立たなければ、予定された1985年8月の訪問を取り消すことになる」と述べていた。また、ダライ・ラマが1985年に帰国しなかったのは、一部亡命分子の反対を受けたからであった。この一派は独立運動家（中国の表現では極端な「分裂主義者」）で、彼らは独立の希望と象徴を、依然、ダライ・ラマに託していた。彼らは、ダライ・ラマがチベットに戻って定住することになれば、彼ら自身、「独立」の希望を失ってしまうと考えた。

②第二段階 1986年〜1989年

14世ダライ・ラマが約束どおり帰国しなかったことで、彼は、中国中央政府への約束を破った。この時点では、双方ともに相手の内情はかなり分かっていた。しかし、ダライ・ラマは、依然として実情調査団だけを派遣したい、といっていまひとつのカードを残していた。中央政府は、相手には誠意が欠けていると判断しており、それで、1986年7月中央政府は、1985年（月日不明）の第4次参観団のチベット訪問に続く、いわゆる第5次参観団の帰国調査を断った。その理由は、チベット参観ではなく中央政府としてはダライ・ラマ本人と対話をすることであった。勿論、直接交渉には事前の準備が必要であり、5、6年の接触を通じても、まだ自ら直接交渉に入らないとの態度を、ダライ・ラマはみせた。結局、ダライ・ラマ自身が約束を破ったことで、中央政府としては、相手には緩和と対話の誠意がない、と判断した。

これに対し、亡命者集団の反応は強かった。1987年以降、独立運動家は、国内の騒乱、およびチベット問題の国際化の活動を、いっそう画策した。14世ダライ・ラマは、自ら率先して欧米諸国を訪問し、1987年9月21日米国議会で、チベット問題解決の5項目平和計画を提出した。そして、以下の5点を主張した。

1. チベットを一つの平和区（アンヒサ区）とする。
2. 中国人のチベットへの移民は、チベット民族の根本的生存にかかわる。
3. チベット人の基本的人権と民主的権利を尊重する。
4. チベットの自然環境を回復し、チベットを武器生産基地とならない。
5. チベット人民と中国人民がチベットの未来の地位について協議する。[注86]

これは、胡耀邦党総書記が1980年5月提出した6点政策（518頁をみよ）に対抗したものであった[注87]。これと同時に、独立運動家／分裂主義者は、国内で1959年以来初めての騒乱（1987年9月27日～10月）を画策した。

そこで、中国共産党中央委員会統戦工作部長閻明復は1987年10月17日、チベット5項目和平計画を拒否して、チベット亡命政府に一つの文書を送付した。それは、ダライ・ラマの交渉に対する態度を確認するというものであった。そこで指摘された5項目は、以下のとおりであった。

1. ダライ・ラマの米国議会人権問題小委員会での5項目平和計画の提起と公然たる「チベットの独立」への言及。
2. ダライ一派の分裂主義活動への対処。
3. 1979年の交渉に対するダライ・ラマの無視。
4. 「チベットは中国を構成する一部分である」ことの政策の確認。
5. 1979年からの数回の中国との交渉（最近は10月）に当たったギャロ・トゥンドゥプが祖国の統一を理解してきた努力への勧奨。[注88]

これに対するチベット亡命政府の同年12月17日の返書は、亡命政府の立場を明確にしており、それは中国が指摘した点を14項目にまとめ、それぞれ反論し、最後に結論と付していた。その要点は、次のとおりで、内容は予定されたストラスブール提案を敷衍したものであった。

1. ［中国が指摘した論点］ダライ・ラマの5項目計画と「チベットの独立」発言――
　　［亡命政府の回答］この5項目平和計画は中国とチベットの相互利益の関係原則

を示したものである。

2．［論点］分裂主義者によるラサ暴動——［回答］われわれは、ラサ暴動を扇動していない。「デモはチベット民族の苦しみの表明」である。

3．［論点］ダライ・ラマの「チベットの独立」への空虚な望み——［回答］チベットは「独立した地位」にあり、「占領から30年以上たっても『チベットは中国の一部分』といい続けなければならない」中国の矛盾があり、中国とチベットは別の統一体であるので、中国は「17条協議」を作り出さざるを得なかった。

4．［論点］地下組織を通じての組織工作——［回答］人の往来は人間の権利であり、私たちは彼らと意見を共有した。

5．［論点］ラサ事件の責任はダライ一派にある——［回答］私たちは扇動していないので、その責任はない。

6．［論点］ダライ・ラマは中央政府の真剣で寛容な態度を無視している——［回答］「解決すべき問題はチベット民族の窮状であり、ダライ・ラマの個人的地位とは関係がないことを、私たちは明確にしてきた。解決に向けて多くの提言がなされた。しかしながら、中国側からは、道理に適った回答は得られなかった。」

7．［論点］ダライ・ラマは、チベットの明らかな変化を見落としている——［回答］「1980年代以前と比べていくつかの好ましい変化が出てきた事実を、私たちは評価している。」

8．［論点］ダライ・ラマの「チベットは軍の占領下にあり、民族差別が行われている」というでっち上げ発言——［回答］「チベットのことと一般市民の権限全体が中国人の手の中に集中している」のは「軍占拠の現実化」である。

9．［論点］「ダライ・ラマは、真にチベット民族の幸福を考えているのか」——［回答］「これはひどい歪曲である。チベット民族の想像の域を完全に超えている。」

10．［論点］「自らの既得権を促進するため、ダライ・ラマは、ラサのデモを計画し扇動した」——［回答］「殺人や流血の惨事は武装した人間（中国軍）によって引き起こされたのであって、非武装のチベット人の仕業ではない。」

11．［論点］ダライ・ラマは、米国訪問がデモの原因の一つであると認めた——［回答］「法王は、……転換点は1959年3月出来事だった、と答えた。」

12．［論点］次の局面は、ダライ・ラマの決断いかんにかかわる——［回答］「中

国がチベットを分割したくないのなら、ならないように行動するのは、あなた方の方である。」
13. ［論点］分裂主義者の「チベットの独立」騒ぎは混乱を招くだけだ——［回答］「私たちは、決して暴力・陰謀・扇動に携わったことはない。」
14. ［論点］「分裂主義者の目的は旧い封建制社会に戻ることである」——［回答］「あなた方が私たちの国についての事実を歪曲しているのに、チベット・中国関係の問題に誠意を期待できるというのか。」
結論　平和交渉によってチベット問題を解決したいという私たちの決意ははっきりしている。だから、5項目平和計画を提案した。中国政府がこの提案に回答することを期待する。[注89]

　そして、さらに、ダライ・ラマは1988年6月欧州議会を訪問し、ストラスブール提案を配布した。それは、5項目平和計画の第5点を説明するものであった。それで、西側の世論は、このストラスブール提案が妥協できる「中間の道アプローチ Middle Way Approach」だと解した[注90]。この2つの提案は、中央政府とチベットの将来について交渉を進めるとした要望への原則であり、それへの対抗方策といえるものであった。中央政府は、ストラスブール提案は5項目平和計画にいくらか変更を加えているが、その実質は、依然として中国がチベットに対して完全主権を持つことを拒否している点であり、これは中国政府としては許すことができない、と指摘した。同時に、中央政府は、チベット独立は認められないし、半独立も認められないし、変形の独立も認められないとした。

　1988年8月22日ダライ・ラマの代表は、ニューデリーで中国代理大使と会談し、今後の交渉の持ち方について協議した。9月23日インド駐在中国大使館は14世ダライ・ラマに対し、1通の文件を送付し、交渉に応ずると表明した。その全文は、以下のとおりであった。

「われわれは、(14世) ダライ・ラマと、いかなる時でも、中央政府との対話を歓迎する。対話は北京や香港、あるいは海外にあるわれわれのすべての大使館や事務所のどこかで行うことができる。ダライ・ラマがこれらのところでは不便だと思ったら、彼が任意にどこか他の場所を選んでもいい。ただ、一つだけの条件がつく。それは、外国人が介入してはいけないということである。

次の2点は、はっきりしておかなければならない。
1．われわれは、今までカシャ政府（旧内閣）を認めたことがない。それは、カシャ政府が一貫してチベットの独立活動を煽っているためである。われわれは、カシャ政府の派遣する代表と事実調査組織の受入れを、いっさい拒絶する。
2．ダライ・ラマがストラスブールで提出した「新提案」を対話の基礎とすることはできない。新提案は、「チベット独立」の意識を根本的に捨てようとはしていないからである。ダライ・ラマは誠意を持って中央政府との関係を改善し、また本当にチベット人民の幸福、チベットの経済発展、およびチベット民族の隆盛発達に関心を寄せようとすれば、独立の考えを捨てるべきである。自分自身を祖国の大家族の中に置き、中央政府、チベット人民政府、およびチベット人民と一体となってチベットの重大な政治方針を検討すべきであろう。[注91]」

9月23日チベット亡命政府は、「われわれの提案に対する中国側の積極的な反応は、今度も、彼らがこの問題に真剣に取り組もうという姿勢を示すものだ」と声明した。10月25日中国政府は、在ニューデリー大使館を通じて交渉の候補地としてジュネーブを提案し、交渉日は1989年1月とする、と提案した[注92]。チベット亡命政府の説明では、11月初旬、共産党統戦工作部長閻明復がギャロ・トゥンドゥプに対しストラスブール提案の違いもあるが、議論して解決は可能である、と発言していた[注93]。同88年10月3日14世ダライ・ラマは、コペンハーゲンのスウェーデン外交政策評議会の演説で、5項目ストラスブール提案を確認して、「チベット人が立憲民主主義的政体下にいま一度自治を行う連繋の一形態」を提案し、「中国は外交分野の責任を担い続けることも可能である」と述べた[注94]。

これに対して、中国政府は同88年11月18日、在ニューデリー中国大使館を通じて、次の交渉条件を伝えた。

「中国政府は、交渉の候補地と日程が公表されるようなやり方には賛成できない。交渉の最適地は、北京である。
　ダライ・ラマ法王によって指名された6人の交渉団は、その全員が常に分裂主義的活動に参加しているものであり、受け入れることはできない。

この交渉は、国内問題に関するだけのものであるので、オランダ人の法律家も交渉団に入れることはできない。

　中国政府は、ダライ・ラマとの直接交渉を望んでいるが、信頼するダライ・ラマの代表、例えば、ギャロ・トゥンドゥプを交渉団に入れることを望む。

　ストラスブール提案は、交渉の基盤にはならず、交渉の前提条件は祖国の統一を受け入れ、支持することである。[注95]」

　そこで、チベット亡命政府は12月4日、中国政府に対し、以下のように伝えた。「中国政府は、交渉の日程と候補地の選定をダライ・ラマ法王に任せていたので、候補地としてジュネーブを選び、1989年1月から協議を開始する、と法王は迷うことなく回答した。多くの場面で、中国政府は、公に述べただけでなく、事務連絡を通しても告げて来ていたのは、ダライ・ラマ法王に指名されたいかなる人間とも会い、交渉をする用意があるということであった。

　したがって、ダライ・ラマ法王によって選定された代表団を中国が拒否するとは、誰も予想していなかった。法王が彼の代理人として誰を指名するかは、それはダライ・ラマ法王の権利である。マイケル・バン・ウォルト・バン・プラークは、交渉団の一員ではなく法律顧問に過ぎない。また、中国政府の提案を受けて、ギャロ・トゥンドゥプがチベット側の顧問として交渉に加わることになろう。チベットの将来に関する公平で実りのある交渉は、どちら側からも前提条件を付けないことでしか成立しない。ストラスブール声明に盛り込まれた提案は、そのような議論に最適の合理性と現実性を持っている。[注96]」

　1989年1月、10世パンチェン・ラマが円寂した。多くのチベット人民衆の宗教的感情と歴代ダライ・ラマおよびパンチェン・ラマの歴史的関係を考慮して、中国仏教協会は、パンチェン・ラマの追悼活動への参加のために帰国するようダライ・ラマを特別招聘した。中国仏教協会会長趙朴初は、自ら一通の招聘状をダライ・ラマの個人代表に手渡した。これは、完全に宗教事務関係の招聘で、ダライ・ラマに対しパンチェン・ラマの追悼に際し帰国して参観する一つ機会を提供し、また彼に中央との直接な接触のために便利な道を開くものであった。しかし、ダライ・ラマはこの招聘を断った。これによって一つの歴史的機会が失われ、ダライ・ラマにとっては、政治利害が宗教の友情より重要だということが示された。

1989年3月、ラサでは再び、分裂主義者が画策する騒乱が起きた。これは、亡命者組織が直接に人を派して関与したものであった。一方で、彼らは非暴力を主張しながら、他方で、密かに暴力事件を作り出したことで、交渉の雰囲気は大きく悪化した。こうしたなか、1989年4月12日ダライ・ラマ亡命政府のニューデリー事務所は、在インド中国大使館に対し、以下3点の立場を確認した。

1．ダライ・ラマの提出している対話は、チベットと中華人民共和国の連盟関係の維持に役立つ。
2．ダライ・ラマは、対話代表団を任命し、対話に入る。
3．代表団には、外国人を加えない。ただし、代表団は、チベット人と非チベット人顧問で構成される。国籍身分を条件としないことは、通常なことである。
注97

　さらに、1989年4月19日チベット亡命政府は、交渉開始のために14世ダライ・ラマは「代表を香港に派遣する」と発表した。しかし、この発表は生かされなかった。

　6・4事件後、国際的に反中国の波が巻き起こった。かくして、「一人賢い政治家としてダライ・ラマは、西側の中国を孤立させ非難する行動に参加し、交渉の扉が閉じられてしまった注98」。その一方、ダライ・ラマは、現在、中央の指導体制が不安定なので、交渉は急がない、と述べた。一方、1989年末、ダライ・ラマはノーベル平和賞を受賞し、彼の地位も急速に高まった。対話問題における彼の閾はより高くなった。ダライ・ラマは、中国政府が1年以内に彼と対話しないと、ストラスブール提案を破棄し、「新しい立場を取らざる得なくなる」と何回となく公言し、強硬な態度に出た。

　こうして、対話は実質的な交渉の段階に入ることなく中断した。その問題の拗れはどこにあったか。以下、2つの問題点を取り上げる。

論点1　一国両制とチベットの地位。

　1980年代初め、祖国の平和統一の大業を推進し、台湾問題を解決するため、葉剣英共産党副主席・全国人民代表大会常務委員会委員長は台湾問題に関する9カ条提案を提出し、その要点は台湾が高度の自治を享有し、この前提の下に大陸と台湾の平和統一を実現することであった。1982年6月26日鄧小平共産党副主席・中央軍事委員会主席は、祖国の平和統一問題を解決するため、一国両制構想を提出

した[注99]。同82年、ダライ・ラマの代表3人が帰国したとき、「台湾を待遇する方法でチベットを待遇するよう要望する」と提議した。彼らは、チベットは歴史上特殊な地位を持ち、現在はなおさら特殊な待遇を享有すべきところであり、チベットは自決権を享有すべきである、と頑なに主張した。共産党中央は、ダライ・ラマの代表に対し、このような考え方が正しくない、と指摘し、チベット問題と台湾問題は性質が完全に違う問題である、と述べた。つまり、1951年にチベットは平和解放を成就し、1950年代末から60年代初めにかけ、チベットは民主改革を経て、封建農奴制度も廃止され、1965年にチベット自治区が成立し、民族区域自治を享有し、社会主義建設を重ねてきた。一方、台湾は、現在もまだ統一を実現しておらず、まだ資本主義制度である。したがって、この2つの問題は、同じく論じられないというのが、中国政府の立場であった。

論点2　大チベット自治区の設立問題。

　中国のチベット地域は、歴史上、カム（康）・ウー（衛）・ツァン（蔵）・アムド（安多）の3地区（チョルカ・スム）に分かれていて、従来から統一されたことはなかった。現在の四川・雲南2省のチベット人地区は、依然、清朝の旧制に沿ったもので、歴史の原因によって、中国チベット人地域は5省に分散する状態が形成されてきた。チベット自治区の他に、四川・雲南・青海・甘粛の4省には10のチベット族自治州と2つの自治県がある。地理的条件の制限、高山と大河が隔てることによって、これらのチベット人地域は、長年来、一つの統一した行政区域ではなかったし、一つの統一した経済区域を形成したこともない。旧来のチベット地方政府にしても、チベット以外のその他のチベット人地区を管轄したこともない。以上が中国政府の立場であった[注100]。

　1984年10月14世ダライ・ラマの代表3人が北京を訪問し、大チベット区（チョルカ・スム）設立の主張を提出した際、共産党中央統戦部副部長江平は、前記の中国政府の考え方に立脚してダライ・ラマ側の主張に対応した。また、チベットは歴史上統一したことがなく、現在、各地方の条件も同様ではなく、強制的に統一することは必ずしも経済・文化の発展に有利ではない、と彼は指摘した。

　ダライ・ラマは、中国のチベット主権を否定して、チベットの地位を変え、「独立」構想を実現せんとしてきた。とりわけ注目すべきは、「国際チベット年」において、

ダライ・ラマが中国を「アジア合衆国」に変える主張を持ち出し、中国を解体してチベット、モンゴル、新疆、満州を、彼のいわゆる「中国」と共同して一つの緩やかな連邦あるいは連邦を組成するよう提案したことである。その主張への固執から、前記交渉の秘密合意で約束されたダライ・ラマの帰国はなかった。

ダライ・ラマは、国内外で「チベット独立」の主張を、一貫して棄てることなく、貫いてきた。したがって、中央政府とダライ・ラマの交渉は、共同の基礎と適切な雰囲気の双方を欠いたものだった。

③第三段階　1990年以降

以後、1990年4月チベットでは戒厳令が解除され、チベットの状況は新たにな発展へと向かうことになった。一方、亡命政府は、1991年6月の亡命チベット憲章の採択に向けた動きが強まった。

1991年10月14世ダライ・ラマは、イエール大学で短期間でもチベットへ戻る許可につき中国へ働きかける、と演説した[注101]。これは、ダライ・ラマのチベット訪問を決断したものだった。そのための接触が12月李鵬中国総理のインド訪問の際に実現したいと工作した。そこには、亡命チベット人議会での活動に対する中国の強い警戒があった。

翌92年1月23日亡命チベット人議会は、中国の対応に対する責任を問うた決議を採択した。これに対し、4月17日の人民日報記事「分裂主義者の意図を隠したダライ・ラマ提案は「陰謀」である」が発表され、4月29日チベット亡命政府は、改めてなぜ交渉は成立しなかったかのチベットの特別の立場について表明し、そのチベット政府の正統性を主張し反論した。

その一方で、同92年4月のニューデリーでの接触に続き、6月チベット亡命政府ギャロ・トゥンドゥプは共産党中央委員会統戦工作部長丁関根と北京で会談した。そして9月1日14世ダライ・ラマは鄧小平と江沢民あて覚書を送付し、13項目提案を行った。しかし、これに中国側が対応しなかったことで、1993年9月亡命政府は、その秘密提案を公表した。

その覚書13項目の内容は、以下のとおりである。

1. チベットと中国は、それぞれ別個の国である。
2. 私は、中国共産党指導者の多くは正直で、率直である、と解していた。チベ

トを去る以前は、チベットと中国の相互扶助は楽観できる、とみていた。
3. 中国はチベット人に共産主義を強制し、これによりチベット人の憤激が起きた。
4. チベットの窮境から、国際連合に問題を提起した。
5. 中国との交渉に、私たちは希望を託している。
6. 交渉が始まったが、ダライ・ラマに対する中国の5項目政策で、失望した。
7. 私は1981年、83年、84年、85年の3月10日声明においては、交渉に希望を持っていた。
8. 交渉の進展がなかったので、5項目平和計画を発表した。
9. 再度、ストラスブール提案で、内容を詳述した。
10. 1988年9月23日の声明で交渉再開への動きがみられたが、会談には至らなかった。
11. 多くの解決策がなされたが、成果はなく、イエール大学の講演で中国政府の対応を求めた。
12. 中国政府は、私の闘争を「旧い社会」を呼び戻す運動と模写した。私の立場は、私が発表した「将来のチベットの政治およびその憲法の基本的論点に関する指針」にも明確にされている。そして、私と中国首脳との会見も実現できなかった。
13. 中国は、友情をもって私との対話をすべきである。注102

また、同92年10月5日民主活動家魏京生が獄中から鄧小平にあてた書簡で、「インド人は漢人よりも善良であったりはしないという事実をダライ・ラマはよく認識すべきである」といい、ダライ・ラマの帰国を求めた注103。

1993年9月4日14世ダライ・ラマは、中国・チベット関係に関して、以下の声明を発した。

「チベットの未来に関する私の立場がいかなるものか明言することがあらためて必要になった。チベットの問題は、私ダライ・ラマの帰還や、その地位の問題ではない。それは、チベットに住む600万チベット人の権利と自由の問題である。私は、この問題は話し合いによってのみ解決が可能だと確信している。私の姿勢は、何年もの間、一貫していた。しかし、中国政府は、自分たちは常

に交渉に門戸を開いているのに、チベット側は、そうではないなどといって、混乱を引き起している。

1993年9月25日にある中国外交部発言人が発表したその類いの声明は、1979年に鄧小平が初めて私の特使に伝えた見解の繰り返しであった。すなわち「チベット独立以外のすべての問題を話し合う用意がある」というものである。声明はまた「交渉の門戸は引き続き広く開かれている」ともいっていた。その見解が初めて明らかにされて以来14年間、私は、喜んで交渉に入ることを宣明にするだけでなく、明らかに鄧小平の提案した交渉の枠内にある一連の提案を行ってきた。まず、北京で私の代表団と中国政府高官の議論の際に提出され、後には「5項目平和計画」(1987年)、そして「ストラスブール提案」(1988年)が明らかにされた、チベットの独立を要求しないという解決を描いた提案がそれである。それでもなお、中国側は、いかなる種類の交渉にも入ることを拒否してきたし、それどころか、それら提案を真剣に議論し、建設的に返答することを拒否してきた。実際、中国政府は、解決すべきただ一つの問題は、私個人のチベット帰還に関することだと言い張り、これに関しては多くの公式声明を発表しながらも、実質的ないかなる問題も議論することを拒み続けてきた。

何度も繰り返して来たように、私のチベット帰還は、問題の核心ではない。問題なのは、600万チベット人の存続と幸福、そして私たちの文化・文明の保護である。

私は、話し合いは次の点に絞るべきだ、と明言してきた。チベット民族の存在を脅かす中国の人口移入政策の停止、チベット人の基本的人権と民主的自由の尊重、チベットの非武装化・非核化、チベット人自身に関連するすべての物事に関する決定権をチベット人が回復すること、そして自然環境の保全である。私はまた、どんな交渉に際しても、中国が「チベット自治区」と呼んでいる地域だけでなく、チベット全体を対象とすべきだと強調してきた。

私は今日、1993年6月北京で私の使節が鄧小平と江沢民に届けた最新の書簡とそれに伴う覚書を公表し、併せて私が初めて鄧小平にあてた書簡も公表する。これら書簡を読んで頂ければ、鄧小平が定めた枠内であくまで平和的で合理的な唯一の解決策を求める私の〈中間の道〉アプローチと断固とした努力が

一貫していたことが分かろう。私は、チベット独立についての交渉を求めたことは一度もない。これら書簡に対して、中国側から建設的な返答はない。

　私は、中国政府のチベットに対する態度に強い懸念を持っている。中国側の公式声明は、問題の核心を混乱させ、この問題の実質的な議論を遅らせることを狙ったものである。「交渉の準備はある」と繰り返している間に、中国政府は、チベット問題の「最終的な解決」を求め続けている。すなわち、チベットに中国人移住者がどっと押し寄せ、圧倒的な力を持ってチベット民族を呑み込んでしまうということである。この懸念は、5月12日四川省で開かれた秘密会議の内容が先週暴露されたことで、ますます深まった。その会議では、チベット人の抵抗を抑えるため、中国政府高官のあいだで2つの戦略が合意された。

　　――さらに、圧倒的多数の中国人をチベットに移住させ、物理的にチベット人が反乱を起こすのを不可能にすること。そして、

　　――チベット宗教界の重要人物を操り、宗教組織に潜り込ませ、そしてチベット人の活動を分裂させること。

　中国政府がチベット問題解決の話し合いに誠意を持っているのなら、言葉の上だけでなく実際の行動をももって、この決定を明確に撤回しなければならない。私は、中国政府に対し、直ちに、前提条件なしに交渉を開始することを求める。注104」

これに対して、中国は対応しなかった。交渉は中断した。

チベット亡命政府は、1997年に台湾の蒙蔵委員会と接触しないことを決定した。その際も、中国からの反応はなかった。

1997年10月ワシントンの米中首脳会談で、クリントン大統領が江沢民国家主席に14世ダライ・ラマとの対話を要請した。翌98年4月30日オルブライト米国務長官は、北京で中国首脳に対し、ダライ・ラマとの対話につき、勧奨した。にもかかわらず、事態は動かなかった。6月クリントン大統領は北京大学の公開共同会見（全土放映）で、江沢民国家主席にダライ・ラマとの対話を要請し、江沢民は「交渉の扉は開かれている」と発言した。しかし、14世ダライ・ラマの反応はなかった。対話の仲介は生かされなかった。

1998年3月10日14世ダライ・ラマは、チベット民族蜂起39周年記念日の声

明で、中国との対話を呼びかけた。その際、われわれはチベットの独立を求めていず、「真の自治を獲得する機会がチベット人に与えられることだ」とその立場を明らかにした。そして、ダライ・ラマの法王制度存続の可否を決めるのも、チベット人民である、と述べた[注105]。

1999年3月10日14世ダライ・ラマは、恒例のチベット民族蜂起40周年記念日声明で、私は「中間の道アプローチ」の大綱をまとめてきたが、1988年以来、中国は対話で態度を硬化してきた、と指摘した[注106]。

2000年3月10日の記念日声明では、14世ダライ・ラマは中国との対話に触れなかった[注107]。そして9月29日ダライ・ラマ亡命政府は、文書『チベットにおける中国政府の現行政策』で、「ダライ・ラマの死を待ちながら『チベット問題』を引き伸ばそうとする中国政府の思惑は明らかに間違っている。このような思惑、そして『チベット問題』を単にダライ・ラマ個人の問題に擦り替えることによって、中国政府は、すべてのチベット人に共通する強い願望、彼らの信仰心の力を無視するという決定的な間違いを犯している。……ダライ・ラマは、チベット問題の解決のために絶対的に不可欠な存在のだ」と指摘した[注108]。

2001年7月19日胡錦涛国家副主席は、ラサのチベット平和解放50周年式典で、チベットの安定と経済開発を強調し、「国内の団結には分裂主義者との対決は不可欠である」と発言した。これを、チベット亡命政府は、インドに亡命中の14世ダライ・ラマとの対決姿勢を明確にしたものと受け取り、それは北京のチベット直接支配への布石であると解した。

こうして、中国が「チベット問題」での国際的圧力に屈しなかったことで、かつ中国のチベット支配が固まった中で、14世ダライ・ラマは、中国との交渉に最後の努力を重ねるところとなった。もっとも、ダライ・ラマには、強硬に自己の姿勢を貫く立場にない。

2001年12月14世ダライ・ラマは、オスロで、中国指導者との対話は拒否されたが、将来的には中国との対話は可能だと発言した。2002年9月9日ダライ・ラマ特使ロディ・ギャルツェン（ギャリ・リムポチェ）のチベット使節団が訪中し、16日チベット自治区主席レグチョグとラサで会談した。レクチョグ主席は、分裂活動をしなければ、14世ダライ・ラマのチベット訪問を歓迎すると発言した。28

日代表団は来年に中国との会談開催を希望すると述べ、30 日ダラムサラーのチベット亡命政府首相サムドン・リムポチェは、胡錦涛総書記との対話重視を、チベット人あてアピールで発出し、その交渉に前向きの姿勢をみせた。

この会談で、9 月 27 日発表された使節団長ケルサル・ギャルツェンの声明は、以下のとおりであった。

「われわれは、2002 年 9 月 27 日に、北京、上海、成都、そして、チベットの首都ラサ、シガツエ（日喀則）、およびニンティ（／リンツェ、林芝）への訪問からインドのダラムサラーへ戻ってきた。

私に同行した使節員ケルサン・ギャルツェンと私の今回の訪中の使命は、2 つあった。第一の使命は、中国政府の指導者との直接会談を再び設定し、将来に定期的な直接会談を開くための積極的な雰囲気を作ることである。第二の使命は、ダライ・ラマのチベット問題解決のための中間の道アプローチを説明することである。今回の訪中の主眼はこの目標にあった。したがって、われわれは、不信感と誤解を取り除き、信頼を築くことを念頭において努力した。

われわれは、ダライ・ラマに今回の訪中について報告した。法王は、中国政府の指導者との話し合いを再開するため、弛まぬ努力をされてきた。法王は、訪中使節団を受け入れた中国政府指導者の積極的な態度を歓迎し、新しい交流が再び確立されたことを、非常に喜ばれた。法王は、今回もたらされた機会を最大限に活用し、新しい関係をさらに発展させる努力を続け、両国が受け入れることのできる解決を目指すよう指示された。

使節員ケルサン・ギャルツェンと私は、2 人の随行員とともに 2002 年 9 月 9 日に訪中した。今回の訪中では、北京、ラサ、そしてその他の地域で高官と会談した。高官からは、チベット地域の発展、および進行中の開発プロジェクトについて情報が提供された。われわれは、チベット人高官の多くが見せた熱心さとその権限に感銘を受けた。チベットの経済開発をより推進することに同意し、そのための努力を評価したが、同時に、チベット独自の文化、宗教信仰、および言語の遺産を保存することにも同様の関心を払うことも重要であることに、中国高官の目を向けさせた。高官からは、チベットの繊細な環境保護を重要視していることも伝えられた。これを機会に、この件に関するわれわれの意

見を伝えた。

　われわれが会談したチベット人高官は、中国人民政治協商会議副主席ガポ・(アペイ・) アワンジンメイ、チベット自治区人民代表大会常務委員長ライディ、自治区主席兼チベット共産党書記レグチョグ、チベット自治区統一工作小組指導者サムダプ、および四川省中国人民政治協商会議副主席アトリンらであった。

　われわれは、高官との会談以外に、ジョカン（ツクラカン／大昭寺）とポタラ（ポタラ宮殿／ポタン・ポタラ）で祈りを捧げるという感動的な体験をすることができた。われわれは、ノルブリンカ（羅布林卡離宮）、ガンデン（甘丹寺／サムイェ・ゴンパ／桑耶寺）、タシルンポ（札什倫布寺）、およびギャンツェ（江孜）のパルコル・チューデ（白居寺）を訪れることができた。チベットでの滞在は短いものだった。そのため、一般のチベット人と会話を交わす機会はほとんどなかった。

　また、成都、上海、および北京のいくつかの場所を訪れる機会もあったが、そこでの発展と開発の状況に非常な感銘を受けた。また、これら地域の仏教にゆかりのある聖地にも行った。

　北京では、政治協商会議副主席兼中央統一工作小組指導者王兆国、および中国民族委員会主席兼中央統一工作小組指導者李瑞環と会談した。われわれと高官は、誠意ある雰囲気の中で意見を率直に交換した。彼らは、ダライ・ラマとの対話に関する中国政府の以前からの態度を繰り返した。われわれは、和解と対話の精神に基づく交渉を通してチベット問題を解決するというダライ・ラマの意見を説明した。中国政府の指導者は、強い関心を持ってわれわれの説明に耳を傾け、自由な意見交換に自発的に参加した。われわれは、このような態度に深く感謝した。私は、1980年代初頭に北京で中国政府指導者と会ったことがあるが、今回われわれを感動させたのは、現在の指導者たちの心により大きな柔軟性が見られたことだった。……[注109]」

　しかし、11月6日モンゴルを訪問中の14世ダライ・ラマは、モンゴル国立大学で名誉博士号を受け、その授与式において英語で「チベットの自治」を求めると発言して、その対話は中断してしまった。その発言は、以下のとおりであった。「私は、チベットの独立を認めていない。チベットの自治を求めている。それは、中国

人、チベット人双方の利益をもたらすものと思う」。この発言に対し、在ウランバートル中国大使館王福康は、こうコメントした。「ダライ・ラマは、どこの国に行っても政治的なことを企てる。ダライ・ラマは分裂について語り、中国に真っ向から反対する」。その一方、ダライ・ラマは記者会見で、11月に生まれる中国共産党新執行部への期待は「時期尚早だ」と答えたが、さらにこう付け加えた。「私は楽観主義者だ。なぜなら、世界は変化しており、中国もその重要な役割を担っているからだ。注110」

2003年3月10日声明で、14世ダライ・ラマは、チベットの独立と分離を求めない「中間の道アプローチ」を強調した注111。そして6月デンマーク訪問中のダライ・ラマは、「中国政府はチベット問題にいっそう積極的になっている」と初めて発言したが、それはダライ・ラマとしては中国へ帰国するしか選択の余地がないことの選択をみせた初の発言といえるものであった。そして、コペンハーゲンでのペア・スティー・ムラー外相との会見では、チベットの独立は求めないし、中国側の路線に従うと述べた。それは、それしかほかに選択がないことを意味した。

2003年12月3日共産党中央統戦工作部長劉延東は、ロシアの伝統仏教僧伽訪中団と北京で会談し、その際、中央政府の14世ダライ・ラマに対する政策は「チベット独立」の意思を放棄させることで一貫している、と明言した。さらに、チベットは台湾と同じく不可分な中国領土であり、祖国を分裂させるようないっさいの活動を停止するよう強調した。そこでは、「中間の道アプローチ」を、中国政府は拒絶した。一方で、14世ダライ・ラマ個人の処遇については、中央政府は協議する余地があるとの見解を示した。最後に、劉部長は、少数民族地域における自治制度は、中国がチベットを含むすべての民族問題を解決する基本的政策であり、その上でチベットは中国領土である、と重ねて言明した。

翌4日共産党統戦部研究室主任荘聡生が国務院記者会見で、これまでの中国の立場を確認し、ダライ・ラマは「チベット問題」の主張を放棄し、祖国の活動の分裂をいっさい停止し、ダライ・ラマ個人が交渉を進めるべきである、と述べた注112。

2004年3月10日14世ダライ・ラマは、1959年チベット蜂起45周年記念日声明で、ダライ・ラマは自ら中国首脳と会って直接対話をしたいとの考えを表明し、「胡錦涛国家主席は個人的にチベットの状況と問題について熟知しており、問

題の解決にとりプラスの要因になる」と指摘し、さらに、ダライ・ラマは、中国首脳との対話は、「相互に受け入れ可能な解決策を確かなものにするため」としている。この対話へ向けた積極的姿勢を示すなか、ダライ・ラマは「中国の枠内で問題を解決する」とし、独立の考えはないことにつき、念押しをした[注113]。

一方、中国は原則堅持の姿勢で、3月5日胡錦涛国家主席は、全国人民代表大会の開幕で、チベット自治区代表団分科会を真っ先に訪れ、「中央は継続してチベットを含む西部大開発を重点的に進めていく。この点は今も変わらない」と約束した。胡主席は1988～92年に軍歴のない文官として初めてチベット党書記を務めており、チベット開発は胡主席就任とともに胡が解決すべき重要なテーマとなった。

なお、2004年3月4日中国外交部報道官は、チベット動乱45周年声明において、以下の指摘をし、改めて原則を確認した。

> 「対話の門は開かれている。われわれは、ダライ（・ラマ）に対し、①独立要求を放棄する。②台湾は中国の一省であり、③中国は唯一の合法政府であると認めるよう、要求する。[注114]」

これは、2001年3月14世ダライ・ラマが台湾を訪問した際の発言に釘を刺したものであった。

実際、中国による1995年の10世パンチェン・ラマ転生者の選任以後、亡命政府は追いつめられた。第一に、ダライ・ラマ自らの転生者の選択・承認が中国の手のなかにあることを覚り、第二に、中印国交交渉において亡命政府のカードが切り捨てられたことを理解したからであった。したがって、2002年9月のチベット亡命政府使節団（名称も参観団でなくなった）の訪中交渉は真剣そのものとなった。

だが、未だ交渉が成功していないのは、①中国への帰国は応じる、②人民代表大会常務委員会副主席に同意するとの2つの条件達成が成立しても（中国政府は同意している）、③ダライ・ラマがチベットで活動することについては、中国が応じていないためである。この③の条件はダライ・ラマとっての念願であり、このことが交渉の不成功を生じさせており、ダライ・ラマが北京（西黄寺、雍和宮、あるいは小ポタラ宮（承徳）へ赴く可能性は少ないとみた方がよく、その解決の可能性は、ダライ・ラマの決断とチベット亡命政府の選択にかかっている。加えて、亡命政府集団の帰国ないし亡命政府解消への抵抗は根強く（その維持は対外的支援に支えら

れている)、その帰国はまったく難しいとみた方が妥当であろう。1997年刊行の『透視達頼——西蔵社会進歩与分裂集団的没落』[注115]が2004年末になり販売となった事情は、その交渉による解決の決定的破綻の結果を反映している。チベット亡命政府の行方は、依然、対外工作の結果にかかっているものの、その解決展望はまったく暗い。ただし、中国としては、交渉を拒否しているわけではない。

〈注〉
1 邵玉銘『中米関係研究論集』台北、傳記文學出版社、1980年、14頁。
2 Graham Sandberg, *The Exploration of Tibet: Its History and Particular 1923-04,* London: W. Thacker & Co., 1904, pp. 201ff. 米歇尔・泰勤 [Michael Taylor]、耿昇訳『発現西蔵』北京、中国藏学出版社、1998年、159－167頁。
3 *Foreign Relations of the United States, 1901, Affairs in China: Report of William W. Rockhill, late Commissioner to China, with Accompanying Documents,* 1941, 57th Cong., 1st Senate. Doc. No. 67.William Eoodvill Rockhill, *The Land of the Lama,* New York: Asian Educational Service, 1988.
4 第10章注1をみよ。
5 第10章第1節をみよ。
6 "Lowell Thomas Back from Tibet, "*New York Times,* 17 Oct. 1949.
7 Jay Waltz, "US way grant Tibet Recognition in View of Current Asian Situation," *New York Times.* 25 Oct. 1949.
8 Lowell Thomas, Jr., *Out of the World: Across the Himalayas to Forbiddien Tibet,* New York: Greystone Press, 1950.
9 op. cit. *Foreign Relations of the United States, 1950,* Vol. VI : *East Asia and the Pacific,* p.362.
10 ibid., pp. 364-5, 376-7, 386-7, 424-5, 440-1, 494, 503, 531-2, et. al.
11 William Blum, *Killing Hope: U. S. Military and CIA Interventions since World War II*, Monroe: Common Courage Press, 1999, pp. 25-26.
　　台湾政府のモンゴル・チベット業務は、中華民国の行政院蒙蔵委員会が掌ってきたが、2002年9月14日ダライ・ラマ台湾代表部のダライ基金会スポークスマン、ツァイチャは、「チベットと台湾の関係は複雑で、亡命政府の立場からいえば、台湾に蒙蔵委員会があるのは間違いなく歴史的風刺であり、在台湾チベット人は屈辱を感じる」と述べた。この際、ツァイチャは、チベット亡命政府は1997年に蒙蔵委員会と接触しないことを決議したことを明らかにした。これ以前の1993年に、蒙蔵委員会は、チベット人留学生に対し、卒業後、台湾の居住権を認めないことにした。これは、ダライ・ラマの北京政府との交渉に対応した措置であった。前記の2002年9月14日蒙蔵委員会委員長許志雄は、「台湾とチベットとの関係は、経済的・外交上の利益追求だけでなく、アジア各国との広範な善隣外交の面からみる必要がある。台湾はチベットを外交的に利用しているのではない」と述べた。中国時報、2002年9月15日。台北週報、第2067号、2002年10月

3日。

　これは、2002年9月1日台湾がウランバートルに台北貿易経済代表処を設置し、翌2日台北にモンゴル代表処を1年以内に設置すると合意したことに伴う措置で、これにより蒙蔵委員会の業務が外交部に移管したことによる。2002年9月3日中央社電、台北週報、第2065号、2002年9月25日。

　なお、台湾チベット交流基金会は、2003年1月20日発足した。同会は民間組織とされているが、秘書長は総統府副秘書長呉釗燮で、交流基金会副秘書長翁仕杰は、「当面は主としてインド・ネパールに在住しているチベット人が主たる対象となり、医療および農業技術の支援が中心で、チベット人労働者の受け入れも課題になる」と述べた。

12　張植栄・魏雲鵬『阴謀与阳謀——実録近代米国対蔵政策』北京、中国蔵学出版社、2000年、65 − 66頁。
13　張植栄『国際関係与西蔵問題』北京、旅遊教育出版社、1994年、356 − 358頁。
14　John F. Avedon, *In Exile from the Land of Snows*, London: Wisdom Publications, 1985. 三浦順子・他訳『雪の国からの亡命——チベットとダライ・ラマ半世紀の証言』地湧社、1991年、190 − 191頁。
15　op. cit. Grunfeld *The Making of Modern Tibet*, p. 155. 前掲、八巻訳『現代チベットの歩み』220頁。前掲、伍昆明・王宝玉訳『現代西蔵の誕生』232頁。
16　前掲、張・魏『阴謀与阳謀——実録近代米国対蔵政策』65頁以降。
17　于力人編『中央情報局50年』北京、時事出版社、1998年、下、888 − 889頁。
18　前掲、張・魏『阴謀与阳謀——実録近代米国対蔵政策』73頁以降。
19　Gompo Tashi Andrugtsang, *Four Rivers, Six Ranges: Reminiscences of the Resistance Movement in Tibet*, Dharamsala: Information and Publicity Office of H. H. The Dalai Lama, 1973. 棚瀬慈郎訳『四つの河、六つの山脈——中国支配とチベットの抵抗』山手書房新社、1993年。
20　op. cit. Avedon, *In Exile from the Land of Snows*. 前掲、三浦・他訳『雪の国からの亡命——チベットとダライ・ラマ半世紀の証言』192 − 194頁。
21　毛里和子・増田弘監訳『周恩来・キッシンジャー秘密会談録』岩波書店、2004年。
22　中国政府は、その事態を把握していた。付属の人民日報主要記事リストをみよ。
23　op. cit. Avedon, *In Exile from the Land of Snows*. 前掲、三浦・他訳『雪の国からの亡命——チベットとダライ・ラマ半世紀の証言』207頁。
24　Hugh Edward Richardson, *Tibet and Its History*, London: Oxford U. P., 1962,
25　Chris Mullin, "The CIA: Tibetan Conspiracy," *Far Eastern Economic Review*, 5 Sep. 1980, pp. 30-34.
26　前掲、于力人編『中央情報局50年』下、890頁。
27　*Tibet under Chinese Communist Rule*, Dharamsala: Information Office of His Holiness The Dalai Lama, 1976.
28　William Blum, *Rogue State: A Guide to the World's Only Superpower*, London: Zed Book, 2001. 益岡賢訳『アメリカの国家犯罪全書』作品社、2003年、47頁。
29　John Kenneth Klaus, *Orphans of The Cold War: America and the Tibetan Struggle for Survival*, New York: Public Affairs, 1999, p. 312.
30　アムネスティ・インターナショナルは、以下のものを刊行している。

Amnesty International, *Political Imprisonment in the People's Republic of China: An Amnesty International Report,* London: Amnesty International Publications, 1978. アムネスティ・インターナショナル日本支部訳『中国における政治投獄』三一書房、1979年。

Amnesty International, *China, Violations of human Rights: Prisons of Conscience and the Death Penalty in the People's Republic of China,* London: Amnesty International Publications, 1978.

Amnesty International, *China: The Massacre of June 1989 and its Aftermath,* New York: Amnesty International USA, April 1990. 国際特赦『中国、1989年6月大屠殺及余波』1990年4月。矢吹晋・福本勝清訳『中国における人権侵害――天安門事件以後の情況』蒼蒼社、1991年。

Amnesty International, *No One is Safe,* ASA／17／01／96, 1996. アムネスティ・インターナショナル日本支部訳『中国の人権――政治的弾圧と人権侵害の実態』明石書店、1996年。同書は、元タシルンポ僧院長チャテル・リムポチェのパンチェン・ラマ転生事件で、1995年5月中旬に逮捕され、拘禁されているとの言及がある。同書、84頁。

31　アジア・ウォッチは、『処罰の季節』(1990年) で、1989年10月ジョカン寺（大昭寺）の外でのチベット独立デモでゲロン（尼）6人が逮捕され、10月25日ジョカン寺の外でのデモで「反動的なスローガンを叫んだ」廉で、ラマ4人が裁判なしで労働改造へ送られた、と書いている。Asia Watch, *Punishment Season: Human Rights in China after Martial Law,* March 1990. 矢吹晋・福本勝清訳『中国における人権侵害――天安門事件以後の情況』蒼蒼社、1991年、144頁。

また、アジア・ウォッチは、1990年5月反社会主義の主張でチベット人活動か36人が懲役刑を受け、同90年6月8日ジョカン寺の外の釈迦生誕記念日デモで、チベット旗を掲げて初の大学生集会があり、20人以上が逮捕され、また同90年8月21日「中国人はチベットから去れ」のデモで、ノルブリンカで10人が逮捕された、と報告している。Asia Watch, *Repression in China since June 1989: Cumalative Data,* 28 Sep. 1990. 前掲『中国における人権侵害』174－175頁。

さらに、以下のものが刊行されている。

Asia Watch, *Detained in China and Tibet: A Directory of Political and Religious Prisoners,* New York: Human Right Watch, 1994. Human Rights Watch／Asia, *China: State Control of Religion,* New York：Human Right Watch, 1996.

32　チベット亡命政府の主張は、以下をみよ。Michael van Walts van Prag, *The Status of Tibet: History, Rights, and Prospects in International Law,* Boulder: Westview Press, 1987. Walts van Prag, *Tibet and the Rights to Self-Determination,* Dharmsala: Information Office of His Holiness the Dalai Lama, 1979. International Committee of Lawyers for Tibet (Andrew G. Dulaney &Dennis M. Cusak) & Unrepresent Nations nad Peoples Organizaton (Michael van Walt van Praag), *The Case concerning Tibet: Tibet's Sovereignty and the Tibetan People's Right to Self-Determination,* Dharmsala:The Tibetan Parliamentary and Policy Research Centre, 1998.

33　前掲、張植栄『国際関係与西蔵問題』184－186頁。

34　「立足民族平等、加快西蔵発展」、『鄧小平文選』北京、人民出版社、1993年、第3巻、246－247頁。中共中央編訳局＋外文出版社訳『鄧小平文選 1982－1992』テン・ブッ

クス、1995年、251 – 252頁。
35 1987年9月21日ダライ・ラマの米国下院人権問題小委員会での陳述は、http://ww.tibethouse.jp/dalai/message/1988-strasbourg.html に所収。注59をみよ。全文は資料835 – 839頁をみよ。
36 14世ダライ・ラマの非暴力論は以下をみよ。The Fourteenth Dalai Kindness, *Clarity and Insight,* Ithaca: Snow Lion Publication, 1984. 三浦順子訳『愛と非暴力——ダライ・ラマ仏教講演集』春秋社、1990年。

　ダライ・ラマの非暴力思想は、以下をみよ。Lais Rinser, *Mitgefühl als Weg zum Frieden, Mine Gespäche mit dem Dalai Lama,* Kempten: Kösel-Verlag, 1995. 中澤英雄訳『ダライ・ラマ　平和を語る』人文書院、2000年。op. cit. Shimomany ed., *The Political Philosophy of His Holiness the XIV Dalai Lama,* 前掲『ダライ・ラマXIV世の政治哲学』。
37　ダライ・ラマのノーベル賞演説は、資料848 – 850頁をみよ。
38　中共問題資料雑誌社編『天安門民主運動資料彙編』台北、中共問題資料雑誌社、1989年。矢吹晋編『天安門事件の真相』上・下、蒼蒼社、1990年。Gorden Thomas, *Chaos under Heaven: The Shocking Story behind China's Search for Democracy,* New York: Birch Lane Press, 1991. 吉本晋一郎訳『北京の長い夜——ドキュメント天安門事件』並木書房、1993年。金岸編『天安門広場風雲録』北京、改革出版社、1997年。張良, Perry Link & Andrew J. Nathan eds., *The Tianmen Papers,* New York: Public Affairs, 2001.『中国「六四」真相』香港、明徳出版社、2001年。山田耕筰・高岡正展訳『天安門文書』文藝春秋、2001年。
39　方励之の思想は、以下をみよ。矢吹晋辺『中国のペレストロイカ［民主改革の旗手たち］』蒼蒼社、1988年、37 – 63頁。方励之、末吉作訳『中国よ変われ——民主は賜るものではない』学生社、1989年。
40　最恵国待遇と人権問題との政策関連は、前掲、李雲龍『中米関係中的人権問題』153 – 176頁をみよ。
41　銭基琛『外交十記』北京、世界知識出版社、2003年、104 – 107頁。
42　李雲龍『中米関係中的人権問題』北京、新華出版社、1998年、182頁以降。
43　前掲、張・魏『阴谋与阳谋——実録近代米国対蔵政策』85 – 86頁。
44　中国月報、1991年4月号、66頁。
45　演説は、op. cit. Shimomany ed., *The Political Philosophy of His Holiness the XIV Dalai Lama.* 前掲『ダライ・ラマXIV世の政治哲学』136 – 141頁に所収。
46　1991年10月9日演説「敵を抱きしめて」は資料850 – 853頁をみよ。
47　演説は、op. cit. Shimomany ed., *The Political Philosophy of His Holiness the XIV Dalai Lama.* 前掲『ダライ・ラマXIV世の政治哲学』、150 – 153頁に所収、引用は153頁。
48　「アメリカ上院外交委員会証言」、チベット・ニュース・ダイジェスト、第21号、1997年5月17日。
49　ウルフ議員の声明は、以下のとおりである。

　「(序文)
　　私は、1997年8月9日から13日までチベットを訪れ、最近帰国したばかりだ。私の事務所職員1人と、チベット語が達者でチベットの文化・歴史・宗教にも明るい西洋人1人が同行した。われわれは、米国旅券を所持し、中国政府発行の観光ビザを持っ

て旅行をした。私は、一度も、米国議員であるか尋ねられたことはなかったし、また私自身の方から身分を知らせることもなかった。私が身分を明らかにしていたら、これまで米下院議員がチベット訪問の申請をしても却下されて来たように、決して許可されることはなかったであろう。

　1959年中国がこの国の命と魂を、すなわち文化と民衆を締め上げる野蛮な努力を始めて（そして大きく成功して）以来、私の他には、僅か1人の現職米下院議員がチベットを訪れただけである。また、過去数十年間にチベットを訪れた米上院議員は僅か3人で、彼らは中国から常に密着して監視されていた。北京駐在の歴代米大使やジョーン・シュタック国務省補佐官を除けば、いかなる大統領の政権下でも、政府高官がチベットを訪れたということを聞いたことはない。

　許可を受けた代表団がチベットを訪れても、個人個人との率直な会話が不可能な以上、何も判明することはないであろう。自由な議論がここまで封殺されている地域は、世界中には他に思い当たらない。中国政府の情報部員やスパイ、またビデオカメラが外部と接触しようとする人間を見張っている。これに違反した者は、それがたとえ容疑者であっても、迅速にして苛酷な処罰を受ける。

（人権の擁護）

　私のチベットに対する関心、またチベット訪問の動機となったのは、宗教弾圧を止めさせたい、そして基本的人権を守る助力をしたいということであった。1996年米下院は、この問題に関する3つの法案を通過させた。うち1つは、特にチベットに言及したものであった。この年、私は、法案第1685号、すなわち「宗教弾圧からの自由に関する1997年法案」を下院に提出した。これは、特にチベット仏教に言及した条項を盛っていた。そして100人を越える賛同者を得た。こういった領域こそが、私や他の議員らが深く関心を寄せている領域である。

　チベットにおいては、人間的進歩が僅か1インチたりともなされてはおらず、圧殺された人びとが筆舌を絶した残酷な状況で暮らしている。その状況は、厚い雲に遮られて国際的に認知されることもない。私は、チベットで起きていることを、世界中に知らせたい。世界の人びとがこれを知ったら、厳しい服従政策、そして私が会った僧侶が語った「文化的ジェノサイド」政策の転換を、中国に迫ることであろう。

　中華人民共和国は、チベット人反体制運動家のほんの僅かな囁き声に対しても、即刻に対処し冷酷な報復を行って来たという点では、ほぼ記録的な歴史を有していることが、私には判った。私は、僧侶や街角の男女に会って話を聞いた。彼らは、自分の身の安全と生活を危険に晒し、僅かな時間を盗むようにして、チベットの状況がいかに悪いかを語り、西側諸国の援助と支持を訴えた。

（地理的チベット）

　チベットは、世界の屋根として知られている。実際にまたそうである。チベット高原は、1万2千フィート（3600m）の高度に聳えている。夜には空が冴え、想像できない程に多くの星がきらめいている。この屋根の下に、ダライ・ラマ法王の元の居城がある。彼は、首都ラサに聳えるポタラ宮殿から、この国を支配していた宗教的指導者である。1959年、中国がチベットを歴史の頁から抹殺してしまおうとの残酷な計画を実行に移したとき、（14世）ダライ・ラマ法王は、故国を去ってインドに逃れた。法王を追って多くのチベット人がインドに逃れ、現在でも、そこで亡命生活を送って

いる。

　チベットの面積は、ほぼ西ヨーロッパと同じ大きさで、チベット人人口はおよそ600万人である。過去20年間におよそ100万人のチベット人が、殺害・飢餓・拷問などの憂き目に会っている。同時に、中華人民共和国は、中国人を大量移住させる計画を実行し、現在では、おそらくチベット人自身の国において、中国人の数がチベット人を上回っているものと思われる。確実な統計資料はないものの、首都ラサには、およそ16万人の中国人が存在しているのに対して、チベット人の数はわずか10万人であると推定されている。地方においては、人口比は驚くほどではないのであろうが、中国がチベットを飲み込もうとしているのは、紛れもない事実である。商店・ホテル・市場・各種事業・交易に携わる人間は、殆どが中国人である。商店の看板には、大きな漢字の表示があり、その上にずっと小さくチベット語の表示が書かれている。車でラサの外に出てみると、チベット人と同じくらい多くの中国人の村人、牧童、農夫、工事関係者、また旅行者に出会う。端的にいえば、チベットは消滅しかかっているということである。

　チベットは、ブータン、ネパール、インド、およびパキスタンと国境を接し、農業資源・森林資源・地下資源に恵まれている。中国にとって、チベットの重要性は戦略的なものだけでなく経済的なものでもある。中国は、この土地を決して手放すまいとしており、閉ざされた扉の陰で、そのための努力を続けている。チベットには独立した報道機関は存在していない。私は、人びとが手にすることができる新聞も雑誌も、1つも目にしなかった。テレビも極端に制約を受けており、中華人民共和国に厳しく管理されている。外国の報道機関は歓迎されず、許されてもいない。ただボイス・オブ・アメリカだけが、チベット人全員が実際に耳を傾けている放送局であり、それと、最近、ラジオ自由アジアがチベットに情報を伝えているだけである。また、時々、観光客や訪問者が持ち出す断片的な情報を除けば、それ以外の情報源はない。

(等身大のチベット)

　チベットの人は何といっているのだろうか。私は、旅行の前に、私が彼らの話を聞きにきた西洋人訪問者だと、彼らに見破られてしまう、と聞かされていた。これは、彼らにとって非常に危険なことである、とも聞かされていた。密告者はどこにでもいて、西洋人と話しをして捕まれば刑務所行きか、それ以上の処罰を受けることは間違いはない。正直いえば、私は、誰かが接触して来るとは思っていなかった。しかし、これは私の間違いであった。人びとは、あらゆるチャンスを捕えて、用心深く一言か二言の言葉をかけて来た。

　あるチベット人と出会ったとき、彼は、私たちが西洋人であり、うち1人がチベット語が達者であることを理解した。彼が黙っていられなくなっていることが、私たちには判った。「多くの人間が刑務所に入れられている。その殆どが政治的理由だ」と、彼は告げた。私たちは一緒にドラプチ刑務所をみに行った。そこは、貧民街の外れにあった。2人ずつ組になった看守が常に見張っていた。

　サンギップ刑務所もグツァ刑務所もみて回った。刑務所は、チベットでは、成長産業であった。私たちは、そのチベット人に、危険だからもう良い、と告げた。私たちが、これらの場所をみて回ることはとても重要なことだから、彼は構わないといい、私たちは、悪夢のような見学を続けた。私たちは、安全局本部、情報局本部、刑務所統轄

部の前を通った。どこも厳重に警備されていた。その間ずっと、刑務所に連行され拷問を受けた僧や尼僧、一般人男・女の話を聞かされた。「私のことは心配しないでくれ」と彼は語り、投獄されている人びとが受けている拷問の話を続けた。

彼らは、日常的に、棒で殴られ、蹴っ飛ばされ、電気ショック棒（牧畜に使う高電圧の棒）で突っつかれている。政治囚は一般の囚人からも隔離されて、明かりも暖房もない、衛生設備も医療設備もない区画に入れられ、殆ど食事も水も与えられていない。

人びとは何の権利も持ってはいないと、彼は付け加えた。人びとは自由に話すこともできない。チベット人は、ダライ・ラマ法王を精神的また政治的指導者と仰いでいるが、法王に対する敬愛を表現することさえ、禁止されている。ダライ・ラマ法王の写真を所有することは犯罪であり、厳しい残酷な刑罰を受け、投獄される結果となる可能性もある。「私たちチベット人は、何をするにも中国人の許しを得なければならない。自分自身では何もできない」と、彼は語った。

彼は、さらに語った。「私たちは信仰の自由を持っている」と、中国人はいう。それは嘘である。中国人が、チベット人は自由を持っているといっても、ただ一つも自由は存在していない。すべてのことが、中国人に支配され、私たちは抑圧されている。西洋がチベットを支援する、とボイス・オブ・アメリカが伝えているのを、私たちは聞いている。しかし、西洋人は、中国と商売を続けている。これはチベットを助けることにはならない。かくて、チベットは、打ち捨てられ、無視されていると感じている。

「ダライ・ラマ法王は、米国と台湾に助けを求めました。どうかダライ・ラマ法王を助けて下さい。私たちは、滅亡しかかっています。中国人は、チベット人の子供を教育するために中国に送り、中国人の考え方を植え付けています。チベットは、少しずつ滅亡しつつあります。チベット語は、次第に学校でも力を入れられなくなっています。私たちの文化は、消滅し掛かっているのです。」

この男性が語った内容は、彼自身の苦悩を、また彼の民族の苦悩を伝えていた。しかし、最後に、彼は、こういった。「私は、恐れてはいない。いつか、またチベットに日が昇る時が来る」。私たちが接触したすべてのチベット人が、ダライ・ラマ法王に対する絶対的な支持と信頼を寄せていることに、私たちは気が付いた。

(宗教弾圧)

私たちは、多くの僧院を訪れた。そこでは、僧や尼僧、また一般人が私たちを探し求めていた。彼らの伝える話が、私たちが既に得ている知識を、さらに補強した。私たちが訪れた僧院はすべて、少人数の中国人監視班が住み込んでおり、彼らによって厳しく管理されていた。私たちが聞いた報告は、一つの例外もなしに、各僧院で僧侶の数が激減しているということであった。多くの僧侶が、ダライ・ラマ法王に背を向けなかった罪、あるいは法王の写真を捨てなかった罪で投獄された。15歳以下の若い僧侶（6歳から僧院に入ることが可能だった）は追放された。文化大革命以来、多くの僧院が激しい破壊を受けていた。再建は痛々しい程に、遅々として進んでいない。中国人の干渉に僅かでも反抗しようものなら、最も苛酷な処罰を受ける。ダライ・ラマ法王に背を向けさせるための「再教育」の期間中に、多くの僧が投獄されたとの報告を、良く聞いた。刑期は長期に及ぶ。投獄されるということは、外部の人間との接触を断たれて、激しく殴打される生活を何年間も送ることを意味する。そして、刑期が終わると、僧侶は僧院から追放され、故郷の町に流罪となる。多くの僧侶が、イン

ドやネパールに逃げようとするが、失敗をする者も多い。

　私たちは、僧侶はみな大変心配しているという話を、何度か聞いた。米国にどんなメッセージを持って行ってほしいかを私が尋ねたところ、彼らは、宗教的実践が許されていないこと、また人びとが大変に苦しんでいることを伝えて欲しい、と語った。最大の願いは、中国から切り離されることだという。「どうか私たちを助けて下さい。どうかダライ・ラマ法王を助けて下さい」と語った人もいた。それを話したことが判ったら、即刻、4年か5年投獄されることになるだろうとも、その人は告げた。他の僧侶も、宗教的実践の自由がない不満を語っていた。祭壇からダライ・ラマ法王の写真を取り除かなかったという、ただそれだけの理由で、数百人の僧侶が投獄された。僧院の中であっても、彼らの祈りは制限されており、監視者のいない場所で話をする機会は殆ど与えられていない。

　ラサとその周辺の僧院で得られたメッセージは、同じであった。話の内容について余り詳細を伝えたくはない。なぜなら、話をしたのが誰なのかを、特定されたくはないからである。詳細を語れば、既に信じ難い程の重荷を背負っている人に、さらに苛酷な判決や処罰を上乗せすることになる。

　ある場所で、私たちは、礼拝している一人の女性に会った。私たちがアメリカ人であることが判ると、彼女は、走り寄って来た。彼女は話を始め、そして嗚咽し出した。涙で顔を濡らし、彼女の置かれている状況を語った。「ラサは、外見は美しい町かも知れない。しかし、内実は、とても醜い。私たちは、私たちがしたいと思うことをすることが許されていない。高僧は行ってしまわれた。そして、その代わりは、存在していない。高僧は、私たちの先生である」。

　米国へのメッセージを求められて、彼女は「私たちを助けて下さい。ダライ・ラマ法王を助けて下さい。西側諸国から圧力があると、元に戻ることがなくても、少しばかり圧力が緩むのです。どうか米国が私たちを助けて下さい」と、語った。

　私たちが話をした人はすべて、米国に対して好意的な感情を抱いていた。私たちは常に、親指を立てられたり、ほほ笑みかけられたり、「アメリカは偉大だ」というようなコメントを寄せられた。人びとは、たとえ彼らの安全が脅かされても、私たちに話をするのを止めなかった。時には、話をしている彼らが目撃されたりしないように、私たちも隠れなければならなかった。なかには、彼らに会いに来るようにと、屋上から私たちに合図を送るほど、危険を冒す人たちもいた。

（首を絞める中国人）

　中国による都市や田舎、また自然環境に対する暴虐は、人びとに対する暴虐に勝るとも劣らぬものである。ラサ市内のチベット人居住地区が取り壊され、もっと小さく狭い建物に建て替えられ、空いた場所は中国人に使われている。ポタラ宮殿の直ぐ下の地区は、完全に取り壊されて、新たに天安門広場に似た空間が作り出された。森林も伐採され、木材を満載したトラック部隊が、中国を目指して北上して行くのを、多くの人が目撃している。

　これは決して美しい絵ではない。北京や上海から、経済発展、超高層ビルの林立、産業・教育・生活レベルの向上などの輝かしい進歩を伝える報告がなされているが、チベットの苦悩を知ると、そんなものは偽物であることが判る。

　米国や他の自由主義諸国は、チベットを略奪しようとの明確な目標から中国が撤退

するように、もっと圧力を掛けなければならない。チベットの真の状況が伝えられていない。少数の勇気あるジャーナリストが独力で報道していることを除けば、チベットの真の状況は、われわれの耳には伝わって来ない。米国や他の諸国は、もっと開かれた取材ができるように力を尽くすべきである。

　米国政府の政策は、経済のみに基づいているようである。中国との経済的結び付きをより深めながら、責任ある行動については目を瞑っている。アメリカの国民は、チベットに関するこの報告を、耳にする必要がある。本当のことを知れば、アメリカの民衆は、私たちがより良い行動をとる必要があることを認め、私たちがより良い行動をとることができるとの決断を下すとの確信が、私にはある。この報告書が、そのきっかけになることを望む。

　チベットの時計は、時を刻み続けている。もし何もなされなかったら、一つの国家が、その民族が、その宗教が、その文化が次第に衰弱して行って、ある日消滅することになろう。それは本当に悲劇である。冷戦時代にソ連の強制収用所（パーム・キャンプ35）を訪れ、また冷酷なチャウセスク政権が転覆するその直前直後にルーマニアを訪れて、直接その事態を見聞した人間として、私は、チベットの現状はそれよりももっと深刻だ、と断言する。チベットにいる中国人の監視人には、まったく歯止めが存在していない。彼らは、検事であり、判事であり、陪審員であり、看守であり、ときには死刑執行人である。処罰は恣意的であり、迅速で、悪意があり、哀れみのかけらも存在せず、頼みとするものは何も存在していない。

(行動への提案)

　以上のような観察に基づいて、以下のとおり提案をする。

1. 政府は、チベット特別代表を指名し、チベットの状況を把握させ、事態の改善に積極的に関与する。
2. 政府は、中華人民共和国国家主席江沢民のワシントン訪問の前に、そして訪問の最中に、チベット問題を取り上げるべきである。政治囚の釈放を獲得することが、その交渉の目的の一つである。
3. 国際報道機関や人権団体に対してチベットを解放するように、尽力すべきである。中国が何らの調査も受けずに力を行使する事態が続けば、野蛮な行き過ぎが続くことになる。
4. 私は、下院と上院の同僚に対し、チベットを訪問するべく努力をして下さるよう、促したい。議会代表団（CODELs）が、チベット中を訪問して回れば、変化が現れよう。
5. 私は、下院と上院の同僚に、良心の囚人として誰か一人の囚人を受け入れて、その囚人の代理として適宜、中華人民共和国と接触を持ち、また直接その囚人に手紙を出すよう、促したい。
6. 私は、国際赤十字社の職員およびわが国の刑務所管理部門の職員に、チベットの刑務所を訪問させ、状況および囚人の待遇を観察してもらい、状況の改善に寄与して頂くべく努力するよう促したい。
7. 私は、自由主義世界の代表らが政治犯として告発されているチベット人の裁判に出席できるよう圧力を掛けるべく、政府に促したい。これは、東ヨーロッパや他の地域で行われて来たことである。
8. 私は、世界中の宗教指導者が、チベットを訪問する許可を得られるように、中華人

民共和国に圧力を掛けるよう、促したい。
9．私は、政府・その他の機関が、チベットの将来に関してダライ・ラマ法王と対話および交渉を開始するべく圧力を掛けるよう、促したい。
「『直に見たチベット』フランク・R・ウルフ米国下院議員の声明――身分を隠してラサに潜入した米国下院議員による報告」、チベット・ニュース・ダイジェスト、第23号、1997年11月。
50　Bill Clinton, *My Life*, New York: Alfred A. Knoph, 2004. 楡井浩一訳『マイライフ クリントンの回想』朝日新聞社、2004年、下、464―465、505 - 506頁。
51　ibid. 前掲書、下、505―506頁。
52　http:/www.tibethouse.jp / news-relese / 2000 / news58.html。
53　2001年10月26日の米国務省文書「各国における宗教の自由に関する報告」のチベットに関する記述は、以下のとおりである。

「チベット

中華人民共和国憲法は、宗教の自由を規定している。しかしながら、中国政府は、チベットにおける宗教行事と礼拝場所に関して厳しい統制を行っている。当局は、いくつかの伝統的宗教行事と信仰の公式表明を許可しているが、チベット独立要求運動や何らかの分離運動（中国政府は「分裂主義者」と呼ぶ）と見做されるような宗教的行動は、政治的異議申立ての手段として迅速かつ強硬に抑圧している。

中国政府は、チベットへの入国とチベットに関する情報を、厳しく管理している。このため、チベットにおける宗教の自由がどの程度侵害されているかは正確に把握することができない。しかしながら、チベットにおける信仰の自由の抑圧は、2000年夏のあいだ、一般信徒の宗教的行為も制限するなど厳しくなっていた。しかし、このような制限は、2000年末、外見上は厳格ではなくなった。チベットにおける抑圧の程度は全体的に高く、本報告書をまとめた時期を通じて、中国政府の宗教の自由に対する尊重の度合いも低かった。

1990年代半ばに始まった「愛国教育」運動の余波で、愛国的教育活動は継続されたが、中国政府がチベット仏教に対する統制の強化に「成功」したと主張するにもかかわらず、低調である。しかし、僧・尼僧を含む多数の人びとが、平和的な抗議行動や、政府当局が僧院に強制した規則を守らなかったとして逮捕された。これらの規則には、ダライ・ラマの権威の否定とチベットを中国領と認めることが含まれる。他に、多くの僧・尼僧が拘留中であり、同様の違反によって長期間禁固刑に服している者もいる。宗教的服役囚の死も報告されており、政治活動のために起訴された僧・尼僧の虐待や拷問も報告されている。

チベットのキリスト教人口はきわめて少なく、キリスト教への改宗者に対しては、家族から廃嫡されるなどの社会的圧力がある。

米国政府は、チベットにおける信仰の自由を促進するために、さまざまな努力を行っている。中国政府と地方行政府に対して信仰の自由を尊重するよう要求し、宗教的迫害や差別に関する信頼できる報告があった場合には、抗議を行い当局と交渉し、特定の事件に関する情報を要求するなどしている。

第1項　宗教的人口統計

チベットの総面積は47万1700平方マイルであり、中国政府の統計によると、人

口は約262万人である。大方は、チベット仏教を信奉している。多数のチベット人の自治区政府職員とチベット共産党党員の何人かは、目立たないようにチベット仏教を信奉している。チベット自治区では、法輪功の活動は行われていないことになっているが、同地区の漢民族居住者の中に少数の信奉者がいる。チベット人のイスラム教徒とキリスト教徒もいる。

中国の公式統計では、チベットには46万300人のラマとゲロン（ラマ尼）がおり、約1787の僧院・寺院・仏施設がある。これまで数年間、この統計的数字が使用されてきたが、1990年代半ばの「愛国教育」運動が始まってから、多数の施設でラマ・ゲロンの数が減少した。それは、この運動の結果、ダライ・ラマを否定することを拒否し、また「政治的に資格なし」と判定された多数のラマ・ゲロンが僧院・尼僧院から追い出されたためである。これらはチベット自治区内の統計数である。四川省・雲南省・甘粛省・青海省などの中国内地の他のチベット人居住地域には、10万人以上のラマ・ゲロンがいる。

第2項　宗教的自由の現状
（法的・政治的枠組み）

中華人民共和国憲法は、宗教信仰の自由と信じない自由を規定している。しかしながら、中国政府は、宗教的活動を政府認可組織として登録された礼拝場所に制限して、宗教団体の成長と活動範囲を抑制しようとしている。中国政府は、チベットにおける宗教行事と礼拝場所を厳しく管理している。当局は、いくつかの伝統的宗教行事と信仰の公式表明を許可しているが、チベット独立要求運動や何らかの分離運動（中国政府は「分裂主義者」と呼ぶ）と見做されるような宗教的行動は、政治的異義申立ての手段として迅速かつ強硬に抑圧している。政府当局はまた、ラマ・ゲロンに定期的に声明書を出させ、中国政府や党の宗教・歴史に関する政策支持を表明させて、公式に承認された宗教指導者と転生を支持してダライ・ラマの否定を誓約させている。

中国政府は、ダライ・ラマと彼の「亡命政府」の指導力に対して、厳しくまた誇張的な反宣伝を行っている。政府系新聞は、「ダライ一味」を激しく批判し続けており、(14世) ダライ・ラマの宗教的権威の正統性を傷つけるために、繰り返し (14世) ダライ・ラマを中国分裂を企む「犯罪者」として非難している。中国政府と地方行政府はともに、ダライ・ラマとの対話は絶対に不可能であると主張しており、彼の行動は、チベット独立を要求しないという公式発言の繰り返し、矛盾していると非難している。それにもかかわらず、中国政府は、ダライ・ラマが、チベットを中国の分離しがたい一部分であると公式に確認するのであれば、対話と交渉の扉は開かれている、と主張している。1998年以来、中国政府はまた、ダライ・ラマが台湾は中国の一つの省であると公に確言するよう、要求している。

中国政府は、1976年以来、文化大革命前とその最中に破壊された数万の仏教施設再建のために、4000万ドル（約3億～4億元）以上を費やしてきた、と主張している。政府の再建事業への資金投入は、表向きは宗教活動を支持するためであるが、部分的にはチベット観光を発展させるためでもある。最近の再建事業の多くは民間資金によるが、いくつかの大規模な宗教施設は、本報告書の扱う時期の末期には、政府から再建事業の援助を受けていた。

（宗教的自由の制限）
　チベットにおいては、仏教僧院と独立支持運動が密接に結びついているため、中国政府は、地方財政を枯渇させ、亡命チベット人社会による政治的悪影響をもたらすとしてチベット仏教僧院を増加させないよう抑制してきた。中国政府は、主要な寺院に僧侶の人数制限を設けていないし、僧院が何人の僧侶を収容できるかは、各僧院の民主運営委員会が決定するとしている。しかし、これら委員会は、政府が操作しており、実際の問題として、主要僧院の僧侶の人数には、厳しい制限が課せられている。政府は、だれであれ個人が宗教上の位階に就くのを拒否する権利を持っている。ただし、これらの制限が常に強制されているわけではない。
　僧院は、若い僧侶の収容と教育を続けている。規制により18歳未満の者の僧院入りは禁止されているが、実際には、多くの18歳未満の少年が僧侶となる伝統が続いている。しかしながら、見習僧が、基礎的な僧としての教育を受けつつ正式の叙階を受けるまで、年長僧侶の従者を努める伝統があったが、いくつかの大僧院では、近年、これらの少年見習い僧は、未成年を理由に追い出されている。これらの見習僧は正規の僧ではない事実から、それら施設で収容人数に大幅な減少はないと、政府は主張している。
　政府は、主要な僧院の日常業務の監督を続けている。政府は、僧院の運営資金の拠出には関与しないが、僧院民主運営委員会と地方行政府の宗教局を通じて、運営を統制している。多くの地域において、民主運営委員会の委員は「愛国的で敬虔な」ラマ・ゲロンに限定するよう規制されており、委員会の全委員は中国政府によって承認されなければならない、と規定されている。いくつかの大僧院では、政府職員が委員会の委員を兼務している。これらの仏教僧と僧院統制の努力にもかかわらず、反政府感情は根強い。
　近年、いくつかの大僧院では、すべての運営資金を入場券の売上と巡礼の寄付でまかなっている。これらの資金は、かつては上級僧位を得るために研究に専念する僧侶に分配されていた。そのような「学僧」は、今日では、資金獲得のための活動に、少なくともいくらかの時間を割かなければならなくなっている。その結果、将来は、指導僧を務めることができる僧侶が減少するであろうと憂慮する専門家もいる。
　1990年代半ばに始まった政府の「愛国教育」運動の結果、愛国的教育活動は存続していて、政府はチベット仏教に対する統制の強化に「成功」したと主張しているにもかかわらず、低調である。政府は、強制的に規制に従せたり、党の方針に従わずにダライ・ラマに同調し続けるラマ・ゲロンを脅迫し排除することで、これを実施してきた。本報告が扱う期間、政府は宗教施設にたびたび工作隊を派遣してラマ・ゲロンに対して強制的な思想教育を行ってきた。工作隊は、チベット人の生活態度を改めさせることには、まったく成功しなかったが、僧に「愛国的」であるように、またそれを証明するために、以下の宣言書に署名するよう要求した。すなわち、チベット独立の否定。14世ダライ・ラマによって11世パンチェン・ラマと認められたゲドゥン・チューキ・ニマの否定。ダライ・ラマの権威否定と放棄。中国とチベットの一体性の承認。ボイス・オブ・アメリカや自由アジア放送を聴かないことである。ある報告によれば、署名を拒否した僧侶は僧院を追放されたが、故郷に帰って仕事に就くことも許可されなかった。また、他の僧侶は、愛国教育運動に関連した政治試

657

験に落第し、僧院から退去するように強制されており、さらに、他の僧侶は、ダライ・ラマを否定するよりも、「自発的に」僧院を退去した。ラマ、ゲロン、そして一般信徒は、政府の努力を深く恨んでいる。この地方における愛国教育活動はいくらか軽減したものの、多くの僧院・尼僧院における宗教活動は大いに混乱させられたため、愛国教育運動から逃れるためにラマ・ゲロンがインドに逃亡している。国連難民高等弁務官事務所によれば、毎年約3000人のチベット人が、チベットの状況から逃れるためにネパールに入国している。これら難民の3分の1は、「愛国再教育」運動のために、出国した、と同事務所は主張している。

　2001年6月当局は、数千人のラマ・ゲロンに対して、ラルン・ガル僧院宿舎（セルタルチベット仏教施設として知られる）から退去するよう命令した。この施設は四川省カンゼ（甘孜）チベット自治区にある。セルタル僧院施設に居住していた7000人のラマ・ゲロンのうち1400人のみが、2001年10月以後も残ることを許された。（この事件の詳細については、「中国における宗教の自由に関する報告」第2項を参照）

　チベット仏教のカルマ・カギュ派の指導者で、チベット仏教のもっとも重要な存在の一人であるカルマパ（16世ランジュン・リクペ・ドルジェ）が1999年12月にインドに亡命してから、当局は、ラマの転生の探索と教育に関する統制を強化した。中国政府は、2000年1月16日に、2歳のソナム・プンツォクをレテイン・リムポチェの7代目転生として承認した。しかし、レテイン・リムポチェのような重要な宗教的人物として選定された者を通常承認するはずの（14世）ダライ・ラマは、この候補者を認めなかった。レテイン僧院の僧侶の多くも、報告によれば、この子供をレテイン・リムポチェとして受け入れなかった。少年は、厳重な警備のもとに僧院近くの宿舎に家族と暮らしており、当局は、同地域への立ち入りを厳重に取り締まっている。もう一人の若い転生ラマ、パオ・リムポチェも、ネーチュン僧院の自宅に軟禁されている。7歳と推定されるパオ・リムポチェは、カルマパによって、カルマ・カギュ派の重要な人物の18代転生として承認された。彼は、宗教上の師との面会を禁止され、報告によれば、中国の普通学校に通うよう当局から要求されているということである。外国の公職者を含む外国人は、彼の僧院に立ち入る許可をたびたび申請していて、いずれも拒否されている。

　中国政府は、1995年に政府が選定したギャインツァイ・ノルブをパンチェン・ラマの第11代転生と主張した。当局は、彼の生活のあらゆる面を厳しく管理しているため、彼が北京とチベットで公式の場に姿を現すのはきわめて稀である。それ以外は常に、少年との面会は、当局によって厳重に制限されている。パンチェン・ラマは、チベット仏教ではダライ・ラマに次いで重要な存在である。

　ダライ・ラマの写真を所有し、あるいは公然と飾ることは、依然として禁止されており、そのような写真は、非合法の手段によらなければ、入手できない。2000年春、ラサの近隣委員会は、一般市民の家庭に捜索隊を派遣して、ダライ・ラマに関する書物や写真を没収した。2000年末には、これらの捜索は定期的には行われなくなったため、数枚のダライ・ラマの写真が再び公共の場で見られるようになった。チベット自治区外のチベット人居住地でも、同様に写真は禁止されていたが、2001年春までに、ダライ・ラマの肖像写真が商店や宗教施設に再び現れるようになった。し

かしながら、中国政府は、ダライ・ラマによってパンチェン・ラマとして承認されたゲンドゥン・チューキ・ニマの写真は、依然として禁止している。

1000人程度の宗教関係者が、地方人民代表大会や中国人民政治協商会議の職に就いている。しかし、政府は、共産党党員と上級公務員は無信仰の党規を遵守するよう繰り返し主張している。1999年1月に初めて発表され、本来は政府職員を対象に3年間にわたって行われた無信仰・科学推進運動は継続され、さらに多くの役職と教職にまで拡大された。この運動は、経済発展を推進し、分裂主義者との闘争を強化し、「ダライ・ラマ一味の反動的影響」を阻止するために始まった。政府職員は、宗教事務局の全職員は共産党党員であり、党員は無信仰であることが条件であると確認した。しかし、地方宗教事務局の下級の全員が無信仰者であるわけではない。

2000年春と夏の間、ラサその他の地域では、当局が宗教活動の規制を強化して、共産党職員と公務員（教員や医療従事者を含む）が僧院に行ったり、ジョカン寺（大昭寺）を訪れたり、家庭に祭壇を持ったり、チベットのロサ（新年）の期間に宗教的行為を行ったりすることを禁止した。宗教行為とは、屋根に新しい祈祷用の旗をつけたり、香を焚いたり、伝統的なリンコル（チベット仏教でもっとも重要な宗教祝日のサカダワ祭の期間中にラサの聖地の辺りを回る巡礼行為）を行ったりすることである。いくつかの地域では、多くの一般市民も、この規制に従うよう強制された。何人かの政府職員はラサのラマ・ゲロンに布施することを禁じられた。ラサのいくつかの地区では、当局が個人の家で宗教的な品物やダライ・ラマの写真を捜索した。

2001年2月に、民間の報道調査機関であるチベット・インフォメーション・ネットワーク（TIN）は、政府職員・幹部・学童はロサを家庭で祝うように指示され、僧院の法要に出席し、寺院・僧院に布施することを禁止された。しかし、弾圧にもかかわらず、多くの巡礼や他のチベット人は、依然としてラサの大寺院で献納を行っている。また、2001年6月TINは、ラサの当局はダライ・ラマ誕生祝いの禁止を強化する公式通知を出したと報じた。近年、チベット人は、ラサのどこでも伝統的な香を焚く儀式を行うことは禁止されており、当日はいくつかの礼拝場所が閉鎖された。これらの報告にもかかわらず、多くの一般市民と政府職員は、僧院の参拝、リンコル、ロサ期間に自宅の屋根に祈祷用の旗を取替え、それまで6カ月間禁止されていた宗教行為を行った。

本報告の扱う期間を通じて、旅行者の規制も報告された。政府は、外国政府職員の宗教施設訪問を厳重に規制しているため、外国の公式訪問団が、地方行政府に事前承認を受けないでラマ・ゲロンと面会する機会は、ほとんど無かった。

（宗教的自由の侵害）

中国政府は、チベット入国とチベットに関する情報を厳しく規制しているため、宗教的自由の侵害の状況を正確に把握することは困難である。しかしながら、チベットにおける宗教的自由の抑圧は、2000年の夏、きわめて厳しくなり、一般信徒の宗教行為が厳しく制限された。しかし、これらの制限は、2000年末には、それほど厳しく強制されなくなった。チベットにおける抑圧の度合いは、全般的には依然として高く、本報告が扱う期間を通じて、宗教的自由尊重の政府記録は少なかった。

TINによると、1989年以来、少なくとも26人のラマ・ゲロンが拘留中に死亡し、そのうちの少なくとも17人はラサのドラプチ刑務所に収容されていた。本報告の

扱う期間を通じて、拘留中または釈放後まもなく死亡した例は、他にも複数あった。未確認の情報によれば、セラ僧院（色拉寺）の僧侶ロブサン・シェラブは、2000年秋に、ラサのシトゥ拘置所から釈放後、まもなく死亡した。伝えられるところでは、拘留中に拷問を受け、また、1996年から1998年までトリサム矯正所に収容されていた時に悪い待遇を受けたということにあった。

　サンドゥプ・ドルマ・ラカンのガロン、ガワン・ロチュ（ドゥンドゥプ・ドルマ）は、反革命宣伝活動と煽動により禁固9年から10年の刑に服した後、2月に死亡したということである。

　2001年2月、TINは総合的な調査報告書を出版したが、その中に合計197人のチベット仏教のラマ・ゲロンが中国で拘留されており、その大多数はチベット自治区に収容されている、との報告があった。2000年4月にチベット自治区刑務所管理局長は、外国訪問使節団に対して、チベット自治区内の3つの刑務所で100人以上のラマ・ゲロンが服役しており、その90パーセントは「公安侵害罪」で禁固中である、と語った。刑務所当局が科した政治的再教育、特にダライ・ラマ否定と中国政府がパンチェン・ラマと認めたギャインツァイ・ノルブ支持を拒絶した服役囚は、罰として殴打された。TINが伝えるところによれば、長期服役中のゲロン数人が何度か激しく殴打され、その中には、1989年に独立支持の歌を唄ったために禁固刑になったガワン・チョンゾムとプンツォク・ニドルが含まれている。政府職員の発表によれば、プンツォク・ニドルは悔悛の情を示したので、刑期を1年短縮された。ゲロンの彼女は2005年に釈放予定である。ガワン・サンドンは何度も殴打され、さらに刑期が延長され、独房に収容されている。同ゲロンの刑期は、刑務所内の示威運動に参加したため、1998年に3度目の延長がなされ、合計21年になった。ガワン・サンドルの健康状態は、政府職員が良好と保証しているにもかかわらず、憂慮されている。

　中国政府は、(14世)ダライ・ラマが11世パンチェン・ラマとして承認したゲンドゥン・チューキ・ニマとその家族の行動の管理を続けている。彼は1995年、6歳の時に失踪した。政府職員は、少年は本人の保護のために政府の監督下にあり、彼はチベットに住み「普通の学童」として学校に通っている、と主張してきた。ゲンドゥン・チューキ・ニマと家族の所在は依然として不明で、所在と安全を確認するために彼との面会を求める国際社会からの要請は拒否されてきた。1999年11月政府は、ゲンドゥン・チューキ・ニマが死亡して秘かに火葬されたとする報道を否定した。しかし、政府は、国際監視団が少年に面会することは拒否し続けている。2000年10月政府職員は、外国使節団に対して少年だという2枚の写真を見せた。チベット仏教徒の圧倒的大多数が、ダライ・ラマによってパンチェン・ラマとして認められた少年を承認したにもかかわらず、チベット僧は、中国政府が選んだ少年を認めると誓約する声明文に署名するよう強制された、と主張している。共産党も、党員に対して、「正式の」パンチェン・ラマを支持するよう要請している。

　信頼できる報告によると、(14世)ダライ・ラマのパンチェン・ラマ11世転生選定に協力して、国家機密を漏洩したとして起訴されたチャデル・リムポチェは、1995年に四川省の刑務所の秘密棟に収容された。2000年に政府は、外国からの訪問使節団に対して、同師は「良好な健康状態」にある、と語った。チャデル・リム

ポチェの本来の刑期は2001年5月には終了していたが、本報告が扱う時期の末まで、師は服役中である。

1999年12月のカルマパ（ウゲン・ティンレ・ドルジェ）のインド亡命後、当局は、カルマパの寺であるツルプ僧院（噶隆寺）への立ち入りを規制して、同地での「愛国教育」活動を強化したということである。複数の公式声明によると、カルマパは、彼の行動が管理され、精神的指導者から訓練を受けるためにインドに行くことも、インドから指導者を迎えることも拒否されたために、亡命した、と主張している。彼の亡命後、TIN の報道では、少なくとも2人のツルプ僧院の僧侶が逮捕され、カルマパの両親は監視されている。政府職員は、逮捕はなく、カルマパの両親が何らかの規制を受けている事実もない、と否定した。しかしながら、2001年1月、TIN は、ツルプの状況は依然として厳しく、警官が常駐して僧侶に対する規制が強化されており、これは精神的指導者を追って亡命することがないようにするためであるらしいと伝えられた。また、TIN は、同僧院に新たに僧侶が入ることは禁止されている、と報じた。2000年12月に外国人公職者がツルプ僧院訪問を許可された。約325人の僧侶が居住していたとのことである。当時、ほとんど訪問者はいなかったにもかかわらず、しかし、宗教的行為は監視されていた。

1999年7月に法輪功が禁止されてから、チベットで数人の法輪功信徒が拘留されたという報告があった。政府系新聞の報道では、この措置がとられたのは、チベット自治区に駐屯する人民解放軍兵士の間で中功（「中華養生益智功」）を実践するのを止めさせるためであった。

（強制的改宗）

米国本土から誘拐または不法な手段で連れてこられた未成年アメリカ市民を含む強制的改宗の報告はない。また、中国政府がそのような市民の米国からの帰国許可を拒否した報告もない。

第3項　社会的態度

大方のチベット人はチベット仏教を信奉している。チベットにおけるキリスト教人口はきわめて少ないにもかかわらず、改宗者に対する社会的圧力が存在する。家族から廃嫡された者もあるとのことである。

第4項　米国政府の政策

米国務省、在北京米国大使館、在成都米国総領事館は協力して、チベットにおける宗教の自由を促進するべく努力してきた。宗教問題担当官を含む中国政府との定期的な意見交換で、米外交官は、中国政府と地方行政府に対し、チベットでの宗教の自由を尊重するように、常に要請してきた。大使館員は、宗教的迫害や差別の事例について信頼できる報告があった場合には、常に抗議を行い、詳細な情報を要求してきた。中国に駐在する外交官もまた、宗教の自由の現状を含む状況監視のためのチベット旅行の許可を定期的に要求してきた。しかしながら、当局は、本報告書が扱う期間中、そのような旅行を許可することをますます嫌がるようになってきた。本国側は、広範囲の宗教者と接触を保っており、米国務省の非公式の接触相手は、チベットの宗教専門家とアメリカ国内の宗教団体を含む、大使や他の高官を含む米大使館職員は、中国政府職員との話し合いで、宗教服役囚と宗教迫害に関する報告に言及した。また、大使館の高官は、宗教問題局局長と定期的に会見して、その席

でそのような問題を取り上げた。(14世)ダライ・ラマによって11世パンチェン・ラマと認められた少年ゲンドゥン・チューキ・ニマ、チャデル・リムポチェ師、ガワン・サンドン、他のチベット人ラマ・ゲロンの件がそれである。他の大使館職員は、国務院宗教事務局や中国共産党中央統戦工作部幹部との会談で、特にこれらの問題を取り上げた。」

http://www.tibethouse.jp/news-release/2001/Religious-Freedom-Report- Oct26-20,2004/03/24。

54　2002年3月7日ポール・ドブリャンスキー国務次官・チベット問題特別調整官の証言「チベットにおける米国政策の留意点」の抜粋は、以下のとおりである。

「米国政府の目標は2つある。第一は、中国政府と（14世）ダライ・ラマまたはその代表との間の実質的な対話を促進することであり、第二は、チベット固有の宗教・言語・文化の伝統の保持を助けることである。……

……今までにも増して重要なのは、われわれが人権のような問題に関する些細な意見の相違を狭めるよう互いに努力して、両国の関係進展の速度を遅れさせるような障害を取り除くようにしなければならないということである。ちょうど1カ月前、パウエル国務長官がこの委員会で述べたように、「われわれが中国とのあいだに築こうとしているのは、率直かつ建設的で協調的な関係である──互いに同意できない部分では率直で、何らかの光明が見られる部分では建設的に地域的で世界的な利益を共有する部分では協調的な関係である。……

昨年5月、パウエル国務長官と私は、チベットの状況について（14世）ダライ・ラマから直接話を聞く機会があった。ダライ・ラマとの会談で、私は、彼が中国指導者との対話を求めているとの確信をもった。また、彼は、中華人民共和国の枠内でのチベットの「真の自治」を、断固として求めている。……

結論

　広く知られているチベットにおける中国の人権配慮の欠如の記録は、中国の国際的な評判と信頼性を損なうものである。換言すれば、チベットは中国にとって国際的に難しい問題であり、米中関係にとっても問題である。2002年の共産党大会が近づいた今、中国の指導者はチベット問題を、相当な国内政治上の危険を伴う複雑な政治課題だと認識しているというのが、私の印象である。チベット・西部・中国沿岸部でさえ中央の支配力を失うのではないかという恐れは根深いものである。中国指導部は、ソビエト連邦の解体から教訓を得たのである。

　世界中で見られる民族闘争による国内的不安定の例は、相互の協力と、民族・文化・宗教の自由に関して妥当な妥協と保護を与えることが、長期的には国家の主権と安定を守る最善策であることを証明している。確かに、近年起こったことを教訓として適切に分析すれば、中国政府がなぜチベットの将来に関してダライ・ラマと協力すべきなのかは明白である。

　ダライ・ラマは、地域的な国家的安定に関わる困難な問題を解決するのに有用であろう。彼は、議論の余地なく、かつ多くのチベット人の意見を代弁し、彼の道徳的権威はチベット人の利益を超越している。もし中国政府が対話と相互解決を熱心に求める（14世）ダライ・ラマとの協力することに失敗したなら、チベットの抵抗運動は激化して、政治的大変動の可能性が増大するかもしれない。

　チベットの状況を解決することは、中国政府にとっても、チベット人にとっても、

利益になる。中国にとっては多数の点で有利になる。第一に、チベット問題の解決は中国の社会的安定を増し、協力的な経済発展の機会を提供する。第二に、この問題に対する国際社会の注目が薄れ、中国との関係を進める主な障害がなくなる。第三に、中国は人権に関する国際基準を真剣に遵守することを示し、国際社会の尊敬すべき一員となる。チベット人の利益となることは、彼らにとって最も重要なことであるが——彼らの文化・言語・民族的伝統を保持することである。

　反対に、この状況が改善されなければ、失われるものは多くなろう。ブッシュ大統領は、北京の清華大学で、次のように演説した。「自由な社会においては、多様性は無秩序ではない。議論は闘争ではない。異議は革命ではない。自由な社会は、その成員を信頼して、自分自身と自分の国を偉大にする努力をすることを許すものである」。全国民のあいだの自由な対話と法のもとでの基本的権利の保護は、国内的安定の重要な要素であり、中国とチベット人双方が求めるべき目標である。この問題を未解決のままにしておくことは、(中国にとり)米国・その他の諸国との完全な政治経済的協調の障害となるであろう。」

http://www.tibethouse.jp/news-release/2002/Testimory-Gere-Mar07-2002.html。全文は資料897—899頁をみよ。

55　2002年3月7日インターナショナル・キャンペーン・フォアー・チベット代表リチャード・ギアの証言の抜粋は、以下のとおりである。

「……ここでは、チベットにおける信教の自由の問題について、また、新しいチベット難民———ほぼ半数がラマ・ゲロン(ラマ尼)———が直面する問題が深刻になっている状況について焦点をしぼって述べたい。……

　ダライ・ラマの指導性があればこそ、チベット人の苦難への抵抗が非暴力で抑えられていることを、われわれは十分認識している。ここでいいたいのは、チベット人が状況次第では、中国の抑圧者に対し武器を持つことを考え、また実際にそうすることができると、私が信じているということではない。チベット全土に中国支配のメカニズムが広がれば、そうした行動は非現実的なものではなくなるということである。例えば、チベット在住のチベット人は誰でも自分の拳を突き上げ「ダライ・ラマ法王万歳」と叫ぶのは、われわれも知っている。それが数分の間に人民武装警察に捕らえられてしまう。チベット人を強制支配しようと中国がいくら努力をしようとも、暴力的な行動が法王を侮辱することになるという(チベット人の中にある一致した)理解が、チベットの人びとを監視しつづける本来の力である。

　皮肉にも、中国のプロパガンダ組織は、ダライ・ラマ法王の宗教的権威を目標とし、最も非難的な弁証術を用いている。中国の指導者は、法王とその教え———平和と忍耐の倫理の発展を奨励すること———がチベットにおいて究極の安定をもたらす大きな希望であるという認識に欠けているようである。

　私がこの委員会の成員諸兄にお願いしたいのは、あなたがたの少なからぬ影響力を用いて、中国の指導力に対し、チベットでの計画を再考し、ダライ・ラマ法王や代表者と意義ある対話をして平和的な解決を見つけるよう説得して頂きたいということである。……

　実際、私の観点では、亡命しているチベット人の中には、特別な配慮が必要な者もいる。であるから、私は、議会が何らかの解決法を見つけることに期待している。こ

れらの人びとの中には、当時CIAとともにチベット作戦行動として活動した数千名のチベット人、つまり、「退役軍人」がいる。彼らの話は、元CIA諜報員ケン・ナウスが書いた『寒気の孤児たち』に生々しく描写されている。魅惑的で教えられることの多い読み物として、私は、この本を当委員会に推薦する。」
http://www.tibethouse.jp/news-release/2002/Testimony-Gere-Mar07-2002.html。全文は資料899－902頁をみよ。
56　中国人権研究会「美国支持達頼集団分裂活動剖析」人民日報、2001年5月26日。全文は資料879－885頁をみよ。
57　op. cit. van Walt van Praag, *The Status of Tibet: History, Right, and Prospects in International Law*, p. 226.
58　世界日報、1987年9月30日。
59　1987年9月21日ダライ・ラマ演説は、前掲、張『国際関係与西蔵問題』356－358頁。前掲、ダライ・ラマ法王日本代表部事務所編、西依訳『ダラムサラと北京——提唱と往復書簡（1981－1993）』24－32頁に所収。全文は資料835－839頁をみよ。
60　1973年9月8日マヘンドラ非同盟会議演説は、以下のとおりである。
「わが国ネパールは、世界最大の注目される2国のあいだに位置しており、その国境内で平和地帯を発展させることを希望している。」
His Majesty King Bir Bikram Sha Dev, *Speeches, Proclamations and Messages up to January 1975,* Kathmandu: Department of Information, Ministry of Communication, His Majesty's Government of Nepal, 1975, pp. 67-75. 引用はp. 71.
61　その具体的構想は、義務の相互性の原則のもと、友好国がネパールに対して以下の7項目の義務を相互に認めることを要件としていた。
1. ネパールは、平和・非同盟・平和共存の政策を堅持し、平等と独立および主権の相互尊重に基づき、社会・経済体制にかかわりなく、世界のすべての国家、特に近隣国との友好関係の増進に、常に努力する。
2. ネパールは、決して他国の平和を脅かすような武力による威嚇行為に訴えることはしない。
3. ネパールは、一貫して他国の平和および諸国間のいっさいの紛争について平和的解決を求める。
4. ネパールは、他国の内政に干渉しない。
5. ネパールは、国土において、この提案を支持する他国に対する敵対行為を許さないし、またこの提案を支持する国もまた、その国土においてネパールに対する敵対行為をしない。
6. ネパールは、他国と締結しているすべての現行協定の義務を、それら協定が友好である限り、これを引続き尊重していく。
7. ネパールは、その平和と非同盟の政策に従い、いかなる軍事同盟にも加盟しないし、その国土に外国のいかなる軍事基地の設置も認めない。また、この提案を支持する国は、ネパールに対して向けられた軍事同盟に加盟もしないし、またその国土にかかる軍事基地を設置させない。
浦野起央『国際政治における小国』南窓社、1992年、第4章小国ネパールの外交政策、特に191-197頁をみよ。

62 1975年2月25日マヘンドラ演説は、以下のとおりである。
「私が、わが国ネパールの平和地帯宣言を提唱せんとするのは、平和的制度としようとする、わが国民のこうした強い願望に基づくものである。……
　平和の条件下においてのみ、政治的に安定し、いかなる国も決して不利益にならないような健全な経済が確立できるというのが、われわれの信念である。ネパールは、ある国からの脅威を急いで逃れようとしているわけでないことを明確にしておきたい。常に独立を維持してきた国家の継承者として、理解が誤解に変わり、和解が戦争に変わる今日、変貌する時代の潮流によって自由と独立が脅かされることがないようにしたい、というのはわれわれの念願である。友邦国の支援を得て、ネパールが平和の探求を行おうとしているのは、こうした将来の展望に基づくものである。」
ibid., pp. 119-122. 引用は p. 121.
63 1975年4月20日李先念中国副総理の発言。人民日報、1975年4月22日。
64 1981年7月17日バジパイ・インド首相の国会演説。*Statesman,* 18 July 1981.
65 1988年6月14日ダライ・ラマのストラスブール提案は、前掲、王力雄『天葬——西藏的命運』566 − 569頁。http://ww.tibethouse.jp/dalai/message/1988-strasbourg.html。op. cit. *The Mongols and Tibet,: A Historical Assessment of Relations between the Mongol Empire and Tibet.* 前掲、ダライ・ラマ法王日本代表部事務所編、西依訳『ダラムサラと北京——提唱と往復書簡（1981 − 1993）』55 − 60頁。全文は資料 846 − 848頁をみよ。
66 前掲、張・魏『阴谋与阳谋——実録近代美国対藏政策』128 − 129頁。
67 国家民族事務委員会・中共中央文献研究室編『新時期民族工作文献選編』北京、中央文献出版社、1990年、422 − 424頁。
68 オスロ大学講演「孤立した世界は生存できない」は、op. cit. The Fourteenth Dalai Kindness, *Clarity and Insight.* 前掲、三浦訳『愛と非暴力——ダライ・ラマ仏教講演集』61 − 24頁に所収。
69 『ダライ・ラマの平和のメッセージ』ダライ・ラマ法王日本代表部事務所（チベット・ハウス）、2000年。
70 前掲、張・魏『阴谋与阳谋——実録近代美国対藏政策』134頁。
71 演説は、op. cit. Shimomany ed., *The Political Philosophy of His Holiness the XIV Dalai Lama,* 前掲『ダライ・ラマXIV世法王の政治哲学』第1巻、101 − 105頁に所収。
72 演説は、ibid. 前掲書、第1巻、106 − 123頁に所収。
73 演説は、ibid. 前掲書、第1巻、124 − 129頁に所収。
74 前掲、張・魏『阴谋与阳谋——実録近代美国対藏政策』134 − 136頁。
75 世界日報、1991年11月15日。
76 住谷由貴子、長田幸康、アントニー・F・F・ボーイズ訳「国際問題としてのチベット——最近の動向」シオン短期大学研究紀要、第33号、1993年、128 − 129頁。
77 演説は、op. cit. Shimomany ed., *The Political Philosophy of His Holiness the XIV Dalai Lama.* 前掲『ダライ・ラマXIV世法王の政治哲学』第1巻、193 − 200頁に所収。引用は197頁。
78 演説は、前掲書、第1巻、208 − 218頁に所収。
79 メッセージは、前掲書、第1巻、242 − 244頁に所収。

80 演説は、前掲書、第1巻、317 − 330 頁に所収。
81 http://news.searchina.ne.jp/2001/0621/general-0621-004.html。
82 達娃諾布、肖蓉訳「中国与達頼喇嘛的対話（1978 − 1990）――是談判前的準備還是死胡同？」、張植栄主編『二十世紀的西藏』ラサ、西藏人民出版社、1993 年、490 − 491 頁。
83 1981 年 3 月 23 日書簡の全文は資料 826 − 827 頁をみよ。
84 国家民族委員会編『国家民委民族政策文献選編 1979—1984』北京、中央民族大学出版社、1988 年、124—125 頁。中共中央統戦部研究室編『統一戦線工作手冊』南京、南京大学出版社、1986 年、70 頁。op. cit. Goldstein, *The Snow Lion and the Dragon: China, Tibet, and the Dalai Lama*, p. 68.
85 楊静仁「同達頼喇嘛 3 人代表的談話」民族団結、1984 年第 12 期。前掲『国家民委民族政策文献選編 1979—1984』123 − 125 頁。
86 注 59 をみよ。
87 前掲、達娃諾布、尚蓉訳「中国与達頼喇嘛的対話（1978 − 1990）――是談判前的準備還是死胡同？」『二十世紀西藏』491 頁。
88 op. cit. *The Mongols and Tibet,: A Historical Assessment of Relations between the Mongol Empire and Tibet*. 前掲、ダライ・ラマ法王日本代表部事務所編、西依訳『ダラムサラと北京――提唱と往復書簡（1981 − 1993）』33 − 40 頁に所収。全文は資料 839 − 841 頁に所収。
89 1987 年 12 月 17 日文書は前掲書、41 − 54 頁で公表。全文は資料 841 − 846 頁に所収。
90 この「中間の道アプローチ」の用語は、1988 年 8 月 18 日ダライ・ラマのカトリック誌トレンタ・ジオルニでのビスサジト・チョウドリとのインタビューで使用された。それは、5 項目平和計画に発しており、中国との対話における第 5 点を明確にしたものである。その論議は、以下のシンポジウム報告論文をみよ。Thubten Sarmphel, 'Middle Way Approach of His Holiness the Dalai Lama: Its Genesis and its Larger International Relevance,' *Sino-Tibetan Dialogue: Finding Common Ground*, London: The Tibetan Community in Europe & The Alliance for a Democratic China, 11 - 12 October, 1977, pp. 48-51.
なお、このシンポジウムでは、チベットの自決が大きな主題であった。
91 前掲、達娃諾布、肖蓉訳「中国与達頼喇嘛的対話（1978 − 1990）――是談判前的準備還是死胡同？」、『二十世紀的西藏』499 頁。
92 前掲書、501 頁。
93 1997 年 4 月 29 日発表のチベット亡命政府文書「中国との交渉に関するチベット政府の立場」で公表された。http://ww.tibethouse.jp/dalai/message/1988-strasbourg.html に所収。全文は資料 865 − 871 頁をみよ。
94 1988 年 11 月 18 日演説は、op. cit. Shimomany ed., *The Political Philosophy of His Holiness the XIV Dalai Lama*. 前掲『ダライ・ラマ XIV 世法王の政治哲学』第 1 巻、82 − 87 頁に所収。
95 1997 年 4 月 29 日発表のチベット亡命政府文書「中国との交渉に関するチベット政府の立場」で公表。
96 前掲、チベット亡命政府文書「中国との交渉に関するチベット政府の立場」。注 87 をみよ。
97 前掲文書。

98　中国西蔵、1989年第1号、3頁。
99　1983年6月26日米ニューシャージー州のセトン・ホール大学楊力宇教授との会見で、鄧小平が談話「中国大陸と台湾との平和統一の構想について」を行った。以下のとおりである。

　「問題の核心は祖国の統一です。平和統一は、既に国共両党の共通の言葉となっています。だが、こちらが相手をのみ込むのでもなければ、相手がこちらをのみ込むのでもない。われわれは、国共両党が共同で民族統一を達成し、みなが中華民族に寄与することを希望しています。

　台湾の「完全自治」という提起の仕方には賛成しません。自治には限度がなくてはならず、限度があれば「完全」ではあり得ない。「完全自治」とは、「2つの中国」のことで、1つの中国ではないからです。制度は異なっていてもよいが、国際的に中国を代表するのは中華人民共和国だけです。台湾の地方政府が対内政策で独自のやり方をするのを、われわれは認めます。特別行政区としての台湾は地方政府ではあるが、他の省・直轄市の地方政府や自治区の地方政府とは異なり、他の省・直轄市や自治区にはない独自の一部権力を持つことができます。条件は、統一国家としての利益を損なわないことです。

　祖国の統一後も、台湾は自己の独立性を保つことができ、大陸とは異なった制度を実施してもよいのです。司法は独立し、最終審のために北京へ来るには及びません。また、台湾は自己の軍隊を持つことができ、大陸への脅威となってはならないだけです。大陸は台湾に人を派遣せず、軍隊ばかりか、行政要員も派遣しないことにします。台湾の党・政府・軍隊などの系統は、台湾が自分で管理するわけです。なお、中央には台湾のためにポストを残しておきます。

　平和統一は、大陸が台湾をのみ込むのではなく、もちろん、台湾が大陸をのみ込むのでもない。「三民主義で中国を統一する」というのは、現実からかけ離れています。

　統一を実現するには、適切な方式をとらなければなりません。そこで、われわれとしては、中央と地方との交渉などとはいわず、両党が平等に会談し、第三次合作を実行するよう提案したのです。双方が合意に達したなら、正式に発表すればよい。だが、外国の介人は絶対に避けなければなりません。そんなことをすれば、中国がまだ独立していないこととなり、後々まで、憂いを残すだけです。

　われわれとしては、1981年9月に葉剣英の打ち出した9カ条の方針・政策の内容と、1983年6月に中国人民政治協商会議第6期全国委員会第1回会議で鄧穎超の行った開幕の言葉とを、台湾側が仔細に研究して、誤解をなくすよう希望するものです。」
「中国大陸和台湾統一的設想」、前掲『鄧小平文選』第3巻、30－31頁。前掲、中共中央編訳局＋外文出版社訳『鄧小平文選1982－1992』46－47頁。中共中央台湾弁公室・国務院台湾弁公室編『中国台湾問題』北京、九洲図書出版社、1998年、224－225頁。

　そして、鄧小平副総理は一国両制について、次のように言及した。
1984年6月22日、23日「一国両制」。
　　　10月22日中央顧問委員会第3回総会の講話。
1988年12月2日「一国両制」の方針堅持の談話。
1990年4月7日「一国両制」で中華民族の振興をはかろうとの談話。

667

100　Weng Jiawei（王家偉）& Nyima Gyaincain（尼瑪堅）, *The Historical Status of China's Tibet,* Pekin: China International Press, 1997, pp. 282-291.
101　1991年10月9日14世ダライ・ラマのイエール大学演説は、注46をみよ。
102　1992年9月1日のチベット亡命政府の覚書は、op. cit. *The Mongols and Tibet: A Historical Assessment of Relations between the Mongol Empire and Tibet.* 前掲、ダライ・ラマ法王日本代表部事務所編、西依訳『ダラムサラと北京——提唱と往復書簡（1981－1993）』69－84頁に所収。全文は資料857－863頁をみよ。
103　曹長青編『中国大陸知識分子論西蔵』香港、時報文化出版、1996年。金谷譲訳『中国民主活動家　チベットを語る』日中出版、1999年、30－53頁。
104　1993年9月4日のダライ・ラマ声明は、op. cit. *The Mongols and Tibet,: A Historical Assessment of Relations between the Mongol Empire and Tibet.* 前掲、ダライ・ラマ法王日本代表部事務所編、西依訳『ダラムサラと北京——提唱と往復書簡（1981－1993）』85－88頁。前掲、「国際問題としてのチベット——最近の動向」シオン短期大学研究紀要、第33号、124－126頁に所収。全文は資料863－864頁をみよ。
105　http://www.buddhapia.com/tibet13-10/html/march-10-1998.html.。全文は資料871－874頁をみよ。
106　http://www.buddhapia.com/tibet13-10/html/march-10-1999.html.。全文は資料874－876頁をみよ。
107　http://www.buddhapia.com/tibet13-10/html/march-10-2000.html.。全文は資料876－877頁をみよ。
108　*China's Current Policy in Tibet: Life and Death Struggle to Crusin an Ancient Civilization,* Dharamsala, The Department of Information and International, Central Tibetan Administration, 2000. ダライ・ラマ法王日本代表部事務所訳『チベットにおける中国政府の現行政策——チベット文明を根絶する必死の試み』ダライ・ラマ法王日本代表部事務所、2000年、51頁。
109　http:www.tibethouse.jp/news-release/202/020936-samdhony.html。全文は資料905－906頁をみよ。
110　http:www.tibethouse.jp/news-release/202/021107-mongolia.html。
111　http://www.buddhapia.com/tibet13-10/html/march-10-2003.html.。全文は資料907－908頁をみよ。
112　「蔵中接触並未改善対蔵政策」西蔵通訊、第47期、2003年11－12月、22頁。
113　http://www.buddhapia.com/tibet13-10/html/march-10-2004.html.。全文は資料909－911頁をみよ。
114　毎日新聞、2004年3月10日「チベット動乱45周年　中国「原則」堅持の姿勢」。この報道官談話は、人民日報海外版には掲載されなかった。
115　沈開運・達瑪・他『透視——西蔵社会進歩与分裂集団的没落』上・下、ラサ、西蔵人民出版社、1997年。
　　同書は、14世ダライ・ラマとCIAとの関係、およびダライ・ラマと李登輝との関係とならんで、1989年5月26日ダライ書簡と以後におけるダライ・ラマと毒気殺人犯麻原彰晃との関係を指摘している。下、472－484頁。

15　チベットの展望

1．民主改革の成果

　チベットの民主改革は1959年3月、17条法的協議の執行への対処に始まったとされる。そして1959年6月第2回チベット自治区全体会議は、チベットの民主改革を平和的方針に基づいて行うことを決定し、奴隷の解放と人身従属制度の廃棄が決定された。1960年4月チベットは、7行政区、1市、300郷で人民政府が樹立され、1961年以降、全自治区で普通選挙を通じて各級人民代表大会と人民委員会の設立工作に入り、12月民主改革の基本的任務が達成された。1963年3月ロカ（山南）地区ネドン（乃東）県（宗）で第1回県人民代表大会が開催され、初の民選による県人民委員会が成立し、1965年7～8月までに前記の郷・県選挙が基本的に完了した。そして、9月1日チベット自治区第1回人民代表大会が開催され、チベット自治区が正式に発足した[注1]。

　チベット亡命政府の『共産中国のチベット――50年』（2001年）は、1958年の改革（への反乱）、1962年までの合作社11万6000の設立、1965年の私有財産の廃止、1968～1973年の飢饉による34万人以上の死亡までを、第1期改革と集団主義の結果として総括している。1980～1985年が経済開放の第2期で、1978年12月文化大革命が「拒否」されて以後、中国人（漢人）の導入が始まったとしている。続く1986～2001年の第3期は、チベットの中国への統合期とされ、第7次5カ年計画（1986－1991年）で中国経済への統合が進んだとしている[注2]。1987年6月カーター元米大統領の中国訪問で、鄧小平副総理・中央軍事委員会主席は、「チベットは、それ自身で発展できない。……省・市からの支援を受けなくてはならない。……われわれは、チベットを大家族のなかで発展させる」と明言し

た[注3]。

　1975年9月9日チベット自治区誕生10周年記念式典が華国鋒総理の出席のもと挙行され、5万人が参加した。

　1979年6月15日鄧小平共産党副主席が第5期全国政治協商会議第3回会議で、新時期の統一戦線と人民の政治協商の任務につき演説したが、これは新時期の民族工作への転換となった[注4]。以来、共産党中央と政府は新政策の検討に入った。1980年5月22日～31日党中央書記局総書記胡燿邦、書記万里らは党中央幹部が、共産党中央統戦部副部長楊静仁、中央組織部副部長趙振清らを同行してシガツエ（日喀則）、アリ（阿里）、チャムド（昌都）、ラサ地区を訪問してチベット族幹部と会談した。そして胡燿邦は29日チベット自治区幹部大会で、漢人幹部は歴史的使命を果たしたから、計画的に中国本土に呼び戻し、適当な仕事に配置すべきであり、3～5年以内に配置換えを実施し、本年は幹部3000人、労働者2700人を本土に戻すと発言した。そして、今後、区級以下の幹部は漢人がいないようにし、多くても2～3人とする。幹部全員の比率はチベット族が70％を占めるようにし、県級以上の機関でも漢人の幹部は20～30％にする、と述べた（前述）[注5]。この演説は、チベットの改革・開放の出発点となった。

　そこで提起されたチベット建設の6大方針は、以下のとおりであった。

1．共産党中央の統一指導のもとに、民族区域自治権を十分に行使する。チベットの実情にそぐわない方針・政策・規定などは執行しないで良く、臨機応変に執行してもよい。各民族の団結と生産の発展に不利なものは執行しないでよい。
2．チベット自治区経済がかなり困難な目下の状況に基づいて、「休養して鋭気を養う」政策を断固実行し、大衆の負担を軽減する。税金・農牧畜産品の供出割当ては、数年間、免除する。
3．すべての経済工作では、チベットに適した特殊な融通のきく政策をとる。
4．国の資金は農・牧畜業の発展促進とチベット族人民の日常生活の差し迫った需要の解決に用いる。国がチベットに公布している資金は、他の省・自治区よりも多い。今後も一段と資金を増やす。
5．社会主義の方向の堅持を前提に、チベットの文化・教育・科学事業を大いに回復し発展させる。

6．共産党の民族幹部政策を正しく実行し、チベット族幹部と漢族幹部の団結を大きく強化する。2〜3年以内に国家行政職専任幹部のうち、チベット族幹部を3分の2以上にするよう努力する。注6

これに先立ち、3月14〜15日北京でチベット工作座談会が開催され、5月15日共産党中央は、チベット工作座談会紀要を自治区共産党委員会に通達した。その指示の要点は2つにあった。

1．当面、チベット自治区の中心任務および奮闘目標は、すべての積極的要素を引き出し、チベットの実績に基づいて、林彪・「4人組」のもたらした傷痕を癒し、国民経済を発展させ、人民の物質的な生活水準と科学・文化水準を高め、国防を強化し、計画的に、段階的に発達・繁栄・富強のチベットを建設することにある。
2．チベットは、祖国の不可分の神聖な領土であり、政治・経済・文化・自然条件が特殊な重要性を持つ民族自治区である。30年来、共産党中央の指導のもとに、チベット各民族人民は、チベットを建設し、辺境を守り、また民族の団結と祖国の統一を守る面で非常に大きな成績をあげた。しかし、林彪・「4人組」の極左路線に妨害されて共産党の民族政策・経済政策・宗教政策・統一戦線政策・幹部政策などが著しく破壊され、チベット人民も他の各地人民と同じく大きな苦難をなめた。注7

1981年6月チベット人民政府主席アペイ・アワンジンメイは、「チベットの偉大な歴史的変革」を発表し、チベットは敵国主義による侵略の歴史に終止符を打ち、文化大革命の収拾で党中央のチベット活動に関する重要な戦略的決定で「団結・富裕・文明の新しいチベットを建設する」段階に入ったと総括し、当面の工作は、以下の3点にあると要約した。

第一、中央の統一指導のもとに、民族区域自治の自治権を十分に行使する。
第二、チベットの現実から出発し、有用して鋭気を養う政策を断固実行し、大衆の負担を軽減し、数年間、農業と商工業の税金を免除し、農産物・畜産品・副業生産物の統一買付と供出の割当てを取り消し、あらゆる形態の統制を撤廃しなければならない。
第三、経済政策を緩め、経済調整を行い、国家が援助する大量の資金を、主に農業・牧畜業の発展とチベット人民の日常生活の差し迫った必要に振り向けなければ

ならない。注8

これはチベットの新しい展望への転回を確認したものであった。

1984年5月22日アペイ・アワンジンメイが第6期全国人民代表大会第2回会議に中華人民共和国民族区域自治法（草案）を提出し注9、同法は5月31日採択された（10月1日施行）注10。ここに、新時期の民族工作の方針が実現をみせることになる注11。さらに、同84年10月、新中国成立35周年式典で、アペイ・アワンジンメイは、「チベット人は祖国の大家庭のなかで勝利し前進する」と表明した注12。

1986年9月28日共産党第12期中央委員会第6回会議は、共産党中央の社会主義精神文明建設指導方針の決定を採択した注13。翌87年4月17日共産党中央と国務院は、民族工作に関する主要問題報告の通知を発出し、民族区域自治における社会主義精神文明建設の方向を指示した。その骨子は、以下の項目のとおりである。

1．社会主義精神文明の4項の基本原則の堅持注14と民族団結的愛国主義の正面教育。
2．各階級的大団結の加強。
3．発展教育における人材の育成。
4．新観念新風尚の樹立。注15

そして、4つの現代化のもとでのチベットの発展は、1987年6月29日鄧小平副総理がカーター元米大統領と会見して確認した発展が明らかにされた。

2001年7月19日胡錦涛国家副主席は、ラサでのチベット解放50周年式典に参列し、チベットの安定と経済開発を強調した。

11月9日国務院新聞弁公室は、白書「チベットの現代化発展」注16を公表し、解放50年における社会・経済改革と人民の生活水準の向上の成果を確認した。

こうして文化大革命以後、チベットは、中国的社会主義のもと大きく前進するところとなった。

その歩みにおける主要文件は、以下のとおりである。

1959年9月22日チベット自治区準備委員会第3次全体会議、封建農奴主土地所有制排除、農民土地所有制の実施公布——9月21日チベット地区土地改革の実施弁法が公布された。全文50条で、その抜粋は、以下のとおりである。

「中華人民共和国の憲法精神とチベット地区の具体的な状況に則って本法を制定する。

第1章　総則

　　第1条　農奴主（三大領主［封建政府／ゲキカ・貴族・寺院］を含む）の土地所有制を廃除して、農民の土地所有制を実施する。人身の隷属を廃除して、農奴と奴隷を解放し、生産力を解放して、生産を発展させる。次第に人民の生活を改善し、民主的で社会的な新チベットを建設する。

　　第2条　チベット地区の土地制度の改革は、平和的改革の方針で実行する。

第2章　農奴主の封建特権の廃棄

　　第3条　農奴主とその代理人のいっさいの封建特権を廃除して、中華人民共和国憲法に則って、公民の基本的権利を保護する。

第3章　土地の買戻しと没収

　　第4条　チベット地区の農奴主とその代理人が占有する土地と他の生産資料について、それぞれ買戻しと没収の政策を実行する。

　　第5条　反乱に参加しなかった農奴主の土地と余分の家畜（彼らが農村で有する耕地用家畜と少量の他の家畜）・農具・家などを買い戻す。反乱に参加しなかった農奴主の代理人の余分の家畜・農具・家なども買い戻す。

　　第6条　買い戻す方法。反乱に参加しなかった農奴主とその代理人が買い戻す項目・数字・分布地点を登記して、当地人民政府に報告して、所在地の農民に確かめた上で、県級以上の人民政府による許可を受け、統一して買い戻す手続きをとる。農奴主と代理人が得た買戻金の多少によって、そのお金を払う期限は8年、10年、13年などと、それぞれ確定される（買い戻す価格は他に規定する）。

　　第7条　反乱に参加した農奴主とその代理人の土地・家畜・農具・家・その他いっさいの生産資料を没収する。

　　第8条　工・商業を保護して、破壊を許さない。

　　　　　反乱に参加しなかった農奴主とその代理人が経営している工・商業と直接に工・商業の経営に用いる財産を保護する。

　　　　　工・商業のなかのいっさいの封建制度、封建特権、および封建搾取を廃

除する。

　　反乱に参加した農奴主とその代理人が自分で投資して経営する工・商業は、軍事管制委員会によりすべて接収される。彼らが反乱に参加しなかった者と一緒に投資して経営する工・商業は、軍事管制委員会に登記し、その監督の上、整理して後に処理する。

第9条　切実に中等農奴（富裕な農奴を含む）の利益を保護して、破壊を許さない。

第10条　買戻し没収した農奴主と農奴主代理人の生産資料を確定する。1959年3月10日以降、その資料を群衆の買収に使用し、あるいは他の方式で転用分散した者は非法として処理する。

第4章　土地の分配

第11条　すべての買い戻し没収した土地・その他の生産資料を本法に則って国家の所有者に帰する以外、郷の農民協会により接収する。できるだけ水呑み農奴と奴隷の要求を満足させ、かつ適切に中等農奴（富裕な農奴を含む）の利益を考慮する原則に立って、公平かつ合理的に分配する。農奴主とその代理人にも、同様の分の土地を分け与える。

第12条　中等農奴（富裕な農奴を含む）の植生する農奴主の土地が分配されるとき、原則の下に、土地を荒れないように、よく管理すべきである。もし個別の富裕な農奴が植生する農奴主の土地が当該地の人口に則り分配する平均な土地数量の一倍以上に多い場合は、彼らの賛成を得た後、適切に調整できる。

第13条　土地の分配では、先ず、郷を単位として、一人分の土地の平均数を得る。その上で、村を単位として、現有土地の保留を考慮して、できるだけ少なく変更する。土地の数量と質量およびその位置の遠近に則り、多ければ減らし、少なければ補足して、良い土地と悪い土地を抱き合わせて分配する。

第14条　土地の分配では、郷と郷の交錯した土地は、元に属する郷の農民に属する。県と県のあいだの分散した土地は、所在地の農民に分配する。県と県のあいだ、区と区のあいだに接する土地の調整が必要な場合には、

関連する人民政府あるいは軍事管制委員会に任せて解決する。

第15条　土地・家畜・農具・家・その他いっさいの生産資料の分配については、できるだけ水呑み農奴と奴隷の要求を満足させて、適当に中等農奴（富裕な農奴を含む）の利益を考慮た上で、生産に有利する立場から出発して、欠ける量に則り補足して分配する。

第16条　若干な特殊問題の処理

1. 1戸で1人または2人だけでなく、労働力のある貧困な農奴と奴隷の場合、その郷の土地が許す限り、1人前または2人分より多くの土地を分配する。
2. 農村の手工業工人、小さい商売、貧困な医者、教師、およびその家族に状況に則って、部分の土地と他の生産資料を分配する。ただし、その職業収入で家族の生活を維持できる者には分配しなくてもいい。
3. 家族が農村にいる烈士の家族（烈士は家族の人口の中に入れる）、人民解放軍の指揮員、戦闘員、栄養軍人、復員軍人、国家人員、およびその家族はみな、農民と同じ一人前の土地とその他の生産資料を分配する。でも、人民解放軍官員と国家人員がその給料の多少と家庭生活の維持する程度によって、少なく分配し、あるいは分配しない。
4. 本人が外地で他の正当な職業に従事し、家族が農村に住んでいる場合、その家族は、実情により土地とその他の生産資料を分配される。その職業収入が家庭生活を維持できる場合には、分配しなくてもいい。
5. 志願して還俗する、あるいは家にいるラマ・ゲロン（ラマ尼）には、農民と同じ一人前の土地を分配する。
6. 正常に戻る反乱分子のうち、農業生産に従事する者には、当地の農民と同じ一人前の土地とその他の生産資料を分配する。外に逃げた反乱分子は原則として、一人前の土地とその生産資料を得るが、農民協会が代管して、帰った後、本人に返却する。徒刑の判決を受けた反乱分子、反革命分子、および他の犯罪分子については、服役期間には本人に土地を分配しないが、満了して出獄した後、農民協会が可能な土地の状況に則って、土地を調整して分配する。反乱分子の家族には、農民と同じ一人前の土地とその他の生産資料を分配する。

7. 町の組織から農村に移った貧困な農民と遊民、および元の農村で流浪した職業のない人員には、当地の農民と同じく一人前の土地とその他の生産資料を分配する。

第17条　土地を分配するときは、郷を単位として、その郷の土地の状況に則り、少量の土地を残しておき、その郷の状況不明の外出人員と逃亡した家庭が戻るときに耕作するようにし、あるいは、その郷の可能な土地をもって当てる。この土地は暫く郷の農民協会で管理して、低い賃借料で貧困な農民に貸し、あるいは労働力のある貧困な農民に渡して、耕作する。ただし、残す土地は、全郷土地総量の2％以下とする。

第18条　県以上の人民政府が農業実験場あるいは国営農場を設けるとき、需要する土地は、主に荒地を開墾する方法で解決する。必要があれば、その県の各郷の残した可能な土地から小さい部分を調節してもいい。

第19条　土地を分配した後、県人民政府が土地所有証を授ける。民主改革以前の各種の土地契約は、すべて廃棄される。土地の権利を確定した後は、重ねて動かすことはしない。また、人が生まれても分配しないが、人が死亡しても回収しない。土地を得た家庭で死亡した人があれば、彼の分配した土地とその他の生産資料を、法律に則り、その配偶者および子女が継承する。

第20条　婦女の土地所有権を保護する。未婚の婦女、離婚した婦女、後家が嫁にいく場合、本人が自分で処理する。他人は干渉しない。

第5章　特殊土地問題の処理（略）

第6章　土地制度改革中の牧業問題（略）

第7章　土地制度改革中の寺院問題

第36条　切実に宗教信仰の自由と愛国的法律を守るラマ寺を保護する。人民がラマ・ゲロンになる自由を保護する。ラマ・ゲロンが還俗する自由を保護する。正常な宗教活動は干渉できない。

第37条　寺院のすべての封建特権（官員を派遣し、市政を管理し、私的な法廷・監獄・刑罰を設立し、財産を没収し、人民を流民とし、武器を隠匿し、民刑訴訟に干渉し、婚姻の自由に干渉し、文化・教育事業に干渉し、生産

を破壊するなどの権利を含む)、封建占有、封建搾取、人身の管理、群衆を強制してラマ・ゲロンとすること、および寺院内部の封建管理と等級制度は、廃棄する。

第38条　寺院の公共資金と財産が民主に管理され、生産基金として、寺内のラマ・ゲロンの生活および正常な宗教活動に用いられる。

第39条　寺院の各項収入がその正当な支出も維持できない場合、政府により補助される。

第40条　寺院のラマ・ゲロンに対して、労働力の状況によって、一定数量の土地を分配する。寺院の管理委員会が統一して管理し、生産を組織する。

第8章　土地制度改革の調停機関と執行方法（略）[注17]

1960年10月22日共産党チベット工作委員会、鎮圧・反革命工作の強化・改進の指示発出[注18]。

1961年2月22日共産党チベット工作委員会、農村の若干の具体的規定（農村26条）制定——農民の所有制、生産、互助組の協力、合作社は5年間しない、愛国生産運動、副業生産の奨励、農村経済の活性化、増税は5年間しない、などを規定した。

4月21日共産党中央、チベット工作方針の指示発出——民主改革の完成と「左」の錯誤の欠点を指摘した。

6月15日共産党チベット工作委員会、農村の若干の具体的政策の規定を制定。

1962年9月11日共産党中央、牧区の当面の若干の具体的規定（修正牧区30条）批准。

1963年3月1日共産党チベット工作委員会・チベット自治区準備委員会、牧区当面の若干の具体的政策の規定採択。

1964年9月5日共産党チベット工作委員会、5項試点工作を指示。その内容は、以下のとおりである。

　　——三大群衆教育（階級教育、社会主義前途教育、愛国主義教育）。

　　——ダライの反国罪行の暴露。

　　——農奴主階級分子の復活への攻撃。

　　——貧農団の設立。

——互助組の整頓。

1965年8月25日全国人民代表大会常務委員会、チベット自治区(成立)決議採択。

1980年3月14〜15日共産党中央、チベット工作座談会開催。4月7日共産党中央、「チベット工作座談会紀要」の通知[注19]。5月26日チベット工作座談会の通知を受けて、共産党中央がチベット工作8項方針の重要指示をした。その8項方針は、次のとおりである。

1．中央各部門は、チベットの実際的状況を研究し、これに従いいっさいの決定を実施する。
2．中央統線工作部と国家民族委員会は、中央および国務院の賛助を得てチベット工作情況を系統的に調査・研究する。チベット自治区の党指導を進める。
3．中央と中央各部門は、方針・政策・制度を制定し、チベットの情況に不適切な党指導はしない。
4．チベット族およびその他民族幹部を養成して、チベットの主要な責任を担わせる。
5．中央各部門は、チベットの需要に応じて特別に計画を制定し、支援する。
6．全国的にチベット工作を支援する。
7．中央各部門および各省・市・自治区は、「紀要」に関して自己工作を制定する。
8．チベット自治区党委員会は第11期中央委員会第3、4、5回全体会議および「紀要」の精神を参照して、成績を発揚し、欠点を克服する。[注20]

6月13日チベット自治区共産党委員会、農牧区の若干の経済政策の規定（施行草案10条）発出。

6月20日チベット自治区人民政府の布告。以下のとおりである。

「党の中央と国務院の指示精神によって、人民の負担を軽くし、休養して生活し、各民族人民の社会主義積極性を動員し、生産を発展し、人民の物質文化生活レベルを高くし、団結的で富裕的で文明的な新しいチベットを建設するために、現在の関連する政策と規定を、以下のとおり、布告する。

1．1980年と1981年の2年間、農業と牧畜業の税を免除し、社隊に農・牧畜・副製品などの購入任務を下ろさない。群衆の志願する基礎で、国家が相談して購入し、変更して購入するなどの方法で、生産隊と社員が余分の農・牧畜・

副製品を国家に売り渡すことを奨励する。

　今年の新しい糧食が出れば、国家の青稞の購入価格が冬の小麦価格より高くなるつもりである。

　町で集団経営する民族手工業・建築業・輸送業・サービス業などの企業と個体な手工業や、小さい商売に対し、2年の工・商業税を免除する。生産隊と社員個人が市場で農・牧畜・副・手工業製品を売る、あるいは交換すると、税は、免除する。

　県・区・生産隊の農・牧畜用のトラクター・車などの道路費用を免除する。

2．いっさいの形式の割当て任務を廃除して、群衆の負担を軽減する。国家が各項の建設事業を行い、社隊の労働力を用いたいときは、社隊と相談して、契約を結ぶ形式で、社隊が請負う。国家の人員が村に行って仕事をするときは、また社隊あるいは社員の家畜を雇用するときは、合理に報酬を支払う。

　民間の小学校教師の生活費用の中の、社隊で負担する部分および学校の公共経費は、今年7月1日から、国家負担に変更する。

3．十分に、生産隊・作業グループ・社員の自主権を尊重する。今後、各級の政府は、指令性の生産計画、産量計画、および植生計画を下ろさない。隊・グループ・個人が自分の生活需要と生産需要によって、地域によって、生産を按排する。何か適当であれば、何かを植えたければ、植える。生産措置も、自由に決められる。

　生産隊とグループや家庭の労働力、財産力、および物資は、法律で保護される。どの単位でも、個人では用いられず、横領できない。

4．生産隊は、自分の状況によって、各種形式の生産責任制を立てて、整備する。年間の作業グループを固定し、作業は家庭まで請負とし、産量によって報酬を計算できる。「口糧田」（人数による田地の分配）で分配できる。産量は集団で請け負うことができる。個別の遠いところに住んでいる家庭は、産量を家庭で請け負ってもいい。

　規模が大き過ぎ、分散過ぎる生産隊は、群衆の願望によって、県の人民政府の許可を受け、適当に小さくする。

5．真剣に「自留地、自留畜、自留木、および家庭の副業政策」を実施する。

自留地は、今の人口に則って調整され、一般的に生産隊の耕地面積の7〜8％位を占める。平均した1人の耕地が2ムー（畝1ムー＝60平方丈，6,667アール）に達しないときは、10％まで占めてもいい。条件のあるところで、社員に一定数量の飼料用地を分配してもいい。自留地と飼料用地は、すべて社員が自分で経営する。

　自留畜は、家庭にまで明確する。何を飼うか、いくら飼うか、すべて社員が自分で決める。

　社員が自分の家の前後で木と果物を植えるのを許可する。それは、植える人に所属する。過去において集団的に無償に分配された個人の小さい規模の森林と家の前後の果物の木は個人に戻す。

　一定の条件下に社隊が社員に荒山・坂・荒原などを分配して、木と草を植える。収入は社員の自分に属する。

　社員が編み物・養殖・裁縫・皮を揉むなどの家庭副業と手工業生産を従事するのを許可し、奨励する。自然資源を破壊しない状況で、社員が漁猟・採集生産をするのを許可する。各種の工匠は町で経営できる。

6．社隊が民族手工業と副業生産を発展させるのを支持し、奨励する。社隊が外界と直接に連絡して、契約を結び、農・畜・林・副製品の加工を請負い、輸送・建築などの項目を請負うことを許可する。社隊がホテル・レストラン・ヤク店・修理店などのサービス業を経営することを許可する。

7．市場貿易を展開して、物資交流会を開く。社隊と社員が直接自分で生産した農・牧畜・副製品を売却し交換するのを許可する。小さい商売を町で商売をするのを許可する。

　積極的に農民と牧畜民のあいだの習慣性の交換を回復させ、発展させる。各級政府は、交換の実際上の困難の解決を助ける。農民と牧畜民の境界では、交換市場を設ける。

8．大きく辺境貿易を発展させる。ネパール、インド、シッキム、ブータン、ビルマの住民がわが辺境に交換にくる、あるいはわが国の辺境住民が国を出て交換するのを許可する。過去の辺境住民の貿易を妨げた規定は廃止する。
　この布告は、公布する日から実施する。

チベット自治区人民政府
1980年6月20日[注21]」

1981年10月26日チベット自治区共産党委員会、「党の宗教信仰自治政策の全面貫徹と宗教活動の管理強化の意見」発出。

1984年2月27日〜3月28日共産党中央、チベット工作座談会開催、4月1日「チベット工作座談会紀要」を通知。その要点は、以下のとおりである。

> チベットは、神国神主領土で、中国の不可分割の一部分であり、チベット平和解放30余年の歴史的経験から、情況の変化に応じて不断に改革に取り組み、チベットの特殊性を認める。ただし、チベットの独立は認めない。その特殊性は、(1)世界の屋根にある存在、(2)長期の封建的農奴制社会で、政教合一の僧侶・貴族統治にあって、その痕跡は、依然、深い、(3)基本的にチベット族は単一民族である民族真理・民族感情・風俗習慣にある、(4)基本的にチベット族全体がラマ教を信仰し、その深刻な影響にある。以上を出発点として、チベット政治の安定、経済・文化発展、人民生活の改善の3方面工作を進めることを確認する。[注22]

4月8日チベット自治区共産党委員会、愛国戦士のチベット工作座談会開催(ラサ)。

4月16日チベット自治区共産党第3期第2回会議開催(ラサ)、チベット工作座談会の精神貫徹を協議。

4月27日チベット自治区人民政府、開放政策についての布告。以下のとおりである。

> 「チベットの経済を成長させ、人民の生活が一日も早く富裕になるために、民の力を引続き養い、確実に収入を増加しなければならない。それがために、農業および放牧地域に関する政策規定は、以下のとおりである。
>
> 1．農業および牧業の税金免除を、1990年まで延長する。
>
> 2．土地・家畜の請負う期間は、30年にわたって変わらず、集団に属した果樹や林・荒山・荒地・荒瀬などの請負う期間が50年にわたって変わらず、譲り渡すことは認める。荒山、荒地、荒瀬などの開発的経営の相続は認められる。

3．糧食・バター・肉類の計画的な買付と形を変えただけの買付は取り消す。経年で農業・牧業・副食品（国家が規定している少数の貴重な薬を除く）の市場を開放し、自由販売と自由交換を実行する。
4．いかなる団体にしても個人にしても、金銭と物資を群衆に割当て、または求めてはいけない。公社（郷）、生産隊（村）の幹部月給は、地方の財政から支出する。5つの生活保護を受けている家の生活費は、社会救済金から支払う。
5．農民と牧民が生産および経営上の自主権を保障し、群衆に強迫して何をさせるかさせないかのようにしてはいけない。植生計画と養殖計画は下達し、形を変えただけの下達はとらない。
6．県・区政府が設立する中・小学校は、すべて寄宿制度を設け、食事と衣装と住宅を用意してもらうよう、取り決める。その費用は、国家が負担する。
7．多種の経営展開を奨励し、各種の専門戸・重点戸を援助する。農民と牧民が連合経営・集団経営・個体経営のような多様な経営方式を通して民族手工業・商業・服務業・修理業・運送業・建築業を展開するよう提唱する。工人・技師・徒弟を雇い、月給は双方が協議した後、決める。
8．農民と牧民が自家以外の郷・県・区で、商業・その他の経営活動を行うのを認める。長距離運送による販売を奨励する。集団あるいは個人で、農業・牧業・副業の生産と運送に従うトラック・トラクターに対しては、引続き道路維持負担金を免除する。
9．他の省・市・区の個体労働者、集団企業、および国営企業がチベットに店舗・工場を設立し、物資交流会に参加し、展示即売会を催し、加工・運送・建築などの第三次産業に従って活動するのを歓迎する。加えて、彼らの便利さと合法利益を保護する。

以上。

チベット自治区人民政府

1984年4月27日[注23]」

1985年1月チベット自治区共産党委員会、「経済体制の改革と経済発展を加速する8項意見」発出。要点は、以下のとおりである。

1．力を入れて、自身の経済活力を強め、良い環状の道路（方向）へと、一歩一歩、向かう。改革を通し、チベット経済に「2つの転換」を実現させる。すなわち、封鎖性の経済から開放式の経済に転換し、供給型経済から経営型の経済へ転換する。この「2つを主とすること」を実行する。すなわち、土地・森・草場を公有制のままとしておくとの前提の下で、家庭経営を主とし、農畜商品の市場調整を主とする方針に従う。

2．経済構成を調整し、力を入れて戦略目標を実現し、5年以内に農民平均実際収入を倍増する。本世紀末までに、工農業の総産直を3倍以上に増やして、30億元位に達するようにする。経済発展の戦略重点は、以下のとおり。農牧業を中心にする。強力に農・牧・畜商品の加工業を主にする軽紡績工業・木材加工業・建築材料業・飼料加工業・食品工業・民族手工業などを発展させる。積極的に第三産業を発展させ、強力に観光事業を発展させる。エネルギー源建設と交通運送は、わが区経済の発展する重要な前提である。

3．農牧区の改革は、商品経済の発展を重点にし、いっそう家庭経営を主としている生産責任制を完全にする。目前、全区では、90％以上の農家は、「土地が農家によって使われ、自主的に経営し、長期にわたっても変わらない」という生産責任制を実行している。95％以上の牧家は、「家畜が個人により使用され、私有・私用をもって自主経営し、長期にわたっても変わらない」という生産責任制を実行する。

4．都市の改革は、実際によって企業の活力を強めるという中心環節を固めて、もっと緩やかな政策をとり、より多様な措置とより、柔軟的な経営方式を採用する。

5．計画体制・価格体制・管理体制・労働人事賃金などの方面で経済体制の関連改革を協調して進行させる。

6．いっそう改革・開放を実行して、経済・技術交流を強める。対外的には、ネパール、ブータン、インド、ミャンマーなど隣国との国境貿易を発展し拡大させる。辺境貿易港と辺境貿易点を開放し、辺境に住んでいる人民の自由往来と自由貿易を進行させる。力を入れて、ネパール政府との貿易往来を引続き発展させ、中継貿易をも進行させる。他の省・市・自治区とのいっそう経済協

力および支援を強める。
  7．人材の養成をしっかりと固めて、チベット族を主体としている経済技術幹部隊伍を作る。
  8．党の指導地位を発揮し、改革を真面目に指導する。[注24]

これに関連して、1月15日に自治区体制改革指導小組が成立した。自治区共産党委員会常務委員会が元の自治区党委機関改革工作指導小組と経済体制改革工作小組を合併して設立した自治区体制改革工作指導小組は、自治区共産党委員会・自治区人民政府の直接指導下に具体的に全区の機構改革、経済体制改革、および賃金改革の任務を担当することになった。

1987年7月9日チベット自治区第4期人民代表大会第5回会議、チベット語文の学習・使用・発展の基本規定（16条）を採択、7月19日自治区人民政府、チベット自治区のチベット語の学習、使用、および発展に関する若干の規定を通知、1988年12月22日若干の規定実施規則の施行。

1988年12月29日共産党中央、「当面のチベット工作のいくつかの問題について」発出。7条の主要内容は、以下のとおりである。

  (1) 反分裂闘争を続けて固める。チベットでの分裂・反分裂闘争は長期のものである。チベットでの分裂に反対する闘争は、完全に敵対勢力に対する闘争であり、完全に敵と味方の矛盾である。分裂問題と民族宗教問題は2つの性質の違っている問題といえるので、われわれは、それらを見分けなければならない。反分裂闘争をしているとき、チベット各族の幹部群衆に頼らなければならないのは、彼らが反分裂闘争の主力軍であるからである。騒ぎに参加する一般の人に対しては批判教育をし、極く少数の「チベット独立」の反動立場を堅持しており、騒ぎを起こし、打ったり奪ったりし、あるいは他の破壊活動をした分裂主義分子に対しては、法により処罰をする。
  (2) 民族団結を維持し強化するのは各族の幹部と人民の神聖的な職責であるので、チベット・漢など各民族の団結と軍・民団結ならびに軍政団結、幹群団結、特に各級指導者の団結を引続き強化する。先ずは、自治区共産党委員会・政府などの大きい指導部の団結を強化すべきである。
  (3) 経済の仕事を続けて固める。チベットを安定させ発展させる、根本的な

一環は、社会生産力を発展させることである。チベットの経済発展は、必ずチベットの実際の状況に立って行われなければならず、内地の経験はそのまま用いない。チベット人民に着実に実際の利益をもたらすべく着眼して、目に見えるそして感じとられる実際の利益をもたらすべきである。知力投資と知力開発を早めて、教育を向上し、人を養い、人の素質を高めるようにする。

(4) チベットの幹部隊伍はいいといえるが、各族の幹部、各時期にチベットに入った幹部も、解放後に育成されてきたチベット幹部をも含めて、今後、チベットの各項事業は、これらの試練を乗り越えた幹部を中核として、展開し進める。

(5) 政策の実現で残った問題を、しっかりと引続き解決する。今後、政策の実現で残った問題を解決するとき、細かくではなく大局的な原則をもって、政治上で解決して、経済上で適当な補償を与える。

(6) 統一戦線工作は、チベット工作の一つの重要な方面であり、チベットで特別な重要意義を持っている。アペイ（阿沛）、パンチェン（班禅）・ラマの両副委員長とパパラ（帕巴拉）副主席らの積極的役割を発揮するべく、特に配慮すべきで、彼らとの長期協力を堅持し、影響力のある民族宗教の上・中層人士に対して、中央から、各級の党委委員会は、関心を持って愛護するべきであり、彼らが成長と進歩できるように助けて、彼らと友人関係を結び付け、彼らの意見と建議を聞き取る。いっさいの団結できる勢力を団結する。

(7) 確実に党の建設と基層政権の建設を強める。基層党支部の建設を引続き強めて、絶えずに各級の党組織と広人の党員の党性観念を高め、チベット現有の共産党員6万人の模範作用を発揮する。[注25]

1989年7月10日チベット自治区共産党委員会・チベット自治区人民政府、人民解放軍の学習・熱愛・擁護活動の決定（6条）発出。6条は以下のとおりである。
「《決定》は合わせて、以下の6条である。

1．報告会・座談会などの形式を通して、歴史と現実における数多くの事実で、人民解放軍と武装警察が党・人民・社会進歩のために捧げた巨大の貢献、および憚るところのない犠牲精神を褒め称え、各族の群衆に人民解放軍と武装警察部隊が少数分裂主義分子のラサでの騒ぎを平定して、人民の生命・財産・

安全を守りながら樹立した不滅の功績を十分に認められるよう指導する。
2．解放軍への学習・熱愛・擁護の活動は、厳格に国務院がラサで戒厳を実行する命令と結びつけなければならない。部隊士官と兵士を誘って、報告・座談・忘年会・見物などの形式で、幹部・職工・住民・学生を集めて、解放軍と武装警察部隊が文明に挑む先進実績を学習する。
3．今回の活動は、「8・1」建軍節と国慶節40周年建国記念日の期間を通じて、高潮を沸き立てる。擁軍優属（家族を優待する）を行っている過程では、できる限り部隊と軍人家族に助けて、実際上の問題を解決する。
4．広く深く入り込んで、長く引続き落ち着いて、軍・民ともに、社会主義精神文明の活動を展開し続けるべきである。
5．各メディア機関は、新聞・ラジオ・テレビを利用して、言論を発表し、インタビューを行い、擁軍優属と軍民団結を強めるべく多彩な活動を十分反映し、生き生きとして具体的に解放軍・武装警察部隊の崇高な人格と実績を紹介して褒め称える。注26」

9月21日チベット自治区共産党委員会・チベット自治区人民政府、「寺廟管理強化と寺廟整理進行についての意見」発出。その内容は、以下のとおりである。

現在、全区の寺廟には、多くの問題がある。最も主要なのは、寺廟に対する管理が完全でないことである。一部の寺で、ゲロン（僧尼）を受け入れる管理がなくなった。寺の規則制度が健全でなく、あるいは健全であっても、従う人がない。寺廟の民主管理会の建設がしっかりしておらず、指導権が愛国でないゲロンのいる寺廟もある。国外分裂勢力の浸透をよく排除していない。特に、1989年以来、ラサの幾つかの寺廟では、少数の分裂分子が公開的に「チベット独立」を鼓吹し、連続して騒ぎを起こし、さらに物を破り奪い、チベット安定団結の政治局面を破壊してしまった。ゲロンの合法権益を保障して、信教群衆の正常的な宗教生活を保証して、党の宗教政策を全面的に貫徹し、社会安定を維持するために、《チベット自治区仏教寺民主管理規定》および関連法規により、寺に対して管理を強めて必要な整理をしなければならない。

1．法による寺の管理を堅持し、寺の活動を憲法、法律、および政策の軌道に収める。寺廟の民主管理会の建設を強め、指導権を党の指導を擁護した愛国

のゲロンにしっかり握らせる。宣伝教育を通し、広大なるゲロンの自覚を高める。

2. ゲロンが騒ぎの製造や分裂活動に参加した寺を整頓し、真剣にゲロン隊伍を整理する。1987年9月以来、寺廟内が起こった政治事件は、一つ一つと調べ上げ、定員の仕事をしっかりすべきである。ゲロンの点検を通して、健全的な教務・ゲロン管理・財務・治安・文物管理などの面での制度を作って、それを真剣に貫徹しなくてはいけない。寺廟の自生原則を真面目に貫徹して、寺廟が徐々に自生できるように努力する。[注27]

12月18〜24日チベット自治区第3期共産党第8回全体委員会拡大会議開催、中央政治局常務委員会のチベット工作会議討論紀要を通達。その内容は、以下のとおりである。

会議は、先ず中央工作会議と第13期共産党第5回中央委員会全体会議の精神および《中共中央がいっそう整理整頓と深化改革についての決定》などの関連文書を伝達し学習し、貫徹の意見を研究して提出し、《中央政治局常委討論チベット工作会議紀要》(すなわち中央10条指示)を伝達した。10月19日中央政治局常務委員会は、江沢民主席の司会の下に会議を開催し、チベットについての工作を討議した。会議は、胡錦濤のチベットに関する現在工作についての報告を聴取した。《会議紀要》は、チベット工作は社会の安定と経済の発展という大事をしっかりとつかむよう、指摘している。社会の安定を保証し、安定・団結の政治局面を固めて発展させるのは、チベットにおける第一の政治任務である。ラサで起こった騒ぎは、深刻な国際的・国内的背景があり、帝国主義がチベットに侵入して以来、長期にわたって存在している分裂・反分裂闘争の継続であり、国内外の分裂勢力が国際反動勢力に指示して発動して祖国を分裂させ、共産党に反対し、社会主義制度を転覆させるのを主旨としている厳しい政治闘争である。騒ぎを簡単にみたり、長期の「左」の結果にするわけにはいかない。チベットが平和裡に解放されて以降、中国共産党の指導と全国人民の支援のもとで、全区各民族の幹部、群衆、およびチベット駐在の人民解放軍は緊密に団結して、共同奮闘し、反動集団により発動された武装反乱を平定して、民主改革を実施し、民族区域政権を建設し、社会主義建設と改革開

放を促進して、チベットの政治も経済も天地を揺るがすように変革すべきである。工作中の誤り、特に文化大革命のような重い誤りは、混乱を鎮定して正常の状態に戻し、政策を実現して、大体、改正できた。遺留の問題は、今後の実践の中で続けて解決すべきである。幹部隊伍の建設、チベット工作を委ねる勢力、民族団結と区域自治、宗教工作、ダライ集団との闘争、チベットの経済建設、国境警備の建設、ラサの戒厳、中央・国務院・関連機関とチベット工作の関連などの問題について、具体的規定が策定された。会議に出席した同志は、一致してしっかりと中央の指示を擁護しており、この中央の指示は、目前と今後の一時期のチベット工作の重要の指導思想である。この指示は、チベットの局面をいっそう穏やかにすること、および各工作が順調に進むことに対して非常に重要な意義を持っている。出席した同志は、《紀要》の精神に従って思想を統一し、認識を高め、そして局面の安定をつかみながら経済建設にも力をいれて、チベットの長期の安定と経済の持続的、穏健、かつ調和な発展を実現させると、一致して示した。[注28]

これに関連して、12月29日チベット自治区共産党委員会は、ラサで愛国人士座談会を開催した。会議は、愛国人士に対し中央チベット工作についての重要な指示精神と自治区共産党委員会第3期第8回全体委員会拡大会議の精神を伝達した。自治区共産党委員会副書記ライディ（熱地）が司会し、自治区共産党委員会書記胡錦涛が目前の国際・国内情勢を紹介して、社会主義の方向と改革開放を堅持し、自治区の政治局面の安定かつ経済建設を固めるとの講話を行った。会議に参加した愛国人士は、パパラ・ガレランジ、ジャンジョン・ザシトギ、サンディン・トギパム、ギプ・プィンツツデン、ラミン・ソランドンジュン、キンジョン・ジェンゼンプィンツォ、ラル・ツワントギ、フォカン・ソランベンバ、タンマイ・コンジョバイム、ゴンバサ・トドンギザ、チャバ・ガサワンドイ、トギザ・ジャンバイロサンらであった。[注29]

1990年1月20日チベット自治区共産党委員会・自治区人民政府、チベット自治区経済社会発展戦略構想を策定。その主要内容は、以下のとおりである。

今後、経済社会が発展する総目標は、以下のとおりである。貧困から脱出して財を築き、本世紀末にかけ、さらに貧困の範囲を縮小し、一部地区を「小康」

レベルに到達させる。農牧業・エネルギー・交通・郵便通信の基礎施設の建設を固める。教育を望ましくする。力を入れて人材を養成し、科学文化の進歩を促進して、全民の素質を高める。地方の財力を強め、地方財政の自給レベルを高める。全区の人口自然増加率を1000分の16以内に管理し、できる限り本世紀の末までに256万人を超えないように努力する。

　具体的の措置は、以下の11条である。

1．4項の基本原則（改革・開放の堅持、党の実事是的思想路線の堅持、慎重穏進的方針の継続、辺境局勢穏定の保持）を堅持し、改革・開放を堅持し、思想を解放して、観念を新たにする。
2．協力して教育・科学事業を発展し、努力して全民族の文化素質を高める。
3．「三靠」（政策に頼り、科学に頼り、投入増加に頼る）を堅持して、農牧業が穏やかに発展するよう促進する。
4．能力の源泉を強化して、交通・電信建設を進め、経済社会発展の基礎を堅実に固める。
5．所有制の構成を調整し、生産力の発展を促進する。
6．改革を深化し、対外開放を促進する。
7．経済連合に向かって発展して対外開放を促進する。
8．財源を開拓し、支出を節約する。力を尽くして地方の財力を強めて、資金を活用する。
9．市場を育て、流通を順調に進める。
10．管理を強め、計画性のある社会主義商品経済が健全に発展できるように促進する。
11．適切に人口成長率を管理して、発展戦略の実現を保証する。[注30]

2月6日チベット自治区人民政府、1990年企業深化改革意見を提出――企業の責任制を指摘した。

1990年4月30日に戒厳令が解除され、チベットは新しい段階に入った。1991年4月20日アペイ・アワンジンメイ全国人民代表大会常務委員会副委員長が、チベット解放40周年論文「チベット歴史発展偉大転折」を発表した[注31]。

10月10日チベット自治区共産党委員会・自治区人民政府、辺境地区の若干問

題の政策規定を発出——改革・開放の堅持、党の実事是的思想路線の堅持、慎重穏進的方針の継続、辺境局勢穏定の保持の4項の基本原則を堅持して、祖国統一を維持し、民族団結を進める。辺防建設の強化などの辺境工作を指示した。

10月19日チベット自治区共産党委員会・自治区人民政府、党中央・国務院の「宗教工作の若干問題の通知の意見」を発出——宗教は祖国分裂に領されない、民族団結の犯罪活動を起こさない、国外の敵対勢力の浸透を制止する、といった宗教的事務管理の強化を指示した。

10月28日チベット自治区共産党委員会・自治区人民政府、「一部共産党員の信仰宗教の意見の妥協解決に関して」発出——（1）一部党員の信教問題の解決のための教育工作、（2）党員の宗教活動の情況を区別して、慎重に処理する、（3）党員の管理・監督を強化する、（4）反腐敗・反新党・反分裂・反「和平演変」の先鋒性を高める、との4項意見が提出された。

12月7日チベット自治区共産党委員会、「わが国統一戦線工作をさらに一歩進め加えて強化する決定」採択。その決定は、要旨、以下のとおりであった。

> 共産党第11期中央委員会第3回全体会議以来、わが区の統一戦線仕事は顕著の成績を勝ち取った。全区では、各種の職務につき、生活上待遇される各界人士はもう1700人余で、1980年以前より3倍も増えた。10年動乱の中で起こった大量の問題について調整や究明を行い、冤罪事件を覆し、経済的損失に遭った人には適切に補償し、党の宗教信仰の自由政策を真面目に貫徹し、寺廟の占用された財産と家屋を戻し、賠償した。寺廟を修理して開放し、広大な信教群衆に十分の宗教信仰の自由が享有された。各級党委員会と政府は、期日を決めたり決めなくして党外人士に対し情勢を報告し、意見を聴取した。この10年間、帰国して親族を訪れ、あるいは見物にきたチベット族同胞8000人以上が接待され、1400人が定住した。
>
> 今後、統一戦線の仕事はまだ負担が重いので、各級幹部は、正確に統一戦線の重要性、必要性、長期性、およびチベットでの地位と役割を認識しなければならない。局面の安定と経済建設をしっかり中心に固めて、最大範囲の広い統一戦線を発展させ、党内外人士との協力関係と政治協議を進める。国外でのチベット同胞に関した工作を続けて固め、国外同胞への宣伝をいっそう強める。

より多くの人が団結するために、分裂をなくし、統一に賛成する団体と個人であれさえすれば、団結するよう堅持し、また思想上揺れている人に対しても、出来るだけ教導する。頑固に「チベット独立」を堅持する分裂勢力に対しては、打撃を与える。党の指導を擁護し、政治立場がなく、また幹部の「四化」条件（鄧小平が1980年代初めに提起した幹部の革命化・知識化・専門化・若年化の方針、2006年6月江沢民が中央党学校の工作会議で確認した）に基本的に合っている愛国人士と党外知識分子を大胆に任用し、今後の2、3年に、自治区と各地（市）の教育・文化・科学技術・農牧・司法など機関にも党外人士を置くように全力を尽くす。党の宗教政策を真剣に貫徹し、法による寺の管理を強め、積極的に宗教界の愛国勢力を指導し強固にし壮大にして、正常の宗教活動を保護するとともに、宗教を利用して人民大衆の生命・財産・安全を危害する非法活動を禁止し、さらに、宗教の名義の下で祖国を分裂する活動を禁止する。[注32]

1992年7月14日チベット自治区人民政府、チベット投資の若干規定（23条）公布。
9月19日チベット自治区人民政府、全民所有制工業企業転換経営規制条例（54条）公布。

1993年3月30日チベット自治区共産党委員会・自治区人民政府・チベット軍区、「チベット民兵工作強化の意見」を発出。

10月29日チベット自治区人民政府、「反腐敗闘争の意見の通知」を発出。以下のとおりである。

「《通知》

深く入り込んで反腐敗闘争を展開するために、区人民政府はいっそう共産党中央、国務院、および自治区共産党委員会の反腐敗闘争についての部署と要求を貫徹するものとし、以下、5点の意見を提出する。

1. 全面的に党政機関の自己検査・自己改正を行い、自己検査・自己改正の重点は県（処）級以上の党員幹部である。政府系統省級幹部の自己検査は10月末に終わるが、その情報を国務院に報告する。県（処）級以上は11月末に終わる予定で、結果を自治区共産党委員会・人民政府に報告する。
2. 調査された厳しい案件は、監査部分は力を尽くして調べ事実を確かめ、できるだけ早く判決を行うべきで、その中の一部分を選択して社会に公開する。

3．監査庁を指導者として、関連機関とともに、チベット機関幹部職工が賭博に参加する問題について、規則を作成する。財政庁を指導者として、無秩序な徴収、割当、罰金、および「収支二銭」の問題について、具体的な解決の方法を提出する。計画経済委員会を指導者として、自治区の工商局と体改所は、党政機関の所有企業が所属の機関から離れる問題について具体的方式を提出する。

4．10月あるいは11月上旬に第一段階の無秩序徴収を取消す項目を公開する。11月末に第2回の項目を公開する。12月末までに無秩序な徴収・割当の問題を基本的に解決する。堅く幹部の賭博ブームを禁止する。

5．年末までに、各地市・各政府は、1993年の段階の反腐敗闘争についてまとめ、1994年前半の反腐敗闘争の任務と措置を提出し、以後、それを自治区共産党委員会・区人民政府に報告するものとする。[注33]」

　2000年6月中国国務院新聞弁公室は、白書「チベット文化の発展」[注34]を発表した。それによると、チベット族が95％以上占めるチベット自治区では、憲法と民族区域自治法に基づきチベット人民は自民族の言語・文化を学び使い発展させる権利を守り、これを保障し、発展している姿が明らかにされた。その一環として、1994年チベット自治区義務教育弁法、チベット自治区義務教育義務教育計画の公布があり、教育システムは完成し、大学総学生数は2万人を超えた。その変革は、以下の3つにあるとしている。

(1) チベット文化の主体が封建的農奴から全人民の文化に変わった。
(2) チベット文化の内包が、チベット族信者大衆の宗教信仰の十分な保護と継承で、大衆の新しい生活と社会発展の新たな要請を反映した時代の内容へと変わった。
(3) チベット文化の発展状態が、かつての閉鎖・停滞・萎縮の状態から開放・発展の態勢が形成されて、伝統文化の発揚と同時に現代科学技術・教育・報道伝搬文化の発展へと遂げた。

　これによって、「宗教信仰を個人の私事として自由を獲得する」ところとなった、と白書は要約している。そこでは、「チベット文化の絶滅」といわれる非難への態度が明確に提起された。

　そして、2001年6月25～27日、共産党中央・国務院は第4次チベット工作

チベット平和解放 50 周年記念大会、2001 年 7 月 19 日

座談会を開催し、共産党中央員会総書記・国家主席江沢民は、チベットの発展とチベット族の同胞的命運、歴来の祖国和平、および中華民族の命運の連繋を強調した。第 3 次工作までに得た経験を総括し、(1) 経済建設を中心におくチベット人民の生活水準の向上、(2) 改革の深化と開放の拡大、(3) 党の民族政策および宗教政策の堅持と全面貫徹、(4) 全党のチベット政策の高度重視およびチベット各族人民の祖国的向心力の増強、(5) ダライ集団の分裂活動および国際反革勢力の浸透・破壊闘争に対するチベットの穏定および祖国統一工作の維持が確認され、チベット工作は新局面に入ったことが確認された[注35]。

7 月 19 日チベット平和解放 50 周年(1951 – 2001)幹部大会が 2 万人参加してラサで開催され、胡錦涛副国家主席・中央軍事委員会副主席がチベットを訪問し、(1) 祖国統一の維持と民族分裂の立場での穏健的政治方面の把握、(2) 開放思想を掌握し、実事を追求する学習、(3) 団結を強化し含力を形成する、(4) 民衆と連繋し、「老チベット」精神を発揚し、(5) 自治区としての工作を遂行するとした 5 条方針を提唱した[注36]。

2．チベット開発

　チベットの平和解放後、毛沢東主席は、チベットは「慎重かつ平穏に前進する」方針を定めた。1961年チベット自治区の成立で、「安定的発展」の方針が打ち出された。1994年以来、自治区政府は経済建設を中心に、経済発展と情勢の安定に力を注ぎ、1984年から43件のチベット援助プロジェクトに着手し、さらに1994年には62の援助プロジェクトが始まり、総投資額は41億6000万元で、以上すべてが完了した。

　そして、1999年6月西部（重慶市・四川省・貴州省・雲南省・甘粛省・陝西省・寧夏回教自治区・新疆ウイグル自治区・内蒙古自治区、広西チワン族自治区）の大開発が着手された[注37]。この開発とともに、チベット大開発が結びつけられた。そして、その西部内開発での民族問題解決がチベット開発でも教訓となった[注38]。

　現在、最大の眼目となっているのは、いわゆるチベット鉄道、青蔵鉄道（ゲルム（格爾木）―ラサ間）で、第10次5カ年計画（2001年－2005年、十五期間）の四大工事の一つとして2001年2月8日建設計画が国務院で承認された[注39]。この鉄道建設は、チベット高原の交通条件と投資環境を激変させる意義があり、1970年代から予備的測量が着手され、そして1974年に、まずシニン（西寧）―ゲルム間、全長845キロの建設が着工され、同部分は1984年に完工した。以後、高原（最大の高地は海抜5072メートル）と凍土（ラサ―ゲルム間の長期凍結地域550キロ）に対する技術的問題の未解決で、ゴルム―ラサ間、全長1142キロ（標高4000メートル以上が960キロ）の建設は遅れて2001年2月8日決定され、6月29日着工となり、6年後の完工を目指し、2005年10月15日完工した。2006年7月試運転とともに貨物輸送が始まり、翌07年7月正式運行となり、旅客輸送が始まる。投資額は139.2億元で、960キロは海抜4000メートルの高地を走行することになる[注40]。これにより、中国の31省・自治区・直轄市が直接レールが繋がった。

　2004年9月16日新華網によると、この十五期間に7000万元を投資して、天然牧草地帯の建設と保護が進められる。それは、これまでの4300万元投資による人工まぐさ基地と牧草地帯の保護地域40万ムー（約2万7000ヘクタール）の開拓に次ぐもので、これにより天然草原は8200万ムー（約546万7000ヘクタール）

チベット鉄道の完工、2005年10月15日

に達し、中国天然草原の約25％を占め、草原の家畜収容量は2400万頭に達する。

　さらに、この十五期間に、ラサは、対外開放の推進、さらなる社会経済発展を目指している。2005年にはGDP80.5億元、年平均15％の成長率を実現し、第一、第二、第三次産業の比率を9対26対5に調整して、都市住民と農牧民の収入を年平均9％、11％に引き上げ、経済成長に対する科学技術の貢献度を40％、修学年齢の児童入学率98％以上の達成に取り組んだ。ラサ市では、十五期間の年平均15％の経済発展を維持し、2015年には経済総額250億元を達成し、チベット高原の経済発達区として、経済成長を粗放型から集約型発展への転換を目指している。ラサ市では、全市を4つの経済区域、すなわち都市経済区、均衡創造経済区、河谷農業経済区、高山草地薄苦行経済区に分けて、農牧業を基礎にインフラストラクチャー整備と人材育成を進め、観光業を育て、特色ある工業と商業貿易業の3つを柱に、科学技術で都市を振興し、都市を原動力に発展し、その発展を持続するという3つの戦略を推進する方策を進めている。自治区全体の民間企業は、2001年3月現在500社に達している。

1992年4月4日チベット発展援助基金が5年の準備を経て、北京に成立した。アペイ・アワンジンメイ副委員長は、「基金の成立はチベット人民の生活における一つの大きな出来事であり、チベット人民が共産党中央の呼びかけに応えて改革・開放の速度を加速し、チベットと4つの省のチベット民族地区の経済的繁栄と社会発展のためにいっそう大きな貢献を行う新たな出発点である」と述べた。陳俊生国秘委員は国務院を代表して、次のように述べた。「5年前にパンチェン・オルドニ大師とアペイ・アワンジンメイ副委員長がチベット発展基金会の設立準備を進めようと、提案した。その目的は、チベットとチベット民族区の発展のために資金を蓄積することにあった。5年来、チベット発展援助基金は、設立準備期間内に国内外からチベット援助資金1512万元を集め、チベットとチベット民族地区の文教・衛生・福祉などの事業発展を促進する面で、多くの事業を行ってきた。平等互恵・共同繁栄は、党中央の民族政策の一貫した方針である。チベット発展援助基金会に関心を寄せ、支援し、これにいっそう大きな役割を発揮させるよう各地、各部門に要望する」と述べた[注41]。

　2001年のチベット自治区の固定資産投資規模は90億元に達し、前年比35％増であった。

　2001年10月25日ラサ発新華網によると、チベット自治区産業の支柱産業は、観光業・チベット医薬業・民族手工業で、年間総額6億元の観光業の発展はいうまでもないが、チベット医薬企業の年間生産額は総額3億元に達した。

　2004年10月29日チャイナ・ネット（人民網）によると、1999年組織された国土資源部の「新段階中国国土資源大調査」で羌塘盆地に大量の石油・天然ガスが埋蔵されていることが確認され、それは100平方キロの旧い石油埋蔵地帯を形成していると判明した。

3. 転生事件

　1989年1月28日10世パンチェン・ラマ、ロプサン・チョキ・ギェルツェンが逝去した。30日国務院は、10世パンチェン・ラマ大師の転生問題についての決定

を採択し、タシルンポ（札什倫布寺）民主管理委員会がチベット仏教の法規に則り、国家行事として弔い、転生者の尋訪問を進め、国務院がこれを批准するとした[注42]。1991年1月3日パンチェン・ラマの転生者がいることが確認され、3月21日14世ダライ・ラマは転生者探索に中国当局の協力を在ニューデリー中国大使館を通じて求め、高僧の代表団がその地で祈りを捧げ正しい転生者を見付ける予兆が得られるという湖面に神託が現れる聖湖、ラモ・ラムツォ湖への派遣を申し出た。14世ダラ・ラマは3カ月後、「外部からの干渉」は無用とする中国政府の返事を受け取った。同年8月11日発見された転生者がパンチェン・ラマでないことが確認された。1993年3月8日ダライ・ラマはパンチェン・ラマの転生者が既に生まれている兆候を得たと表明した。一方、7月17日中国探索委員会委員長タシルンポ寺のチャデル・リムポチェからダライ・ラマへ書簡が届き、ラモ・ラムツォとリンプン・チャムシンユンツォ湖に予兆があり、現在、調査中であると報告があった。8月5日ダライ・ラマは在ニューデリー中国大使館を通じて、パンチェン・ラマの転生者探索について話し合うために、チャデル・リムポチェ代表団のインド訪問を招請した。しかし、返事はなかった。

14世ダライ・ラマのもと1994年チベット歴正月3日転生霊導童の認定の占いがなされたが、答えは否であった。同年チベット歴正月10日ネーチュンの神降ろしは、「わが師（ダライ・ラマ）は霊童探索を続けておられる。チベット人が一丸となれば、必ずや真正の転生霊童がチベットで見つかるであろう」であった。このお告げは、同日ツァンパの神降ろしによって確認された。このことは、インドのタシルンポ寺が求めたツァンパの神降ろしでも確認され、「転生霊童はチベットに生まれている。法王が転生者を探しておられるので、心配はない」とのお告げであった。12月3日再び転生霊童の認定は可という回答が出された。

1994年10月17日と18日中国政府に近い者が個人的立場で14世ダライ・ラマと接触した。この際、ダライ・ラマは1993年8月のチャデル・リムポチェあて書簡の返事を待っていると、中国政府へ伝えた。1995年1月ダライ・ラマは同一人物に対し再び前記書簡の返書を求めた。そこでの中国政府の立場は、パンチェン・ラマの転生者をダライ・ラマが認めても、これを無視する方針であった。1995年1月タシルンポ僧院はその方針に懸念を深めた。

そこで、1995年1月、ダライ・ラマは転生霊童の認定手続きを開始し、ラサ北部ナク（那曲）ラリ地区で青海省出身のゲドゥン・チューキ・ニマ少年がパンチェン・リムポチェ（パンチェン・ラマ）の転生として確認された。23日ダラムサラーでその祈願が行われ、彼は10世パンチェン・ラマの転生として認められ、いま一度再確認された。同95年チベット歴3月13日ネーチュンの神降ろしで、以下の神託が下った。「もはやいうべきことはない。わが師は、三宝の心を持って既に応えに達しておられる」。最後の占いはチベット歴5月13日行われ、パンチェン・リムポチェの認定発表をチベット歴3月15日発表して良いと下され、5月14日当時6歳のゲドゥン・チューキ・ニマ少年が10世パンチェン・ラマの転生として正式に発表された。そして、同95年10月14世ダライ・ラマは江沢民中国国家主席に、その旨を伝え、感謝を表明した[注43]。

　その14世ダライ・ラマの声明は、以下のとおりであった。

「今日は、仏陀が初めてカーラチャクラ（時輪、チベット密教タントラの無上ヨーガ（瑜伽）・タントラの代表的聖典で、カーラチャクラの灌頂ができるのは、ダライ・ラマ法王のみである）の教えを授けられた吉日です。カーラチャクラの教えは、パンチェン・ラマと特別な関係があります。この縁起のよい日に、パンチェン・リムポチェの転生者を布告できることは、大きな喜びです。私は、クンチョク・プンツォクを父とし、デチェン・チュードゥンを母として、チベットのナクチュ・ラリに1989年4月25日生まれたゲンドゥン・チューキ・ニマを、真のパンチェン・リムポチェの転生者として認定しました。

　ダライ・ラマとパンチェン・ラマの歴史的かつ霊的な関係に従って、インドの亡命地に再建されたタシルンポ僧院を中心として転生者探索委員会が編成されました。また、チベット内外のさまざまな組織や個人が、転生者決定のための査問や占いを、私に依頼してきました。

　私は、この歴史的かつ霊的な務めを強い使命感をもって引き受けました。数年間、私は、最大の注意を払って、転生者発見の目的のために必要なあらゆる宗教的手続きを行い、仏・法・僧の三宝に祈りを捧げてきました。

　これらの手続きが、わがチベットの宗教的伝統に従って厳正に実施され、その結果が疑いのないものであることを、私は完全に真実である、と確信してい

ます。
　私は、この転生者に『テンジン・ゲドゥン・イェシェ・ティンレ・プンツォク・ペルサンポ』という名を与えて、長寿祈願を行いました。
　パンチェン・リムポチェの転生者の認定は宗教的事柄であって、政治的なものではありません。私は、この問題に関して、過去数年間にわたって中国政府とさまざまなルートで接触を続けてきました。願わくば、中国政府が、タシルンポ僧院に対して理解と協力・援助を与え、リムポチェがその霊的責任を果たせるよう宗教的な教育を受けることができるよう、私は希望します。

1995年5月14日
インド、ダラムサラーにて[注44]」

　中国政府は、同95年5月17日この認定を非合法化であるとし、5月中旬、ダライ・ラマと接触したチャデル・リムポチェは拘禁された。また、ゲドゥン・チューキ・ニマ少年と家族は行方不明となった[注45]。
　そして、中国政府はこれとは別に、チベット自治区に住む6歳のギャインツァイ・ロボ少年を霊童に選び、11月19日10世パンチェン・ラマの転生霊童選定儀式が挙行された。
　その経過は、次のとおりであった。引用は、西藏日報、1995年11月29日に掲載の湯已生「10世パンチェン転生霊童の金瓶掣籤側記」である。

「釈迦牟尼仏像の前での金瓶掣籤
　今日は、第17廻迥木豚年（1995年）チベット暦10月8日（11月9日）であり、大変目出度い日である。ラサのジョカン（大昭寺）に万点の灯火が同時にたかれ、ラマの経典を詠む声が寺に溢れ、勝瑞で荘厳な雰囲気にある。
　宗教の儀式、歴史の規定、および10世パンチェンの遺志によって、転世霊童の金瓶掣籤儀式が、ここに行われる。
　朝4時、1000名に近い各民族と各界の代表と信教群衆が喜びの心を抱き、続いてジョカンの釈迦牟尼仏像を供える殿堂に入り、順序よく座った。
　仏壇前の台の中間に、一隊の席を置く。国務院代表、国務委員羅幹が真中に座る。同氏の左側が国務院の専任、自治区主席ジアンチュロブ（江村羅布）である。同氏の右側が国務院宗教事務局長葉小文である。3人は釈迦牟尼仏像に

向いて座る。

釈迦牟尼仏像の左側に座っているのが自治区の指導者であり、右側に座っているのが内外44名の高僧大徳である。

みなは息を殺して、この荘厳な時刻を待っている。5時、国務院の専任、自治区主席ジアンチュロブがこう宣告した。国務院代表羅幹様、国務院の「チベット人民政府の＜男の子供3人を転世霊童金瓶掣籤の対象として確定するについての申請＞への指示」を発表して下さい。

盛大な拍手の中に、国務院代表羅幹は、荘厳に国務院の自治区人民政府の申請への許可書を発表した。

その時、現場の人びとはみな、喜び感動した。6年来、みなは、この時をずっと待っていたのだ。

1989年1月28日、10世パンチェンが世を去った。パンチェン様の遺志を尊重するために、広大なチベット族の信教群衆の宗教信仰と宗教感情を尊重して、チベット仏教の儀式を尊重して、国務院がパンチェン様が世を去った3日後、直ぐ「10世パンチェンの葬式および転生問題についての決定」を行った。タシルンポ寺（札什倫布寺）の活仏、ケンプ（勘布、寺院首領）、そして高僧が転生者を見つけ出す集団となって、占い、湖を観察し、あるいは秘密裡に現地を訪ねるなどの宗教方式を通して、パンチェン転世霊童の候補者3名を選び、チベット自治区人民政府と国務院へ申請して許可を受け、金瓶掣籤を経て、その1人をパンチェン転生の本人と認定することになった。

羅幹が許可書を発表した後、ジアンチュロブは、鄭重に『10世パンチェン・エルデニの転世霊童金瓶掣籤儀式が始まる！』と宣言した。

現場の人びとはみなが黙っていて、大きく目を開き、仏壇の台を見つめている。……

拍手の音につれて、2人の金瓶保護者が佛の前に供えていた金瓶を、台の中央の机に捧げ持って置く。係員が瓶の栓を開けて、籤の札を出して、事前にチベット文字と漢語で書かれた立候補者の男の子供の名前を札に貼り付けた後、その盆の上に置いた。

ジアンチュロブが、『今、候補者霊童の名前札を照合しましょう』と発表した。

係員は、盆を持って、国務院代表と国務院の専任から、続いて自治区指導者、活佛高僧と3名霊童の両親、および現場の僧・俗代表に照合してもらう。

　札を照合した後、ジアンチュロブが『国務院の専任、国務院宗教事務局の局長葉小文様は最後に照合して、その札を密封して下さい』と発表した。

　係員は、その盆を葉小文の前に持っていった。葉小文は、もう一度、真剣に札を逐一に照合して、それぞれ逐一、黄色い絹の籤被いに入れて、密封した。そこで、ジアンチュロブに、『名前は正確に書かれた。密封が完成した』と報告した。

　そして、ジアンチュロブが『今、タシルンポ寺民主管理委員会主任、見つけ出す集団担当のラマ・ツレン（次仁）が名前の札を金瓶に投げてください』と、宣言した。

　ラマ・ツレンは、台に上って恭しく釈迦牟尼仏像と金瓶に叩頭した後、瓶の被いを開けて、札の筒を出して、左手で筒を握り、右手で名前の札を筒に投げ入れた。そして瓶の栓を押したまま何回も揺らし、瓶の被いを被って、筒と一緒に金瓶に置き、口に正しくして蓋をして、席に戻った。

　ジアンチュロブは、『金瓶を釈迦牟尼仏像の前に捧げ供えて祈祷しましょう』と宣言した。2人の保護者のラマは、恭しく金瓶を仏祖の前に持っていった。

　そして、ラマらは、一緒に『金瓶経』と『上師貢』を詠んだ。そのとき、現場の高僧大徳が思わず小さい声で詠み始めた。

　記者が目を上げてみると、仏殿の中には、唐の時代に文成公主がチベットに持って来らたれた12歳の釈迦牟尼の鍍金等身仏像が、今日、特に穏やかで、優しそうに、輪姦の美に輝かしさをみせている。多分、仏祖は、今日の厳格な宗教の儀式によって、彼の「法断」でパンチェン転生霊童を認定するのをみて、非常に嬉しくなっているようだ。

　皆が知っているように、10世パンチェンが世を去る4日前、すなわち1989年1月24日パンチェン・ラマは、5省区の部分宗教界人士座談会で、特に活佛の転生問題に言及した。パンチェンは、そしてこうおっしゃった。『先ず、3人の候補者霊童を選んで、逐一調べる』、『釈迦牟尼の前で、金瓶掣籤の式で確定するのが一番いいと思う。釈迦牟尼が公認されるからです』。大師の重要

な遺言が、やっと6年後の今日、実現された。人と天が一緒に賞賛して、人民がここに心を集う。10世パンチェンも九天の上で笑っておられよう。

　宗教の規定によって、経典の声が終わった後、ジアンチュロブは、『今、中国仏教協会チベット支部会長、霊童を見つけ出す集団の一員、ボミ・キンバルツィ（波米・強巴洛追）が掣籤して下さい』と宣言した。

　彼の声が終わると、空気が突然に凝固したようだ。現場のみなは、約束したかように、目を台の中央に注いだ。

　ボミ・キンバルツィは、もう70歳以上で、五部大論に詳しい代理ガンデントイビア（甘丹池巴）が、激動する心で台に上がった。仏祖の像に叩頭した後、金瓶の前に行き、黙々と祈祷した。経典を読んだラマの経典の段落に合致して、金瓶の蓋が開かれ、手で名前の札を動かした。突然に躊躇もせずに、彼は一つの籤を引いた。それをジアンチュロブに渡し、席に戻った。

　ジアンチュロブは札を受けとると、被いを開いて、激動して大きい声で、『ジャリ（嘉黎）県のギャインツァイ・ノルブ（堅賛諾布）が当たりました！』と宣言した。

　そのとき、みなが一緒に『ラカロ！』（チベット語で『神の判断、勝利』という意味）と叫び出し、空間に目出度いと円満を象徴する青稞の種と瞻匐花（宗教儀式に使われる白い花）を撒いて、慶祝を表した。

　ジアンチュロブは、当てた札を自治区副主席ラバプイン（拉巴平措）に与えて、彼は、逐一、羅幹、葉小文、自治区指導者、活仏高僧、当たった霊童の両親、および現場のみなに見せた。そして、その札を青稞の供え器に挿して、金瓶の傍に置いた。

　ジアンチュロブはまた、『今、残りの籤を観察しましょう！』と宣言した。

　そのとき、タシルンポ寺民主管理委員会副主任プイン（平措）は、残りの2つの籤をとって、被いを開け、国務院代表、国務院専任、自治区指導者、活佛高僧に見せた後、また当たらなかった2人の霊童の両親に点検してもらった。そしてプインは、『残りの籤を検査し、正しいです』と報告し、札の上の名前を消して盆の上に置き、席に戻った。

　ジアンチュロブは、『残りの籤の確認が終わりました』と宣言した。その後、

荘厳にこう述べた。『今、私が宣言した——ジャリ県、父ソナンザバ（索南札巴）、母サンジゾ（桑吉卓）、1990年2月13日（第17廻廻土蛇年チベット暦12月19日）生まれの男、ギャインツァイ・ノルブが籤を当てました。国務院に報告して許可を受け、11世パンチェン・オルドニを受けて継承します。』

そのとき、現場の人びとはすごく興奮した。万雷の拍手の中に、もう一度、一緒に『ラカロ！』と叫び、空間に青稞の種と瞻蔔花を撒いた。

当たった霊童の両親は激動の涙に溢れ、台に上がり、仏祖と金瓶に叩頭して、肌を捧げた。そして、国務院代表、国務院専任、自治区指導者、活仏に肌を奉げて感謝の意を表した。

金瓶の保護ラマは、金瓶と当たった札を、一緒に釈迦牟尼の佛像の前に供えた。

金瓶掣籤儀式は、ここに円満に終わった。

金瓶掣籤儀式が終わった後、ジアンチュロブは、続いてこう宣言した。『10世パンチェン・エルデニ転世霊童の剃度儀式が始まります。』みなの目が仏殿の階段の入口に集まった。2人の護衛ラマが手で駕籠を作って黄色い服と帽子を被っているギャインツァイ・ノルブを担ぎ、タシルンポ寺民主管理委員会名誉主任チン・ロサンジンサン（欽洛桑堅賛）について、人ごみを通って、釈迦牟尼像の前で参拝し、仏祖に肌を奉げて仏像を一周回った。タシルンポ寺民主管理委員会主任ラマ、プインは霊童の経師ボミ・キンバルツィに肌を奉げて台に上がった。霊童が剃度師と互いに肌を奉げて経師を拝した後、釈迦牟尼に向って座った。経師ボミ・キンバルツィは霊童に向かって、彼の髪を3つ切った。それと同時に、霊童の法名を『吉尊ラソキョハレンシュキャキケブ・サンボ』としたと宣言した。

霊童は、台の専門の席に端座した。彼は、眉目秀麗で、賢く、穏やかで、やっぱり抜群である。これを見て、みなが大変嬉しい思いをした。

次いで、タシルンポ寺民主管理委員会の人員が、斎の食事と佛に捧げた青稞と瞻蔔花を運び、人込みのなかを進んだ。彼らは、先ず、金瓶掣籤と剃度儀式に参加した国務院代表、国務院専任、自治区指導者、活仏高僧に肌と斎の食事を奉げて感謝の意を深く表した。そして、斎の食事と青稞と瞻蔔花を現場のみなに配り、みなで祝福した。

6時になり、ジアンチュロブは、『10世パンチェン・オルドニ転世霊童の金瓶掣籤と剃度儀式が円満にお仕りとなった』と宣言した。

　人びとは、楽しくジョカンを出た。東方に朝日の光がほのぼのと昇り、明るくみせた。古い城のラサがまた晴れる一日を迎える。[注46]」

そして11月29日国務院は、以下のとおり認定した。

「11世パンチェン・オルドニ（班禅額尓尼）への金冊授与

　国務院は、金瓶掣籤によって認定された10世パンチェン・オルドニの転生児童ギャインツァイ・ノルブ（堅賛諾布）が11世パンチェン・オルドニになったことを承認した。各世パンチェン・オルドニはみな、全力を尽くして内省しており、国の統一と民族の団結を主張し、仏教経典を勉学し、性格も明るく、仏教教徒によって敬慕され世の中により尊敬されている。今、パンチェン・オルドニの転生が既に決められた歴史の定例によって光栄を示すために、11世パンチェン・オルドニの即位儀式を行い、漢文・チベット文両文字の金印と金冊を授ける。これを通じて、愛国・愛教の歴史的伝統を受け継ぎ、善の縁を広げて、チベットの進歩、人民の豊穣と至福、国の繁栄を促進する。

西暦1995年11月29日
中華人民共和国国務院公布[注47]」

　この中国政府の認定で、混乱が生じた。チベットでは、これに抗議するチベット人のデモが続き、歴代パンチェン・ラマの座寺タシルンポ僧院のあるシガツエでは外出禁止令が布告された。そして同29日14世ダライ・ラマは、パンチェン・ラマ転生霊童に関する以下の声明を発した。

「パンチェン・ラマ師の転生者を探して認定することは、純粋に宗教上の問題である。歴代のダライ・ラマとパンチェン・ラマは、歴史的かつ伝統的に特別な関係を結んでいる。その点を考慮し、私は、細心の注意を払いつつ、宗教上必要な手続きをすべて踏み、ゲンドゥン・チューキ・ニマ君を先代パンチェン・ラマ師の生まれ代わりとして選定した。したがってこの決定には、いささかの変更もない。

　この数年間にさまざまな機会を通じ、私は、パンチェン・ラマ師の転生問題に関して、中国政府と接触を試みてきた。けれども、それは成功しなかった。

そこで、先月になって、私は、再び江沢民国家主席へ書簡を送った。その中で、幼いパンチェン・ラマに対して、中国政府がもっと広い認識を持ってくれるよう、直接訴えた。こうした個人的な呼びかけにより、中国政府の側から善意ある対応を引き出せるかもしれないと、私は期待していた。

しかし、残念なことに、中国政府は、この件を政治問題化するという道を選んでしまった。そして、パンチェン・ラマ師の転生として、別の少年を指名した。このことに宗教的正統性の仮面を被せるため、中国側は、主だったチベット人ラマや僧侶を強制的に北京へ招集し、厳戒下で極秘の会議を開催した。このようにして、わがチベット国民の宗教感情がまたもや無残に深く傷つけられてしまったのは、実に悲しむべきことである。

ゲンドゥン・チューキ・ニマ君が身の安全を保証され、正しい宗教教育を受けて修行を積めるようにということが、目下のところ、私の最大の関心事である。彼は、この数カ月間、公衆の面前に姿を現していないし、北京のどこかで拘束されているとの報道もある。それ故に、私は、世界各国の政府や宗教団体・人権団体のすべてに対して、この幼いパンチェン・ラマの安全と自由を保証するため、仲介の労をとって下さるよう、心から訴える。

1995年11月29日

ダラムサラーにて[注48]」

同95年12月8日タシルンポ僧院でギャインツァイ・ノルブの継承式典が挙行された。これに対し、ダライ・ラマ亡命政府は、抗議声明を国際連合に送った。

2002年7月朱鎔基総理がチベットを訪問し、その際、北京に滞在している10世パンチェン・ラマのギャインツァイ・ノルブ少年を同行し、誕生祝賀の一貫としてラサとシガツエ双方の僧院を訪問した。これに対し、チベット亡命政府は、8月3日の声明で、「そのことはその少年の正当性を国際的に認めさせようとする働きかけの一つに過ぎない」と批判した。さらに、同声明は、「ロンドンのチベット・インフォメーション・ネットワークが、ダライ・ラマが認定したパンチェン・ラマを信奉することを表明した48人が投獄されていると、そのリストを発表した」と述べた[注49]。

2005年12月8日ギャインツァイ・ノルブ（16歳）のパンチェン・ラマ継承

10周年式典が決行され、11世パンチェン・ラマは愛国・愛教活仏の決意を表明した。

4. 中印関係の現状

　ネルーが1964年に逝去した後、彼の継承者がソ連の大量援助、特に新型武器の援助を得て、また撹乱を策動し、シッキムとチベット地方の国境で事件を企てようと図った。1964年から65年にかけ、インド軍は、ネタラ（堂拉）山入口近辺の中国チベット領土を占領し、中国辺境防衛部隊に対し奇襲攻撃をかけた。その結果は、1962年と同じく中国軍によるインド軍の殲滅的打撃に終わった。その時以来、中国チベット地方の辺境防衛は強固となり、安定したものとなった。

　中断していた中印関係は、1982年における鄧小平中央軍事委員会主席の発言を契機に改善されるところとなった。ただし、国境画定は中国近隣諸国とは解決しているにもかかわらず[注50]、いまだ達成されていない。この鄧小平の発言は、1982年10月22日彼がインド社会科学理事会代表団に対して述べたところで、そこでは、国境問題に対する中国の立場を明らかにしていた。その抜粋は、以下のとおりである。

　「中印両国間の問題は、それほど深刻なものではありません。インドに対する中国の脅威もなければ、中国に対するインドの脅威もありません。国境問題が存在しているにすぎません。双方とも、話し合いをして1950年代の友好を回復すべきです。双方が情理に適ったやり方を採りさえすれば、国境問題の解決は難しくないと思います。1979年、貴国の元外相と会見した際、私は「一括解決」について話したことがありますが、貴国が少し譲歩し、われわれも少し譲歩すれば、問題は解決できるではありませんか。というのも、これが歴史的に残された問題で、貴国にもわれわれにも国民感情の問題があるからです。「一括解決」の方法を採ってはじめて、それぞれ自国の人民を説得できるのです。われわれは、多くの国と国境問題を解決しましたが、その方法は、双方が互いに譲歩することにほかなりません。われわれの間で、最終的には、良い解決案を探し出せるものと、私は信じています。たとえ一時的に解決できなくても、この問題を一先ず棚上げにすることができ、貿易・経済・文化などの各分野で

は、まだまだ多くのことがやれます。交流を発展させ、理解と友好を増進すれば、双方の協力には広々とした前途が開けてきます。われわれは、自国の発展を望んで折り、帰国の発展をも望んでいます。[注51]」

その経過は以下のとおりである。

1976年4月中国とインド、大使級の関係正常化合意、7～9月相互に大使派遣。

1980年5月故チトー・ユーゴスラビア大統領の葬儀の際、ガンジー首相と華国鋒総理が20年ぶりに首相会談開催。

7月インドのヘンサムリン・カンボジア政権の承認で、黄華外交部長のインド訪問取り消し。

1981年6月黄華中国外交部長のインド訪問、国境交渉の開始につき合意。

10月南北カンクン・サミットでガンジー・趙紫陽両国首相会談。

1983年4月左派共産党CPI-M代表団（ナンブーディリバッド書記長）の訪中。

1985年10月国連総会でガンジー・趙両国首相会談。

1988年12月ガンジー・インド首相の訪中——これは中ソ関係の改善によるもので、この際、ガンジー首相は、特にチベットは中国自治区であると認めて、内政不干渉を約束した。新聞発表の抜粋は、以下のとおりである。

「中華人民共和国総理李鵬の招聘で、インド共和国首相ラジブ・ガンジーは、1988年12月19日から23日まで、中華人民共和国を正式訪問した。……

李鵬総理とガンジー首相は、友好的で率直にかつ相互理解の雰囲気のなかで会談を持った。中華人民共和国国家主席楊尚昆、中央軍事委員会主席鄧小平、中国共産党総書記趙紫陽が、相継いでガンジー首相と会見した。訪問を通じて、両国政府は、科学技術協力協定、民間航空運輸協定、および文化協力協定1988・89・90年交流実行計画に調印し、両国首相は、調印式に出席した。ガンジー首相と夫人の一行はまた、北京、西安、および上海で歴史・文化とその他の景勝地を見学した。

会談と会見のなかで、両国指導者は、双方の関係および双方がともに関心をもつ国際問題について、広く意見交換を行った。双方は、会談は有益なもので、相互理解を深め、両国関係の一段の改善と発展に有利である、と考える。双方は、ここ数年における貿易・文化・科学技術・民間航空などの分野での協力・交流

状況に対し、積極的な評価を与え、これに関して両国が達成した合意について、満足の意を示し、双方は、広い分野で互いに学びあうことができる、と考える。

双方は、次のように強調した。歴史的検証を経て、最も生命力をもち、中・印両国がともに提唱した主権と領土保全の相互尊重、相互不可侵、相互の内政不干渉、平等互恵、および平和共存の五原則は、国と国の関係をよくする基本的な指導原則であり、国際政治と国際経済の新しい秩序を打ち立てるための基本的な指導原則でもある。双方は、一致してこれら原則を基礎に中・印両国の善隣友好関係を回復・改善・発展することは、双方の共通した願いであり、両国人民の根本的利益に合致するだけでなく、アジアと世界の平和および安定に対しても積極的な影響を与えるもの、と考える。双方は、より一段と両国間の友好関係を発展するために努力することを、重ねて表明した。

両国の指導者は、中印国境問題について真剣な突っ込んだ討議を行い、平和的かつ友好的な形でこの問題を協議し解決していくことに、合意した。双方とも、受け入れられる国境問題の解決方法を捜し求めると同時に、その他の関係を積極的に発展させ、国境問題の情に適い、また合理的な解決に有利な雰囲気と条件を整えるために努力する。そのために、国境問題に関する共同作業グループや経済・貿易・科学技術共同グループの設置など、一部の具体的な措置をとる。

中国側は、一部のチベット人がインドで祖国に反対する活動を行っていることについて、関心を示した。インド側は、チベットは中国の一つの自治区であって、インドはこれらのチベット人がインドで反中国の政治活動を行うことを認めない、というインド政府の長期的で一貫した政策を、重ねて表明した。[注52]」

1991年12月李鵬中国総理のインド訪問――1960年の周総理訪問以来31年ぶりの訪問で、両国は友好善隣関係を確認し、国境貿易再開に合意した。

ここに、1962年以降中断していた国境貿易は、そして1988年のインドの明確な政策転換を機に、1992年7月15日公式に30年ぶりに再開された[注53]。

1990年代における中国・インド関係は次のとおりであった。

1992年5月　ベンカタラマン・インド大統領の中国訪問。

　6月　リオデジャネイロの地球サミットでラオ・李鵬両首相会談。

　7月　パワル・インド国防相の訪中、中国が海軍合同演習を提案。

11月　中国艦隊、インド初訪問。
1993年9月　ラオ・インド首相の中国訪問——9月7日国境平和維持協定が調印された[注54]。

そして、この1993年国境平和維持協定の締結とともに、中印関係は正常化に入り、軍の協力も進んだ。

1994年7月　銭其琛副総理・外交部長のインド訪問。

9月　遅浩田国防部長のインド訪問。

1996年11～12月　江沢民国家主席のインド訪問、国境実効的支配地域の軍事的信頼醸成樹立に関する協定調印。

1998年4月　フェルナンデス・インド国防相の中国訪問。

4月　傅全有参謀総長のインド訪問。

2000年3月　北京で安全保障対話——この際、インド側は、中国がパキスタンに対し核・ミサイル協力をしていることが地域を不安定にしていると非難したが、中国側は、パキスタンとの協力は平和目的であると強調した。

4月1日　インド・中国国交樹立50周年。

2001年1月　李鵬全国人民代表大会常務委員長のインド訪問——カシミール地方の国境画定の早期解決で合意（パキスタンと中国は1963年3月国境条約調印）。

2002年6月　カザフスタンのアルマイトでのCICA（アジア相互信頼醸成首脳会議）の際、江沢民国家主席・バジパイ首相会談。

2003年6月　バジパイ・インド首相の中国訪問——国境問題解決の枠組み作りの検討で合意した。

インドは2003年以降、チベットの戦略的境位の変化、特に中国軍の国境アクセスへの改善で、国境問題の本格的な譲歩による交渉を強いられた。いいかえれば、インドとして国境交渉に乗り出す内政的条件が時間の経過とともに成立し、チベットは、戦略防衛上、インド支配にあるとしてきた従前における軍の意識が変わったことによる。かくて、1980年代以降、国境交渉が進んだ。

1981年12月　北京で外務次官級第1回交渉。

1982年5月　ニューデリーで第2回交渉。

1983年1月　北京で第3回交渉。

　10月　ニューデリーで第4回交渉。

1984年9月　北京で第5回交渉。

1985年11月　ニューデリーで第6回交渉。

1986年7月　北京で第7回交渉。

1987年11月　ニューデリーで第8回交渉、国境作業部会の設置に合意。

　国境交渉では、中国が、アルナチャル・プラデシュ地区で、1914年のシムラ交渉以来、英国とインドが固執し、中国が拒否してきたマクマホン線の主張をめぐって譲歩し、代わりに西部アクサイチン（阿克賽鈎）地区の中国帰属を要求した。インドは、マクマホン協定に従いアクサイチン地区に対する中国の要求に反対して、交渉は難航した。インド議会は、1986年12月アルナチャル・プラデシュ地区の州昇格を決定し、1987年2月州として発足し、中国はこれに強く反撥した。アルナチャル・プラデシュ支配の確立で、インドは国境交渉の次の段階へ入った。

1992年1月　ニューデリーで国境合同委員会の実務協議開始。

　2月　ニューデリーで第4回国境合同委員会開催、信頼醸成措置で合意。

　10月　北京で第5回国境合同委員会開催。

1993年6月　ニューデリーで第6回国境合同作業委員会開催。

1994年　北京で第7回国境合同委員会開催。

1995年8月　ニューデリーで第8回国境合同委員会開催、1995年12月までのインド側2カ所、中国側2カ所での兵力後退で合意。

1996年10月　北京で第9回国境合同委員会開催、国境実効的支配線をめぐる意見の違いを解決することで合意。

2000年4月　北京で第12回国境合同委員会開催。

　結局、実効的支配を確認する姿勢にインドが固執し、解決の糸口が見つからなかった。一方、チベット支配というインド軍の戦略方針は転換し、これにより中国の軍事的脅威に対するインド側の判断は弱まり、2003年6月バジパイ首相の訪中で、国境問題解決の枠組み作成へと局面が移った。これにより、10月ニューデリーで国境問題解決の特別代表協議が開催された（中国側は戴秉国外務部次官、インド側はミシュラ首相首席補佐官）。

現在、インドは、ダライ・ラマのインド亡命におけるチベット工作という対中カードの効力を失い、国境画定交渉の決意を固めたと解される。カシミールとチベット西部の同時交渉への局面にある。そして、インドは中国との全面的協力関係へ踏み切った。

一方、インド人の対中国感情は、チベット問題もからみ、極めて複雑である。2001年5月23日ニューデリーのインド国際センターで、チベット占領50年を記念して、チベット議会政策研究センターTPPRCの主催でチベット学者ビジェイ・カランティが「チベット占領とその影響」と題する報告を行った。その内容は、こうである。第1部「チャイナ・シンドローム」で、チベット占領後、インドを中国から守ってくれたのは自由チベットであったと指摘し、中国がヒマラヤ諸国、ネパール、ブータン、シッキムを占領しなかったのは、いつでも人民解放軍が占領できるという事実に中国の指導者が満足していたからである、と述べた。第2部市松模様の歴史では、こう述べた。ヒンドゥーには、「自分の家の壁が崩れたって、まったく平気である。崩れた壁が隣人の山羊を殺してくれるからである」。インドの山羊が殺されるのを見たいがために、パキスタンは自分の家の壁を次々と崩してきた。中国も、このパキスタンの心理的傾向を最大限に利用してきた。パキスタン・インド間で深刻な核戦争が起こった場合、真の勝者となるのは中国である。このように、チベット問題はインド人に理解されていた[注55]。

いよいよインド人には、その「チャイナ・シンドローム」を抜け出す時期が来た。2003年6月22日バジパイ・インド首相が10年ぶりに訪中し、23日温家宝総理と会談し、約半世紀にわたる相互不信の歴史に終止符を打った。そして、両国関係を全面的に発展させる協力方式を定めた関係原則および全面合作的宣言に調印した。これにより、両国は2000キロの国境線の画定に入るが、シッキム州については、関係発展に影響を与えないという見地で、解決を先送りした。その一方、「インドはチベット自治区を中国の一部と認める」と、合作的宣言において初めて文書化した。さらに、インドは「インド国内でのチベット人による中国政府への反対活動を許さない。中国の分裂をもって、チベットの独立の企図および行為を作り出すことに、重ねて固く反対する」と、明白に合作協力的宣言において表明した。その関係原則、全面合作的宣言の関係4原則の要点は、以下のとおりである。

1．双方は、平和共存五原則と相互尊重に関して一致し、平等的基礎の上に、両国の長期建設の合作関係を発展させる。
2．双方は、アジアと世界の平和を維持し、共同利益と相互理解をもって密接な合作を進める。
3．双方は、共同利益に立って、武力の行使・威嚇をしない。
4．双方は、各領域の２国間関係を強化し、同時に、公平で合理かつ受け入れうる平和的解決をとり、２国間関係を整体し発展させる。注56

5．展　望

　中国生まれでヨーロッパで育ち、現在はマレーシアにいるハン・スーイン（韓素音）は、周知の祖国の自伝的中国現代史『悲傷の樹』『転生の華』『無鳥の夏』『不死鳥の国』注57における中国革命史の証言で注目されており、その彼女が1975年10～11月チベット自治区を訪問した。その記録『ラサ、開かれた都市――チベット紀行』が1977年に刊行された。「チベットはまさに1959年に至るまで、千年の間ほとんど変わらなかった」し、「ラサはひとつの大きな（巡礼者たちの）隊商宿であり、また優美な寄生虫でもあった」と形容したが、その「つい昨日のラサ」が主役に変わったとの印象を、こう表現した。以下は、同書の抜粋である。
　　「チェン同志は、「以前は豊富なものが３つ、貧困と圧政と超自然的なものに対する畏怖」（三多）があったが、現在は「足らないものが３つ、燃料と交通手段と人口」（三大欠）がありましたと、語った。
　　チベットは、農奴制にあって、1908年、1918年、1931年、そして1940年代に農民一揆が起きていた。1974年には先の農奴に代わって「34万人の牧畜業に従事する人民と、農業に従事する80万人の人民がいた。……人口は1949年の100万人以下から増えて、チベット人134万5000人と他民族10万人となった。……
　　少数民族学院からもどってきた生徒たちに指導された、反－暴動、反－ウラ、反－農奴制の「三廃」運動は、新しく解放された農奴や牧夫を革命の新兵に育

てていった。その結果、生まれたものに、チベット女性がいた。……

1974 年、チベットはついに穀物の自足を成しとげた『今年から、穀物を内地から輸入しないで済む。』……

どこのコンミューン（鎮）にも、学校、小さな病院、獣医基地、貯蓄銀行、文化センターがある。どこも、水路を開き、畑地を広げ、機械化のために貯金している。それぞれに、老若を問わず、チベット人カードル（幹部）がいて、説得、教化、奨励、労働に従事している。地方自治のもと、コンミューンでは、カードルはすべて 100 パーセント、チベット人である。……

漢族が入ってきたとき、僧院がもった嘆きのひとつは、道路ができ、安価な軽工業製品が導入され、インドとの密輸が断たれたため、「商売」が成り立たなくなったということだった。国営商社は、市場の混乱を避けるために、卸売りしかなかったとしても、物価は下がった。茶は、1954 年にラサに道路がついたとき、すでに 30 パーセント安くなっていた。そしてマッチは羊 1 頭全部を払うかわりに、2 ポンドの未加工で入手できるようになった。

1955 年 3 月にパンチェン・ラマとダライ・ラマとによって承認された改革の本質は（「チベットへの道は社会主義の道である」とダライ・ラマは述べた）、未使用で未開発の資源を用いてチベット事態の産業化を成し遂げ、人民の繁栄を打ちたてようというものであった。

今日、252 の「小中」工場がチベットにある。……

少なくとも 40 種以上の鉱石埋蔵物——金、ボーキサイド、チタン、銀、ヒ素、硼砂、雲母、マンガン、銅、鉛、亜鉛、モリブデン、アンチモン、塩、硫黄、重晶石、黒鉛、ひすい、ウラニウムなど……そして最近では石油——が、1955 年から 1975 年のあおだに地学踏査隊によってチベットで発見された。そして、ラサに非常に近いところで 2000 万トンの石炭、またチャムドでも数万トンの埋蔵量の石炭が見つかった。しかし、採掘は不信心な行為だったし、地の神をおこらせるものだった。川から砂金を採ることだけは許されていたが、こうして採れた金はすべて、墓や像や、僧院、寺院、神殿、宮殿の屋根をおおうのに使われた。どんな工業も、鉱物の採掘もなんらかのタブーにひっかかった。1955 年に鋭い感覚の持主アラン・ウィニントンと諸閣僚や役人とのあい

だで交わされた会話は、『チベット人との議論が地表下のことに及ぶや、大きな心理的葛藤が現れる』ことを示し、チベットの改革や工業化の具体的な計画を論争している。(Alan Winnington, *Tibet*, London: Lawrence & Wishart, 1957, p. 176.)

　機械を使って生皮をなめし、調整して皮革にすること、豊富な羊毛を利用すること、ミルクや肉をかん詰めにすること、こうした軽工業的な加工はすべて、宗教的均整によって妨げられた。……1959年以前の工業といえば、ラサの小規模な水力発電所（英国により始められた）の教化、紡績における小変化、シガツエの電力所、人民解放軍に建設された道路、ラサやシガツエの洪水を防ぐための河川調整事業などであった。1959年以後、工業化が始まったが、そのデビューは遅かった。

　導入された工業でもっとも成功したもののひとつは、リンツエ（／ニンティ、林芝）の総合的な羊毛織物工場であった。……

　賃金という考え、すなわち賃金のために工場で働くという考えは、すでに1959年までにチベット人に浸透しつつあった。今日、工業化によってこれまでチベットで知られなかった新しい階級、労働者階級が生まれている。……

　あらゆる罪（肉体は罪であり、独身は聖なので）は女性に帰せられる。……新しい社会の新しい役割というチベット婦人の意識を高めることは、一方では宗教的畏怖や迷信のために非常に困難であったが、一面では儒教的中国でよりは簡単であった、と私は思う。チベットにおける婦人の抑圧は宗教と結びついていた。……女性は常に除け者であった。……

　だからこそ、次のような逆説が生まれる。その搾取が大きかったゆえに、チベット女性はより『革命的』であり、すぐに革命にとびこめたのだと。宗教的強要からは免れられなかったが、宗教儀礼の外にいたので、いったんその労働の強さを認識すれば、その仕組みの拒否は何にもまして力強いものであった。大衆集会で土地改革を要求し、搾取を非難する農奴の写真は、多数の女性が活発に参加していることを示している。……

　だが、チベット語は根本的に全く、宗教的かつ祈祷的な言語である。……1956年に12人委員会ができて言語問題にとりくみ、漢ーチベット語辞書

を作り始めたが、この委員会はおもに貴族からなるものであったので、歩みは遅かった。新しい言葉は人民には広まらなかった。……書きことばはまったく宗教的だった。結局、共通の日常の言葉は派代わったのに、書き言葉は古い綴りから変わらなかった。……

標準チベット語は、ラサの話し言葉を基礎にとっており、中国の、チベット人の居住区すべてに使用されるようになるだろう。……

「言語はチベットの労働者や農民の創造的な言語になりつつあります」と校長は語った。

だが一方で、チベットでは未来への調薬があまりに早かったので、漢語（標準中国語）が高等教育で教えられ、使われねばならない、特に内地の大学に入学するチベット人学生は。これはチベットの多くの幹部が止むを得ず2国語使用者になることを意味するが、それ自体悪いことではない。[注58]」

この断片的な記述の引用は、チベット亡命政府の指摘するチベット人の迫害とは状況記述が対照的である。

2001年12月1日のラサ新華社電は、チベット女性の就業率は過去5年間、46％を維持し、チベットでの女性幹部は全体の3分の1を占める。それは、1996年のチベット婦人発展計画（1996年－2000年）の施行によるところで、これは教育の普及に連動している。2001年の女性識字率は1995年時よりも22％増で、2000年末までのチベット人女子学生の就学率は85.6％に達した。「正にチベット経済の半分は女性の手中にある」と同電は結んでいる[注59]。

2001年5月28日の新華社電によると、25日チベット自治区民族宗教委員会主任塔爾青は、記者に対して以下のとおり述べた。

「公民の宗教信仰の自由を尊重し保護することは、中国政府の対応し処理すべき宗教関連問題の長期基本政策である。チベットをはじめ各地方性の認可を経て、修復された宗教活動の場所は1700余、出家者は4万6000人、同自治区の人口の2％を占める。

チベットでは、宗教信仰の自由は、憲法と法律の保護下にある。政府の各宗教・宗派に対する見方は、一貫して平等に尊重・保護され、愛国宗教団体と宗教活動場所の高地、牧場、および保養所などは、減税政策の対象となっている。

1980年以来、中央政府とチベット地方財政は、3億元余を宗教政策の浸透と国家文物保護団体と各宗派の重要な寺院修復のために補助してきた。チベット各宗教団体と宗教活動の場所は、経済実体およびサービス業などを設立させ、寺院収入は絶えず増加し、僧侶ら出家者の生活条件も大きく改善している。
　なお、中央と同自治区の両政府は、チベット伝統の仏教各宗派特有の活仏転生制度に関しても、特に尊重し重視しており、ここ数年で十数名の活仏が承認されている。活仏転生儀式を妨害する者に対しては、政治的企てがあると判断し、断固として認めない。[注60]」

　2001年6月21日の新華社電は、こう報じた。現在まで確認されている鉱物資源は6500億元以上で、チベット自治区国土資源庁庁長王保生によれば、探知された鉱物資源は100種、180鉱区、埋蔵量が確認された鉱物は36種、うち17種は全国で9位に数えられ、及び十五計画（2001年－2005年）で鉱物資源開発に着手する。具体的には、クロム・銅・金・鉛・亜鉛などの金属鉱産物、硼素・リチウムなどの塩湖鉱産物、建築材使用の御影石などの非金属鉱山物、地熱・噴出湯・林産品・石油などのエネルギー鉱産物、ミネラル・水資源などの開発が着手される[注61]。

　ダライ・ラマ法王日本代表部は、2001年3月23日TIN（チベット・インフォメーション・ネットワーク）ニュース速報「『資源の大移動』チベット鉄道とガス・パイプライン」で、十五計画におけるチベットおよびチベットと青海とも結ぶ鉄道と新疆のタリム盆地と上海を結ぶ天然ガス・パイプラインは「前例のない大規模な資源の移動」が起こるであろうとの人民日報の記事を引用して、民族のアイデンティティへの侵害、環境への影響、特に生態系への深刻な危険を指摘した[注62]。チベット人の自然への愛着は特に強い[注63]。国務院弁公室は、2003年3月11日白書「チベット生態的建設と環境保持」を発表し[注64]、解放以後における環境保護の事業と生物多様性保持などへの努力、青藏鉄道建設における生態的環境の保持など明らかにした。

　チベットの将来展望は明るい。そうした開発の成果は内部矛盾をかかえつつも、チベットをいよいよ大きく変え、発展させることであろう。

＜注＞
1　前掲『当代中国的西藏』下。周五「四十年前のチベットの民主改革」北京周報、1999年第4号。
2　*Tibet under Communist China: 50 Years,* Dharemsala: Department of information and International Relations,Central Tibetan Administration, Sep. 2001, pp. 8-13.
3　op cit. Smith, *Tibetan Nations,* pp. 636ff.
4　前掲『新時期民族工作文献選編』14－17頁。
5　1991年3月15日チベット自治区常務委員会の発表では、全区におけるチベット族幹部は3万7000人で、幹部総数は100分の66.6で、自治区一級幹部は100分の71.7、地方幹部は100分の69.6、県汲幹部は100分の74.8を占める。前掲『中共西藏党史大事記(1949－1994)』386頁。
6　「チベット建設の新方針」北京周報、1980年第24号、3頁。
7　前掲書、3－4頁。
　　そのチベット工作座談会の概要は、前掲『中共西藏党史大事記(1949－1994)』226—227頁をみよ。
8　アペイ・アワンジメイ「チベットの偉大な歴史的変革」北京周報、1981第22号、24－28頁、引用は28頁。
9　アペイ・アワンジメイの提案演説は、前掲『新民族工作文献選編』222－224頁に所収。
10　民族区自治法は、前掲『新民族工作文献選編』235－250頁に所収。
　　王戈柳主編『民族区域自治制度の発展』北京、民族出版社、2001年はその改正を整理している。
11　張爾駒『中国民族区域自治史綱』北京、民族出版社、1995年。王鉄志主編『新時期民族政策的理論与実践』北京、民族出版社、2001年。前掲、王戈柳主編『民族区域自治制度の発展』。
12　阿沛・阿旺普美「西藏在祖国大家庭中勝利前進」、『西藏民族問題論文選』ラサ、西藏人民出版社、1984年、46－57頁。
13　中共中央文献研究室編『十二大以来重要文献選編』北京、人民出版社、1985年、下、1173－1190頁。
14　鄧小平は1979年3月30日4つの現代化を提起し、4項目の基本原則、すなわち、第一、社会主義道路、第二、無産階級専政、第三、共産党領導、第四、毛沢東指導の必須堅持を確認した。そして1982年4月10日社会主義道路の4項目の必要保障に言及した。その4項目とは、第一、体制改革、第二、社会主義精神文明の建設、第三、経済犯罪活動の打撃、第四、党の作風と党の組織の整頓である。「堅持四項基本原則」『鄧小平文選』第2巻、北京、人民出版社、1983年、158－184頁。竹内実・富岡富夫監訳『鄧小平は語る』風媒社、1983年、210－241頁。
15　中共中央文献研究室編『社会主義精神文明建設文献選編』北京、中央文献出版社、1996年、323－327頁。
16　「西藏的現代化発展」人民日報、2001年11月9日。全文は資料885－897頁をみよ。
17　前掲『西藏的民主改革』165－174頁。
18　前掲『中共西藏党史大事記(1949－1994)』127－128頁。
19　前掲『新時期民族工作文献選編』33－47頁。

20 前掲『当代中国的西藏』下、684 – 686 頁。
21 前掲書、下、679 – 681 頁。
22 前掲『十二大以来重要文献選編』上、442 – 448 頁。前掲『新時期民族工作文献選編』207 – 217 頁。
23 前掲『当代中国的西藏』下、682 – 683 頁。
24 前掲『中共西藏党史大事記 (1949 – 1994)』301 – 302 頁。
25 前掲書、344 – 345 頁。
26 前掲書、355 頁。
27 前掲書、360 – 361 頁。
28 前掲書、363 – 364 頁。
29 前掲書、364 – 365 頁。
30 前掲書、366 – 367 頁。
31 阿沛・阿旺普美「西藏歴史発展的偉大転折」人民日報、1991 年 4 月 20 日。
32 前掲『中共西藏党史大事記 (1949—1994)』380 – 381 頁。
33 前掲書、439 – 440 頁。
34 中国国務院新聞弁公室「西藏文化的発展」人民日報、2000 年 6 月 23 日。「チベット文化の発展」北京周報、2000 年第 27 号。
35 「中共中央国務院召開第 4 次西藏工作座談会」人民日報、2001 年 6 月 30 日。
36 胡錦涛「任度視西藏和平解放五十周年大会上的講話」人民日報、2001 年 7 月 20 日。
37 五省区七方〈中国大西南在崛起〉編与組『中国大西南在崛起個別分析』深圳、広西教育出版社、1994 年。A. Doach Barnett, *China's Far West: Four Decades of Change,* Boulder: Westview Press, 1993 孫英春・他訳『中国西部四十年』北京、東方出版社、1998 年。王宗礼・談振好・劉建鄭、中国西北民族地区政治穏定研究所編『西北民族区安定』鄭州、甘粛人民出版社、1998 年。傳挑生編『実施西部大開発的戦略思考』北京、中国利水利電出版社、2000 年。黄孝通『西部開発与区域経済』北京、群言出版社、2000 年。中嶋誠一「中国の西部大開発」海外事情、2000 年 5 月号。曽培炎・他『西部指南——12 省部長縦論開発戦略』北京、中国大百科全書出版社、2000 年。
38 呉仕民『西部大開発与民族問題』北京、民族出版社、2001 年。
39 この第 1 次 5 カ年計画は、チベットの 21 世紀の展望を描く壮大な計画となっている。その 14 項目は、農牧区基礎建設、交通・水源・水利基礎施設建設、経済発展調整、教育、地方農村開発、市場経済体制、発展開放経済、社会保障社会主義精神文明と民主法制建設、民族・統戦・宗教工作と民族団結、社会政治情勢の穏定である。黄顕・劉洪記『西藏 50 年 歴史巻』北京、民族出版社、2001 年、275 – 282 頁。
40 唐涛「青海—チベット鉄道——今世紀の壮挙」人民画報、2000 年第 8 号。「標高 4000 メートル『世界の屋根』チベットを鉄道走る——観光の「切り札」国防担う役割も」朝日新聞、2001 年 1 月 13 日夕刊。王文「青海＝チベット鉄道で鉄道を世界の屋根まで開通」北京周報、2001 年第 24 号。「順調に進む青海・チベット鉄道の建設」北京周報、2002 年第 44 号。
41 人民日報、1992 年 4 月 5 日。
42 「国務院于第十世班禅大師没葬和転生問題的決定」、前掲『新時期民族工作文献選編』415 – 416 頁。

43 「パンチェン・ラマ論争」http:/www.tibethouse.jp/panchen-lama/pl-disppute.html。
44 http://www.tibethouse.jp/panchenlama/Pl-dispute.html。op. cit. Shimomany ed., *The Political Philosophy of His Holiness the X IV Dalai Lama.* ペマ・ギャルポ監訳『ダライ・ラマXIV世法王の政治哲学』第1巻、340 − 343頁。後者は引用の前者とは文章が異なっている。
45 Amnesty International, *No One is Safe,* 1996, ASA/17/01/96. アムネスティ・インターナショナル日本支部訳『中国の人権——政治的弾圧と人権侵害の実態』明石書店、1996年、86頁。
46 西藏日報、1995年11月29日。楊己生『10世班禅転生霊童尋訪認定座牀写真』ラサ、西藏人民出版社、1996年、104 − 109頁。
47 前掲、楊己生『10世班禅転生霊童尋訪・認定・座床』142頁。
48 http://www.tibethouse.jp/panchenlama/Pl-dispute.html。
49 2002年8月3日チベット亡命政府情報・国際関係省次官トゥプテン・サペルの声明。http://www.tibethouse.jp/news-release/2222/020803-panchen.html。全文は資料904 − 905頁をみよ。
50 中国と南アジア・インドシナ諸国と国境画定は、1960 〜 70年代を通じて達成された。前掲、浦野『資料体系アジア・アフリカ国際関係政治社会史』第3巻アジアIII 7 中国と周辺諸国をみよ。
51 前掲『鄧小平文選』第3巻、19 − 20頁。前掲、中共中央編訳局＋外文出版社訳『鄧小平文選』34頁。
52 「中印聯合新聞公報」人民日報、1988年12月24日。
53 チベット自治区の辺境貿易は、1980年輸出入総額で3021.92米ドルで、輸出主要商品は綿羊毛・山羊絨毯・虫草で、うち輸出は1628万米ドルであり、自動車が32.51％、鋼材19.10％、農薬10.64％であった。瀚心瀚主編『辺境貿易実務手冊』上海、上海遠東出版社、1993年、275頁。
54 1993年9月7日中国・インド国境平和維持協定は、"India, China to cut to forces on LAC," *Statesman,* 9 Sep. 1993に所収。全文は資料864 − 865頁をみよ。
55 "Tibet Occupation and its effects," *The Pioneer,* 18 & 19 July 2001. この記事は、チベット亡命政府の情報を通じて流れた。http://www.tibethouse.jp/news-release/2001/Occupation1-Jul18-2001.html & Occupation2-Jul19-2001.html。
56 「中華人民共和国和印度共和国関係原則和合作之宣言」人民日報、2003年6月25日。
57 Hans Suyin, *China: Autobiography History,* New York: G. P. Putnam's Sons, 1965-66. 長尾喜又訳『自伝的中国現代史』春秋社、第1巻『悲傷の樹木』1970年、第2巻『転生の華』1971年、第3巻『無鳥の夏』1972年、第4・5巻『不死鳥の国』上・下、1986年。
58 Han Suyin, *Lhasa, The Open City ; A Journey to Tibet,* London: Jonathan Cape, 1977. 安野早巳訳『太陽の都ラサ——新チベット紀行』白水社、1978年、20、123、131、139、142、176 − 177、178、180、206、217、232、234頁。
59 http//news.searchchina.ne.jp/2001/1201/general.html。
60 http//news.searchchina.ne.jp/2001/0528/politics-0528-001.html。
61 http//news.searchchina.ne.jp/2001/0621/general-0621.html。

62 http://www.tibethouse.jp/ews-release/2001/railroad-gas-Mar23-2001.html.
63 チベットには、自然への愛着を根強く、1944年7月28日に野生保護法が既に公布されていた。同法は、資料792頁をみよ。
　以下の文献がある。*Tibet: Environment and Development Issues* Dharamsala: The Department of Information and International Relations, Central Tibetan Administration of His Holiness the VIV Dalai Lama, 1992. 柴田文博編『チベット——環境と開発をめぐって』ダライ・ラマ法王日本代表部事務所、1992年。
64 中華人民共和国国務院新聞弁公室「西藏的生態建設与環境保持」人民日報、2003年3月11日。

Ⅲ　国際的争点としてのチベット問題

16 チベット政治の波紋

1. 中国支配の現実と特別な伝統および地位

　チベットは、随の時代にその存在が知られ、唐の時代に吐蕃と呼ばれた王国が栄え、吐蕃はその王国の体制を7世紀初めに整え、これまで吐谷渾が随・唐2代にわたり衰亡の運命を辿ったのに代わって戦い、7世紀中葉以降、東西交通路の東口支配を目指して唐と対戦した。安録山の乱で、吐蕃は、唐に対して優位に立った。東部を除いた甘粛省と新疆ウィグル自治区の南辺地域を支配し、教団の指導者が国政の頂点に立つ仏教国家の姿を整えた。

　しかし、843年に南・北政権の分裂で、11世紀以降、西夏に対抗してツオンカ（／シニン、西寧）に再び南朝が青唐王国として組織され、仏教が再現した。北朝系はサムイェ（桑耶）を拠点に仏教が復活し、氏族単位の教団支配が続いた。15世紀に転生活仏を法主とする教団が出現し、宗教的結束をもって氏族支配からの独立をみた。

　13世紀にモンゴル軍がチベットに侵攻し、最大の氏族教団サキャ派の長老がグデン王のもとに入貢した[注1]。ここに元がチベットを支配するが、それはサキャ派のジョゴン・チョゲ・パクパがフビライ・ハーンの信任による統治を代行した。パクパは1270年帝師となり、一方、チベットでは教団支配が固まり、元の宮廷はその支配者から施主の関係に移った。第二チベット王国の形成である。

　元朝の衰退と並行して、チベットでは、東部のパクモドゥ派が西部のサキャ派を押さえて君臨し、元に代わった明朝は、15世紀に、チベット国内の勢力均衡を追認する形で懐柔策をとり、チベットの氏族教団は、その経済的利益を求めて元朝に朝貢した。16世紀にパクモドゥ派の家臣であった西部のリンプン一族が実権を掌

握した。その一方、青海の僧ツォンカパによって中央チベットにゲルク派（黄帽派、徳行派）が開祖され、この改革で既成宗教の権威が薄れたため、転生活仏の法主制度によって宗教的結束を固めたカルマ派（紅帽派・黒帽派）がそれに抵抗した。これら宗派勢力は政治勢力と連繋して軍を動かし、転生活仏によるモンゴルのチャハルやハルハ（カルカ）との連繋による政治的支配に成功し、1642 年 5 世ダライ・ラマを教主とする宗教政権が確立し、中央政府の支持を求めて 1648 年朝貢が始まった。5 世ダライ・ラマはポタラ宮の造営に着手し、これによりモンゴル人に対するダライ・ラマの権威が高まり、チベット王であったグシ・ハーンの子孫に対する優位が 1660 年に確立した。彼の没後、18 世紀初め、グシ・ハーンの曾孫ラサン・ハーンが清朝と結んでダライ・ラマ政権を倒して自ら王となったが、これに反撥した漠北のジュンガル軍がラサに侵攻してラサン・ハーン政権を倒し、チベットの貴族と軍人の連合政権を樹立した。1720 年これに乗じて清軍がラサに侵攻し、1728 年ダライ・ラマを排してパンチェン・ラマのポラネー政権が樹立され、清朝は駐藏大臣（アンバン）をおいた。ポラネーの子に権力が移ると、彼は清国の権威を否定し、アンバンによって殺害される一方、アンバンも殺害された。1735 年 7 世ダライ・ラマが混乱を処理し、清朝に保護を求め、ここにダライ・ラマ政権が再出発したが、8 世ダライ・ラマは政治を実力者の摂政に任せた。結局、権力をめぐる争いから 9 世ダライ・ラマから 12 世ダライ・ラマまで、ダライは不自然に夭折の運命を辿った。1895 年 13 世ダライ・ラマが権力を掌握すると、ロシア、英国がチベットに接近し、中国も主権回復工作を画策し、1910 年 13 世ダライ・ラマはインドに亡命した。

　清朝の崩壊で、13 世ダライ・ラマはチベットに戻って 1913 年の 5 カ条宣言で「独立」を表明したが、中国側はこれを認めず、9 世パンチェン・ラマがダライ・ラマと対立して、1925 年中国本土に亡命し、中華民国政権と連繋した。パンチェン・ラマの帰国もみないまま、13 世ダライ・ラマは 1923 年に没し、パンチェン・ラマもそれから 4 年後に逝去した。この 2 大ラマの争いは転生者に受け継がれ、1949 年共産中国政権が封建的農奴支配を解体してチベット統治を宣言すると、10 世パンチェン・ラマはこれを支持した。中国は 1950 年チベットに進軍し、「独立」主張が持ち出されるなか、一旦は、翌 51 年に 14 世ダライ・ラマはチベットの解放を認めたが、1959 年にチベット「独立」の主張を公然と掲げ、ダライ・ラマは

上層部のチベット人とともにインドに亡命した。

　チベット本土では、10世パンチェン・ラマが中国の統治に協力し、1989年に没した。この間、文化大革命による混乱もあったが、歴代の中国政権は、社会基盤の充実に努め、農奴制も解体され、文化大革命による破壊も修復され、民衆の生活環境の整備とともにチベット人の生活条件は大きく改善された。そこでは、治安維持と国防ならびに社会基盤の整備のために、多くの漢人が中国本土からチベットに流入し、このため漢人支配に対する感情から暴動も起きたが、民族区域自治へのチベット人の参加も進み、生活水準の上昇により、そうした漢人に対する反撥もなくなった。

　一方、インドに亡命した14世ダライ・ラマは、1959年9月9日国際連合あて書簡で「独立」を公式に主張した。そして、ダライ・ラマは、インドと米国の支援でチベット反乱を組織したが、失敗した。また、その支援で亡命政府を樹立して流入したチベット人の世話に当たったが、ダライ・ラマは、世界の亡命チベット人と接触し、チベットの民主政治を学び、法王制の現代社会における存在を見詰めた。にもかかわらず、チベット人社会におけるダライ・ラマに対する敬愛は薄れるところがなく、一方、その主張する「独立（自治）」は実現される状況にない。

　1995年10世パンチェン・ラマの転生者を中国が認定し、その転生者はタシルンポ寺の住持となり、別に転生者を選んだ14世ダライ・ラマは、それを認定する立場にない。この事件は法王制の転生制度を自ら崩すところとなった。ダライ・ラマを支持する貴族の支配構造は民主化された亡命チベット政府に継承されているが、その意味では、このダライ・ラマ法王体制はその国際的支援にもかかわらず、大きな試練にある。

　以上が、チベットにおける政治権力の力学をめぐる構図である。インドに移ったダライ・ラマ亡命政府は、チベットにおける宗教的政治権力の継承者としてその政治的支配の正統性を提起し、さらに「独立」的存在としてチベットの独立性および自治性を強く主張している。

　14世ダライ・ラマの主張の根拠は、以下の点にある[注2]。

1．1951年まで、チベットは完全な独立を享受してきた。その論点は、次のとおりである。

　　——チベットは、8世紀には、アジアで最強の国家であり、822年に中国と永久

平和条約を締結した。以来、300年間は、中国とチベットの公的接触はなかった。
　——13世紀、モンゴルが中国を支配する以前に、チベットはモンゴルの支配にあった。
　——1349年から1642年にかけ、チベット第二王国はモンゴルと中国の支配から解放されていた。
　——1793年清朝は、ラサに中華帝国の代表としてアンバンを派遣したが、それはチベットの対外関係に対する管理権の行使にあった。その中国の権力は8世ダライ・ラマに対する助言者で、帝国権力の行使ではなかった。
　——1911年清朝の中国軍隊はチベットから追放され、国民党政府は、1918年まで、チベットに対する一方的な支配の主張にとどまった。1931年再びその行動に出たが、失敗し、チベットは1949年最後に残った中国代表を追放した。
2．チベット人は自決権を有する。
3．チベットは正統な独立国家であって、中国人民解放軍は完全な独立国家へ侵入したもので、それは中華人民共和国のチベットに対する非合法の侵略行為である。その論点は、次のとおりである。
　——チベットに居住するチベット住民の特異性。
　——まったく別のチベット領土への中国人民解放軍の侵攻。
　——1950年まで、チベットは、チベット人によって有効に統治されていた。ダライ・ラマは、カシャ（内閣）とツオンドゥ（民衆集会）の補佐を得て統治していた。
　——チベットは、1950年までは国際関係を維持していた。1842年にチベットとラダクは条約を締結した。チベットとネパールは1856年に条約を締結した。ネパールおよびブータンはラサに外交代表部をおいていた。英国は主権国家としてのチベットに対し、1933年から1947年までラサに外交使節を保持していた。独立インドは、人民解放軍の侵攻までラサに外交使節を維持していた。
　——1913〜14年に中国、英国、およびチベットは、シムラ会議でチベットの将来につき協議した。すべての参加者は対等な立場で交渉し、チベット代表は英国と中国によって公式に受け入れられた。そこでの英国とチベットの合意により、1947年インドが独立した際、チベットは11月7日、シムラでチベッ

トから英国に割譲された一部領土のチベットへの返還を求めた注3。
4．1951年の17条平和解放法的協議は、国際法上、無効である。中国の平和解放は、国内エスニック問題の処理とされるが、そこは、人民解放軍がチベットの大半を占領しており、占領下の合意にすぎない。
5．歴史的に、チベットは中国の一部ではない。その根拠は、次のとおりである。
　——チベットは13世紀以前に独立していた。822年永久平和条約は、チベットの不可侵な領土をもった分離された国家としてのチベットの存在を承認したものである。
　——チベットは、モンゴル元王朝の支配にあったが、そのことは、チベットが中国の一部であることを意味していなかった。
　——1340年樹立のチベット第二王国は中国の一部ではない。
　——チベットのダライ・ラマと清王朝の関係は、チベットが中国の一部であることを意味しない。1793年の布告は、ラサの帝国代表アンバンに権威を付与したにすぎない。1792〜93年の政変は、チベットが帝国の布告に同意しないことを意味する。チベットは1841〜42年にラダクのジャンムーと、1855〜56年にネパールのゴルカと、そして1903〜04年に英国とそれぞれ条約を締結した。
　——1910年清朝は、ダライ・ラマとの宗教者・施主関係（チュユン関係）を破棄した。満州皇帝は13世ダライ・ラマへの献進を停止した。1912年8月13日の3項目協定および12月14日の第二協定は、チベットの独立を再確認したものである。
　——1911年から51年まで、中国軍隊はチベットにいなかった。チベットはその有効な領土支配を維持し、国際関係に参加していた。チベットは中国の進出を拒否し、1918年4月中国軍隊を敗北させた。
　——1933年から47年まで、英国はラサに常駐外交使節をおいていた。
　——1948年、チベットは南京の制憲会議に参加したが、その決議に調印していない。
　——チベット亡命政府は、唯一正統なチベット政府である。チベット亡命政府はチベットの領土外に設立された新しい政体であるが、ラサのチベット政府の継

承者である。

　以上の諸点が、チベット亡命政府が主張するチベット「独立」の根拠とされるところであるが、その議論は、3つの主題を提起している。

　第一は、チベットと中国の関係はどういうものであったのか、その関係についての確認である。それは元来、宗教者・施主関係（チュユン関係）で、モンゴルのチベット支配を通じて形成された。チベットの政治制度が宗教的支配にあったため、その宗教者・施主関係が政治関係と混同されがちである。その政治関係の支配という現実はチベット自治の文脈で捉えられるものである。それを国家構成体の文脈での関係として把握することはできない。また、822年条約は、特別な関係（甥と叔父）にある王国主体間における安寧とそのための処理につき合意したものであった。

　第二に、確かに、チベットは、伝統的大国として対外的に近隣諸国および植民地支配の帝国と多くの条約を締結してきた。一つの政治経済体である以上、条約関係は成立しているが、それは特殊な宗教的関係の中での可能な条約関係といえるものであった。もっとも、植民地権力としての英帝国インドの圧力があって、条約関係が締結されており、そのため、その条約関係は、締約当事者としての対外活動を、つまり、これまでの宗教的文脈での国際関係を越えたものとした展開を可能とした。それは、チベット宗教文化圏におけるそれであった。その条約主体は、依然、中国内での自治的政治主体としてのそれでしかなかった。

　第三に、チベットの「独立」主張は、これまでは辛亥革命の時期にみるように、大中華帝国内での事件であった。1959年以後の事件は、当初は同意していた1951年平和解放法的協議を否定すること——それ以前の1950年に「独立」の主張があったが、それは実体を欠いていた——で、チベット平和協議とそれに連関したその亡命事件を別個の政治権力樹立事件にすり替えてしまい、亡命政府の活動を「独立」運動としたことで、その「独立」主張が正統づけられる議論となった。そして、その「独立」主張は、亡命政府の樹立にいたる過程で、民族自決権の問題として国際的に共鳴と連帯を引き起こし、チベットにおける人権問題としてその問題が国際的に提起された。

　この3つの主題は議論を深める必要がある。第二の主題は次節で検討される。第三の主題は3節チベット問題の国際化の文脈でとりあげる。ここでは、以下、第

一の主題について考察する。

その問題点は3つである。

(1) チベット・中国関係とチュユン関係

　チベット・中国関係が宗教者・施主関係（チュユン関係）であることは、ダライ・ラマの清朝宮廷訪問の行事において明らかである。それは保護・聖職関係といいかえられるが、それは、ダライ・ラマは中国の支配者皇帝を施主とした保護下にあるとされる聖職者たる存在にあるということであった。ダライ・ラマの京師訪問は、中華帝国皇帝からみれば、支配者と臣下の関係における確認であったが、ダライ・ラマ自身は、これを施主との関係として理解していた。中国がダライ・ラマないしチベットに関与したのは、多民族国家としての中国版図とそこでの安定、つまり平穏とそれへの信念といえるもので、そこには特定地域の秩序維持の問題が大一統のもとで中華システムとして存在していた[注4]。つまり、ダライ・ラマ政教合一体制の維持をめぐる中国の「保証」という問題は、表面上、内政問題として議論されることもなく、そうした認識は中国もしていなかった。一方、中国にしては、そのダライ・ラマの訪問が多民族国家中国の国内統治の一手段――それは中華帝国の統治手段としての朝貢関係にある――として活用されたにしても、そしてそれ自体は、チベットの独自性を認識していたものであった――冊封体制は、チベットを中華思想ではなく、その外に拡がる王化思想の文脈に位置づけていた――にせよ、そこでは、チベットを独立国家の存在として扱う認識はなかった。いいかえれば、1950年のチベット関与は、辺境地域チベットの繁栄および安定とともに、チベットを疆域とした国家保衛をその課題としていた。その認識は、清王朝でも同じであった[注5]。

　これに関連して、14世ダライ・ラマは、1979年11月8日ウォール・ストリート・ジャーナルに寄稿した「中国とチベットの将来」のなかで、以下のとおり述べた。

　　「過去において中国とチベットのあいだには、特別な檀家と僧の関係が存在しました。世俗というよりも精神的な関係です。」

　さらに続けて、こう述べた。

　　「『チャイナ』という語はチベット語では『ギャナク』（Gya-nak）です。ギャナクというチベット語は、外地の意であるということからも、チベットは中国から独立しているという意味になります。中国人はこの語を用いません。中国

人はチベット語での公文書や刊行物では、チャイナの代わりに、私たちの国家や祖国にこの曖昧な語をあてています。その説明によると、チベットはギャナク（チャイナ）の一部ではないが、チュンクォ（中華）の一部であり、ギャナク（チャイナ）もまた同じ一部なのです！」[注6]

ここに、宗教者・施主関係（チュユン関係）はそれ自体、チベット人が中国から独立しているとする認識を形成するということになる。「チベットはチャイナの一部ではないが、中華の一部」というとき、チベットは中国の一部ではあるが、中国の「外地」であるとの認識が強いとみられる。中華（帝国）の存在とそれへの組み込みは否定されないが、「外地」としての特殊性についての認識がより強く働き、それが「独立」（の神話）のイメージに投影されてしまうところとなっている。一方、中華民族には、大一統システムのもとで、そうした理解をも許容してしまうところがある[注7]。

そして、中国は、チベットを後見したが、チベットの民族的特殊性からその併合ないし組み込みを控えてきた。いいかえれば、中国としては、その版図ないし疆域にあっても、そこでは、チベット（現在のチベット自治区）が例外的存在として扱われてしまうのを許してしまうことになる（それはチベット人全体のことではない）。そのために、中華帝国の関与は、その実体的支配にもかかわらず、それが極めて限定されたものであった。そして、その関与から、中国は、チベットが近隣諸国の軍事侵攻を蒙るとか、その国内秩序が維持できない状態にあっては、当然に介入してきた。いわゆる善後処理がそれである。この秩序維持の究極的安全弁ないし保障者としての中国の存在を、チベットは、伝統的に受け容れてきており、そのことはチベットも否定していない。今日、チベットの「独立」主張の文脈でも、その中国の関与は否定されていない。ただし、共産中国にあっては、そのイデオロギーに対する拒否から、中国の関与ないし「保証」は受け入れることを拒否している。そこでは、そのイデオロギーの文脈において、チベット亡命政府は、中国の存在それ自体を是認していない。それは、代替国家の関与をもって、自己の存在と行動を正統化してしまう視点である。加えて、その当事者間の関係は、国家の枠内での作用の次元にある。そこからチベット独立運動家（中国の用語で分裂主義者）も、別の国家次元の正統な国家ではなく、亡命政府の存在を是認している。そこの矛盾

は、内政問題ではあるが、対外関係でその問題を処理するといった矛盾を抱え込むことになっている。そこでは、中華主義のイデオロギーも拒否されてしまう。つまり、解決の次元は成立しない。いわゆる交渉と対話の限界というのがそれである。

(2) 中国共産党の少数民族政策と民族自治

さて、中国共産党のチベット政策の発端は、1935年6月党中央委員会の「康蔵西番民衆に告ぐる書——進行中のチベット民族革命運動の闘争綱領」であった。この書は、以下の点を骨子としている。

> 「1．イギリス帝国主義および中国軍閥は、康蔵民族解放運動の最凶悪人と見做す。
> 2．イギリス帝国主義・中国軍閥が康蔵に所有する銀行・商業企業・交通機関・鉱山は国有化し、そして松理（松潘・理県）七属（土司・頭人の7家族）のいっさいの財産・土地は没収する。
> 3．堅く決意して、内部の反革命・内戦の闘争への反対を進行する。
> 4．康蔵民族の路血をもって人民政府を樹立する。
> 5．康蔵民衆の武装蜂起をもって、遊撃自衛軍／人民革命軍を建立し、併せて中国の紅軍に参加する。
> 6．民衆生活の改善のため、いっさいの苛損雑税を廃除し、小時耕作制を実行し、土地所有を没収し、徭役を廃除し、奴隷制度を取り消す。
> 7．政教分立をもって人民の信仰宗教の自由を有する。
> 8．康蔵民衆革命の勝利は剥削を消滅し、資本主義の発展の可能性を取消し、封建的奴隷制度を消滅し、社会主義の前途に到る。
> 9．康蔵民衆文化を解放し、自らの言語・文字を使用し、学校を設置する。
> 10．世界無産階級と左傾化の民族革命連合と中心は、ソビエト連合に起来する。注8」

この時期における共産党中央の民族政策は、1937年2月以降における民族独立論の否定と中華民国の正統性の認定による辺区民族政策にあった注9。それは、1938年10月12～14日共産党第6期中央委員会第6回全体会議における毛沢東の「論新段階」にあった注10。それは、モンゴル人で新疆ムスリム楊松の「民族論」の主張が反映されていた。それは多民族国家としての中国にあって「中華民族は中

国国境内の各民族を代表し、中華民族とは中国国境内の各民族の核心であるとする」見解であった[注11]。

毛沢東は、「論新段階」において、こう論じた。

「敵は、わが国の国内各少数民族を分裂させようとする詭計を進め、さらに強化させようとしている。これに対抗するためには、現在13番目の任務は、各民族を団結させて一体とし、共同して日本に対抗するということである。この目的のため、以下の点に注意すべきである。第一、蒙、回、蔵、苗、瑤、夷、番の各民族に漢族と平等の権利を許し、共同して日本に対抗するという原則のもとで、自己管理と自己事務の権利を有し、同時に、漢族と聯合して統一国家を作ること、第二、各少数民族と漢族の雑居地方では、その地方政府は統治少数民族の人員が組織する委員会を設置し、省・県政府の一部門とすること、……第三、各少数民族の文化・宗教・習慣を尊重し、彼らに漢文漢語を強制的に学習させないだけでなく、各族の言語・文字の文化教育を発展させるよう、援助しなければならない。第四、現存の大漢族主義を糾弾・修正し、漢人が対等な態度で各族と接触するよう呼びかけ、さらに親密にならなければならない。同時に、彼らに対して、いかなる侮辱も軽視の言葉・文字・行動も禁ずる。以上の政策は、各少数民族が自ら団結して実現すべきものであり、同時に、政府が自ら実施すべきものである。こうして初めて国内各族の相互関係が徹底的に改善され、真正な対外的団結に達することができる。懐柔・羈縻といった昔のやり方は通用しない。[注12]」

そして、その主張は、『新民主主義論』[注13]へ引き継がれるが、それはかつての孫文の同化論＝三民主義に対する中華民族の運命共同体論＝新民主主義論の流れににあった。こうして、新民主主義論では、「少数民族の対外的「自立」・「独立」・「分離」は強固に否定され、民族区域自治の誕生となり[注14]、その先行が少数民族自治区としての陝甘寧辺区の誕生（1941年5月）であった[注15]。そして、それは、蒋介石の『中国の命運』における同化主義[注16]の否定として存在しており、この点を周恩来は1944年3月12日「憲法と団結問題について」で、こう論じた。

「中国国境内での民族自決権を承認しなければならないといった、中国人あるいは中華民族の枠内での漢・蒙・回・蔵などの民族がいるという事実が存在する。

われわれは、各民族の自決権を承認するという原則のもとに、平等に連合してはじめて、成功した「自由・統一中華民国」(自由に統一した中華民国) を作ることが出来る。[注17]」

ここで指摘した「中国国境内での民族自決権」とは、レーニンが主張した「連邦からの分離権」ではない[注18]。これは「自由に統一した中華民国」としての新民主主義路線に立脚した民族自決権であり、それは民族区域自治の精神を意味する。その結果、新中国の誕生においては、1949年9月29日の中国人民政治協商会議共同綱領が採択され、それに従い民族区域自治が定礎され[注19]、チベットでも民族区域自治が適用された。そこでは、自決権・分離権・独立権は、中華民族にあっては存在しない。

毛沢東は、1945年4月20日「連合政府について」で、こう述べていた。

「1924年、孫中山先生は「中国国民党第1回代表大会宣言」のなかで、つぎのように書いている。「国民党の民族主義には二つの面の意味がある。その一は中国民族が自ら解放をもとめるということ、その二は中国国内の各民族が一律に平等であることである。……

国民党は、中国国内の各民族の自決権を認め、帝国主義反対および軍閥反対の革命において勝利をえたのちには、かならず自由に統一した (各民族の自由に連合した) 中華民国を組織することを、あえて厳粛に宣言する。……

中国共産党は、上述の孫先生の民族政策に完全に同意する。共産党員は、各少数民族の広範な人民大衆が、この政策を実現するために奮闘するのを積極的に援助すべきであり、また大衆とつながりをもつすべての首領をふくむ各少数民族の広範な人民大衆が、政治・経済・文化の面での解放と発展をかちとるとともに、大衆の利益をまもる少数民族自身の軍隊を結成するのを援助すべきである。彼らの言語・文字・風俗・習慣・宗教信仰は尊重されなくてはならない。[注20]」

周恩来総理は、1957年8月4日青島での民族工作座談会で、以下のように述べた。

「民族区域自治は、新中国成立後に民族問題で実施した根本的な政策である。中国では、民族自治共和国のような制度は実施されていない。なぜなら、中国の民族の発展は地理的に入り込んだ状態で進んだからである。……歴史の進展

は諸民族の雑居を形成し、一民族が終始、一地域に居住することは比較的少ないか、極めて少ないといえる。このような条件は民族間の協力に適し、民族区域自治の実施にも適している。

　民族区域自治は、民族自治と区域自治とを正しく結合したものであり、経済的要素と政治的要素を正しく結合したものである。

　　この制度は史上に前例のない壮挙である。[注21]」

　なお、モンゴルは、1913年に内蒙古とも外蒙古とも、その法的地位は一様で、国父孫文は「中国は省および内外蒙古」といい、民生主義の文脈でこれを解し[注22]、蒋介石総統は「琉球、台湾、内外蒙古は、民族生存と保衛の要塞である」(『中国の命運』)と言及していた[注23]。1912年(民国元年)の中華民国臨時約法は、「中華民国領土は、22省、内外蒙古、青海、および西蔵である」(第3条)と規定していた。そして1913年11月15日のソ連・中国共同宣言は、「ソ連は中国の宗主権を承認し」、「中国は外モンゴルの自治権を承認し」、さらに「中国は外モンゴル人が外モンゴル内政の自行弁理を享有するを承認する」としていた。袁世凱は、クーロン(庫倫)活仏に書を送り、外モンゴルは独立出来ないと述べていた[注24]。

(3) 自治と自決権

　その民族的特殊関係が根本的変革を受けたのが1950年以降の事態であった。そこでは、中国は新疆、内蒙古、およびチベットの平和解放を意図していた。それは、新中国の建設においてチベットの特殊性を認めつつも、封建的旧秩序の解体が明確に意図されていた。農奴制の解体がその課題であった。いうまでもなく、その解体は、ダライ・ラマ法王制の宗教的基礎ならびに権力構造を揺るがすものであった。1950年、人民解放軍のチベット進攻においては、既にその進駐による遺制からの解放を支持する分子とその進駐を拒否して帝国主義勢力と結着した現体制維持の旧守派分子(中国国民党分子を含む)とのあいだの対立があった。一方、中国の進駐には、いま一つ、中国版図の保衛という大きな国家的責務があった。1951年平和解放協議は、こうしたなかで解放に14世ダライ・ラマも一定の同意をしていた[注25]。しかし、1959年の反乱で平和解放協議も否定され、14世ダライ・ラマの亡命となり、旧守派とインドの工作に支援されたダライ・ラマ法王制による亡命政府の樹立となった。

これに対し、中央政府は、1959年4月18日第2期全国人民代表大会第1回会議で、周恩来総理が政府工作報告を行い、年来の民族工作を総括した[注26]。かくて、28日同会議はチベット問題決議を採択し、その「辺平辺改」方針に従い、チベットは民族区域自治に入ることになり、5月31日ラサの共産党チベット工作委員会は、反乱工作中における決定を行い、チベット地区での反乱収束闘争とともに民主改革に突入した[注27]。

　確かに、人民解放軍によるチベット解放は、伝統的チベットの存在を根底から崩すものであった。中国はチベットの民族的・宗教的特殊性を十分認識し、その法王制の保持を企図したが、社会解放は新中国の最大の課題であった。封建遺制の解体を法王制の脅威とみた抵抗分子がダライ・ラマに亡命を強いた。にもかかわらず、社会解放は成功し、亡命を企図した抵抗勢力（中国の用語では分裂主義者）の社会経済的基礎は解体された。そして、これに対する現地での抵抗闘争も1962年までに挫折し、チベット社会はその民族的・宗教的特殊性を保持しつつも社会変革に成功し、封建遺制を廃除した。そこでは、封建的社会遺制に立脚した宗教的権力支配は成立しない状況にある。そして、分裂主義者の亡命政府による「独立」が主題となったが、現地チベットでは、その伝統的土地所有制に立脚した政治社会的基盤は最早、存在しない。チベットの「自治」は、1965年8月チベット自治区の樹立で達成された。

　以上の考察から、チベットの独立国家の主張は当たらなく、チベット民族の民族的・宗教的特殊性の問題として、その歴史的伝統が検討されるべきであり、その文脈でチベットの現在性を問うことが現下の課題である。逆にいえば、ダライ・ラマ法王制の伝統を、自らがその解体の危機にあるとした認識をもってチベットの「独立」ないし「自治」の主張へと転化したところの行動は、極めて政治的な闘争の文脈で追求されたものといわねばならない。確かに、亡命政府は、チベットの「独立」主張を継承し、法王制がその正統性を担っているが、それは、中華人民共和国（中華民国の継承者）に対抗して正統性を申し立てるとき、その権力そのものの否定の主張であっても、それを申し立ての対象となるチベット社会の基礎は大きく変容しているといわなければならない。それは革命権としての旧遺制の追求とその否定にあるところであるが、その対象の基盤が既に革命的成就を達成している（社会主義

のチベット自治区）というのが現実である。そこには、宗教者・施主関係（チュユン関係）は、制度として機能しない。にもかかわらず、チベット宗教権力の基礎は、その行動の本質は宗教者・施主の社会的関係である。チベット人民の宗教的基礎も、この関係に立脚している。これが政教合一のチベットの特殊性というものである。

　チベット亡命政府は、チベット社会においてかかる宗教者・施主の社会的関係の「ミニ国家」といえるかもしれない。そしてその亡命政府は、中国チベット社会に糾合できるものであるが、その現下のチベット社会に対抗して正統な存在といえるものではない。このことは、ダライ法王の政教合一制度の正統性を否定するというものではない。というのは、その法王制のチベット社会における存在は、チベット人社会における宗教者を含む民衆・信徒の選好の問題であるからである。

2．1950年までのチベットの地位

　第二の主題の議論に移ろう。チベットは、確かに締約国的存在にあった。その条約関係はどのようなものであったか。以下、主たる条約の検証を進める[注28]。
(1) 1792年チベット・ゴルカ条約
　明末、清初にかけ、チベットは1642年以来、遣使の進貢、京師の巡錫などをみていたが、それは5世ダライ・ラマの政策上の必要から生じていた。清国皇帝とダライ・ラマ法王は一つの共同体における宗教信仰関係にあった。その意味では、宗教者・施主関係（チュユン関係）の要素があった。その後、清朝は6世ダライ・ラマに対して1710年4月10日詔封関係を設定した。そしてジュンガルのモンゴル軍によるチベット侵入では、1717～20年清国軍がその平定行動に出動した。その関係は、清朝のゴルカ遠征によって強化された。このゴルカ戦争の結果、1792年10月8日チベット・ゴルカ条約が調印され、中国が双方の領土紛争に関与することになり——ゴルカはチベットとの宗教的・政治的（従属の）関係にあった——、チベットは5年ごとに中国に対して朝貢を行うことが定められた。そこでは、宗主国関係が設定された。もっとも、ゴルカの朝貢は明確ではなく、中国の対応も当初から限定的であった。

(2) 1842年チベット・ラダク平和条約

　シク王国の一封主ジャンムーのゴラブ・シンは、19世紀初めにラダクを制圧し、カシミール原毛貿易の利益を獲得せんとして、1841年原毛の原産地チベットへ侵攻した。勝敗がつかぬまま、1842年9月16／17日に平和条約が締結された。中国側は、この条約をその代表チベットとカシミール間の条約としているが、そのチベット代表は中国皇帝の代表であり、ラサのラマ集団であることから、中国が当事者であったと解される[注29]。これは、チベットが中国の当事者として単独で平和条約を締結したものであった。

(3) 1852年チベット・ラダク通商条約

　1842年条約について、ラダクがチベットからラダクに入域する官商を拒否する違反事件を起こし、その交易に与っていたシクの反撥で、1852年この新協定が成立した。清朝はチベットに対する宗主国関係にあったが、阿片戦争でこれに介入せず、チベットがこれを実務的に処理した。にもかかわらず、この協定の調印をもって、中国が当事者であったことは否定できない。

(4) 1856年チベット・ネパール条約

　中国の混乱に乗じて、1854年ゴルカは、チベットに侵入した。ネパールには、清朝貢使に対するチベットでの侮辱、ラサ駐在ネパール代表の追放などが、その原因であった。中国はこれ介入したが、戦局は一進一退で、1856年3月24日平和条約が締結された。条約は、清国皇帝を尊仰する形式で、ゴルカはチベットへの支払いを約し（第1条）、ゴルカはチベットへの援助を約し（第2条）、ラサでのゴルカ保護のために高級官吏の駐在を明記した（第5条）。一方、チベットは、ゴルカの政府・臣民に対していっさいの税を課さないとした（第3条）。つまり、第7条で、ゴルカは、チベットでの治外法権の享受を確認した。この条項は、新中国のもと1956年9月20日中国・ネパール条約で破棄された（第3条）。この中国・ネパール条約によって、1856年ネパール・チベット条約は、チベットによって、中国の同意なしに——そういう状況に中国はなかった——条約を締結した一方で、その条約の締約国としての責任は中国にあった。

(5) 1890年シッキム・チベット条約

　以後、清朝は、チベットに対する統制・管理能力を失った。英国は1876年9月

13日芝罘条約でチベットへの使節派遣を認められ、その支配に組み込まれつつあったシッキム経由のチベット・ルートの建設に入った[注30]。中国側はこの措置に抵抗し、1886年7月24日ビルマ・チベット条約で、英国のビルマ併合となり、英チベット使節の派遣は中止された。この中止をチベットは自己の実力のためと解し、同86年チベットはシッキムに侵攻して、インド・チベットルートの要衝リンツ（龍同）を占領した。また、シッキム国王をチベットのチュンビ（春丕）に幽閉した。これに対して、英国は1888年3月武力行使をもってチベット軍を駆逐し、シッキム国王を2年ぶりに帰国させた。そして英国は同年6月シッキムの首都ガルトク（噶大克）に政務官を駐在させ、シッキムの内政に干渉し、チベットとの国境の監視に従事した。そこでのチベット軍の敗北から、中国は1890年3月17日カルカッタでシッキム・チベット条約に調印した。その内容は、同じラマ教国家であるチベット・シッキム国境の画定（第1条）、シッキムに対する英保護権の容認（第2条）、境界の尊重と相互不可侵（第3条）、相互の往来（第4～5条、保留）などであった。この条約は、当事者の中国に履行の意図がなく、チベットもこれを遵守しなかった。

1890年条約では、英国が関心のあった通商・往来・通信の諸問題は未解決に終わり、その結果、1893年12月5日シッキム・チベット通商章程がインド辺境のダージリン（霊鷲山）で締結された。同章程は、チベットのインド国境に近いヤートン（亜東）での商埠の設置（第1条）などの関連条項からなり、英国はチベット開放の糸口を取り付け、この条約で英領インドとラサのアンバンとの通信が定められた（第7～8条）。条約では、チベットからの侵略行為を防止することが清国の義務として中国の宗主権が確認された。ただし、中国には、その防止義務を履行する意図はなかった。

(6) 1904年英国・チベット条約（ラサ条約）

1890年シッキム・チベット条約、さらに1893年シッキム・チベット続約（通商章程）でもインド・チベット貿易の効果が上がらなかったために、英国は、チベットとの直接貿易を企図した。しかし、チベットはこれに応じる立場になかった。そこで、ヤングハズバンド指揮の英・インド軍派遣で、亡命して13世ダライ・ラマが不在のラサで、1904年9月7日英国・チベット条約が締結された。条約は、前文で、1890年英国・清国条約および1893年通商章程に基づくチベット政府の義

務をめぐる問題の解決を意図したものであると明記し、シッキム・チベット国境を設定することを約した（第1条）。また、英国の同意なしには、チベットは他国または他国臣民に鉄道・道路・通信・電話・工業の利権特許を許与しない（第9条）として、チベットの一部占領をその保証とした。それはあくまで英国のチベット軍事占領で生まれた条約にすぎず、特別にチベット当局に約束させるという付帯条件があった。この占領には、英本国も確信がなかったとみるのが正しい。現地インドの独走という面があった。結局、中国が賠償を払い、保証占領は解かれた。

(7) 1906年英国・中国チベット条約

当然に、中国は、1904年英国・チベット条約（ラサ条約）につき、これは中国の主権を無視するものだとして反撥した。かくして、中国はカルカッタに代表を送ってインド政府と交渉に入り、1906年4月27日北京で英国・中国条約に調印した。前文で、1890年英国・中国条約および1893年通商章程の履行を拒否するとしており、第2条で、英国はチベット領土を併合しまたはその施政に干渉しないことを約した。条約では、チベットに対する中国の宗主権が確認される一方、1904年英国・チベット条約で確認された他国がチベットに干渉する権利はないことが確認された。それは、中国とチベットに対する英国の帝国主義的干渉を確認する意味をもち、それへの妥協の策であった。

(8) 1907年チベットに関する英露協定

ロシアが中央アジア・外モンゴルに進出し、ペルシャやチベットに対する英国とロシアの干渉をめぐる角逐から、1907年8月31日セントペテルスブルグでこの勢力圏協定が調印されたが、そこでの英国の意図はチベットへのロシア人の接近を封じるところにあった。その結果、英国は、チベットの対外関係における現状維持を確認し（前文）、両国はチベットの領土保全と不干渉を約束した（第1条）。その結果として、チベットに対する中国の宗主権が認められ（第2条）、一方、1904年英国・チベット条約および1906年英国・中国条約における英国の権益は保証された（第2条）。また、チベットへの不干渉の原則が確認された（第4条）。その結果として、英国はラサ駐在代表の権利を喪失した（第3条）。これにより、この条約の当事者でない中国は、自らのチベットに対するその主権の行使をより実効的にしたものの、中国は、この条約によって影響を受けず、かえって英国ラサ駐在代

表の撤回という成果を得た。

(9) 1908年英国・中国・チベット条約

英国は、チベットに干渉する機会を得てチベットを交渉当事者として扱うべく、1908年1月27日英国の保障占領のチュンビ（春丕）撤退を機に、同年4月20日英国・中国・チベット条約としてインド・チベット通商章程が締結された。これは1893年チベット通商章程の改訂であった。というのも、これまでインドとチベットとのあいだでは問題が解決されなかったことから、英国は中国参加の下に中国本土の代表と別にチベット代表も参加させるというジョーダン北京駐在英公使の政治戦略をとったからである。英語正文には、persons of China and Tibetan Nationalities との表現があり（第4条）、中国人とチベット人が区別されていた。

そこでは、中国の辛亥革命で、チベット人が漢人支配を排除する状況が出現しており、13世ダライ・ラマは5カ条宣言を発したが、その「独立（自治）」工作は成功しなかった。

(10) 1913年蒙蔵条約

1910年2月13世ダライ・ラマは本国に抵抗して名号を剥奪され、のち、中国は名号復活の柔軟策をとったが、以降、ダライ・ラマは、既に自力による支配権限を掌握しているとの「自治」貫徹の立場を貫徹した。外モンゴルも独立運動を展開し、ダライ・ラマとのあいだで1913年1月11日ウルガ（庫倫）でモンゴル・チベット条約が調印され、チベットとモンゴルは満州朝の羈絆から解放され、中国から分離して独立国家を組織したことを、両者はまず確認した（前文）。ダライ・ラマはモンゴルの主権者黄教主ジップツンダンバ・フトクト（哲布尊丹巴剛嘛）の宣言を承認し（第1条）、黄教主ジップツンダンバ・フトクトは、チベット独立とチベット主権者としてのダライ・ラマの宣言を承認した。その結果を受けて、同13年5月ダライ・ラマは5カ条宣言を発した。ただし、5カ条宣言をもってチベットの「独立」は確認できず、5カ条宣言にはかかる「独立」の用語への言及はない。1913年モンゴル・チベット条約における「独立」は、その国家存在が欠けたものであった限り、その条約は一つの対外的アピールにすぎなかった。

(11) 1912年中国・チベット協定

中国とチベットは、1912年8月12日その内戦状態に終止符を打つべくゴルカ

を証人にした事態の解決につき3項目協定に合意した。これは、当事者間の対立を解消するためのもので、英副領事タイクマンが仲介して和戦協議をしたのと同じ形態をとった。つまり、地方的協議か国家主体間協議かは解釈が分かれるところであるが、この協定は中国軍の引き揚げという地方的事件の処理と解すべきものであろう。同協定の再確認のために、12月14日ネパール代表を証人に、再び協定が成立した。いずれについても、チベットは独立主体間の協議と解していて、中国は地方的な内政的協議と解する立場にある。

(12) 1914年シムラ条約（シムラ草約）

　1912年8月12日の3項目協定で中国軍とチベット軍は戦闘を停止し、16日10カ条講和条約が成立した。ここに、英国は、念願のチベット代表を1913年10月13日開催のシムラ会議に参加させることになった。中国の対処方針はチベット管理に終始したが、翌14年2月17日英国はシムラ草約を提出し、チベットへの一部領土の割譲による領土取引に成功して4月27日仮調印となった。しかし、5月2日その境界線の設定において、中国はこの草約（条約草案）を拒否した。一方、英国はチベットと7月3日この草約に正式に調印し、条約は成立した――1904年ラサ条約でも英国（ヤングハズバンド）はチベットと二者署名を別に行っていた。そこでは、チベットの存在は他の締約国と同等であった。にもかかわらず、条約では、チベットは、中国の宗主権下にあるとされており（第2条）、付属交換公文で、両締約国は、チベットが中国領土の構成部分であることを確認しており、それは1907年英露協定が中国・チベット関係を拘束するものでないことを意味した。しかし、現実には、中国はチベットに対する権限行使の能力を喪失していた。つまり、1917年、チベットは趙爾豊の中国軍侵攻を排除しており、1950年まで中国はそのチベットにおける確たる存在を欠如したままであった。

　要するに、チベットは明末・清初において「独立」の存在を維持したが、それは、宗教者・施主関係（チュユン関係）の枠内に限定されたものであった。1720年に中国はチベットに介入し、アンバンが派遣された。その間、チベットはネパールとの条約を1792年、1856年に、ラダクとの条約を1842年に締結しているが、その条約は便宜的なものであった。しかし、1904年英国・チベット条約を締結し、それは1906年条約でも確認されたが、チベットには第三国との条約締結は認めら

れておらず、それは植民地主義的性格のもので、そこでは、チベットの国家主体性は明確でない。この中国のチベット支配をめぐる脆弱性、いいかえると、中国からみたチベットの独自性のために干渉しない慣例的立場は、1914年シムラ条約にも反映されていた。その限りにおいて、チベットは、条約を単独で締結できたし、その一方、その政治主体性は明確さを欠いていた。

そして1912年以降、1950年までの期間、中国はチベットと交渉しているが、そこでは、チベットの「独立」は主張されておらず、チベットとしてもチベットの「自治」という現実の確認要求にとどまっていた。1929年の劉慢卿の交渉、1934年の黄慕松の交渉、1947年の国民党政府との南京交渉のいずれも、その主張の枠内にあった。その間における1913年の5カ条は独立宣言ではない。その宣言は、「自治」の貫徹と中国による対外的安全保障の容認にあった。他方、1949年9月の14世ダライ・ラマの宣言があるものの、その宣言は、「独立」を主張しているが、これまでの「自治」貫徹の域を出ていない。

そして、1950年の人民解放軍のチベット進攻、翌61年のチベット平和解放法的協議は、人民解放軍によるチベット占領というものではない。それは、中国内部の政治的措置といえるものである。それは、中国内戦に従う解決の文脈にある。

3．チベット問題の国際化の文脈

14世ダライ・ラマは、『自伝』で、822年中国・チベット条約を引用しており、これがチベットの存在確認の原点であるとしているが、同条約には、こう規定されていた。「この厳粛な条約は、チベット人とチベットの地において、中国人が中国の地において、ともに暮らせるという偉大な新時代を打ち立てた」[注31]。もっとも、以後の世界では、チベットをめぐる歴史の起伏があった。

なかでも、1959年14世ダライ・ラマのインド亡命は、新しい展開を生み出した。それは、中国支配に対するダライ・ラマらラマ教徒チベット人の根強い反共意識もあったろう。そこでは、米国やインドのかかるチベット人の反抗への支持・干渉もあったろう。そのチベットの独立行動は、人民解放軍が侵攻するなか、1950年11

月11日カシャ（内閣）から国際連合あて電報 A／1549 が送付され、そこで初めてチベット「独立」の論点がとりあげられ、さらに、14世ダライ・ラマのインド亡命においてダライ・ラマが国際連合あてに送った1959年9月9日の電報 A／4234 で、その「独立」の立場についての含意が強く打ち出された。1950年11月11日電報の論点は、こうであった。

1．1911～12年にチベットは、13世ダライ・ラマのもとで完全な独立国家であった。
2．1949年7月に中国人がラサから離れて（漢人の全面追放）以来、チベットは、中国の政府および人民との公式的関係にない。中国は、チベットに対して平和的に生活することを認めていない。
3．共産中国のチベット併合のための武力侵略は、明らかに武力侵略を構成する。
4．問題は単純である。中国は、チベットを中国の一部分として要求している。チベット人は、自らが人種的にも、文化的にも、そして地理的にも、中国人とは別だと思っている。[注32]

そこでは、未だ「独立」の主張は堅いものではなかったが、1959年5月にいわゆる人民会議が「独立」を宣言し、これに伴う混乱から亡命に走った14世ダライ・ラマが1960年4月にチベット亡命政府の活動に入る経過において、1959年9月9日のダライ・ラマの国際連合あて電報で、明確に「独立」が提起されたことが改めて確認された[注33]。そこでは、ダライ・ラマも同意していた17条協議が否定された。そして、現在、いま一つの要素、チベット亡命政府の民主改革と新社会建設による正統性の主張が「独立」の要件に新たに加えられた。

こうして提起されたチベット「独立」は、以下の要素をもって論議されてきている[注34]。

1．1911年から1951年までチベットが独立国であったことの確認。
2．1961年国連総会決議1723（ⅩⅥ）における民族自決権の確認。1965年国連決議2079（ⅩⅩ）での再確言。
3．1949～51年のチベット侵略と併合による中国人民解放軍の軍事侵略と17条協議の否認。
4．1959年民族蜂起の正統性。
5．中国によるチベット人の人権迫害とチベット自治の欺瞞性。これに対するチベッ

ト亡命政府の民主改革での正統性。
6．中国による社会・経済改革下の植民地政策。これに対する亡命政府の新社会育成の成功。
7．中国による漢人の移民政策とチベット社会の破壊、およびチベットの環境破壊。これに対するチベット平和区の樹立構想（5項目平和計画）。

　その一方、チベットでの中国の改革は10世パンチェン・ラマの支持で着手され、チベット大衆に受け入れられた。それは、両ラマを対立させるところともなったが、その選択をめぐる対抗力学の図式は、この改革が始めてではない。

　一方、「独立」を掲げたチベット亡命政府の主張は、国際社会、特に米国を中心に政策レベルで展開され、支持された。一方、ヨーロッパにおいては、人権の文脈で14世ダライ・ラマへの支持が巻き起こっており[注35]、ダライ・ラマは1989年ノーベル平和賞を受けた。14世ダライ・ラマは1987年9月21日米国議会で5項目平和計画を提出し、それを注解した4項目平和提案をストラスブールの欧州議会で配布した。米国議会はチベット問題解決の対話のために中国制裁行動に着手した。さらに、米国務省人権白書はチベットの人権についての侵犯の事実を、特に指摘した。

　1993年1月6～10日ロンドンで、チベットの自決と独立の争点に関する国際法律家会議がチベット人も参加して開催され、ロンドン宣言が採択された。その宣言は以下の点につき確認した。

1．チベット人は、人民として、人民の自決権を付与されている。
2．チベットへの中国人民解放軍の介入は、独立国家としてのチベット占領である。
3．チベットの領土と人民は、称するところによれば、中国の近隣省に併合されている。チベットの地図は、中華人民共和国の中に再統合されている。チベットの境界は、「チベット自治区」を越えて拡大されている。チベット人民の一部についての、自決権の行使なしの、この自らの伝統的領土の一部変更は、国際法に合致しない。
4．重大な個人的人権侵害が生じている。
　1　チベット仏教の実際上の規制、教育への干渉、およびと宗教信仰の自由への制約。
　2　所有権の欠落。

3　司法権の独立欠如。
4　犯罪および安全保障の強制——国連決議と世界人権宣言の否定、さらにチベット国旗の保持への処罰。
5　結社の自由および集会の自由の権利の否定。
6　非合法拘禁。
7　検閲制度。
8　チベット内外での移動制限。
9　断種の強制と同意なき妊娠中絶。
10　住宅・教育・衛生・雇用・政治亡命・文化の権利に対する不平等待遇と差別。
注36

にもかかわらず、チベット社会のチベット人にとり解決されるべき最大の課題は、チベット・ラマ教徒にとり14世ダライ・ラマの亡命からの帰国である。ダライ・ラマのチベットにおける存在こそがチベット法王制の基礎を形成しているからである。このため中国中央と亡命政府の交渉が1978年に始まった。しかし、それは未だ成就していない。その交渉の論点は以下にあった。

1．ダライ・ラマの5項目平和計画における「独立」への言及。
2．チベット内部でのダライ一派（中国の表現では、分裂主義者）の「独立」に関連した分離主義的行動。
3．中国にとっての「チベットは中国の構成部分の一部分である」ことの確認。

いずれの論点も、チベットの「独立」との連関に集約されるが、この交渉を通じて亡命政府は、一国両制への中国の指摘を、実質上、亡命政府は拒否した。加えて、14世ダライ・ラマは、大チベット構想を提起した。実際、チベットは、いまだカム（／ウー、康）、チベット（／ツァン、蔵）、アムド（安多）の3地域を支配したこともないのに、チベット人地域ということで、その3地域（チョルカ・スム）を包括した「独立」を主張してきた。ただし、2002年11月、14世ダライ・ラマはチベットの「自治」に言及し、2003年3月チベットの独立と分離を求めない「中間の道アプローチ」に従うとした発言を変えており、6月にチベットの「独立」は求めないと申し立てた。これに対し、中国当局は、一貫してチベット改革（封建的社会経済遺制の解消と民衆の政治社会参加）の現状を認識しないダライ・ラマの「独

立」意思を変えさせなければならないと、コメントした。

　2004年3月中国政府は、14世ダライ・ラマに対し、独立を放棄し、台湾が中国の一省であると認め、中国は唯一の合法政府であることを認めるよう求めた。チベットの「独立」運動と主張は現在、終わりに近づきつつある。ここでの独立論議も、これ以上述べる必要はない。チベットの改革・開放（社会経済的発展展望）は大きな成功をみせてきているからである。今や封建的社会遺制に立脚した神政国家の時代は過ぎ去った。これについては、14世ダライ・ラマも、この現実を認めている。しかし、その現実を受け入れていない。というのは、チベット人のラマ信仰は変わらないからである[注37]。政教思想は今後も続くであろう。このチベットの文化と伝統は固く、今後も引き継がれていくことであろう。このことは、現下のチベット社会という現実の中で、中国政府の宗教政策も、その民衆の宗教信仰を認め、その寺廟の維持を支援するべく変わってきている。チベットの独自性は人類の貴重な財産と見做されており、世界もそのチベットの姿を確認し評価し尊重しよう。このチベット社会の伝統と文化は、人類の大いなる財産であるからである。社会主義中国も、この現実を十分認識している。その中での新しい法王制をどう生かし、民衆の信仰を維持していくかが課題であり、今や、「独立」、「分離」、「自決」の図式による解決次元にはない。

<注>
1　チベット・ラマの朝貢については、前掲『西藏歴史』149－168頁をみよ。
2　op. cit. T*he Case concerning Tibet: Tibet's Sovereignty and the Tibetan People's Right to Self-Determination*, pp. 1-49.
　　さらに、以下をみよ。op. cit. van Walt van Praag, *The Status of Tibet*. op. cit. van Walt van Praag et al., *Tibet and the Right to Self-Determination*.
3　それについては、インド政府の返書がある。
　　「インド政府は、いずれかの当事者が取り上げるとの希望から問題についての新協定が締結されるまで、現在の基礎で関係を維持するチベット政府の意図につき保証することを多とする。このことは、インドが英国政府との条約関係を継承する他のすべての諸国によって採択された手続きである。」
　　Notes, Memoranda and Letters Exchanged and Agreements signed by the Governments of India and China, Delhi: Ministry of External Affairs, Government of India, Vol. 2, 1959, p. 39.

4 黄枝連『天朝礼治体系研究』全3巻、北京、中国人民大学出版社、1994年。
さらに、以下をみよ。金観涛『在歴史的表象背後――対中国封建社会超安定結構的探索』成都、四川大学出版社、1983年。若林正丈・村田雄二郎訳『中国社会の超安定システム――「大一統」のメカニズム』研文出版、1987年。
5 顧頡剛・史念海『中国疆域沿革史』北京、商務印書館、2000年。
6 Dalai Lama, "China and Tibet's Future," *Wall Street Journal*, Nov. 8, 1979. op. cit. Shimomany ed., *The Political Philosophy of His Holiness the XIV Dalai Lama*. 前掲『ダライ・ラマXIV世法王の政治哲学』第1巻、71－76頁。引用は72頁。
7 那波利貞『中華思想』、岩波講座「東洋思潮［東洋思想の諸問題］」岩波書店、1936年。黄文雄『中華思想の嘘と罠――中国の正体を見る――』PHP研究所、1997年。横山宏章『中華思想と現代中国』集英社、2002年。
8 中共中央統戦部編『民族問題文献匯編1927－1949.9』北京、中共中央党校出版社、1951年、285－291頁。
9 松本ますみ『中国民族政策の研究――清末から1945年までの「民族論」を中心に』多賀出版、1999年、241頁以降。
10 毛沢東「論新段階」、前掲『民族問題文献匯編1927－1949.9』593－597頁。
11 楊松「民族論」、前掲書、763－768頁。
12 毛沢東「論新段階」、前掲書、595頁。
13 毛沢東「新民主主義論」、毛沢東選集刊行会訳『毛沢東選集』三一書房、1956年、第5巻、44頁以降。
14 前掲、張『中国民族区域自治史綱』。前掲、王戈柳主編『民族区域自治制度的発展』。
15 1941年5月1日陝甘寧辺区施政綱領、日本国際問題研究所中国部会編『中国共産党史資料集』第10巻1939年9月―1941年12月、勁草書房、1974年、398－401頁。
16 蒋介石『中國之命運』民国32年（1943年）3月、『總統　蒋公思想言論總集』台北、中國國民黨中央委員會黨史委員會、巻4、1984年、4頁以降。張其昀主編『先總統　蒋公全集』台北、中國文化大學出版部、1984年、第1冊、127頁以降。波多野乾一訳『中国の命運』日本評論社、1946年、11頁以降。
17 周恩来「関係憲政與団結問題」、前掲『民族問題文献匯編1927－1949.9』730－731頁。
18 レーニンはこう述べた。
「社会民主党があらゆる民族の自決権を承認するならば、社会民主主義者は、つぎのことを要求される。
　（イ）社会民主主義者は、支配氏族（もしくは人口の大多数をしめている民族）が、国家的に分離を希望する民族にたいして、どんな形態であろうとも暴力を行使することにたいしては、すべて無条件に敵対的な態度をとること。
　（ロ）このような分離の問題は、ただその地域の住民の普通・直接・平等・秘密の投票にもとづいてのみ決定するよう要求すること。
　（ハ）黒百人組＝オクチャブリスト党や、自由主義的ブルジョア政党（「進渉派」、カデットなど）が、一般に民族的抑圧を擁護または容認し、とくに民族自決権を拒否するときは、いつでも彼らにたいして倦まずたゆまず闘争しなければならない。
（4）社会民主党があらゆる民族の自決権を承認するからといって、それは、あれこれの民族の国家的分離の得失を、それぞれ一つ一つのばあいについて社会民主主義者が自

主的な立場から評価することを、けっして否定するものではない。それどころか、社会民主主義者は、資本主義の発展の諸条件や、あらゆる民族のブルジョアジーが一つになってさまざまな民族のプロレタリアを抑圧している諸条件を考慮にいれ、さらにまた、民主主義の一般的任務、まず第一に、なによりも、社会主義をめざすプロレタリアートの階級闘争の利益を考慮にいれて、自主的な評価をくださなければならない。」
「民族問題にかんするテーゼ」1913年6月、ソ同盟共産党中央委員会付属マルクス＝エンゲルス＝レーニン研究所編、マルクス＝レーニン主義研究所訳『レーニン全集』大月書店、1953年、第19巻、248頁。

「たびたび誤解のきっかけとなった自決という言葉を、私は、「自由に分離する権利」というまったく正確な概念と代えている。1917年の半年間の革命の経験を経たあとでは、ロシアの革命的プロレタリアートの党、大ロシア語をつかって活動している党が分離の権利を承認する義務があるということは、おそらく争う余地がないであろう。権力を獲得したなら、われわれは、フィンランドにたいしても、ウクライナにたいしても、アルメニアにたいしても、およそツァーリズム（大ロシア人のブルジョアジー）によって抑圧されてきたどの民族にたいしても、ただちに無条件にこの権利を承認するであろう。しかし、われわれのほうとしては、分離を希望しているわけではけっしてない。われわれは、できるだけ大きな国家を希望し、大ロシア人に隣りあって住んでいる諸民族のできるだけ多くのものとの、できるだけ緊密な同盟を希望している。われわれがそれを希望するのは、民主主義と社会主義の利益のためであり、さまざまな民族に属するできるだけ多数の勤労者をプロレタリアートの闘争に引き入れるためである。われわれが希望しているのは革命的＝プロレタリア的統一、連合であって、分裂ではない。だが、われわれは革命的な連合を希望する。だから、われわれは、あらゆる国家一般の連合というスローガンをかかげない。なぜなら、社会革命が日程にのせているのは、社会主義に移行した、また移行しつつある国々、解放を達成しつつある植民地等々だけの連合だからである。われわれは、自由な連合を希望する。だから、われわれが分離の自由を承認することが、義務となるのである（分離の自由のない連合は、自由な連合とは呼べない）。ツァーリズムと大ロシア人のブルジョアジーが、その抑圧によって、隣接諸民族の心に大ロシア人全体にたいするおびただしい憤怒と不信をのこしているだけに、分離の自由をみとめることは、なおさらわれわれの義務となっている。そして、こういう不信は、言葉ではなく、行為によって吹き散らさなければならない。」
レーニン「党綱領の改正によせて」1917年10月6－8日、前掲『レーニン全集』第21巻、172－173頁。

19　中国人民政治協商会議共同綱領の第9条は、「中華人民共和国領域内の各民族は、均しく平等の権利を有する」とある。
　　第6章民族政策は、以下のとおりである。
　　　第50条　中華人民共和国領域内の各民族は、一律に平等で、団結互助を実行し、帝国主義と各民族内部の人民の公敵に反対し、中華人民共和国が各民族友愛合作の大家庭となるようにする。大民族主義および狭隘な民族主義に反対し、民族間の差別・圧迫と各民族の団結を分裂させる行為を禁止する。
　　　第51条　各少数民族が集合居住する地区は、民族的区域自治を実行し、民族が集合し

居住する人口の多少と区域の大小に照らして、それぞれ各種民族の自治機関を建立すべきである。およそ、各民族が雑居する地方及び民族自治区内は、各民族が当他の政権機関の中にあって、均しく相当数の代表を有すべきである。

第52条　中華人民共和国領域内の各少数民族は、均しく統一的な国家の軍事制度に照らして、人民解放軍および地方人民公安部隊組織に参加する権利を有する。

第53条　各少数民族は、均しくその言語・文字を発展させ、その風俗、習慣、および宗教上の信仰を保持しまたは改革する自由を有する。人民政府は、各少数民族の人民大衆がその政治・経済・文化・教育の建設事業を発展させることを幇助すべきである。

前掲『建国以来重要文献選編』第1巻、1－13頁。

20　毛沢東「連合政府について」、前掲『毛沢東選集』第3巻、380－381頁。

21　周恩来「民族政策の若干の問題について」北京周報、1980年第9号、第10号。引用は、17－18頁。

本稿は、1957年8月4日民族工作座談会で発表され、紅旗への掲載が予定されたが、当時の編集長陳伯達らの妨害で公表されず、1960年初めになって、紅旗に掲載されており、共産党の民族政策の基本文献となっている。

22　孫文「民生主義第二講」民国13年（1924年）8月10日、『三民主義』台北、中國國民黨中央委員會、1985年、242頁以降。外務省調査部訳編『孫文全集』第1巻、第一公論社、1939年、37頁以降。

23　前掲、蒋介石『中國之命運』、前掲『總統　蒋公思想言論總集』、巻4、5頁。前掲『先總統　蒋公全集』第1冊、127頁。前掲、波多野訳『中国の命運』12頁。

24　學銚「内外蒙古及其界域」、劉序渭編『蒙古史料彙編』台北、金蘭文化出版社、1976年。そして、1915年6月7日キャフタ協定は外モンゴルに対する中国の宗主権を認めた。同協定は資料783－785頁をみよ。

25　結局、1950年10月に14世ダライ・ラマは17条平和法的協議を支持していた。

26　1959年4月18日第2期全国人民代表大会第1回会議の周恩来「政府工作報告」。前掲、浦野『資料体系アジア・アフリカ国際関係政治社会史』第2巻アジアⅡ資料6－2－141に所収。

27　李資源『中国共産党民族工作史』南寧、広西人民出版社、2000年、318頁以降。

28　前掲、落合『チベットと中国・インド・国連』13－55頁の検討もある。

29　op. cit. *Notes, Memoranda and Letters Exchanged and Agreements signed by the Governments of India and China*, Vol. 3, p. 86.

30　op. cit. Deb, *Bhutan and India: A Study in Frontier Political Relations (1772-1865)*.

31　op. cit. Dalai Lama, *Freedom in Exile: The Autobiography of His Holiness the Dalai Lama of Tibet*, pp. 42-43. 前掲、山際訳『ダライ・ラマ自伝』61－62頁。テキストは23－25頁に所収。

32　op, cit. *Tibet in the United Nations 1950-1961*, pp. 1-4.

33　ibid., p.17-19.

34　op. cit. *Tibet: Proving Truth from Tact*. 前掲『チベットの現実』。op. cit. *Tibet under Communist China: 50 Years*. op. cit. *China's Current Policy in Tibet: Life and Death Struggle*

to Crusin an Ancient Civilization. 前掲、ダライ・ラマ法王日本代表部事務所訳『チベットにおける中国政府の現行政策——チベット文明を根絶する必死の試み』。
35　2006年1月10日スペインの全国高等裁判所は、スペインNGOチベット支援委員会による、中国がチベット統治に入った1951年以降、100万人以上が殺害され、行方不明になったとする告発で、江沢民前中国国家主席・李鵬元総理ら7人に対する人道罪の審理に入った。

　国際的には依然として多くのNGO、人権ウォッチ、アムネスティ・インターナショナル、中国人権会議、中国人権HRIC、タン枢機卿財団、カーネギー国際平和財団、チベット・インフォーメーション・ネットワーク、チベット人権民主主義センター、独立チベット・ネットワークなどが、チベットを含む中国人権問題を提起している。そうした動きとそこでの問題点は、以下のムスタンでチベット抵抗運動に参加していたチベット人作家のものが包括的にとりあげている。Jamyang Norbu, *Buying the Dragon's Teeth*, 2004. 戸根田紀恵訳『これが中国の国家犯罪だ』文藝春秋、2006年。
36　Robert McCorqunodale & Nicholas Orosy ed., *Tibet: The Position in International Law: Report of the Conference of International Lawyers on Issues relating to Self-Determination and Independence for Tibet*, London; Hansjörg Mayer, 1994, pp. 143-149.
37　「ダライ・ラマ法王は、単なる宗教家ではなく、チベット人600万人に対しては、父であり、王であり、最高のラマであり、声無き民の正当のスポークスマンであり、希望の星でもあります」と、ペパ・ギャルポは書いている。op.cit. Shimomany ed., *The Political Philosophy of His Holiness the XIV Dalai Lama*. 前掲『ダライ・ラマXIV世法王の政治哲学』第1巻のペパ・ギャルポの「日本語版出版にあたって」の序文19頁。

資 料

条 約 類

■チベット・ラダク条約
1684年調印
1．セイルダグマ国王が彼の息子3人それぞれに王国を与えた当初からの国境が定められる。
2．ラダクのみがガレク・ルサム羊毛取引に入ることが認められるものとする。
3．ラダクからの者は、ラダク法令の王室令貿易業者を除いて、だれもラダクに入ることは出来ないものとする。
4．ディワズン（ラサの大ラマ）により、ラサからラダクへ、毎年、茶200積み荷を送る王室商令が公布される。
5．レーからラダクへ、3年ごとに、貢物が送付されるものとする。
6．ガレー・カールサムの国は、全知の神デルグパ・ラマに提供される。そして、それについては、ディワズンは3つの地区（大チベット／チョルカ・スム）に提供される。
7．ガレー・カールサムの収入は、全知の神の灯明およびラサで行われる宗教式典の費用の支払いに充当される。
8．ただし、ラダク王は、ガレー・カールサムのモンサル地区の木材を自分で使用する。すなわち、彼は、そこでは、独立している。そして、彼は、会合のための財源としてキンサルの全能の神の灯明、モンサルの聖なる湖、およびタール湖を含む費用は別とする。この条約の最終条項への言及において、セイドネグマゴンは、以下の地域を彼の息子に与えることが、明確に表明されていることが説明される。
　a．長子——東のヘネリーから、西はゾロリア峠に至るラダクおよびプリグとして知られる諸国で、ラダクおよびゴムポ黄金地区を含む。
　b．第二子——ゴゲー、ポーラン、および他の小地区。
　c．第三子——ザングスカル、スピティツ、および他の小地区。

■ネパール・チベット・中国キロン協定
1789年7月2日調印（キロン）
第1条　ネパールは、4つのチベット国境から引き揚げる。
第2条　チベットは、賠償に応じる。
第3条　チベットは、ネパール新通貨の流通を認める。
第4条　ネパールは、再びチベットへ侵入しないことを約束する。
第5条　ネパールは、ラサのバイキル（公館）を維持する権利を付与する。
第6条　チベット・インド間の貿易は、唯一、ネパール・ルートのみとする。
第7条　チベットのラマは、毎年、カトマンズを訪問する。

■ ネパール・チベット平和協定
1792年9月30日調印（ラサ）
第1条　ネパールとチベットは友好関係を維持し、かつ相互に敵対しない。
第2条　両政府間の紛議は、ラサのアンバンに解決を付託する。
第3条　ネパールは、5年ごとの入貢をもって使節を北京に送る。中国政府は、中国における使節の便宜（費用を含む）を提供し、帰国にあたりネパール・ラジャに贈物を送る。

第4条　中国官憲は、グチ（保安）およびキロン（吉隆）地域のネパール・チベット国境線を画定する。
第5条　中国は、対外列国による攻撃の際は、ネパールを援助することになる。
第6条　ネパールは、タシルフンポ（札什魯穆布珠克特享）王朝がこの条項を批准し、残留者シャマール・トルコを家族・従者とともに返還する。
第7条　ネパールは、1789年条約又は通貨問題に基づく要求を再び決して取り上げない。

■ネパール・英国間のサガウリ条約
1815年12月2日調印（サガウリ）

　栄誉ある東インド会社とネパールのラジャのあいだに戦争が生じたことにより、そし当事者は後に対立が生じる以前に両国間に長く存在してきた平和と友好の関係を相互に回復すべく図ることにより、ここに、以下の平和の条件につき合意した。
第1条　栄誉ある東インド会社とネパールのラジャのあいだに恒久的平和が存在するものとする。
第2条　ネパールのラジャは、戦争前に両国間で討議の主題であった土地に対するいっさいの要求を取り止める。これらの土地の主権は栄誉ある会社の権利である、と了解する。
第3条　ネパールのラジャは、よって、以下の未決の領土すべてを、恒久的に栄誉ある東インド会社に割譲する。
　第1――カリ河とラプティのあいだの低地全体。
　第2――ラプティとグンドクのあいだに横たわる低地全体（ボートウル・カスを除く）。
　第3――グンドクとゴサのあいだの低地全体、ここは、英国政府の権威が行使され、あるいは現実に行使の過程にあった。
　第4――ミチ河とテーサのあいだの低地すべて。
　第5――ナグリの要塞および土地とモルングから高地へ至るナガロコテの通過点を含む、ミチ河の東方の高地にある領土すべて、通過点とナグリに横たわる領土をともに含む。
第4条　前条で割譲された土地の外国人によって蒙った利益にかかわるネパール国の首長およびバハダルに補償する見地で、英国政府は、ネパールのラジャが選び、かつラジャが定める部分のかかる首長に、毎年20万ルピーの総額を、年金として支払うことに、合意する。その選択は速やかになされ、それぞれの年金のために総督による署名・捺印のもとに、スンドが付与される。
第5条　ネパールのラジャは、彼自身、彼の相続人、および後継者のために、決して、カリ河西方に横たわる国土のいっさいの要求もしくは併合を断念し、これら国土またはそこの住民に関していっさいしないことを約する。
第6条　ネパールのラジャは、彼の土地の所有をめぐりシッキムのラジャと対立して騒動を起こすことを決してしないと約する。ただし、ネパール国とシッキムのラジャのあいだのいかなる対立も、いずれの主題についても、ネパールのラジャがその遵守を約することにより、かかる対立は、英国政府の仲裁に委ねるものとする。
第7条　ネパールのラジャは、ここに、いかなる英国臣民、いかなるヨーロッパ・アメリカ国臣民にも、英国政府の同意なしに、彼の業務に従事させないし、就かせない。
第8条　ここに、両国間に樹立された友好と平和の関係を確保しかつ改善するために、それぞれの閣僚で構成される他の法廷を置くことに合意する。
第9条　この条約は、9条で構成され、本日から15日以内にネパールのラジャにより批准されるものとし、批准書はブラシャウ中尉に渡され、20日以内に、あるいは実際的に早急に総督の批准を得てラジャに渡される。

■ティタリア条約（シッキムの英国割譲条約）
1817年2月10日調印（ティタリア）

第1条　栄誉ある東インド会社は、シッキムのラジャ、彼の相続者もしくは後継者の完全な主権のもとに、

メティ河の東側とテスタ河の西側に位置する、以前にネパールが所有しサガウリで調印した条約（1815年12月2日条約）において栄誉ある東インド会社に割譲されていた高地もしくは山岳地方を割譲し、移管し、そのもとに置く。

第2条　シッキムのラジャが、ゴルカ人もしくは他のいかなる国家に対する侵略行為もしくは敵対行為も行わないことを、自らおよび後継者に誓約する。

第3条　彼は、英国政府の臣民およびネパールの臣民もしくは他のいずれかの近隣国の臣民とのあいだに生じるいかなる紛争または問題も、英国政府の仲裁に委ねるものとし、英国政府の決定を遵守する。

第4条　彼は、高地に展開する自らの軍事力全体と英国軍隊を合同し、かる一般的に自らの権力における英国軍隊の日常の援助および便宜を受け入れることを、自らおよび後継者に誓約する。

第5条　彼は、自らの支配地にあって、英国政府の許可なしに、いずれの英国臣民も、いかなるヨーロッパ・アメリカ国臣民も、その居住を認めない。

第6条　彼は、自国領内に逃れてきたダコイト（群盗）・その他の犯罪人を、直ちに逮捕し、引き渡す。

第7条　彼は、英国政府によりその信頼ある機関を通じて要請された租税滞納者・その他の犯罪人に保護を与えない。

第8条　彼は、会社（東インド会社、インド）の諸州からの商人および貿易業者に保護を与え、かつ商人の通過にあたっては、若干のゴラや市場に設定されている税金を徴収しないことを約束する。

第9条　栄誉ある東インド会社は、シッキムのラジャと彼の後継者に、本協定の第1条に定められる高地地方の土地の完全かつ平和的な領有を保障する。

第10条　この条約は、本日より1カ月以内に、シッキムのラジャにより批准・交換され、そして総督閣下により確認された副本がシッキムのラジャに渡される。

サムバト暦1873年ペグン9日、ベンガリー暦1223年マグ30日に相当する、1817年2月10日ティタリアで作成。

■チベット・ラダク協約
1842年9月17日調印（レー、ラダク）

ラダク公文

　シュリー・カラサジ・アプサラニ・シュリー・マハラジャとラサ代表カルン（大臣）スルカン、調査官ダブン（将軍）ペシ、グラム・カハンディンの代理バラナ、通訳アミル・シャーは、ラダクに赴き、同席の上、この公文を認めた。

　われわれは、過去の諍いに悪感情を抱かないことに、同意した。これより、2人の王は、互いに末永く友好関係を維持する。カシミールのマハラジャ、ゴラブ・シンとラサのラマ・グル(ダライ・ラマ)の友好関係が、ここに確立される。マハラジャ・サヒブは、神を証人にして、旧の国境を認めることを約束する。両者は、この国境を、戦争手段に訴えることなく、守らなければならない。ラダクよりチベットに逃亡した古代王の子孫らは帰還し、以前の地位を取り戻すこととする。シュリー・マハラジャは、ラダクよりラサに派遣される朝貢使を妨害してはならない。ラダク・チベット交易は、従来どおり行われる。ラダクに向かうチベット政府の交易商人は、以前のように無償の宿泊施設と荷駄（ヤク）を提供する。また、ラダク側の使者は、ラサにおいて同様の便宜を受ける。ラダク側は、チベット領土内で新たな問題を生じさせ、陰謀を企てないことを、神の前で誓約する。われわれは、シュリー・マハラジャ・サヒブとラサのラマ・グル(ダライ・ラマ)が同じ家族の一員として共存することを、神の前で同意する。以上を、サムバト暦1899年アスラ月2日(1842年9月17日)記する。

　　　　　　　　　　　　　　　　　　　　（ワジル、デワン、バラナ、アミル・シャーの印）

チベット公文

　本協約は、ラサ当局とシュリー・マハラジャ・サヒブとマハラジャ・グラブ・シンのあいだに友好関係を樹立すべく締結される。壬寅年チベット暦8月13日(1842年9月17日)ラサ代表カルン（大臣）ス

ルカン、調査官ダブン（将軍）ペシ、シュリー・マハラジャ・サヒブの代理デワン・ハリ・チャンド、ワジル・ラトゥン・サヒブは、神を証人とし、友好的に同じ席に着いた。この文書は、チベット人とラダク人の末永き友情を確実なものとするために起草された。われわれは、いかなる形においても互いを害することなく、自らの領土の権益を守り、また過去と同様の条件で、茶と布の交易を継続することに合意する。チベットに入るラダク商人は、迫害を受けることはなく、またチベットの人民がラダク側に入りこんだ場合には、チベット側は、この者を保護しない。われわれは、過去にラサ当局とシュリー・マハラジャとは齟齬になかったものとし、今日、この協定は恒久的な効力をもつものとする。神カイラス山、マナサロワール湖、コチャの釈迦牟尼仏を、この協約の証人として招来した。

（カルン（大臣）スルカン、ダブン（将軍）ペシの印）

■ チベット・ラダク通商協約
1853年調印（レー、ラダク）

　昨年、チベット政府の交易商人ケサン・ギュルメーは、割り充てられた量の磚茶をラダックに運ぶことができなかった。これまで、ラダックは、磚茶の運搬のために、一定数の馬を提供してきたが、今年、ラダク人は、輸送すべき十分な量の磚茶がないことを口実に、一頭の馬も提供しなかった。一方、ケサン・ギュルメーは、これは自分がラダックに持ち込んだ磚茶の量の問題ではなく、提供されるべき馬の数の問題であると主張した。これが両者の間に誤解をもたらし、ガルトク総督チベット人執事2名と、ラダク側代表ビスラム・カルン（大臣）サヒブとカルン（大臣）リンジン、調停人イェシェ・ワンギャルが会談の上、将来の手続きに効力をもつこの協定を締結した。ラダク側は、チベット人交易官に、以前、同意がなされた範囲内で馬を提供することに、同意した。また、ガルトク総督2人は、将来、もっと有能な交易官をラダクに派遣するよう、ラサ政府に進言することに同意した。また、ラダク側は、例年の朝貢使にもっとすぐれた人物を派遣することに、同意する。

　チベット政府の交易官がラダクに到着した場合は、以前のように料理番の少年と馬丁が提供されるものとする。ガルトクに磚茶を運ぶチベット人交易商人とガルトクに布を運ぶラダク人の交易商人は、両者で交易を行うべきであり、第三者を交えてはならない。ラダクとチベットの国境線は、慣例に基づき維持されるべきである。

　ルトク（ガルトク）よりラダクへ送られる羊毛や塩は、送り返されてはならない。同様に、ラダクからルトクにツァンパ（青裸麦粉）や穀物を送るのを、禁じてはならない。どちらの交易商人も、勝手に宿泊費や関税をつりあげてはならない。以上の品目については、以前の金額を維持されるべきである。

　ガルトク総督の許可証を携帯したチベット人交易商人、およびタネダルからの同様の許可証を携帯したラダック人交易商人は、当局へその許可証を提示するだけで、関税は免除される。許可証のない交易商人は、2パーセントの関税を支払わなくてはならない。

　緊急の場合、特別な任務を帯びて旅行する者に対しては、どちらの国の地方住民も、無償で輸送手段と宿泊施設を提供されるものとする。ただし、この者は、当局からの文書を携帯していなくてはならない。チベットとラダクの交易商人は、家畜を連れていないことを条件に、両国の領土内のいかなる場所においても、自由に荷駄獣に草を食ませることができる。

　地方官吏は、この協定を実施するにあたり、互いに協力するものとする。

ラダクのタネダル・ビスラムとカルン（大臣）リンジン（署名と印）
ガルトクのチベット総督の執事2名（署名と印）
証人イェシェ・ワンギャル（署名と印）

■ ネパール・チベット条約（タパタリ条約）
1856年3月24日調印（タパタリ）

　ゴルカ（廓爾喀、ネパール）およびチベット（西蔵）政府の下記の僧・俗貴高官は、会議の上、相互に意見の一致をみ、10条よりなる条約を締結し、厳粛に本条約に調印した。両国政府は、記載されたとこ

ろに従い、従前通り清国皇帝陛下を尊仰し、両国ともに協約国の関係を保持し、兄弟の如く相遇することを協定した。本条約に違犯する国は、そのいずれをも問わず800万神その国の強盛を許し給うことがなきものとする。締約国の一方が本条約の条項の違犯したるときは、他の締約国は、これに対して戦いを宣するに当りいっさいの罪を免かれるものとする。

(締約国の署名・調印)

条約の条項
第1条 チベット政府は、年額1万ルピー(安拉)の貨幣をゴルカ政府に支払うものとする。
第2条 ゴルカおよびチベットは、均しく大帝を尊敬してきており、チベットが寺院僧尼の宗教に専心する国なれば、第三国に対して攻撃することがあれば、ゴルカ政府は、自今、チベットに能うる限りの援助・保護を与えることを協定した。
第3条 自今、チベットは、ゴルカ政府の商人またはこれ以外の臣民に関税、通行税、およびいかなる他の種類の税金をも課さない。
第4条 チベット政府は、チベットが捕虜としたシク兵をはじめ、戦時に捕獲したゴルカ兵、官吏、使用人、婦女、大砲などことごとく、ゴルカ政府に返還することにつき、意見の一致をみた。ゴルカ政府は、チベット軍、武器、犂牛、およびキロン(吉朗)、ニヤナン(聶拉木)、ツォンガ(宗噶)、ブラン(普茏)、ロンシャル(絨轄)に居住するチベット臣民が後に遺したいかなる物件をも返還することを合意した。この条約締結の上は、ブラン、ロンシャル、キロン、ツォンガ、ニヤナン、ダーリン(大岺)、およびランツェ(拉孜)の全ゴルカ軍は撤兵し、国土は明け渡されるものとする。
第5条 自今、ゴルカ政府は、ラサの保護のため、高級官吏にしてネワール族でない者1名を駐在させるものとする。
第6条 ゴルカ政府は、ラサに店舗を開設し、自由に宝玉、宝石、衣服、食糧品、および各種の物品を販売することができる。
第7条 ゴルカ官憲は、ラサ臣民および商人とのあいだの紛争により生ずるいかなる事件も審問することは許されない。チベット政府は、また、グルカ臣民および商人、ならびにラサ管下に居住しているカトマンズのイスラム教徒間の紛争により生じたいかなる事件を審問することができない。チベットとゴルカ臣民間に紛争が生じたときは、両国政府の高級官吏同席の上、連帯して事件を処理するものとする。チベット臣民に課された罰金は、チベット官憲がこれを没収し、グルカ臣民、商人、およびイスラム教徒に課せられた罰金は、ゴルカ官憲の手に帰するものとする。
第8条 ゴルカ臣民にして殺人罪を犯して、チベット国内に逃亡する者があれば、チベットは、犯人をグルカに引き渡すものとする。チベット臣民にして殺人罪を犯してゴルカ国内に逃亡する者があれば、ゴルカ側は、犯人をチベットに引き渡す処置をとるものとする。
第9条 ゴルカ商人または他の臣民の財産がチベット臣民に掠奪されたときは、チベット官憲は、調査の上、その所有者へ該財産の返還を強制するものとする。掠奪者が該財産の返還をしえないときは、チベット官憲は、猶予期間内に該財産を掠奪者が速やかに調達すべき契約書を作成するよう強要するものとする。チベット商人または他の臣民財産がゴルカ臣民に掠奪されたときは、ゴルカ官憲は、調査の上、その所有者への該財産の返還を強制するものとする。掠奪者が該財産を返還しえないときは、ゴルカ官憲は、猶予期間内に該財産を掠奪者が速やかに返還するよう努めるものとする。
第10条 本条約の締結後は、いずれの政府も、近時の戦争を通じて、チベット臣民においてゴルカ政府を誓助するものとする。チベット臣民の身体および財産、またはゴルカ臣民にしてチベット政府を籍助することがあっても、ゴルカ臣民の身体および財産に復讐を加えることをしない。

火龍の年(西暦1856年)2月18日附

■ネパール・チベット条約(チャイトラ・サウジ条約)
1856年3月調印
　ゴルカ政府のバルダス(貴族)とボト(チベット)政府のそれは、それぞれの意思でこの文書に調印す

ることを決定した。この条約の一方がアヘド（協定）を破る事実から戦争が起こるときは、アヘドの侵犯者は神を汚すことになる。われわれは、誠意をもって神とともにアヘドに調印する。
　［以下、1856年3月24日ネパール・チベット条約10ヵ条に同じ］（略）

■西テライ地区の回復に関するネパール・英国条約
1860年11月1日調印
　1857年におけるベンガル現地軍の暴動から生じた騒乱を通じて、ネパールのマハラジャは、サガウリ条約により英国とネパール国間に樹立された平和と友好関係の誠実な維持のみならず、ラクノーの再占領および反乱の最終的鎮圧において、国境地区の秩序維持のために英国当局の自由な処理を受け入れ、ならびに以後、英軍との協力のために軍を派遣した。この作戦の結果、ネパール国より英国政府に委ねられた際だったサービスの承認において副王および総督は、1815年、ネパール国に属しており、かつ前記条約で同年に英国政府に帰属したカリ河とゴルクポールのあいだの低地全体をマハラジャに返還するとの彼の意図を声明した。これらの土地は、ネパールのダルバルに委任された弁務官のもと、英国政府のために任命された弁務官において現在確認されている。煉瓦の記念碑が両国の将来の国境を印すために建てられ、そしてその領土はネパール当局に正式に引き渡される。この領土の恒久的な所有をネパールが保持するべく、さらに明確にするために、両国のあいだで、次の条約を締結した。
第1条　現在、英国政府とネパールのマハラジャのあいだで有効であるすべての条約および取決めは、条約によって特に変更されない限り、ここに確認される。
第2条　英国政府は、完全に主権のあるネパールのマハラジャニ、カリ河とラクピティのあいだの低地全体、およびラクピティとゴルクポール地区のあいだに横たわる低地を引き渡す。この低地は、1815年にネパール国が所有しており、同年12月2日サガウリで締結された条約の第3条により英国政府に割譲されていた。
第3条　英国弁務官によって調査された境界線は、カリ河もしくはサルダからバゴウラ・タイの北部高地の麓に拡大しているようになされており、そして記念碑が建立されており、以後、この線がオウドの英国州とネパールのマハラジャ領土のあいだの境界となる。
　この条約は、インド副王・総督チャールス・ジョン・カニング伯GCB閣下を代表したジョージ・ラムゼー中尉と、マハラジャ・デラジ・ソリンデル・ビクラム・シャーバハドール・シュムシェル・ジュングを代表したマハラジャ・ジュング・バハドール・ラナGCBによって調印され、批准される。そして、批准書は調印日から30日以内にカトマンズで交換される。

■英国・シッキム友好・同盟条約
1861年3月28日調印（トムリン）
1861年4月16日インド総督批准
　シッキムのマハラジャの官吏・臣民の引き続く略奪行為と誤った処理、および彼の人民の誤った好意のための前記の満足に対するマハラジャの拒否は、英国政府とシッキム政府のあいだに存在したこれまでの――これまで幾年にもわたってきた――調和の中断をもたらしており、英軍のシッキム侵攻と政府を不可避的に対立させていることにより、そしてシッキムのマハラジャは、現在、英国政府との友好・同盟を再びとることを希望し、現在、マハラジャ臣下の誤った処理につき誠実に表明し、また将来、彼の権力のもとでこうした誤りをいっさい取り除く決意を表明していることにより、以下のとおり合意した。
1. 英国政府とシッキム政府のあいだで作成されたすべての条約は、ここに、正式に撤回される。
2. 現在、英軍占領下にあるシッキム領土全体は、返還され、以後、両国間の平和・友好が確立される。
3. シッキムのマハラジャは、この条約の調印日以降、彼の下に権力がある限り、リンチンポングでの英軍引き離しにより放棄されるすべての公共財産を回復することに、合意する。
4. シッキム政府により回避されてきた公正なる要求をとる手段として、シッキム臣民による略奪および殺害を蒙った英国臣民への弁償として、シッキム領土の一部を占領している英国政府に1860年に生じ

た出費の補償は、シッキム政府が以下の分割払いで総額7000ルピアを、ダージリンの英国当局に支払うことに合意する。

 1861年5月1日 1000
 1961年11月1日 3000
 1862年5月1日 3000

 この額の正当なる支払いのための安全として、さらに、指定された日に正当な支払いがなされないいずれかの賠償の場合においては、シッキム政府は、ラマム川の南、大ルンジェト河の東、タスデング、ペモンチ、チャンガテリングの各山脈を含めた大ルンジェトからシングレーラー・ランジェに至る線の北方の定められた地点を、英国政府に引き渡す。かつ、英国政府は、全額支払いまで、この地域を保持し、占領・徴収の経費、および年6パーセントの利率とともに、その資源を徴収する。

5．シッキム政府は、その臣民が英国領土での略奪行為を再びしない、もしくは英国臣民に乱暴・誘拐・その他をしないことを約束する。いずれかのかかる不正行為をしたすべての者、同様にそれらを黙認し、またそれらから利益に与ったミルダル（将軍）もしくは他の首長を、引き渡すものとする。

6．シッキム政府は、いつでも、信頼される当局を通じて英国政府により正当に公式に作成された要求により、その領土内の避難民とされるすべての犯罪者、不履行者、もしくはその他の騒擾者を逮捕し、引き渡す。かかる要求に遅滞が生じるときは、英国政府の警官は、シッキム領土のいずれか一部において要求される者を同行し、そして英国当局が正当に署名した召喚状を提出し、シッキム官吏からその対象者の起訴につき、あらゆる扶助と保護を受けるものとする。

7．両国政府間で主として前任デワン・ナムグイの意図により助長された不和がある限りは、シッキム政府は、前記ナムグイは、彼の流血関係のいずれについても、シッキムは、チュンビのマハラジャの役所もしくはマハラジャの家族のいずれであれ、評議に持ち込むのを決して許さない。

8．シッキム政府は、これ以後、すべての旅行者に関するいっさいの制約、および英国領土とシッキム間の交易の独占を廃止する。よって、相互の往来は自由で、両国の臣民のあいだの通商も、完全に自由である。英国臣民が旅行もしくは貿易のためにシッキムの一部へ赴くことは合法である。すべての諸国臣民は、シッキムに居住しまたシッキムを経由すること、また以下に定められるところを除き、いつでもいかなる干渉もなしに、自らの目的のために最大の要請をなしうるどこにおいてであれ、またいっさいの方法で、彼の商品を販売するために陳列することが許される。

9．シッキム政府は、シッキムに居住し、そこで交易し、またそこを経由する、すべての諸国のすべての旅行者、商人、または貿易業者の保護を約束する。ヨーロッパ人の英国臣民であるいずれの商人、旅行者、また貿易業者であれ、シッキムの法律に反する罪を犯したときは、かかる者は、ダージリンの英国政府駐在代表により処罰され、そしてシッキム政府は、このために一度、英国当局に犯罪者を引き渡すものとし、シッキムの犯罪者拘留についていかなる弁解もしくは言い訳も配慮されることはない。同国に居住している他のすべての英国臣民は、シッキムの法律に服すべきものとする。ただし、かかる者は、手の切断、不具とする、あるいは拷問といった処罰は受けない。そして、英国臣民のいずれの処罰の場合も、ダージリンに報告されるものとする。

10．シッキムから英国領土へ輸出され、もしくは英国領土からシッキムへ輸入される商品の勘定に関して、いずれの個人も、シッキム政府による課税もしくは手数料は適用されない。

11．チベット、ブータン、もしくはネパールへ向けて通過するすべての商品に関して、シッキム政府は、適宜、商品の行き先にかかわりなく、大いさにより関税を課すことができる。ただし、かかる関税は、税徴収の時と場所で、商品価値の5％を超えることはない。前記の通過税の支払いに関しては、かかる商品は、すべていっさいの勘定について、それ以上の支払いの責任はない。

12．課税の過小評価による不正手段に対してシッキム政府を保護する見地で、それら税官吏は、所有者により商品に添付する価値の商品を政府に引き渡す選択権を有するものとする。

13．英国政府は、シッキムへ通ずる道路を開くべく希望しているので、シッキム政府は、それに異議を申し立てることはしないし、あらゆる保護を提供し、また作業に参加する者を支援する。道路が建設さ

れたときは、シッキム政府は、その通じた道路に適切な旅行者の休息所を設け、維持することを了解する。
14. 英国政府は、シッキムの地勢・地質概観を希望しており、シッキム政府は、このことにつき異議を申し立てず、この仕事に従事する官吏を保護し、支援する。
15. 奴隷の扱いがシッキムでの慣行であることについて多くの誤解が生じている以上、シッキム政府は、本日以降、人を運ぶいずれの者も厳しく処罰し、奴隷として人を扱う目的で人を捕らえることを処罰することにつき、自らを義務づける。
16. 以来、シッキム臣民は、人の連行を求めるいずれの国に対しても、望みとおりもしくは制約なしに、移動することができる。
17. シッキム政府は、英国政府の同盟国であるいずれの隣国に対しても、侵略行為または敵対行為を差し控えることを誓約する。シッキムの人民と近隣諸国の人民のあいだにいずれかの紛争もしくは問題が生じたときは、英国政府の仲裁に委ねるものとし、そしてシッキム政府は、英国政府の決定を遵守することに合意する。
18. シッキムの軍事力全体は、丘に展開する英軍と合同し、かつ英軍に対しあらゆる援助と便宜を与えるものとする。
19. シッキム政府は、英国政府の許可なしに、他国に領土の一部を割譲しないし貸与しない。
20. シッキム政府は、いずれも他国に属する軍隊も、英国政府の裁可なしに、シッキムを通行させない。
21. シッキムを逃れてブータンで難民となっている、英国政府の要求で引き渡された犯罪者の7人は、ブータン政府から彼らを引き渡される権限を行使し、シッキム政府としては、彼らを捕え、シッキムに再び戻ってきたとき、遅滞なくダージリンの英国当局に引き渡すことを約束する。
22. シッキムの有効な政府の樹立、また英国政府との友好関係を最上に維持するという見地で、シッキムのマハラジャは、チベットからシッキムへ、この年の9月までに、彼の政府の所在地を移すことに、合意する。さらに、ベケルは、シッキム政府により定着し、シッキム政府はダージリンに恒久的に所在することにつき、合意する。
23. この条約は、23ヵ条で構成され、ダオ・ネプール17日に相当する1861年3月28日トムリンで、英国使節アシュー・イーデンとシッキム・マハラジャにより締結された。……

■英国・ブータン平和・友好条約（シンシュラ条約）
1865年11月11日調印（シンシュラ）
1866年1月25日インド総督批准
第1条　ここに、英国政府とブータン政府間に平和と友好が設定される。
第2条　ブータン政府の繰り返された侵略、およびこれら侵略のための満足に対する同政府の拒否、ならびに両国間に存在している対立の友好的調整を追求する目的で英植民地総督により派遣された官吏に対する侮辱的な扱いの結果により、英国政府は、ブータンの通行を保護するためにドアルス全体および一定の丘に対する軍事占領を余儀なくされたことにより、そしてブータン政府が現在、過去における誤った処理につき表明し、また英国政府との友好関係の樹立要求を表明していることにより、ここに、18ドラルスとして知られる地域全体、ラングプール、クーチ・ビハール、およびアッサムとして知られる地域全体を、ティーサタの左岸沿いのアンバレ・ファラコーチのトークおよび丘地域とともに、このために指名された英弁務官が定める地点について、ブータン政府は、永久に英国政府に割譲することにつき、合意する。
第3条　ブータン政府は、現在、自らの意志に反して拘禁されているイギリス臣民、同様にシッキム諸首長の臣民すべての降伏につき、かつその者すべてまたはいずれもの英国領土への帰還の方法につきいかなる妨害もしないことにつき、同意する。
第4条　本条約の第2条に定める地域のブータン政府の割譲、および将来、英国領土内もしくはシッキムおよびクーチ・ビハールのラジャの領土内での犯罪にかかわるすべての悪者を規制し、またその指揮下の防衛にかかわるすべての犯罪を完全に取り締まり矯正することにつき、過去において適切

でなく、将来において遵守すると表明していることを考慮して、英国政府は、毎年、ジャングペン以下にない官吏の支払いのために、50000ルーブルを超えない総額を、ブータン政府に支払うことに合意し、その者が受け取るようブータン政府に支払いを委任する。その支払いは、以下のように定められることが合意される。

　　　この条約の条件につきブータン政府が履行する限りにおいて、25000ルピー。
　　　第1回支払いに従い1月10日に35000ルピー。
　　　次年の1月10日に45000ルピー。
　　　引き続く各年1月10日に50000ルピー。

第5条　英国政府は、ブータン政府の側での誤った処理、もしくはその臣民の侵略を阻止することまたはこの条約の規定を履行することに失敗した場合には、この賠償金額の一部または全部をいつでも延期することは自由とする。

第6条　英国政府は、すべてのブータン人は英自治領に逃亡する者の以下の犯罪の控訴に従うとした、その複本がブータン政府により作成され1845年の第7条の規定のもとで引き渡されるブータン政府による文書により正当に作成された要求に合意する。その犯罪とは、殺人、謀殺の企図、強姦……である。

第7条　ブータン政府は、ブータン政府の管轄下にある領土の難民を扱う前掲の条に定めるいずれかの犯罪で告発されたいずれの英国臣民をも、ベンガル総督代理にその権威のもとに正当に引き渡す条件につき、またいずれかの英国領土での前記の犯罪を犯したいずれのブータン臣民も、ブータンのギルドの祥子で侵した犯罪につき地区の地方法廷で裁く手続きをとることにつき、合意する。

第8条　ブータン政府は、シッキムおよびクーチ・ビハールのラジャに対する苦情におけるいっさいの紛議または事件を、英国政府の仲裁に委ねることに、合意する。そして、英国政府は、シッキムおよびクーチ・ビハールのラジャによる決定の遵守につき要求し、また必要となる司法の問題のかかる紛争および苦情につき調査し、また解決することを、約束する。

第9条　両国政府は、自由な貿易・通商をとる。ブータン商品の英国領土への輸入は、課税されず、ブータン政府は、英国商品のブータン領土への輸入もしくは移入に課税しない。英国領土に居住するブータン臣民は、英国臣民と同等に公正であり、ブータンに居住する英国臣民は、ブータン政府の臣民と同等に公正である。

第10条　10カ条のこの条約は、ブータン暦金9月24日に相当する1865年11月11日シンシュラで総督とデブ・ラジャにより締結され、調印される。この日から30日以内に、批准文書が相互に交換される。

■芝罘（煙台）条約

1876年9月13日調印（芝罘）
1886年5月批准書交換（ロンドン）

　英女王陛下の清国朝廷特命全権公使サー・トーマス・ウェードと清皇帝陛下の全権委員丈華殿大学士粛毅伯、直隷総督李鴻章とのあいだに商議せる協定

　右両全権委員の商議は、本年春、外務大臣ダービー伯よりサー・トーマス・ウェード宛の1876年1月1日付公信とともに始まったところの、以下の3つの問題の処理に関する訓令が含まれており、すなわち（第一）雲南事件についての満足した解決、（第二）両国政府大官の交際に関する昨年の契約の忠実な履行、（第三）通商条約の改正問題に関して1875年9月（光緒元年8月）に到達した了解すべき劃一的制度の採用がそれである。サー・トーマス・ウェードが本問題に関する総理衙門との商議において引用しているのは、該公信であって、これをさらに引用するは不要であるので、省略した。サー・トーマス・ウェードと李大臣のあいだに協定した条件は、次のとおりである。

第1款　雲南事件の解決

1．総理衙門または李大臣のいずれを問わず、サー・トーマス・ウェードの作成した覚書の意味をもって、

皇帝に上奏文を捧呈するものとする。上奏の漢文本文は、捧呈に先立ちこれをサー・トーマス・ウェードに示すものとする。
 2．上奏文を皇帝に捧呈し、右に対する勅諭を受けた後、総理衙門は、該上奏文および勅諭の謄本をサー・トーマス・ウェードに交付し、かつ総理衙門より各省政府に対し、前記上奏文および勅諭の全文を包含する布告を発布することを訓令した信書の謄本をも、これに添付するものとする。サー・トーマス・ウェードは、これに対し、向後2年間、英国公使は該布告が掲示せられるべく監視するため、各省の諸処に管理を派遣すべき旨に応じるものとする。英国公使または公使より当該訓令を受けた各港駐在領事の請求あるときは、各省の大官は、視察目的の地に派遣せられた者に随伴させるため、権限ある官吏を派出するものとする。
 3．ビルマ・雲南間の国境通商の管理に必要なる章程を作成せんがため、雲南事件解決に関する右上奏には、英国政府が雲南に官吏を派遣する都度、雲南督撫に対し権限ある高官を選び、同英国官吏と協議の上、満足なる取極を締結することを命ずる勅諭が発せられるよう、請求するものとする。
 4．英国政府は、来る1月1日、すなわち光緒2年11月17日より向う5年間、大理府又は雲南省の他の適当な地に、通商の情況を観察せんがために、官吏を駐在させることができる。ただし、その目的は、通商章程が討議される際は、その基礎であるべき報知を得ることにあって、英国官吏または臣民に関係を有する事項の考慮および処理のため、これら官吏は、省の官吏に向かい建白をなすことができる。通商の開始から5年の期間は、いかなるときを問わず、または5年の期限終了の際には、英国政府が最好時期と認めるとき、これを提議することができる。
 　　インドより雲南に派遣する使節のため、昨年、旅行文書を得たことをもって、インド総督は、その適宜と誕めるとき、使節を派遣することができる。
 5．雲南において殺害された官吏・その他の者の家族のため、雲南事件により生じた費用のため、本年初めまでに、清国政府官吏の行動より生じた英国商人に対する要求のために支払うべき賠償額は、サー・トーマス・ウェードにおいて、これを即払い、20万両と定める。
 6．該事件の終結するときは、雲南において生じたことに関して遺憾の意を表示した親書を認めるものとする。該親書を捧持する使節は、直ちに英国に赴くものとする。サー・トーマス・ウェードは、本国政府に報告するために、該使節の組織に関する通報を受けるものとする。該親書の本文は、又は総理衙門よりサー・トーマス・ウェードに公布されるものとする。
第2款　官吏の交際
　本款に包含するところは、首都および各省における大官間の交際および開港場における領事官と清国官吏間の交際の条件、ならびに混合事件における裁判手続きの処理である。
 1．1875年9月28日の総理衙門の上奏において、恭親王および大臣らは、上奏の目的のため、軍による清国人および外国人交渉事項の処理ではなく、外国派遣使節および外交官交際の問題も、その請願に含めることを表白した。
 　　交際および通信の現状が首都および各省において苦情を生じた際も、これに関して今後の誤解を防がんがため、総理衙門は廻状を各公使館に発し、清国における外国官吏をして、その開港場・その他の地におけるとを問わず、他国に派遣された場合、その現に受けまたは清国外交官が外国において将来受けるべきものと同様の待遇を受けるようにすることにつき、格式法典を審議するために、外国代表者を招請するものとする。
 　　清国が外国に公使館および領事館を将に設置せんとする事実に鑑み、右の点に関する了解を成立させることが、いよいよ緊要である。
 2．1858年英国条約第16条には、以下の如く記載してある。
 「英国臣民に対し犯罪行為を犯した清国臣民は、清国法律に従い清国官吏によって逮捕し、処罰されるものとする。」
 「清国において罪を犯したる英国臣民は、グレート・ブリテン国の法律に従い、領事・その他当該権限を有する官吏によって訊問され、処罰されるものとする。」

「裁判は、双方の側に対し公平無私に行われるものとする。」

　　右の中「当該権限を有する官吏」なる語は、漢文で「英国政府」と翻訳された。

　　条約の義務を履行せんがために、英国政府は、特別の典則を有する高等法院を上海に設置した。ただし、その典則は、今やこれを修正せんとする清国は上海に混合法院(会審衙門)を設置したが、その統裁者は権力の不足か、または不人望を恐れたため、常にその判決を強制するものとする。総理衙門は、廻状を各公使館に発し、外国代表者を直に招き、通商に開放した開港場において裁判事務をいっそう有効に行うに必要なる方法につき、総理衙門とともに審議することにした。

3．英国臣民の身体または財産に関して罪を犯した者あるときは、それが内地であると開港場であるとを問わず、英国公使は、自由にその地に官吏を派遣して、これを調査に立ち会うものとする。

　　右の点に関して誤解を防止するために、サー・トーマス・ウェードは、上述の趣旨の公信を発し、総理衙門は、これに同意して、右が将来執るべき手続き方法であることを確認した。

　　両国の法律が相互に差違あるときは、清国における混合事件の裁判手続きを指導すべき原則は唯一とするのみである。すなわち、事件は、被告の属する国の官吏によって審判されるようにし、原告の属する国の官吏は、裁判手続きを監視するため出席するのみである。その出席した官吏が当該手続きに満足しないときは、詳細につき、これに抗議する権利を有する。適用すべき法律は、事件を審理する官吏の属する国の法律とする。これがすなわち、天津条約第16条において裁判手続き上の共同行為を指示した「会同」なる語の意義にして、かつ両国官吏の準拠すべき方針である。

第3款　通商

1．現行条約に従い、開港場における外国物品に釐金を課すべきでない地域に関して、サー・トーマス・ウェードは、各開港場における他国人の賃借地面(いわゆる租界)をもって、釐金免除地域と認めることにつき許容するよう、本国政府に建議することを約する。また、清国政府は、右に基づき湖北省の宜昌、安徽省の蕪湖、浙江省の温州、および広東省の北海を通商開港場の数に加え、領事駐在地とすることを許容するものとする。英国政府は、重慶に常任する官吏を派遣し、四川省における英国通商の情況を監視することができる。英国商人は、汽船の入港しない限り、重慶に常駐または建物もしくは倉庫を開設することはできない。汽船が重慶まで遡航し得たときは、さらに協議して取極をなすものとする。

　　妥協方法として、さらに、次のとおり提議する。長江岸上の諸地点、すなわち、安徽省における大通、江西省における湖口、湖広における武穴、陸渓口、および沙市は、内地通商の場所にして開港場でないことをもって、外国商品は物品の陸揚げおよび船積みの権利を与えられなくとも、汽船は、乗客または物品の陸揚げおよび船積みのために、寄港することが許されるものとする。ただし、いかなる場合にも、ただ原住民の小舟によるものとし、また原住民の貿易に関する現行の章程に服すべきものとする。

　　半額税金免状を有する産物は、右の場所において、これを汽船に積み込むことができる。ただし、売責捌のために陸揚することはできない。

　　右の場所においては、通過税免状を有する輸出入品は、ともにその免状を示すときは、それぞれにつき、その釐金の免除を受けるべきも、その他の場合には、いかなる物品たりとも問わず、土地の官憲により適宜に釐金を課せられるものとする。

　　外国商人は、立寄港として列挙される場所に常住し、または商舗もしくは倉庫を開設するを得ない。

2．既存の協定によると将来の協定によるとを問わず、通商に開放された開港場において租界地域を未だ限定していないもの対しては、英国領事は、その同僚たる他の列国の領事らと共同して、外国人租界の地域限定に関して地方官憲とのあいだで了解を得る義務を有する。

3．阿片に関しては、サー・トーマス・ウェードは、本国政府に他の輸入品に関すると異なる取極を裁可するよう、建議するものとする。英国商人は、阿片を港内に輸入した際は、税関の認可を受けることを要し、かつ売捌のときがくるまで、保管証書をもって倉庫あるいは釐船内に預置くことを要する。右の際、輸入者はこれに対する関税を納付し、また買主は釐金を支沸うべく、もって関税の逋脱を防止するものとする。徴収すべき釐金は、事情に応じて各地方官憲がこれを決定するものとする。

4．清国政府は、通過税免状が各港同一の規則に従い作成され、その条件になんら差違なきこと、または

輸入品に関する限り、右免状所持者の国籍のいかんを問うことはないことを約する。内地中心地より船積港まで運搬される内地産物は、誠実に外国港に積出するためであるときは、条約に基づき関係英国臣民よりこの証明を受けるものとし、かつ半額の税金を支払った後は、中途におけるいっさいの課税を免除されるものとする。該物産にして、英国臣民の所有でなく、または輸出港以外の港に仕向けられるときは、通過税免状を示して免税を得る権利はない。

英国公使は、清国政府のため、産物に関する特権の濫用を防ぐべき規則につき、いつでも総理衙門と協議するものとする。

輸入品の内地運送で内地において請求した産物などに関する税則に添付の規則第7条の「内地」なる語は、外国貿易に開放されていない海岸および河岸の諸所、ならびに内地の諸所に適用される。清国政府は、かかる濫用を防止せんがために、取極を設ける権利を有する。

5．1858年約約の第45条は、税金支払済輸入品に対する戻し税の請求期間につき、なんらの制限も設けない。英国公使は、右の期間を3年と定めることにつき、同意する。その機関の経過後は、戻し税は請求しないものとする。

6．一定の港を外国貿易のために開くこと、および長江の沿岸6カ所において貨物を陸揚げ・船積みすることを許容するとの前記の規約は、李大臣の上奏を嘉納する勅令を受領した後、6カ月以内に効力を発するものとする。

外国租界内における輸入品の釐金税を免除すること、阿片に対する海関税と同時に海関監督において阿片の釐金税を徴収することに関する規程の実施期日は、英国政府が本件に関して他の外国政府との了解を遂げた後、直にこれを決定するものとする。

7．広東税関の収税船が該植民地のジャンク船貿易に干渉することにつき、香港総督府が久しく不満を訴えていることに鑑み、清国政府は、英国領事1名、香港総督府官吏1名、および同階級の清国官吏1名よりなる委員会を任命し、植民地の利益を害することなく、清国政府の歳入を保護し得べき組織を設立することに同意する。

特別条項

女王陛下の政府は、明年、北京より甘粛および青海を経由し、または四川よりチベットに入り、同地よりさらにインドに至る探検隊を派遣する計画であるをもって、その際、総理衙門は、事情に応じ相当の注意を払って必要なる旅行許可証を発行し、地方高等官憲および駐蔵大臣（アンバン）に対し紹介状を発行するものとする。探検隊にして、以上の両路を通行せずにインドの境界を越えてチベット入るときは、総理衙門は、英国公使より前記趣旨の通知を受けて駐蔵大臣に書面を発するようにし、駐蔵大臣は、事情に応じて相当の注意を払って官吏を派遣し探検隊のために適当なる斡旋をするものとする。旅行許可証は、通路妨害を受けないために、総理衙門がこれを発するものとする。

西暦1876年9月13日山東省芝罘で本書を作成した。

トーマス・フランシス・ウエード

李鴻章

■ビルマおよびチベットに関する中国・英国条約
1886年7月24日調印（北京）
1887年8月25日批准書交換（ロンドン）

グレート・ブリテン・アイルランド国女王・インド女皇陛下および清国皇帝陛下は、両帝国間に存する友好と戦前の関係を支持し永続し、その臣民及び領土のあいだに通商上の交際を促進し拡張せんとする誠実の希望をもって、グレート・ブリテン国の側においては、正当に委任を受けたワシントン駐在英公使館書記官・元清国駐在英弁理公使ニコラス・ロデリック・オーコンノル、清国の側においては、総理衙門管理慶親王および総理衙門大臣工部左侍郎孫のあいだに、次の条約を締結した。

第1条　10年毎に使節を派し地方の物産を贈呈することは、ビルマの慣例であるに鑑み、英国は、ビル

マ最高官憲が英国の常例の 10 年使節を派遣することに同意する。ただし、使節の一行は、ビルマ種族であるとする。
第 2 条　清国は、英国が現今、ビルマ国に実施されつつある権力および支配に関連したいっさいの事項につき、英国が適宜かつ正当と認めるいっさいの措置を自由に執りうることにつき、同意する。
第 3 条　ビルマ・清国間の疆域は、境界劃定委員会により画定されるものとし、国境貿易の条件は、国境通商条約により定めるものとする。両国は、清国・ビルマ通商を保護し奨励することにつき、合意した。
第 4 条　清国政府が事情を調査したところでは、芝罘条約の特別条項に規定されるチベットに対する使節派遣に関しては、多くの障碍が明白なので、英国はここに、同使節の派遣中止につき、同意する。
　　インド・チベット間の国境貿易に対する措置を思料せんとする英国政府の希望に鑑み、清国政府は、その事情を綿密に調査した後、通商の促進・展開として人民を訓諭し奨励する方法を講じるべき義務を有する。実行し得るときは、清国政府は、通商章程の慎重な審議に着手するものとする。また、除去し難い障碍があると判明するときは、英国政府は、不当にこれを強要することはしない。
第 5 条　本条約は、批准を要する。批准書は、本条約署名の日以後、可及的速やかにロンドンにおいて交換されるものとする。
　　右証拠として、双方の交渉担当者は、本書に署名・調印した。
　　西暦 1886 年 7 月 24 日、すなわち清暦光緒 12 年 6 月 23 日北京にて本書 3 通を作成した。
ニコラス・ロデリック・オーコンノル
慶親王
孫毓汶

■シッキム・チベット条約
1890 年 3 月 17 日調印（カルカッタ）
1890 年 8 月 27 日批准書交換（ロンドン）
　　グレート・ブリテン・アイルランド連合王国女王・インド皇帝陛下および清国皇帝陛下は、現在、両帝国間に存する友好・親善の関係を保持してこれを永久ならしめることを衷心より願うにより、かつ最近の事件が前記関係を攪乱していることに鑑み、シッキム・チベット間の境界問題を明白に確定し、かつ永久的に解決することが望ましいにより、英女王および清国皇帝陛下は、本件に関し条約を締結することに決し、このために全権委員としてグレート・ブリテン・アイルランド連合王国女王・インド皇帝陛下は、インド総督ランズダウン侯爵チャールズ・ケース・ベッティー・フイッモーリスを、清国皇帝陛下は、駐蔵大臣副都統升由をそれぞれ任命した。
　　右各員は、互にその全権委員状を示して、これが正当であると認めた後、次の 8 カ条よりなる条約を締結した。
第 1 条　シッキム・チベット境界は、シッキムのテースタ河およびその支流とチベットのモチュ（莫竹）河・その他のチベットに北流する諸河との分水嶺の山頂とする。該境界線は、ブータン国境上のギップモチ山を起点とし、前記分水嶺に従い、そのネパール領土と会合する地点に至るものとする。
第 2 条　シッキム政府は、本条約によりシッキム州に対する保護権の承認を受ける同州の内治・外交につき、直接かつ独占的な支配をなすものとする。また、英国政府より許可を与えられ、かつ同国政府を経由する場合以外は、同州の君主および官吏は公式・非公式を問わず、他国となんらの公的関係を保持しないものとする。
第 3 条　グレート・ブリテン・アイルランド連合王国女王政府と清国政府は、互に第 1 条に所定の境界を尊重し、国境線の各自側における侵略的行為を防止することを約する。
第 4 条　シッキム・チベット境界上の通商を容易にする措置を講じる件は、締約国双方を満足させる取極を成立させるために、後日、これにつき商議するものとする。
第 5 条　境界のシッキム側での遊牧に関する問題は、今後さらに調査を重ねた上、これが正当な決定を

なするものとする。
第6条　締約国は、インドの英国政府とチベット官憲との全的交通を行う方法に関する商議および取極につき、後日に留保する。
第7条　本条約の批准後、6カ月以内に、2名の共同委員(1名はインドの英国政府よる、他の1名は清国駐蔵大臣よる)を任命するものとし、該委員は、前3条に留保した諸問題につき会同し商議するものとする。
第8条　本条約は、批准を要し、批准書は署名の日後なるべく速やかにロンドンでこれを交換する。
　以上の証拠として、双方の商議者は、本条約に調印した。
　西暦1890年3月17日、すなわち光緒16年2月27日カルカッタにて本書4通を作成した。

ランズダウン
升由

■ **1890年インド(シッキム)・チベット条約付属章程**
1893年12月5日調印(ダージリン)
1890年シッキム・チベット条約に増補の貿易、公的通信、および牧場に関する章程(ヤートン(亜東)開放に関する章程)
貿易
1. チベット側境界のヤートン(亜東)に一商埠を開設し、1894年5月1日以降、いっさいの英国臣民に対し貿易のために開放されるものとする。インド政府は、該商埠での英国貿易の状況を監視するために、官吏を派遣してヤートンに駐在させることができる。
2. ヤートンで貿易に従事する英国臣民は、境界とヤートンのあいだを自由に往来し旅行し、ヤートンに居住し、かつ自己の居住のためまたは貨物蓄蔵のため、家屋または倉庫を賃借することができる。
　清国政府は、前記の目的のため、適当なる建物を英国臣民に提供し、またインド政府が第1条の規程に基づき、ヤートン駐在を命じた官吏に特別かつ適宜の邸宅を提供するよう取り計うものとする。英国臣民は、相手方のいずれを問わず、その貨物を売却し、金銭または物品交換により内地産の物品を購入し、また各種の運送具を賃傭し、その他一般に地方慣習に従いその業務を営み得るように、なんらの煩わしい拘束も受けることがないようにする。英国臣民は、その身体および財産の十分な充分なる保護を受けるものとする。チベット当局者の休憩所を設立した境界とヤートン間のランジオ(朗熱)およびタチュン(打均)において、英国臣民は、旅行中、日極めの賃借により止宿することができる。
3. 下記の物品、すなわち、武器、弾薬、軍需品、塩、酒類、および麻酔剤の輸出入は、両国いずれかの政府の発意に基づき、これをまったく禁止し、またいずれの政府が自らの側において適当と認める条件において、これを許容するものとする。
4. 前条に列挙した種類以外の貨物で、シッキム・チベット境界を経由して英領インドよりチベットに入るもの、または反対にチベットより英領インドに入るものは、その出所のいかんを問わず、ヤートン開放の日より起算して5年の期間、免税とする。ただし、かかる期間の満了後、妥当と認めるときは、一定の税率を相互に協定して、これを実施するものとする。インド茶は、中国茶が英国に輸入される際の輸入税に超過しない税率をもって、チベットにこれを輸入することができる。ただし、インド茶の貿易は、他の商品の免税となっている5カ年の期間は、停止される。
5. 英領インドより入るとチベットより入るとを問わず、ヤートンに到着するいっさいの貨物は、貨物の種類、数量、および価額などについて、詳細なる報告を該地の税関に差出して検査を受けるものとする。
6. チベットにおいて、英国臣民と清国臣民またはチベット臣民間の貿易に関して紛議が起ったときは、在シッキム政務官および清国国境官吏が合同調査して、これを決するものとする。面談の目的は、事実を確め、公平の判定をなすためで、意見の相違あるときは、被告の属する国の法律に準拠するものとする。
公信
7. インド政府より清国駐蔵大臣あて公信は、在シッキム政務官より清国国境官吏にこれを手交し、清国

国境官吏は特使をもってこれを送達する。清国駐蔵大臣よりインド政府あて公信は、清国国境官吏より在シッキム政務官にこれを手交し、政務官は、能うる限り速やかにこれを送達するものとする。
8．清国官憲とインド官憲のあいだを往復する公信は、相当の敬意をもって取り扱われ、特使は、往返の際、官吏より便宜を供与されるものとする。

遊牧
9．チベット人にしてヤートン開放の日付より1カ年経過の後、引続きその家畜をシッキムにおいて遊牧する者は、英国政府がシッキムにおける遊牧心得に関して随時制定する規則に従うものとする。かかる規則は、これを適法に布告するものとする。

一般条款（追加条款）
1．在シッキム政務官と清国国境官吏のあいだに意見の相違が生じるときは、各自がその直近上の長官にこれを報告するものとする。双方の長官のあいだにおいて、なお決定をみないときは、各自その政府に申告して処分を請うものとする。
2．本章程の実施の日より5カ年経過して後、当事者の一方より6カ月前の予告で、双方より任命された委員をもって、本章程の改正につき協議するものとする。該委員は、経験上妥当と認められる修正および拡張を決定し採択する権能を与えられるものとする。
3．シッキム・チベット条約の第7条に基づき、該条約の第4条、第5条、および第6条の下に保留された諸問題を終局的に解決する目的をもって会合し協議するために、英・清両国政府より共同委員を任命することを定め、かつかくして任命された委員は、会合して該問題、すなわち貿易、通信、および牧場に関して審議をなした上で、さらに、前記章程9条および一般条款3条よりなる協定に署名すること、ならびに該9条の章程および3条の一般条款が前記条約の一部を形成することを宣言することを命じられた。
以上の証拠として各委員は、その氏名を署名する。
1893年12月5日、すなわち光緒19年10月28日ダージリンで4通作成した。

英国委員アルフレッド・ウォリス・ポール
清国委員何長栄
税務司ジェームス・H・ハート

■英国・チベット条約
1904年9月7日調印（ラサ）
1904年11月11日インド批准（シムラ）

　1890年英清条約および1893年通商章程の意義および効力に関して、同約に基づくチベット政府の義務に関して疑義および紛争を惹起したことにより、また最近の事件がグレート・ブリテン・アイルランド連合王国政府とチベット政府のあいだに存在した友好・親善関係を阻害する傾向にあるにより、また平和・友好関係を回復して前記の疑義および紛争の解決が望ましいことにより、前記の両国政府は、かかる目的をもって条約を締結することに決し、陸軍大佐F・E・ヤングハズバンドはグレート・ブリテン・アイルランド連合王国女王・インド皇帝陛下政府が委任し、全権により同政府を代表し、ゴルタン（噶爾丹）寺長ロザン・ギャルツェン（羅生憂爾曾）のコブルン（噶布倫、印爾保持者）、セラ（色拉）、デブン（別蚌）、ガンデン3寺、およびチベット諸首領会議の僧・俗官憲の代表者は、チベット政府を代表して、次の諸条に協定した。
第1条　チベット政府は、1890年英清条約を遵守し、かつ同条約第1条に所定のシッキム・チベット国境を承認し、境界標を設置することを約する。
第2条　チベット政府は、ヤートン（亜東）におけると均しくギャンツェ（江孜）およびガルトク（加托克）において、いっさいの英国およびチベット両国臣民の自由に出入しうる交易市場を、速やかに開設することを約する。

1893年英清協定によりヤートンにおける交易市場に適用されるべき取締り規則は、前記の諸市場にこれを適用する。ただし、かかる取締り規則には、将来、英国・チベット両国政府間の共同承認により協定される改正を加えることができる。
　　　前記の各地において市場を開設する他に、さらに、チベット政府は、現存の交通路による交易になんらの制限も加えることなく、また交易の発達上必要の場合には、同一条件のもとに新たに交易市場を開設する問題を検討することを約する。
第3条　1893年通商章程の改正問題は、別に検討されるべき案件として、これを留保する。かつ、チベット政府は、必要なる改正の細目に関してグレート・ブリテン国政府代表者と商議する全権委員を任命することを約する。
第4条　チベット政府は、相互に協定した税率表に規定される税金のほか、いかなる種類の税金をも賦課しないことを約する。
第5条　チベット政府は、国境からギャンツェおよびガルトク（噶大克）にいたる道路からいっさいの障碍を除き、交易の要求に応ずるよう、これに改善を加え、かつヤートン、ギャンツェ、およびガルトク、ならびにその他、将来開設されるべき各交易市場におけるグレート・ブリテン国の交易を監督するために任命されたグレート・ブリテン国官憲がチベットまたは清国官憲に発送すると欲する書状を受領すべきチベット官憲1名を、前記の各交易市場に置くことを約する。また、チベット官憲は、その受領した書状を適時に交付し、かつ回答書の伝達につき責任を負うものとする。
第6条　グレート・ブリテン国政府が条約義務の違反に対する原状回復を強要するために、ラサに軍隊を派遣したことにより蒙った費用およびグレート・ブリテン国委員とその随員および護衛隊に加えた侮辱・攻撃に対する賠償金として、チベット政府は、グレート・ブリテン国に対し50万ポンド（磅）、すなわち750万ルピー（留比）支払うことを約する。かかる賠償金は、グレート・ブリテン国政府が以後、適時通告の後、チベットにおいてまたはグレート・ブリテン国領であるダージリンまたジアルパイグリー地方の指定した地点において1906年1月1日より起算して1カ年10万ルピーずつ、75カ年賦にて毎年1月1日に支払うものとする第7条の賠償金規定に従い支払い、かつ第2条ないし第5条に所定の交易市場に関する規定の履行に対する保障として、グレート・ブリテン国政府は、該賠償金の支払い完了にいたるまで、および交易市場が有効である23カ年間開設される場合には、それ以後に開設されるものの期限満了の日（そのいずれの日であるを問わない）にいたるまで、チュンビ（春丕）渓谷の占領を継続するものとする。
第8条　チベット政府は、いっさいの堡塁および要塞を破壊し、かつグレート・ブリテン国国境とギャンツェおよびラサとのあいだの自由交通に障害となるいっさいの軍備を撤廃することを約する。
第9条　チベット政府が予めグレート・ブリテン国の同意を得なければ、次の諸項の行為をしないことを約する。
　（a）チベット領土の一部を他国に割譲し、売却し、租与し、抵当に入れるなど、その他占領のために譲与すること。
　（b）チベット国の事件に他国の干渉を許容すること。
　（c）他国の代表者またはチベット入国を許容すること。
　（d）他国または他国の臣民に鉄道・道路・電話・鉱業・その他の権利のために利権特許を許与すること。ただし、かかる利権特許に承認を与えられた場合には、同一または同等の利権特許をグレート・ブリテン国政府に許与するものとする。
　（e）現物支払い・現物支払いを問わず、チベットの収入を他国または他国の臣民に対する債務の保証または弁済の充当とすること。
　右証拠として、交渉委員は、本条約に署名・捺印した。
　西暦1904年9月7日、すなわち、甲辰の年チベット暦7月27日ラサにて本書5通を作成。
　　　　　　　　　　　　　　グレート・ブリテン国委員　F・E・ヤングハズバンド
　　　　　　　　　　　　　　ダライ・ラマ（噶爾丹寺長大鈴）

ゴブルン（噶布倫）
レブン（別蚌）寺
セラ（色拉）寺
ゴルタ（噶爾丹）寺
チベット諸首領会議

　右日附の本条約に署名するに際しグレート・ブリテン国およびチベットの代表委員は、英語の本文が拘束力があることを声明する。

グレート・ブリテン国委員　F・E・ヤングハズバンド
ダライ・ラマ（噶爾丹寺長大鈴）
ゴブルン（噶布倫）　レブン（別蚌）寺
セラ（色拉）寺
ゴルタ（噶爾丹）寺
チベット僧・俗首領会議（ツオンドゥ）
インド総督アムシル（カーゾン）

　本協約は、1904年11月11日シムラの参事会においてインド総督がこれを批准した。

インド政府外務部書記官 S・M・フレーザー

■ 1904年9月7日条約附属書として1904年11月11日インド総督署名の宣言書
1904年11月11日作成（シムラ）

　インド総督は、グレート・ブリテン国政府を代表するグレート・ブリテン国チベット国境事務委員・陸軍大佐ヤングハズバンドとチベット政府を代表するガンデン（噶爾丹）寺長ロサン・ギャルツェン（羅生憂爾曾）、セラ（色拉）・レブン（別蚌）・ゴルタ（噶爾丹）3寺のゴブルン（噶布倫）およびチベット諸首領会議の僧・俗官憲の代表とのあいだの1904年9月7日ラサにおいて締結した条約を批准し、同条約第6条の規定に基づきグレート・ブリテン国陸下政府がラサに軍隊を派遣したことに関して蒙った費用の賠償金として、チベット政府がグレート・ブリテン国政府に対して支払うべき義務を負った金額を750万ルピーより250万ルピーに減額するよう恩恵的な訓令を発すること、グレート・ブリテン国のチュンビ占領は、同条に所定の前記賠償金が3ヵ年年賦をもって正当に支払われた後に中止すべきことについての声明を欣快とする。ただし、かかる撤兵は、条約第2条に所定の交易市場が条約第6条に所定のとおり有数23ヵ年間開設され、かつチベット人が同期間中、他のいっさいの点に関しても、前記条約の規定を誠実に遵守したことを条件とする。

インド総督アムシル（カーゾン）

　本宣言書は、1904年11月11日シムラの参事会においてインド総督がこれに署名した。

インド政府外務部書記官 S・M・フレーザー

■チベットに関する英国・中国条約
1906年4月27日調印（北京）
1906年7月23日批准書交換（ロンドン）

　グレート・ブリテン・アイルランド連合王国女王・英海外領土インド皇帝陛下および清国皇帝陛下は、両帝国間に現存する友好・親善関係を保持永続せんことを誠実に希望するにより、またチベットが1890年3月17日英清条約および1893年12月5日章程に定める条項の効力を承認すること、または該条項を完全に履行しないために、英国政府は該条約および章程に基づく権利および利益を確保する措置を執る必要にいたったにより、また10条よりなる1904年9月7日ラサで調印の英国・チベット条約を1904年11月11日インド総督が英国を代表して批准し、かつ同条約の条項を一定条件の下に変更する英国側の宣言書をこの附属としたことにより、英国皇帝陛下および清国皇帝陛下は本件に関し条約を締結するに決し、このためにそれぞれ全権委員としてグレート・ブリテン国皇帝陛下は、清国駐在英全権公使サー・アー

ネスト・メーゾン・サトーを、清国皇帝陛下は、欽差全権大臣外務部右侍郎唐紹儀をそれぞれ任命した。
　右委員は、互いにその全権委任状を示し、これが良好なるを認めたのと、次の6条よりなる条約を締結した。
第1条　1904年9月7日英国・チベット間に締結された条約は、ここに確認され、その英語および中国語の本文を付属書として、本条約に添付する。ただし、該条約の付属宣言書に掲げられた変更規定に従うものとする。また、両締約国は、いつでも該条約に定める正当なる履行を確保するために必要な措置をとることを約する。
第2条　英国政府は、チベット政府領土を併合しないこと、またはチベットの姿勢に干渉しないことを約する。
第3条　1904年9月7日英国・チベット条約第9条(d)号に掲げた利権は、清国以外の国の政府または臣民に、これを享受させるものとする。ただし、英国は、該条約の第2条に規定した各交易市場においてインドと連絡する電信線を架設し得ることを、清国と商定した。
第4条　1890年英清条約および1893年章程の規定は、本条約および附属書に抵触しない限り、依然、完全に有効である。
第5条　本条約は、英語文とび中国語文をもって作成し、詳細に校正し、両文を符合するものとする。ただし、解釈上の相違あるときは、英語文に拠る。
第6条　本条約は、両国君主において批准し署名するものとし、その批准書は、両国全権委員署名日より3カ月以内にロンドンにおいて交換されるものとする。
　右証拠として、本条約の英語文および中国語文各4通を作成し、両国全権委員がこれに署名・捺印した。1906年4月27日、すなわち、光緒32年4月4日北京にて作成。

アーネスト・サトー
唐紹儀

■チベットに関する英国・ロシア協定
1907年8月31日調印（セントペテルスブルグ）

グレート・ブリテン・アイルランド連合王国・グレート・ブリテン海外領土インド皇帝陛下および全ロシア皇帝陛下は、アジア大陸にある各自国の利益に関する各種の問題を相互の一致により協定することを切望し、該問題に関してグレート・ブリテン・アイルランド連合王国とロシア国間における誤解のいっさいの原因を防止すべき協定を締結することに決し、これがため、それぞれ左の全権委員を任命した。
　グレート・ブリテン・アイルランド連合王国・グレート・ブリテン海外領土インド皇帝陛下は、ロシア駐在グレート・ブリテン・アイルランド連合王国特命全権大使サー・アーサトン・ニコルソン、全ロシア国皇帝陛下は、外務大臣アレキサンドル・イズヴォスキーよって、各全権委員は、互にその全権委任状を示し、その良好妥当なるを認めた後、次のとおり協定した。

チベットに関する協定

　グレート・ブリテン・アイルランド連合王国政府およびロシア両国政府は、チベットにおける清国の宗主権を認め、グレート・ブリテン国がともに地理上の位置によりチベットの対外関係における現状維持に関し特別利益を有する事実に鑑み、左の取極をした。
第1条　両締約国は、チベットの領土保全を尊重し、ともに内政に対しいっさい干渉しないことを約する。
第2条　グレート・ブリテン国およびロシア国は、チベットにおいて清国が有するところとして承認した宗主権の原則により、清国政府を経由する以外は、チベットとなんら交渉をしないことを約する、最も、この協定は、1904年9月7日グレート・ブリテン国とチベット間に締結された条約第5条に規定し、さらに、1906年4月27日グレート・ブリテン国と清国間に締結された条約により確認された英貿易事務官とチベット官憲との直接関係を排除するものではない。また、同1906年条約第1条によりグレート・ブリテン国と清国間に締結された諸約定を変更しないものとする。
　仏教信者は、そのグレート・ブリテン国臣民たるとロシア国臣民たるとを問わず、純然たる宗教

事項に関しては、ダライ・ラマ、その他チベットにおける仏教代表者と直接の交通を行うことができる。但し、グレート・ブリテン国およびロシア両国政府は、それに関する限り、かかる交通が本協定の規定に抵触しないことを約する。

第3条　グレート・ブリテン国およびロシア両国政府は、ラサにともにその代表者を送らないことを約する。

第4条　両締約国は、各自国のためまたはその臣民のために、チベットにおいて鉄道、道路、電信、および鉱山、その他の利権を求めまたは取得しないことを約する。

第5条　両国政府は、チベットの歳入のいかなる部分といえども、その現品たると正金たるとを問わず、これをグレート・ブリテン国またはロシア国又は右両国臣民に抵当となし、または供託しないことに同意する。

チベットに関する英国・ロシア協定付属書

　グレート・ブリテン国は、インド総督閣下により署名され、かつ1904年9月7日条約の批准書付属の宣言書、すなわちグレート・ブリテン国軍隊のチュンビ（春丕）低地占領は、2500ルピーの賠償3カ年年賦支払い後に止めること。ただし、同条約第2条に掲げた商埠は実際上、3年間開かれ、かつチベット官憲が1904年該協定のいっさいの規定を忠実に遵守することを要件とする旨の宣言書を、再びここに確認する。グレート・ブリテン国軍隊のチュンビ低地占領が、いかなる理由によるも、右宣言書をもって定めた時期に終了しないときは、グレート・ブリテン国およびロシア両国政府は、本件に関して友誼的意見の交換を開始することはいうまでもない。

　本条約は、批准を要し、その批准書は可及的速やかにセントペテルスブルグにおいて、これを交換するものとする。

　右証拠として、両国全権委員は、本条約に署名・捺印した。

　1907年8月18日／31日セントペテルスブルグで本書2通を作成。

イズヴォルスキー
A・ニコルソン

■中国・英国・チベット通商章程
1908年4月20日調印（カルカッタ）
1908年10月14日批准書交換（北京）

　1906年4月27日、すなわち光緒32年4月4日英清条約第1条により、両締約国は、1904年9月7日ラサ条約(その英語・中国語の本文は、これを前記条約附属書として添付した)の履行を確保するに必要なる措置をいつでも執ることを約したにより、また同ラサ条約第3条においてチベット通商章程(1893年12月5日英国・清国両国委員が署名したもの)の改正に関する問題は、別にこれを審議すべきことを定め、かつ該章程の改正が今や必要となったにより、グレート・ブリテン・アイルランド連合王国・英海外領土インド皇帝陛下および清国皇帝陛下は、かかる目的のために各自の全権委員として、次の通り任命した。すなわち

グレート・ブリテン・アイルランド連合王国・英海外領土インド皇帝陛下はE・C・ウィルトン、
清国皇帝陛下は張蔭棠を
それぞれ任命した。

　また、チベット高級官憲は、張大臣指揮下に該商議に参加する代表者としてゴブルン（噶布倫）ワンチュクギェルポ（汪曲結布）に全権を委任した。E・C・ウィルトンおよび張（蔭棠）大臣は、互にその全権委任状を示して、これが良好妥当であると認め、かつチベット代表者の委任状もまた良好妥当であると認めた後、次のとおり改訂章程に協定した。

第1条　1893年通商章程は、本条約に抵触しない限り、これを有効とする。

第2条　次の各地は、ギャンツェ（江孜）商埠界を形成し、かつその境界内にあるものとする。

　(a)境界線は、ギャンツェ堡塁東北のチュミック・ダングサン（曲迷蕩桑）から曲行して、ペコルショ

ウド（廓闢堞）大寺の後を過ぎてチャラルドンガン（峽東岡）に至り、ここより直にニヤンチュ（逸陽）河を越えてザムサ（匣木薩）まで至る。
(b) ザムサより、境界線は、東南に接行してラチト（拉極多）に達し、ラボン（拉和）、ホツゲット（格火格錯）、トンチュンシ（東窮席）、ラブガン（拉布頑）などの田畝を該線内に包含する。
(c) また、ラチトより、該線は、ユートツ（玉駝）に至り、そこからガムカルシ（甘卞璽席）全地を経て直行しチュミック・ダングサンにまで至る。

商埠内に家屋および倉庫を築造することが困難である事情に鑑み、英国臣民は、爾今、各商埠内に家屋および倉庫建築のための土地を賃借し得るものとする。かかる建築物の敷地に供すべき地区は、清国およびチベット官憲において英貿易事務官と協議の上、これを劃定するものとする。英貿易事務官及び英国臣民は、同地区を除いて、他の地域において家屋および倉庫を建築することができない。ただし、該取極は、清国およびチベット地方官憲の同地区における施政権、ならびに英国臣民が同地区以外において住居および貨物保蔵のため、家屋および倉庫を賃借する権利をなんら妨げられるものではない。

建築物敷地を賃借せんとする英国臣民は、英貿易事務官を経て工務局に借地許可証の下付を出願するものとし、その借地の料金または期限は、借主と地主のあいだにおいてしかるべく協定するものとする。地主と借主のあいだに借地の料金、期限、または条件に関して意見の一致をみないときは、清国とチベット官憲と英貿易事務官が協議して、解決する。借地契約の成立後は、工務局における清国とチベット地方官憲において貿易事務官と共同して認証するものとする。工務局が未だ借主に建築許可証を下付しないあいだは、該借主は、建築に着手することができない。ただし、同建築許可証の下付は、徒らにこれを遅滞しないものとする。

第3条　各商埠の施政は、清国官吏の監督および指揮下にチベット官憲が依然としてこれを行うものとする。該商埠の貿易事務官および辺界官吏は、相当階級のものであるべく、相互に礼譲および好意をもって交渉および通信をなすものとし、貿易事務官と地方官憲間の協議をもって決定し難い問題は、インド政府とラサのチベット高級官憲により解決するものとする。インド政府は、回付文の趣旨は、清国駐蔵大臣にこれを知照するものとする。インド政府とラサのチベット高級官憲との協定をもって決し得ない問題は、1906年北京条約の第1条に照して英国・清国両国政府に回付して、これの解決を図るものとする。

第4条　商埠において英国臣民と清国人およびチベット人間に争論が生じたるときは、最寄り商埠の英貿易事務官と該商埠裁判所の清国およびチベット官吏が合同面議して調査を行い、解決の方法を講ずるものとする。この会同面議の目的は、真相を査明し、公平に処理することにある。意見が一致しない点があるときは、被告の属する国の法律に従うものとする。この種の交渉事件においては、被告国の官吏が主審となり、原告国の官吏は、ただ会審に止まるものとする。英国臣民相互間に生じた財産上または身分上の権利に関する事件は、英国官憲の管轄に属するものとする。

英国臣民にして商埠内においてまたは商埠に至る途上において罪を犯したときは、地方官憲は、犯人を最寄りの商埠の英貿易事務官に引き渡し、インドの法律に照して訴追し処罰するものとする。ただし、チベット官憲は、かかる英国臣民に対して必要なる拘束をとる他は、凌虐を加えない。

清国臣民またはチベット臣民にして各商埠内においてまたは各商埠に至る途上において英国臣民に対して罪を犯したときは、清国およびチベット地方官憲において法律に照して逮捕し処罰するものとする。

裁判は、双方の側に対して公平無私になされるものとする。

清国またはチベット臣民にして英貿易事務官に対し英国臣民を刑事被告として告訴するときは、清国またはチベット官憲は、代表者を派して英貿易事務官の公堂における審理に立会う権利を有する。同様に、英国臣民にして商埠内の裁判所に対して清国またはチベット臣民を被告として告訴すべき事件の際は、英貿易事務官もまた、代表者を裁判所に派して審理に立会う権利を有する。

第5条　チベット官憲は、北京政府の訓令に従い、チベットの司法制度を改革して西洋諸国の司法制度と同一ならしめることを深く切望し、英国もまた、いつでも清国におけるその治外法権を放棄し、

かつチベットの法律及びその運用に状態・その他の事情を考量した後、適当と認めたるときは、チベットにおける治外法権を放棄するものとする。

第6条　英国軍隊の撤退後、インド辺界よりギャンツェ（江孜）に至る道路において英国の建築したいっさいの舎屋（計11カ所）は、清国において原費用を補償して、これを引続き公平の賃率を持ってインド政府に貸与するものとする。各旅舎の一半は、各商埠よりインド辺界に至る電信線の検査維持に従事する英国官吏の使用のために、かかる材料保管のために保留するものとする。爾余の部分は、商埠を来往する英国、清国、およびチベットの相当地位の官吏の用に供されるものとする。

　　英国は、清国よりの電信線がギャンツェの商埠に達するに至った時点で、インド辺界よりギャンツェに至る電信線を清国に移管することが考慮されるものとする。その際までは、清国およびチベット電信は、かかるインド政府架設の電信線によって支障なく送受するものとする。また、その際までは、清国は、各商埠よりインド辺界にいたる電信線の適当なる保護の責があり、同電信線を破損または同電信線の検査または維持に従事する官吏に対しなんらの妨害を加えた者は、直ちに地方官憲において厳罰に処せられるものとする。

第7条　借財、商業上の失敗、および破産に基づく金銭債務事件に関する訴訟においては、当該官憲は、公判を開き、支払いの励行に必要なる措置を執るものとする。ただし、債務者が貧困にして賠償の力がないときは、当該官憲は、該債務の責になく、また該債務の履行のために官公財産を差押えることはない。

第8条　チベットにおいて既に開かれまたは将来開かれるべき各商埠に駐在する英貿易事務官は、インド辺界を来往するその信書も、逓送および伝達に関する措置を執ることができる。かかる信書の送達に従事する使者は、その経由地に地方官憲より能うる限りの援助を受けるべく、チベット官憲の公信伝達に従事する使者と同一の保護を享受するものとする。清国によりチベットにおける郵便事務の実効的な措置が講じられた時点で、貿易事務官吏の使者を廃止するために、英国・清国両国で協議するものとする。英国官吏および商人が適法に清国およびチベット人を雇傭することに対しては、なんらの拘束も加えられることはない。また、かかる被傭者は、チベット臣民として享受する私法上の権利をなんらの迫害または損失を蒙ることはない。ただし、かかる者が法律上納付すべき賦税を免除することはない。かかる者が罪を犯したるときは、地方官憲において法律に照らして処断するものとし、雇主は、なんら庇護または隠匿を図ってはならない。

第9条　各商埠にいたる英国官吏および臣民の貨物は、インド辺界よりの通商道路を格守することを要し、許可なくして商埠外の各地に入りまたはなんらの道路によるとを問わず、チベット内地を経由してヤートン（亜東）、ギャンツェよりガルトク（噶大克）に至りまたはガルトクよりギャンツェおよびヤートンに至ることはできない。ただし、インド辺境の住民で旧慣によりチベットにおいて商埠外において貿易し居住してきた者は、現行の慣習に従い、依然、貿易することができる。ただし、かかる者は、従来どおり当該地方の法権に服従するものとする。

第10条　官吏または商人にしてインドまたはチベット往来の途上において公私の財産・貨物を掠奪されたときは、直に警察官に報告するものとし、警察官は、即時、盗賊を逮捕し、これを地方官憲に引き渡す措置を執るものとする。地方官憲は、直ちに裁判に付し、かつ盗難物件を回復し返還するものとする。盗賊がチベット法権および勢力の及ばない地に逃れ、逮捕し得ないときは、警察官憲および地方官憲は、かかる損失の責任にない。

第11条　公安のため、石油・その他可燃性または危険性物件の多量貯蔵タンクまたは倉庫を、商埠居住地より遠隔した場所に、設置するものとする。

　　かかるタンクまたは倉庫を設ける英国商人またはインド商人は、章程の第2条に照して、適当なる場所に築設する出願をしない限り、これを設けることができない。

第12条　英国臣民は、貨物あるいは金銭をもって取引し、その貨物を任意の人に売却し、土産貨物を任意の人より購入し、各運輸機関を賃傭し、またはその他地方慣習に従い、一般商業取引をなすにあたり、なんら不当なる制限または請求を蒙むることはない。

商埠内または商埠途上における英国臣民の身体および財産に対し常に有効な保護を与えることは、警察官憲および地方官憲の義務であるに鑑み、清国は、各商埠および各商埠途上における有効な警察措置を執ることを約束する。かかる措置が十分でないときは、英国は、貿易事務官の護衛隊を商埠より撤退し、かつチベットに軍隊を駐屯しうることをもって、住民間の疑惑および紛擾原因を除去するものとする。チベット官憲は、英貿易事務官がチベット住民と面会し、または書簡を往復することを阻礙させるものとする。

　インドにおいて貿易、旅行、または居住するチベット臣民は、章程によりチベットにおいて英国臣民に与えると同等の利益を享受するものとする。

第13条　本章程は、両国全権委員およびチベット代表者が署名した日より起算して10カ年間、有効とする。最初の10カ年満了後、6カ月以内にいずれかの側より改正を要求しないときは、本章程は、かかる10カ年満了の際よりさらに20カ年間有効とし、爾後、10カ年毎に同様とする。

第14条　本章程の英語、中国語、およびチベット語の各本文は、詳密に照校した。本章程の解釈に関して紛議が生じるときは、英語文の示す意義をもって正当なるものとする。

第15条　グレート・ブリテン・アイルランド国皇帝陛下および清国皇帝陛下のそれぞれ親署せる本章程の批准書は、調印の日より5カ月以内に北京およびロンドンにおいてこれを交換する。

　右証拠として両国全権委員およびチベット代表者は、本章程に署名・捺印した。

　西暦1908年4月20日、すなわち清暦光緒34年3月20日4通を作成。

　　　　　　　　　　　　　　　　　　　　　　　英国委員　　E・C・ウィルトン
　　　　　　　　　　　　　　　　　　　　　　　清国特別委員　張蔭棠
　　　　　　　　　　　　　　　チベット代表　ワンチュク・ギェルポ（汪曲結布）

■英国・ブータン条約
1910年1月8日調印（プナカ、ブータン）
1910年3月24日批准書交換（カルカッタ）

　1865年11月11日すなわち、ブータン暦シン・ラン9月24日英国政府とブータン国政府とのあいだにシンシュラにおいて締結された条約の第4条および第8条を修正せんと希望するにより、シッキム政務官C・A・ベルは、インド総督ミントー伯サー・ギルバート・ジヨン・エリオット・ユーレエイ・キイニインムンドが委任した全権により、ブータン国太守ウジエン・ワンチュク殿下と下記の修正条約を協定した。

　1865年シンシュラ条約の第4条に、次の1項を附加する。

　英国政府は、ブータン国政府に対する年額補助金を5万ルピーより10万ルピーを増額し、1910年1月10日よりこれを実施する。

　1865年シンシュラ条約の第8条は、下記条文のとおり修正する。

　英国欧府は、ブータン国の内政に干渉することはしない。ただし、ブータン国政府は、外交に関して英国政府の指教に基き行動することを協定する。シッキムおよびクーチ・ビハールの太守との争執の際は、あるいはこれを告訴する原因である際の該事件は、調停を英国政府に付託するものとする。英国政府は、公平にこの解決にあたり前記太守がこの決定を遵守すべきことを主張する。

　西暦1910年1月8日、すなわちブータン暦サジャ（地鳥）11月27日ブータン国プナカにおいて本書4通を作成。

■中国・チベット協定
1912年8月12日調印（ラサ）

　中国とチベットの代表は、6月29日のアンバン羅（長椅）と鐘（穎）により提出された書簡への回答においてダライ・ラマが承認した3点提案を討議するためにゴルカを証人として会合した。30日、当事者は、問題を注意深く検討し、中国語、チベット語、およびネパール語で起草された3点提案を決定し、署名・捺印した。

第1点　ラサのダブサイおよびセリングで中国が保持している野戦銃およびマキシム銃を含む兵器・装備は、双方の代表の前で封印され、チベット政府の管理に付託される。中国人官吏および兵士のチベットからの出発以前に、15日内にすべての兵器・装備はヤブシ倉庫に運び込むものとする。銃弾・散弾はドリング倉庫に集められ預けるものとする。すべての兵器・弾薬は、15日の満了までにドリング倉庫に移動し、同家屋の警護は証人であるゴルカ公使が取り決める。

第2点　中国人官吏および兵士は、15日以内にチベットを立ち去るものとする。3つの集団で決められた日に、チベット人は、それぞれの集団に同行する官吏を任命し、必要な荷物運びの家畜やヤクの提供を手配する。チベット人は、チベット人が護衛して、境界の停止地点で中国人に米・小麦粉・ツァンバ(青稞麦粉)・肉・バター・茶といった食糧品を現地価額で引渡し、適切な支払いを行う。路上の家畜やヤクの提供が遅れることはない。中国人は、境界を越えて力ずくでいかなる荷物や荷物運びの家畜を使用しない。

第3点　代表2人は、ヤブシ倉庫からすべての中国人官吏および兵士を、またドリング倉庫からチベット人兵士を、それら家屋の兵器・弾薬を保管するために移動させるものとする。

　　　ラサのデブシおよびセリングにある中国政府に属するすべての兵器・弾薬は、中国からの中国人民間商人の所有するものを含めて、アンバン羅および鐘の6月29日の書簡に従い、双方の代表の前にともに提出し、そしてともに調査して7月1日に確認する。これら武器・弾薬のいかなる部分も、引渡し、破棄、売却、隠蔽、あるいは破棄してはならない。アンバン羅および鐘は、その保護につき、証人の助言とおりに、60丁の銃と弾薬を保持する。その他のすべての兵器・弾薬は、ドリングおよびヤブシ倉庫に保管するものとし、代表2人と証人によって封印されるものとする。代表2人と証人は、前記の定められた護衛につき取り決める。すべての武器、装備、野戦銃、およびマキシム銃がラサ、デブシ、およびセリングから、および中国政府ならびに民間商人から集められた後、引渡し、売買、隠蔽、あるいは破棄しないようなされる。民間の中国人商人に属する兵器のリストが作成され、そして代表と証人は、それらの返還についての問題を協議する。

　この協定は、本日、証人のもと双方の代表により署名・捺印され、いかなる規定も、いつでもいずれも侵犯しないものと見做される。

　　　　　　　　　　　　　　　ダライ・ラマの代表の合同印
　　　　　　　　　　　　　　　　セルツア・チウルおよびテドン・タンギャル
　　　　　　　　　　　　　　　アンバン代表羅(長椅)および鐘(頴)の印
　　　　　　　　　　　　　　　　ルンチャン・クラング・ルングリン
　　　　　　　　　　　　　　　　ユルジ・ル・ラングリン
　　　　　　　　　　　　　　　　ウ・ヨン・クレプ・ハイ・クル
　　　　　　　　　　　　　　　　クレプ・ワン・チウジュン
　　　　　　　　　　　　　　　　ツン・クルクン・ブフ・ハイ
　　　　　　　　　　　　　　　　スル・プン
　　　　　　　　　　　　　　　　ルル・コン・コン
　　　　　　　　　　　　　　　　アガン・クル
　　　　　　　　　　　　　　　5人スリ証人の印
　　　　　　　　　　　　　　　　　ゴルカ・ダルバル公使
　　　　　　　　　　　　　　　　ジト・バハドゥル・カトリ・シェトリ総大将
　　　　　　　　　　　　　　　　ラル・バガドゥル・バスンヤット・シェトリ副官
　　　　　　　　　　　　　　　　ディタ・クル・プラサド・ウパダヤイ
　　　　　　　　　　　　　　　　スベダル・ラマ・ガムヒル・シン
　　　　　　　　　　　　　　　　　クラチ・シェトリ
　　　　　　　　　　　　　　　　　　　　　　　　　　　水鼠年6月30日

■ロシア・モンゴル修好条約
1912年10月21日調印（庫倫）、発効

　モンゴル全体は、先にモンゴル歴来の組織秩序を保有せんと欲し、中国軍隊および官憲をモンゴル領土より撤退させ、ジップツンダンパ・フトクトを挙げてモンゴル人民の君主として宣言した。モンゴルと中国の旧関係は、かくして終結した。ロシア政府は、ロシア国とモンゴル人民間に従来存在した相互的友誼を考慮し、かつロシア・モンゴル間の通商を規律すべき組織を明確に決定する必要あるに鑑み、ここに、参議官コロストウェッツを特派し、モンゴル人民の君主および執政モンゴル諸王より委任を受けた全権委員

モンゴル総理大臣万教護持主、三音諾顔汗、ナムスロン
内務大臣チンスチュクト親王ラマ・チェリソチミド
外務大臣エルデニダテン親王(兼汗号)ハンダドルデ
陸軍大臣エルデニダライ郡主、ゴンボソロソ
度支大臣土謝図郡主、チャクトルヂャップ
司法大臣エルデニ郡主、ナムサライ

と、次のとおり協定した。

第1条　ロシア帝国政府は、モンゴルがその確立した自治制度ならびに自国軍隊を有する権利を維持し、かつその版図内の中国軍隊の駐屯および中国人の植民を認許するがため、モンゴルを援助するものとする。

第2条　モンゴル君主およびモンゴル政府は、従来とおりロシアの臣民および通商に対し、この協定付属議定書に列記する権利および特権の享有を許与するものとする。ロシア国民がモンゴルにおいて享有しないところの権利は、同国において、これを他の外国臣民に許与しないものとする。

第3条　モンゴル政府が中国または他の外国と別個の条約締結の必要を認める場合といえども、ロシア帝国政府の同意なしには、いかなる場合においても、この新条約をもってこの協定およびその附属議定書の条項を侵犯しまたはこれを修正することができない。

第4条　この友誼的協定は、署名の日より施行する。

■ロシア・モンゴル条約付属議定書
1912年10月21日調印(庫倫)、発効

第1条　ロシア臣民は、従来とおりモンゴル内において随所に居住し、および自由に移転し、商業、工業、およびその他の業務に従事し、またロシア、モンゴル、中国、または外国の個人・商社は、公私施設物のいずれを問わず、これと往来し、各種の契約をする権利を有するものとする。

第2条　ロシア国民は、従来とおり、輸出入税を支払うことなしに、ロシア、モンゴル、中国、およびその他諸国の各種の土地生産品および製造品をいつでも輸出入する権利、およびモンゴルにおいて何らの輸出入税、税金、または課金を支払うことなしに、自由に商業に従事する権利を享有するものとする。
　　　　ロシア・中国合弁事業または自らの所有物でない商品を偽ってその所有者であると称するロシア臣民に対してば、この規定の効力は及ばない。

第3条　ロシアの金融施設・銀行は、モンゴルにその支店を開設し、個人、施設物、または会社のいずれを問わず、これと金融上・その他の取引きをする権利を享有するものとする。

第4条　ロシア国民は、現金または貨物の交換(物物交換)により売買をなし、かつ信用取引をすることができる。各旗およびモンゴル国庫は、いずれも、私人の負債に対しその責にない。

第5条　モンゴル官憲は、モンゴル人または中国人がロシア臣民と各種の商取引をなし、その個人的雇人となり、またはその組織する商工業に加入することに対し障害を加うることないものとする。商工または工業に関する独占権は、これをモンゴルにおける公私の会社、施設物、または個人に対して許与しないものとする。

　　　　　この協定の締結前、既にモンゴル政府より、かかる独占権を得ている会社および個人は、所定の期間の満了まで、その権利および特権は、これを保持できるものとする。
第6条　ロシア国民は、モンゴルの都市または旗のいずれたるを問わず、随所において商工業上の経営所を創設し、ならびに家屋、店舗、および倉庫を建設するため、指定地を賃借しまたは自己の所有物としてこれを取得する権利を許与されるものとする。この外、ロシア国民は、耕作の目的をもって空地を賃借する権利を有するものとする。その指定地は、前期の目的のために取得または賃借すべく投機の目的をもってしてはならない。また、該指定地は、モンゴルの現行法に従い、モンゴル政府との協議をもって割り当てられるものとする。
　　　　　聖地および牧場は、この限りではない。
第7条　ロシア国民は、鉱物および木材の採取、漁業、ならびにその他に関して、モンゴル政府と協定をなすことの権利を有するものとする。
第8条　ロシア政府は、モンゴル政府と協議の上、その必要と認めるモンゴル各地に領事を任命する権利を有するものとする。
　　　　　モンゴル政府もまた、協議の上、ロシア国境上の必要と認める各地にその代表者を置くことができる。
第9条　ロシア領事館の所在地、ならびにロシアの商業上枢要なその他の地方においては、ロシア領事とモンゴル政府との協議をもってロシア臣民の各種工業および住居に供するため、特別商業地域を割り当てるものとする。かかる商業地域は、その他駐在の前記ロシア領事または該ロシア領事の不在の場合は、商業組合長専管の下に置かれるものとする。
第10条　ロシア臣民は、モンゴル政府と協議の上、モンゴル各地間ならびに特定地方とロシア国境上の各所とのあいだにおける信書の発送および貨物の輸送をなさんがため、自費をもって郵便事務を開設する権利を保有するものとする。
　　　　　駅舎・その他必要なる建物を建設する場合には、この議定書の第6条に定める規則を遵守するものとする。
第11条　モンゴルにおけるロシア領事は、必要ある場合、公用通信の発送・その他公務上の必要のため、モンゴル政府の郵便営造物および伝書使を利用することを得る。ただし、かかる目的をもってする無料使用は、1カ月馬100頭および駱駝30頭を超えないものとする。伝書使の旅券は、その都度、モンゴル政府よりこれを受けるものとする。ロシア領事または一般ロシア官吏は、旅行中、料金を支払って該営造物を利用することができる。モンゴル政府の駅舎を利用する権利は、この使用に対して、モンゴル政府と協議して決定した額を支払うときは、ロシア国民たる個人にも、これを適用するものとする。
第12条　ロシア臣民は、モンゴル内地よりロシア領土に流れる河川およびその支流にその所有する商船を航行して、その沿岸住民と通商する権利を有するものとする。ロシア政府は、前記の河川における航行の改善に必要なる水路標識の設置・その他に関し、モンゴル政府を援助するものとする。モンゴル官憲は、この議定書の第6条の規定に準拠して、船舶の繋留埠頭および倉庫の建設・薪炭の貯蔵・その他の用に供するため、該河川上の場所を割り当てるものとする。
第13条　ロシア臣民は、貨物の運搬および家畜の移送のため、陸路を利用する権利を有するものとし、かつモンゴル官憲と協定の上、自費をもって橋梁・渡船・その他を設置し、その通行人より特別料金を徴収する権利を有するものとする。
第14条　ロシア臣民の所有する家畜は、移動の途次、休養のため停留することができる。滞留の必要ある場合、地方官憲は、家畜移送路に沿って、かつ家畜市場において、適当なる地域の牧場を割り当てるものとする。同地区の3カ月以上の使用に対しては、使用料を徴収するものとする。
第15条　モンゴル国境を超えて漁業、狩猟、および（牧草の）刈入れをするロシア国境地方住民の従来の慣習は、今後、なんら変更なく、継続されるものとする。
第16条　一方においてロシア臣民および公益団体と他方においてモンゴル人および中国人のあいだの契

約は、口頭または書面をもって取り結ぶことができる。契約当事者は、証明を受けるため、同契約を地方官憲に呈示することができる。該官憲は、同契約の証明に対し異議あるときは、直ちにこれをロシア領事に通告することを要し、誤解は、該領事と協議の上、これを解決するものとする。

　不動産に関する契約は、書面をもってこれをなし、かつ証明および確認を受けるため、当該モンゴル官憲およびロシア領事に呈示することを要する。天然資源の開発権利を付与する書類には、モンゴル政府の確認があることを要する。口頭または書面をもって取り結んだ契約に関して争議が発生した場合には、当事者は、その選定した仲裁者の援助を得て、事件の和解を図ることができる。この方法により解決をみないときは、事件は、混合法律委員会により判決を受けるものとする。常設および臨時の2つの混合法律委員会を設け、常設委員会は、ロシア領事の駐在する各地にこれを置き、領事またはその代表およびこれに相当する官位を有するモンゴル官憲の代表者をもって、これを組織する。臨時委員会は、事件の発生に応じて、前記以外の各地にこれを置き、ロシア領事の代表者および被告の所属または居住する旗の首長の代表者をもって、これを組織する。混合委員会は、この種事件に関する識者を専門家として、ロシア臣民、モンゴル人、および中国人より招請することができる。混合法律委員会の判決は、ロシア臣民の場合においては、被告の所属または居住する旗の王により、遅滞なくこれを執行するものとする。

第17条　この議定書は、署名の日よりこれを実施する。

　右の証拠として、各全権委員は、2通を作成したこの議定書のロシア語およびモンゴル語の両正文を対照し、その相一致していることを認め、署名・捺印の上、この交換を了した。

　1912年10月21日、すなわちモンゴル暦共戴2年秋9月24日クーロン（庫倫）において作成。

■ 中国・チベット協定
1912年12月14日調印（ラサ）

　中国とチベット人のあいだの戦闘に際して、中国とチベット人の代表は、証人としてのネパール代表の前で、ネパールの事務所で、それぞれの側の安全を確保するために、会合した。代表は、紛争となっている問題を協議し、最終的に、次のとおり決定した。

1．まず、ヤブシ倉庫に保管されているすべての武器を最終的に調査し、兵器の数量が適正であるかどうか見極める。この後、ヤブシ倉庫に保管されている兵器とは別に、また以後集められた兵器を別にして、チベット刻印のチベット先鋭銃、新しく製造された5発ウサン銃、およびヌチャウ・ウもしくはマティーニ・ヘンリー銃は、チベット人に引き渡される。中国に属するキャノン銃、すべての大小の銃（門を除く）および火薬と弾薬筒は、ショウ武器庫に保管される。武器庫は、中国、チベット、およびネパールの代表が封印し、そして中国人がトモ（チュンビ渓谷）辺境を横断するまで、ネパール人が護衛する。この後、ネパールは武器庫の鍵をチベットに引き渡すものとし、そのための協議に入る。
2．中国人がラサを離れるまで、チベット人は、中国人に適切な食糧を毎日、販売するよう、チベット人商人に伝える。中国人は、チベット人側になんらの要求もせず、タングリンから書簡を受け取り、チベット人であれ中国人であれ、チベット人とのこの条項を守る。
3．チベット人は、リストに従い前進する官吏および兵士に対し荷物運びのヤクを提供するよう取り決める。(a) チベット人は（中国人）商人および臣民に、1つのジョングから次のジョングまで、それぞれの乗り換え地点で各ヤク当たり10タンカ、各荷物運び家畜当たり6タンカの支払いで提供するものとする。
4．タングリンと（中国人）管理および兵士ならびに臣民は、今月8日（1913年12月16日）この地（ラサ）を出発する。彼らは、チベット臣民に乱暴せず、路上で彼らの財産を略奪せず、また中国人は、路上で遅滞することなくインド経由で直接（中国へ）向かう。
5．門以外のいかなる兵器・弾薬であれ、検査の際、中国人の鞄で見つかったときは、チベット政府が、これを没収する。
6．チベット人は、路上の休息地点で中国人に適切な価額で食糧を提供する。

7. チベット人は、タングリンもしくはチベットを離れる中国人官吏・兵士、商人、ならびに臣民、あるいはチベットで生活する中国人商人および臣民の生命・財産を侵害しないことを約束する。
8. ヤメン近くの家屋は、チベット人に引き渡される。文書に記されたとおり、木製の箱と器具は、別の家屋に保管され、その扉は中国・チベット代表により封印される。チベット人はこの家屋を見守る。
9. テンギエリン僧院（セラ寺）の僧に関して。最初の取決めが作成された時点で、ダライ・ラマ法王は、僧の生命は彼らが支配すべきであると約束された。代表は、この約束を遵守することを了解した。
両当事者は、喜んで合意し、協定した。

チベット代表（署名・捺印）
テジ・チモン
ケンポ（教授）トルンユイク・チェンポ（署名・捺印）
テレパ・ガイルセン首席書記
セラ寺、ガンデン寺、およびツオンドゥ（民衆集会）（署名・捺印）
中国代表（捺印）
ジャカ・ムユン・ギョクン（署名・捺印）
ラサ・リシクワン・キャデル（署名・捺印）
デシクワン・カラウン（署名・捺印）
証人
ラサのネパール代表部、ラル・バハドゥル・チェトリ（署名・捺印）
ティトア・カル・ペルサド・ウパディア（署名・捺印）
セクソ・ラナ・ガムヒル・シン・ガレティ・チェトリ（署名・捺印）

■モンゴル・チベット条約
1913年1月11日調印（庫倫）

　モンゴルおよびチベットは、満洲朝廷の覇絆を脱し、中国と分離し、それぞれ独立の国家を組織し、かつ両国が古来同一の宗教を信奉することの故をもって相互の歴史的親善を敦厚ならしめるがために、モンゴル政府の委任を受けた外務大臣心得ニクタ・ビリクトゲラマ・ラブダン（尼克達比里克特達剛剛・剛布坦）および同次官将軍統領兼マンライ・カアトイル・ベイゼー、ダムジンソロン（達木黛蘇倫）、ならびにチベットの君主、ダライ・ラマ（達頼刺嘛）の委任を受けたグジル・ツアンシブ・カンチェン、ルブサン・アグワン、ドニル・アグワンチョイザン、チベット銀行理事イシチヤマツオ、書記ゲンドウン・ガルサンは、次の諸条を協議し約定した。
第1条　チベットの君主ダライ・ラマは、モンゴル独立国の組織および亥歳11月9日をもって黄教の主ジップツンダンパ（哲布尊丹巴剛嘛）を、同国君主として宣布したことを支持し、承認する。
第2条　モンゴル国民の君主ジップツンダンパは、チベット独立国の組織およびダライ・ラマを、同国君主として宣布したことを支持し承認する。
第3条　両国は、協力して黄教（ラマ教）の繁栄を謀るものとする。
第4条　両国は、自今、永遠に外部および内部の危急に際して相互に援助を与えるものとする。
第5条　両国は、各自の領土において教務および国務を帯び、公用および私用をもって来往する臣民に対し相互に支援を与えるものとする。
第6条　両国は、従前のとおり、自国生産の物産（家禽品）および家畜の相互貿易を施行し、または工業施設に着手するものとする。
第7条　自今、各人間の貸借は、官衙において許可した場合にのみ、これをなすことができる。かかる許可なき貸借に関する要求は、官衙において審理されるものとする。貸借契約が本条約の締結前になされ、当事者間において調和をみていない多大の損失を被るものの場合は、その負債は、官衙において取り立てることができる。ただし、いかなる場合にあっても、負債は、シヤピナル（フトクト王廷に属し王府に納税する臣民）および旗（ホシト／王公領）の負担となることはない。

第8条　本条約の条項に追加の必要ある場合には、モンゴル政府およびチベット政府は、特に全権委員を任命し、適宜、協約しし、議定するものとする。
第9条　本条約は、署名の日より実施する。
　　　モンゴル共載2年12月4日
　　　チベット壬子歳同月同日

　　　　　　　　　　　　　モンゴル政府条約締結全権委員
　　　　　　　　　　　　　　　　　　　　外務大臣心得ビリクトゲラマ・ラブダン
　　　　　　　　　　　　　　　　　　　　外務次官将軍統領兼ダムジンソロン
　　　　　　　　　　　　　チベット君主ダライ・ラマの条約締結全権委員
　　　　　　　　　　　　　　　　　　　　グジル・ツアンシブ・カンチエン
　　　　　　　　　　　　　　　　　　　　チベット銀行理事イシチヤマツオ
　　　　　　　　　　　　　　　　　　　　書記ゲンドウン・ガルサン・
　　　　　　　　　　　　　　　　　　　　ルブサン・アグワン
　　　　　　　　　　　　　　　　　　　　ドニル・アグワンチョインザン

■ 13世ダライ・ラマの5カ条宣言
1913年2月14日発表（ラサ）

　聖国インドの仏陀の御言葉により「仏法の保持者」の称号を授けられし一切智者のダライ・ラマは、次のとおり、汝らに告げる。

　余、ダライ・ラマは、あらゆる階層のチベット人民に申し伝える。聖国インドより、仏陀は、観音菩薩の化身が古代王の時代より今日に至るまで、チベットの安寧を約束する、と予言された。

　モンゴルのグシ・ハーンとアルタン・ハーン、漢人明朝、満人清朝それぞれの時代、中国とチベットは、施主・ラマ関係（チュユン関係）に基づき協力してきた。しかるに、数年前、四川省と雲南省の役人が、わが領土を植民地化しようとした。彼らは、通商市場を監視するとの口実をもって、中央チベットに大軍勢を送りこんだ。それ故に、余は、中国・チベット関係が施主・ラマ関係であり、一方が他方に属する従属関係に基づくものではなかったことを、電報で清皇帝に明らかにすることを望みつつ、大臣とともにインド・チベット国境を目ざして発った。しかし、生死にかかわらず、余を捕えよとの命令を受けた中国兵に追われるところとなり、余儀なく国境越えを行った。

　インドに到着後、余は、何通かの電報を清皇帝に打った。しかるに、堕落した北京官吏の妨害のために、皇帝の返答はなかなかなく、まもなく清朝は倒れた。これに元気づけられたチベット人は、中央チベットより中国人を駆逐した。余も、ダライ・ラマとして正当の権利を有するこの聖国チベットに無事に帰還し、現在、東チベットのド・カム（アムドとカム）より中国人残留兵を一掃しつつある。今や、施主・ラマ関係を口実にチベットを植民地化しようとする中国人の企みは、空の虹の如く消滅しつつある。再び平和と幸福の時代を取り戻すために、余、ダライ・ラマは、汝らすべてに、以下に述べる義務を遅滞なく遂行することを求める。

1．世界の平和と幸福は、仏法を保持することによってのみ維持される。それ故に、ラサのジョカン（大昭寺／老木朗）とラモチェ（小昭寺／老木契）、南チベットのサムイェ（桑耶寺／薩木秧寺）とタドク（達多寺）、三大僧院（セラ、ガンデン、デプン）のような仏教施設をすべて維持してゆくことが大切である。
2．チベットにおける仏教の各宗派は、清浄なる伝統を保つべきである。仏教は聞法・思法・修法がきちんと行われなければならない。特例の者以外、僧院の行政官は、交易や金貸し業に従事してはならず、他の臣民を征服し、いかなる牧畜業にも手を染めてはならない。
3．チベット政府の官吏は、文官・武官を問わず、徴税の際、あるいは臣民と接する際、臣民たる市民の益を損うことなく、また政府に益するように公平で正しい判断をもって、義務を遂行すべきである。
　西チベットのカリ・コルスム（カリ三区）や東チベットのド・カム（アムドとカム）に配された中央チベットの官吏のあるものは、臣民に強制的に高値で商品を買わせており、政府が許可した限度を超え

て輸送手段獲得の権利を乱用している。また、臣民の所有物である家屋・財産・土地が、ささいな法律違反を口実に没収されている。刑罰の一手段として手足切断刑が施行されているが、以後は、このような残酷な刑罰は行ってはならない。
4．チベットは、天然資源に富んだ国ではある。しかし、技術的には、他国に遅れをとっている。チベットは、小さな独立宗教国家である。残りの世界にとり残されないためにも、われわれは、祖国の防衛に努めるべきである。過去の外国からの侵略に鑑み、チベット人は、今見過ごしているに違いないある種の困難に、将来、直面することであろう。祖国の独立を守り、維持するために、われわれは、一人残らず自発的に努力すべきである。国境近くの住民は、警戒を怠らず、不審な事態が生じたならば、特使を送って政府に通報すべきである。臣民は、結果として2国間の大規模な衝突につながるような些細な事件も、引き起こしてはならない。
5．チベットは人口密度が低いが、広大な土地を有している。地方官吏や地主のある者は、自分では行わず、他人が放置されている土地を耕し拡張することを妬み、妨害している。そのような意図を抱くものは、国家とチベットの進歩の敵である。今日より、未耕作地を耕作する者を妨害することは禁止される。土地税は、3年間は免除され、3年を過ぎると、土地耕作者は、賃貸料の比率に従い、毎年、政府と地主に税を納めなければならない。土地は、耕作者の所有物とされる。

　余がここで述べたことをすべて遂行したときは、汝らの政府と人民に対する義務は完了することになる。この文書は、チベットのすべての地区に貼り出され、布告されねばならず、地区のどの事務所の記録にも、この文書は保管されるべきである。

ポタラ宮殿
（ダライ・ラマの印）

■モンゴルをめぐるロシア・中国北京会談におけるロシア・中国協約（要旨）
1913年5月20日成立（北京）

　ロシア・中国両国は、モンゴルにおいて現在発生している誤解を除くため、左のとおり協定する。
1．ロシアは、モンゴルが中国の完全なる領土の一部たることを承認し、ここに、その領上関係の継続の間断を企図せず、またこれにより生ずる中国従来の各種なる権利を尊重することにつき、責任を負う。
2．中国は、モンゴルの従来の自治制度を変革せず、もってモンゴルのモンゴル人は、その境内にあって治安維持および防禦の責任がある。それ故に、軍備および警察の専有権があることを許容する。しかして、モンゴル国籍にない者は、植民する権利があることへの拒絶に、責任を負う。
3．ロシアは、領事館護衛の外、外モンゴルに派兵しない。しかして、外モンゴルの土地に植民しないことを約し、条約において許可されたる領事の外、外モンゴルにあってロシアを代表する機関を設置しないことにつき、責任を負う。
4．中国は、平和的手段をもってその権利を外モンゴルに運用せんと欲するときは、ロシアの「斡旋」を許容すると共に、前記の各条の主旨に基づき、中国は、対蒙古弁法の大綱を確定し、モンゴル中央長官を自ら中国所属の地方官吏の性質たることを認める、と声明する。
5．中国政府は、ロシアの斡旋を重視するが故に、外モンゴル地方にあって、下記17ヵ条の商務上の利益は、ロシア人民に与えられるものとする。
6．以後、ロシアがモンゴル官吏とモンゴル制度による国際条約を締結せんとするときは、ロシア・中国両国が直接交渉をなし、必ず中国政府の許可を経て、初めて有効たるものとする。
　〔添付の17ヵ条は未公表〕

■モンゴルに関するロシア・中国共同宣言
1913年11月5日調印（北京）

　ロシア・中国両国は、外モンゴルに関しロシア帝国政府の提出した大綱を根拠となし、中華民国政府の承認を経たことをもって、次のとおり協定した。

1．ロシアは、外モンゴルにおける中国の宗主権を承認する。
2．中国は、外モンゴルの自治権を承認する。
3．中国は、外モンゴルのモンゴル人がモンゴル自治の内省規定を設け、かつ外モンゴルに関する商工業上のいっさいの問題を解決する専属的権利を認めることをもって、中国は、かかる事項につき、干渉しないことにつき、約する。したがって、中国は、軍隊を外モンゴルに派遣し、又は同地にいっさいの文武官を駐在させないものとし、かつ同地に植民することはないものとする。最も、中国政府派遣の高官は、必要とされる属員および護衛者を伴い、庫倫（クーロン）に駐在することができる。中国政府は、以上の他に必要ある場合は、協定の第5条に規定する会議において決定される外モンゴルの一定の地に自国人民の利益保護のために、代表者を駐在させることが出来る。一方、ロシアは、外モンゴル内において、領事館護衛兵以外の軍隊を駐在させ、同地の行政のいっさいの部分に干渉し、または植民しないことを約する。
4．中国は、1912年10月21日ロシア・モンゴル通商議定書の規定に準拠し、外モンゴルと自国との関係確立のため、ロシアの斡旋をいつでも承諾することを声明する。
5．外モンゴルにおけるロシア・中国両国の利益に関する問題に関して、同国において、新事態の発生するときは、これを爾後の会議の主題となすものとする。
本国政府より委任を受けたる者双方が署名し、調印した。
1913年／民国2年11月5日北京にて本書2通を作成。

付属交換公文要領
1．ロシアは、外モンゴルの地域が中国領土の一部たることを承認する。
2．政治上および領土の問題に関しては、中国政府は、商議によりロシア政府との協定を遂行するべく、該商議には、外モンゴル官憲をこれに参加させるものとする。
3．宣言の第5条に規定する会議は、かかる関係3者の間に開かれるものとし、かつ、かかる3者は、このために、ともにその代票者の会合する地点を指定するものとする。
4．自治外モンゴルは、庫倫辯事大臣烏里雅蘇台（ウリヤスタイ）将軍および科布多（キャフタ）参賛大臣の管轄に属する地方を包括する。モンゴルの精細地図が存在しなく、かつ同国行政区劃が不確定なることをもって、外モンゴルの正確なる境界の科布多地方および阿爾泰（アルタイ）地方間の境界は、これを宣言書の第5条に規定する爾後の会議の主題とするものとする。

■モンゴルに関するロシア・中国共同宣言付属交換公文
1913年11月5日成立(北京)
　中華民国外交総長孫（宝碕）は、本日の調印に照らし、外モンゴル問題宣言に関し、本国政府の委任を奉じて、政府の名義をもって貴国公使に対し、次の如く声明し照会する。
1．ロシアは、外モンゴルの土地は中国領土の一部分であることを承認する。
2．外モンゴルの政治・土地に関する事項につき、中国政府は、ロシア政府と協議する。外モンゴルもまた、これに参与することができる。
3．宣言の第5項に規定する爾後の協商は、3方面より地点を酌定し、折衝する。
4．外モンゴルの自治区域は、前清庫倫駐紮弁事大臣ウリヤスタイ（烏里雅蘇台）将軍およびキャフタ（科布多）参賛大臣管轄区域を限度とし、目下、詳細なる地図なきをもって、該処の行政区域を確立していない。それ故に、外モンゴル辺疆地域およびキャフタ・アルタイ（阿爾泰）地方の画定は、宣言第5項の協商の議定とするものとする。
中華民国2年11月5日
〔ロシア公使より中国あて公文も同じ〕

■露・中・蒙条約(キャフタ協定)
1915年6月7日調印(キャフタ)、発効

大中華民国大総統
大ロシア帝国大皇帝
　外モンゴル・ボグド・ジップツンダンパ・フトクト・ハーンは、外モンゴルにおける新事態により発生した各種の問題を相互間協議により解決せんとする真摯な希望に促され、この目的を達成するため、次のとおり全権代表を任命した。
　大中華民国大総統は、都督街畢桂芳、およびメキシコ駐在中国全権陳籙。
　大ロシア帝国大皇帝は、モンゴル駐在外交官兼総領事正参議官アレクサソドル・ミルレル。外モンゴル・ボグド・ジップツンダンパ・フトクト・ハーンは、司法副長官額爾徳尼卓嚢貝子、シルニンダムチン、および財務長官土謝業図親王チャクトルジャップ。
　右各全権は、互にその全権委任状の真正なるを証し、その良好妥当たることを認めた後、左のとおり協定した。

第1条　外モンゴルは、民国2年11月5日(1913年10月23日)付のロシア・中国宣言および交換公文を承認する。
第2条　外モンゴルは、中国の宗主権を承認し、中国およびロシアは、中国版図の一部たる外モンゴルの自治権を承認する。
第3条　自治モンゴルは、政治上および領土上の問題に関する外国との国際条約を締結する権限を有しない。外モンゴルにおける政治上および領土上の問題に関しては、中国政府は、民国2年11月5日(1913年10月23日)付のロシア・中国交換公文の第2条に準拠し、弁利することを約する。
第4条　外モンゴル・ボグド・ジップツンダンパ・フトクト・ハーンの称号は、中華共和国大総統がこれを付与する。中国暦は、モンゴル干支記年と共に公文書に使用するものとする。
第5条　中国およびロシアは、民国2年11月5日(1913年10月23日)付のロシア・中国宣言の第2条および第3条に準拠し、外モンゴルのいっさいの内政を処理し、かつ自治モンゴルに関する商工業上のいっさいの問題に関して、外国と国際条約および協定を締結する権限は、外モンゴル自治官府に専属するものすることを承認する。
第6条　中国およびロシアは、ロシア・中国宣言の第3条に準拠し、外モンゴルの現在の自治内政に干渉しないことを約する。
第7条　ロシア・中国宣言の第3条に規定するクーロン(庫倫)駐在中国大官の護衛隊は、200名を超えないものとする。ウリヤスタイ(烏里雅蘇台)将軍、およびゴブド／キャフタ(科布多)参賛大臣の管轄下にある地方にして、東はフロンペイアル(呼倫貝爾)／ハイラアル(海拉爾)地方(黒竜江上流地帯)、ゴブド、およびモンゴル・キャフタ(恰克図)に駐在する該大官佐理専員(補佐官)の護衛隊は、それぞれ50名を超えないものとする。外モンゴル自治官府との協議により、モンゴルの前記以外の地方において、クーロン駐在中国大官佐理専員を任命するときは、その護衛隊は、それぞれ50名を超えないものとする。
第8条　ロシア帝国政府は、クーロン駐在代表の領事護衛隊として、150名以上を派遣しないものとする。既に設置されたかまたは将来において外モンゴル自治官府との協議により設置されるロシア帝国領事および副領事の護衛隊は、それぞれ50名を超えないものとする。
第9条　儀式または公の典礼のいっさいの場合において、最高名誉席は、クーロン駐在中国大官を充てるものとする。該大官は、必要あるときは、外モンゴル・ボグド・ジップツンダンパ・フトクト・ハーンに私謁する権利を有する。ロシア皇帝代表もまた、同様の私謁する権利を享有する。
第10条　クーロン駐在中国大官および協定の第7条に規定した外モンゴル各地方に駐する該大官佐理専員は、外モンゴル自治および官府とその所属官憲の行動、自治モンゴルにおける中国の宗主権、および中国ないしは同国人の利益に違反することがないようにするため、一般的取締りをするものとする。

第11条　民国2年11月5日(1913年10月23日)付のロシア・中国交換公文の第4条に準拠し、自治外モンゴルの区域は、以前のクーロン弁事大臣、ウリヤスタイ将軍、およびコブド参賛大臣の管轄下にある地方にして、東はフロンベイアル／ハイラアル地方、南は内モンゴル、西南は新疆省、西はアルタイ地方をもって界とするカルカ4盟の諸蒙旗およびコブド地方の限界をもって、中国国境に相接する中国および自治外モンゴルの協会の正式画定は、中国、ロシア、および自治外モンゴルの各代表が共同してこれを行う。以上は、この協定の署名日より2カ年の期間内において、画定事業を開始するものとする。

第12条　中国商人が自治外モンゴルに輸入する貨物は、いかなる生産物も問わず、これに対し関税を設定しないものとする。もっとも、中国商人は、自治外モンゴルにおいて既に設定されたかまたは将来において同地に設定されるものにして、自治外モンゴルのモンゴル人が支払うところの内国商業に対するいっさいの税金を支払うものとする。自治外モンゴル商人は、同様に、その地方の産物貨物を中国に輸入するに際して、中国内地において既に設定されたかまたは将来において同地に設定されものて、中国商人が支払うところの商業に対するいっさいの税金を支払うものとする。自治外モンゴルより中国内地に輸入する外国貨物に対しては、光緒7年(1881年)陸路通商条約に規定される関税を課するものとする。

第13条　自治外モンゴルに居住する中国人民のあいだの民事および刑事上の訴訟は、クーロン駐在中国大官および自治外モンゴルのクーロン以外の各地に駐在する該大官佐理専員により、これを審理し判決をなすものとする。

第14条　自治外モソゴルのモンゴル人と自治外モンゴルに居住する中国人民とのあいだに起こる民事上および刑事上の訴訟は、クーロン駐在中国大官および自治外モンゴルのそれ以外の各地に駐在する該大官佐理専員または該両者の代表者およびモンゴル官憲が、共同してこれを審理し判決をなすものとする。被告が中国人民にして、原告が自治外モンゴルのモンゴル人であるとき、その訴訟事件の共同審査および判決は、クーロン駐在中国大官および自治外モンゴルのそれ以外の各地に駐在する該大官佐理専員の事務所において行われるものとする。被告が自治外モンゴルのモンゴル人にして、原告が中国人民であるときは、その訴訟事件は、同様に、モンゴル衙門において審理し判決をなすものとする。有罪者は、それぞれ自国の法律に従って処罰されるものとする。関係当事者は、各自が選定した仲裁人により、その争議を平和に解決することの自由を有する。

第15条　自治外モンゴルのモンゴル人と自治外モンゴルに居住するロシア臣民とのあいだに起った民事上および刑事上の訴訟は、1912年10月21日付のロシア・モンゴル通商議定書の第16条の規定に準拠して、審理し判決をなすものとする。

第16条　自治外モンゴルにおける中国人民とロシア臣民とのあいだに起こる訴訟は、以下の方法により審理し判決をなすものとする。すなわち、原告がロシア臣民にして、被告が中国人民である場合の訴訟においては、ロシア領事は、クーロン駐在中国大官またはその代理者、もしくは自治外モンゴルのクーロン以外の各地に駐在する該大官佐理専員と同一なる権利を享有し、自身またはその代表をもってその裁判に参加するものとする。ロシア領事またはその代表者もしくは自治外モンゴルのクーロン以外の地方に駐在する該大官佐理専員の手を経て、被告および中国商人を尋問する。ロシア領事またはその代表者は、提出された証拠の取調べをなし、弁償に対する補償を要求し、かつ当事者の事実の真偽を明らかにするため、必要と認められるときは、鑑定の意見を徴するのみならず、判決および判決文の起草に参加し、なおクーロン駐在中国大官またはその代表者、もしくは自治外モンゴルのクーロン以外の各地に駐在する該大官佐理専員と共に、かかる判決文に署名するものとする。判決の施行は、中国官憲の職務とする。クーロン駐在中国大官および自治外モンゴルのクーロン以外の各地に駐在する該大官佐理専員は、同様に自身またはその代表者をもってロシア領事館において行われる、被告がロシア臣民にして、原告が中国人民たる場合における訴訟の審理に出席することができる。判決の執行は、ロシア官憲の職務とする。

第17条　電信線の一部のキャフタ、クーロン、および張家口間は、自治外モンゴルの領域内にあること

をもって、該部分は、モンゴル自治官府の完全なる財産であることにつき、協定する。電報の伝送のため、中国使用人およびモンゴル使用人により管理される外モンゴルと内蒙古間の国境上の電信局設置に関する詳細、ならびに伝送される電報料金・収入金分配などの問題は、中国、ロシア、および自治外モンゴルの技術家代表者よりなる特別委員会が、これを審査し決定するものとする。

第18条　クーロンおよびモンゴル・キャフタ所在の中国郵便機関は、旧来とおり存続するものとする。

第19条　外モンゴル自治官府は、クーロン在中国大官およびにウリヤスタイ、ゴブド、およびキャフタに駐在する佐理専員およびそれら官僚に必要な官屋を、これらの任意の使用に供するものとする。以上は、中国政府の完全に財産であるものとする。同様に、前記の大官などの護衛隊に対し、その駐在地付近において必要な土地を供与するものとする。

第20条　クーロン駐在中国大官および自治外モンゴルのクーロン以外の各地に駐在する佐理専員およびそれら官僚は、1913年10月21日付のロシア・モンゴル議定書の第11条の規定に準拠し、自治モンゴル駅站を使用するものとする。

第21条　民国2年1月5日(1913年10月23日)付のロシア・中国宣言および交換公文、ならびに1912年10月21日付のロシア・モンゴル通商議定書の規定は、引き続き完全に有効であるとする。

第22条　この協定は、中国語、ロシア語、モンゴル語、およびフランス語をもって3通作成し、その署名の日より効力を発する。相対照し一致することを認めた4国語の本文のうち、フランス語本文をもってこの協定解釈の際の正文とする。

民国4年6月7日、すなわち1915年5月25日キャフタにおいて締結。

付

ロシア代表に対する照会1

　キャフタ3国協商大中華民国代表陳籙は、キャフタ3国協商中華民国全権代表として、これがため、正式の委任を受け、自治外モンゴルに関する本日付の3国協定に署名するに際し、閣下に向かい本国政府の名において以下のとおり声明する光栄を有する。

　中華民国政府は、このロシア・中国・モンゴル協定の署名日より、外モンゴル自治政府に帰属するモンゴル人全部に対し、完全なる大赦を行い、かつ外モンゴルのモンゴル人全部に対し、内モンゴルのモンゴル人と均しく、従来とおり、前記地方における居住および旅行の自由を存続するものとする。中華民国政府は、外モンゴル・ボグド・ジップツンダンパ・フトクト・フトクト・ハーンに対する敬虔の念を表証するため、クーロンに巡礼するモンゴル人に対し、何らの羈束を加えることはない。以上、照会に対して、閣下に対し、敬意を表す。

照会2

　自治外モンゴルに関する本日付の3国協定に署名するに際し、本全権代表は、本国政府の名において、以下のとおり声明する光栄を有する。キャフタ協定の第17条に記載する張家口・クーロン・キャフタ間に存在するいっさいの電信局は、ロシア・中国・モンゴル条約の署名後、最長6カ月の期間内に、中国官吏よりモンゴル官吏に引き渡され、かつ中国電信線とロシア電信線の接続線は、前記の第17条に規定する技術委員会により決定されることにつき、合意する。前記の次第は、同時に、これを外モンゴル自治政府の全権代表に通知する。以上、照会に対して、閣下に対し、敬意を表す。

■露・中・蒙条約(キャフタ協定)の調印に際しての中国大総統令
1915年6月7日公布(北京)

1．露・中・蒙条約の批准を経て、署名・調印を了したことをもって、外モンゴルは、中国領土の一部分にして、中国の宗主権を承認したものである。クーロン(庫倫)の独立もまた、これにより取り消される。内・外モンゴル人の前清時代に独立に関与した者の責任は解除され、これにつき追究されることはない。ここに、令する。

1．ジップツンダンパ・フトクトを、外モンゴルのボグド・ジップツンダンパ・フトクト・ハーンに冊封

する。ここに、令する。
1．徐紹禎を特派し、外蒙古ボグド・ジップツンダンパ・フトクト・ハーン冊封全権とする。ここに、令する。
1．既に、外蒙古ボグド・ジップツンダンパ・フトクト・ハーンは、冊封されたことをもって現在の外モンゴルにおける札薩克汗王・貝勒・貝子・公・台吉などの爵職および喇嘛の名号にして、前清時代よりないしは外モンゴルより得たるものは、旧のとおり存続するものとする。
民国4年6月7日

■シムラ条約
1914年7月3日英国・チベット調印（シムラ）、中国調印拒否

大英帝国陸下・インド皇帝陸下、中華民国大統領閣下、およびチベットのダライ・ラマ法王猊下は、ここに、誠実に、アジア大陸の若干諸国の利益に関する様々な問題につき、相互の合意により解決し、かつさらに若干諸国の権益を規制することを希求して、このために、この主題に関して条約を締結することを決議し、以下の者をそれぞれ全権委員として指名した。

大英帝国陸下・インド皇帝は、インド政府外務・政務局次官サー・アーサー・ヘンリー・マクマホン

中華民国大統領閣下は、陳貽範全権委員ダライ・ラマ法王猊下は、ロンチェン・ガテン・シャトラ・パルジョウドレ

をそれぞれ任命し、相互にその権限が正当かつ妥当であるあることを確認して、次の条約に合意し、締結した。

第1条　本条約の付表内に列挙する条項は、本条約にて改訂され、または本条約と意見を異にしもしくは相抵触するものの他は、すべて、均しく継続し有効とする。

第2条　英国・中国両政府は、チベットは中国の宗主権に属する国であって、かつ外チベットは自治権があることを認め、ここに該国境の保全を尊重し、あらゆる外チベットの内政はラサ政府が掌管すべきことを承認し、英国・中国両国は均しくこれに干渉しない。
　　　中国政府は、チベットの行省としないことを約する。英国政府は、チベットのいかなる部分も併合しないことを、相互に約する。

第3条　中国政府は、英国のチベットにおける地理的特殊関係を有することを認めて、チベットの実行的な政府を組織建設して、インド付近の境界およびチベットと接続する各地の治安を維持せんと欲し、本条約の第4条以外は、中国は、チベットに軍隊および文・武官員を派遣・駐在させず、かつ植民事項を行わないことを約する。
　　　もし本条約調印に日において、外チベットの地にこの種の軍隊・管理あるときは、3カ月以内に撤退するものとする。英国政府も、1904年9月7日締結したラサ条約に規定している以外の文・武官員をチベットに派遣・駐屯させないし、かつチベットにおいて植民事項を行わないことを約する。

第4条　中国政府が従来の弁法を援用して大臣を任命し、相当の護衛兵を従えラサに駐屯することについては、阻止しない。ただし、該護衛兵は、いかなる事情によるも、300人と超えることはできない。

第5条　中国政府は、チベット条約および1906年4月26日のチベット追加条約に所載の外復を他国と訂約しないことを約する。

第6条　チベット追加条約の第3条は廃止する。ラサ条約の第9条に言及の外国なる文字は、中国を包含しない。英国の商務は、最恵国の商務に比し次等の待遇を受けることはない。

第7条　甲、1873年および1908年の通商章程は廃止する。
　　　乙、チベット政府は、英国政府と新たに通商章程を議訂することを承認し、ラサ条約の第1項、第4項、および第5項を実行するものとする。該新章程は、中国政府の准許を経なければ、同条約を改変することができない。

第8条　ギャンツェ（江孜）駐在の英国官員は、ラサ条約に関する事項にして、通信あるいはその他の方法にて解決し難いことを査知し、かならずラサへ赴いてラサ政府と商議の必要あるときは、いつでも護衛隊を率い、往来することができる。

第9条　ここに、既に本条約を締結することにおいて、チベット境界および外チベットと内チベットとの分界は、赤色を用いて付図内に明記する。内チベット現有の権利、ラマの選派および宗教管理のごときは、本条約によりなんらの損失を蒙るものではない。
第10条　本条約は同意義なる英語文、中国語文を用い、後日、異議が生じたときは中国語文を標準とする。
第11条　本条約は、調印の日より施行する。
　それぞれの全権委員は、英語3通、中国語3通、およびチベット語3通で作成されたこの条約に署名・捺印する。
　西暦1914年7月3日、すなわち、中国暦民国3年7月3日、および甲寅年のチベット暦5月10日シムラで作成。

ロンチェン・シャトラ署名（印）
A・H・MC［マクマフォン］署名（英国全権の印）

付属
1．1890年3月17日カルカッタで調印された、英国・中国間のシッキムとチベットに関する条約。
2．1904年9月7日ラサで調印された、英国・チベット間条約。
3．1906年4月27日北京で調印された、チベットに関する英国・中国条約。
　批准書の交換で、以下が有効となる。

交換文書要領
1．締約国は、チベットが中国領土の一部であることを了解する。
2．ダライ・ラマは選出を受けて職にあってのち、チベット政府より中国政府に呈明し、ラサ駐在の中国長官より正式に中国政府がダライ・ラマに頒給する職位相当の封号を授ける。
3．外チベット官員は、チベット政府が選派する。
4．外チベットは、中国国会または類似の団体において代表を有しない。
5．チベット駐在英商務官の護衛隊は、ラサ駐在中国長官の護衛隊の100分の75を超えない。
6．1890年3月17日シッキム条約の第3条に言及のチベットよりシッキム辺界侵犯禁止事項は、以後、中国政府とは関係がない。
7．本条約の第3条に言及の各項は、各調印国より官員を派し、迅速に査報して弁理するべく、第4条に言及のチベット駐在中国長官は入蔵するものとする。

（英国公文）
　覚書
　シムラ協定は、中国全権が署名した後、中国政府が調印もしくは批准していないことにより、ここに、他の2当事者のあいだのものとして、2当事者を拘束するものとして受理される。
　1914年7月3日

■英国・チベット貿易規則
1914年7月3日調印（シムラ）、発効
　1914年7月3日英国、中国、およびチベット政府間で締結された条約の第7条により、1893年および1908年の貿易規則は破棄され、そしてチベット政府は、英国政府と1904年条約の第2条、第4条、および第5条を有効にするために新しい外チベット貿易規則の交渉に入った。
　グレート・ブリテンおよびアイルランド連合王国・海洋にわたる英自治領国王・インド皇帝陛下およびチベットのダライ・ラマ法王は、このために、それぞれ以下のとおり全権委員を任命した。すなわち、
　グレート・ブリテンおよびアイルランド連合王国・海洋にわたる英自治領国王・インド皇帝陛下は、サー・A・H・マクマホン、
　チベットのダライ・ラマ法王は、ロンチェン・ガデン・シャトラ・パルジョル・ドルジェ。
　そして、サー・A・H・マクマホンとロンチェン・ガデン・シャトラ・パルジョル・ドルジェは、それぞれの全権を通報しかつそれが全量かつ真正な形式であることを確認して、以下の規則に合意した。

I. 英国貿易機関の所在地から範囲3マイルにある地域は、かかる貿易市場の地域と見做される。英国臣民は、市場に住居および倉庫の建設のための土地を借用することが合意される。この取決めは、自らの便宜および彼らの商品の保管のために市場の外に住居および倉庫を借り入れる権利を侵害されないものとする。建物の借入れを待つ英国臣民は、英国貿易機関を通じてチベット貿易機関に申請するものとする。英国貿易機関との協議で、チベット貿易機関は、必要なく遅れることなく、かかるまたは他の適切な建物の場所を割り当てる。彼らは、現行の法律および率に合致して借り入れ条件を定めるものとする。

II. 貿易市場の管理は、チベット当局、そこの英国貿易当局、および借入れ住居の成員にあって、それは英国貿易当局の排他的管理にある。

市場の貿易機関および国境官吏は、適切な級の者とし、相互の尊重および友好的待遇を条件に、相互に個人的交際および通信を保持するものとする。

III. 市場であるいは市場への途上において英国臣民と他国の臣民のあいだで対立が生じる際は、彼らは、最寄りの市場にある英国・チベット貿易機関間の私的な会議に持ち込み、そこで解決するものとする。被告が属する国の法律に照らし、相違があるときは、それに従う。財産もしくは個人の英国臣民のあいだで生じる権利に関するいっさいの問題は、英国当局の見解の件に従うものとする。

市場もしくはその途上でなんらかの犯罪にかかわった英国臣民は、犯罪が起きた最も最寄りの市場の英国貿易機関に地方当局より引き渡され、インドの法律に従い処罰を受ける、ただし、英国臣民は、地方当局により必要な拘束を越えた取り扱いを受けることはない。英国臣民に対して刑事犯罪を犯したチベット臣民は、チベット当局に拘禁され、法律に従い処罰される。

チベット臣民が英国貿易機関に英国臣民に対する刑事的苦情を提起するときは、チベット当局は、英国貿易機関の法廷に持ち込まれ、適切な級の代表を派遣する権利を有する。同様に、英国臣民のチベット臣民に対する苦情の提訴の際は、英国貿易機関は、チベット貿易機関の法廷にその審理のために代表を送る権利を有する。

IV. インド政府は、インド国境から市場への電話線を維持する権利を保持するものとする。チベットの伝達事項は、この電話線を通じて正当に受理され送信される。チベット当局は、市場からインド国境に至る電話線の保護につき責任を有し、そして誰であれ、いかなる方法であっても、電話線を破壊しあるいはそこに立ち入り、ないしはそれについての点検もしくは維持にかかわる官吏にかかわる者は、処罰される。

V. 各地の現在チベットにあるあるいは将来設立される市場の英国貿易機関は、インド国境への、またそこからの乗物および運搬物につき、取決めを作成する。これら地点で運搬に与る急使は、移動する地域の地方当局よりいっさいの可能な援助を受け、チベット政府の急使である者も、同じ保護および便宜を受けるものとする。

英国官吏の雇用者およびチベット臣民の貿易業者も、その合法的能力において区別されることはない。かように雇用された者は、チベット臣民と称される市民権をどんな形であれ、侵害されることはない。ただし、彼らは、合法的な課税を免除されることはない。彼らが罪を犯したときは、彼らの雇用者がそれにつき特別な扱いをすることなく、法律に従い地方当局により処理されるものとする。

VI. 通商もしくは産業に関して、チベットのいずれの官吏もしくは私的会社、団体、または個人も、独占の権利を付与されることはない。いうまでもなく、既にこの協定の締結に先立ち、チベット政府からかかる独占を既に受けている会社もしくは団体は、定められた期間の満了まで、それらの権利および特権を保持するものとする。

VII. 英国臣民は、地方的需要に合致して、またどんな不満、制約、または強制的な取立てもなしに、彼らが望む商品の販売、いずれかの種類の運輸につき、その種のもしくは独占に与る自由を有するものとする。チベット当局は、英国貿易機関もしくは他の英国臣民が同国の住民と個人的交際または通信を妨げることはしない。

いつでも市場およびそれへの途上において英国臣民の人命および財産を有効に保護する警察および地方当局の義務に関して、チベットは、市場および市場への途上で効果的な警察措置を取り決めることに

788

Ⅷ. 以下の品物の輸出入、すなわち、兵器、軍装備、軍事物資、酒類・麻酔類、または麻薬は、いずれの政府の政策においても、まったく禁止され、自らの側での受給が適切であるといずれかの政府が判断するときは、かかる条件においてのみ許されるものとする。
Ⅸ. この規則は、双方の全権委員により調印された日から起算して10年間、有効とする。ただし、第1次10年間の終了後、6カ月以内にいずれかの側が改訂を要求しなければ、第1次10年間の満了からさらに10年間有効とし、そして、以後も、10年間ずつ継続して、同様に有効となる。
Ⅹ. この規則の英語文およびチベット語文は、注意深く照合されているが、それらのあいだで意味の対立が生じた場合には、英語本文が真正とされる。
Ⅺ. この規則は、署名された日から有効とする。
　　木寅の年チベット暦5月10日に相当する西暦1914年7月3日シムラで作成した。

ダライ・ラマ（印）
ロンチェン・シャトラ（署名）
ロンチェン・シャトラの印
英国全権委員（印）
A・ヘンリー・マクマホン

■英国・ネパール友好条約
1923年12月21日調印（カトマンズ）
1925年4月8日批准書交換（カトマンズ）
　　1915年12月2日サガウリで調印された英国政府・ネパール政府間の現在も存在している平和・友好関係により、そして、同日以来、ネパール政府は、英国政府との真の友好が維持され、かつ英国政府はネパール政府に対して常に友誼を維持していることにより、両政府は、1世紀以上にわたり両国のあいだで存在している友好・善隣関係をさらに強化しまた強固にするべく、ここに希求して、両高等締約国は、新友好条約の締結を決定して、次の条項に合意した。
第1条　英国政府とネパール政府のあいだに恒久的な平和・友好関係が保持される。そして、両国政府は、相互に他国に対する対内的および対外的双方の独立を承認しかつ尊重する。
第2条　1815年サガウリ条約の締結以来、それを含めて、両国政府間で締結すべてのこれまでの条約、協定、および約束は、この条約により変更されない限り、ここに、確認される。
第3条　共同の国境で領土を隣接している隣国の平和および友好関係の保持は両高等締約国の相互利益であることにより、両国は、両国間にかかる友好関係の不和をもたらす重大な対立とか誤解を生み出さないこと、および相互にかかる対立と誤解を可及的に解消して善隣状態を維持することを、ここに合意する。
第4条　各高等締約国は、他方の安全に有害な目的にその領土が使用されないように防止するべく、実際的と見做されるいっさいの措置をとる。
第5条　英国政府とネパール政府のあいだに長期にわたる友好が維持される見地で、また両国政府間に誠実な隣国関係のために、英国政府は、ネパール政府がネパールの強化および戦争行為のために必要とされあるいは求めるところの兵器、軍装備・機器、戦争資材、または部品をインドから、または英領インドを通じてネパールに持ち込むことは自由である、と合意する。そして、この取決めは、ネパール政府の意図が友好的であると英国政府が満足する限りにおいて、いつでも善意であり、またかかる輸入は、インドに対し直接に危険でないものとする。他方、ネパール政府は、ネパール政府もしくは私的商人によりネパール国境に入ったかかる兵器・軍装備類を輸出しないことにつき、合意する。
　　しかしながら、英国が当事国である兵器輸送の規制条約が発効している場合は、ネパール政府による兵器・軍装備の輸入の権利は、ネパール政府は、同条約の当事国となること、およびかかる輸

入は同条約の条件の条件のみを遵守することに従うものとする。

第6条　ネパール政府が同国へ直接運ぶために輸入する産品については、英領インドの港で関税が課されない。ただし、その産品は、両国政府により随時、決定されるかかる当局の認可状が、ネパール政府の財産とする、ネパール政府の公共機関にとり必要とされる産品が国家独占もしくは国家貿易にとり必要とされ、かつネパール政府の命令のもとにネパールが定める産品として、決められた輸入港で主席関税官に輸入時に提出されるものとする。

また、英国政府は、ルート上、荷物を破壊することなく、支払い税全額の払戻しにつき、直接輸送のため英領インドの港で輸入されるすべての貿易商品に関する保証について合意する。ただし、両国政府間でかかる産品につき既に合意された取決めに従い、このためにいつでも定められる規則に従う関税管理のもとでの港における品物の点検をなしうる。払戻しは、カトマンズにおいて壊れていないか、またその他変更されていない関税印の品物が到着した時点で、前記当局により調印された認可状の当局によって、要請される。

第7条　この条約は、一方に英国政府の立場でネパール宮廷英国駐在官W・F・オコノール中佐、他方にネパール政府の立場でソンリン・ピマコカンワン・サヤン、ネパール首相、元帥サー・チャンドラ・シャムシェル・ジュン・ラナが調印し、批准され、批准書は、可及的速やかにカトマンズで交換される。

カトマンズで、サムバット暦1980年パウシュ6日に相当する1923年12月21日で署名・捺印した。

W・F・T・オコノール中佐
ネパール法廷英国駐在官
チャンドラ・シャムシェル
ネパール首相・元帥

■中国・インド間の陸路による貨物輸出入に関する中華民国政府・英国政府交換公文
1928年12月20日成立（南京）

（第一）マイルズ・W・ランプソンより王正廷あて書簡

　書簡を啓する。陳者は、中華民国のいっさいの陸・海境界における新国税一律適用に関する本日付の書簡に含まれる陳述に関し、本使は、ワシントン会議においてインド政府のための（V・スリバサ・）サストリおよび中華民国代表施（肇基）博士のあいだでそれぞれ1922年1月9日および16日に交換された公文に関して、閣下の注意を喚起する栄誉を有する。かかる公文の写しは、参照の便宜のために、ここにする。

　本使は、該公文に表示された了解の確認を中華民国国民政府の名において閣下より受けることが出来れば、幸いに存ずる。

　本使は、ここに重ねて閣下に敬意を表する。

敬具
1928年12月20日南京において
マイルズ・W・ランプソン

（第一）付属 (1) サストリより施博士あて書簡

　書簡を啓する。陳者本代表は、陸路により中華民国に輸入され、および輸出される貨物の課せられる関税に目下適用される減税に関して、閣下に通知する光栄を有する。

2．陸路による貨物の輸出入に関する中華民国・インド間の取決めは、中華民国・英国間の1894年3月1日の条約第8条および第9条に包含されており、同条項の趣旨は、次のとおりである。

　　第8条　英国政府は、
　　　(1) 中華民国の生産品および製造品は、塩を除き、無税にて陸路ビルマに入ること、
　　　(2) 英国の製造品およびビルマの生産品は、米を除き、無税にて、陸路、中華民国に輸出されること、

(3) 塩に課せられる輸入税および米に課せられる輸出税は、海路による輸出入に課せられる税より高くないことを約する。

第9条　中華民国政府は、
(1) ビルマより中華民国に一定の明示された経路により陸路輸入される貨物に課せられる税は、一般海関税表に明示された税より10分の3少なきこと。
(2) 上記の経路により、中華民国より輸出される貨物に課せられる税は、一般海関税表に明示される税より10分の4少なきことを約する。

3．ご承知のとおり、中華民国海関税表に関して提起された協定の第6項は、次の規定のとおりである。
「中華民国のいっさいの海・陸国境において課される関税率統一の原則は認められるべきこと、ならびに本原則に実際上の効力を与えるための取決め作成を第1項にかかげる特別会議に委任すること、同会議は廃止されるべき関税特権がある地方の経済的恩典の報償として与えられた場合において均等と認められるべき調整をなす権限を有するものとする。

それまでは、本協定に従い課せられる関税または追加税の率の増加は、いっさいの海・陸国境における一律の従価の率において課されるものとする。」

なお、上記の協定の第9項には、該協定がその条件の一致しない中華民国と他国との条約のいっさいの条項を廃止する旨が規定されている。

4．本官は、インドが中華民国の海・陸いっさいの国境において課される関税率が一律であるべき原則を了承するとともに、本書簡の第2項に関して本原則を有効とするべき取決めは、万一、インドが希望するときにおいては、ビルマに入る中華民国の製造品または生産品に対し輸出税を課し、ならびに陸路、中華民国に輸出される英国の製造品およびビルマの生産品に対して輸出税を課する権利を回復すること、しかして、また1894年3月1日の条約の第19条に従いインド側にこれ以上の行為が要求されないことにつき明確に了解する旨を申し上げる光栄を有する。

右に関して、本官は12月28日開催の中華民国の関税小委員会の会合においてサー・ロバート・ボーデンが、インドが本書簡の第2項に言及の条約の条件に従い現に享有する優先権を放棄する場合においては、インドは、中華民国の者の貿易の取扱いに関するその自由を回復すべきこと、しかして、右に対し貴国全権はなんらの意義なきことを了解するものとすることに言及することを指摘する光栄を有する。

本全権は、ここに重ねて貴全権に対して敬意を表する。

敬具
1922年1月9日ワシントンにおいて
V・スリバサ・サストリ

(第一) 付属 (2) 施博士よりサストリあて書簡

書簡を啓上する。陳者、本全権は、陸路中華民国に輸入糸およびこれより輸出する貨物に関する本月9日付書簡を受領する光栄を有する。

本月4日開催された中華民国歳入小委員会の会合において同僚顧維鈞は、中華民国の海関税に関して提議された協定の第6条の「ある地方の経済的恩典の報償として」の字句に言及して陳述し、しかして、かかる字句は、本件の関税の減税に対して明らかに代償であるものに限って言及しているものとする右陳述は、小委員会の他の委員により性格なるものにして暗黙に受諾された旨を了解したものであることにつき、注意を喚起するものである。1894年3月1日の英国・中華民国間条約の第8条および第9条の条項は、明らかに相互的考慮であることにつき、本全権は、回答として中華民国のいっさいの海・陸国境において課せられる関税率統一の原則に効力を与えるため作成された取決めは、万一、インドが希望する場合には、ビルマに入る中華民国の製造品または生産品に対する輸入税、ならびに陸路により中華民国に輸出される英国製造品およびビルマ生産品に対する輸入税を課すべき権利をインドが回復し、かつこれ以上の行為は1894年3月1日の前記条約を修正するためにインド側において要求されないことを了解する旨を声明する光栄を有する。

本全権は、ここに、貴全権に対して敬意を表する。

敬具

1922年1月16日ワシントンにおいて

施肇基

（第二）王正廷よりマイルズ・W・ランプソンあて書簡

　謹啓。陳者、本部長は施博士およびサストリのあいだにおいてワシントン会議においてそれぞれ1922年1月9日および16日交換された公文に対して注意を喚起された本日付の書簡、ならびに同封された同公文の写しを受領する光栄を有する。

　本部長は、ここに中華民国国民政府の名において該交換公文に包含された了解を確認するものである。

　本部長は、ここに重ねて、閣下に対し敬意を表する。

敬具

1928年12月20日南京において

王正廷

■チベット野生保護令
1944年7月28日摂政タクダ・リムポチェ公布（ラサ）

　ダライ・ラマ法王の健康と仏法の興隆を願い、またすべての生あるものの幸福を増進するために、チベットの地方長官以下の全職員は、ハイエナと狼を除き、あらゆる動物の殺生を防止するべく、努力しなければならない。水の中に住む魚や川獺、野山や森の動物、空を飛ぶ鳥、および生命を与えられた動物は、その大きさに関係なく、すべて保護されねばならない。地方長官は、この法令が十分施行されるよう、監督しなければならない。

　1940年以降、チベット政府は、法令により、チベット国内の全町村において各月8日・15日・30日に家畜の屠殺を禁止してきたが、さらに加えて、正月・4月の全期間と6月4日・9月22日・10月25日の殺生を禁止する。上記の月日においては、販売目的であれ、食事のためであれ、家畜を屠殺してはならない。各地の地方長官以下の全職員は、「雪国」の全領域においてこの法令が遵守されるべく管理監督しなければならない。

　今まで、この問題に関して非常に多くの法令が発布されてきたが、地方長官や各地の指導者は、これらの法令を実施するための真剣な努力を怠ってきた。地方長官・職員の活動が実効を伴わないため国家の託宣者たるネーチュン、チョギャルは、神がかりの状態で、狩猟と環境保護に関連する法令がチベット全域においてより厳格に施行されねばならない、と託宣された。

　これを受けて、チベット政府は、これらの法令を実効あるものにするより効果的な方策を採用する。

　今後、これらの法令を形式的なものと考え、違反行為を続ける者は、身分の上下に関係なく、法律によって罰せられる。政府が違反者を逮捕した場合には、違反者のみならず、違反行為が発生した地域を管轄する地方長官も処罰を受ける。

　冬期には、家畜の大量屠殺が行われる可能性がある。豪畜の肉を販売あるいは食用としなければ生活できない場合には、この種の屠殺も認められるが、そうでなければ、ヤクなどの家畜の屠殺を行ってはならない。地方職員は、この件につき、十分に調査し監督しなければならない。公務員を初めとするチベットの全国民は、「道徳についての10の戒め」と「社会生活についての16の戒め」を敬い守らなければならない。全国民は、1896年に始めて布告された狩猟と環境保護に関する法律の5原則、あるいは古代のチベット王やその権威を継承する摂政によって発布された同様の法律・法令の精神に従い、個人の責務を自覚し、それを実行しなければならない。

　1944年7月28日

■チベット問題に関するインド政府の中華人民共和国あて備忘録
1950年10月21日送付（北京）

　（中国）中央人民政府は、インド政府と調整中の中国・チベット関係に関する立場を十分に理解している、とわれわれは思っている。だから、チベット問題を平和に解決しようというインド政府の関心は、いま一度述べる必要はない。わが（インド）政府は、中央人民政府がチベットとの交渉の政策を採ってきたことを知っている。しかしながら、ただ今現在、ある軍事行動が既にあるいは正に発生しようというニュースが広がっている。これは、交渉の平和的結果に影響をもたらす可能性がある。

　インド政府としては、もし今、チベットに対して軍事行動がとられれば、中国にとり友好的でないな諸国に、この重大かつ微妙なときにあって、中国に反対する口実を与えることになることを、指摘しておきたい。国際連合内の意見では、今次総会が終わる前には、中国を受け入れるという確実な傾向が出ていることを、多分、中央人民政府は知っていよう。この国連総会がまさに決定をしようとしている時期に、中国が軍事行動をとってしまえば、深刻な結果をもたらし、中国の国連参加に反対している諸国が力強い支持を得ることになる、とインド政府はみている。

　国際情勢が極めて微妙なこの時点で、和平を破壊すると認められる軍事行動をとってしまえば、世界の人々の心に中国の地位に対する偏見をもたらすことになる。インド政府は、中華人民共和国の地位を認め、中国を国際連合の事務に参加させることが平和の雰囲気の回復において主な条件の一つであると、堅く信じている。また、ある事件に軽率な行いをしたら、たとえこの事件がその自身の範囲を越えていなくても、中国に友好的でない諸国から利用されてしまうことになり、国際連合および中立世論の前に歪曲した中国のイメージをもたらすことになる。インド政府としては、中国の国連代表権問題を解決することは極めて重要なことだと思っており、一貫してこの問題の完璧な解決に力を尽くしている。もしチベットでの中国の軍事行動により、中国に反対している諸国に中国の平和的な目的を歪曲する機会を与えてしまうことにでもなれば、中国の地位は弱くなる、とインド政府は思っている。

　インド政府は、時間は極めて重要な要因だと思う。チベットでは、いかなる重大な（あるいは真面目な）軍事反抗も、多分、起こらないだろう。だから、チベット問題の解決を一時遅らせても、中国の利益に、また最後の適当な解決方法に何らかの影響を与えることもないだろう。インド政府の関心は、先に述べたように、ただただ国際連合において中国が受けるのを何とか避ける事態をもって遅滞とならないようにしたいということを希望している。できる限り平和的に問題は解決すべきであり、軍事行動はただ辺境に不安と騒乱をもたらすだけである。

■チベット問題に関するインド政府の中華人民共和国政府あて照会電報
1950年10月26日送付（ニューデリー）、28日公文受理（北京）

　われわれは、「人民解放軍がチベット侵攻を命令した」との北京で発せられた公式声明の新聞での報道を大きな関心をもっている。

　われわれは、この情報を、貴国大使からも、北京のわが大使からも得ていない。

　われわれは、チベット問題を平和的手段と交渉により解決するべく中国政府による繰り返された保証を得ている。インド大使は外交部副部長と最近会見し、彼はチベットを「解放」するとした中国政府の解決を繰り返す一方で、平和的手段をとるとした引続く対応を表明した。

　われわれは、中国政府に対し、北京で直ちに交渉に入るとのチベット代表団の決定について、わが大使を通じて通報した。この代表団は既に昨日、デリーを発った。これら事実の所見から、中国軍隊のチベットへの前進命令は最大の不意を突いた悲しいことである。

　したがって、代表団としては、事前交渉がまず中国大使とデリーでなされるべきことが中国政府の希望であるので、それがなされれば、デリーに戻ることになる。

　他国との交渉に入るチベット代表団の側での知識の欠如により、そしてツオンドゥ（民衆集会）の協議によるチベット政府からの指示の必要性により、さらに多くの時間がかかることになる。

　インド政府は、中国に敵対するいかなる対外的影響も、代表団の出発に責任があるとは、信じていない。

チベットへの侵攻が中国政府により命令されている現在、平和的交渉がそれと同時に持たれる可能性はなく、当然に、交渉は強制下になされるというのが、チベット人の立場である。世界の事件の現下の文脈において、チベットへの中国軍隊の介入は、インド政府が検討した判断では、遺憾とする何物でもなく、中国の利益とならず、平和の利益にもならない。

インド政府は、その繰り返された友好的な利益とならないとした助言にもかかわらず、着実にかつより平和的取組みの手段をとることの代わりに、力によりチベットとの問題を解決せんと決定されたとのみ表明するものである。

■チベット問題に関する 1950 年 10 月 26 日インド政府の照会に対する中国政府の返書
1950 年 10 月 30 日送付（北京）

中華人民共和国中央人民政府は、申明する。

チベットは中国領土の不可分な一部である。チベットの問題は、全体として中国の一つの内政問題である。中国人民解放軍はチベットへ介入し、チベット人民を解放し、そしてチベットの辺境を保衛しなければならない。これが、中央人民政府の既定方針である。

中央人民政府は、繰り返し、チベット問題は平和的交渉によって解決し、それ故に、チベット地方当局の代表団が平和交渉を進めるため、早い北京での受け入れを歓迎するとの希望を表明してきた。

しかも、チベット代表団は、外部の扇動で、北京へのその出発を意図的に遅らしてきた。にもかかわらず、中央人民政府は、平和交渉を進めることは放棄していない。

ただし、チベット地方当局が平和交渉を希望しているいないにかかわらず、また交渉によって達せられた結果がどうあれ、チベット問題は中華人民共和国の国内問題であり、対外干渉は許容されない。特別のチベット問題と国際連合における中華人民共和国の特別問題とは、2 つのまったく関係がない問題である。

それ故に、それを遺憾とするインド政府の見解については、中華人民共和国人民政府は、チベットにおける中国に敵対する対外干渉によって生じた以外の何物でもないと見做しており、よって深い遺憾の意を表す。

■チベット問題に関するインド政府の中国政府あて第二照会電報
1950 年 10 月 31 日送付（ニューデリー）、11 月 1 日公文受理（北京）

在北京インド大使は、10 月 30 日中華人民共和国外交部副部長からの覚書を受け取った。インド政府は、インド政府の提起が中国に敵対する影響によるものであり、断然、否認されたとした中国政府の最終の声明を驚愕して読んだ。

いつであれ、いかなる対外的影響も、インドは、チベットに関してもたらしてはいない。他の問題と同様に、この点において、インド政府の政策は、完全に独立しており、また国際紛争の平和的解決と世界の現下の遺憾な緊張のいかなる増大の回避に向けても直接取り組んでいる。

中国政府は、同様に、チベット代表団の北京への出発遅れは対外的教唆による、と錯誤している。インド政府は、事前の通報においてチベット代表団が早期に北京へ行けない理由のいくつかを説明した、インド政府としては、対外的教唆の可能性はない、と確信している。

インド政府は、チベット問題の解決が中国の宗主権の枠内での自治に対する正統なチベットの要求に応えられる平和的交渉により解決されるべきであると、早くから求めてきた。チベットの自治は、他の筋から受け取った報告から判断して、中国政府は彼らを前向きに承認し育成するというのが現実である。

インド政府は、中国の宗主権とチベット人の自治は平和的交渉により調整されるべきであると、繰り返し助言してきた。それは、中国政府は中国の内政問題における正当化されない介入ではなく、平和的手段により隣国に関係する問題の解決における当然の利益のある友好政府による最上の助言としてである。

平和の方法をとることにより、インド政府は、中国政府もまた平和的解決を通じてチベットでの解決に努める決定をとることに、感謝している。この点から、インド政府は、チベット代表団に北京へ赴くよう助言し、インド政府と中国政府のあいだでの通信連絡から、この助言が受け入れられたことに感謝してお

り、またインド政府は平和的解決で目的が達成されることを、繰り返し保証して受け入れられた。

状況は、インド政府の驚きが、平和的な人民に対して中国政府により軍事作戦が着手されたとき、極限に達したということである。チベット人の側に対する非平和的手段としてのいかなる挑発も、あるいはいかなる報告も、申し立てできるものではない。以来、チベット人に対するかかる軍事作戦はなんであれ正統化できるものではない。力による決定を強行した企図をもって、かかる措置は、平和的解決と両立できるものではない。こうした進展の見地で、インド政府は、中国政府がチベットへの前進を停止し、かくして平和的交渉の機会が与えられない限り、最早、北京へチベット代表団が赴くよう助言するわけにはいかない。

インド政府が、最近、取り組んでいるいずれの措置も、世界全体に漂流する戦争を点検するところのものである。インド政府は、中国政府がチベットに対してとった軍事作戦は、世界の緊張と一般的戦争への漂流を大きくするものであると見做しており、支持できるものでなく、インド政府としては、中国政府がそれを避けるよう保証するものである。

インド政府は、チベットに対する政治的もしくは領土的欲望なく、チベット人自身の、またチベットにおける国民の貴族の特権的立場を求めないことを、繰り返し鮮明にしておく。同時に、インド政府は、一定の特権が密接な文化・通商関係をもった隣国とのあいだに当然である慣行や協定から除外されるものでないことを指摘する。

これらの関係は、ラサのインド政府機関の存在、ギャンツェ（江孜）とヤートン（亜東）の貿易事務所の存在、および40年にわたるギャンツェへの貿易公路における郵便・電信の維持において、明確である。インド政府は、インドとチベットの相互利益である、またいかなる方法であれ、チベットに対する中国の宗主権が損なわれていないこれら施設は保持されるべきである。ラサ使節団およびギャンツェとヤートンの要員は、したがって、彼らの職に留まるよう指示されている。

インド政府の基本政策は、インド・中国間の友好関係を進めることにあり、両国は、相互の主権、領土保全、および互恵を承認している。

チベットの最近の情勢は、こうした友好関係および世界全体に対する平和の利益に影響している。この点、インド政府は、深く遺憾とする。

結論として、インド政府は、中国政府が強制された力による解決に対して平和的交渉の方法を静かに選択するとの早い希望のみを表明する。

■チベット問題に関する1950年10月31日インド政府の照会に対する中国政府の返書
1950年11月16日送付（北京）

中華人民共和国外交部は、チベット問題に関するインド共和国政府からの照会を（ガバラム・M・）パニッカル・インド大使から受理した。

中華人民共和国中央人民政府は、チベット問題に関するインド共和国との過去の照会において、繰り返し、チベットは中国領土の統合された一部であり、チベット問題はまったく中国の国内問題であると、明確にしてきた。中国人民解放軍は、チベット人民を解放し、中国の辺境を保衛するために、チベットに入らなければならない。中華人民政治協商会議で採択された共同綱領の規定に従い、中国政府により中国国内の民族区域に付与される自治は、中国主権の枠内の自治にある。

この点は、本年8月28日付の中国政府の備忘録で、インド政府により承認されている。しかしながら、中国政府がその主権的権利を現実に行使し、またチベット人民が侵略から解放され、地域的自治と宗教的自由を確保すべく影響を行使したとき、インド政府は、中国政府によるチベットでのその国家主権の行使に影響を及ぼし、妨害せんと試みた。このことは、中国政府を驚駭させた以外の何物でもない。

中華人民共和国中央人民政府は、中国人民解放軍がチベット人民を解放し、中国辺境を保衛するとの神聖な任務を平和裡に遂行することを、厳粛に希望している。それ故に、平和交渉を進めるために早期にインドに留まっているチベット地方当局代表団が北京に来ることを、これまで長く歓迎してきた。しかも、前記代表団は、明らかに引続く外部の障害の結果として、北京への出発が遅れた。さらに、交渉の遅れから、

チベット地方当局は、チベットを解放する中国人民解放軍を阻止せんと試みて、中国内部の四川省チャムド（昌都）の軍隊を強く非難した。

1950年8月31日中国外交部は、パニッカル大使を通じてインド政府に対し、中国人民解放軍は計画に従い西康西部で程なく行動に入り、平和交渉が始まる9月中旬に代表団が北京に到着するために、チベット地方当局代表団を支援してほしいとの希望を表明した。9月初旬と中旬に、中国代理大使申健と彼の後任袁仲賢大使は、ともに個人的に前記代表団に対し、9月末以前に急いで北京へ来ることが必須であるといい、別に、前記代表団に対し、語った。遅滞により生ずるいっさいの結果につき責任があり、その責任を負うべきである、と述べた。

10月中旬、中国人使袁は再び、このことにつきインド政府に対し通報した。しかも、なおも外部の教唆により、チベット地方当局代表団は、様ざまな口実を作り上げて、インドに留まった。

中国政府は、チベット問題を平和的に解決するとの望みを失わなかったけれども、中国人民解放軍をチベットに侵攻させる一連の計画を止めることはできなかった。そして、チャムドの解放では、さらに、チベット軍隊、外国勢力、および影響力の道具を通じてチベット問題の平和的解決を妨げていることが明白となった。しかし、チベット当局が平和的交渉を進める意思があるかどうかにかかわらず、そして交渉によって達成されるその結果がどうかにかかわらず、対外的干渉は許されるところではない。中国人民解放軍のチベット進駐とチベット人民の解放も決定された。

インド共和国政府との友好において、またチベット問題を平和裡に解決するよう求めるインド政府の希望を了解して、中華人民共和国中央人民政府は、この方向での努力につき、インド政府に引続き通報してきた。中国政府は、事実の無視で、インド政府が中国政府の国内問題——チベットにおけるその国家主権の行使——を、世界における現下の遺憾な緊張を増大させることになる国際紛争とみることは、深く遺憾とせざるをえない。

インド共和国政府は、領土の相互尊重、主権、平等、および互恵、ならびに世界が戦争に突入することの防止を基礎に、中国・インド友好関係を進展させる希望を繰り返し表明している。中国人民解放軍のチベット進駐は、まったく中国の領土保全と主権の保衛を目的としたものである。そして、これらの問題については、中国の領土および主権の尊重を希求するすべての諸国が、中国へ向けた現実的態度をしっかりと示すべきところである。

一方、われわれは、現在、諸国民の独立への脅威、および世界の平和は、まったく帝国主義侵略の焦点にあると見做している。国家の独立維持と世界の平和の防衛のためには、これら帝国主義侵略勢力に抵抗することが必要である。中国人民解放軍のチベット進駐は、こうして、中国の独立を維持し、戦争に向かう世界へと引きずっていく帝国主義侵略者を阻止し、そして世界の平和を擁護する重要な措置である。

中華人民共和国中央人民政府は、中国のチベットへの政治的また領土的な欲望もなく、また新しい特権的立場もなんら求めないとしたインド政府の繰り返された宣言を歓迎する。われわれ双方の側が厳格に領土の相互尊重、主権、平等、および互恵の原則を遵守する限り、われわれは、中国とインドのあいだの友好を正常な方法で発展させるべきこと、および中国・インド外交・通商・文化関係に関する問題はチベットの尊重をもって正当に解決され、われわれ相互利益は正常な外交的経路を通じてなされる、と確信している。

■中国中央人民政府とチベット地方政府のチベット平和解放に関する法的協議（17条協定）
1951年5月23日調印（北京）、発効

チベット民族は、中国領土内において悠久の歴史をもつ民族の一つであり、その他の多くの民族と同じく、偉大な祖国の創造と発展の過程において、自己の光栄ある責任を果たしてきた。しかし、最近100余年来、帝国主義が中国に侵入した。したがって、彼らは、またチベット地区に侵入し、各種の欺瞞と挑発を進めた。国民党反動政府は、チベット民族に対しそれ以前の反動政府と同様、引続きその民族の圧迫と民族離間の政策をとり、それによってチベット民族の内部に分裂と不団結を生じさせた。かつ、チベット地方政府は、帝国主義の欺瞞と挑発に反対せず、偉大な祖国に対して非愛国主義的な態度をとった。

これらの状況は、チベット民族とチベット人民を奴隷化と苦痛の深淵に陥れた。1949 年、中国人民解放戦争は全国的範囲で基本的勝利をかちとり、各民族共同の内部の敵、国民党反動政府を打倒し、各民族共同の外部の敵、帝国主義侵略勢力を駆逐した。この基礎の上に、中華人民共和国と中央人民政府が成立を宣言した。中央人民政府は、中国人民政治協商会議が通過させた共同綱領に基づき、中華人民共和国領土内の各民族が一律に平等であり、団結して相互援助を行い、帝国主義と各民族内部の人民の共同の敵に反対し、中華人民共和国を各民族が友愛によって合作する大家庭とすることを宣言した。

中華人民共和国各民族の大家庭においては、各少数民族の集居する地区で民族の区域自治が実行され、各少数民族が等しくその自己の言語文字を発展させ、その風俗、習慣、および宗教・信仰を保持しあるいは改革する自由をもった。中央人民政府は、各少数民族がその政治、経済、および文化・教育を発展させる建設事業を援助した。これ以後、国内各民族は、チベットおよび台湾区域を除いて、いずれも既に解放を勝ちとった。中央人民政府の統一的指導と各上級人民政府の直接指導のもと、各少数民族はいずれも、既に民族平等の権利を十分に享受し、かつ既に民族の区域自治を実行し、あるいは正に実行しつつある。帝国主義侵略勢力のチベットにおける影響を順調に一掃して、中華人民共和国の領土と主権の統一を完成し、国防を維持し、チベット民族とチベット人民に解放を勝ちとらせ、中華人民共和国の大家庭に戻して、国内その他の各民族と同じく、民族平等の権利を享受させ、その政治・経済・文化・教育の事業を発展させるため、中央人民政府は、人民解放軍にチベット進軍を命令した際、チベット地方政府に、代表を中央に派遣して交渉を行い、チベット平和解放の方法に関する協約の締結を便利ならしめるよう、通知した。1951 年 4 月下旬、チベット地方政府の全権代表は、北京に到着した。中央人民政府は、直ちに全権代表を指名し、チベット地方政府の全権代表と友好的基礎の上に交渉を行った。交渉の結果、双方は、本協約を成立させることに同意し、かつこれを実行に移すことを保証した。

1．チベット人民は団結して、帝国主義侵略勢力をチベットから駆逐し、チベット人民は中華人民共和国の祖国の大家族の中に戻る。
2．チベット地方政府は、人民解放軍がチベットに進駐して、国防を強化することに積極的に協力し援助する。
3．中国人民政治協商会議共同綱領において決定された民族政策に基づき、中央人民政府の統一的指導のもと、チベット人民は、民族区域自治を実行する権利を有する。
4．チベットの現行政治制度については、中央は変更を加えない。ダライ・ラマの固有の地位および職権にも中央は変更を加えない。各級官吏は、従来どおりの官職を保持させる。
5．パンチェン・オルドニの固有の地位および職権は維持されるべきである。
6．ダライ・ラマおよびパンチェン・オルドニの固有の地位および職権とは、13 世ダライ・ラマおよび 9 世パンチェン・オルドニが互いに友好関係にあった時期の地位および職権を指すものである。
7．中国人民政治協商会議共同綱領が規定する宗教・信仰の自由の政策を実行し、チベット人民の宗教・信仰と風俗・習慣を尊重し、そしてラマ寺廟を保護する。寺廟の収入には、中央は変更を加えない。
8．チベット軍は、逐次、人民解放軍に改編し、中華人民共和国国防武装の一部とする。
9．チベットの実際状況に基づき、チベット民族の言語、文字、および学校教育を、逐次、発展させる。
10．チベットの実際状況に基づき、チベットの農・牧・商・工業を、逐次、発展させ、人民の生活は、逐次、改善されるべきである。
11．チベットに関する各種改革につき、中央は強制しない。チベット地方政府は、自ら進んで改革を進め、人民が改革を要求した場合、チベットの指導者と協議の方法で、これを解決すべきである。
12．過去において帝国主義と親しかった官吏および国民党と親しかった官吏は、帝国主義および国民党との関係を断固として離脱し、破壊と反抗をしない限りは、そのままの職にあってもよく、過去は問わない。
13．チベットに進駐した人民解放軍は、上記各項の政策を遵守する。同時に、取引は公平にし、人民の針一本、糸一本といえども、とらない。
14．中央人民政府は、チベット地方のいっさいの渉外事項を統一して処理し、かつ平等、互恵、および

領土主権の相互尊重という基礎に立って隣邦との平和な関係を保持し、公平な貿易・交易関係を樹立し発展させる。
15. 本協約の施行を保証するため、中央人民政府は、チベットに軍政委員会および軍区司令部を設立する。中央人民政府が派遣する人員のほか、できるだけチベット地方の人員を吸収して、工作に参加させる。

　　　軍政委員会に参加するチベット地方の人員には、チベット地方政府および各地区・各主要寺廟の愛国分子を含めることができ、中央人民政府が指定する代表と関係各方面が協議して名簿を提出し、中央人民政府の任命を申請する。
16. 軍政委員会、軍区司令部、およびチベット進駐人民解放軍の所要経費は、中央人民政府が供給する。チベット地方政府は、人民解放軍の食糧およびその他日用品の購買と運輸につき、協力するものとする。
17. 本協約は署名・捺印ののち、直ちに効力を発するものとする。

　　　　　　　　　　　　　　　　　　　　　　　　　中央人民政府全権代表
　　　　　　　　　　　　　　　　　　　　　　　　　　　　主席代表　李維漢
　　　　　　　　　　　　　　　　　　　　　　　　　　　　　　代表　張経武
　　　　　　　　　　　　　　　　　　　　　　　　　　　　　　　　　張国華
　　　　　　　　　　　　　　　　　　　　　　　　　　　　　　　　　孫志遠
　　　　　　　　　　　　　　　　　　　　　　　　　チベット地方政府全権代表
　　　　　　　　　　　　　　　　　　　主席代表　アペイ・アワンジンメイ（阿柿・阿旺晋美）
　　　　　　　　　　　　　　　　　　　　　代表　ケメイ・ソナンウァンジ（凱墨・索安旺）
　　　　　　　　　　　　　　　　　　　　　　　　　　トテンタンタ（土丹旦達）
　　　　　　　　　　　　　　　　　　　　　　　　　トウテンレヌン（土登列門）
　　　　　　　　　　　　　　　　　　　　　　サンポセ・テツィントンズ（桑頗・登増頓珠）

1951年5月23日北京にて

■**チベットの工作方針についての中国共産党中央（毛沢東）の指示**
1952年4月6日中国共産党チベット工作委員会あて送付（北京）

　中央は、西南局、西南軍区が4月2日チベット工作委員会とチベット軍区にあてた指示の電報に、基本的に同意し、この電報のとっている基本方針（チベット軍の改編という点は除く）と多くの具体的な措置を正しいものと認める。このとおりに実行してこそ、わが軍をチベットで不敗の地に立たせることができる。

　チベットの状況は新疆と異なり、政治面でも経済面でも新疆に比べて相当劣っている。わが王震部隊が新疆に入ったときでさえ、まず経費の節約、自力更生、生産自給に最大の注意を払った。いまでは、彼らは既に足場を固め、少数民族の心からの支持をかちとっている。現在、小作料と利子の引下げが進められており、今年の冬には土地改革を行われるが、大衆は、いっそうわれわれを支持するだろう。

　新疆は、嘉峪関以東の地と自動車が通じて、物質・福祉の面で少数民族に大きな利点がもたらされている。チベットでは、少なくともここ2、3年は、小作料の引き下げも土地改革も、実施は無理である。新疆には数十万の漢族がいるのに対し、チベットにはほとんど漢族がおらず、わが軍は、まったく異なった民族区域に身をおいている。われわれが大衆をかちとり、自分を不敗の地に立たせるには、2つの基本政策に依拠するほかはない。第1は、経費を節約し、生産自給をはかり、これによって大衆に影響を与えていくこと、これが最も基本的な環である。自動車道路が開通したとしても、これに食糧の大量輸送を頼ることはできない。インドは、交換によるチベットへの食糧および他物資の輸出に応じるだろうが、将来、インドが、万一、食糧および他の物資を寄こさなくなっても、わが軍が生きていけるという点に、われわれの立脚点をおくべきである。われわれは、あらゆる努力を払い、適切な方法によって、ダライとその上層集団の大多数をかちとり、少数の悪質分子を孤立させ、血を流すことなく、相当の歳月をかけてチベットの経済・政治を、一歩一歩、改革するという目的を遂げなければならない。だが同時に、悪質分子がチベット軍を率いて反乱を起こし、わが方に襲撃をかけてくるような事態に対処する用意もしなくてはなら

ず、このような時にも、わが軍は、依然としてチベットで生き続け持ち応えていけるようにしなければならない。これらすべては、経費の節約と生産自給に依拠しなければならない。

　この最も基本的な政策を基礎にしてこそ、目的を達することができる。第二に、実行でき、また実行しなければならないことは、インドとの貿易関係、および国内の他の地方との交易関係を開き、チベットの輸出入および移出入の均衡をはかり、わが軍のチベット入りによってチベット族人民の生活水準が少しでも下がるようなことがないようにし、しかも、彼らの生活がいくらかでも改善されるよう努力することである。生産と貿易・交易という２つの問題を解決しない限り、われわれは、存在の物的基礎を失ない、悪質分子は、立ち遅れた大衆とチベット軍を扇動してわれわれに反対させる資本をいつでも手中に握ることになる。そして、多数を結集し、少数を孤立させるというわれわれの政策は、軟弱無力のものとなり、実現のすべがなくなってしまう。

　西南局の４月２日電報のすべての意見のうち、ただ一つ検討を要する点は、短期間のうちにチベット軍を改編すること、および軍政委員会を設立することが、はたして可能かどうか、得策かどうかという問題である。われわれの意見では、当面、チベット軍の改編は行うべきでなく、形式の上で軍分区を設けることも、また軍政委員会を設立することもすべきではない。暫くは、すべてこれまでどおりとし、引き延ばししていく。そして１年あるいは２年後、わが軍が確かに生産自給でき、また大衆の支持をかちとったときに、これらの問題を日程に乗せればよい。この１年ないし２年内に、次の２つの状況が予想される。１つは、多数を結集し、少数を孤立させるという上層部に対するわれわれの統一戦線政策が効果をあげ、またチベットの大衆もわれわれの側に、漸次、接近してきて、悪質分子とチベット軍があえて反乱を起こすことができなくなる、という状況である。もう一つは、悪質分子がわれわれを軟弱で侮れるとみて、チベット軍を率いて反乱を起こし、わが軍が自衛の戦闘で反撃に出て、打撃を与える、という状況である。以上２つの状況は、どちらも、われわれに有利である。チベットの上層集団からみれば、いまのところ、協定の全面的実施とチベット軍の改編の根拠は、まだ不十分である。あと何年か経てば今とは違ってきて、彼らも協定の全面的実施とチベット軍の改編をやるほかはないと考えるようになるだろう。もしチベット軍が反乱を、それも１回ならず何回も起こして、皆、わが軍の反撃によって抑えられた場合、われわれがチベット軍の改編を行う根拠は、いよいよもって多くなる。どうやら、２人のスルン（司倫、カルン、大臣の最長老）（ロカワとロザンタシ）だけでなく、ダライとその集団の多数も、協定は不承不承受けいれたものと見ており、実施するつもりはないようである。われわれには今、協定の全面的実施の物的基礎がないばかりか、協定の全面的実施の大衆基礎もなく、また協定の全面的実施の上層基礎もない。無理に実施しても、害多くして利少なしである。彼らが実施したがらないなら、それでもよかろう。当面は実施せず、もう少し引き延ばしてからにしよう。時間が経てば経つほど、われわれの方の根拠は多くなり、彼らの方の根拠は少なくなる。引き延ばすことは、われわれにとってそんなに不利ではなく、かえって有利かもしれない。彼らには、民を損ない理にもとるさまざまの悪事を働かせておき、われわれは、もっぱら生産、貿易・交易、道路建設、医療、統一戦線（多数を結集し、根気よく教育する）などの善いことを行って、大衆をかちとり、時機が熟すのを待って協定の全面的実施の問題を考えればよい。彼らが小学校を開くべきでないと考えるならば、これも取り止めにしたらよい。

　最近、ラサで行ったデモは、単に２人の司倫などの悪人のやったことと見做すべきではなく、われわれに対するダライ集団の大多数の意思表示と見做すべきである。その請願書の内容は、すこぶる戦術的であり、決裂を表明してはおらず、われわれに譲歩を要求しているだけである。そのなかに、かつての清朝のやり方を復活させ、解放軍を駐屯させないことを暗示した１カ条があるが、これは、彼らの真意ではない。彼らは、それが不可能なことを百も承知であり、この１カ条をその他の箇条との交換条件にしようと企んでいる。請願書は、14世ダライを批判しており、これによってダライが今度のデモの政治責任を負わなくても済むようにしている。彼らは、チベットの民族的利益の保護を看板として掲げており、軍事力の面では、われわれに劣るが、社会的勢力の面では、われわれに勝っていることを知っている。われわれは、事実上（形式上ではなく）今度の請願を受け入れ、協定の全面的実施を遅らせるべきである。彼らが、パンチェンのまだ到着していないときにデモを行ったのは、考えがあってのことである。パンチェ

ンがラサに着いてから、彼らは、パンチェンがその集団に入るよう大いに抱き込みを図るであろう。われわれの工作がよく行われ、パンチェンが彼らの手に乗らず、かつ無事にシガツエ（日喀則）へ着けば、情勢はわれわれに比較的有利に変わるだろう。しかし、物的基礎の欠乏という点では、まだ直ぐには変化はありえず、社会的勢力の面で彼らがわれわれに勝るという点でも、直ぐには変化はありえない。したがって、ダライ集団が協定を全面的に実施する考えがないという点も、直ぐには変わらない。われわれは、さしあたり、形式的には攻勢に出て、今度のデモと請願の不当（協定の破壊）を責め、しかし、実際には譲歩するつもりで対処し、条件が熟すのを待って、将来、攻撃（つまり、協定の実施）に出るようにしなければならない。

　これについて意見はどうか、検討の上、電報で知らせてもらいたい。

■中国チベット地方とインド間の通商・交通に関する中国・インド協定

1954年4月29日調印（北京）
1954年6月3日批准書発効

　中華人民共和国中央人民政府とインド共和国政府は、中国チベット地方とインドの間の通商貿易と文化交流を促進し、ならびに両国人民の相互に霊場礼拝と往来を便利にする見地から、双方は、(1)領土主権の相互尊重、(2)相互不可侵、(3)相互の内政不干渉、(4)平等・互恵、(5)平和共存の原則に基づいて本協定を締結し、ならびにおのおのの全権代表を次のように派遣することに合意する。

　中華人民共和国中央人民政府は、中央人民政府外交部副部長章漢夫を特派した。

　インド共和国政府は、中華人民共和国駐在インド特命全権大使（N・）ラグハバンを派遣した。

　双方の全権代表は、相互に全権証書を校閲し、妥当と認めた後、次の各条を議定した。

第1条　締約国双方は、相互に貿易代表事務所を設けることに同意する。
 1．インド政府は、中国政府がニューデリー、カルカッタ、カリンポン（噶倫堡）の3地に貿易代表事務所を設立することに同意する。
 2．中国政府は、インド政府がヤートン（亜東）、ギャンツェ（江孜）、ガルトク（噶大克）の3地点に貿易代表事務所を設立することに同意する。
 　　双方の貿易代表事務所は、同等の地位と同等の待遇を享有する。双方の貿易代表は、職務執行の際に逮捕されない権利を享有し、貿易代表本人とその生活に依存する妻子は検査を受けない権利を享有する。
 　　双方の貿易代表事務所は、伝書使、郵便行嚢、および暗号通信の権利および免除を享有する。
第2条　締約国双方はおよそ、習慣に従って、中国チベット地方とインド間の貿易に専ら従事する双方の商人が左記地点において貿易を行うことに同意する。
 1．中国政府は、(1)ヤートン、(2)ギャンツェ、(3)パリ（帕里）を指定して貿易市場とすることに同意する。
 　　インド政府は、インドの(1)カリンポン、(2)シリグリ（西里古里）、(3)カルカッタなどの地点を含む地区において慣行に従って貿易を行うことに同意する。
 2．中国政府は、(1)ガルトク、(2)プランツオン（普蘭宗）（タクラクト、塔格拉各特）、(3)ギャリマカルゴ（姜葉馬加爾果）、(4)ギャニマチャクラ（姜葉馬査克拉）、(5)ラスラ（熱姆惹）、(6)ドンブラ（童不惹）、(7)プリンスンド（波林三多）、(8)ナブラ（那不拉）、(9)シャングツエ（尚格齊）、(10)タシゴン（札錫崗）を指定して、貿易市場とすることに同意する。
 　　インド政府は、将来、中国チベット地方アリ（阿里）地区がインドとの間の通商貿易の発展と需要によって必要となったとき、インド政府が平等・互恵の基礎においてインド側の中国チベット地方アリ地区に近い相応の地区に貿易市場の指定を考慮することにつき準備することに同意する。
第3条　両国の霊場参拝事項に関しては、締約国双方は、次の各項の規定によって処理することに合意する。
 1．およそインドのラマ教徒、ヒンドゥー教徒、および仏教徒に関するものは、慣例に従い、中国チベット地方のカンリンポチェ（康仁波深）(カイラス（開拉斯）山）およびマファムツオ（馬法木錯）（マナサロワ（瑪那薩羅瓦）湖）に参拝することができる。

2．およそ中国チベット地方のラマ教徒に属するものは、慣例に従い、インドのバナラス（貝納拉斯）、ナルナス（鹿野苑）、ガヤ（加雅）、サソチー（桑吉）の4地に礼拝することができる。
  3．およそ慣例によりラサに礼拝に赴くものは、習慣に照らしてこれを処理する。
第4条　双方の商人と巡礼は、左記の峠と道路を経由して往来する。
    (1) シブキ（什布奇）峠、(2) マヌ（瑪那）峠、(3) ニティ（尼提）峠、(4) カングリヒングリ（昆皿賓里）峠、(5) ダルマ（達瑪）峠、(6) リブレック（里普列克）峠。同時に、エイクガツアンブ（桑格蔵布河）（インダス）の河谷に沿ってタシゴン（札錫崗）に至る習慣の道路は、以前の慣習に従い、従前とおりに往来することができる。
第5条　国境通過事項に関しては、締約国双方は、両国の外交人員、公務人負、および両国国民が往来に国境を通過して来往するときは、本条第1款、第2款、第3款、第4款に別に規定するものを除いては、ひとしく自国の旅券を所持し、ならびに相手方の査証を受けなければならない。
  1．およそ習慣に従い、専門に中国チベット地方とインド間の貿易に従事する双方の商人、その生活に依存する妻子、およびその随従者は、従前とおり習慣によって自国の地方政府あるいはその授権機関が発給した証明書を呈示し、ならびに相手方の国境検査所の点検を経た後、インドおよび中国チベット地方に入って貿易を行うことができる。
  2．両国国境地区住民は、およそ小額貿易を行い、あるいは親戚・朋友を求めて相互に国境を越えて往来するときは、従前とおり以前の習慣によって、相手方の国境地区に進み、前述の第4条に指定した峠および道路を通過することを制限せず、たらびに旅券、査証、および許可証を必要としない。
  3．輸送の必要によって相互に国境を越えて往来する運搬夫と馬夫は、ただ自国地方政府あるいはその授権機関が発給した定期の証明書（3ヵ月、半年、あるいは1年を期限とする）を所持し、ならびに相手方の国境検査所に登記しさえすれば良く、自国の旅券を必要としない。
  4．双方の巡礼は、ひとしく証明文書の携帯を必要としないが、相手方国境検査所において登記し、ならびに霊場参拝許可証を受領しなければならない。
  5．本条前述各款の規定はあるものの、双方の政府は、個人個人の入境を拒絶することができる。
  6．およそ本条の前述各款によって相手方国境を通過した者は、相手方の規定する手続きを履行した後、初めて相手方の領域内に居住することができる。
第6条　本協定は、双方の政府が批准した日より効力を発生し、その有効期間は8年とする。本協定の期限満了6カ月前に、一方が本協定の延長要求を提出し、ならびに他の一方が同意した後、双方は、本協定の延長事項を交渉することができる。
　1954年4月29日北京で2部を作成し、各1部は中国語文、インド地方語文、英語文をもって書き、中国語、インド語、および英語3文字の条文は同等の効力を持つものとする。

中華人民共和国中央人民政府全権代表
章漢夫
インド共和国政府全権代表
ラグハバン

■ 中国政府代表団・インド政府代表団の中国・チベット関係交渉の声明

（1953年12月31日〜）1954年4月29日発表（北京）

　中華人民共和国中央人民政府代表団とインド共和国政府代表団は、中国チベット地方における中国・インド両国関係について、1953年12月31日より1954年4月29日まで北京で交渉を行った。

　中華人民共和国中央人民政府側で交渉に参加したのは、中央人民政府外交部副部長章漢夫、外交部アジア司司長陳家康、副司長何英、中央人民政府チベット駐在代表外事補佐官楊公素であった。

　インド共和国政府側で交渉に参加したのは、インド政府代表団団長・中華人民共和国駐在インド大使ラガバン、副団長・インド政府外務省連合秘書ゴール、顧問・インド政府外務省官員ゴバラチャリであった。

　双方は、領土主権の相互尊重、相互不可侵、相互内政不干渉、平等互恵、および平和共存の原則に立ち

ながら交渉を進めることに、意見の一致をみた。

　方法は、かかる原則に基づき中国チベット地方における中国・インド両国間に存在する問題について十分話合いを行うとともに、次のごとき協定に達した。

　中国チベット地方とインドのあいだの通商および貿易を発展させ、両国人民の相互の巡礼と往来を容易にするために、双方は、中華人民共和国とインド共和国の中国チベット地方とインド間の通商・交通に関する協定を締結し、調印する。

　その協定は、中華人民共和国側では外交部副部長が署名し、インド共和国側ではインド中国駐在対しラバガンが署名した。

　これと同時に、章漢夫副部長とラバガン対しは、覚書を相互に交換したが、その覚書には、次のとおり規定されている。

　インド政府は、中国チベット地方にいる自国の武装警備隊の撤兵に快く同意するとともに、インド政府が中国チベット地方で経営している宿駅および郵政・電報・電話などの企業のすべて、ならびにその設備のすべてを中国政府へ引き渡すことに、快く同意した。その具体的方法は、双方が引き続き北京で話し合うこととし、その他の事項で規定されているものは、例えば、双方の商人および通商代表部の建物の問題に関する便宜を解決すること、また双方の政府が常設の通商代表部、商人、および巡礼の往来に関する便宜、ならびに正常な貿易を行う便宜などを確立することなどである。

　交渉は、終始、和やかな空気のうちに進められた。

■中国チベット地方・ネパール関係における若干の関連事項に関する中国・ネパール交換公文
1956年9月20日成立（カトマンズ）、発効
1．中華人民共和国政府側の書簡
閣下

　中華人民共和国政府代表団およびネパール王国政府代表団は、両国間の友好関係の維持、ならびに中国チベット地方とネパール間の通商および交通に関する協定に関して協議した際、若干の関係事項を交換公文の形で規定することで、双方の意見が一致した。

　この了解に基づいて、双方の政府は、次の点につき、合意した。
(1) 双方は、相互に総領事館を設置することに、合意する。
　中国政府は、ネパール政府が中国チベット地方のラサに総領事館を設置することに、合意する。
　ネパール政府は、中国政府がネパールのカトマンズに総領事館を設置することに、合意する。
　　設置する期日は、別途、協定する。
(2) ネパール政府は、快く、目下、中国チベット地方のラサおよびその他の地点に駐留する守備隊を兵器・弾薬全部と共に、この書簡の交換された日より6カ月以内に、完全に撤退させる。このため、中国政府は、便宜と援助を与える。
(3) 中国チベット地方にいるネパール国民およびネパールにいる中国国民は、所在地国政府の管轄に服し、所在地国の法律および規定を遵守し、税を納め、土地の風俗・慣行を尊重するものとする。かかる一方の国民と関連し、かつ相手側の領域内で発生するいっさいの民事・刑事上の事件、または紛争は、概ね所在地国の政府が処理する。
(4) 双方は、それぞれ自己の領域内にいる相手側国民の生命、財産、および合法的利益を保護する。
(5)(a) 双方の政府は、双方の居留民が時価で賃借料を支払うとともに、互いの自発的意思を基礎として、家主と賃借契約を結ぶことを条件として、家屋借用の便宜に与ることができることにつき、合意する。
　(b) 相手側の領域内で既に家屋を賃借している双方の居留民は、時価で賃借料を支払うと共に、互いの自発的意思を基礎として、家主と賃借契約を結び、または既に結んでいることを条件として、その家屋を引き続き賃借することができる。
(6) 双方は、必要措置を採ることにより両国間の貿易関係を促進しかつ拡大するとともに、それぞれ自国政府の定める特恵税率によって、互いに出入国する商品に対し関税を徴収することに、合意する。

(7) 双方の商人が相手側領域内で経営する商業の範囲に属するものは、駐在地国政府の関係法令および規定に服しなければならない。
(8) 現在、ラサにあるネパール小学校は、ネパール居留民小学校と改め、かつ中国政府の関係規定に基づいて登記手続きを行う。
(9) 双方は、ラサとカトマンズ間に無線電信を直通させることに合意し、その具体的な取扱いは、双方の関係部署が別途に協定する。
(10) 双方の政府は、その領域内にある相手側の総領事館及び通商代理部の家屋の賃借につき、協力する。
(11) 双方の通商代理部は、所在地国の法律と規定に照らして民事または刑事上の事件に関連する自国居留民と接触することができる。
(12) 双方の通商代理部と双方の商人は、いずれも現地人を雇い入れることができる。
(13) 双方の商人と参詣人は、正常にして合理的な価格で交通手段を雇い入れる便宜が与えられる。
(14) 中国チベット地方に居住し、かつ別々に中国国籍とネパール王国国籍を有する父母から生まれた者が満18歳に達した後、本人の自発的意思に基づいて、本人自身およびその18歳未満の子が中国国籍を選択し、かつ中国政府に対し然るべき手続きを行うこと、ならびに前述の手続きを終わった後に、本人およびその18歳未満の子は、直ちに自動的にネパール国籍を喪失するものと認められることにつき、双方は合意する。

　　ネパール王国政府が、この書簡に合意するとき、この書簡と閣下の書簡は、直ちに両国政府の間の協定となり、かつこの書簡と閣下の書簡の交換された日から効力を発生する。
　　重ねて、最も崇高な敬意を表する。
　　1956年9月20日、カトマンズにて。

　　　　　　　　　　　　　　　　　　　　　　ネパール王国駐在中華人民共和国特命全権大使潘自力
ネパール王国外相チューダ・プラサド・シャルマ閣下

2．ネパール王国政府側の書簡
閣下
私は、1956年9月20目付の貴書簡を受領した。その内容は、次のとおりである。
　「中国人民共和国政府代表団とネパール王国政府代表団は、両画間の友好関係の維持、ならびに中国チベット地方とネパールの間の通商および交通に関する協定に関して協議した際、若干の関係事項を交換公文の形で規定することで、双方の意見が一致した。この了解に基づいて、双方の政府は、以下の点に合意した。
(1) 双方は、相互に総領事館を設置することに合意する。
　　中国政府は、ネパール政府が中国チベット地方のラサに総領事館を設置することに、合意する。
　　ネパール政府は、中国政府がネパールのカトマンズに総領事館を設置することに、合意する。
　　設置する期日は、別途、協定する。
(2) ネパール政府は、快く、目下、中国チベット地方のラサおよびその他の地点に駐留する守備隊を兵器・弾薬の全部と共に、この書簡の交換された日より6カ月以内に、完全に撤退させる。このために、中国政府は、便宜と援助を与える。
(3) 中国チベット地方にいるネパール国民、およびネパールにいる中国国民は、所在地国政府の管轄に服し、所在地国の法律および規定を遵守し、税を納め、土地の風俗・慣行を尊重するものとする。かかる一方の国民と関連し、かつ相手側の領域内で発生するいっさいの民事・刑事上の事件、または紛争は、概ね、所在地国の政府が処理する。
(4) 双方は、それぞれ自己の領域内にいる相手国民の生命、財産、および合法的利益を保護する。
(5)(a) 双方の政府は、双方の居留民が時価で賃借料を支払うとともに、互いの自発的意思を基礎として、家主と賃借契約を結ぶことを条件として、家屋賃用の便宜に与えることができることにつき、合意する。
　(b) 相手側の領域内で既に家屋を賃借している双方の居留民は、時価で、賃借料を支払うと共に、互い

の自発的意思を基礎として、家主と賃借契約を結び、または既に結んでいることを条件として、その家屋を引き続き賃借することができる。
(6) 双方は、必要措置を採ることにより両国間の貿易関係を促進しかつ拡大するとともに、それぞれ自国政府の定める特恵税率によって、互いに出入国する商品に対し関税を徴収することに、合意する。
(7) 双方の商人が相手側領域内で経営する商業の範囲に属するものは、所在地国政府の関係法令および規定に服しなければならない。
(8) 現在、ラサにあるネパール小学校は、ネパール居留民小学校と改め、かつ中国政府の関係規定に基づいて登記手続きを行う。
(9) 双方は、ラサとカトマンズ間に無線電信を直通させることに合意し、その具体的な取扱いは、双方の関係部署が別途に協定する。
(11) 双方の政府は、その領域内にある相手側の総領事館および通商代理部の家屋の賃借につき、協力する。
(12) 双方の通商代理部は、所在地国の法律と規定に照らして民事または刑事上の事件に関連する自国居留民と接触することができる。
(12) 双方の通商代理と双方の商人は、いずれも現地人を雇い入れることができる。
(13) 双方の商人と参詣人は、正常にして合理的な価格で交通手段を雇い入れる便宜が与えられる。
(14) 中国チベット地方に居住し、かつ別々に中国国籍とネパール王国国籍を有する父母から生まれた者が満18歳に達した後、本人の自発的意思に基づいて、本人自身およびその18歳未満の子が中国国籍を選択し、かつ中国政府に対し然るべき手続きを行うこと、ならびに前述の手続きを終わった後、本人およびその18歳未満の子は、直ちに自動的にネパール国籍を喪失するものと認められることにつき、双方は合意する」などである。

私は、ネパール王国政府を代表して、貴書簡に同意し、かつ貴書簡とこの書簡が直ちに両国間の協定となり、かつこの書簡の交換された日から効力を発生することに同意する。
重ねて最も崇高な敬意を表する。
1956年9月20日、カトマンズにて。

ネパール王国外相チューダ・プラサド・シャルマ

ネパール王国駐在中華人民共和国特命全権大使潘自力閣下

■チベットにおける反乱事件についての新華社公報
1959年3月28日発表（北京）

　チベット地方政府と上層の反動一味は、チベット人民の意志に反して、祖国に背き、帝国主義と結託し、叛逆匪賊をかきあつめ、3月19日夜、ラサで、同地にいる人民解放軍部隊に対して武力攻撃を行った。チベットにいるわが英雄的な人民解放軍部隊は、命を奉じて反乱の平定にあたり、既に22日には、ラサ市地区の叛逆匪賊を徹底的に粉砕した。現在、わが軍は、チベットの僧・俗各界人民の愛国者の協力を得て、引続きチベットの他の一部の地区の反逆匪賊を掃蕩中である。
　祖国の統一と民族の団結を守るため、周恩来国務総理は3月28日、命令を発し、チベット軍区に反乱を徹底的に平定するよう指示したほか、反乱を策動したチベット地方政府を即日解散し、チベット自治区準備委員会にチベット地方政府の職権を行使させることを決定した。
　チベット地方政府と上層の反動一味のラサにおける武装反乱は、既に3月10日から始まった。ダライ・ラマは3月10日に、人民解放軍チベット軍区の講堂に行って観劇することになっていた。軍区の講堂に行って観劇することは、ダライ・ラマ自身が1月以上前から申し出ていたことであり、3月10日というこの日取りも、彼自身の決めたものである。チベットの叛徒一味は、この日になると、チベット軍区の部隊がダライ・ラマを抑留しようとしているという流言を盛んに広め、これを口実にして武装反乱を起こし、ダライ・ラマを拉致し、「漢人の駆逐」、「チベットの独立」など、反動的なスローガンを掲げるとともに、反乱に反対したチベット自治区準備委員会のチベット族官吏カンチェン・ソナン・ジャンツオ（堪徴索朗降措）をその場で射殺し、チベット軍区のチベット族副司令サンポオ・ツェワンレエンツェン（桑頗・才

旺仁増)らを負傷させた。武装した叛徒は、これと同時に、人民解放軍チベット軍区司令部とラサに駐在する中央の機関を包囲した。

　チベット反逆分子の反乱活動は、早くから行われていた。これらの反逆分子は、帝国主義とチベットのもつとも反動的な大農奴主を代表するものである。1951年に、中国人民解放軍がチベットに入り、中央人民政府とチベット地方政府が、チベットの平和解放の方法に関する協議(すなわち17条協定)に調印したそのときから、彼らは、計画的にこの協定を破壊し、武装反乱の準備を企んだ。祖国が日ましに繁栄に向かっていること、中央人民政府のチベットに対する政策が正しいこと、チベットにいる人民解放軍部隊の軍規が厳正であって、チベットの各階層人民から熱烈に愛され尊敬されていることなどから、これら一握りの反動分子の反乱陰謀は、チベット族人民のあいだで支持を得ることができなかった。中央人民政府は、憲法の定めるところに基づいて、一貫して国内各民族人民間の団結とチベット人民自身の団結を堅持し、チベットで民族の地方自治を実施したが、これは、チベット人民の熱烈に歓迎しているところである。チベット自治区準備委員会は、早くも1956年4月に成立している。しかし、チベット地方政府のなかの反動分子による妨害のため、自治区の準備活動は遅々として進まなかった。17条協定には、チベット軍の改編と、チベットの社会制度、すなわち、農奴制度を人民の願望に基づいて改革することを規定しているが、この2つの重要任務は、いずれも反動分子の妨害によって実現できなかった。中央は、これら反動分子が自覚するのを待つため、さらに、1956年末に、6年以内、つまり第2次5カ年計画のあいだは改革を行われなくてよいし、チベット軍の改編も行なわなくてよいと、彼らに通告したわけであった。

　チベット地方政府はチベット語でカシャ(噶廈)といい、委員が6名いて、これをカルン(噶倫)と呼んでいる。6名のカルンのうち2名は愛国者であり、アペイ・アワンジンメイと3月10日に叛徒のために傷を負わされたサンポオ・ツエワンレンツェンがそれである。他の4名のうち、ユト・ザアシトンズウは既に1957年に祖国に背き、反乱分子の国外における活動の中心地であるカリンポン(噶倫堡)に逃亡した。他の3名、すなわちソルウカン・ワンチェンゲレエ、ニユウシャ・トテンタバ、シエンカ・ジメドオジエ(シャソルウ)もこの度、公然と反逆した。これより先、これらの反逆分子は、彼らのカシヤにおける合法的な地位を利用して上層反動勢力をかきあつめて、外敵と結託し、西康・チベット両地方の最も反動的な一部の大農奴主を実際に指揮して、ヤルサンポ河以東・以北・以南のいくつかの地方で反乱軍を組織し、中央に反対し、祖国に背いた。彼らの反乱は、帝国主義、蒋介石匪賊一味、および外国の反動派の策動によるものであり、反乱指揮の中心はカリンポンであって、その指導者は、罷免された元のチベット王(チベット語でセツオ、司曹)ロカンワ・ツエリンロテン(魯康娃・澤旺饒堡)である。彼らの武器は、外国から輸入されたものが少なくない。ヤルサンポ河(稚魯蔵布江、南チベット上流河川)以南の反乱の根拠地では、蒋介石匪賊一味から、度々、物資の空中投下を受けており、また帝国主義と蒋介石から派遣された特務工作員の無電発受信所が数多く設けられ、陰謀活動が行われていた。

　昨年5、6月から、チベット地方政府と上層の反動一味は、反逆匪賊の一味に指令を発し、チャムド(昌都)、テンチェン(丁青)、ヘイホー(黒河)、ロカ(山南)など各地を盛んに荒らし、交通の破壊、財物の略奪、強姦、殺人、放火をし、人民に危害を加え、またその地にある中央の機関や部隊を襲撃した。中央では、民族団結の精神に基づき、一再ならずチベット地方政府に対し反乱分子の懲罰と社会の治安維持に当るよう指示した。ところが、チベット地方政府と上層の反動一味は、中央のこうした至れり尽せりの態度を、弱い侮ることのできるものと見做した。彼らは、漢人は脅して追い出すことができるとか、9年来、漢人は、われわれの最もすばらしい、最も紳聖な農奴制度にいささかも手出しができなかったとか、われわれが彼らと一戦を交えれば、彼らは防ぐ力しかなく、反撃する力はもっていないとか、彼らは反乱を平らげる勇気がなく、われわれに反乱を平らげるだけだとか、われわれが他所から大量の反乱軍をラサに動かして一撃を加えさえすれば、漢人は逃げるに決まっているとか、もし逃げなければ、われわれはダライ活佛を人質にしてロカにつれ出し、力を集めて反撃を加え、ラサを取り戻すとか、最後に、どうしても駄目なら、インドに逃げてゆき、インドはわれわれに同情しているから、われわれを助けてくれるかもしれないとか、また強大な米国も助けてくれるだろうとか、台湾の蒋(介石)総統は既に積極的に援助を与えてくれているとか、ダライは神だからこれに従わない者がいるものかとか、アメリカ人は、中国では人民

公社の件で人民が怒って反乱を起こそうとしているといっているから、今こそ漢人を駆逐して自立する絶好の機会であるとか、いっていた。こうした反動派の魂は、九重の天高く舞い上がり、まるで全宇宙をその手中に収めようとしているかのようであった。このため、彼らは、反動匪賊の騒擾を責任をもって阻止することをしなかったばかりか、かえってますます酷くなって、祖国に背く陰謀活動を盛んに進めた。彼らは、ラサに相当数の反革命軍隊を集めた後、ついに３月10日、公然と17カ条協定を踏みにじり、武装反乱を起こした。

３月10日ラサの反乱が勃発して以後、ダライ・ラマは、３度もチベット駐在の中央代表に書簡をよせ、彼が反動分子によって拉致されたことを説明するとともに、いま反動一味の違法行爲を処理するためにあらゆる手段を構じている、と表明してきた。中央の代表は、返信のなかで、ダライ・ラマのこうした態度を歓迎するとともに、チベット地方政府がその誤った態度を改めたため、責任をもって反乱を平定することを依然として希望している旨、表明した。しかし、彼ら反動分子は、まったく悔い改めようとしないばかりか、かえって反乱を拡大する腹を決めた。彼らは、３月17日、粗暴にもダライ・ラマをラサから拉致し、３月19日夜には、ラサにいる人民解放軍部隊に対し全面的攻撃を加えてきた。平和解決の望みは失われてしまった。チベットの反動勢力は、遂に、彼ら自身を滅ぼす道を選んだ。

３月20日午前10時、中国人民解放軍チベット軍区部隊は、命を奉じて極悪非道の反逆匪賊一味に対する討伐を開始した。人民解放軍は、チベット族の愛国的な僧・俗人民の協力のもとに、２日余にわたる戦闘により、ラサ市地区の反乱を完全に平定した。とりあえずの統計によると、23日までに反乱軍の捕虜は4000余名に達し、捕獲した兵器は各種小銃8000余挺、軽機関銃・重機関銃81挺、81ミリ迫撃砲27門、山砲６門、弾丸1000万発にのぼっている。多くの反乱軍部隊は、わが軍に包囲されるや、集団的に投降した。

ラサの反乱がたちまち平定されたことは、チベットの叛徒一味が必ず滅亡し、チベット人民の前途が光明に満ちていることを物語っている。これは、まず第一に、チベット人民が国を愛しており、彼らが中央政府を擁護し、人民解放軍を心から愛し、帝国主義と反逆分子に反対しているがためである。チベット（チャムド（昌都）・前蔵・後蔵の３地区を含む）の人口は合計120万人であるが、反逆匪賊の数は２万人前後にすぎず、しかもその中の多数は欺かれ、脅かされて加わった者であり、しかも金沙江以東の、もとの西康省地区から逃げて行った反乱分子、すなわち、いわゆるカンパ人が一部含まれている。

チベット人民の絶対多数はきわめて貧しい農民と牧畜民であって、彼らは、世界で最も暗黒な封建的農奴制度からの解放を切実に望んでいる。チベットの上層と中層にも国を愛する進歩的人士が大勢おり、彼らは、中央を擁護し、反乱に反対するとともに、不合理な社会制度を民主的に改革して、次第にチベットを開化した進歩的な地方に変えてゆくことを主張している。このように、チベットは、断固として解放を要求する勤労階級、改革に賛成する上層・中層の国を愛する進歩的人士、ならびに中間派の人士を多数擁している。当面の任務は、まず反乱を平定して平和な秩序を確立すること、である。この過程において、反乱分子に対する中央の方針は、首謀者は必ず処罰し、脅かされて参加したものはその罪を問わず、功を立てたものには賞を与える、ということである。中央は既に、チベットにいる人民解放軍部隊に対して、反乱に加わらなかったチベット族のすべての同胞と広く団結し、チベットの農業・畜産業・工商業・政治・宗教など各界人士の生命・財産を責任をもって保護し、人民の風俗・習慣と宗教・信仰を尊重し、ラマ寺院・文化財・古跡を保護し、大衆の利益と社会の秩序を守るよう、指示した。捕虜ならびに武器を捨てたいっさいの敵に対しては、おしなべて報復・傷害・侮辱を加えることを許さない。

中国政府側は、中国と西南隣国との関係、とりわけ、まずわが国と偉大な友好国であるインド共和国との関係では、平和共存五原則を堅持することである、と考える。平和共存五原則は1954年４月29日の中国・インド両国の中国チベット地方とインド間の通商および交通に関する協定のなかで始めて打ち出されたものであって、現在においても将来においても、両国の根本的な利益のために、双方がこの原則を堅持しないなんらの理由もありえない。中国の政府筋人士は、インド首相（パンディット・ジャワハル・ラル）ネルーが３月23日に行った中国の内政に干渉しないという声明を歓迎し、この声明は友好的なものであると考えている。中国側は、これまでインドの内政に干渉したことはなく、また全国人民代表大会および同常務

委員会でインドの内政について論議したこともなく、また友好国の内政についてそうした論議を行うことは礼譲に反し、適当でない、と考えている。

反逆匪賊を徹底的に粛清するため、国務院では、既に、チベットにいる人民解放軍部隊に対し、チベット各地で軍事管制を実施するよう、命令した。軍事管制委員会の任務は、反乱を鎮圧すること、人民を保護すること、中国の法律を守る外国居留氏を保護すること、チベット自治区準備委員会と人民解放軍チベット軍区の委託を受けて、チベット自治区の各級行政機構を設け、国を愛するチベット人民の自衛隊を組織して、腐敗の極に達し、裏切って反乱を起こした、まったく戦闘力のない、しかも数からいって3000余人しかいない旧チベット軍に取って代わらせることである。ラサ市の軍事管制委員会は、3月23日成立を宣言した。その他、各地の軍事管制委員会は、パンチェン・オルトニの指導する後蔵地区の首都シガツエには設ける必要はないが、それ以外のところには、次々に、これを設置する。ラサおよび各地の軍事管制委員会はすべて、人民解放軍の代表と地元の愛国的人民の代表が共同して構成する。現在、ラサ以西のアリ（阿里）、ラサ西南のギャンツェ（江孜）、パリ（帕里）、ヤートン（亜東）、ラサ以北のダムジユン（当雄）、ヘイホー（黒河）、ラサ以南のツエタン（澤当）、ラサ以東のタイチャオ（太昭）、リンツエ（林芝）、ザァモ（札木）、テンチェン、チャムド、ザユル（察隅）などの重要都市と要地はすべて、人民解放軍のゆるぎない支配下にあり、地元の人民の絶対多数は、人民解放軍と緊密に協力している。反逆匪賊の活動しているところは、きわめて辺鄙な一部の地区だけである。

チベット自治区準備委員会主任委員ダライ・ラマがなお拉致されているのに鑑み、国務院は、ダライ・ラマが拉致されている間、自治区準備委員会副主任委員パンチェン・ゴルトニに、主任委員の職務を代行させることを決定した。国務院はまた、自治区準備委員会チベット族常務委員パパラ・ツオレナンジェ（帕巴拉・卓列朗）活佛とアペイ・アワンジンメイ（阿柿・阿旺晋美）を副主任委員に任命し、アペイが秘書長を兼任することとした。チベットの各地では、秩序の回復をまって、次々にチベット自治区の各級地方行政機構を確立するとともに、自治の職権行使を始める。当面、自治制度と人民解放軍による軍事管制制度を、同時に並行して実施する。反乱が沈静化し、平和的秩序が確立されるにつれて、自治制度は次第に軍事管制制度に全面的に取って代わることになる。

チベットにおける反動勢力の反乱とその失敗で、チベットの歴史には、新しい一頁が開かれている。いまでは、帝国主義者とチベットの反動勢力は、チベットの情勢についてまったく見込み違いをした、と結論することができる。彼らの願望と相反して、彼らがチベットで引き起こした反乱は、祖国の分裂とチベットの後退を引き起こしたのではなくて、かえって祖国の統一の強化を促し、チベットの反動勢力の滅亡を促し、チベットの民主化とチベット人民の新生を促しているのである。

■チベット問題に関する中華人民共和国全国人民代表大会決議
1959年4月28日第2期全国人民代表大会第1回会議採択（北京）

第2期全国人民代表大会第1回会議は、チベットに関する各方面の問題を詳細に討議したのち、次のとおり決議した。
(1) 会議は、元のチベット地方政府と上層の反動一味が1959年3月10日に反乱を起こし、のち国務院のとった各措置に全面的に同意する。会議は、反乱を速やかに平定した、チベットにいる中国人民解放軍部隊に対し敬意と慰問の意を表し、解放軍による反乱の平定に積極的に協力したチベットの僧・俗各界人民ならびに各階層の愛国者に対し敬意と慰問の意を表する。
(2) 元のチベット地方政府と上層の反動一味の反乱は、偶然のものではない。イギリス帝国主義が19世紀末と20世紀初葉、インドを基地としてわが国のチベット地方に対する軍事的・政治的・経済的侵略を行って以来、侵略に反対するチベットの愛国的人民と外国侵略勢力に買収され利用された少数のチベットの売国奴とのあいだには、長期にわたる尖鋭な闘争が繰り広げられた。そして、中国解放の前夜には、親帝国主義的分子が元のチベット地方政府の指導グループのなかで優勢であった。1951年チベットが平和裡に解放されてのち、中央人民政府は、これらの親帝国主義的分子の自覚を待つため、彼らに対して寛大な態度をとり、彼らを引続き元の地方政府内で奉職させ、彼らが帝国主義・その他の外国の

干渉者との繋がりを断ち、二度と破壊活動を行わない限り、過去のことは咎めないことにした。中央人民政府のこの政策はまったく正しいものである。なぜなら、これは、中央人民政府と人民解放軍がチベットの広範な人民ならびに上層・中層の多くの人士と繋がりを打ち立て、彼らの信頼を得るうえに有利だからである。しかし、元のチベット地方政府内の売国奴は、チベットの平和解放に関する17条協定に対して面従腹背の態度をとり、引き続き帝国主義者や外国の干渉者と結託し、帝国主義や外国の干渉者の要求する「チベットの独立」なるものを実現しようと企み、さらに、武装反乱を起こした。中央人民政府は、反逆匪賊がラサにいる人民解放軍に向けて攻撃を加えた後に、はじめて反乱の平定を人民解放軍に命じ、またこのとき、初めて元のチベット地方政府の解散を命じた。このことは、完全に、これら売国奴の罪悪をチベット各階層人民の前に暴露し、全世界人民の前に暴露した。いっさいの道理は、まったく中央人民政府と中央人民政府の方針を擁護するすべての人民の側にある。およそ祖国を売り、祖国を分裂させ、信義に背き、殺人・放火を行い、人間性を失ったこれらの反逆匪賊に対し「同情」を示し、これを機会に中国の内政に干渉しようとする外国人はすべて、中国の各民族人民および世界各国の人民に彼らの正体を見きわめさせ、これによって必要な教訓を得させるだけのことである。

(3) チベットでは、他の少数民族地区と同じく、中央人民政府の統一的指導のもとにおける民族区域自治を断固実現すべきである。元のチベット地方政府と上僧の反動一味は、「チベットの独立」なるものの実現を妄想して、民族区域自治に執拗に反対したが、いまでは、元のチベット地方政府の解散とチベットの上層反動一味の反乱の失敗に伴って、人民解放軍による軍事管制を実施すると同時に、チベット自治区準備委員会の指導のもと、一歩一歩、チベット自治区の各級地方行政機構とチベット族人民の自衛軍を打ち立て、自治の職権を行使することができるようになった。チベット自治区の各級地方行政機構には、いずれも広範な人民の代表と各階層の愛国者の代表を参加させるべきである。チベットにいる人民解放軍部隊の全将兵、チベットで勤務する漢族、およびその他の民族のすべての勤務人員は、チベット人民とのあいだに最も親密な兄弟関係を打ち立て、仕事に励み、勇敢に奮闘し、チベット族人民の利益に奉仕しなければならない。

(4) チベットの現在の社会制度はきわめて立ち遅れた農奴制度であり、農奴主の勤労人民に対する搾取・圧迫・迫害のむごたらしさは、世界でも稀にみるものであって、口々にチベットの反逆匪賊に「同情」するものでさえも、何故こうした立ち遅れた制度に対して熱心に支持するのかという理由は、説明できないでいる。チベット人民は、早くから自己の社会制度の改革を、断固要求しており、上層・中層の進歩的考えをもつ多くの人びとも、改革なしにはチベット民族の繁栄・発展が絶対不可能なことを知っている。改革に反対する元のチベット地方政府の反動分子の反乱が既に平定されたので、チベットの広範な人民の改革に対する要求は順調に実現する条件を得るにいたった。チベット自治区準備委員会は、憲法に基づき、チベットの広範な人民の願望とチベットの社会・経済・文化の特徴に基づいて、一歩一歩、チベットの民主改革を実現し、チベット人民を困難から救い出して、繁栄し発展してゆく社会主義の新チベットを建設するための土台を打ち立てるべきである。改革の過程では、全チベットの各階暦の愛国的な僧・俗人民としっかり団結し、反乱に加わらなかった者と、脅かされて反乱に加わった者で速やかに帰順した者と、あくまで反乱に与した農奴主とは、これを区別して扱い、全チベット人民の宗教・信仰の自由と宗教関係の文化財・古跡の保護に注意を払うべきである。

(5) チベットは、中国の切り離すことのできない一部である。チベットは、中国人民の大家庭のチベットであり、チベットの広範な人民のチベットであって、少数の反動分子のチベットではなく、ましてや帝国主義者と外国の干渉者のチベットではない。チベットの少数反動分子の反乱と反乱の平定は、まつたく中国の内政であって、いかなる外国の干渉も許さない。チベット地区で、中央人民政府の統一的指導のもとにおいて、広範な人民と各界の愛国者を主人公とする民族の区域自治を徹底的に行い、中央人民政府の統一的指導のもとに民主改革を徹底的に行い、さらに、各民族勤労人民の兄弟のような団結と相互援助によって繁栄し発展してゆく社会主義の新チベットを建設すること、これこそが中華人民共和国の揺るぎない方針である。チベットの少数反動分子の反乱は、この方針の実現を阻み得ないばかりか、チベット人民の自覚を早め、この方針の実現を速めるだけである。それと同様に、いかなる外国の勢力

がいかなる名義、いかなる形式で、わが国のチベットにおけるこの方針に干渉しようとも、この方針の実現を阻むことはできないのであって、それは、ただチベット人民を含む、わが国各民族人民の干渉に反対する愛国的闘事を引き起こすだけである。中華人民共和国は、一貫して（平和共存）五原則を守り、西南の各隣邦と平和に共存し、これら諸国の主権と領土保全を尊重しており、これら諸国の内政に干渉してはいない。全国人民代表大会は、最近、インド政界の一部の者にきわめて非友好的な中国の内政に干渉する言動がみられたことを、遺憾の念をもって注目している。こうした言動は、両国人民の共同利益に合致せず、両国人民の共同の敵である帝国主義の利益に合致するだけである。会議は、こうした正確でない現象が速やか取り除かれ、中国・インド両国間の偉大な悠久な友好関係が双方の共同努力によって一段と強固となり、発展をみることを希望する。

■亡命チベット政府憲法
1963年3月10日制定・公布（ダラムサラー）
序文
　1959年3月チベットを出発する以前においてさえも、余は、近代世界の変化する状況下において、チベットの政治制度は、選出された人民代表が国家の社会・経済政策の立案と指導により効果的役割を果たし得るように修正され、改善されねばならない、との結論にあった。余は、また、これは、社会的・経済的公正に基礎をおく民主的諸制度を通じてのみ達成できる、と固く信じている。余にとっても、余の国民にとっても、不幸なことに、われわれのあらゆる努力は、最悪の形の植民地政権をチベットに樹立した中国当局によって挫折してしまった。
　インドに到着直後、余は、チベットの人民に新しい希望を与え、またチベットが自由と独立を回復したとき、いかに統治されるべきかの新しい概念を与えるため、憲法草案の作成を決意した。この目的のため、1961年10月10日、余は、憲法の根本原則の概要を発表した。これは、インドおよび海外在住のすべてのチベット人、特に、現在、亡命中のチベット人により選出された代表から、熱烈に歓迎された。その後、これら諸原則に基づき、一般民衆・僧俗代表と協議し、本憲法は、詳細にわたり検討し作成された。これは、釈尊の説かれた教義、チベットの宗教界・世俗界の伝統的遺産、および近代世界の考えと理想を考慮に入れたものである。このようにして、それは、チベットの人民のため、公正と平等に基づく民主主義制度を確保し、彼らの文化的・宗教的・経済的進歩を保証することを意図したものである。
　チベットが再び自由と独立を回復すれば、直ちに、本憲法において制定されている政治制度が、わが国民同胞の利益のために、確立されるよう、余は、心から希望している。そのあとで、国民議会の希望と抱負に従って、本憲法に最終的な形が与えられるであろう。本憲法は、チベット人民の中国侵略者に対する反乱4周年記念日に際し、余によって布告される。わが国民の栄光と勇気を特色づけたあの日、余は、皆に対して私たちが直面する情勢について説明した。
　いま、再び、チベット内・外のわが国民に対し、団結した真剣な努力によって、愛する祖国の自由を取り戻すための責任を、私たち各人が負わねばならないと、余は訴える。私たち全員は、「最終的には、真実と正義が勝つ」という釈尊の教えを想起すべきである。
　ダライ・ラマ署名、インド、パンジャブ州、アッパー・ダラムサラーのスワルガシュラムにて。

チベット憲法
　これまでチベットにおいて広く行われてきた政治制度は、国民の現在の要求と将来の発展のために、十分対応し得ないことが、いよいよ明白となってきたが故に、釈尊が定めた公正、平等、および民主制の原則が、チベットの政治において補強し強化されることが望ましく、かつ必要であると思われるが故に、チベット国民が、その運命と進路を具体化するあたり、より効果的な発言権を持つことが絶対必要であると思われるが故に、ダライ・ラマ猊下は、そのために、憲法を定めたいと思い、ここに、次のとおり制定する。
第1章　前文
第1条（施行）本憲法は、ダライ・ラマ猊下が指定する年月日に発効する。

第2条（チベット政治形態の特質）チベットは、釈尊の定めた教義に基づき打ちたてられた民主制の統一国家である。本憲法は、以下、本文中に明記された諸規定に基づく場合以外は、改正されない。

第3条（政府の根本方針）厳かに、世界人権宣言を固守し、チベット国民の精神的・物質的繁栄を促進させることが、チベット政府の義務である。

第4条（憲法による法の無効）
 (1) 本憲法のいずれの条項とも、それに反するいかなる法律、条令、規則、または行政命令も、憲法違反の枠内において無効である。
 (2) 最高裁判所は、法律、条令、規則、または行政命令が、本憲法の諸条件に違反するか否かを決定するための特定の権限を付与される。

第5条（国際法の承認）国家の領土内において施行中の法律、条令、および規則は、一般に承認された国際法の原則に従うものとする。また、在留外国人の法的地位は、国際規定および条約に準拠し、法律によって規制される。

第6条（戦争放棄）その伝統に従い、チベットは、攻撃的政策の手段としての戦争を放棄する。他国民の自由に対して、または国際的紛議を解決する手段として、武力を行使しない。かつ、そのために、国際連合憲章の諸原則を、ここに堅持する。

第7条（市民権）国民議会は、必要に応じて、チベット国籍の取得喪失およびそれに関連する他の諸問題に関して、規定を作成する。

第2章　基本的権利と義務

第8条（法の下における平等）すべてのチベット人は、法のもとに平等であり、この章に明示する権利と自由の享受は、性別・種族・言語・宗教・社会的系統・財産・出自・その他の地位など、いかなる理由によっても、差別されることなく保証される。

第9条（生命・自由・財産に関する権利）適正な法的手続きを経ずして、何人も、その生命・自由・財産を奪われることはない。

第10条（生活権）各人は、生活権を有する。ただし、次に規定する場合において、
 (a) 不法な暴力から誰かを防衛する場合において、
 (b) 合法的逮捕を遂行するため、あるいは、合法的に留置された者の逃亡を防ぐため、
 (c) 暴動、または反乱の鎮圧目的のためにとられる合法的処置において
絶対必要限に限定された力の行使の結果として、生活権が奪われることは、本条項に違反しないものと見做される。

第11条（監禁されない自由の権利）
 (1) 逮捕された者は、何人といえども、その逮捕の理由を告げられないで直ちに拘置所に留置されることはない。また、彼が選ぶ法定弁護人と相談し、弁護される権利、および彼自身の弁護準備のため、十分な時間と便宜を与えられる権利を否定されることはない。
 (2) 逮捕され拘留された者はすべて、逮捕の場所から、裁判所までの移送に必要な時間を除き、その逮捕から24時間以内に、裁判権を有する最寄りの法廷に出頭するようにしなければならない。何人も、判事の許可なくして、前記の期間以上、拘置されることはない。
 (3) 本条項の規定に違反して逮捕され拘留された者は、何人も、補償の強制請求権を有する。

第12条（裁判手続きに関する保護）
 (1) 何人といえども、適当な時間内に、法により設けられた公正かつ独立した法廷で、公平な公開審理を受ける権利を有する。判決は、公開で言い渡される。ただし、公衆道徳、公共の秩序、あるいは国家安全の利益などのため、少年・少女の利益や当事者・利害関係者の私的生活を守る必要がある場合、あるいは特別な状況下において公表すれば、裁判に不利益となるため、法廷が厳に必要な措置と判断した場合には、報道陣および一般公衆を公判のすべてまたは一部を締め出すことがある。
 (2) 犯罪行為で告発された者はすべて、法によって有罪が立証されるまで、無罪と見做される。
 (3) 罪行為で告発された者はすべて、無料で次の援助を受けることができる。

(a) 法定弁護人——裁判のため必要な場合、被告が十分な支払い手段を持たない場合、
   (b) 通訳——法廷で使用される言語を被告が理解できないか、または話せない場合。
第13条（有罪判決に関する保護）
 (1) 何人といえども、告発された犯罪行為が犯された時点で、有効である法律に対する違反行為以外のいかなる罪も、有罪とされることはない。また、犯罪行為をした時点で、有効中の法律によって科せられる刑罰以上の罰を受けることはない。
 (2) 何人といえども、同一の犯罪行為について一度以上、起訴され、処罰されることはない。
 (3) なんらかの犯罪行為で告発された者は、彼自身に対して不利益な証人となるよう強要されることはない。
第14条（非人道的処遇の禁止）何人といえども、拷問や非人道的で品性を汚すような処遇あるいは処罰を受けることはない。
第15条（奴隷制度と強制労働の禁止）
 (1) 何人も、奴隷とされることはない。または、強制的に義務づけられた労働を行う必要はない。
 (2) 本条項の目的のため、「強制された、または義務づけられた労働」は、次のものを含まない。
   (a) 法廷の判決による拘置期間の経過中に遂行するなんらかの仕事、
   (b) 人命または共同体の安寧を脅かす緊急事態、または災害時において必要とする何らかの勤務、
   (c) 軍事的性格の勤務、
   (d) 一般市民としての通常義務の一部を形成する何らかの務め。
第16条（児童使役の禁止）14歳以下の児童は、いかなる工場、鉱山、またはその他危険の多い職業に雇用できない。
第17条（宗教・信仰の自由）
 (1) 法の下に、すべての宗教宗派は平等である。
 (2) すべてのチベット人は、思想・良心・宗教—信仰の自由の権利を有する。その権利は、個人または集団で、いかなる宗教をも、公然と信仰し、実践し、礼拝し、祝う自由を含む。
 (3) 宗教または信仰を表明する自由、および個人もしくは集団で、宗教目的または慈善目的の関連事柄を取り扱う自由は、公衆の安全の利益のため、公共の秩序、保健衛生、および道徳を保護するため、あるいは他の人民の権利と自由を守るために必要な法律によって規定された制約を受ける。
第18条（その他の基本的自由）国家の安全、公共の秩序、保健衛生、または道徳の利益のために、適度の制限を課する法律を条件として、すべての市民は、次の権利を有する。
   (a) 言論と表現の自由。
   (b) 平和的に武器を持たない集会。
   (c) 協会・組合の結成。
   (d) チベット全領土を通じて自由な移動。
   (e) 国外を旅行するために旅券を得る権利。
   (f) チベットのいずれの地域にも居住し定着できること。
   (g) 財産の取得・所有・処分。
   (h) あらゆる専門職、職業、貿易、および商売の実行と継続。
第19条（財産権）何人といえども、その財産は、法律当局により、正当な補償の支払いのもとに公共のため用いられる場合を除き、奪われることはない。
第20条（投票権）18歳以上のチベット人男・女は、すべて投票権を有する。投票は、直接・平等・自由・秘密投票であり、その行使は、市民の義務と見做される。
第21条（投票権の剥奪）
 (1) 正当な権限を持つ裁判所により精神異常であると宣告された者は、投票権を有しない。
 (2) 法律によって資格を失った者は、投票権を持たない。
第22条（公職に就く権利）すべてのチベット人は、男・女ともに、法律の必要条件に従い、選挙による

よらないにかかわらず、平等な条件のもとに公職に就く権利を有する。
第23条（国民の義務）すべてのチベット人は、次の憲法上の義務を果たすものとする。
　(a) チベット国家に対する真の忠誠心を持つこと。
　(b) 憲法および国家の法律を忠実に守ること。
　(c) 法に基づき国家が課する税金を支払うこと。
　(d) 国家の安全に対する脅威、または公共災害の場合には、法律によって課される義務を遂行すること。
第24条（権利の実施）本章に言及する市民の権利と自由を侵害された者は、それぞれ最高裁判所、地方裁判所、および国民議会が法によって指定する他の裁判所に、本章に列挙したこれらの権利と自由の実施を求めて提訴する権利を有する。そのため、裁判所は、これら権利を保護するために必要な命令を可決する権限を有する。

第3章　土地
第25条（土地の所有）
　(1) すべての土地は国家に属する。そして、それは、建築用・農業用・その他、必要な目的に応じて、適時、定められた年間借用料の支払いによって利用できる。
　(2) 国家は、経済的・社会的公正を促進するため、土地所有の集中を防止する。
　(3) 所有者は土地を譲渡できない、または、それを、国家の認可なしで、許可された目的以外のために使用することはできない。

第4章　国家の指導理念
第26条（社会福祉）
　(1) 国家は、地域社会における物質的資源の所有と管理が、公共の利益に最もよく役立つように配分し、経済制度の運用が、社会共通の損害とならないよう、富と生産手段の集中を生じないよう確実にするべく努力する。
　(2) 徴税制度は、能力に応じて、負担を分配するように工夫する。
　(3) 国家は、市民が男・女平等に十分な生活手段を享受する権利を有し、男・女ともに、同一の仕事には均等の報酬を保証する方向にむけてその政策を指導する。
第27条（教育および文化）
　(1) 国家は、6歳以上の児童すべてが、教育施設を利用できるように、また7年間の小学校教育が無料で与えられるようにするため、教育の促進に努力する。
　(2) 国家は、青少年に、特別な関心を払い、技術的・職業的教育および高等教育を促進する。これらの教育は、広く利用でき、実力本位で入学できる。また、これら教育の学費を納入できない者は、成績に基づいて奨学金が利用できる。
　(3) すべての教育施設は、国家の統制・監督下に置かれる。
　(4) 国家は、民族文化の保存と促進、および芸術・科学研究の支援に努力する。
第28条（保健および衛生）
　(1) 国家は、十分な保健・衛生・医療業務を促進し、医療費を払えない階層にも、そのようなサービスが無料で利用できるよう努力する。
　(2) 国家は、老人および虚弱者の世話をするため、必要な施設や設備の供給に努力する。

第5章　行政
第29条（行政の権限）
　(1) 国家の行政権限は、ダライ・ラマ猊下が18歳に達したとき、彼に帰属する。その権限は、本憲法の規定に基づいて、直接、彼によりまたは彼に従属する役人を通じて行使される。
　(2) 前述の諸条項の一般原則を損なうことなく、国家元首として、ダライ・ラマ猊下は、次の国事行為を行う。
　　(a) 外国駐在外交代表の信任・派遣と退任・召喚、外国外交代表の接見、国民議会または国民議会常任

委員会が先に承認した国際条約の批准。
- (b) 恩赦・執行猶予・赦免・犯罪によって収監されている者の刑の一時停止、減刑、もしくは刑の免除。
- (c) 功績に対する叙勲、および位階の授与。
- (d) 抱束力と有効性を持つ法律と法令の公布。
- (e) 国民議会の召集と閉会。
- (f) 国民議会への教書の送付。彼の裁量により、必要と考慮すれば、いつでもその教書を議会で演説できる。
- (g) 本憲法に規定する国民投票実施の認可。

(2) 本条項は、国家、および宗教界の最高首長としてのダライ・ラマ猊下の権限、および権威に何らの変更あるいは影響を与えるものではない。

第30条（閣僚（カルン）と内閣（カシャ））
(1) ダライ・ラマ猊下は、適時、必要数の閣僚を任命する。それら閣僚（カルン）の中から、猊下は、首相を指名し、そして他の5人以上が閣僚となる。
(2) 閣僚は、国民議会議員を兼務できない。
(3) 閣僚に任命された者が国民議会の議員である場合、議席から退くものとする。
(4) 閣僚の就任に先立ち、ダライ・ラマ猊下は、法に定める形式と手続きにより、就任と守秘義務の宣誓を行う。
(5) 内閣は、国家行政府の行政執行に関して、ダライ・ラマ猊下を補佐し、助言する。
(6) 閣僚の俸給と手当は、国民議会が、適時、法により定めるものとする。

第31条（閣議）
(1) ダライ・ラマ猊下は、内閣会議の議長を務める。猊下が不在のときは、首相または最長老の閣僚が議長を務める。
(2) ダライ・ラマ猊下は、他の大臣を閣議に招請することができる。

第32条（法律の公布）ダライ・ラマ猊下は、国民議会が法律を最終的に承認して、内閣に送付後、2週間以内に、これらを公布する。猊下は、いつでも、この期間内に、その法律または条令の再審議を議会に求めることができる。その場合、議会は、猊下の書信に基づき、それを再審議する。

第33条（国民投票への服従）ダライ・ラマ猊下は、自己の判断または内閣の勧告により、提議された法律の制定を国民投票に付することができる。その提議された法律が有権者の過半数によって承認された場合、猊下は、その法律を前条に明記する期間内に公布する。

第34条（国民議会の解散）ダライ・ラマ猊下は、内閣および国民議会議長と協議ののち、議会を解散することができる。そのような場合は、常に解散後、40日以内に総選挙を行うものと規定する。

第35条（政府業務の遂行）
(1) チベット政府のあらゆる行政行為は、ダライ・ラマ猊下の名において行われる。
(2) ダライ・ラマ猊下の事前承認を得て、内閣は、チベット政府の業務をより円滑に処理するため、またそれら業務を閣僚間に配分するため、規定を作成する。その後、その規定案は、承認を得るため、ダライ・ラマ猊下に提出される。

第36条（摂政会議）
(1) 次のような状況下においては、摂政会議が行政権限を行使する。
- (a) 転生ダライ・ラマが先代の権限を引き継ぐ年令に達するまでの期間。
- (b) ダライ・ラマ猊下が先代の権限を未だ引き継がない期間。
- (c) ダライ・ラマ猊下の行政・機能の行使を妨げるような心身欠陥が起こった場合。
- (d) ダライ・ラマ猊下が国に不在の場合。
- (e) 国民議会が最高裁判所と協議して国民議会議員の3分の2以上が、国家の最高利益のため、ダライ・ラマ猊下の行政機能を摂政会議が行使することが絶対必要であると決定した場合。

(2) 摂政会議は、国民議会によって選出される3名からなり、その1名は僧職代表とする。国民議会議

員が、摂政会議の構成員に選出されたときは、彼は、議席を退くものとする。
(3) 閣僚が、摂政会議の構成員に選出された場合、彼は、その職を辞するものとする。
(4) 摂政会議の構成員に選ばれた者は、法に定める形式に基づいて、国民議会において就任の宣誓を行うものとする。
(5) 摂政会議の構成員が、死亡・その他の理由で職務の遂行が不能となった場合、国民議会は、新しい構成員を選出する。
(6) 国民議会の閉会中に摂政会議の構成員を解任する必要がある場合、議会常任委員会は、内閣と協議の上、当該構成員の職務を剝奪し、のちその者の解任を国民議会に勧告できる。議会は、その勧告を妥当と考慮すれば、当該者を解任し、同会期中に、摂政会議の新構成員を選出する。
(7) 国民議会の閉会中に、摂政会議の構成員2名または3名全員を解任する必要がある場合、議会常任委員会は、内閣と協議して、議会の緊急会議を召集し、国民議会に当該人物の解任を勧告できる。議会は、その勧告を妥当と考慮すれば、全員またはそれらの者を解任することができる。議会は、また、同会期中に解任された者の代わりに新構成員を選出する。
(8) 摂政会議の構成員の任期は、国民議会議員の任期と同じ期間とする。
(9) 摂政会議は、内閣、僧職評議会、および国民議会常任委員会と協議して、ダライ・ラマ猊下の転生者の尋訪を行うものとする。次いで、摂政会議は、転生者の決定と就任に関する調査結果およびその見解を、決議採択のため、国民議会に提出する。
(10) 摂政会議は、国家の領土のいかなる部分も譲渡し、または国家の独立に関連するいかなる国際協定にも加入する権限を持たない。ただし、本憲法の条項に基づいて施行された国民投票において、有権者の過半数が事前に承認した場合および、これに代わって、国民議会が、そのような他の法律を制定した場合はこの限りでない。

第37条（僧職評議会）
(1) ダライ・ラマ猊下の直接の権限下に、国内の全寺院および宗教施設の業務を管理する僧職評議会を設ける。
(2) 僧職評議会は、ダライ・ラマ猊下が適時、直接任命する5名以上の構成員から成る。

第6章 立法

第38条（立法権）すべての立法権は、ダライ・ラマ猊下の同意を条件として、国民議会に属する。

第39条（国民議会の構成）
(1) 国民議会は、次のように構成される。
  (a) 地方選挙区の人々によって直接選挙された議員75％。
  (b) これに関して制定された法律に基づいて、寺院および宗教機関によって選挙された議員10％。
  (c) これに関して制定された法律に基づいて、地方および地区議会によって選出された議員10％。
  (d) ダライ・ラマ猊下によって直接指名された議員5％。かかる人物は芸術、科学、または文学の分野から、それぞれの優れた業績により選ばれる。
(2) 本項項(1)(a) 目的のため、国を地方選挙区に分割する。各選挙区は、有権者の割合を平等とする。各選挙区に割り当てられる議員数は、これに関してダライ・ラマ猊下が任命した選挙委員会によって決定される。

第40条（国民議会の期間）
(1) 期間内に早期解散がない限り、国民議会は、毎期、定められた第1回集会の日付から5年間、継続するものとする。それ以上のことはない。5年の期限切れは、議会解散の作用となる。
(2) 議会の閉会中は、国民議会常任委員会をおくものとする。
(3) 国民議会は、常任委員会の任務、権限、および委員数に関する案を作成し、承認を得るため、それをダライ・ラマ猊下に提出する。

第41条（国民議会議員の資格）次の者は、国民議会に選出される資格を有する。
  (a) チベット国籍者で25歳以上の者。

(b) 国民議会が規定した法により無資格者と認定されていない者。
第42条（国民議会の会期）
(1) ダライ・ラマ猊下は、適時、定められた時と場所において国民議会定例会議を召集する。ただし、前会期の終わりから、定められた次の開会日まで、6カ月以上の期間をおかない。
(2) 本憲法の条項に従い、ダライ・ラマ猊下は、
(a) 国民議会を休会にすることができる、または
(b) 国民議会を解散することができる。
第43条（ダライ・ラマ猊下の国民議会講演と教書）
(1) ダライ・ラマ猊下は、総選挙後の最初の会議の開会、および毎年度、最初の会議の開会にあたり、国民議会で講演し、召集の理由を議会に知らせる。
(2) ダライ・ラマ猊下は、議会で未決定の法案・その他に関して教書を国民議会に送ることができる。議会は、できる限り速やかに教書が要求する件を考慮する。
第44条（臨時会議）
(1) ダライ・ラマ猊下は、内閣または議会議員過半数の要請によって、国民議会臨時会議を召集できる。
(2) すべての国民議会臨時会議は、ダライ・ラマ猊下の命令により開会され、閉会される。
第45条（閣僚の議会出席の権利）各閣僚は、国民議会の議事、および彼が委員として指名された国民議会のどの委員会の議事にも出席し、発言する権利を有する。ただし、投票権は有しない。
第46条（国民議会議長）
(1) 国民議会は、総選挙後、最初の会議において、その議長および副議長となる議会議員2名をそれぞれ選出する。そして、議長または副議長の地位が空席となった場合は、その都度、議長または副議長となる他の議員を選出する。
(2) 議長または副議長は、国民議会議員であることを止めた場合、または議員総数の3分の2以上により、解任決議がなされた場合、辞職する。
(3) 国民議会議長および副議長は、法に基づき、国民議会が定める俸給および手当を支払われる。
第47条（議会議員の特権）
(1) 国民議会議員は、国民議会または議会委員会において行った発言・投票に関して、いかなる法廷訴訟においても、法的責任を問われない。さらに、また、議員は、国民議会の権限において出版された報告・文書・議事録などの出版物に関して、法的責任を問われない。
(2) 議会の開会中、議員は、現行犯逮捕を除き、国民議会議長の事前認可のない限り、民事または刑事犯罪で告訴または逮捕されることはない。
(3) 国民議会議員の特権の細目については、国民議会が適時、法により定める。
第48条（議員の宣誓または確約）すべての国民議会議員は、議員の就任に先立ち、議長または代わりに任命された者の前で、法により定められた形式に基づき、宣誓または宣誓に代わる確約を行い、かつ署名するものとする。
第49条（議会における票決）
(1) 本憲法に特に規定する以外は、国民議会のどの会議においても、すべての問題は、議長または議長代理を除く出席議員の投票数の過半数によって決定される。議長または議長代理は、第1回目には投票しないものとする。ただし、票数が可否同数の場合は、決定投票を行使する。
(2) 国民議会は、その議員の空席のいかんにかかわらず、行動する権限を有する。そして、資格のない者が出席し、または投票し、あるいは議事に参加したことが、その後、発見されても、議会のいかなる議事も、合法で効力を有する。
(2) 国民議会の会議の定足数は、議会議員総数の5分の1とする。
(3) 国民議会のある会議が開かれている間に定足数が成立しない場合は、定足数に達するまで、議会を休会にするか、あるいはその会議を中断することを、議長または議長代理に義務づける。
第50条（欠員）

(1) 国民議会議員が、摂政会議または閣僚会議の一員に選出された場合、あるいは次の条項に示す議員資格の喪失のどれかに該当する場合、または本人が直筆で議長あて議席を辞する旨を表明した場合、その結果として彼の議席は空席となり、欠員となる。
(2) 国民議会議員が議会の許可なく、すべての会議を 60 日間欠席した場合には、議会は、彼の議席を空席と宣言できる。その 60 日間の計算には、議会が連続 4 日以上、停会または休会した期間は計算しないものと定める。

第51条（議員資格の喪失）
(1) 次の者は、国民議会議員の資格を喪失する。
　(a) 国民議会が法に基づき、議員資格を失わないと宣言した公職以外のチベット政府傘下の営利役職に就いた者。
　(b) 正当な権限を有する裁判所によって、その者が精神異常者と宣告された場合。
　(c) 負債の返済不能な破産者。
　(d) チベット国籍でない者、または外国に対する忠誠と支持を認める者。
　(e) 国民議会が制定した法によって資格を失った者。

第52条（議員資格喪失の決定）国民議会議員が前条項に示す資格喪失に該当するか否かの問題が生じた場合、その問題は、最高裁判所長官に付託し、その決定を最終とする。

第53条（議員宣誓以前または議員資格喪失後の出席と投票に対する懲罰）その者が、議員宣誓・署名以前にまたは宣誓に代わる確約・署名以前に国民議会議員として出席し投票した場合、またはその者が無資格者あるいは資格喪失者と知りながら出席し投票した場合、また国民議会が定めた法によって禁止されているのに出席し投票した場合、その者は、出席し投票した日数に応じ、罰金刑を科される。

第54条（議員の俸給と手当）国民議会議員は、議会が、適時、法に基づいて定める俸給および手当を受ける権利を有する。

第55条（法案の提出と通過）
(1) 税金の課税、撤廃、免除、変更、または調整、あるいはチベット政府による借入れ金の調整または政府保証の付与に関する法案は、内閣の勧告がない限り、提案または動議は提出されないものとする。ただし、減税または税の廃止に関する条令の修正案は、そのような勧告を必要としない。
(2) 前項に明記された事項に関する法規の作成は、単に罰金または金銭による他の刑罰、許認可料金、または与えられたサービスに対する料金の請求・支払いを規定するものに限るという理由から、どの事項に関しても、法規の作成は考慮しない。
(3) チベット政府の支出費用関係の法案は、内閣の勧告がなければ、国民議会を通過できない。
(4) 前項に規定した理由について、国民議会議員は、いかなる法案または決議動議の提出、あるいはいかなる法案の修正も、提案することができる。
(5) 議員が個人で提出したすべての法案または動議、および内閣が提案したすべての法案は、必要ならば、その目的のため特に任命された委員会に検討のため付託される。

第56条（年度財政報告）
(1) 内閣は、毎会計年度の内訳について、その年度の概算収支報告を国民議会に提出する。
(2) 報告書に具体化された支出概算は、次の点を、別々に明示するものとする。
　(a) 支出の支払いに必要な金額は、次の (3) 項の下に国家収入の負担とする。
　(b) その他の支出支払いに必要な金額は、国家収入からなされるよう提議する。
(3) 次の支出は、国家収入によって負担されるものと見做される。
　(a) ダライ・ラマ官庁の必要経費、および猊下の尊厳のため必要とされる経費。
　(b) 国民議会議長および副議長の俸給および手当。
　(c) 最高裁判所の裁判官に支払われる俸給、手当、および年金。
　(d) 利子の支払い、負債償却積立金、償還金などを含む、政府が法的責任を有する債務。

(2) 国家収入が負担する支出関係の概算額は、国民議会の投票採決に付されない。ただし、本条は、これらの概算を国民議会において審議することを妨げないと見做される。
(3) その他の支出関係の概算額は、助成金交付要請の形式で国民議会に提出されるものとし、議会は、いかなる要請にも同意または拒否する権利あるいは明記された金額の削減要求に同意する権利を有する。

第57条 (議事運営の規則) 本憲法の諸規定に従い、国民議会は、議事運営の手続き、およびその進行を規制する規則を作成する。

第58条 (討議上の制限) 国民議会は、最高裁判所の裁判官の任務遂行上の行為について、討議しない。ただし、裁判官の解任を要望する文書をダライ・ラマ猊下に提出する動議に関する場合は、この限りではない。

第59条 (ダライ・ラマ猊下による法令の公布)
(1) ダライ・ラマ猊下は、国民議会が閉会中でも、直ちに処置をとることが必要な緊急状況が存在すると確信するとき、いつでも、国民議会常任委員会と協議して、状況が必要とすると思われる法令を公布することができる。
(2) 本条項に基づいて公布された法令は、国民議会で可決された法令と同様な効力および拘束力を有する。ただし、国民議会の提案により、そのような法令は、すべて、ダライ・ラマ猊下によって、修正、変更、または廃棄されうる。

第60条 (法案に対する同意) 国民議会によって可決された法案は、ダライ・ラマ猊下に送付される。ダライ・ラマ猊下は、その法案に賛成か、または同意を差し控えるかを表明する。猊下は、その法案の再審議、またはその明確な規定化を、特に猊下自身の修正案を取り入れるよう希望する勧告を付して、その法案を国民議会に還付することができる。

第61条 (国民議会議事に対する司法権の不介入)
(1) 国民議会議事の合法的有効性は、議事進行の規則違反という申し立てを理由に違法性を問われることはない。
(2) 本憲法によって、議事進行の調整、議会業務の管理、国民議会内の秩序の維持などの権限を与えられた議員は、これらの権限の行使に関していかなる司法権の介入も受けない。

第7章　司法

第62条 (最高裁判所の制定)
(1) 国民議会が、法に基づく多数の任命を規定するまで、裁判長1名および3名を超えない他の裁判官によって構成される最高裁判所を設ける。
(2) 最高裁判所の各裁判官は、ダライ・ラマ猊下によって任命され、国民議会議員の3分の2以上による解任要求がなされ、およびダライ・ラマ猊下の同意によって早期解任されない限り、ダライ・ラマ猊下の希望する期間、在職する。裁判長以外の裁判官の任命については、裁判長は、常に相談を受けるものとする。
(3) チベット国籍でない者、地方裁判所の裁判官を最低5年経験したことのない者、2カ所以上の地方裁判所の裁判官を継続して最低5年経験したことのない者、地方または最高裁判所の登録弁護士を最低10年経験したことのない者は、最高裁判所の裁判官に任命される資格がない。本憲法の施行開始から5年の間、ダライ・ラマ猊下は、本条項に基づく一部またはすべての任命に関して、本項目に定める必要条件を省略できる。
(4) 最高裁判所の裁判官に任命された者は、就任に先立ち、ダライ・ラマ猊下の面前で、国民議会が法によりこのために定めた形式に従い、宣誓または宣誓に代わる確言を行い、署名する。

第63条 (裁判官の報酬)
(1) 最高裁判所の裁判官には、国民議会が、これについて法により明記する俸給・手当・年金などが支払われる。
(2) 最高裁判所の裁判官の俸給・手当・その他の特典は、その在任中は、彼らに損害を与えるような減

額または変更はされない。
第64条（最高裁判所の裁判権）
　(1) 最高裁判所は、上訴事件を審理する最高上訴裁判所であって、国家の司法行政の唯一の首長である。また、最高裁判所は、ダライ・ラマ猊下の事前承認を得て作成される規則・条令に基づき、その職務の履行に必要なあらゆる権限を行使する。
　(2) 国民議会が法によって定める条件を満たしている場合、民事・刑事・その他の訴訟にかかわらず、地方裁判所または法廷の判決・命令・最終命令を、最高裁判所に上訴できる。その訴訟が、本憲法の解釈に関する法の本質的問題を含む場合、最高裁判所に対する正当な権利として、上訴できる。
第65条（上訴特別許可）最高裁判所への上訴条件を記述した本憲法の条項または他の法律にかかわらず、最高裁判所は、独自の判断で、裁判所や法廷が下したどんな判決、命令、宣告、または訓令に関しても、上訴できる特別許可を与えることができる。
第66条（法廷規則）国民議会が作成した法律の諸規定を受けて、最高裁判所は、適時、ダライ・ラマ猊下の承認を得て、裁判所の実務および運営手続きを全般的に規制する規則を作成する。
第67条（最高裁判所の意見聴取）最高裁判所の意見を聴取するのが適切と思われる途方もない社会的重要性と性格を持つ法律問題、または事実が発生した場合、または発生しそうであるとダライ・ラマ猊下が判断したときは、いつでも、諮問のため、その問題を最高裁判所に付託できる。最高裁判所は、適切と考えられる審議ののち、その件に関して最高裁判所の意見をダライ・ラマ猊下に報告する。

第8章　地方行政
第68条（国の行政地区）
　(1) 国家の全領土は、次の行政地区に分割される。
　　(a)……［欠如］。
　(2) 各行政地区の範囲は、ダライ・ラマ猊下の承認を得て、国民議会が決定する。
第69条（行政地区知事）
　(1) 各行政地区には、ダライ・ラマ猊下が直接任命する行政官を置く。彼は、地区知事と呼ばれる。
　(2) また、各地区には、それぞれの地区議会によって選出され、ダライ・ラマ猊下によって承認された副知事をおく。
　(3) 知事および副知事の任期は、ダライ・ラマ猊下が国民議会と協議して決定する。
　(4) 知事の不在、病気、または職務遂行能力の欠けた期間中、副知事が知事の職務を代行する。
　(5) 知事および副知事の俸給は、国民議会によって定められる。そして、それぞれの在職期間中、俸給は減額されない。
第70条（地区議会の構成）
　(1) 各行政地区には、地区議会をおく。その議員定数は、ダライ・ラマ猊下が国民議会と協議して決定する。
　(2) 地区議会議員は、国民議会議員選挙の投票有権者によって選出される。
　(3) 選挙は、知事が内閣と協議の上、指示する時機に実施される。
　(4) 各地区議会は、その第1回会議の日から3カ年連続するものとし、期間終了のほかは、解散の対象とならない。
第71条（地区議会の会議）各地区知事は、彼が適切と考える時期に、地区議会の会議を開くことを決定して、告示する。各地区議会の会議は、毎年、最低、3回開かれるものとする。したがって、一つの会期の閉会から、次の会期の開会までに、4カ月間を経過しないものとする。
第72条（地区議会の議長）地区議会の会議は、地区知事が議長を務める。知事が不在の場合、副知事が議長役を務める。知事は、国民議会がそのために制定する法律に基づいて、内閣と協議の上、議事の進行、運営に関する規則を作成する。
第73条（地区議会の権限）本憲法の諸条項、および国民議会が制定した諸法律に従い、地区議会は、次の諸事項に関連して規則を作成することができる。
　(a) 病院および慈善施設の設立・維持・管理を含む、公衆衛生・保健。

- (b) 国民議会が制定する法律の対象となる小・中学教育。
- (c) 地区内の地元の業務、および事業道路・橋梁・その他の建設作業。
- (d) 社会福祉と社会援助。
- (e) 灌漑、農業、牧畜、および小規模工業。
- (f) 本条項に該当する事項に関連して作成された地区条例の実施に伴う罰金刑の賦課。
- (g) その他の事項に関して、国民議会は、法律に従って条例作成の権限を地区議会に委任できる。地区議会が制定した条例と、国民議会が通過した法律と矛盾する場合は、後者が優先する。

第74条 (報告書提出) 毎年度末、地区知事は、地区議会が遂行した業務に関する詳細な報告書を、内閣に提出する。そして、かかる報告書は、すべて国民議会に提出される。

第9章 再編成

第75条 (公務部門の再編成) ダライ・ラマ猊下は、本憲法の施行後、できるだけ速やかに、公務部局の再編成と再調整に関する勧告を行う公務委員会を任命する。

第76条 (公務委員会) ダライ・ラマ猊下は、本憲法の諸条項が効力を生じたのち、国民議会と協議して、公務員の任命・懲罰・退職・老齢年金などに関する権限と任務を有する常設の公務委員会を任命する。

第10章 (憲法改正)

第77条 (憲法改正の手続き)
- (1) 本憲法は、またそのどの条項であれ、国民議会議員総数の3分の2によって可決され、ダライ・ラマ猊下の同意を得た法律によって改正または変更される。
- (2) ダライ・ラマ猊下は、そのような憲法修正を国民投票に付託することを指示できる。そして、そのような修正は、国民議会選挙有権者の3分の2以上によって批准されない限り、効力を発しない。
- (3) 本条項は、国家の精神的首長としてのダライ・ラマ猊下の地位と権威に、いかなる方法にせよ、影響を及ぼすがごとき、何らの権限または権威を国民議会に与えるものではない。

■中華人民共和国チベット自治区各級人民代表大会選挙条例

1963年3月30日第2回全国人民代表大会常務委員会第91回会議批准(北京)

第1章 総則

第1条 中華人民共和国憲法第70条と中華人民共和国全国人民代表大会および地方各級人民代表大会選挙法の規定に基づき、チベット自治区の具体的状況とを融合させた上、本条例を制定する。

第2条 自治区・区を有する市・県・区を有しない市・市管轄区・郷・鎮の人民代表大会の選挙は、すべて本条例の規定に基づき行う。

第3条 自治区各級人民代表大会は、自治区境内各民族人民が普通選挙方法のもと選出される。また、すべての普通選挙条件を満たさない郷・鎮・県は、各界人民代表会議を招集する権限を有し、人民代表大会の職権を代行することができる。各界の人民代表大会代表者は、中央人民政府と関係者との協議のもとに選出される。

第4条 自治区の各級人民代表大会の代表は、すべて現行の行政区域に基づき選挙を実施しなければならない。

第5条 自治区・区を有する市・県人民代表大会の代表は、一級下の人民大会より選出される。区を有しない市・市管轄区・郷・鎮人民代表大会の代表は、選挙者より直接選出される。また、区を有しない市・市管轄区兼農村・放牧区の農村・放牧区の区を有しない市・市管轄区人民代表大会の代表は、郷・鎮人民代表大会より選出される。

第6条 自治区各級人民代表大会の中で、本行政区域内のその他の民族は、すべて適切な代表枠がなければならない。

第7条 自治区境内に居住するすべての満18歳以上の中華人民共和国公民は、民族・種族・性別・職業・社会的出自・宗教信仰・教育程度・財産状況・居住期限に関係なく、平等に選挙権と被選挙権が与えられる。婦女は、男性と同等の選挙権と被選挙権を有する。

第 8 条　下記状況を一つでも有するものは、選挙権と被選挙権を与えられない。
(1) 法に基づき政治権利を剥奪された反乱分子。
(2) その他、法に基づき、政治権利を剥奪された者。
(3) 精神病患者。
第 9 条　選挙者 1 人につき、一投票権を有する。
第 10 条　駐自治区境内の中国人民解放軍は、人民武装部隊代表選挙方法に基づき、単独に選挙を実施する。
第 11 条　自治区各級人民代表大会の選挙経費は、自治区選挙委員会が統一予算を編成し、自治区準備委員会に報告の上、国務院に申請し認可を受けて後、経費を受け取る。

第 2 章　自治区各級人民代表大会代表枠
第 12 条　郷・鎮人民代表大会代表枠。
(1) 人口 500 人に満たない場合の代表枠 11 名以上、15 名以内。
(2) 人口 500 人以上、1000 人に満たない場合の代表枠 15 名以上、23 名以内。
(3) 人口 1000 人以上の場合の代表枠 23 名以上、35 名以内。
第 13 条　県人民代表大会の代表枠。
(1) 人口 500 人に満たない郷・鎮の代表枠 1 名以上 3 名以内。
(2) 人口 500 人以上、1000 人に満たない郷・鎮の代表枠 2 名以上、5 名以内。
(3) 人口 1000 人以上の郷・鎮の代表枠 3 名以上、7 名以内。人口と郷数が特に少ない県の県人民代表大会代表の総枠は、30 名以上でなければならない。人口と県数が特に多い県の県人民代表大会代表の総枠は、120 名を超えてはならない。
第 14 条　区を有しない市の市管轄区人民代表大会代表総枠は、多くても 100 名を超えてはならない。市区内は、500 人以上、1000 人以下毎に代表 1 名を選出する。市管轄区兼農村・放牧区と農村放牧区の区を有しない市の市管轄区人民代表大会の代表枠は、本条例第 13 条の規定に基づき制定する。
第 15 条　区を有する市の人民代表大会代表枠。
(1) 市管轄区の代表は、50 名を超えてはならない。
(2) 人口 2 万人に満たない県の代表枠は、10 名以上、15 名以内。
(3) 人口 2 万人以上の県の代表枠は、15 名以上、20 名以内。
第 16 条　自治区人民代表大会代表枠。
(1) 区を有する市の代表枠は、46 名を超えてはならない。
(2) 人口が 1 万人に満たない県の代表枠は、3 名以上、4 名以内。
(3) 人口が 1 万人以上、2 万人以下の県の代表枠は、4 名以上、5 名以内。
(4) 人口が 2 万人以上の県の代表枠は 5 名以上、6 名以内。
(5) 区を有しない市の代表枠は、9 名を超えてはならない。
(6) 中国人民解放軍の代表枠は、18 名。
第 17 条　駐自治区境内人民解放軍は、区を有する市・県・区を有しない市の人民代表大会代表枠で、選挙法に関する規定に基づき行われる。

第 3 章 選挙委員会
第 18 条　自治区の各級人民政府のもとに各級の選挙委員会を組織し、各級の人民代表大会選挙にあたる。各級の選挙委員会構成員は、一級上の人民政府が任命する。
第 19 条　自治区各階級の選挙委員会の組織。
(1) 自治区選挙委員会、主席 1 名、副主席若干名、委員若干名。
(2) 区を有する市・県・区を有しない市の市管轄区選挙委員会、主席 1 名、副主席 1 名ないし 2 名、委員 6 名ないし 12 名。
(3) 郷・鎮選挙委員会は主席 1 名、副主席 1 名、委員 5 名ないし 9 名。
第 20 条　自治区選挙委員会は、中国共産党、各人民団体代表、および愛国人員を包括するものとし、かつ婦女が参加するものとする。区を有する市・県・区を有しない市・市管轄区・郷・鎮選挙委員会

の構成人員は、現地の状況に合わせ、前例の規定を参照して確定するものとする。
第21条　自治区・区を有する市・県選挙委員会の任務。
 (1) 各当該所属区域内で、本条例が執行されていることについての監督。
 (2) 一級下の選挙委員会の業務指導。
 (3) 各当該所属区域内の選挙に対する違法行為の検挙と告訴の受理、および処理方法の決定。
 (4) 各級の人民代表大会の当選代表の登記、代表者名の公布、および当選証書の授与。
第22条　区を有しない市・市管轄区・郷・鎮選挙委員会の任務。
 (1) 各当該所属区域内で、本条例が執行されていることについての監督。
 (2) 登記、審査、および選挙人名簿の公布。
 (3) 各該当所属区域内の選挙人名簿に対する意見の告訴の受理、および処理方法の決定。
 (4) 登記と代表人候補名簿の公布。
 (5) 選挙人の住居状況に合わせた選挙区域の策定。
 (6) 選挙日時と選挙方法の取決め、召集、および選挙大会の主催。
 (7) 選挙証の発布。
 (8) 開票作業、当選代表の確定、代表者の公布、および当選証書の授与。区を有しない市・市管轄区選挙委員会また所属郷・鎮選挙委員会の業務指導。
第23条　自治区選挙委員会は、秘書長1名、副秘書長若干名を配置し、かつ業務室を設け、日常事務を処理する。区を有する市・県・区を有しない市・市管轄区選挙委員会は、業務室を設け、日常業務の処理に当てることができる。
　　　　各級選挙委員会の労働人員は、各当該選挙委員会が任命する。
第24条　自治区選挙委員会は各専区に、自治区選挙委員会の出張所を設けることができ、自治区選挙委員会の派出機構として、該専区所属の各県の選挙業務の指導に当たることができる。
第25条　区を有する市・県・区を有しない市・市管轄区・郷・鎮選挙委員会の成立後、該組織を分業化し、業務計画と重要事項に関することを、一級上の選挙委員会教員会に報告するものとする。
第26条　選挙業務の終了後、各級選挙委員会は、選挙に関するすべての文件を中央政府に送付し、保存するものとし、かつ一級上の人民政府と一級上の選挙委員会に対し選挙に関する総括報告をしなければならない。選挙委員会の業務がすべて終了後、選挙委員会は、速やかに解散する。
第4章　選挙区域の策定と選挙人登記
第27条　区を有しない市・市管轄区・郷・鎮は、かならず選挙人登記の前に、選挙区域を策定しなければならない。
第28条　選挙区域は、当地の人口・居住の自然状況と生産組織状況により策定すべきである。僧侶が多い寺院においては、単独に選挙区を策定することができる。
第29条　各選挙区の人口は、当地それぞれを代表することになる人口数に、大体、相応するものとする。
第30条　他の民族が居住している区を有しない市・市管轄区・郷・鎮は、当地の民族関係と居住状況にあわせて、単独または連結して選挙区を分割する。
第31条　区を有しない市・市管轄区・郷・鎮選挙委員会は、選挙前に選挙区に合わせて、選挙人登記拠点を設け、選挙人の登記にあたらなければならない。
　　　　選挙人の登記過程において、本条例の第7条および第8条の規定に基づいて、選挙人の資格を審査しなければならず、また選挙権と被選挙権を有するものに対して選挙人証書を授与しなければならない。
第32条　選挙人1人につき、1回の登記しかできない。
第33条　選挙人は、居住地点の選挙区において登記を行う。生産労働（農業）、就労、勉学地点が居住地点と同一選挙区でない場合、元の登記選挙区に届け出た上で、選挙人証明を取得し、現生産労働（農業）、就労、勉学所在地の選挙区の選挙人名簿に名を列ねることができる。
第34条　中国人民解放軍の同伴家族と軍籍がない労働人員は、所在の選挙区に赴き、選挙人登記を行う。

第35条　選挙人名簿は、選挙の前に公布されなければならない。
第36条　公布された選挙人名簿に対する意見がある場合は、選挙委員会に告訴を申し出て、選挙委員会は、直ちに対処方法を決定しなければならない。告訴を申し出た者は、処理に対する不満がある場合、人民法廷もしくは人民法院に提訴することができ、人民法廷もしくは人民法院の決定は、すなわち最終決定である。
第37条　選挙人が選挙期間内に住居変更があった場合は、元の選挙委員会の遷移証明を取得した後、直ちに新居住地点の選挙人名簿に名を列ねなければなければならない。
第38条　選挙人は、登記取止めから選挙前までに、選挙人の正当なる理由があった場合、登記の補填を行い、かつ選挙委員会より名簿に公布がなされる。

第5章　代表候補人の提出
第39条　自治区各級人民代表大会の代表候補人は、すべて選挙区もしくは選挙部門より提出される。

　　　　自治区・区を有する市・県・区を有しない市・市管轄区人民代表大会代表候補人名簿は、中国共産党、各人民団体、愛国人員、およびその他の選挙人もしくは代表から、選挙区もしくは選挙部門によって合同または単独に提出される。郷・鎮人民代表大会代表候補名簿は、一般的に選挙委員会が中国共産党と各人民団体の代表が協議のもと提出し、または選挙人が合同または単独に提出できる。

第40条　区を有しない市・市管轄区・郷・鎮人民代表大会代表候補名簿は、選挙大会以前に、各選挙人小組に交付し、十分検討されなければならない。選挙委員会は、小組の討論結果に基づき、総括的に研究し、最多数の選挙人の意見に基づき、代表候補の正式名簿を提出しなければならない。
第41条　自治区各級人民代表大会の同一級代表候補は、唯一つだけの選挙部門もしくは1つの選挙区内において選挙に参加できる。
第42条　区を有しない市・市管轄区・郷・鎮人民代表大会の代表候補は、選挙区の選挙人に限らない。

　　　　各級人民代表大会が一級上の人民代表大会代表を選出する際に、その代表候補は、同級の人民代表大会の代表とは限らない。
第43条　代表候補の正式名簿は、期日前に公布されなければならない。
第44条　選挙人は、代表候補名簿に基づき投票でき、または自己が選択したいその他の選挙人もしくは代表から任意に選挙できる。

第6章　選挙順序
第45条　区を有しない市・市管轄区・郷・鎮人民代表大会代表選挙は、上級の人民政府の決定に基づき、定期的に行われる。
第46条　区を有しない市・市管轄区・郷・鎮人民代表大会代表選挙は、選挙区もしくは選挙部門がそれぞれ各自に執り行う。
第47条　区を有しない市・市管轄区・郷・鎮の選挙大会は、選挙委員会の代表の出席があって執り行うことができる。選挙大会の主席団は3人より結成され、選挙委員会の代表は、直接に主席団主席でもあり、その他の2人の者は大会より推薦される。

　　　　自治区各階級の人民代表大会が一階級上の人民代表大会代表を選出する際は、該階級の人民代表大会主席団が執り行う。
第48条　区を有しない市・市管轄区・郷・鎮人民代表大会代表選挙は、無記名投票方法もしくは選挙人が適当と認める方法を採用する。県級以上の人民代表大会代表選挙は、無記名投票方法を用いる。

　　　　無記名投票方法を採用する際に、選挙人がもし文盲もしくは身体不自由者であり、票に書き込むことができない場合は、当人が信頼する他の選挙人もしくは大会が推薦する代筆者が、本人の意見に基づき代筆することが可能である。
第49条　自治区各級人民代表大会は、代表全体の過半数の出席をもって、開催が認められる。

　　　　選挙大会は、選挙民の過半数の出席をもって開催が認められ、選挙できる。選挙人が過半数に満たない場合は、選挙委員会より第二次大会を召集し、選挙を行わなければならない。ただし、第二次大会でも過半数に満たない場合は、選挙を行うことができる。

第 50 条　投票終了後、大会に推薦された計票人員が、投票人数と票数を照合した上で、記録を作成し、かつ代表大会主席の署名が必要である。
第 51 条　毎回の選挙において票数が選挙人を超えた場合は無効とし、投票人数枠内であれば有効とする。
　　　　それぞれの選挙所において、選挙人の人数が選挙規定人数を超えた場合は無効とし、規定人数以内であれば有効とする。
第 52 条　各階級人民代表大会代表候補は、出席選挙人の半数以上の票を獲得したとき、当選となる。代表候補の獲得票数が出席選挙人の半数に満たない場合は、再度、選挙を行うものとする。
第 53 条　選挙結果は、選挙委員会もしくは主席団が本条例に関する規定に基づき、有効の有無を確定し、かつ宣布する。
第 7 章　選挙に対する破壊活動の制裁
第 54 条　暴力・恐喝・詐欺・賄賂などの非合法手段によって選挙を破壊し、もしくは選挙人の選挙権と被選挙権の自由な行使が阻害された場合には、すべて、違法行為と見做され、人民法院もしくは人民法廷によって 2 年以下の刑事処分が下されるものとする。
第 55 条　各級の人民政府と選挙委員会の人員が文献偽造や票数虚報・隠蔽などの違法行為を犯した場合は、人民法院もしくは人民法廷によって 3 年以下の刑事処分が下されるものとする。
第 56 条　選挙中の違法行為に関しては、すべての人が選挙委員会もしくは人民政府と人民法院・人民法廷に検挙し告訴する権利を有する。すべての機関もしくは個人は、圧制・報復行為を加えることを禁ずる、違反した場合は、人民法院もしくは人民法廷により 3 年以下の刑事処分が下されるものとする。
第 8 章　付則
第 57 条　本条例は、自治区準備委員会を通過し、国務院への報告の上、全国人民代表大会常務委員会の批准後に、施行する。当該解釈権限は、自治区選挙委員会に依拠する。

■張国華中国共産党チベット自治区委員会第一書記演説「社会主義の新しいチベットを建設するために奮闘しよう」

1965 年 9 月 2 日チベット自治区第 1 期人民代表大会第 1 回会議演説（ラサ）

　中国共産党の指導するチベット革命には、2 つの段階、すなわち民主主義革命の段階と社会主義革命の段階が含まれている。民主主義革命の段階における党の任務は、チベット勤労人民を導いてチベットにおける帝国主義と封建的農奴主階級の支配を打倒し、封建的農奴主の所有制を農（牧畜）民の個人経営の所有制に変え、封建的農奴制度のチベットを人民民主主義のチベットに変えることであり、さらに、この段階の主な任務を完成してから、勤労人民を導いて社会主義革命を行うことである。

　15 年来、チベット史の発展過程における最大の特徴は、最も反動的な、最も野蛮な政教一致、僧侶・貴族独裁の封建的農奴制度から、民主主義革命を経て、社会主義へと飛躍しつつあることであり、資本主義への道を通らずに済ましたことである。

　極悪の封建的農奴制度に対して、100 万人農奴は、民主的改革を切実に要求していた。中国共産党は、民主的改革を進めるために、革命勢力を強化し、組織する面で、また上層部と団結し、それを教育・改造する面で、長い間、沢山の活動を行ってきた。8 年にわたる党の活動を通じて、大衆の階級意識が次第に高まり、大量のチベット族革命幹部が育ち始め、愛国勢力も次第に強大となり、しかも 100 万人農奴が極悪の封建的農奴制度を打倒するよう切実に要求したときに、ダライを頭とする上層部の反動的集団は、遂に武力反乱を引き起こした。しかし、その結果は、彼らの願いと裏腹に、自分で石を持ちあげて自分の足を打つことになった。彼らの反動的な正体は、完全に暴露され、広範囲の大衆のあいだに極めて大きな憤激を巻き起こし、大衆の階級意識はいっそう高まった。同時に、それは上層部の愛国的人士の反対をも引き起こした。こうして、彼らはまったく孤立し、チベット革命にはすばらしい情勢がもたらされた。党は、反乱を平定し、民主的改革を実行するという大衆の要求を断固支持し、大衆を指導して反乱を平定し、民主的改革を実行する偉大な勝利を勝ちとった。

反乱を平定し、民主的改革を実行する以前には、チベットの100万人農奴は切実に解放を求めていた。反乱が平定され、民主的改革が実行されると、広範な勤労人民は、社会主義の道を歩むことを望み、求めるようになった。大衆のこうした革命の要求をどのようにして、大衆の自覚した革命的行動に転化させ、彼らの願いを実現するのかが、党のチベットにおける15年来の大衆工作の中身のすべてであった。

　民主主義革命が基本的に完成され、その後直ちに、社会主義革命の段階が始まってからは、大衆の社会主義的自覚を高めて、社会主義的改造を実行する条件を作り出すことが、党のチベットにおける大衆工作の主な任務となった。

　1961年上半期以降、党は、中央の方針に基づいて、大衆のあいだで、主に次のような活動を行った。第一、互助組を大いに組織し、発展させ、農業・牧畜業・手工業などの生産の発展を促した。それと同時に、いくつかの中小型工業をつくりあげ、国営商業網を発展させた。第二、普通選挙を行い、各級の人民政権機構を健全化し、人民民主主義独裁を強化した。第三、封建主義の復活に反対する闘争を繰り広げた。とりわけ、1964年冬、チベット自治区準備委員会第7回拡大会議の趣旨が貫徹されてから、この闘争はいっそう深まった。第四、農業・牧畜地区と町に共産党・共産主義青年団の末端組織およびその他の大衆組織を打ち建てた。第五、1万6000余名のチベット族幹部を育てあげ、2万余名のチベット第一代の労働者階級の隊列を作りあげた。第六、機関や企業・事業部門の中で、社会主義教育運動を繰り広げ、農業・牧畜地区で階級教育・社会主義教育・愛国主義教育の三大教育運動を展開した。以上の活動を通じて、大衆の階級意識、社会主義的自覚は、大いに高められた。

　15年以来のチベットにおける階級闘争の過程で、武装闘争は、常に極めて重要な地位を占めてきた。軍事闘争の面で、われわれは、チャムド（昌都）戦役、上層部の反動分子が引き起こした反乱の平定、中国・インド境界における自衛的反撃作戦の3つの決定的な意義をもつ戦役を経験した。どの軍事的抗争も、その都度、チベット革命の前進と発展を推し進めた。

　この15年間、われわれは、チベットにおいて党の人民民主統一戦線の方針・政策を真剣に貫徹し、反帝愛国勢力を援助しそれを強大にし、団結できるすべての人民と団結し、親帝国主義分子・民族分裂主義分子・農奴主階級の中の最も反動的分子を孤立させ、チベットの革命闘争と建設活動の中で大きな役割を果たしてきた。チベット統一戦線の発展は、2つの段階を経てきた。1959年以前では、統一戦線は反帝愛国を主な任務としており、中央人民政府とチベット地方政府のチベットの平和解放に関する17条協定が、この統一戦線の共同綱領であった。反帝愛国と17条協定に賛成するすべての人士に対して、党は、団結・教育・改造の政策をとった。反乱の平定、民主的改革の勝利に伴い、労農同盟は一段と強化され、愛国勢力は絶えず強大になり、人民民主統一戦線は、新しい段階へと発展した。この統一戦線の指導勢力は共産党であり、その階級的基礎は労農同盟であった。

　チベットは権力の問題で、複雑な激しい階級闘争を経てきた。自治区準備委員会の成立前、チベットには、事実上、人民民主主義政権と反動的な封建農奴主の政権という2つの政権の対立した局面が存在していた。この時期においては、人民民主主義政権と反動的な封建農奴主の政権のあいだの闘争が主要な闘争であった。1956年、政権の性格をもった協商事務機構であるチベット自治区準備委員会が成立した。ダライを頭とする当時のチベット地方政府は、人民にとって有益な自治区準備委員会のあらゆる進歩的な決議と措置を、八方手をつくして妨害し、破壊した。その結果、この闘争は、いっそう複雑となり、鋭くなった。1959年、上層部の反動的集団が引き起こした武力反乱が平定されてから、性格のまったく違った2つの政権が並立し対立するという局面は終わりを告げ、統一したチベット人民民主主義政権が樹立された。1964年、チベットの人民と上層部の愛国的人士は、反人民・反祖国・反社会主義であり、祖国への反逆を企てたパンチェンの犯罪的活動を徹底的に暴露し、批判した。

　そして、国務院の批准を経て、パンチェンのチベット自治区準備委員会主任委員代理という職務を解除した。これらの情況が示しているように、人民が権力を奪取する闘争は、人民革命闘争の根本的な問題であり、また非常に鋭い闘争の過程である。反動的農奴主階級が自ら進んで権力を譲り、歴史の舞台から引き下がることは絶対にない。人民が断固たる闘争、特に武装闘争を行ってこそ、始めて反動的な農奴主の政権を徹底的に粉砕し、労働者階級が指導し、労農同盟を基礎とした人民政権を樹立し、労働人民の国家

の主人公となる権利を実現することができる。

　チベット自治区は、まもなく成立するところにある。これは、党の民族区域自治政策のいまひとつの偉大な勝利である。民族区域自治制度は、人民民主独裁の制度である。チベットにとっては、それは、労働者階級・農民・牧畜民階級・その他の勤労人民、愛国的人士、社会主義を擁護するすべての人士が、党の指導のもとに団結して、人民民主主義の民族区域自治権を樹立することにほかならない。それはまた、農奴主階級、反動的な農奴主分子、反動的な農奴主の代理人、社会主義革命に反抗し社会主義建設を破壊する反革命分子・反乱分子・その他の悪質分子に対して独裁を実行することにほかならない。チベット自治区が正式に樹立されることは、人民政権がいっそう強固になったことを示している。

　この15年間に、チベット地区の極度に立ち遅れた経済は、著しい発展を遂げた。その根本原因は、民主的改革を実行し、封建的な生産関係を変革し、生産力を解放して、生産発展のための道を掃き清めたからである。もうひとつの重要な原因は、チベットの全党・全人民・全軍が党中央と毛（沢東）主席の呼びかけに答え、刻苦奮闘・自力更生の革命的精神を発揮したからである。

　経済建設においては、自力更生の方針が確固として揺るぎなく貫かれなければならない。自力更生の精神は、チベットにとっていえば、つまり、刻苦奮闘し、農業・牧畜業にしっかりと取り組み、大いに食糧生産を起こし、自力に頼って、チベットの発展と進歩に物質的な土台を築き上げることである。19年来の事実が証明しているように、自力更生の方針は、チベットの実情にぴったりと適っており、まったく正しいものである。

　チベット地区の生産建設を発展させ、経済的に貧しく、文化的に立ち遅れていた。従来のまったくひどい状態を改めようとすれば、祖国の各兄弟の民族、とりわけ漢族の大きな支援が必要であり、それがまた大切でもある。こうした支援がない限り、事態は非常に困難である。われわれが生産建設の上で、これまでに勝ちとった成果は、国家と各兄弟民族の大きな支援と切り離すことができないものである。

　この15年来、われわれは、民族幹部の養成に関する党中央と毛沢東主席の指示に基づき、1万6000名にのぼる地元の幹部を育てあげた。そのうちには、それぞれ各級の指導的な職務を受け持っている1000余名の幹部を含んでいる。こうして、一定水準の階級意識をもち、大衆と密接に結びついている幹部の隊列が形成された。彼らは、党の指導のもとで、反乱の平定、民主的改革、中国・インド境界の自衛的反撃戦、三大教育運動などの革命闘争と大衆運動の中で、きびしい階級闘争の試練を受けたが、そのほとんどは立場がしっかりしており、仕事に積極的で、民主主義革命における、また社会主義的改造の準備期間におけるそれぞれの任務を勝利のうちに完成し、祖国に対し、チベット人民に対して大きな貢献をした。彼らは、チベット族勤労人民の立派な息子、立派な娘の名に恥じないものであり、党とチベット人民の最も貴重な革命の財産である。

　ここ15年来、われわれは、労働者・農民を中核にするという幹部路線を確固として揺るぎなく貫き通し、階級意識の高い、党のいうことをよく聞き、積極的に大胆に仕事をし、養成しがいのある貧しい農民・牧畜民・その他の勤労人民出身のチベット族青年を選りぬいて養成することに、注意を払ってきた。これらの貧しい農民・牧畜民出身の地元の幹部は、封建的農奴制社会で三大領主（チベット封建政府・寺廟・貴族）の圧迫と搾取を、いやというほど嘗めてきており、旧社会に対しては、骨に徹するほどの階級的に憎しみをもち、労働人民に対しては、深い階級的感情を抱き、勤労人民と一番親密に結びついている。彼らは、幹部の隊列の中で、最も貴い新生の力である。これら勤労人民出身の革命幹部がいたからこそ、民主主義革命の極めて困難な任務が勝利のうちに完成されたのであり、これからも、やはり彼らに頼って社会主義革命と社会主義建設の偉大な事業を完成していかなくてはいかねばならない。

　チベットの革命と建設の事業は、党と毛主席の指し示した道に沿って前進している。チベットの革命と建設の事業の偉大な勝利は、党の指導の偉大な勝利であり、毛沢東思想の偉大な勝利である。党と毛主席の優れた指導は、チベットの飛躍的な発展に最も根本的で決定的な役割を果たした。これからも、われわれは、いっそう毛沢東思想を拠り所とし、チベットの実情から出発して、焦らず奢らず、真面目にこつこつと励むことによって、チベットの社会主義革命と社会主義建設の事業により大きな勝利をもたらし、新たな歴史的飛躍を成し遂げるであろう。

■ 14世ダライ・ラマ法王から中国軍事委員会主席鄧小平あて書簡
1981年3月23日送付（ダラムサラー）
主席閣下

　私は、一般民衆、特にプロレタリアート階級の幸福を追求する共産主義イデオロギー、そして民族間の平等を求めたレーニンの政策に賛同し、信頼を寄せるにやぶさかではない。同様に、私が毛主席と持った民族に関するイデオロギーと政策についての対話にも満足している。その同じイデオロギーと政策が履行されておれば、更なる賞賛と幸福がもたらされたことであろう。しかしながら、過去20年間の発展について一般的見解を述べるとすれば、人類の幸福の基盤である経済と教育の推移に間違いが見られたことがあげられる。その上、耐え難い崩壊によって引き起こされた苦しみのため、党や党幹部と大衆のあいだに、党幹部の内部に、そして大衆自身のあいだに、信頼の損失が見られるようになった。

　不正確な憶測と虚偽の陳述でお互いを欺くことによって、真の目標達成に実は失策と遅れが生じる羽目になった。当然のごとく現在、各方面から不満の兆しが上がり始め、それは、目的が達成されなかったことを、はっきりと指摘している。

　チベットにおける状況を、例にとってみよう。一般国民の基本的幸福と短期および長期にわたる繁栄の促進に不可欠な英知と能力に欠ける一部のチベット人高官が、チベットについて何も知らず、一時の名誉のためだけに効果的な報告書をでっちあげ、阿るように中国人高官に協力しているのは、嘆かわしいことである。実際に、チベット民族は、測りしれない困難に耐えているばかりか、多数の人々が不必要にも命を失ってきた。しかも、文化大革命の最中、チベットの古代遺跡はことごとく破壊された。これらの痛ましい出来事は、過去を端的に物語っている。過去の失敗の経験を考慮にいれて、いま、「事実から真実を求める」新しい政策と近代化という政策が出されている。チベット問題に関して、同志胡耀邦がラサを訪問して、過去の失敗を率直に認め、間違いを正そうとあらゆる努力をされたことに、私は、喜びを感じ、賞賛するものである。

　お気付きのように、過去20年間、国外にいるわれわれチベット人は、民族のアイデンティティと伝統の価値を保存しようという努力とは別に、より良いチベット社会を導く正しい行為、正義、および民主主義の原理の知識を通して、自分たちでその将来を決められるよう若者を教育してきた。端的に申しあげると、われわれが他国に住んでいる事実を考慮に入れて、世界の難民の歴史の中での私たちの功績は、誇るに足るものといえる。政治的面では、チベット民族の合法的権利を求めた戦いの中においても、私たちは、常に真実と正義の道を追い求めてきた。決して、中国の人びとに対して歪曲や誇張、そして批判に終始したこともなく、敵意を抱いたこともない。とりわけ、いかなる国際政治勢力圏にも組みすることもなく、真実と正義というわれわれの立場を守り続けてきた。

　1979年初め、鄧（小平）主席の招請によりギャロ・トゥンドゥプが中国を訪問した。トゥンドゥプに託されたメッセージで、主席は、私たちが中国と連絡を取り続けるよう、要請された。また、チベットへ実情調査団を派遣してはどうかと、勧めてくれた。その後、3度にわたる派遣団が、肯定的・否定的両面からチベットの状況を把握することができた。チベット民族のアイデンティティが保護され、人びとが真に幸福であるのなら、不満をいう道理はない。しかしながら、実際は90％以上のチベット人が精神的にも肉体的にも苦しんでおり、深い悲しみの中で暮らしている。このような悲しむべき状況は、自然災害によってではなく、人間の行為によって引き起こされた。そのため、現実に即した道理に適った方法で問題を解決するために、真の努力がなされねばならない。

　そのため、私たちは、チベット内外にいるチベット人だけでなく、中国とチベットとの関係をも改善する必要がある。今後、真実と対等な関係に立つという私たちの出発点に立って、チベット国民と中国国民のあいだにより良い理解を基礎とした友好関係を築くよう努力しなければならない。チベット民族の真の幸福を達成するために、寛容の精神と広い心でわれわれの結束した知恵を働かせるときである。しかも、焦眉の急を要する。

　私自身は、国境を超えた全人類の幸福、特に貧者や弱者の幸福のために力の及ぶ限りの努力を続けている。チベット民族は、大きな信頼と希望を私に託しているので、現在また将来の幸福への彼らの願いと熱

望を、ぜひとも主席にお伝えしたい。
　前述の点について主席のお考えをお聞かせ下されば、大変幸せである。
　心からの敬意と好意を込めて。

書簡の付記
1981年3月23日
　ギャロ・トゥンドゥプを介した北京からの申し入れを受け入れ、既に3度の実情調査団が、最近、チベットを訪れた。4度目は、今年4月に出発することになっている。北京は既に、50人の教師からなるインドからの代表団が2年の予定でチベット各地の学校に赴任する件と、お互いの連絡を容易にするための連絡事務所をラサに開設する件について、承認されている。
　最近、ギャロ・トゥンドゥプは、香港の新華社を通じて、次のようなメッセージを受け取った。
1. 4度目の視察派遣団に関しては、現在のところ、何も確認されていない。香港かニューデリーの中国大使館を通して、後日、回答があるだろう。
2. ラサの連絡事務所開設の件と教師派遣の件について、われわれは、原則的には承認しているが、連絡事務所の開設は延期した方がよいと思われる。代わりに、香港とニューデリーの中国大使館を通してより密接な連絡を取られたい。
3. 設備の整ったインドで育った教師にとって、現時点での設備不足のチベットで生活するのは、困難と思われる。彼らの士気を損ないかねないものがある。そのため、チベットへの教師派遣は延期するべきだとの提案がなされている。当面、中国内部の民族学校に何人かの教師を派遣し、そこから徐々にチベットに送られることになろう。（その後、ニューデリーの中国大使館から送られたメッセージは、今年の第4次視察団の派遣は延期されるだろうと伝えてきた。）
　右記に対するわれわれの回答を、以下に述べる。
1. 今年の第4次視察派遣団の延期の件、ならびにラサ連絡事務所開設の当面の延期の件は応諾する。
2. チベットへの教師派遣に関しては、教師はチベットの学校の困難な状況を既に承知している。したがって、このことが、彼らの士気低下を招き、彼らの任務遂行を妨げることはないものと思われる。それで、教師派遣の主たる理由は、困難な状況下にある生徒の教育水準を引き上げることにあるので、この件について再考して頂くようお願いする。教師は、もっぱら教育にのみ係わり、いかなる政治活動にも従事することはない。したがって、この点に関して懸念される必要はない。

■ 10世パンチェン・ラマの中国全国人民代表大会チベット自治区常務委員会報告
1987年3月28日演説（北京）
　趙紫陽総理により提出された政府事業ならびにその他関連事項の報告は、出席者全員によって高く評価され、私も、完全にそれを支持する。わが国のあらゆる面について論ずることは、大切なことである。中国共産党第11期中央委員会第3回全体会議において立案された政策は、わが国の現状に相応しいものである。これが、われわれをいっそう効率化しよい結果を生み出すであろうことを信じる。事業報告は、詳細にそれらについて論じており、真に近代的かつ強力にして民主的社会主義国家を造り上げる上で、われわれの助けとなることを確信する。報告は、政府がその政策を実現してゆくために役立つ明確な指針と指示を内包しており、政策を策定する上で有用な概念となろう。私はまた、中国の様々な民族の状態にも簡潔に触れたことを評価する。
　わが国は、多民族国家であり、中国人（漢族）を除き、55の少数民族社会が存在する。
　文化大革命以前もそうであったが、それ以降の極左的偏向は、少数者社会を多くの面で苦しめてきた。
　極く最近、「パサンと彼女の親戚」と題する物語が、チベット人を嘲るためにわざわざ、雑誌に発表された。去年、チベット代表は、それが映画化された際に抗議した。われわれは、ガポ・アペイ・アワンジメイ（阿沛・阿旺晋美）（全国人民代表大会常務委員会）副委員長（チベット自治区人民代表大会議長）に、われわれの不快感を関係省庁に伝えるよう求めさえした。しかし、なんの返答もなかった。返答の代わりに、

この映画は、関係部門で第一位を与えられた。「慈悲なき同情」と称するこの種のもうひとつの映画もまた、受賞した。こうした類の例は、他の少数民族に対しても度々見られる。

　昨年11月、よく学習するようにとの但し書きのついた10項法制文書なるものが配布された。だが、この文書は、少数民族社会の自治問題には、いっさい触れていなかった。第22回全国人民代表大会常務委員総会で、われわれは、法務当局に対し、何故、こういう重大な事柄が取り扱われていないのか問い質した。それに対する答えは、自治区行政上の法制化は各少数民族に任されているということであった。

　私は、この発言に強く反対する。そして、このような問題は中国人民、特に法を実施する立場にある官僚こそがもっと調査・研究すべきものではないか、といいたい。問題は、「われわれが権力を行使する力がないからではなく、初めから権力を与えられていないからなのである。召使が裸でいるのは、彼が服を着たくないからではなく、主人が服をいっさい与えてくれないからなのである。」

　ところで、人民日報が報ずるところでは、幾つかの変化が現れている。しかし、少数民族をまったく無視している兆候が沢山ある。第20回全国人民代表大会常務委員会小委員会の合同会議で、政府の欠点として、私が指摘したのも、このためである。香港・台湾の重要性になんら反対はしない。しかし、われわれの問題が除外され無視されるやり方は、まったく心外である。

　解放時代、毛沢東、周恩来は、少数民族と話合いを進めてきた。しかし、その後の少数民族の状況は、私には、まったく理解できないものであり、ここにいる全員にそれを判ってもらいたい。

　少数民族は、中国人の僅か6％に過ぎないが、彼らの領域は、中国全土の実に64％を占める。それ故に、これら地域の平和と安定を確保することは、中国のために必要である。国家計画委員会報告で、多くの地域における貧困脱却に対する数多くの提案がなされているが、少数民族地区に関しては、一言も言及されていない。この常務委員会の席を借りて、私は「貴方方が先ず繁栄するのは、結構なことである。その間に、私たちは、ぼろをまとい、食物をあさっているだろう。だが、それで、貴方方は自ら誇れるのか」と述べた。私は、経済開発の専門家ではないが、かといってまったくの素人でもない。例えば、チベットにおいて交通運輸・通信・その他関連施設が開発され、天然資源が有効に利用されるなら、2、3年以内に投下資本を償却できる、と確信している。われわれは、国が経済的困難に直面していることを、十分に認識している。また、重要な各種プロジェクトすべてに投資するだけの十分な資本源を持っていないことも、承知している。しかし、私が今述べた点を政策として採用するのには、なんら不都合はないはずである。

　前にも述べたように、過去20年以上にわたって少数民族地区で実行された左翼的政策は、非常に有害であった。その政策の後遺症は、今日ですら、チベットに強く残っている。現在の解放政策がこれから先もずっと続けられてゆくのであろうか、とわれわれチベット人民は懸念している。

　昨年、カム地方を訪問して、大規模な無差別的濫伐によって国土が荒廃しているのを知った。これによる大きな地滑りが方々で起こっていた。高収入が十分期待できたはずの数多くの産業が少数民族地域では閉鎖されてしまっている。例えば、タクロ・トロン（塔克・龍宗）、雲南地区には高収益を挙げていた煙草工場があった。しかし、その向上は、熟練労働者不足と製品の低品質が原因で潰されてしまった。それも高品質の原料を使っていたにもかかわらず、である。一方、上海の煙草工場は、高品質の材料を使っていないのに、熟練した職員と高い技術を駆使して上質の製品を生産し高い収益を上げている。

　少数民族地区には、特別の注意を払うべきである。その地区の産業には、国の援助が必要である。しかし、政府が気がつくときには、常にそこの産業が破産に瀕していた。原因は、政府側の怠慢か、地区住民にいっそうの負担を背負わせようとす計画的策謀のいずれかである。

　1980年、胡耀邦同志がチベットを訪れたとき、彼は、役に立たない中国人全員を本国に送還すると約束し、われわれは、その賢明な決定を歓迎した。われわれが必要とするのは、有能な人材である。

　無能者を擁して、一体、何の意味があるというのか。中国人すべてが有能であるはずがない。有能な者もいれば、無能な者も必ずいるに違いない。

　チベットにいる中国人1人を養う費用は、中国にいる中国人4人分に匹敵する。チベット人民は何故、彼らのためにその経費を背負わされねばならないのか。何故、そのすべてをチベット自身の発展のために有効に使えないのか。チベット人民は、無能な中国人の大量移住政策のために多大の苦しみを蒙っている。

数千人の中国人チベット移住で始まった人口は、今日その何百倍にも達している。初期の頃、勤勉に働いてきた多くのの古参中国人が今、その実績を認められないまま朽ち果てているのも、この政策のためである。今日、中国人は、一家もろとも移住してきており、あたかもアメリカへの出稼ぎ人と同様にひたすら「金」のために働き死んでゆく。なんと馬鹿気た話ではないか。
　チベット人民は、チベットの正統な主人である。チベット人民の願望・感情は尊重されなければならない。伍精華が交代させられるだろうと、多くの人びとは思っている。彼に関する率直な報告を提出するよう、私は指示されている。彼は、なかんずく民族・宗教問題、共同戦線政策を成功裡に進めてきた。経済発展がわれわれの最優先課題であるのなら、もっと長期的展望を持たなくてはならない。少数民族問題を決して無視することは許されない。経済発展と少数民族問題は同等の重要性を与えられるべきである。
　チベットに新しく幾つかの学校が設立されたが、その教育内容は極めて貧弱である。中国16省に設立された学校には、チベット人学級が設けられたが、これはもちろん、われわれチベット人民への中国政府の関心を表明するためのものであった。だが、そこにも数々の問題が発生している。先ず生徒が成績主義で選ばれることによって、チベット全体の学校に悪い影響を与えている。第二は、大部分の生徒が小学生であるため、幼い時から、彼らの固有の文化、そして家庭から切り離されていることである。次第に、彼らは両親、一般大衆、そして祖国からも阻害されてゆく。
　さらに、中国における教育は、彼らが本当に必要とするものにそぐわないことである。雲南地区の幾つかの学校で気づいたことは、時間割にはチベット語の時間があるものの、生徒はろくにその授業を受けていなかった。両親は、子供が中学を終えたら、仕事を見つけ、一緒に暮すことを望んでおり、遠く離れ離れになっているのを厭がっている。昨年、カムを訪問したとき、私はこう語った。「中国人は強力な翼を持ち、航空技術にも長けている。彼らは、中国国内を飛び回りインド洋を越え、教育を受けに外国にまで飛んでゆける。しかし、海外に留学した者の中で祖国のために貢献しようと戻ってくるのは30％に過ぎない。もしわれわれ少数民族が海外留学する機会があれば、自分の祖国のためにきっと帰ってくるだろう。チベットやその他の地区では、中国子弟のために膨大な教育費を払っている。だが、彼らが教育を終え中国に帰ってこないのなら、あの莫大な金は何のために費やされたのか」。私は、同じ問題をこの常務委員会においても、敢えて持ち出したい。今後、海外に留学する学生には、一定期間、祖国のために働くことを約束する誓約書を書かすべきである。帰国しない場合、国が彼らのために支払った教育費全額を返却させるべきである。チベット人学生もまた、同様の規則に従わせよう。
　さて、チベット人と中国人学生との教育上の不平等について言及したい。中国人学生は試験に合格するには合計250点必要だが、チベット人学生は僅か190点を要求されるに過ぎない。しかも、合格者数において、中国人学生はチベット人学生より遙かに多い。これは、チベット人学生が言葉の壁に悩まされているからである。私自身そのことを経験している。私は、中国語を話せるが、度々大きな間違いをしている。それは、中国語が私の母国語ではないからである。中国語に関する限り、中国人に伍して自信は無い。さらに、事態を悪くしているのは、他省に送り込まれたチベット人学生は、気候・風土・食物・その他諸もろのものになかなか順応できないことである。このため、彼らの多くは、病気になり、ひいては勉学に励むことができなくなる。親がそのことを知り、子供に会いに行こうとすれば、飛行機に乗るしかない。子供も、親に会うためには、学校を休んで行くしかない。これは、どちらにしても、家族にとって大きな経済負担である。去年、上海・その他の地区の学校で、チベットの学校のためという名目で車を購入したが、実際には、自分たちの建設作業に使用している。当局は、後になってその不正を知り、事態を改善したが、人びとは共謀して、その犯罪を公にさせなかった。以来、事態は多少良くなったとはいえ、2度とこういうことが起こらないようにしなくてはならない。
　政府は、近くチベットの教育改善について会議を開き、議論しようとしているが、その会議では、チベットの教育制度を徹底的に討議するよう働きかけてもらいたい。私が思うに、チベット人の教育施設は、チベット本土に基盤を置くべきである。上級中学校を終了した学生は、それぞれの適性に合ったより高い教育と、また各自の地区が必要とする教育の道を進ませるべきである。それまでに、彼らは、チベット語の基礎知識を習得し、母国への強い親近感を抱き、その地のために力を尽くそうという気持ちを持つよう

に仕向けるべきだと思う。このやり方は、大きな改善だと信じる。各民族が母国語を習得し駆使できる環境を作ることは、何よりも大切なことである。中央政府はチベット語習得の重要さをよく口にするが、それの具体化には何の手も打とうとはしていない。

　政府は、4つの近代化計画を公表した。私は、科学の専門家ではなく、慈悲という仏教の基本思想を信じる者である。先進国から学ぶことは大切である。しかし、われわれが学ぶべきことは、彼らの技術的知識と科学的管理方法である。高い生活水準を維持する社会は、最良のシステムを持っている。この点について、私は、あまり考えていなかった。日本人の生活方式は、かなり複雑である。彼らの文化・科学・技術教育は非常に高度にシステム化されている。世界の何処であろうと、新しい本が出版されると、僅か30日以内に日本語に訳されて読むことが出来る。それに比して、チベットの翻訳機能は誠に嘆かわしい限りであり、特にヨーロッパの言語に、それがいえる。東トルキスタン、内蒙古より、さらに貧弱である。去年、外国に行ったとき、チベット語を英語に翻訳できる者は、だれもいなかった。そのために、私は、中国語の翻訳者を使って中国語で喋るしかなかった。これは、外国人に非常に悪い印象を与えたはずである。このことは、チベットの教育水準がいかに劣悪であるかを証明している。

　チベット自治区全体で物理学の本をチベット語に翻訳できる者は、皆無である。チベット自治区当局者は、一体、何をやっているのか。青海省（アムド地方）では、その質を問わず、何でも翻訳しているし、チベット自治区を喜んで援助してくれようとしているのに、チベット自治区当局は、その申し出に応じようとすらしていない。彼らは、実際には、チベット言語を完全に無視している。なんと悲しむべきことか。ガポ・アペイ・アワンジメイ副委員長は今年、チベットを訪れるそうだが、彼がチベット語を広めるための法制化の道を開くことができるかどうか、甚だ疑問である。それが実施されれば2、3年以内にすら、事態は大いに改善されること、請合いである。チベット人民の95％は中国語を話すことも解することもできない。中国語を公用語化しているのは、中国人官吏の便宜のためだけにすぎない。行政面でチベット語を用いることは、どれだけチベット民衆の助けになるか分からないはずはあるまい。ある人は、私が喋り過ぎると、不快に思うだろう。多分、そうだろう。しかも、多くの人間は、私と同じ不満を表明している。昨年のある会議で、ガポ・ガワン・ジクメ同志は、今、私が述べたような状況に対して怒りの余り拳を机に叩きつけたのではないか。私は、すべての人が、このことをもっと真剣に受け止めてもらいたいと思う。チベット語の普及は決して小さな問題ではない。政治に直結しているのである。

　ドルジェ・ツェテン同志（北京チベット学研究所長、元チベット自治区人民政府議長）ならびに同志諸君！チベット語も文化も満足に知らぬ人間が、どうやってチベット教育に関する調査ができるというのか。チベット学研究所に対し、特にその新人教育制度について多くの人間が大きな不満を、私に表明している。一言でいえば、チベットの業務に関してなさねばならぬことが山ほどあるということである。チベット自治区委員会並びにチベット自治区政府は、その行政機能を十分に調査し、改善に向けて努力を結集してもらいたい、と願っている。

　私はまた、中央政府がチベットの政府状況にもっと関心を持ち、この地区に対するいっそうの経済援助を強化して欲しいと思う。

　チベットは、今、非常な重荷に喘いでいる。われわれチベット自治区代表は、全国人民大会で幾つもの提案をした。その表れの一つとして、政府機関の中級クラス官吏は、若くて有能な要員と交替した。しかし、それにもかかわらず、旧態依然とした左翼主義に固執し、文化大革命時の凶行に責任のある連中が未だ沢山残っている。その中には、人びとの強い反対にもかかわらず、昇進した者もかなりいる。

　中央政府は、文革的政治を繰り返さない、と決定した。だが、これら昇進組は、チベットだけで推し進められたいわゆる「過去の過ちを悔い、進んで変革を受け入れる」という運動に便乗した者たちである。この「運動」は、中央政府の指示によるものではなく、運動の提唱者が何者であるかすら判っていない態のものであった。

　これはチベットに発生した幾つもの逸脱行為の一例などではない。それ故に、チベットを特別な地区として扱い、特別な政治・経済政策を実施する必要がある。そして、これらの政策は、チベットの厳しい経済的諸問題が改善され、チベット人民が納得する時まで維持されるべきである。

チベット騒乱の取扱いについてリンジン・ワンギャルの述べたことは正しい。1959年に暴動が起きた。それを鎮圧するために軍隊が派遣されたが、それは正しい決断であり否定できない。だが一方で、多くの無実の民が処刑された。鎮圧作戦の過程でたくさんの過ちが犯された。政府当局者は、騒乱に加担したかどうかの有無すらいっさい区別せず罰した。民衆は無差別に逮捕され、投獄された。尋問などまったく行われなかった。チベット人とみれば、片端から投獄し、拷問したのである。しかも、こうしたやり方は、今日でも、日常茶飯事なのである。これは、実に嘆かわしいことであり、民衆の間には深い恨みが蔓延している。われわれは、このような状態を真剣に考慮しなければならない。このような行為を調査し、官憲の不当行為を記録すべきである。それによって、民衆の反感を和らげることができる。そのために、われわれは、こうして討議を行っているのではないか。
(ガポ・アペイ・アワンジンメイ　そのとおりだ。)
　私は、かって7万言の諫書を提出し、その中で前述べたような事実を明確に指摘した。
　私は、昔のチベット政府の高級官僚のやり方について、ガポがいったことと同じことをいったに過ぎない。彼らは、しっかりした機構と法律制度を有していた。政府職員であったそれら貴族官僚は、政府の指示とおりに職務を遂行できなければ、白いチュパ（チベットの衣装）を着せられ、赤い牡牛に乗せられ放遂されたものである。諸君が同じような目にあったとしたら、どうするだろう。専門経歴というものは、誰にとっても大切なもののはずである。
　17ヵ条協定には、チベットの近代的改革が導入されるまで、従来のチベット政府の権限は変わらない、と明確に謳ってある。タシルンポ僧院にも、同様の約束がなされていた。しかし、その後、何が行われたかは、次の言葉によって、「新しいイデオロギーの見地から、旧制度を批判すること」で理解できる！
　こういうやり方は道義的といえるだろうか。科学者なら、科学的に正しく検証された結論に基づいて物事を判断すべきであろう。
　チベットの貴族階級は、何代にもわたって政府に仕えてきた。彼らは、ダライ・ラマ法王を深く信奉し、現世・来世両方の拠り処としてきた。民衆もまた、同様に深い尊敬と献身性を保ち続けてきた。これは否定し難い事実である。しかるに、後になって、貴族は、反乱の指導者として糾弾され、迫害された。これは絶対に間違いであったと、私は信じる。意見書の中で、私は、このことを明記した。そして、それ故に責められ罰せられた。だが、真実は永遠に不変である。もちろん、私の請願書には、幾多の間違いがあった。しかし、明確に声を大にしたことにおいて、私は、いささかの過ちをも犯してはいない。請願書の中で犯した間違いは、過去、今日においても、間違いは間違いとして変わるまい。しかしながら、何処で、私が過ちを犯し、何処で私が正しかったのかの区別は明らかにしなくてはならない。
　最初のカムパ族ゲリラの拠点となったロカ（山南）について語ろう。14世ダライ・ラマ法王がその地を通ったとき、住民は心から喜び、バター・大麦粉・その他の食糧を自発的に寄進した。これは、まったく人びととの愛情の表現であった。しかし、その後、この人びとは、抵抗運動の活動分子として処罰された。どうしてこんなことが出来るのか。これは、チベット人であれば、誰しもが知っている慣わしというものである。
　当時、私自身同じように通りすがりの住民から手厚い歓迎を受けたものである。それが今になって政治的陰謀などとどうしていえよう。人びとは、その宗教心と慣習によって私への敬意を表明したに過ぎないのである。チベット独自の習慣や伝統に正しい配慮がなされなくてはならない。
　反乱を鎮め、改革を進めることは、原則として正しい。だが、そのやり方には、極左的偏向が色濃かった。こうしたことは、2度と繰り返してはならず、正されねばならない。30年間の中国共産党政権下で、多くの良いことがなされ、かつ悪いことも行われてきた。
　これら事柄は、第11期中国共産党全国大会第6回全体会議において検討され、国際的にも広く知られた。自らの過ちを公表することは、党のイメージを損なうよりは、むしろそれを救うことになるだろう。
　チベット駐留軍司令部ならびに成都軍区司令部の同志の何人かは、自分たちがやったことは本当はなすべきことではなかった、と私に語っている。これは、健全な態度である。諸君は、チベットの解放・改革で、大変な努力をし、多大な成果を収め、チベット人民はそのことを決して忘れはしないと、度々言明し

てきた。この言葉に嘘、偽りはない。だが、一方では、大きな過ちを犯してきたし、チベットにおいても、同様である。このことを、われわれは、決して忘れはしないだろう。これらの過ちを正さんがために、私は、話しているのである。もし過ちを改めることができれば、さらに前進できるだろう。心からそうあってほしいと願うが故に、私は、こうして発言している。

このことについて、いささか私の個人的な経験を諸君にお話ししたいと思う。カシャ（政府）は反乱の先頭にたったが、ラブラン（僧院施設）にいたわれわれは、騒乱には加わらなかった。

当初、われわれは、平和的改革・友好的関係政策について、たっぷりと話を聞かされた。しかし、いざ改革が始まると、政府関係者は筆舌に尽くし難い目に遭った。人びとは、愛想をつかし、不信感で一杯になった。そのため、旧チベット政府（カシャ）のほとんどの成員は国外に逃亡したほどである。後に残った僅かな人びとだけが賞賛され、輝かしい進歩的分子の模範として政府の職を与えられた。中国との連帯のために残った関係者は、考えられないような辛酸をなめさせられた。その当時、ラサにいた私は、それほどひどい目には遭わなかったが、私の一族全員は、いわゆる「タムジン」（人民裁判）にかけられた。

私の側近の妻の一人も逮捕され、あるとき、取調室で、「パンチェン・ラマという男のお陰で、絶望のあまり死んでしまいたいほど辛い目に遭った」と思わず呟いた。この一言で、官憲は、彼女を私に罪を帰せる絶好の道具に仕立てられると解した。彼らは、私を処罰するまたとない機会が訪れたと思い、早速、記者を呼び、彼女の口述書を取らした。ところが、彼女はこう続けた。「パンチェン・ラマという男のいうことを信じ、中国と戦わないというとんでもない間違いを、私たちは犯してしまった。もし彼が中国に抗して反乱を起こすよう、われわれを導いていたのなら、今日、われわれの状態はずっとましなものになっていただろう。何故なら、最初にできる限りたくさんの中国人を殺してから、インドに逃げればよかったからである。インドは村から近いから、その方がもっと容易であった。だのに、あの男は、私たちに進歩的で愛国的になれ、と教えた。それで、彼の忠告に従った。今となっては、インドに逃げることもできない。私たちは、男も女も、こうして迫害され、地獄を生きねばならなくなった。」

リンジン・ワンギャル同志よ、君は、チベットに残った者の方が、インドに亡命した連中よりましな暮らしをしている、といった。その通りである。私自身の経験を語るなら、1979年にダライ・ラマ法王の代表5人がチベットに派遣されてきたとき、たまたま私の父は私用でチベットに行かねばならなかった。しかし、彼のことを構ってくれる者は、一人もいなかった。彼は、チベット自治区内に入ることすら許されず、雨に打たれて待つしかなかった。一方、代表団一行は、それぞれ運転手付きの車を当てがわれ、通訳と護衛までつけてもらった。かつてのチベットでは、私の父は、その代表たちよりずっと高い地位にあった。「クン」の地位にあった者は2人しかおらず、1人はダライ・ラマの父、もう1人は私の父であった。だが、父は進歩的分子であったが故に、こんな屈辱的扱いを受けねばならなかった。昔の恨みを晴らしたくて、こんなことをいっているのではない。われわれの政策を実行に移すときに、こうした事柄すべてを念頭において考慮すべきだと忠告しているのである。

青海省で犯された残虐行為いっさいを記録したフィルムがもしあれば、それを見た人びとを戦慄させずにはおかないだろう。ゴロク地区では、大勢の人が殺され、その屍体は、丘の斜面から深い凹地に転げ落とされた。そして、中国兵士は、遺族に向かって反乱は一掃されたことを喜べといった。人びとは、死者の体の上で踊ることを強制され、しかも、その後で、機銃の一斉射撃によって瘧殺され、その場に埋められた。

現実にこれら地域すべてに反乱が発生したわけではなかった。だが、カム地方ではもちろん、方々で反乱が起こった。アムドのジロン（済嚨）、パルポ（尔吉隆）、ミリ（米林）では、遊牧民は、武器をまとめて中国軍に差し出した。彼らは賞賛され、特別な催しまで行ってもてはやされた。だが、そのお祭り騒ぎが終わるや否や、村に追い返され、そこで逮捕され、長期間投獄された。その中には相当な老人がたくさんいた。

アムド・カム地方では、いい尽くせぬほどの残虐行為が行われた。人びとは10人、20人と一まとめにして、射殺された。このようなことを喋るのは好ましくないことは、重々承知している。しかし、これらの無数の残虐行為がどれほどチベット人民の心に深い傷を与えたかを告げたいのである。

自分たちのやったことを、そのままに放置してゆく役人も少なくない。何のために、そういうことをするのか。もちろん、罪は罰されなくてはならない。だが、悪い遺産を放置することに何の益があるというのか。捲いた種は刈らねばならぬと主張する人間は、きっと愚か者であろう。しかし、そのように主張する人間こそ、本当に賢明で有能な人だと考える者も少なからずいる。

同志伍精華は、チベット人の反乱鎮圧に際して中国当局者が取った手段・過ちを調査しようと計画している。この調査は、最大限の綿密さでなされるべきだと、信じている。

（ドルジェ・ツェテン　あの当時3つの重大な過ちがなされたと、私は考える。先ず、人びとを無差別に逮捕したこと。第二に、チャムド（昌都）、ナク（那曲）、ルンツェ（隆子）といった地域で、大規模かつ実に残酷な行為がチベット人民に対し行われたこと。第三に、集会に出席した旧チベット政府の役人すべてが、反乱に加わったか加わらないかに関係なく逮捕されたことである。）

もし人びとが投石しなければ、サンポですら集会に出ただろう。役人はすべて集会に出席しなくてはならなかったのだ。そうするよう命令された。それを反乱に加わったとするのは、不当であり、言語道断である。

（ドルジェ・ツェテン　先程、私のあげた3つの過ちは、極めて重大である。その当時、「大蒋介石は台湾に逃亡したのだから、蒋介石どもは抹殺しなくてはならない」という命令が出されていた。）

毛沢東は、彼の演説の中で、「蒋介石だけでなく、それに従う者どもも殺す」と明言していた。大パンチェン・ラマたる私は、何とか生き延びたが、多くの小パンチェン・ラマは殺され、刑務所で拷問された。

（ドルジェ・ツェテン　当時、ある当局者は、こういうことを、いっていた。「中堅的指導者どもを消してしまえば、民衆は、絶対反抗できなくなる。」つまり、反乱に加わったかどうかにかかわりなく、彼らは処刑されたということである。この事実は、極左的傾向が当初からチベットでは強かったことを物語っている。

1959年ワン・タイホ同志が失脚してから、全国的規模の反右派闘争が展開された。この時から左派分子の種が播かれ、それが盛んになっていった。自分としては、われわれは、幾つもの過ちを犯してきたと思う。だが、1959年に大量の中堅党員がチベットに送り込まれ、この時から、左派的傾向がしっかり根を下ろした。この連中は、民主的改革が完遂するずっと以前、チベットに入ってくると、直ちに、共同体制度を導入した。私が思うには、この共同体制度は随分と前から計画されていたはずであり、慎重に調査する必要がある。おそらく人民解放軍は何も分かってはいなかったのである。）

（ガポ・アペイ・アワンジンメイ　人民解放軍当局が何も理解していなかったとは思わない。昨年第6回第4回全体会議を持ったとき、デン・ミニン（軍高級幹部）が私の家にやってきて、1959年の掃討作戦について会議参加者はどう考えているのか、と尋ねた。それに対し、特に意見はない。ただ作戦規模が大袈裟すぎた、と私は答えた。デン・ミニンは、こういった。「パンチェン・ラマは、あれは正しい手段だといったのではないか。そして、ある情報誌で、そういっているのを読んだ事がある」といった。それで、人民解放軍は明確な考えを持っていなかったということを、その時はじめて知った。事実、反乱を鎮圧したのは、少しも間違ってはいない。ただ残虐行為の規模が大きすぎただけである。）

例えば、青海省には、3000〜4000の村や町があり、そこでは、それぞれ3000〜4000世帯が、4000〜5000の家族と共に暮らしていた。この各村や町から100人から1000人が投獄され、そのうち少なくとも300人ないし400人が獄死している。つまり、投獄された者の殆ど半数が獄死したということである。反乱に加わった者はその中の一握りにすぎないことを、去年、われわれは知った。大部分の人間はまったく無実だった。7万語に及ぶ諫書の中で、チベット人口の約5パーセントが投獄された、と指摘した。だが、その当時、私の手もとにあった情報では、全人口の10パーセントないし15パーセントものチベット人が投獄された。しかしその時、数字の余りの大きさに、私はそれを公表する勇気が持てなかった。本当の数字をあげれば、「人民裁判」で殺されていただろう。これが、チベットの偽らざる姿である。もしこのような過ちを口先だけで誤魔化し、過ちを正さなければ、いずれ同じように深刻な事態を招くことになるだろうが、私は、祖国を愛するが故に、あえて真実を語っている。

東トルキスタン（新疆ウイグル自治区）に滞在していたとき、党幹部に、こういったことがある。「も

し東トルキスタンに外的侵略があったのなら、そのときこそ君たちのこれまでの業績が問われるときである。集会などで東トルキスタン人がいっていることは、すべて大嘘なのだから。彼らを信用してはならない。この地区にソ連の軍隊が侵攻してきたとき、東トルキスタン民族が人民解放軍を支持して立ち上がったら、君たちは、立派な仕事をしてきたのだと認められるだろう。」

私は、ここで2つの歴史的教訓を挙げよう。レーニンはかつて、ロシア10月革命が成功したのは、革命が人民大衆の益になったからだといった。一方、スターリンは大衆の幸せになるような仕事をしなかった。その結果、ナチスがソ連を侵略したとき、少数民族共和国の民衆はソ連邦を防衛するためにロシア軍を助けようとはしなかった。ベトナム戦争の映画をみた。その中では、少数民族は解放軍戦線を歓迎し、道案内を買って出て、水を補給していた。それも、その人びとが、多数派のチン民族に有利なことばかりしてきた圧制にうんざりしていたからにほかならない。チン民族は、実に残忍であった。もし他民族が彼らに従わなければ、50、60歳の年配者をも、容赦せず射殺した。われわれは、これらの歴史的事実から、教訓を学ばねばならない。

1964年、北京に呼ばれたとき、指導者は、私にこういった。「貴方は、母国に反旗を翻そうとするつもりか。分裂主義者の反乱を起こす気なのか。たとえチベット全人民が武装したとしても、その数は高々300万人に過ぎない。そんな数などは、少しも恐れはしない。」この言葉を耳にしたとき、私は、実に悲しく思い、自由を奪われているということがどんなに惨めであるかを、改めて思い知った。先ず第一に、私は、そんな考えは毛頭持っていなかった。第二に、彼らのいう分裂主義運動を起こしたいと思ったとしても、私にどうやってチベット全人民の支持を獲ちとる手段があるというのか。現状では、誰がそんなことを企てようか。もし誰かがやったとしたら、即座に消されてしまうのがおちである。

反乱は、自責をわきまえないものである、政治・軍略にまったく無知な僅かな人間によって引き起こされた。もし戦争をしようと思えば、先ず自責をわきまえねばならない。そして十分に強力でなければならず、己の力と敵の力の両方を知っていなければならない。これらの要素を欠いては、戦いに勝つことなど、思いもよらない。僅かな旧式ライフルで戦いに勝つことは不可能である。当時の反乱軍は、馬鹿馬鹿しいほど無邪気だった。だが、外国の軍隊が攻め込んでくるような事態がもし出現したら、わが国は由々しいことになるだろう。

それ故にこそ、平時に少数民族の幸せに気を配っておくことが、肝要である。少数民族が母国の一部として間違いなく幸せであるようにしてやらなくてはならない。そうであれば、国の発展のために、人民は、喜んで中国人と協力するだろう。だが、その反対に、少数民族を常に支配し圧迫し続けるなら、将来に大きな禍根を残すことになるだろう。さきほどあげた幾つかの例は、このことに関連ある。こうした可能性が今日、拡大しているとして、戦争について考慮することは、大切である。もちろん、われわれは、戦いを阻止する力を持っている。だが、今、戦争が始まったら、われわれはどうするだろう。

1962年の中印国境紛争では、人民解放軍は、幸いにして勝利したが、それは、主としてチベット民衆が自ら荷物を背負い、家畜を動員して兵站線を確保したからである。最近、ありそうもないインドとの戦争の可能性を口にする人がいる。しかし、万一、そういうことが起こったとしたら、1962年時のように、チベット民衆が人民解放軍を援助するかどうか、甚だ疑問である。

わが同志の中には、新しい政策の実行に躊躇している者がいる。この人びとは、軍略というものがまったく分かっていない。政治に対しても然りである。チベットに変事が発生したら、政府は、緊急会議を開き、ガポと私に事態収拾を命じるだろう。もちろん、われわれは、喜んで出来るだけのことをしよう。しかし、人民を常に無視し続けた状態の中で、一体、われわれに何がやれるというのか。

私は、不躾に物をいい過ぎているかもしれない。しかし、それも、国を思うが故である。こういうことを喋って、自分に何の得があろう。私個人は、何不足なく幸せでいる。中国一の果報者だと思っている位である。だから、諸君は、もっと広い見地から考えてもらいたい。

チベットでの左派的行動から、われわれは、どんな益を得るというのか。そういうイデオロギーを持つ者は、いっさいを抑圧しているに過ぎない。胡耀邦同志が最近失脚したとき、左派分子どもは、爆竹を鳴らし、祝い酒を飲んで、大喜びをした。彼らは、チベット民衆の頑強な支持者は敗北した。そして伍精華

やパンチェン・ラマ、ガポ（・アペイ・アワンジンメイ）らは二度とチベットには戻ってこられまい、と公言して憚らなかった。どうして、われわれが自分の祖国に帰れないというのか。だが、事態は、彼らの祝い酒がいささか早まったことを示している。チベット人民と中国人民のあいだに楔を打ち込もうとしているのは、この連中である。われわれは、一つの家族の一員であり、チベット人民の支持者が敗北したなどと、どうしていえよう。

　チベット民衆の幸せのために注意を払い進めるよう、すべての人にお願いしたい。チベットは、常に経済的困難に直面している。飛行便にも不自由している。2機の旅客機を購入するのに、われわれは、どんなに苦労をしたことか。しかも、諸々の問題があって、この飛行機は未だ飛んでいない。

　周恩来元総理は、色々の面で、われわれを援助してくれた。チベットに石油パイプラインを敷設してくれたのも、彼であった。だが、政府は今、石油価格を再度引き上げようとしている。そうなれば、われわれの運輸事業は行き詰まってしまうだろう。

　われわれは、幾つかの過ちを犯している。政府は、チベットに大きな予算を組んだ。だが、その資金は一体、何処へ消えてしまったか。

　役人や技術者がその金を着服したというのが、真相ではないか。そのため、多くのプロジェクトが実現していない。チベット人民は、肉体労働で生きてゆくしかない状態なのだから、彼らを最もっと援助しなければならない。

　（ガポ　チベットには、製造業は皆無であり、工業らしいものはほとんど無い。チベットが生産しているのは、農作物だけである。）

　われわれには、出来ないことが余りに多すぎる。やりたくとも、その能力を奪われているからである。チベット語の学習と使用については、まるで関心が払われていない。チベットが最も宗教性の深い地域であるというなら、当然、チベット語をもっと普及させるべきである。だが、多くの過ちがなされている。1958年、私が青海省にいたとき、こういう公文書に接した。「先ず反乱を鎮圧すべきである。そして、今後、反乱が再発しないよう、運動を押し進めるにあたり、明確な民族的・宗教政策を確立しなくてはならない。」

　思うに、われわれは、このような政策を将来に向けて考慮すべきであった。現時点では、暫時の平和と安定が存在しているかのようにみえるが、これからも多くの小規模な動乱が発生することだろう。

　しかも、問題全体について考えることが大切である。今は、民族調和、そして平和と安定が存在するが、これに満足していてはならない。将来、動乱が起こったとしたら、われわれは、どうしようというのか。

　政府は、民族問題解決のために十分な資金を提供していないが、自由化政策において少数民族に対する多少の柔軟性を示していることは、確かである。

■14世ダライ・ラマの5項目平和計画
1987年9月21日米国議会演説（ワシントン）

　世界は、ますます相互依存の度を深めつつあり、国家の、地域の、ひいては世界の永続的平和を達成するためには、地域主義を離れてより広範な利益の実現を目指す立場に立つことが求められている。

　いま大事なのは、私たちすべてが、力ある者も無き者も、各人にふさわしい方法で貢献の道を探ることである。今日、皆さんに対して、私は、チベットの指導者として、また慈悲、すなわち愛と共感の宗教である仏教の教えに一身を捧げている僧侶として、お話させて頂こう。しかし、そのようなことよりも、まず私という存在は、皆さんを始めとする他のすべての人たちと共に、この地球を共有する一人の人間である。世界はますます小さくなりつつあり、私たちは、以前にも増してお互いを必要としている。このことは、世界のどの部分をとっても事実であり、アジアも例外ではない。

　現在、アジアには、他の地域と同じく深刻な緊張関係が存在している。中東地域、東南アジア、また私の祖国であるチベットでは、明らさまな衝突が続いている。これら問題の相当部分が、実は各地域の大国間に存在する緊張関係の発現に過ぎないのである。

　地域紛争を解決するためには、すべての関係諸国と諸人民の利害を考慮することが必要である。最も直接に影響を受ける人々の希望を考慮した総合的な解決策を生み出さず、その場しのぎの断片的な方策で問

題を解決しようとしても、新たな紛争の種を作り出すに過ぎない。

　チベット人は、地域の、ひいては世界の平和に貢献することを、熱心に望んでおり、またそう出来る立場にある、と私は思っている。昔からチベット人は平和と非暴力を愛好してきた。今から1000年以上も前に、チベットに仏教が招来されてからというもの、チベット人は、いっさいの生命あるものを尊び、非暴力を実践してきた。こうした態度は、わが国の対外関係にまで適用された。チベットは、ユーラシア大陸の大国であるインド・中国・ソ連の緩衝地域として重要な戦略的位置を占め、歴史の中で平和と安定の維持に極めて重要な役割を果たしてきた。このことは正しく、どうしてアジアの諸帝国が互いに相手をチベットから遠ざけようとしてあらゆる努力を払ってきたのかという理由なのである。緩衝機能を果たす独立国としてのチベットの存在は、地域の安定に不可欠であった。

　新たに成立した中華人民共和国が1949年から翌年にかけてチベットを侵略したことにより、新たな紛争の種が生じた。1959年、中国の支配に対してチベット人民が蜂起し、それが失敗して、私がインドに亡命した後、中印関係の軋轢が、隊に1962年の国境をめぐる武力衝突に発展したとき、不安定な政治状況の存在が明らかとなった。現在も、再びヒマラヤ山脈を走る国境線の両側に大規模な兵力が展開し、以前にも増して緊張が高まっている。

　いうまでもなく、インドとチベット間の国境画定が問題の本質ではない。問題なのは、中国がチベットを占領していることである。中国は、それによってインド亜大陸への直接の接近を確保している。一方、中国当局は、チベットはずっと中国の一部であったと主張し、絶えず問題の本質をはぐらかそうとしている。これは真実ではない。1949年から翌年にかけ、人民解放軍がチベットを侵略した当時、チベットは完全な独立国であった。

　1000年以上もの昔、チベットの諸王が国土の統一を達成して以来、今世紀の中葉に至るまで、チベットは独立を保ち続けてきた。勿論、チベットが近隣の諸国や諸人民にまで影響力を持った時期もあり、またモンゴル・ネパール・満州の帝王、あるいはインドのイギリス人の影響を被った時期もあった。

　しかしながら、ある国が他国の影響とか干渉を受けるということは、決してめずらしいことではない。最も力のある国が他の同盟国や周辺国、いわゆる衛星国に影響力を行使する場合が良い例である。最も権威のある法律関係の研究で明らかになったように、チベットの場合、時として他国の影響下にあったとしても、そのことは、決して主権の喪失を意味していなかった。そして、何よりも明白なことは、中国共産党の軍隊がチベットに侵入した当時、チベットは、あらゆる点からみて独立国であったということである。

　中国の侵略は、実質的には、自由主義陣営に属するすべての国によって非難されているが、実に甚だしい国際法に対する違反行為であった。中国は、今も、チベットを軍事占領しており、チベット人は自由を失ったままで、世界の人民に是非とも覚えて頂きたいのは、国際法からみれば、現在のチベットは、不法な占領下にある独立国であるということである。

　チベットの地位に関して、ここで政治的あるいは法律的な議論をするのが、私の目的ではない。私は、チベット人が独自の文化・言語・宗教・歴史を有する固有の民族であるという疑いようのない明白な事実を強調しておきたい。また、中国の占領状態にもかかわらず、依然として、チベットは、アジアの平和維持に役立つ緩衝国家としての本来の役割を果たすことができるということである。

　すべてのチベット人と同様に、私もまた、ウー・ツァン（衛・蔵）、カム（康）、アムド（安多）の3地方（チョルカ・スム、大チベット）からなるチベット全土が再び安定し調和のとれた平和の地となり、チベットがその本来のかけがえのない務めを果たすことを、心から望んでいる。そうなれば、仏教の優れた伝統を生かして、チベットは、世界の平和と人類の幸福、さらに私たちが共有しているこの自然の保護に努力するすべての人民に奉仕することができる。

　過去数十年間にわたる占領体制下に多数のチベット人が虐殺されたが、それでも、私は、中国側との誠実な直接会談を通じて何とか解決の道を見出そうと努めてきた。1982年、中国指導部が変わり、中国政府と直接に接触できるようになって、私は、チベットの将来に関する話合いを開始すべく代表団を北京に派遣した。

　そして、私たちの方は、誠実かつ積極的な態度で会談に望んだ。私は、こうした態度が、中国側にも良

い反応を引き起こし、双方の希望を満足させる解決策が見出される、と期待していた。しかしながら、残念なことに、中国側は、防衛的な態度に始終し、私たちのチベットが抱える様ざまな問題点についての詳細な指摘を中国に対する批判であるかのように受け取られた。

　さらに、がっかりさせられたのは、隠し立てのない和解の精神で恒久的な解決に向けた第一歩となる提案をしようとしていたのは、こうした背景とともに、今回の旅行でお会いした皆さんを初めとする多くの方々から寄せられた計りしれない支援と淑励があったからである。私は、このことによって、中国の人民も含めた、すべての私たちの隣人との友情と協力が深められることを期待している。

　この和平案には、5つの基本項目がある。それを列挙する。
1．チベット全土を平和区とすること。
2．民族としてのチベット人の存在を危うくする中国人の大量移住政策を放棄すること。
3．チベット人の基本的人権と民主主義自由を尊重すること。
4．チベットの環境を回復し保護すること。中国がチベットを核兵器製造および核廃棄物処分の場所として使用することを禁止すること。
5．将来のチベットの地位、ならびにチベット人と中国人の関係についての真摯な交渉を開始すること。

　次に、この5項目について、逐一、説明したいと思う。
1．東部のカム州とアムド州も含めたチベット地域（大チベット）を「アンヒサ」（平和）区とすることを提案する。アンヒサとは、ヒンディー語で平和と非暴力を意味する言葉である。このような平和区の創設は、平和・中立の仏教国、また大陸の大国を隔てる緩衝国としてのチベットの歴史的役割と一致している。さらに、ネパールを平和区として宣言するというネパール政府の提案やそれに対する中国の支持とも合致している。ネパールが提案している平和地帯にチベットとその他の近隣諸国が加われば、その影響力は、さらに大きくなるであろう。チベットが平和地帯となるためには、中国軍の撤退と軍事施設の撤収が必要であるが、そうなれば、インドもチベットと国境を接するヒマラヤ地域から軍隊を引き揚げ、軍事基地を撤収できる。国際条約を集結して、これが実現できれば、中国の安全保障も確保され、チベット人・インド人・中国人などこの地域人民のあいだに信頼関係が築かれるであろう。このことは、すべての関係国の利益となる。とりわけ、中国・インド両国は安全保障が強化されるばかりでなく、ヒマラヤの紛争地域に大部隊を展開するための経済的負担が減少し大きな利益を受けるであろう。

　　歴史を振り返れば、中国がチベットに侵攻する以前は、中国・インド関係が緊張状態に陥ることはなかった。中国がチベットを占領したために中国・インド両国は、国境を接することになり、緊張関係が発生し、ついに1962年の戦争となった。それ以来、両国関係の緊張を高める事件の発生は引きも切らない。以前のように、広大にして友好的な緩衝地帯が間に存在すれば、この世界最大の人口を要する両国間の関係改善は大きく前進するであろう。チベット人と中国人のあいだの関係を好転させるには、信頼醸成がまず必要である。過去数十年間にわたり総人口の6分の1に当たる100万人以上のチベット人が中国人によって殺され、少なくとも同数のチベット人が信仰を持ち自由を求めたために投獄された事実を考えれば、中国軍が撤退しない限り、和解に向けた真の動きは始まらないであろう。チベット人にとって巨大な占領軍は、彼らが経験した苦難と抑圧を日毎に思い出させる存在である。将来、チベット人と中国人のあいだに友情と信頼に基づいた有意義な関係が出来あがるためには、何よりもまず中国軍の撤退が必要である。
2．中国政府は、大量の中国移民を送り込むことによって、チベット問題を最終的に解決しようとしている。つまり、チベット人をチベットにおける少数民族として重要な職責を担えないようにしてしまおうとしている。このような移民政策は絶対に止めさせなければならない。1949年ジュネーブ四条約に違反する、チベットへの一般中国人の大量移住は、固有民族としてのチベット人の存在そのものを脅かしている。チベット東部においては、今や中国人の数は大きくチベット人を上回っており、私が生まれたアムド州を例にとると、中国の統計資料で250万人の中国人に対してチベット人は75万人しか住んでいない。チベット中部と西部を意味する「チベット自治区」でさえも、今や、中国政府筋は、チベット人よりも中国人の人口の方が多いことを認めている。

中国の移民政策は目新しいことではなく、以前から組織的に他地域に対して用いられてきた。今世紀前半には、満州人はまだ独自の文化と伝統を有する固有の民族であったが、今や満州には750万人の中国移民に対して2300万人の満州人しかいない。中国が現在、新疆と呼んでいる東トルキスタンでは、中国人の数は1949年の20万人から700万人にまで膨張し、1300万の総人口の半数を超えている。内モンゴルを植民地化する過程で、中国人人口は850万人に達し、これに対するモンゴル人は250万人だけである。現在までに、チベット全体で750万人もの中国人が中国本土から送り込まれており、既に600万人のチベット人人口を上回っている。中国が「チベット自治区」と呼んでいる中央および西部チベットにおいては、中国側の資料も、チベット人が既に少数派になったことを認めている。ところで、こうした数字には、30万～50万と推定される中国軍は含まれていない。そのなかで、チベット自治区には25万人が駐屯しているといわれている。チベット人が固有民族として生き延びるためには、入植政策を中止し、中国人入植者を帰還させることが是非とも必要である。そうしなければ、いずれチベット人は、観光客の見世物か輝ける過去の「形見」となってしまうであろう。

3．チベットにおいて基本的人権と民主主義の自由が尊重されなければならない。そして、チベット人が自由を回復し、文化・知性・経済・精神を発展させ、民主主義を実践することが求められている。

　チベットにおける人権侵害の現状は、世界的にみてもひどいものである。中国当局が「隔離と同化」と称している南アフリカのアパルトヘイト政策にも似た差別主義が横行しており、チベット人は自分の国でせいぜい二流市民としてしか扱われていない。チベット人は、すべての民主的権利と自由を剥奪され、共産党と軍の官僚が全権を握る植民地主義的な行政化の下に置かれている。

　中国政府は、チベット人が仏教寺院を再建し、その中で礼拝することを許可しているが、本格的な研究・修行・布教活動は禁止されている。共産党の許可を受けた少数の人達だけが僧侶になっているのである。

　亡命チベット人は、1963年、私が発布した憲章に基づき民主的権利を行使している一方で、チベット人は、何千もの同胞が宗教的あるいは政治的信念のためにチベットの刑務所や強制労働収容所で苦難の日々を送っている。

4．チベットの環境を修復するために、真剣な努力がなされねばならない。また、チベットを、核兵器の製造や核廃棄物の投棄に使ってはならない。

　チベット人は、生きとし生けるものすべてを、大事にしてきた。この天性ともいえるチベット人の感情は、感覚と意識を有する存在を傷つけてはいけないという仏教の教えによってさらに強められてきた。中国の侵略が始まる前のチベットは、特色ある環境の中に手つかずの野生の楽園が拡がっていたが、過去数十年にわたって、中国人は、凄まじいまでにチベットの森を破壊し、野生動物を殺戮してきた。その結果、チベットの脆弱な自然が蒙った被害は測り知れない。チベットにわずかに残された自然を守り、自然の均衡を回復させる努力がなされねばならない。

　中国は、チベットで核兵器を製造しており、また核廃棄物の投棄を開始した疑いもある。中国は、自国ばかりか外国の核廃棄物をもチベットに捨てる計画をしている。既に中国と有害物質の処分につき契約をしている国もある。

　こうしたことがもたらす危険については、いうまでもない。チベットの自然が有する独特性と脆弱性に対する中国の認識の欠如によって、現在ばかりか将来の世代までも危険に曝されることになる。

5．チベットの将来の地位とチベット人と中国人の関係についての真剣な交渉を開始する必要がある。

　この問題に対して、私たちは、道理に適った現実主義の立場を探るつもりである。率直さと和解の精神、そしてチベット人・中国人をはじめすべての関係者にとって長期的な利益となる解決策が求められている。チベット人も中国人も、それぞれ独自の国・歴史・文化・言語・生活様式を持っている。そうした違いを認識し尊重しなければならず、こうした違いがお互いの利益となる真の協力関係を阻害するわけではない。当事者が一同に会し、心を開いて将来に関する納得のいく公正な解決策を見い出そうと真剣に努力すれば、必ずや突破口が開かれるものと、私は信じる。私たちは、自らを冷静になし、率直さと相互理解の精神で話し合う必要がある。

　最後に、皆様に一言お礼を述べたい。私は、皆さんをはじめ非常に多くのアメリカ市民の方々がすべて

の抑圧された者に対して関心を示し、暖かい援助の手を差し伸べて下さっていることに感謝する気持ちでいっぱいである。皆さんが公然と私たちチベット人の置かれた状況に理解を示されたという事実そのことが、既にチベットに住む私たちの同胞に大きな希望を与えている。どうか今後とも、私たちを支援して下さるようお願いする。今がチベットの歴史にとって極めて重要な時期である。

　ご清聴有り難う。

■中国共産党中央委員会中央統戦工作部長閻明復からチベット亡命政府あて文書
1987年10月17日送付（北京）

　ギャロ・トゥンドゥプ、あなたが北京に到着されてから2週間が経った。第二局であなた側が同志と持たれた2回の会談について聞き及び、また今日、いくつかの問題に関してさらにあなたと討議したいと思う。

1．今年9月19日、ダライ・ラマは米国を訪問し、9月21日に米国議会人権問題小委員会で「5項目平和計画」を提起し、公然と「チベットの独立」に関する抗議の声をあげている。ラサのわずかな数の分裂主義者がダライ・ラマの分裂主義活動を支持し、9月27日と10月1日に暴動を起こした。中央政府は、ダライ・ラマの分裂主義的活動とラサの暴動を由々しき事態と受けとめている。最近の暴動に対するわれわれの不動の立場は、人民日報社論からも、一目瞭然である。社論はこう指摘している。「少数の分裂主義者によって扇動された一連のラサの暴動は、ダライ派の計画・扇動による見過ごしてはならない政治的出来事である。彼らの目的は、祖国の統一を乱し、ダライ・ラマの国外での非合法な分裂活動を支持することで、チベットの統一と安定を妨害することにある」。われわれは、断固として暴動を鎮圧した。法に従って罪は罰せられることになろう。祖国の統一は、チベット内の安定と統一と相関関係にある。いかなることがあろうとも、このことに関してわれわれの側から曖昧な態度をとることはないであろう。

　ダライ・ラマが祖国の統一のみならずチベットの統一と安定を破壊する活動を拡げるのを、われわれは決して認めないであろう。

　もうひとつ指摘されるべきは、ラサのデモは、われわれがしたように対処するしかなかったという点である。なぜなら、他に選択肢はなかったからである。われわれは、何が禁止されるのかを明確にした。

　われわれは、このような暴動が2度と繰り返されないことを望んでいる。ダライ・ラマが米国に発つ前に、ギャロ・トゥンドゥプを通じ、われわれは、最大限の注意を払うようダライ・ラマに対し喚起した。返答の中で、あなた(トゥンドゥプ)は、ダライ・ラマの訪米には何ら政治的意図はない、といっていた。しかし、あなたが保証されたことと、ダライ・ラマが行ったこととのあいだに大きな食い違いがあったことが判明した。

　ダライ一派は、外国で"チベットの独立"を重要課題に仕立てあげた。外国の支持に鼓舞され、チベットの分裂活動を後援するという空虚な望みを抱いた。国外にいるチベット人にチベット訪問を認めたわれわれの政策に付け込んで、彼らは、チベットに人を送り込み、地下組織の形成を唆かした。ラサの暴動は、政治亡命者としてダライ・ラマが指揮した分裂主義組織活動の結果であった。したがって、最近のラサの出来事の全責任は、ダライ一派と一部の分裂主義者にのみ帰する。

2．1979年にダライ・ラマが中央政府との接触を復活させて以来、中央政府は、首尾一貫してダライ・ラマとの関係を修復しようと努力してきた。中央政府要人は、実情視察派遣団や代表団のすべてと会談しただけでなく、配慮と尊厳と責任をもって彼らの質問に答えている。

　中央政府は、ダライ・ラマに対し、祖国の統一と民族間の良好な関係を保つためにどうか祖国にお戻り頂きたいというメッセージを送り、ダライ・ラマへの配慮と願望を伝えた。

　残念なことに、ダライ・ラマは、中央政府の真剣で寛容ある意思表示を取るに足りないものとして無視し、その間違った行動を改めようとはしなかった。むしろ、彼とわれわれのあいだに距離を広げ続け、外国で祖国分割のための組織活動に固執し続けた。われわれは、こういった行動に強く不賛成の意を表する。

過去において、「極左派」の影響がわがチベットに知らず知らずに入り込んできたことがあった。しかし、われわれは、過去の誤りを認め、状況を修正するべく対策を講じた。このことは、あらゆる機会に知らせてきた。近年、経済と教育の分野に大きな進展がみられた。われわれはまた、民族政策と文化政策を実施している。中央政府は、チベットの発展に財政と物質の両面から膨大な量の援助を投入している。

　今日、チベット国民は、幸福な生活を送り、懸命に働いている。客観的な観測者なら誰でも、このことに同意するであろう。残念ながら、ダライ・ラマは、こういった明らかな変化を見落とし、「チベットは軍の占領下にあり、民族差別が行われている」などといった嘘をでっちあげ、政府に恥をかかせ続けている。聞く者の心に恐怖が刻みつけられるほど執拗なまでにである。

　ダライ・ラマは、真にチベット国民の幸福を考えているというのか、それとも、「自らの個人的地位」とその仲間の既得権のために母国を分割するという保守的立場に固執しているのか、われわれは、当然のことながら不思議に思わざるを得ない。

　自らの既得権を促進するため、ダライ・ラマは、ラサの暴動を計画し、扇動した。ダライ・ラマは暴力を奨励し、チベット国民と中国人の分断化を工作した。そうすることによって、彼は、ラサのさまざまな民族の安定、平和、および幸福を崩壊させた。この行為は、「寛容と平和、奇特な行為を信奉し、非道な行為を排斥する」という仏教の教義とは相容れないものである。

　10月7日米国での記者会見の席上、ダライ・ラマは、米国訪問が「もちろん、ラサ暴動の一因」であることを認めざるを得なかった。こういった行動によって、ダライ・ラマは、自らの評判を貶しているにすぎない。

3．次の局面がどうなるかは、ダライ派の決断いかんによる。ダライ・ラマが分裂主義活動を続けるならば、われわれは、より真剣な対策を講じざるを得ないであろう。その分裂主義活動が、改革と門戸開放政策の退行を招き、チベット国民の生産性と暮らしに影響を与えることになったら、ダライ・ラマは、歴史を通じてその責任を負わなければならない。

　一部の者がその保守的地位に執着する余り、状況を悪化させている。爆発や毒殺・暗殺などのテロ組織活動を通じて、彼らは、今までよりもさらに多くの騒動を起こしたがっている。こういった者たちは、変化しつつある時代への判断を誤っている。

　分裂主義活動や「チベットの独立」を擁護する者はほとんどいない。チベット人の多くは、経験によって社会主義のすばらしい特質を知っている。その上、第3期中央委員会以来、この人たちは、党の政策の成果を享受し始めた。

　彼らは、自らの幸せを壊すようなことはしていないし、また一部の分裂主義者に引きずられることもない。分裂主義者が「チベットの独立」について騒ぎを起こし、暴力や陰謀・扇動を計画するなら、中国内にいるチベット国民を含めたすべての民族が、彼らに向かって唾を吐き、彼らの頭を叩いて脳内出血を起こさせることであろう。

　ダライ一派は、外国の支援に頼ってチベットで分裂主義活動を拡大している。外国人を動員してチベット、つまり、中国の内政に干渉しても、ラサの一部の人間を買収し欺いて、暴動のための組織をつくっても、またロビー集団をつくるために国際的な反中国勢力を召集しても、中央政府に手を引かせることはできないであろうし、「チベット独立」の夢を具体化することもないであろう。そうなると信じるのは、間違いである。われわれの側の合図は、極めて明白である。中国の領有権に属する領土を犯すことは、誰にも許されない。外国人の中国への内政干渉は許されない。

　米国がダライ・ラマに母国の分割について討議する場を与えたのは誤りである。これは、米中外交関係の樹立に関するコミュニケのみならず、上海コミュニケにも違反するものである。こういった運動に加担する外国人の中に、何人かの米国会議員が入っている。この人たちは、長い腕を伸ばしてわれわれの国内問題に公然と干渉している。彼らの行為は、わが人民から強い批判をあびた。彼らの陰謀が実を結ぶことは決してないであろう。

　実際のところ、ラサのデモ直後、米国、インド、フランスの各政府が、チベットは中国の奪うことのできない一部である、と声明している。北京駐在の何人かの外国外交官は「チベットの独立」を支持す

る国はないだろう、と語った。あなた方が外国の支援にすべてを賭けるなら、そして破壊的な分裂主義活動を拡げるなら、望ましくない結果を生じることになる。気が付いたときには、国際舞台で孤立し、その上、チベット人やチベットにいる他の民族の怒りを招くことにもなる。

　国家の領有権と領土の問題に関する限り、話合いの余地はまったく無いという点を、われわれは強く指摘する。

　領有権の問題に関して、中国は、どのような国際世論にも影響されることはなく、ましてや圧力を受けることもない。中国共産党と中央人民政府は、中国の領有権と国土保全を貫くことを決意している。この問題に関して、中国は、各方面からの干渉を容認するつもりはない。分裂主義構成分子の扇動的な活動や暴動に対するわれわれの答は一つしかない。決意を強め、領土保全の基盤をよりしっかりと固め、人民の民主主義体制の履行に向けていっそうの努力をすることである。

　ギャロ・トゥンドゥプがダライ・ラマに対し、変わりつつある時代と人々の満足の判断を誤らぬよう、また再度いうが、チベット国民と中国に住む他の民族の利益を損なうような行動や、敵を喜ばせ、友人を悲しませるような行動を慎まれるよう、助言して下さることを期待している。

4．この危機的状況が進展するか否かにかかわらず、われわれは、ダライ・ラマが人民の利益を考慮して、巧みに行動されることを願ってやまない。同志鄧小平、同志胡耀邦、その他の人々の言葉は、共通して中国国家の政策を反映しており、この点に関しては、今後も変化はない。同志の言葉は個人としての意見ではなく、中央政府の公式な政策である。その真髄は次の一言にある。「チベットは中国を構成する一部である」。あなた方は、「チベット独立」闘争をあきらめるべきである。あなた方がこのことに同意しない限り、今後どのような交渉もないであろう。

　ここで、私は、この姿勢についてさらに明確にしたいと思う。ダライ・ラマに対する中央政府の方針に、変更はない。われわれの「5項目政策」が変更することはない。ダライ・ラマは、常に祖国の統一を守るべきである。民族間の結びつきを保護し、祖国の社会主義体制確立に寄与するべきである。われわれは、ダライ・ラマの母国への帰還を喜んで迎えよう。

　1959年の蜂起は、あなた方の誤りであった。われわれもまた、過去の歴史からこの部分を忘れるよう努力しなければならない。「忘れましょう」、とわれわれはあなた方にいった。ダライ一派がその分裂主義活動を放棄すれば、われわれは、これまで述べてきた中央政府の政策に立ち戻ることができる。

5．ギャロ・トゥンドゥプ、あなたは、1979年から数回にわたって北京を訪問して、中央政府と接触をした。困難な任務を果たされたあなたの態度は称賛に値するものである。これら一連の訪問を通じて、「チベットの独立」の主張について、あなた自身は態度を保留している、と表明した。チベットを中国から分離させる考えは支持しないとして、ラサのデモにあなたは組みしなかった、と話された。このことを、あなたは、多くの場面で、われわれに語っている。

　ギャロ・トゥンドゥプ、かつてあなたは「過去数十年の経験からチベット独立への道を誰も歩くことはできないことが分かった。なすべきは、中央政府と良好な関係を促進させ、ダライ・ラマが祖国に帰り、そしてわがチベット国民のために良い仕事をすることである。こうすることで、わが民族の速やかなる発展が引き起こされるであろう」といった。あなたの卓見を高く評価する。

　ダライ・ラマに対するあなたの（ギャロ・トゥンドゥプの）影響力ある立場を十分に評価できるので、あなたの今回の北京訪問に、われわれは同意した。ギャロ・トゥンドゥプ、あなたが何よりも母国の統一とチベット国民の利益を第一と考え、速やかに祖国の偉大な家族のもとに帰るべく説得することによって、民族間の統一のみならず祖国の統一を守るための具体的努力をしてくれることを、われわれは望んでいる。

■チベット亡命政府より中国共産党中央委員会中央統戦工作部長閻明復あて返書
1987年12月17日送付（ダラムサラー）

　閻明復の5項目文書をギャロ・トゥンドゥプ経由で受け取った。また、ギャロ・トゥンドゥプが北京で持った話合いについても報告を受けた。

あなたからの文書を読んで、私たちは驚き、残念に思う。チベット問題の歴史的複雑さや人権問題、古代世界の文化に対する緩慢な浸蝕、世界の東方地域の平和と安定へのチベットの関わりについて、文書は触れていない。それどころか、不快な言葉を使った脅しで、結論を引き出そうとしている。不快な言葉の使用、法律の規定、そして高圧的な態度は、破壊的な結果を生み、進展への道を閉ざしてしまうであろう。

難民であるにもかかわらず、私たちは、自由な国で生活し、表現の自由を享受している。この自由を行使して、事実に基づいた説明をしたいと思う。真実は事実から求めなければならない、と鄧小平は語っている。しかしながら、「事実」が偽って伝えられたなら、真実を知る法もない。歪曲されたことが事実と見做されたら、これらの「真実」から転換された「真実」もまた作り事になってしまう。

私たちのこの文書の内容は、一読しただけでは、亡命人口の一部をなす一握りの人間の意見のように思えるかもしれない。あなた方は、チベットにいる人民がこのような意見に同意するはずがないという印象を持たれるかもしれない。しかしながら、圧政下に暮らす人びとは、二元的に生きざるを得ない。彼らには、胸の内を表現するルートがない。チベット人はもちろん、中国人同士でさえ相互の信頼を失って互いに警戒しあっているのが、はっきりしている。

1．あなた方の陳述——ダライ・ラマは米国を訪問し、9月21日米国議会人権問題小委員会で「5項目平和計画」を提起して、公然と「チベットの独立」に関する抗議の声をあげている。ラサの僅かな人数の分裂主義者がダライ・ラマの分裂主義活動を支持し、9月27日と10月1日に暴動を起こした。

説明——ダライ・ラマ法王の5項目平和計画は、チベット国民と中国国民の長期にわたる相互利益、そして良好な関係を確立するための方向付けを示したものである。

チベットが独自の民族、言語、地域、宗教・文化、風俗・習慣を持った自力本願の独立国であった事実は、歴史的にも論争の余地がない。今日、チベット問題は国際問題になってきている。

この問題は、民族の自由を奪ったことから生じた。あなた方が私たち同様この問題解決への願いを持って下さることを期待している。

1979年、鄧小平は、ギャロ・トゥンドゥプに、チベット独立の問題以外なら中国はどんな問題でも私たちと喜んで話し合う用意がある、と伝えた。李先念もまた、「国の分離」の問題を別にするならどんな問題でも討議したい、と語った。チベット民族が望んでいるのは幸福と十分な満足感だと、ダライ・ラマ法王は繰り返し指摘した。

1979年以降、私たちは、何度か実情視察派遣団や使節団を送った。1982年の派遣団を通じて、ダライ・ラマ法王の次のような声明を、確かにお伝えした。「歴史的状況が変化し、国家が政治的・経済的・軍事的併合に向けて動いている時代に、互いの利益が高まるのであれば、チベット人にとって単独の600万人として生きるより10億の人民と共に生きる方がいいのではないのか。」

これらの事実に鑑み、あなた方の極端な見方や恐れ・疑いを捨て、慎重に考えて下さるよう望む。

2．あなた方の陳述——少数の分裂主義者によって煽動されたラサの暴動は、ダライ派の計画・扇動による政治的出来事であった。

説明——私たちは、ラサの暴動を扇動したことも計画したこともない。実際のところ、誰にも彼らを煽る必要はない。デモは、チベット民族の苦しみの表明である。しかし、5項目平和計画を偽って伝えようとし、ダライ・ラマの威信を貶めようとしたあなた方の企てが、直接の挑発になった。

3．あなた方の陳述——ダライ一派は、外国で「チベットの独立」を重要課題に仕立てあげた。彼らは、外国の支持に鼓舞され、チベットの分裂主義活動を後援するという空虚な望みを抱いた。

説明——中国、チベット双方の歴史論文がチベットの独立した地位を立証している。チベットの独立の真実性は、あらゆる客観的な観察者の胸の内に自然発生的に湧き起こっていることが、はっきりしつつある。占領から30年以上たっても、あなた方が「チベットは中国の一部」と言い続けなければならないのは、さほど不思議なことではない。確かに、真にあなた方のものである地域については、そんなことをいう必要はないのである。他の地域を扱うのと異なり、人民解放軍がチベットに侵攻したとき、あなた方は、「チベット平和解放に関する17条協定」を作り出さざるを得なかった。こういった事実は、チベットと中国が異なった歴史を持つ別の統一体であることを、明白に示している。

4．あなた方の陳述──国外にいるチベット人にチベット訪問を認めたわれわれの政策につけこんで、彼らはチベットに人を送り込み、地下組織の形成を唆した。

　　説明──チベット内・外にいる家族や友人が互いに訪問しあうのは、人間の権利であり、双方ともに──中国とわれわれ──その権利を守り、尊重すべきである。私たちは、確かにこの機会を利用して、私たちの経験と意見を共有した。しかし、地下組織を作り、破壊を唆すためではなかった。

5．あなた方の陳述──最近のラサの出来事の全責任は、ダライ一派と一部の分離主義者にのみある。

　　説明──先に述べたように、私たちは、最近の出来事を扇動したわけではないので、一体どうやって責任をとれば良いのか。現場での調査を行って、ラサのデモに関わった者が少人数なのかあるいは非常に多かったのか見極めて頂きたい。本当に一部の人間がしたことであれば、その時点でラサにいた外国人ジャーナリストを追い出すことはなかっただろうと思われる。むしろ、機に乗じ、彼らに本当の状況を知らしめる度量を持ったであろう。同様に、防衛の強化をはかる必要もなかったはずである。

6．あなた方の陳述──ダライ・ラマは、中央政府の真剣で寛容な態度を取るに足りないものとして無視し、その間違った行動を改めようとはしなかった。

　　説明──チベット・中国間の接触が復活した1979年以来、ダライ・ラマ法王は、4度の実情視察派遣団と2回の使節団を派遣した。これにあたって、法王は、私たち双方の意に適った平和的な問題解決の道を見つけるべく断固とした決意で臨んだ。解決すべき問題は、チベット民族の窮状であり、ダライ・ラマの個人的地位とは関係がないことを、私たちは明確にしてきた。解決に向けて多くの提言がなされた。しかしながら、中国側からは、道理に適った回答は得られなかった。むしろ、あなた方は、高圧的戦術を取ろうとしただけであった。いくつかの例を次にあげる。

　　a．チベット3地方全部（チョルカ・スム、大チベット）を一つの独立した統一体とする連合の概念についての考慮を、私たちはお願いした。

　　b．中国が提案した台湾への9項目案を引き合いに出して、私たちは「これはまさに中国がチベットに執るべき扱いだ」と伝えた。楊静仁はそれに答えて、チベットは、既に「解放されている」ので、台湾の情勢と比較することはできない、と述べた。このことは、チベットは既に中国の支配下に入っているので、その自由と平等の権利は抑制されてしかるべきだ、という仮定が前提にあるように思われる。

　　c．相手をたてながら、しかも先見の明を持って、ダライ・ラマ法王は、チベット問題を解決するために中国との接触を確立しようと、鄧小平に書簡を送った。しかし、鄧小平は、法王からの書簡に返事を書こうとはしなかった。

　　d．双方が連絡を取り易くするために、私たちは、ラサか北京に連絡事務所を設置することを提案した。この提案は拒否された。

　　e．チベット内の若い世代のチベット人を教育することの重要性を考えて、何人かの若いチベット人教師をチベットに派遣することを申し出た。これも同じく却下された。

　　f．1982年、われわれの派遣団は、チベットの収容所にいるロブサン・ワンチュク師は高齢でもあり、チベット仏教・文学者であることを伝えて、同師が収容所を出てインドに来ることを許可してほしいと、中国側に要請した。その際、楊江利は、チベットで調査をしたが、収容所にそういった人物はいない、と答えた。次に、私たちは、ニューデリーの中国大使館を通じて同じ要請をした。ニューデリーの大使館は、ロブサン・ワンチュク師は法を犯した罪で収容所にいる、と伝えてきた。残念ながら、ワンチュク師はもういない。彼は、収容所で死んだ。

　　g．1983年、イン・ファタン（陰法唐、チベット自治区党委員会第一書記）は、ラジオ・ラサでダライ・ラマはチベット民族に対し悪い行いをした、と発表した。これが本当に公式見解なのかどうか、私たちは、中央政府に説明を求めたが、答はなかった。

7．あなた方の陳述──ダライ・ラマは（チベットの）こういった明らかな変化を見落としている。

　　説明──1980年代以前と比べて、いくつか好ましい変化が出てきた事実を、私たちは認め、評価している。1979年3月10日声明の中で、法王は、こう語っている。

「……鄧小平は、繰り返し声明を出し続けてきた。「事実から真実を求める」、「中国人民は壁新聞やデモを通して積年の不平不満を表現する権利を与えられなければならない」、「もしあなた方が欠点を持っていたり、後向きの方向に行っているなら、そうでない振りをしても何にもならない」、「われわれは、自らの欠点や遅れを認識すべきである」など。中国のそれ以前の指導者と異なり、誠実さ、進展、そして率直さが感じられ、これは、きわめて高く評価できることといえる。

1981年、胡耀邦が中国共産党総書記に就任したとき、ダライ・ラマ法王は祝賀電報を打っている。そして、1984年3月10日声明の中で、法王はこう述べた。

「チベット内部の状況に関していうと、無実の罪で20年も拘禁されていた多くのチベット人のほとんどが、この4～5年のうちに釈放された。チベットと外部の世界のあいだの移動もまた、比較的自由になってきた。苦境を生き抜いた人々が長く会っていない親戚や友人と会えるようになった。

　農業や遊牧の分野においては、個人の副業的な生産やちょっとした仕事はいうまでもなく、経営の全責任が家族に与えられるようになった。結果として、ラサやいくつかの町や村での人々の暮らしは、僅かであるが改善された。また、中国人が無視し、損ない、そして崩したチベットの言葉が復活してきている。チベット語の新しい出版物が世に出つつある。絶え間ない管理労働の締め付けが弛み、チベット人は、いまは息抜きの時間が持てるようになった。」

以上の引用から、ダライ・ラマがチベットの変化を見落としていないことは、はっきりと分かるはずである。

8．あなた方の陳述——「チベットは軍の占領下にあり、民族差別が行われている」などといって、ダライ・ラマは嘘をでっちあげ続けた。

　説明——チベットのことと一般市民の権限全体は、中国人の手中に集中している。人口集中地域に配備された何千もの軍隊は、まさに軍部占拠の具現化である。また、私たちは、チベットに核基地が存在すると主張できる強い根拠を持っている。

　その上、チベット人が中国人と比較して、あらゆる分野で、住宅や学校の設備の割当て、医療保健、仕事などで差別を受けているのは、真実である。あなた方が権利について語ると、「偉大な社会主義家族」の「民族」はすべて平等ということになる。しかしながら、実際には「少数民族」は遅れた二級の「民族」と見做されている。言葉という武器を使って、生活のあらゆる面が中国化されつつある。学校の試験が実施されるとき、また学生や専門家の採用のときなど、差別の実例は非常に多い。当然、チベット人と中国人のあいだの互いの敵意は、目に余るほど大きくなっている。

9．あなた方の陳述——ダライ・ラマが真にチベット民族の幸福を考えているのか、それとも、「自らの個人的地位」と仲間の既得権のために祖国を分割するという保守的立場に固執しているのか、われわれは、不思議に思わざるを得ない。

　説明——これは、ひどい歪曲である。チベット民族の想像の域を完全に超えている。はっきりいって、これは、あなた方が長年正しいと装い続けている誤った信念にすぎない。ダライ・ラマ法王は、自分はチベット民族の単なる代弁者であり、チベット問題はチベット民族が自らの幸福のために自らが決めるだろうと、常づね述べてきた。

　チベットの国民は、法王がチベット国民の利益を推進するためだけに懸命に働いてきた事実を、十分に承知している。私たちは、ダライ・ラマ法王の個人的利益を云々したことはなく、将来もそうする理由はまったくない。

　1982年、私たちの使節団があなた方とチベット・中国間の問題を協議しようとしたところ、あなた方は、問題解決を求めた5項目提案を、ダライ・ラマ法王とその「一派」に対する政策の検討にすりかえ、協議の内容を脱線させようとした。私たちが話し合いたかったのは、チベット民族の窮状についてであって、ダライ・ラマ法王といわゆるその一派についてではない。当然のことながら、互いの意思の疎通は停滞し、話合いからは何も生まれなかった。

　チベットを訪問し、直接その実情を見たいというダライ・ラマ法王の希望を、再度私、たちが伝えると、あなた方は、訪問の基本的条件にさえ応じようとはしなかった。とりわけ、「チベット自治区」開

発計画に取り掛かっている最中なので受け入れはできないと、あなた方はいった。私たちの直接の提案を繰り返し拒否することによって、あなた方は、私たちを故意に「分裂主義者」に仕立てようとしている。

10. あなた方の陳述——自らの既得権を促進するため、ダライ・ラマはラサのデモを計画し、扇動した。ダライ・ラマは暴力を奨励し、チベット国民と中国人の分断化を工作した。そうすることによって、彼は、ラサのさまざまな民族の安定と平和、そして幸福を崩壊させた。この行為は「寛容と平和、奇特な行為を信奉し、非道な行為を排斥する」という仏教の教義とは相容れないものである。

説明——殺人や流血の惨事は、武装した人間(中国軍)によって引き起こされたことであって、非武装のチベット人の仕業ではない。

11. 10月7日米国での記者会見の席上、ダライ・ラマは、米国訪問が「もちろん、ラサのデモの原因の一つ」であることを認めざるを得なかった。

説明——ダライ・ラマ法王は、別の背景からこの声明を行った。事実はこうである。中国政府は、チベット国民がダライ・ラマ法王の5項目平和計画に反対してデモを起こすように、彼らを動員しようとした。このことが人民の怒りを掻きたて、ラサのデモを起こさせた。

一般的にいって、チベット国民の怒りは、ずっと前からあった。ラサのデモは、新たに出てきた感情の発露ではない。むしろ、休止状態にあった病いが、苦痛を伴って爆発したものであった。そのときの記者会見で、報道陣は、ラサのデモがチベット国民の苦しみにとって転換点になったかどうかを、ダライ・ラマ法王に尋ねた。法王は、そうではない、転換点は1959年3月の出来事だった、と答えた。問題の原因は中国支配下にあるチベット国民の苦しみだったと、法王は語ったのである。

12. あなた方の陳述——次の局面がどうなるかは、ダライ一派の決断いかんによる。ダライ・ラマが分裂主義活動を続けるなら、われわれは、より真剣な対策を講ぜざるを得ない。

説明——1979年以来続けてきた接触については、前述の部分で詳しく述べている。あなた方のいう「分離主義」についていうと、もし中国がチベットを分割したくないのなら、そうならないように行動するのは、あなた方である、と、ダライ・ラマ法王は、幾度となく述べてきた。問題解決に向けて、法王は、チベットのアイデンティティは守られなければならない、国民は平等の権利が与えられるべきである、と語っている。また、宗教・教育・経済・政治に発展があるべきだともいい、さらに、チベット国民は彼ら自身の祖国で少数民族になってはいけない、チベット国民は彼ら自身の将来を決める自決権を与えられるべきである、と付け加えている。

最近の5項目平和計画で、ダライ・ラマは、チベットの将来とチベット人と中国人との関係に関する真剣な交渉の開始を呼びかけた。

私たちのこういった親善の姿勢すべてに対して、数の上でも強大な大国中国は脅迫で答えただけであった。わが民族へのあなた方の残虐行為は、まだ私たちの記憶に新しい。1959年以降、チベット全土は、広大な収容所と化した。迫害を受けた何千何万もの人が収容所で死んだ。多くの人が自殺に追いやられ、あるいは餓死した。これらの残虐行為がチベット国民のなかに中国人への憎しみを植え付けた。

13. あなた方の陳述——分裂主義者が「チベット独立」について騒ぎを起こし、暴力や陰謀・扇動を計画するなら、中国にいるチベット民族を含めたすべての民族が、彼らに向かって唾を吐き、彼らの頭を叩いて脳内出血を起こさせることになろう。

説明——私たちは、決して暴力・陰謀・扇動に携わったことはない。チベット国民に、もし恐怖感なしに意見をいう自由が与えられていたら、チベット人要人を含めた彼らは、最近の5項目平和計画だけでなく、チベットと中国の関係とチベット民族の苦しみに対するダライ・ラマ法王の考えに、心から賛成するにちがいない。同様に、もし他の「少数民族」にも表現の自由が与えられれば、興味深い意見が出てくるかもしれない。一方、中国国民については、彼らは、長年、政府の宣伝活動の影響を受けてきたとはいえ、相当数の普通の市民、中国内外の学生、そして要人が、中国政府は、チベット問題を正当に扱ってこなかったという同情の念と確信を表明している。

一例として、北京の一学生が、中国要人がこういうのを聞いた。「日本と中国には文化的類似性があるにしても、中国人民は、いまでも過去の日本の残虐行為に対する恨みを克服することができない。こ

の事実を鑑みても、チベットと中国では、まったく異なった文化的背景を持つのだから、チベット人が中国人の残虐行為を、恨んでいるのは、実に当然のことである」。

中国国民のあいだに、チベットへの認識が高まり、恐怖感なしに自分自身を表現する機会が与えられるならば、チベット人がなぜこんなに多くの苦しみに耐え、なぜ中国人はこんなに困惑させられるのかについて、多様な意見が出されるであろう。同様に、50代、60代の中国人が、次にあげる時代に彼らが直接体験したことを述べるよういわれたら、興味深い意見が出てくると思われる。A「解放」以前、B「解放」から「百花斉放」運動の初期、C「百花斉放」時代から文化大革命まで、D文化大革命から現在まで、本当に中国共産党の政策がそんなに立派で申し分のないものであったならば、また人民の要求を適えることができていたならば、「自由化」という新しい政策を打ち出す必要はなかったはずである。

あまりに厳しい締め付けが問題を生んだために、自由化が必要になった。仰々しい言葉であなた方が何をいおうと、これは、私たちが気づいたところの事実である。

14. あなた方の陳述——あなた方は「分裂主義者」の目的は古い封建制の社会に戻すことである、としばしば述べている。

説明——あなた方が私たちの国についての事実を歪曲しているのに、チベット・中国関係の問題にどうして誠意を期待できるのか。

チベットは、極度に未開で遅れていて、圧制的で粗野な社会だったので、「解放された」と、常にあなた方はいってきた。そして、最近、「極度に」という形容詞がなくなってきたのが目につく。今、あなた方は、チベット文化は「祖国」に貢献したといっている。伝統的チベット社会のイメージを歪曲して表すために、あなた方は、『農奴ジャンパの物語』や『誕生を禁じられた子供たちの物語』などの映画を作った。しかし、今、これらの映画をみても、誰も容易に信用しないことを認識したのか、みせるのを躊躇うようになった。

私たちは、古い社会体制に戻るつもりはない。1963年、ダライ・ラマ法王は、チベット人のための民主的憲法を公布した。その後、1969年にダライ・ラマ法王は、こう述べた。「チベットがその国民によって治められる日がきたとき、それがどんな政府を持つかは国民が決めることである。歴代ダライ・ラマによる統治の形があるかもしれないし、ないかもしれない。チベットの将来を最終的に決めるのは、チベット国民になろう」。

世界のどんな観察者でも認めるとおり、チベット亡命国家は民主主義社会を営んでいる。

結論——私たちは、「事実から真実を求める」と公言するあなた方の政策に声援を送る。この政策に勇気づけられて、いくつかの基本的な事実をお伝えした。こういった交際は、チベット・中国間の関係を改善し、チベット民族の幸福を確保することを目的としており、長い歴史と豊かな文化をもった中国と良い関係を持ちたいというわれわれの強い願望の表れである。決して中国への反感や恨みに駆られたからではない。このことは、いずれ時期がくれば分かるでしょう。

平和的な交渉によってチベット問題を解決したいという私たちの決意は、はっきりしている。この目的を遂げる手段として、ダライ・ラマ法王は、5項目平和計画を提言した。5項目平和計画は、交渉を行うにあたって非常に理に適ったものであり、チベット・中国間の紛争を解決に導くための交渉が開始できると、私たちは期待している。中国政府がダライ・ラマ法王の5項目平和計画を研究され、前向きな回答を寄せられることを願っている。

■14世ダライ・ラマのストラスブール提案（欧州議会講演草稿）
1988年6月15日配布（ストラスブール）

現在、私たちは、まさに相互依存の世界で生きている。一つの国家の問題は、もはやその国だけの問題ではなくなってくる。全世界の責任感なしに人類の生存は難しい。それ故に、私は、世界の様ざまな国家間のより良き理解、より緊密な協力、そしてより深い尊重の必要性を、常に感じてきた。欧州議会は、勇気付けられる一つの例である。戦争の混沌から抜け出した、かつては敵だった人たちが、ひとつの世代の間に、共存し協力することを学んだところである。だから、ここ、欧州議会のこの集まりで、お話できる

ことに、私は、格別の喜びと誇りを感じる。

　ご存知のように、私の祖国チベットは、大変困難な時代を経験している。チベット人——特に中国占領下に暮らす人民——は、自由と正義と自決権のある未来を切望している。これが実現できれば、人々は比類なきアイデンティティを十分に守り、近隣諸国と平和裡に暮らすことができる。1000年以上のあいだ、私たちチベット人は、自分たちの住む高原の生物の微妙な均衡を保つために精神的環境の真価を大切にしてきた。仏教の非暴力と憐れみの心に動かされ、高地の山脈に守られて、私たちは、すべての生命を尊重し、国家の政治的手段としての戦争を放棄しようと努めてきた。

　2000年以上に及ぶ私たちの歴史は、独立国の形態をとってきた。紀元前127年の建国以来、私たちチベット人は、外国勢力に主権を渡したことはない。どの国においてもそうであったように、チベットでも、近隣諸国——モンゴル、満国、中国、英国（ネパールのゴルカ王朝）——がその支配力をチベットに確立しようとした時代を経験している。このような時代はごく短期間であったし、チベット民族は決して彼らが国の統治権を握るのを認めなかった。事実、チベットの支配者が中国の広大な地域や他の近隣諸国を征服した時期もあった。しかしながら、このことは、私たちチベット人がその領土に対する権利を主張できるという意味ではない。

　1949年、中華人民共和国は、武力でチベットに侵入した。その時以来、チベットは、有史以来の暗黒の時代を耐えてきた。100万人以上のわが国民が、占領によって死にいたった。何千もの僧院が廃墟と化した。教育や経済的な好機を奪われ、チベット人の民族としての特質を備えられないまま成長する時代が出てきている。

　現在の中国指導層は一定の改革を履行したが、一方で、チベット高原への大量の人口移住を奨励している。この政策によって600万人のチベット民族は既に少数民族となってしまった。全チベット国民に代わって、私は、残念ながら皆様に、私たちの悲劇は続いている、と報告しなければならない。

　私は、わが国民に、苦しみを取り除くのに暴力に頼ってはならない、と常にいってきた。すべての国民は公正な道徳心をもって、不正に対し平和的に抗議する道徳的権利を有する、と信じている。残念なことに、チベットでのデモは、中国の警察と軍隊により暴力で鎮圧された。私も、今後も、非暴力を勧めていくつもりでいる。しかし、中国が採っている非人間的手段を放棄しないならば、この状態がさらに悪化することに、チベット国民としては責任をもつわけにいかない。

　チベット国民は、すべてわが国の独立の復活を望み、祈っている。何千何万のわが国民が命を失い、全国民がこの争いに苦しんできた。ここ数カ月のあいだにも、チベット人は、この崇高な目標の達成のために、勇敢にもその命を犠牲にしている。他方、中国はチベット民族の強い要望を全く理解せず、容赦のない弾圧政策を推し進めている状態にある。どうすれば、祖国の窮状を救う現実的な解決が達成できるのか、私は、長い間考え続けてきた。（チベット亡命政府の）内閣と私は、多くの友人や関係者に意見を求めた。その結果、1987年9月21日ワシントンDCで、米国議会人権問題小委員会において、「チベットに関する5項目平和計画」を公表するにいたった。その中で、チベットを平和（アンヒサ）区、人類と自然が調和をもって共に生きることのできる聖域とするよう、要請した。私はまた、人権と民主主義の理念、環境保護に対する尊重と、チベットへの中国人の移民政策の停止を求めた。

　5項目平和計画では、チベットと中国の真剣な交渉を求めている。それ故に、私たちは、チベット問題解決の基本になるかもしれないと期待できるいくつかの考えを、率先して考察した。私は、この機会を利用して、われわれの考えの主要点を、この卓越した方々の集まりで述べさせて頂こうと思う。

　チョルカ・スム（チベットの三大地方、つまりウー・ツァン、カム、アムド）として知られているチベット全土（大チベット）は、独立した民主主義体制の国家にならなければならない。しかも、それは、中華人民共和国と共同して国民共通の利益と彼ら自身の環境の保護に対する国民の賛同による法律に基づくものでなければならない。

　中華人民共和国は、チベットの外交政策に関して持続した責任を持つことになる。しかし、チベット政府は、外務省を通じて宗教・商業・教育・文化・観光・科学・スポーツ・その他の非政治的活動の分野における関係を維持し発展させる。チベットは、こうした活動に関する国際組織に参加すべきである。

チベット政府は、基本法の継続を土台として設置されなければならない。基本法は、平等、社会主義、また環境の保護を確実なものにする任務を委ねられた民主的政治体制を規定したものでなければならない。これが意味するものは、チベット政府は、チベットとチベット民族に関係してすべての事柄につき決定権を持つということである。

個人の自由は、すべての社会にとって発展への真の根源であり、可能性でもあるから、チベット政府は、言論・集会・宗教の自由を含む、あらゆる努力を払って世界人権宣言を守り抜き、この自由を確実なものとしていくであろう。宗教はチベットの国家的アイデンティティの根幹をなすものであり、精神的価値はチベットの豊穣な文化の中心にあるものであるから、それを守りその実践を促進するのは、チベット政府の特別な任務である。

政府は、国民投票で選ばれた執行部と二院制立法府、そして独立した司法制度から構成されなければならない。本拠地は、ラサに置かれる。チベットの社会的・経済的制度は、全国民の生活水準を引き上げる必要を特に考慮して、チベット国民の望みに応えられるよう、定められるべきである。

チベット政府は、野生動物や植物を守るための厳しい法律を制定しなければならない。天然資源の開発は、慎重に規制されることになろう。核兵器や他の兵器の製造・実験・備蓄は、危険な廃棄物を産出する核エネルギーや科学技術の使用とともに、禁止されなければならない。チベット政府の目標は、チベットを私たちの惑星最大の自然保護区にすることにある。

非武装化を通して、チベットを真の平和の聖域とするために、地域平和会議が召集されるべきである。このような平和会議が召集され、非武装と中立が達成されるまでは、中国がチベットに一定数の軍事施設を維持する権利を有することになる。これらの施設は、単に防衛目的のためだけでなければならない。

実りある交渉につながる信頼感を作り出すために、中国政府は、チベットでの人権侵害を止め、チベットへの中国人移住政策を停止すべきである。

以上が、私たちが考えていることである。多くのチベット人が、この見解に示される抑制された政策に失望するだろうことは、承知している。チベット内・外のわが共同体内部では、これから何カ月か活発な討議が行われるのは間違いない。しかしながら、これは、変化への過程における本質的に非常に重要な部分である。これら見解は最も現実的な方法を意味している。これによって、チベットの独自のアイデンティティを回復し、そしてチベット国民の基本的権利を取り戻すことができ、その一方で、中国自身の利益に順応することができる、と信じる。しかし、私は、中国との交渉の結果がどう出ようと、チベット民族自身が最終的決定機関でなければならない、ということを強調しておく。それ故に、どの提案にも、チベット国民の願望を広く国民投票で確認するための包括的な議事手続きが含まれることになろう。

私自身は、チベット政府で何らかの任務に就くつもりはないことを、この場を借りて述べる。とはいえ、チベット民族の幸福と安定のためには、必要な限り、役に立ち続けるつもりでいる。私たちは、私が今述べた見解に基づき、中華人民共和国に対し提案をする用意がある。チベット政府を代表する交渉チームが選出された。私たちは、中国側に会って、公正な解決達成の目的をもった以上の提案について詳細に討議する準備ができている。

米大統領ジミー・カーター、他にわれわれの状況に強い関心を示して下さる政府や政治指導者が増えてきたことに、私たちは、勇気づけられている。私たちはまた、より実際的でリベラルな新しい指導者を生んだ中国の最近の変化に勇気づけられている。

私が今述べた見解に、真剣で実質的な考慮を下さるよう、中国政府と指導層に強くお願いする。誠意と明確さでチベットの現実を考える対話と心構えのみが、解決への実現性につながっている。

私たちは、人類愛という、より重要な事柄を念頭において、中国政府との話合いを持ちたいと願っている。私たちの提案は、したがって、協調の精神でなされることになろう。中国政府は、それに順切に応じることを切望している。

■14世ダライ・ラマのノーベル平和賞受賞演説
1989年12月10日演説（オスロ）

陛下、ノーベル賞委員会、そして兄弟・姉妹の皆さま。

本日、ここに、ノーベル平和賞受賞式の席についていることは、何にも替えがたい喜びである。

チベットの平凡な僧侶の私が、この名誉ある賞の受賞者に選ばれたことに深く感動し、光栄を感じると同時に、身のひきしまる思いである。私は、特別な人間ではない。だから、この賞は、仏陀とインドおよびチベットの聖者の教えに従い私が実践してきた利他主義、愛、慈悲の心、そして非暴力の真の価値が認められたことによるところであろう、と考える。

私は、世界の虐げられている人びと、また自由と世界の平和のために戦っている人びとの代理として、深い感謝をもってこの賞を受ける。同時に、この受賞を、非暴力という手段で変革を実践するという現代の輝かしい伝統の創始者であるマハトマ・ガンジーに捧げる。彼の人生こそが、私の模範であり、彼は、私を励ましてくれた。そしていうまでもなく、チベット本土に住む勇敢な 600 万チベット人同胞の代理としてである。彼らは、止むことのない圧政に苦しんでいる。チベット国民としての本来の在り方とその文化の計画的な破壊に直面している。この受賞により、チベットの解放は、真実と勇気と決意の力で実現すべきだとの思いを、ますます新たにする。

地球上のどこに住もうとも、私たちは、すべて同じ人間である。同じ人間として幸福を求め、苦しみから逃れようとしている。人間として、同じように悩み、苦しんでいる。私たち人間はすべて、個人としても国民としても、自由と自決の権利を求めている。これこそ人間の本質である。

現在、東ヨーロッパやアフリカをはじめとして、全世界で生じている大きな変革のうねりは、まさにその証明である。

中国における民主主義を求める人びとの声は、今年 6 月、暴力によって圧殺された。しかし、彼らの行動が無意味だったとは思わない。自由を求める中国人の精神に再び火を灯したからである。中国といえども、世界中に吹き荒れるこの自由の精神から逃れる術はない。勇敢な学生と彼らを支持する人びとは、中国の指導者および世界に対し、中国にもまさに人間が住んでいることを、はっきりと示した。

先週、チベットで公開裁判が開かれ、数名のチベット人に最高 19 年の刑が宣告された。おそらく、このことは、本日の受賞に対する脅しであろう。彼らの「罪」は、愛する祖国の独立を回復したいという、チベット人ならだれでも抱いている希望を表明したという、ただそれだけのことであった。

過去 40 年の占領期間に、わが民族が受けた苦しみは、十分に記録に残されている。それは、長く苦しい闘いであった。道理は、私たちの側にあると思っている。暴力はさらなる暴力と苦しみを生み出すだけであるから、私たちの闘いは、非暴力を旨とし、憎しみとは無縁でなければならない。私たちは、わが民族を苦しみから解き放とうとしているだけであって、決して他の民族に害を及ぼそうとしているのではない。

だからこそ、私は、チベットと中国は話合いをすべきだと、幾度か提案をしてきた。1987 年に、チベットに平和と人権を回復するため、私は、5 項目計画を提案した。チベット高原をアンヒサ（平和）区、すなわち人間と自然が調和して生きてゆける平和と非暴力の聖地にしようではないかという提案も、その一つである。

昨年、私は、ストラスブールの欧州会議で、この提案をさらに詳しく発表する機会を得た。チベット人の中には、譲歩しすぎるとの批判もあるが、これは実現可能であり、理に適った提案であると思っている。

しかし、残念ながら、中国指導部は、今日にいたるまで、この提案に積極的に答えようとはしていない。この状態が続くのであれば、私たちも、対応を考え直さなければならないかもしれない。

チベットと中国の関係は、平等、尊敬、信頼、および相互利益の原理に立つものでなくてはならない。それは、かつてチベットと中国の賢明な指導者が結んだ条約の精神に立ち戻るという意味でもある。この条約は、西暦 823 年石柱に刻まれており、その石柱は、今もなおラサの聖なる寺院、ジョカン寺（大昭寺）の門前に立っている。この石柱には、「チベット人はチベットにおいて、中国人は中国において、ともに平和に暮らすものとする」と刻まれている。仏教僧として、私は、すべての人間の苦しみに対してだけでなく、すべての生きとし生けるものの苦しみに対しても、関心を払っている。あらゆる苦しみは、無明によって引き起こされる。人は、幸福や満足を自己中心的に追求して、他人に苦痛を与えている。けれども、

真の幸福は、心の平安と足ることを知る心によってもたらされるものである。そして、この心は、利他の精神、愛、そして慈悲の心を育み、無明と利己主義と欲望を克服することによって勝ちとることができるものである。
　今日、私たちが直面する暴力、自然破壊、貧困、飢えなどの諸問題は、人間が自ら作り出してきた問題である。それ故に、努力や相互理解、また人類愛を育むことによって、解決が可能である。私たちは、互いに対しても、一緒に暮らすこの惑星に対しても、宇宙的責任感を養う必要がある。仏教では、敵すらも愛し、慈悲の心をもてと教えているが、信仰の有無にかかわらず、だれでも温かい心と宇宙的責任感を育てることはできる。止まるところを知らない科学の進歩が、私たちの生活に大きな影響を与えている今日の世界において、私たちの人間性を呼び戻すためにも、宗教と精神性が果たす役割は、次第に大きくなっている。科学と宗教は、互いに矛盾するどころか、それぞれに対する優れた洞察を秘めている。科学と仏陀の教えは、両方とも、すべての存在が基本的には一つの有機的な統一体であることを説いている。私たちが地球規模の環境問題について積極的に行動するためには、この原理を理解することがどうしても不可欠である。
　すべての宗教の目的は、一つだけである。人間の善なるものを育み、あらゆる人間に幸福をもたらすということである。手段は異なるようにみえても、その目的は同じである。私たちは、20世紀最後の10年に足を踏み入れんとしている。人間を人間らしくしてきた古代の智慧は、私たちがより至福の21世紀を迎えるためには、どうしても避けて通れないものになるはずである。
　私は、私たち全員のために祈る。私は、私たちを抑圧する者と私たちの友人のために祈る。人間を理解し愛することによって、よりよき世界を築き、またそうすることによって、私は、私たちがすべての生きとし生けるものの苦しみと悩みを和らげることに成功するよう、祈る。
　ありがとうございました。

1989年12月10日
ノルウェー、オスロにて
14世ダライ・ラマ

■14世ダライ・ラマのイエール大学講演「敵を抱きしめて」
1991年10月9日演説（ニューヘブン、コネチカット州）

　温かいご歓迎に感謝する。
　非常に光栄に存じる。
　リットン博士ならびにイエール大学の皆様、私は、今、ここにいることを非常に光栄に存じる。
　私たちは、まさに驚くべき時代に生きている。ここ数年で、世界は、劇的に変化した。自由と民主主義を求める民族と国家の息吹が、民族自決への欲求が思いがけない活力と不屈の精神に満たされ、再び浮上した。東欧やモンゴル地方での出来事、ベルリンの壁崩壊、そして最近では70年に及ぶ共産党支配を脱却したソ連の変化、これらすべては、この現象の実例である。私は、モンゴル地方、バルト諸国、そしてブルガリアへの忘れ難い訪問を終えたばかりである。何十年間も禁じられてきた自由を満喫する大勢の人びとをみて、私は、非常な喜びに満たされた。彼らの勝利は、人間の自由への欲求がどんなに長く苛烈な抑圧にも勝ることを気付かせずにはおかない。そして、もっと重要なことは、必然的な変化は、暴力に頼らずとも成し得るということである。
　最近、ジョージ・ブッシュ、ミハエル・ゴルバチョフ両大統領は、ついに武力なしに世界を導くことができた、と声明した。私は、両大統領の歴史的決断に祝辞を述べたいと思う。かつて、私が武力のない世界が私の夢であると語ったとき、友人を含む大勢の人々がそれは理想的すぎると批判した。ところが、これら世界の成り行きは、この夢の実現の可能性を示している。それでも、これは困難な仕事であり、多くの障害がある。私たちは、皆、どんなにささやかであろうと、この努力に貢献し続けなければならない。
　中国政府による40年以上の抑圧の後、自由を取り戻すためのチベット国民の苦闘は、この政治的風潮の変化のなかで、考察されなければならない。1949～51年の中国のチベット侵略以来、人口の5分

の1に当たる120万人のチベット人が生命を失った。42年間の長きにわたり、私たちは、目的を失わず、非暴力と慈悲という仏教文化を守るために戦ってきた。

これらの抑圧に怒ることは簡単である。中国当局に対して憎しみ以外の何ものも感じないことも、簡単である。彼らに敵のレッテルを貼り、独善的に彼らの残忍な行為を非難し、彼らを卑しむべきものとして念頭から追い払うこともできる。けれども、それは、仏教徒の方法ではない。そして、最近の出来事が明白に示しているように、それは平和と協調を達成する方法ではない。

私たちの最良の教師は、私たちの敵である。このことは、仏教の根本的な教えであるばかりでなく、人生の明らかな事実である。友人が様々な方法で私たちを助けてくれるのに対し、敵だけが寛容と忍耐と慈悲を必要とする挑戦を、私たちに与えてくれる。これら3つの美徳は人格を築き上げ、心の平和を生み出し、私たちに眞の幸福をもたらすために欠くことのできないものである。

キリスト教にも、敵に頬を殴られたらもう片方も差し出せという霊感を与えるような教えがある。仏教思想の根底にあるのも、これと同じ理想である。規則正しい実践を通じて、私たちは、敵に殴られたとき、その行為に対して、彼が与えてくれた成長の機会に対して、感謝の念を実際に感じることができるまでに、寛容の心をお妖強く育てることができる。私たちは、こうして気持ちが楽になり、怒りや憎しみから解放され、敵の行為を引き起こした抑え難い欲望がはっきりとみえる。敵がその有害な行為の結果、彼自身にもたらす悲しむべき破滅に対して、私たちは、心から憐れみを感じることができる。

私たちを傷つける人も助ける人も、結局は、皆、友人なのだということを思い出し、良いときも悪いときも、私たちチベット人は精神の健康と善良な気質を保とうと努めている。これらの基本的な真理を思い出す限り、私たちは、まさに無敵なのだということを、私はたびたびチベット国民に語ってきた。私たちの決意は決して消えないであろう、そして、私たちは、最後には、中国にいる友人も助けることができるであろう。

私は、民族間、国家間の関係は、人間の理解を基本とすべきであると、固く信じている。率直に理想を共有することによってのみ、現在、国際社会が直面している多くの難題を解決することができる。このような状況において、世界は、中国が建設的な態度で喜んで国際社会に加わるとき、いつでも中国を受け入れると、私は信じている。しかし、中国があくまで礼儀正しい振る舞いの規範を犯そうとするなら、だだっ子のように甘やかしはしないはずである。中国は、国際社会の責任ある一員として、その行動を説明しなければならない。

ご存じのように、私は、前回の訪米中に、ジョージ・ブッシュ大統領と会見する名誉を与えられた。この春、イエール大学での講演にもみられるように、大統領の公式声明には、人類の4分の1を占める中国での民主化の促進に肩入れする心情が反映されている。

私たちチベット人は、米国と他の諸国が、中国政府に抑圧的な政策は許されないという合図を、はっきりと送るべきである、と信じる。政治的・経済的圧力が、必要な変化を引き起こすための適切な誘因である。国際社会が世界の他の地域での植民地主義と人権侵害に対して訴えたのと同じ基準を、中国に対しても適用すべきである。東欧やバルト諸国、ソ連、および南アフリカの状況は、外交的・経済的制裁を含む国際社会の圧力なしには、変わらなかったであろう。

中国は、態度を変えるように国際社会から圧力をかけられたら、毛沢東時代の孤立に逆戻りすることに満足する人たちもいる。中国の指導層は、国際的圧力を防ぐために、そうする恐れもある。しかし、経験が示しているように、たとえ指導層の何人かが望んだとしても、中国は、孤立化への道をとることはできないであろう。中国国民は、既に民主主義と自由への欲求を表明している。主要な共産主義国でも、民主主義と自由は広まっている。崩壊したソ連の組織者が学んだように、自由と民主主義の精神は、ひとたび解放されたなら押しつぶされることはない。

人権に関するアジアの考え方は、西洋のそれとは根本的に異なり、アジア人は人間の命にそれほど価値をおいていないという人もいる。これはまったく違う。仏教徒として、私たちは、人間の命を最も貴重な贈物として崇めている。私の人権に関する考えは、あなた方と異なってはいない。苦難と苦痛はすべての人間にとって同じものである。チベット人や他のアジア人も、あなた方アメリカ人やヨーロッパ人、アフ

リカ人、ラテンアメリカ人、またその他の人たちと同じように感じるものである。中国のチベットでの虐待による苦痛に対し、ソ連や南アフリカでの人権侵害に対してと同様の国際的関心が持たれるのは正しいことである。これらの問題は、どこかの国の国内問題ではなく、兄弟・姉妹が苦しんでいる限り、どこでも人類にかかわる根本的な問題だからである。

　中国は、今や、最後の全体主義国家、共産主義帝国として孤立している。しかし、最近のソ連の出来事が明らかなように、この道は長くは続かない。自由と民主主義が中国に訪れる。世界の平和と安定のために、中国ができる限り速やかに穏やかに非暴力的に民主化へ移行するよう、国際社会は活発に働きかけるべきである、と私は信じる。多くの東欧諸国やソ連におけるような平和的な革命がモデルとなろう。私たちは、ユーゴスラビアの状況が繰り返されるのを許してはならない。そこでは、今日、地域を疲弊させ国民に多大な辛苦を強いる混乱を引き起こしているが、世界は、諸問題の重大さに早く気付かなかった。

　国際的圧力がなければ、進展に対する中国政府の態度は、ソ連のように、蝕まれていく権力を保持しようとしてより高圧的なものになろう。最近のチベットからの報告は、これを裏付けている。避け難い変化が起これば、暴力はより酷くなり、人びとの辛苦もさらに高まる。世界には、このことが起こるのを防止する責任がある。

　バルト諸国の変化は、特に鼓舞される。長い時間がかかったとはいえ、最終的には、かつての占領勢力であるソ連政府は、人民の不可避な合意を受け入れた。バルト諸国人民が自分の自由を回復するのに成功したように、私たちチベット人も、早い時期に私たちの自由を回復できる、と信じている。私たちは、この目標を達成するために、不動の決意を42年もの占領のあいだ、保持してきた。

　過去において、私は、私たちのあいだの違いを埋め、チベット問題に関する包括的な解決を見出す上で起動力となることを期待して、中国指導者層に対し数多くの提案を行ってきた。チベット人600万の自由な発言者としての立場から、私は、これらの提案を行ってきた。

　1987年、私は、中国に対し交渉を始める提案として「5項目平和計画」を進めた。その翌年、ストラスブールの欧州議会演説で、私は、チベットと中国のあいだの提携の形として、この提案についての説明を行った。しかし、中国の指導者は、この提案を拒否し、交渉に入るのを拒否した。亡命中あるいはチベットにいる多くのチベット人が、この提案は中国に対して不必要な譲歩を行うものであるとして、これに反対した。ストラスブール提案は、目的に対し、何ら有益に働くものでないことは明らかで、最近、私は、これについて、もはや拘泥するものではない、と表明した。いつもいっていることでの問題の中心は、チベット人が自分自身の最終的な尊厳を選択しなければならないということである。ダライ・ラマのため、ましてや中国のために、決定を行うというのではない。この原則は、1950年12月インド議会の故ネルー首相演説で、はっきりと表明された。「……チベットは中国と同じではないのだから、究極において優先されるべきはチベット国民の願いでなければならない……」。しかしながら、私は、事態が行き詰まりになることは望んでいない。世界全体にみられる変化の速さを考えると、今や、チベット問題のような長期にわたった問題を解決する時期がきているように思える。それ故に、私は、チベットの亡命政府やその他の者にチベット問題を平和裡に解決するための新たな着想を携えて前進するべく、呼び掛けてきた。だが、なによりも、私たちの国の将来については、チベットにいる600万チベット人が最終的な決断を握っていることを、繰り返し申し上げる。

　中華人民共和国は、チベット人は中国の支配下で幸せに暮らしており、違う考えをもっているのは、「一握りの反対分子」だけである、と主張している。私が前にも述べたように、チベット国民の感情は、国民投票によって最も良く確かめることができる。しかし、北京は、現状を受け入れることを拒絶しているため、私は、公式な中国の態度を深く憂慮している。中国人がチベット国民の真の感情や願望を理解しない限り、問題に関する満足いく解決を見出すのは大変難しい。

　中国政府が、交渉を始めようとした私の努力に報いることを拒絶したため、多くのチベット人、特にチベット国内の若いチベット人が、私たちが進めてきた非暴力の歩みに対し、不満を募らせている。中国がチベットにおける人口統計的侵略を押し進め、チベット人を自国における二級の少数派へと減じているため、わが国の緊張が高まっている。チベット人に対する過酷な抑制や威嚇により、状況はますます分裂し

ており、私は、この爆発的な状況の下で暴力が突発するのではないかと、非常に憂えている。これらを未然に防ぐことを考慮して、私は、できる限り早い時期にチベットを訪問したいと思っている。この訪問には、2つの目的がある。

第一に、私自身が現場で国民と直接話し合うことにより、チベットの状況を確かめたい。そうすることにより、私は、中国の古くからの指導者がチベット国民の真の感情を理解する手助けをしたいと思う。

それで、中国の指導者や報道機関を含む外部からのオブザーバーも、そのような機会に私とともにチベットを訪れ、そこでみたことを報告することが大切だと考えている。

第二に、私は、わが国民たちに闘争の適切な方法としての非暴力を見捨てることがないように説得したいと、願っている。平和的な解決を導き出すにあたっては、わが国民に対する私の影響力が要になると思われる。私の訪問は、理解を促進し、交渉による解決の基盤をつくり出す上での新たな機会となるであろう。

無論、チベット訪問は、チベットの人民が報復の危険性を感じずに、私に会い、私と自由に話し合うことが許されてこそ、実現することである。私の側からいえば、行きたい所へは、どこにでも自由に出掛けられ、会いたいと思うチベット人の誰にでも会えることが必要である。私の多くの友人は、このような旅に私とともに参加したいであろう。彼らは、何の妨害も受けずに自由に行動できなければならない。善意と寛容の精神に基づき、国際報道関係者に対しても、この優遇が許されるべきである。

数十年におよぶ中国人とチベット人のあいだの数々の争いに対する解決の道を早急に開くために、中国指導者が私のこの新たな提案に対し前向きに返答されることを望んでいる。公然たる監視を解除し、チベットの変化と平和を探求しているすべての人を満足させるような約束に彼らが対応してくれるものと、私は信頼している。

私がこのような予防策を求めるのは、これにより私たちが辿る一歩一歩が前向きで、当事者のどちら側も前進することを躊躇うことができなくなるからである。過去、中国指導者は、私に多くのことを約束し、請け合ってくれた。しかし、どれも履行されなかった。1951年にラサで、1954年に北京で、1956年にインドで、わが国民に対する中国の行為についての明白な保証を毛沢東や周恩来からも得たが、チベット国民とその文化的・宗教的アイデンティティの尊重という中国自身が宣言した多くの政策の実践を、中国当局は、繰り返し回避してきた。

世界の多くの指導者、議員、個人的な友人が、昨今、私の申し入れに対し前向きに応えられるよう、中国政府を説得する努力を続けている。私は、この機会を借りて心からの感謝の意を表明し、私の努力に対する変わりないご支援をお願いする。

中国指導者が彼ら自身の国民、近隣諸国、米国および世界の他の諸国と調和を保ち、平和裡にことを進めることを望んでいる。そうしてこそ初めて、人類の4分の1を占める、この旧い国は、世界家族の中で正しい位置に着くことになる。これは、慈悲に基づいた、敵のいない、平和と真の幸福に満ちた世界という仏教の世界観に守られることである。

ご静聴有り難う。

■亡命チベット人憲章
1992年2月3日公布（ダラムサラー）
序説

もとより未来を予見することは誰にも出来ないが、それに対する計画を立てて準備することは、災難を免れ幸福を願うすべての人の努めである。チベットを襲った悲しむべき出来事の結果、チベット人には、今もっていかなる人権もないが、このような忌まわしい事態が長く続くことはあり得ない。チベットは、2000年以上の歴史を有する国家であり、独自の文化・言語・服装・習慣などを発展させてきた。

チベットは、宗教と政治を巧みに調和させた制度の下で、歴代の王とダライ・ラマによって統治されてきた。そして、この制度が国民と平和と繁栄、さらに幸せの享受を保証していた。今世紀半ばに、中国の共産党政権がチベット東部のドトゥー（カム）、ドメー（アムド）を越えてチベットに侵入し、日毎に抑圧の度合いを強めるにいたって、チベットの政治状況は極めて深刻な事態を迎えた。その結果、私は望む

ところではなかったが、16歳の若さで、チベットの政治的・宗教的指導者となるのを余儀なくされた。私は、チベット国民が今後とも平和と幸福を享受し続けられるように、侵略の機会を窺っていた狂信的な中国共産党の指導者と何とか友好的な関係を築こうと、必死の努力を重ねた。それと同時に、私は、どのようなことであれ必要ならば、チベットの既存制度を改革しようと、努めていた。

　段階的に民主主義を導入すべく50名からなる改革委員会が発足し、その提案に基づいて社会福祉の面で幾つかの点が改善された。さらに、改革を推進しようとした私の努力も、ついに中国の植民地主義的圧迫に抗し切れなくなり、挫折せざるを得なかった。十分な兵力をチベットに展開し終えるや、中国共産党は、私たちに対する以前の友好的態度をかなぐり捨て、露骨に圧力を加え始めた。隊に1959年、チベット史上初めて全土が征服されるにいたり、私は、チベットの国家・宗教の遺産を破壊から守るため、亡命する他はなかった。そして、インドに着いてからは、以前にも増してチベットの政治体制の民主化が極めて重要であると考えるようになった。

　この考えに従って、私は、1960年にチベット人民代表会議を設立し、これまでに11回の会議が開催された。また、私は1961年に、将来のチベットに適用されるべき民主主義の基本的諸原則に合致した憲法を公布した。その後、この憲法に対する亡命チベット人のあいだでの意見が求められ、憲法のすべての条項が圧倒的な支持を受けた。ただし、環境が整えば法的手続きに則りダライ・ラマの権力を廃止することが出来るという条項だけは別であった。

　1963年には、出来る限りチベット亡命政府を民主化する目的で、より包括的な憲法草案が公布された。この憲法草案に基づき、チベット人民代表会議は僧・俗官僚指名に関する以前の制度を廃止し、民主的な政府機構に合わせて新しく政府職員が指名された。この憲法草案では、国益の観点から、ダライ・ラマの権力を摂政会議に委任することが出来るとしているが、全般的な状況を勘案して、ダライ・ラマに、引続き最高行政権力が付与された。しかしながら、私は、この体制が十分に民主主義を実現しているとは思えなかった。

　1969年3月の演説で、私は、チベット人が自ら政治的運命を決することが出来るようになれば、その時点で、チベット国民は自ら望む政治形態を決定するであろう、と述べた。私はまた、ダライ・ラマを最高権力者とする政府形態の存続については予測することが出来ない、と述べた。1963年、憲法草案が公布されて以来、かなりの歳月が経過し、その間、民主主義・自由・正義の重要性が世界中でますます認識されつつある。とりわけ全体主義的な独裁体制下にあった東欧諸国がすべて自由と民主主義に向かって進行している。抑圧的な体制下に暮していた人民が遂に念願の自由と独立を獲得し、今や大きな変革が始まった。その一方、40年間に及ぶ圧政に苦しみ、あらゆる自由を奪われているチベット人は、自由と独立を獲得するため、不屈の精神で抑圧に抗して、今もって闘い続けている。また、亡命チベット人社会では、政府も、一般人も、祖国の独立を目指して活動する一方、民主主義の実際的な経験を精一杯重ねつつある。今日、チベット人の運動の正当化がますます国際社会に認められつつあり、各国政府・民間団体・個人のチベットとその人々に対する関心と支援も、いっそう高まった。これらすべてを考慮すれば、今から十数年もすれば、国内・外のチベット人の正当な願望が実現することは、疑う余地がない。

　国内・外のチベット人が念願の再会を果した暁には、チベットは、その固有の3州（ウー・ツアン、カム、アムドの3地方）（チョルカ・スム、大チベット）から構成される単一国家となろう。そして、その国は、自由と民主主義の諸原則に基づき、慈悲、つまり愛と共感を大切にする釈尊の教えに導かれる国家であろう。また、国家の政策は公正と平等の原則に従うべきである。チベットは、十分な環境保全が計られた平和区となる。チベットの政体は、立法・司法・行政の各機関が独立し、それぞれ平等の権力と権威が付与される。また、チベットは複数政党制の議会制民主主義国家となるだろう。この議会制民主主義制度に基づき正当に選出されたチベット市民が国家元首となり、国家に対して責を負うことになる。既に繰り返し述べたように、チベットは、チベット人のものである。とりわけ、現在、チベットに居住しているチベット人のものである。したがって、将来の民主化されたチベットにおいては、一般的にいって、現在チベットに住んでいる人たちは、経験と知識に富んでいるため、将来の政府の運営に関して重要な役割を演ずることになろう。してみれば、彼らも、将来に対する不安や疑念を捨て去り、当面は行政の質の向上を目指

しつつも、チベットの自由を回復すべく献身することが求められる。

　威圧的な中国人の支配下では、意に反することを口にし行わざるを得なかったチベット人もいよう。しかしながら、そうした過去の行いを追求しても、何も得るものはない、と私は考える。チベット人全体の幸福こそが大切であり、これを実現するため私たちは、一体となる必要がある。

　すべてのチベット人は、実質的にあらゆる自由を奪っている現在の全体主義を、大多数のチベット人が望んでいる民主主義的なチベット政府の下では、旧来の制度で保証されていた政治的地位はいっさい引き受けない決心をしている。

　これには、理由がないわけではない。チベット人一般が私に大きな信頼と希望を寄せ、私もまた、政治的にも宗教的にも、チベット人のために献身する決意を抱いていることは、よく知られている。将来、政府の中ではいかなる地位を占めないとしても、やはり私は一種の公人であり、既存の政治制度によっては解決できない特別に困難な問題の解決に寄与することができるだろう。また、国際社会の中で他の諸国と対等の地位を占めるためにも、チベットは、一人の特別な人物ではなく国民の集団的意思に基づく国であることが肝要である。チベット人は自らの政治的運命を自分ら全員で決しなければならない。それ故に、チベット人一般の長期・短期の利益を考え、また決定的な重要性を有する多岐にわたる諸問題を考慮して、私は、この決意を固めた。したがって、チベットの人民は、私がチベット人共通の利益を実現するために尽力すべき責務を放棄したのではないか、と気に病む必要はない。

　抑圧的な中国の支配を脱してチベットがその自由を回復した後も、憲法が制定されるまでの移行期間においては、既存のチベット政府職員がそのままに活動を続けるだろう。この移行期間の暫定国家主席として大統領が任命される。この大統領には、私が現在有している政治権力がすべて付与されよう。それと同時に、亡命チベット政府は、その権力を停止して解体され、その職員は、チベットの問題に関して、一般チベット人と同様の責任を有するに過ぎなくなる。

　亡命チベット政府の職員は、以前の役職により何ら特別な権限を与えられはしないが、暫定政権において職務を務めることが適当と考えられ役職を提供された場合には、これを受けることが出来る。暫定政府の主要任務は、憲法制定会議を召集することである。憲法制定会議は、すべてチベットの各地域を代表する議員により構成され、議員は、暫定大統領の同意の下に私が任命するチベット憲法草案作成委員会が当地（亡命先）で作成する憲法草案に基づき憲法を完成させる。この憲法草案の規定に従い、大統領は、自ら独立機関を設立する権限を与えられ、これら機関の多くは、新政権の選挙後に法律に従い制度化されよう。選挙委員会の設立にあたっても、委員長は、暫定大統領が指名する。

　現在、自由チベットのための総合的な民主憲法草案が作成されつつある。これを完成するのは、チベット各地の代表者からなる自由チベットの憲法制定議会である。チベットがどのような民主主義政府を作ろうとしているのか知り、それに対する様々な意見を喚起する目的で、私は、ここに、自由チベット憲法の概要を発表する。

移行期の暫定措置

　中国占領軍の撤退後、新たに発布される民主憲法に基づき新政府が成立するまでの移行期間が存在する。

1．チベットが自由を回復して、ここにいう移行期間に入るや、直ちに、暫定大統領に行政権が委ねられる。チベットのさまざまな行政区の指導者の協議を経て、現チベット自治区は、チベット全域の地区以上の行政区の代表から構成される緊急会議を召集する。この会議は、7名の暫定大統領候補を選出し、私がその中から暫定大統領を指名する。大統領候補の選出が不適切もしくは困難な事態が生じた場合には、私が直接、大統領を指名する。
2．選出あるいは任命された暫定大統領は、私の前で職務遂行に関する誓約を行う。
3．暫定大統領は、その後、それまで私に属していたすべての政治上の権力と責任を付与される。
4．この責任の一環として、暫定大統領は、チベット憲法制定会議を召集する。この憲法制定会議は1年以内に、憲法草案の審議を経て、チベット憲法の作成を完了しなければならない。
5．以上に概説した手続きに則り憲法が発効した日から、「選挙管理委員会」の責任において適切に選出

されるチベット国民議会議員と大統領が宣誓を行う日までは、1年以内とする。したがって、移行期間が2年を越えることは許されない。
6．チベット憲法制定会議は、チベットの各行政単位を代表する250名以上の議員により構成される。
7．チベット憲法制定会議は、その召集後直ちに、適切に規定された作業規則に従って審議を開始する。
8．暫定大統領は、憲法制定会議により適切に制定された憲法に基づきチベット国民議会議員とその議長、さらに、大統領を選出する選挙を実施する暫定選挙管理委員会の委員長と各委員を直接任命する。
9．憲法制定会議は、適切に制定された憲法の下に国民議会議員が宣誓を行うことにより、自動的に解散する。
10．第1回選挙の後、暫定選挙管理委員会と暫定大統領は、国民議会議員、その議長、大統領がその職務に関する誓約を行うことにより解消される。この時点において、民主的に選出さた自由チベット政府は、法律に基づき活動を開始する。

自由チベット民主憲法の概要
憲法の目的と意義
1．この憲法は、チベット国の基礎であり、かつ国家の最高法規である。
国家の基本性格
2．チベットは、自国のみならず、その隣国および世界の利益と福祉のために貢献する。
　チベットは、非暴力の原則と仏の真理（ダルマ）に導かれた政策を基調とし、自由にして社会福祉を大切にする連邦制民主主義国家である。チベットは平和区であり、環境保全を保証する。
政府の基本政策
3．チベット国政府は、国際連合の世界人権宣言を順守し、自国民の精神的・物質的生活の向上を目指す。
暴力ならびに武力使用の放棄
4．チベットは、非暴力・愛・共感の原則に基づく平和区であり、環境保護の中心とならねばならない。チベットは中立国家であり、いかなる目的のためであれ、武力の使用と暴力を回避しなければならない。
基本的権利
5．すべてのチベット国民は法の前に平等であり、また性別・民族・言語・宗教・皮膚の色・身分、さらに僧・俗の別に関係なく、法が定める権利を享受することができる。
その他の基本的権利
6．すべてのチベット国民は生活・自由・財産権を有し、また表現の自由、土地を含む資産の売買と所有、結社の自由、報道と出版の自由に関する権利、および政府とあらゆる政府機関に雇用される権利を有する。
選挙権・被選挙権
7．すべてのチベット国民は、性別に関係なく、法律の規定に従って選挙権および被選挙権を有する。
土地所有権
8．チベット領土内のすべての土地は、環境に対する適切な配慮を行った上で、国民の住居と利益のために配分され、使用される。チベット国民に対して住居・農業・牧畜・建築・工場・事務所・その他の私的事業のために土地を供給する場合、政府は、個々の案件をしかるべく検討して、富が少数者の手に集中することを制限しなければならない。私的所有が行われていない土地は、すべて政府が管理する。
経済制度
9．チベットは、極端な資本主義あるいは社会主義に陥らず、チベットの諸条件に合致した独自の経済制度を有すべきである。課税制度は、累進税を基本とする。
教育と文化
10．社会の進歩と国民の道徳心の向上は基本的に教育水準に依存することから、健全な文教政策に基づき、高等教育・専門教育を含む、あらゆる段階の教育と科学・技術・研究のための適切な施設を提供する努力がなされねばならない。
健康

11. 地域住民に適切な保健と医療を提供すべく、公共の保健・医療制度が設立されなければならない。

立法権

12. 立法権は、二院制チベット国民議会と大統領に属する。議会の上・下両院を通過した法案は、大統領の承認を得なければならない。チベット国民議会下院は、有数者数に応じて区画された選挙区において有権者の直接投票により選出される議員より構成される最高立法機関である。チベット国民議会上院は、地方議会が選出した議員と、大統領が指名した議員より構成される。

行政権

13. (a) 行政権は、大統領とチベット国民議会上・下両院が法律に基づき選出する副大統領に属する。
    (b) チベット国民議会の過半数を占める政党あるいは会派が首相を選任する。しかしながら、このことをなし得ない場合には、チベット国民議会全議員の選挙により首相を選出する。行政権は基本的に、首相が組閣する内閣がこれを有する。

司法権

14. 最終上訴審理機関として、立法・行政府から独立したチベット最高裁判所が設けられなければならない。最高裁判所は、正義の構成をもつ平等な配分を保証すべく、政府あるいは国民の法律違反容疑に関し、憲法の条文解釈により判決を下す司法の最高機関である。

地方組織

15. チベット国民議会は、運輸施設・人口・地理等の諸条件を勘案した上で、チベットを適切に区画して各州を設立する。各州は、その有権者により選出される議員により構成される州の立法権を有する州議会、大統領が任命する知事、州議会が選出する首相を首班とする内閣、州の司法権を有する高等裁判所を持つ。州議会は、各州の必要に応じて立法活動を行う。一部の最重要問題を除き、各州は、州内のすべての問題に関する最終権限を有する。

結び

自由チベット民主憲法は、発布後の適切な時期に、機能の実態と世論に基づき再検討して改正することができる。

要約すれば、アジアの中心部、中国・インド間の「世界の屋根」に位置し、正直・平和愛好心・高い道徳心に恵まれた国民を有するチベットは、将来、自由と民主主義に基づく平和と非暴力・大気・水汚染に脅かされない健康な国民生活を実現する国家となる。チベットには、その環境を保全する十分な体制が調うであろう。チベットは、攻撃的な軍隊や破壊兵器の基地を保持しない、平和と調和の国家とならなければならない。

今日、世界の一部地域においては、あらゆる種類の物質的施設がありながら、人間性や自由が大きく損なわれ、人びとは機会の奴隷ともいうべき状態に陥っている。しかしながら、大半の諸国においては、人びとは、貧困のために生活必需品にも事欠く有り様である。チベットは、このような両極端に陥ることなく、その経済は国民の必要物資を提供するものでなければならない。チベットは、国民の基本的必要を満たす公正な開発を目指すであろう。

チベットは、他国の政策とイデオロギーに翻弄されない、言葉の真の意味における中立国家となる。チベットは、平等互恵の原則に立ち、近隣諸国と調和のとれた関係を保つ。チベットは、すべての国家と、あらゆる敵意と憎しみを排した誠実な友愛関係を保持する。正しく考え、そして行動するすべてのチベット人は、喜々たる献身の念と決意に燃えて、このような理想を実現すべく努力しなければならない。

願わくば、すべての人民に幸せあらんことを。

1992年2月3日／2118年チベット歴6月17日

ダライ・ラマ

■ 14世ダライ・ラマ法王から中国中央軍事委員会主席鄧小平・中央委員会総書記江沢民あて覚書
1992年9月1日送付（ダラムサラー）

1992年6月に、中国共産党中央委員会統戦工作部長丁関根は、北京でギャロ・トゥンドゥプと会見し、中国政府は完全な独立をめぐる事柄以外であれば、いかなる問題についても私たちと話し合う用意があるという、1979年に鄧小平がギャロ・トゥンドゥプに与えた保証を、再度確認した。丁関根はまた、中国政府の見解としては「ダライ・ラマは相変わらず独立運動を続けている」が、中国政府は、私が独立を諦めたら、直ちに交渉を開始したいと思っているとも述べた。過去に繰り返し中国政府が表明したこの姿勢は、チベットと中国の関係についての私の考えを中国指導層がいまだに理解していないことを示している。それで、私は、この覚書を通して、この機会に私の立場を明らかにしたいと思う。

1. 過去において、チベットと中国がそれぞれ別個の国であったことは、既定の事実である。しかし、チベット、モンゴル、および清朝の皇帝との独特な関係に関する誤った解釈の結果、チベットと国民党および現中国政府とのあいだに紛争が起った。中国政府が1951年にチベット政府とのあいだに「17条協定」を結ばざるを得なかった事実が、中国政府はチベットの独特な立場を認めていたことを示している。

2. 1954年の北京訪問の際、私がお会いした共産党指導者の多くの方は正直で、率直で、開放的であるとの印象を受けた。特に、毛沢東国家主席は、中国人がチベットにいるのは、チベットがその天然資源を活用し、自国の発展に役立てるのを手助けするためであり、また張（国華）将軍と范（明）将軍がチベットにいるのは、私やチベットの人々を手助けするためであり、チベット政府やその国民を統治するためではなく、チベットにいるすべての中国官吏は私たちに助力するためであって、チベットが発展した暁には引き揚げると、色いろな機会に私に語った。また、毛沢東主席は、チベットを「軍事政治委員会」の直接統治下に置くという初期の計画の代わりに、「チベット自治区設立のための準備委員会」を設置することが決まった、と述べた。

　私が中国を去る前の、毛沢東主席との最後の会談で、同主席は、長時間にわたり民主主義について解説した。同主席は、私が指導力を発揮しなければならないといい、常に国民の考えを身近に感じるためにどうすればいいかを助言した。同主席は穏やかに、同情的に話を進め、私は感動もし励まされもした。

　北京にいるあいだに、私は、周恩来総理に対し、私たちチベット人は政治的、社会的、経済的に発展する必要があることをしっかり自覚しており、事実、それに向かって歩みを進め始めていることを話した。

　チベットへの帰途、私は、張国華将軍に対し、疑いと不安を抱きつつ、中国に行ったが、今や大いなる希望と楽観、中国指導者に対する肯定的な印象を得て戻るところだといった。わが国民、特に貧者と弱者に奉仕し、チベットと中国のあいだの相互扶助と友情に貢献するという生来の望みから、チベットの将来の発展が希望に満ちたものであり、楽観視し得るとの印象を、私は受けていた。これが当時、チベットと中国の関係について、私が感じていたことである。

3. 1956年にチベット自治区準備委員会がラサに設置されたとき、双方の利益と得得のためには、誠意をもってこれに協力する以外の道はなかった。しかし、当時から既に、中国当局は、カムおよびアムド地方、特にルンツェ（隆子）でチベット人に共産主義を強制するために、考えられないほど残酷な手段を使い始めていた。チベット人の憤激はこれにより高まって、公然とした抵抗運動が始まった。私が中国にいたとき、毛沢東主席がした約束があったが、私は、同主席がこのような抑圧的な政策を承認したとは思えなかった。それで、私は、同主席あてに3通の書簡を書き、現況を説明し、抑圧の終焉を求めた。残念ながら、私の書簡に対する返事はなかった。

　1956年末に、私は、仏陀の生誕記念祭である仏陀聖誕祭に参加するため、インドを訪れた。その折り、多くのチベット人が私に対しチベットに戻らずに、インドにいて中国政府との話合いを続けるよう、助言した。私もまた、暫くのあいだ、インドにいるべきであると、感じていた。インドにいるあいだに、私は、周恩来総理に会い、「改革」の名目で、カムやアムドのチベット人に加えられた軍事的抑圧に関して、どれほど憂慮しているかを伝えた。周恩来総理は、それらのことは中国官吏によって起こされた間違いであり、チベットでの「改革」はチベット国民の願いに調和する形でのみ行われるべきであり、既に中国政府はチベットでの「改革」を6年間延期することを決めた、と述べた。それから、彼は、これ以上の社会不安の発生を防ぐために、私に可能な限り早くチベットに戻ることを、しきりに促した。

　インド首相ジャワハラル・ネルーによると、周恩来総理は、ネルー首相にこういった。中国政府は

「チベットを中国の省とは思ってはいない。(チベットの)人民は、中国本来の人民とは異なっている。であるから、彼ら(中国人)は、チベットは自治を行ないうる自治区域と考えている」。ネルー首相は、私にチベットの自治は尊重されるとの確約を、周恩来総理から得たので、これを守る努力をし、改革に際しては中国と協力するよう、助言した。その頃、チベットでの状況は、極度に危険かつ絶望的なものになっていた。そこで、私は、チベットに戻り、中国政府に約束を履行する新たな機会を与えよう、と決意した。トモ(／チュンビ、春丕)、ギャンツェ(江孜)、シガツェ(日喀則)経由でラサに戻る途上、私は、多くのチベット人や中国官吏と会見した。彼らに対し、私は、中国人はチベット人を統治するために、チベットにいるわけではない、チベット人は中国の臣下ではない、中国指導者がチベットを国内において完全な自由を持つ自治区域とすることを約束しているからで、私たちは、全員、それが成功するように働かねばならない、と説いた。私は、特に、チベットにいる中国人官吏は私たちを助けるためにいるのであり、彼らがそれに反する行動をとったとしたら、それは彼らの政府の命令に反したことであることを、中国指導層が私に保証した、と強調した。私は、チベットと中国との協力関係を促進する上で、最善の努力を払っている、と信じていた。

4．しかし、東チベットのカムとアムドでの苛酷な軍事的抑圧のため、老若を問わず何千ものチベット人が、そのような状況下で生きて行けずに、ラサに難民として到着し始めた。中国側のこうした行動の結果、チベット人民は、大きな不安を感じ、中国の約束に対する信頼を失い始めた。大きな憤りが生まれ、状況は悪化していった。しかし、私は、平和的な解決を見つけ、自制を示さんために、わが国民と相談を重ねた。チベット国民の信頼を失う危険を冒しながらも、ラサの中国人官吏との交渉決裂を防ぐために、私は、最善を尽くした。しかし、状況は悪化し続け、遂に 1959 年の悲劇的出来事として炸裂し、私は、チベットを去るのを余儀なくされた。

　このような窮余の状況にあって、国際連合に訴える以外の方法しか残されていなかった。これに応えて、国際連合は、1959 年、1961 年、1965 年にチベットに関する 3 つの決議を採択し、これらは、「自決権を含む基本的な人権および自由をチベット国民から奪う行動の中止」を呼び掛け、すべての加盟国は、この目的遂行のために可能な限りの努力をするよう、要請した。中国政府は、国連決議を尊重しなかった。そうこうしているあいだに、文化大革命が起こり、チベット・中国問題を解決する機会は、まったくなくなってしまった。事実、誰に話をしたら良いのか、どの人が指導者なのかを見分けることすら不可能な状況であった。

5．実現されない希望や中国政府との交渉における失望にもかかわらず、チベットと中国は、いつまでも隣人としてやっていかなければならず、平和裡に共存し、互いに助け合う方法を見出すよう、私たちは努力せねばならない、と自覚している。このことは努力によって可能であり、それは努力に値すると、私は信じている。この確信があるからこそ、チベット国民に対する 1971 年 3 月 10 日の私の声明において「われわれチベット人が共産中国と対立せねばならない事実があるにせよ、私は、中国の人びとを憎むことを自分に許したことはない。憎悪は強さの象徴ではなく、弱さの表れである。仏陀が憎悪は憎悪によって克服されずといわれたとき、それは、精神的な意味のみを指していたのではない。仏陀の言葉は、人生の実際的な真実を反映している。憎悪によって得られたものは、長くは続かない。他方、憎悪は、より多くの問題を生み出してしまう。こうした悲劇的な状況に直面しているチベット国民にとり、憎悪はさらなる悒欝をもたらすだけである。その上、自ら何をしているのかを知らない人びとを、われわれは憎むことができるか。なんの力も持たず、どうすることもできずに、その指導者によって引き回されている何百万もの中国人を憎むことができるか。彼らが国家や正しいと信じている主義のために、多大な辛苦に耐えてきていることを考えると、中国指導者さえ、われわれは憎むことができない。私は憎悪を信じないが、今まで常にそうであったように、真実と正義が勝つ日が来るということを固く信じている」と述べた。

　1973 年 3 月 10 日の声明で、私は、チベット人が「3 大封建領主から解放された」後、「国の支配者」となり、「空前の発展と幸福を享受している」という中国側の主張に言及して、「国外のチベット人による闘争の目的は、チベット国民の幸福を達成することにある。チベットのチベット人たちが中国の支配

下で本当に幸せであるなら、ここにいるわれわれ亡命チベット人が不満をいう筋合いはない」と述べた。

再び、1979年3月10日の声明で、私は、中国人に、彼らが長年心に抱いてきた権利を与え、その間違いや短所を認識する必要を説いた鄧小平の「事実から真実を求める」声明を歓迎した。この正直・発展・開放の表徴を推奨し、私は「中国の現指導者は過去の独裁的な偏狭さや体面を失うことに対する恐れを捨て、現在の世界の状況を認識しなければならない。自分の過ちや事実や人類のすべての国民の平等と幸福に対する権利を受け入れなければならない。これらの容認は、書面におけるだけではなく、実践を伴うものでなければならない。これらのことが受け入れられ、厳密に実行されたなら、すべての問題が正直さと正義のうちに解決されるだろう」と述べた。信念をもって、私は、中国とチベットとのあいだに調和と友情を促進すべく、新たな努力を始めた。

6．1979年に鄧小平は、北京にギャロ・トゥンドゥプを招き、完全な独立以外のいかなる問題についても話し合う用意があり、すべての問題が解決されるだろう、と告げた。さらに重ねて、鄧小平は、ギャロ・トゥンドゥプに、互いに接触を保つ必要があること、チベットに実情調査団を派遣しても良いと告げた。これは、当然、私たちに平和裡に問題を解決する大きな希望をもたらし、私たちは、チベットに派遣団を送り始めた。

1981年3月23日私は、鄧小平に対し書簡を送り、次のように述べた。

「3度にわたる派遣団が肯定的・否定的両面からチベットの状況を把握することができた。チベット民族のアイデンティティが保護され、人民が真に幸福であったら、不満を言う道理はない。しかしながら、実際は、90％以上のチベット人が精神的にも肉体的にも苦しんでおり、深い悲しみの中で暮らしている。このような悲しむべき状況は、自然災害によってではなく、人間の行為によって引き起こされた。それ故に、現実に即した道理に適った方法で問題を解決するために真の努力がなされねばならない。それをするために、私たちは、チベット内・外にいるチベット人同士だけでなく、中国とチベットとの関係をも改善する必要がある。真実と対等な立場という私たちの出発点に基づき、今後、チベット国民と中国人民のあいだにより良い理解を基礎にした友好な関係を築くよう努力しなければならない。

チベット民族の真の幸福を達成するために、寛容の精神と広い心でわれわれの結束した知恵を働かせるときが、しかも焦眉の急のときが来た。私自身は、国境による区別のない全人類の幸福、特に貧者や弱者の幸福のために、私の力の及ぶ限りの努力を続ける。……

前述の点について主席のお考えをお聞かせくださされば、幸甚に存じる。」

この私の書簡に対する返事はなかった。代わりに、1981年7月28日に胡耀邦総書記は、ギャロ・トゥンドゥプに「ダライ・ラマに対する5項目政策」と題した文書を渡した。この文書は、驚きと大きな失望をもたらした。私たちが首尾一貫して中国政府と交渉を行っている理由は、世代から世代へと中国の隣人として生きなければならない600万チベット人の永続する真の幸福を達成することである。しかしながら、中国の指導者は、これを無視することを選び、根本的な問題に言及する意思をまったく持たずに、代わりに、問題全体を私の個人的な地位や私の帰還に関する条件にすり替えようと目論んだ。

にもかかわらず、私は「事実から真実を求める」という鄧小平の声明や彼の開放政策に希望を持ち続けた。そして、チベットや中国に幾度か派遣団を送り、機会があるごとに討論や対話を通して理解を促進するために、私たちの見解を説明した。最初に鄧小平によって提案されたように、チベット人の教育向上のために、インドからチベット人教師をチベットへ派遣することに合意した。しかし、理由を明確にしないまま、中国政府は、これを了承しなかった。

これらの接触は、チベットへの4度の実情視察団と北京への2度の代表団派遣、国内のチベット人と亡命チベット人のあいだの家族訪問の出発などの実を結んだ。しかしながら、これら措置も、鄧小平の政策を反映することに失敗した、と私は信じており、それは、中国指導者層の硬直した立場の故に、私たちが抱える問題に関して実のある解決には結び付かなかった。

7．再度、私は、希望を捨てないつもりである。この決意は、私がチベット国民にあてた1981年、1983年、1984年、1985年の3月10日の年次声明に反映されている。そこで、私は、次のように述べた。

「……過去の歴史は過去へと過ぎ去った。より適切なことは、中国とチベットとのあいだに友好的かつ意義深い関係を発展させることにより、真の平和と幸福を未来に得ることである。これを実現するためには、寛容な理解を示し、広い心を持つよう懸命に励むことが、双方にとり重要である。」(1981年)

「自分の考えを表明し、それを履行するためにあらゆる努力をする権利を得ることにより、人民はどこの人民であれ、創造的かつ進歩的になる。これは、人類社会に速やかな進歩をもたらし、真正な調和を生ずる。……力によって、あるいは他の手段によってであるにせよ、各人の見解を表明する自由を剥奪することは、完全に時代錯誤であり、抑圧の残酷な形である。……世界の人民は、これに反対するばかりではなく、これを非難するであろう。それ故に、チベットの600万国民は、彼らの文化的アイデンティティおよび宗教的自由を保護し高める権利や自己の運命を決め、自己の問題に対処し、自己表現を実践する権利を、いかなる方面の妨害もない形で有しなければならない。これが正当であり、公正である。」(1983年)

「発展の様ざまな段階や経済的不均衡、大陸・国家・共同体・家族などの違いにもかかわらず、すべての個人は、その存在と幸福のために相互に依存しあっている。すべての人が幸福を願い、苦難を求めない。このことを明確に理解して、われわれは、相互に同情心、愛、および正義の基本的感受性を培わねばならない。このような雰囲気の下では、国家間の問題も、家族内の問題も次第に克服され、人びとが平和と調和のうちに生きることができるという希望を持ち得る。これに反し、人びとが利己主義や制圧や嫉妬の態度をとるなら、広くは世界が、個人個人もまた、平和と調和を享受することは決してないだろう。それ故に、私は、相互の憐れみと愛に基づいた人間の関係は、人類の幸福のために基本的に重要なものである、と信じる。」(1984年)

「……いかなる人間社会においても真正なる幸福を遂行するためには、思想の自由が極めて重要である。この思想の自由は、相互の信頼、相互の理解、また恐怖の不在によって初めて達成されうる。……チベットと中国の場合も、互いの恐れや不信の状況を打破し、友情と善意の純粋な感覚を発展させない限り、今日、われわれが直面している問題は存在し続けるだろう。……

われわれのどちらにとっても、お互いを理解することは重要である。……今や中国の側が、現代の開化思想と主義に従って行動し、開かれた心を持って一歩を踏み出し、チベット国民の考えや本当の気持ちや熱望を知り、理解するための真剣な努力をする番である。……自分の考え方と異なった意見に対し、猜疑心と攻撃をもって対処するのは間違いである。意見の違いは、おおっぴらにされ、討議されることが、絶対に必要である。対等な立場に立って、異なった視点を率直に表明し、分別をもって討議するなら、結果として生まれる決定や合意は、関係者すべてにとり真正かつ有益なものとなるだろう。しかし、考えと行動のあいだに矛盾があった場合には、真正かつ意義深い合意は決してあり得ないだろう。

……であるから、この時点において、われわれにとり最も重要なことは、密接な接触を保持し、率直に考えを表明し、お互いを理解するための誠意ある努力をすることであると、私は考える。そして、結果として起こる人間関係の改善を通して、われわれの問題は相互にとり満足すべき結果として解決されるだろうと、私は確信している。」(1985年)

これらを通して、また他の方法でも、私は、私の考えるところを明らかにしてきた。
私の柔軟な取り組みに対してさえも、中国政府は、なんの反応もみせなかった。

8．チベットと中国のあいだのすべての交渉がなんの成果もあがらないので、基本的な問題に対する納得いく解決を得るために必要な一歩として、私は、私の見解を公けにせざるを得なかった。1987年9月21日、私は、5項目平和計画を米国において公表した。その序文において、私は、真実の調和と問題に対する究極の解決のために、これらを指針として最初の一歩を踏み出すことが、私の望みである、と述べた。この提案は、将来において中国を含め、すべての近隣諸国の幸福と利益のために、相互の友情と協力に貢献するものであることを、私は望んでいた。基本的な要素は、次のとおりである。

——チベット全土をアヒンサ（平和と非暴力）区とすること。
——チベット人の民族としての存在を脅かす中国の移民政策を停止すること。

──チベット民族の基本的人権と民主主義の自由を尊重すること。
──チベットの自然環境を保護し回復させること。また、中国はチベットでの核兵器製造と核廃棄物投棄をしないこと。
──チベットの将来とチベット国民と中国国民のあいだの関係について真剣な交渉を開始すること。

この発議に対し、閻明復が1987年10月17日にギャロ・トゥンドゥプに会い、先の平和計画に関して、私を5点において批判し、私が1987年9月21日ラサのデモを煽動し、チベット国民の利益に反した行動を起こしたとの告発の触れた覚書を渡した。

この返事は、和解のための私の真剣な提案を真面目に受け取るのにはほど遠く、失望と落胆をもたらした。

それにもかかわらず、私は、1987年12月17日付の返書において14項目にわたる詳細な論点をあげて、私たちの考えを明確にする努力をした。

9. 1988年6月15日ストラスブールの欧州議会において、私は再度、5項目平和計画について詳しく述べた。交渉の枠組みとして、チベット国民の基本的権利を保証すること、中国はチベットの外交に関して継続して責任を負い、地域的和平会議が召集されるまで、限られた数の軍事施設を、防衛のためにチベット内に保持できること、チベットは中立的な平和の聖域にすること、などを提案した。私の考えは、中国とチベットが共に永続する友情関係を打ち立て、チベット人が自国を統治する権利を保証することにあった。私は将来、アンヒサ区である非武装チベットが──チベット人と中国人のあいだばかりではなく、近隣のすべての諸国および全地域の──調和と平和に貢献するであろうと、心から信じている。

10. 1988年9月23日中国政府は、私たちと交渉に入る用意があるとの声明を発表した。その声明には、交渉の日程と開催地はダライ・ラマに任せる、とあった。私たちは、北京からのこの知らせを歓迎し、1988年10月25日、私たちの選択として1989年1月に国際的に認められた中立の場所ジュネーブでの開催を提案した。私たちは、既に交渉団の選任を終えたことを発表し、参加者の名前を公表した。

中国政府は、1988年11月18日に返事を寄せてきた。開催地としてジュネーブを拒否し、北京ないしは香港が望ましい旨を伝えてきた。また、私たちの交渉団には「外国人」は含まれてはならず、ギャロ・トゥンドゥプを含む年配の人を排除し、「若い人」のみで構成されねばならない、といってきた。

私たちは、外国人は法的な助言者であり、交渉団の実際の成員ではないこと、ギャロ・トゥンドゥプもまた助言者として交渉団に加わっていることを説明した。

柔軟かつ開放的な態度で、私たちは、中国政府の要求を聞き入れ、中国政府の代表と予備会議を持つために、香港に代表を送ることに、合意した。不幸なことに、両者が予備会議の開催地として最終的に香港に合意したときになって、中国政府は、それ以上の交際を拒否し、自らの提案に従って行動しなかった。

11. 12年以上にわたり、この提案の支持者として私が働いたにもかかわらず、中国政府がこのことについて考慮しないばかりか、認識した証拠すら何もなかった。それで、1991年3月10日の私の声明で、近い将来に中国政府が返答しない限り、フランスにおいて私がなした提案の内容に忠実である義務から自分は自由であると見做すといわざるを得なかった。

チベットと中国に関して、私が提唱した多くの解決策からは、何の利益も生み出されそうになかったので、私は、新たな道を探さねばならなかった。したがって、1991年10月9日イエール大学の講演で、私は、以下のように述べた。

「私は、できるだけ早い時期にチベットを訪問したいと思っている。この訪問には、2つの目的がある。

第一に、私は、チベットの状況を、私自身が現場で国民たちと直に話し合うことにより確かめたいと思う。そうすることにより、また、私は、中国指導者がチベット国民の真の感情を理解する手助けをしたいと思う。それで、中国の指導者や報道機関を含む、外部からのオブザーバーも、そのような機会に私とともにチベットを訪れ、そこで見たことを報告することが大切だと考えている。

第二に、私は、わが国民に対し闘争の適切な方法としての非暴力を見捨てることがないよう、勧めたいと願っている。平和的な解決を導き出すに当たっては、わが国民に対する私の説得力が要になる

と思われる。私の訪問は、理解を促進し、交渉による解決の基盤を作り出す上での新たな機会となるであろう。」

不運なことに、中国政府は、この提案に直ちに反対した。ストラスブール提案は、もはや効力を失ったと私が宣言したために、その頃、チベットの独立に関する呼び掛けを更新するのかと、報道機関から何度も聞かれた。これらの質問に対して、私は、答えたくない、と返事をした。

12. 深い疑惑と猜疑心を抱き、中国政府は、私たちの闘争を「古い社会」を呼び戻すための運動と描写し、それは、チベット国民の利益のためでなく、ダライ・ラマの個人的な地位および利益のためである、といった。

若い頃から、私は、チベットに存在する体制の多くの誤りに気付いており、それらを正したいと思っていて、中国の指導層と個人的な関係を樹立するべく、私は努力してきた。1980 年代後半、ニューデリーの貴国大使館を通じて、どこでも適当な場所で、外遊中の胡耀邦総書記に会見したいとした私の提案も、この現れであった。1991 年 12 月李鵬総理がニューデリーを訪問した際も、そこで彼に会うことを提案した。これらの提案は、役には立たなかった。

13. 以上の論点を公平な目でみた場合、私の考えや継続的な努力は、首尾一貫して、チベットと中国がともに平和裡に生きることを許容する方策を探ることが明白である。これらの事実を考え合わせると、鄧小平による 1979 年チベットに関する声明がいまだに有効であるにもかかわらず、「ダライ・ラマが過激な分割を諦める」なら、直ちに交渉を始めるとする中国政府の立場の狙いを理解するのは難かしい。

この立場は、私の数多くの提案に対する何らの返答もないまま、繰り返し表明されている。中国が、チベットが中国とともにあることを望めば、そうなるような状況を樹立しなければならない。チベットと中国が友情のうちにともに生きる方法を中国が示すときが今や来ている。チベットの基本的地位に関しての一歩一歩を詳細に述べた大要について、詳しい説明がなされなければならない。

合意の可能性ということはともかく、そのような明確な大要が提示されれば、私たちチベット人はまさにそのとき、中国とともに生きるか否かの選択ができる。私たちチベット人が満足いく形で私たちの基本的権利を獲得できるなれば、中国とともに生きる利点を、私たちは、見据えないわけではない。

私は、中国指導層の広い視野と賢明さに信頼を寄せている。彼らが今日の世界における政治的変化を考慮に入れて、隣接する 2 つの国民のあいだの永続的な真の友情を育む形でチベット問題を平和裡に解決する必要があるとするであろうことを信じる。

■ 14 世ダライ・ラマ法王の中国・チベット交渉に関する報道機関あて声明
1993 年 9 月 4 日発表（ニューデリー）

(この声明とともに、ダライ・ラマが鄧小平および江沢民にあてた 1992 年 9 月 1 日覚書が公表された。)
また再び、チベットの将来に関する私の立場がどのようなものであるかを明確にする必要が生じた。

チベット問題とはダライ・ラマの帰還や地位に関することではない。チベットにいる 600 万チベット人の権利と自由に関する問題である。この問題は交渉によってのみ解決しうると、私は確信している。長年、私は首尾一貫した立場にあるが、しかし、中国政府はいつも交渉に応ずる用意があるとし、交渉に応じないのはチベット側であるといって混乱を引き起こしている。

その一例として、1993 年 8 月 25 日中国外交部報道官によってなされた声明では、「チベットの独立問題以外なら、いかなる問題についても交渉に応じる」と、1979 年に鄧小平が私の代理人に対して最初に伝えた立場を繰り返している。声明には「交渉への扉は大きく開かれている」とも謳われている。

この立場が初めて表明されて以来、過去 14 年間、私は、交渉に入りたいと言明したばかりではなく、鄧小平の提議による交渉の枠組みに明らかに納まる数多くの提案を行ってきた。北京で中国側と行った諸会談において、私の代表団は、チベットの独立に触れない解決策を描いた見解を明らかにし、のちにそれをチベット 5 項目平和計画(1987 年)やストラスブール提案(1988 年)という形で公表もした。

しかしながら、これら提案のいずれかを真剣に討議するとか、提案に対して前向きに返答するなどといった、どのような形であれ交渉に応じることを、中国は拒否した。中国政府は実質的な問題について討議す

ることを拒絶し、解決されるべきは唯一つ、チベットへの私の帰還に関することだけであると言い張って、それに関する声明を多数出した。

繰り返し繰り返し私がいってきたように、私の帰還は問題ではない。問題なのは、600万チベット人民の生存と幸福、私たちの文化と文明の保護である。

今まで私が明らかにしてきたように、交渉は、チベット民族の生存を脅かす中国の移民政策の終焉、チベット人の基本的人権および自由の尊重、チベットの非武装化と非核化、チベット人に影響するすべての事柄に関する統治権をチベット人に返還すること、自然環境の保護などを中心課題に据えて行われねばならない。私がこれまでも繰り返し強調してきたように、交渉は中国が「チベット自治区」と呼ぶ地域のみに関してではなく、チベット全域を念頭において行われるべきである。

今日、私は、鄧小平にあてた私の最初の書簡とともに、私から鄧小平と江沢民あての最新の覚書ならびに添付書の内容を公表する。この覚書は、私の代理によって、1993年7月北京で両氏に渡されている。問題に取り組む私の言行一致の姿勢と平和的で合理的かつ鄧小平が設けた枠組みに納まるような解決策を決然として探る私の姿勢が、これら文書に示されている。私がチベットの独立についての交渉を求めたことは一度もない。だが、これらの文書に関して、中国側からの前向きな返答はいまだない。

私は、チベットに関する中国政府の意図に深い憂慮を覚える。中国の公式声明は、本来の論点を混乱させ、問題に関する実質的な論議を遅滞させることを狙っている。中国には交渉の準備があると繰り返しながら、中国政府は、中国人移住者をチベットに大量に送り込むことによって、チベット民族を圧倒し、吸収するという「最終的解決」の道を探り続けている。1993年5月12日四川省で開かれた秘密会議の内容が先週、暴露されたことにより、この懸念は強まった。その会議で、チベット人の抵抗運動を抑圧するために、中国当局は、以下の2つの戦略を了承した。

1. 人口統計上「チベット人の蜂起を不可能にする」ため、より膨大な人数の中国人をチベット内に送り込むこと。
1. チベット宗教界の重要人物を操縦し、宗教組織の中に浸透することによりチベットの運動を分裂させること。

中国政府がチベット問題を真実、交渉によって解決しようと思うのであれば、かかる決定を言葉においてだけではなく、実践においても、はっきりと撤回すべきである。早い時期における、前提条件なしの交渉を始めるよう、私は、中国政府に対し呼び掛ける。

■実行支配線沿いの平和および平穏の維持に関するインド・中国（国境）協定
1993年9月7日調印（ニューデリー）、発効

　インド政府および中国政府は、インド・中国国境地域内の実行支配線における平和および平穏を維持するため、主権および領土保全、不可侵、内政不干渉、平等と互恵互恵、および平和共存五原則に基づき、本協定を締結する。

第1条　双方は、インド・中国国境問題が平和的および友好的な協議を通じて解決されるべきとの見解を有する。双方とも、武力の行使あるいは武力による威嚇を行わない。両国間の国境問題が最終的に解決されるまでのあいだ、双方は、両国間の実行支配線を厳格に尊重し、かつ遵守する。いずれの側のいかなる活動も、実行支配線を越えない。仮に一方の要員が実行支配線を越境した場合には、他の一方が警告を与え、これら要員は、即座に撤退するものとする。必要な場合には、双方は、共同で双方が見解を異にする実行支配線の位置の確認および決定を行うものとする。

第2条　双方は、両国間の友好と良き隣国関係に相応しい最低限の兵力を実行支配線沿いの地域に配置する。双方は、双方が相互的および平等の安全保障の原則に基づき合意する上限まで、実行支配線沿いの兵力を削減する。実行支配線沿いの兵力削減の規模、時期、および様態は、両国間の協議を通じて決定される。兵力の削減は、双方で合意する実行支配線沿いの地域における地理的面毎に、段階的に行われるものとする。

第3条　双方は、協議を通じ、実行支配線沿いの地域における有効な信頼醸成措置を策定する。双方は、

相互に決定する地域内で特定規模の軍事演習を行わない。双方は、本協定で認められた実行支配線付近での特定規模の軍事演習については、事前に通報するものとする。

第4条　実行支配線沿いの地域において偶発事件あるいはその他の諸問題が生じた場合には、双方は、両国の国境警備隊間の会合および友好的協議を通じ対処するものとする。国境警備隊間のかかる会合および通信チャンネルの保持は、相互に合意される。

第5条　双方は、実行支配線を越える空域侵犯が行われないことを確保するために、十分な措置をとることに合意し、仮に空域侵犯が起こった場合には、相互に協議を行うものとする。双方は、実行支配線付近の相互に合意する地域での空軍演習に関する制限につき、協議するものとする。

第6条　双方は、本協定における実行支配線に関する言及は、国境問題に関してそれぞれの立場を損なうものでないことにつき、合意する。

第7条　双方は、協議を通じ、本協定のもとでの実行支配線沿いの地域における兵力の削減、および平和および平穏の維持のために必要とされる有効な検証手段、監視の維持、方法、および内容に合意する。

第8条　国境問題に関するインド・中国合同作業グループ（JWG）の双方は、相互の協議を通じ、本協定の実施措置を策定するため、外交および軍事の専門家を選出する。専門家は、実行支配線の位置に関する相違を解決するため、JWCに進言し、実行支配線沿いの地域における兵力の削減を図るための軍の再配置に関連する問題を検討するものとする。また、専門家は、相互信頼の原則に基づき、本協定の実施を監視し、またその実施の過程で生じる諸問題を解決する上でJWGを補佐するものとする。

第9条　本協定は、署名日に発効し、双方の合意により修正および追加できるものとする。

■ 中国との交渉に関するチベット亡命政府の立場についての声明
1997年4月29日発表（ダラムサラー）

　1997年4月17日新華社電は「分裂主義者の意図を隠したダライ・ラマの提案は『陰謀』だ」との表題をつけた記事を発表した。この記事は、国際世論を誤った方向に導こうとする意図をもって発表された、巨大な事実歪曲である。したがって、1978年から1997年に至るまでのチベット人指導者と中国人指導者との交渉の経過を、われわれは、次のように 公表する。われわれの努力が真剣であった否か、また真摯な交渉がなぜ成立しなかったのかは、国際世論の判断に任せたいと思う。

　チベットが中国の一部であることをダライ・ラマ法王が認めることが、交渉を始める前提条件であると中国はいっていた。これは歴史の歪曲を法王に要求するに等しい行為である。

　諸事実——共産中国は、最近まで、チベットに対する主張の根拠を、7世紀にチベットのソンツェン・ガムポ王と中国人の王女が結婚したことにおいていた。それは、チベット王には、その他にも、ネパールから嫁いだ王女ブリクティ・デビが既にいたことを、都合良く忘れ去った主張であった。北京は、この主張を維持することができないとみるや、彼らの主張の歴史的起源を、チベットに対するモンゴルの影響が確立した13世紀に移した。しかしながら、モンゴル人は中国人とは異なった民族であり、中国人は彼らを常に異国人と見做していた。1911年国民党が革命を起こし、清帝国を倒した。孫文はこのとき、中国は2度、外国勢力に占領された、と語っている。一度目はモンゴル人であり、二度目は満州皇帝によってであった。いずれにせよ、チベットに対するモンゴルの影響は1350年に終わりを告げた。中国がモンゴルを駆逐する18年前のことであった。

　1949年、ネパールが国際連合に加盟申請をしたとき、自らを主権国家と主張する根拠として、チベットとの外交関係を挙げた。国際連合は、この主張を認め、その結果、国際連合は、チベットも主権国家として認めることになった。

　チベットに関する国連総会の審議において、アイルランド代表フランク・アイクテン は、「4000年間、あるいは、どんなに少なくみても2000年間、チベットは自由な国家であった。また、この総会に参加しているいかなる国家に比べても遜色ない、完全なる自治を実行していた。自らの政策を実施する自由に関

しては、ここに参加している多くの諸国の1000倍もの自由を有していた程である」と述べている。
　国際法律家委員会、米国議会、ドイツ連邦議会、また様々な独立機関の研究成果が、中国によって侵略されたとき、チベットが独立国家であったことを証明している。
　ダライ・ラマ法王を含めて、チベット国民は、伝統的なチベット社会が決して完璧ではなかったことを認めている。それでも、1949年に中国によって侵略されるまでの2000年間、人民は満足できる生活を送っており、飢餓も存在しなかった。ダライ・ラマ法王は、暫定的に政権の座に着くや、即座にさらなる改革を指導し、チベットの社会・政治制度の民主化を進めた。1960年、チベット国民議会（亡命チベット人議会）による 最初の代表制の政府がインドの地で導入された。1963年、ダライ・ラマ法王は、現代民主主義の原則に基づいて、将来のチベットの憲法を公布した。
　1992年2月ダライ・ラマ法王は、「将来のチベットの政策と憲法の基本的特色に関する指針」を発表した。その中で、チベットの将来の政府において、法王は、いかなる役割も果さない、いわんやダライ・ラマの伝統的な政治的立場を求めることはない、と述べた。また、将来のチベット政府は、成人選挙権を基礎に選出されることになろうと、ダライ・ラマ法王は述べた。チベット国民の闘いは、伝統的な制度の回復を目指そうとするものでも、少数の個人の過去の立場を回復しようとするものでもない。
　中国は、歴史的にダライ・ラマの称号を授け、またダライ・ラマの選定を承認して来たとの、中国政府の主張が次の2つの例から過ちであることが立証される。ダライ・ラマの称号を最初に贈与されたのは、3世ダライ・ラマ、ソナム・ギャムツオに対して、アルタン・ハーンにより、モンゴル宮廷から贈られたものであった。また、14世ダライ・ラマの選定が中国政府の承認のもとに行われたとの中国政府の主張の誤りは、全国人民代表大会常務委員会副委員長ガポ・アペイ・アワンジンメイが1989年8月31日に中国の公式新聞西蔵日報に発表した記事で、「写真を根拠にして即位式を主催したとの呉忠信の主張は、歴史的事実の露骨な歪曲である」と暴いた。呉忠信は、英国や他の政府の代表と一緒に即位式に参列した中国の代表団の団長であった。
　中国政府は常に、ダライ・ラマ法王およびチベット亡命政府を、チベットの不安定さと騒動の原因であると非難している。責任を転嫁するのは止めよう。故パンチェン・ラマがチベットの真の状況について、1987年に北京で開催された全国人民代表大会チベット自治区常務委員会で他の委員に対して語らざるを得なかった言葉を振り返って見てみよう。
　漢民族のチベット移住　「チベットにおいて中国人1人を養うために要する費用は、中国で4人を養う額に相当する。なぜチベットが彼らを養うために、お金を使わなければならないのか。現在では、チベットにやって来る軍人は家族連れである。彼らは、アメリカ雇兵みたいなものである。お金のために戦い、お金のために死ぬ。これは馬鹿げている。チベット人は、チベットの正規の主人ではないか。チベット国民の願いや感情が尊重されなければならない。」
　教育　「中央政府は、チベットにおいてチベット語を学び使用することの重要性を、繰り返して語って来た。しかし、それを実行する方策には、まったく手が着けられなかった。チベットは、まったくお粗末な翻訳能力しか持ち合わせていない。私は、チベット語・英語通訳を見つけることができなかった。だから、中国人の通訳を使って、中国語で話さなければならなかった。そのことが、外部の人びとには、非常に悪い印象を与えてしまったに違いない。この事実は、チベットの教育レベルがいかに低いかを示している。」
　チベットにおける左派の行状　「チベットにおける左派の行状から、われわれが得られるものは何だろうか。左派のイデオ ロギーを持っていた者は、すべて弾圧された。近年、胡耀邦同志が失脚したとき、左派の役人は爆竹を鳴らし、祝い酒を飲んだ。チベット人民の強力な支持者は失脚したと、彼らは語り合っていた。」
　チベット人指導者は、「扇動」をしたのは彼らであるとの容疑を、繰り返しきっぱりと否定してきた。チベットにおけるデモの背後には、彼らがいるとか、ある種のテロ行為に彼らがかかわっているといわれる度に、これらの重大な容疑の証拠を、中国政府に要求してきた。また、国際的独立機関がチベットを訪問し、問題の真の原因は何なのかを判定することを許可するよう、要求してきた。今日まで、北京から何らの回答も得られていない。

1949年の中国によるチベット侵略以来、チベット政府およびダライ・ラマ法王は、チベット問題を平和的に解決するために継続的な努力を続けてきた。まず最初に、ダライ・ラマ法王は、毛（沢東）主席を含む中国の最高指導者に会うため1954年北京を訪れた。不幸にも中国は、法王に与えたすべての約束を破ったために、1959年3月10日のチベット国民の決起を迎えることになった。そして、その結果、ダライ・ラマ法王は、8万人のチベット人とともに、インドに逃れることになった。

　1959年から1979年まで、チベット亡命政府と中国政府は、まったく接触をしなかった。しかしながら、この間に、ダライ・ラマ法王は、希望を回復し、中国政府との交流と対話によってチベット問題を平和的に解決し得ると考えるようになった。インドに亡命した直後の1959年6月20日、ダライ・ラマ法王は、ムスリーで報道声明を発した。その中で、法王は、「中国政府のチベットにおける最近の政策と行動が、中国政府に対する非常に強い敵意と苦々しい思いを、われわれの中に生み出した。しかし、われわれチベット人は、僧も俗も、偉大な中国の国民に対してはいかなる敵意も憎しみも抱いてはいない。われわれはまた、平和解決の前提条件として、即座に本質的な対策を講じることによって、好ましい環境作りをするように主張するものである」と語った。

　1976年の毛主席死去後の中国の政治的変化を受けて、1978年3月10日のチベット国民に向けた声明で、ダライ・ラマ法王は、「中国人は、チベットにいるチベット人が、現在亡命中の両親や親戚を訪問することを許可すべきである。また、同様な機会が亡命中のチベット人にも与えられるべきである。そういった配慮によって、チベット内部の真の状況を知ることができるとの自信を、われわれは、持つことができるであろう」と語った。

　1978年末、ダライ・ラマ法王の兄ギャロ・トゥンドゥプは、共通の友人である香港新華社部長李建錫から接触を受けた。招待されたトゥンドゥプは、ダライ・ラマ法王の承認を得て、1979年2月個人的に北京を訪れた。

　トゥンドゥプは、北京で中国指導者に会った。彼らは、「4人組」の下で、中国はひどく不安定に陥り、工業と農業の分野で発展が阻害された、と口々に語った。チベットも同じ被害にあった、と彼らは語り、1959年のチベット人の決起も幾つかの要因によるものであり、ダライ・ラマ法王もチベット人も責められない、と付け加えた。

　トゥンドゥプとの会談において、鄧小平は、チベットの完全独立以外のすべての問題について、チベット人と協議し解決する用意がある。と語った。

　ダライ・ラマ法王とチベット政府は、1979年から1980年にかけて3度の実情視察団を派遣して、これに応えた。

　それ以来、ダライ・ラマ法王は、中国政府とより密接な関係を築き、より良き理解を深めようと、真剣な努力を続けて来た。われわれは、信頼関係を築くために幾つかの措置をとり、交渉の主導権を握った。

　例えば、1980年7月21日、チベット内外の親戚を訪問したいというチベット人に対する旅行制限を緩和するように、われわれは提案した。しかし、北京はこれを拒否した。

　1980年9月亡命政府は、チベットの教育を手助けするために、およそ50人のチベット人を指名して派遣することを提案した。これに対し、中国は、チベット人の若者は、インドの恵まれた環境の下で育ち、教育を受けているので、チベットの劣悪な生活環境には適応し切れないとの理由を挙げ、中国はこの問題を先送りした。代わりに、先生に中国各地の民族学院で教えてもらおうと、提案をしてきた。亡命政府は、チベット人ボランティアはチベットの劣悪な環境を十分認識している、と回答した。しかし、中国政府は、許可しない理由を十分に述べないだけでなく、チベット人教師はまず中国国籍を取得しなければならないと、受け入れ難い条件を付けてきた。

　同じ時期に、チベット側は、より密接な交流を促進するために、北京に代表部を開くことを提案したが、これも拒絶された。

　1980年12月14日、チベットに住む11人のチベット人学者がインドで開催されるチベット学の学会に参加するのを許可するよう、チベット亡命政府は中国政府に申し入れた。これもまた、すげなく拒否された。

1981年3月23日、ダライ・ラマ法王は鄧小平に書簡を送り、その中で法王が特に伝えたことは、次の点であった。「忍耐と寛容の精神を持ち、お互いの知恵を出し合って、早急にチベット人の真の幸福を実現すべきときがきた。私の側は、国籍による差別をいっさいせず、すべての人類、特に貧しい者と弱い者の福祉のために、全力を傾けている。この点に関するあなたの見解を是非聞かせて欲しいと願っている。」
　この書簡に対する応答は、まったくなかった。その代わり、1981年7月28日、胡耀邦総書記がギャロ・トゥンドゥプに手渡した文書は、「ダライ・ラマに対する5項目」と題されており、チベット問題をダライ・ラマ法王個人の地位の問題に矮小化しようとするものであった。唯一の真の問題は、チベット国民の将来の幸福であるからこそ、1982年4月ダライ・ラマ法王は3人の高官から成る代表団を北京に送り、中国指導者との対話の道を開こうとした。この代表団は、中国指導者が考慮すべき広範な提案を持参していた。
　両者は、秘密の接触を継続することで、合意した。しかし、チベットの代表団が6月8日インドに帰還するや否や、中国外交部報道官は、会談の内容を歪曲して発表した。あたかも、わが代表団が、台湾が統一を受け入れた場合に彼らに約束されたのと同じ立場をチベットも要求したかのように、ほのめかした。AP電が1982年6月18日伝えた中国報道官の発言は、以下のとおりである。「台湾の場合と同じ9項目政策をチベットにも適用するか否かというが、その問題そのものが存在してはいない」。また、1982年12月には再び、中国の公式週刊誌北京周報が、われわれの会談の内容を別の形に歪曲して伝えた。
　しかしながら、チベット側は、秘密保持の申し合わせを守って、報道関係からの問合せにも、会談の内容を漏らしたりはしなかった。その結果、チベット亡命政府は、チベット人からもまた支援者からも激しい批判を被った。
　1983年2月ダライ・ラマ法王は、チベット訪問の希望を表明した。
　1984年10月別の3人の高官からまる代表団が北京に派遣され、チベットにおける最近の政治的弾圧を止めるよう、申し入れた。同時に、ダライ・ラマ法王のチベット訪問の可能性を話し合い、将来的に会談を継続する可能性を探った。しかし、これらの提案に対する中国側の反応は、好意的なものではなかった。
　こういった働きかけをチベット側がしてきたにもかかわらず、中国指導者は、真剣で実りのある交渉を通して、チベット問題を解決することに関心を示さなかった。実際、北京の指導者は、真剣でも真面目でもなく、時を稼いでいるうちに様々な抑圧手段によって、チベット支配をより強固なものにしようとしていた。
　このような状況下にあって、ダライ・ラマ法王は、1979年以来、中国指導者に直接提示してきた提案を、国際社会の支援を求めて公開で呼び掛けなければならなくなった。1987年9月21日米議会人権小委員会でダライ・ラマ法王は演説し、5項目チベット平和計画を提示した。5項目は、以下のとおりである。
1．チベット全土を平和区にする。
2．チベット人が民族として存在することさえ脅かしている、中国人の移民政策を放棄する。
3．チベット人の基本的人権および民主的な自由を尊重する。
4．チベットの自然環境を復元し、かつ保護する。中国がチベットを核兵器の生産基地として使用し、また核廃棄物の投棄場所として使用することを停止する。
5．チベットの将来の地位およびチベット国民と中国国民の関係に関する誠実な協議を開始する。
　中国指導者は、1987年10月17日この提案を拒否し、中国政府との溝を拡大したと、ダライ・ラマ法王を非難した。この無礼な対応にもかかわらず、ダライ・ラマ法王は14項目から成る詳細な覚書という形で、チベットの立場を明らかにし、1987年12月17日中国政府に伝えた。
　ダライ・ラマ法王は、5項目平和計画の第5項に盛られた交渉に関する点をさらに詳細にして、もうひとつの提案を、1988年6月15日ストラスブールの欧州議会で行った。
　前もって、この演説の内容は、ニューデリーの中国大使館を通じて中国政府に知らせた。その後、ニューデリー在住のダライ・ラマ法王代表は、8月22日と29日中国代理大使に会い、中国政府が様ざまな報道声明を通じて表明していた幾つかの不安について、話し合った。その中で、代表が特に強調したのは、ストラスブール提案は鄧小平が1979年ギャロ・トゥンドゥプに伝えた声明の枠に収まるという点であった。つまり、それは、完全独立以外の問題については、何についてでも議論をし解決を図るというもので

あった。ストラスブール提案で、ダライ・ラマ法王は、中国との分離よりも、むしろ中国との関係に言及していた。

間もなく、チベット交渉団の名簿が発表され、真剣な協議に入ろうとするチベット亡命政府の期待と誠実さが示された。

1988年9月21日午前、ニューデリーの中国大使館はダライ・ラマ法王の高官に連絡をとり、中国政府は、ダライ・ラマ法王の代表と交渉をする用意があることを伝えた。交渉は北京か香港あるいはそれ以外でも、中国の大使館か公使館がある所でもということであった。ダライ・ラマ法王が、これらの場所は都合が悪いというのであれば、別の開催地を選んでも良いといっていた。その日の午後、中国大使館は、上記の経過をニューデリーの報道関係に公表した。彼らの立場を公表することを一方的に決定したのは中国政府であって、チベットの指導者にその容疑を掛けるのは、まったく反対のことである。

チベット指導者は、交渉に期待を示した中国政府の姿勢を評価し、1988年9月23日次のように声明を発表した。「われわれの提案に対する中国側の積極的な反応は、今度は、彼らもこの問題に真剣に取り組もうという姿勢を示すものである。」

1988年10月25日午前、中国政府は、ニューデリー中国大使館を通じ、交渉の候補地はジュネーブが最も便利で中立的であり、交渉の開始日は1989年1月とするとした報告を受けとった。その日午後、1988年9月21日に中国大使館がやったように、チベット亡命政府も、その情報をニューデリーの報道関係に流した。

1988年11月初旬、中国統戦工作部長閻明復は、ギャロ・トゥンドゥプに、ストラスブール提案は幾つかの点で考え方の違いがあるが、議論し解決することが可能であろう、と語った。

しかしながら、1988年11月18日中国政府は、ニューデリー大使館を通じ、次のような交渉の前提条件を伝えてきた。

中国政府は、交渉の候補地と日程が公表されるようなやり方には賛成できない。交渉に最適の地は、北京である。

ダライ・ラマ法王によって指名された6人の交渉団は、その全員が常に分離主義的活動に参加しているものであり、受け入れることはできない。

　この交渉は、国内問題だけに関するものであるので、オランダ人の法律家を交渉団に入れることはできない。

　中国政府は、ダライ・ラマとの直接的な交渉を望んでいるが、信頼するダライ・ラマの代表、例えば、ギャロ・トゥンドゥプが交渉団に入ることを望む。

ストラスブール提案は、交渉の基礎にはならず、交渉の前提条件は祖国の統一を受け入れ支持するというものである。

チベット政府は、この連絡がそれまでの声明や北京からの公式連絡と整合性がないことで、当然のことながら失望した。

1988年12月4日チベット政府は、中国の連絡に対する応答で、次のように伝えた。

　中国政府は、交渉の日程と候補地の選定をダライ・ラマ法王に任せていたので、候補地としてジュネーブを選び、1989年1月から協議を開始すると、法王は迷うことなく回答した。多くの場面で、中国政府は、公けに述べただけでなく、事務連絡を通しても告げていたのは、ダライ・ラマ法王に指名されたいかなる者とも会い、交渉をする用意があるとしていた。

したがって、ダライ・ラマ法王によって選定された代表団を中国が拒否するとは、誰もが予想していなかった。法王が彼の代理人として誰を指名するのも、それは、ダライ・ラマ法王の権利である。マイケル・バン・ウォルト・バン・プラークは、交渉団の一員ではなく、法律顧問に過ぎない。また、中国政府の提案を受けて、ギャロ・トゥンドゥプがチベット側の顧問として交渉に加わることになろう。チベットの将来に関する公平で実りある交渉は、どちら側からも前提条件を付けないことでしか成立しない。ストラスブール声明に盛られた提案は、そのような議論に最適の合理性と現実性を持っている。

中国政府がこれまでの提案をすべて拒否したにもかかわらず、ダライ・ラマ法王は1989年4月19日、

ニューデリーの中国大使館を通じ、別の提案を中国政府に伝えた。「交渉の手続き上の問題を敬意を持って解決するために、何人かの代表を香港に派遣しよう」、「面と向かって話し合うことにより交渉開始の障害を取り除こう」というものであった。この提案もまた拒否された。

1989年1月パンチェン・ラマがチベットで亡くなった。ダライ・ラマ法王は、10人のチベット宗教代表団を、シガツエのタシルンポ僧院（札倫布寺）またクンブム僧院（塔爾寺）、ラブラン・タシキル僧院（ゲンブンシェトゥプタルギュタシークンネ・キルウェリン）などのチベットの幾つかの地域に派遣し、パンチェン・ラマのために祈りを捧げ、カラチャクラ儀式を挙行しようとした。中国は、この規模の儀式の前例がないとの理由で、この申し出を拒否した。

パンチェン・ラマの葬儀への招待状がダライ・ラマ法王に届いたのは、チベットに戒厳令が敷かれているときであった。当然のことから、訪問を実施できるような状況ではなかった。

1991年3月21日中国政府に、ニューデリー大使館を通じ、パンチェン・ラマの転生化身探索のために手助けをしたいという、ダライ・ラマ法王の申し出が通告された。法王の願いは、ラサ近郊の聖なる湖ラモ・ラツォに宗教代表団を派遣し、祈願をして湖に浮かび上がる予言的な幻影を観察したいというものであった。中国は、「外部の介入」は必要ないとの理由で、3カ月後に、この提案を断ってきた。

これらの希望を打ち砕くような経験にもかかわらず、ダライ・ラマ法王は、事態を手詰まりのままで放置したくなかった。1991年10月法王は、中国政府に対し新たな提案を行った。高位の中国指導者を同行して、法王が個人的なチベット訪問を行い、チベットの現状に直接触れてみたいというものであった。同じ精神に基づき、ダライ・ラマ法王は、李鵬中国総理が1991年12月にインドを訪問した際に、首相に会見しようとした。しかし、こういった積極的で建設的な働きかけもまた拒否されてしまった。

こういった事実を踏まえて、チベット国民議会（亡命チベット人議会）は1992年1月23日これまですべての働きかけはチベット政府の側からなされており、これに応答する責任は中国にあるとした決議を採択した。この決議は、さらに、提案が中国政府の側から、直接あるいは第三者経由で発せられても、チベット政府は交渉に反対はしないであろう、と言及していた。

1992年4月ニューデリー駐在中国大使は、ギャロ・トゥンドゥプに接触をし、次のように伝えた。中国政府の立場は、これまで常に「保守的」であった。しかし、チベット人が「現実的」になるのなら、中国政府も「柔軟」になるであろう、と述べた。そして、大使は、トゥンドゥプを中国に招待した。

中国大使の言葉にもかかわらず、トゥンドゥプが6月に訪中しても、中国政府の姿勢には、柔軟さの兆しはなかった。実際のところ、ダライ・ラマ法王個人に対して辛辣な批判がなされた。

そこで、ダライ・ラマ法王は、鄧小平と江沢民にあてた私信と詳細な覚書を持たせて、2人の代表団を1993年6月中国に派遣した。中国政府が問題にしている点について、見解を表明し説明をするためであった。

その覚書の中で、ダライ・ラマ法王は、「チベットに中国と一緒にいたいと欲し、また中国がそう望むのなら、そのために必要な条件を作らなければならない。チベットと中国が仲良く暮らして行くためにはどうすれば良いのかを、中国人が示さなければならないときがきた。チベット人の基本的立場に関する設計図を、次第に詳しく明らかにしなければならない。そういった明快な設計図が与えられれば、合意をする可能性があるか無いかは別問題にして、中国と一緒にやって行くか否かを、われわれチベット人は決定することができるであろう。われわれチベット人が満足できる程の基本的権利を獲得できるのであれば、中国人と一緒に暮らして行くことに利点を見い出し得ないわけではない」と述べた。

誤解を解き、関係を密にする真剣な努力を続けて、1993年8月、3人の高官からなる別の代表団がニューデリーの中国大使と会見した。この会談において、代表団は、1997年以来のダライ・ラマ法王のすべての演説原稿を大使に手渡し、ダライ・ラマ法王がどこでチベット独立を要求しているか、指摘するよう、要求した。また、代表団は、信頼関係を構築するためにも、月に1回、定期的に中国大使館で会談し、意見交流をしようではないかとの提案を行った。

しかし、1993年8月に中国大使がロイター通信デリー特派員とのインタビューに答えて、これらの提案を拒否した。これもまた、北京との相互関係を築こうとするチベット人の真摯な試みが、中国側によっ

てはねつけられた一例であった。

1994年4月27日ダライ・ラマ法王は、ニューヨークの世界安全保障同盟外交委員会で演説し、「関係を打開するために、共産党常務委員会の誰とでも第三国で会いたい」と述べたが、北京からの積極的な応答はなかった。

中国指導部の不透明な対応に直面して、ダライ・ラマ法王は1994年3月10日の声明で、「私の努力が、実質的な交渉を進展させることにも、またチベットの状況を全般的に向上させることにも失敗したことを認めなければならない。中国側との理解点に到達するために、試みなかった手段はもう存在していない。実りのある交渉を実現するためには、国際社会の支持と支援に期待を置くより他に道はなくなったので、このことには、私はまだかかわりを持っている。これも失敗したら、明らかなる良心を持って、この政策を持続させることはできなくなるだろう。だから、これまでも何度も発言してきたように、われわれの自由のための闘いの方針をわが国民に相談することが、私の義務であろうと強く感じている」と述べた。国民投票の準備が全力をもって始まり、ダライ・ラマ法王は、国民投票の最終的な結果が出るまでは、現在行われている法王の中間の道の方針にまったく変化はないことを言明した。中国政府が疑っているように、法王が交渉の扉を閉じたというのは、間違っている。

最近のダライ・ラマ法王の台湾訪問に関して、1997年2月24日法王は声明を発表した。「私の台湾訪問は当然に宗教的なものになろうが、それを政治的に解釈したい人たちはいるだろう。それで、この際、チベット人の闘いは中国人に反対するものでも中国に反対するものでもないことを、繰り返して述べておきたい。過去何年間も、北京の中国指導者との交渉によって、チベット問題を平和的に解決することを、目指してきた。また、私は、チベットの自治のために、交渉の枠組を提案してきた。こういった働きかけは、真の和解と妥協の精神に基づいている。これまでのところ、中華人民共和国政府は積極的な反応を示していない。しかしながら、鄧小平が亡くなったことが、チベット・中国の両者に新たな切っ掛けと機会を提供するであろうと、私は信じる。」

中国指導者は、ダライ・ラマ法王が1996年10月23日欧州議会演説で繰り返し述べた、交渉に対する姿勢にはまったく変化がないことを知るべきである。「私は、今でも中国との交渉にかかわっている。両方が受容可能な解決策を見い出すために、私は『中間の道アプローチ』をとってきた。これはまた、鄧小平が「独立以外のすべてのことを議論し解決し得る」と語った言葉に応えることであり、彼が保証した枠内に収まるものである。鄧小平が保証したことを実現できなかった、ということが残念でならない。しかしながら、彼の後継者が、交渉によってわれわれの問題を平和裡に解決する知恵を見い出すであろうと、期待している。私が求めているものは、チベットの真の自治政府である。前提条件なしに、いつでも、どこでも中国と交渉を始める気持ちでいることを、今日、また繰り返して語っておきたい。」

最後に、北京の新指導部ができるだけ早くチベット問題の解決のために、真剣さと好意を示してくれることを強く期待したい。

インド、ダラムサラー
チベット中央政府情報外交部秘書官

■ 14世ダライ・ラマ法王のチベット民族蜂起39周年記念日声明
1998年3月10日発表（ダラムサラー）

西暦2000年代も間近に迫った今日、世界の至るところで大きな変化が生じている。新たな紛争発生の事例もある一方で、世界の多くの地域で問題解決に向けて対話と和解の精神が芽生えている点は見逃せない。これは、とても望ましい傾向である。ある意味で、この20世紀は戦争と流血の世紀と呼ぶこともできるであろう。けれども、今世紀の苦い経験から大多数の人間が教訓を得たであろうと、私は信じている。その結果、人間社会はいっそう成熟の度を増したはずである。したがって、決意と献身さえあれば、来るべき21世紀を対話と非暴力による紛争解決の世紀とすることも、決して夢ではない。

本日、私たちは、チベットの自由のための運動を開始してから、39周年記念日を迎えた。私は、この機会を借り、逆境に直面したチベット国民が発揮している不屈の精神と忍耐強さに対し、心からの感謝と

深い敬意を表明する。チベット本土の現状、とりわけチベット問題解決の糸口が見い出せないことにより、多くのチベット人のあいだで不満感が高まっていることは間違いない。もはや、平和的解決以外の方向へ活路を見い出さざるを得ないと、一部の人びとが感じてしまうことを、私はとても憂慮している。そういう人のおかれている苦境はよく理解できるが、われわれの自由のための運動で非暴力路線を堅持することの重要性を、私は再び強調する。自由を求める長く険しい道程にあって、非暴力路線は常にその大原則であるべきである。長期的には、そうしたやり方こそが最も有利かつ現実的な道であることを、私は確信している。これまで平和的に運動を展開してきた成果として、私たちは、国際社会からの共感と賞賛を得ることができた。こうした非暴力による自由のための運動を通じ、私たちは、一つの実例を築き上げ、それによって非暴力と対話の政治風土を地球規模で育んでいくべく貢献している。

　世界規模の広範な変化の波は、中国をも呑み込んでいる。鄧小平によって口火を切られた改革は、中国経済ばかりでなく、政治制度をも変えつつある。つまり、イデオロギーが弱まり、大衆動員への依存度が低下し、威圧的な姿勢も和らぎ、そして一般市民にとっても息苦しさが少なくなるといった変化が生じている。政府が以前よりずっと分権的になっている点も、注目に値する。さらに、鄧小平以後の中国指導部は、国際政策の面でもいっそう柔軟になっているように思われる。その兆候の一つは、中国がより積極的に国際会議に参加し、国際組織や機関に協力するようになってきた点である。特筆すべき進歩と成果は、昨年の香港返還が円滑に行われ、その後も、北京が香港に関する問題に現実的かつ柔軟に対応してきたことである。さらに、台湾との直接交渉再開について、最近、北京から出された一連の声明も、中国側の姿勢が明かに軟化している事実を反映している。いずれにせよ、今日の中国が15年ないし20年前と比べて住みやすい場所になっている点は、もはや疑いようもない。これらは、賞賛に値する歴史的な変化である。しかしながら、中国は、依然として重大な人権問題をはじめ、深刻な難題を抱えている。中国の新指導部が自信をもって、より大きな自由を国民に与える先見性と勇気を獲得するように、私は希望している。いかなる社会においても、物質的な進歩と快適さだけで、人民の求めるものを完全に満たすことはできない。それは、歴史を顧みれば、明らかである。

　中国自身の発展に関しては、こうした明るい要素がみられるが、その反面、チベットの状況は、残念ながらここ数年悪化の一途を辿っている。チベット文化の計画的な抹殺ともいうべき政策を北京が断行しようとしていることは、今や明白である。チベットの宗教や民主主義に対する悪名高い「強打」闘争は、年々強化されている。この弾圧闘争は、当初、僧院や尼僧院を狙い撃ちにしていたが、今では、チベット社会のあらゆる階層に対象を広げている。チベット人の生活のある領域では、「文化大革命」当時を彷彿とさせるような脅迫と威圧と恐怖に満ちた雰囲気が戻って来ている。

　チベットでは、人権侵害の事例が増加し続いている。これら権利の蹂躙は、明らかな特徴をもっている。チベット人を骨抜きにして、民族独自のアイデンティティや文化を主張し、それらを守って行こうと望んだりするような、そういった気概を奪ってしまうことが、その狙いである。チベットの仏教文化は、慈しみを思いやりを根本とし、そうした価値や概念を通じてチベット人を鼓舞している。それは、実際に有益で、しかも日常生活に即した文化であり、だからこそ守って行く必要がある。このように、チベットにおける人権侵害は、しばしば民族的あるいは文化的な差別政策の結果として生じているのであり、より深い問題の兆候や帰結にすぎない。それだからこそ、チベットで多少の経済発展があったにもかかわらず、人権状況は改善されていない。チベット問題の根幹に踏み込まな限り、人権問題を克服することはできない。

　チベットにおける悲しむべき事態が、チベットの利益にも中国の利益にもならないことは、火をみるよりも明らかである。現在の状況が続く限り、チベットの人びとの苦しみが減ることはあり得ず、中国も北京指導部にとっての最優先課題、すなわち安定と統一を確保することができないであろう。中国指導部の主な関心事の一つは、国際的イメージと立場を改善することである。しかしながら、チベット問題を平和裡に解決できていないからこそ、中国の国際的イメージや評価が傷ついている。チベット問題の解決は、中国の対外イメージの向上に量り知れない好影響を及ぼし、香港や台湾との関係にもプラスになることは違いない。

　チベット問題を相互に受け入れ可能な形で解決することについて、私の立場は極めて単純明快である。

私は、独立を求めてはいない。これまで何回も述べてきたように、私が求めているのは、真の自治を獲得する機会がチベット人に与えられることである。それは、何のためかといえば、チベット文明を保存するとともに、その独自の文化・宗教・言語・生活様式を育成し振興するためにほかならない。チベットの人民が、自らの独特な仏教文化の伝統を守りながら生存して行ける状況を間違いなく確保することこそが、私の主要な関心事である。そのためには、過去数十年の経験からも明らかのように、チベット人がチベットの内政全般を掌握し、社会や経済や文化の面での発展を自由に決められる仕組みが欠かせない。中国指導部とて、基本的には、この点に何の異論もなかろうと信ずる。歴代の中国指導部は、チベットにおける中国の存在について、チベット人の福利向上のために機能し、チベットの「発展を助ける」ものだということを、常に強調してきた。したがって、政治的にその意思さえあれば、われわれとの対話を始めてチベット問題の解決に着手することが、中国指導部にとって不可能な筈はない。これこそ、中国指導部が自ら最大の関心事だと強調している安定と統一を確保するための、唯一の正しい道筋なのである。

　この機会を借りて、中国指導部に対し、私の提案を実質的に検討して下さるよう、再び勧奨する。対話、そしてチベットの現実を率直に直視する意思こそが、実現可能な解決へと私たちを導いてくれる。私たちのすべてが、実際に発生したことから真実を探求し、過去を冷静かつ客観的に研究した成果に学び、勇気と洞察と英知をもって行動すべきであり、今やその機は熟している。

　交渉では、友好と互恵に基づき、チベットと中国の両国民間の関係確立を目指さなければならない。そして、安定と統一を確保すること、自由と民主主義に基づく真の自治権をチベット人民に付与すること、その結果として彼らがチベットの独自の文化を保存し育成できるようすること、またチベット高原の微妙な環境を保護できるようすることなどは、交渉によって目指すべき点である。これらは基本的な事柄である。しかし、中国政府は、問われるべき真の問題から焦点を逸らそうと、様ざまな努力を続けている。彼らは、私たちの運動が目指しているものを歪曲し、チベットの旧い社会制度やダライ・ラマの地位と特権を回復しようと目論んでいる、と主張している。けれども、ダライ・ラマ法王制度に関する限り、1969年に私の考え方を公表し、その中で制度存続の可否を決めるのはチベット国民だと明言した。さらに、私自身は、1992年の公式声明において、この点をいっそう明確にした。つまり、私たちが将来、チベット本土に帰還した暁には、私自身は、いかなるチベット政府の地位にも就かないということである。亡命チベット人にせよ、本土に居住しているチベット人にせよ、チベットの古い社会制度の復活を望むものなど一人もいない。したがって、中国政府がこうした根拠のない歪曲された宣伝を流し続けても、まったく意味のないことである。これは、対話へ向けた良好な環境作りに役立たない。そうした無意味な主張を、北京が撤回するように、私は希望している。

　多くの国の政府、議会、非政府組織、チベット支援団体、そして個人個人の皆様が、チベット本土における抑圧を深く憂慮し続け、平和裡の交渉を通じてチベット問題を解決するよう勧奨していることに対し、私は、心から敬意と謝意を表明する。米国は、われわれチベット人と中国政府とのあいだの対話を促進するために、率先してチベット問題担当特別調整官を任命した。欧州議会とオーストラリア議会も、同様の提案を行った。昨年12月国際法律家委員会は、『チベット――人権と法治』と題する3冊目のチベット報告書を発行した。これらは、いずれも時宜を得た行動であり、最も励みになる進展である。さらに、チベット人民の基本的な権利、そして私が採用している「中間の道アプローチ」に対し、中国国内あるいは海外にいるわれら兄弟姉妹の中国人の皆様の中で、共感や支持や連帯の輪が広がっている点こそ、まさに特筆すべき励ましであり、私たちチベット人を大いに勇気づけてくれるものである。

　また、インドが独立50周年を迎えたこの機会に、私は、チベット国民を代表して、心から祝意を表明するとともに、インドの国民と政府に対し限りない敬意と謝意を繰り返し申し述べる。インドは、大多数の亡命チベット人にとって、まさしく第二の故郷にほかならない。私たちチベット人難民に、安全な亡命先を提供している恩人である。そればかりでなく、非暴力主義の哲学と深く根付いた民主主義の伝統を通じて、インドは、私たちに良き手本を示してくれた。それを見習いながら、私たちは、自らの価値観と希望を生み出し、形作ってきた。そして、チベット問題を平和的に解決するにあたっても、インドは、建設的で影響力のある役割を演じることができ、また是非ともそうして頂きたい。私の「中間の道アプローチ」

は、チベットや中国に対するインドの基本政策の延長線上にある。それで、チベット人と中国政府のあいだで対話を促進することについて、インドが積極的にかかわってはならないという理由など、なに一つ見当たらない。チベット高原に平和と安定が訪れなければ、中国・インド関係の中で本当の信頼と信用を回復しようとしたところで、絵に描いた餅に終わってしまうことは明らかである。

　将来予定されていた国民投票について、私たちは、昨年、亡命チベット人の世論調査を実施し、また可能な限りのチベット本土の各地からの提言を集約した。国民投票とは、私たちの自由を目指す運動の今後の路線を決定し、それを完全に民意に沿った形で進めるためのものである。去年の世論調査の結果と本土から集約した提言に基づき、チベット国民代表議員大会（亡命チベット人議会）は、国民投票に頼らず裁量でことにあたる権限を、引続き私に委ねる決議を採択した。私は、チベット国民に対し、かくも絶大な信頼と信任と希望を私に託して下さったことに感謝する。これまでも採用して来た「中道的アプローチ」が、チベット問題を平和裡に解決するために最も現実的で実際的な道であると、私は信じ続ける。この方法こそが、チベット人民がどうしても必要とする事柄を満たしうるとともに、中華人民共和国の安定と統一をも確保するものである。それ故に、私は、「中間の道アプローチ」にすべてを託し、その路線を追求し続け、中国の指導部へ働きかけるために誠実な努力を積み重ねて行く。

　チベットの自由のために命を捧げた勇敢な人びとに対する敬意を込めて、わが国民の苦しみが速やかに終結されること、そしてすべての生き物の平和と幸福を、私は祈念する。

1998年3月10日
ダライ・ラマ

■14世ダライ・ラマ法王のチベット民族蜂起40周年記念日声明
1999年3月10日発表（ダラムサラー）

　1959年のチベット民族蜂起40周年に際し、チベットにいるチベット人ならびに亡命チベット人、そして世界中にいる友人・支持者の皆さんに対し、心からの挨拶を送る。

　私たちが亡命し、チベット内・外で解放運動を続けてから40年が経った。人生の40年は、かなりの歳月である。チベット国内を移動し、また同じ頃脱出した仲間の多くは、既にこの世を去った。

　今日、第二、第三の世代が不変不屈の決意を持って解放という責務を背負って努力している。

　40年の亡命生活の中で、チベット人社会は、いっそうの民主化を進め、教育面で目覚しい成果を上げてきた。私たちはまた、チベット固有の文化と宗教的伝統を維持し、向上させることが出来た。これらの面での成果は、国際社会に広く認められ知られている。その栄誉は、一つにチベット人の決意と勤勉さの賜物である。しかも、この成功は、多くの国際的な支援団体と個人の暖かい援助があってこそ達成された。私たちは、故ネール首相がチベット難民に施設を提供し、教育と再生計画を具体化されて以来、大変寛大に配慮し接してくれたインド国民ならびにインド政府に対し、ここで改めて感謝の意を表する。

　この40年間、チベットは、中華人民共和国政府の支配下に置かれ、彼らの意のままにされてきた。1962年の故パンチェン・ラマの7万語以上の諫書は、中国政府の過酷なチベット政策・措置における歴史の証人となるものである。この後まもなく展開された文化大革命における惨しい破壊と災厄は、今日、世界中に知られており、これらの痛ましく痛恨極まりない出来事については、多くを語りたくない。1989年1月、彼の急死の数日前、パンチェン・ラマは、さらに、中国支配下におけるチベットの「発展」などは、チベット人が被った多大な破壊と苦難に比べると、物の数ではない、といった。

　チベットでは、いくつかの開発と経済発展はみられたが、チベットは、多くの基本的問題に直面し続けている。歴史・文化・言語・宗教・生活方式・地理的条件などの面で、チベットと中国には大きな差異が存在している。この相違が深刻な価値観の衝突・反目・不信の念を引き起こしている。僅かな異議に対しても、中国当局は、暴力と弾圧で報い、いたるところで重大な人権侵害を犯している。これら権利侵害の特徴は歴然としており、チベット人がその固有性と文化を強調し維持しようとするのを妨げるものとなっている。そのために、チベットの人権侵害は、しばしば人権・文化における差別政策の結果であり、より深刻な問題を表面化し重大結果を招くだけである。中国当局は、チベット国民の憤懣と敵愾心が、彼ら独

自の文化と宗教に根ざしていることをわきまえており、それが故に、渾然一体化したチベット文明の独自性を「内側」から抹殺しようと図っている。

「解放」運動が開始されて半世紀が経った今日、チベット問題は、いよいよもって解決されるべき今日的課題となっている。明らかに、このような状況は、チベット、中国双方にとっても、誰にとっても、何ら益するものではない。このような道をいくら辿っても、チベット人の苦しみは変わらず、中国自身の安定と統一をもたらすことにもならなく、その国際的イメージと立場を高めるのに役立たない。この問題を扱う唯一の賢明かつ責任ある方法は対話であり、他に有効な道はない。

このような認識に立って、1970年代初め、私は、政府高官と討議し、「中間の道アプローチ」の大綱をまとめた。それにより、私は、チベットの独立も中国からの分離も求めない解決方法を選んだ。私は、これによって中華人民共和国の枠内において、チベット人の基本的人権と自由を確保する政治的解決が見出せるものと確信している。私の最大関心事は、慈悲と非暴力に基づくチベット独自の精神的伝統の存続と保護である。そして、私は、それは現代社会に深くかかわるものだけに、有益かつ価値あるものと信じる。

こうした信条において、私は、1978年後半、鄧小平が対話の再開を歓迎すると示唆したとき、直ちに応じた。しかし、それ以来、中国政府との関係はたびたび縺れ、変転してきた。残念ながら、中国指導部側の政治的意思と勇気の欠如によって、何年にもわたる私の数々の呼びかけに応えることなく、終わった。そして、1993年8月、中国政府との公式な接触は終わりを告げた。しかし、その後も、私的個人や準公人を通じての幾つかの非公式な接触は存続していた。過去1年半のあいだ、ある非公式な交渉ルートは、円滑で確かなものとして機能していた。しかも、江沢民国家主席自身が個人的にチベット問題に関心を寄せているということを、何度か聞いた。昨年6月、クリントン大統領が中国を訪問した際、江沢民主席は、かなりの時間を割いてクリントン大統領とチベット問題を話し合った。共同記者会見で、江沢民主席は、対話と交渉を再開するにあたっての2つの条件（対話の促進とチベット固有の宗教・言語・文化の伝統的保持）を提示し、それについて私の見解を求めてきた。私たちチベット人としては、それを公けにする前に、江沢民主席の声明に応える用意があり、非公式な交渉に応じる気持ちがあることを、中国政府に通告した。しかし、残念ながら、それに対して、中国側からは、何ら肯定的な反応はなかった。そして昨年、1988年秋頃、確たる理由もなく、中国の対話と私に対する彼らの姿勢と態度が、はっきりと硬化した。この突然の変化に続いて、チベットでは、一連の新たな弾圧強化が始まった。これが、私たちと中国政府の関係における現状である。

過去数十年の経験から、彼らの公式声明、官僚的巧言、また政治的御都合主義だけでは、中国支配下にあるチベット人の苦しみを軽減できないことも、身近な問題解決に役立たないことも、明らかである。また、武力は人間を肉体的に支配するだけに過ぎないことも、明らかである。理性と公正と正義のみが、人間の精神と心を動かすことができる。必要とされているのは、問題の根本的原因に目を向け、チベット人が納得し幸せになれるよう確実に問題を解決しようとする決意と勇気の政治的展望である。チベット問題に対してお互いに受け入れることのできる解決法を見出しさえすれば、長年私が明言しているとおり、私は自分の公的地位にこだわらない。

チベット問題の根本原因は、イデオロギーや社会組織の違いでもなく、伝統と近代化の軋礫から生じる問題でもなく、また単なる人権侵害問題だけでもない。それは、チベットの長い独自の歴史独特の旧い文化とその際立った独自性にある。

1978年終わり当時と同じ様に、今日においても、接触と対話の再開が、この複雑で深刻な問題を解決する唯一賢明で効果的な方法である。両国間の深い不信感は取り除かれねばならない。この不信感は、一朝一夕にはなくならないであろう。それは、直接に会談と誠実な対話を重ねてようやく克服できるものである。

中国指導部は、時折、自らの猜疑心に悩まされ、そのため私の真剣な呼びかけを受け入れず、チベット問題の全面的解決も他のいかなる事柄についても対応できなくなるのではないかと思う。その好例として、チベットの環境保護の必要性に対して、私がずっと以前から幾度となく要請してきたことが指摘できる。チベット高原の脆弱な自然環境のでたらめな開発の行方について、私は、ずっと警告してきた。これ

は、私の利己的な動機からではない。それどころか、チベットの生態系の均衡が崩れると、チベットだけでなく中国の隣接地域全体、さらには、近隣諸国にも悪影響を及ぼすのが目に見えているからである。昨年の大洪水によって、ようやく中国指導部が環境保護の重要性に気付いたのは、実に嘆かわしく不幸なことであった。遅かったとはいえ、チベット地域の濫伐が一時禁止されたことは喜ばしいことであり、チベットの壊れやすい生態系を無傷のままにしておくために、このような措置を更に進めることを願う。私の側では、チベット問題解決の方法として対話の道をとることを、依然、強調している。チベットの独立は求めていない。交渉が開始され、それによりチベット人に完全自治が与えられ、社会的・経済的発展とともに、文化的・宗教的・言語的総合性が保たれてゆくことを、願っている。私の「中間の道解決アプローチ」が中華人民共和国の安定と統一に役立ち、チベット人が自由と平和、そして尊厳の権利を持ちながら生きていくことが出来るであろうことを、心から信じている。チベット問題が正しく公正に解決されれば、チベット人が分離独立を求めないよう私の道徳的権威をもって説得できると、自信をもって保証できる。

チベット人の自由な代弁者として、私は、中国政府がチベット人の未来のために話合いの場につくよう、あらゆる努力を払ってきた。この努力に対し、世界の多くの政府、議会、ＮＧＯ組織、一般の方がたから寄せられた支持に、どれだけ勇気づけられ励まされてきたことであろう。これらの人びとの関心と支持に深く感謝する。中国政府に私たちが対話を持つように働きかけたクリントン大統領と米国政府の尽力につき、特に言及する。さらに、米国議会の力強い超党派議員の支持を引続き受けており、大変感謝している。

チベットの環境と私たちの非暴力解放運動は、真実と正義を愛するあらゆる人びとの心と良心を揺ぶってきた。昨年末から、チベット問題への国際認識は、かつてなく深められた。チベットへの関心と実際的支援活動は、人権擁護団体、各国政府・議会にとどまらず、一般大衆ならびに大学・その他の教育機関、宗教・社会団体、そして芸術家団体も、チベット問題を理解するようになり、チベット問題における連帯を表明している。この広範な支持感情の高まりをみて、多くの外国政府・議会は、中国政府との外交関係における重要関連事項としてチベット問題を取り上げるようになった。

私たちはまた、民主化と人権運動にかかわる中国人民の方がたとの関係を深め広げてきた。そして、台湾・その他海外に住む中国人仏教徒や一般の中国人の方たちとも、友好関係を結ぶことが出来た。これら中国人の支持と連帯は、大きな励ましと希望の源となっている。特に、私は、中国国内において直接政府に迫り、公然とチベット政策を変えるよう訴えている勇敢な中国人がいることに強く勇気づけられ、感謝している。

今や、チベット解放運動は、かつてない強さで有利な地点にあり、中国政府の頑なな態度にもかかわらず、実効性のある対話と交渉を進展させ機運は、今まで以上に高まった、と確信する。それ故に、私は、さらなる誠意と献身で私たちへの支持と努力を続けて下さるよう、各国政府・議会、友人の皆さんに訴える。このような国際的関心と支持の表明こそが何よりも大切であると、私は固く信じている。それは、中国政府指導者に、事態が切迫していることを悟らせ、チベット問題を真剣に建設的な態度で取り組むべきだということを気付かせるために欠かせない。

チベット解放の大義に殉じた勇敢なチベット人に進んで哀悼の意を表し、一日も早くチベット人の苦難に終止符が打たれることを祈って止まない。

■14世ダライ・ラマ法王のチベット民族蜂起41周年記念日声明
2000年3月10日発表（ダラムサラー）

2000年のチベット民族蜂起41周年に際し、チベットにおいてわが同胞チベット人ならびに亡命チベット人、そして世界中にいるわが友人と支援者に、心からの挨拶を送る。

私たちは、今世紀を通じて多くの経験——建設的なこと、同様に破壊的なこと——をしてきた。私たちは、この経験から学ばなくてはならない。私たちは、より大きな公開性と思慮分別をもって新世紀を全体論的に取り組む必要にある。私たちが世界の将来を最上に構築する智慧のある努力をしていけば、以下の問題は大きな重要性のあるものとなると信じる。

1．物質的進歩に投入し、かつ物的福祉にかかわる一方で、私たちは、平和の心を育成する等しい注目を

し、またわれわれの存在の内的側面を配慮するすることを必要とする。
2．学究的な達成のみに重点をおいた教育に沿い、私たちは、種々の教育機関で研究する青年世代の心における利他主義や他人に対する配慮と責任の感覚を発達させる必要がある。このことは、宗教を含む必要性でなされる。それ故に、だれしもは、親切、思いやり、誠実さ、そして正直さといった基本的な人間的質からなる事実としてのこの「世俗的倫理」を求める。
3．いろいろな方法において過ぎ去った世紀は、戦争と殺戮の世紀であった。それは、年々、世界の多くの諸国が防衛のための消費を増大してきたからであった。私たちがこの傾向を変えるとすれば、私たちは、非暴力の概念を真剣に検討しなければならず、その非暴力とは、思いやりの表現である。非暴力を現実とするためには、私たちは、対内的軍縮を第一の仕事とし、そこで対外的軍縮の仕事を進めることになる。対内的軍縮によって、私は、暴力を結果づけるいっさいの否定的感情を身につけることが出来る。対外的軍縮も、一歩一歩、前進しよう。私たちは、核兵器全面的廃棄を第一の仕事としなければならず、次いで世界を通じた全面的非軍事化に取り組むことになる。このことに取り組む前進において、私たちはまた、兵器取引に取り組むことが必要となり、そのことは、未だ真実、実際に広がっているが、というのは、そうしたことが利益であるからである。私たちがこうしたことをすべてなすとき、私たちは、新世紀には、種々の国家の軍事支出の削減と非軍事化への漸進的な作業を、年々、見極めていくべきことを希望している。

　人類の問題は、いうまでもなく常に対話と討議を通じて問題を解決すべき方法以外のなにものでもない。来る世紀は、戦争と殺戮の世紀よりむしろ対話と討議の世紀とすべきである。
4．私たちは、富める者と貧しい者のあいだのギャップの問題に、地球的にも、国家的にもに向けられる必要がある。同じ惑星における飢餓の進行や窮乏による死亡が大量化している人間共同体の一部層の不平等は、道徳的悪のみならず、特に問題の源泉となっている。等しく重要なことは、自由の争点である。世界の多くの地方には永らく自由がなかったし、そこでは、真の平和もなく、また世界の残りには、感覚的に真実の自由もない。
5．私たち将来の世代のために、私たちは、わが地球、そしてわが環境に配慮する必要がある。環境の被害はしばし漸進的で、容易にはっきりせず、時代とともに、私たちはそれについて自覚するするところとなり、それは、漸次、遅れたものとなっている。主要な河川の殆どは、チベット高原に発し南東アジアの多くの地方に流れており、その地域の環境への配慮の決定的重要性が指摘されなければならない。
6．最後に、偉大な挑戦の一つは、今日、人口爆発である。私たちは、この問題を効果的に取り組まない限り、この惑星における人間的存在にとり不適切な天然資源の問題と対決することになろう。

　私たちは、いくつかの希望をもって将来を展望することがなければ、われわれすべてに関係あるこれらの問題を厳粛に展望する必要がある。

■国連人権委員会におけるチベット人2名の陳述
2001年4月2日国連人権委員会第57会期（議題人権と基本的自由）演説（ジュネーブ）
ドチョ・クンチョク・テンデー

　議長に感謝申し上げる。

　私の名前はドチョ・クンチョク・テンデーで、100カ国以上からの成員を有する国際社会主義青年同盟を代表して、この証言を行う者である。

　チベットの元政治犯である私が、このような重要な国連人権委員会の会合で演説を行うことについて、私は、大きな特権を与えられたと思っている。人権侵害の他の被害者と同じく、私は、今日という日を大切な日として記憶するであろう。なぜなら、あの非人間的な苦しみの後で、今日初めて、すべての犠牲者が正義を求める場である国際連合で話す機会が与えられたからである。

　チベットに対する現下の中国当局の態度は、3月10日ダライ・ラマ法王が述べた言葉によって描写されている。すなわち、「中国政府は、引続きチベットにおける悲惨な状況を宣伝によって粉飾しようとしている。チベット内の状況が、中国当局が描くようなものであるとすれば、なぜ、チベットへの訪問者を

いっさい規制なしに受け入れ、国家機密として隠す代わりに外の世界に向かって真実を見せる勇気を持たないのか。そして、なぜ、チベットに、これほど多くの治安部隊や牢獄が存在するのか。私はいつも、チベット人の過半数が真にチベットの状況に満足しているのであれば、私は、チベットの状況に対して反対の声を上げるいかなる理由や正当性も持たない、といってきた。悲しむべきことに、チベット人が中国人の言いなりになる代わりに自分の意見を語ると、逮捕・投獄され、反革命分子というレッテルが貼られてしまう。彼らは、真実を語るいかなる機会も自由も奪われている」。

　私は、チベットで19年間、投獄されていた。罪状は、チベット人の権利を外国の抑圧から守ろうとしたというものにほかならない。私は、1998年に脱出し、自由の身となったが、チベット人の苦しみは、今日も続いている。当地の人権組織によると、現在、チベットには、知られているだけで400人の政治犯がいる。過去3年間で25人を超える政治犯が拷問のために死亡し、中国は世界で最も若い政治犯である11世パンチェン・ラマであるゲンドゥン・チューキ・ニマも引き続き拘束されている。

　私は、19年間、チベットにあるさまざまな中国の刑務所および労働キャンプへの投獄を生き延びた幸運なチベット人の一人である。私の4人家族はみな、チベットにおける軍事支配の直接の結果として死亡した。私の妻の7人家族もまた死亡した。チベット人の大半の家族が同様の運命に苦しんでいる。

　投獄中に、私は、政治犯の仲間が飢えや拷問、強制労働、また厳しい生活条件によって死亡するのを目撃してきた。ツァワ・ポンダ刑務所では、わずか1年間で受刑者の数が、飢えと耐え難い強制労働によって1800人から200人にまで減少した。私自身、手錠や足かせで拘束された日々や殴打の数は数え切れない。彼らは、多くの場合、私を裸にして、荒縄で逆さ吊りにし、私をよく気絶させた。そうすると、彼らは、私に冷水を浴びせ、意識を取り戻させて、同じことを繰り返した。

　最悪の経験の一つは、チベット南東部の「チベット自治区」第二刑務所において14人のチベット人が即決銃殺されるのを強制的に見物させたことである。私は、全部で27人のチベット人が様ざまな刑務所で即決銃殺されるのを見物させられた。私は、後頭部に銃弾を受けたこれらの勇敢で誇り高いチベット人の顔を、今も思い浮かべることができる。あるとき、われわれに脱獄を図らないよう警告するために、仲間の受刑者の一人アードリンの切り落とされた首に額を付けるよう強制された。

　チベットにおいて、語るべき人権は存在しない。私は、国連人権委員会がこの現実に注目すべきだと確信する。中国政府は、人権は中国の内政問題であり、この問題に干渉すれば、政治・経済関係の断絶につながる、と警告している。このことは、どの国でも好き勝手なことができるということを意味することか。例えば、親が子供を叩いて死なせても、放置しておいてよいのか。国際社会が本当に人権や基本的自由を考慮しているのであれば、国連人権委員会は、中国に対しても人権侵害を止めるべきだとの決議を採択すべきではないか。議長に感謝し、世界のすべての政治犯の苦しみが終わることを祈る。

ツェリン・ヤンケイ

　過去15年間にわたり、国際和解フェローシップ（IFOR）は、本委員会に対し定期的にチベットにおける大規模で体系的な人権侵害について報告してきた。こうした懸念は、各会期ごとに国連人権委員会加盟国やオブザーバー参加している政府や非政府組織によって、同じように提起されてきた。実際、国際連合は、チベットの人権と基本的自由が力によって否認されていることに、遺憾の意を表明し、1959年、中国に対しチベット人の「明確な文化と宗教生活」を尊重するよう求めた決議1353（XIV）を国連総会が採択して以来、この問題に取り組んできた。続いて、1961年と1965年に、国際連合は、自決権を含むチベット人の基本的人権と自由の侵害を停止するよう改めて要請し、すべての国に対してこれら決議の目的を達成するために最善の努力をするよう勧奨した。1991年に、国連差別防止・少数派保護小委員会が「チベットの状況」について、チベット人に対する人権侵害は「チベットの人々の明確な文化的・宗教的・民族的アイデンティティを脅かしている」と懸念を表明した。

　それ以降、本委員会でも、この問題や中国における人権問題に関する決議案が毎回、提出されてきた。しかし、中国は、常に「不採決」動議という手段によって、審議入りを阻止してきた。この不採決動議という手法は、世界のいかなる場所であれ、人権侵害に関する審議を阻止するために使われることを想定し

たものではない。

　問題は、原則にかかわることである。中国は、この委員会において、チベット問題は、人権問題ではなく政治問題であり、政治問題は本委員会で議論されるべきではない、と主張している。率直でありたい。中国が問題は基本的に政治問題だというのは正しい。それは、政治対立であるが、その対立はまさにチベット人が自らの政治的地位や自らの経済的・社会的・文化的・精神的・環境的発展を決定する権利に対する侵害の故に起きている。この紛争を解決する道は、中国とチベットの指導者による対話と交渉を通してしかない。ダライ・ラマ法王は、何十年にもわたって、こうした対話を求めてきた。しかし、中国政府は、依然として真剣な交渉に入ることは拒否し、言葉では、それとは逆のことをいっている。

　こうしたことを踏まえて、過去50年間におよぶ政治的行詰りの結果として生じた個人および集団としてのチベット人に対する受け入れ難い非人間的な処遇を全面的に認識し、行動を起こそうではないか。国際アムネスティや状況を調査した政府など、信頼すべき機関が最近出した綿密な報告は、改めて殴打や僧・尼僧の性器・その他の体の敏感な部位への電気ショックなど、数百人に上るチベットの政治犯に強いられている拷問を描写している。状況の深刻さを理解するためには、ラサのダプチ刑務所では「良心の囚人」は31人に1人の割合で、人権侵害の直接的な結果として拘束中に死亡していることを考えてみるだけで十分であろう。これらの人びとは、まさに意見や宗教的信念を持ち、表現するという権利を行使したために、投獄されている。チベット人は基本的人権を奪われ、チベット人として生きる権利と仏教を実践し、自らの運命を決定するところの権利を奪われている。状況はかくも深刻であるが故に、中国は、引続きチベットへの外国人の旅行を制限しており、また毎年、数千人のチベット人が厳しい寒さと捕まる危険を冒して、ヒマラヤを越え、難民として出国している。誤魔化されてはならない。これはただ一つのとはいえないにせよ、今日の世界における最も長い継続的人権侵害の悲劇の一つである。チベットや新疆ウィグル自治区（東トルキスタン）や内蒙古からの情報、そして多くの国連特別報告官が毎年表明する懸念にもかかわらず、加盟国は、この恥ずべき状況に効果的に取り組むことに、完全に失敗している。本委員会の加盟国は、他の国と同様に、人権問題で空世辞を振りまく一方、実業と政治的利害に明白な優先を与えている。

　中国は、このことを知っており、国連安全保障理事会常任理事国としての地位を利用し乱用して、外国の投資家や商人に対し儲けの大きい契約を約束し（しばしば破られるが）、軍事力（同国は世界最大の陸軍を保有している）を行使して、国際的批判、とりわけ本委員会での批判を巧みにかわしている。

　本委員会において、中国代表は、チベットにおける人権問題への批判は「中国人の感情を傷つける」ため、批判の表明は認められるべきではない、と述べた。半世紀以上に及ぶ中国のチベット抑圧は、チベット人の感情以上のものを傷つけてきた。中国は、彼らを破壊し、拷問してきたのであり、今日、旧く豊かな文化と文明、および精神的遺産を持った民族としての存在そのものが、破壊の脅威にさらされている。本委員会がどのようなことに責任を持つのかをはっきり示されるよう、お願いする。その責任は、人権侵害の犠牲者に対するものであり、当の人権侵害を犯した者と連帯することではない。恐らく、本委員会と加盟国は、チベットや新疆ウィグルや内蒙古に対して効果的に介入することはできないであろう。少なくともできること、そしてなすべきことは、決議によって人権侵害を非難し、国連事務総長に対し交渉による紛争解決を推進し、便宜を図るよう要請することである。なぜなら、チベット問題がチベットと中国の交渉によって解決されるまで、それをチベット人の人権が侵害され続けるということを、過去50年間の経験が示しているからである。そして黙認する人びと、われわれのうち弾圧を阻止するために行動しない人びととは、本当の意味でその責任を負っているのである。

■ 中国人権研究会「米国支持のダライ集団分裂活動の分析」
2001年5月26日人民日報発表（北京）

　近年来、ダライは頻繁に米国を訪問し、米大統領ら高官と会見し、ダライ集団の分裂活動は米国など西側の反中国勢力の支持を受けて、ますます活発になっている。最近、米国が中国の強い反対を無視して、再びダライの米国訪問を認め、大統領、国務長官、副国務長官が次々とダライと会見し、米国務省は副国務長官を任命し、同時に「チベット問題特別調整官」を兼務させ、国会も頑として「チベット政策決議案」

を提出し、公然とダライの分裂活動を支持し、荒々しく中国の内政を干渉している。これは、チベット人民を含む全中国人民の強い憤怒を引き起こし、世界の注意を引いた。そこで、米国がダライ集団の分裂活動を支持する事実およびその実質を深く分析しておく必要がある。

1．米国がチベット分裂主義活動を支持し、チベット独立を策動した歴史は長い

　米国が中国チベットに手を出すことは、長い歴史がある。特に20世紀40年代から、米国によるチベット貴族上層の民族分裂主義活動への支持と策動は段々強くなり、裏から表舞台へ、秘密から公然となってきた。

　20世紀40年代、米国政府は、チベットの地方分裂主義勢力に示唆して、その勢力を「独立国」の名義でインドで開催したアジア会議に参加させ、公然と国際慣例を違反して、当時の中国国民政府からの同意もえないままに、当時の香港駐在米領事館に指示して「チベット商務代表団」の査証を発行し、米国へ行き「チベット独立」活動を行う手配をした。そして、米国は、公然とチベット上層の分裂主義勢力を策動して「漢人追放」事件を作り出し、チベットを中国から分離せんとした。同時に、メディアに指示して「米国はチベットを独立自由国家として認めようとしている」との情報を流布した。米国のメディアによると、1941年9月、米戦略情報局は、チベット交通路の調査に名を借りて、イリヤ・トルストイらを派遣し、ルーズベルト大統領からダライ・ラマへの手紙とお土産を持ってチベットで3カ月活動し、「米国は中国政府を避けてチベットを支持すべきだ」と秘密裡に報告した。1943年後半、米戦略情報局は、命に受けてラサへ無線通信機の設備を送り、航空機で軍事援助品を運んだ。

　1950年代と60年代に、米国はチベット上層分裂主義勢力を策動して、武力で中国人民解放軍によるチベット解放を阻止しようとした。そればかりか、3回もダライ・ラマを策動して外国へ逃亡させ、いわゆる「政治避難」をさせようとした。また、チベット分裂主義勢力を支持して武装反乱を起こし、ダライ集団を助けて「チュシ・ガントゥック（四水六岡）衛教愿軍」を再建し、ダライ集団と共謀してインドが成立した「インド・チベット特別辺境軍」を援助し、武力で中国チベット辺境の居民と辺境部隊を襲撃し、「武力でチベットへ戻そう」とした。同時に、国際連合を操作して、いわゆる「チベット問題」に関する決議案を3回も採択し、もっぱら中国内政であるダライ問題を国際化しようとし、真実も分からない国を介入させ、共同して中国に圧力を加えようとした。

　最近、アメリカ国内と国際社会では、多くの正義感を持っている、また真実を知っている専門家、学者、および当事者が、米中央情報局はダライ集団の分裂主義活動を策動し支持したとの歴史事実を、大量に暴露した。

　キム・マオンはインターナショナル・オブザーバーで、こう述べた。「1951年、トルーマン大統領がダライ・ラマに外へ逃亡するよう説得し、それを共産主義に反対する政治要素として利用しようとした。1956年米中央情報局は、ダライと会談したとき、チベットの独立への支持に応じた。1950年代から60年代をかけ、米中央情報局は、積極的にダライのチベット事務を支持し、武器、軍事訓練、資金、および空輸物資などでダライに助けた。」①

　ワンリンダーは、ニューズ・ウィークで、「米中央情報局は1959年3月のチベット武装反乱とダライの逃亡を策動した。チベット人の武装訓練をした。実際、チベットで策動した秘密戦争は1956年から始まった」と述べた。また、彼は「1958年から65年まで、米中央情報局のチベット秘密工作に従事していた」カノースが書いた『冷戦の孤児』によると、「1957年、米中央情報局は初めて訓練を受けたチベット人をチベットに空輸した。1958年から、米中央情報局は、コロラド州のヘイル駐屯地で約300名のチベット人を訓練し、主に工作員として写真撮影、武装破壊、暗号電報の使用、地雷の敷設などの訓練を行った。1957年から60年まで、米国はチベット人遊撃隊へ400トンの物質を空中投下した。アイゼンハワー政権のもと、米中央情報局は、この軍事訓練プログラムをネパールのムスタンに移して、遊撃隊員を送り込み、チベットを襲撃した。中央情報局の文書によると、米国のチベットに関する費用は毎年178万ドルに達していた。」②

　T・D・アルマンは　香港のファー・イースタン・エコノミック・レビューで、こう述べた。「今回の行動に参加したアメリカ人によると、ダライがチベットから離れたのは、米中央情報局が策動したためである。米国の偵察機は数百マイルもチベット内陸にまで航行し、空中からダライ集団を助け、食糧・地図・ラジオ・金銭を投下し、中国側陣地を掃射し、そしてこの行動を撮影した。多くのアメリカ人はこの映像

を見たことがある」。③

　ミシール・モーロは『超秘密使命——赤色中国の米中央情報局工作員グループ』という本で、さらに詳しく書いている。「1958年末ごろ、米中央情報局は、ダライに対し武器を空中投下することにした。イギリス製歩兵銃100丁、機関銃20丁、55ミリの迫撃砲2丁、手榴弾60個、および各種武器弾丸300ずつを空中投下した。」米国のシカゴ・レビューは、ナーワンという当事者の話を引用し、訓練を受けた数百名のチベット人がチベットに降下した。彼らは、携帯機関銃をもち、首にはダライの写真が付いた金属小箱を掛けていた。米中央情報局は計2000名のチベット人遊撃隊員を訓練した④。

　この新聞はまた「米中央情報局の退官した人⑤ナーワンと話したことを確かめた」と述べている。」④去年2月8日、米国のコロバー・ポスターにリカリン・ドルカラが「チベットでの中央情報局」という一文を載せ、再び米中央情報局がチベットでダライの分裂主義活動を支持したことを、詳しく暴露した。ミスキが発表したところでは、彼がダライを取材した際、米中央情報局の助けがなければインドに逃げることができなかったことを、ダライは認めた、と書いている⑤。

　1970年代、米国は、中米関係を改善し、中国をソ連に対抗させたため、ダライ集団への支持はやや低調になったが、アメリカ国内の反中国力、特に議会での反中国分子は、ダライ集団への支持を止めなかった。

　1979年、米国がダライの訪米を認めてから、反中国の政治的必要から、いわゆる「チベット問題」を中国を抑止する戦略の重要部分に組み入れ、さまざまな方法を使って、公然とダライ集団の祖国分裂主義動を支持し、「チベット問題」を大いに利用して西側の他の反中国勢力をかき集め、中国の安定を破壊し、中国の発展を抑制し、中国を瓦解せんとした。米国のN・C・ホールが『米国、チベット、および中国』の中で指摘したように、「米国は冷戦の中で計画的にチベットの民族主義を利用し、武力で中国を攻撃し、中国を瓦解せんとした」。

　冷戦後、特に最近数年来、米国は、手法を変えて、民族、宗教、人権、および環境の問題を利用して、チベットの実情と中国のチベットに対する政策を歪曲し、交渉の促進を名分としてダライ集団をさらに支持し、ダライ集団の分裂主義活動をますます盛んにした。

　米国のダライ集団への支持は、中国人民の感情を強く傷つけた。これは、中米関係の発展に大きな障害である。

２．米国は、手段を選ばずダライ集団を支持している。

　米国は、チベット問題で二重の政策をとっている。つまり、チベットが中国領土の一部分と認めていると同時に、中国を抑制する政策を実行すべく、あらゆる手段を使ってダライ集団のチベット独立の活動を支持してきている。

　第一に、米国は、宗教を口実に、ダライを支持している。ダライは、中国を分裂させる政治亡命政府であるにもかかわらず、米国は、その中国を抑制する目的から、中国の反対を顧みずにダライの訪米を許し、公然と中国内政に干渉した。1999年8月のニューヨーク・タイムズの報道によると、1979年から2001年までダライは23回、米国の招請で訪米した。1979年から1994年までの15年間、ダライは大体2～3年ごとに1回ほど、訪米し、1994年から毎年1回、1997年には2回、1999年には3回訪米した。ダライが訪米するとき、1991年4月16日ブシュ大統領と会見し、副大統領ら政界の最高指導者がダライと会見した。米国は、ダライの訪米時期についても、いろいろ工夫した。例えば、1994年、中国の最恵国待遇の延長のことを決めるとき、ダライの訪米を按配した。1997年、米国を初めとする西側の大国が国連人権委員会に提出した中国非難決議案の採択に失敗したとき、ダライの訪米を手配した。1998年、クリントン大統領の訪中直前に、ダライの訪米を手配した。ある米議員は、こういっている。「米国の指導者からみれば、ダライは必要なとき、いつでも出せる宗教指導者である」。ダライは米大統領・副大統領との会見をその分裂活動への力強い支持として利用している。1995年訪米のとき、ダライは、ダライの世界での影響を過小評価してはいけないと、米国の指導者に要求し、「集権主義の中国は、われわれみんなにとり脅威である」といった。

　第二に、米国務省は、公然とダライ集団の分裂主義活動を支持している。米国政府は、ダライ集団にワシントンとニューヨークの駐在事務所の設立を許可し、アメリカ各地で自由にチベット独立活動を行うこ

とを認め、そして米海外使節に指示してダライ集団と接触していた。1998年8月3日米国務省は、インド駐在米大使リチャード・セレステに対し、ダラムサラーに赴き、ダライおよび「亡命政府」要員と会見するよう指示した。同年10月、国際法と国際関係の規則および中国政府の強い抗議をも顧みず、「チベット問題特別調整官」を任命し、公然と中国内政に干渉した。1999年、米国務省特別国務長官補チャールス・タフトを国務省の新「チベット問題特別調整官」に任命し、いっそう力強くダライを支持した。米国務省要員は、何度も公然と、中国のチベット政策およびチベットの実情を非難し、いろいろな形で中国に圧力をかけ、ダライを支持した。米国務省は、毎年刊行しているいわゆる「人権報告」と「宗教自由報告」の中で、デマをでっちあげる方法を使い、「中国がチベットの人権を侵している」と非難している。

　第三に、米議会および一部州議会の反中国勢力は、力強くダライ集団の分裂活動を支持している。1997年6月、米下院は「中華人民共和国のチベット人権侵犯修正案」を採択し、公然と中国がチベットでの「軍事占領」と「暴力支配」と非難し、「チベットは占領された国家である」といった。同年10月31日、米大統領はアメリカ対外政策法案に署名し、再び「チベットは占領された国家である」と主張した。そのほか、米議会は1994年から97年まで3回「チベット問題国際議員会議」を開催し、大いに中国のチベット政策を非難し、ダライ集団の祖国分裂活動を支持した。そのなかの1997年4月ワシントンで開催された第3回「チベット問題国際議員会議」では、「ワシントン・チベット問題宣言」を採択し、中国のチベット政策および宗教政策を大きく非難し、ダライおよびその「亡命政府」をチベットおよびチベット人民の唯一の合法政府として認め、会議に参加した諸国に国際連合および自国内でダライの闘争を支持するよう呼びかけ、同時に、米国およびヨーロッパ諸国にダライに対し資金を提供するよう呼びかけた。米議員は、会議のなかで騒ぎ、米大統領も会議にメーセージを送って会議の成功を祝い、ダライの業績を褒め称えた。不完全な統計によれば、1997年には米議会が「チベット問題」に関連して、10もの議案を採択した。僅か1999年の1年で、米下院の反中国勢力は70余の反中国議案を提出し、その相当部分がチベットに関係していた。米議会は、頻繁に「チベット問題聴聞会」を開催し、わずか1999年の1年だけで、50回以上の聴聞会を開いた。その間、常にダライ集団を招請していわゆる「チベット代表」を聴聞会に参加させ、公然とチベット独立を宣伝する場を提供し、デマをでっちあげしてその分裂活動を支持し、中国の内政に干渉し、中米関係の秩序ある発展を破壊した。1997年5月13日米下院は、ダライ集団の駐米特使カリ・ロザンジャンザンを招請し、その聴聞会に参加させ、彼の中国を非難する発言、そして彼が提出した「チベット独立」提案を喝采した。同時に、州議会も、ダライ集団の分裂活動を大きく支持し、僅か1999年の1年間、13の州が『チベット問題』決議を採択し、公然と「チベットは占領された国家」と喚きたてた。さらに「チベットの本当の代表はチベット亡命政府である」と主張した。

　第四に、「チベット応援」組織は、ダライ集団の分裂活動の急先鋒を担っている。アメリカのワシントンにおいて「国際チベット運動」が提供したインターネット資料によると、1999年までは、アメリカで成立した「チベット支援」組織は32もあり、全米の大きな各州にまでわたっている。これら組織と機構は、表面からみれば、民間団体であるものの、実は政府の背景があり、あるいは米国政府の政治支持を受け、ないしは政府の関係部門から経済的援助を受けている。それで、これらの団体は、米国政府がチベット独立を支持する道具になっている。それらは「民主」、「自由」、「人権」の旗を借り、あらゆる機会を利用して、いろいろな形でダライ集団と結託し、「チベット独立」といった反中国活動を支持してきた。1998年6月24日、「国際法律家チベット委員会」は新しい法的研究報告を発表し、チベットは独立な権利があるとか、「中国の1950年代に主権国家であったチベットの侵略は非合法で、引続くチベットの占領は国際法違反」などといっている。この委員会は、国際法の権威の顔をしていても、実際には、米中央情報局が1949年に成立したもので、その目的は、反共活動を行い、東ヨーロッパからスパイを募集することであった。1958年から64年まで、米中央情報局がこの委員会へ65万ドルを提供した、と報道されている。このことから、米国のいわゆる「チベットを支持する民間組織」の本当の姿がよく分かろう。

　第五、米国のメデイアは、ダライ集団の分裂活動のために宣伝している。米国はニュースと言論の自由を標榜しているが、多くのメデイアは政府の誘導ないしその支持を受けて、「チベット問題」に対して公然とダライ集団に依怙晶屓し、人騒がせなデマを作り出し、ダライ集団の代弁者として活動し、チベット

の本当の事情を聞こうとも見ようともしない。1999年11月9日ロード社の報道によると、アメリカの歴史学教授グルンフェルドの調査によれば、「今日のアメリカ」に掲載されたダライ支持の文章と、中国の立場を解する文章との比率は10対1である。他の報道によると、アメリカ各地の「チベット支援組織」が出版した出版物は、世界中の「チベット応援組織」出版物の20%に達する。同時に、アメリカの「チベット支援組織」は、インターネットを利用してダライ集団の分裂活動を支持し、そのサイトは全世界のチベットを支持するサイトの33%に達する。さらに、米国の支持と援助のもとに、1991年3月26日と1996年11月18日、ボイス・オブ・アメリカと自由アジア放送それぞれにチベット語番組を設け、ダライ集団を支持する代弁者となっている。1997年9月、米下院外交員会は法案を採択し、政府に1998と1999年の2年間で8000万ドルを授権してチベット語番組をいっそう促進するよう、明確に要求した。1998年1月、米国議会は自由アジア放送への2410万ドルの提供を認め、その前年の930万ドルから3倍に増やした。アメリカの新聞・雑誌は、自由アジア放送は、既に米国議会から支援されている名義上の個人会社となっている、と注解している。大量な経費の支援で、ボイス・オブ・アメリカと自由アジア放送は、ダライ集団を支持する宣伝をいよいよ強くし、そのなかで、ボイス・オブ・アメリカのチベット語番組の使う周波数が1991年の3つから1997年の13にまで増加し、チベット地方言語は1種類から3種類、時間は毎日2時間から4時間に増えた。そして、アナウンサー募集とかその番組制作も、ダライ集団と協議している。同時に、自由アジア放送は、チベット語番組を毎日2時間から4時間に増加し、もっと力強く悪宣伝を行い、さらに、公然とチベット独立を鼓吹した。そのほかに、アメリカの映画・テレビ界の反中国勢力は、映画やテレビを利用して、いわゆる「チベット問題」を大いに表現し、「ゴンドン」、「チベットの7年間」、「風馬」などの映画を作って、事実を歪曲し、是非を転倒させてダライ集団を宣伝した。

　第六、米国は、いろいろなルートを利用してダライ集団の分裂主義活動のため経済援助を提供している。米国は、長い間、ダライ集団に大量の経済援助を提供してきた。この経済援助は裏で行っているが、時々、メデイアに暴露されている。その暴露された情報からみれば、1980年代末以降、アメリカのダライ集団への政治的支持が強くなるに伴い、経済援助も毎年増大しており、不完全な統計によれば、1989～94の6年間、米国政府は、いろいろな名目でダライ集団のため、計875万ドルを提供した。そのうち、1989年は50万ドル、1994年は475万ドルと増えていた。1998年10月1日のＵＰ電によると、「近年来、米国議会は毎年『チベット亡命政府』に200万ドルの経済援助の提供を認めた」とか、同時に、「議会はダライ集団に200万ドルの特別資金を提供するようクリントン政府に助言した」といわれる。米国のいわゆる「民間団体」も、毎年、ダライ集団に70万ドルの援助を提供した。米中央情報局は、毎年、ダライ集団「亡命政府」安全保障省へ経費30万ドルを提供している。米の経済援助はダライ集団の祖国分裂主義活動に強い物質的基礎と重要な条件になっている。

3．米国がダライ集団を支持することには下心がある

　周知のように、チベットは、中国領土の不可分な一部であることは、世界の各国政府も公認した客観的事実である。ダライ集団は、外国に逃げているのは、チベットで武装反乱によりチベットの政教合一の封建農奴制度の改革を妨害し、祖国を分裂しようとした画策が失敗したためである。亡命してから、「チベット独立」を目的とする「亡命政府」を成立し、政教合一の封建農奴制度を回復せんとして、40年以上この方、その祖国分裂主義活動を一度も止めたことがなかった。ダライは、ダライ集団の頭目として宗教の旗印を借りて分裂活動を行う正真正銘の政治屋である。1996年のフイリピンのマニラ・ウィークリーの評論は、こう鋭く指摘している。「ダライは仏教の信者と自称しているが、彼は本当にラマ教とチベットの同胞に気にかけるならば、外国での独立活動を止めるべきである。しかし、惜しいことに、彼は、ラマの袈裟で身を纏っているが、政治のペテンをやっている。平和的ルートを通じてチベットの自治を求めると口にするが、心の中にはラマ教の封建的な支配を回復しようとしている」。メデイア界の主人公マードクは、「ダライはイタリア製のグーキ皮靴を履いて世界のあちこちを遊説し、政治にとても興味を持っているベテランのラマだ」といっている。

　米国など西側諸国は、チベットは中国の一部分であることを認めるが、一方、裏では、または公然と、ダライ集団の分裂主義活動を支持している。特に、冷戦が終わって以後、米国をはじめとする西側諸国は、

中国の社会政治制度を変えようとし、中国の発展を妨害するため、ダライに「ノーベル平和賞」を与え、ダライを「非暴力主義者」、「宗教的指導者」、「人権擁護者」として飾り立て、ダライをカードとし「チベット問題」を利用して中国政府がチベットで「人権を侵している」とか、「宗教の自由を制限している」、「伝統文化を破壊している」などと、中国政府を非難している。これは、民族・宗教・人権の問題を利用して「チベット問題」を国際化せんとし、ダライ集団の分裂主義活動に国際的支持を与えるためである。

　米国のダライ集団支持は、国際的通念を反している。統一を維持すること、または分裂に反対すること、奴隷制度を消滅させて奴隷を解放することは、国際的に認めている正義の行為である。米国憲法にも、いかなる分裂主義活動も禁止するという内容がある。米最高裁判所は「テキサス州ホワイト訴訟」に対する憲法解釈で明確にしてきた。「憲法のすべての条項は、各州を一つの堅牢で、壊すことができない連盟を作るためであり、ある州がこの連盟の一員としなっても、この連盟とは堅牢で壊すことができない関係で繋がっている」。いいかえれば、米国は、どの州も、分裂してはいけないのである。米国政府は、南部の分裂主義と奴隷制度に反対して大規模な戦争を行い、1864年から4年間、血を浴びた奮闘をし、最新の武器を使い150億ドルの費用をかけて110万余人が死傷した。この戦争を指導したリンカーン大統領は、そのためにいまでも米国政府と人民から称賛されている。しかし、不思議なのは、アメリカの政界とメディアは、中国のチベット分裂主義勢力と封建的農奴制度を反対することに対して、まったく正反対な立場をとっている。中国中央政府は、チベット地方政府と「チベット平和解放協議」に署名し、チベットの平和解放、国家の統一、および民族の団結を維持しようとした。しかし、米国は、「中国はチベットを侵略した」と叫んでいる。ダライ集団は、政教合一の無残な封建農奴制度を維持するため、中央政府との協議を破棄し、公然として「チベット独立」を鼓吹し、そして祖国分裂のため武装反乱を訴えた。中国政府は、反乱を鎮め、野蛮な封建的な農奴制度を廃除し、何百万の農奴と奴隷を解放した。しかし、米国は、中国が「人権を侵した」と非難し、国際的にいわゆる「チベット問題」を作り出し、反中国勢力を糾合して、長い間、いろいろな形でダライ集団の分裂主義活動を支持した。米国のこの「自分が欲しくないものを他人に与える」というやり方は、典型的な二重ルールを使ったやり方である。

　米国とダライ集団の「チベット問題」についての中国非難は、事実にも反している。チベットは、平和解放以来50年、チベットの発展と変化は誰にでも見えている。チベットでは、中世のヨーロッパよりも立ち遅れた封建的な農奴制度が廃除され、何百万の農奴と奴隷が主人公になって政治に参加し、本当の民主、自由、および人権を持つようになった。中国政府は、チベットで民族区域自治制度を実行し、広範なチベット人民は、全国各民族と同じような国を管理する権利を平等に持っているばかりでなく、チベット地域を管理する高度な自治権利をも持っている。チベットは、政教合一の偽政治制度を廃除し、政治から宗教を分離し、人民は、始めて本当の宗教自由を持つようになり、チベットの文化もよく保護され継続されているばかりでなく、現代化の発展につれて今までもなかった発展をみせている。中央政府は、チベットの経済発展を援助し、チベット人民の生活レベルを大いに高めた。チベットの社会発展と人権は、歴史上、最も良い状態にある。

　「民主の手本」とか「人権の擁護者」と自称している米国は、公然と世界でも公認している「政治と宗教の分離」の原則を反して、ダライの政教合一の主張および宗教の旗印を借りた分裂主義活動を行うことを支持している。このことは、米国が鼓吹した「民主」、「自由」、「人権」とは偽りであることを証明しているばかりでなく、「チベット問題」に隠された腹黒い魂胆をも暴露した。米国は、チベットの進歩と発展を無視し、ダライ集団とぐるになって、いわゆる「チベット問題」を利用して中国を非難し、その目的は、アメリカ人学者クリストフ・ライエンが指摘したように、「たとえ中国の決起を妨害できなくても、できるだけ中国が強国になる時間を遅らせる。⑥」ということである。香港の鏡報の文章はさらに鋭い。「この数年来、ダライはアメリカで受賞したり、講演をしたり、取材に応じたり、引見されたりして、世界で最も忙しい'政治的和尚さん'となっている。その重要な原因は、ダライが中国と対抗できる力を代表しているためであり、「チベット・カード」は中国を取り扱う武器であるからである。もしこのような価値がなければ、ダライが今のように人気にならないだろう」。この新聞に載ったもう一つの文書は、「チベット宗教と世俗の指導者として、ダライという位置は、この方、非常に政治的である。自我意識が非常に強

い国の米国がダライの異教徒にこんなに好きになったのは、彼が活仏の転生ということ、超能力のこと、また禅と仏法などを信じていることでなく、政治的目的があり、米国の私的利益の追求こそ米国の最高目標だからである。⑦」と述べている。

　アメリカのニューヨーク州立大学歴史教授トム・グルンフェルドは、こう書いている。「米国のチベット政策は、チベットの複雑な歴史を無視し、国内で政治に左右されているため、矛盾している。米国は、チベットが中国の一部分であることを正式に認めるが、議会とホワイトハウスはチベットの独立運動を奨励している」。彼はまた、次のように述べている。「ホワイトハウスは反共主義の立場から、チベットに外交上の地位を与えている。表面からみれば、米国はチベットの独立問題を触れないにしても、集中的に中国の人権問題を非難しており、自由アジア放送を設け、国務省チベット問題特別調整官を任命し、何度もダライをホワイトハウスの客人として招くなど、この一連のやり方は、米国がいまチベットの独立に力を尽くしていることを、人々に信じさせている」。最後に、彼は、次のように米国政府に忠告している。「米国政府は、多数の中国人が個人の自由を持っていることを認めなければならない。

　チベット自治区は大きく変化していることを、直視しなければならない。チベットの政治現実は、ダライ集団が宣伝したように悪くないことを認めなければならない。最も、ダライに反対する人は、多くはチベット人である。チベット人を招請して米国を訪問するとき、もっぱらダライの圧力集団の考えに同調するばかりではいけない。

　過去10年の事実が証明しているように、公的外交、国際上の騒ぎ、特に、米国政府の参与は、チベット人民の事情の改善には有害であるが、有利ではない。ワシントン、特に、米議会は、中国を大きな脅威とせず、中国への非難を止めなければならないということである」。

　事実により証明されたことは、ダライ集団の分裂主義活動は米国の反中国の必要に深く繋がっているということである。ダライは、米国が中国を妨害する道具であるとしている。米国は、ダライ集団を支持し、「チベット問題」に関心を寄せているのは、決してチベットの文化、宗教、および人権に関心を持っていることではなく、まったく中国に反対する政治的必要からである。米国は、ダライ集団の分裂主義活動の後盾になっていて、ダライは米国の反中国の道具になっている。

　米国がダライ集団の分裂主義活動を嗾し、支持することは、チベットが中国領土の一部分であることを認め、チベット独立を支持しない、という米国政府の原則的な立場を反している。米国の一雑誌が指摘しているように、「米国がダライ集団を支持することは、中国と亡命チベット人とのあいだに越えられない溝を作って、『チベット問題』を複雑にさせたばかりでなく、中米関係の改善にも深く妨害をもたらした。⑧」米国は、中・米両国人民の根本的な利益と中・米両国関係の大局から、「チベット問題」に関するあらゆる行為を反省し、ダライ集団の分裂主義活動を嗾し支持することを止めるべきである。

　注
①インターナショナル・オブザーバー、1999年6月16日「中央情報局のチベット資料」。
②ニューズ・ウィーク、1999年8月16日号。
③ファー・イースタン・エコノミック・レビュー、1974年2月11日号「ほとんど忘れられたチベットの衝突」。
④シカゴ・レビュー、1997年1月26日「チベットにおける中央情報局の秘密戦争」。
⑤ニューヨーク・ブックレビュー、1999年6月10日。
⑥クリストフ・ライエン『依頼できない計画――アメリカの対中戦略』。
⑦鏡報、1997年5月号。
⑧「焦点：改めてチベット政策を評価する」グロバール資源センター・政策研究所、2000年4月。

■**中華人民共和国国務院新聞弁公室「チベットの現代化発展」**
2001年11月9日人民日報発表（北京）
まえがき
　現代化は、近代に入ってから世界の各国・各地域が直面している重要な課題である。19世紀中葉に西側の列強が侵入してから、貧しく立ち遅れ、他人に分割される運命から抜け出し、独立・統一・富強・民主・

文明の現代化した国家を建設することは、一貫してチベット人民を含む中国各民族人民の前におかれている最も重要な任務であった。中華人民共和国の成立以来、特に改革・開放実行以来、中国の現代化建設事業は日増しに盛り上がり、世界の注目を集める発展を遂げ、中国は現在、しっかりした足取りでさらなる開放と繁栄に向かって邁進している。中国のチベットも、平和解放を起点とし、民主的改革を経て、封建的農奴制度を廃止し、民族区域自治制度を実施し、社会制度の歴史的飛躍を実現した。社会主義建設と改革・開放を経て、現代化建設事業は急速な発展を遂げ、全国と同時に発展する軌道に乗り、その発展は明るい見通しを見せている。

　今年は、チベット平和解放50周年であり、チベットが平和解放以来、現代化に向かう過程を回顧し、チベットの各民族人民が中央政府と全国人民の支援の下で現代化を実現するべく奮闘努力してあげた成果を示し、チベットの現代化の発展の法則を明らかにすることは、チベットの現代化建設事業の健全な発展を速めることに役立つだけでなく、「チベット問題」に対する国際社会のさまざまな誤解を取り除き、チベットの歴史と現状に対する全面的理解を深めさせることにも役立つ。

1．チベット社会の飛躍的発展の過程

　現代化の問題は、近代に入ってからのチベットの社会発展の根本問題である。チベットで数百年続いた政教合一の封建的農奴制度は、近代に入ってから世界の進歩的な潮流に背く極度に腐敗し没落した社会制度となり、チベットの社会生産力の発展を扼殺し、社会進歩を著しく妨害し、チベットを極度に貧しく立ち遅れ、閉鎖し、萎縮した状態に陥らせ、全面的崩壊の瀬戸際に立たせた。

　——社会制度は立ち遅れ、経済的搾取が異常なほど残酷であった。旧チベットの封建的農奴制社会は、中世のヨーロッパよりも暗黒で、立ち遅れたものである。チベット人口の5％も占めていない役人・貴族・寺院の上層僧侶の三大領主は、チベットのすべての耕地、牧場、森林、山河、および大部分の家畜を占有していたが、チベット人口の95％以上を占める農奴と奴隷は、土地やその他の生産手段をもたず、人身の自由がなく、そのため領主の荘園に頼って生きていくか、代々、奴僕になり、強制的な労役・租税・高利貸の三重の搾取を受け、死亡線上でさ迷わざるを得なかった。おおまかな統計によると、カシヤ（噶廈、チベット政府）の徴収した労役・税金の種類だけでも200余種に達した。農奴がカシヤと荘園主のために服した労役は、農奴の労働量50％以上を占め、高いものは70～80％にも達した。60％以上の農民と牧畜民は、重い高利貸の債務を背負っていた。

　——等級が厳しく、政治的圧迫が極度に激しく、野蛮であった。旧チベットで実施された「十三法」と「十六法」は、人を3等9級に分け、法律の形で人の社会的政治的地位の不平等を確認し維持した。この法は、上等上級の人の命の値打ちはその死体と同じ重さの金に等しく、下等下級の人の命の値打ちは藁縄一本でしかないと、明文で規定していた。農奴主は農奴の人身を占有し、意のままに農奴を売買し、譲渡し、贈呈し、抵当に入れ、交換することができ、農奴の生・死・婚姻の権利を握っていた。異なる農奴主に属する男・女の農奴が結婚する場合は「身請費」を納めなければならず、農奴の子女が一生農奴であることを運命付けられていた。農奴主は勝手に農奴を罵り、殴ることができ、農奴に対し手を切る、足を切る、目をえぐる、耳を切る、足の腱を取る、舌を切る、水の中に投げ込む、崖から突き落すなど、きわめて野蛮な刑罰を科した。

　——政教は合一で、宗教が重い枷をはめた。宗教と寺院は、旧チベットの政教合一の社会政治構造の中で「万事が宗教に帰する」という地位にあり、唯一のイデオロギーと独立した政治・経済実体となり、大きな勢力と多くの政治・経済特権を有し、人びとの精神生活と文化生活を支配していた。寺院の上層僧侶は、チベットの主な政治統治者でもあれば、最大の農奴主の一つでもあった。ダライ・ラマはチベット仏教ゲルク派首領の一人として、チベット地方政府の首脳を兼任し、行政と宗教の権力を独占していた。元来、チベット地方政府は、僧侶役人と世俗役人の二重制を実行し、僧侶役人の地位は世俗役人より高かった。1959年の統計によると、全チベットの3300万クォ（15クォが1ヘクタール）の耕地のうち、寺院と上層僧侶がその36.8％にあたる121万4400クォを占有した。貴族および僧侶役人と世俗役人からなる役所は、それぞれ24％、38.9％を占めた。デブン寺（哲蚌寺）は、当時185の荘園、2万人の農奴、300の牧場、1万6000人の牧畜民を擁していた。20世紀50年代の調査・統計によると、チベット

にはあわせて2700余の寺院があり、僧侶は12万人で、当時のチベット総人口の12％を占め、男はほぼ4人に1人の割合で出家して僧侶になった。1952年、ラサの都市部人口3万7000人のうち、僧侶がなんと1万6000人もいた。チベット各地に分布している寺院、人口に占める比率がきわめて高い僧と多くの宗教活動は、チベットの大量の人的資源とほとんどの物質的富を取り立て、消耗し、生産力の発展を妨害する重いかせとなっていた。まさにアメリカのチベット学者メルビン・ゴールドスティンが指摘したように、宗教と寺院グループは「チベットの社会進歩の重い枷」と「極端に保守的な勢力」であり、「ほかならぬ全民族が宗教を信仰し、宗教の首領が行政と宗教の実権を握っていたため、チベットがたえず変化する環境と情勢に適応する能力を失ったのである」。①

──発展の水準が低く、人民の生活は保証されなかった。封建的農奴制度の残酷な圧迫と搾取、特に政教合一制度の下に宗教と寺院が人的資源と物資を限りなく消耗し、人民を精神的奴隷とすることが、勤労者の生産積極性を由々しく束縛し、社会の生気と活力を窒息させ、チベットを長期にわたって停滞状態においた。20世紀中葉になっても、チベット社会は相変わらず極度に閉鎖しており、立ち遅れた状態におかれ、近代的な商工業と近代的な科学技術・教育・文化・医療・衛生事業がほとんどなく、農業生産は長期にわたって原始的な耕作方式をとり、牧畜生産は基本的には自然遊牧方式をとり、農産物と畜産品の品種は単一で退化しており、労働道具が改善されず、穀物収量は種子の4～10倍しかなく、生産力水準と社会全体の発展水準は極めて低かった。広範な農奴は、飢えと寒さにさいなまれ、生存することも難しく、飢えと寒さと貧しさと病気のために死んだ者は数えきれなかった。ラサ、シガツエ（日喀則）、チャムド（昌都）、ナク（那曲）などの都市と町では、乞食が群れをなし、どこもかしこも物貰いの老人・婦人・子供で、いっぱいだった。

帝国主義の侵入は、チベット人民の災難を重くし、チベット社会の矛盾をも激化させ、もともと崩壊していたチベット社会をこれ以上維持していくのを難しくした。19世紀中葉以降、中国は半植民地・半封建社会となり、チベットは全国のその他の地方と同じように、西側列強の侵略を蒙った。イギリス帝国主義は、チベットに侵入し、ほしいままに放火・殺人・略奪・強奪を働き、一連の不平等条約を押しつけてさまざまな特権を奪い取り、狂気のように資源を略奪し、商品を大量に買いたたき、チベットに対し植民地的な支配と搾取を行った。それと同時に、彼らは、チベットの少数の上層統治者の中で腹心を育て、代理人を探し、中国からチベットを分裂させんと企んだ。広範な農奴は、内外二重の圧迫と搾取の下で生活が急激に悪化し、窮地から抜け出すために絶えず請願し、逃亡し、そして反抗して小作料納付と労役を拒否し、武力で反抗した。チベット社会は、あちこちに危機が内包し、「政教合一制度が油の尽きた明かりのように没落に向かっていた」。②かつてチベット地方政府のカルン（噶倫、大臣）を務めたアペイ・アワンジンメイが20世紀40年代に何度も指摘したように、チベットは「以前のように続けていくならば、そう長くないうちに、農奴が全部死んでしまい、貴族も生きていかれなくなり、社会全体が崩壊するであろう」。③こうして、帝国主義の侵略から抜け出し、封建的農奴制の圧迫と束縛を打破することが、チベット社会が進歩する歴史的必然とチベット人民の差し迫った願いとなった。

1949年中華人民共和国の成立は、苦難のどん底にあったチベット人民に希望をもたらした。中央人民政府は、歴史発展の法則に順応し、チベットの広範な人民の利益から出発し、チベットの平和解放を積極的に促し、民主的な改革を推進し、民族区域自治を実施し、大規模な現代化建設と改革・開放などの重要な政策と措置を通じて、チベットの運命を大きく変え、チベット社会の飛躍的発展を力強く推進した。

──平和解放は、チベットが現代化に向かう門を開いた。1951年5月23日中央人民政府は、当時のチベット地方政府と「チベットの平和解放の方法に関する法的協議」（以下、17条協議と略称）を結んだが、これはチベットが平和解放を実現し、チベットの社会発展がその時から新しい一頁を開いたことを示している。チベットの平和解放は、中国の民族民主革命の一部分であり、それは、チベットに帝国主義勢力の侵略とその政治・経済の束縛から抜け出させ、チベット族に対する旧中国の差別と圧迫に終止符を打ち、中国の国家主権・統一・領土保全を守り、全国各民族の団結とチベット内部の団結を実現し、チベットが全国土とともに共同の進歩と発展を実現するための基本的な前提をつくった。平和解放後、人民解放軍とチベットに行った工作要員は「17条協議」と中央政府の政策を断固として実施し、積極的にチベッ

トを援助して西康—チベット自動車道路、青海—チベット自動車道路とダムシュン（当雄）空港を建設し、水利工事を建設し、近代的な工場・銀行・貿易公司・郵便局・農場・学校などを設立し、さまざまな措置をとって農民と牧畜民が生産を発展させるのを助け、社会救済と災害救助活動を展開し、無料で大衆のために防疫し、病気を治療し、チベットの経済・社会・文化事業の発展を推進し、近代的な文明と進歩的な社会の新しい気風を展示し、チベットの各階層に大きな影響を及ぼし、それによってチベット社会の長期にわたる閉鎖し停滞した局面を打ち破り、チベットが現代社会に向かう歴史的過程を出発させ、チベット社会の一段の発展のために明るい見通しを切り拓いた。

　——民主的改革はチベットの現代化発展のために道を掃き清めた。1951年、チベットが平和解放を実現したとき、チベットの歴史と現実の特殊な状況を考慮して、「17条協議」は、チベットの社会制度を改革する必要性を確認すると同時に、改革に対し非常に慎重な態度をとり、「チベット地方政府は自動的に改革を行うべきであり、人民が改革を要求したとき、チベットの指導者と協議する方法でこれを解決しなければならない」と規定している。しかし、当時のチベットの上層支配グループの中の一部の人は、根本から改革に反対し、「長期にわたって改革せず、永遠に改革しない」と喚き立て、永遠に封建的農奴制を維持することを企んだ。チベット人民の日に日に高まる民主的改革の要求を前にして、彼らは、民意に順応するのではなく、国外の反中国勢力と結託して、1959年3月10日に武装反乱を起こし、チベットを祖国から分裂させ、「チベット独立」を実現しようとした。国の統一とチベット人民の根本的利益を守るため、中央人民政府は果断な措置をとり、チベット人民とともに断固として反乱を平定するとともに、チベットの社会制度に対し民主的改革を行った。

　民主的改革は、封建的農奴主の土地所有制および農奴と奴隷の封建的農奴主に対する人身従属関係を廃除し、旧チベットの法典と野蛮な刑罰を廃止し、政教合一制度と寺院の封建的特権を廃止し、100万の農奴と奴隷を政治・経済・精神面から解放し、土地・その他の生産手段の主人公にし、人身の自由と宗教信仰の自由を獲得させ、人としての権利を実現させ、社会生産力をこの上なく大きく解放し、チベットの現代化発展のためにも道を切り拓いた。統計によると、農奴と奴隷は民主的改革であわせて280余万クォの土地が分け与えられ、1960年に民主的改革が基本的に完成したときには、チベット自治区全体の食糧総収量は1959年より12.6％増え、民主的改革前の1958年より17.7％増加した。1960年の家畜飼育頭数は1959年より99％増大した。

　——民族区域自治の実施は、制度面からチベットの現代化の発展のために力強い保障を提供した。民主的改革のあと、チベット人民は全国各民族人民と同じように、憲法と法律の定めたすべての政治的権利を享有するようになった。1961年、チベット各地は普通選挙を実施し、昔の農奴と奴隷は、初めて主人公となる民主的権利を獲得した。彼らは、選挙に勇躍して参加し、自治区の各級権力機関と政府を選出した。多くの解放された農奴と奴隷は、自治区の各級の指導的職務を担った。1965年9月、チベット第1期人民代表大会が成功裡に開かれ、チベット自治区とその人民政府が、正式に成立を宣言した。チベット自治区の設置と民族区域自治制度の実施は、制度面から各民族の平等・平等・団結・相互援助・共同繁栄の政策のチベットにおける実現を確保し、チベット人民が国家事務の管理および自らの地区と自らの民族事務の自主的管理に平等に参与する権利を保障し、それによってチベットが国の特殊な支持と援助の下で現地の民族的特色に基づいて全国と共に発展することを実現するために制度上の保証を提供した。

　——改革・開放は、チベットの現代化の発展に強大な原動力を注ぎ込んだ。20世紀80年代に、チベットは、全国と同じように改革・開放と現代化建設の高まりを盛り上げた。チベットの発展を推進するため、中央政府は、「土地は農家が使用するものになり、自主的に経営し、長期にわたって変えない」、「家畜は農家のものとなり、個人が所有し、飼育し、自主的に経営し、長期にわたって変えない」など、チベットの経済発展に役立つ一連の特殊な優遇政策を制定し、チベットの経済体制改革と対外開放を促し、1984年以降は、国が資金を支出し、全国の9省（・直轄市）が援助して、チベットで43件の工事を含め多くのプロジェクトを建設した。改革・開放政策の実施と国の支援は、チベットの工業、農業・畜産業、および商業貿易・飲食・観光を主とする第三次産業を拡大し繁栄させ、チベットの産業全体と経済活動の商品化を向上させ、チベットの経済的・社会的の発展を新たな段階に到達させた。

条約類

——中央政府がチベットに関心を寄せ、全国各地がチベットを支援する戦略的政策決定でチベットの現代化建設は、高速発展の新たな段階に突入した。1994年中央政府は、第3回チベット工作座談会を開き、経済建設を中心とし、経済発展と情勢安定という2つの大事業を確実に把握し、チベット経済の加速的発展を確保し、社会の全面的進歩と長期にわたる安定を確保し、人民生活のたえまない向上を確保するという時期のチベット工作指導方針を確立し、中央政府がチベットに関心を寄せ、全国各地がチベットを支援するという重要な政策決定を実施し、チベットの発展を速める一連の特殊な優遇政策と措置を制定し、それによって国がチベットの建設プロジェクトに直接投資し、中央政府が財政補助を与え、全国が対応した支援を行うというチベットの現代化建設を全方位において支援する枠組みを形成した。1994年以来、中央政府は、直接投資して62件の工事を建設し、総投資額は48億6000万元に達した。対応した支援を行う15の省（・直轄市）と中央の各部・委員会も、無償で716件のプロジェクトの建設を援助し、投入した資金は31億6000万元に達した。全国は、前後して、チベット援助の幹部を1900余人派遣した。これらは、いずれもチベットの生産と生活条件を極めて大きく改善し、チベットの経済的・社会的発展を促進した。これと同時に、チベットは経済体制と科学技術体制の改革を全面的に推進し、経済構造と企業の経営管理メカニズムを調整し、社会保障システムを確立し健全化し、開放の分野を拡大して、国内・外の社会資金がチベットの経済建設に与るよう積極的に奨励しそれを導入し、多種所有制経済に長足の発展を遂げるところとなり、チベット発展の内在的活力を増強した。2001年6月中央政府は、第4回チベット工作座談会を開催し、チベットが新世紀において現代化を全面的に実現するための偉大な青写真を企画し、より力強い政策と措置をとって、チベットの現代化の発展に向けた支持にいっそう力を入れることを決定した。

中央政府の関心、全国各地の支援、そしてチベット各民族人民の努力により、チベット経済は発展を速め、人民生活が普遍的に上昇し、現代化の発展にこれまでみなかった生気が現れた。統計によると、1994年から2000年までのあいだに、チベット自治区全体の国内総生産は13倍増え、年平均12.4%に達し、長期にわたり全国の平均伸び率より低いという状況は改められた。都市部住民の1人当たり可処分所得、農民の1人当たり収入および牧畜民の1人当たり収入は、それぞれ62.9%、62.9%、93.6%と増えた。貧困人口は20世紀90年代初期の48万人から7万余人に減った。

上述の点をまとめると、チベットの平和解放50年の発展史は、暗黒から光明に向かい、立ち遅れから進歩に向かい、貧困から富裕に向かい、閉鎖から開放に向かう歴史であり、祖国大家族の中でたえず現代化に向かう歴史である。

2．チベットの現代化発展の成果

50年来、中央政府の指導および全国人民の支援下に、チベット各民族人民のたゆまぬ努力を経て、チベットは、現代化の発展の道をたえず前進し、世界の注目を集める輝かしい成果をあげた。

—— 経済発展は大きな飛躍を実現した。50年来、チベットは、経済制度・経済構造の面で大きな変化が生じ、経済総量の面で大きな飛躍を実現し、荘園制の閉鎖的な自然経済を完全に廃絶し、近代的な市場経済に向けて邁進してきた。2000年の全自治区の国内総生産は117億4600万元に達し、1995年の2倍と1990年の4倍に増え、それは平和解放前の30余倍に相当する。経済構造がますます合理的になり、国内総生産に占める第一次産業の比重は50年前の99%から30.9%にまで下がり、第二次産業と、第三次産業の比重はそれぞれ23.22%と45.9%に上がった。近代的工業は無から有へと展開し、チベット地区の経済を急速に発展させる重要な支柱となりつつある。これまでにエネルギー・軽工業・紡織・機械・森林工業・採鉱・建築材料・化学工業・製薬・印刷・食品加工など20余部門を擁し、チベットの地方的特色に富む近代的工業体系が形成され、ラサ・ビール、奇正チベット薬、チョモランマ・オートバイなど全国に名を馳せるブランド品が育て上げられた。2000年のチベットの郷および郷以上の企業は482社あり、全自治区の第二次産業の生産増加値は27億2100万元に達した。

エネルギー・交通などの基礎産業はめざましく興起している。電力は急速に発展し、水力発電を主とし、地熱・風エネルギー・太陽エネルギーなど多種のエネルギーが互いに補完し合う新型のエネルギー体系が形成された。2000年現在、全自治区に各種発電所が401カ所あり、設備総容量は35万6200キロワット、

889

年間発電量は6億6100万キロワット／時に達し、平和解放前の小さな発電所が1つしかなく、出力がわずか125キロワット、電力を少数の上層貴族に提供するだけで、断続的に発電した状況と比べて、これこそ雲泥の差がある。道路輸送を主とし、航空・パイプライン輸送が協調的に発展する立体交通輸送ネットワークが既に形成され、旧チベットに道路が1本もなかった歴史に終止符を打った。現在では、ラサを中心とし、青海—チベット、四川—チベット、新疆—チベット、雲南—チベット、中国—ネパールの各道路を骨組とし、15本の幹線道路、375本の支線道路を含め、四通八達する道路網が建設され、道路の開通総距離は2万2500キロに達し、すべての県と80％以上の郷に道路が通じる状況が基本的に実現した。現在、民用空港はラサのゴンカル空港とチャムドのバンダ空港の2つがあり、ラサから北京、成都、重慶、西安、西寧、上海、雲南の迪慶、昆明、香港、またネパールのカトマンズなどに飛ぶ国内線と国際線が開通している。総距離1080キロ、海抜が世界で最高のゲルム（格爾木）—ラサ油送パイプラインが完成し、チベットの80％以上の油送任務を担っている。青海—チベット鉄道は2001年6月に着工し、近い将来に、チベットに鉄道がない歴史に終止符が打たれるであろう。

　第三次産業はチベット最大の産業となった。近代商業、観光、郵便・電信、飲食サービス、文化娯楽、ＩＴなど、旧チベットでは聞いたことのない新興産業が、急速に発展している。電信事業は繰り上げ発展を実現し、ラサを中心とし、全自治区にわたり、光ケーブル・衛星伝送・自動電話交換・衛星通信・デジタル通信・移動通信を一つに集めて、現代の先進レベルに達する通信ネットワークが形成されている。

　2000年のチベットの郵便電信業務総量と業務収入は、1978年比それぞれ179倍増と1086倍増の3億8400万元、1億2300万元に達し、20余年の年平均成長率はそれぞれ26.6％と24.3％に達した。2000年末現在、全チベット自治区の電話局の交換機総容量は17万200回線、取り付けた電話は11万1100台に達し、携帯電話の総容量は12万3000回線、加入者は7万2300戸に達した。インターネット・ウェブサイトは9つあり、利用者は4513戸である。2000年の第三次産業生産増加値は53億9300万元に達し、チベットの国内総生産構成の中で頂点に立っている。

　農業・牧畜業の生産様式に根本的変化が現れ、生産力レベルと生産効果が大幅に向上した。平和解放以来、国は多額の資金を支出して農地水利の基盤施設を建設し、「一江二河」（ヤルンツァンポ江とラサ河・ニェンツ河）中部流域の総合的開発を代表とした多くの農業・牧畜業基礎プロジェクトを大規模に実施して、チベットの農業・牧畜業の生産条件をこの上なく大きく改善し、農民と牧畜民の天任せと家禽飼育の生活・生産様式は過去のものとなりつつある。科学的施肥、育種、品種改良、病虫害防除と科学的飼育、畜群調整など、農業・牧畜業の一連の科学技術措置が普及し、農業機械化の程度と生産効率が大幅に向上し、農業・牧畜業の生産は現代化に向かって邁進し始めた。2000年現在、チベットの第一次産業の生産増加値は36億3200万元、食糧総収量は96万2200トン、家畜飼育頭数は2266万頭で、食糧・食用油の自給を基本的に実現し、1人当たりの肉・乳保有量は全国の平均水準を上回っている。

　——都市化水準がたえず向上している。旧チベットは自然経済状態に置かれ、都市発展の原動力に欠け、都市と町が少なく、規模も小さく、人口の最も多いラサは3万余人にすぎず、他の人口が割に多いところも数千人だけの割に大きな村にすぎず、都市とはいえない。ラサでさえ、健全な都市運営システムがなく、市政施設がほとんどなく、都市の機能は低いものであった。しかし、いまでは、チベットの都市の規模は、産業の水準向上に伴って絶えず拡大され、2000年現在、チベットは市が2、県と区が72、鎮が112あり、都市部の人口は49万1100人で、都市部の面積は147平方キロである。都市部の総合的機能がたえず整備し、都市の道路・給水・治安・地域社会のサービスなどは整った体系を形成し、市民生活と都市経済自体の発展の必要を基本的に満たしている。都市の様相たる環境保全は現代化に向かって邁進し、都市の公共緑地の面積は1人当たり10.27平方メートル、緑化率は24.4％に達し、都市の環境指数は全国の首位に位置している。現在、チベットでは、ラサを中心として、各地に都市と町が放射線状に形成されている。都市と町を核心とし、周辺地区の経済発展を促進し、都市と農村が共同で発展する経済枠組みが形成されつつある。

　——対外開放が著しい成果をあげた。改革・開放は、チベットの商業・対外貿易・観光業を空前に発展させ、沿海部および世界との連携と協力を強化した。チベット地方の区域市場システムが初歩的に形成され、全

国ないし世界の市場システムと一歩一歩連繋している。多くの農民と牧畜民は農村を離れ、市場経済の大潮に身を投じ、商売を始めた。全国と世界各地の商品が続々とチベットに運ばれ、都市と農村の市場および庶民の生活を豊かにしている。チベットの名産・特産品・優良品・民族手工業品が全国と国際市場に大量進出している。商業貿易のめざましい発展は、農産物と畜産品加工業の発展を促進し、農業・牧畜業生産は市場に向かって邁進し始めた。国は国内外の企業がチベットに投資して企業を経営することを奨励し、そのように引きつけ、対内対外の経済交流と協力を拡大するため、一連の優遇政策を制定した。ここ5年来、チベットの契約ベースの外資利用額は1億2500万ドルに達し、2000年の全自治区の輸出入総額は1億3000万ドルに達し、そのうち輸出総額は1億1300万ドルであった。
　「世界の屋根」の独特な自然風光と人文景観は、多くの国内・外観光客を引きつけ、チベット観光は、既にゴールディン観光コースとなっている。2000年にチベットを訪れた国内外の観光客は延べ59万8300人に達し、そのうち海外観光客数は14万8900人、観光業の直接収入は7億8000万元、間接収入は29億8000万元で、それぞれ全自治区国内総生産の6.6%と25.38%を占めた。
　──環境と経済が協調的に発展している。チベットの生態環境は脆弱で、大規模な開発と建設は、どうしても生態環境に大きな圧力を与える。改革・開放以来、中央政府とチベット地方政府は、終始、持続可能な発展戦略を堅持し、環境保全と経済建設を一つの総体として同時に企画し実施し、プロジェクトの論証・設計・施工建設・運営使用が生態環境の保護を十分に考慮するよう確保し、環境と経済の調和ある発展を促した。チベットは「環境保全条例」、「地質鉱産資源管理条例」および国の「土地管理法」、「水法」、「水土保護法」、「草原法」、「野生動物保護法」などの法律の実施規則と細則を制定し実施しており、効果的な環境保全と汚染防除の監督管理体制を形成し、全自治区の大部分の森林、河川、湖沼、草原、湿地、氷河、雪山、および野生動植物を適切に保護し、水と空気の環境の質も概してよい状態を保持している。チベットでは、相前後して羌塘、チョモランマ峰、ヤルンツァンポ大峡谷など18の国家級と自治区級の自然保護区が設置され、保護区の総面積は、全国自然保護区総面積の半分を占め、脆弱な高原の生態環境を保護し改善する上で重要な役割を果たしている。ここ数年来、チベットは相前後して5000余万元を支出してラサ・ビール工場、ヤンバジェン（羊八井）発電所、ラサ皮革工場、自治区人民病院、ラサ・セメント工場などの企業と事業体の廃水・廃ガスの整備を行い、都市環境と区域の水環境の質を効果的に改善した。1991年以来、チベットは「一江二河」地区に合わせて9億元を投じて開発プロジェクトを実施し、農地水利建設、草地改良、中低収穫農地改造、および大面積の植樹造林を通じて、水土流失と砂漠化防除の面で積極的な役割を発揮し、社会・経済・環境の協調的発展の面で著しい総合的効果をあげた。環境評価指数が示しているように、チベットの生態は、基本的にはまだ原生の状態にあり、全国で環境状況の最もよいところである。国の西部大開発戦略と中央の第4回チベット工作座談会での理念の実施に伴って、チベットは、生態環境保全にいっそう力を入れ、チベットの生態をいっそう改善するため、今世紀中葉まで227億元を投じて、160件の重点的生態保護建設プロジェクトを建設する予定である。
　──教育・科学技術・医療衛生事業が急速に発展している。旧チベットには、近代的な意義での学校が1校もなく、寺院が教育を独占し、学齢児童の入学率は2%足らず、青・壮年の非識字率は95%にも達した。しかし、いまでは、教育が広く普及し、広範な人民大衆は教育を受ける権利がある。国は、教育事業に多額の資金を投入し、普通教育・幼児教育・成人教育・職業教育・特殊教育にわたる比較的完備した教育システムが形成されている。2000年現在、全自治区に各種の学校が956校あり、在校生は38万1100人に達し、学齢児童の入学率は85.8%に上がり、非識字率は32.5%に下がり、高専以上の学歴をもつ人口は全自治区総人口の12.6‰を占める3万3000人に達し、全国の平均レベルより高く、全国で上位に位置している。チベットは自らの修士・博士があるだけでなく、全国に名を知られた専門家・学者も多数いる。
　近代的な科学技術は無から有へと急速に発展している。平和解放前、チベットには、近代的な科学研究機構が一つもなく、天文や暦のような応用技術でさえ、神秘的な宗教的ベールをおおわれ、寺院に独占されていた。半世紀この方、中央政府とチベット地方政府は、科学研究と科学技術の普及、応用を非常に重視し25の研究機構が逐次設立され、現在、専門の科学技術者が3万5000人おり、学科の領域は、歴史・経済・人口・言語・宗教と農業・牧畜・林業・生態・生物・チベット医薬・塩湖・地熱・太陽エネルギー

など、数十分野に及んでいる。そのうち、チベット学・高原生態・チベット医薬などの研究は全国を凌駕する地位にあり、世界に影響を与える学術成果を多くあげた。

医療衛生事業は、めざましい勢いで発展している。旧チベットでは、封建貴族と寺院に独占された伝統的チベット医薬以外は、医者と薬品が極度に不足し、庶民は病気にかかっても金もなければ、治療してくれるところもなかった。いまでは、チベットでは、漢方医学・西洋医学・チベット医学が一体となり、ラサを中心として、都市と農村に行き渡る医療衛生網ができている。民族的特色に富むチベット医とチベット薬は既に全国に普及され、全国の人々に喜ばれており、さらには世界にも進出している。

2000年現在、全自治区の医療衛生機構は1237カ所、ベッド数は6348床、医療衛生専従者は8948人に達し、1000人あたりのベッド数と医療衛生技術者数は全国レベルを上回った。現在、チベットの農村協同医療の普及率は80％、児童の計画的免疫達成率は97％に達した。医者と薬品が不足する状況は根本から改められ、人民大衆の健康レベルは大幅に向上している。旧チベットでよく流行した天然痘・コレラ・性病・発疹・腸チフス・猩紅熱・破傷風など各種の伝染病・風土病の発病率は8％に下がり、その中に跡を絶ったものもある。妊産婦死亡率は1959年の50％から7％前後に下がり、嬰児死亡率は43％から6.61％に下がった。平均寿命は20世紀50年代の35.5歳から67歳に上がった。旧チベットは人口増が緩慢で、50年代以前の200余年のあいだに、人口は長期にわたり100万人前後を上下していた（中国清政府が1734年から1736年までに行った戸籍調査では、当時のチベット人口は94万1200人であったが、1953年にダライ・ラマらのチベット地方政府に申告したチベット人口は100万人で、200年間に約5万8000人しか増えなかった）が、民主的改革が行われてから40余年たった2000年には、チベットの人口は1.6倍増の259万8300人に増えた。

スポーツ事業は長足の発展を遂げ、チベットに国際基準と規則に合ったスポーツ施設がつくられ、チベットの地方的特色に富む運動形式が受け継がれ、規範化され、普及し、チベットの一部の伝統的スポーツ種目が全国的な競技種目となった。多くの優秀なスポーツ選手は全国の各種スポーツと競技ですばらしい成績を上げ、特に登山はずっと全国を凌ぐ水準にあった。1999年、チベットは首都北京と共に全国第6回民族競技大会を共催し、チベットのスポーツ水準を一段と向上させた。

——伝統的な優秀文化が発掘され、保護され、発展している。国は、チベットの重点文化財の補修と保護のために多額の資金と大量の金・白銀を支出している。ポタラ宮とジョカン寺（大昭寺）は、ユネスコによって世界文化遺産に組み入れられた。国の重点的支援を受けたチベット語の『大蔵経』（ガンジュル・ディンチュル）の校勘作業は既に完成した。チベット古代社会の「百科全書」と称されているベンゼン『大蔵経』は系統的に整理され、すべて出版された。民間に口頭で伝わっている『ケサル王伝』は全部で200余冊に達し、「東方のホーマー史詩」と称され、国の大きな支持の下で数十年の弛まぬ努力を経て、手書き本・木刻本を300余冊収集し、チベット語版70余冊、漢語版20余冊が陸続と整理され出版された。そのほか、英語・日本語・フランス語に翻訳して出版したものも若干ある。民間で流行している歌謡・舞踊・演劇・物語などの芸術形式は、整理と革新を経て、より高い表現手段を賦与され、水準が高い芸術として上演されるようになった。国の投資で、チベット博物館・図書館・展覧館・映画館など機能が揃い、設備が進んだ文化娯楽施設が多数建設され、旧チベットに文化娯楽施設がほとんどなかった歴史に終止符が打たれた。2000年現在、全自治区に各種の大衆芸術館・文化館が400余カ所、自治区歌舞団・チベット劇団・新劇団を主とする各種の専門文芸公演団体が25、大衆的なアマチュア公演団体が160余、県クラスの烏蘭牧騎公演チームが17もあって、広範な大衆の文化娯楽の必要を満たしている。

——チベットの民族的特性と伝統が尊重され、科学的に受け継がれている。チベット自治区は、法によって現地の政治・経済・文化の特徴に基づいて、現地の事務を決定し、関係法規を制定する権力があり、報告して認可を得てから上級国家機関の関係決議を弾力的に実行するかあるいは実行を停止する権力がある。1965年以来、自治区人民代表大会およびその常務委員会は、地方的法規を160余部制定・公布し、内容は政権建設、経済発展、文化教育、言語文字、文化財保護、野生動物と天然資源保護などの各方面に及び、チベット人民の特殊な権益を効果的に保障した。例えば、全国的な法定祝日を実行する基礎の上で、チベット自治区の立法機関と行政機関は、「チベット暦新年」、「シュエトン祭り」などチベット族の伝統的祝日

を自治区の祝日とすることを確定した。チベットの特殊な自然地理の要素に基づき、自治区は、毎週の勤務時間を全国の法定勤務時間より5時間少ない35時間に決めている。

チベット人民の宗教・信仰の自由と伝統的な風俗・習慣は尊重と保護を受けている。統計によると、20世紀80年代から、国は3億元余りの資金と大量の金・白銀を支出し、チベットの寺院の補修と保護に用いた。そのうち、ポタラ宮の補修に国は5500余万元を支出して5年余りかかったが、これは数百年来、資金を最も多く使い、規模が最も大きいポタラ宮補修工事である。現在、チベットに寺院と宗教活動場所が1787カ所あり、寺院に住んでいるラマ（僧）・ゲロン（尼僧）が4万6000余人いて、各種の重要な宗教祝日と宗教活動が正常に行われ、毎年、ラサに来て仏を参拝するチベットの宗教信徒は延べ100万人以上に達している。チベット族の人はチベット族の服飾・飲食・住宅の伝統的方式と風格を保つと同時に、衣食住・冠婚葬祭などの各方面でも新しい現代文明の習俗を少なからず吸収して、チベット人民の生活をこの上なく豊かにした。チベット族の人民が自民族の言語と文字を学習・使用し発展させる自由は、確実に保護されている。

政府は、チベット言語の学習・使用・発展を促進するため、専門のチベット言語工作指導委員会と編集・翻訳機構を設立した。チベット言語は、チベットの各級・各種学校の主な課目で、小学校から高校までのすべての課程におけるチベット語教科書と参考書が編集され、翻訳され、出版され、チベット大学は19種のチベット語テキストを編集して授業に使用している。チベット自治区の人民代表大会・政府の法規・決議・文書・布告や各種公文書および公共機構と公共場所で使われる標識と名称は、いずれもチベット語と漢語で書かれている。各級裁判所と検察院は、チベット族の当事者とその他の参与人に対し、チベット語で案件を処理し、チベット語で法律文書を下達している。新聞・放送・テレビは、いずれもチベット語と漢語を使っている。チベット人民放送局が毎日、チベット語の番組を放送する時間は20時間30分に達し、同放送局の放送時間の50％を占めている。チベット・テレビ局が毎日、チベット語の番組を放映する時間は12時間に達し、チベット語の専用チャンネルとして、1999年正式に衛星放送が開始された。現在、チベットで正式に出版・発行されているチベット語新聞・雑誌は23種あり、西蔵日報（中国語・チベット語）はコンピューターによるチベット語版の編集・レイアウトシステムが確立されている。チベット語の情報技術標準化活動は重大な進展をみせ、チベット語の文字記号化は既に国家標準と国際標準にパスし、中国で初めての国際標準に達した少数民族文字となった。

——人民の生活が大幅に向上している。社会的・経済的発展により、人民の物質的・文化的生活は大幅に向上した。2000年に、全自治区の各民族人民は、基本的に貧困から脱却し、衣食にこと欠かない生活を実現し、一部の人の生活はまずまずのレベルに達した。人々の生活が逐次豊かになるにつれて、消費構造が多様化し始め、冷蔵庫・カラーテレビ・洗濯機・オートバイ・腕時計などの消費財が普通の庶民の家も持つようになった。豊かになった農民と牧畜民は、新しい住宅を建てた人が少なくなく、自動車を買った人さえいる。現在、チベットの1人当たり居住面積は全国の頂点に立っている。放送・テレビ・通信・インターネットなど近代的な情報伝送手段は、全国ないし世界と同時に発展しており、人々の日常生活に深く入り込んでいる。2000年現在、チベットのラジオとテレビの普及率はそれぞれ77.7％と76.1％に達し、圧倒的多数の地区の庶民はラジオ・テレビを通じてその日の全国および世界各地のニュースを知ることができ、電話、電報、ファックス、あるいはインターネットなどの手段を通じて情報資料を入手し、即時全国・世界各地と連絡を取り、情報を伝送することができる。

人民の政治的地位が絶えず向上し、政治への参与が日増しに広範になっている。チベット人民は全国の各民族人民と同じように、法によって選挙権と被選挙権を享有し、国家事務とチベットの地方事務の管理に広範に参与している。現在、全国人民代表大会代表のうち、チベット代表が19人おり、そのうちチベット族・その他の少数民族が80％以上を占めている。自治区、県および、郷の人民代表大会代表の中で、チベット族およびその他の少数民族の代表はそれぞれ82.4％、92.6％、99％を占め、自治区の各級人民代表大会、政府、政治協商会議、および検察院と裁判所の主な責任者は、チベット族公民が担当しており、中央国家機関の各部門にも指導的職務を担任するチベット族幹部がいる。チベット族・その他の少数民族は自治区人民代表大会常務委員会主任・副主任の71.4％、自治区人民代表大会常務委員会委員の80％、自治区政府主席・

副主席の 77.8％、チベットの全幹部の 79.4％、全自治区の専門技術者の 69.36％をそれぞれ占めている。

チベットは「世界の屋根」という高山寒冷地帯にあり、酸素が不足し、自然条件が劣悪であり、また立ち遅れた封建的農奴制社会から生まれ変わり、起点が非常に低いなどの社会的歴史的条件に制限されて、全国では未発達地区に属している。チベットの経済総量が小さく、発展レベルも低く、農業・畜産業と生態環境が脆弱で、基盤施設も弱く、科学技術教育が遅れ、自己蓄積と自己発展の能力に欠け、現代化発展の程度は中国の東南沿海地区と比べてまだかなりの格差が存在している。しかし、50 年にわたる発展により、昔の貧しくて立ち遅れた様相がこの上なく大きく改められ、チベットの現代化事業の飛躍的発展のために堅実な基礎が築かれたのは、疑う余地のないことである。

3．チベットの現代化発展の歴史的必然性

50 年は人類の歴史の長河の中では短い一瞬間にすぎないとも、チベットという古くて神秘的な土地の上で、過去のいかなる時代とも比べものにならないほど大きな変化が生じた。チベットは、貧しく立ち遅れ、閉鎖した、停滞した封建的農奴制社会に別れを告げ、たえず発展・進歩する文明的で開放的な現代人民民主主義社会に向かい、現代化建設が世界の注目を集める成果をあげた。第一に、ごく少数の封建的農奴主がチベットの政治権力と物質文化資源を独占する局面を徹底的に改め、チベットの全人民がチベット社会を管理する主人公となり、社会の物質文化の富の創造者・受益者となり、人民の地位と素質がこの上なく大きく向上した。第二に、旧チベット社会の閉鎖し停滞し萎縮した状態は徹底的に打ち破られ、社会と経済の飛躍的発展が達せられ、人民の物質文化生活が大幅に改善され、現代化事業が空前に発展し、たえまない改革・開放の中で全面的に進歩する態勢を呈している。第三に、民族的抑圧・差別は徹底的に取り除かれ、旧チベット社会のいっさいの汚物は洗い清められ、チベットの民族的特性と優れた伝統的文化が民族区域自治制度の下で十分に尊重され、保護され、現代化の発展に伴って人民大衆の新しい生活と社会の進歩の新たな必要を反映する時代的内容が賦与され、科学的に受け継ぐ中で発揚され発展している。

半世紀にわたる発展は、チベットが現代化に向かう歴史的必然性をはっきり示しており、チベットの現代化の発展の客観的法則を明らかにした。

——チベットが現代化に向かうことは、世界の歴史的流れと人類社会の発展の法則に合致し、チベットの社会発展の内在する要求およびチベット人民の根本的利益と願望を体現している。現代化の実現は、近代以来、世界各国と各地域の共通の課題であり、人類社会が発達しない状態から発達した状態に向かい、愚昧と立ち遅れから文明と進歩に向かい、閉鎖の中で相対的に独立して発展することから開放・協力・競争の中で全面的に発展を加速することに向かう自然な歴史的過程である。現代化は、最初は、西側資本主義諸国の台頭と拡張に伴って現れたもので、現代化の成果も、かなり長い間、西側列強に独占され、第三世界諸国に対する侵略と植民地的支配に用いられた。20 世紀に入ってから、非植民地化運動の興起に伴って、貧困と立ち遅れから脱却し、現代化を実現することは、第三世界諸国が国家の完全な独立と民族の振興を実現するのに必ず通らなければならない道となった。歴史の発展が示しているように、現代化の流れが勢い盛んなものであり、それに従うものが栄え、逆らうものが滅びる。近代のチベットの生産力、生産様式、および社会・政治制度は、極めて立ち遅れた中世の状態に置かれ、帝国主義の侵略と支配を受けていたため、社会はなおさら零落され、崩壊の瀬戸際に瀕していた。帝国主義の侵略と支配を取り除き、立ち遅れた社会・政治制度と生産様式を改革し、現代化を実現することは、歴史的にチベット社会が進歩する唯一の活路と最も差し迫った課題となった。中華人民共和国の成立後、チベットは平和解放、民主的改革、社会主義建設、および改革・開放を通じて、帝国主義の侵略と支配から抜け出し、時代にはるかに遅れた封建的農奴制社会から人民民主主義の近代的社会に突入し、経済の急速な発展と社会の全面的進歩を実現し、逐次、現代化に向かって邁進し、世界の現代化という時代の流れと人類社会の発展の法則に順応し、チベットの社会進歩の要求とチベット人民の根本的願望を具現している。

——チベットの現代化は、中国の現代化の発展の不可分の構成部分で、全国各民族人民が共同の繁栄を実現し、中華民族が偉大な復興を実現する必然的な要求である。長期にわたる歴史的発展の中で、チベット族を含む 56 の民族は共同して中国の土地を開拓し、苦楽を共にし、互いに離れられない中華民族の大家族をつくった。チベットは、中国領土の不可分の構成部分として、従来から祖国と運命をともにし、と

もに発展している。チベットの進歩と発展は、祖国と切っても切れない関係にあり、祖国の運命はチベットの前途に直接影響を与える。近代の中国は、国力の貧弱と封建的独裁政権の腐敗と無能により、半植民地・半封建の社会に零落され、チベットを含む中国領土は、西側列強に侵略され蹂躙され、分割と解体の厄運に直面していた。中国の民族民主革命の勝利と中華人民共和国の成立に伴って、チベットは平和解放を実現し、帝国主義勢力を追い払い、現代化の発展を始め、また民主的改革を通じて封建的農奴制の重い足枷から抜け出し、現代化に向かう道を切り開いた。チベットが相対的に立ち遅れた地区であるため、チベットの発展は、ずっと中央政府と全国各民族人民の関心を集めている。50年来、国はチベットの社会的・経済的発展に特別に配慮し、財政・納税・金融などの面で特殊な優遇政策を実行し、資金・技術・人材などの面で大きな援助を提供し、前後してチベットに累計500億元近くを投入して大量の物資をチベットに運び、多くのチベット支援幹部と技術者を派遣して、チベットの現代化発展を力強く促進した。50年来のチベット社会の進歩と発展は、毛沢東・鄧小平・江沢民を核心とする中央の3世代の指導集団の各時期における正しい指導の下で収められたものであり、祖国の統一・発展と全国人民の無私な支援と切り離せないものであり、中国各民族の平等、団結、相互援助、共同発展という新しい民族関係の生き生きした現れである。

　歴史的事実が物語っているように、チベットの現代化は祖国の現代化から離れられず、祖国の現代化もチベットの現代化がなくてはならない。チベットの現代化がなければ、祖国の現代化は完全なもの、全面的なものではなくなる。祖国の独立と富強がなければ、チベット社会の新生と発展がない。チベットの現代化の発展は祖国の現代化の中に溶け込み、全国人民の支持と援助を得てのみ、はじめて歴史的チャンスを固く把握して、急速に発展し、たえず進歩し繁栄することができる。祖国の現代化建設のめざましい発展は、チベットが現代化を実現する力強い後盾であり、中央政府の正しい指導と力を入れての守り立て、そして全国各民族人民の無私な支援は、チベットの現代化事業が急速かつ健全に発展する力強い保証と必須の条件である。

　――チベットの現代化発展は、チベット各民族人民の事業であり、あくまで人を中心として、社会の全面的進歩と持続可能な発展を促進しなければならない。チベットの50年にわたる発展は、人が絶えず解放され、発展する過程であり、社会が全面的に進歩し、現代化と環境が調和的に発展する過程である。チベットの各民族人民は、終始、チベットの現代化の発展の主体と根本的な原動力であり、チベットの発展の成果の受益者である。チベットの平和解放と民主的改革により、チベットの各民族人民は、帝国主義の侵略と封建的農奴制の非人間的支配から解放され、国とチベット社会の主人公となり、大きな情熱と力を奮い立たせ、チベットの現代化発展を推し進める主力軍となった。彼らは、主人公としての責任感にあふれて、新チベットと新生活を建設する偉大な事業に身を投じ、団結して奮闘し開拓し進取し、刻苦して創業し、あくまで経済建設と社会進歩を同時に進ませ、環境と経済を協調的に発展させ、チベットの現代化を速やかに推し進めてきた。50年来のチベットの現代化建設の成果は、チベット各民族人民の奮闘の成果を十分に示し、チベット人民の強大な力を集中的に具現している。実践が示しているように、チベット各民族人民の団結・奮闘はチベットの現代化事業を推進する力の源であり、チベット各民族人民にその積極性・主動性・創造力を発揮させ、中央政府の関心、そして全国各地の支援をチベット自体の発展の強みに転化させてのみ、はじめてチベットの現代化発展の奇跡をつくり出すことができる。また、チベット人民の根本的利益と要求から出発し、持続可能な発展戦略を堅持してのみ、はじめてチベットの現代化建設を急速かつ健全に発展させることができる。

　――チベットの現代化は、チベットという特殊な地域で展開されたもので、チベットの実情から出発し、チベットの地方的特色のある発展の道を歩まなければならない。チベットは青海・チベット高原に位置し、地理的環境・自然条件・歴史の発展・民族の構成・宗教信仰・文化伝統・生活習慣などの面で大きな特殊性を持っている。チベットの現代化発展は、チベットの生産力発展と社会進歩に役立て、チベット人民の発展と幸福に役立てるようにするため、チベットの客観的実際から出発し、歴史と現実の特殊性を十分に考慮しなければならない。チベットの劣悪な自然条件、立ち遅れた社会・経済土台、および近代以来のチベットの歴史的発展の複雑な背景は、チベットが必ず現代化建設を中心としなければならず、中央政府と

全国各地の特殊な支持と援助の下で発展を速めなければならず、改革・発展・安定の関係を正しく処理しなければならず、合理的に天然資源を利用し、生態環境を保護し、社会と経済の持続的、全面的、かつ協調的な発展を実現しなければならないことを決定づけている。

歴史的原因により、チベットの大多数のチベット族大衆は、宗教を信奉し、宗教の影響はチベット族の文化・芸術・風俗・日常生活の多くの方面に浸透している。民族問題と宗教問題を正しく処理することは、チベットの現代化発展が長期にわたって直面する重大な問題である。チベットの50年来の発展が示しているように、現代化建設の加速は、またチベット人民の根本的利益のあるところであり、民族の平等と共同の発展を実現する鍵である。民族区域自治制度を堅持し、チベット各民族人民、特にチベット族人民が本地区の事務を管理する自治の権利を確実に保障し、彼らの文化伝統・風俗習慣・言語と文字・宗教信仰を十分に尊重することは、チベットの現代化が健全に発展する重要な保証である。経済建設を中心とし、改革・開放を堅持し、宗教信仰の自由の保護を政治と宗教の分離を堅持し、宗教が現代化の発展と社会の進歩に適応するように積極的に導くことと結び付け、またチベットの民族的特性を保持し発揚することを近代的な産業と近代的な科学・教育・文化を大いに発展させ、チベットの在来産業と伝統文化の現代化を推進することと結びつけてのみ、はじめてチベットの地区的特色と民族的特色のある現代化の道を切り拓くことができる。

――チベットの現代化建設は、ダライ一味と国際敵対勢力との長期にわたる闘争の中で、たえず発展してきた。チベットの現代化問題は、複雑な歴史的背景の下で生まれたものであり、国際闘争と結びつけるのは避けられないことである。長年来、ダライ一味と国際敵対勢力は、中国政府・人民とのあいだで「チベット問題」の上に、一貫して分裂と反分裂、現代化妨害と現代化推進の闘争を展開している。近代において、チベットの少数の上層政治宗教統治者は、農奴主階級の既得利益と崩壊寸前の封建的農奴制社会を維持するため、チベット社会の現代化の発展を極力妨げ、はては帝国主義の侵略勢力と結託することをものともせず、「チベット独立」の分裂活動を策動して、チベットの平和解放を阻もうとした。チベットの平和解放後、ダライ一味は、中央政府の辛抱強い期待とチベット人民の強い要求を顧みず、民主的改革と現代化を極力妨げ、国際敵対勢力の支持の下で、祖国を分裂させる武装反乱を策動した。反乱が失敗して国外に逃亡した後、ダライ一味は、前にもまして国際反中国勢力とぐるになって、たえず国際世論を扇動し、ほしいままに反中国分裂活動を行い、チベットの経済建設と社会進歩のあげた成果を貶し、百方手を尽くしてチベット社会の現代化の発展を妨害し阻止し破壊している。

ダライ一味と国際敵対勢力は、チベットの平和解放と帝国主義勢力のチベットからの駆逐を「中国によるチベットの占領」と非難し、中央政府がチベットの現代化を推進することを「チベット民族的特性の消滅」といいくるめ、チベット経済の高速な発展を「チベット環境の破壊」と攻撃し、中央政府と全国人民がチベットの現代化建設に関心を寄せ、それを支援することを「チベット資源の略奪」、「チベットに対する支配強化」、チベットの「漢族化」と中傷し、チベットが政教合一制度および宗教・寺院の世俗特権の廃止を「宗教の絶滅」と中傷し、新しい時代に即してチベットの伝統的文化を発揚し、現代科学・教育・文化が空前の発展を遂げていることを「チベット文化の絶滅」とまで中傷した。一言でいえば、およそチベットの現代化の発展と社会の進歩に役立ち、チベット人民の幸せに有利なことに対し、彼らは、さまざまなありもしない罪名をでっちあげ、全力をあげて反対している。これにより、立ち遅れた封建的農奴制の生産関係、立ち遅れた政教合一の宗教文化、またごく少数の没落した封建的農奴主特権階級の利益を代表するダライ一味の反動的本質が十分に暴露され、いわゆる「チベット問題」を利用して中国の安定を破壊し、中国領土を分裂させ、中国の発展と強大を抑制する一部国際敵対勢力の暗い心理状態も、十分に暴露された。

事実は雄弁に勝り、公平は人心にある。チベットは中国領土の一部分であることは世界に公認されており、チベット社会の発展と進歩は誰もが認めるところである。中国がチベットの現代化の発展を推し進め、ダライ一味の分裂活動に反対するのは、時代の流れに順応し、人心にかない、当然なことである。チベットの平和解放50年の歴史が示しているように、時代の流れは阻みえないものであり、歴史の車輪は逆転できない。チベット現代化の発展と社会的進歩は、大勢の赴くところであり、人心の向かうところである。いかなる偽りも、最後にはチベットの発展の客観的事実によって暴かれ、歴史の流れに逆らって動き、チ

ベットの現代化の発展を妨げ、チベットを中国から分裂させるいかなる逆行的行動も、恥ずべき失敗に遭うことが決定付けられている。

人類社会は、既に新世紀に入り、平和と発展は当面の世界の二大主題となっている。中国は、既にまずまずの社会を全面的に建設し、改革・開放と現代化建設を加速的に推進する新たな発展期に入り、西部大開発戦略は中国の現代化建設第3段階の発展戦略の一部分として、いま全面的に実施されている。中央政府が開いた第4回チベット工作座談会は、国の発展とチベットの実際から出発して、チベットの現代化建設が新世紀において加速的発展から飛躍的発展に変わるのを促進する戦略目標を確定し、チベットの発展に対する助成にいっそう力を入れ、第10次5カ年計画期（2001－2005年）に、中央政府と全国各地が322億元を投入してチベットの187件のプロジェクトの建設を支援し、中央がチベットに379億元の財政補助を与えるとともに、その他一連の特殊な優遇政策と措置を制定することを決定した。これらはいずれも、チベットの現代化建設に新たな有利条件と得がたい好機をもたらした。チベットには、50年の発展が築いた強固な基礎があり、中央政府と全国人民の大きな支持と支援があり、刻苦努力を通じて、チベットは勢いに乗じて、現代化建設の過程で飛躍的に発展し、いっそう輝かしい未来を迎えることができると断言することができる。

注

① Melvyn C. Goldstein, A History of Modern Tibet,1913-1951: The Demise of the Lamaist State, Berkley/ Los Angels/ London: University of California Press.,1989, 1991, pp. 39. 杜永彬訳『喇嘛王国的履灭』、時事出版社、1994年／1995年8月第3刷。

② 東嘎・洛桑赤列、陳慶英訳『論西藏政教合一制度』北京、民族出版社、1985年、72－73頁。

③ アペイ・アワンジンメイ（阿沛・阿旺晋美）「チベットの歴史的発展の偉大な転換」中国西蔵学、1991年第1号。

■ポール・ドブリャンスキー米国務次官・チベット問題特別調整官の米国議会証言「チベットにおける米国政策の留意点」

2002年3月7日上院国際関係委員会チベットに関する聴聞会演説（ワシントン）

委員会委員長ならびに委員の皆様、皆様の前で、今日、チベットにおける米国政策の留意点について証言することを嬉しく思う。本委員会委員の、この問題に関する興味と支援に、心から感謝する。また、今日、われわれと同席したダライ・ラマ特使ロディ・ギャリ、インターナショナル・キャンペーン・フォー・チベットのリチャード・ギアを含む多数の専門家、昨年お会いしたNGO団体に対しても、お礼申し上げる。

10カ月前、私は、地球規模問題担当次官としての職務に加え、チベット問題特別調整官の兼務に任じられた。米国政府の目標は2つある。第一は、中国政府とダライ・ラマまたはその代表とのあいだの実質的な対話を促進することである。第二は、チベット固有の宗教・言語・文化の伝統の保持を助けることである。

委員長ならびに委員の皆さんがご存知のように、チベットと中国政府との関係にかかわる紛争は、数世紀もさかのぼる長く複雑な歴史を有している。はるか過去にさかのぼって証言するよりも、私は、チベットにおける現在の問題に焦点をあてて、私が就任以来重視してきた地域における昨年の重要な進展について述べたい。

チベットの現状

チベットにおける状況は深刻である。2001年国務省人権問題年次報告書は、中国の項目で、宗教・その他の基本的自由に対する厳重な制限は依然として深刻な問題である、と明言している。同報告書は、恣意的な逮捕、裁判によらない拘留、獄中での拷問、チベット仏教僧院での僧・尼僧に対する公的な統制を含む人権および宗教の自由の広範な侵害に、詳細に触れている。

過去20年間、中国が実質的財源をチベットに傾注してきたにもかかわらず、チベットは、いまだに中国で最も貧困な地域である。言語の問題がチベット人学生の教育機会を厳しく制限しており、いくつかの地域では、非都市部の子供は慢性的栄養失調状態である。ある報告によれば、医療の私企業化と中国語に

よる教育課程の重視、漢民族移住者のチベット流入が続いていることはすべて、チベットのチベット人人口の社会的経済的な立場を弱めつつあるということである。

重要な進展

2001年10月、われわれは、中国との人権問題二国間対話を再開した。われわれは、これらの会談が実質的であって結果を出すことを目指すよう期待すると、最初から明言した。また、9月11日のテロ攻撃は世界の責任国家の未来は互いに絡み合っており、われわれは、万人のための平和と安定を確保するよう努めねばならない、と繰り返した。

われわれは、この人権フォーラムの機会に、個々の重要な事例を取り上げた。最も重要な問題は、ダライ・ラマによってパンチェン・ラマとして認定されたゲンドゥン・チューキ・ニマとその両親の安否と所在である。彼らは、7年間連絡を絶っている。中国は、彼が「普通の学童」として中国で生活していると主張している。少年と家族に外国人との面会を許可するよう、われわれが再三要請しているにもかかわらず、中国は、彼の安否を直接確認する許可を拒否している。中国側が過去に示したように、少年が元気なら、なぜ彼の状況を確認するための訪問を許可できないのか、理解に苦しむ。実際、少年の運命は不確実で、日々懸念が増大している。国際的懸念を静めるには、言葉で保証するだけでは十分でない。このような訪問に同意することは、宗教的自由に関する中国の意図を世界に説明する良いきっかけとなろう。

1月中国政府は、人道的ジェスチャーとして、前ミドルバリー・カレッジのフルブライト奨学生で、1995年にスパイ活動容疑で拘留されたチベット民族音楽研究家ガワン・チョペルを釈放した。われわれは、この進展を喜んだ。米議会の多くの議員とともに、現政権は、そのような進展を強く進めていたからである。しかしながら、われわれは、政治的拘留者を臨時に個々に釈放するのではまったく不十分であると、中国政府に対し言明した。今までにも増して重要なのは、われわれが人権のような問題に関する些細な意見の相違を狭めるように互いに努力して、両国の関係進展の速度を遅れさせるような障害を取り除くよう、しなければならないということである。丁度1カ月前、パウエル国務長官がこの委員会で述べたように、「われわれが中国とのあいだに築こうとしているのは、率直で建設的で協調的関係である。互いに同意できない部分では率直に、何らかの光明が見られる部分では建設的で地域的・世界的な利益を共有する部分では協調的関係である」。

私の役割

昨(2001)年5月パウエル国務長官と私は、チベットの状況についてダライ・ラマから直接話を聞く機会があった。ダライ・ラマとの会談で、私は、彼が中国指導者との対話を求めているとの確信をもった。また、彼は、中華人民共和国の枠内におけるチベットの「真の自治」を、断固として求めている。

昨夏、パウエル国務長官は、10月に予定されていたブッシュ大統領の訪中準備のため、北京を訪れた。その後まもなく、同長官の例に倣って唐(家璇)外交部長がワシントンを訪れた。外文部長の訪米中、中国の最有力な指導者の1人と直接チベット問題を取り上げる機会となった両国間会談があり、私は同席した。ブッシュ大統領は、10月上海を訪れ、江沢民国家主席と初めての首脳会談を行った。両首脳は、テロ対策での協力や他の安全問題、両国間の経済的・軍事的提携、宗教の自由、人権、チベット問題を含む多くの問題を話し合った。

前回に両国首脳が中国で会談したとき、江沢民主席は、当時のクリントン大統領に、チベット問題の進展が近いという印象を与えた。中国指導者は、前提条件つきではあるが、ダライ・ラマと会談する用意があると、公式に表明した。不運にも、同主席は、この声明からまもなく後退してしまい、実質的な直接対話を始めるのではなく、1998年のクリントン・江沢民首脳会談が両国間の話し合いの最後となってしまった。

私は、ブッシュ大統領の上海と北京訪問に同行した。どちらの訪問でも、大統領は、中国政府がダライ・ラマか彼の代表と直接交渉するよう要請し、真の自治を求めるダライ・ラマの要求は真剣である、と述べた。

12月私は、ノルウェーを訪問してダライ・ラマと会見し、彼の見方を聞いた。今月下旬には、ECの担当責任者と会談して、チベットの状況と対話を勧める最善策に関する彼らの見解を求める予定である。

結論

　広く知られているチベットにおける中国の人権配慮の欠如の記録は、中国の国際的評判と信頼性を損なうものである。換言すれば、チベットは、中国にとって国際的に難しい問題であり、米中関係にとっても問題である。2002年の（中国）共産党大会が近づいた今、中国指導者は、チベット問題を、相当な国内政治上の危険を伴う複雑な政治課題として認識しているというのが、私の印象である。チベット・西部・中国沿岸部でさえ、中央の支配力が失われるのではないかという恐れは根深いものがある。中国指導部は、ソ連邦の解体から教訓を得たからである。

　世界中でみられる民族闘争による国内的不安定の例は、相互の協力と、民族・文化・宗教の自由に関して妥当な妥協と保護を与えることが、長期的には国家の主権と安定を守る最善策であることを証明している。確かに、近年起こったことを教訓として適切に分析すれば、中国政府がなぜチベットの将来に関してダライ・ラマと協力すべきかは明白である。

　ダライ・ラマは、地域的・国家的安定にかかわる困難な問題を解決するのに有用であろう。彼は、議論の余地なく多くのチベット人の意見を代弁し、彼の道徳的権威は、チベット人の利益を超越している。中国政府が対話と相互解決を熱心に求めるダライ・ラマとの協力することに失敗でもすれば、チベットの抵抗運動は激化して、政治的大変動の可能性が増大するかもしれない。

　チベットの状況を解決することは、中国政府にとってもチベット人にとっても利益になろう。中国にとっては、多数の点で有利になる。第一に、チベット問題の解決は中国の社会的安定を増し、協力的な経済的発展の機会を提供する。第二に、この問題に対する国際社会の注目が薄れ、中国との関係を進める主な障害がなくなる。第三に、中国は人権に関する国際基準を真剣に遵守することを示し、国際社会の尊敬すべき一員となる。チベット人の利益となることは、彼らにとって最も重要なことであるが、彼らの文化・言語・民族的伝統を保持することである。

　反対に、この状況が改善されなくば、失われるものは多いであろう。ブッシュ大統領は、北京の清華大学で、次のように演説した。「自由な社会においては、多様性は無秩序ではない。議論は闘争ではない。異議は革命ではない。自由な社会はその成員を信頼して、自分自身と自分の国を偉大にする努力をすることを許すものである」。全国民のあいだの自由な対話と法のもとでの基本的権利の保護は、国内的安定の重要な要素であり、中国とチベット人双方が求めるべき目標である。この問題を未解決のままにしておくことは、米国・その他の諸国との完全な政治経済的協調の障害となろう。

　今日から3日後に、(14世)ダライ・ラマは、亡命生活43周年を記念する。ダライ・ラマは、中華人民共和国の中にあって、チベット人のための自治を確立するという彼の主張を、並外れた勇気を持って主張してきた。中国がダライ・ラマとの合意に達すれば、次世代に平和の道を開き、中国とチベット双方の利益を増進させることになろう。われわれは、中国がこの道を進むよう期待できる。

　最後に、今日、証言の機会を与えて下れことを、皆様に感謝する。私は、このきわめて重大な問題のために、今また、今後も、皆様と共に働き続けることを待ち望んでいる。

■インターナショナル・キャンペーン・フォアー・チベット代表リチャード・ギアの米国議会証言
2002年3月7日上院国際関係委員会チベットに関する聴聞会演説（ワシントン）

　まずは、委員長、チベットに関する国際関係委員会の審議にお招き頂き、感謝する。長期の在職を得て、程なく、チベット問題調整官として、この問題にその能力を明確に示されてきたポーラ・ドブリアンスキーに続いて発言できることは、とても光栄である。また、ダライ・ラマ法王特使であり、私の親友でもあるロディ・ギャリとこのような機会を共有できることを光栄である。

　ここでは、チベットにおける信教の自由の問題について、また新しいチベット難民———ほぼ半数が僧・尼僧——が直面する問題が深刻になっている状況について焦点をしぼって述べる。

　1月私は、仏教の精神的な発祥地であるインドのブッダ・ガヤを巡礼した。そこで、チベット亡命者の大団体と合流し、ダライ・ラマ法王から授けられる最も重要な仏教との伝統的な教えのひとつであるカーラチャクラのイニシエーションを受けた。推定15万人のチベット人がブッダ・ガヤを訪れ、加えてブー

タン、ネパール、その他の諸国から5万人が出席した。

このチベット人の多くは、ごく最近、チベットからヒマラヤ山脈を越え、ネパールを通って、最終的にインドへと到達する冒険旅行をしたばかりの難民であった。徒歩でやってきたこれらチベット人全員が、中国・ネパール間の国境警備の目から逃れながら、彼らがイェシェ・ノルブ（願いをかなえる宝石）と崇める古老の指導者ダライ・ラマ法王に会いにやって来たのである。

ブッダ・ガヤでは、チベットで同じような宗教迫害にあった体験をしている多くの僧・尼僧と話をした。仏壇にダライ・ラマの写真を飾ることも含め、チベット人がダライ・ラマを崇拝することは、未だに法律で禁じられている。中国当局により僧院内の僧・尼僧の数に厳しい制限が課され、18歳未満の僧院入居を禁止し、60歳以降は除籍が必要とされている。つまり、僧院生活での重要な学習と教育の時間を効率よく切り捨てているのである。

ここ数ヵ月で、特に2つのチベットの大僧院が大規模な破壊と追放の対象となった。これらの事例は、国際報道でも報告されている。私は、これらセンターの僧・尼僧数名に会った。証言の最後で、彼らの報告について述べたい。

カーラチャクラの儀式は、非常に特別な祈りである。宗教的な言い伝えでは、ダライ・ラマ法王が1959年に亡命して以来、カーラチャクラの規模は極端に小さくなったとはいえ、チベットでは、1000年間教えられてきたものである。チベット国内から巡礼に訪れるチベット人巡礼者にとって、ブッダ・ガヤに集まることは、チベット仏教の中でも最も重要な基本的教えをダライ・ラマ法王から授かるこの上ない機会である。

信じられないことに、何日にもわたる説法に入って1時間も経たないうちに、法王は、病気と疲労のために、カーラチャクラの延期を余儀なくされた。困難にあえぐチベット人が再び自由を手にできるよう、法王が中心的な役割を果たしているからこそ、ブッダ・ガヤでの20万人近い集会が取り消された結果どうなるかを考慮するためには、チベットの状況を調査することが大変重要と思われる。法王の病気の原因や程度についての噂が群集のあいだで、あっという間に、ときには狂乱的に広がり、結果として政治的・精神的な謀略となった。それは、混乱、大きな懸念、極端な感情の高まりが見られた。法王は、既に完全に回復され休息をとっていると理解しているが、法王の病気とそれによって起こったこうした反応から示唆されることは、チベット問題解決に向けたある種の決議や運動が、今まで以上に緊急に必要だということである。

ダライ・ラマの指導性があればこそ、チベット人の苦難への抵抗が非暴力で抑えられていることを、われわれは十分認識している。ここで、私がいいたいのは、チベット人は、状況次第では、中国の抑圧者に対し武器を持つことを考え、また実際にそうすることができると、私が信じているということではない。チベット全土に中国支配の設備が広がれば、そうした行動は非現実的なものではなくなるということである。例えば、チベット在住のチベット人は誰であれ、自分の拳を突き上げ「ダライ・ラマ法王万歳」と叫ぶことは、われわれも知っている。すると、数分間に人民武装警察に捕らえられてしまう。チベット人を強制支配しようと中国がいくら努力をしようとも、暴力的行動が法王を侮辱することになるという（チベット人の中にある一致した）理解が、チベット人民を監視しつづける本来の力なのである。

皮肉にも、中国の宣伝組織は、ダライ・ラマ法王の宗教的権威を目標とし、最も非難的な弁証術を用いている。中国指導者は、法王とその教え——平和と忍耐の倫理の発展を奨励すること——がチベットにおいて究極の安定をもたらす大きな希望であるという認識に欠けていると思われる。

私がこの委員会の成員諸氏にお願いしたいのは、あなたがたが少なからぬ影響力を用いて、中国の指導力に対し、チベットでの計画を再考し、ダライ・ラマ法王や代表者と意義ある対話をして平和的な解決を見つけるよう説得して頂きたい、ということである。米国政府がより敏感にかつ迅速に行動するべきだと私が考える第二の地域がある。それは、中国が明らかに影響力を強めているネパールである。私がギルマン委員長に申し上げたいのは、南アジア・中近東分科委員会聴聞会をこの委員会で開き、チベットを含めたこの地域への影響、そしてネパールの弱い民主体制を強化するために米国ができ得る手段を考えるということである。

ネパール王国は、政府と人民が悲劇的に揺れ動いてきている。毛沢東主義者は危険で凶暴な状態にあり、国内の遠隔地から人口の多い地域へと広がりつつあり、政府は緊急事態を宣言した。ネパールからの報告では、人びとのあいだに激しい不安があるということである。この緊迫した状態の中で、これらの証拠が暗示していることは、中国外交官がチベット人難民問題に関してネパール政府に厳しくあたってきたということである。

委員長、私は、インターナショナル・キャンペーン・フォアー・チベットがまもなく発表する報告書からいくつかの結論を、この委員会でお話したい。この報告書では、ネパールのチベット人にとって住むのに適さない状態が増加していることが述べられている。幾つかの例を挙げると、次のとおりである。

――ネパール・チベット国境で暴行による事故が増加している。
――難民として長期間定住したという公式文書を携行してないチベット人に対する取締りがなされている。
――インドでの勉学を終了し、自発的にチベットへ帰還しようとしているチベット人学生が逮捕されている。
――法王の写真を公的な場所に飾ることの不許可を含め、チベット文化や宗教的行事に対する新たな制限的姿勢についてである。
――カトマンズの中国大使館と明らかに関係のある若者の敵対組織の活動が増加している。

国連難民高等弁務官事務所がカトマンズ事務所を開設し、1993年にチベット人難民の数を調査し始めた。それによれば、毎年、ネパールに約2500人の一定した流入があった。今年は、その数が1381人で、昨年より1000人減少し、大まかには平均的記録の半数となっている。事実、1月にブッダ・ガヤで予定されているカーラチャクラで、われわれは、新たに到着する難民の数が相当急増するだろうと予想していた。何が起こったのか。チベット難民が往来するネパール各地では、毛沢東主義者の反乱の影響で非常に危険な状況となっている一方、インターナショナル・キャンペーン・フォアー・チベットは、難民の流入が減少したのは、基本的に中国とネパール政府間の新たな協調関係の結果だとみている。この協調関係が明示しているものは、次の点である。

――ナンパ・ラ通路というチベット人が最も頻繁に使う避難ルート沿いに、中国の山脈国境の標識が増加している。
――チベット難民にネパール・インド間の安全な通行を提供するというネパール政府とUNHCR（国連難民高等弁務官事務所）間の口頭協定が守られずに、ネパール警察とのあいだでチベット人難民を中国国境警備隊に手渡す傾向が増大している。
――かつては組織的に訓練を受けたネパール警察が安全通行の手続きをしていた国境地域において、UNHCRの立ち入りが拒否され、あるいは制限されている。
――チベット人難民問題に対するネパール内務省の反応がなくなった。

加えて、チベット人難民は、もはやUNHCR（国連難民高等弁務官）の保護にも頼ることができず、あるいはネパール政府が積極的に彼らの安全な通行を許可する可能性にも期待できない。私がこの委員会で強調したいのは、自由を求めて難民となったチベット人に対し、何が極めて重要な解決法であったのかという原点に立ち返る判断があるかどうか、在カトマンズ米国大使、ネパール当局、そしてUNHCRに求めたいということである。また、米国政府として、カトマンズのUNHCRに対し油断することなくチベット人難民に関する保護義務の遂行を奨励するよう、重ねてお願い。最後に、適切な連邦議会の委員会において、米国がチベット人保護施設を提供できるかどうかを模索して頂きたい。それにより、ネパール政府とインド政府の負担を和らげることができるかもしれない。

ここで、チベットでの宗教迫害の問題について簡単に触れ、ブッダ・ガヤで私が会った僧・僧尼の証言を、皆様にお話したい。彼らの話は、宗教迫害が個人に対してどういうものかを示す一例である。これらは、事件という文脈で捉えられており、国際報道でも伝えられ、宗教迫害と人権に関する今年の米国務省報告でも述べられている。

2001年夏に、6週間という期間で中国の工作班がラルン・ガルというチベット東方にある遠隔地の野営僧院で2000軒もの家屋と瞑想小屋を破壊した。この野営地には、7000人ないし8000人の僧・僧尼

が住んでいた。ラルン・ガルは、その教師陣、学問のレベル、1000人の中国人仏僧を含めた学生、そして尼僧に高度な学問を教えることで有名であった。

ブッダ・ガヤで、私は、ラルン・ガル出身の一人の若い僧尼に会った。去年7月、中国の役人が彼女に対しもう自分の家に入れないこと、そして数日以内に退去せねばならないことを告げた。彼女は、そこで、先にラルン・ガルから追放された貧しい僧尼のことを心配しつつも、近くの村で楽しい時間を過ごした。彼女がある日、家に戻ると、彼女の家は破壊されていた。当時、この遠隔地域をさまよっていた他の何百名という新たに追放された尼僧とは違って、彼女には、車で3日かかるヤチェンの僧院に友人がいた。彼女は、夏の間、その友人宅に滞在し教師と勉強していた。

9月に中国の工作班が、ヤチェンの僧院に到着した。彼らは、野営地で多くの家の前に「チャイ（拆）」という大きな中国文字を書き残して行った。「チャイ」とは破壊という意味である。彼らは、僧院の主要な礼拝所にポスターを貼った。それには「自宅にチャイと書かれた僧・僧尼は、特定の期日までに家を取り壊すこと。さもなければ、中国の作業班が家を破壊して200元の罰金を徴収する」と書かれてあった。宗教教育を続けて行くのに他の方法がないまま、この若い僧尼はつらい決断をし、姉妹や教師とともに、古里を後にした。彼女は、チベットからの危険な旅をし、11月カトマンズへ無事到着した。

もうひとつ、皆さんにお話したい僧の話も、同じくラルン・ガルからのものである。中国の工作隊が到着したころ、彼は、10年間の勉学コースをほとんど終え、教鞭をとる準備をしていた。彼は、若いとはいえ、勉学も瞑想も完成していた。つまり、彼は、ケンポ（教師）に必要な知性も精神的能力も両方兼ね備えていた。この特定の僧は追放されたのではなく、実際はラルン・ガルで彼に居住資格を与えている民主管理委員会からIDを受け取っていた。

しかし、ラルン・ガルでの状況は、大きく変わった。第一に、最も重要なことは、ラルン・ガルで高位僧ケンポ・ジグメ・プンツォクという、おそらくチベットに残っている中で最も重要な教師が退去させられた。第二に、僧院本体が粉々に破壊されてしまった。文化大革命以来みられなかった規模で、3ヵ月という期間に、ラルン・ガルの人口は8000人から僧1000人と僧尼400人の存在へと減少した。この若い僧はしぶしぶラルン・ガルを離れ、そしてまもなくチベットを後にした。というのも、彼の宗教的実践に不可欠な3つの要素、ケンポ・ジグメ・プンツォクの教えにより彼が具体化できた仏陀、サンガという僧院の社会、そしてダルマという仏陀の教えを伝達するものが、ラルン・ガルでは取り返しのつかないほど冒瀆されてしまったからである。

委員長殿、インターナショナル・キャンペーン・フォアー・チベットを代表して、皆様が貴重なお時間を割いて頂いたことに感謝し、また皆様が引続きチベットの人々を代表して努力して頂くようお願する。チベットの状況が改善されない限り、チベット難民の流入は、間違いなく続くことになる。そこで、われわれは、さらなる支持を皆様に期待する。

実際、私の観点では、亡命チベット人の中には特別な配慮が必要な者がいる。だから、私は、議会が何らかの解決法を見つけることを、期待する。これらの人びとの中には、当時CIA（中央情報局）とともにチベット作戦行動として活動した数千名のチベット人「退役軍人」がいる。彼らの話は、元CIA諜報員ケン・ナウスが書いた『寒気の孤児たち』に生々しく描写されている。魅惑的で教えられることの多い読み物として、私は、この本を当委員会に推薦する。

■14世ダライ・ラマ法王のチベット民族蜂起43周年記念日声明
2002年3月10日発表（ダラムサラー）

今日、私たちは、チベット民族蜂起43周年を記念する。しかしながら、私は、常に過去より現在と未来の方がより大切だと考えている。

今、世界は、昨（2001）年9月11日に引き起こされたテロリズム問題に大きな関心を寄せている。国際的に、各国政府のほとんどは、テロリズムに対抗するため共同して努力することに賛同し、一連の手段を講じている。しかし、残念なことに、それらの手段には、テロリズムの根本的原因を解決する長期的かつ包括的な姿勢が欠けている。必要とされているのは、非暴力と対話という政治的土壌を世界全体に広

めてゆくために、十分に熟慮された長期的戦略である。国際社会は、平和的変化を求める非暴力運動に力強い有効な支援を与える責任を担わなくてはならない。さもなければ、憤りと絶望の淵から立ち上がった人びとを非難し、叩くだけで、暴力に対する建設的方策として抑制と対話をあくまでも求める人びとを無視し続ける偽善と受けとられよう。

　私たちは、得た経験から学ばなくてはならない。20世紀を思い振り返ってみれば、考えの違いや対立を暴力によって解決しようとする土壌こそが、人びとの凄惨たる苦しみの原因であったことに気づくであろう。そこで、私たちが挑戦を受けたのは、この新しい21世紀を、対立を非暴力的に解決する世紀にすることである。

　人間社会には、色いろな考えや利益の違いがある。しかし、われわれすべては、互いに依存し合い、この小さな惑星で共存してゆかなくてはならないのが、今日の現実である。その結果として、現実にある相違や利益の衝突は、それが個人間であれ、社会・国家間の問題であっても、それらを解決する賢明にして分別ある方法は、歩み寄りと和解の精神による対話でしかない。私たちは、この非暴力の精神を探究し、深め、説き続け、そして軍備に注ぐエネルギーに優るとも劣らない努力を、それに注がねばならない。

　今日の政治的緊張状態の流れの中で、チベットの中国当局は、これまで一貫してチベット人同胞に宗教迫害を含む、あらゆる形の人権侵害を加えてきた。このため、命がけでチベットを逃れ、他所に避難するチベット人の数は、増加の一途を辿っている。去年夏、東チベットのセルタルにあるチベット僧院から数千人のチベット人と中国人の僧・尼僧が追放された事件は、いかにチベットにおける弾圧が厳しく大規模なものであるかを浮き彫りにした。この基本的諸権利の剥奪は、チベット人がいかに自らの独自性と文化を主張し、保持する権利を奪われているかを、よく体現している。

　チベットにおける人権侵害の多くは、チベット人への疑惑と信頼の欠如、そしてチベット文化と宗教への無理解によるものである、と解する。これまでも繰り返し述べてきているように、何よりも重要なのは、中国指導部がチベットの仏教文化と文明をもっとよく深く理解しようとすることである。私は、「われわれは、事実を基に真実を探らねばならない」という鄧小平の思慮深い言葉を、全面的に支持する。それ故に、私たちチベット人は、中国のチベット支配がもたらした進歩と改善を受け入れ、認めねばならない。だが、それと同時に、中国当局は、チベット人が過去50年間にわたって被ってきた多大な苦痛と破壊を理解しなければならない。故人となったパンチェン・ラマは、1989年1月24日シガツェで行った最後の演説で、中国のチベット支配は、彼らがチベット人に与えた恩恵よりもずっとひどい荒廃をもたらした、と述べていた。

　チベットの仏教文化は、慈悲・寛容・忍耐というものの大切さと思想を教え、日常生活と深く結びつき、有益なあらゆる生命形態への尊敬心を浸透させてきた。それ故にこそ、人民は、自分の文化を守りたいと願っている。悲しいことに、この文化と生活態度は、今や、消滅寸前にまで追い詰められている。しかるに、中国のチベット開発計画のほとんどは、チベットを中国社会と文化に完全に同化させようとし、大勢の中国人をチベットに移住させ、人口的に圧倒使用としている。多くの中華人民共和国内で中国政府と中国共産党が取り組みを着手している大きな変化にもかかわらず、チベットにおける政策は相変わらず、政府の「極左勢力」に牛耳られているとしかいえない。このような政策は、中国のような誇りある国と文化にまったくそぐわないものであり、21世紀の精神に反する。

　今日、世界の趨勢は、より開かれた自由で民主的な人権尊重の方向にむかっている。中国がいかに巨大で強力であっても、世界の一部でしかない。中国も遅かれ早かれ、この世界の流れに従っていかざるをえないはずである。中国国内で既に始まっている変化の過程は、何カ月か何年か後に、さらに加速されてゆくことになろう。仏教徒として、世界人口の約4分の1の人民の祖国である中国が、この変化を平和的に受け止めて欲しいと願う。混乱と不安定は、大規模な殺戮と何百万という人民に大きな災厄を招くだけである。このような状況は、世界の平和と安定に複雑で深刻な問題をもたらすであろう。一人の人間として、わが中国人兄弟姉妹が自由と民主主義、繁栄と平和を享受することを、心から願う。

　中国のこれからの変化が、チベットにとって新しい生活と希望となるかどうか、中国が自ら信頼されうる、建設的で平和的な国際社会の指導的一員になれるかどうかは、中国がその広大な国土と人口、軍事、

および経済力によって、もっぱら自分を際立たせようとし続けるか、あるいは普遍的人間的価値と原理を己に課し、それを通して自らの力と偉大さを明らかにしようとするか、にかかっている。そして、中国のこの決断は、中国に対する国際社会の態度を政策によって大きく影響されるであろう。私は、常に、北京を世界の民主主義的潮流に引き入れることの必要性を説き、中国を孤立化させるべく封じ込める政策に反対してきた。そういった試みは、道義的に間違っており、政治的にも非現実的である。その代わりに、中国政府に対し責任ある原則に則っとった関係を結ぶ政策を追求するよう、常に勧告してきた。

中国指導部が勇気と英知と先見の明をもった対話によって、チベット問題を解決することを、私は心から期待している。新世紀に向けて中国を無理なく移行させるよう政治的環境を造り出すことは、有益なだけでなく、中国の印象を世界全体に大いに高めてゆくことになろう。それは、台湾の人びとに前向きの印象を強く与え、また中国・インド関係をも真の相互信頼と確信を抱かせることによって改善していくことになろう。変化の時代は好機の時代でもある。中国と私たちにとっては、それをおいて他に選ぶ途はないのだから、いつの日か話合いと平和を実現させる機会が訪れることを、私は信じて疑わない。チベットの現状は、チベット人の苦悩を少しも和らげずには、中華人民共和国の安定と統一に資するところではない。遅かれ早かれ、北京指導部は、この事実を直面せずにはおれないであろう。私の方は、あくまでも対話による解決を求めてゆく。北京から前向きの合図が届き次第、どこでもいつでも、中国政府当局者と会談できるよう、私の代表を待機させている。

チベット問題についての私の立場は、明白である。私は、チベットの独立を求めていない。これまでも再三述べているように、私が求めているのは、チベット人が自分の文明を維持し、独自のチベット文化、宗教、言語、および生活様式を発展させ繁栄できるような真実の自治を与えられるということである。このためには、チベット人が自分らの国内問題を処理し、社会的・経済的・文化的発展を自由に決めることが、不可欠である。

亡命しているわれわれは、チベット政治の民主化を続行している。昨年3月、亡命チベット人代表者会議の選出議員に対し、次期のカルン・トリパ(内閣主席大臣)は亡命チベット人で直接選ぶべきであると、通告した。その結果、昨年8月、チベット歴史上初めて、亡命チベット人によって、総投票数の84%を超える大差でサムドン・リンポチェを新しいカルン・トリパに選出した。これは、われわれ亡命チベット人社会の民主主義が絶えず進展と成熟へ向かっている大きな一歩である。近い将来、チベット本国も、選挙による民主主義政府を持てるよう、願っている。

これを機会に、私たちの非暴力解放闘争を支持してきている数知れぬ方がた、政府、国会、そしてNGO成員の方がたに、感謝の念を表する。様ざまな分野の方がた、ならびに大学・学校、宗教・社会組織、芸能界、および実業界の皆様がチベット問題を理解し、私たちの大義への連帯を表明されたことは、何よりも私たちを勇気付けてくれている。同様に、中国の仏教徒の方がた、海外在住そして台湾の一般中国人の皆さんとも、友愛的関係を打ち立ててきた。また、ますます増えている中国知識人の皆さんがわれわれの大義に寄せられた同情と支持は、特に意義深い励ましである。中国国内で自由と民主主義のために多大な犠牲を払ってきた多くの中国人兄弟・姉妹に賞賛を送り、祈念する。なかんずく、誰よりも寛大で強い支持を与えてくれているインド国民・政府に対し、チベット人を代表して謝意を表する。ますます強まるチベットへの国際的支援は、人間の苦しみへの本来の感情と連帯感の表れであり、真実と正義を尊ぶ気持ちの反映だと信ずる。各国政府・議会ならびに友人の皆様に、献身の念と心をさらに奮い起こし、支援と努力を惜しみなく続けられるよう、訴える。

最後に、私たちの自由のために生命を捧げ、今も捧げようとしているチベットの勇敢な人びとに賞賛を送り、チベット人の苦しみが一日も早く終わるよう祈りを捧げる。

2002年3月10日ダライ・ラマ

■中国のパンチェン・ラマはチベットのパンチェン・ラマにあらずとのチベット亡命政府の声明
2002年8月3日発表(ダラムサラー)
　7月31日朱鎔基中国総理と11世パンチェン・ラマとしてチベット人に無理やり押し付けられた13歳

の少年との会談は、多くの関心を集めたが、これは、中国がパンチェン・ラマとして主張する少年の正当性を国際的に認めさせようとする働きかけの一つに過ぎない。

　中国政府は、チベット人の精神的指導者を支配下に治めることで、チベット人の思想、そして忠誠心を支配できる、と考えている。精神的指導者として崇拝されている人物が認めた場合にのみ精神的権威を持つことができる事実を、当局はまったく無視しようとしている。人民から崇拝されない転生者は、当局にとっても何の役にも立たない道具に過ぎない。中国政府は、この少年をチベットのパンチェン・ラマとして盛んに示すことで、少年のイメージを国際社会に植え付けようと目論んでいる。まるで嘘も何度も繰り返せば真実になると信じているかのようである。

　このような策略は、消息不明になって7年にもなるもう一人の13歳の少年、ゲンドゥン・チューキ・ニマの安否を心配するチベット人の気持ちを募らせるだけである。中国当局は、1995年5月にダライ・ラマ法王がこの少年を11世パンチェン・ラマであると宣言した直後に、誘拐した。数カ月後の1995年12月当局は、チベット僧の一団をラサのジョカン寺院（大昭寺）に連行し、金瓶掣籤を実施し、中国政府が選んだ転生者の正当性を認めさせるという茶番劇のような儀式を、無理やり執り行った。

　中国政府がゲンドゥン・チューキ・ニマを拒絶し、居場所もわからないよう軟禁したことに、全チベット人は怒り、「ダライ・ラマ法王認定のパンチェン・ラマだけをわれわれは信じる」というスローガンを記した匿名のポスターを壁に貼った。こうして、当時のチベットに非常に緊迫した空気が流れたため、当局は大量の警備隊を配置し、新しい「政治的再教育」の一大キャンペーン活動が実施された。パンチェン・ラマが座主を務めるタシルンポ僧院でさえ、数百人もの僧が「再教育」の集会を妨害し、「真のパンチェン・ラマ」、「われらのチャトレル・リムポチェ（パンチェン・ラマ認定のダライ・ラマの手続きにかかわったタシルンポ僧院長）」の再就任を要求した。これは中国に忠誠を尽くしていたタシルンポ僧院を模範的な僧院と賞賛してきた中国当局にとって不測の事態をあらわす象徴的な出来事となった。

　ロンドンに本拠地を置くニュース監視機関TIN（チベット・インフォメーション・ネットワーク）は、ダライ・ラマ法王が認定したパンチェン・ラマを信奉することを表明したため投獄されたチベット人48人のリストを公開した。リスト以外に消息不明のチベット人も多数存在することはいうまでもない。

　長い歴史を持つ伝統宗教を阻もうとする中国当局に対するチベット人の深い怒りは消えてはいない。中国政府が、自分たちが選出した少年をタシルンポ僧院で連れて行って仏教修行させる取決めをやむなく破棄したのも、そのためである。中国がこの少年をタシルンポ僧院に連れて行った場合、チベット人が少年を軽蔑することは日を見るより明らかであることを、中国政府にはわかっている。そして、自分たちが力を行使して獲得したものが精神的に無に帰してしまうことでもある。

チベット亡命政府情報・国際関係省
事務次官トゥプテン・サムペル

■**中国およびチベットを訪問したチベット亡命政府特命使節ロディ・ギャルツェンの声明**
2002年9月27日発表（ダラムサラー）

　われわれは、2002年9月27日に、北京、上海、成都、そしてチベットの首都ラサ、シガツエ（日喀則）、およびニンティ（林芝）への訪問からインドのダラムサラーへ戻ってきた。

　私に同行した使節団員ケルサン・ギャルツェンと私の今回の訪中での使命は、2つあった。第一の使命は、中国政府の指導者との直接会談を再び設定し、将来に定期的な直接会談を開くための積極的な雰囲気を作ることである。第二の使命は、ダライ・ラマのチベット問題解決のための中間の道アプローチを説明することである。今回の訪中の主眼は、この目標にあった。したがって、われわれは、不信感と誤解を取り除き、信頼を築くことを念頭においで努力した。

　われわれは、ダライ・ラマに今回の訪中について報告した。法王は、中国政府の指導者との話合いを再開するため、たゆまぬ努力をされてきた。法王は、訪中使節団を受け入れた中国政府指導者の積極的な態度を歓迎し、新しい交流が再び確立されたことを非常に喜ばれた。法王は、今回もたらされた機会を最大限に活用し、新しい関係をさらに発展させる努力を続け、両国が受け入れることのできる解決を目指すよ

う指示された。
　使節ケルサン・ギャルツェンと私は、2人の随行者とともに2002年9月9日に訪中が始まった。今回の訪中では、北京、ラサ、そしてその他の地域で高官と会談した。高官からは、チベット地域の発展、および進行中の開発プロジェクトについての情報が提供された。われわれは、チベット人の高官の多くが見せた熱心さとその権限に感銘を受けた。チベットの経済開発をより推進することに合意し、そのための努力を評価したが、同時に、チベット独自の文化、信仰、および言語の遺産を保存することにも同様の関心を払うことも重要であることに、中国高官に目を向けさせた。高官はまた、チベットの繊細な環境保護を重要視していることも伝えた。これを機会に、この件に関するわれわれの意見を伝えた。
　われわれが会談したチベット人高官は、中国人民政治協商会議副主席ガポ・アメイ・アワンジメイ、チベット自治区人民代表大会議長ライディ、自治区主席兼チベット共産党書記レグトョク、チベット自治区統一工作小組指導者サムダプ、および四川省中国人民政治協商会議副委員長アトリンらであった。
　われわれは、高官との会談以外に、ジョカン（大昭寺）とポタラで祈りを捧げるという感動的な体験をすることができた。われわれは、ノルブリンカ（羅布林卡、ダライ・ラマ離宮）、ガンデン（甘丹寺）、タシルンポ（札什倫布寺）、およびギャンツェ（江孜）のパルコル・チューデ（白居寺）を訪れることができた。チベットでの滞在は短いものだった。そのため、一般のチベット人と会話を交わす機会はほとんどなかった。
　また、成都、上海、および北京のいくつかの場所を訪れる機会もあったが、そこでの発展と開発の状況に非常に感銘を受けた。また、これら地域の仏教にゆかりのある聖地に行った。
　北京では、政治協商会議副主席兼中央統一工作小組指導者王兆国、および中国民族委員会主席兼中央統一工作小組指導者李瑞環と会談した。われわれと高官は、誠意ある雰囲気の中で意見を率直に交換した。彼らは、ダライ・ラマとの対話に関する中国政府の以前からの態度を繰り返した。われわれは、和解と対話の精神に基づく交渉を通してチベット問題を解決するというダライ・ラマの意見を説明した。
　中国政府の指導者は、強い関心を持ってわれわれの説明に耳を傾け、自由な意見交換に自発的に参加した。われわれは、このような態度に深く感謝した。私は、1980年代初頭に北京で中国政府指導者と会ったことがあるが、今回われわれを感動させたのは、現在の指導者たちの心により大きな柔軟性が見られたことだった。
　今回の訪中は、中国共産党統一工作小組が主催した。チベット自治区行政機関、四川行政機関、および上海行政機関などのその他の行政機関も、今回の訪中の企画に参加した。われわれは、彼らの親切な待遇と支援に対し、深く感謝したいと思う。
　われわれは、両国の関係における新しい幕開けを実現するための基礎作りのために、あらゆる努力を行ってきた。われわれは、両国の新しい関係がたった一度の訪問で生まれるとは、当然、思ってはいない。これを実現するには、多方面からの継続的で地道な努力と支援が必要である。ケルサン・ギャルツェンと私は、チベット亡命政府カルン・トリパ（内閣主席大臣）サムドン・リムポチェ教授、および大臣の確固たる支援、および全面的な協力を頂いたことに深く感謝する。この方々には、今回の訪中に関して詳しく説明した。

■チベット亡命政府特命使節のチベット入りについての亡命政府カルン・トリパ（内閣主席大臣）サムドゥン・リムポチェ教授の声明
2002年9月30日発表（ダラムサラー）
　親愛なるチベット人、チベット支援者の皆様へ
　先だって、中国首脳陣との接触を再開するわれわれの努力がいくらか建設的な発展をみた。皆様ご存知のように、特命使節ロディ・ギャリと使節ケルサン・ギャルツェンが、今年9月9日から24日まで、北京とラサを訪問し、中国政府の指導者および高官と会った。2人はダラムサラーに戻り、ダライ・ラマ法王とチベット亡命政府内閣に対し、中国政府指導者との話合いで勇気付けられたとの報告をした。これは、チベットと中国の関係における新しい章への、さらに、チベット問題を解決するに向けての交渉を進めていく対話の再開への希望がもてるところである。
　ダライ・ラマ法王は、チベット亡命政府使節を迎えたという中国政府の前向きな態度を歓迎され、接触

が再開されたことを大変喜んだ。法王は、チベット亡命政府内閣と使節に、この新しい機会を有意義に使い、さらに対話への過程を力強く進めていく努力を続けるよう指示した。

内閣は、亡命チベット代表者議会の最近の会期において今回の使節団の報告をした。内閣は、議会に対し、2003年6月まで期間を定め、新しい接触が築けるような良い雰囲気作りに専念することで、中国政府のこうした態度に応えていくつもりである、と報告した。

10月、中国国家主席江沢民が米国とメキシコを訪問する。過去において、世界中のチベット人とチベット支援者は、中国首脳陣の外遊の際に、平和的な集会やデモ行進で、自分たちの気持ちを表現してきた。こうした行動の目的のひとつは、チベット問題の交渉による解決に向けたダライ・ラマ法王のイニシアチブに中国首脳陣が回答を出すよう進めるためのものであった。今、中国首脳陣は、われわれと話合いを始めようとしている状況がみえる。われわれは、江沢民主席の外遊の機会に中国の反応を試すことができるであろう。私は、すべてのチベット人・チベット支援者の皆様に対し、江沢民主席の米国とメキシコ訪問のあいだ、こうした集会やデモ行進のような行動を控えることを強く要請する。われわれの非暴力の闘いは、非常に大切な局面を迎えている。世界規模のチベット運動がこのような重要な核心に一致した姿勢で到達できることが極めて大切である。その一致した姿勢とは、国際社会がテロ・暴力・戦争への掛け声に脅かされている今日においてさえ、対話や非暴力、そして時間をかけた和解へ強い態度で挑むという姿勢である。

■ 14世ダライ・ラマ法王のチベット民族蜂起44周年記念日声明
2003年3月10日発表(ダラムサラー)

1959年のチベット民族蜂起44周年記念にあたって、わが祖国チベット本土ならびに亡命チベット人同胞、世界中の友人・支援者の皆様に心からなるご挨拶を送る。チベット問題全体については、みるべき進展があったが、本土チベット人口の少数化は止まることを知らず、チベット人の人権や宗教的自由の中国側の侵害は、いっこうに衰えることがない。

第16回中国共産党大会は、指導者を第三世代から第四世代に順調に移行させ、新時代の幕を開いた。これは、政治的成熟と適用力の表れである。鄧小平の発起で着手され、江沢民国家主席が引き継いだ改革は、特に経済・貿易・国際関係の分野で中国に大きな変化をもたらした。私は、従来から中国を国際社会の主流に引き入れることの必要性を強調し、孤立させ封じ込めることに反対してきた。それで、このような変化を歓迎する。しかし、そこに見られる肯定的側面とは対照的に、市民の基本的な政治的権利、そして自由の擁護、特に中国国内のいわゆる少数派社会のそれらへの配慮には、現実的かつ柔軟な態度が欠けていると思われる。

数名のチベット人および中国人の「良心の囚人」また政治犯が釈放されたことは、私たちを勇気づけてくれた。なかでも、中国のチベット政策と独立国家チベットの歴史的事実を主張した廉で40年もの長きにわたり投獄されてきたタナク・ジグメ・サンポとアガワン・サンドルは、チベット本土のチベット人の勇気と強固な意志を表すものであった。

中国政府が私の使節団の北京訪問を受け入れ、中国指導部と直接会見し、チベット地区要人と交流する機会を作って呉れたことを嬉しく思う。去年9月使節団の北京訪問で、チベット問題に対するわれわれの見解を中国政府指導者に説明する機会が与えられた。そして、このような意見の交換は友好的で意義深いものと力づけられた。

私は、使節団に中国指導部とできうる限り対話を継続するよう全力をあげ、あらゆる機会を通してわれわれの見解と立場に対する誤解と思い違いを解くよう指示した。こうすることが、誤解を解消し、理解を深める唯一の賢明で理性的かつ人間的な進め方であると思う。それはいうに易く、短期間にやり遂げられる仕事ではない。しかしながら、それは、チベットならびに中国人民にとって何十年にもわたる痛み・不信・怨恨を過去のものにし、平等と友好、相互利益に基づいた新しい関係を築いていく、またとない絶好の機会になると思う。

歴代の中国指導者は、チベットの際立った文化と歴史的独自性を理解し包容し、それらを容認し尊重す

ることを約束してきた。しかし、現実にはチベット人が自らの祖国への忠誠心と自分自身の利害を表明しようとすると、たちまち相も変らぬ容赦ない暴力的弾圧を加え、「分裂主義者」のレッテルを貼り、逮捕・投獄の手段に訴えてきた。チベット人には、真実を語る機会さえ与えられなかった。最近のロブサン・トントゥプの処刑、正当な裁判手続きもなく下されたトルク・テンジン・デレクへの死刑宣告はその典型的例であり、問題をいささかも解決することにはならず、このやりかたは一刻も早く改善されなくてはならない。

　新しい門出にあたって、中国指導者が、対話を通じてチベット問題を解決すべく、勇気と洞察力、そして英知をもって当たることを、心から望む。世界を見渡すとき、放置された民族紛争が解決不可能とさえ思われるほどに、随所で噴出している。それ故に、中華人民共和国のためにも、このような問題を改善することが望ましいと思う。チベット問題の解決に向かって新たな一歩を踏み出すことによって、中国が本当に変化し、成熟し、信頼するに足る、そして期待しうる勢力として、国際社会で大きな貢献をする存在であることが理解されると思う。チベット問題を建設的に解決しようと努めることは、国内的にも国際的にも信頼と自信、そして率直さを今日の政治的状況に醸し出す大切な機会である。打ち続く国際紛争・テロ・民族衝突への深刻な懸念の中にあって、中国指導者の新しい態度の表明は、必ずや世界に好感を与え期待されるはずである。

　チベットの解放闘争は、私個人の地位とか利害とかに関するものではないことを、是非とも理解して頂きたい。1969年初め、数百年来のダライ・ラマ制の存続を決めるのは、一にチベット国民の気持ち次第である、と私は明言した。1992年には、ある程度の自由が保障されて帰国できれば、チベット政府内部ならびに他のいかなる政治的地位にも就かないことを、私は正式に表明した。しかし、たびたび言明しているように、死ぬまで、私は人間の尊厳と宗教的融和の発展に尽くす覚悟である。また、帰国の暁には、亡命政府は解消し、チベット政府の運営はチベット国内のチベット人の手に委ねる、と私は表明している。常々、私は、将来、チベットは政教分離と民主的政治形態を保っていくべきだと確信している。それ故に、われわれが旧い社会制度の復活を狙っているなどという言葉には、まったく根拠がない。今日、亡命していようともあるいは本国在住のチベット人であろうと、昔の古臭い社会制度に戻したいと思う者はいない。それどころか、亡命すると直ちに、私たちは、チベット人社会の民主化に着手した。そして、2001年には、政治指導者の直接選挙を実現させるまでにいたった。さらに、一般チベット民衆のあいだに、いっそうの民主主義的価値観を深めようと精力的な努力を続けている。

　1970年代初めには、チベット人幹部官僚と協議し、チベット問題の解決方法として「中間の道アプローチ」を採用することにした。この方策は、チベットの独立と分離を求めるものではなく、かつ同時に、チベット人として自らの優れて顕著な独自性を保持し、21世紀においても有意義な力を発揮すると信じる古くて新しい哲学思想に基づく宗教と文化的伝統を深め、チベット大高原地帯の繊細な環境を保護するために、真の自治を求めるものである。この方式は、中国全体の安定と統一にきっと資するものと信じる。この現実的かつ実際的方法をさらに推し進め、お互いが容認しうる解決を見出すため、あらゆる努力を惜しまない。

　現代世界は、われわれを否応なく相互依存させ、この小さな惑星で共存してゆかざるをえなくしている。だから、相互の相違を解決する唯一納得できる賢明な方法は、個人であれ、民族や国家のあいだであれ、非暴力と対話による政治的風土を作っていくことである。私たちの闘いは、真実、正義、そして非暴力に基づくものであり、反中国的なものでは決してない。幸いにも、私たちは、日増しに世界中の人民から共感と支持を受け、なかでも中国国内からの支持が増大してきている。この絶えることのない連帯の励ましを心から受けとめ、感謝する。私はまた、チベット人を代表して、インド国民とインド政府の揺るぎなく、かつ比類ない寛大さと支援に、改めて深謝を表する。

　私たちの自由のために命を落とした勇敢なチベット同胞に深甚な哀悼の意を表するとともに、わが国民の苦しみが一日も早く消え去ることを祈って止まない。

2003年3月10日
ダライ・ラマ

■ 14世ダライ・ラマ法王のチベット民族蜂起45周年記念日声明
2004年3月10日発表（ダラムサラー）

　今日は、1959年のチベット民族蜂起45周年にあたる。私は、チベットの自由獲得のために命を捧げた多くの勇敢なチベットの男・女に対し、心より深く、敬意を表する。彼らは、これからも決して忘れ去られることはない。

　今年は、私が1954年に、中国の指導陣、特に毛沢東主席に会うために中国本土を訪れてから50年目に当たる。チベットの将来に深い憂慮を抱いて、その旅に出たことを、大変よく覚えている。私は、その訪中で出会った指導者すべてから「チベットにおける中国人の存在は、チベット人の繁栄のために尽くすためであり、チベットの発展を助けるためである」と聞かされ、納得した。さらに、その旅で、中国における国際主義と社会主義について知り、大変深く感銘を受けた。それ故に、私は、中国とチベットが相互に恩恵を受けられるような共存関係を達成出来るとの自信と楽観的な展望を持って、チベットに戻ってきた。不幸にも、私がチベットに戻って直ぐ、中国は急進的な政治運動によって政治不安に巻き込まれてしまった。当時の展開は、チベットに関する中国政策にも衝撃を与え、さらなる抑圧と強行路線の結果となり、隊には、1959年3月のチベット民族蜂起へと繋がっていった。

　今年、中国政府との関係において重要な突破口を見出すことが、私の希望である。1954年当時のように、また今日、私は、チベット人の生命の自由・平和・尊厳を取り戻すことは勿論、中国政府の懸念をも考慮した相互に利益となる解決策を見出すために、あらゆる手段を尽くす決意である。離れ離れになって何十年も経っているにもかかわらず、今も、チベット人は、私に絶大な信頼と希望を託している。私は、彼らの自由に発言できる報道官として行動することに、大きな責任を感じている。こうした点を考慮して、胡錦濤国家主席がチベットの状況や問題について個人的に知識を持っているという事実は、チベット問題解決の肯定的な要素になり得るといえることである。それ故に、私は、チベット問題について相互に受け入れられる解決策を確実に見出すための努力を続けるなかで、中華人民共和国の今日の指導者と進んで会いたいと思っている。

　私の特命使節は、2002年9月と2003年5〜6月、2度にわたり中国を訪問し、中国政府と直接に接触を行った。接触は、江沢民国家主席時代に始まったが、今回は、前向きで歓迎すべき発展がみられなかった。チベット問題は複雑で、チベット人にとっても中国人にとっても、きわめて重大な事柄を含んでいる。結果として、いかなる決定を下そうとも、その前に、両者の入念な配慮と真剣な話合いが要求される。また、時間と忍耐、さらにこの過程を成功へと導く決断が必要となろう。しかし、勢いを維持すること、さらに定期的な直接会談や多くの話合いを通して、この過程を強め深めていくことが、最も重要なことであると、私は考える。これが、今日まで続いている不信感と誤解を解き放ち、信用と信頼を築く唯一の方法である。

　それ故に、私は、私の特命使節に対しこの過程を進めるために、できるだけ早い時期に中国を訪問するよう、指示している。私は、彼らがそう遅くない時期に次の訪問をすることを願っている。世界中のチベット支援者と同様にチベット人自身についてもいえることであるが、多くの人は、中国政府が再交渉と対話の真の過程に進んで乗り出すことに、まだ非常に懐疑的である。しかし、彼らも、次の訪問が実現して現段階の過程をみれば、信用と信頼を抱くことになろう。

　チベットの現状は、チベット人ばかりか、中華人民共和国政府にとっても利益になるものではない。中国政府がチベットに持ち込んだ開発計画は、その称されるところによれば「チベット人の利益になる」ということであるが、チベット人の固有の文化・宗教・言語のアイデンティティに対し悪い影響をもたらしている。さらなる中国人の入植者がチベットにやって来て、チベット人の経済的孤立や文化面の中国化を進める結果となっている。チベット人には、生活の質の改善、チベット本来の環境を取り戻すための修復、適切な開発モデルを自分らで決定できる自由が必要である。

　私は、ゲロン（尼僧）プンツォク・ニドゥンの釈放を歓迎する。しかし、われわれは、彼女の判決は不当なものであると認識しており、これからもチベットのすべての政治犯の釈放を要求していく。チベットにおける人権状況は、特筆すべき改善は何もなされていない。チベットにおける人権侵害には、人間としてのチベット人が自分のアイデンティティや文化を主張することが妨げられているという、はっきりした

特徴がみられる。こうした人権侵害は、人種政策、文化的差別、また宗教に対する不寛容さに、端を発している。

こうした背景において、世界中の多くの個人、政府、および議会が中華人民共和国に対し、平和的な対話を通してチベット問題を解決するよう働きかけてくれていることに、われわれは、大いに励まされ、感謝している。欧州連合と米国によって導かれて、チベット問題が単なる人権侵害の問題であるばかりでなく、交渉によって解決されなければならない深い政治的性質を持ったものであることは、国際社会で日に日に現実のものとなっている。

私はまた、最近のインドと中国の関係改善にも、大変に励まされている。世界で最大人口を有する2国、中国とインドのより良き理解と関係は、特にアジア、そして世界一般の平和と安定に大変重要であるというのが、私の信条である。私は、インドと中国の改善された関係は、チベット問題の平和的解決に向けてより建設的な政治環境を築くものと信じる。私は、また、インドがチベット問題の平和的解決に向けて建設的で影響力のある役割を果たしうるし、また果たすべきである、と固く信じる。私の「中間の道アプローチ」は、インドのチベットに関する政策において受け入れられるべきものであるはずである。なぜならば、「中間の道アプローチ」は、チベット問題を中華人民共和国の枠組みのなかで捉えているからである。このアプローチみを通してのチベット問題の解決は、インドが抱える中国との様ざまな問題の解決にも役立つことであろう。

中華人民共和国の建国から、54年が経った。毛沢東の時代には、イデオロギーに多くの主眼が置かれた。一方、鄧小平は主に、経済発展に主眼を置いた。鄧小平の後継者である江沢民は、持論「3つの代表」のもと、豊かな人も共産党に入党できるよう、中国共産党の基盤を広げた。最近では、胡錦涛と同世代の指導者が、指導層の円滑な移行を達成した。過去何十年もの間、中国は、目覚しい発展を遂げた。しかしながら、経済を含む様ざまな分野で、不十分な点や失敗というものがみられる。その不十分な点や失敗というものの大きな原因の一つは、真実と現状に従って対処し行動することが出来ないことである。真実と現状を知るためには、情報の自由が不可欠である。

中国は、大きな変革の途上にある。この変革に混沌と暴力に訴えることなく順調に影響を与えるためには、余は、情報のさらなる開放化と自由化、そして一般大衆の情報に対する正しい認識が必要不可欠である、と信じている。われわれは、偽り伝えられていない事実からのみ真実を求めるべきである。このことなくして、中国は、真の安定を達成することはできない。物事を隠さなければならず、人びとは真実の思いを声にすることが出来ないのであれば、いかにしてそこに安定というものが存在し得ようか。私は、中国がさらに開かれた国になり、最後には、民主的になることを希望している。

私は、何年にもわたって、中国の変革と過渡期というものが、大変な激変を伴わず、円滑に進行すべきであると提唱してきた。これは、中国人民のみならず、国際社会にとっても関心のあることである。

アジアの、そして世界の大国として、中国が頭角を現すことは、人民に様ざまな懸念、疑い、そして恐れを抱かせよう。オリンピックや世界博覧会の誘致は、これらの懸念を取り払うものではない。中国政府が国内の、特に少数派に関して、基本的人権、政治的権利、および市民の自由の権利の侵害をなくすよう取り組まなければ、中国は、平和で責任感があり、建設的で前向きな大国である、と世界に納得させる過程で、様ざまな困難に直面し続けることになろう。

チベット問題は、成熟した中国が解放、自由、正義、そして真実の展望と価値観を持った台頭する世界大国としての役割を担う挑戦と機会である。建設的で柔軟なチベット問題に対する取組みは、中国国内においても、世界においても、信用・信頼・解放の要素を持った政治的環境を作ることに役立とう。チベット問題の平和的解決は、現代的で開放的で自由な社会への過渡期と移行期にある中国にとり、広範囲にわたって大きなプラスの影響力をもたらすであろう。今そこに、勇気と先見の明を持ってすれば、チベット問題を一度でしかもすべて解決できる絶好の機会の場が、中国の指導者に与えられている。

私は、この場を借りて、われわれチベット人をずっと支援を頂いている世界中の皆様に、心からの感謝を申し上げる。また、チベット人を代表して、常に揺るぎなくこの上ない寛大な姿勢と支援に対して、インド国民ならびにインド政府に、敬意と限りない謝意を表する。

すべての生きとし生けるものが幸福であるよう祈りを込めて。

2004年3月10日
ダライ・ラマ

チベット年表

BC 127年	初代国王ニャティ・ツェンポ、チベット着、建国の礎。第8代国王ディググム・ツェンポ即位。
140年	第9代国王チャティ・ツェンポ即位。
173年	第28代国王トトリ・ニャンツェン即位。
581年	ソンツェン・ガムポ、出生。反発摘発挑発。
593年	ソンツェン・ガムポ、即位。
596年	ソンツェン・ガムポ王、執権。
608～609年	カムの父方6家臣、附国と称して中国への使節派遣。
609年	吐谷渾王伏允、隋の征服で亡命。
617年	第33代国王ソンツェン・ガムポ出生、在位630～649年、道徳10原則と公衆の清潔な品行16条制定、学者をインドに派遣、仏典を招来、チベット文字制定、チベット仏教の基礎確立。
620年代	官位12階制確立、吐蕃王国成立。
629年	国土統一。
632年	ソンツェン・ガムポ王、トン・ミ・サンボーダをマガダ国に派遣。
634年	ソンツェン・ガムポ王、唐朝に使節派遣（初の入貢）。
635年	唐の征服で伏允滅亡、吐谷渾は親唐、親チベットに分裂。
638年	ソンツェン・ガムポ王、吐谷渾征伐・併合。スロンツアン・ガムポ王、即位。
639年	玄奘、西アッサムで四川への道を確認。
640～641年	唐太宗、文成公主をスロンツァン・ガムポ王に降嫁。インドへの使者王玄策の第1回インド救援。
643年	スロンツアン・ガムポ王没、ソンツェン再登位、ラモチ寺（老木契／小招寺）建立。
647年	王玄策の第2回インド救援、北インドのアルジュナ王の抵抗をチベット・ネパール援軍が撃退。
649年	ソンツェン・ガムポ王没、651年ジョカン寺（大招寺／大昭寺）建立。
650～676年	功臣ガルの統治。
658年	王玄策の第3回インド発動。
659～670年	吐蕃、北部四川を征服。
670年	ロンチンリン、安西四鎮攻略、青海南部を制覇。
673年	初の政府会議開催。
676年	第34代国王マンソン・マンツェン死去。吐蕃、新疆タリム盆地進出。
680年	文成公主没。
689年	唐・吐蕃間に紛糾。
692～787年	吐蕃、タリム盆地喪失。
695～699年	功臣ガル一族、粛清。
703年	吐蕃、和を求め公主の降嫁を乞う。

チベット年表

	吐蕃、南詔（雲南）征服、704年第35代国王ドゥソン・マンジェ、南紹（雲南）で戦死。
705〜12年	吐蕃、ネパール反乱鎮圧。
706年	唐、吐蕃と盟約。
710年	唐の金城公主、第36代国王ティデ・ツクツェンに降嫁。
	唐蕃戦闘で金城公主が和平仲介。
721年	吐蕃、ギルギット（小勃律国）攻略。
729年	玄宗軍、吐蕃軍を撃破。
730年	吐蕃、金城公主が和を申し入れ。
734年	玄宗、吐蕃との和約成立。
737〜738年	吐蕃、ギルギット支配。
739年	金城公主没。
741年	チベット軍40万、中国に侵攻。
747年	唐朝、ギルギット奪還。
	ラマ教祖蓮華生、吐蕃王に招かれ入蔵。
754年	チベット・シャム連合軍、南詔侵攻。
755年	ティデツクツェン王、2宰相により暗殺、第37代ティソン・デツェン王即位。
	安禄山の乱、吐蕃のスムバ政権失脚。
761年	ティソン・デツェン王、仏教の国教化を決意、ボン教徒黒帽派の抵抗。
763年10月	吐蕃、ウイグルと同盟、唐の都長安を攻略。
764〜790年	吐蕃軍、河西甘粛地方より北庭都護府を席捲。
764年	チベット軍、涼州・沙州攻略。
771〜778年	チベット・シャム連合軍、四川で唐軍と戦闘。
775年	シャーンタラシラ、パドマサンババによりサムイェ寺（桑鳶寺／桑耶寺／薩木秧寺）建立、779年本堂完成、787年寺院完成。
776年	ティソン・デツェン王退位、第38代ムネ・ツェンポ即位。
779年	諸臣、崇仏誓約詔書署名。
	唐の韋倫、吐蕃に使い。
781年	吐蕃、沙州占領。
783年	唐・吐蕃、清水で建中の和睦会盟、7月長安で会盟、唐は支配領土青海をチベットに割譲。
784年	唐で朱泚の乱、785年吐蕃、唐と協力して朱泚軍を打破。
786年	吐蕃、塩州（敦煌）占領。
	禅僧摩訶衍、入蔵。
790年	チベット軍、北庭都護府奪取、シルクロード貿易を支配。
791年	ティソン・デツェン王、仏教の国教勅令。
794年	中国大乗仏教とインド密教の対立、サムイェ寺の論争で中国大乗和尚麻訶衍がインド僧カマラ・シーラに論破されて、以後、チベット仏教はインド密教となる。
798年	ティスロン・デツェン前国王没。
	ムネ・ツェンポ王、3回の土地改革。
	ムネ・ツェンポ王、母に毒殺される。
803年	第39代ティデ・ソンツェン・ガムポ即位。
804年	唐、ムネ・ツェンポ王の死去でラサに弔祭使派遣。
	カルチュンに仏殿建立、崇仏誓約の詔勅公布。
810年	吐蕃、ギルギット喪失。
815年	第40代国王ティック・デツェン即位、仏教の普及でボン教弾圧。

818年		吐蕃、夏州・霊武で唐に敗北、河州に侵攻。
821年	9月	長慶の会盟、吐蕃・唐平和条約調印。
822年		唐・吐蕃、ラサの会盟（永久平和条約調印）。ラサで吐蕃・ウィグル会盟――823年に唐蕃会盟碑を長安、国境ググ・メル、ラサの3カ所に建立。仏教を保護、ボン教徒の反撥募る。
824年		最古訳経目録『デンカルマ』作成。
841年		ティツク・デツェン王、次兄ダルマ及びボン教徒大臣によって暗殺、王弟ダルマ・ウィドムテン即位、仏教の大弾圧。
842年		ダルマ王、ラサのジョカン寺（大昭寺）前で仏教徒により暗殺、チベット王統の断絶、843年群雄割拠。
848年		吐蕃の敦煌支配終了。
850年		沙洲刺史張義潮河西地方を回復、唐朝に献上。
879年		吐蕃、ネパール支配終了。
976年		西チベット・アリ地方の諸王、学僧をインド派遣。
978年		仏教再興。
1027年		干支紀年法のチベット暦始まる。
1042年		アティーシャをインドより招請、カダム派基礎固める。
1054年		アティーシャ死去。
		チベット僧マルパ、カギュ派基礎固める。
1056年		ドムトゥン、ラデン（レティン）寺建立、カダム派創始。
1073年		サキャ寺（薩迦寺）建立、サキャ派創始。
1100年		カルマ派創始、1187年ツルプ寺（楚布寺／業郎寺）建立。
1121年		ソンツェン・ガムポ、ガムポ寺（タントゥク寺／昌珠寺）建立、カギュ派創始。
1175年		ディクソン派創始、1179年ディグン・ティル寺建立。
		諸派、地方豪族政権と連繋して政治・経済・軍事支配。
1185年		タルン寺建立、タルン派創始。
1207年		モンゴルのジンギス・ハーン軍、西夏王国（チベット・タングート族）討伐。中央チベット代表団、モンゴル軍に朝貢。
1208年		サキャ・パンディタ、新サキャ派基礎固める。
1227年		ジンギス・ハーン没、チベットはモンゴルへの朝貢中止。
1239年		オゴタイ・ハーンの子グデン、中央チベット侵入。
1240年		モンゴル軍、チベットの寺廟を焼失、町村を略奪。
1244年		サキャ・パンディタと甥パグパ、青海のモンゴル王ゴダンに招請される。
1246年	7月22日	フランシスコ派修道士プラノ・カツピニのジョン、チベット入国。
1247年		サキャ・パンディタ、西涼でグデン王と会見、ウス・蔵・ナリは元朝の領土と確認。
1248年		グユク・ハーン没、モンゴルの王位継承で混乱、チベット介入。
1251年		サキャ・パンディタ、蘭州で死去。
1253年		パクパ、青海モンゴル司令官フビライに招請される。
1254年		フビライ・ハーン、中央チベット13州支配、支配権をパクパに付与（吐蕃解体）。
1260年		フビライ・ハーン、元帝就任、パクパをモンゴル帝国中原法主(国師)に任命、チベット全土（中央・カム・アムド）に支配権と帝師の称号付与、サキャ派のチベット支配権確立。カルマ派に転生者出現。
1269年		パクパ、チベット文字に基づくパスパ文字（蒙古文字）の制定。
1270年		パクパ、フビライ・ハーンの帝師。
1274年		元、フビライ・ハーン、大都に大聖寿萬安寺、上都に龍興華厳寺・乾元寺建立。

1276年	パクパ、チベットのサキャ着。
1280年	パクパ毒殺、モンゴル軍出動し毒殺首謀者を処刑。
1290年	ディグン派、サキャ派支配に挑み元軍に敗北。
1295年	フビライ・ハーン、皇太后のために大清涼寺補修。
	フビライ・ハーン没、サキャ派衰退に向かう。
1320年	西蔵大蔵経ナルタン寺古版完成。
1322年	『プトン仏教史』成立。
1328年	ボルデノンのフライア・オドリク、中国からチベット到着（ラサの最初の宣教師）。
1331年	カルマ派のランジュン・ドルジェ、元朝に招請。
1332～1336年	3世カルマパ、元朝廷へ。
1350年	ツェタンのパクモドゥ派のチャンチュブ・ギャルツェン台頭、1354年パクモドゥ派創始、サキャ派支配に代わり中央チベット支配。
1357年	アムドの（ゲルク派）聖者ツォンカパ出生（～1491年）。
1358年	チャンチュブ・ギャルツェン、13州を廃しゾン（県）制度施行。
1360～1363年	4世カルマパ、元朝廷へ。
1364年	チャンチュブ・ギャルツェン死去、後継をめぐりパクモドゥ派で内紛。
1368年	サキャ派支配からパクモドゥ＝カギュ派支配へ移行。
	元滅亡、明成立、チベットからモンゴル人追放（～1644年）。
1372年	ゲルク派開祖ツォンカパ・ロザン・ダクパ、アムドよりチベット中央に到着、サキャ派を排除、戒律主義のゲルク派＝黄帽派創始。
1385年	1世パンチェン・ラマ、ケラブジェ／ケイドゥブ出生（～1438年）、ツォンカパの直弟子。
1391年	1世ダライ・ラマ、ゲンドゥン・ドゥパ出生（～1474年）。
1407年	明朝の招請でカルマ派4世転生者デシェン・シェクパ、明朝廷へ。
	ツォンカパ、永楽帝の招きで弟子ジャムチェン・チョジェを代理派遣。
1409年	ツォンカパ、ラサで最初の新年モンラム大法会開催。
	ツォンカパ、ガンデン寺（甘丹寺）建立、ゲルク派創始。
1410年	永楽版チベット大蔵経開板。
1415年	ゲンドゥン・トゥプ、黄教の始祖ツォンカパの弟子となる。
1416年	デプン寺（別蚌寺）創建。
1419年	ジャムチェン・チョジェ、セラ寺（色拉寺）建立。
12月25日	ツォンカパ死去、燈明祭開始。
1433年	リンプン系のダクパ・ジュンネ、支配者となる、パクモドゥ派政権倒壊。以降、100年間、リンプン系教団政権をゲルク派とカルマパ派で分立抗争。
1439年	2世パンチェン・ラマ、ソナム・チョクラン出生（～1504年）。
1447年	1世ダライ・ラマ、ゲンドゥン・ドゥパ、タルシンポ寺（札什倫布寺）建立。
1453～1565年	リンプン＝カギュ派支配。
1475年	2世ダライ・ラマ、ゲドゥン・ギャツォ出生（～1542年）、1544年ゲンドゥ・ギャンツォの化身選出。
1498年	カルマ派、ラサのモンラム・チェンモ大祈願会をゲルク派から奪回。
1505年	3世パンチェン・ラマ、ウェンサワ（ロブサン・ドンドブ）出生（～1566年）。
1509年	2世ダライ・ラマ、チュギェル堂（法王禅定洞）建立。
1518年	ゲルグ派、ラサ奪還、1518年ラサのモンラム・チェンモを主持。
1537年	カルマ派、ディグン派と連合してウルガのゲルク派18寺院襲撃。
1542年	ゲルク派のゲンドゥ・ギャンツォ没。

1543年		ツェル派のグンタン寺焼失。
1546年		タルン派のタルン寺焼失。
1547年		3世ダライ・ラマ、ソナム・ギャツォ出生(～1588年)。
1565年		リンプン教団政権家臣ツェデン・ドルジェ、シガツエにデバ・ツァン系教団政権(カルマ派)樹立(～1641年)。
1566年		モンゴル人の仏教改宗、1576年アルタイ・ハーン、仏教改宗。
1569年		モンゴル・トムト族の王アルタイ・ハーン、チベット遠征。
1570年		4世パンチェン・ラマ、ロザン・チョギ・ギャルツェン(～1662年)。
1571年		明、アルタイ・ハーンを順義王に冊封。
1577年		ソナム・ギャツォ、アルタン・ハーンの招きでモンゴル巡錫、1578年アルタイ・ハーンがソナム・ギャツォにダライ・ラマの尊称奉呈、これによりソナム・ギャツォは3世ダライ・ラマ即位。
1578年		アルタイ・ハーン、仏教保護令公布。
1580年		3世ダライ・ラマ、リタン寺(理塘寺／チャムチャン・チェンコルリン)建立。
1582年		3世ダライ・ラマ、再びモンゴル巡錫。
1588年		3世ダライ・ラマ、北京へ、内モンゴルで死去。
1589年		4世ダライ・ラマ、ユンテン・ギャツォ(アルタイ・ハーンの曾孫)出生(～1616年)、1603年ラサ着。
1601年		4世パンチョン・ラマ、タシルンポ院長、1世・2世・3世パンチェン・ラマの命名宣言。
1605年		万暦版チベット大蔵経刊行。
1607年		4世ダライ・ラマ、タルシンボ寺で4世パンチェン・ラマに仏法を学ぶ。
1616年		4世ダライ・ラマ、カルマ派とツァン首領の脅迫によりデブン寺(別蚌寺)で死去。
1617年		5世ダライ・ラマ、アワン・ロザン・ギャムツォ出生(～1682年)、1619年秘密カルマ派が転生確認、1622年3大寺の僧衆に迎えられてデブン寺に入る。
1618年		カルマ派、デブン寺・セラ寺を襲撃。
1619年		ゲルク派、モンゴルのトゥメト部に援軍要請。
1620年		ラサ郊外でモンゴル軍ゲルク派、ツァン軍カルマ派を襲撃しラサ奪回。
1624年		ポルトガルのジェスイット神父アントニオ・デ・アンドラデ、中国本土からチベットを西東へ横断、1625年ツァパランで伝道開始(～1721年)。
1627年		イエスズ会ポルトガル人牧師エステバオ・カセラとヨハオ・カブラ、ブータンからシガツエ着。
1631年	6月28日	ポルトガルのジェスイット神父フランシスコ・デ・アゼウェド、チベット入国(～1632年1月3日)。
1635年		ツァン政権紅帽カルマ派、東チベットの黒帽派ボン教徒と連繋して黄帽ゲルク派の根絶作戦、ゲルク派は新疆東部ジュンガルのホショト・モンゴル部族王グシ・ハーンに救援要請。
1637年		グシ・ハーン、青海のチョクトゥ・ハーン本拠地制圧、チベット支配。
1638年		理藩院設立——これが中国全土の少数民族政策を処理した。
1640年		グシ・ハーン、東チベットのボン教徒打倒、首領処刑。
1642年		グシ・ハーン、ツァン政権カルマ派を討伐、東はダルツェンド(打箭鑪)から西はラダク国境にいたる全国境の統治権限を5世ダライ・ラマに献上、4世パンチェン・ラマとともに政教一致の支配確立。
	5月	ラサを首都、政府の名称をガンデン・ポチャン(歓喜宮殿)とする旨を宣言、ダライ法王国・祭政一致の政権樹立。
		5世ダライ・ラマ、グシ・ハーン＝ゲルク派の支援でツァン・ハーン打破、チベッ

		ト制圧、第司／宰相ソドナム・チョスペル支配（〜1658年）。
		10世カルマパ、東チベットへ流刑。
1645年	4月 1日	ソンツェン・ガムポ王がネパール人王妃のために建設した宮殿跡マルポリの丘に、5世ダライ・ラマがポタラ宮殿造営着工。
1645〜1650年		ネパール人の侵攻、ネパール・チベット通商条約調印。
1648年		カルマ・カギュ派主要寺院没収。
1651年		5世ダライ・ラマ、清朝順治帝（世祖）の招請により北京へ、1652年北京着、順治帝と会見。1653年順治帝が5世ダライ・ラマに金冊金印を封冊。ダライ・ラマ、ラサ帰着。
1654年		グシ・ハーン没（ラサ）。
		チベット、ブータンと国境対立。
1660年		宰相プリンラスガムッソ支配。
1660〜1661年		チベット、ネパールと国境紛争。
1663年		5世パンチェン・ラマ、ロブサン・イェシェ出生（〜1737年）。
1669年		宰相ロザムスムットブス支配。
1673年		カルマ・カギュ派、服従、寺院回復。
1676年		宰相ゾザンスピンパ支配。
1679年		サンギェ・ギャンツォ宰相就任（〜1703年）。
1679〜1684年		ラダックの戦争。
1681年		6世ダライ・ラマ、ツァンヤン・ギャムツォ出生（〜1706年）。
1682年		5世ダライ・ラマ、ポタラ宮で死去、宰相サンギェ・ギャンツォ、ダライ・ラマの死を15年間秘密にしてポタラ宮殿建設、1695年ポタラ宮殿完成、1696年5世ダライ・ラマの死を公表。
1683年		6世ダライ・ラマ、イェシエ・ギャムツォ出生（〜1706年）、1697年ポタラ宮殿で即位（タツァン・ハーン擁立）、乱行で側近宰相側とモンゴル人信者対立。
1684年		北京版チベット大蔵経開板。
		チベット・ラダク条約調印。
1690年		中国、6世ダライ・ラマの死亡調査。
1696年		康熙帝、ガルダン征伐。
1700年		中国、カム東部に駐屯。
1703年		5世ダライ・ラマの遺体を納めた金の大パゴタ完成、読経の儀開始。
		宰相サンギェ・ギャンツォ解任、代理ガバンリチェン。
1705年		モンゴルのホショト部青海ラザン・ハーン、ラサ攻撃、元宰相サンギェ・ギャンツォを処刑、第1次ダライ・ラマ政権（ガバンリンチェン）崩壊。
1706年		ラザン・ハーン、前6世ダライ・ラマは偽者と宣言、別に6世ダライ・ラマ、イェシェ・ギャムツォを擁立、チベット人はこれを拒否。
	11月	ラザン・ハーン、乱行を理由に6世ダライ・ラマを流地、青海湖の南で死去。
1707年		ラザン・ハーン支配（〜1717年）。
1708年		7世ダライ・ラマ、ケルサン・ギャムツォ出生（〜1757年）、1716年カムのリタンで発見、ラサン・ハーンの妨害を畏れ、清朝の保護で青海のクンブム寺（塔爾寺）に移居。
1715年		イタリアのジェスイット神父イポリット・デシデリ、ラダクからラサ着、15年間滞在。
1717〜20年		ジュンガル・モンゴル部ツェワン・ラビタン、ラサに侵攻、ラサン・ハーンはポタラ宮殿に籠城し討死。
1720年		康熙帝、ジュンガル部ツェワン軍制圧、ラサに駐留軍配置、カンチェンネー第1次

		政権成立。
		中央チベット支配のジュンガル・モンゴル軍、孤立、康熙帝、7世ダライ・ラマを擁立してラサに大軍派遣。
	7月	7世ダライ・ラマ即位。康熙帝、クンブム寺（塔爾寺）の7世ダライ・ラマに満・蒙・蔵文で書かれた「6世ダライ・ラマの印」の金印を封冊。
1723年		雍正帝、ラサの清軍に引き揚げ命令。
1724年		アムド、青海省に編入。
1726年		雍正帝、ニンマ派弾圧指令の使者派遣。
1727年		7世ダライ・ラマの父、ニンマ派支持で内戦状態、カンチュネー殺害。1728年清軍1万5000、ラサ到着、内乱派分子処刑、7世ダライ・ラマと父、カムのリタンに7年の流刑、ポラネー政権成立。以来、清朝皇帝の代表として駐蔵大臣（アンバン）正・副2名のラサ常駐（1911年の清朝崩壊まで）。
1728年		ホラナス郡王統治。
1729～1744年		デルゲ版チベット大蔵経開板。
1730年		ブータン侵略。
1732～1742年		ナルタン版チベット大蔵経開板。
1735年		7世ダライ・ラマ、ラサ帰還。
1738年		6世パンチェン・ラマ、ロビサン・パルダンイェシエ出生（～1854年）。
1740年		シッキム介入。
		ロシア人、ブリヤート仏教徒に工作。
1747年		19年間清朝と協力した宰相ミワン・ポラネー死去、ミワン・ポラネーの子ギュルメ・ナムギェルが後継、郡王就任――ポラネーはチベットに対する中国主権主張の基礎を作った。
1750年		ギュルメ・ナムギェル、ジュンガルとの同盟により強硬な反清政策のためアンバン宅で謀殺。これに対し、ラサ市民、アンバン以下、清兵100余名を皆殺し。
		ギュルメ・ナムギェルの乱で清朝が内政干渉を強化。
1751年		清軍ラサ着、3月3日欽定蔵内章程13条制定、7世ダライ・ラマ、ケルサン・ギャムツォと僧・俗両権限を行使、第2次ダライ・ラマ政権成立。
1757年	2月3日	7世ダライ・ラマ、ポタラ宮で没、5月1日清朝、ガワン・ジャムペル・デルク・ギャムツォを最初の摂政（ギェルツァブ）に任命。
1758年		清軍、ジュンガル討伐、チベットとジュンガルの連絡中断。
	6月25日	8世ダライ・ラマ、ジャムパル・ギャムツォ出生（～1804年）、1763年発見、ポタラ宮に入り、6世パンチェン・ラマに学ぶ。
1762年		ローマ教学僧ゲオルギウス、『西蔵語彙』編纂。
1763年		ブクサルの戦闘。
1764年		ブリヤードにパンディダ・カンポ設立。
1768年		ゴルカ、ネパール征服。
1772年		ブータン、コーチ・ビハール侵攻。
1774年		英ベンガル総督ヘスティングス、シガツエへ英東インド会社ジョージ・ボーグルを派遣、ボーグルは6世パンチェン・ラマと会見、彼の調停で東インド会社とブータン間に友好・通商協定調印、ただし、ラサ政府は通商を拒否。
1775年	8月	チベット・ゴルカ、4項目協定成立、双方とも批准せず。
1777年		サマティ・パクシ・ガワン・ツルティム摂政就任。
1779年	10月19日	6世パンチェン・ラマ、熱河（聖徳）で乾隆帝と会見。
1780年	11月2日	6世パンチェン・ラマ、天然痘で北京で死去。

1781年	6月1日	8世ダライ・ラマ即位。
1782年		ターナー英大尉、入蔵。
	4月8日	7世パンチェン・ラマ、テンビ・ニマ出生(〜1854年)。
1783年		8世ダライ・ラマ、夏の離宮ノルブリンカ建築。
1788年		ゴルカ軍、ネパールがチベット貿易通貨のネパール銀貨に銅を混入し、対抗措置としてチベットが輸出の岩塩に異物を混入したことへの制裁としてチベット攻撃。
		10世カルマパ、ネパールへ。
1789年	6月27日	善后策19条上奏。
	7月2日	チベットが敗北、ゴルカと中国ケルン協定調印。
1790年		ロザン・テンペー・グムポ摂政就任。
1791年		ネパール・ゴルカ軍、タシルンポ寺略奪(第2次侵攻)。
		10世カルマの財産没収——カルマパ死去で化身年譜禁止。
1792年		清・チベット軍が反撃、ゴルカのカトマンズ占領。
	9月30日	ゴルカ・チベット平和協定調印、10月6日履行。
		ゴルカ戦勝記念碑建立、駐蔵大臣の権限強化。
	11月2日	福康安、貿易措置、チベット軍政改革案、貨幣鋳造策、10月23日付金壺巴瓶による活仏選定法など上奏。
	11月21日	乾隆帝、善后章程6条、12月1日追加の善后規定18カ条制定、さらに、転生者決定のための金壺巴瓶を封冊(金瓶掣籤制度の導入)。
1793年	2月	欽定蔵内善后章程29条制定。
1794年		南部国境画定。
1804年	9月18日	8世ダライ・ラマ、ポタラ宮で没、清帝、テンパイ・ゴンポ・クンデリンを摂政に任命。
1805年		9世ダライ・ラマ、ルントク・ギャツォ出生(〜1815年)。
1808年	1月	摂政テンパイ・ゴンポ・クンデリン死去、デモ・トブテン・ジグメ新摂政就任。
	1月	ゲキカ(政府)、セラ寺・レプン寺・ガンデン寺の圧力で、外国人のチベット入国阻止を厳命。
1808年	1月18日	9世ダライ・ラマ即位。
1811年		英インド総督ミント、医師トーマス・マニングをチベットへ派遣、1年滞在、9世ダライ・ラマに拝謁。
		欽定理藩院則例制定、1817年公布。
		ガワン・ロザン・トゥプテン摂政就任。
1814〜1816年		ゴルカ戦争。
1815年	2月11日	9世ダライ・ラマ、ポタラ宮で毒殺(11歳)、16日死亡。
1816年	3月29日	10世ダライ・ラマ、ツルティム・ギャツォ出生(〜1837年)、1822年8月8日即位。
1819年		ガワン・ジャムペル・ツルテム・ツェモンリン摂政就任。
1826年		英国、インドで『蔵英字典』刊行。
1833年		清朝、ジュンガル部鎮定。
1834年		ドクラ族、ラダク侵攻。
1837年	9月	10世ダライ・ラマ、ポタラ宮で毒殺。
1838年	9月2日	11世ダライ・ラマ、ケトゥブ・ギャツォ出生(〜1855年)、1842年4月16日認定、ポタラ宮入り。
1839年		ロシア人アコブ・シュミット、『チベット文法』刊行。
1841年		ドクラ戦争。
1842年	9月17日	チベット・ラダク平和条約成立。
1844年		25年間摂政のガワン・ジャムペル・ツルテム追放、財産没収。

1845年		イェシェ・ソルティム・ギェルツェン、摂政就任。
		レジス・エバリス・ユック神父とジョセフ・ルガベー神父、チベットへ入国、1846年マカオへ追放。
1853年		チベット・ラダク通商条約調印。
	1月14日	7世パンチェン・ラマ没。
1855年		ネパール・チベット紛争、清朝の援助なくチベット敗北、2月18日ネパール・チベット条約（タバタリ条約）調印――チベットはネパールに賠償金を払い、治外法権を委ねた。
		11世ダライ・ラマ、権力承握。
	8月	8世パンチェン・ラマ、テンビ・ワントク出生（〜1882年）。
	10月25日	11世ダライ・ラマ、ポタラ宮で毒殺、ガワン・イェシェ・ギャムツォ・ギェルツェン・ラデン、摂政就任。
1856年	1月	12世ダライ・ラマ、テインレ・ギャムツォ出生（〜1875年）、1858年認定。
	3月	ネパール・チベット条約（チャイリトラ・サウジ条約）調印――1855年タバタリ条約を確認した。
1858年		フランス人フーコー、『チベット文法』刊行。
		ドイツ人イェーシュケ、『蕃独字典』刊行。
1860〜1880年		英国とロシアの密使侵入。
1861年		ラデン摂政追放の陰謀、ガンデン寺（甘丹寺）蜂起、失敗。
1862年		摂政イェシェ・ギャムツォ・ラデン、宰相ワンチュク・ギャルポ・シャタと対立し中国へ亡命、シェダワ・ワンチュブ・ギェルポ摂政就任。
1863〜1865年		東チベット・ニャロン族首領ゴムポ・ナムギェルの乱。
1864年		宰相ワンチュク・ギャルポ・シャタ死去、後継はバルデン・ドンドゥブ・ティスル・ギェンラブ・ワンチュク摂政就任。
1868年		12世ダライ・ラマ追放のクーデター不成功。
1871年		ツオンドゥ（民衆集会）設立。
1873年	12月14日	12世ダライ・ラマ、ティム・ギャハツォ即位。
1875年	3月15日	12世ダライ・ラマ、ポタラ宮で毒殺（19歳）、20日没、ペンデン・チューキイ・ギェルツェン・クンデリン摂政就任。
1876年	5月5日	13世ダライ・ラマ、トゥプテン・ギャツォ出生（〜1933年）、1878年1月11日13世ダライ・ラマ即位。
	9月13日	芝罘協定調印（芝罘／烟台）、1886年5月批准書交換（ロンドン）――特別条項で、清国は英国探検隊が中国からインドへチベット経由で通行することを認めた。
		ツオンドゥ、駐蔵大臣（アンバン）から芝罘協定特別条項の内容を知らされ、イギリス人のチベット領立ち入り拒否の宣誓。
1878年		英政府情報部サラト・チャンドラ・ダス、学僧を装いシガツェへ入蔵、1881年ラサ・その他各地を旅行、1883年地図を作製して帰国。
1879年		13世ダライ・ラマと8世パンチェン・ラマ、連名で駐蔵大臣（アンバン）のイギリス人の入蔵を認めないよう願書提出。
1880年		カム、反キリスト教徒措置。
		英国、アフガニスタン進出。
1881年		イギリス人マニング、入蔵。
		イェーシュケ、『蔵英字典』刊行。
1882年		ロシア、天山北部に進出、12月7日ロシア・中国カシュガル条約調印。
1883年	1月12日	9世パンチェン・ラマ、チュジ・ニマ／ゲレク・ナムジェ出生（〜1937年）。

		ラサで反ネパール暴動。
		ロシア、8月20日コブド条約及び10月31日タルバガイ条約でトルキスタン進出。
1884～1885年		英ベンガル州知事マーコレー、チベット国境を視察、チベット官憲と会談。
1886年	3月 9日	摂政チュキイ・ギャルツェン・クンデリン死去、ロザン・ティン・ラブギェ摂政就任。
	7月24日	ビルマ・チベットに関する英国・清国条約調印（北京）、批准書交換（ロンドン）——英国は清国の属領であったビルマの主権獲得、代わりにチベットに対する使節派遣、通商強要の権利を放棄したが、ヤートンでの通商権を得た。
1887年		ツオンドゥ・3大寺・政府、英国の脅威に備えよと指示。チベット部隊に防衛命令発出。寺院・民衆が異民族のチベット侵犯を許さないと誓書を作成。
		シッキム国境にリントゥ検問所構築、チベット軍がシッキム侵攻、シッキム国王、チベットへ逃避。
		小栗栖香頂『喇嘛教沿革』刊行。
	12月10日	アンバン赴任、チベット撤兵を命令。
1888年	3月20日	ベンガル英政府、ブラハム軍でシッキム・チベット国境でチベット軍攻撃、8月5日チベット軍の攻撃は敗北、9月22日シッキム占領。
1890年	3月17日	シッキム条約調印（カルカッタ）、8月27日批准書交換（ロンドン）——チベット・シッキム国境が画定され、シッキムは英保護領となった。
1891年		米外交官ウィリアム・ウォルビル・ロクヒル、チベット旅行。
1893年		ブリヤード人モンゴル僧アワン・ドルジェフ（ロサンドルジ・ドルジェフ）、ラサ到着。
	11月	能海寛『世界に於ける仏教徒』——チベット探検の必要を説いた。
	12月 5日	インド・チベット条約付属章程調印（ダージリン）——ヤートンが開放され、英国はチベットでの事実上の治外法権を得た。
	12月 9日	四川の建昌の乱平定。
1894年		カシャ（内閣）に僧侶1名参加。
	3月 1日	英国・中国・ビルマ・雲南境界協定調印。1897年2月4日修正。
1895年	1月 5日	中国人役人がダライ・ラマ行列を階上から見下ろす不敬事件（ラサのモンラム・チェンモ）、アンバン謝罪。
	8月 8日	元摂政デモ・トゥプテン・ジグメ（1820年解職）による13世ダライ・ラマ呪殺陰謀事件発覚、13世ダライ・ラマの親政。
1896年	10月15日	四川総督鹿傳霖、ザンスイの回復の上奏。
1897年	8月	河口慧海、ダージリン着、1900年8月第1回入蔵、1901年3月21日ラサ着、7月ダライ・ラマに謁見、1902年5月ラサからダージリンへ。
1898年		ロサンドルジ・ドルジェフ、ロシアへ使節（第1回）。
1899年		13世ダライ・ラマ、清帝に英国の侵略政策への抵抗策を上奏。
1899～1902年		スウェン・ヘディン、中央チベット探検。
1900年		ダライ・ラマ特使、（通称ロサンドルジ・ドルジェフ）、ロシア訪問（ペテルスブルグ）、ロシア皇帝ニコライ2世と第1回会見——ダライ・ラマとしては、ロシアと結び、英国と中国を牽制する意図があった。
1901年		ロサンドルジ・ドルジェフ、ダライ・ラマ親書を携行して第2回ロシア訪問——英国はこの事実に驚いた。
	11月19日	成田安輝、ヤートンからラサへ、12月8日ラサ着。
1902年	6月26日	英軍、チベットへ侵攻。
1903年		東カムで内乱。
	2月	寺本婉雄、青海のクンブム寺着、1905年5月19日ラサ着、1906年8月クンブム寺着。
	7月 7日	フランシス・ヤングハズバンド英大佐指揮下の英軍、チベット攻略、チベット軍敗北。

1904年		中国人、ガルタルン入植、アンバン殺害。
	5月	チベット人の反英暴動。
	5月15日	チベット、対英宣戦。ギャンツェ陥落。
	7月30日	13世ダライ・ラマ、ガンデン・ワントガヤドラク・リムポチェ摂政就任、8月1日クーロンに向けラサ脱出。
	8月 3日	ヤングハズバンド指揮下の英軍、ラサ入城、8月15日チベット軍、英軍に屈服。
	9月 7日	英国・チベット条約（ラサ条約）調印、11月11日批准書交換（シムラ）——立会人はアンバン、ブータン代表、ネパール代表。チベット側は貿易市場の開設、関税撤廃、賠償金50万ポンドの支払い、英国の許可なしに外国人に内政干渉させないなどに応じた。
	9月23日	英軍、撤退開始。
	10月	9世パンチェン・ラマ、インド訪問（カルカッタ）、歓待を受けインド各地旅行（〜1905年）——ここに、パンチェン・ラマとラサ政府との角逐が始まった。
	12月	13世ダライ・ラマ、モンゴルのウルガ（ウランバートル）着。
1905年		13世ダライ・ラマ、日露戦争でロシアの敗北からペテルスブルグ行きを中止。
		中国、東カム併合工作。
		パタンの反乱。カムの反乱。キリスト教徒虐殺。趙爾豊の弾圧。
	2月24日	寺本婉雅、クンブム寺（タール寺/塔爾寺）発、5月19日ラサ着、6月ラサ発。
	9月24日	英軍50名、シガツエ着。
1906年	4月27日	チベットに関する英国・中国条約調印（北京）、1906年7月23日批准書交換(ロンドン)——1904年ラサ条約を清朝政府は承認した。
	6月	清国軍、ゴンカルのナムリン寺（ゴンカル・チューデ・サキャジ（ゴンカル総本山）/ゴンカル・ガルジェデン）襲撃。
	6月	寺本婉雅、北京発、8月クンブム寺着、10月31日13世ダライ・ラマ、クンブム寺着、11月22日寺本、ダライ・ラマに謁見。
1907年		中国、カムの支配、1909年支配確立。
		中国、西康省設立構想。
	1月13日	清朝、治蔵19条制定。
	8月31日	チベットに関する英国・ロシア条約調印（ペテルスブルグ）——チベットの領土保全の尊重、内政不干渉とともに、チベットに対する中国宗主権の確認がなされた。
	12月12日	スウェン・ヘディン、シガツエで11世パンチェン・ラマに拝謁。
1908年	4月	13世ダライ・ラマ、ウルガから青海経由で五台山着。
	4月20日	英国・中国間のインド・チベット通商章程調印（カルカッタ）、10月14日批准書交換（北京）——1893年12月5日チベット通商章程を改訂した。
	5月	13世ダライ・ラマ、五台山着、駐中国米公使ウィリアム・ウォドビル・ロクヒル、13世ダライ・ラマと会見、次いで西本願寺大谷尊由と会見（五台山）。
	9月18日	13世ダライ・ラマ、黄寺着、日本公使林権助、福島安西中将らと会見（北京）、20日西太后、光緒帝に謁見、金札を冊封。
	12月21日	13世ダライ・ラマ、北京発、1909年11月11日ラサ着。
1909年	8月	清国、英国・ロシアの干渉で1908年インド・チベット通商章程に従う市場警備の名目でチベットに大量の軍隊派遣。
	11月27日	13世ダライ・ラマ、ラサ着、12月25日中国、新しい印璽を贈呈。
	12月	13世ダライ・ラマ、アンバン聯豫に清軍の引き揚げを要求。
1910年		清朝、東チベット（ダルツェンドより西方、コンボ・ギャムダに至る地域）に西康省成立（四川省総督趙爾豊の直隷領化）。

	1月 8日	英国・ブータン条約調印（ブータンのプナカ）、3月24日批准書交換（カルカッタ）。
	2月 9日	13世ダライ・ラマ、アンバンと約定、しかし四川省総督趙爾豊の清軍ラサ入城の報で12日夜半脱出、ガブルダンキリドジン・リムポチェ・アワン・ロザン・ツェムンリン摂政就任。
	2月21日	13世ダライ・ラマ、シッキム境界ニャトン着、24日ダージリン（灵鷲山）着、インド亡命。
	2月25日	清朝、13世ダライ・ラマ廃位。
	3月	13世ダライ・ラマ、カルカッタでインド総督ミント公と会見。
	春	寺本婉雅、ダージリンで13世ダライ・ラマと謁見。
	9月	13世ダライ・ラマ、ダージリンから清皇帝あてに書簡送付。
1911年	1月	9世パンチェン・ラマ、ラサで入滅。
	3月 4日	矢島保治、ラサ着（〜4月3日）。
	8月	辛亥革命で趙爾豊の清軍、四川に撤退、趙爾豊死去。
	12月	全土で暴動、清国官吏・兵士を掃討。
1912年		寺院の反乱。
	1月 1日	孫文、中華民国宣言。
	1月21日	モンゴル・ロシア密約成立。
	2月12日	清朝滅亡。
	3月	矢島保次郎、第2回入蔵（〜1919年）、ダライ・ラマ近衛軍教官に就任。
	3月11日	中華民国約法公布・施行──「中華民国領土は22行省、内・外蒙古、西蔵、青海とする」と規定された。
	3月25日	蒙蔵統一政治改良会設立。
	8月	13世ダライ・ラマ、中国に対し5カ条の要求、中国軍・チベット軍は戦闘停止、16日ネパールを証人に10カ条講和条約成立。
	8月12日	駐北京中国公使サー・ジョン・ジョーダンが中国に対し覚書5項目手交、12月12日中国、反論──英国のチベット干渉の新しい始まりとなった。
	10月 2日	青木文教、シガツエ着、9月28日ラサ着、1916年1月26日ラサ発。
	10月21日	ロシア・モンゴル修好密約・付属議定書調印（クーロン）、発効。
	10月28日	袁世凱総統、ダライ・ラマの称号回復。
	12月	13世ダライ・ラマ、インドのダージリン出発、1913年1月ヤムドクからラサ着、1913年1月12日ダライ・ラマの奉迎式。
	12月	ダライ・ラマ、特使ドルジェフをモンゴルへ派遣。
	12月14日	チベット・中国協定成立。
1913年	1月10日	モンゴル・チベット相互援助条約調印（クーロン）。
	1月18日	チベット取舎条例公布──独立宣言として扱われた。
	2月14日	ダライ・ラマ、5カ条宣言。
	9月28日	多田等観、ラサ着、30日13世ダライ・ラマに拝謁、1923年2月ラサ発。
	10月13日	英国・中国（袁世凱政権）・チベット3者のシムラ会議開催（〜1914年7月）。
	11月 5日	モンゴルに関するロシア・中国共同宣言（露中協定）調印・交換公文成立（北京）。
1914年	2月17日	シムラ会議で英国草案11カ条提出、4月27日草約仮調印。
	3月24日	英国・チベット、インド・チベット国境で合意成立。
	6月13日	中国、シムラ会議で4項目提案。
	7月 3日	シムラ草約調印──この条約で、1893年条約・1908年英清通商条約は失効し、新通商章程とチベット・インド間の国境画定のマクマホン線を盛った協定が成立した。一方、中国は正式調印を拒否した。

	8月7日	河口慧海、第2回入蔵、9月29日13世ダライ・ラマに拝謁、1915年1月19日ラサ出発。
1915年		チベットの対英国貿易高、中国内地貿易と逆転。
	6月24日	中国外務部、蔵事研究会設立。
1916年		中国・チベット対立。
1917年		中国軍、北カムでチベット軍と戦闘。
1918年		チベット軍、英国の挑発で西康省11県を占領。
	2月	英国・中国交渉、再開、5月30日、中国が4ヵ条覚書提出、26日中国が商議停止を決定。
	6月18日	中国駐在英副領事エリク・タイクマンの調停、10月1日敵対行為の禁止協定調印、17日チベット・中国停戦協定13ヵ条調印。
	8月13日	英国、中国交渉で修正点を提出。
	9月4日	英国、中国との商議を希望、不成功、12月3日英国、再要求、中国は拒否。
	11月	タイクマンの第2次調停成立。
1919年	1月	中国全権、パリ平和会議に覚書提出。
1920年		ラサ版チベット大蔵経開板。
	11月	チベット軍、中国軍に対し全面攻勢、1921年2月チベット軍、敗北。
1921年	1月15日	英国・中国交渉再開、中国、根本原則10ヵ条提出。
1922年		英国、チベットに対し軍事協定を強要。
		英国、インド・チベット間に電信線架設。
		英国、イギリス人校長の英語学校をギャンツェに開校。
1923年	11月15日	9世パンチェン・ラマ、チョキィ・ニマ、英国の挑発による13世ダライ・ラマへの圧迫で中国内地へ逃避、1925年2月20日北京着。
1924年	12月28日	カシャ、ダライ・ラマ書簡を英インド当局へ送付。
1925年	2月	9世パンチェン・ラマ、五族共和の意見書提出。
1926年		13世ダライ・ラマ、寺廟の反対でギャンツェの英語学校閉鎖、南京政府へ援助要請。
1927年		北京擁和宮のチベット人僧侶クンチョク・ジュンネ、蒋介石総統の13世ダライ・ラマあて書簡を携帯して帰国——中国はチベットが中国の一部となれば、援助を与えると申し入れたが、13世ダライ・ラマはこれを拒否した。
1928年		ブリヤード共産主義者ソ連代表団のラサ訪問、友好・通商関係を要求——ラサ政府はこれに応じなかった。
		南チベットで農奴蜂起、鎮圧。
	9月2日	9世パンチェン・ラマ、南京に事務所設立、国民政府主席譚延闓に対しチベット族への支援要請、1929年1月20日事務所成立宣言。
	12月20日	中国・英国、インドからの陸路貨物協定調印。
	12月27日	蒙蔵委員会設立。
1929年		インド向けチベット羊毛輸出、2000トン突破。
	7月	国民政府、貢覚仲尼（劉曼郷）をチベットへ派遣、1930年1月6日ラサ着、5月25日ダライ・ラマと会見して宣撫工作、27日ラサ発、6月14日カリンポン着、7月25日上海着。
	9月12日	蒙蔵委員会、チベット問題を解決する準備事項および具体的方策制定。
1930年		西康省正式設立。
		最初のアメリカ人スイダム・カッテング、ラサ訪問。
		ネパール軍、英国の挑発でチベット侵攻。
		13世ダライ・ラマ、中国国民党との協議で南京にチベット弁事所設置。
	4月17日	パンチェン・ラマ、チベットへの帰国を要請、11月11日蒋介石主席あて再送付。

	5月	連結自制事件。
1931年		摂政ルンシャル失脚、クンペラー権力承握。
		四川省劉文輝軍、チベット侵攻、1932年休戦。
	12月	金沙江東岸徳で僧院間の対立。
1932年		東チベットで反英蜂起。13世ダライ・ラマ、税解除令公布。
	1月	カムでケルサン・ツェリンの分離運動。
	1月	13世ダライ・ラマの臣下クンペラー、貴族の子弟からなる軍隊(ドロン・マクハル)創設。
	1月	13世ダライ・ラマ、全チベット官吏に告ぐる書公布。
	3〜4月	青海省馬歩芳軍、チベット侵攻、中国は英国干渉に抗議。
	5月	デプン・セラ・ガンデン三大寺僧・俗官員大会/ツオンドゥ、決議採択。
	10月 8日	中国軍・チベット軍、チャムドで現地停戦。
1933年		四川の内紛で青海・チベット境界線協定調印。
	10月30日	13世ダライ・ラマ、ポタラ宮で死去、1934年2月12日ダライ・ラマに追悼。ダライ・ラマの死後、クンペラーは流刑。
1934年		東チベット・マルカムで指導者パンダ・トプゴェルの乱。
		共産党軍、大長征で東チベットの一部を通過。
	1月	14世ダライ・ラマ、テンジン・ギャムツォ出生。
	1月	ラデン(熱振)・リムポチェ・ジャムペル・イェシェ・ギャルツェン摂政就任。
	1月	ラデン・リムポチェ摂政、中国弔問代表団の入蔵を承認。
	8月28日	13世ダライ・ラマの葬儀で中国代表団黄慕松、ラサ着、13世に護国弘化普慈円大師の称号、同時に、チベットは中国の一部と確認。
	10月28日	黄慕松、ラサ発、会談継続のために中国側連絡員2名残留させ、蒙蔵委員会駐蔵弁事所設置。
	11月	中国・チベット交渉、中国は中国軍のチベット防衛を提案、チベット側は1914年シムラ協定の中国承認を要求、パンチェン・ラマが中国軍の護衛なしで帰国となれば帰国を承認と回答、黄慕松提案を拒否。
1935年		西康省にチベット族ボバ人民政府成立。
		アメリカ人スイダム・カッテング、2回目ラサ訪問。
1936年	8月	英国、ラサに政治代表部設置、無線電信局設置。
	9月21日	9世パンチェン・ラマ、入蔵決定。
1937年		9世パンチェン・ラマ、中国護衛軍500名とともにチベット境界着、9月21日青海省ジェクンドで死去、11月21日護国宣化広慧大師の追悼。
		アメリカ人スイダム・カッテング、3回目ラサ訪問。
1838年	1月 3日	10世パンチェン・ラマ、ロビサン・ティンレ・ルンドゥブ出生、1941年12月転生確認、タール寺(クンブム寺)着。
	8月 1日	カルン(大臣)シロン・ランドゥンの辞任とともに、摂政ラデン・リンポチェ・ジャムパル・エシェが反英闘争、重慶の国民党政府に対し自治を要求(〜1939年2月)。
1939年	5月 9日	野元甚蔵、カリンポンから入蔵、24日シガツエ着、1943年1月ラサ着、8月シガツエ着。
	8月 4日	国民政府中央、文書「チベット政策についての検討」作成。
1940年		西チベット改革党結成。
	2月 5日	14世ダライ・ラマの転生、国民政府批准。
	2月22日	14世ダライ・ラマ、即位——即位式には、英国、ネパール、ブータン、シッキム代表とともに、中国代表呉忠信も列席した。

	4月 1日	中国、ラサに公式代表部設置。
1941年		摂政ラデン・リンポチェ・ジャムペル・イェシェ辞職、タクダ・オングスジンスタンドラク・リムポチェ・アワン・スンラブ摂政就任。
1942年		英国・中国政府、インド―ザユル（南チベット）―重慶ルートをチベットに要求、チベットは拒否――日本軍がビルマルートを遮断したためであった。
		チベット政府、ラサの駐蔵中国連絡官に国外退去命令――中国連絡官の私邸に逃げ込んだ犯罪者逮捕のため訪問したチベット官憲を不法に留置したための対抗措置であった。
	7月 6日	ゲキカ（政府）、蒙藏委員会に対し外務局設立と通告。
	12月 2日	米戦略業務局の工作でイリヤ・トルストイ大尉とブルック・ドーラン中尉が7月3日付ルーズベルト書簡を携行してラサ着、1943年3月19日までラサ滞在。ダライ・ラマよりルーズベルト大統領あて2月24日返書を持参、彼らはラサ、ジェクンド、西寧、重慶経由で帰国――チベット経由で重慶への物資供給ルートを、米国は求めた。
1943年		英政治代表リチャードソン、チベット外務局と接触、国民党政府が抗議。
		後任のラサ駐蔵連絡官として中国政府代表沈崇廉着。
1944年		チベット政府、農民の滞納負債利子すべて免除。
		木村肥佐生、内モンゴルから西寧着、1945年9月2日ラサ着、10月16日カリンポン着、1947年2月ラサ着。
	1月	甘粛南部で漢・回・チベット族農民10万人の蜂起。
	2月 4日	サムイェ寺（桑耶寺）近郊ドーに米軍用機（アッサム―重慶間輸送機）不時着、搭乗者全員はインドへ護送。
	7月28日	野生保護令公布。
1945年		セラ寺（色拉寺）の反乱――ラデン・リムポチェの陰謀であった。
		ラサに英語学校開設、寺廟の反対で数カ月で閉鎖。
		インドのデラ・ドゥン英国捕虜収容所を脱走した登山家ハインリッヒ・ハーラ、ペーター・アフシュナイターがチベットに逃亡、保護を受ける。英国と中国政府、チベットに引き渡し要求、ゲキカ（政府）は拒否。
	10月	英国、ブータンに通じるメンダワン道路を建設、この地方を支配。
	10月	西川一三、内蒙古から入蔵、1946年4月ラサ着、1947年2月ラサで木村肥佐生と合流、東チベットを旅行（～1950年）。
1946年	4月	ツオンドゥ（民衆集会）、自主独立の9点声明。
	4月	チベット政府、連合諸国に戦勝祝賀使節団派遣を計画。
	10月	使節団ツェボン・ラル、帰宅途中に射撃、暗殺未遂。
	10月	英国、メンダワン、チラグソン、バイマンガンに軍隊駐留。
1947年		米軍ローレン少佐、チベットで航空基地を物色。
	3月	摂政タクダ・リムポチェ・アワン・スンラブ、バター祭礼の夜間巡視を暗殺計画のために中止。
	3月23日	デリーで開催のアジア諸国会議にチベット代表団出席、チベット国旗掲揚、中国が抗議し撤去。
	4月	在南京チベット代表部、前摂政ラデン・リムポチェ・ジャムパル・イェシェが現政権タクダ打倒のために蒋介石支援要請の急報、これによりラデン逮捕。セラ寺（色拉寺）僧兵、ラデン奪還のため政府軍と交戦、牢内でラデン急死――両摂政間に政権委譲の密約説があった。
	4月	イギリス人、ボウォスムド、コンプを調査。
	8月	チベット通商代表団の訪米、10月23日ワシントン着、ロンドンでアトリー英首相

		と会談、1948年12月30日インド経由で帰国。
	8月15日	中国政府、文書「英国が康蔵を侵略した概要」作成。
	8月15日	インド独立、インドは英国の対チベット条約継承。
	10月	インド独立でラサの英国通商代表部、ギャンツェ、ヤートン、ガルトクの英国通商代理所、それぞれインド代表部、インド代理所に名称変更。
	10月	チベット政府、通商代表団をインド、英国、米国、中国へ派遣——チベットは、インド・ルピー決済に代わるドル・ポンド決済を要求し、金の買い付けで各国はチベット政府発行の旅券使用を認めた。
1948年		英国、チベット軍事工作に着手。
1949年	5月30日	チベット当局、ラサの中国チベット代表部閉鎖通告、7月8日閉鎖。
	7月	ラサで漢人追放暴動。
	8～10月	アメリカ人ラジオ解説者ローウェル・トーマス父子がラサで陰謀工作、帰国して、チベットへの兵器援助を米大統領に進言。
	8月10日	ゲキカ売国派、反共宗教戦争を宣言。
	8月26日	中国人民解放軍、青海省都西寧解放、チベット族が支持。
	9月	14世ダライ・ラマ、チベット独立宣言。
	9月	ゲキカ、中国に対し中国代表部は正式の者でないために引き揚げ・閉鎖を要求。
	9月	ゲキカ、独立の存在を確認、中国共産党は拒否。
	9月1日	ケサンエキ、文書「チベット問題を解決する意見」作成。
	9月7日	人民日報「中国人民はチベットを必ず解放する」。
	9月27日	人民日報社論「外国侵略者の中国領土——チベット併合を許さない」。
	9月26日	西川一三、木村肥佐生とカルカッタで再会。
	9月16日	人民日報天宝記事「すべてのチベット同胞は解放を勝利のうちに迎えよう」。
	10月1日	中華人民共和国成立。
	10月1日	10世パンチェン・ラマ、毛沢東主席と朱徳総司令あて書簡でチベット人民の解放を要請。11月23日返電。
	10月10日	毛沢東共産党主席、チベット解放の出兵命令。
	11月	中央情報局、インドとダライ・ラマ亡命工作を協議。
	11月1日	10世パンチェン・ラマ、毛沢東主席・朱徳総司令にチベット解放を要請。
	11月4日	摂政タクダ・リムポチェ・アワン・スンラブ、チベット独立を宣言、外交使節を米国・英国・インドに派遣と声明。
	11月19日	ニューデリーでインド首相の支援でスルカン(大臣)、チベット人貴族、ニューデリー駐在外交官の三者協議。
	12月	新疆、平和解放。
1950年	1月4日	摂政タクダ・リムポチェ、チベット独立宣言、外交使節を米国・英国・インド・ネパールへ派遣と声明。
	1月17日	チベット軍、人民解放軍の入蔵阻止命令。
	1月20日	中国政府、チベットは外国使節を送る権限なしと声明、平和解放のためのチベット代表の北京派遣を要望。
	1月22日	毛沢東、スターリンと会議(モスクワ)、チベット侵攻に言及。
	1月27～30日	人民解放軍18軍軍事委員会拡大会議開催、共産党チベット工作委員会成立。
	1月31日	10世パンチェン・ラマ、チベットの親善使節派遣に反対声明。
	2月1日	人民解放軍西南軍区チベット進軍支援司令部成立。
	2月1日	共産党中央軍事委員会情報部、入蔵工作に着手。
	2月1日	人民解放軍第18軍共産党委員会、チベット進軍工作を指示。

2月15日	共産党西南局・西南軍区・第2野戦連合軍、解放チベット進軍政治動員令発動。
2月15日	西康のチベット代表団、北京着、チベットの解放を要請。
3月	チベット地方政府、北京行き代表団をインドへ送る。
4月20日	人民解放軍先遣隊、カンゼ着。
5月 6日	甘粛省天祝チベット族自治県成立。
6月 2日	共産党西南局、和平交渉・進軍基礎のための10項目条件をチベット工作委員会に指示。
7月	ゲダ・ラマ、共産党中央の意を体してチベット派遣。
7月27日	人民解放軍新疆独立騎兵師団、チベットに向けて進軍。
8月	中央情報局、ダライ・ラマ亡命工作の4項目協定作成。
8月26日	人民解放軍西南軍区、昌都戦役の基本命令下達。
8月28日	人民解放軍第18軍、チベット進軍発動。
8月28日	ゲダ・ラマ、チャムドで英特務機関の工作で暗殺、共産党中央は態度を硬化。
9月 4日	アペイ・アワンジンメイ、チベットで戦闘停止、和平交渉。
9月18日	チベット軍第9ダイベン（連隊）、蜂起電報。
9月30日	共産党チベット工作委員会、チャムド解放政策を指示。
10月	国共内戦で逃れた米副領事ダグラス・S・マッカーナム、フランク・ビーサクと白系ロシア人3名、新疆からチベットへ脱出——国境ナクツァンでマッカーナムと白系ロシア人2名はチベット警備隊により射殺され、米国はチベットに対し米副領事殺害で警告した。
10月	在デリー中国大使、チベット政府代表団に対し(1)チベットの国防は中国が担当、(2)チベットは中国の一部と認める提案、チベットは拒否。
10月 1日	周恩来総理、人民解放軍の西進声明——チベット解放を遅らせるなと指摘した。
10月 6日	人民解放軍14軍、チベットへ進攻。
10月6～24日	チャムド戦役。
10月 7日	チベット軍に戦闘命令、11日チベット軍第9連隊、寧静で人民解放軍に投降、チベット軍総司令アペイ・アワンジンメイ以下、将兵5000人が人民解放軍の捕虜。
10月 7日	チベット指導者、「チベット解放」を拒否した声明。
10月 7日	中国・チベット交渉中に中国人民解放軍が東チベット侵入、11日中央部へ侵攻。
10月 7日	摂政タクダ・リムポチェ・アワン・スンラブ、全権を14世ダライ・ラマに返し辞職。
10月11日	ニンチンのチベット軍第9ダイベンの蜂起。
10月21日	インド政府、チベットの事態につき中国に照会。28日、11月1日も。
10月30日	外交部、インドの照会に対してチベットは内政問題と回答。
11月 1日	人民解放軍中央西南軍区・第2野戦軍連合にチベット進軍政治動員令。
11月 1日	アチソン米国務長官、記者会見で共産主義者のチベット侵略を非難。
11月 4日	摂政タクダ・リムポチェ、自衛発動の宣言。
11月 7日	チャムド地区住民代表者会議でチベット平和解放闘争委員会成立。
11月 8日	アペイ・アワンジンメイ、チャムドからチベット平和解放を勧告する書簡をラサへ送付——14世ダライ・ラマは信用しなかった。
11月11日	チベット、中国の侵略に抗議して国連総会へ訴え。
11月16日	外交部、チベット問題は中国の内政問題と声明、インドへ通告。
11月17日	人民日報社論「中国人民はチベットを解放し干渉を許さない」。
11月20日	エルサルバドル、第5国連総会の議題に「外国勢力によるチベット侵略」を提出。
11月24日	四川省カンゼ・チベット自治州成立。
12月19日	14世ダライ・ラマ、ヤートンに避難。インド中枢部、14世ダライ・ラマのヤート

		ン避難でインドのチベットへの軍事介入を決定、米国も関与。
1951年	1月	人民解放軍18軍政治部、進軍守則34条を下達。
	1月	ゲキカ・人民のあいだに貴族の独立派と平和解放派の対立。
	1月	ツオンドゥ、北京代表団信任決議採択。
	1月1日	チャムド地区第1回人民代表大会開催、チャムド地区人民委員会布告。
	1月5日	14世ダライ・ラマ、ヤートンにゲキカ（政府）を移転。
	1月8日	アペイ・アワジンメイ、チャムドからチベット平和解放を勧告する第二書簡をヤートンのダライ・ラマへ送付。
	2月13日	周恩来総理、チベット解放準備工作の通知。
	2月27日	アペイ・アワンジメイらチベット代表団、ラサ発、4月22日北京着。
	3月	14世ダライ・ラマの親政、中央人民政府との交渉代表団任命。
	3月21日	周恩来総理、駐北京インド大使パニッカルと会談、インドのダライ・ラマへの干渉に警告。
	4月27日	10世パンチェン・ラマ、北京着。
	4月29～5月23日	北京で中国人民政府とチベット代表団の交渉。5月23日チベット平和解放17条協議調印（北京）。
	5月30日	10世パンチェン・ラマ、17条協議支持声明。
	5月31日	共産党西南局、党中央の指示に従いチベット工作委員会法案決定。
	5月31日	北京でアペイ・アワンジンメイとダライ・ラマ派が17条協議の内容をめぐって対立。
	7月	共産党中央、チャムド工作員委員会結束工作。
	7月1日	人民解放軍十八軍（張国華・譚冠三）、ラサ進軍、17日チャムド着、10月26日ラサ入城。
	7月14日	中央人民政府代表張経武、ヤートンで14世ダライ・ラマと会見。
	8月3日	人民解放軍新疆独立騎兵師団、ガルトク進駐。
	8月8日	中央人民政府代表張経武、ラサ着。
	8月13日	14世ダライ・ラマ、ヤートンからラサに帰還。
	8月18日	共産党中央、中央人民政府代表張経武将軍に対し初期チベット工作を指示。
	8月24日	中央人民政府代表張経武、先遺隊に10項目建議を指示。
	9月9日	王其梅の人民解放軍先発隊、ラサ入城。
	9月12日	アペイ・アワンジメイ帰国、24日平和解放協議の報告。
	10月	共産党ラサ市委員会設立。
	10月24日	共産党中央委員会西南局・西南軍区・第2野戦軍司令部、政治的動員令布告。
	10月26日	張国華・譚冠三指揮の人民解放軍本隊、ラサ入城。
	11月	人民解放軍2万人に達し、食糧悪化、経済破綻。
	11月1日	政治協商会議全国委員会、14世ダライ・ラマ、10世パンチェン・ラマ、アペイ・アワジンメイを委員に任命。
	11月8日	西南軍政委員会・西南人民解放軍司令部、すべてのチベット人民への呼びかけ発出。
	11月10日	西南軍政委員会・西南軍区司令部、チベット各項政策の布告。
	11月17日	14世ダライ・ラマ即位、摂政タクダ・リンポチェ解職。
	12月25日	青海省玉樹チベット自治州成立。
1952年	2月	共産党チベット工作委員会、三反運動展開。
	2月10日	チベット軍区成立。
	3月11日	ロカンワら、人民会議を組織、中央人民政府代表張経武事務所を包囲。
	3月30日	人民会議、中央人民政府代表張経武将軍に請願書提出。
	3月31日	中央人民政府代表張経武、14世ダライ・ラマに対し人民会議の取締りを要請。

	4月 6日	共産党中央（毛沢東）、チベット工作方針の指示。
	4月28日	10世パンチェン・ラマ、中国人民解放軍とともに西寧より帰国、14世ダライ・ラマに帰国挨拶、6月23日タシルンポ寺（札什倫布寺）着。
	春	ラサ北方90マイルのダムに飛行場建設。 14世ダライ・ラマ、特別改革委員会設置。
	5月 1日	共産党西北局6条、西南局4条起草。27日チベット公約10条成立、8月チベット公約10章として承認。
	5月 4日	中国新民主主義青年団チベット工作委員会設立。
	5月16日	共産党チベット工作委員会、3大寺工作に着手——抵抗に直面した。
	7月 1日	共産党シガツエ分区工作委員会成立。
	8月 1日	共産党ギャンツェ分区工作委員会成立。
	8月 7日	第1回チベット参観団、ラサ発、インド経由で北京へ。
	8月15日	ラサ小学校開学。
	9月 6日	中央人民政府駐チベット代表外事帮弁公室設立（1953年9月解消）
	9月 8日	ラサ人民病院開院。
	10月27日	共産党中央、チベット工作委員会のチベット統一方針の見解に同意。
1953年	1月28日	共産党ヘイホー分区工作委員会成立。
	2月13日	チベット愛国青年文化協会成立（ラサ）。
	2月19日	四川省木里チベット族自治県成立。
	2月23日	北京にダライ政庁代表部、ラサに中央人民政府代表機関設置。
	3月	パンチェン・ケンプ会議庁設立。
	9月	ネルー・インド首相、周恩来中国総理にチベット協議を求める書簡送付。
	10月	共産党アリ分区工作委員会成立。
	10月 1日	甘粛省甘南チベット自治州成立。
	10月 6日	青海省海南チベット自治州成立。
	12月22日	青海省黄南チベット自治州成立。
	12月31日	青海省海北チベット自治州成立。
	12月31日	周恩来総理、中国・インド両代表団と会見、平和共存五原則を提示。1954年1月2日中国・インド交渉（〜6月28日）。
1954年	1月 1日	青海省果洛チベット自治州成立。
	2月 8日	ラサ市愛国婦女聯誼会設立。
	2月10日	共産党中央、チベット工作で討論会議開催（北京）。
	4月29日	中国・インド、中国チベット地方とインド間の通商・交通に関する中印協定調印（北京）——これにより、ヤートン・ギャンツェのインド駐留軍は引き揚げ、インド所有の郵便・電信・電話・施設・休息所・土地をインドは中国へ返還した。
	6月23日	青海省海西チベット族・モンゴル族自治州成立。
	6月28日	中国・インド、平和五原則の共同声明。
	7月	北京政府の招待で14世ダライ・ダマ、10世パンチェン・ラマ、北京へ、9月4日北京着。15日第1期全国人民代表会議出席、1955年8月12日帰国。
	7月	いわゆる人民会議分子、ダライ・ラマ献礼運動展開。
	7月17日	チベット・ブータン国境のニエロ湖決壊、ギャンツェ・シガツエ大洪水。
	9月15日	第1回全国人民代表大会第1回会議開催、チベット代表9名参加、14世ダライ・ラマ、全国人民代表大会常務委員会副主席、10世パンチェン・ラマ、常務委員会委員に選任。
	10月25日	成都—ラサ自動車公路（全長2413キロ）開通。
	12月25日	西寧—ラサ青蔵公路（全長1965キロ）開通。

チベット年表

1955年	3月9日	国務院、チベット自治区準備委員会設立、西康省チャムド地方をチベットに合併しチベット自治区設立方針決定。
	3月12日	国務院、チベット自治区設立計画作成。
	5月	人民会議分子、14世ダライ・ラマにチベット「独立」を要求。
	7月5日	全国人民代表大会第2回会議、西康省廃止、チャムドを除いて四川省に併合。
	9月15日	いわゆる人民会議、ラサの共産党チベット工作委員会に意見書提出。25日共産党中央「意見書」問題で指示。
	10月20日	ラサ—シガツエ—ギャンツェ道路開通。
1956年	1月13日	共産党チベット工作委員会、4月22日の自治区準備委員会設立を決定。
	1月16日～2月3日	共産党チベット地区代表会議開催(ラサ)。
	2月	いわゆる反動分子、モンラム・チェンモで「チベット独立ビラ」配布。
	3月3日	共産党中央、独立ビラでゲキカ(政府)に調査指示。
	3月16日	陳毅副総理、チベット訪問、4月17日ラサ着。
	3月16日	チベット自治区準備委員会成立。
	4月22～25日	チベット自治区準備委員会成立大会開催——中央人民政府は第2次5カ年計画(1958－1962年)を、共産党中央はチベットの民主改革は実施しない、と発表した。
	4月22日	西藏日報(漢文・藏文)創刊。
	5月26日	北京—ラサ飛行成功。
	5月6日	チベット自治区準備委員会第1回会議開催。
	7月1日	共産党チベット工作委員会、民主改革問題の実行指示。
	7月1日	共産党ロカ分区工作委員会成立。
	7月6日	人民政治協商会議チベット委員会、ラサに設立。
	7月21日	チャムド地区で反乱、25日反乱が本格化、8月5日反政府分子が待ち伏せ攻撃。
	7月30日	反乱で人民解放軍投入。
	8月5日	ジャムダ地区で反乱分子100人余攻撃。
	9月1日	チベット軍第1・第2・第3・第4・第5・第6ダイベン(連隊長)、チベット保衛・改革反対の警約。
	9月4日	共産党中央、チベット民主改革の指示。
	9月20日	ネパール・中国、チベット・ネパール間の通商・交通協定調印(カトマンズ)。
	9月26日	インド、チベット国境につき中国に警告の照会。
	9月26日	中央政府、チベット自治区準備委員会の設立決定。
	10月1日	サラの新水力発電所(出力500キロワット)送電開始。10月中国仏教教会チベット分会成立。
	10月6日	中国仏教協会チベット分会成立。
	11月17日	共産党中央、ダライ・ラマ、パンチェン・ラマのインド訪問を指示。
	11月20日	ダライ・ラマ、ラサ発、21日パンチェン・ラマと合流してニューデリー着、釈迦尊誕2500年祭に出席。
	11月25日	チャムド地区ジンソン(マルカム)でカムパ族の反乱本格化、30日人民解放軍、出動。
	11月29日	周恩来総理、インド訪問、ネルー首相と会談、チベット改革問題を協議。
	12月	カロンブールにチベット社会福利会設立。
	12月1日	ギャロ・トゥンドゥプら、カロンブールでチベット独立問題を秘密協議、ダライ・ラマは同調せず。
	12月16日	共産党中央、ラサなどの暴乱発生可能性を指示。
	12月30日	～1957年1月3日　周恩来中国総理、インド訪問、ネルー首相と会談、チベット

		問題を協議——1月1日周恩来総理は、ダライ・ラマはインドに残ることは出来るが、チベット問題をインドに持ち込むことは出来ないと指摘した。
1957年	1月	ラサーヤートン公路開通。
	1月18日	チベット軍区チャムド警部区チャムド指揮部設立。
	1月19日	カロンブールで14世ダライ・ラマ一行は帰国か否かを協議、20日出発、2月帰国。
	1月29日	10世パンチェン・ラマ、インドから飛行機で帰国。
	2月27日	毛沢東、第11回最高国務拡大会議でチベット問題の発言。
	3月 5日	共産党中央書記処会議、チベット工作問題を討議。
	3月19日	チベット工作委員会、党中央にチベット工作の決定を報告。
	4月 1日	14世ダライ・ラマ、ラサ着。
	4月22日	チベット自治区準備委員会成立、祝賀会で張国華がチベットは6年間、民主改革を実施しないと演説。
	5月14日	共産党中央、チベット工作委員会に対し「今後のチベット工作の決定に関して」批准・指示。
	5月20日	東チベットに抵抗組織チュシ・ガントゥック（4つの河・6つの山脈）成立、1959年3月28日14世ダライ・ラマ承認。
	5月23日	17条協約6周年記念式典開催、14世ダライ・ラマが祝辞。
	7月 4日	チュシ・ガントゥック、14世ダライ・ラマに対し金宝座献呈式開催（ポタラ宮）。
	7月26日	共産党チベット工作委員会、チベット当面の社会治安問題を討議。
	8月	ゲキカ、各宗（県）でのチェシ・ガントゥック支持を3大寺に指示。
	9月13日	チベット反乱でカム南部はチベット自治州として雲南省に編入、アドの一部とカムの一部は青海省、アムド東部カンゼはチベット自治州として四川省に編入、進慶チベット自治州成立。
	10月 1日	国慶節8周年で14世ダライ・ラマが「愛国・団結・進歩」のスローガン提唱。
	10月 6日	新疆・チベット公路開通。
	12月30日	チベット自治区準備委員会、チベット過去の工作人員の人役税廃止決議採択。
1058年		米国、コロラド州基地キャンプヒルでチベット人の軍事訓練に着手（～1961年12月）。
		東チベット・南チベットで反中国暴動、ゲリラ活動拡大。
	4月 4日	共産党チベット工作委員会、整風運動として反右派闘争に着手。
	4月20日	反乱分子、ラサで同盟工作。
	6月15日	チュシ・ガントゥックがラサ近郊ヒヨハ、セグゾンに武装基地建設。
	6月16日	チュシ・ガントゥック会議開催、自由義勇軍／衛教愿軍設立。
	7月	米中央情報局、ラサ近郊にチベット工作員2人を降下、ダライ・ラマ側近への工作強化。
	7月 5日	青海省共産党委員会、ヌリペン反乱を中央に報告、8月2日中国共産党中央、その対策を確認。
	7月14日	共産党中央（毛沢東）、チベット反乱問題でチベット工作委員会に対して指示。
	7月18日	中央政府代表張経武・張国華、ダライ・ラマに反乱分子への関与で注意。
	8月15日	反乱分子、ヒヨハ地区で人民解放軍を攻撃。
	9月10日	共産党中央、反乱平定工作を指示。
	10月24日	チベット軍、3大寺の指示でチュシ・ガントゥック活動の反乱参加。
	11月2～16日	14世ダライ・ラマ、ゲキカ官員大会開催。
	11月 4日	米中央情報局、カンパ反乱勢力に対して第1回目の武器空中投下。
	11月 8日	ラサに共産党チベット工作委員会の指導で民兵団成立。

	11月13日	チベット工作委員会、「8年来のチベット工作基本総括および今後4年間の工作方針の任務」指示。
	11月16日	チベット工作委員会、ゲキカの動向を党中央に報告。
	12月17日	譚冠三、ダライ・ラマと会見（ノルブリンカ）。
	12月18日	反乱分子、ヒヨハ地区ゴンカルで人民解放軍を待ち伏せ攻撃。
	12月20日	ゲキカ、官員会議開催。
1959年	1月24日	反乱分子、ジャムダ地区で攻撃、25日〜4月18日人民解放軍と激戦。
	1月24日	反乱分子3000人余、テンチェン県共産党委員会攻撃、人民解放軍空軍支援、26日制圧。
	2月	モンラム・チェンモのためのチベット全土の巡礼、ラサで集会。
	2月27日	共産党チベット工作委員会、反乱分子による進歩人士保護問題の指示発出。
	3月10日	ラサ市民の蜂起、いわゆる人民会議が独立宣言、在ラサ・インド領事館と接触。
	3月12日	チベット独立国人民会議開催（ラサ）。
	3月13日	反乱軍、人民解放軍と武力衝突、ラサで市街戦。
	3月16〜17日	いわゆる人民会議、インドのカリンポンにチベット独立国樹立。
	3月17日	14世ダライ・ラマ、ラサ脱出、護衛200人、チベット軍600人同行。
	3月20日	ジョカン寺（大昭寺）反乱軍が、総攻撃、22日反乱軍、投降、人民解放軍が人民会議制圧、ラサ平定。
	3月22日	共産党中央、チベット反乱の平息を通じて民主改革の若干政策問題の指示（草案）発出。
	3月23日	ラサに軍事管制委員会設立。
	3月23日	ネルー・インド首相、チベットに干渉しないと声明。
	3月26日	14世ダライ・ラマ、ヒヨハ地区ルンツェに臨時政府樹立。
	3月28日	人民解放軍、国務院命令で軍事支配、チベット自治区準備委員会代理主任に10世パンチェン・ラマ任命。新華社が争乱事件の公報。
	3月28日	14世ダライ・ラマ、チュシ・ガントゥックを承認。
	3月30日	チベット工作委員会、3大寺に軍を導入、反乱分子逮捕。
	3月31日	14世ダライ・ダマ、インドへ入国、インドと接触、4月3日インド亡命、インド国民議会承認。
	4月 8日	人民解放軍、ヒヨハ地区の武装反乱鎮圧。
	4月 8日	チベット自治区準備委員会、民主改革に着手。
	4月13日	ネルー・インド首相、中国のチベット行動を武力干渉と非難声明。
	4月15日	毛沢東主席、第16回最高会議でチベットの民主改革を提議。
	4月15日	ラサで各族各界2万人集会開催、反乱終息を確認。
	4月17日	チベット工作委員会、反乱平定中の農業問題解決の緊急指示。
	4月18日	カムパ・ゲリラの根拠地ヒヨハ地区平定。
	4月18日	周恩来総理、第2期全国人民代表大会でチベットの民主改革の報告。
	4月18日	インド外交官、マスリーでダライ・ラマ声明を配布、20日新華社が論評。
	4月20日	国務院、チャムド地区人民解放委員会解体。
	4月21日	衛戍愿軍、人民解放軍の攻勢で撤退命令、ゲリラ戦へ移行。
	4月24日	ネルー・インド首相、14世ダライ・ラマと会見（マスリー）。
	4月28日	第2回全国人民代表大会、チベット決議採択。
	4月28日	人民解放軍、カムパ地区平定。
	5月 6日	人民日報「チベット革命とネルーの哲学」。
	5月12日	人民解放軍、ヘイホー以西地区の武装蜂起を鎮圧。

	5月14日	チベット農民の税金・国家への穀物売却を免除。
	6月	カムパ反乱の残存分子の抵抗闘争。
	6月28日～7月17日	チベット自治区準備委員会開催、民主改革を2段階とする方針決定。
	7月 1日	チベット工作委員会、民主改革の第一歩として「三反双減」運動を展開。
	7月12日	人民解放軍、ナムフ地区の武装蜂起を鎮圧。
	7月15日	チベット全区で人民币使用布告。
	7月19日	チベット自治区準備委員会、民主改革決議採択。
	7月23日	チベット地区減額減息為法制定、9月16日公布。
	7月26日	人民解放軍、ナク平定、2000人殲滅。
	7月26日	ラサで反乱分子の罪行を訴える僧・俗人民集会開催、1万人以上参加。
	8月	共産党チベット工作委員会、民主改革中の党の領導強化とチベット族幹部の育成を指示。
	8月 7日	インド東北国境でインド軍・中国軍衝突。
	8月20日	人民解放軍、チャムド東南地区の武装反乱を鎮圧。
	8月25～26日	インド軍、チベットに侵攻、インド政府に対し軍事警告、28日国境紛争の激化。
	8月27日	人民解放軍、マイシカ地区の武装蜂起を鎮圧。
	8月31日	ネルー・インド首相、上院で中国軍の侵略につき声明。
	9月 1日	チベット工作委員会、牧区工作の指示。
	9月 2日	3大寺の三反運動終息。
	9月 7日	チベット工作委員会、チベット農村の階級区分画定方案制定。
	9月16日	チベット工作委員会、チベット地区土地制度改革方案制定。
	9月21日	チベット地区土地改革の実施弁法公布。
	9月22日	チベット自治区準備委員会第3次全体会議、封建農奴主土地所収制度排除・農民土地所有制実施を布告。
	9月29日	マラヤとアイルランド、第14国連総会の議題に「チベット問題」上程。
	10月 6日	チベット自治区土地制度委員会成立。
	10月12日	ネルー・インド首相、インド軍に反撃命令。
	10月15日	人民解放軍、チャムド平定、7000人殲滅。
	10月21日	チベット人民の基本的権利尊重の国連決議1353（XIV）成立。
	10月23日	外交部、米国のチベット干渉で声明。
	10月24日	中国、インドに対し3項目平和交渉提案。
	12月 8日	10世パンチェン・ラマ、中印紛争で声明――ネルーはチベット革命を恐れていると指摘した。
	12月20～27日	チベット自治区政治協商会議成立。
1960年	1月 5日	鄧小平共産党総書記、チベット民主改革の「左」防止を指示。
	1月 7日	国務院、チベット地区市・県行政区画の決定。
	1月18日	～19日　ラサ市政治協商会議成立。
	1月24日	周恩来総理、チベット農民の土地所有制の安定化を指示。
	2月 9日	チベット農業地域の民主改革達成。
	3月12～22日	共産党チベット工作委員会開催、張経武が民主改革の総括報告。
	3月30日	チベット工作委員会、農村での社会主義教育運動の展開を指示。
	4月	ダラムサラーで亡命政府活動開始。
	5月15～23日	チベット青年代表大会開催、23日チベット自治区青年聯合会成立。
	6月15日	チベット自治区婦女聯合会成立。
	7月	亡命政権、亡命人議会設立（ダラムサラー）。

	7月30日	共産党中央、民主改革中のパンチェン・ラマ集団の団結を指示。
	8月 8日	農村の人民公社化。
	8月19日	マラヤとタイ、第15国連総会の議題に「チベット問題」上程。
	10月22日	共産党チベット工作委員会、鎮圧工作の強化・改進の指示。
	11月	共産党チベット工作委員会、目前の辺境工作指示（辺境10条）。
	12月 6日	チベット全土の85％で土地改革完了。
1961年	1月 5日	鄧小平副総理、チベット民主改革後の腐敗防止を指示。
	1月23日	10世パンチェン・ラマ、毛沢東と会談（北京）。
	2月10日	パタンで反乱のラマ・国民党分子投降。
	2月22日	共産党チベット工作委員会、農村の若干具体的規定（農村26条）制定——農民所有制を確立した。
	3月15日	共産党チベット工作委員会、合作社方策の整理停止を決定。
	4月	民主改革運動終了。
	4月 1日	土地改革委員会による農地分配終了。
	4月 2日	チベット自治区準備委員会第5次全体委員会会議開催、張経武が今後5年間、社会主義改造はしないと演説。
	4月21日	共産党中央、チベット工作は穏定発展の方針を決定。
	5月	亡命政府、チベット人学校設立。
	6月15日	共産党チベット工作委員会、農村の若干の具体的政策の規定採択。
	7月 2日	新華社、チベット族1000人以上の入党を報道。
	8月 2日	チベット自治区人民代表会議設立のための民主選挙実施を決定。
	8月14日～9月6日	共産党チベット工作委員会全区統戦工作会議開催。
	9月25日	エルサルバドル、マラヤ、アイルランド、タイ、第16国連総会に「チベット問題」上程。
	10月16日	全国人民代表大会で自治区準備委員会代理地主任10世パンチェン・ラマが90％以上の農業集団化進展を報告。
	11月 3日	共産党チベット工作委員会、全区農牧業生産会議開催、5年間の生産目標を決定。
	11月 3日	インド最高会議、前進政策を決定公表（中国は2日と確認）。
	12月	チベット土地改革完了。
	12月	米国関与のチベット人降下のゲリラ活動中止（1958年～）。
	12月 6日	外交部、インドの度重なる領土・領空侵犯に抗議声明。
	12月12日	ラサ各界人士集会、インドの中国領土侵犯の罪行を指摘。
	12月20日	チベット国連決議1723（XVI）成立（賛成56、反対11、棄権29）。
1962年	3月	人民解放軍の平定作戦終了。
	4月13日	中国、1961年12月～1962年3月中印交換公文を一方的に公表、15日インドが中国に抗議。
	4月26日	共産党チベット工作委員会、自治区民族・文化工作座談会開催。
	6月 2日	1954年4月29日中国・インド間チベット協定失効。
	6月中旬	10世パンチェン・ラマ、直諫書7万上書提出、6月党中央で審議。
	7月13日	外交部、インド軍の行動は中国への挑戦と声明。
	8月11日	チベット自治区準備委員会、パンチェン・ラマの意見書の解決をチベット工作委員会に指示。
	8月25日	チベット自治区選挙委員会発足。
	9月 1日	共産党中央、牧区の当面の若干具体的政策の規定（修正牧区30条）批准。
	10月11日	共産党チベット工作委員会・チベット軍区、目前情勢と任務を指示。
	10月12日	ネルー・インド首相、東北国境から中国軍を撃退せよと命令。

	10月20日	中国人民解放軍、インド国境へ侵攻、21日中印国境の戦闘激化、インド軍敗退。
	10月22日	国防部、自衛声明。
	10月27日	人民日報「中印国境問題に寄せて再びネルー哲学を論ず」。
	11月13日	インド特殊辺境軍結成——米中央情報局が関与してチベット人兵士で構成された。
	11月16日	中国軍、ワロン占領、18日セラ峠・ラダク峠占領。
	12月 1日	インド軍、前進停止命令。
1963年	1月12〜13日	コロンボ会議アジア・アフリカ代表団、ネルー・インド首相と会談、23日インド、停戦提案受諾、中国は保留、27日インドが一方的停戦実施。
	3月 1日	共産党チベット工作委員会、牧区の当面の若干の具体的規定制定。
	3月10日	チベット亡命政府、チベットの将来に向けた憲法草案作成、6月14日暫定憲法として採択。
	3月25日	中国政府、チベット亡命政府憲法の公布でインド政府の関与を抗議、4月15日インド、全面的否認。
	3月30日	チベット自治区各級人民代表大会選挙条例採択。
	8月13日〜9月2日	ラサで共産党チベット工作委員会第6回拡大会議開催。
1964年	1月	ラサのモンラム・チェンモに1万人参加、10世パンチェン・ラマが「ダライ・ラマ法王万歳」と絶唱。
	7月 1日	『毛沢東全集』第4巻、チベットで刊行。
	9月18日〜11月4日	チベット自治区準備委員会第7回拡大会議開催、張国華が民主改革を強調、10世パンチェン・ラマを批判。
	12月	各級人民代表選挙、1万7000人選出、1965年8月5日結束。
	12月1〜15日	紅工会第1回代表大会開催、15日チベット紅工会成立。
	12月21日	チベット自治区準備委員会第7回拡大会議開催、10世パンチェン・ラマの反人民・反社会主義・反中国行動を暴露、国務院がパンチェン・ラマの同準備委員会代理主任を解任、9年8カ月の収監、1977年10月釈放。
	12月17日	国務院、14世ダライ・ラマの亡命政府憲法公布でダライ・ラマのチベット自治区準備委員会主任委員を解任、26日ラサ放送で確認。
1965年	3月22日	チベット人民公社試行決定、7月18日発足。
	7月18日	人民公社試行、8月22日共産党中央、同意。
	8月23日	国務院、チベット自治区成立承認。
	8月25日	全国人民代表大会、チベット自治区成立承認。
	8月29日	謝富治副総理、ラサ着、9月9日チベット自治区成立祝賀会参加（3万人参加）、11日中央代表団、ラサを離れ各地で慰問活動。
	9月1〜9日	チベット第1期人民代表大会開催、9日チベット自治区成立、自治区人民委員会主任にアペイ・アワジンメイ就任。
	9月4〜11日	人民政治協商会議チベット自治区第2回委員会総会開催、自治区の社会主義革命と社会主義建設の方針決定。
	10月20日	ラサ放送、チベット自治区準備委員会・中国人民解放軍の名によるチベット難民の帰国勧奨声明。
1966年	5月4〜26日	全国プロレタリア大革命開始、5月末チベット自治区共産党委員会、文化大革命領導小組（組長王其梅）成立。
	6月 6日	チベット自治区各単位で大字報。
	8月 8日	共産党8期中央委員会第11回総会、プロレタリア文化大革命に関する決定採択。
	8月12日	ラサ文化大革命階級分子代表1000人集会開催。
	10月	10世パンチェン・ラマ、紅衛兵による連行、のち人民解放軍が保護。

	10月9〜28日	チベット自治区共産党第一書記張国華、中央工作会議参加（北京）、11月7日チベット自治区共産党委員会で中央の方針伝達。
	12月22日	ラサ革命造反総司令部設立宣言。1967年1月造反派、権力掌握。
1967年	5月11日	共産党中央、チベット軍事管制委員会設立。
	6月25日	チベット語対訳の『毛沢東語録』30万部各地で発行。
	10月20日	チベット自治区革命大聯合準備小組成立。
1968年	8月28日	共産党中央・国務院・中央軍事委員会、中央文革を批判、チベット自治区革命委員会成立指示。
	9月5日	人民解放軍が地位回復、チベット自治区革命委員会成立。
	9月9〜19日	チベット自治区革命委員会会議開催、全国人民に告ぐる書採択。
1969年	3月10日	14世ダライ・ラマ、チベット蜂起記念日声明——チベットが独立すれば、チベット人は自らの政体を決めることができると指摘した。
	3月22日	チベット自治区革命委員会・チベット軍区、各級革命委員会建立指示。
	4月14〜24日	共産党第9期全国大会開催、中央委員にチベット族天宝選出。
	9月25日	共産党中央、チベット反革命暴乱の平息指示。
	11月26日	チベット自治区革命委員会、反革命暴乱有関政策問題の意見発出。
1970年	6月10日	チベット自治区の34％に人民公社600社設立（新華社）。
	10月	亡命チベット人組織、チベット青年会議発足。
	12月8日	共産党中央、チベット社会改造問題の指示発出。
1971年	1月	人民解放軍、アムドに核配備。
	8月7〜12日	チベット自治区共産党第1回代表大会開催（ラサ）、チベット自治区革命委員会設立。
	12月29日	外交部、インドでの反華活動に抗議声明。
1972年	2月21日	チベット自治区共産党第一書記・チベット軍区司令張国華死去。
	8月29日	人民解放軍チベット軍区後動部、太陽熱湯沸かし炉試作成功（新華社）。
1973年	6月25〜28日	チベット自治区共産青年団代表大会開催（ラサ）。
	7月16日	チベット自治区婦人代表大会開催（ラサ）。
	8月24〜28日	共産党第10期全国代表大会開催、中央委員に天宝とパサン選出。
	8月27日	チベット工会代表大会開催（ラサ）。
	10月24日	チベット地質探査、数十の鉱物発見（新華社）。
1974年	2月28日	批林批孔運動開始。
	8月3日	上海・四川省など6省からチベットに建設援助のための教師398名派遣。
	8月28日	チベット自治区革命委員会、全区農牧業5・5規画初歩構想決定。
	10月5日	チベット自治区の90％以上で人民公社化（新華社）。
1975年	7月16日	チベット師範学院、ラサに設立。
	8月31日〜9月11日	華国峰副総理ら代表団、ラサ訪問、9月9日チベット自治区成立10周年祝賀大会参加。
1976年	4月15日	中印国交関係の正常化。
	5月10日	アリで初の炭鉱操業開始。
	5月11日	自治区で手工業・民営商業の社会主義改造を実現。
	6月14日	雲南—チベット公路開通。
	10月6日	4人組粉砕、1977年4月27日チベット4人組記録8件（1960年9月18日〜1972年7月6日）確認。
1977年		中央政府、14世ダライ・ラマの帰国許可の声明。
	4月	初の日本代表団、入蔵。

	8月12〜18日	共産党第11期全国代表大会開催、中央委員に天宝とパサン選出。
	10月	パンチェン・ラマ、釈放（1964年12月〜）。
	10月24日〜12月3日	人民政治協商会議チベット自治区第3期委員会大開会議開催、委員281名、主席任栄、他を選出。
	11月27日〜12月2日	チベット自治区第3回人民代表大会開催（ラサ）、自治区革命委員会主任に任栄、副主任にチベット族天宝、アペイ・アワンジンメイ、楊東生。巴桑、熱地、洛桑慈誠、他に郭錫蘭、楊宗欣、牛瑞駟、喬加欽選出。
1978年	2月24日〜3月8日	人民政治協商会議第5期全国委員会開催、10世パンチェン・ラマが出席して自己批判、常務委員解任。
	2月26日〜3月5日	第5期全国人民代表大会開催、チベット代表任栄、天宝、巴桑、アペイ・アワンジンメイ、ペパラ・ゲリェナムジェら29名出席。
	12月28日	鄧小平共産党副主席、アメリカ人新聞記者スティールとの会見でダライ・ラマとの対話に言及。
1979年	2月28日	亡命政府、中国政府と第1回接触。3月12日鄧小平が14世ダライ・ラマ代表団と会談。
	8月6日	チベット自治区第3期人民代表大会第2次会議開催、アペイ・アワンジンメイが人民代表大会常務委員会主任、天宝がチベット自治区人民政府主席に選出。
	9月25日〜11月15日	14世ダライ・ラマ代表団、訪中。
1980年	3月14〜15日	共産党中央、チベット工作座談会開催。4月7日共産党中央、「チベット工作座談会紀要」の通知——チベットの需要に応えるチベット工作8項方針を指示した。
	5月14日	共産党中央委員会統戦副部長楊静仁、現地でチベット調査に着手。
	5月15日〜6月3日	共産党中央、チベット問題およびチベット政策会議開催—チベット政策の失敗を検討した。
	5月22日	胡耀邦中央政治局常務委員会委員ら共産党中央工作組、ラサ着、26日新チベット工作方針8項目を確認、29日胡耀邦が幹部大会で6点政策の演説、31日ラサ発帰京。
	6月13日	チベット自治区共産党委員会、農牧区若干経済政策の規定（試行草案10条）発出。
	6月20日	チベット自治区人民政府、経済改革の布告。
	7月21日	亡命政府、チベットへの親戚訪問を提案、中国は拒否。
	8月3日	チベット自治区共産党委員会、手工業の幾工政策決定（試行草案）発出。
	12月14日	亡命政府、チベット人学者のインドでのチベット学会参加を招請、中国は拒否。
1981年	3月10日	14世ダライ・ラマ、チベット蜂起記念日声明。
	3月23日	14世ダライ・ラマ、共産党軍事委員会主席鄧小平あて対話書簡送付。
	4月	チベット亡命政府3人代表団、北京派遣。
	4月17〜30日	チベット自治区人民代表大会第3次会議開催（ラサ）、楊東生は人民代表大会常務委員会主任、アペイ・アワンジンメイがチベット自治区政府主席に選出。
	5月23日	李維漢、チベット平和解放協議30周年記念論文「チベット民族解放の路」発表。
	7月27日	14世ダライ・ラマの代表ギャロン・ドンドブ、北京着、28日共産党中央委員会総書記胡耀邦と会見、中国がダライ・ラマあて5項目方針を提出。1982年4月10日チベット自治区共産党委員会、5項目方針を正式承認。
	8月26日	鄧小平副総理、10世パンチェン・ラマと会談。
	10月5日	チベット自治区人民政府、全区経済工作座談会開催。
	10月26日	チベット自治区共産党委員会、党の宗教信仰自治政策の全面貫徹と宗教活動管理強化の意見発出。
1982年	4月	亡命政府3人代表団、北京派遣。
	6月20日	チベット自治区共産党委員会、全国農村牧区工作会議開催。
	6月21日	共産党中央委員会統戦工作部、10世パンチェン・ラマのチベットでの講話で報告

		協議要請。
	6月26日	鄧小平副総理、一国両制構想を提起。
	6月29日~8月24日	10世パンチェン・ラマ、チベット視察、7月15日共産党中央委員会統戦工作部、10世パンチェン・ラマの団体工作につき要請。
	10月22日	鄧小平副総理、インド社会科学理事会代表団に中印国境問題での中国の立場につき発言。
1983年	3月10日	14世ダライ・ラマ、チベット蜂起記念日声明。
	12月 3日	共産党中央、チベット自治区整党工作指導小組設立。
1984年	2月15日	全区農村工作会議開催(ラサ)。
	2月27日~3月28日	共産党中央、第2次チベット工作座談会開催(北京)。4月1日共産党中央、「チベット工作座談会紀要」の通知。5月26日共産党中央、チベット工作の8項方針を指示。
	3月10日	14世ダライ・ラマ、チベット蜂起記念日声明。
	4月27日	チベット自治区人民政府、開放政策布告。
	5月31日	政府中央民族区域自治法採択、6月4日公布。
	8月15日~9月4日	全区統戦民族・宗教工作会議開催(ラサ)。
	8月19日	共産党中央委員会書記処書記胡啓立、副総理田紀雲ら、指導工作でラサ着、1990年までの免税延期など新チベット政策を通達、31日まで現地調査、9月14日共産党中央に報告。
	10月21日	ダライ・ラマ代表団、北京訪問、大チベット区(チョルカ・スム)設立構想を主張、中国は拒否。
	11月19~29日	チベット自治区第3期第3次拡大会議開催——共産党中央の調査報告を確認した。
1985年	1月	チベット自治区共産党委員会、経済改革の改革と経済発展の8項目意見発出。
	3月10日	14世ダライ・ラマ、チベット蜂起記念日声明。
	7月21日	チベット仏学院成立。
	7月30日	青蔵公路全面舗装通行。
	8月	予定された14世ダライ・ラマの帰国は実現せず。
	8月 5日	チベット自治区社会科学院成立。
	8月27日	共産党中央委員会書記処書記胡啓立、副総理李鵬ら、ラサ着、8月31日胡啓立、自治区20周年幹部会で演説、9月1日チベット自治区成立20周年祝賀会参加(3万人参加)、2日胡啓立が自治区共産党常務委員会で講話、3日ラサ発帰京。
1986年	2月14日	10世パンチェン・ラマ、モンラム・チェンモをジョカン寺(大昭寺)で主宰。
	7月15日	共産党中央委員会書記処書記郝建秀、チベット視察報告。
	12月11日	外交部発言人、インドによる中国領土アクサンチンの非合法占領に抗議声明。
1987年	3月28日	10世パンチェン・ラマ、全国人民代表大会チベット自治区常務委員会で7万言上書について発言。
	4月15日	チベット発展基金準備委員会成立(北京)。
	6月18日	米下院、チベット人権決議採択。12月15日/16日両院決議として再成立。
	6月21日~8月23日	10世パンチェン・ラマ、チベット視察。
	6月26日	外交部、米国の中国内政干渉に抗議声明。
	7月 9日	チベット自治区第4期人民代表大会第5次会議、チベット語文の学習・使用・発展の若干決定採択、1988年12月22日実施細則施行。
	9月10~28日	14世ダライ・ラマ、訪米。
	9月21日	14世ダライ・ラマ、米下院人権問題小委員会で5項目平和計画発表——チベット

		のアンヒサ区（平和区）を提起した。

- 9月24日　サラのサッカー場で公開裁判、2人死刑宣告、9人に懲役刑の宣告、29日亡命政府、人権弾圧と糾弾。
- 9月27日　ラサで独立要求デモが暴動化、30日人民日報、分裂主義者の行動と断定。
- 10月 1日　ラサで完全独立要求デモ、デモが暴動化。
- 10月 1日　14世ダライ・ラマ、ラサ暴動の逮捕者の釈放を要求。
- 10月 2日　外出禁止令、外国人は国外退去通告（～10日）。
- 10月 3日　チベット自治区人民政府、ダライ・ラマ一派分子の指導通告。
- 10月 5日　人民解放軍、チベット進駐。
- 10月 6日　セラ寺（色拉寺）で反中国デモ。
- 10月 7日　チャムドで中国人民解放軍進駐37周年デモ。
- 10月14日　中国政府、チベットへの外国人立ち入り禁止。
- 10月17日　中国共産党中央委員会中国統戦工作部長閻明復、5項目平和計画を拒否した5項目文書を亡命政府あて送付。12月17日チベット亡命政府、閻明復あて返書で反論。
- 12月12日　中央チベット工作組・チベット自治区共産党委員会中央・国務院・中央軍事委員会、騒乱事件の総合的状況を検討、公安部・総参謀部・武装警察部が報告。

1988年
- 1月11日～2月11日　10世パンチェン・ラマ、チベット視察。
- 2月 9日　チベット自治区共産党委員会、チベット語文工作指導委員会設立。
- 3月 5日　ラサでラマ暴動。
- 4月　　　亡命政府、代表の香港派遣を発表（実現せず）。
- 4月17日　人民日報記事「分離主義者の意図を隠したダライ・ラマ提案は『陰謀』である」。
- 5月　　　10世パンチェン・ラマ、名誉回復、全国人民代表大会常務委員会副委員長に復帰。
- 6月15日～29日　喬石共産党中央政治局常務委員会委員、チベット各地で視察工作。
- 6月15日　14世ダライ・ラマ、欧州議会で新平和4項目提案（ストラスブール提案）配布—自治の中間の道アプローチを提案した。
- 8月22日　14世ダライ・ラマ代表、在ニューデリー中国代理大使と交渉の協議。
- 9月23日　駐インド中国大使館、14世ダライ・ラマとの交渉で文件送付。
- 10月 3日　14世ダライ・ラマ、コペンハーゲンでストラスブール提案確認。
- 11月　　　共産党統戦工作部長閻明復、14世ダライ・ラマ代表に対話解決の可能性を指摘。
- 11月18日　中国政府、在ニューデリー中国大使館を通じ14世ダライ・ラマとの交渉条件を通告。
- 12月10日　ラサで独立デモ、暴動。
- 12月19日～23日　ガンジー・インド首相、34年ぶりに訪中、チベットは中国自治区と確認。
- 12月29日　共産党中央、当面チベット工作の若干の問題発出。

1989年
- 1月28日　10世パンチェン・ラマ死去、29～30日全国人民代表大会常務委員会、哀悼布告。
- 3月5日～6日　ラサ大暴動。
- 3月 7日　国務院、ラサに戒厳令施行。
- 3月10日　14世ダライ・ラマ、チベット蜂起30周年記念日声明。
- 3月16日　欧州議会、チベット人権決議採択。
- 3月20日　人民日報評論「中国の内政干渉を許さない」。
- 4月12日　亡命政府、交渉の立場を在ニューデリー中国大使館に通告。
- 4月19日　亡命政府、代表の香港派遣を発表。
- 4月20日　チベット各族各界人士、チベット民主主義改革実行30周年祝賀会開催（ラサ）。
- 7月10日　チベット自治区共産党委員会・自治区人民政府、人民解放軍の学習・熱愛・擁護活動の決定発出。
- 7月27日　チベット自治区共産党委員会・自治区人民政府、分裂主義分子と犯罪分子の工作方

		案を指導。
	9月21日	チベット自治区共産党委員会・自治区人民政府、寺廟管理強化と寺廟整理進行の意見発出。
	10月	ジョカン寺（大昭寺）外の独立デモでゲロン（尼）6人逮捕。
	10月 5日	ノルウェーのノーベル委員会、14世ダライ・ラマにノーベル賞授与を発表、12月10日授与。
	12月11日	14世ダライ・ラマ、オスロ大学で演説、5項目平和計画を確認。
	12月18～24日	チベット自治区共産党委員会第3期第8次全体委員会拡大会議開催（ラサ）、中央政治局常務委員会チベット工作会議紀要の検討を通報。
1990年	1月20日	チベット自治区共産党委員会・自治区人民政府、チベット自治区経済社会発展戦略構想策定。
	2月 6日	チベット自治区人民政府、1990年企業深化改革意見を提出——企業の責任制を指摘した。
	3月	国連人権委員会、中国人権／チベット決議案不成立。
	4月30日	ラサ戒厳令解除、5月1日チベット自治区人民政府、ラサ戒厳令の解除命令。
	5月11日	14世ダライ・ラマ、亡命政府憲法改正に着手。
	6月 8日	ジョカン寺（大昭寺）外で釈迦生誕記念日に大学生の集会・デモ。
	7月11～18日	チベット自治区共産党第4次代表大会開催（ラサ）。
	7月22～26日	共産党中央委員会総書記江沢民、ラサ視察、24日幹部大会で講演、25日シガツエ視察。
	8月21日	ノルブリンカで「中国人はチベットから去れ」デモ。
	9月17日	14世ダライ・ラマ、ニューヨーク州立大学で講演「チベット——過去と現在」。
	10月19日	チャムド地区各界代表1万人、チャムド解放40周年祝賀会開催、自治区共産党書記胡錦涛が講話。
	10月28日	チベット自治区共産党委員会・自治区人民政府、党員の宗教問題解決の工作意見発出。
	12月 7日	チベット自治区共産党委員会、統一戦線工作の強化決定。
1991年	1月27～30日	チベット自治区共産党委員会、全区統戦工作会議開催（ラサ）。
	2月 3日	米国務省人権白書でチベットの人権問題を指摘。
	3月	亡命政府、「チベット年（1991年3月－1992年3月）」の活動、国際チベット学シンポジウムなど開催。
	3月17日	14世ダライ・ラマの訪英、19日チャールズ皇太子と会見、メジャー首相との会見は実現せず。
	3月19日	14世ダライ・ラマ、ロンドンの王立国際問題研究所で講演「チベットの将来について」。
	3月25日	14世ダライ・ラマの訪米。4月16日14世ダライ・ラマ、ブッシュ米大統領と会談、中国政府は抗議。
	3月26日	ボイス・オブ・アメリカ、チベット向け放送開始。
	4月17日	人民日報、14世ダライ・ラマ提案の陰謀性を指摘。
	4月27日	チベット自治区第5期人民代表大会第4次会議開催（ラサ）、チベット自治区経済社会発展戦略構想を討議。
	4月29日	亡命政府、チベット政府の正統性を主張。
	5月22日	チベット平和解放40周年祝賀大会開催（ラサ）。
	5月23日	チベット平和解放40周年祝賀大会開催（北京）。
	6月14日	亡命政府、国民代議会で亡命チベット人憲章採択（ダラムサラー）、1992年2月3日公布。

	8月 6日	共産党中央委員会統戦部工作部、チベット訪問――チベット8・8期建設を協議した。
	8月19日	国連人権委員会、チベット人権決議成立。
	10月 7日	チベット自治区共産党委員会、全区宗教工作会議開催（ラサ）。
	10月 9日	14世ダライ・ラマ、イエール大学で講演「敵を抱きしめて」。
	10月10日	チベット自治区共産党委員会・自治区人民政府、辺境地区の若干問題の政策規定発出。
	10月11日	米国、中国に対し通商法第301条発動。
	10月19日	チベット自治区共産党委員会・自治区人民政府、党中央・国務院の宗教工作の若干問題の通知の意見発出。
	10月28日	チベット自治区共産党委員会・自治区人民政府、一部共産党員の信仰宗教の意見の妥協解決に関してを発出。
	12月 2日	14世ダライ・ラマ、メージャー英首相と会談。
	12月11～16日	李鵬中国総理、インド訪問。
1992年	2月 3日	亡命政府、亡命チベット人憲章公布。
	3月	国連人権委員会、中国／チベット人権決議案不成立。
	3月25日	国務院新聞弁公室、白書「チベットの主権と人権状況」。
	4月 4日	チベット発展援助基金成立（北京）。
	5月4～12日	チベット自治区第5期人民代表大会第5次会議開催（ラサ）。
	5月13～15日	共産党中央、全区民族工作会議開催（ラサ）――平和解放40周年の成果を総括した。
	5月18～28日	シャンカル・ダヤル・シャルマ・インド大統領の訪中。
	6月	亡命政府代表ギャロ・ドゥントゥップ、北京で共産党中央委員会統戦工作部長丁関根と会談。
	7月14日	チベット自治区人民政府、国内外チベット投資の若干規定（23条）公布。
	7月15日	中国・インド国境貿易、30年ぶりに再開。
	8月 7日	チベット自治区人民政府、第3次産業発展実施の意見発出。
	9月 1日	14世ダライ・ラマ、鄧小平および中央軍事委員会主席・中国共産党中央委員会総書記江沢民あて覚書で13項目秘密提案、1993年9月4日チベット亡命政府、公表。
	9月19日	チベット自治区人民政府、全民所有制工業企業転換経営規制条例54条公布。
1993年	3月 8日	14世ダライ・ラマ、10世パンチェン・ラマ転生者の存在を確認。
	3月30日	チベット自治区共産党委員会・自治区人民政府・チベット軍区、チベット民兵工作強化の意見発出。
	4月 3日	国連人権委員会、中国／チベット人権決議案不成立。
	9月 4日	14世ダライ・ラマ、中国・チベット関係で声明。
	9月6～9日	ラオ・インド首相の訪中、7日国境地区の平和と安定の維持協定調印。
	9月16日	欧州議会、チベット問題決議採択。
	10月23日	チベット自治区人民政府全体拡大会議開催（ラサ）――反腐敗闘争の発展を進めた。
	10月29日	チベット自治区人民政府、反腐敗闘争の意見の通知発出。
1994年	1月15～19日	チベット自治区人民政府、全区経済工作会議開催（ラサ）――開放問題を検討した。
	3月 1日	チベット自治区人民政府、商品統通体制改革の通知。
	4月18～24日	チベット宣伝思想工作会議開催（ラサ）。
	5月13～21日	チベット自治区政治協商会議第6期第2次会議開催（ラサ）。
	7月17～19日	銭基琛中国副総理・外交部長、インド訪問。
	7月20～23日	共産党中央・国務院、第3次チベット工作座談会開催（北京）――江沢民共産党総書記がチベット革命・建設工作の重要性を指摘した。
	7月23日	共産党中央、チベット建設項目62件、総投資数13点8億元を決定。

チベット年表

1995年	1月	中国・米国、人権対話。
	3月8日	国連人権委員会、中国／チベット決議案不成立。
	5月14日	14世ダライ・ラマ、パンチェン・ラマ転生者としてゲドゥン・チューキ・ニマ少年（1989年4月25日出生）を発表。
	5月17日	政府、パンチェン・ラマ転生者としてゲ・ドゥン・チューキ・ニマ少年認定を非合法と断定、ほどなくニマ少年は行方不明。
	6月19日	14世ダライ・ラマ、ドイツ連邦議会海外問題委員会で陳述。
	10月	14世ダライ・ラマ、ニマ少年の転生認定を江沢民中国主席に通告。
	11月19日	政府、パンチェン・ラマ転生者としてギャンツァイ・ノルブ（1990年2月13日出生）を認定、12月8日継承式典。
	11月29日	14世ダライ・ラマ、パンチェン・ラマの転生で声明。
1996年	3月19日	国連人権委員会、中国／チベット決議案不成立。
	5月13日	14世ダライ・ラマ、コペンハーゲンの海外問題委員会で陳述。
	11月18日	自由アジア放送、チベット向け放送開始。
	11月28日～12月5日	江沢民国家主席、インド訪問、11月29日国境実効的支配地域の軍事的信頼醸成確立協定調印。
1997年	3月22～27日	14世ダライ・ラマ、台湾訪問。
	4月10日	国連人権委員会、中国／チベット決議案不成立。
	4月29日	亡命政府、文書「中国との交渉に関するチベット政府の立場」公表。
	5月14日	米国議会上院外交委員会でケフリー・バデル国務省東アジア・太平洋担当次官補が米国のチベット政策で証言。
	6月27日	クリントン米大統領、江沢民中国国家主席とワシントン会談、14世ダライ・ラマとの対話を要求、江沢民は対話の扉はいつでも開かれていると指摘。
	7月	米国務省にチベット問題担当特別調整官設置、10月同調整官にグレッグ・グレイグ任命。
	8月9～13日	米上院議員フランク・ウルフのチベット訪問。
1998年	2月	国務院新聞弁公室、白書「チベット自治区人権事業の新進展」。
	3月	チベット青年会議分子、ニューデリーで住民投票を要求して断食闘争。
	3月10日	14世ダライ・ラマ、チベット蜂起39周年記念日声明。
	4月	オルブライト米国務長官が14世ダライ・ラマと中国との対話を求めると発言。
	8月3日	インド駐在米大使リチャード・セレステ、14世ダライ・ラマと会談（ダラムサラー）。
1999年	3月10日	14世ダライ・ラマ、チベット蜂起40周年記念日声明。
	4月16日	国連人権委員会、米国主導の中国／チベット人権決議案不成立。
	4月16日	台湾に14世ダライ・ラマ事務所開設。
2000年	3月10日	14世ダライ・ラマ、チベット蜂起41周年記念日声明。
	3月10日	米上院、チベット決議採択。
	3月19日	チベット青年会議分子3人、ジュネーブの国連人権委員会に対して断食闘争。
	4月17日	国連人権委員会で中国人権／チベット決議不成立。
	6月20日	14世ダライ・ラマ、クリントン米大統領と会談。
	6月23日	国務院新聞弁公室、白書「チベット文化の発展」。
	9月	亡命政府『中国における中国政府の現行政策』
	9月29日	亡命政府、交渉でチベット人の願望について間違いをしていると指摘。
2001年	1月9～16日	李鵬全国人民代表大会常務委員長、インド訪問。
	2月8日	国務院、チベット建設改革（青海－チベット鉄道）承認。
	3月10日	14世ダライ・ラマ、チベット蜂起42周年記念日声明。

	3月31日	14世ダライ・ラマ、陳水篇中華民国総統と会談。
	4月30日	チベット全土人口261.63万人と発表。
	5月 8日	14世ダライ・ラマ、ミネソタ大学で講演。
	5月23日	中央政府、チベット解放50周年祝電。
	5月23日	14世ダライ・ラマ、ブッシュ米大統領と会談。
	5月23日	亡命政府、17カ条協定調印50周年記念声明。
	5月26日	中国人権研究会「米国支持のダライ集団分裂活動の分析」。
	6月25〜27日	共産党中央・国務院、第4次チベット工作座談会開催（北京）。
	6月29日	ゲルムーラサ鉄道（青海・チベット鉄道）着工。
	7月19日	胡錦涛国家副主席、ラサのチベット解放50周年式典で講演。
	9月29日	亡命政府、『チベットにおける中国の現行政策』公表。
	11月 9日	国務院新聞弁公室、白書「チベットの現代化発展」。
	12月15日	日本人チベット百年記念フォーラム開催（東京）。
2002年	3月10日	14世ダライ・ラマ、チベット蜂起43周年記念日声明。
	3月10日	米上院、チベット決議成立。
	9月9〜16日	14世ダライ・ラマ特別使節の訪中、27日帰国して特別使節ギャルツェンの声明、30日チベット亡命政府内閣主席大臣の声明。
	11月 6日	14世ダライ・ラマ、モンゴル国立大学で名誉博士号授与、授与式でチベットの自治に言及――これにより対話は中断された。
2003年	3月 7日	米国議会国際関係委員会チベットに関する米国政策審議会聴聞会でインターナショナル・キャンペーン・フォア・チベット代表リチャード・ギアが証言。
	3月10日	14世ダライ・ラマ、チベット蜂起44周年記念日声明――チベットの独立と分離を求めない「中間の道アプローチ」を強調した。
	3月11日	国務院新聞弁公室、白書「チベットの生態建設と環境保持」。
	6月22〜27日	バジパイ・インド首相の訪中、23日共同宣言で国境問題解決の枠組み合意――枠組み合意の共同宣言は「インドはチベット自治区を中国の一部と認める」と言及した。
	12月 3日	共産党中央委員会統戦部長劉延東、14世ダライ・ラマに対する中央政府の政策はダライ・ラマの「チベット独立」の意思を放棄させることであると指摘。
2004年	3月 4日	中国外交部、14世ダライ・ラマとの対話3条件を指摘。
	3月10日	14世ダライ・ラマ、チベット蜂起45周年記念日声明――中国との対話を強調した。
	3月10日	ダラムサラーでチベット青年会議分子50名が24時間ハンスト。
2005年	3月10日	14世ダライ・ラマ、チベット蜂起46周年記念日声明。
	10月15日	青海―チベット鉄道完工。
	12月 8日	11世パンチュン・ラマ継承10周年式典。

チベット文献目録

1. 地誌・一般

大谷大学図書館編『大谷大学図書館所蔵西蔵文庫目録』大谷大学図書館、1973 年。
貞兼綾子編『チベット研究文献目録 1877 〜 1977 年』亜細亜大学アジア研究所、1982 年。
貞兼綾子編『チベット研究文献目録Ⅱ 1878 〜 1995 年』高科書店、1997 年。
索文清編『チベット研究文献目録 [索文清編　中國藏學研究文献書目（1949 − 1998)、八巻佳子編　日本チベット研究文献目録（1945 − 1999)』風響社、1999 年。
王堯・王启龍・劉小咏『中国藏学史（1949 年前)』北京、民族出版社／清華大学出版社、2003 年。
歴声・李国強主編『中国辺疆史地研究綜述（1989 − 1998 年)』哈尔浜、黒龍江教育出版社、2002 年。
馮承鈞編『西域地名』台北、台灣中華書局、1962 年。
国家測絵局地名研究所編・武振華主編『西藏地名』北京、中国藏学出版社、1996 年。
西藏自治区測絵局編制『西藏自治区地図』成都、成都地図出版社、1990 年。
中国地図出版社編制『西藏自治区地図』北京、中国地図出版社、1995 年。
西藏自治区測絵局『西藏自治区地図冊』北京、中国地図出版社、1995 年。
江平・他『西藏的民族区域自治』北京、中国藏学出版社、1991 年。
徐華鑫編『西藏自治区地理』ラサ、西藏人民出版社、1986 年。
楊武・他『青藏高原的交通与発展』北京、中国藏学出版社、1999 年。
鳥原『拉薩地図』ラサ、西藏人民出版社、2005 年。
〈西藏自治区概況〉編写組『西藏自治区概況』ラサ／北京、西藏人民出版社、上・下、1991 年。
〈西藏自治区概況〉編写組『西藏自治区概況』ラサ／北京、西藏人民出版社、1994 年。
李玉成「藏族的 " 藏 " 字源考」中央民族学院学報、1985 年第 2 期。
普日科「" 蕃 "──呼喊的民族　藏族族名新探」西藏研究、1988 年第 3 期、1988 年。
安心民「藏族族源新探」西藏研究、1984 年第 8 期、1984 年。
『藏北牧民』北京、中国藏学出版社、1993 年。
房建昌「論藏北三十九族──〈中国藏族部落〉補考」中央民族大学学報、1995 年第 2 期。
張天路『西藏人口的変遷』北京、中国藏学出版社、1989 年。
孫競新主編、国務院人口普査弁公室・西藏自治区人口普査弁公室編『当代中国西藏人口』北京、中国藏学出版社、1992 年。
孫懷陽・程賢敏主編『中国藏族人口与社会』北京、中国藏学出版社、1999 年。
王端玉「喇嘛教与藏族人口」、郎維偉・袁暁文主編『民族研究文集』成都、巴蜀書社、2000 年。
曹自強・毛翔・喜铙尼瑪編『西藏的寺廟和僧侶』北京、中国藏学出版社、1995 年。
西藏自治区文物官吏委員会編『布達拉宮簡介』ラサ、西藏人民出版社、1987 年。
蒲文成主編『甘青藏伝仏教寺院』西寧、青海人民出版社、1990 年。
索朗旺堆主編『阿里地区文物志』ラサ、西藏人民出版社、1993 年。
陳履主編『西藏寺廟』上海、上海人民美術出版社、1995 年。
蕭金松『關於西藏佛寺』台北、蒙藏委員會、1986 年。
青海省文史研究館『塔爾寺』西寧、青海人民出版社、1957 年、1984 年。
李志武・劉励中編『塔爾寺』北京、文物出版社、1982 年。
青海自治区文物管理委員会編『塔爾寺』北京、文物出版社、1982 年。

西藏自治区文物管理委員会編『薩迦寺』北京、文物出版社、1985年。
西藏自治区文物管理委員会編『布達拉宮』北京、文物出版社、1986年。
田中公明『ポタラ宮の秘宝』アジア文化交流協会、1996年。
雍和宮管理処編『京都名刹——雍和宮』北京、中国和平出版社、1993年。
尹育政『雍和宮』北京、中国青年出版社、1989年。
金梁編『雍和宮志略』北京、中国藏学出版社、1994年。
陳観濤『活説雍和宮』北京、宗教文化出版社、2002年。
羅発西・他『拉ト楞寺概況』蘭州、甘粛民族出版社、1987年。
丹曲『拉ト楞寺簡史』蘭州、甘粛民族出版社、1994年。
石黒淳・八田幸雄・立川武蔵『ヒマラヤの僧院』講談社、1981年。
謝洪波編『古寺之謎——中国十八座名寺之旅』沈陽、遼海出版社、2005年。
陳秉智・次多主編『青藏建築与民俗』天津、百花文芸出版社、2004年。
徐平・路芳『中国歴史名城江孜』北京、中国藏学出版社、2004年。
楊嘉銘『徳格印経院』成都、四川人民出版社、2000年。
楊嘉銘『沙渓寺登街』昆明、雲南民族出版社、2002年。
大岩昭之『チベット寺院・建築巡礼』東京堂出版、2005年。
楊世光『香格里拉史話』昆明、雲南出版社、2002年。
木萠春『香格里拉釈謎——洛克与萠江』香港、香論昆論制作公司、1998年。
夫巴『馬蹄踏出的輝煌』昆明、雲南人民出版社、2000年。
盖明生『霊魂居住的地方』北京、中国工人出版社、2000年。
安才旦編『西藏之旅』広州、広東旅游出版社、2003年。
楊勇『雲南牛皮書』上海、上海社会科学出版社、2004年。
宝洪峰編『大理錦綉五十年』昆明、雲南美術出版社、1999年。
宝洪峰『神奇美麗的大理』北京、中国環境科学出版社、2001年。
合和主編『大理——風花雪月』昆明、雲南出版社、2001年。
西藏自治区政協文史委編『西藏旅游』北京、民族出版社、2004年。
『藏族学術討論会論文集』ラサ、西藏人民出版社、1984年。
『拉薩藏討論会論文選』ラサ、西藏人民出版社、1987年。
陳慶英主編、青海省社会科学院藏学研究所『藏族部落制度研究』北京、中国藏学出版社、1995年。
星全成・鳥連龍『藏族社会制度研究』西寧、青海出版社、2000年。
中国藏学研究中心社会経済研究所編『西藏家庭四十年変遷——西藏百戸家庭調査報告』北京、中国藏学出版社、1996年。
善隣協会調査部編『赤化線上の蒙古と新疆——支那邊境の諸問題』日本公論社、1935年。
楊仲華、村田孜郎訳『支那西康事情』誠文堂新光社、1941年。
ブルジェヴァリスキー、高橋勝之・谷耕平訳『蒙古と青海』上・下、生活社、1940年。
佐藤長『チベット歴史地理研究』岩波書店、1978年。
馮承鈞編『西域地名』台北、臺灣中華書局、1962年、1977年。
太田保一郎「チベットの名義について」歴史地理、第6巻第9号、1904年。
木口健三「西藏の名称について」史学研究、第2巻第3号、1931年。
フォスコ・マライニ、塩見高年訳『チベット』春鳥会、1942年。
多田等観『チベット』岩波新書、岩波書店、1942年。
山口瑞鳳『チベット』東京大学出版会、上・下、1987年。
ペパ・ギャルボ『チベット入門』日中出版、1987年。
長尾和俊『チベット——極奥アジアの歴史と文化』校倉書房、1964年。
François Pommaret, Le Tibet: une civilization blessee, Paris: Gallimard, 2002. 後藤淳一訳『チベット』

創元社、2003 年。
陳舜華編『西藏』香港、中華書局香港分局、1977 年。
謝蔚明『康藏公路紀行』上海、上海出版公司、1955 年。
管紀奮編『人民的康藏公路』成都、四川人民出版社、1956 年。
『青海公路交通史』北京、人民交通出版社、1989 年。
『西藏公路交通史』北京、人民交通出版社、1999 年。
金子英一『チベットの都・ラサ案内』平河出版社、1982 年。
伝崇蘭主編『拉薩史』北京、中国社会科学出版社、1994 年。
赤列曲札『西藏風土志』ラサ、西藏人民出版社、1985 年。
朱世奎主編『青海風俗簡志』西寧、青海人民出版社、1994 年。
青海民院民研所編『青海風情』西寧、青海人民出版社、1995 年。
廖東凡『雪域西藏風情録』ラサ、西藏人民出版社、1998 年。
楊侃主編『西藏的魅力』ラサ、西藏人民出版社、1999 年。
閻振中『西藏秘境』ラサ、西藏人民出版社、2000 年

R. B. Ekvall, *Cultural Relation on the Kansu-Tibetan Border*, Chicago: Univ. of Chicago Press, 1939, 1977. 蓮井一雄訳『甘粛・西藏辺境地帯の民族』帝国書院、1944 年。
T. C. Shen & Shen Chi Liu, *Tibet and the Tibetans*, New York: Octagon Books, 1953.
Israel Epstein, *Tibet Transformed*, Peking: New World Press, 1983.
Shen Tsung-lien & Liu Shen-chi, *Tibet and the Tibetans*, New York: E. P. Dutton, 1977.
Zhang Junyi ed. *Collective Essays of Tibetan Studies*, Taipei: Commission for Tibetan Studies, 1989, 2 Vols.

王進『三普之旅　随筆』太原、山西経済出版社、2000 年。
崔正森主編『五台山六十八寺』太原、山西科学技術出版社、2003 年。
日比野丈夫・小野勝年『五台山』東洋文庫、平凡社、1995 年。
安建華『走進五台山』呼和浩特、遠方出版社、2000 年。
徐丽華・馮智『藏区名胜』成都、巴蜀書社、2003 年。
陳澄之『西藏見聞録』台北、正中書局、1960 年。
孟子為『西藏啦西藏』蘭州、敦煌文藝出版社、2001 年.
楊居人『訪康藏高原』北京、作家出版社、1955 年。
邵長辛『西藏高原旅行記』北京、通俗読物出版社、1956 年。
李佳俊『西藏遊記』ラサ、西藏人民出版社、1980 年。
蔡賢盛『西藏見聞記』西寧、青海人民出版社、1981 年。
西藏日報社編『在世界屋背』北京、人民日報社、1986 年。
李維平・他『西藏萬里行』北京、民族出版社、1988 年。
巴荒『陽光与荒原的誘惑——巴荒的西藏心霊史』北京、中国人民大学出版社、2004 年。
暁浩『西藏在上』ラサ、西藏人民出版社、2005 年。
隠尘『藏秘　唐卡奥義』重慶、重慶出版社、2005 年。
水原渭江『チベットわが回想の 10 年　活仏――高僧菩薩の生まれかわり』新風書房、2004 年。
Thubten Jigme Norbu & Colin M. Tuenbull, *Tibet: its History, Religion and People*, New York: Simon & Schuster, 1968/ Harmondsworth: Penguin, 1972. 耿昇訳『西藏和蒙古的宗教』天津、天津古籍出版社、1989 年。
「地球の歩き方」編集室編『地球の歩き方　チベット』ダイヤモンド・ビッグ社、1988 年、1998 年改訂第 7 版、『地球の歩き方　チベット 2004 － 2005』2003 年。
旅行人編集室『チベット』旅行人、1996 年、1998 年改訂版、2002 年第 3 版。
明学・愛華編『中国藏区旅遊手冊』重慶、重慶出版社、1991 年。

一直『藏地牛皮書——背上包就走的感覚』北京、中国青年出版社、2002年。
王尭・陳慶英主編『西藏歴史文化辞典』杭州、浙江人民出版社、1998年。
高文徳主編『中国少数民族史大辞典』吉林、吉林教育出版社、1995年。
『中国民族統計年鑒』北京、民族出版社。
龔心瀚主編『辺境貿易実務手冊』上海、上海遠東出版社、1993年。

2．紀行

堀謙徳『解説西域記』文榮閣、1912年／国書刊行会、1971年。
松本文三郎「玄奘の研究」『東洋文化の研究』岩波書店、1926年。
足立喜六『大唐西域記の研究』上・下、法藏館、1942-43年。
知切光歳『玄奘三蔵』玄奘三蔵千三百記念会、1964年。
馬佩主編『玄奘研究』開封、河南出版社、1997年。
梁勁泰「〈大唐西域記〉与西藏」西藏研究、1992年第3期。
楊非『玄奘』上海、學習生活出版社、1955年。
玄奘『大唐西域記』國學基本叢書、上海、商務印書館、1934年。
玄奘『大唐西域記』上・下、台北、廣文書局、1969年。
玄奘、辯機撰『大唐西域記』6冊、貝葉書院、1972年。／3冊、北京、中葉書院、1991年。
玄奘、周国林注訳『大唐西域記』長沙、岳麓書社、1999年。
玄奘、辯机・宋強訳『大唐西域記』上海、上海社会科学出版社、2003年。
玄奘、水谷真成訳『大唐西域記』中国古典文学大系22、平凡社、1971年／3冊、東洋文庫、平凡社、1999年。
護雅夫訳『中央アジア・蒙古旅行記』桃源社、1979年。
古伯察、耿昇訳『韃靼西藏旅行記』北京、中国藏学出版社、1991年。
オドリコ、家入敏光訳『東洋旅行記——カタイ（中国）への道』桃源社、1979年、光風社、1996年。
Sarachchandra Dasa, ed. By W. W. Rockhill, *Journey to Lhasa and Central Tibet*, London: Murray, 1904/ New Delhi: Manjusri : 1970. 陳観勝・李培茱訳『拉薩及西藏中部旅行記』北京、中国藏学出版社、2004年。
Graham Sandberg, *The Exploration of Tibet: Its History and Particulars from 1623 to 1904*, Calcutta: Thacker, Spink & Co./ London: W. Thacker & Co., 1904.
Michael Taylor, *Odes: suivies de, Tibet*, Paris: Gallimard, 1986. 耿昇訳『発現西藏』北京、中国藏学出版社、1998年。
Filippo de Filippi ed., *An Account of Tibet: The Travels of Ippolito Desideri of Pistoia, S. J., 1712-1727*, London: George Routledge & Sons, 1937. 薬師義実訳『チベットの報告1』東洋文庫、平凡社、1991年。
G・N・ソコフスキー、バイカロフ・内田寛一訳『西藏探検秘史』中興館、1930年。
James Cooper, 'The First Westerner to Enter Lasa?' Alex McKay ed., *The History of Tibet*, Vol. 2 *The Medieval Period: c. 850 - 1895: The Development of Buddhist Paramountcy*, London: Routledge Curzon, 2003.
Clement R. Markham, *Narrative of the Mission of George Bogle to Tibet and the Journey of Thomas Manning to Lhasa*, London: Trubner, 1879.
エル・J・ユック、後藤冨男・三上英明訳『韃靼・西藏・支那旅行記』上・下、生活社、1939年、原書房、上・下、1980年。
John Bray, 'French Catholic Missions and The Politics China and Tibet 1846-1865,' Alex, McKay ed., *The History of Tibet*, Vol. 3 *The Modern Period:1859 - 1959: The Encounter with Modernity*, London: Routledge Curzon, 2003.
William Woodville Rockhill, *Diary of a Journey through Mongolia and Tibet in 1891 and 1892*, Washington, DC: Smithsonian Institution, 1894.

William Woodville Rockhill, *The Land of the Lamas: Notes of a Journey through China, Mongolia and Tibet*, New York: Century, 1891.

William Woodville Rockhill, *Journey to Lasa and Central Tibet*, London: Murray, 1902.

William Woodville Rockhill, *The Dalai Lamas of Lasa and their Relations with the Manchu Emperors of China, 1644-1908*, Leyden: Orient Printing-Office, 1910, Dharamsala: Library of Tibetan Works & Acchives, 1998.

山沢啓造「駐清外交官ロックヒル」軍事史学、第6巻第3号、1970年。

John Bray,'Christian Missions and the Politics of Tibet, 1950-1950,' Alex. McKayed., *History of Tibet*, Vol. 3, The modern Period:1859 - 1959: The Encounter with Modernity London: Routledge Curzon, 2003.

Sir Francis Younghusband, *The Heart of a Continent: A Narrative of Travels in Manchuria, across the Gobi Desert, through the Himalayas, the Pamirs, and Chitral, 1884-1894*, London: J. Murray, 1896, Delhi: Book Faith India, 1994. 石一郎訳『カラコルムを越えて』西域探検紀行全集5、白水社、1966年。

Francis Edward Younghusband, *The Heart of a Continent*, London: John Murray, 1896. 石一郎訳『カラコルムを越えて』西域探検紀行全集5、白水社、1966年。

Francis Edward Younghusband, *Among the Celestials: A Narrative of Travels in Manchuria, across the Gobi Desert, through the Himalayas to India*, London: John Murray, 1898. 筧太郎訳『ゴビよりヒマラヤへ』朝日新聞社、1939年。

Sir Francis Younghusband, *Wonders of the Himalayas*, London: John Murray, 1924 / New Delhi: Asian Educational Service, 1993.

Sir Francis Younghusband, *The Light of Experience: A Review of Some Men and Events of my Time*, London: Constable & Co., 1927.

Francis Edward Younghusband, *India and Tibet*, Delhi: Oriental Publishers, 1971.

Patrick French, *Yanghusband: The Last Great Imperial Adventurer*, London: Harper Collins, 1994. 鄭明華訳『西藏追踪』鳥魯木斉、新疆出版社、2000年。

Sevan Hedin, *Transhimalaja*, Leipzig: F. A. Brockhaus, 3 Bd., 1909-12. [縮刷版] *Transhimalaja*, Leipzig: F . A. Brockhaus, 1951. 青木秀男訳『トランスヒマラヤ』スウェン・ヘディン探検記5、上・下、白水社、1988年。

Sven Hedin, *Erövringsståg I Tibet*, Stockholm, 1934/*Wildes heliges Tibet*, Leipzig : F. A. Brockhaus, 1936. 高山洋吉訳『西蔵旅行記』改造社、1939年。

Sven Hedin, *Im verbotenen Land*, Tibet, Leipzig: F. A. Brockhaus, 1937. 田中隆泰訳『禁断秘密の国』青葉書房、1943年。

Sven Hedin, *A Conquest of Tibet*, New York: E. P. Dutton & Co.,1934/ Westport: Greenwood Press, 1975. [抄訳] 春日俊吉訳『西藏探検記』博物館文庫、博文館、1941年 / 吉田一次訳『西藏旅行記』教育図書、1942年 / 吉田訳『西蔵征旅記』彰考書院、1956年。金子民雄訳『チベット遠征』中央公論社、1992年。

Sven Hedin, *Across the Gobi Desert*, London: Routledge, 1931. 隅田久尾訳『ゴビ砂漠横断記』鎌倉書房、1942年。羽鳥重雄訳『ゴビ砂漠横断』スウェン・ヘディン探検紀行全集9、白水社、1979年。

Sevan Hedin, *Central Asia and Tibet: Toward the Holy City of Dessa*, 2 Vols., London: Hust & Blackett, 1933/ New York: Greenwood Press, 1969. [縮刷版] *Abenteuer in Tibet*, Leipzig: F. A. Brockhaus, 1904. 鈴木武雄訳『チベットの冒険』スウェン・ヘディン探検紀行全集4、白水社、1979年。鈴木武樹訳『楼蘭の発見とチベット行』スウェン・ヘディン探検紀行全集3、白水社、1988年。

Sven Hedin, *Riddles of the Gobi Desert*, London: Routledge, 1933. 福迫勇雄訳『ゴビの謎』生活社、1940年。福田宏年訳『ゴビ砂漠の謎』スウェン・ヘディン探検紀行全集14、白水社、1979年。

Sevan Hedin, *Erövringsståg I Tibet*, Stockholm, 1934/ *Wildes heliges Tibet*, Leipzig : F. A. Brockhaus, 1936. 高山洋吉訳『西蔵旅行記』改造社、1939年。

Sevan Hedin, *Im verbotenen Land, Tibet*, Leipzig : F. A. Brockhaus, 1937. 田中隆泰訳『禁断秘密の国』青葉書房、1943 年。

Sven Hedin, *Die seidenstrasse*, Leipzig : F. A. Brockhaus, 1936 / *The Silk Road,* London: G. Routledge, 1938. 高山洋吉訳『赤色ルート踏破記』育生社、1939 年。西義之訳『シルクロード』スウェン・ヘディン探検紀行全集 13、白水社、1978 年／中公文庫、中央公論新社、2003 年。福田宏年訳『シルクロード』上・下、岩波文庫、岩波書店、1984 年。

スベン・ヘディン［『ゴビ砂漠横断』『ゴビ砂漠の謎』『シルクロード』3 冊の要約訳］梅棹忠夫訳『ゴビ砂漠探検記』世界探検紀行全集 11、河出書房、1955 年

Sven Hedin, *The Wandering Lake*, London: Routledge & Sons, 1940. 岩村忍・矢崎秀雄訳『彷徨える湖』筑摩書房、1943 年。関楠生訳『さまよえる湖』スウェン・ヘディン探検紀行全集 14、白水社、1978 年。鈴木啓造訳『さまよえる湖』中公文庫、中央公論新社、2001 年。

Sven Hedin, *Jehol : City of Emperers,* London : K. Paul, Trench, Trubner, 1932. 黒川武雄訳『熱河』地平社、1943 年。齋藤明子訳『熱河——皇帝の都』スウェン・ヘディン探検紀行全集 11、白水社、1978 年。

スヴェン・ヘディン、福迫勇雄訳「馬仲英と班禅喇」善隣協会調査月報、第 78 号、1938 年。

Sven Hedin, *My Life as an Expirer*, London: Cassel & Co.,1925 / New York: Boni & Liveright, 1926/ Hong Kong: Oxford U. P., 1991. 山口四郎訳『探検家としてのわが生涯』白水社、1966 年。

高野巽『ヘデン博士秘密國探検』小川尚栄堂、1909 年。

春日俊吉『西藏探検記』博文館文庫、博文館、1941 年。

春日俊吉『スヴェン・ヘディンの西藏探検記』ベースボール・マガジン社、1964 年。

金子民雄『ヘディン伝——偉大な探検家の生涯』新人物往来社、1972 年。

金子民雄『東チベット探検史』連合出版、1993 年。

金子民雄『西域　探検の世紀』岩波新書、岩波書店、2002 年。

陳賡雅、井上紅梅・武田泰淳訳『支那邊疆視察記』改造社、1923 年。

ブルジェワルスキー、加藤九祚訳『黄河源流からロブ湖へ』白水社、1967 年、河出書房新社、1978 年。

V・I・ロボロフスキー、田村俊介訳『天山から青海へ』白水社、1987 年。

副島次郎『中央アジア横断日記』大連、副島次郎記念会、1926 年。

Alexandre David-Need, *Voyage d'une parisienne à Lhassa,* Paris: Plon, 1927, 1982. 耿昇訳『一个巴黎女子的拉薩歴検記』北京、東方出版社、2002 年。

Eric Teichman, *Travels of Consular in Eastern Tibet, together with a History of the Relations between China, Tibet and India,* Cambridge: University Press, 1922. 水野勉訳『東チベット紀行』白水社、1986 年。

Eric Teichman, *Travels of A Consular Officer in North-West China,* Cambridge: University Press, 1921.

Eric Teichman, *Journey to Turkistan*, London: Hodder & Stoughton, 1937/, London: Oxford U. P., 1988. 神近市子訳『トルキスタン紀行』岩波書店、1935 年／『トルキスタンへの旅』岩波新書、岩波書店、1940 年／『東トルキスタン紀行』岩波書店、1982 年。

Eric Teichman, *Affairs of China: A Survey of the Recent and Present Circumstances of the Republic of China*, London: Methuen Publishers, 1938.

タイクマン、内藤岩雄訳『新疆旅行記』外務省文化事業部、1939 年。

Peter Kuzumitsch Kozlov, *Mongolie: Amdo und tote stadt Chare-Choto,* 1955. 西義之訳『蒙古と青海』白水社、1967 年。

George Woodcock, *Into Tibet: The Early British Explorers,* London: Faber & Faber, 1971.

ゴットフリード・フォン・ハンシュタイン、濱野修訳『西藏潜行記』大星社、1925 年。

ニルス・アムボルト、水野亮訳『カラヴァン——東部土耳其斯坦の旅』東京堂、1942 年。

マクガヴァン、妹尾韶夫訳『ちべっと紀行』西東社、1943 年。

Giuseppe Tucci, *To Lhasa and Beyond: Diary of the Expedition to Tibet in the Year 1948*, Roma: Instituto Poligrafico dello Stato, 1956/ Ithaca: Snow Lion Publications, 1983. 杉浦満訳『チベット仏教探検誌——G．トゥッチのヤルルン紀行』平河出版社、1992 年。

Giuseppe Tucci, translated by J. E. Stapleton Driver, *Tibet: Land of Snow*, London: Elek, 1967.

Giuseppe Tucci, translated Geoffrey Sanuel, *The Religions of Tibet*, London: Routledge& Kegan Paul, 1980.

Sarat Chandra Das, ed. by W. W. Rockhill, *Journey to Lhasa and Central Tibet*, London: John Murray, 1904.

Lama Anagarika Govinda, *The Way of the White Clouds: A Buddhist Pigrim in Tibet*, Boulder: Shambala, 1970.

小川琢治「成田安輝氏拉薩旅行」地學雑誌、第 11 巻第 127 号、1904 年。

隅田正三『チベット探検の先駆者——求道の師「能海寛」』島根、波佐文化協会、1989 年。

江本嘉伸『ルンタの秘境』光文社、1984 年。

江本素伸『西蔵漂白——チベットに魅せられた日本人』上・下、山と渓谷社、1994 年。

江本嘉伸『能海寛・チベットに消えた旅人』求龍堂、1999 年。

寺本婉雅、横地祥原編『蔵蒙旅日記』芙蓉書房、1974 年。

河口慧海『西蔵旅行記』上・下、博文館、1904 年／山喜房仏書林、1941 年／『西蔵旅行記』上・下、大修館書店、1978 年。高山龍三校訂『チベット旅行記』全 5 巻、講談社学術文庫、講談社、1978 年。『西蔵旅行記』上・下、明治シルクロード探検紀行文集成第 14・15 巻、ゆまに書房、1988 年／上・下、うしお書店、1998 年。

河口慧海『第二回チベット旅行記』学術文庫、講談社、1981 年。

Ekai Kawaguchi（河口慧海）, *Three Year in Tibet*, Madoras: Theosopical Society, 1909.

根深誠『遥かなるチベット』山と渓谷社、1994 年。

堺市博物館『河口慧海——仏教の原典を求めた人』堺市博物館、1998 年。

堀賢雄『大谷探検隊西域旅行記』白水社、1987 年。

木村肥佐生「成田安輝西蔵探検行経緯」上・中・下、亜細亜大学研究所紀要、第 8〜10 号、1981 − 83 年。

木村肥佐生『チベット潜行十年、毎日新聞社、1973 年、中公文庫、中央公論社、1982 年。

Hisao Kimura（木村肥佐生）, *Japanese Agent in Tibet: My Ten Years of Travel in Disguise*, London: Serindia Publication, 1990. 三浦順子訳『チベット——偽装の十年』中央公論社、1994 年。

青木文教『西蔵遊記・秘密之国』内外出版株式会社、1920 年／『西蔵』芙蓉書房、1969 年／『秘密国チベット』芙蓉書房出版、1995 年／『西蔵遊記・秘密之国』中公文庫、中央公論社、1990 年。

矢島保持郎、金井晃編『入蔵日記』チベット文化研究所、1983 年。

矢島保持郎「東洋秘密國西蔵潜入行」、讀賣新聞社編『支那邊境物語』誠文堂新光社、1940 年

多田等観（牧野文子編）『チベット滞在記』白水社、1984 年。

野元甚藏『チベット潜行 1939 年』悠々社、2001 年。

西川一三『秘境西域八年の潜行』芙蓉書房、1973 年／上・下、中公文庫、中央公論社、1990 年。

西川一三『秘境西域八年の潜行（別巻）——チベットを歩く』芙蓉書房、1968 年。

日本人チベット百年記念フォーラム実行委員会編『チベットと日本の百年』新宿書房、2003 年。

高橋照『秘境ムスタン潜入記』東京新聞出版局、1979 年。

Peter Hopkirk, *Trespassers on the Roof of the World*, London: John Murray, 1982. 今枝由郎・他訳『チベット潜入者たち——ラサ一番乗りを目指して』白水社、2004 年。

薬師義美『雲の中のチベット——トレッキングと探検史』小学館、1989 年。

Anna Louise Strong, *Tibetan Interview*, Pekin: New World Press, 1959.

Anna Louise Strong, *When Serfs Stood up in Tibet*, Pekin: Foreign Language Publisher, 1960. 西園寺公一訳『チベット日記』岩波新書、岩波書店、1961 年。

Alan Winnington, *Tibet: The Record of A Journey*, London: Lawrence & Wishaert, 1957. 阿部知二訳『チベット』上・下、岩波新書、岩波書店、1959 年。

Han Suyin, *Lhasa, The Open City: A Journey to Tibet*, London: Jonathan Cape, 1977. 安野早已訳『太陽の都ラサ——新チベット紀行』白水社、1978 年。

ヴェ・カッシス、佐藤清郎訳『チベット横断記』ベースボール・マガジン社、1957 年。

伊藤健司『ネコール　チベット巡礼』毎日コミュニケーションズ、1996 年。

伊藤健司『ミラレパの足跡——チベットの聖なる谷へ』地湧社、2000 年。

鎌澤久也『雲南カイラス……4,000 キロ』平河出版社、1997 年。

王林和彦『聖地巡礼——チベットの聖山カイラス・巡礼者たちと通い婚』山と渓谷社、1987 年。

玉村和彦『チベット・聖山・巡礼者——カイラスと通い婚の村』現代教養文庫、社会思想社、1985 年。

大隅智弘『チベット逍遥——カイラス・マナサロワール紀行』東研出版、1994 年。

早川禎治『カイラス巡礼——インダスとガンジスの内奥をめぐる』中西出版、2003 年。

色川大吉『雲表の国——青海・チベット踏査行』小学館、1988 年。

色川大吉編『チベット・曼荼羅の世界』小学館、1989 年。

色川大吉『わが聖地放浪——カイラスに死なず』小学館、1994 年。

Charles Allen, *A Mountain in Tibet: The Search for Mountain Kallas and the Sources of the Great Rivers of India*, London: Deutsch, 1982. 宮持優訳『チベットの山——カイラス山とインド大河の源流を探る』未来社、1988 年。

松原正毅『青蔵紀行——揚子江源流域をゆく』中央公論社、1988 年／中公文庫、中央公論社、1992 年。

David Snellgrove, *Himalayan Pilgrimage: A Study of Tibetan Religion by Traveller through Western Nepal*, Oxford: Bruno Cassirer, 1961. 吉永定男訳『ヒマラヤ巡礼』白水社、1975 年。

James Hilton, *Lost Horizon*, London: Macmillan/ New York: Grosset, 1933/ London: Pan Books, 1947. 増野正衛訳『失われた地平線』新潮文庫、新潮社、1959 年。*Der verlorene Horizont: Roman*, Frankfurt am Main: Fischer Tasxhenbuch Verlag, 1973. 羅坐編訳『消失的地平线』西安、陕西師範大学出版社、1999 年。大陸橋翻訳社訳『消失的地平线』上海、上海社会科学出版社、2003 年。

Dawei Wang, *A Way to the Paradise] Retracing Josefh F. Rock's 27-Year Adventurouis Journey in China*, 2002. 劉照恵訳『尋我天堂——追尋美籍奥地利探検家、学者約瑟夫・洛克在中国 27 年生死之旅』北京、中国文聯出版社、2003 年。

René Nebesky-Wojkowitz　(内見斯基・沃杰科維茨)、謝継胜訳『西藏的神霊和鬼怪』北京、西藏人民出版社、1993 年。

張万象・唐召明『神秘的藏北無人区』北京、西藏人民出版社、1990 年。

廖東凡・耿軍・盧小飛『漫遊西藏』ラサ、西藏人民出版社、1998 年。

Lucette Boulnois, *Poudre D'or et monnaie d'argent au Tibet*, Paris: Centre National de la Research Scientific, 1983. 耿昇訳『西藏的黄金銀市』北京、中国藏学出版社、1999 年。

熊育群『霊地西藏』北京、時事通信社、2000 年。

李希聖『西藏探索之旅——了解・關懷・欣賞』台北、臺灣商務印書館、2000 年。

永橋和雄『チベットのシャーマン探検』河出書房新社、1999 年。

Giuseppe Tucci, *Tra Giungle e Pagode*, Roma: La Libreria dello Stato, 1953. 黄寅秀訳『ネパールの秘境ムスタンへの旅』せりか書房、1984 年。

Clement R. Markham, *Narrative of the Mission of George Bogle to Tibet and the Journey of Thomas Manning to Lhasa*, London: Trubner, 1879.

Peter Flemig, *Bayonets to Lasa: The First Full Account of the British Invasion of Tibet in 1904*, London: R. Hart-Davis/ New York: Haper, 1961. 向紅笳・胡岩訳『刺刀指向拉薩』ラサ、西藏人民出版社、1987 年。

Graham Sandberg, *The Exploration of Tibet: Its History and Particular 1823-1904*, London: W. Thacker & Co., 1904.

橘瑞超『中亜探検』博文館、1912年／中公文庫、中央公論社、1989年。柳洪亮訳『中亜探検』烏魯木斎、新疆人民出版社、1993年。
『見証百年西藏——西藏歴史見証人訪談録』北京、五洲傳播出版社、2004年。
藤原新也『チベット放浪』朝日新聞社、1982年。
丹羽基二『チベットの落日』近藤出版社、1988年。
朝日教之『東チベット横断紀行』山と渓谷社、1988年。
渡辺一枝『わたくしにチベット紀行』集英社、2003年。
渡辺一枝『チベットを馬で行く』文藝春秋、1996年。
渡辺一枝『私と同じ目のひと』集英社、1997年。
岩垂弘『青海・チベットの旅』連合出版、1987年。
丹羽基二『チベットの落日』近藤出版社、1988年、芙蓉出版、1997年。
加藤昭陰『老僧的西蔵独游——一錫飄然』禅文化研究所、1987年。
横山正文『アジア辺彊遊山記』求竜堂、1998年。
巴比典憧『内モンゴル・チベット一人旅』近代文芸社、1998年。
河合康夫『チベット・チャンタン高原——遙かなる悠久の世界』近代文芸社、1996年。
菊池威雄『仏の大地チベット』冬花社、2003年。
NHK取材班『チベット紀行』日本出版協会、1982年。
NHK取材班『中国の秘境を行く——西藏・聖地カイラス巡礼』日本出版協会、1985年。
NHK取材班『中国の秘境を行く——雲南・少数民族の天地』日本出版協会、1985年。
朝日教之『東チベット横断紀行』山と渓谷社、1988年。

3．チベット文化・社会

青木文教訳『西藏原本大無量壽經國譚』堀内村、京都、光壽會、1928年。
寺本婉雅（訳）『十萬白龍』帝國出版協会、1904年。
寺本婉雅『喇嘛教宗咯巴傳』1～6、仏教史学、第1巻第7号、第8号、第9号、第10号、第2巻第3号、第4号、1911—12年。
方立天主編『宗咯巴傳』北京、京華出版、1995年。
王尭・褚俊杰『宗咯巴評傳』南京、南京大学出版社、1995年。
宗咯巴大師、法尊法師訳『宗咯巴大師集』第1～5巻、北京、民族出版社、2001年。
ツォンカパ、北村太道＝ツルティム・ケサン訳『吉祥秘密集会成就清瑜伽次第——チベット密教入門』永田文昌堂、1995年。
ガワン・パルデン、北村太道＝ツルティム・ケサン訳『大秘密四タントラ概論——チベット密教入門』永田文昌堂、1994年。
『覚嚢派教法史（吉祥覚嚢派教法史佛法明月灯）』ラサ、西藏人民出版社、1993年。
W・Y・エヴァンス—ヴェンツ編、加藤千晶・鈴木智子訳『パドマサンバヴァの生涯——チベット密教の祖』春秋社、2000年。
L. A. Waddel, *The Buddhism of Tibet or Lamaism*, Cambridge: Heffer & Sons, 1895.
Tsultrim Allione ed., *Women of Wisdom*, London: Arkana/ Routledge & Kegan Paul, 1984. 三浦順子訳『智慧の女たち——チベット女性覚者の評伝』春秋社、1992年。
徳吉卓瑪『藏伝仏教出家女性研究』北京、社会科学文献出版社、2003年。
『西藏仏教宗義研究』1～6巻、東洋文庫、1974－93年。
張曼濤『西藏仏教』台北、大乗文化出版社、1979年。
王森『西藏仏教発展史略』北京、中国社会科学出版社、1987年。
王輔仁『西藏仏教史略』西寧、青海人民出版社、1982年。
鄭金徳『現代西藏佛教』台北、沸光出版社、1991年。

見伍昆明『早期仏教士進蔵活動史』北京、中国蔵学出版社、1992年。
次旺俊美主編『西蔵宗教与発展関係研究』ラサ、西蔵人民出版社、2001年。
S. Popov, *Lamaizm v Tibete, ego istoriya, uchrezhleniya*, St. Petersburg, 1898. 石川喜三郎訳『西蔵蒙古秘密喇嘛教大観』日露出版會、1917年／史籍出版、1980年。
Rolf Alfred Stein, *La civilization tibétaine*, Paris: Dunod, 1962. 山口瑞鳳・定方晟訳『チベットの文化』岩波書店、1971年。耿昇訳『西蔵的文明』北京、中国西蔵出版社、1997年。
東嘎・洛桑赤列、陳慶英訳『論西蔵政教合一制度』北京、民族出版社、1985年／『論西蔵政教合一制度・蔵文文献目録学』北京、中国蔵学出版社、2001年。
王章陵『論西蔵「政教合一制」形成的原因』台北、蒙蔵委員會、1986年。
P. Wangval, "The Influence of Religion on Tibetan Politics," *Tibet Journal*, Vol. 1 No. 1, 1975.
L. A. Waddell, *The Buddhism of Tibet or Lamaism*, Cambridge: Cambridge U. P., 1894.
笠松単傳「チベット仏教」、東京帝國大学仏教青年会編『大東亜の民族と宗教』日本青年教育会出版部、1943年。
ツルティム・ケサン、新井慧誉訳『チベットの学問仏教』寿徳寺文庫、山喜房仏書林、1979年。
ツルティム・ケサン、正木晃『チベットの「死」の修行』角川書店、2000年
松本史朗『チベット仏教哲学』大蔵出版、1997年。
山口瑞鳳「チベット仏教思想史」、『岩波講座東洋思想11 チベット仏教』岩波書店、1989年。
長野泰彦・立川武蔵編『チベットの言語と文化──北村甫教授退官記念編文集』冬樹社、1987年。
岩井大慧『西蔵印度の文化』日光書院、1942年。
青木文教『西蔵文化の新研究』有光社、1940年。
青木文教『西蔵の民族と文化』高原社、1942年。
長沢和俊『チベット──極奥の歴史と文化』校倉書房、1964年。
石濱裕美子『図説 チベット歴史紀行』河出書房新社、1999年。
才譲『蔵傳仏教──信仰与民俗』北京、民俗出版社、1999年。
王雲峰『活仏的世界』北京、民族出版社、2003年。
河口慧海「西蔵佛教の概要」現代佛教、第2巻第2号、1925年。
橋本光宝「喇嘛教旧時代の宗派とその派祖について」善隣協會調査月報、第71号, 1938年。
渡邊海旭「拉摩教の分派及其発達」佛教、第152号、1899年。
Hugh Richardson, "The Political Role of the Four Sects in Tibetan History," *Tibetan Review*, Vol. 11 No. 9, 1976.
丹珠昂奔『仏教与蔵族分化』北京、中央民族学院出版社、1988年。
丹珠昂奔『蔵族神霊論』北京、中央民族学院出版社、1994年。
徐朝龍・霍巍『謎のチベット文明──密教王国・世紀の大発見』PHP研究所、1996年。
橋本光宝「フビライ汗と喇嘛教」蒙古、第108号、1941年。
サムテン・G・カルメイ「ポン教」、長野靖彦・立川武蔵編『チベットの言語と文化』冬樹社、1987年。
矢崎正晃「西蔵に於ける印度支那両仏教交渉の一駒──チシンデツェン王治下に於ける両国僧侶の法論について」大崎学報、第100号、1953年。
矢崎正晃『チベット仏教史孜』大東出版社、1979年。
沖本克己「サムイェーの宗論をめぐる諸問題」『東洋学術研究』第21巻第2号、1982年。
長尾雅人『西蔵仏教研究』岩波書店、1954年。
E・シューギントワイト、楠基道抄訳『西蔵の仏教』永田文昌堂、1958年。
王輔仁編『西蔵仏教史略』西寧、青海人民出版社、2005年。
川崎信定訳『原典訳 チベット死者の書』筑摩書房、1989年／ちくま学芸文庫、筑摩書房、1993年。
中沢新一訳『三万年の死の教え──チベット「死者の書」の世界』角川文庫、角川書店、1993年。
おおえまさのり訳『チベットの死者の書──バルド・ソドル』講談社、1994年／おおえ訳編『チベッ

トの死者の書——経典「バルドゥ・テ・ドル」』講談社、1994年。
ヤンチュン・ガロ、平岡宏一訳『(ゲルク派版) チベット死者の書』学習研究社、1994年。
ソギャル・リンポチェ、大迫正弘・三浦順子訳『チベットにおける生と死の書』講談社、1995年。
ラマ・ロサン・ガンワン、平岡宏一訳『チベット死者の書』学習研究社、1994年。
河邑厚徳・林由香里『チベット死者の書——仏典に秘められた死と転生』日本放送出版協会、1993年。
チョギャム・トゥルンパ、風砂子・デ・アンジェリス訳『タントラへの道』めるくまーる、1981年。
チョギャム・トゥルンパ、高橋ゆり子・市川道子訳『タントラ 狂気の智慧』めるくまーる、1983年。
チョギャム・トゥルンパ、沢西康史訳『シャンバラ——勇者の道』めるくまーる、2001年。
エヴァ・ファン・ダム、中澤新一訳『チベットの聖谷ミラレパ』法藏館、1994年。
Pema Chödron, *The Places That Scare You*, London/ Boston: Shambhala Publications, 2001. えのめ有実子訳『チベットの生きる魔法』はまの出版、2002年。
Gedün Chöpel, *Tibetan Arts of Love*, New York: Snow Lion Publications, 1992. 三浦順子訳『チベット愛の書』春秋社、1998年。
笠松単傳「チベット大蔵経について」仏教研究、第5巻第3・4号、1941年。
橋本光寶「喇嘛教大蔵経」蒙古學、第2号、1938年。
今枝由郎「チベット大蔵経の編集と開版」、『岩波講座東洋思想11 チベット仏教』岩波書店、1989年。
小栗栖香頂『喇嘛教沿革』3冊、石川舜台/鳩居堂、1877年／「喇嘛教沿革」、明治仏教思想資料集成編集委員会編『明治仏教思想集成』第5巻、同朋舎出版、1981年／『新注 ラマ教沿革』続群書類従完成会、1982年。
寺本婉雅「西藏喇嘛教史」1～3、仏教研究、第1巻第1号、第2号、第3号、1920年。
能見寛『世界に於ける仏教徒』哲学書院、1893年。
塩入良道・金岡秀友編『仏教内部における対論——中国・チベット』平楽寺書店、1981年。
Isbel Hilton, *The Search for the Panchen Lama*, New York: W. W. Norton, 2000. 三浦順子訳『高僧の生まれ変わり——チベットの少年』世界文化社、2001年。
Chögyan Trungpa, *Born in Tibet*, London: George Allen & Unwin, 1966. 竹内紹人訳『チベットに生まれて——ある活仏の苦難の半生』人文書院、1989年。
ラマ・ケツン・サンポ、中澤新一『虹の階悌——チベット密教の瞑想修業』平河出版社、1983年／中公文庫、中央公論社、1993年。
正木晃・立川武蔵『チベット密教の神秘 快楽の空・智慧の海 謎の寺』学研、1997年。
Philop Rawson, *Sacred Tibet*, London: Thomas & Hudson, 1992. 森雅秀・森喜子訳『聖なるチベット』平凡社、1992年。
Geoffreg Samael, 'Shamanism: Bonn and Tibetan Religion,' Alex McKay ed., *The History of Tibet*, Vol. 1 *The Early Period : to C.AD 850: The Yanlung Dynasty*, London:Routledge Curzon, 2003.
P. Vværne, *The Bon Religion of Tibet: The Inconography of a Living Tradeison*,London: Serindia Publication, 1988.
Helmut Hoffmann, translated by Edward Fitzgerald, *The Religions of Tibet*, New York: MacMillan, 1961.
R. A. Stein, 'The Indigenous Religion and the Bonn-Po in the Duhhang Manuscripts,' Alex. McKay ed., *The History of Tibet*, Vol. 1 *The Early Period : to C.AD 850: TheYanlung Dynasty* ,London: Routledge Curzon, 2003.
Sir Charles Bell, *The Religion of Tibet*, Oxford: Clarendon Press, 1931. 橋本光寶訳『西藏の喇嘛教』法藏館、1942年。
Geshé Rabiten & B. Alan Wallace, *The Life and Teaching of Geshé Rabten*, London:George Allen & Unwin, 1980. 小野明俊蔵訳『チベットの僧院生活——ゲシェー・ラプテンの半生』平河出版社、1984年。
中村元『東洋人の思惟方法』第2部、みすず書房、1949年／第4巻、春秋社、1962年。

レチュジャ（赤烈典礼）、池上正治訳『チベット——歴史と文化』東方書店、1999 年。
David L. Snellgrove & Hugh E. Richardson, *A Cultural History of Tibet*, London: George Weidenfeld & Nicolson/ New York: F. A. Praeger, 1968 / Boulder: Prajna Press, 1980. 奥山直司訳『チベット文化史』春秋社、1998 年、2003 年。
クンチョック・シタル、ギャルツェン・ゴンダ、齋藤保高訳『実践チベット仏教入門』春秋社、1995 年。
『チベット密教の本』学習研究社、1994 年。
田中公明『チベット密教』春秋社、1993 年。
田中公明『超密教時論タントラ』東方書店、1994 年。
田中公明・吉崎一美『ネパール仏教』春秋社、1998 年。
酒井真典『チベット密教教理の研究』国書刊行会、1956 年。
高田仁覚『インド・チベット真言密教の研究』密教学術振興会、1978 年。
頼富本宏「チベットの密教」、岩波講座東洋思想 11『チベット仏教』岩波書店、1989 年。
立川武蔵・頼富本宏編『チベット密教』春秋社、1999 年。
松長有慶編『密教体系』第 1 巻インド・チベット密教、法蔵館、1994 年。
Tenzin Gyatso, *The Fourteenth Dalai Lama, Kâlachakra Tantra Rite of Initiation*, Boston: Wisdom Publications, 1985. 石濱裕美子訳『ダライ・ラマの密教入門——秘密の時輪タントラ灌頂を公開する』光文社、2001 年。
Lawrence L. LeShan, *How to Meditate: A Guide to Self-Discovery*, Boston: Little, Brown, 1974. ペパ・ギャルポ、鹿子木大士郎訳『チベット・メディテーション——チベット仏教の瞑想法』日中出版、1987 年／大窪一志訳『瞑想入門』図書出版社、1994 年。
Norbu Namkhai, *The Crystal and the Way of Light*, London: Routledge & Kegan Paul, 1986/ London: Arkana, 1993. 永沢哲訳『虹と水晶——チベット密教の瞑想修行』法蔵館、1992 年。
桐山靖雄『密教入門　求聞持聡明法の秘密』角川書店、1976 年。
Lama Anagarika Govinda, *Foundations of Tibetan Mysticism: According to the Esoteric Teachings of the Great Mantra Im Mani Padme Hum*, Bombay: B. I. Publications/ New York: Dutton, 1960/ New York: Samuel Weiser, 1969. 山田耕二訳『チベット密教の真理——その象徴体系の研究』工作舎、1991 年。
Vicki Mackenzie, *Reincarnation*, London: Bloomsbury Publishing PLC, 1993. 山際素男訳『チベット奇跡の転生』文藝春秋、1995 年。
暁浩『転世霊童——当代西蔵活仏生活紀実』北京、団結出版社、1994 年。
蔡志純・黄顥『活仏転世』北京、華文出版社、2000 年。
田中公明『活仏たちのチベット——ダライ・ラマとカルマパ』春秋社、2000 年。
鳥継典・羅桑益世『女儿国誕生的活仏——羅桑益世活仏回憶録』昆明、雲南出版社 1999 年。
Fosco Maraini, *Segreto Tibet*, Bari: Leonard da Vinci, 1951. 牧野文子訳『チベット　そこに秘められたもの』理論社、1958 年。
Giuseppe Tucci, *Teoria e pratica del mandala*. ロルフ・ギーブル訳『マンダラの理論と実践』平河出版社、1984 年／ *The Theory and Practice of the Mandala*, translated by Alan Houghton Brodrick, London: Rider, 1961/ New York: Samuel Weiser,1970.
八田幸雄『秘密マンダラの世界』平河出版社、1988 年。
西上青曜『[図解] マンダラのすべて——宇宙の摂理・宗教絵画の謎を解く』ＰＨＰ研究所、1996 年。
森雅秀『マンダラの密教儀礼』春秋社、1997 年。
小峰彌彦『図解・曼荼羅の見方』大法輪閣、1997 年。
小峰彌彦・髙橋尚夫監修『図解・別尊曼荼羅を読む』大法輪閣、2001 年。
松長有慶『マンダラと密教美術』法蔵館、1998 年。
マルティン・ブラウエン、森雅秀訳『図説曼荼羅大全　チベット仏教の神秘』東洋書林、2002 年。

Eva K. Dargyay, 'Sangha and State in Imperial Tibet,' Alex. McKay ed., The History of Tibet, Vol. 1 *The Early Period : to C.AD 850: The Yanlung Dynasty*, London:Routledge Curzon, 2003.

Rato Khyongla Nawang Losan, *My Life and Lives: The Story of a Tibetan Incarnation*, New York: E. P. Dutton, 1977.

山口瑞鳳編『敦煌胡語文献』講座敦煌 6、大東出版社、1985 年。

T. Lobsan Rmpe, *The Third Eye: The Autobiography of A Tibetan Lama*, London: Secker& Warburg, 1956. 今井幸彦訳『第三の眼――秘境チベットに生まれて』光文社、1957 年／白井政夫訳『第三の目――あるラマ僧の自伝』講談社、1979 年。

中岡俊哉『チベット「第三の眼」の謎』二見書房、1994 年。

川喜田二郎「文化の地理学もしくは文化の生態学――チベット文化の場合」人文研究、第 7 巻第 9 号、1956 年。

川喜田二郎「ヒマラヤ及びチベットにおける文化接触」史林、第 40 巻第 6 号、1957 年。

川喜田二郎「チベット文化の生態学的位置づけ」『人間――今西錦司博士還暦記念論文集』中央公論社、1966 年。

川喜田二郎『ネパール王国探検記――日本人世界の屋根を行く』光文社、1957 年。

川喜田二郎『ネパールの人と文化――学術調査隊記録』古今書院、1970 年。

川喜田二郎『ヒマラヤ・チベット・日本』白水社、1988 年。

川喜田二郎『チベット文明研究』川喜田二郎著作集第 11 巻、中央公論社、1997 年。

堀謙徳『印度仏教史』前川文榮閣、1915 年。

馬田行啓『印度仏教史』早稲田大学出版部、1917 年。

河口慧海『西藏傳印度仏教史――一名・釈迦弁尼仏之傳』上、貝葉書院、1922 年。

龍山章眞『印度佛教史』法藏舘、1944 年／1956 年。

妙船『蒙藏佛教史』上海、上海仏教書局、1935 年／楊州、江蘇広陵古籍刻印社、1993 年。

固始噶居巴・洛桑訳培、陳慶英・鳥力吉訳『蒙古仏教史』天津、天津古籍出版社、1990 年。

ターラ・ナーブ、寺本婉雅訳『印度佛教史』丙午出版社、1928 年／国書刊行会、1974 年／出雲崎、新潟、うしお書房、2004 年。

劉立千『印藏仏教史』北京、民族出版社、2000 年。

Jean-Francois Revel & Mathieu Ricard, *Le moine et philosophe: le boudhisme aujourd'hui*, Paris: Nil, 1997. 菊地昌実・高砂伸邦・高橋百代訳『僧侶と哲学者――チベット仏教をめぐる対話』新評論、1998 年。

Roger-Pol Droit, *Le culte du neant: Les philosophes et le Bouddha*, Paris: Seuil. 1997. 島田裕己・田桐雅彦訳『虚無の信仰――西欧はなぜ仏教を怖れたか』トランスビュー、2002 年。

4．ラダク

インド・チベット研究会編『チベット密教の研究――西チベット・ラダックのラマ教文化について』永田文昌堂、1982 年。

Luciano Petech, *A Study on the Chronicles of Ladakh (Indian Tibet)*, Calcutta: J. C. Sarkhel at the Calcutta Orintal Press, 1939.

Luciano Petech, *The Kingdom of Ladakh C. 950-1842A.D.*, Serio Orientale Rome :Sotto la Derezione de Geiseppe Tuci, 1977.

A. H. Francke, *A History of Ladakh*, Delhi: Sumit Publication, 1981.

Alexander Cunningham, *Ladakh: Physical, Statiscal and Historical*, Srinagar: Gulshan Publication, 1997.

山口瑞鳳「ラダックの仏教と歴史」、『秘境ラダック――西チベット・ラマ教を訪ねて』成田山仏教研究所、1980 年。

A. Reeve Heber & Kathleen M. Heber, *Himalaya Tibet and Ladakh: A Description of its Cheery Folk, Their Ways and Relation, of the Rigours of the Climate and Beauties of the Country, Its Fauna and Flora*, Delhi: Ess Ess Publications, 1976. 宮持優訳『ヒマラヤの小チベット＝ラダク』未来社、1984年。
矢崎正見『ラダクにおけるチベット仏教の展開』大東出版社、1993年。
佐藤健『マンダラ探検　チベット仏教踏査』人文書院、1981年／中公文庫、中央公論社、1988年。
煎本孝「ラダック王国史の人類学的考察——歴史—生態学的視点」国立民族博物館研究報告、第11巻第2号、1986年。
野口法蔵『チベット最後の秘境「ラダック」』ラダック基金、1992年。
John Bray, 'Ladakhi and Bhutanese Enclave in Tibet,' Alex. McKay ed., *The Historyof Tibet*, Vol. 3 *The Modern Period: 1895-1959, The Encounter with Modernity*, London:Routledge Curzon, 2003.
鷲見東観『カシミールの歴史と文化』アポロン社、1970年。
Wolggang Friedl, *Wirtschaft und materielle Kultur in Zanskar (Ladakh)*, 1967. 矢田修真・井藤広志訳『ザンスカル（ラダック）の社会・経済・物質文化』文化書院、1997年。
水原慈文『ラマ教の聖地——小チベット・ラダック旅行記』本願寺出版部、1981年。
馬場昭道『ラダック紀行』宮崎、鉱脈社、1984年。
佐藤健『ラダック密教の旅』佼成出版社、1988年。
内海邦輔『ラダック——仏教最後の安住の里』みずうみ書房、1980年。

5．資料

宣努貝、郭和卿訳『青史』ラサ、西藏人民出版社、1985年。
葵巴・貢噶多吉、陳慶英・周潤年訳『紅史』ラサ、西藏人民出版社、1988年。
欧朝貴・其美編『西藏歴代藏印』ラサ、西藏人民出版社、1991年。
曽国慶・郭ヱ平編『歴代藏族名人伝』ラサ、西藏人民出版社、1996年。
『西藏地方歴史資料選輯』北京、生活・読書・新知三聯書店、1963年／新版1973年。
『四川省甘孜州藏族社会歴史調査』成都、四川省社会科学院出版社、1985年。
『中国西藏社会歴史資料』北京、五洲傳播出版社、1994年。
Joe Bransford Wilson, *Translation Buddhism from Tibetan*, Ithaca: Snow Lion Publications, 1998.
F. W. Thomas select & translated, *Tibetan Literary Texts and Documents concerning Chinese Turkestan*, 3 Vols., London: Royal Asiatic Society, 1935-55/ Vols. 3~4, 1955-63. 劉忠・楊銘訳『敦煌 西域古藏文社会歴史文献』北京、民族出版社、2003年。
中国社会科学院民族研究所・西藏自治区档案館編『西藏社会歴史藏文档案資料訳文集』北京、中国藏学出版社、1997年。
中共中央文献研究室・中共西藏自治区委員会編『西藏工作文献選編 (1949 — 2005年)』北京、中央文献社、2005年。
丹珠昂奔主編『歴輩達頼喇嘛与班禅額尓徳尼年譜』北京、中央民族大学出版社、1998年。
『13世達頼喇嘛年譜』西藏文史資料選輯、第11輯、北京、民族出版社、1989年。
呉豊培・他編『清代駐蔵大臣伝略』ラサ、西藏人民出版社、1988年。
呉豊培編『有泰駐蔵日記』16冊、西藏学漢文文献彙刻、第1輯、北京、中国藏学出版社、1988年。
呉豊培編『清代藏事奏牘』2冊、西藏学漢文文献彙刻、第3輯、北京、中国藏学出版社、1994年。
賀文宣編『清朝駐蔵大臣大事記』北京、中国藏学出版社、1993年。
郭茲文編『西藏大事紀 (1949 — 1959)』北京、民族出版社、1959年。
李國清・他編『西藏大事紀 (1949 — 1981)』ラサ、西藏人民出版社、1984年。
西藏自治区党史資料征集委員会編『西藏大事記』北京、西藏人民出版社、1984年。
西藏自治区党史資料征集委員会編『中共西藏党史大事記 (1949 — 1966)』北京、西藏人民出版社、1990年。
西藏自治区党史資料征集委員会編『中共西藏党史大事記 (1949 — 1994)』北京、西藏人民出版社、1995年。

朱綉・呉均注『西蔵六十年大事記』西寧、青海人民出版社、1996 年。
中共西蔵自治区委員会党史研究室『中国共産党西蔵歴史大事記 1949-2004』2 冊、北京、中共党史出版社、2005 年。
西蔵自治区党史資料征集委員会・西蔵軍区党史資料征集領導小組編『平息西蔵叛乱』ラサ、西蔵人民出版社、内部発行、1995 年。
西蔵自治区党史資料征集委員会編『西蔵的民主改革』ラサ、西蔵人民出版社、内部発行、1995 年。
西蔵自治区党史資料征集委員会編『和平解放西蔵』ラサ、西蔵人民出版社、内部発行、1995 年。
新疆三区革命史編纂委員会編『新疆三区革命大事記』烏魯木斉、新疆人民出版社、1994 年。
西蔵研究編輯部編『西蔵志・西蔵通志』ラサ、西蔵人民出版社、1982 年。
Concerning the Question of Tibet, Pekin: Foreign Languages Press, 1959.
『西蔵問題眞相』香港、香港實言出版社、1959 年。
人民出版社編『関于西蔵問題（1949～1958 年的文件・資料）』北京、人民出版社、1959 年。
人民出版社編『関于西蔵問題（1959 年 3 月～5 月的文件・資料）北京、人民出版社、1959 年／外文出版社訳『チベット問題』北京、外文出版社、1959 年。
民族出版社編『維持国家統一和民族団結、為建設民主和社会主義的新西蔵而奮闘』1～5 輯、北京、民族出版社、1959 年。
『清実録蔵族史料』ラサ、西蔵人民出版社、1982 年。
西蔵自治区档案館編『西蔵歴史档案薈粋 / A Collection of Historical Archives of Tibet』北京、文物出版社、1995 年。
中国蔵学研究中心・中国第一歴史档案館・中国第二歴史档案館・西蔵自治区档案館・四川省档案館編『元以来西蔵地方与中央政府関係档案史料匯編』7 冊、北京、中国蔵学出版社、1994 年。
西蔵社会科学院・中国社会科学院民族研究所・中央民族学院・中国第二歴史档案館編『西蔵地方是中国不可分的一部分（史料選輯）』ラサ、西蔵人民出版社、1986 年。
赴雲田輯『清代理藩院資料輯録』北京、全国図書館文献縮微復制中心、1988 年。
松森等修『欽定理藩部則例』北京、全国図書館縮微復制中心、1992 年。
松森・他撰『西蔵通制』北京、中国蔵学出版社、1995 年。
張海撰『西蔵紀述』北京、中国蔵学出版社、1995 年。
陳力圭『使蔵紀程』台北、文海出版社、1973 年。
呉豊培編『聯豫蔵奏稿』ラサ、西蔵人民出版社、1979 年。
呉豊培編『趙爾豊川邊奏稿』成都、四川民族出版社、1984 年。
孟保『西蔵奏疏』北京、全国図書館文献縮微復制中心、1991 年。
周藹聯『西蔵紀遊』北京、全国図書館文献縮微復制中心、1991 年。
趙学毅・常為民・欧声明編『清代以来中央政府対西蔵的治理与活仏転世制度史料匯編』北京、華文出版社、1996 年。
孟保・他撰『達頼十轉世始末、達頼十二轉世始末』北京、中国蔵学出版社、1995 年。
中国蔵学研究中心・中国第二歴史档案館編『十三世達頼圓寂致祭和十四世達頼転世坐档案選編』北京、中国蔵学出版社、1991 年。
中国第二歴史档案館・中国蔵学研究中心編『黄慕松・呉忠信・趙守鈺・戴伝賢奉使弁理蔵事報告書』北京、中国蔵学出版社、1992 年。
黄慕松・他『西蔵紀要』ラサ、西蔵人民出版社、1982 年。
四川民族研究所編『清末川滇辺務档案史料』上・中・下、北京、中華書局、1989 年。
中国第二歴史档案館・中国蔵学研究中心編『九世班禅内地活動及返蔵受阻档案選案』北京、中国蔵学出版社、1993 年。
中国第一歴史档案館・中国蔵学研究中心編『六世班禅朝覲档案選編』北京、中国蔵学出版社、1996 年。
中国第二歴史档案館・中国蔵学研究中心編『康蔵紛糾档案選編』北京、中国蔵学出版社、2000 年。

張羽新編『清代喇嘛教碑文輯注』天津、天津古籍出版社、1987年。
陳燮章・索文清・陳乃文編『藏族史料集』1・2・3、成都、四川民族出版社、1982年、1983年、1987年。
稲葉正就・佐藤長訳『フゥラン・テプテル——チベット年代記』法蔵館、1964年。
索南堅贊、劉立千訳注『西藏王統記』北京、民族出版社、2000年。
5世達頼喇嘛、郭和卿訳『西藏王臣記』北京、民族出版社、1983年／劉立千訳『西藏王臣記』北京、民族出版社、2000年。
牙含章『達頼喇嘛伝』北京、人民出版社、1984年／北京、華文出版社、2000年。
牙含章『班禅額尔徳尼伝』ラサ、西藏人民出版社、1987年。
陳文鑒『班禅大師東来十五年大事記』上海、上海大法輪書局、1948年。
Dalai Lama, *My Land and My People, Memorirs of the Dalai Lama of Tibete*. New York: McGraw-Hill Book Co., 1962/ New York：Potala Corporation, 1978. 日高一輝訳『この悲劇の国、わがチベット』蒼洋社、1979年／木村肥佐生訳『チベットわが祖国——ダライ・ラマ自叙伝』亜細亜大学アジア研究所、1986年／中公文庫、中央公論社、1989年。
Dalai Lama, *Freedom in Exile: The Autobiography of His Holiness the Dalai Lama of Tibet*, London: Hodder & Stoughton / New York: Harper Collins 1990. 山際素男訳『ダライ・ラマ自伝』文藝春秋、1992年／文春文庫、文藝春秋、2001年。
The Fourteenth Dalai Kindness, *Clarity and Insight*, Ithaca: Snow Lion Publication, 1984. 三浦順子訳『愛と非暴力——ダライ・ラマ仏教講演集』春秋社、1990年。
Dalai Lama, *The Way to Freedom*, San Francisco: Harper San Francisco, 1994. 柴田裕之訳『瞑想と悟り——チベット仏教の教え』日本放送出版協会、1997年。
Lais Rinser, *Mitgefühl als Weg zum Frieden, Mine Gespäche mit dem Dalai Lama*, Kempten: Kösel-Verlag, 1995. 中澤英雄訳『ダライ・ラマ　平和を語る』人文書院、2000年。
ダライ・ラマ、菅沼晃訳『大乗仏教入門』蒼洋社、1980年。
ダライ・ラマ14世デージン・ギャムツォ、石浜裕美子訳『ダライ・ラマの仏教入門——心は死を超えて存続する』光文社、1995年。
ダライ・ラマ14世、福田洋一訳『ダライ・ラマの仏教哲学講義』大東出版社、1996年。
A. A. Shimomany ed., *The Political Philosophy of His Holiness the XIV Dalai Lama*, Mussoorie: Tibetan Parliamentary and Policy Research Centre, 1998. ペマ・ギャルポ監訳『ダライ・ラマXIV世法王の政治哲学』第1巻、万葉舎、2003年。
『ダライ・ラマの平和のメッセージ』ダライ・ラマ法王日本代表部事務所（チベット・ハウス）、2000年。
Ya Hanzhang, translated by Wang Werjiong, *The Biographies of the Dalai Lamas*, Beijing: Foreign Languages Press, 1991.
Dilles Van Grasdorff, *Le Dalai Lama*, Paris: Plon, 2003. 鈴木敏弘訳『ダライ・ラマ　その知られざる真実』河出書房新社、2004年。
降辺嘉惜『班禅大師』北京、東方出版社、1989年。池上正治訳『パンチェン・ラマ伝』平河出版社、1991年。
Ya Hanzhang, translated by Chen Guansheng & Li Peizhu, *The Biographies of the Tibetan Spritual Leaders Pannchen Lamas*, Beijing: Foreign Languages Press, 1984.
パンチェン・ラマ10世「7万言の意見書——パンチェン・ラマの告発」http://www.tibethouse.jp/panchen-lama/pl-speaks.html。
劉曼卿『康藏昭征』上海、上海商務印書館、1933年／『国民政府女密使赴藏紀実』北京、民族出版社、1998年。松枝茂夫・岡崎俊夫訳『西康西藏踏査記』改造社、1939年／『女性大使チベットを行く』白水社、1986年。
拉巴平措主編『見証西藏——西藏自治区政府歴任現任主席自述』北京、中国藏学出版社、2005年。
蔣介石『中国之命運』重慶、正中書局、普及版1943年／『總統　蔣公思想言論總集』台北、中國國民黨中央委員會黨史委員會、巻4、1984年／張其昀主編『先總統　蔣公全集』台北、中國文化大學出版部、

1984年、第1冊。杉本錬逸訳『中國之命運』支那派遣軍参謀部、1943年／長野朗・波多野乾一訳『中國の命運』大東亜省、1943年／波多野乾一訳『中國の命運』日本評論社、1946年。
張治中『張治中回想録』上・下、北京、文史資料出版社、1985年。
『毛沢東選集』北京、人民出版社、1964年／『毛沢東選集』北京、外文出版社、1977年。
『建国以来毛沢東文稿』11冊、北京、中央文献出版社、1987－1996年。
Jun Chan(張戎), Jon Halliday, *Mao; Mao: The Unknown Story*, London: Jonathan Cape/ New York: Alfred A. Knoph, 2005. 土屋京子訳『マオ――誰も知らなかった毛沢東』講談社、2005年。
『朱徳選集』北京、人民出版社、1983年／『朱徳選集』北京、外文出版社、1986年。
『周恩来年譜（1949－1976）』上、北京、中央文献出版社、1997年。
中華人民共和国外交部・中共中央文献研究室編『周恩来外交文選』北京、中央文献出版社、1990年。
『周恩来統一戦線文選』北京、人民出版社、1984年。
『周恩来書信選集』北京、中央文献社、1988年。
中共中央文献研究室・中国人民解放軍軍事科学院編『周恩来軍事文選』北京、人民出版社、1997年。
周恩来「民族政策の若干の問題について」上・下、北京周報、1980年第9号、第10号。
西藏自治区党史弁公室編『周恩来与西藏』北京、中国藏学出版社、1998年。
毛里和子・増田弘監訳『周恩来・キッシンジャー機密会談録』岩波書店、昭和2004年。
『鄧小平文選（1938－1965年）』北京、人民出版社、1989年／『鄧小平文選（1938－1965年）』北京、外文出版社、1992年。
『鄧小平文選（1975－1982年）』北京、外文出版社、1983年／中共中央編訳局訳『鄧小平文選1975－1982』東方書店／北京、外文出版社、1983年。
『鄧小平文選』北京、人民出版社、1993年、第3巻／中共中央編訳局訳『鄧小平文選1982－1992』テン・ブックス、1995年。
Afro-Asian Convention on Tibet and Against Colonialism in Asia and Africa, New Delhi: Afro-Asian Council, 1960.
「チベットに謝罪した中国の指導者　胡耀邦の1980年の演説」チベット・ニュース・ダイジェスト、第35号、1999年4月12日。
李維漢『西藏民族解放的道路』北京、民族出版社、1981年。
李維漢『統一戦線与民族問題』北京、人民出版社、1981年。
烏蘭夫『烏蘭夫文選』北京、中央文献出版社、1999年。
謝富治「チベットの大きな革命的変化」北京周報、1965年9月14日。
張国華「社会主義の新しいチベットを建設するために奮闘しよう」北京周報、1965年9月28日。
アペイ・アワンジンメイ「チベットの偉大な歴史的変革」北京周報、1981年第22号。
阿沛・阿旺晋美「西藏在祖国大家庭中勝利前進」、紅旗、1984年第18期／『西藏民族問題論文選』ラサ、西藏人民出版社、1984年。
阿沛・阿旺晋美「一九五九年"三月十日事件"的真相」中国藏学、1988年第2期。
阿沛・阿旺晋美「西藏歴史発展的偉大転析」中国藏学、1991年第1期。
銭基琛『外交十記』北京、世界知識出版社、2003年。
趙慎応『中央駐藏代表 張経武』ラサ、西藏人民出版社、1995年。
『旧唐書』巻146、上・下、吐蕃傳、中華書局、1975年。
『新唐書』巻141、上・下、吐蕃傳、中華書局、1975年。
佐藤長訳、「吐蕃伝（旧唐書・新唐書）」、『騎馬民族史第3巻――正史北狄伝』東洋文庫、平凡社、1973年。
『明実録』藏族史料、ラサ／北京、西藏人民出版社、1982年。
台灣銀行経済研究室編『清世宗実録選輯』台灣文叢刊第167種、台北、台灣銀行、1963年。
『資治通鑑』汲古書院、1973－79年。
『巴紀略』。

江實訳注『蒙古源流』江實／弘文堂、1940 年。
烏蘭『《蒙古源流》研究』沈陽、遼寧民族出版社、2000 年。
岡田英弘訳注『蒙古源流』刀水書房、2004 年。
王彥威・王亮編『清季外交史料』1933 年、台北、文海出版社、1985 年。
『清初及中期對外交渉條約輯』4 冊 (1) 同治條約、(2) 光緒條約、(3) 宣統條約、(4) 康、雍、乾、道、咸、五朝條約、台北、國風出版社、1964 年。
『國際條約大全』上海、商務印書館、1914 年。
王鉄崖『中外旧約章汇編』北京、三聯書店、1959 年。
袁同禮校訂『中俄西北條約集』Washington、袁同禮、1963 年。
薛銜天・他編『中蘇国家関係史資料汇編 (1917 - 1924 年)』北京、中国社会科学出版社、1993 年。
程道徳・他編『中華民国外交資料選編 (1919 - 1931)』北京、北京大学出版社、1985 年。
中国第二歴史档案館編『中華民国史档案資料汇編』江蘇古籍出版社、1991 年。
外務省條約局編『英、米、仏、露ノ各国及支那國間ノ條約』外務省條約局、1924 年。
『大東亞條約集』5 冊、外務省條約局、1943 年。
『中華人民共和國對外關文件集』北京、世界知識出版社。
中華人民共和國國務院編『中華人民共和國条約集』北京、法律出版社。

C. U. Aitchison compled, *A Collection of Treaties, Engagements and Sanads relating to India and Neighbouring Countries,* 14 Vols., Culcutta: Superintendent Government Printing,India,, 1929.

Selected Documents on India's Foreign Policy and Relations 1947-1972, Delhi: Oxford U. P., 1982.

Chanakya Sen ed., *Tibet Disappears: A Documentary History of Tibet's International States, The Great Rebellion and its Aftermath,* New York: Asia Publishing House, 1960.

Chanakya Sen ed., *Tibet Disappears: A Documentary History of of Tibet's International Status, the Great Rebellion and Its Aftermath,* Bombay: Asia Publishing House, 1960.

Documents on International Affairs 1959, London: Oxford U. P., 1963.

A. Appadorai ed., *Select Documents on India's Foreign Policy and Relations 1947-1972,*Vol. 1. Dehli: Oxford U. P., 1982.

R.K. Jain ed,, *China South Asian Relations 1947-1980,* Vol.1: *India,1947-1980,* Sussex: The Hervester Press/ New Delhi: Radiant Publisher, 1981.

Great Britain, *British and Foreign State Papers,* London: HMSO.

Godfrey E. P. Hertlet, *Edward Herslet's China Treaties,* 2 Vols., London: Harriosn & Son, 1908.

John V. A. MacMurray, *Treaties and Agreements with and concerning China, 1984-1919,* 2 Vols., Washington: Carnegie Endowment International Peace, 1921/ New York: Howard Fertig, 1973.

Notes, Memoranda and Letters between the Governments of India and China, Jan. 1963-July 1963, White Paper No.9, New Delhi: Ministry of External Affairs, Government of India, 1964.

Department of United States, *Foreign Relations of the United States, 1943, China,*Washington, DC: US Government Printing Office, 1967.

Department of United States, *Foreign Relations of the United States, 1944,* Vol. 6: *China,*Washington, DC: US Government Printing Office, 1967.

Department of United States, *Foreign Relations of the United States, 1947,*Vol. 7: *The Far East: China,* Washington, DC: US Government Printing Office, 1972.

Department of United States, *Foreign Relations of the United States, 1948,*Vol. 7: *The Far East:China,* Washington, DC: US Government Printing Office, 1973.

Department of United States, *Foreign Relations of the United States, 1949,*Vol. 9: *The Far East:China,* Washington, DC: US Government Printing Office, 1974.

Department of United States, *Foreign Relations of the United States, 1950,*Vol. 6: *East Asia and Pacific,*

Washington, DC: US Government Printing Office, 1976.

Department of United States, *Foreign Relations of the United States, 1951,* Vol. 6: *Asiaand Pacific,* Part Ⅱ, Washington, DC: US Government Printing Office, 1977.

Department of United States, *Foreign Relations of the United States, 1943, China,* Washington, DC: US Government Printing Office, 1967.

Department of State, *Foreign Relations of the United States: Diplomatic Papers, 1942 China,* Washington, DC: USGPO, 1956.

Tibet in the United Nations 1950-1961, New Delhi: Bureau His Holiness the Dalai Lama,(1962).

Resolutions adopted by the General Assembly, New York: United Nations.

Yearbook of the United Nations 1959, New York: United Nations, 1960.

Yearbook of the United Nations 1960, New York: United Nations, 1962.

Yearbook of the United Nations 1961, New York: United Nations, 1963.

Yearbook of the United Nations 1965, New York: United Nations, 1967.

UN High Commissioner for Refugees(UNHCR), *Annual Report 1969,* A/AC.96/396, 1970.

浦野起央『資料体系アジア・アフリカ国際関係政治社会史』第2巻アジアⅢ、パピルス出版。

中共中央文献研究室編『建国以来重要文献選編』北京、中央文献出版社、1992年。

中共中央文献研究室第4研部室編『新時期重要会議通覧(1978－1988)』北京、中央文献出版社、1999年。

中共中央統一戦線綫工作部・中共中央文献研究室編『新時期統一戦綫文献選編』北京、中共中央党校出版社、1985年。

中共中央統一戦線綫工作部・中共中央文献研究室編『新時期統一戦綫文献選編（続編）』北京、中共中央党校出版社、1997年。

国家民族事務委員会政策研究室編『西蔵是中国的一部分』北京、民族出版社、1981年。

国家民族事務委員会・中共中央文献研究室編『新時期民族工作文献選編』北京、中央文献出版社、1990年。

国家民族事務委員会編『国家民委文件選(1985－1995)』北京、中国民航出版社、1996年。

中共中央統戦部編『民族問題文献汇編1927－1949・9』北京、中共中央党校出版社、1951年。

伍精華『新時期民族工作的理論与實践』北京、民族出版社、2000年。

中共中央文献研究室編『社会主義精神文明建設文献選編』北京、中央文献出版社、1996年。

中共中央文献研究室編『十二大以来重要文献選編』上・中・下、北京、人民出版社、1986－88年。

中共中央文献研究室編『十三大以来重要文献選編』上・中・下、北京、人民出版社、1991－93年。

日本国際問題研究所中国部会編『新中国資料集成』全5巻、日本国際問題研究所、1969—71年。

日本国際問題研究所中国部会編『中国共産党最新資料集』全12巻、日本国際問題研究所、1970－75年。

日本国際問題研究所現代中国研究部会編『中国大躍進政策の展開　資料と解説』、上・下、勁草書房、1973－74年。

太田勝洪・他編『中国共産党最新資料集』上・下、日本国際問題研究所、1985－86年。

『中華人民共和國法規彙編』北京、法律出版社。

吳仕民主編『中華人民共和国民族政策法規選編』北京、中国民航出版社、1997年。

Amnesty International, *Political Imprisonment in the people's Republic of China: An Amnesty International Report,* London: Amnesty international Publications, 1978. アムネスティ・インターナショナル日本支部訳『中国における政治投獄』三一書房、1979年。

Amnesty International, *China, Violations of Human Rights: Prisons of Conscience and the Death Penalty in the People's Republic of China,* London: Amnesty International Publications, 1978.

Amnesty International, *China: The Massacre of June 1989 and its Aftermath,* New York: Amnesty International USA, April 1990. 国際特赦『中国、1989年6月大屠殺及余波』1990年4月。矢吹晋・福本勝清訳『中国における人権侵害——天安門事件以後の情況』蒼蒼社、1991年。

Amnesty International, *No One is Safe,* ASA/17/01/96, 1996. アムネスティ・インターナショナル日本

支部訳『中国の人権——政治的弾圧と人権侵害の実態』明石書店、1996年。
Asia Watch, *Punishment Season: Human Rights in China after Martial Law*, New York: Asia Watch, March 1990.
矢吹晋・福本勝清訳『中国における人権侵害——天安門事件以後の情況』蒼蒼社、1991年。
Asia Watch, *Repression in China since June 1989: Cumulative Data*, New York: Asia Watch. 1990. 矢吹晋・福本勝清訳『中国における人権侵害——天安門事件以後の情況』蒼蒼社、1991年。
Asia Watch, *Detained in China and Tibet: A Directory of Political and Religious Prisoners*, New York: Human Right Watch, 1994.
Human Rights Watch/Asia, *China: State Control of Religion*, New York: Human Right Watch, 1996.
Commission Internationale de Juristes, *La Question du Tibet et la primauté de droit*, Genève: Commission Internationale de Juristes, 1959.
Commission International de Juristes, *Le Tibet et la République Populaire de Chine*, Genève: Commission International de Juristes, 1960.
Commission International de Juristes, *The Question of Tibet and the Rule of Law*, Genève: Commission International de Juristes, 1960.
Legal Inquiry Committee on Tibet, *Tibet and the Chinese People's Republic: A Report to the International Commision of Juristset*, Genèva: Commission International de Juristes.
Legal Inquiry Committee, *The Question of Tibet and the Rule of Law*, Genèva: International de Jurist Commission, 1959.
Legal Inquiry Committee, *Tibet and the Chinese People's Republic*, Genèva: International de Jurist Commission, 1960.
Green Tibet: Annual Newsletter 1998 'Nuclear Weapons on the Tibetan Plateau,' Dharamsala: The Department of Information and International Relations, Central Tibetan Administration, 1998.
The International Campaign for Tibet, *Nuclear Tibet: Nuclear Weapon and Nuclear Waste o the Tibetan Plateau*, Washington, DC: The International Campaign for Tibet, 1993. 金谷譲訳『チベットの核——チベットにおける中国の核兵器』日中出版、2000年。
チベット人権擁護国際キャンペーン編『チベット・ニュース・ダイジェスト』。
The Parliamentary Human Rights Group, *The Chinese and Human Rights in Tibet*, London, 1988. 英国議会人権擁護グループ報告、チベット問題を考える会編訳『チベット白書——チベットにおける中国の人権侵害』日中出版、1989年。
Tibet and Freedom, London: A Tibet Society Publication, 1969.
Robert McCorqunodale & Nicholas Orosy ed., *Tibet: The Position in International Law—Report of the Conference of International Lawyers on Issues relating to Self-Determination and Independence for Tibet*, London; Hansjörg Mayer, 1994.
住谷由貴子、長田幸康、アントニー・ボーイズ訳「国際問題としてのチベット——最近の動向」シオン短期大学研究紀要、第33号、1993年。
The Constitution of Tibet, Dharamsala: Information & Publicity of H. H. The Dalai Lama, 1963.
中華人民共和国国務院新聞弁公室『チベットの主権帰属と人権状況』北京、国務院新聞弁公室、1992年9月。
中華人民共和国国務院新聞弁公室『1996年中国人権事業的進展』北京、国務院新聞弁公室、1997年3月。
中華人民共和国国務院新聞弁公室『中国における宗教関係の状況』北京、国務院新聞弁公室、1997年10月。
中華人民共和国国務院新聞弁公室『チベット自治区における人権事業の新たな進展』国務院新聞弁公室、1998年2月24日／北京周報、1998年第10号。
中華人民共和国国務院新聞弁公室「チベット文化の発展」国務院新聞弁公室、2000年6月／北京周報、2000年第27号。
中共中央台湾弁公室・国務院台湾弁公室編『中国台湾問題』北京、九洲図出版社、1998年。

Tibetans in Exile, 1959-1969, Daramsala: Office of His Holiness the Dalai Lama, 1969.
外文出版社編『中印境界問題』北京、外文出版社、1963年。
インド情報放送省出版局編、小西健吉訳『中国の脅威——インド・中国国境問題』アポロン社、1963年。
Government of India, *Report of the Officials of the Government of India and the People's Republic of China on the Boundary Question*, New Delhi: Government of India, 1961.
Raja Hutheesing ed., *A White Book, Tibet Fights for Freedom: The Story of the March 1959 Uprising as Recorded in Documents, Dispatches, Eyewitness Accounts and World-Wide Reactions*, Bombay: Orient Longmans, 1960.
Edward Gray, *Twenty-Five Years 1802-1916,* , Vol. 1 New York: Fredrick Stokes/ London:Hodder & Stoughton, 1928.
『原典・中国』岩波書店。
申報年鑑。
中国藏学。
西藏研究。
中国西藏。
新華月報。
北京周報。
台北週報。
中国月報。
台北時報。
西藏之頁。
西藏日報。
朝日新聞。
毎日新聞。
読売新聞。
人民日報。
光明日報。
大公報。
中国時報。
世界日報。
新華社電。
新華網。
中国西藏信息中心。
中国内外チベット関連消息。
Tivet Information Network.
FES.
Times of India.
The Statesman.
The Pioneer.
Statesman News.
China Daily.
Tibetan Review.
The Australian.
Newsweek.
New York Times.

The Washington Post.
Times.
中国チベット・ニュース・サイト　http://tibetfor.com/。
チベット・ニュース・サイト　http://www.tibetinfo.net/。
ダライ・ラマ法王日本代表部事務所サイト　http://www.tibethouse.jp/home.html。
チベット亡命政府サイト　http://www.tibet.com/。
His Majesty King Bir Bikram Sha Dev,*Speeches,Proclamations and Messages up to January 1975*,kathmandu: Department of Information,Ministry of Communication,His Majesty's Government of Nepal,1975.

6．チベット歴史

洪涤尘『西藏史大綱』上海、上海正中書局、1936年。
吴燕紹『西藏史大綱』上・下、西藏学漢文文献彙刻第3輯、北京、全国図書館縮微复制中心、1993年。
恰白次・旦平措・諾章・鳥堅・平措次仁、陳慶英・他訳、西藏社会科学院編『西藏通史——松石宝串——』ラサ、〈中国西藏〉雑誌社／西藏古籍出版社、1996年。
法尊編『西藏民族政教史』上・中・下、北京、中国藏学出版社、1995年。
Alex McKay ed., *The History of Tibet*, 3 Vols., London: Routledge Curzon ,2003.
Lauret Deshayes, *Histoire du Tibet*, Paris: Fayard, 1997. 今枝由郎訳『チベット史』春秋社、2005年。
西藏社会科学院編『歴史造就的統一体——西藏地方和歴代中央政権関係簡介』ラサ、西藏人民出版社、1990年。
王貴・他『西藏歴史地位辨——評夏格巴《藏区政治史》和范普拉赫《西藏的地位》』北京、民族出版社、1995年。
王家偉・尼瑪堅贊『中国西藏的地位』北京、五洲伝播出版社、1997年。Weng Jiawei（王家偉）& Nyima Gyaincain（尼瑪堅贊）, *The Historical Status of China's Tibet*, Pekin: China International Press, 1997.
房建昌「清代西藏的行政区別及歴史地図」中国辺疆史地研究、1993年第2期。
馬汝珩・馬大正編『清代辺疆開発研究』北京、中国華僑出版社、1993年。
矢野仁一『近代蒙古史研究』弘文堂書房、1925年。
矢野仁一『近代西藏史研究』東洋史講座、雄山閣、1930年。
矢野仁一「西藏問題と英の対西藏関係」、『アジア問題講座3 政治・軍事篇 (3)』東京創元社、1939年。
石濱純太郎「西藏史」、『支那地理歴史大系12 支那周邊史・下』白楊社、1943年。
佐藤長「チベットの歴史」、『アジア史講座』4、岩崎書店、1956年。
佐藤長『古代チベット史研究』上・下、東洋史研究会、1958－59年。
大村謙太郎『ティベット史概説』西藏大藏経研究会、1958年。
再光栄・李紹彰・周錫銀『羌族史』成都、四川人民出版社、1985年。
周偉洲『吐谷渾史』銀川、寧夏人民出版社、1984年。
黄奮生『藏族史略』北京、民族出版社、1985年。
陳慶英訳『漢藏史集』ラサ、西藏人民出版社、1986年。
吴豊培編『藏学研究論叢』ラサ、西藏人民出版社、1999年。
蘇発祥『藏族歴史』成都、巴蜀書社、2003年。
蘇発祥『清代治藏政策研究』北京、民族出版社、1999年。
陳楠『藏史従考』北京、民族出版社、1989年。
張羽新編『清朝治藏典章研究』上・中・下、北京、中国藏学出版社、2002年。
格勒「古代藏族同化、融合、西玉諸羌与嘉十戎藏族的形成」西藏研究、1988年第2期。
張雲『元代吐蕃地方行政体制研究』北京、中国社会科学出版社、1998年。

C. I. Beckwith,'The Revolt of 755 in Tibet, 'Alex. McKay ed., *The History of Tibet*,Vol. 1 *The Early Period : to C. AD 850: The Yanlung Dynasty*, London: Routledge Curzon, 2003.
李文実「吐蕃——名的由来」中国歴史地理論叢、1990 年第 2 期。
岩井大慧「十七条憲法は果たして太子の独創か」歴史教育、第 2 巻第 1 号、1954 年。
壬生台舜「チベットの十六條（法）」歴史教育、第 5 巻第 4 号、1957 年。
壬生台舜「チベット十六條法の仏教思想」印度学仏教学研究、第 5 巻第 2 号、1957 年。
何峰「蔵巴汗《十六法》試析」、蔵学研究論叢、第 5 輯、ラサ、西蔵人民出版社、1993 年。
David L. Suellgrove, 'The Culture Effect of Traditional Expansion,'Alex McKay ed.,*The History of Tibet*, Vol. 1 *The Early Period : to C. AD 850: The Yanlung Dynasty*, London: Routledge Curzon, 2003.
山口瑞鳳「古代チベット史考異」上・下、東洋学報、第 49 巻第 3 号、第 4 号、1966 – 67 年。
山口瑞鳳「吐蕃——伝承と制度から見た性格」歴史教育、第 15 巻第 9・10 号特集・中国周辺諸地域の研究と教育、1967 年。
山口瑞鳳「『吐蕃』の国号と『羊同』の位置」東洋学報、第 52 巻第 1 号、1971 年。
山口瑞鳳「ソンツュン・ガムポ王の「十六条法」の虚構性と吐蕃の刑法」、唐代史研究会編『随唐帝国の東アジア世界』汲古書院、1979 年。
山口瑞鳳「チベットの歴史」長野泰彦・立川武蔵編『チベットの言語と文化——北川甫教授退官記念論文集』冬樹社、1987 年。
山口瑞鳳『吐蕃王国成立史研究』岩波書店、1983 年。
山口瑞鳳「チベット」、玉城康四郎編『仏教史 II』山川出版社、1983 年。
山口瑞鳳「ダライラマ 5 世の統治権——活仏シムカンゴンマと管領ノルブの抹殺」東洋学報、第 73 巻第 3 号、1992 年。
Eva K.Dargyay, 'Sangha and State in Imperial Tibet,' Alext. McKay ed., *The History of Tibet*, Vol. 1 *The Early Period : to C. AD 850: The Yanlung Dynasty*, London: Routledge Curzon, 2003.
C. I. Beckwith,'The Revolt of 755 in Tibet,' Alex. McKay ed., *The History of Tibet*,Vol. 1 *The Early Period : to C.AD 850: The Yanlung Dynasty*, London: Routledge Curzon, 2003.
Christopher I. Beckwith, *The Tibetan Empire in Central Asia: A History of thr Struggle for Great Power among the Tibetans, Turks, and Chinese during the Early Middle Ages*, Princeton: Princeton U. P., 1993.
丹曲・謝建華『甘粛・蔵族史』北京、民族出版社、2003 年。
黄玉生・他編『西蔵地方与中央政府関係史』ラサ、西蔵人民出版社、1995 年。
内藤虎次郎「拉薩の唐蕃会盟碑に就いて」史學雑誌、第 29 巻第 5 号、1918 年。
佐藤長「唐蕃会盟の研究」東洋史研究、第 10 巻第 4 号、1949 年、佐藤『古代チベット史研究』下、所収。
鈴木中正「1844 年のラサのクーデターについて」『和田博士古稀記念東洋史論叢』講談社、1960 年。
Christofer Gibb, *A History of Tibet*, Dharmsala: Tibet Children Village,1984. 小川英郎訳『チベット史ものがたり』日中出版、1989 年。
樊保良『蒙蔵関係史研究』西寧、青海人民出版社、1992 年。
丹珠昂奔編『蔵族文化発展史』北京、中国蔵学出版社、1995 年。
格桑達吉・喜饒尼瑪「西蔵地区歴史地理沿革述略」中国辺疆歴史地理研究、1994 年第 4 期。
石碩『西蔵文明東向発展史』成都、四川人民出版社、1994 年。
稲葉正就「ブウラテプテル研究序説」印度学仏教学研究、第 13 巻第 1 号、1965 年。
岩井大慧「唐以前のチベットに就いて」史学雑誌、第 47 巻第 11 号、1936 年。
矢崎正見「ランダルマ王排払の因由に就いて」印度学仏教学研究、第 2 巻第 1 号、1953 年。
矢崎正見「ソンツェンガムポ王の年代推定に関する一考察」印度学仏教学研究、第 1 巻第 2 号、1953 年。
矢崎正見「文成公主の入蔵とその西蔵仏教に与へし影響について」印度学仏教学研究、第 2 巻第 2 号、1954 年。

矢崎正見「十三世ダライ治下におけるチベット政庁の動きについて」印度学仏教学研究、第10巻第2号、1962年。
寺本婉雅「唐蕃会盟碑文」大谷學報、第10巻第3号、1929年。
野上俊静・稲葉正就「元の帝師について」、『東洋史論叢　石浜（純太郎）先生古稀記念』石浜先生記念会、1958年。
稲葉正就「元の帝師に関する研究——系統と年次を中心として」大谷大学研究年報、第17号、1965年。
沈ヱ荣「元朝中央政府対西藏統治」歴史研究、1988年第3期。
陳慶英「元代帝師制度及其歴任帝師」上・下、青海民族学院学報、1991年第1期。
高崎正芳「唐蕃会盟碑のチベット文資料」印度学仏教学研究、第12巻第1号、1964年。
高崎正芳「唐蕃会盟碑のチベット文について」印度学仏教学研究、第14巻第2号、1966年。
岡田英弘「蒙古史料に見える初期蒙藏関係」史学雑誌、第70巻第12号、1961年。
岡田英弘「蒙古史料に見える初期の蒙藏関係」東方学、第23号、1962年。
岡田英弘『康熙帝の手紙』中央公論社、1979年。
岡田英弘『モンゴル帝国の興亡』ちくま新書、筑摩書房、2001年。
P. Hyer, " The Dalai Lamas and the Mongolis," *Tibet Journal*, Vol. 4 No. 4, 1981.
呉从众編『西藏封建農奴制研究論文選』北京、中国藏学出版社、1991年。
多傑才旦主編『西藏封建農奴制社会形態』北京、中国藏学出版社、1996年。
Chi'an Tang, "A Commentary on the so-called Patron-Lama Relation," *Tibet Studies*, Vol. 1 No. 1, 1989.
張羽新『清政府与喇嘛教』ラサ、西藏人民出版社、1988年。
薛人仰主編『蒙藏民族史略』台北、台灣中華書局、1982年。
顧祖成編『明清治藏史要』ラサ、西藏人民出版社／済南、斉魯書社、1999年。
曽国慶『清代藏史研究』ラサ、西藏人民出版社／済南、斉魯書社、1999年。
蘇發祥『清代治藏政策研究』北京、民族出版社、1999年。
成崇德・張世明『清代西藏開発研究』北京、北京燕山出版社、1996年。
尹偉先『明代藏族史研究』北京、民族出版社、2000年。
赵苹・続文輝『簡明西藏地方史』北京、民族出版社、2000年。
謝鉄群編『歴代中央政府的治藏方略』北京、中国藏学出版社、2005年。
趙雲田『中国治辺机構史』北京、中国藏学出版社、2002年。
次仁央宗『西藏貴族世家 1900-1951』北京、中国藏学出版社、2005年。
Luciano Petch, *Aristocracy and Government in Tibet, 1728-1959*, Roma: Istituto Italiano Per II Medio Ed Estremo orient, 1973.
Luciano Petch, *China and Tibet in the Early 19th Century: History of Establishment of a Chinese Protectorate in Tibet*, Leiden: E. J. Brill, 1972.
Nirmal Changre Sinha, *Tibet: Considerations on Inner Asia History*, Calcutta: Firma K. L. Mukhapadhyay, 1967.
D. Sinor ed., *The Cambridge History of Early Inner Asia*, Cambridge: Cambridge U. P.,1990.
Robert Vitai, 'A Chronology (Bstan Rtais) of Events in the History of Mnga'ris Shor Gsum (Tenth-Fifteenth Centuries),' Alex McKay ed., *The History of Tibet*, Vol. 2　*The Medieval Period: c. 850 - 1895: The Development of Buddhist Paramountcy*, London:Routledge Curzon, 2003.
Robert Vitai, 'Nomads of byang and Myga'-Ris-Smad: A Historical Overview of their Interaction in Gro-shod, 'Brong-pa,glo-bo and Gung-thang from the 11th to the15th Century,' Alex. McKay ed., *The History of Tibet*, Vol. 2　*The Medieval Period: c.850 - 1895: The Development of Buddhist Paramountcy* , London: Routledge Curzon, 2003.
Iwasaki Tsutomu, 'The Tibetan Tribes of No-His and Buddhism during the Northern Sung Period,'

Alex. McKay ed., *The History of Tibet*, Vol. 2 *The Medieval Period: c. 850- 1895: The Development of Buddhist Paramountcy*, London:Routledge Curzon, 2003.

D. Seyfort Ruegg, 'Problems in the Trasmission of Vajrayana Buddhism in the Western Himalaya about the year 1000,' Alex. McKay ed., *The History of Tibet*, Vol. 2 *The Medieval Period: c. 850 - 1895: The Development of Buddhist Paramountcy*, London:Routledge Curzon, 2003.

Turrell V. Ylie, "The First Mongol Conquest of the Tibet Reinterpreted," *The Harvard Journal of Assiatic Studies*, Vol. 972 No. 1, 1997, Alex McKay ed., *The History of Tibet*, Vol. 2 *The Medieval Period: c. 850 - 1895: The Development of Buddhist Paramountcy*, London: Routledge Curzon, 2003.

Tsepon W. D. Shakapa, *Tibet: A Political History*, New Haven: Yale U. P., 1967/ New York: Potara Publications,1984,. 三浦順子訳『チベット政治史』亜細亜大学アジア研究所、1992年。

Luciano Petech, ' Establishment of the Yüan-Sa-Skya Partership,' Alex. McKay ed.,*The History of Tibet*, Vol. 2: *The Medieval Period: c. 850 - 1895: The Development of Buddhist Paramountcy*, London: Routledge Curzon, 2003.

Constantin Mouradgea d'Ohsson, *L'Histoire des Mongols: depuis Tchinguiz-Khanjusqu'a Tamerlan*, L. Naya: Freres van Cleeg, 1935/ Amsterdam: Frederick Muller, 1952, Vol. 2. 田中萃一郎訳『蒙古史』岩波文庫、1938年、下。坂口透訳『モンゴル帝国史2』東洋文庫、平凡社、1968年。

The Mongols and Tibet,: A Historical Assessment of Relations between the Mongol Empireand Tibet, Dharamsala: The Department of Information and International Relations, 1996. ダライ・ラマ法王日本代表部訳『ダラムサラと北京——提唱と往復書簡（1981 - 1993）付・モンゴル帝国とチベット』ダライ・ラマ法王日本代表部、2000年。

Warren W. Smith, Jr., *Tibetan Nation: A History of Tibetan Nationalism and Sino-Tibetan Relations*, Boulder: Westview Press, 1996.

余太山主編『西域通史』鄭州、中州古籍出版社、1996年。

王輔仁・陳慶英編『蒙藏民族関係史略』北京、中国社会科学出版社、1985年。

周良霄『忽必烈』吉林、吉林教育出版社、1985年。

杉山正明『クビライの挑戦——モンゴル海上帝国への道』朝日新聞社、1995年。

杉山正明『モンゴル帝国の興亡』上・下、講談社現代新書、講談社、1996年。

宮脇淳子「ジェブツンダンパ1世伝説の成立——17世紀ハルハ・モンゴルの清朝帰属に関連して」東洋学報、第73巻第3・4号、1993年。

宮脇敦子『最後の遊牧帝国　ジューンガル部の興亡』講談社、1995年。

宮脇敦子『モンゴルの歴史——遊牧民の誕生からモンゴル国家まで』刀水書房、2002年。

Tuerell V. Wytio, 'Monastic Patronage in 15th Century Tibet,' Alex. McKay ed., *The History of Tibet*, Vol. 2 *The Medieval Period: c. 850 - 1895: The Development of Buddhist Paramountcy*, London:Routledge Curzon, 2003.

シクメ・ナムカ、外務省調査課訳『蒙古喇嘛佛教史』生活社、1940年。

Luciano Petech, 'The Dalai-Lamas and Regents of Tibet,' Alex. McKay ed., *The History of Tibet*, Vol. 2 *The Medieval Period: c. 850 - 1895: The Development of Buddhist Paramountcy*, London:Routledge Curzon, 2003.

札奇斯欽『蒙古與西藏歴史関係之研究』台北、正中書局、1978年。

石浜裕美子『チベット仏教世界の歴史的研究』東方書店、2001年。

手塚利彰「グシハン一族と属領の統属関係」立命館東洋史学、第23号、1999年。

趙雲田『清代蒙古政教制度』北京、中華書局、1989年。

Luciano Pettech, 'Lajeng Khan, The Last Qōsot Ruler Tibet(1705-1717),' Alex McKay ed., *The History of Tibet*, Vol. 2 *The Medieval Period: c. 850 - 1895: TheDevelopment of Buddhist Paramountcy*, London:Routledge Curzon, 2003.

吴豊培・曽国慶『清朝駐藏大臣制度的建立与沿革』北京、中国藏学出版社、1989 年。

吴豊培・曽国慶編『清代駐藏大臣傳略』ラサ、西藏人民出版社、1988 年。

Josef Kolmas, 'The Anbans and Assistant Ambans of Tibet (1020-1912): SomeStatiscal Observations,' Alex McKay ed., *The History of Tibet*, Vol. 2 *The MedievalPeriod: c. 850 - 1895: The Development of Buddhist Paramountcy*, London: Routledge Curzon, 2003.

Roger Greatrey, 'A Brieb Introduction to the First Jinchan War,' Alex. McKay ed., *The History of Tibet*, Vol. 2 *The Medieval Period: c. 850 - 1895: The Development of Buddhist Paramountcy*, London: Routledge Curzon, 2003.

王献軍「1751 年后西藏政教合一——制下的権力分配」中国辺疆史地研究、1998 年第 4 期。

黄顥・劉洪記『西藏 50 年　歴史巻』北京、民族出版社、2001 年。

趙志忠『清王朝与西藏』北京、華文出版社、2000 年。

楊嘉銘『清代西藏軍事制度』台北、唐山出版社、1996 年。

Melvyn Goldstein, "The Circulation of Estates in Tibet: Reincarnation, Land and Politics," *Journal of Asian Studies*, Vol. 32 No. 3, 1973, ／, Alex. McKay ed., *The History of Tibet*, Vol. 2 *The Medieval Period: c. 850 - 1895: The Development of Buddhist Paramountcy*, London: Routledge Curzon, 2003.

Schuyler Camman, *Trade through the Himalayas: Early British Attempt to Open Tibet*, Princeton: Princeton U. P., 1951.

王力雄『天葬——西藏的命運』香港、明鏡出版社、1998 年。

陳光国・徐暁光「清朝《欽定藏内善后章程二十九条》的頒行与祖国的統一」藏学研究論叢、第 6 輯、1994 年。

Sukhdev Singh Cherak, 'Extracts from General Zorwar Singh,' Alex. McKay ed., *The History of Tibet*, Vol. 2 *The Medieval Period: c. 850 -1895: The Development of Buddhist Paramountcy*, London: Routledge Curzon, 2003.

孫子和『西藏史事與人物』台北、臺灣商務印書館、1995 年。

喜饒尼瑪『近代藏事研究』ラサ、西藏人民出版社／上海、世紀出版集団上海書店出版社、2000 年。

東亜研究所編『異民族の支那統治研究——清朝の邊疆統治政策』至文堂、1944 年。

曾問吾『中國經営西域史』上海、商務印書館、1936 年／台北、文海出版社、1984 年。野見山温訳『支那西域經略史』上、東光書林、1945 年。

羅運治『清高宗統治新疆政策的探討』台北、里仁書局、1983 年。

林恩顯『清朝在新疆的漢回隔離政策』台北、臺灣商務印書館、1988 年。

張興唐『邊疆政治』台北、蒙藏委員會、1962 年。

稲葉岩吉『清朝全史』下、早稲田大学出版部、1914 年。

片岡一忠『清朝新疆統治研究』雄山閣出版、1991 年。

塚本俊孝「雍正帝の儒仏道三教一体観」、東洋史研究会編『雍正時代の研究』同朋舎、1986 年。

張羽新『清政府与喇嘛教』ラサ、西藏人民出版社、1988 年。

拉巴平措・他編『西藏史研究論文選 (1965 − 1985)』ラサ、西藏人民出版社、1985 年。

楊嘉銘『琦善治藏』台北、蒙藏委員會、1987 年。

〈雲南民族工作四十年〉編字組編『雲南民族工作四十年』上・下、昆明、雲南民族出版社、1994 年。

L.uciano Petech, *China and Tibet in the Early 18 th century: History of the Establishmentof Chinese Protectorate in Tibet*, Leiden: E. J. Brill, 1950/ Westport: Hyperion Press,1973.

7．チベット政治・国際関係

周偉洲『英国侵略我国西藏史略』西安、陝西人民出版社、1984 年。

周偉洲主編『英国俄国与中国西藏』北京、中国藏学出版社、2000 年。

李約翰『清帝遜位与列強』北京、中華書局、1982 年。

ペパ・ギャルボ「チベット分割支配と「シムラ条約」」海外事情、1996 年 12 月号。
米田實「刻下の西藏問題」外交時報、第 208 号、1913 年。
清水泰次「最近西藏問題」國際法外交雑誌、第 17 巻第 10 号、1919 年。
胡侃「拉薩流血騒乱的背後」明報、第 24 巻第 4 期、1989 年。
陳義「中共如何統治西藏」明報、第 25 巻第 1 期、1990 年。
陳峰「達頼談西藏前途」明報、第 23 巻第 1 期、1988 年。
劉慕燕・劉麗楯『西藏在辛亥革命後変成了一個独立国家嗎？』北京、五洲伝播出版社、1994 年。
大平正美『英支西藏問題交渉略史』北京、南満洲鐵道北京公所研究室、1926 年。
祝啓源・喜饒尼馬『中華民国時期中央与西藏地方的関係』北京、中国藏学出版社、1991 年。
『西藏革命回憶録』第 1 輯、ラサ、西藏人民出版社、1981 年。
大川周明「西藏問題の由来及び帰趨」、『復興亜細亜の諸問題』大鐙閣、1922 年／『大川周明全集』第 2 巻、大川周明全集刊行会／岩崎書店、1962 年。
長谷川了「西康問題の発現と経緯」善隣協会調査月報、第 76 号、1938 年。
「川康問題の意義」善隣協会調査月報、第 76 号、1938 年。
中村常三「支那邊疆に於ける西康の地位」善隣協会調査月報、第 76 号、1938 年。
西山栄久「西康問題について」東亜経済研究、第 16 巻第 4 号、1932 年。
米田實「西藏問題の進展につきて」外交時報、第 64 巻第 4 号、1932 年。
川崎長幸「西藏問題の重大化」東亜、第 5 巻第 11 号、1932 年。
チベッタン「西藏の門戸開放問題」蒙古、第 96 号、1940 年。
シオス・バーナード、青木文教訳「西藏の危機」蒙古、第 100 号、1940 年。
戸水寛人「西藏遠征」外交時報、第 79 号、1904 年。
成田安輝「英国・西藏交渉沿革（並に英国と西金との関係）」外交時報、第 69 号、第 71 号、1903 年。
福崎峰太郎「西藏独立運動の真相」外交時報、第 64 巻第 2 号、1918 年。
福崎峰太郎「西藏独立運動と英国の西藏對策」支那、第 23 巻第 12 号、1918 年。
清水泰次「最近西藏問題」國際法外交雑誌、第 17 巻第 10 号、1919 年。
藤田豊八「西藏問題」1〜4、國際法外交雑誌、第 12 巻第 8 号、第 9 号、第 10 号、第 13 巻第 1 号、1913—14 年。
米田實「刻下の西藏問題」外交時報、第 18 巻第 1 号、1913 年。
米田實「過去に於ける英国の西藏政策」外交時報、第 64 巻第 4 号、1932 年。
米田實「チベット問題の進展につきて」外交時報、第 64 巻第 4 号、1932 年。
江木實「印度國境諸国」1〜3、國際法外交雑誌、第 13 巻第 3 号、第 4 号、第 5 号、1915 年。
高橋清一「印度西北境蕃界の重要性」1〜3、國際法外交雑誌、第 26 巻第 8 号、第 28 巻第 1 号、第 6 号、1927—28 年。
埃徳蒙・坎徳勒、尹建新・蘇平訳『拉薩真面目』ラサ、西藏人民出版社、1989 年。
華企雲編『西藏問題』上海、大東書局、1930 年。
華企雲『中國邊疆』南京、新亜細亜學會、1932 年。
華企雲、坂井・青木訳「初期に於ける英国の西藏侵略」蒙古、第 91 号、1939 年。
陳重為『西康問題』上海、中華書局、1930 年。
翁之藏編『西康之實況』上海、民智書局、1930 年。
青木文教『西藏問題』外務省調査局、1943 年。
柳陞「熱振事件見聞記」中国藏学、1996 年第 4 期。
東亜研究所第 2 部（上里美須丸）編訳『青海概説』、1944 年。
藤野進「チベットとラマと中共」海外事情、第 7 巻第 6 号、1959 年。
藤野進「チベットと中共と印度」海外事情、第 7 巻第 8 号、1959 年。
植田捷雄「チベット問題をはらむ中印関係」共産圏問題、第 4 巻第 2 号、1960 年。

葉伯棠『中共對流亡海外的達頼喇嘛統戰的分析』台北、蒙藏委員會、1984年。
黃澎孝『中共治藏政策之研究』台北、蒙藏委員會、1984年。
王吉林『達頼與班禪藏胞中的政治地位之研究』台北、蒙藏委員會、1984年。
呂秋文『中共與印度之疆界紛糾』台北、蒙藏委員會、1984年。
趙國材『現段階中共統治西藏之政策』台北、蒙藏委員會、1985年。
孫子和『西藏攝政熱振呼圖克圖與中央之關係』台北、蒙藏委員會、1986年。
孫子和『中共與印度疆界沖突之研究』台北、蒙藏委員會、1988年。
王美霞『西姆會議後康藏界務研究』台北、蒙藏委員會、1986年。
王章陵『中共進軍西藏與「和平協議」』台北、蒙藏委員會、1987年。
王章陵『西藏歷次反共抗暴事件發展経過及未来展望』台北、蒙藏委員會、1989年。
楊嘉銘『康藏分界問題浅談』台北、蒙藏委員會、1989年。
駱威『世界屋背上的秘密戰争』北京、中国藏学出版社、2004年。
笠原正明「西藏解放について」神戸外大論叢、第7巻第1・2・3号、1956年。
列康尼章「西藏上屋反動派策劃的叛乱是怎発生的」中国藏学、1989年第2期。

John F. Abandon, *In Exile from the Land of Snows*, London: Aitken & Stone, 1979. 三浦順子・他訳『雪の国からの亡命——チベットとダライ・ラマ　半世紀の証言』地湧社、1991年。

W. H. King, "The Telegraph to Lhasa," *Geographical Journal*, Vol. LXIII, 1924.

Zahiruddin Ahmad, *China and Tibet, 1708-1959: A Resume of Facts*, Oxford U. P., 1960.

Jon Akley, "A Poisonous Atmosphere: Nuclear Installation on the Tibetan Plateau," *Human Rights in China*, Spring 1999.

Alexsandre Andreyev, "Soviet Russia and Tibet: A Debate of Secret Diplomacy," *The Tibet Journal*, Vol. 23 No. 1, 1992/ Alex. McKay ed., *The History of Tibet*, Vol. 3 *The Modern Period, 1895-1959: The Encounter with Modernity*, London:Routledge Curzon, 2003.

Gompo Tashi Andrugtsang, *Four Rivers, Six Ranges: Reminiscences of the Resistance Movement in Tibet*, Dharamsala: Information and Publicity Office of H. H. The DalaiLama, 1973. 棚瀬慈郎訳『四つの河、六つの山脈——中国支配とチベットの抵抗』山手書房新社、1993年。

Barbar Nimri Aziz, *Tibetan Frontier Families: Reflections of Three Generations from Dingri*, New Delhi: Vikas Publishing House, 1978.

Stanley D. Bachrack, *The Committee of One Million: "China Lobby" Politics, 1953-1971*, New York: Columbia U. P., 1976.

R. Bannet & S. Akiner eds., *Resistance and Reform in Tibet*, London: Hurst, 1994.

Noel Barber, *From the Land of Lost Content: The Dalai Lama's Fight for Tibet*, Boston: Hougthon Mifflin, 1970.

A. Dock Barnett, *China in the Eve of Communist Takeover*, New York: Frederick A. Preager, 1968.

Robert Barnett & Shirin Akiner eds., *Resistance and Reform in Tibet*, Bloomington: Indiana U. P., 1994.

Sir Charles Bell, "A Year in Lhasa," *Geographical Journal*, 1924.

Sir Charles Bell, *Tibet: Past and Present*, Oxford: Clarendon Press, 1924. 宮廷璋訳『西藏史——原名西藏之過去與現在』上海、商務印書館、1930年。田中一呂訳『西藏——過去と現在』生活社、1940年。

Sir Charles Bell, *The Peoples of Tibet*, Oxford: At the Clarendon Press, 1928.

Sir Charles Bell, "The Dalai Lama: Lhasa, 1721," *The Journal of the Central Asian Society*, Vol. 11 No. 1, 1924/ Alex. McKay ed., *The History of Tibet*, Vol. 3 *The Modern Period, 1895-1959: The Encounter with Modernity*, London: Routledge Curzon, 2003.

Sir Charles Bell, "The North East Frontier of India," *Journal of the Royal Central Asian Society*, Vol. XVII, 1930.

Sir Charles Bell, "China and Tibet," *Journal of the Royal Central Asian Society*, Vol. XXXVI, 1949.

Henry S. Bradsher, "Tibet Struggles to Survive," *Foreign Affaires*, Vol. 47, 1969.

Philippe Broussard, Danielle Laeng, *La prisonniere de Lhassa*, Paris: Stock, 2001, 今枝由郎訳『とらわれのチベットの少女』トランスビュー、2002年。

C. J. Chistie, "Sir Charles Bell: A Memoir," *Asian Affairs*, Vol. 64 No. 1, 1977.

K. Dhodup, *The Water-Bird and Other Year: A History of the 13th Darai Lama and After*, New Delhi: Rawang Publishers, 1986.

Pierre-Antoine Donnet, *Tibet mort ou vif*, Paris: Gallimard, 1990. 山本一郎訳『チベット──「雪の国」の民族主義・受難と希望』サイマル出版会、1991年、蘇瑛憲訳『西藏生與死──霊域的民族主義』台北、時報出版、1994年。

Robert W. Ford, *Captured in Tibet*, London: George G. Harrap, 1957/ New York: Oxford U. P., 1990. 近藤等訳『赤いチベット』芙蓉書房、1970年。

Rodney Gilbert ed., *Genocide in Tibet: A Study in Communist Aggression*, New York: American-Asian Educational Exchange, 1959.

Gilmpses of Tibet Today, Dharamsala: Information Office of His Holiness the Dalai Lama,1978.

Melvyn C. Goldstein, *A History of Modern Tibet, 1913-1951: The Demise of the Lamaist State*, Berkley: Univ. of California Press, 1989. 杜永彬訳『喇嘛王国的覆灭』北京、時事出版社、1994年／北京、中国藏学出版社、2005年。

Melvyn C. Goldstein, *The Snow Lion and Dragon: China, Tibet, and the Dalai Lama*, Berkley: Univ. of California Press, 1995.

Melvyn C. Goldstein & Cynthi M. Beall, *Nomads of Tibet: The Survival of a Way of Life*, Berkley: Univ. of California Press, 1990.

Melvyn C. Goldstein, William Sirbonschuh, & Tasi Tsering, *The Struggle for Modern Tibet: The Auto biography of Tasi Tsering*, New York: M. E. Scharp, 1997. 楊和晉訳『西藏是我家』香港、明鏡出版社、2000年。

黒羽秀夫『中共のチベット侵略』協和協会出版部、1985年。

グレヴィチ、世界政治資料編集部訳『チベットの解放』新読書社出版部、1959年。

Great Change in Tibet, Peking: Foreign Languages Press, 1972.

Suchtra Ghosh, *Tibet in Sino-Indian Relations 1899-1914*, New Delhi: Sterling Publications, 1977.

A. Tom Grunfeld, *The Making of Modern Tibet*, London: Zed Books, 1987. 伍昆明・王宝王訳『現代西藏的誕生』北京、中国藏学出版社、1990年。八巻佳子訳『現代チベットの歩み』東方書店、1994年。

ペマ・ギャルポ『チベットはどうなっているのか──チベット問題へのアプローチ』日中出版、1990年。

Heinrich Harrer, *Sieben Jahre in Tibet: Völling neubearbeitete und erweiterte Ausgabe*,Vaduz, Liechtenstein: Liechtenstein Verlag, 1966. 福田宏年訳『チベットの7年──ダライ・ラマの宮廷に仕えて』白水社、1989年／『セブン・イヤーズ・イン・チベット』角川文庫、角川書店、1997年。translatedby Richard Graves, *Seven Years in Tibet*, New York: Dutton, 1954. 近藤等訳『チベットの七年』新潮社、1955年。

Peter Hopkirk, *Setting the East Ablaze: Lenin's Dream of an Empire in Asia*, Oxford: Oxford U. P., 1986. 京谷公雄訳『東方に火をつけり──レーニンの野望と大英帝国』NTT出版、1955年。

Peter Hopkirk, *The Great Game: On Secret Service in High Asia*, London: John Murray,1990. 京谷公雄訳『ザ・グレート・ゲーム──内陸アジアをめぐる英露のスパイ合戦』中央公論社、1992年。

O. Edmund Clubb, *China and Russia: The "Great Game,"* New York: Columbia U. P.,1971.

Michael Edwardes, *Playing the Great Game: a Victorian Cold War*, London: Hamilton,1975.

Ian Copland, *Europe' Great Game: Imperialism in Asia*, Melbourne: Oxford U. P., 1986.

Suhash Chakravarty, *Afganistan and the Great Game*, Delhi: New Century Publications, 2002.

Shams-ud-din & Bhaswati Sarkar, *Afganistan and Central Asia in the New Great Game*, New Delhi: Lancer's Books, 2003.

International Committee of Lawyers for Tibet (Andrew G. Dulaney & Dennis M. Cusak)& Unrepresent Nations and Peoples Organizaton(Dr. Michael van Walt van Praag), *The Case Concerning Tibet: Tibet's Sovereignty and the Tibetan People Right to Self Determination.* London: The Tibetan Pariamentary and Policy Research Center, June1998.

Jing Wei, "Tibet: An Inside View (I)," *Beijing Review*, No. 47, 22 Nov. 1982.

Jing Wei, "Tibet: An Inside View (II): More Tibetans Assume Leadership," *Beijing Review*, No. 48, 29 Nov. 1982.

Jing Wei, "Tibet: An Inside View (III): Changes in Gyangze," *Beijing Review*, No. 49, 6 Dec. 1982.

Tom Killefer, "Free Lawyers and Cold War: The International Commission of Jurists,"*American Bar Association Journal*, Vol. 41, 1955.

Josef Kolmas, *Tibet and Imperial China: A Survey of Sino-Tibetan Relations up to the Endof the Manchu Dynasty in 1912,* Canberra: Center for Oriental Studies, Australian National University, 1976.

Germaine Krull ed., *Tibetans in Exile,* Bombay: Allied, 1968.

Louis Margeath King, *China in Turmoil Studies in Personality,* London: Heath Cranton,1927.

John Kenneth Klaus, *Orphans of The Cold War: America and the Tibetan Struggle for Survival,* New York: Public Affairs, 1999.

Nikolai Kuleshov, "Agvan Dorjiev, The Dalai Lama' s Ambasador," *Asian Affairs*, Vol.23 No. 1, 1992,

Alastair Lamb, *Britain and Chinese Central Asia,* London: Routledge & Kegan Paul,1960.

Alastair Lamb, *The China-India Border: The Origins of the Didputed Boundaris,* London: Oxford U. P., 1964.

Alastair Lamb, *The McMahon Line,* 2 Vols. London: Routledge & Kegan Paul, 1966,.

Alastair Lamb, *Tibet, China and India 1914-1950: A History of Imperial Diplomacy*, Hertingfoundbury: Rexford Books, 1989.

W. F. Van Eekelen, "Simla Convention and McMahon Line," *Royal Central Asiatic Journal,* Vol. 54 No. 2, 1967.

Karunakar Gupta, "The MacMahon Line 1911-1945: The British Legacy," *China Quarterly,* No. 47, 1971.

Legal Inquiry Committee, *The Question of Tibet and the Rule of Law,* Geneva: International Commission of Jurist, 1959.

Legal Inquiry Committee, *Tibet and the Chinese People's Republic,* Geneva: International Commission of Jurist, 1959.

Alex McKay, "Tibet 1924: A very British coup attempt ?," *Journal of the Royal Asiastic Society,* 1997/ McKay ed., *The History of Tibet,* Vol. 3 *The Modern Period, 1895-1959: The Encounter with Modernity,* London: Routledge Curzon, 2003.

Parshotam Mehra, "The Mongol-Tibetan Treaty of January 11, 1913," *The Journal of Asian History,* Vol. 3 No. 1, 1969/ Alex. McKay ed., *The History of Tibet,* Vol. 3: *The Modern Period, 1895-1959: The Encounter with Modernity,* London: Routledge Curzon, 2003.

J. S. P. Mitter, *Betrayal of Tibet,* Bombay: Allied Publishers, 1964.

Frank Moraes, *The Revolt in Tibet,* New York: Macmillan, 1960. 入江通雅訳『チベットの反乱』時事通信社、1960年。

Hollis S. Liao, "The United State and Tibet in the 1940s," *Issues and Studies*, Vol. 26 No. 6, 1990.

Maj. Gen. P. Neame, Tibet and the 1936 Lhasa Mission," *Journal of the Royal Central Asiatic Society,* Vol. 26 No. 2, 1939.

Dawa Norbu, *Red Star over Tibet*, London: William Collins, 1974.
Dawa Norbu, "The Tibetan Response to Chinese 'Liberation'," *Asian Affairs*, Vol.62 No. 3, 1975.
Dawa Norbu, "The 1959 Rebellion: Am Interpretation," *China Quarterly*, No. 77, March 1979.
Dawa Norbu, "Chinas Dialogue with the Dalai Lama 1978-1990: Prenegotiation Stage or Dead End?," *Pacific Affairs*, Vol. 65 No. 3, 1991.
Jamyang Norbu, *Horseman in the Snow: The Story of Aten, An Old Kampa Warrior*, Dharamsala: Information Office, Central Tibetan Secretariat, 1979. ペパ・ギャルポ、三浦順子訳『中国とたたかうチベット人』日中出版、1987年。
Jamyang Norbu,' The Tibetan Resistans Movement of the Role of the CIA,' Alex McKay ed., *The History of Tibet*, Vol.3 : *The Modern Period, 1895-1959: The Encounter with Modernity*, London: Routledge Curzon, 2003.
Tubten Jigme Norbu, trans. By Edward Fitzgerald, *Tibet is My Country: The Autobiography of Thubten Jigme Norbu, Brother of the Dalai Lama as told Heinrich Harrer*, New York: E. P. Dutton, 1961.
George N. Patterson, *The Tibet in Revolt*, London: Faber & Faber, 1960.
Michel Peissel, *Secret War in Tibet*, Boston: Little Brown, 1992.
Hugh Edward Richardson, *Tibet and Its History*, London: Oxford U. P., 1962.
Hugh Edward Richardson, "The Sino-Tibetan Treaty Inscription of AD. 1821／1823 at Lasa," *Journal Review of Asian Studies*, 1978.
Thubten Sarmphel, 'Middle Way Approach of His Holiness the Dalai Lama: Its Genesis and its Larger International Relevance,' *Sino-Tibetan Dialogue: Finding Common Ground*, London: The Tibetan Community in Europe & The Alliance for a Democratic China, 11 - 12 October, 1977.
Ronald D. Schwartz, *Circle of Protest: Political Ritual and Particulars*, New York: Columbia U. P., 1994.
Tsering W. Shakya, " 1948 Tibetan Trade Mission to United Kingdom," *The Tibet Journal*, Vol. 15 No. 4, 1999/ Alex. McKay ed., *The History of Tibet*, Vol. 3 *The ModernPeriod, 1895-1959: The Encounter with Modernity*, London: Routledge Curzon, 2003.
Tseriag W. Shakya, 'The Genesis of the Sino-Tibetan Agreement of 1951,' Alex. McKay ed., *The History of Tibet*, Vol. 3 *The Modern Periot: 1895-1959, The Encounterwith Modernity*, London: Routledge Curzon, 2003.
Tsering W. Shakya, *The Dragon in the Land of Snows: A History of Modern Tibet since 1947*, New York: Penguin Compas, 1999.
William Boyd Sinclair, *Jump to the Land of Gold: The Adventures of a United Nations Air Force Crew in Tibet*, Caldwell, Ohio: The Caxton Printers, 1965.
Warren W. Smith, Jr., *Tibetan Nation: A History of Tibetan Nationalism and Sino-Tibetan Relations*, Boulder: Westview Press, 1996.
John Snelling, *Buddism in Russia: The Story of Agvan Dorzhiev, Lhasa's Emissary to the Tsar*, Longman: Element Books, 1993.
Anna Louis Strong, *Tibetan Interviews*, Peking: New Word Press, 1959.
Anna Louis Strong, *When Serfs Stood Up in Tibet*, Pekin: New World Press, 1963.
Rinchen Dolma Taring, *Daughter of Tibet: The Autobiography of Rinchen Dolma Taring*,Boston: Wisdom Publications, 1970. 三浦順子訳『チベットの娘――リンチェン・ドルマ・タリンの自伝』中公文庫、中央公論社、1991年／『チベットの娘――貴族婦人の生涯』、中央公論新社、2003年。
Adhe Tapontsang, *Ama Adhe: The Voice that Remembers*, Boston: Wisdom Publications,1997. 小山晶子訳『チベット戦士』総合法令出版、1999年。
Lowell Jackson Thomas, Jr., *Out of the World: Across the Himalayas to Forbiddien Tibet*, New York: Greystone Press, 1950.

The Tibetan Community in Europe & The Alliance for a Democratic China ed., *Sino-Tibetan Dialogue: Finding Common Ground,* London: The Tibetan Community in Europe & The Alliance for a Democratic China, 1977.

Lowell Jackson Thomas, Jr., *The Silent War in Tibet,* Garden City: Doubleday, 1959／London: Secker & Worburg, 1960.

Tibet under Chinese Communist Rule: A Compilation of Refugee Statements, 1958-1975, Dharamsala: Information and Publicity Office of His Holiness the Dalai Lama, 1976.

Tibetans in Exile, 1958-1969, Dharamsala: Information and Publicity Office of HisHoliness the Dalai Lama, 1969.

王家偉・尼瑪堅贊『中国西藏的歴史地位』北京、五洲伝播出版社、2000年。

Tieh-Tseng Li（李鉄錚）,*The Historical Status of Tibet,* New York: King's Crown Press,1956.

李楊帆「簡論民族自決与西藏問題」、梁守徳主編『冷戦后国際政治 中的新現象』北京、当代世界出版社、2001年。

Michael van Walts van Prag, *Tibet and the Rights to Self-Determination,* Dharamsala: Information Office of His Holiness the Dalai Lama, 1979.

Michael van Walts van Prag, *The Status of Tibet: History, Rights, and Prospects in International Law,* London:Wisdom Pablications／Boulder: Westview Press, 1987.

Dorothy Woodward, *Himalayan Frontiers: A Political Review of British, Chinese, Indianand Russian Rivalries,* New York: Frederick A. Praeger, 1969.

Sir Francis Yanghusband, *India and Tibet, a History of the Relations which have subsisted between the Two Countries from the Time of Warren Hestings to 1910, with Particular Account of the Mission to Lhasa of 1904,* London: John Murray, 1910.［前半訳］村山公三訳『西藏——英帝国の侵略過程』小島書店、1943年。[榮赫鳳]煦初訳『英国侵略西藏史』上海、商務印書館、1934年。

Ishihama Yemiko, 'On The Dissenmination of the Belief in the Dalai Lama as a Manifestation of the Buddisattva Avalolsitesvara,' Alex McKay ed., *The History of Tibet,* Vol. 2 *The Medieval Period: c. 850 - 1895: The Development of BuddhistParamountcy,* London: Routledge Curzon, 2003.

Zhang Chunjian & Xeirab Nima, "Human Rights in Tibet: Past and Present," *Beijing Review,* No. 35, 24 Feb./ 1 March 1992.

吉柚権『西藏平叛紀実』ラサ、西藏人民出版社、1993年。

師博主編『西藏風雨紀実』北京、中国華僑出版社、1993年。

余索『清季英国侵略西藏史』北京、世界知識出版社、1959年。

J. Marshall, *Britain and Tibet, 1765-1947: The Background to the India-China Border Dispute,* Bundora: La Trobe University Library Publications, 1977.

鈴木中正『チベットをめぐる中印関係史——十八世紀中頃から十九世紀中頃まで』一橋書房、1962年。

陳家璡主編『西藏森巴戦争』北京、中国藏学出版社、2000年。

〈中国少数民族革命史〉編写組編『中国少数民族革命1840－1949』南寧、広西民族出版社、2000年。

張東輝主編『中国革命起義全録』北京、解放軍出版社、1997年。

張羽新主編『和平解放西藏区五十周年紀念論集』北京、中国藏学出版社、2001年。

林田『西域春潮——一个記者于西藏民主改革的日記』北京、中国藏学出版社、1990年。

林田『進軍西藏日記』北京、中国藏学出版社、1994年。

林田『藏行記実』北京、中国藏学出版社、1997年。

林亮『進軍西藏紀事』サラ、西藏人民出版社、1985年。

吉柚権『白雪——進軍西藏紀実』北京、中国物資出版社、1993年。

暁浩『西藏・1951年 人民解放軍進藏実録』北京、民族出版社、1999年。

景家棟『進軍西藏日記』北京、新華出版社、1999年。

高平『歩行入蔵紀実』天津、百花文芸出版社、2000年。
劉貫一編『帝国主義西蔵侵略簡史』北京、世界知識出版社、1951年。
入江啓四郎『支那邊疆と英露の角逐』ナウカ社、1935年。
ロストフスキー、東亜近代史研究会訳『ロシア東方経略史』生活社、1942年。
稲生典太郎「1904年拉薩条約本文の成立と流傳——特に漢文本文について」國學院雑誌、第57巻第7号、1956年。
魏克「1904年西蔵人民抗英闘争調査記」近代史資料、1957年第1期。
呂昭義『英属印度与中国西南辺疆（1774—1911年）』北京、中国社会科学出版社、1996年。
施玉森『英国侵入西藏戦争和藏族風情』雛忠会館出版、2002年。
彭蘇『西藏戦争』蘭州、敦煌文芸出版社、2005年。
秦永章『日本渉藏史——近代日本与中国西藏』北京、中国藏学出版社、2005年。
大村作次郎「1907年に於ける英露協商成立の研究」(1)〜(2)、史潮、第3号、第6号、1931－33年。
大村作次郎『近世國際關係史論集』三省堂、1944年。
石川順『西藏を望みて』上海、日本堂、1922年。
石川順『西藏問題』上海、東亜同文書院研究部、1923年。
馮明珠『近代中英西藏交渉與川邊情——從廓爾喀之役到華盛頓會議』台北、國立故宮博物院、1996年。
島田政雄『チベット——その歴史と現代』三省堂、1978年。
廖祖桂『西藏的和平解放』北京、中国藏学出版社、1991年。
落合淳隆『チベットと中国・インド・国連』敬文堂、1994年。
孫小和『西藏研究論集』台北、臺灣商務印書館、1989年。
張植荣主編『二十世紀西藏』ラサ、西藏人民出版社、1993年。
張植荣『国際関係与西藏問題』北京、旅遊教育出版社、1994年。
張植荣・魏雲鵬『陰謀与陽謀——実録近代米国対藏政策』北京、中国藏学出版社、2000年。
張植荣『美国対華政策与西藏問題』北京大学博士学位論文、2005年4月。
張植荣『中国辺疆与民族問題——当代中国的挑戦及其歴史由来』北京、北京大学出版社、2005年。
多杰才旦・江村羅布主編『西藏経済簡史』北京、中国藏学出版社、1995年。
肖懐遠『西藏地方通貨史』北京、民族出版社、1985年。
高鴻志『英国与中国辺疆危機1637－1912年』黒龍江、黒龍江教育出版社、1998年。
楊公素『中国西藏地方的渉外問題』北京、中共西藏自治区党史征集委員会、1982年。
楊公素「所謂"西藏独立"活動的由来及剖析」中国藏学、1989年第1期。
楊公素編『所謂"西藏独立"活動的由来』北京、中国藏学出版社、1990年。
楊公素『中国反対外国侵略干渉西藏地方斗争史』北京、中国藏学出版社，1992年。
楊公素『當代中國外交理論与実踐(1949-2001)』香港、励志出版社、2002年。
江平・李佐民・蒋堅永『西藏的民族区域自治』北京、中国藏学出版社、1991年。
「ＣＩＡのチベット工作」アジア時報、第68号、1975年12月。
西藏人民出版社編『十世班禅転生霊童尋訪認定座牀写真』北京、西藏人民出版社、1996年。
李雲龍『中米関係中的人権問題』北京、新華出版社、1998年。
達娃諾布、肖訳「中国与達頼喇嘛的対話（1978－1990）——是談判前的準備還是死胡同？」、張植荣主編『二十世紀的西藏』ラサ、西藏人民出版社、1993年。
曹長青編『中国大陸知識分子論西藏』香港、時報文化出版、1996年。金谷譲訳『中国民主活動家　チベットを語る』日中出版、1999年。
《当代中国》叢書編輯委員会編『当代中国的西藏』上・下、北京、当代出版社、1991年。
鄭汕主編『西藏発展史』昆明、雲南民族出版社、1992年。
北京大学社会人類学研究所・中國藏学研究中心編『西藏社会発展研究』北京、中国藏学出版社、1997年。
斉札拉『中国藏区県域経済探索』昆明、雲南出版社、1997年。

征文「発展する西蔵の地方興隆」北京周報、1971年第29号。
『今日のチベット』北京、外文出版社、1972年。
「飛躍するチベット」(1)～(6)、北京周報、1975年第26～31号。
「チベット自治区成立十周年を祝う」北京周報、1975年第38号。
朱鋒「社会主義の道を前進するチベット」北京周報、1975年第38号。
曹長豪・髙元美「チベット族と漢族は一家族」北京周報、1975年第38号。
「チベット建設の方針」北京周報、1980年第24号。
周五「四十年前のチベットの民主改革」北京周報、1999年第4号。
王文「青海＝チベット鉄道で鉄道を世界の屋根まで開通」北京周報、2001年、第24号。
劉貫一編『帝国主義西蔵侵略略史』北京、世界知識出版社、1951年。
中共西蔵自治区委員会党史資料征集委員会編『西蔵革命史』ラサ、西蔵人民出版社、1991年。
高野好久『今日のチベット』新日本新書、新日本出版社、1996年。
孫勇主編『西蔵・非典型二元結构下的発展改革——新視角討論与報告』北京、中国藏学出版社、1991年。
笠原正明「西蔵自治区各級人民代表大会選挙條例」神戸外国語大学論叢、第14巻第3号、1963年。
肖環遠主編『西蔵農牧区——改革与発展』北京、中国藏学出版社、1994年。
李雲龍『中美関係中的人権問題』北京、新華出版社、1998年。
史金波・他『西蔵人権研究』北京、中国藏学出版社／中国社会科学出版社、1999年。
江平・李佐民・宋盈亭・辛文波『西蔵的宗教和中国共産党的宗教政策』北京、中国藏学出版社、1996年。
八巻佳子「ラサ暴動とその国際的波紋」中国研究月報、1988年3月号。
『西蔵民族問題論文選』ラサ、西蔵人民出版社、1984年。
秦光龍『拉隆 騒乱与戒厳』北京、解放軍文芸出版社、1990年。
師博主編『西蔵風雨紀実』北京、中国華僑出版社、1993年。
「売国奴ダライ・ラマを追放」北京周報、1969年6月号。
「パンチェン・オルドニ氏を訪ねて」北京周報、1978年第11号。

Palden Gyatso, *The Autobiography of a Tibetan Monk*, London: Harvill Press, 1997. 檜垣嗣子訳『雪の下の炎』新潮社、1998年。.

Tibet under Chinese Communist Rule, Dharamsala: Information Office of His Holiness The Dalai Lama, 1976.

Tibet under the Chinese Communist Rule, New Delhi: Information & Publicity Office of the Holiness The Dalai Lama, 1976.

The Department of Information and International Relations, Central Tibetan Administration, *Tibet : Proving Truth from Facts*, Dharamsala: Information & Publicity of H. H. The Dalai Lama, 1994. チベット亡命政府情報・国際関係省、南野善三郎訳『チベットの現実』風彩社、1995年。『チベット入門』馬影社、1999年。

China's Current Policy in Tibet: Life-and death Struggle to Crush an Ancient Civilization, Dharamsala: The Department of Information and International Relations, Central Tibetan Administration, 2000. ダライ・ラマ法王日本代表部事務所訳『チベットにおける中国政府の現行政策——チベット文明を根絶する必死の試み』ダライ・ラマ法王日本代表部事務所、2000年。

Tibet: Environment and Development Issues, Dharamsala: The Department of Information and International Relations, Central Tibetan Administration of His Holiness the X IV Dalai Lama, 1992. 柴田文博編『チベット——環境と開発をめぐって』ダライ・ラマ法王日本代表部事務所、1992年。

沈開運・達瑪・他『透視達頼——西蔵社会進歩与分裂集団的没落』上・下、ラサ、西蔵人民出版社、1997年。
軍事科学院軍事歴史研究部編『中国人民解放軍戦史』第3巻全国解放戦争時期、北京、軍事科学出版社、1987年。
「解放大西蔵」「西蔵平叛」神州文学。

8．関係文献

黄枝連『天朝礼治体系研究』3巻、北京、中国人民大学出版社、1994年。
金観涛『在歴史的表象背後――対中国封建社会超安定結構的探索』成都、四川大学出版社、1983年。若林正丈・村田雄二郎訳『中国社会の超安定システム――「大一統」のメカニズム』研文出版、1987年。
那波利貞『中華思想』、岩波講座「東洋思潮［東洋思想の諸問題］」岩波書店、1936年。
趙宋岑『中國的版圖』下巻、台北、臺灣中華書局、1967年。
顧頡剛・史念海『中国疆域沿革史』北京、商務印書館、2000年。
支那地理歴史大系刊行會編『支那周邊史』支那地理歴史大系第6巻、上・下、白掲社、1943年。
學銚「内外蒙古及其界域」、劉序渭編『蒙古史料彙編』台北、金蘭文化出版社、1976年。
V・P・サヴィン、川田秀雄訳『近世露満蒙關係史』福田書房、1935年。
井坂秀雄『支那民族西夏史』日本評論社、1943年。
イワン・ヤコレヴィッチ・コロストヴェシ、高山洋吉訳『蒙古近世史――ジンギス汗よりソヴィエト共和国まで』東學社、1937年／森北書房、1943年。
茲拉特金、陳大維訳『蒙古人民共和國發展史』北京、時代出版社、1952年。
陳崇祖、古川園重利訳『外蒙古獨立史』生活社、1939年／蒙古研究所、1970年／景仁文化社、1997年。
高越天『蒙古史綱』台北、台湾中華書局、1972年。
李毓樹『外蒙古撤治問題』台北、中央研究院近代史研究所、1976年。
孫福坤『蒙古簡史新編』台北、文海出版社、1951年。
廓索維慈、王光祈訳『庫倫条約之始末』台北、学生書局、1973年。
坂本是忠『中国辺境と少数民族問題』アジア経済研究所、1970年。
坂本是忠『辺をめぐる中ソ関係史』アジア経済研究所、1974年。
師博主編『外蒙古独立内幕』北京、人民中国出版社、1993年。
复旦大学歴史系《沙俄侵華史》編社組『沙俄侵華史』上海、上海人民出版社、1975年。
編写組編『沙俄侵略我国家蒙古地区簡史』呼和浩徳、内蒙古人民出版社、1979年。
新疆社会科学院歴史研究所編『新疆簡史』烏魯木斉、新疆人民出版社、1980年、第3分冊。
〈ヱ拉特蒙古簡史〉編字組編『ヱ拉特蒙古簡史』烏魯木斉、新疆人民出版社、1996年、下。
黄崇岳主編／中国人民大学歴史系・中国木田医師教研室・深圳市博物館編『中国歴朝行政管理』北京、中国人民大学出版社、1998年。
辜海澄『川陝楚白蓮教亂始末』台中、藍燈文化事業股公司、1976年。
野口鐵郎『明代白蓮史の研究』雄山閣出版、1986年。
丁抒『人災い――「大躍進」與大饑荒』香港、九十年代雑誌社、1991年。林幹夫訳『人禍 1958 ― 1962』学陽書房、1991年。
Penney Kane, *Famine in China, 1959-61: Demographic and Social Implications*, NewYork: St. Martin's Press/ Basingstoke: Macmillan, 1988. 鄭文麒訳『中国的大飢荒――1959－1961――他人口和社会的影響』北京、社会科学出版社、1993年。
Jasper Becker, *Hungry Ghosts: China's Secret Famine*, London: John Murray, 1996. 川勝喜美訳『餓鬼――秘密にされた毛沢東の飢餓』中央公論新社、1999年。
鄧礼峰『新中国軍事活動紀実』北京、中共党史資料出版社、1989年。
毛里和子『周縁からの中国――民族問題と国家』東京大学出版会、1998年。
加々美光行『知られざる祈り――中国の民族問題』新評論、1992年。
Girial Jain, *India Meets China in Nepal*, Bombay: Asia Publishing House, 1959.
K. C. Chaudhuri, *Anglo Nepalese Relations from the Earliest Time of British Role in Indian till the Gurkha War*, Calcutta: Modern Book Agency, 1960.
B. D. Sanwal, *Nepal and the East India Company*, London: Asia Publishing House, 1965.
Ramakant, *Indo-Nepalese Relations 1816 to 1877*, Delhi: S. Chand & Co., 1968.

Asad Husain, *British India's Relations with the Kingdom of Nepal: A Diplomatic Historyof Nepal*, London: George Allen & Unwin, 1970.

Leo E. Rose, *Nepal Strategy for Survival*, Berkley: Univ. of California Press, 1971.

Rishikesh Shaha, *Modern Nepal: A Political History 1769-1955*, Vol.. 1: *1769-1885*, New Delhi: Manohar, 1990.

今枝由郎『ブータン――変貌するヒマラヤの仏教王国』大東出版社、1994年。

後藤多聞『遙かなるブータン――ヒマラヤのラマ教王国をゆく』ちくま文庫、筑摩書房、1995年。

J. C. White, *Sikkim and Bhutan: 21 Years on the North-East Frontier 1887-1908*, Delhi: Vikas Publishing House, 1971.

Kapileshwar Labh, *India and Bhutan*, New Delhi: Sindhu Publications, 1974.

Arabinda Deb, *Bhutan and India: A Study in Frontier Political Relations (1772-1865)*, Calcutta: Firma Klm Private Limited, 1976.

Leo E. Rose, *The Politics of Bhutan*, Ithaca: Cornell U. P., 1977. 乾有恒訳『ブータンの政治――近代化のなかのチベット仏教王国』明石書店、2001年。

佐伯和彦『ネパール全史』明石書店、2003年。

ドルジ・ワンモ・ワンチュック、鈴木佐知子・武田真理子訳『虹と雲――王妃の父が生きたブータン現代史』平河出版社、2004年。

A. C. Sina, *Bhutan: Ethnic Identity and National Dilemma*, New Delhi: Reliance Publishing House, 1991.

落合淳隆『植民地主義と国際法――シッキムの消滅』敬文堂、1986年。

Vincent Herbert Coelho, *Sikkim and Bhutan*, New Delhi: Indian Council for Cultural Relations/ Indraprastha Press, 1967. 三田幸夫・内田正熊訳『シッキムとブータン』白水社、1984年。

P. R. Rao, *India and Sikkim, 1814-1970*, New Delhi: Sterling Publishers, 1972.

Lal Bahadur Basnet, *Sikkim: A Short Political History*, New Delhi: S. Chand & Co.,1974.

A. C. Sinha, *Politics of Sikkim: A Sociology Study*, Delhi: Thomson, 1975.

Satyendra R. Shukla, *Sikkim: The Story of Integration with India*, New Delhi: Cosmo Publications, 1976.

Lal Bahadur Basnet, *Sikkim: A Short Political History*, New Delhi: S. Chand & Co., 1977.

Edward A. Gait, *A History of Assam*, 1905. 民族学協会調査部訳『アッサム史』三省堂、1945年。

S. K. Bhuyan, *Anglo-Assamse, 1777-1826*, Dehli: Gauhati, 1947.

Khushwant Singh, *A History of the Sikhs*, Vol. 1: *1469-1834*, Delhi: Oxford U. P., 1963,Vol. 2: *1839-1974*, Delhi: Oxford U. P., 1966,

入江啓四郎『中印紛争と国際法』成文堂、1964年。

周鯁生・川崎一郎「中印境界問題と国際法」[愛知大学]国際問題研究所紀要、第36号、1964年。

川崎一郎「中印国境紛争問題の現状」[愛知大学]国際問題研究所紀要、第31号、1961年。

安藤仁介「中印国境紛争と国際法――東印境界とマクマホン・ライン」京都大学教養部政法論集、第1号、1967年。

建昌「中尼辺界初探」中国辺疆史地研究報告、1992年第3・4期。

楊公素「中印辺界問題的真相」中国辺疆史地研究報告、1989年第4期。

楊公素「外交生涯回想片断」[北京大学]国際政治研究、1993年第2期。

中印境自衛反撃作戦史編写組『中印辺境自衛作戦史』北京、軍事科学出版社、1994年。

陳志斌『喜馬拉雅的雪』北京、北岳文芸出版社、1991年。

王咸金『熱血泳山』北京、中共中央党史出版社、1993年。

Sir Robert Reid, *History of the Frontier Areas Bordering on Assam 1893-1941*, Shilong: The Assam Government Press, 1942.

June Treufel Dreyer, *China's Forty Millions*, Cambridge: Harvard U. P., 1976.

Karanaker Gupta, *The History of the Sino-Indian Frontier*, Culcutta, Minerva Asoociates,1984. 王宏偉・王至亭訳『中印辺界秘史』北京、中国藏学出版社、1990 年。

A. Appadorai & M. S. Rajen, *Indis's Foreign Policy and Relations*, New Delhi: South Asian Publishers, 1985.

Francis Tuker, *The Partition of India: Politics and Perspectives 1935-1947*, London: Allen & Unwin, 1970. 徐黴訳『中印邊界之戦歴史眞相』香港、天地圖書、1993 年。

A. B. Shah, *India's Defense and Foreign Policies*, Bombay: Manaktala, 1966.

趙蔚文『印中関係風雲録（1949－1999）』北京、時事出版社、2000 年。

Neville Geroge Authong Maxwell, *India's China War*, London: Jonathan Cape/ Bombay: Jailo Publishing House／New York: Pantheon Asia Library, 1970／New York: Anchor Books,1972／Dehradun: Natraj Pub., 1997. 前田寿夫訳『中印国境紛争――その背景と今後』時事通信社、1972 年。

王宏偉『喜馬拉雅山情話――中印関係研究』北京、中国藏学出版社、1998 年。

B. N. Mulik, *My Years with Nehru: The Chinese Betrayal*, Bombay: Allied Publishers,1971.

マノハール・マルゴンカール、山口瑞彦訳『カンディー暗殺』三省堂、1985 年。

邵玉銘『中米関係研究論集』台北、伝記文学出版社、1980 年。

松葉秀文『米国の中国政策（1944～1949 年）』有信堂、1969 年。

Tsou Tang, *America's Failure in China, 1941-1950*, Chicago: Univ. of Chicago Press,1963. 王宇・周先進訳『美国在中国的失敗、1941～1950』上海、上海人民出版社、1997 年。

Bill Clinton, *My Life*, New York: Alfred A. Knoph, 2004. 楡井浩一郎訳『マイライフ クリントンの回想』朝日新聞社、2004 年。

葉正佳「世界格局転換中敵印度外交政策」国際問題研究、1992 年第 3 期。

葉正佳「５０年来的中印関係――経験和教訓」国際問題研究、1999 年第 4 期。

薛君度・陸忠偉主編『面向２１世紀的中国周辺形勢』北京、時事出版社、1995 年。

梁守徳主編『中国的発展与２１世紀的国際格局』北京、中国社会科学出版社、1998 年。

朱聴昌主編『中国安全環境与安全戦略』北京、時事出版社、2002 年。

張敏秋主編『中印関係研究』北京、北京大学出版社、2004 年。

秋田茂・水島司編『近代南アジア 6　世界システムとネットワーク』東京大学出版会、2003 年。

日本国際問題研究所編『南アジアの安全保障』日本評論社、2005 年。

G. W. Choudhury, "Reflections in Sino-Pakistan Relations," *Pacific Community*, Vol. 7 No. 2, 1975.

Dilip H. Mohite, *Indo-US Relations: Issues in Conflict and Cooperation*, New Delhi: South Asian Publishers, 1995.

J. Mohan Malik, "China-India Relations in the Post-Soviet Era: The Continuing Rivalry," *China Quarterly*, No. 143, June 1995.

John W. Garver, "The Restoration of Sino-Indian Comity following India's Nuclear Tests, " *China Quarterly*, No. 168, December 2001.

David W. W.Conde, *CIA: Core of the Cancer*, New Delhi: Entente, 1970. 岡倉古志郎・岩崎昶訳『CIA 黒書』労働旬報社、1968 年。

R. Harris Smith, *OSS: The Secret History of America's First Central Intelligence Agency*, Berkley: Univ. of California Press, 1972.

Nicolas Spykman, *America's Strategy in World Politics: The United state and Balance of Power*, New York: Harcort & Co., 1942.

John Prados, *President's Secret Wars: CIA and Pentagon Covert Operations since World War II*, New York: William Morrow & Co., 1986.

John Ranelagh, *The Agency: The Rise and Decline of the CIA*, London: Weidenfeld &Nicolson, 1986.

K. Herold, *Tibet and the United States on Annotated Chronology of Relations in the 20th Century*, San Francisco: International Committee of Lawyers for Tibet, 1994.

Kenneth Conboy & James Morrison, *The CIA's Secret War in Tibet*, Lawrence: Univ.Press of Kansas, 2002.

Harry Rositzke, *The CIA's Secret Operations: Espionage, Counterspionage, and Covert Action*, New York: Reader's Digest Press, 1977.

Graham Yost, *The CIA*, New York: Facts on File, 1989.

William Blum, *Killing Hope: U. S. Military and CIA Interventions since World War II*, Monroe: Common Courage Press, 1999.

于力人編『中央情報局50年』上・下、北京、時事出版社、1998年。

John Kenneth Knaus, *Orphans of the Cold War: Americas and the Tibetan Struggle for Survival*, New York: Public Affairs, 1999.

William Blum, *Rogue State: A Guide to the World's Only Superpower*, London: Zed Book, 2001. 益岡賢訳『アメリカの国家犯罪全書』作品社、2003年。

Peter Harclerode, *Fighting Dailty: The Inside Story of Covert Operation from Ho Chi Mihn to Osama Bin Laden*, London: Orion Publishing Group Limited, 2001. 熊谷千壽訳『謀略と紛争の世紀――特殊部隊・特殊機関の全活動』原書房、2004年。

李覚等主編『当代中国的核工業』北京、中国社会科学出版社、1987年。

Joint Publishing Research Service (JPRS), *China Today: Nuclear Industry*, JRPS-CST- 88-0088, 26 April 1988.

趙雲山『中國導弾及其戦略』香港、明鏡出版社、1997年。

矢吹晋編『中国のペレストロイカ［民主改革の旗手たち］』蒼蒼社、1988年。

矢吹晋編『天安門事件の真相』上・下、蒼蒼社、1990年。

中共問題資料雑誌社編『天安門彙編』台北、中共問題資料雑誌社、1989年。

Gorden Thomas, *Chaos under Heaven: The Shocking Story behind China's Search for Democracy*, New York: Birch Lane Press, 1991. 吉本晋一郎訳『北京の長い夜――ドキュメント天安門事件』並木書房、1993年。

金岸編『天安門広場風雲録』北京、改革出版社、1997年。

張良, Perry Link & Andrew J. Nathan eds., *The Tianmen Papers*, New York: Public Affairs, 2001.『中国「六四」真相』香港、明徳出版社、2001年。山田耕筰・高岡正展訳『天安門文書』文藝春秋、2001年。

方励之、末吉作訳『中国よ変われ――民主は賜るものではない』学生社、1989年。

松本ますみ『中国民族政策の研究――清末から1945年までの「民族論」を中心に』多賀出版、1999年。

覃光歴・李ीं勝・他編『中国少数民族宗教概览』北京、中央民族学院出版社、1988年。

《当代中国》叢書編輯委員会、黄光学主編『当代中国的民族工作』北京、当代中国出版社、1993年、上。

郝明主編『中国民族工作五十年』北京、民族出版社、1999年。

李資源『中国共産党民族民族工作史』南寧、広西人民出版社、2000年。

羅広武編『新中国民族工作大事概覧1949－1999』北京、華文出版社、2001年。

張爾駒『中国民族区域自治史綱』北京、民族出版社、1995年。

王戈柳主編『民族区域自治制度的発展』北京、民族出版社、2001年。

李德洙主編『跨世紀民族工作的行動綱領』北京、中央民族大学出版社、1993年。

楊策・彭武麟主編『中国近代民族関係史』北京、中央民族大学出版社、1999年。

鳥戎・潘乃谷・周星主編『中国民族社区発展研究』北京、北京大学出版社、2001年。

郎維偉・袁暁文主編『民族研究文集』成都、巴蜀書社、2000年。

五省区七方〈中国大西南在崛起〉編与組『中国大西南在崛起個別分析』深圳、広西教育出版社、1994年。

A.Doach Barnett, *China's Far West: Four Decades of Change*, Boulder: Westview Press,1993 孫英春・他訳『中国西部四十年』北京、東方出版社、1998 年。

王宗礼・談振好・劉建鄭、中国西北民族地区政治穏定研究所編『西北民族区安定』鄭州、甘粛人民出版社、1998 年。

傳挑生編『実施西部大開発的戦略思考』北京、中国利水利電出版社、2000 年。

黄孝通『西部開発与区域経済』北京、群言出版社、2000 年。

中嶋誠一「中国の西部大開発」海外事情、2000 年 5 月号。

曽培炎・他『西部指南──12 省部長従論開発戦略』北京、中国大百科全書出版社、2000 年。

呉仕民『西部大開発与民族問題』北京、民族出版社、2001 年。

Hans Suyin, *China: Autobiography History*, New York: G. P. Putnam's Sons, 1965-66. 長尾喜又訳『自伝的中国現代史』第 1 巻『悲傷の樹木』1970 年、第 2 巻『転生の華』1971 年、第 3 巻『無鳥の夏』1972 年、第 4・5 巻『不死鳥の国』上・下、1986 年、春秋社。

波多野勝『満蒙独立運動』ＰＨＰ新書、ＰＨＰ研究所、2001 年。

Majorje M. Whiteman, *Digests of International Law*, Washington, DC: GPO, 1963, Vol. 1.

浦野起央『国際政治における小国』南窓社、1992 年。

人民日報チベット関係主要記事リスト

1949年　9月 3日　決不容魯許外国侵略者呑併中国的領土——西藏。
　　　　9月 6日　人民解放軍一定要解放台湾西藏　我国輿論警告　侵略者世界和平人民継続団聚力量向戦争挑発者挙行強大示威。
　　　　9月 7日　尼赫魯政府弁不掉呑併西藏的阴謀。
　　　　9月 7日　中国人民一定要解放西藏。
　　　　9月 8日　西藏全体同族、准備迎接胜利解放！
　　　　11月20日　美帝国加緊侵略西藏図在藏制造傀儡国。
1950年　1月21日　外交部発言人就西藏問題発表談話如果拉薩当局背叛祖国、我中央人民政府将
　　　　1月24日　藏族政協代表天宝談話　警告企図侵略西藏者。
　　　　5月14日　美帝将以武器運往西藏。
　　　　7月 2日　西藏代表団経印度来京竟遇英国当局無理阻撓在印度滞留両月仍未获過港签証。
　　　　11月 2日　人民解放軍開始進軍西藏解放軍事重鎮昌都歼敵四千人与中共地方党工作人員在巴安胜利会師西藏軍第九代本官平在前線光栄起義。
　　　　11月17日　我政府答复印度政府照会　解放西藏是我堅定方針必須反抗帝国主義侵略者的勢力中印在藏関係可循正常途経解決。
　　　　11月17日　中国人民解放西藏是不容干渉的。
　　　　11月22日　斥美国対西藏的阴謀。
　　　　11月22日　美帝試図利用連合国干渉我国人民解放西藏。
　　　　11月23日　西藏的一般状況。
　　　　12月11日　印度人民投書各報拥护我解放西藏行動。
1951年　4月27日　班禅即将抵京向毛主席致敬。
　　　　5月28日　関于和平解放西藏的談判経過。
　　　　6月15日　中央人民政府赴西藏代表経武偕西藏三代表離京赴藏。
　　　　7月 4日　赴藏代表張経武等抵達印度。
　　　　7月 8日　張経武等由印度動身赴藏。
　　　　8月14日　美帝国主義伝教士在西康巴塘的侵略活動。
　　　　10月 6日　藏族僧俗人民及人民解放軍歓欣鼓舞拉薩挙行空前盛会慶祝国慶。
1952年　9月15日　我国与印度相互同意　分別在孟買拉薩設総領事館。
1953年　5月23日　藏族人民的胜利——為西藏和平解放両周年記念日而作。
1954年　3月 7日　守衛在「世界屋背」上的英雄们。
　　　　4月30日　我外交副部長章漢夫在签字儀式上的講話。
　　　　4月30日　周恩来総理致印度尼赫魯総理賀電。
　　　　4月30日　中華人民共和国政府代表団与印度共和国政府代表団談判公報。
　　　　4月30日　中印両国在中国西藏地方的関係在新基礎上重新建立起来。
　　　　4月30日　签訂中国西藏地方和印度之間的通商和交通協定。
　　　　5月19日　印度総理尼赫魯論述中印協定的重大意義。
　　　　5月23日　毛主席的光輝永遠耀着西藏——為慶祝和平解放西藏為法的協議签訂3周年記念而作。

	5月23日	西藏民族和西藏人民走上光明和幸福的道路。
	6月26日	中印両国団結起来、為遠東和世界的和平而努力。
	6月28日	周総理向印度人民発表広播演説。
	7月 2日	得証各国和平処的正確原則。
	8月26日	政務院和内務部援款救済西藏災区人民。
	10月15日	中印貿易協定。
1955年	3月13日	西藏地方工作報告。
	3月13日	西藏地方政府噶倫阿沛・阿旺普美的報告。
	3月25日	五大原則。
	4月 2日	我政府駐西藏代表外事帮為楊公素的講話。
	4月 2日	我国正在接管印度在西藏地方的郵電接备。
	5月23日	西藏各階層人士発表談話　慶賀西藏和平解放4周年。
	7月15日	印度外交部発言人説　印度同我国西藏的貿易和香客来往在増加。
	7月29日	我国向印度預告雅魯藏布江水情。
1956年	3月 3日	我国同印度、緬甸貿易関系的発展。
	4月25日	在西藏自治区準備委員会成立大会上達頼喇嘛的報告。
	4月27日	在西藏自治区準備委員会成立大会上張国華的報告。
	5月 3日	陳毅副総理接見印度駐拉薩総領事。
	7月30日	从西寧到接薩。
	8月28日	从拉薩到江孜。
	10月 2日	拉薩、日喀則、昌都在歓騰中。
	10月 8日	在中国仏教境界西藏分会成立会議上達頼喇嘛的講話。
	10月26日	印度試航飛机在西藏安全着陸。
	11月21日	達頼喇嘛動身去印度。
	12月 4日	徳里4万市民挙行盛大集会　歓迎達頼喇嘛和班禅額尓徳尼。
	12月26日	達頼喇嘛和班禅額尓徳尼　訪問印度北方貝拿勒斯。
1957年	1月 9日	達頼喇嘛和班禅額尓徳尼訪問喜鳥偕尓邦。
	1月31日	班禅額尓徳尼回拉薩。
	2月 1日	拉薩和日喀則各界代表歓迎班禅額尓徳尼訪印帰来張経武将軍設宴為他洗尘。
	2月 2日	班禅額尓徳尼回到日喀則　西藏自治区準委会秘書長阿沛・阿旺普美回到拉薩。
	2月 8日	大雪阻塞从剛渡到西藏道路　達頼喇嘛祈求好天気以便早日回国。
	2月16日	老过走向和平統一。
	2月17日	達頼喇嘛到達西藏境内。
	2月26日	江孜両万多人歓迎達頼喇嘛。
	3月23日	邦達养壁説　西藏人民維护十七項協議。
	4月23日	在慶祝西藏自治区準備委員会成立1周年大会上西藏自治区準備委員会主任委員達頼喇嘛的講話。
	4月23日	愿大家承担起官制建設政教昌隆的西藏的任務。
	6月12日	印度交還我西藏東亜地皮。
	6月20日	印度修建通西藏公路　便利香却和商人来往。
	7月14日	西藏1年来的成就阿沛・阿旺普美的発言。
	10月13日	人造衛星経過拉薩。
1958年	2月 4日	民族独立運動的高漲。
	5月24日	張経武将軍対新華社記者発表談話　執行関于和平解放西藏為法的協議情况良好成績顕著　当面的政治任務是－堅決同帝国主義分子和—小撮……。

	8月21日	許多印度議員在人民院提出　美軍在印度洋威嚇印度安全　尼赫魯指出全世界応当商人中国対西藏的主権。
1959年	3月29日	赫脱就我国西藏局勢発表声明　誣蔑和紛争我国討伐叛乱。
	3月29日	尼赫魯就我国西藏叛乱発表声明。
	3月29日	西藏叛国集団必然滅亡　西藏人民前途光明燦烂解放軍己迅速平定拉薩反乱　在僧俗各界愛国人民協助下、正乗胜前進掃蕩西藏其它地方的政権。
	3月29日	尼赫魯就我国西藏局勢印度無意干預中国的内政。
	3月29日	西藏版国集団必然滅亡。
	3月31日	徹底平定西藏叛乱。
	4月 3日	在西藏叛国分子挟持下　達頼喇嘛進入印度　印度辺境警察官員前往迎接。
	4月 3日	南斯拉夫報紙為西藏叛匪張目　竟把西藏説成「独立国家」。
	4月 3日	伊拉克等国報紙評西藏叛乱事件　反動分子不能阻止向社会主義前進。
	4月 3日	印度共産党書記処就西藏問題発表声明。
	4月 3日	尼赫魯在印度人民再談我国西藏局勢。
	4月 6日	西藏事件是中国的内政問題、錫蘭「論壇報」駁斥西方報反動叫器。
	4月 7日	反対美国在亜洲制造新的張局勢。
	4月 8日	歪曲西藏局勢真相　暴露帝国主義野心英国報刊悪毒誣蔑我国。
	4月13日	妄図借西藏叛乱事件扇起敵視我国運動　美国「冷戦」策士悪毒叫器。
	4月13日	中国平息西藏叛乱　帝国主義阴謀失敗。
	4月14日	在印度議会外交詢諮問委員会上　尼赫魯談西藏叛乱事件。
	4月15日	不能允許中印友好関係受到損害。
	4月15日	印度「団結報」等報刊発表評論　不応利用西藏叛乱破壊印中誼「国民先駆報」認為西藏事件是中国内政。
	4月15日	印度——些報紙利用西藏事件誹謗我国　竟発表干渉中国内政和毒中印誼言論。
	4月16日	印度「新世紀」周刊発表文章揭穿自称「西藏的朋友」真面目　指出在西藏問題上進行扇動正合帝国主義的心意。
	4月17日	印度人民社会党等　些政党領導人　利用西藏叛乱　悪毒誣蔑我国　妄図扇動反華情緒破壊中印友好関係。
	4月17日	対我国平定西藏叛乱死不甘心　英官員和反動報紙叫嚷不休。
	4月17日	印度許多報紙発表公正評論指出　中国鎮圧西藏叛乱不容外人干渉主張维护中印友好関係警惕西方挑発阴謀。
	4月18日	印度人民写信給印度報紙、要求不干渉中国内政。
	4月19日	政府工作報告。
	4月19日	中国有権平定西藏叛乱　任何国家不能行干渉。
	4月20日	英記者報道説「印度政府曽経帮助策劃達頼喇嘛逃出西藏」印外交部発言人否認了這則消息。
	4月21日	達頼喇嘛前往穆索里。
	4月21日	評所謂「達頼喇嘛的声明」。
	4月21日	印度——些報紙指示、所謂「達頼喇嘛的声明」漏洞很多認為這个声明是否達頼本人発表懐疑。
	4月22日	印度「自由報」的社論指出　発表所謂達頼声明只会使帝国主義高興帝国主義及其代理人力図使印度同自己的朋友分離。
	4月23日	藏族人大代表和政協委員在座談会上庄重宣称　藏族人民堅決反対所謂達頼喇嘛的声明　要求徹底平息叛乱　遂歩実行民主改革……。
	4月23日	譴責帝国主義和外国反動派指示西藏叛乱。

4月23日	原西藏地方政府執行了十七条協議嗎？
4月23日	中央認真執行十七協議西藏反動集団一貫進行破壊　阿沛・阿旺普美代表駁斥所謂「達頼喇嘛声明」。
4月23日	我国平定西藏叛乱、同中印協定毫不相干。
4月23日	西藏永遠是中国的西藏　永遠不許任何外国人干渉　班禅額尔徳尼・却吉堅贊代表在全国人民代表大会会議上的発言。
4月23日	印度尼西亜駐華大使表示同意我国平定西藏叛乱。
4月24日	首都各界人民在祈念万隆会議大会上警告印度拡張分子、干渉中国内政阴謀注定失敗。
4月24日	藏族同祖国血肉相連。
4月24日	厳正警告印度拡張主義分子。
4月24日	所謂「西藏独立」是白日説夢。
4月24日	西藏是我国不可分的一部分。
4月25日	孰真孰偽対照自明──達頼喇嘛重要言論的輯録。
4月25日	興反華之風　作反共之浪　美国統治集団和印度拡張分子相呼応　印度官員散発所謂達頼声明。
4月25日	分割我国領土、華僑決不答応！
4月25日	阿聯宣伝器争誹謗者和挑発者　新聞局発行小冊子把西藏叛乱説成是「西藏革命」。
4月25日	歓呼討西藏山南叛匪的重大胜利。
4月25日	印度拡張主義分子、听听中国人民的警告吧！
4月25日	印度社会党領袖和盘託出拡張分子野心　公然主張印度宣布西藏「独立」。
4月26日	干渉者放清醒点、中国人民是不好欺侮的内蒙古、青海、寧夏、広西、新疆等省自治区各界人民強烈抗議英帝国主義和陳度拡張主義……。
4月26日	不許印度拡張主義分子干渉我国内政。
4月26日	西藏永遠是中国的西藏、邦達多吉、格桑旺堆代表的聯合発言。
4月26日	正告英帝国主義和印度拡張主義分子休想把西藏从中国分裂出去　烏蘭夫発言。
4月27日	迅速平息西藏叛乱説明祖国的強大達浦生委員説。
4月28日	美統治集団扇風点火不遺余力議員叫嚣器要「強固」同西藏叛匪関係宣伝機器勧印度争取美国的「支持」。
4月28日	印度官員証実、西藏匪首魯娃秘密見達頼、推説曾竭力鼓吹叛國立場。
4月29日	所謂達頼喇嘛声明、純系顛倒黒白胡説、魏志英代表的発言。
4月29日	達頼喇嘛的封号、地位、職権和噶廈的由来。
4月29日	我平息内部叛乱、与外人絶不相干。
4月29日	烏蘭夫、班禅額尔徳尼等在慶祝人大閉幕聯歓会上講話　新西藏誕生就是干渉者失敗。
4月29日	中華人民共和国第二届全国人民大会第一次関于西藏問題的決議1959年4月28日第二届全国人民代表大会第一次会議通過。
4月29日	対西藏叛国分子的支持就是対我国内政的干預陳尤代表的発言。
4月30日	喜鳥拉雅山区的怒火！　記藏族老人対帝国主義侵略西藏的控訴。
4月30日	西藏農奴制度下的酷刑。
4月30日	西藏問題只能在西藏解決、在中国解決、決不能在任外国去解決、班禅額尔徳尼在政協三届首次会議上的発言。
4月30日	尼赫魯在印度人民院就西藏局勢発表的講話。
5月 1日	西藏版国集団是各族人民的公敵。
5月 1日	中国内政不容任何外国人干渉。
5月 1日	任何反動勢力都阻挡不了西藏人民的新生。
5月 2日	不許印度反動派破壊五項原則。

5月 2日	拉薩3万多人「五一」示威遊行　慶祝山南地区平叛的偉大胜利　怒斥外国干渉者策動西藏叛乱。	
5月 2日	譲敵人為西藏農奴制哭喪吧！	
5月 2日	美帝国主義為印度拡張分子弁護、狄龍乗机鼓吹美國侵略政策。	
5月 3日	西藏各地人民空前大示威反対外国反動派干渉我国内政、堅決維護祖国統一感謝人民解放軍帯来新的生活、決心徹底粛清叛乱。	
5月 4日	警告外国反動派停止干渉我国内政。	
5月 4日	不許破壊中印人民的友誼！	
5月 4日	西藏人民譴責帝国主義和印度野心家　西藏強大祖国的一部分、絶対不准任何外国人干渉。	
5月 5日	西藏叛匪的「衛教軍」——衣冠禽兽和披袈裟的豹狼。	
5月 6日	西藏的革命和尼赫魯的哲学。	
5月 6日	干渉中国内政的叫嚷仍未休止。	
5月 7日	瑞典「林亜工人」雑誌指出西藏主権自古属于中国。	
5月 8日	人民公社好得很！　普仁英、黄鼎臣、鐘恵謙委員的聯合発言。	
5月 8日	西方及其代理人希望印中冲突。	
5月 8日	西藏定能走上幸福光明的大道　江炳灵委員的発言。	
5月 8日	西藏人民获得新生。	
5月10日	印度人民院弁論所謂「西藏局勢」。	
5月11日	所謂「徳里西藏事務委員会」討論西藏問題印—批議員叫嚷干渉我国内政。	
5月13日	印度人民社会党召開所謂「西藏会議」叫嚷把「西藏問題」交聯合国。	
5月14日	印度「国民先駆報」社論所謂「各党派西藏会議」有害于印度和亜洲和平。	
5月16日	歴代達頼喇嘛事略。	
5月19日	印度人民社会党総書記公然骂我国「新帝国主義」。	
5月21日	印度――些紙喋喋不休攻撃印共　誹謗中国。	
5月22日	原西藏地方政府是怎样破壊改編蔵軍的協議的。	
5月22日	印「人民力量報」駁斥「印度教徒報」西藏叛乱是上層反動分子発動的叛乱。	
5月26日	印度人民社会党実胡叫嚷不休、継続借西藏本件汚蔑我国。	
5月31日	印度国防部長談西藏問題時説、印度不想干渉他国内政。	
6月 2日	「全印西藏会議」丑上加丑、公然為西藏叛匪散発「公報」。	
6月 5日	利用「全印西藏会議」叫嚷印度――些報紙又攻撃我国。	
6月 5日	従主権和宗主権説到中国対西藏地方的関係。	
7月 1日	逃亡的西藏叛匪在印度為非作歹。	
7月 3日	討論西藏民主主義政策和歩驟。	
7月 3日	徹底進行民主改革、為建設民主和社会主義的西藏而奮闘！　——6月28日在西藏自治区準備委員会第2次全体委員会議上的講話。	
7月25日	「国際法学家委員会」不守国際法　竟誣蔑我国平息西藏叛乱。	
9月11日	中印辺界問題。	
9月11日	8月31日在印度連邦院中　尼赫魯談「中国侵入印度領土」。	
9月12日	中印辺界問題的真相。	
9月13日	譴責印度軍隊侵犯我国領土。	
9月14日	完全同意政府処理中印辺界問題的立場。	
9月15日	9月12日在印度人民院中　尼赫魯在辺界問題上再做文章　竟誣指我国為侵略国向印度要求大片領土　又説五項原則是真理印度恪守不結盟政策。	
9月15日	西藏自治区準備委員会討論中印辺界問題　西藏人民堅決保衛祖国領土　拉薩熟悉情	

		況人士用具体事実揭露印度侵占我国領土真相。
	9月16日	班禅額尔徳尼在拉薩集会上就中印辺界問題発表書面講話完全拥護政府的厳正立場。
	9月16日	政治法律学会副会長呉徳峰列挙大量事実証明西姆拉条約没有任何法律効力。
	9月16日	拉薩各族各界代表一千多人集会　希望印度立即停止反華扇動。
	10月 4日	歓呼祖国成就　慶賀西藏新生　拉薩三万人集会慶祝建国十周年。
	10月15日	陽光照耀耀全西藏　百万農奴站起来。
	10月15日	団結全西藏人民把民主改革進行到底。
	10月24日	印軍侵犯西藏辺境武装挑衅、我外交部向印方提出厳重抗議。
	10月24日	美国挾持聯大通過所謂「西藏問題」的非法決議　蘇聯等代表痛斥帝国主義冷戦丑劇。
	10月27日	我国外交部発表声明、公布印軍越境挑衅的真相。
1960年	1月 3日	印度総理尼赫魯1959年9月26日就中印辺界給周恩来総理的信。
	2月21日	張経武設宴歓迎班禅和帕拉　張経武説：西藏形勢很好、各地己経掀起農業生産高高潮　班禅説：西藏的工作己経進入飛速向前発展的新時期。
	4月13日	「亜非西藏会議」丑劇収場　通過放肆干渉我国内政的「決議」決定成立機構経常進行反華勾当。
	5月 6日	印度反動派猖狂叫囂器反華反共　公然企図干渉中国内政擾要「解放西藏」鼓吹同南亜和東南亜反共国家結成反華聯盟。
	5月29日	拉薩集会慶祝攀登世界最高峰　班禅号召学習登山隊員的英雄気魄建設新西藏。
	9月16日	在美帝国主義的支持下　印反動分子継続扇動反華　竟要在聯合国提出所謂「西藏問題」。
	9月18日	我新聞司声明我国飛机从未侵犯印度領空。
1961年	2月25日	反対美国干渉老撾的新陰謀。
	10月18日	関于西藏工作的報告1961年10月17日在第二屆人民代表大会常務委員会第45次会議上。
	12月 3日	印度当局一再迫害華僑近又無理把4名華僑強行押解出境。
	12月 7日	尼赫魯策動的印度反華運動的真相。
	12月 9日	尼赫魯又弾反華老調　叫擾印度「開不排斥戦争的可能」、「会同中国打」透露要在中印辺界問題上継続保持緊張局勢。
	12月17日	西藏各界人士集会拥護政府関干中印辺界問題声明。
1962年	1月19日	錫金王子発表話　否認在錫金——西藏辺界有中国軍隊集結。
	3月28日	尼赫魯同達頼会談。
	4月14日	外交部新聞司発言人就公布中印間照会和報告発表談話　我国健堅持和平解決中印辺界問題。
	4月14日	中国政府抗議印度方面侵犯中国領空、領土開且駁斥印方所謂中国飛机侵犯錫金、印度領空的無理指責。
	5月15日	我厳重抗議印軍入侵西藏西部。
	5月15日	印度政府再次拒絶談判締結新通商和交通協定　我国政府駁斥印度政府無理借口。
	5月22日	我国政府厳重抗議印軍侵犯朗久　揭破印度政府又要破壊東段辺界現状、製造緊張局勢的図謀。
	6月 3日	我国西藏和印度通商交通協定期満失効。
	7月12日	印度対我侵挑衅拡大厳重化。
	7月17日	我強烈抗議印軍在我西藏阿里地区増設据点騒擾挑衅。
	7月26日	国際法開不支持印度対中印辺界問題的立場。
	8月15日	入侵印軍又向我辺防部隊開槍挑衅。
	8月26日	入侵印軍又向我辺防部隊開槍挑衅。

	9月14日	印度方面蚕食我国領土的一个新発展、印軍越過「麦克馬洪線」設立侵略据点。
	9月21日	侵越「麦克馬洪線」的印軍拡大挑衅。
	9月23日	印度侵略軍継続在我址冬地区武装挑衅。
	9月30日	西藏人民将同全国人民和駐軍一起、堅决粉砕印度軍隊武装挑衅和侵略。
	10月 7日	我国政府再次照会印度政府　建議立即無条件討論中印辺界問題。
	10月10日	質問印度当局。
	10月11日	就印度侵略軍拡大・扯冬地区戦火的新罪行、我再向印度政府提出最強烈最厳重抗議。
	10月12日	我抗議机侵入西藏上空。
	10月14日	印度飛机又窜入西藏当雄上空視察。
	10月15日	印軍又窜擾我尺冬以西地方並向我射撃岳。
	10月20日	尼赫魯達頼喇嘛会晤。
	10月20日	尼赫魯混淆視听歪曲中印辺界問題真相　再次暴露拒絶談判准備大打的面目。
	10月20日	拒絶談判的是尼赫魯、下令要打的也是尼赫魯。
	10月21日	印度駆使「西藏难民」沿中印辺界修戦略公路印度「権威人士」宣称将向美国购買対我国作戦的高空運輸机。
	10月22日	印度——些政界人士公然鼓吹　利用西藏叛乱集団進行反華。
	10月23日	我国防部発言人正式宣告。
	10月23日	配合印度侵略軍隊中国的大挙進攻　印度反動政客和報紙疯狂煽動反華。
	10月25日	西藏、回到了祖国的懷抱。
	10月27日	从中印辺界問題再論尼赫魯的哲学。
	10月27日	勤村地区——我国神経不可侵犯的領土。
	10月28日	西藏隆子県民羅馬的母親　要求印度政府立即交還女也的親人。
	11月 3日	印度当局策劃新的冒険阴謀　図謀駆使西藏叛匪中印辺界作戦。
	11月11日	印軍在辺境連日打炮挑衅。
	11月14日	瓦弄地区印軍向我発起攻撃　印度加緊給達旺河南侵略軍運送空投作戦物資。
	11月17日	印度国防部宣布在辺境東段向我大規模進攻　我最強抗議印度蓄謀圧我東西両段重新進犯。
	11月20日	周恩来総理就中印辺界問題致亜国家領導人的信1962年11月15日。
	11月23日	根据我国政府11月21日声明所宣布的决定　我辺防部隊昨日零時起在中印辺界全線主導停火。
	12月 1日	我辺防部今起全線主導后撤。
	12月 4日	印度軍用飛机侵入我領空盘施偵察。
	12月 4日	印反動政客叫嚷拒絶我国和平建議　納拉揚叫嚣「解放西藏」並在西藏搞「遊擊戦」。
	12月11日	印机侵入我拉薩且喀即瓦弄等地上空挑衅。
	12月26日	印度拡張主義野心不死梅農婦人埋怨英国過去執行錯誤政策、使印度被迫接受中国対西藏的「宗主権」。
1963年	1月 5日	印度軍用飛机侵入我国深入新疆西藏地区進行偵察挑衅。
	1月13日	我厳重抗議印軍利用錫金領土向我入侵。
	3月 2日	充分証明我国為促進和平解决中印辺界問題的堅定不移立場　我辺防部隊在中印辺界全線后撤完毕。
	3月13日	印度政府利用達頼喇嘛充当反華的工具　逃印西藏叛匪竟然公布「西藏憲法」。
	3月29日	我国外交部照会印度駐華大使館　強烈抗議印方利用西藏叛匪干渉中国内政。
	6月 6日	印軍越達中錫辺界的乃堆拉山口不断侵犯我領土　我照会印度大使館再次提出厳重抗議　我外交部強烈抗議印度駐華大使館散発反華宣伝品。
	6月18日	印机侵入我西藏亜東地区偵察。

	6月28日	我厳重抗議印軍再次入侵斯潘古尓湖地区。
	8月22日	誰也挽救不了印度反動派的政治的破産。
	8月30日	我国外交部照会印度駐華大使館　強烈抗議印軍再次侵越実際控制限線印度飛机一架侵入我国西藏当許、哲古和錯那等地上空。
	9月21日	印度政府竟要把西藏叛匪編入印軍　印報透露己設立招募康巴族叛匪的机构。
	10月13日	印机一架侵入我西藏新疆上空偵察。
1964年	1月23日	印机連続侵入我西藏阿里地区上空。
	3月27日	対我領土西藏的拡張主義野心至今不死　印政府利用西藏叛匪加緊反華　西藏叛匪接印度腔調辱罵祖国　達頼奉命将到一些国家活動。
	3月27日	印度政府対中国西藏拡張主義陰謀的又一次大暴露。
	4月 8日	拉薩集会歓迎平措推投誠帰来　人民政府決定妥善安置他面積生産並……。
	4月15日	美印勾結干渉中国内政又一罪悪歩驟　西藏公然在紐約設立「為事所」並同駐聯合国印度代表和蒋匪帮代表策劃反華活動。
	7月21日	印机侵入我西藏阿里上空偵察。
	8月11日	内蒙古、新疆、西藏、寧夏連日集会示威遊行　各族人民高呼！　美帝必敗。
	12月19日	国務院全体会議第151次会議　討論通過周総理向3届人大首次会議作的政府報告　国務院根据西藏地方人民的要求。
	12月31日	印度当局同将帮和叛匪達頼加緊勾結。
1965年	9月 2日	在西藏自治区第一届人民代表大会第一次会議上的講話。
	9月 8日	毛沢東思想是西藏人民取得胜利的根本保証　中央代表団副団長、中央人民政府駐西藏代表張経武在西藏自治区首届人代会首次会議上講話。
	9月 8日	西藏自治区的正式成立標志着党的民族政策胜利　阿沛・阿旺普美在西藏自治区首届人代会首次会議上作西藏自治区準備工作報告。
	9月10日	為建設社会主義的新西藏奮闘——祝賀西藏自治区正式成立。
	9月11日	党的民族政策的偉大胜利毛沢東思想的偉大胜利拉薩盛大集会遊行歓慶自治区成立　西藏党政軍領導机関聯合設宴共慶西藏人民的大喜事。
	9月15日	高挙毛沢東思想的偉大紅旗、為争取社会主義革命的偉大胜利、為建設社会主義的西藏而奮闘。
	9月20日	印度政府抵触在中印中錫辺界的侵略活動　妄図用改変腔調手法逃避我政府厳正要求。
	10月 4日	我厳斥印度政府対武装侵攻都気契列以東地区的狡頼　再次要求印方停止対中国的入侵挑衅。
	11月25日	高挙毛沢東思想紅旗　発揚我軍光荣伝統駐蔵部隊以辺彊為家以艱苦為荣　同西藏人民親密団結……。
	11月25日	国防部負責人警告印度必須馬上停止一切挑衅行動。
	12月16日	印度反動派欠下的血債一定要清算。
	12月17日	印度侵入我日喀則地区上空視察騒擾　我向印度政府提出強烈抗議。
	12月21日	美国印度又在聯大就「西藏問題」演出反華丑劇　大多数代表不是反対和棄権就不参加投票。
1966年	1月21日	喜馬拉雅山上的辺防戦士。
	1月27日	高原紅色辺防隊。
	9月 5日	印度政府利用叛匪達頼大肆反華。
	11月23日	印度在大動蕩中。
	12月23日	毛主席、辺防戦士永遠跟您前進！
1967年	3月22日	印度反動派的反華丑劇。

	3月22日	印度当局利用中国西藏叛匪侵攻猖狂反華活動　我外国部最強烈抗議印度政府新挑衅。
	3月26日	西藏人民熱烈擁護我外交照会　最強烈抗議印度当局利用叛匪反華。
	7月20日	我外交部最強烈抗議印軍用飛机接連侵入我領空挑衅厳正警告印度政府、中国領土領空不許侵犯……。
	9月12日	印度侵略軍継続向我進行軍事挑衅　猛炮撃我方陣地。
	9月25日	美日印反動派策動叛匪達頼去日本進行阴謀活動。
	9月29日	抓革命促戦略、保衛偉大祖国、保衛無産階級文化大革命　永遠跟着毛首席奮勇前進。
	10月 3日	在我西藏辺防部隊堅決有力反撃之下　中錫辺界印度侵略軍被迫停止挑衅。
	10月 7日	米日反動派搞起所謂「西藏秘宝展覧会」策動反華。
1968年	6月11日	印度軍用飛机多次侵犯我領空進行偵察挑衅行動　我新華社奉命対印度入侵行為提出厳重警告。
	9月 7日	西藏自治区及拉薩市革命委員会成立和慶祝大会　給毛主席的致敬電。
	9月 8日	西藏軍民心向紅太陽向北京城熱烈歓呼西藏和新疆自治区革命委員会同時光荣誕生。
1969年	1月 4日	印度反動政府処心積慮制造反華暴行　公然指使暴徒和西藏叛匪襲撃我使館　印度反動政府的挑衅罪行抵頼不了。
	1月 4日	美印狼狽為奸利用西藏叛匪猖狂反華　近十年来、印度反動政府一直在美帝指使下、利用它豢养的西藏叛匪対中国進行顛覆破境。
	3月15日	反華小丑没有好下場　印度政府梁星西藏叛匪上演反華丑剧　組織西藏叛匪挙行所謂「祈念」活動、向中国人民進行猖狂挑衅。
1970年	3月 6日	頑固堅持与中国人民為敵　印度反動政府又糾集西藏叛匪猖狂反華。
	6月 7日	在強大的社会主義祖国感召下　原逃印西藏叛匪扎西投誠帰来。
1971年	8月25日	在偉大領袖毛主席和党中央的親切関懐下　中国共産党西藏自治区第一次代表大会隆重挙行　大会選出了中国共産党西藏自治区第一届委員会。
	12月14日	印度的拡張主義嘴臉。
	12月28日	中国政府向印度政府提出強烈抗議。
	12月31日	印度政府纵容印度人和西藏叛匪到我大使館前挑衅　我駐印度大使館向印度外交部提出強烈抗議。
1972年	1月27日	明目張胆干涉中国内政　印度反動派利用西藏叛匪实目達頼反華。
1974年	6月 8日	西藏高原种植冬小麦為什麼能高産？
1975年	3月12日	是拡張、不是「内政。——駁印度政府領導人詭弁。
1977年	1月 6日	周総理永遠活在西藏人民的心中。
	5月27日	西藏森林資源十分豊富。
	6月23日	青藏高原的奥秘。
	8月 6日	就印度政府領導人接見西藏叛匪頭子達頼　我駐印度大使館提出強烈抗議　印度政府公開支持西藏叛匪進行反華活動是干渉中国内政。
1979年	7月13日	阿沛・阿旺晋美副委員長会見記者。
1980年	5月26日	青藏高原綜合科学考察取得豊碩成果　青藏高原遠在隆起、毎年平均上昇十毫米多。
	5月31日	外国学者称贊我青藏高原科学研究。
	6月23日	遵照党中央和国務院指示精神　西藏発布告放寛経済政策。
1981年	5月22日	為和平解放西藏而献身的人们——訪一批最早進藏的老同志。
	5月24日	西藏民族解放的道路——祈念《関于和平解放西藏為法的協議》签訂三十周年（摘要）。
	7月 7日	和平共処五項原則。
	10月 7日	印度首批香客到西藏経后回国。
1982年	4月16日	第二批印度香客获准到西藏朝圣。

人民日報チベット関係主要記事リスト

	4月19日	回国定居的原西藏地方政府官員洛桑丹増税　西藏現行政策好　群衆生活明顕改善。
	7月14日	今年将有二百名印度香客到我西藏地区朝経。
1983年	6月 6日	女活仏的心声――訪6届全国人代表桑頂・多吉帕姆。
	7月25日	西藏与祖国関系的発展。
	9月 7日	班禅会見印度学者銭徳拉。
	9月28日	《妙法蓮華経》発効儀式在京挙行。
	10月 2日	帰国藏胞在拉薩集会。
1984年	1月 2日	高度的原則性惟同灵活性結合的典范――回憶毛沢東同志指導西藏工作的幾件事。
	4月12日	中国不丹辺界問題会談将開始。
	9月15日	五原則永放光芒。
	11月28日	楊静仁接見達頼喇嘛派出的3人代表　歓迎達頼喇嘛回国做有利于祖国統一和民族団結的事　重申胡耀邦総書記1981年講的五条方針不変。
1986年	1月28日	「世界屋背」沐春風――記西藏普蘭県近年来的発展和変化。
	5月27日	西藏将挙為辺境貿易交易会　尼泊尓印度商人及国外藏胞将到回洽談。
	7月16日	怎様从一片汪洋変世屋背　西藏地質研究提供最新証拠。
1987年	2月24日	今日大昭寺――拉薩剪影。
	3月 4日	台湾「行政院」発表声明　印度建立「阿魯納恰尓邦」是非報措施。
	3月31日	藏葯学古籍《晶珠本草》漢文版刊行。
	10月 9日	達頼在印度公然表示支持拉薩騒乱。
	11月 1日	出席十三大的三位西藏代表回答内外記者提問拉薩秩序井然宗教活動正常　重申対達頼政策不変但他搞分裂我們不答応。
1988年	2月 1日	美一歴史学家致函国会議員指出　西藏自古就是中国領土的一部分　美新聞媒介歪曲西藏歴史和現状。
	2月12日	拉薩帰国藏胞挙行迎接藏新年晚会。
	12月21日	楊尚昆見拉・甘地介紹我中央政府対西藏的政策。
1989年	2月14日	深切懐念班禅額尓徳尼・确吉堅賛大師。
	2月15日	偉大的愛国主義者班禅大師永垂不朽。
	4月 4日	就在印藏人進行反祖国活動　我駐印使館向印交渉。
	5月 5日	対拉薩厳戒是中国内政　印度議員無権説三道四。
	6月21日	拉薩戒厳后迎来首批外国遊客。
1989年	8月14日	中国内政不容干渉　印度一些議委員発表談話譴責西藏問題国際会議。
	8月17日	外交部発言人説印有関西藏「国際会議」是対中国内政粗暴干渉。
	12月28日	北京科研人員証明　藏族是中華民族一部分。
1990年	2月 1日	祖国在心中中国　民族在心中――祈念班禅大師円寂1周年。
1991年	2月 3日	李鵬総理会見印度外長指出　和平共処5項原則有強大生命力中国支持和平解決海湾危机的努力。
	3月 2日	印度政府重申　西藏是中国的一部分　不支持与這一立場相違背的任何活動。
	3月13日	阿沛・阿旺普美副委員長答内外記者問時説西藏和平解放成就巨大。
	4月 3日	和平解放40年　落後面貌大改観中央全力支持西藏経済発展。
	4月20日	阿沛・阿旺晋美　西藏歴史発展的偉大転折。
	4月20日	西藏歴史発展的大転折――祈念《関于和平解放西藏弁法的協議》簽訂四十周年。
	5月17日	帰国藏胞及国外藏胞親属暢談心声――生活在祖国大家庭是幸福的。
	5月23日	我一些駐外机構弁慶活動　展示西藏四十年巨変。
	12月24日	拉奥総理在印人民院発表演説　重申西藏是中国一个自治区。
1992年	1月27日	走向現代的西藏文化――訪西藏自治区文化庁庁長巴平措。

993

	2月21日	生活在這自由的故土——帰国藏胞桑旦旺久訪問記。
	3月 2日	「西藏人口問題」真相。
	3月25日	西藏的主権帰属与人権状況。
	4月 5日	政府工作報告——992年3月20日在第7届全国人民代表大会第5次会議上。
	4月 5日	西藏発展基金。
	5月 9日	変単向循環為双向循環 内聯与外聯并挙西藏在五个方面拡大開放。
	8月 7日	世界屋背的新覚醒——西藏加速改革開放掃描。
	9月 4日	喜馬拉雅的回声——改革開放中的西藏沿辺。
	9月23日	西藏的主権帰属与人権状況。
	9月28日	西藏発現「大唐天竺使銘」武則天時代朝臣出使印度祈行120个楷書漢字刻于辺境崖壁。
	11月28日	発展有快慢 改革無先後西藏尋求振興経済之路。
1993年	1月 9日	跳出「諸候経済」圏子西藏形成開放新格局。
	4月30日	八方美食荟萃高原改革開放給藏族飲食結構带来多祥化。
	6月11日	拡大沿辺開放発展辺境貿易西藏辺境県郷群衆生活明显改善。
	10月10日	布達拉宮挙行重庄厳儀式「鎮山之宝」観音塑像迎回殿。
	10月23日	日喀則：弥漫着商業気息。
	12月20日	毛沢東在西藏革命和建設上的偉大実験。
1994年	5月16日	刮目看西藏。
	6月 9日	富有生命力的和平共処五項原則。
	8月10日	験収専家喜悦説布達拉宮。
	10月 7日	両名美軍失踪人員遺骸在西藏我到。
	10月31日	西藏与祖国不可分割——外国听衆話西藏。
1995年	5月19日	西藏各界人士掲露達頼分裂祖国的可恥行経譴責達頼壇非法壇立班禅灵童。
	5月20日	首ós宗教界人士座談指出達頼壇立班禅灵童意在分裂祖国。
	5月20日	冲出偏遠弥郷投身改革大潮甘粛少数民族走向大市場。
	5月24日	善干「発現」的眼睛－記〈13世達頼喇嘛〉編孙徳民。
	8月 7日	我代表在日内瓦強調指出達頼宣布的所謂班禅灵童非法。
	11月15日	弘揚愛国愛教伝統加速班禅転世灵童認定——赴朴初在班禅頼転世灵童訪領導小組第三次会議上的講話。
	11月16日	達頼喇嘛無権認定班禅転世灵童。
1996年	4月24日	西方借人権干渉中国内政再遭失敗。
	8月 7日	維西域的変遷。
1997年	3月 6日	銭其琛在西藏代表団全体会議上説西方輿論対西藏情況的攻撃毫無根拠。
	4月24日	是和平衛道士、還是動乱制造者——評達頼破壊西藏穏定和発展的言行。
	12月18日	幾位藏学家義正辞厳掲露美国彩片〈西藏七年〉捏造歴史。
1998年	4月 9日	就西藏流亡印度的活仏鎮贈釈迦仏牙事。
	6月19日	青藏高原隆起与環境変化。
	8月11日	走向雪山環抱之地——阿里紀行之一。
	8月18日	普蘭観「商」——阿里紀行之二。
	9月 8日	札達訪古——阿里紀行之五。
	12月26日	我駐印度大使指出 達頼集団仍在玩弄分裂祖国阴謀。
1999年	3月11日	在印度同胞思故郷。
	4月21日	印中友協紀念西藏民主改革。
2000年	6月23日	西藏文化的発展。

	10月20日	西藏昌都挙行解放50周年慶典——経済発展・社会進歩・民族団結。
	10月20日	西藏出台31資优変政策。
	11月28日	西藏経済持続建設快速発展。
2001年	3月14日	西藏沙漠化防治获初歩成功。
	3月15日	熱地等三位全国人大代表接受内外記者采訪　西藏的今天是穩定与発展最好時期。
	3月21日	西藏民営企業成為経済新増長点。
	3月24日	西藏6年41万貧困人口脱貧。
	4月2日	在達頼喇嘛去台湾"弘法"的背質。
	4月3日	人口全土261.63万。
	5月21日	青藏鉄道将成高原生態鉄路。
	5月24日	慶祝西藏和平解放50周年。
	5月26日	美国支持達頼集団分裂活動剖析。
	5月30日	電賀西藏和平解放50周年——中共中央全国人常委会国務院全国政教中央軍委。
	6月30日	中共中央国務院召開第4次西藏工作座談会。
	7月19日	譜写雪域高原新篇——熱烈慶祝西藏和平解放50周年。
	7月20日	胡錦濤　任視西藏和平解放五十周年大会上的講話。
	8月11日	第二次長征与西藏和平解放。
	8月21日	62項援藏工程全部完成——西藏満拉水利枢工程竣工移交。
	11月9日	西藏的現代化発展。
	12月4日	西藏構築立体化交通橋网格。
2002年	5月14日	西藏経済実現快速発展。
	6月27日	西藏三大重点文物保持維修工程動工。
	8月27日	中央援藏恵及藏族百姓。
	9月23日	高原鉄路建橋史的奇跡——青藏鉄道大地高橋建設紀実。
	10月14日	西藏無記名査選「村官」——保障村民自治順利進行。
	12月19日	西藏金融栄跨上新台階。
2003年	3月11日	西藏的生態建設与環境保護。
	3月18日	西藏農牧区経済穩定発展。
	9月17日	献身青藏高原破解世界難題。

所収資料リスト

		ケサルの史話	33-34
521年		清浄人法16条	40
610年頃		『編年記』『年代記』ヤルルンの記述	20
		『編年記』『年代記』ソンツェンガムポ王の偉業の記述	22
620年頃		『旧唐書』ヤルルンの記述	19
646年		玄奘三蔵『大唐西域記』	125
763年		中国西部侵略ポタラ碑文	23-24
794年		サムイェでの法論	29
821年		唐蕃会盟碑	36
822年		吐蕃・中国永久平和条約	25-27
1239年		サキャ・パンディタの書簡	44-45
1240年代		カツピニ『モンゴルの歴史』	126
1244年	8月30日	ゴデン王子文書	43-44
1247年		サキャ・パンディタの僧・俗あて上書	45-47
1253年		パクパの原則	48
		パクパの約束	48-49
1254年		フビライ・ハーンのチュユン関係確認文書	49-50
	7月	『ルブルック旅行記』	126-127
1260年		フビライ・ハーンのムティクマ	50-51
1328年		オドリコのチベット滞在記	127
1407年		カルマ4世デシン・シェクパの上京記録	53-54
1578年		アルタイ・ハーンの仏教保護令	57-58
1630年代		グシ・ハーンの16法	72
1662年		『蒙古源流』ヤルルン家の起源の記述	20
		『蒙古源流』ダルマ王の記述	69-70
1672年		5世ダライ・ラマの順治帝あて返書	64
1684年		チベット・ラダク条約	117-118, 753
1720年	3月	康熙帝のダライ・ラマあて書簡	67-68
1721年	9月29日	康熙帝のチベット支配の碑文	68-69
1751年	3月 3日	欽定蔵内章程13条	76-79
1757年	1月 3日	カトマンズ条約	92-93
1774年	3月29日	7世パンチェン・ラマのインド総督へスティングスあて親書	162
	5月13日	インド総督へスティングスのボーグルあて訓令	162-163
	11月 8日	ボーグルの6世パンチェン・ラマとの交渉	164
1775年		ゴルカ朝プリディ・ナラヤン王の書簡	92-93
	8月	チベット・ネパール4項目協定	93
1789年	1月22日	7世パンチェン・ラマのベンガル総督あて書簡	94-95
	2月29日	乾隆帝の諭旨	95

	8月13日	福康安の解決5条件	121
	7月 2日	ネパール・チベット・中国キロン協定	95,753
1789年	12月 7日	蔵地善後事宣19条	81-84
1792年		ゴルカ戦勝記念碑	165-168
	9月30日	ネパール・チベット平和協定7項目	96-97,122,753-754
	10月23日	金壺巴瓶制度法	100-102
	11月 2日	チベット軍制改革案	97-100
	11月21日	善后章程6条	102-103
	12月11日	善后規程18条	103-105
1793年	2月	欽定蔵内善后章程29条	83-84,105-113
1815年	12月 2日	ネパール・英国間のサガウリ条約	754
1816年	3月 4日	英国・ネパール条約	211
1817年	2月10日	ティタリア条約（シッキムの英国割譲条約）	754-755
1830年頃		デシデリ『1712年〜1827年伝道・旅行報告』	128-132
		エマヌエル・フレイレのラダク報告	132
1840年頃		ユックの旅行記	134-137
1842年	9月17日	チベット・ラダク平和条約	755-756
1853年		チベット・ラダク通商条約	756
1856年	3月24日	ネパール・チベット条約（タパタリ条約）	171,756-757
	3月	ネパール・チベット条約（チャイトラ・サウジ条約）	171,757-758
1860年	11月 1日	西テライ地区の回復に関するネパール・英国条約	758
1861年	3月28日	英国・シッキム友好・同盟条約	758-760
1865年	11月11日	英国・ブータン平和・友好条約（シンシュラ条約）	760-761
1876年	9月13日	芝罘（煙台）条約	169-170,764-765
1886年		ツォンドゥのカムパ地区あて通告	173-175
		ツォンドゥのマダ谿堆あて兵員調達を認めた奏文	175-176
	3月 9日	ツォンドゥの英国侵攻に備えた抵抗戦争命令	172-173
	7月24日	ビルマおよびチベットに関する条約	172,764-765
1887年		ロカ地区カダ寺院・政府付属民の異民族（英国）侵犯に備える誓約	176-178
1890年	3月17日	シッキム・チベット条約	179,765-766
1893年	12月 5日	1890年インド（シッキム）・チベット条約付属章程	180,213,766-767
1896年	10月15日	四川総督鹿傳霖の上奏文	181-183
1900年代		ポップ・カーク『グレート・ゲーム』	206-207
1901年	7月26日	英インド政府からインド相あて文書	184-185
1902年		ヘディンのチベット所感	6
	5月26日	バーエル英代表のチベット問題に対する所見	187-188
1903年	2月11日〜4月8日 英外相ランズダウ卿と駐英ロシア大使ベンゲンドルフ伯の会談記録		188-189
	3月	英国政府から英インド政府あて指令	188
	4月16日／5月7日	英インド総督の英本国に対する所見	189
	6月	アンバンの外交部あて照会	191
	6月 3日	英インド総督の所見	191-194
	11月17日	英外相ランズダウン卿と駐英ロシア大使ベンゲンドルフ伯の会談記録	194-195
		河口慧海『西藏旅行記』	146-148
1904年		ヤングハズバンドのチベット情勢判断	219-220

1904年	8月	ヤングハズバンドのチベット侵攻所感	196-198
	8月 3日	ヤングハズバンドのラサ進駐5条件	215
	8月15日	英国・チベット交渉	767-769
	9月 7日	英国・チベット条約	198-199,767-769
	9月 7日	ヤングハズバンド・チベット協定	200
	11月11日	1904年9月7日条約付属議定書として1904年11月11日インド総督署名の宣言書	769
1905年	3月	神父のパタン事件報告	228
	5月	成出安輝のチベット所感	184
1906年	4月27日	チベットに関する英国・中国条約	201,769-770
	5月	ヘディンのチベット所感	226-227
	6月19日	駐中国英公使ジョーダンのパタン事件報告	229
	9月16日	寺本婉雅のクンブム・ゴンパ（塔爾寺）滞在日記	145-146
1907年	1月13日	治蔵19条	201-204
	2月12日	ヘディンのタシ・ラマ会見記	139-140,227
	3月	ヘディンのチベット所感	209
	3月15日	アンバン張蔭棠からスウェン・ヘディンあて書簡	140-141
	8月31日	チベットに関する英国・ロシア協定	770-771
1908年	3月	13世ダライ・ラマの英公使ジョーダンとの交渉	203-204
	4月20日	中国・英国・チベット通商章程	205-206,771-774
	9月	光緒皇帝のダライ・ラマに対する勅令	220-221
1909年	8月	川軍のチベット入城布告	222-223
1910年	1月 8日	英国・ブータン条約	774
	1月16日	英国政府の中国に対する抗議文書	231
	1月24日	中国政府の英国に対する回答	231
	2月 9日	13世ダライ・ラマの中国への誓約	224
	2月 9日	アンバンの13世ダライ・ラマ慰撫4項	224
	2月21日	13世ダライ・ラマの英国あて文書	230
	2月25日	13世ダライ・ラマ廃位令	225-226
	9月	13世ダライ・ラマの清皇帝あて文書	232-235
1912年		チベット待遇法	245
	8月12日	中国・チベット協定	240-241,774-775
	8月16日	13世ダライ・ラマの5カ条要求	243-244
	8月17日	英国政府の中国あて5項目抗議覚書	239,243
	8月22日	中国・チベット平和協定	244
	9月 3日	英インド総督の英本国／北京英公使館あて電報	292-293
	9月16日	趙秉均中国総理のチベット政策	239-240
	10月21日	ロシア・モンゴル修好条約	776
	10月21日	ロシア・モンゴル条約付属議定書	776-778
	10月28日	大総統の13世ダライ・ラマあて告示	239-240
	11月13日	中国政府の英国に対する反論	244-245
	12月14日	中国・チベット協定	241,778-779
1913年	1月11日	モンゴル・チベット条約	242,779-780
	1月18日	13世ダライ・ラマの諭告	236
	2月14日	13世ダライ・ラマの5カ条宣言	237,780-781

	3月	チベット人の中国政府中央あて情報	237-238
	5月20日	モンゴルをめぐるロシア・中国北京会談におけるロシア・中国協約	781
	6月	レーニン「民族問題にかんするテーゼ」	747
	10月13日	シムラ会議でのチベット提案	246
	10月13日	シムラ会議での英国提案	247
	10月13日	シムラ会議での中国提案17項目	247-248
	11月 5日	モンゴルに関するロシア・中国共同宣言	781-782
	11月 5日	モンゴルに関するロシア・中国共同宣言付属交換公文	782
1914年	2月	シムラ会議でのチベット代表文書	251
	2月17日	シムラ会議での英国草案(草約)	294
	3月24日	英国・チベット秘密合意文書	253-254
	6月 7日	ロシア・中国・モンゴル協定	783-785
	6月 7日	キャフタ(ロシア・中国・モンゴル)協定調印に際しての大総統令	785-786
	6月13日	シムラ会議での中国提案4項目	250
	7月 3日	シムラ条約	249-250,786-787
	7月 3日	シムラ会議での英国・チベット合意文書	252
	7月 3日	英国・チベット貿易規則	787-789
	7月15日	チベットのシッキム駐在英政務官あて書簡	255
	8月	シッキム駐在英政務官のチベットあて返書	255
1915年	5月26日	中国の英国あてシムラ草約検討文書	256
	6月28日	中国の英国あてシムラ草約検討文書(疑稿大要)	257
1917年	10月6〜8日	レーニン「党綱領の改正によせて」	748
1918年	10月10日	中国・チベット敵対行為停止協定	258
	5月30日	中国の英国あてシムラ草約検討文書(4条覚書)	259
	8月13日	英国のチベット文書	259
	9月 4日	英国政府のチベットに関する声明	259-260
	10月17日	中国・チベット和戦和議13条	260-261,296-298
1919年		青木文教『入蔵記』	149-150
	1月	中国全権のパリ平和会議提出の覚書	289
	11月	西蔵問題研究会の決議	298
1921年	1月	中国政府のチベット商議10条	261-262
1923年		多田等観『チベット滞在記』	151-152
	12月21日	英国・ネパール友好条約	789-790
1924年	12月28日	チベットのシッキム駐在英政務官あて書簡	262-263
1925年	2月	パンチェン・ラマの意見書	264-265
1928年	9月 2日	パンチェン・ラマの国民政府あて文書	256
	12月20日	中華民国・インド間の陸路による貨物輸出入に関する中華民国政府・英国政府交換公文	791-792
1929年		13世ダライ・ラマのドゥオウォ寺あて諭	286
	1月20日	パンチェン・ラマ事務所の成立宣言	266-268
	9月12日	蒙蔵委員会のチベット方策	268-269
1930年	2月〜5月	劉曼卿のラサ訪問記	273
	2月〜5月	劉曼卿の13世ダライ・ラマとの交渉記録	269-273
	4月17日	パンチェン・ラマの蒙蔵委員会あて秘密文書	274-276
	11月 1日	パンチェン・ラマの中国国家主席蒋介石あて書簡	276-278

年月日		内容	頁
1932年		13世ダライ・ラマの遺書	301-302
		9世パンチェン・ラマのシカあて封文	289
	1月	13世ダライ・ラマの全チベット官民に告ぐる書	278-281
	3月20日	13世ダライ・ラマ札仓差税令	289
	5月	チベット3大寺僧官員・民衆代表の示諭	281-282
	11月18日	中国・チベット現地停戦の条件	282
	12月	13世ダライ・ラマのツオシンに対する訓令	286-289
1933年	2月12日	13世ダライ・ラマに対する冊文	283
1934年	1月24日	チベットの英国あて13世ダイライ・ラマ逝去通告	283
	11月	中国のチベット交渉の立場	230
	11月	中国のチベット交渉3項目意見	306
	11月10日	チベットの中国交渉14点意見	304-306
	11月16日	チベットの中国交渉10条意見	306-307
1935年	6月	共産党中央委員会の康蔵西番民衆に告ぐる書──進行中のチベット民族革命運動の闘争綱領	731
1936年	9月21日	中国政府のパンチェン・ラマの入蔵訓条	307-308
1937年	11月21日	9世パンチェン・ラマへの追封文	309
1938年	10月12〜14日	毛沢東の中国共産党中央委員会報告「論新段階」	732-733
1939年	8月4日	蒙蔵委員会文書「チベット政策についての検討」	309-316
1942年	7月2日	米戦略情報局の米要員のチベット派遣要請文書	344
	7月3日	ルーズベルト米大統領の14世ダライ・ラマあて書簡	344-345
	7月6日	カシャの蒙蔵委員会あて通告（現地通報）	320
	8月5日	カシャのチベット事務所あて通報	320
1943年	2月24日	14世ダライ・ラマのルーズベルト米大統領あて返書	345-346
1944年	3月12日	周恩来「憲法と団結問題について」	732-733
	4月12日	ツォンドゥの9点声明	322-324
	4月12日	西川一三／ロブサン・サンボーの書簡	153-154
	7月28日	野生保護令	792
1945〜48年		西川一三のチベット滞在記	152-153
1945年	4月20日	毛沢東「連合政府について」	733
1946年	11月	木村肥佐生のチベット見聞記	325
1947年	3月23日	アジア会議のチベット代表演説	326
	8月15日	政府文書「英国が康蔵を侵略した概要」	334-335
	11月	インド政府のチベットあて返書	746
1948年	10月28日	チベット貿易使節団の英国政府あて書簡	327-328
1949年		木村肥佐生のチベット見聞記	349
	9月1日	ゲサンエキの文書「チベット問題を解決する意見」	338-340
	9月2日	新華社論「外国の侵略者による中国領土──チベットの併合は絶対に許さない」	351-353
	9月29日	中国人民政治協商会議共同綱領	748-749
	10月1日	10世パンチェン・ラマのチベット人民解放要請電報	353
	10月10日	チベット・アリ地方代表の毛沢東主席あて書信	354-355
	11月4日	チベット摂政の自衛発動の宣言	356
	11月23日	10世パンチェン・ラマ電報に対する返電	354
	12月30日	毛沢東主席のチベット・アリ地方性代表への電報	355-356

所収資料リスト

1950年	1月17日	チベット軍の人民解放軍の入蔵阻止命令	357-358
	1月20日	外交部の発言人声明	357
	5月27日	共産党西南局のチベット工作指示10項目	359
	7月21日	鄧小平の演説「西南民族問題に関して」	360-362
	夏	チベットと米中央情報局との秘密協定	583-584
	10月 7日	チベット指導者のチベット解放拒否声明	369-370
	10月18日	チベット軍の蜂起電報	362-363
	10月21日	チベット問題に関するインド政府の中華人民共和国政府あて備忘録	370-371,793
	10月24日	共産党中央委員会の政治的動員指令	364-365
	10月26日	チベット問題に関するインド政府の中華人民共和国あて照会電報	370-371,793-794
	10月30日	チベット問題に関する1950年10月26日インド政府の覚書に対する中華人民共和国の返書	371,794
	10月31日	チベット問題に関するインド政府の中華人民共和国あて第2照会電報	370-371,794-795
	11月 1日	政治的動員令の新華社報道	365-366
	11月 8日	共産党・人民解放軍の人民に対する呼びかけ	366
	11月10日	人民解放軍のチベット政策布告	366-367
	11月11日	チベットの国際連合あて抗議電報	373-374
	11月14日	プラサド・インド大統領のチベットに関する議会発言	371
	11月16日	チベット問題に関する1950年10月31日インド政府の照会に対する中国政府の返書	348,795-796
	11月17日	チベット問題国連総会決議案	374
	11月17日	人民日報社論「中国人民のチベットに対する干渉を許さない」	371-373
1951年		グレヴィチのチベット解放の観察	368-369
	1月	中国との交渉に関するツオンドゥ決議	376-377
	1月 1日	チャムド(昌都)地区僧俗人民チベット解放委員会布告	367-368
	2月13日	周恩来総理のチベット解放準備工作の通知	375
	3月21日	周恩来中国総理の中国駐在インド大使パニッカルとの会談記録	375-376
	5月	チベットの和平会談5条件	378
	5月1日/27日	チベット公約10章	377-378
	5月23日	中国中央人民政府とチベット地方政府のチベット平和解放に関する法的協議(17条協定)	378-381,796-797
	5月25日	朱徳の「進軍西蔵、鞏固国防」	381-382
	5月30日	10世パンチェン・ラマの14世ダライ・ラマあて電報	382-383
	6月	14世ダライ・ラマの17条協定メモ	384-385
	9月19日	14世ダライ・ラマの10世パンチェン・ラマあて返書	383
1952年	3月31日	中央政府代表張経武のダライ・ラマあて緊急通知	387-388
	4月 1日	中央政府代表張経武のチベット政府およびダライ・ラマあて緊急通知	388-389
	4月 6日	共産党中央(毛沢東)のチベットの工作方針の指示	389-390,441,798-800
	4月15日	中央政府代表張経武のダライ・ラマあて通知	390
	6月14日	周恩来中国総理の中国駐在インド大使パニッカルとの交渉発言	410-411
	10月27日	共産党中央「チベット統一方針の意見」	390-391
1953年	3月16日	毛沢東「大漢民族主義を批判する」	435
1954年	1月 7日	中印交渉における周恩来中国総理の発言	415

1001

	2月10日	チベット工作討論会の李維漢報告	391-392
	4月29日	中国チベット地方とインド間の通商と交通に関する中国・インド協定	800-801
	4月29日	中国・インド交渉の声明	801-802
1955年		アラン・ウィニントンのチベット紀行記	406-409
		アベドンのチベット蜂起の記述	584-585
	3月11日	周恩来総理の14世ダライ・ラマおよび10世パンチェン・ラマあて献辞	398
	12月	チョギャム・トゥルンパの反乱記述	538-539
1956年		ロブサン・ランバの「第三の眼」記述	15
		トゥッチ『ラサより遙か彼方まで』	142-144
	4月20日	チベット自治区準備委員会の成立における陳毅副総理の発言	399-400
	4月20日	チベット自治区準備委員会の成立における第二主任張国華の発言	400-401
	4月24日	チベット自治区準備委員会の成立におけるダライ・ラマ主任の発言	398
	9月20日	中国チベット地方・ネパール関係における若干の関連事項に関する中国・ネパール協定	802-804
	9月26日	チベット自治区準備委員会設置の決定	401-405
	11月	14世ダライ・ラマのインド訪問に際しての記録	416-417
	11月	ゴンボ・タシの抵抗闘争記	539
	12月	カロンブールのビラ	394-395
1957年	1月	周恩来総理と14世ダライ・ラマの会談記録	396-397
	2月27日	毛沢東の第11回最高国務会議の発言	397
	8月 4日	周恩来の民族工作座談会発言	733-734
1958年		ロバート・フォードの目撃記事	435
		14世ダライ・ラマの1958年事件についての記述	448
		ストロングのチベット反乱の記述	420
	6月16日	チュシ・ガントゥックの宣言	434
	7月14日	共産党（毛沢東）のチベット工作委員会に対する指示	540
	8月27日	青海省共産常委員会の報告	508
	10月11日	共産党中央の当面のチベット工作指示	434
1959年		14世ダライ・ラマの亡命についての記述	475-477
	1月22日	共産党中央（毛沢東）のチベット問題指示	436
	3月10日	チベット僧民の「独立布告」	438
	3月10日	チベット自治区準備委員会のインド、ネパール、ブータンへの通報	448
	3月10日	共産党チベット工作委員会の中央への報告	443-444
	3月11日	共産党中央のチベット問題指示	444-447
	3月11日	チベットのナンマ、カンチェン、カンチュン一同の意見	449-450
	3月11日	3大寺の意見書	450-451
	3月15日	共産党チベット工作委員会の決定	444-447
	3月16日	独立会議の秘密電報	451
	3月17日	独立会議の第2秘密電報	451-452
	3月20日	人民解放軍チベット軍区告知	452-453
	3月22日	インド外務省担当官のチベット発言	461
	3月22日	共産党の反乱鎮圧における民主改革に関する指示	498-501
	3月22日	周恩来中国総理からネルー・インド首相あて書簡	564
	3月25日	ステーツマンのチベット報道	448-449
	3月28日	チベットにおける反乱事件についての新華社公報	438-441, 804-807

	3月28日	共産党中央（毛沢東）のチベット情勢判断	441
	3月28日	国務院命令	454-455
	3月31日	人民日報社論「チベット反乱を徹底的に平定せよ」	455-460
	4月18日	14世ダライ・ラマのテズプール声明	461-464
	4月22日	14世ダライ・ラマのマスリー声明	465
	4月23日	新華社記事「いわゆる『ダライ・ラマの声明の由来について』」	465-466
	4月27日	ネルー・インド首相の国民議会声明	420-421,467-474
	4月28日	中国第2期全国人民代表大会第1回会議のチベット問題決議	497,807-809
	7月	法律家調査委員会のチベット報告	477
	7月17日	チベット自治区準備委員会の民主改革決議	503
	9月 9日	14世ダライ・ラマから国連事務総長あて電報	479-480
	9月13日	ネルー・インド首相の国境部隊に対する指令	564-565
	9月16日	土地改革方案	503
	9月21日	チベット地区改革の実施弁法	672-677
	10月12日	チベット問題国連決議1353（XIV）	481
1960年	4月25日	周恩来中国総理のインドあて6項目提案	578
	9月12日	14世ダライ・ラマから国連事務総長あて書簡	482-483
	9月29日	14世ダライ・ラマから国連事務総長あて書簡	483-489
1961年		スネグローブのボン教についての記述	14
	1月23日	10世パンチェン・ラマの毛沢東との会談記録	509
	4月21日	共産党中央のチベット工作方針の指示	505-506
	11月3日／2日	インド政府の前進政策	565
	12月 8日	10世パンチェン・ラマの中印国境紛争の声明	569
	12月12日	チベット問題国連決議1723（XVI）	489-490
1962年	6月	10世パンチェン・ラマの直諫書	510-512
	10月24日	中国政府の中印国境問題に関する3項目提案	566-567
1963年	3月10日	亡命チベット政府憲法	544-547,809-819
	3月25日	中国政府のインドに対する抗議覚書	547-548
	3月30日	中華人民共和国チベット自治区各級人民代表大会選挙条例	819-823
	4月15日	インド政府の中国への回答	548-549
1964年	9月 5日	共産党チベット工作委員会の5項試点工作	677
1965年	9月 2日	張国華共産党チベット自治区第一書記演説「社会主義の新しいチベットを建設するために奮闘しよう」	823-825
	10月20日	チベット自治区準備委員会・人民解放軍のチベット難民に対する帰国勧奨声明	549
	12月18日	チベット問題国連決議2079（XX）	490-491
1966年	8月	紅衛兵の革命開始宣言	515
	12月22日	ラサ革命造反総司令部（造反派）設立宣言	515
1973年	9月 8日	マヘンドラ・ネパール国王演説	664
1975年	2月25日	マヘンドラ・ネパール国王演説	664-665
	10〜11月／1977年	ハン・スーインのチベット訪問記	712-716
1978年		『チベット高原の核兵器』の提言	556
	12月28日	鄧小平のチベットに関する談話（3点意見）	626
1979年	5月27日	チベット建設6大方針	670-671
	11月 8日	14世ダライ・ラマのウォール・ストリート・ジャーナル寄稿「中国とチベットの	

		将来」	729-730
1980年	5月15日	共産党中央のチベット工作座談会通達	671
	5月26日	共産党中央のチベット工作8項方針	517,678
	5月29日	共産党中央のチベット建設6大方針	518
	5月29日	チベット共産党幹部大会の胡耀邦共産党総書記演説	518-527,670-671
	6月20日	チベット自治区人民政府の経済政策布告	678-680
1981年	3月23日	14世ダライ・ラマの軍事委員会主席鄧小平あて書簡	826-827
	6月	アペイ「チベットの偉大な歴史変革」	671
	7月28日	中国政府のダライ・ラマあて5項目政策	627-628
1982年	3月	共産党中央の社会主義時期の宗教問題に関する基本観点と基本政策の通知	527
	10月22日	鄧小平のインド社会科学理事会代表団に対する談話	706-707
1983年	6月26日	鄧小平談話「中国大陸と台湾との平和統一の構想について」	666-667
	12月27日	CIA工作に関する新華社ニューデリー電	587
1984年	4月1日	チベット工作座談会紀要の通知	681
	4月27日	チベット人民政府の開放政策布告	681-682
1985年	1月	チベット自治区共産党委員会の経済体制の改革と経済発展を加速する8項意見	
			682-684
1987年	3月28日	10世パンチェン・ラマの中国全国人民代表大会チベット自治区常務委員会報告	
			528,827-835
	4月17日	共産党中央・国務院の民族工作通知	672
	6月29日	鄧小平「民族平等の立場にたってチベットの発展を進めよう」	596-597
	9月21日	14世ダライ・ラマの5項目和平計画	614-615,630,835-839
	10月17日	中国共産党中央委員会中央統戦工作部長閻収復からチベット亡命政府あて文書	
			630,839-841
	12月17日	亡命政府より共産党中央委員会中央統戦工作部長閻収復あて返書	
			630-632,841-846
1988年	6月15日	14世ダライ・ラマのストラスブール提案（欧州議会講演草稿）	616 617,846-848
	9月23日	中国政府の14世ダライ・ラマあて文書	632-633
	11月18日	中国政府のダライ・ラマとの交渉条件	633-634
	12月4日	亡命政府の中国政府あて文件	634
	12月23日	ガンジー・インド首相の訪中に際しての中国・インド新聞発表	707-708
	12月29日	共産党中央の当面のチベット工作7条	684-685
1989年	3月7日	戒厳令布告	531-532
	3月18日	中国全国人民代表大会のチベット問題声明	617-618
	4月12日	亡命政府の中国政府あて文件	635
	7月10日	チベット自治区共産党委員会・チベット自治区人民政府の解放軍の学習・熱愛	
		・擁護活動の決定	685-686
	9月21日	チベット自治区共産党委員会・チベット自治区人民政府の寺廟管理強化の意見	
			686-687
	12月10日	14世ダライ・ラマのノーベル平和賞受賞演説	848-850
	12月24日	共産党中央政治局常務委員会のチベット工作会議討論紀要	687-688
1990年	1月20日	チベット自治区共産党委員会・チベット自治区人民政府のチベット自治区経済	
		社会発展戦略構想	688-689
	12月17日	チベット自治区共産党委員会のわが国統一戦線工作をさらに一歩進め加えて強	
		化する決定	690-691

所収資料リスト

1991年	4月18日	中国外交部の中国駐在米大使リリーあて抗議文書	600
	4月18日	ホワイトハウス・スポークスマンの声明	599
	10月9日	14世ダライ・ラマのイエール大学講演「敵を抱きしめて」	850-853
1992年	2月3日	亡命チベット人憲章	550-553,853-857
	3月4日	国連人権委員会中国/チベット決議案	558
	9月1日	14世ダライ・ラマから中国鄧小平と中国軍事部委員会主席・中国共産党中央委員会総書記江沢民あて覚書（13項目提案）	637-638,857-863
1993年	1月6〜10日	チベットの自決と独立の論点に関する国際法律家会議のロンドン宣言	744-745
	9月4日	14世ダライ・ラマの中国・チベット交渉に関する報道機関あて声明	638-640,863-864
	9月16日	チベット問題に関する欧州議会決議	622-624
	9月17日	実行支配線沿いの平和および平穏の維持に関するインド・中国（国境）協定	864-865
	10月29日	チベット自治区人民政府の反腐敗闘争の意見の通知	691-692
1995年		14世ダライ・ラマのCIA関与の発言	588
	5月14日	14世ダライ・ラマのパンチェン・オルダニの転生に関する声明	698-699
	11月29日	西蔵日報記事「第10世パンチェン転生霊童の金瓶掣籤側記」	699-704
	11月29日	中国国務院の10世パンチェン・オルダニへの金冊授与	704
	11月29日	14世ダライ・ラマのパンチェン・ラマ転生霊童に関する声明	704-705
1996年	6月1日	14世ダライ・ラマの亡命政府宣誓式での声明	553
1997年	4月10日	国連人権委員会中国人権決議案	559
	4月29日	中国との交渉に関する亡命政府の立場	865-871
	5月14日	バデル米国務省東アジア・太平洋担当次官補代理の上院外交員会証言	601-608
	8月	ウルフ下院議員のチベット訪問報告	649-651
1998年	3月10日	14世ダライ・ラマのチベット民族蜂起39周年記念日声明	871-874
1999年	3月10日	14世ダライ・ラマのチベット民族蜂起40周年記念日声明	874-876
2000年	3月10日	14世ダライ・ラマのチベット民族蜂起41周年記念日声明	876-877
	3月10日	チベット問題の米上院決議	609-611
	6月	国務院白書「チベット文化の発展」	561,692
	9月	チベット亡命政府「チベットにおける中国政府の現行政策」	561-562
2001年	4月2日	国連人権委員会におけるチベット人2名の陳述	877-879
	5月23日	亡命政府の17条協定調印50周年声明	554
	5月26日	中国人権研究会「米国支持のダライ集団分裂活動の分析」	612,877-879
	5月28日	チベット自治区民族宗教委員会塔爾青主任の発言	715-716
	10月26日	米国務省文書「各国における宗教の自由に関する報告」（チベット）	655-661
	11月9日	国務院白書「チベットの現代化発展」	885-897
2002年	3月7日	ポール・ドブリャンスキー国務次官・チベット問題特別調整官の米国議会での証言「チベットにおける米国政策の留意点」	897-899
	3月7日	インターナショナル・キャンペーン・フォアー・チベット代表ギアの米上院での証言	663,899-902
	3月10日	14世ダライ・ラマのチベット民族蜂起43周年記念日声明	902-904
	8月3日	中国のパンチェン・ラマはチベットのパンチェン・ラマにあらずとの亡命政府声明	904-905
	9月27日	中国およびチベットを訪問した亡命政府使節団特別団長ロディ・ギャルツェン	

1005

	9月30日	の声明 亡命政府代表使節団のチベット入りに際しての亡命政府内閣主席大臣サムドゥン・リンポチェ教授の声明	642-643,905-906 906-907
2003年	3月10日	14世ダライ・ラマのチベット民族蜂起44周年記念日声明	907-908
	6月25日	バジパイ・インド首相の訪中に際しての中国・インドの関係原則および全面合作的宣言の4原則合意	712
2004年	3月 4日	外交部のチベット動乱45周年声明	645
	3月10日	14世ダライ・ラマのチベット民族蜂起45周年記念日声明	909-911

索　引

事項索引

数字

16法　60, 72, 886
17条協議／協定　384, 382, 379, 386, 389, 390, 399, 401, 443, 448, 455, 455, 464, 477, 478, 498, 528, 560,584, 601, 609, 621, 631, 796, 805, 888
2つの転換　683
3月10日ラサの反乱　437, 438, 439, 459
3項目協定　727
3項目提案　566, 567
3大寺　40, 237, 271, 281, 318, 322, 395, 450, 451, 455, 503, 543, 780
3点意見　626
4項の基本原則　689, 690
4項目の基本原則　672, 717
4項目平和提案　744
4人組　516, 671
5カ条宣言　240, 740
5項目政策　627, 638
5項目平和計画　555, 557, 595, 597, 600, 614, 618, 630, 638, 639, 744, 745
5条方針　693
6項目提案　578
6大方針　670
7万言の直練書　509, 510, 513, 528, 831
10項目条件　359

アルファベット

CIA　350, 397, 418, 421, 434, 461, 478, 540, 543, 571, 582, 583, 584, 585, 586, 587, 588, 607, 668, 902
SSO　337, 343, 582
TIN　716, 905
VFF　540
VOA　607

ア

愛国教育運動　655, 656
アジア・ウォッチ　591
アジア合衆国　637
アムネスティ・インターナショナル　591, 623, 647, 750
アメリカ自由アジア委員会　418, 583
暗殺　85
暗殺計画　531
アンバン　10, 75, 76, 83, 85, 86, 102, 108, 113, 115, 134, 140, 148, 181, 190, 200, 201, 204, 205, 222, 224, 226, 227, 230, 234, 241, 247, 724, 726, 727, 741, 753
アンヒサ　837, 849, 614, 618, 862

イ

一江二河　890, 891
一国両制　635, 667
伊羅尓　102
イロル　102
印璽　383, 554
インターナショナル・キャンペーン・フォアー・チベット　611, 663, 899
インド拡張主義分子　470
インド仏教　29, 30

ウ

雲南事件　169, 761

エ

英インド軍　195, 196
衛教願軍　434, 497, 540, 543, 584, 880
エスタブリッシュ22　571
エルボ　110

オ

王化思想　729
覚書5項目　239, 243

カ

カーネギー国際平和財団　750
戒厳令　454, 532, 618, 689
外交局　319, 320, 321, 356, 376
改土帰流　222, 228

解放協議 384, 378
カギュ・ドゥク派 62
カギュ派 31, 41, 658
拡張主義 563
カダム派 40
カルマ 143
カルマ・カギュ派 50, 58
カルマ紅帽派（→紅帽派）56, 62, 80, 103, 161, 724
カルマ黒帽派 41, 57, 58, 724
カルマ派 53, 55, 56, 59
官位12階制 21
関係4原則 711
漢人追放 348, 582, 743
勘分西北界約記 185

キ
ギェルツァプ 60, 80, 84, 115
ギャナク 729, 730
共産党チベット工作委員会 384, 390, 397, 437, 443, 444, 461, 478, 503, 504, 506, 507, 509, 513, 540, 677
キリスト教平和評議会 591
欽定蔵内章程13条 76
欽定蔵内善后章程29条 83, 105
欽定理藩院則例 83
金瓶掣籤 84, 97, 100, 102, 105, 106, 113, 700, 701, 703, 704

ク
クーデタ計画 347
クランラ 452
グレート・ゲーム 206, 216

ケ
経済発展8項意見 682
ケサルの史話／王伝 33, 892
ゲルク派 31, 40, 53, 56, 58, 59, 63, 66, 73, 318, 319, 724

コ
興亜義塾 153
紅衛兵 514
黄教 6, 105, 113, 779
工作8項方針 678

黄帽派（→紅帽派）40, 240, 724
降臨 20
国際人権連盟 562, 591
国際チベット年 620, 621, 622, 636
国際法律家委員会 553, 586, 588, 882
国際法律家会議 744
国際連合 479, 481, 482, 483, 488, 489, 490, 491, 554, 558, 559, 588, 589, 638, 705, 725
国際和解フェローシップ 562
国連 374, 478, 479, 557, 562, 589, 609, 611, 622, 743
国連決議1353（XIV）489, 490
国連決議1723（XVI）489, 490, 622
国連決議2079（XX）490, 743
五族共和 264, 265, 306
国境交渉 709, 710, 711
呼栞勒罕 100
ゴルカ貨幣 93
ゴルカ戦勝記念碑 165
ゴルカ戦争 80, 85, 91, 114, 165
根本原則10カ条 261

サ
裁禁商上積弊章程 85
サキャ王朝 31
サキャ派 42, 51, 52, 53, 55, 59, 723
鎖国 6, 154, 169, 209
沙布隆 137
ザンカ 106, 107
三角ゲーム 119
三喜法 28
三教 513
三靠 689
三尚一論 24
三多 405
三大群衆教育 677
三大欠 405
三大領主 501, 859, 507, 673, 825, 896
三反 502, 503, 543
三反二減 502
三藩の乱 315
三不二利 502
三宝 5, 36, 45

シ

シク戦争 119, 169
死者の書 142
四水六崗 420, 433, 542, 586, 880
至尊の寶 136
実行支配線 566, 578, 864, 865
実情調査団 554, 627, 839, 842, 843
ジップツンダンパ 60, 72, 86, 242, 740
シムラ会議 243, 246, 249, 273, 283
シャブロン 137
自由アジア 607, 657, 883
自由義勇軍 540
循化事件 507, 508, 513
章卡 106
昌都地区僧・俗人民チベット解放委員会 367, 368
辛亥革命 235
進軍守則34条 381
人権ウォッチ 591, 750
人民会議 387, 391, 393, 438, 457, 543, 743
人民解放軍擁護決定（6条） 685

ス

ストラスブール提案 616, 633, 638, 639, 744

セ

政教合一制度 30, 31, 32, 60, 306, 323, 736
世家 104
政策調整局 418
政治派閥 312
清浄人法16条 21, 34
西蔵問題研究会 298
セイント・サーカス作戦 418
雪山獅子旗 151, 530
摂政 60, 64, 80, 84, 85, 115, 164, 316, 356
セラの医師 146
善后規程18条 103
善后章程6条 83, 102
善后問題24カ条伝諭 204, 222
前進政策 563, 564, 565, 566, 572
戦略情報局 337, 343, 582, 880

ソ

宗主権 201, 204, 239, 261, 333, 334, 344, 480, 487, 770, 739, 785

蔵地善后事宣19条折 81
蔵番煽誘 220

タ

大祈願会 54, 513
第司 115
大チベット 128, 257, 260, 301, 322, 336, 836, 837
大唐西域記 125
対話 626, 640, 641, 643
諾門罕 135, 136
ダライ基金会 646
ダライ・ラマ制 75
ダライ・ラマの声明 461, 465, 466, 468
タン枢機卿財団 750

チ

治蔵19条 201
チベット 9
チベット・インフォーメーション・ネットワーク 716, 750
チベット経済5項目 528
チベット工作7条 684
チベット工作委員会 441
チベット工作会議 687
チベット工作座談会 517, 671, 678, 681, 692
チベット工作討論会 391
チベット工作方針 505
チベット公約10章 377
チベット自治区革命委員会 507, 516
チベット自治区共産党委員会 516, 517, 681, 682, 686, 688, 689, 690
チベット自治区経済社会発展戦略構想 688
チベット自治区準備委員会 392, 398, 399, 400, 401, 438, 448, 453, 454, 455, 456, 457, 460, 497, 498, 502, 503, 505, 506, 512, 513, 672, 677
チベット自治区成立 410
チベット自治区造反革命大連合造反総司令部（連合派） 515
チベット情報ネットワーク 659
チベット人義勇軍 539
チベット進軍 358, 359, 360, 373
チベット人権民主主義センター 750
チベット青年会議 553

チベット代表派遣団 609
チベット抵抗運動 350
チベット鉄道 146, 694, 890
チベット独立 236, 325, 326, 327, 328, 333, 390, 394, 433, 436, 438, 445, 450, 451, 452, 459, 488, 497, 530, 543, 591, 597, 630, 631, 632, 633, 643, 691, 711, 724, 725, 728, 730, 740, 742, 743, 745, 883
チベット独立会議 451
チベット難民 537, 544, 549, 594, 601
チベットの核 555
チベット発展援助基金 696
チベット福利会 394, 451
チベット文化圏 4
チベット民族 4
チベット問題決議 497, 735
チベット問題国際議員会議 882
チベット問題特別調整官 609, 611, 612, 662, 879, 882, 897
チベットを鎮めた碑文 68
チャイナ・シンドローム 711
中印国境 421, 568, 569, 570, 571, 572, 573, 574, 708, 769
中央情報局（→CIA） 882
中間の道アプローチ 624, 632, 639, 641, 644, 875, 905
中国人権 HRIC 750
中国人権会議 750
中国人権研究会 612
中国西部侵略記念碑 23
中国仏教協会 634
駐蔵大臣 10, 69, 75, 77, 78, 79, 83, 86, 102, 103, 104, 106, 108, 109, 110, 111, 112, 115, 191, 222, 224, 227, 228, 233, 279, 294, 724
駐蔵弁事長官 241, 247, 259, 262, 296
チュシ・ガントゥック 420, 433, 434, 437, 452, 540, 542, 586
チュユン関係 47, 49, 54, 55, 63, 221, 237, 272, 284, 324, 727, 728, 729, 730, 736, 741
チュンカル 165
チュンビ占領 200
長慶会盟 25
チョナン派 59

チョルカ・スム 31, 336, 636, 745, 753, 836, 843, 847, 854

ツ
通典 125
ツェル派 53
ツオンドゥ 67, 86, 139, 154, 155, 172, 173, 175, 177, 282, 304, 316, 318, 321, 324, 373, 376, 485, 726, 793

テ
ディクン派 50, 51, 52, 59
ディパ反乱 392
デスプール声明 466, 468
哲布尊丹巴 60, 242
転生 7, 31, 230, 280, 316, 317, 318, 612, 696, 697, 698, 699, 700, 701, 704

ト
同化主義 732
ドゥク派 63, 65
唐蕃会盟碑 25, 36
徳行派 724
特殊辺境軍 567, 571, 880, 890
ドグラ戦争 117
吐蕃 4, 24, 25
吐蕃王国 21, 31
吐蕃王朝 30, 39, 40
ドンコーアル 98, 145

ニ
二重政策 337
ニンマ派 41, 62, 66

ネ
ネーチュン 450, 452, 698

ノ
農奴逃亡 363
ノムンハン 135, 136
ノルブリンカ砲撃 448, 449, 476, 610

ハ
白帽派 41
パクモドゥ派 52, 53, 54, 55, 56, 59, 723

ハ

パタン事件　227
バルド・ソドル　142
パン・アジア会議　326
パンジャブ戦争　169
パンチェン事務所　266, 268, 284
パンチシラ　413, 416
反腐敗闘争　691
反乱10カ年計画　419

ヒ

東インド会社　91, 94, 114, 138, 168, 754
批林批孔運動　516

フ

不安定化工作　418
ブーキ・デドン・ツォクパ　394, 451
ブソマムスコペル　115
仏教保護勅令　57
フトクト　60, 86
フビレハン　100, 102
分裂主義　625, 630, 685, 730
分裂主義者　532, 590, 617, 629, 630, 632, 655, 735, 839, 840, 881, 884, 885

ヘ

平定作戦　497, 506, 541
平和解放協議（→17条協議）　340, 382, 389, 390
平和共存五原則　413, 416, 460, 708, 712, 801
平和区　556, 614, 615, 618, 630, 744, 837
辺平辺改　735

ホ

ボイス・オブ・アメリカ　607, 652, 657, 883
亡命　4, 229, 230, 263, 461, 474, 583
亡命政府　530, 544, 548, 550, 553, 554, 555, 556, 561, 590, 609, 613, 618, 620, 622, 630, 635, 637, 640, 641, 645, 646, 705, 725, 735, 736, 743, 745
亡命チベット憲法　544, 809
亡命チベット人憲章　550, 553, 853
法律家調査委員会　477, 478
保証占領　190, 739, 740
ボバ族人民政府　285
ボン教　39

マ

マーコレー事件　171
マーラ王朝　92
マクマホン線　251, 252, 253, 254, 413, 565, 568, 570, 573, 710

ミ

ミマン・ツオンドゥ　387, 438
民族区域自治　359, 361, 379, 457, 526, 530, 542, 670, 671, 672, 725, 732, 733, 734, 888

メ

名号簒奪　231

モ

蒙古源流　20, 69, 70
蒙蔵委員会　268, 272, 275, 309, 317, 318, 319, 640, 646, 647
蒙蔵統一政治改良会　238, 239
モンラム・チェンモ　54, 278, 513

ヤ

ヤブサン派　53

ラ

ラサ革命造反総司令部（造反派）　515
ラサ進軍　195
ラサ進駐　198
ラサ侵入　219
ラサ反乱　436, 478
拉致画策　396
ラデン逮捕　319
ラマ　7
ラマ教　5, 6

リ

理藩院　82
理藩則例　307
リンコル　659
臨時政府　4, 448, 476, 477
輪廻　29, 130
輪廻降生　149

条約
822年　永久平和条約　25, 725, 727
1684年　チベット・ラダク平和条約　117, 753
1757年　ゴルカ協定　92
1764年　アラハバート条約　161
1775年　4項目ゴルカ協定　93
1789年　キロン協定　95, 753
1792年　チベット・ゴルカ条約　96, 165, 736
1792年　清国・ゴルカ条約　114, 753
1792年　通商条約　114
1801年　英国・ネパール条約　114, 168
1815年　サガウリ条約　170, 754
1816年　ネパール・英国条約　168, 211
1842年　チベット・ラダク協定　118, 755
1846年　アムリツァル条約　119
1851年　イリ（伊犂）通商条約　185
1853年　チベット・ラダク条約　119, 737, 756
1856年　タパタリ条約　171, 726, 737
1856年　チャイトラ・サウジ条約　171, 754
1858年　天津条約　185
1864年　タルバタイ境界条約　185
1865年　ミンチュウ／シンシュラ条約　169, 760
1876年　芝罘／煙台条約　86, 138, 761
1881年　イリ（伊犂）条約　185
1886年　ビルマ・チベット条約　170, 172, 764
1890年　シッキム条約　179, 180, 192, 193, 198
1893年　シッキム続約／通商章程　180, 193, 205, 249, 250, 252, 738, 766

1894年　中国・英国条約　263
1897年　1894年修正条約　261
1904年　ラサ条約　198, 200, 205, 222, 231, 249, 334, 738, 741, 767
1906年　チベット北京条約　200, 205, 231, 247, 249, 312, 739, 741, 769
1907年　ペテルスブルグ協定　207, 208, 333, 739
1908年　通商章程　205, 229, 232, 249, 250, 252, 411, 740, 771
1910年　1910年誓諾　224
1910年　ブータン条約　774
1912年　平和協定　240, 241, 314, 727, 740, 741, 774, 778

1912年　モンゴル・ロシア密約　241, 776
1913年　5カ条宣言　237, 240, 740
1913年　蒙蔵条約　242, 740, 779
1913年　露支共同宣言　242, 781
1914年　キャフタ協定　242, 783
1914年　シムラ会議草約　249, 259, 294, 312, 741
1914年　シムラ協定　484, 786
1914年　疑稿大要　256
1914年　英国・チベット条約　479
1914年　貿易規則　252, 262, 787
1918年　停戦13条　258, 296
1921年　ソ連・モンゴル修好条約　242
1923年　ソ連・モンゴル秘密条約　243
1923年　英国・ネパール友好条約　789
1928年　中英交換公文　263, 790
1932年　停戦6項目　282
1950年　CIA 4項目協定　583
1954年　中国・インド通商交通協定　414, 416, 567, 800
1956年　中国・ネパール交換公文　416, 800
1956年　中国・ネパール通商交通協定　416
1960年　中国・ネパール条約　416

人名索引

ア
アイゼンハワー 419, 421
阿旺敬巴 276
阿旺仁欽 115
青木文教 148, 149, 152
アゼウェド、フランシスコ・デ 127
アタル・ノーブ 461
アチソン、ディーン・G 370, 417, 582
アデ・タポンチアン 540
アティシャ 40, 41, 55
アトリー、クレメント・リチャード 328
アトリン 643
麻原彰晃 668
阿沛・阿旺晋美 363, 453, 517, 685, 798
阿巴泰汗 57
アバダイ・ハーン 57
アペイ・アワンジンメイ 363, 367, 374, 376, 384, 385, 386, 392, 453, 514, 517, 526, 527, 528, 549, 643, 671, 672, 685, 689, 696, 798, 805, 827, 835, 866, 887
アペイ・ツエテンツオガル 455
アベドン、ジョン・F 584, 597
アラル・ノーブ 418
アルタン・ハーン 57, 58
アワンキンパ 276
アワンチェンザン 320
アンダーソン、デービッド 350
アンドラデ、アントニオ・デ 127
アンリー、オルレアン公 138

イ
イェシェ・ワンギャル 756
イズボリスキー、アレクサンドル・P 208
咸豊 170, 177
イマム・ウッディン 119
異牟訪 25
入江啓四郎 422
インシシャロン 444
インノセント4世 125, 126

ウ
ウィニントン、アラン 405
ウィルトン、E・C 190
ウェード、トーマス 169, 191, 192, 193, 761
ウェジン・ワンチュク 774
ウォット、フェーズ 599
ウゲン・ティンレ・ドルジェ 661
ウランフ 530
ウルフ、フランク・R 649, 655
ウン・ジョ・ダルマ 43

エ
エカテリナ 186
エディン、アンコレー 210
江本素伸 148
袁世凱 240, 241, 257, 734
閻明復 633, 839, 841

オ
王海平 246
王其梅 453
オウシエ・トテンサンナヨ 454
王沛生 455
王福康 644
王保生 716
王羅皆 276
汪子文 237
旺格桑 176
旺囊貢白桑旦増 178
大谷尊由 148
オゴタイ・ハーン 42, 47
オチルトゥ・セチェン・ハーン 65
オルブライト、マドレーン 605, 609
オングスジン・タクダ・リムポチェ・アワン・スンラブ 117
温宗堯 222, 229

カ
カージ、ウグエン 184, 185
カーゾン、ジョージ・N 184, 188, 189, 200, 227
カーター、ジミー 590, 596, 669, 672
ガアチャン・ロサンリェンズエン 454
カイダンペンジエ 354, 355
凱墨・索安旺 798
凱墨扎薩 443
カイムザサ 443
窩闊台汗 47

鄂輝 81
ガクキ・ワンチュク 56
赫寿 69
格桑悦希 338
格桑旺堆 363
格桑嘉措 116
格桑朗 178
格達 362
喀普拉巴格桑多金 178
嘉慶 113
華国鋒 670
夏札 116
カジ・デウガットバ 113
カショパ・チョギェル・ニマ 319
カスカート 95
カズロフ 198
牙旋娟 178
カダンバムサヒ 81
何長栄 190, 767
ガデンツェバ・トテンクンガ 455
加乃化 507
ガバンリンチェン 115
ガプー・ガワン・ジミー 364
カブラマバコサンドチンティン 178
カブル 412
ガブルダン・キリドジン・ツェスムモンリン 117
ガポ（→アペイ・アワンジンメイ） 385, 643, 827, 830, 831, 835
カリアッパ、K・M 418
賀龍 367, 378
カリ・ロザンジャンサン 882
ガルウペン・ツエワントウジェ 454
ガルダン・ボショク・ハーン 65
ガルブレス、ジョン・ケネス 421
カルマ・テンキョン・ワシポ 59
河口慧海 146, 158
ガワン・イェシェ・ギャムツォ 67
ガワン・サンドン 557, 660, 662
ガワン・チョエペル 606
ガワン・チョンゾム 660
ガワン・ペンデン・チューキ・ギェルツェン 86, 116
ガワン・ロサン・ギャムツォ 59
ガワン・ロチュ 660

堪穷 444
韓光均 258
ガンジー、マハトマ 326, 423, 706
ガンジー、ラジブ 707
韓素音 516, 712
甘丹池巴 702
甘丹巴羅桑堅贊 116
カンチェンネー・ソナム・ギェルポ 75
堪仲土登降秋 443
カンチュトゥトシャンチュ 443
カンチュラ 444
カンチェンソナン・ジャンツオ 439, 453, 804
カンチュン・ユサンアワン 450
ガンデン・クントガヤドラク・パブロザン・リガルムッサン 116
ガンデントイビア 702
カンドラー、エドモン 196
乾隆 164

キ
ギア、リチャード 663, 899
ギェルエンラナン 22
ギェルツェン・リンチェン 85
キェンラプ・プンツォク 235
キオンラン 282
基巧勘布 443
キチョカンブ 443
キッシンジャー、ヘンリー 598
キッチナー、ホラティオ・ハーベルト 222
ギブ・プィンツツデン 688
キプリング、ラデヤード 216
木村肥佐生 154, 325
喜明 114
ギャインツァイ・ノルブ 658, 660, 699, 702, 703, 705
却図汗 59
ギャリ・リムポチェ 641
ギャロ・ジャロンツウ 393
ギャロ・トゥンドゥプ 394, 397, 419, 584, 585, 627, 630, 633, 634, 637, 826, 839, 842, 862, 867, 870
キャンベル 204
ギュルメ・ナムギェル 75, 76, 115
強白嘉措 116
玉娃根保強巴普布 178

許志雄　646
居本多来　178
ギルバナ・ユッダ・ビクラマ・シャー　114
金城公主　28
金和尚無相　28
キンジョン・ジェンゼンブィンツォ　688
欽旺秋　116
欽洛桑堅賛　703
勒旋扎西　178

ク
グールド、B・J　251, 255, 318
グシ・ハーン　59, 60, 64, 67, 724
グスブ・リムポチェ　164
クマル　393
グユク・ハーン　47
グリューベル、ヨハン　128
クリントン、ビル・ジェファーソン　590, 609, 610, 611, 640, 875
グル・リムポチェ　41
クルーペンスキー　207
グルンフェルド、トム　885
グレイグ、グレッグ　609
グレー、エドワード　208, 232, 242
グレナール　138
クン・コンチュクボ　42
クンガ・ギェンツェン　43, 44
グンソン・グンツェン　21
クンチョク・デンテル　562
クンチョク・プンツォク　698
クンデリンザサ　450, 455
クンペラー　285, 302, 316
グンポ・タシ・アンドゥクツァン　584

ケ
恵毅然　455
瓊譲　282
ゲサンエキ　338
ゲサンワントイ　363
ゲシェ・シェラブ・ジャルオツォ　284
ゲシェ・ラプテン　381
ゲダ　362
歇丁結布　178
ケニオン　184, 185
ケネディ、ジョン・F　421, 571

ケメ・ソナムワチュク　438
ケメイ・ソナンウァンジ　798
ケメエ・ソナンワントェ　454
ケルサル・ギャルツェン　642, 905
ケルサン・ギャムツオ　67, 116
堅賛諾布　702
建宗　126
憲宗　47
ケンチュン　233
ケンチュン・ラマ　258
ケンデュン・ギャムツオ　59
ケンドゥプ・ギャムツオ　116
ゲンドゥン・ギャムツオ　56, 57
ゲンドゥン・チューキ・ニマ　659, 660, 662, 698, 704, 705, 898, 905
ゲンドゥン・ドゥバ　40
ゲンドゥン・トゥプ　59
ゲンドゥン・リムチェン　622, 623
ゲンパオザン　176
ゲンバオブブ　176
ゲンラム・ルコン　23

コ
コイララ、ビシャワール・プラサド　421
黄華　707
貢覚　268
康熙　67, 68, 69, 75
耿継茂　315
康済鼐　75, 115
向秋普根保大尼　178
恰旋根保康諾布　178
高宗　164
江村羅布　699
江沢民　528, 693, 698, 709, 750, 875
降巴鄧打　296
黄慕松　283, 303
ゴーサンラン　178
胡錦涛　641, 644, 645, 672, 688, 693
小栗栖香頂　144
呉三桂　315
伍精華　834
昊忠信　309, 317, 318
克珠嘉措　116
ゴデン　47
ゴンボ・タシ・アンドラグツァン　395

胡耀邦　517, 518, 627, 629, 630, 834, 844, 863, 969, 970, 971
ゴラブ・シン　118, 119, 215
ゴルバチョフ、ミハイル・S　618
コロストウェッツ、イバン・V　242
コンガア・ラマ　455
棍却　268
ゴンバサ・トドンギザ　688
ゴンボ・タシ　539

サ

ザァン・チム・ジャル・ジャル・ジック・シュ・テン　23
蔡鍔　257
サイサン　167
才旦朋杰　354
才旦朋傑　355
サイフル　167
済嚨呼図克図阿旺白确吉堅賛　116
索南群培　115
索南頓珠等　178
策妄阿拉布坦　67
策黙林呼図克図　117
策黙林薩第巴克汁阿旺絳貝楚臣　116
ザシツァイラン　354, 355
査珠爾黙特那木扎勒　75, 76
サゾノフ　242
扎結布　178
扎章根保嚢巴桑塔吉　178
札西才譲　354, 355
擦達根保格彭錯旺堆　178
サッサー、ジム　606
サトー、アーネスト・M　187, 190, 191, 770
サバン　44
サプテン・ウォイデン・ファラ　396, 418, 448
サポノフ、セルゲイ・ドミトリビッチ　207
サマティ・パクシ・ガワン・ツルティム　80
サムダプ　643
サムドゥン・リムポチェ　904, 906
サレフ　319
サンギェ・ギャムツオ　64, 66, 67, 115
簪輕嘉嘉齊克丁　23
サンサイサン　167
サンディン・トギパム　688
サンポ・ツェワンレエンツェン　453

サンポセ・テツィントンズ　798

シ

シアンチュブゲオバンダニマ　178
ジアンチュロブ　699, 700, 701, 702, 704
ジアンバデンダ　296
シーラオ・ギャツオ　513
シェダワ・ベルジョル・ドルジェ　251
シエティンジエア　178
ジェネラ　507
シエロトンズウ　455
シエンカ・ジメドオジェ　454
シエンノート、アンナ　598
慈禧后　220
次仁　701
孜本凱墨　443
孜本雪苦巴　443
ジップツン・ダンバ　241
シャカパ・チャンキム（・ワンチェク・デデン）　326, 328, 385, 394, 397
シャカパ・ロサントンヅウ　450
シャカパ・ワンチュク・デデン　347, 358
シャグドゥル　209
謝國楳　237
謝富治　514
ジャサク・ケメイ・ソナム・ワンドゥ　485
ジャサク・ハーン　65
ジャサク・ロン・ペルン　486
シャタック、ジョン　606
シャドゥン・リムポチェ　161
ジャペル・ツルテム　116
ジャムチェン・チュゼ　40
ジャムペル・デレク・ギャムツオ　80, 113, 116, 164
ジャムヤン・ギェンツェン　234
シャルトン、エボト・L　582
ジャロ・トゥンドゥプ　583
ジャンジョン・ザシトギ　688
シャーティ・ラクシタ　29
ジャントン・ロサンナンジェ　455
ジャンベエツェリイ　455
周恩来　363, 377, 396, 398, 409, 415, 436, 455, 504, 525, 568, 569, 571, 572, 573, 733
ジューベンドライ　178

シュエカン　505
絨朗色　443
ジュチ　42
朱徳　362, 366
珠尓黙徳那木札勤　115
朱鎔基　705, 904
シュラギントバイト　138
順治　220
ジョーダン、サー・ジョン　239, 243, 248, 250, 256, 259, 260, 740
蒋介石　265, 276, 284, 320, 349, 583, 732, 734
尚可喜　315
章漢夫　413
鍾穎　238, 241, 774, 775
蒋国霖　257
ジョゴン・チョゲ・パクパ　723
升田　766
徐世昌　260
舒濂　81
シロン　313, 317
シン、サワラン　516
シン、ナイン　138
シン、マニ　138
シンカ・ジグメ・ドルジニ　407
ジンギス・ハーン　42, 57
人希龍　444
シンシャク　59
申宣斎　258
ジンツェンピンツォ　455
シンハ、S　347

ス
スーリエ　227
スコウクラフト、ブレンド　598
スターリン　357
スタン、ロルフ・アルフレド　3
スチュアート、J・レイグトン　326, 349
スティール　626
スティルウェル、ジョセフ・W　343
ストロング、アンナ・ルイス　420
スネルグローブ、デービット　13
スパイクマン、ニコラス　153
ズベンカイム　443
ズベンシュクバ　443

スミス、クリストファー　612
スムメタイジ　58
スルカン・パンダチェン・ケンポ　326
スレンシェコン　251
スロンツアン・ガムポ　336

セ
セイダグマ　117, 753
成徳　81
成烈嘉措　116
寂護　28
赤列嘉措　115
薛怀　25
セモゲルン　313
詹化雨　453, 455
銭基琛　598, 709

ソ
桑結嘉措　115
桑則簪　167
桑頗才旺仁増　453, 804
桑頗・登増頓珠　798
宗略巴　6
宗仁　350
栄増大札　117
荘聡生　644
蔵普布　178
ソカム　438
ソカンワンチン　319
則簪　167
即索南胖培　115
ソナム・ギャムツオ　57, 59, 866
ソナム・タンドゥコ　486
ソナム・チョペル　60, 115
ソナム・ドンドウップ　178
ソナム・プンツォク　658
ソナム・ラプテン　59
ソルウカン・ワンチエンゲレエ　454
ソロモン、リチャード　599
孫志遠　798
孫中山　733
ソンツェン・ガムポ　5, 20, 21, 22, 24, 70, 125, 151, 865
孫文　734

タ

ターナー、サミュエル 94, 164, 165
ターベ・ポサンダン 419
タイクマン、エリック 258, 259, 295, 297, 487
タイジ・サムドゥブ・ポタン 326
タイジ・プンカン 234
太宗 47
戴秉国 710
第穆呼図阿旺絳白徳勤旺楚臣 116
第穆呼図克阿旺洛桑赤列杰 116
第穆呼図克阿旺羅布蔵土布丹吉克美嘉措 116
タクカルワ 56
タクステル・リムポチェ 583
タクダ・リムポチェ 319, 321, 347, 356, 376, 583, 588, 792
タクツァン・レーバ 63
タクパ・ギェンツェン 54
多傑才旦 560
タシ・バラ 448
タシ・ラマ 139
タシー・タクバデ 63
ダス、サラト・チャンドラ 139
多田等観 151, 152
ダタン・ハーン 64
ダチャイ・ソーカンガロン 394
達娃才仁 176
達娃次仁 178
達擦必担図必滾波 116
達孜巴 115
達頼喇嘛 134, 136
脱列哥那 47
タドゥラ・ルコン 23
タナラット、マーシャル・サリット 482
タネダル・ビスラム 756
ダムチョエ・ペモ 622
ダラア・ロサンサンテン 454
ダライ 7
ダライ・ハーン 64, 66
ダライ・フンタイジ 65
ダライ・ラマ 40, 68, 102, 103, 105, 108, 109, 110, 111, 112, 134, 148, 182, 191, 224, 239, 240, 277, 346, 386, 394, 395, 396, 397, 405, 419, 434, 435, 436, 439, 440, 447, 448, 456, 458, 459, 462, 463, 464, 466, 467, 468, 469, 470, 473, 483, 538, 539, 545, 546, 547, 550, 551,554, 555, 557, 561, 562, 567, 588, 600, 602, 614, 616, 621, 631, 632, 634, 635, 638, 655, 656, 658, 729, 809, 813, 814, 815, 817, 818, 819
2世 59
3世 57, 58, 59, 866
4世 59
5世 59, 63, 64, 66, 67, 290, 724
6世 66, 67, 68, 69
7世 12, 67, 69, 75, 76, 80, 116
8世 92, 113, 116, 726
9世 113, 724
11世 85, 116, 234
12世 86, 116, 724
13世 4, 86, 116, 139, 148, 172, 186, 190, 198, 200, 207, 219, 223, 224, 225, 230, 231, 232, 235, 236, 241, 243, 263, 265, 267, 272, 273, 278, 283, 285, 286, 289, 290, 301, 302, 309, 310, 316, 324, 333, 337, 343, 484, 581, 724, 740, 743
14世 4, 117, 309, 375, 376, 382, 383, 384, 386, 387, 388, 390, 392, 393, 398, 417, 419, 442, 461, 465, 474, 478, 479, 530, 537, 544, 548, 549, 550, 585, 591, 597, 599, 601, 605, 607, 608, 609, 610, 611, 613, 618, 619, 620, 626, 628, 629, 636, 637, 640, 641, 643, 644, 645, 660, 662, 698, 724, 725, 734, 742, 743, 744, 745, 746, 826, 835, 846, 848, 850, 857, 863, 866, 902, 907, 909
ダルマ・ウィジウムテン 27
ダワゲサン 176
ダワツレン 178
譚冠三 384, 386, 444, 447, 448, 453
丹増増嘉措 117
丹必尼瑪 116
タンマイ・コンジョバイム 688

チ

チ・スロン・ツェンポ 21
チアンシュエンゲンバオカンヌオブ 178
チェン 712
チエンジェ 455
チョンツェチェン 394

チォンツェチェンポア 395
遅浩田 709
チジャン 452
チチンマイ 395
チムール 57
チャガタイ 42
チャジエブ 178
チャデル・リムポチェ 605, 660, 662, 699
チャドリ 582
チャトレル・リムポチェ 905
チャバ・ガサワンドイ 688
チャラ 258
チャン・イン・タン 141
チャンキム 396
チャンチュブ・ギェルツェン 53
チャーチャンゲンバオバオンバサンタデ 178
チャーチル、ランドル 171, 191
チューキ・ニマ 263
チューゲ 531
チュルク・ウバン 65
チュンガン・デレントング・ダポンス 258
丁夏旺之 178
張蔭棠 200, 204, 205, 774
張経武 384, 386, 387, 388, 389, 504, 506, 513, 798
張国華 384, 386, 393, 400, 416, 453, 462, 514, 798, 823
張棠 140, 141
趙璽巽 229
趙璽豊 228, 222, 229
趙紫陽 628, 707
趙振清 517, 670
趙朴初 634
チョギャム・トゥルンパ 441, 538
チョクトゥ・ハーン 59
チョペル 59
チン・ロサンジンサン 703
陳雲 628
陳遐齢 257, 258
陳毅 399, 436
陳玉山 237
陳奎元 561
陳水篇 624
陳貽範 246
陳鏤 261

ツ

ツァイチャ 646
ツアダゲンバオゴマボンツオワントウエ 178
ツァネル・イェシェ・ギェルツェン 40
ツアンブブ 178
ツウポオガマバ・リエンベトウジェ 455
ツエジャン・ロサンイェーシエ 454
ツェペ 118
ツェリン・ヤンケイ 562, 878
ツェリンタンツン 178
ツェワン・アラブタン 67, 68
ツオコ・トンズウツェリエン 455
ツォンカパ・ロサン・タクパ 6, 7, 40, 54, 55, 59, 219, 724
ツチヤーカンチユン 451
ツプテン・ゴドゥプ 554
ツベン・チャンキム 584
ツルテム・ギェルツェン 84, 85, 116
ツレン 701

テ

ティージャン 394
ディク・デツェン 22
ティジャン・リムポチェ 395
鄭少東 453
ティスル・ギェンラブ・ワンチュク 86, 116
定宗 47
ティソン・デツェン・ガムポ 24, 28, 29, 30
ディック・デツェン・ガムポ 23, 26, 27
ティバン 21
ディパンカラ・シェリジュニャナ 41
ティムン・ノルプ・ワンギェル 302
ティュンサン・オルマン 24
ティレ・ギャムツオ 116
ティンシアワンジ 178
デシデリ、イポリット 128
デシン・シェクパ 53
デチェン・チュードゥン 698
テトン・ギルメ・ギャムツオ 317
デュベナール 228
寺本婉雅 144, 145
テンジン 531
テンジン・ギャムツオ 117, 375, 376
テンジン・ダライ・ハーン 65
テンパ 353, 517

天宝　353, 517

ト
ド・ラン、デュトレイユ　138
ドゥグ・ドージュ　161
ドゥグラス　417
トウジエツェテン　455
トゥシェト・ハーン　65
鄧少東　455
鄧小平　360, 367, 378, 436, 504, 596, 625, 626, 627, 628, 635, 639, 667, 669, 670, 672, 707, 826, 860, 867
鄧邨　282
トゥッチ、ジュゼッペ　142, 144
トゥテンレヌン　798
冬百彭錯　178
トゥプテン・ギャムツオ　86, 116
トゥプテン・クンペル　285
トゥプテン・サムペル　486, 905
トゥプテン・ジャムペル・イェシェ・ギャルツェン　302
ドゥンドゥプ・ドルマ　660
トゥンユー・ドルジ　54
トーマス、ローウェル　582
ドーラン、ブルック　343, 344, 345, 346
トギザ・ジャンバイロサン　688
徳爾智　186
徳宗　220
特居勒洛公　23
トタンランジェ　628
ドチョ・クンチョク・テンダー　877
トテンタンタ　385, 798
トテンレーメン　451
土登嘉措　116
土登列門　798
土丹旦達　798
奴日洪布　507
ドノバン、ウィリアム・J　343, 344
トビム・セン・ター　114
トプギャイ・パンダツァン　283, 284
トプテン・ギャロ　358
トプテン・クンペル　316
トプテン・ジクメ・ノルブ　419, 583
ドブリャンスキー、ポール　611, 897
トマス、ローウェル　348, 349

トリソン・ドレツェン　26
ドル・スィゴン　43
トルーマン、ハリー・S　582, 880
ドルジ・ツェリン　560
ドルジェ・ツェテン　254, 523, 525, 528, 531
ドルジエフ、ハンボ・アグバン・ロプサン　186, 198, 241
トルストイ、イリヤ　343, 344, 345, 346, 880
ドルビル、アルベール　128
トレゲネ　47
ドンバイボンツオ　178

ナ
ナイドゥ、サロジニ　326
ナイルキン　114
ナムギャル　161
成田安輝　148
ナローパ　41
何光燮　192, 193
ナンセエリン・パンジョジメ　454
何長榮　190
ナンブーディリバッド　707

ニ
ニーマーロン　290
ニール、アレキサンドラ・デビッド　138
ニクソン　590, 598
ニコライ２世　186
ニコルソン　208
西川一三　152, 153, 154
ニティ・ウドゥムツェン・ダルマ　39
ニマグン　63
尼瑪龍　290
ニャティ・ツェンポ　20
ニユウシャ・トテンタバ　454

ヌ
ヌリペンプ　507

ネ
熱振呼図克図阿旺益西楚臣堅賛　116
熱振諾門罕呼図克図　117, 317
熱地　378, 688
根保巴格桑　176
根保普布　176

根蘭洛公 23
ネルー、パンディト・ジャワハルラル　326,
　350, 396, 420, 461, 466,467,563,565,
　566, 567, 568, 569, 570, 572, 574, 806

ノ
能海寛 144
ノックス 168
ノブラー 151
野元甚藏 152

ハ
バー・ギェルトレ・タクニャ 27
ハート、ジェームス・H 767
パーラ・トテンオエテン 454
バイマジュエ 176
パウエル、コリン 611, 898
パウチョ、ウエセジンツェン 454
パオ・リムポチェ 658
パクパ、ジョゴン・チョゲ 48
白瑪尺覚 176
パクパラ 525
馬訓 282
パサン 507, 525
バサンタデ 178
バジパイ 709
ハスブギェル・ツェンポ 20
巴桑塔吉 178
パターソン、ジョージ 350
巴忠 81, 95
バデル、ケフリー 600
パドマサンバ 41
パニッカル、カバラム・M 410, 417, 795
パバラ・ガレランジ 688
馬歩芳 317, 349
ハマーショルド、ダグ 482, 483
ハミルトン、ジョージ 184
ハラー、ハインリッヒ 348
頗羅鼐 115
ハリウドパドヤ 81
ハルシュタイン、ゴットフリード・フォン 141
パルデン・ギャムツオ 443, 559
バルドンツァブ 23
バロプョン 165
パワル 708

ハン・スーイン 516, 712
パン・ブラーク、マイケル・バン・ウォルト
　634, 869
潘自力 803, 804
班禅額尔尼 704
パンダツァン 350
バンダラナイケ、シリマボ 571, 572
パンチェン・オルドニ　102, 399, 459, 696,
　704, 797, 807
パンチェン・ラマ　7, 40, 68, 75, 103, 105,
　108, 109, 111, 163, 182, 263, 271, 281,
　339, 396, 400, 405, 441, 455, 460, 462,
　506, 509, 510, 511, 512, 514, 516, 528,
　658, 697
　1世　59, 65, 66
　2世　66, 67
　3世　80
　4世　59, 80
　6世　92, 94, 162
　7世　83, 113, 116, 133, 164
　8世　139
　9世　6, 186, 200, 221, 227, 235, 263, 264,
　　266, 272, 273, 274, 276, 278, 289, 305,
　　307, 308, 318, 337, 340
　10世　351, 382, 383, 392, 393, 507, 508,
　　513, 601, 696, 699, 700, 701, 702, 705,
　　725, 744
　11世　660, 662, 706
パンチェン・リムポチェ 698
ハンチェンナス 115
パンチオザシ 628
パンディタ、サキャ 44, 45, 48, 49, 57
范明 384, 386
万里 517

ヒ
ヒルトン、イザベル 510
ヒルトン、ジェームス 141
ビレンドラ・ビル・ビクラム・シャー 615
ピンツオワンチュ 455

フ
ファンプラホ 615
フィッマウリス、ヘンリー・ペティ 188
プールドンネ 228

フェルナンデス 709
フォード、ジェラルド 364, 590
フォカン・ソランベンバ 688
フォクス、レジナルド 374
フォレスト 228
福康安 83
福克斯 357
福島安西 148
フクス 357, 358
副馬基洛珠格桑 443
ブッシュ、ジョージ 590, 598, 599, 611, 618, 621, 881
フトゥク・ガワン 448
フビライ・ハーン 47, 50, 52, 723
普福 81
フマジロジュガサン 443
ブラウン、H・A 169
プラサド・シャルマ、チューダ 803, 804
プラサド、ラジェンドラ 371
プラノ・カルピニのジョン 125
フランク 348
プリディ・ナラヤン 92
プリンス・オブ・ウェルズ 222
ブリンラスガムッソ 115
ブルジェワリスキー、N・M 138, 139
フルシチョフ、N 421, 483, 568, 570
ブルム、ウィリアム 588
ブルンワ 85
フレッチャー 611
文成公主 21, 28
プンツォク・タシ 523, 525
プンツォク・ニドゥン 909
プンツォク・ニドル 660

ヘ
秉章 85
ベイジル・グールド 284
ベーコン、ルース・E 348
ヘスティングス、ワーレン 94, 161, 162, 163, 164
ヘディン、スウェン 3, 6, 139, 140, 209, 226, 227
ペパ・ギャルポ 532, 750
ベララフォツ、M・W 138
ベル、チャールズ・A 15, 20, 230, 254, 487, 596
ベルジョル・ドルジェ 246
ヘルムズ 596
ベンカタラマン 708
ベンケンドルフ 194, 195
ヘンダーソン、ロイ 348, 582
ペンデン・トゥンドゥプ 86

ホ
昂旺旦増 178
鳳全 227
彭吉 176
彭徳懐 355, 436
方励之 598
ボーグル 163
ボーグル、ジョージ 94, 162
ポール、アルフレッド・ウォリス 767
ポール・ドブリャンスキー 662
ボショック・ハーン 65
ホスキン、シリル・ハンリー・ 15
ホップカーク、ピーター 206
ボミ・キンバルツィ 702, 703
ホラナス 115
ポラネー 724
ボルデノーネのオドリコ 127
ホワイト、クラウド 189, 190
ポンジー 176
ボンワーロ 138

マ
マーガリー、オーガスタス・レーモンド 169
マオワンダンツン 178
マカートニー、G 95
摩訶羅闍 224
マクスウェル、ネビル 464
マクドナルド、ラムゼー 262
マクマホン、ヘンリー 246, 252, 253, 485
マコーレー、コルマン 171
マッカナム、S 348
マヘンドラ 665
マラ・シーラ・ベギン・エシェワンポ 29

ミ
ミシュラ 710
ミバム・ワンボ 66

ミュラー、マックス 231
ミンジリン・ヂヤヤンジンツェン 454
ミントー卿 222, 230, 774

ム
ムソ 227
ムネ・ツェポン 24
ムリク、B・N 418

メ
メージャー、ジョン 620, 621
メノン、スチャン 455, 466, 571
メレル、ジョージ・R 346

モ
孟娃長老宗嚢次格 178
蒙哥 47
毛沢東　349, 357, 362, 366, 377, 389, 405,
　　　409, 435, 436, 455, 519, 525, 540, 541,
　　　557, 732, 798, 826, 867
モーレー、ジョン 226, 231
モラエス、フランク 449
モンケ・ハーン 47, 126
モントゴメリー、T・G 138
モンワチャンラオツォンナツゴ 178

ヤ
ヤーシュエンジュエン 178
矢島保治郎 148, 151
ヤングハズバンド、フランシス・エドワード
　　　163, 189, 190, 191, 195, 198, 199, 200,
　　　201, 741, 769

ユ
裕鋼 194
有泰 190, 201
尤堆普布 178
ユーワンゲンバイオチアンバブブ 178
ユック、レジス・エバリス 133
ユト・ザァシトンズウ 454
ユンテン・ギャムツオ 58

ヨ
葉剣英 628
葉小文 699, 702

楊松 731
楊尚昆 707
楊静仁 517, 526, 629, 670, 843
楊東生 525, 526
楊力宇 667
雍正 75, 290
ヨラシャ 443

ラ
ラーテインセ・ソランパンジョ 450
ラーマン、トンク・アブドゥル 482
ライディ 378, 525, 688
ラオ 708, 709
ラオイ・パトウ 307
羅幹 702
洛桑金巴 115
洛桑図道 115
洛桑札西 387
ラグハバン 413, 800, 801
ラサン・ハーン 66, 67, 115, 724
羅座班 66
羅生憂爾曾 198, 767
羅桑堅賛 276
羅長椅 232, 237, 774, 775
拉蔵 115
拉蔵汗 66
ラデン・ジャムペル・イェシェ・ギャルツェン
　　　117, 302, 309, 313, 316, 317, 347
ラバブイン 702
拉巴平措 702
ラプカ 283
ラミン・ソランドンジュン 688
ラメン・ケンポ 292
ラリー・ディッタ 28
ラル・ツワントギ 688
ラルン・ペルギドルジェ 70
ラン・ダルマ 39, 69
ランジュン・リクペ・ドルジェ 658
ランズダウン、ヘンリー 188, 189, 194, 766
ラントス 597
ランドル、S 139
ラントン、トム 531
ランミ・ジック 23

索引

リ

李維漢 526, 798
李經方 232
李建錫 761
李元 750
李狄三 354
李先念 628
李登輝 624, 668
李泌 25
李鵬 708, 863
リチニオ、ジョバンニ・アントニオ 127
リチャードソン、H・E 319, 347, 486, 587
リットン、エドワード・ロバート 228
掠達根保略冐扎推 178
リヤンコート、アモーリ・ド 487
劉延東 644
劉華秋 600
劉賛廷 296, 297
劉湘 283
劉少奇 362, 436
劉伯承 367, 378
劉文輝 283
劉曼卿 269, 270, 272, 273, 742
リュエダゲンバオカマオチャオトゥエ 178
梁選賢 455
リリー、ジェームス 600
リンツアン 452
リンメ・シャプドゥン・クンチュク・チュンベル 63

ル

ルーズベルト、フランクリン・D 327, 345
ルガベー、ジョセフ 133
ルタツェパ 115
ルブルックのウィリアム 126
ルンシャル 273, 302, 313
ルンツェン・ガムポ 125
ルントク・ギャムツオ 113

れ

レーガン、ロナルド 590
レーニン、V・I 733, 747, 748
レグチョグ 641, 643
レティン・リムポチェ 658
レルバンチェン 39

レンシ・シヤゴバ 450
聯豫 222, 224, 230, 233, 234

ロ

弄賛 125
ローズ、アートボルド 246
ロカンワ・ツエリンロテン 387, 390, 438, 439, 584, 799, 805
魯康娃・澤旺饒堡 805
魯康和 387
ロザムスムーストブス 115
ロザン・ギャルツェン 198, 397, 485, 767
ロザン・ケルサン・ギャムツオ 67
ロザン・ツェリン 418, 461
ロザン・ティレ・ラブギェ 116
ロザン・ティンレ 85
ロザン・テンペー・ギエル 116
ロザン・トゥプテン 84, 116
ロザンスピンパ 115
ロザンタシ 384, 387, 438, 584, 799
ロザンチェンラウ 191
ロサンツチエン 455
ロシュタシ 178
ロゾチェンザン 628
ロック、ジョセフ・F 142
ロックヒル、ウィリアム・ウォドビル 138, 148, 343, 581
ロディ・ギャルツェン 641, 905
ロバートソン、ウォルター 418
ロブサン・イェシェ・ペルサンボ 66
ロブサン・サンボー 153
ロブサン・ダンジン 69
ロブサン・チョキ・ギェルツェン 59, 696
ロブサン・ツェオン 284
ロブサン・ツルテム 523, 525
ロブサン・ペルデン・テンペ・ニマ 80, 116, 164
ロブサン・ヨムテン 622
ロブサン・ランバ 15
ロブサン・ワンチュク 843
ロブソンキンザン 276
ロヘペン 191, 193
ロボフスキー、V・I 139
論賛 125
ロンチェン・シャトラ 252, 253, 485

ロンチェン・シューカン 254, 255
ロントェブブ 178
ロンナンセェ・トテンノウサン 438, 454
論類熱 25

ワ
ワンゲサン 176
ワンチュウシェブ 191
ワンチュク・ギェルポ 85, 116, 774
ワンチュク・ツェリン 475
ワントンツ 395
ワンナンコンバイダンツン 178
ワンローチェ 276

寺院索引

オ
黄金寺 40

カ
貝曲哲蚌确唐門杰勤朗巴杰互林 40
カチュ寺 178
噶丹胡巴杰臥林 40
噶丹協珠達杰札西叶蘇其林 32
噶勒丹寺 40, 54
噶勒丹廟 40
噶曲寺 178
噶勤丹寺 80
噶爾丹寺 198, 200, 767
ガムポ寺 914
カルチュ大僧院 30
夏魯寺 42
カンジュオラドン 289
ガンデン・ゴンパ 40, 80, 86, 155, 198
ガンデン寺 40, 41, 54, 198, 263, 282, 388, 450, 557, 779, 780, 906
ガンデン大僧院 56
甘丹寺 40, 54, 56, 80, 84, 86, 198, 263, 282, 557, 906
甘丹林寺 263
甘丹胡杰林 40

キ
吉祥永固天或桑耶大伽藍 41
吉祥米聚十方尊肚洲 40
ギャル・ラカン 43
業郎寺 42, 557

ク
グンタン寺 42
クンデリン・ゴンパ 86
クンデリン寺 40, 80, 86
クンブム・ゴンパ 145
クンブム寺 40, 67, 75, 219, 282

コ
康建曲比 40
黄寺 80, 220, 290
崗卓拉顿 289

興唐寺 25
呼正寺 42
五台山菩薩頂 220, 263
ゴラポラカン 452
ゴル寺 42
ゴルタン寺 198, 200, 767
ゴンポ神殿 452

サ

西黄寺 220, 290
サキャ・ゴンパ 42
サキャ寺 137, 557
薩迦寺 42, 557
薩木秧寺 41, 780
薩穆叶 41
察木珠寺 30
札寺 40
札寺魯穆布珠克特享 40
札什倫布寺 9, 40, 94, 109, 137, 176, 190, 263, 697, 700, 906
札什倫布珠克特享 165
札什隆布寺 40
札什魯穆布珠克特享 94
札瑪桑廟敏久倫珠白祖拉康 41
磋卜寺 42, 557
サムイェ寺 28, 41, 557, 780
サムイェ僧院 343
サンツオン寺 178

シ

シャル寺 42
松賛林寺 142
昌諸寺 30
仍仲寧翁結巴寺 40
小昭寺 10, 21
小ポタラ宮 645
ジョカン寺 25, 58, 80, 84, 102, 105, 233, 235, 286, 530, 648, 699, 704, 780, 892, 905, 906
ジョカン大寺院 476
色多金巴寺 289
色拉寺 40, 57, 61, 86, 146, 198, 200, 237, 282, 319, 321, 387, 444
色拉泰欽林 40, 42, 80
色拉大乗州 40

セ

セーティ・ゴンパ 41
セラ寺 40, 86, 146, 155, 198, 200, 237, 282, 319, 321, 347, 387, 388, 444, 450, 779, 780
セラ大僧院 57

ソ

ソードチェンバース 289
双黄寺 290
桑鳶寺 41, 343, 557
桑宗寺 178
桑姆伊 41
桑木耶 41
桑披峰寺 228
桑耶寺 28, 41, 343, 780
楚尔普寺 42
楚布寺 42, 59, 557
楚浦寺 42

タ

タール寺 40, 67, 75, 145, 219, 282
大金寺 278
大昭寺 25, 58, 80, 84, 102, 105, 233, 235, 286, 476, 530, 648, 699, 780, 892, 905, 906
大法輪寺 41
第穆寺 240
泰寧寺 227
多寺 286
タシルンポ寺 9, 40, 80, 109, 133, 137, 165, 174, 176, 190, 240, 263, 697, 700, 701, 702, 703, 906
タシルンポ僧院 273
タドク 780
達蔵倉郎木賽赤寺 41
達多寺 780
ダルジェー・ゴンパ 278
タルン寺 914
ダワン寺 335
タントゥク寺 914

チ

チャムチェン・チュンコルリン 57
直貢替寺 42

ツ
ツェル僧院 42
ツォモリン寺 84
ツクラカン寺 80
ツクラメカン 105
ツルブ寺 42, 58, 557, 661

テ
ディクンティ・ゴンパ 42
デプン寺 40, 58, 86, 388, 780, 886
デプン大寺 263
デプン大僧院 56, 319
哲蚌寺 40, 56, 58, 61, 86, 198, 263, 319, 886
テル寺 42
テンギェーリン寺 80, 84, 263, 779
デンサ・テル 42

ト
ドゥオウォ寺 286
東黄寺 290
塔爾寺 41, 67, 75, 145, 219, 282

ナ
那布林卡 148

ニ
西本願寺 148

ネ
ネーチュン寺 285, 452, 658, 792
熱正寺 42

ノ
ノルブリンカ 195, 235, 270, 289, 438, 442, 443, 444, 445, 448, 449, 450, 452, 462, 463, 476, 648

ハ
白居寺 906
白棒寺 282
白利寺 362
パボンカ寺 282
パルコル・チューデ 906
バロム寺 42

ヒ
東本願寺 144
ビクラマシラ寺院 41
敏珠林寺 41, 557

フ
布達拉宮 9, 108

ヘ
別蚌 200
ペリ寺 362

ホ
菩薩頂 290
菩薩殿真容院 144
ポタラ宮 9, 60, 75, 108, 134, 165, 224, 233, 289, 445, 476, 781, 892, 893
ポタン・ポタラ 9
ポロンカ 282
梵宗寺 41, 67, 145, 219

マ
マーランダ寺 42

ミ
ミンドリン寺 41, 557

メ
メンリ寺 557

モ
木秧寺 28, 343, 557
文殊寺 290

ヤ
ヤンパチェン・ゴンパ 80

ヨ
羊八井 80
雍和宮 290, 645, 268

ラ
拉加寺 40
拉章札西旗 32
拉卜楞寺 32

ラデン僧院 43
ラブギャ・ゴンパ 40
ラブラン寺 32
羅布林卡 235, 289, 444
ラモチェ 10, 21, 780
ラルン・ガル 901, 902

リ
リタン・ゴンパ 228
理塘寺 57, 228
隆務寺 32
隆務大東法輪洲 32

レ
レティン・ゴンパ 43
レブン寺 40, 155, 198, 200, 450

ロ
郎木寺 41
老木契 21, 780
老木朗 80, 105, 780
櫟寺 557
ロプロンハ宮 270
ロンウォ・ゴンパ 32

地名索引

ア
赤い岡 9
アクサイチン 405, 428, 565, 710
アグラ 128
阿克賽鈎 405, 428, 565, 710
アサミ 335
アッサム 168, 210, 567
亜東 141, 173, 180, 183, 192, 201, 202, 222, 229, 234, 238, 256, 261, 262, 334, 370, 375, 384, 405, 411, 417, 429, 440, 766, 767, 807
阿耨達山 283
アナブタ山 283
阿美馬頂嶺 249, 250
アムド 4, 9, 32, 42, 284, 510, 539, 540, 541, 542, 544, 555, 614, 636, 745, 853, 854
アムリッアール 117
アラシャン 153
アラン 11
阿里 9, 19, 79, 129, 144, 202, 251, 322, 354, 440, 574, 670, 807
アリ 9, 19, 79, 129, 144, 202, 251, 322, 354, 440, 574, 670, 807
アルタイ 782
アルティバリ 129
アルナチャル・プラデシュ 710
アルポ・リ 9
安多 4, 9, 32, 284, 510, 539, 541, 542, 544, 555, 614, 636, 745

イ
イードゥン 258, 296
イエチン 428
イエンジ 249, 258, 296, 367
イエンボー 19
イス・ラジ 253
イスカルド 118
伊犂 185
イリ 185

ウ
ウー 9, 69, 75, 80, 97, 166, 167, 322, 636, 745, 854

ウー・ツァン 4, 130, 166, 167, 544
ウーチョン 259, 296
ウェ 9
ウェティ 31
ウオジャーム 543
ウォチェ 296
ウス 9, 45
ウズアン 8
ウタル・プラデシュ 565, 575
内チベット 249, 250, 251, 294
ウリヤスタイ 86
ウルガ 148, 186, 219, 225, 740
雲南 47, 57, 169, 228, 259, 314, 315, 429, 433, 707

エ
衛 9, 69, 80, 97, 166, 322, 636
衛・蔵 544
栄玉 573
江達 437
燕京 50, 51
奄蔡 11
塩井 249, 258, 296, 367
煙台 169, 761

オ
オノン 42
オリッサ 186
オルドス 133
温州 170
恩達 259, 296

カ
海晏 555
懐柔 283
ガイズォチャマーマンパオ 354
改則扎麻芒保 354
開平 203
カイラス 4, 40, 63, 800
開拉斯 800
加雅 801
鄂爾多斯 133
格爾木 694, 890
喀什 428
喀則 173

喀達薩噶 110
喀木 10, 19, 57
廓尔喀 109
廓響 23
霍尔 323
雅江 259, 296, 317
我札木 543
カシミール 40, 117, 119, 128, 190, 198
夏州 25
河州 25
瓦絨 367
カシュガル 63, 128, 428
カダ 173, 176
カダサゲ 110
卡惹拉峠 10
卡達 173, 176
卡定 174
卡門 467
下チャユイ 573
ガツエ 173
加托克 767
噶大克 141, 190, 198, 201, 202, 223, 334, 738, 773
噶尔渡 152, 179
噶倫堡 373, 800
噶朗 363
カディン 174
加徳満都 429
カトマンズ 96, 146, 166, 168, 416, 429
嘉納 323
鹿野苑 801
カム 4, 9, 10, 19, 32, 55, 57, 69, 75, 255, 284, 301, 322, 336, 360, 435, 510, 539, 541, 542, 544, 636, 745, 853, 854
カムパ 137, 190, 193, 543, 584
カメン 467
カラコルム 117, 578
ガラン 363
ガリ 4, 9, 40, 117, 128
カリク 202
カリ・コスム 780
カリ三区 780
瓦龍 335
雅龍江 296
カリンポン 148, 236, 273, 349, 373, 429, 439,

457, 543, 800
カルカ 724
カルカッタ 146, 148, 163, 164, 179, 200, 205, 222, 273, 350, 429
カルツニン 23
カルトア 128, 131
ガルトク 117, 128, 141, 152, 179, 190, 199, 201, 202, 223, 334, 451, 738, 767, 773
ガルトブ 117
カルナタカ 538
ガルワル 129
ガレーカルサム 118
瓦弄 571
雅魯蔵布江 439, 463
ガヤ 801
カロ・ラ峠 10
カロンブール 394, 395, 396, 397, 584
ガン・ト 129
カングリヒングリ峠 801
カンサン 127
甘孜 259, 282, 296, 307, 317, 351, 359, 360, 362, 392, 405, 429, 433, 539, 542, 556
甘粛 9, 32, 44, 153, 260, 285, 433, 507
カンゼ 259, 282, 296, 307, 317, 351, 359, 360, 362, 392, 405, 429, 433, 539, 542, 556
カンゼマネ 463
カンティース 4, 63
ガンディン 11, 259, 296, 323, 360, 429, 584
カント 483
坎斉曼 463
坎麻 69
甘南 542
カンナン 311, 542
幹壩 193
岩波 19
カンバゾン 189
干巴宗 189
カンマ 69
カンリンポチェ 800
カンロ 542

キ

ギアゴング 190
キーチユー 463

キエキアンマイ 334
義墩 258, 296
帰化城 57, 133
キゲル 81
吉隆 84, 92, 95, 97, 171
吉朗 757
キムシ 623
キャフタ 164, 782
ギャンツェ 10, 107, 141, 183, 190, 191, 195, 199, 201, 202, 205, 215, 222, 223, 224, 229, 236, 238, 256, 258, 262, 294, 319, 334, 370, 393, 411, 429, 440, 773, 807
九龍 259, 296
協噶爾 81, 95, 173
郷城 317
羌塘盆地 696
玉樹 282, 308, 339
曲水 238, 565
居納 323
ギルギット 119
キロン 84, 92, 95, 97, 171, 757
金沙江 3, 9, 282, 283, 296, 322, 433
金川 76, 80, 82

ク

クーチ・ビハール 161, 760, 761
クーロン 86, 225, 241, 734
グエタン 323
ククノール 11, 44
グチ 92, 97, 171, 238
クティ 99
グル 197
クルー 129
クルジャ 185
クルドラクタ 283

ケ

涇州 23
ゲルム 694, 890

コ

康 9, 32, 75, 255, 284, 301, 322, 435, 510, 539, 542, 544, 636, 745
哈廈 237, 238
哈拉烏蘇 79

貢覚　259, 296, 367
貢噶　437, 543
貢嘎　553, 623
香格里拉　141
恰克図　164
湟源　555
江孜　10, 107, 141, 183, 190, 191, 195, 201, 202, 205, 222, 224, 229, 236, 238, 256, 258, 262, 294, 319, 334, 370, 393, 405, 411, 429, 440, 767, 773, 807
康蔵　731
康南　311
康仁波深　800
康定　11, 259, 296, 323, 360, 393, 429, 584
康巴　32, 543, 584
康普陀嶺　249
後蔵　9, 10, 75, 109, 181, 203, 249, 340, 394
江達　229, 247, 543
湟中　282
岡底斯　4, 63
広東　164, 315
江東　433
工布　51, 84, 110, 202, 253, 311, 335
洽木多　10
浩本多　238
コータン　117
甲南　190
甲朗　166
コエイホワチョン　133
黒河　233, 339, 433, 440, 541, 543, 807
黒沙　23
骨魯　197
庫庫諾爾　11, 44
ココノール　11
コソメ　129
五台山　144, 219, 220, 263, 581
稞壩　144
コバ　144
コラオル　129
庫哩雅　219, 225
庫倫　86, 186, 219, 225, 241, 734, 740
ゴルカ　103, 109, 204, 737
ゴロク　832
呼和浩特　57, 219
ゴンガ　437, 543

ゴンカル　555, 623
ゴンジョ　259, 296, 367
コント　129
昆布　110, 112, 253
コンブ　51, 84, 110, 112, 202, 253, 311, 335
昆皿賓里峠　801
コンボ　4
崑崙　11, 250, 257

サ

ザァモ　440, 807
西康　278, 360
西里古里　800
柴達木　555
済嚨　81, 832
サキャ　44, 53, 81, 127, 449
サクト　117
錯那　66, 253, 463
サソチー　801
薩迦　127, 449
薩喀　44, 81
察雅　259, 296
察木多　57, 149, 202, 249, 251, 256, 257, 259, 294
察隅　252, 311, 335, 367, 440, 573, 807
察哈爾　133, 314
札什倫布　137, 202, 256
札什倫布拉譲　175
札什魯穆布　96
札什魯穆布珠克特享　122
札木　440, 807
札類烏斉　296
サディヤ　335
サバイカル　186
サマルカンド　186
サムイェ　28
サムパ　137
サムペリン　317
ザユル　252, 311, 335, 367, 440, 807
サルウィン河　3, 250, 322
ザレイフキ　257, 259, 296
サンガン　335
三危　9, 10
三塤　259
ザンズイ　181, 182, 202, 249, 259, 283, 296,

307, 323
三瞻 202
サンドラ 388
サンナ 363
山南 19, 176, 433, 437, 460, 463, 477, 499, 515, 540, 541, 542, 623, 669, 831
サンバー 259

シ
シーツァン 8
ジウロン 259, 296
ジェクンド 282, 308, 339
ジェスィル 259, 296
シエルカル 81, 95, 173
シカチエ 147
シガツエ 9, 10, 40, 64, 80, 104, 106, 133, 139, 141, 147, 152, 163, 164, 173, 186, 190, 191, 196, 222, 249, 284, 289, 294, 318, 386, 393, 405, 436, 501, 509, 531, 642, 670
シグキ峠 801
刺薩 237
四川 50, 76, 228, 239, 257, 259, 282, 285, 315, 317, 392, 429, 433, 501, 507, 541
シッキム 103, 110, 129, 147, 168, 173, 180, 189, 191, 224, 351, 392, 429, 538, 680, 760
シックム 147
扯冬 570
シニン 67, 112, 282, 376, 694, 696, 723
斯浦爾 461, 464
シムラ 245, 252, 726
錫金 173, 351
斜香買 334
シャシェン 40
ジャムダ 229, 247, 437, 543
シャユイ 252, 311, 335
ジャロン 166
シャングリラ 141
ジャンチー 182
ジャンツェ 405
上海 643
ジャンムー 737
ジュウォ 283
重慶 170, 317

叶城 428
絨轄 110
鷲峰 283
什布奇峠 801
述拉薩 463
朱倭 283
循化 508
准噶爾 315
ジュンガル 67, 91, 315, 736
春丕 65, 145, 153, 179, 180, 181, 191, 198, 199, 200, 206, 222, 515, 738, 740, 771, 859
春碑 180
勝越 228
娘若香波 19
昌都 10, 144, 229, 257, 259, 261, 269, 284, 296, 350, 360, 363, 367, 371, 374, 392, 393, 395, 405, 429, 435, 440, 499, 539, 614, 670, 833
承徳 645
小勃律国 119
小涼山 361
聶拉木 81, 84, 95, 99
女国 11
シリグリ 88
シリン 376
ジロン 81, 110, 832
新疆 9, 145, 146, 153, 259
新龍 307
仁孜 173
真蔵 9
ジンソー 436
ジンチュアン 76, 80, 82

ス
綏遠 314
スーダー 259, 296
ズォンチャー 367
ストラスブール 616, 633, 744
スリナガル 129
スワルガシュラム 483, 809

セ
西安 25, 146, 222
青海 65, 66, 67, 145, 146, 153, 198, 219,

238, 249, 257, 260, 268, 308, 314, 315, 317, 336, 340, 360, 405, 433, 501, 507, 508, 541
青海湖　11
西康　222, 247, 249, 251, 258, 267, 268, 271, 277, 285, 314, 315, 317, 336, 340, 358, 371, 394, 439
靜宗　436
清水　24
成都　429, 642
成徳　99
聖徳　96
西寧　67, 260, 282, 376, 694, 723
責噶　437
石渠　259, 296
碩督　367
ゼグ　437, 540, 542
ゼダン　437
折克散　230
セルシュ　259, 296
瞻化　259, 283, 307, 323
瞻対　181, 249, 259, 296
宣昌　170
前蔵　9, 10, 109, 203, 249, 277, 312, 394
セントペテルスブルグ　739

ソ

蔵　9, 45, 69, 97, 166, 322, 636, 745
蔵河　322
宗略　81
宗谿　286, 287
宗察　367
宗木　103, 110
荘克　23
桑昂　335
桑納　363
桑吉　801
桑多倉　388
双峠　801
葱岭　11
促㝱　166
外チベット　249, 250, 251, 259, 294
ソムリー　469
疏勒　63
ソロン　166

ゾンカ　81
ゾンム　103, 110

タ

ダージリン　146, 148, 171, 179, 184, 190, 211, 230, 232, 236, 238, 239, 429, 584
ダイエ　203
太原　24, 263
太昭　229, 247, 393, 440
大庫倫　148
タイシン　11
大秦　11
大冶　203
タイチャオ　229, 247, 393, 440, 807
乃東　669
大理　47, 429
大涼山　361
タウイ　259, 296
トォチョン　259, 296
ダオワ　259
澤当　437, 807
諾那　268
ダクボ　86
ダグヤブ　259, 296
タクロ・トロン　828
タゴ山　555
タシガン　335
ダシュ　555
タシュケント　186
タシルンポ　96, 122, 137, 173, 202, 256, 263
タシルンポララン　175
タジン　363
打箭爐　11, 146, 202, 228, 235, 251, 257, 259, 260, 261, 282, 285, 294, 317, 323, 395, 584
達興　363
達木　79, 183
ダプチ　555
ダム　79, 183
ダムジュン　437, 440, 516, 807
ダヤブ　259, 296
タヤンディ　99
ダラムサラー　483, 609, 642, 698
多倫　133
タルタリー　129

索引

ダルツェンド　11, 146, 202, 228, 235, 251, 257, 259, 260, 261, 282, 285, 294, 296, 317, 323, 393, 395, 429, 584
ダルマ峠　801
タンガ　229
タングート　11
ダンゴルオフ　259
丹達　229
丹巴　259, 296, 317
ダンバ　259, 296, 317
ダンパ　259, 296

チ
チアン・チュン峠　26
チェンド　570
チフチル　23
チベット　125
チベット本部　9, 31
チャイダム　555
チャクサム　230, 259, 296
チャクポリ　445
チャハル　133, 724
チャムド　10, 57, 144, 149, 202, 229, 249, 251, 256, 257, 259, 261, 269, 284, 294, 296, 297, 338, 350, 351, 362, 363, 364, 367, 371, 374, 392, 393, 395, 405, 429, 433, 435, 440, 499, 501, 539, 541, 614, 670, 807, 833
チャユイ　335
チャンタン　3, 19
中甸　323
チュシャル　117
チュスル　238, 565
チュタンム　463
チュチエン　166
チュルンコルツエ　236
チュンビ　65, 145, 153, 179, 180, 181, 191, 198, 199, 200, 204, 206, 208, 222, 515, 738, 740, 771, 859
長安　23, 24, 25
鳥斯　8, 9
頂帯　181
鳥里雅蘇台　86
チョンカ　23
チラグゾン　334, 335

沈当　440
チン・ミュイ　27

ツ
ツアラ　166
ツァリ　129, 253
ツァリ・サルパ　253
ツァン　9, 45, 64, 69, 75, 97, 166, 322, 636, 745, 854
ツァン・ト　129
ツァンダイ　181
ツァンポ河　3, 52, 125, 139, 322
ツエタン　440, 807
ツォカルポ湖　253
ツオゴン・シンチェン　11
ツォナ　66, 463
ツォナゾン　253
ツォンカ　67, 112, 282, 386, 723
ツオンシ　286, 287

テ
ティーチン　541
定遠営　153, 154
テイエンチュウ　542
定郷　259, 296
定結　173
定日　104, 106, 222
丁青　437, 440, 499
提郎　334
ティンケ　173
ディンシアン　259, 296
ティンチェン　440
ティンリー　104, 106, 107, 222
迪慶　541
テズプール　461, 464, 465, 466, 468
デチュエン　541
哲古　437, 540, 542
哲孟雄　110, 191, 351
デミチ　323
デメージョン　129
テメンキオン　103, 110, 191
デリー　253, 326
デルゲ　222, 229, 249, 258, 259, 283, 296, 307, 317, 323, 392, 429, 433
テルリンカ　555

1035

デロン 259, 296
デンコ 539
デンコク 282
伝克満亦起 258
天山 11
天資泊爾卓 166
デンジバルジョカ 166
天祝 542
テンチェン 437, 499, 807

ト
ドゥオウォ 286
鄧柯 282
鄧科 259, 296
東科爾 145
党項 11
塔司工 335
塔克龍宗 828
同晋 259, 296
稲城 259, 296
洞南 343
道孚 259, 296
トゥベト 9, 69
当雄 79, 437, 440, 516, 807
当拉 250, 257
堂拉 574, 708
怒河 3, 322
怒江 250, 322
徳栄 259, 296
徳化 222, 258, 283, 433
徳格 229, 249, 259, 296, 307, 317, 323, 392, 429
徳令哈 555
禿髪 8
トックッ 19
突厥 19
ドディブ 555
ドトゥー 853
ドナン 343
土伯特 9
図伯特 9
吐谷渾 11
吐蕃 75, 125
ドメー 853
トモ 515, 859, 978

ドラブチ 555
トルファン 75
ドルポ 4
ドルン 133
ドンコーアル 145
トンコル 555
トンジン 259, 296
ドンユ 259, 296
トンユエ 228

ナ
那曲 79, 209, 429, 698, 833
ナク 209, 429, 833
ナクチュ 233, 698
那日過力松目区 354
ナムフ 541, 543
納里 45
ナリ 45
ナリクォリスンムチェ 354
ナルナス 801
ナロン 323
ナンカルツエ 229
南京 53

ニ
ニエラム 81, 84, 95, 99, 110
ニエンツ河 890
西テライ 169
西トッケッ 19
日喀則 9, 10, 80, 104, 106, 133, 139, 163, 164, 173, 190, 222, 249, 289, 318, 386, 393, 436, 501, 531, 642, 670
日土 428
ニティ峠 801
尼提峠 801
ニャクチュカ 259, 296
ニャトン 195, 229
ニャロン 307, 433
ニャンルオチュエンボー 19
ニューデリー 372, 632, 637
ニラン 485
ニンチン 259, 296, 363, 370
ニンティ 19, 642, 714

索引

ヌ
ヌワコット 92

ネ
寧夏 314
寧静 259, 296, 363, 370
ネタラ 574, 706
熱河 96, 314
熱索橋 99
ネドン 669
ネパール 103, 109, 113, 129, 168, 171, 198, 204, 429, 568, 680
ネメティ 129

ノ
納噶爾澤 229
納本湖 543
ノナ 268

ハ
ハーシア 237
巴安 222, 227, 249, 258, 285, 296
巴康 311
巴青 539
巴塘 75, 144, 148, 202, 222, 227, 228, 236, 250, 257, 259, 260, 294, 323, 350, 392, 429, 539
巴勒布 113
パアン 222, 227, 249, 258, 296
パイピン 203
バイマンガン 334, 335
バイユ 259, 296
貝納拉斯 801
バカン 311
バキ 539
白玉 259, 296
白康普陀嶺 250
白馬岡 334
白利 282
麦土卡 541
帕里 153, 190, 195, 234, 440, 807
帕里克 202
ハザラ 119
ハシャ 23
パシュ 257, 259

バス 539
パタン 75, 129, 144, 148, 202, 222, 227, 228, 236, 250, 257, 259, 260, 285, 294, 323, 350, 392, 429, 539
馬頭山 555
八宿 257, 259, 539
バナラス 801
パミール 11, 139, 186, 190
波密 311, 335, 363, 367, 501
ハラウス 79
パリ 129, 153, 190, 195, 234, 440, 800, 807
パリグ 44
バルティスタン 128
ハルディバリ 129
ハルハ 724
パルポ 832
パレブ 113
バングディラ 468
パンジャブ 117

ヒ
ヒマチャル・プラデシュ 574
ヒマラヤ 578
百霊廟 153
ピャー 11, 20
ヒョハ 433, 437, 460, 477, 499, 540, 542
斐利 190
ビルマ 168, 680

フ
プー 128
ブータン 109, 161, 168, 204, 429, 568, 680, 683, 760
福建 315
蕪湖 170
附国 11, 20
武城 259, 296
布達拉 165
プダラ 134
ブッダ・ガヤ 899, 901, 902
普陀落山 9
普那卡 429
プナカ 429
フホホト 57, 133, 219
プラシー 161

ブラマプトラ河 3, 196
ブリヤッド 147
ブルケパ 103, 109, 110
プルネア 129
布拉嘛卜特喇 3, 196
布魯克巴 109

ヘ

ヘイホー 339, 386, 433, 440, 541, 543, 807
米林 832
北京 51, 114, 220, 222, 264, 642, 645
ペテルスブルグ 186, 207, 219, 241
ペユル 259, 296
ペリ 278, 282
ベルモ・ベルタン 51
ベンガル 132, 161, 163

ホ

ホアジョン 282
保安 92, 97, 171, 238
ボウォスムド 311, 335, 363, 367, 501
芒康 436
彭錯林 173
邦迪拉 468
方准居 573
昂仁 173
穆索理 464, 467
ポタラカ 9
ホルコク 323
香港 317
ボンベイ 372

マ

マイシカ 541
マイソール 538
馬及墩 564
馬崗 176
瑪那峠 801
マジトン 564
マスリー 464, 465, 467, 469
マダ 176
マダヤプラデシュ 538
マニプール 168
マファムツオ 800
マルカム 429, 436

マルユル 11
蔓法 144
マンユル 11

ミ

ミャンマー 683
ミュオドウ 367
ミリ 832

ム

ムスター峠 139
ムスタン 4, 421, 567, 587, 880
ムスリー 383
ムンカル 47

メ

メコン河 3, 322
メンダワン 334, 335, 415
メンユ 252
メンユイ 573

モ

モン 129
門隅 252
モンゴリヤ 147
門達旺 334, 415

ヤ

ヤージャン 259, 296, 317
ヤートン 141, 173, 180, 183, 192, 199, 201, 202, 222, 223, 229, 234, 238, 256, 261, 262, 334, 370, 375, 384, 405, 411, 417, 429, 440, 766, 767, 807
ヤールン 463
尓吉隆 832
薬王山 445
厄木多克澤 229
ヤトゥン 141
ヤムドク 236
ヤムドク・ユムツォ 229
ヤムブ 166
ヤルカンド 117, 129
ヤルサンポ 463
ヤルラシャムポ 20
ヤルルン 47, 142, 144, 463

ヤルンツァンポ河 439, 890

ヨ
揚子江 3, 322
羊卓雍湖 229
羊南 236
陽布 166

ラ
ラクシングンバ 308
洛隅 251, 415
洛敏達 104, 110
洛瑜 252
洛隆 367
ラサ 9, 28, 44, 55, 60, 69, 75, 85, 118, 122, 127, 128, 132, 133, 141, 145, 146, 163, 186, 190, 196, 198, 199, 209, 215, 222, 223, 227, 230, 232, 234, 236, 237, 244, 247, 249, 251, 261, 273, 284, 294, 303, 343, 348, 356, 372, 374, 375, 384, 386, 395, 405, 416, 429, 439, 444, 445, 464, 466, 469, 514, 515, 530, 531, 582, 583, 615, 641, 642, 670, 694, 712, 713, 726, 743
ラサ河 890
ラタ・ユール 128
ラダク 4, 11, 40, 117, 118, 138, 395, 429, 465, 569, 570, 571, 573, 737
ラダック 11
ラツ 81
拉休 308
拉薩 9
拉孜 81, 173, 251
拉達克 4
ラツェ 251
ラッサ 10
裸巴 311
羅布泊 555
ラモ・ラムツォ 697
ラリ 129
ラルン・ガル 901
ラングパサ 258
蘭州 44, 146, 222
瀾滄江 3, 322

リ
リアン 236
リウォチェ 257, 259
理安 227, 236, 285
理化 227, 259, 296
理塘 259, 317, 323, 392, 429
リスティ 129
リタン 57, 75, 76, 144, 148, 227, 228, 236, 251, 257, 259, 260, 285, 294, 296, 317, 323, 392, 429, 433, 539
裏塘 57, 75, 144, 148, 227, 228, 251, 257, 259, 260, 294, 433, 539
裡塘 236, 539
リブレック峠 801
里普列克峠 801
隆谷 463
隆子 440, 448, 477, 833, 858
隆吐 173
龍洞 178
劉那卡 363
リュナカ 363
涼州 44, 48
里郎 195, 229, 433
林康 429
林芝 19, 642, 714, 807
リンツァン 53
リンツエ 644, 714, 807, 858
リンプン・チャムシンユンツォ湖 697

ル
類伍斎 257
類鳥斎 257, 259, 296
ルーティン 259, 296
ルオバ 311
ルオフ 296
ルオミンダ 104, 110
ルトク 428
ルユ 252
ルランダ 250, 257
ルングト 178
ルングプール 760
ルンツェ 440, 448, 477, 833, 858
ルントル 173

レ
レイウチェ 257
霊鷲山　146, 148, 171, 179, 184, 190, 230, 237, 239
霊武 25
レー 117, 118, 429
レソーチョ 99
レンツ 173

ロ
ローユイ 573
ロカ　19, 176, 433, 460, 463, 515, 541, 542, 623, 669, 831
鑪霍 259, 296
廬定 259, 296
ロヒト 251, 415
ロプノル 555, 556
ロルン 367
ロロ 129
ロンギア 110
ロンジュ 568
ロンダ 259, 296

ワ
ワータン 367
ワロン 335, 571

ン
ンガリ・ジュンガル 128
ンガル・コルスム 128

【著者】

浦野起央（うらの　たつお）

1955年、日本大学法学部卒業。政治学博士。
日本アフリカ学会理事、日本国際政治学会理事、アジア政経学会理事、国際法学会理事、日本平和学会理事を歴任。現在、日本大学名誉教授、北京大学客座教授。

【主要著作・訳書】

主な著書に『資料体系アジア・アフリカ国際関係政治社会史』『現代における革命と自決』(パピルス出版)、『現代紛争論』『新世紀アジアの選択──日・韓・中とユーラシア』『日・中・韓の歴史認識』(南窓社)、『中日相互認識論集』(香港社会科出版社)、『現代国際関係理論史』『人間的国際社会論』『国際関係のカオス状態とパラダイム』『朝鮮統一の構図と北東アジア』(勁草書房)、『20世紀世界紛争事典』(三省堂)、『南海諸島国際紛争史』(刀水書房)、『世界テロ事典』『尖閣諸島・琉球・中国──日中国際関係史』、『冷戦・国際連合・市民社会──国連60年の成果と展望』(三和書籍)、他多数。
訳書ではダグラス・パイク『ベトコン』(鹿島研究所出版会)、ハッサン・ビン・タラール『パレスチナの自決』、張聿法・他『第二次世界大戦後 戦争全史』(刀水書房)、アラン・ラブルース／ミッシェル・クトゥジス『麻薬と紛争』(三和書籍)、他多数。

チベット・中国・ダライラマ──チベット国際関係史【分析・資料・文献】

2006年6月5日　初版発行

　　著者　　浦野　起央
　　　　　　©2006 T.Urano
　　発行者　高橋　考
　　発　行　三和書籍

〒112-0013　東京都文京区音羽2-2-2
電話 03-5395-4630　FAX 03-5395-4632
http://www.sanwa-co.com
sanwa@sanwa-co.com
印刷/製本　株式会社　新灯印刷

乱丁、落丁本はお取替えいたします。定価はカバーに表示しています。
本書の一部または全部を無断で複写、複製転載することを禁じます。
ISBN4-916037-98-7 C3031 Printed in Japan

三和書籍の好評図書
Sanwa co.,Ltd.

中国人は恐ろしいか!?
〈知らないと困る中国的常識〉
尚会鵬　徐晨陽著　四六判　並製本　定価：1,400円＋税
●喧嘩であやまるのは日本人、あやまらないのは中国人。電車で席をゆずるのは中国人、知らんぷりするのは日本人……。日本人と中国人の違いをエピソードを通して、おもしろく国民性を描き出している。

180年間戦争をしてこなかった国
〈スウェーデン人の暮らしと考え〉
早川潤一著　四六判　178頁　上製　定価：1,400円＋税
●スウェーデンが福祉大国になりえた理由を戦争を180年間してこなかったところに見い出した著者が、スウェーデンの日常を詳細にスケッチする。平和とは何か。平等とは何か。この本で新しい世界が開けるだろう。

増補版　尖閣諸島・琉球・中国
【分析・資料・文献】
浦野起央著　A5判　上製本　定価：10,000円＋税
●日本、中国、台湾が互いに領有権を争う尖閣諸島問題……。筆者は、尖閣諸島をめぐる国際関係史に着手し、各当事者の主張をめぐって比較検討してきた。本書は客観的立場で記述されており、特定のイデオロギー的な立場を代弁していない。当事者それぞれの立場を明確に理解できるように十分配慮した記述がとられている。

徹底検証！日本型ＯＤＡ
〈非軍事外交の試み〉
金熙徳著　鈴木英司訳　四六判　並製本　定価：3,000円＋税
●近年のＯＤＡ予算の削減と「テロ事件」後進められつつある危険な流れのなかで、平和憲法を持つ日本がどのようなかたちで国際貢献を果たすのかが大きな課題となっている。非軍事外交の視点から徹底検証をした話題の書。

三和書籍の好評図書
Sanwa co.,Ltd.

毛沢東と周恩来
〈中国共産党をめぐる権力闘争【1930年～1945年】〉
トーマス・キャンペン著　杉田米行訳　四六判　上製本　定価：2,800円＋税
●"人民の父"と謳われる毛沢東と、共産党最高幹部として中国の礎を築いた周恩来については多くの言説がなされてきた。しかし多くは中国側の示した資料に基づいたもので、西側研究者の中にはそれらを疑問視する者も少なくなかった。本書は、筆者トーマス・キャンペンが、1930年から1945年にかけての毛沢東と周恩来、そして"28人のボリシェヴィキ派"と呼ばれる幹部たちの権力闘争の実態を徹底検証した正に渾身の一冊である。

自律神経と免疫の法則　＜体調と免疫のメカニズム＞
安保　徹　著 B5判 236頁 並製　定価：6,500円＋税
●免疫学についてたくさんの本を出した安保徹先生の専門書。これを読まずして、安保理論は語れない！　癌やアトピー、ストレスや胃潰瘍まで緻密な研究結果の集大成。免疫学を知るための30の法則を紹介。

完訳　鍼灸大成
楊　継洲　著　浅野　周訳　定価：14,286円＋税
●「鍼灸大成」は古典でありながら、現代医療においてもまったく遜色がない内容です。鍼灸に携わる者として必ず目を通しておかなければいけないバイブルです。
　　推薦　　水嶋クリニック　水嶋丈雄

立ち読みでわかるイビキの本
＜鼻呼吸が健康体をつくる＞
秋広良昭、細川壮平　著　四六判 140頁　並製本　定価：1,100円＋税
●口呼吸の人に多いイビキは成人病の一因にもなっているということを詳しく解説。イビキ解消グッズ・パタカラで口唇筋を鍛えれば健康になることを発見した画期的な一冊。

三和書籍の好評図書
Sanwa co.,Ltd.

高齢者医療の最前線―福祉の視点・看護の姿―
小鯖 覚／森脇 里香著　　定価：2,300円＋税

●「老人病院（療養型病院）」と「老人ホーム」の違いや「理想の死」について、医療の現場の実情、ケアマネージャーや看護師たち、そして患者さんやその家族の姿をノンフィクションでわかりやすく描いている。
老人病院の過去、現在、そして未来が見えてくる。

バリアフリー住宅読本
＜高齢者の自立を支援する住環境デザイン＞
高齢者住宅研究所・バリアフリーデザイン研究会著
A5判 190頁 並製　定価：2,200円＋税

●家をバリアフリー住宅に改修するための具体的方法、考え方を部位ごとにイラストで解説している。バリアフリーの基本から工事まで、バリアフリーの初心者からプロまで使えます。福祉住環境についての必携本!!
　○日常生活をバリアフリーにする
　○生活空間をバリアフリーにする
　○住宅をバリアフリーに改修する

バリアフリーマンション読本
＜健康で機能的な建物のための基本知識＞
高齢社会の住まいをつくる会 編著　定価：2,000円＋税

●ひとりでは解決できないマンションの共用部分の改修問題や、意外と知らない専有部分の範囲などを詳しく解説。ハートビル法にもとづいた建築物の基準解説から共用・専有部分の具体的な改修、福祉用具の紹介など、情報が盛り沢山です。

知って得する
年金・税金・雇用・健康保険の基礎知識
榎本恵一　渡辺峰男　吉田幸司 著　　定価：2,000円＋税

●皆さんの人生の中で知っていれば得をする年金、健康保険や税金、それに雇用の制度の代表的なものを、できるだけ分かりやすく解説した良書。「自己責任時代」を生き抜くための知恵袋。